LOIX ET CONSTITUTIONS DES COLONIES FRANÇOISES *DE L'AMÉRIQUE SOUS LE VENT.*

LOIX
ET
CONSTITUTIONS
DES COLONIES FRANÇOISES
DE L'AMÉRIQUE SOUS LE VENT;

SUIVIES,

1°. D'un Tableau raisonné des différentes parties de l'Administration actuelle de ces Colonies : 2°. d'Observations générales sur le Climat, la Population, la Culture, le Caractere et les Mœurs des Habitans de la partie Françoise de Saint-Domingue : 3°. d'une Description Physique, Politique et Topographique des différens Quartiers de cette même partie; le tout terminé par l'Histoire de cette Isle et de ses dépendances, depuis leur découverte jusqu'à nos jours.

PAR M. MOREAU DE SAINT-MÉRY, Avocat au Parlement de Paris, Conseiller au Conseil-Supérieur de Saint-Domingue, ancien Président de MM. les Electeurs et de MM, les Représentans de la Commune de Paris, Député de la Colonie de la Martinique à l'Assemblée Nationale, Citoyen de la Ville de St.-Malo; des Académies de Rouen, la Rochelle, Orléans, Marseille, Richemont en Virginie, etc.; Président perpétuel du Musée de Paris, de la Société Royale des Sciences et Arts du Cap-François, Correspondant de la Société Royale d'Agriculture et des Musées de Bordeaux et de Toulouse, etc. etc. etc.

TOME SIXIÈME.

Comprenant les Loix et Constitutions depuis 1780 jusqu'en 1785 inclusivement.

Rien ne doit être si cher aux Hommes que les Loix destinées à les rendre Bons, Sage et Heureux.

MONTESQUIEU.

A PARIS,

Chez
- L'AUTEUR, rue Plâtriere, N°. 12.
- MOUTARD, Imprimeur, Libraire DE LA REINE, rue des Mathurins.
- MEQUIGNON jeune, Libraire au Palais, à l'Ecu de France.
- Les Freres LABOTIERES, à Bordeaux.
- DESPILLY, Libraire, à Nantes.

AVEC PRIVILÉGE DU ROI.

Ministres et Secrétaires d'État ayant le Département de la Marine et des Colonies.

24 Août 1774. M. de Sartine, Secrétaire d'État, fait Ministre le 6 Juillet 1775.

14 Octob. 1780. M. le Marechal de Castries, Ministre et Secrétaire d'État.

Gouverneurs-Généraux des Isles sous le Vent.

28 Janv. 1777. *M. Robert, Comte d'Argout, Maréchal des Camps et Armées du Roi et Gouverneur-Lieutenant-Général des Isles Françoises de l'Amérique sous le Vent*, succede à M. le Comte d'Ennery.

Reçu au Conseil du Cap, le 22 Mai 1777.

Et à celui du Port-au-Prince, le 9 Juin suivant.

Il meurt au Cap, le 7 Mars 1780.

7 Mars 1780. *Intérim.* *M. Jean-Baptiste de Tastes de Lilancour, Colonel d'Infanterie, Chevalier de St.-Louis, Commandant de la Partie du Nord et Commandant en Chef par intérim des Isles Françoises de l'Amérique sous le Vent*, prend l'intérim à la mort de M. le Comte d'Argout.

Reçu au Conseil du Cap, le 7 Mars 1780.

Et à celui du Port-au-Prince, le 15 du même mois.

25 Avril 1780. *Intérim.* *M. François-Reynaud de Villeverd, Chevalier de l'Ordre Royal et Militaire de St.-Louis, Brigadier d'Infanterie du Département de la Guerre et des Troupes des Colonies, Commandant-Général des Troupes et Milices, Lieutenant au Gouvernement général des Isles Françoises de l'Amérique sous le Vent et dépendances, et Commandant en cette qualité desdites Isles*, prend, le 25 Avril 1780, en vertu de son Brevet de Lieutenant au

Gouvernement général, en date du 4 Janvier précédent, l'intérim que remplissoit M. de Lilancour depuis la mort de M. le Comte d'Argout, Gouverneur-Général.

Reçu au Conseil du Cap, le 25 Avril 1780.

Et à celui du Port-au-Prince, le 3 Mai suivant.

Il part pour la France, le 28 Juillet 1781.

29 Mai 1780. M. Louis-Philippe de Rigaud, Marquis de Vaudreuil, Chef d'Escadre des Armées Navales, est nommé par Brevet, dudit jour 29 Mai 1780, pour succeder à M. le Comte d'Argout; mais il se démet de ce Gouvernement sans l'avoir rempli, au mois de Juillet 1781.

13 Juillet 1781. *M. Guillaume-Léonard de Bellecombe, Grand-Croix de l'Ordre Royal et Militaire de St.-Louis, Maréchal des Camps et Armées du Roi, son Gouverneur-Lieutenant-Général des Isles Françoises de l'Amérique sous le Vent, et Inspecteur-Général des Troupes, Artillerie, Milices et Fortifications*, succede à M. le Comte d'Argout par la démission de M. le Marquis de Vaudreuil.

Reçu au Conseil du Cap, le 14 Février 1782.

Et à celui du Port au Prince, le 28 du même mois.

Il s'embarque au Port-au-Prince pour la France, le 3 Juillet 1785.

17 Juillet 1781. *Intérim.* *M. Jean-Baptiste de Tastes de Lilamour, Brigadier des Troupes des Colonies, Chevalier de St.-Louis, Commandant de la Partie du Nord, et Commandant en Chef par intérim des Isles Françoises de l'Amérique sous le Vent*, prend l'intérim à cause du congé de M. de Reynaud de Villeverd, pour aller en France.

Reçu au Conseil du Cap, le 17 Juillet 1781.

Et à celui du Port-au-Prince, le 23 du même mois.

1er. Juillet 1785. *M. César Henry, Comte de la Luzerne, Lieutenant-Général des Armées du Roi, son Gouverneur-Lieutenant-Général des Isles Françoises de l'Amérique sous le Vent, et*

Inspecteur-Général des Troupes, Artillerie, Milices et Fortifications, remplace M. de Bellecombe.

Reçu au Conseil du Port-au-Prince, le 27 Avril 1786.

Et à celui du Cap, le 4 Mai suivant.

3 Juillet 1785. *Interim.* M. *Guy-Pierre Coustard, Colonel d'Infanterie, Chevalier de l'Ordre Royal et Militaire de St.-Louis, Commandant-Général par intérim des Isles Françoises de l'Amérique sous le Vent*, prend l'intérim au départ de M. de Bellecombe.

Reçu au Conseil du Port-au-Prince, le 15 Juillet 1785.

Et à celui du Cap, le 15 du même mois.

Intendans des Isles sous le Vent.

1er. Sept. 1773. M. *Jean-Baptiste-Guillemin de Vaivre, Conseiller du Roi en ses Conseils, et en sa Cour de Parlement de Franche-Comté, Intendant de Justice, Police, Finances, de la Guerre et de la Marine des Isles Françoises de l'Amérique sous le Vent*, remplace M. de Montarcher.

Reçu au Conseil du Port-au-Prince, le 15 Avril 1774.

Et à celui du Cap, le 2 Mai suivant.

Il s'embarque au Cap pour la France, le 20 Juin 1780.

21 Juin 1780. *Intérim.* M. *Joseph-Alexandre Le Brasseur, Ecuyer, Conseiller du Roi en ses Conseils, Commissaire-Général de la Marine, Ordonnateur au Cap, faisant fonctions d'Intendant de Justice, Police, Finances, de la Guerre et de la Marine des Isles de l'Amérique sous le Vent*, prend l'intérim au départ de M. de Vaivre pour la France.

Reçu au Conseil du Cap, le 21 Juin 1780.

Et à celui du Port-au-Prince, le 13 Juillet suivant.

13 Juillet 1781. *Alexandre-Jacques de Bongars, Chevalier, Conseiller du Roi en ses Conseils, Président à Mortier en son Parlement*

de Metz, Intendant de Justice, Police, Finances, de la Guerre et de la Marine des Isles Françoises de l'Amérique sous le Vent, remplace (dans cette seconde Administration) M. de Vaivre, et succede à M. Taffard, Maître des Requêtes, nommé Intendant le premier Octobre 1779, et qui étoit mort dans la traversée de France à St.-Domingue.

Reçu au Conseil du Cap, le 14 Février 1782.

Et à celui du Port-au-Prince, le 28 du même mois.

Il repasse en France en 1786.

5 Juin 1785. *M. François Barbé de Marbois, Conseiller du Roi en ses Conseils et en son Parlement de Metz, Intendant de Justice, Police, Finances, de la Guerre et de la Marine des Isles Françoises de l'Amérique sous le Vent*, remplace M. de Bongars.

Reçu au Conseil du Port-au-Prince, le 9 Nov. 1785.

Et à celui du Cap, le 17 du même mois.

SUITE DE LA LISTE

DE MESSIEURS

LES SOUSCRIPTEURS (*),

PAR ORDRE ALPHABÉTIQUE.

SA MAJESTÉ. . . . . *Pour cinquante-quatre autres Exemplaires.*

A.

M. Agobert ✠, Lieutenant-Colonel d'Infanterie.
M. Allemand, Négociant au Port-au-Prince.
M. Audibert (Dominique), Négociant à Marseille.
MM. Audibert (Joseph et George), *Idem.*

B.

Le R. P. Balthazard, Capucin, Curé du Borgne.
M. Barrere de Vieuzac, Député à l'Assemblée Nationale.
M. le Marquis de Beauharnois, Député à l'Assemblée Nationale.
M. Berly, Substitut du Procureur du Roi, à Sainte-Lucie.
M. Bernanosse, Notaire et Substitut à la Croix des Bouquets.
M. Bezin, Commandant à Nippes.

Nota. *Cette* ✠ *désigne MM. les Chevaliers de St-Louis.*

(*) N. B. *La Souscription de cet Ouvrage est fermée. Il se vend à raison de 12 livres le Volume. On ne les sépare pas.*

M. Bocquet de Frevent, Lieutenant particulier de la Sénéchaussée du Cap.

M. Bonamy, Habitant à la Grande-Rivière.

M. le Chevalier de Bongars, Ecuyer de la petite Ecurie du Roi.

M. Borde l'aîné, Greffier ordinaire de la Sénéchaussée du Fort Saint-Pierre.

M. Bourgeois, Procureur à Jacmel.

M. Bourjet, Procureur au Port-au-Prince.

M. Boutin, Trésorier-Général de la Marine.

C.

M. le Baron de Cambefort ✠, Colonel du Regiment du Cap.

M. Castera, Audiencier aux Cayes.

M. de Chabanon des Salines, Député-suppléant de St.-Domingue à l'Assemblée Nationale.

M. de Chabrier, Conseiller de la Sénéchaussée de Jérémie.

M. Chaillon, Procureur aux Cayes.

MM. de la Chambre de Commerce de Marseille.

M. de Châteaugué, Sénéchal de la Noblesse à la Martinique.

M. Chaudot, Notaire à Paris.

M. Cicogne, Habitant au Quartier-Morin.

M. Clarke, Substitut du Procureur-Général au Conseil-Supérieur de St.-Domingue.

M. le Baron de Clugny ✠, Capitaine de Vaisseaux, Gouverneur de la Guadeloupe et Dépendances.

M. Colombel, Habitant au Fond-des-Negres.

M. de Conigliano, Conseiller au Conseil-Supérieur de St.-Domingue.

M. le Vicomte de Conway ✠, Maréchal de Camp, Inspecteur des Troupes des Colonies.

M. Coquille de Champfleury, Greffier en Chef du Conseil-Souverain de la Guadeloupe.

M. Corbier, Habitant de la Croix des Bouquets.

M. Courrege, Négociant aux Gonaïves.

M. Courty, Arpenteur à la Croix des Bouquets.

M. de Cullion, Avocat au Conseil de St.-Domingue.

M. de Curt, Député de la Guadeloupes à l'Assemblée Nationale.

D.

M. le Vicomte de Damas ✠, Maréchal de Camp, Gouverneur-Général de la Martinique & Dépendances.
M. Dartis, Capitaine d'Infanterie et Habitant aux Grands-Bois.
MM. Daubagnac, Trigant et Compagnie, Négocians au Port-au-Prince.
M. Davezac de Castera, Habitant à Aquin.
M. Delangle, Habitant au Petit-Goave.
M. Desbarrières, Greffier de l'Amirauté du Cap.
M. Deschamps, Habitant à Jean-Rabel.
M. Deslincourt, Habitant à la Nouvelle-Plymouth.
M. le Comte Arthur Dillon ✠, Maréchal de Camp, Gouverneur de Tabago, Député à l'Assemblée Nationale.
M. Dubois, Sénéchal à la Basse-terre Guadeloupe.
M. Dubois, Huissier de l'Amirauté au Port-au-Prince.
M. Dubois fils aîné, Etudiant en Droit à Paris.
M. Dubry, ancien Chirurgien-Major des Eaux de Boynes, Chirurgien au Cap.
M. le Marquis Duchilleau ✠, Maréchal de Camp, Gouverneur-Général des Isles sous le Vent.
M. Dudon, Procureur-Général au Parlement de Bordeaux.
M. Dufourq, ancien Conseiller au Conseil du Port-au-Prince.
M. le Chevalier Dufrettey ✠, Habitant à Aquin.
M. Duhaumont de St.-Marc, Commissaire de la Marine.
M. Dumyrat ✠, Colonel d'Infanterie, Habitant à Torbeck.
M. Dutillet, Avocat aux Conseils du Roi.
M. Duverger, Habitant au Cap-Dame-Marie.

E.

M. le Baron d'Elbeck, Maréchal de Camp.

F.

M. Faure, Inspecteur de Police au Port-au-Prince.
M. Febvrier Mezaillet, Commissaire de la Marine.

M. Flaherty de Menincourt, Interprête de la langue Angloise au Port-au-Prince.

M. de Foulquier, Intendant de la Martinique et Dépendances.

M. Fraisse, Notaire et Substitut aux Caymites.

G.

M. Gaudairs, Arpenteur à Jérémie.

M. de Gimat *, Colonel d'Infanterie, Gouverneur de St.-Lucie.

M. Goguet père, Habitant au Trou-Bonbon, Quartier de Jérémie.

M. Gouraud de Bellevue, Habitant au Cul-de-Sac.

M. Grandmaison, Curateur aux Vacances, à St.-Marc.

M. de Grenonville, Conseiller au Conseil Souverain de la Martinique.

M. le Chevalier de Grimouville, Commandant particulier à St.-Marc.

M. le Marquis de Grypière de Laval *, Maréchal de Camp.

M. Gué, Voyer au Cap.

M. Guillaume l'aîné, Notaire à Paris.

M. Guillermin, Curateur aux Vacances, au Cap.

M. Guyot, aucien Magistrat.

H.

M. Haget, Habitant au Coq-qui-Chante, à Jacmel.

M. Hecquet, Avocat au Parlement de Paris.

L'Hôpital Militaire du Cap.

M. Hugues, Habitant à l'Arcahaye.

M. Huet de la Chelle, Sénéchal du Petit-Goave.

I.

M. Isnard de Bonneuil, Avocat aux Conseils du Roi.

J.

M. Jaillant, Avocat au Parlement de Paris.

L.

M. la Biche de Reignefort, Conseiller au Conseil Supérieur de St.-Domingue.

M. la Brousse, Conseiller Rapporteur du point d'honneur de la Généralité d'Aix, Habitant à Moustique.

M. le Marquis de la Chapelle, Habitant à Limonade.

M. la Cour cadet, Habitant à Aquin.

M. la Couture, Habitant à St.-Marc.

M. la Fargue, Chirurgien-Major des Milices du Dondon.

M. le Marquis de la Fayette ✻, Maréchal de Camp et Commandant-Général de la Garde-Nationale-Parisienne.

M. le Chevalier de la Fitte, Habitant à Jérémie.

M. la Fon (Jacques), Habitant à la Nouvelle-Plymouth.

M. la Jarre, Négociant au Port-au-Prince.

M. la Loubère, Curateur aux Vacances, à Jérémie.

M. de la Marnière, Lieutenant de l'Amirauté du Port-au-Prince.

M. Landelle, Curateur aux Vacances, au Petit-Goave.

M. la Rivière, Receveur de M. l'Amiral, à Jacmel.

M. la Roque-Turgeau l'aîné, Commandant des Milices au Cap-Tiburon.

M. Lasneau, Habitant au Patte-Large.

M. le Vicomte de Laval-Montmorency.

M. le Baron de la Valtière ✻, Maréchal de Camp, Commandant au Môle-St.-Nicolas.

M. Lavaud l'aîné, Receveur-Général de M. l'Amiral, à Bordeaux.

M. la Vigerie ✻, Résident pour le Roi près le Gouvernement Espagnol de Santo-Domingo.

M. de Leaumont, Commandant le Quartier de Torbeck.

M. Léon, Avocat au Parlement de Paris.

M. de Lépine, Habitant à St.-Domingue.

M. le Remboure père, Négociant au Port-au-Prince.

M. Lescallier, Ordonnateur à Cayenne.

N.

M. Mahys de Plainvilliers, Habitant à Sainte-Lucie.

M. Mancel, Habitant et Arpenteur à Jérémie.

M. Marsolas, Greffier aux Cayes.

M. Monlausun, Avocat en Parlement et Procureur à St.-Marc.

M. Mony, Notaire à Paris.

O.

M. Olivier, Négociant au Port-au-Prinee.
M. O-Rourke, Habitant de la Grande-Riviere de Nippes.

P.

M. Paquot, Receveur des Droits Domaniaux, au Cap.
M. Parmentier, Directeur de la Société Royale d'Agriculture.
M. Pedou, Commis-Greffier à Jacmel.
M. le Marquis de Périgny ✱, Député à l'Assemblée Nationale.
MM. Peychier, freres, et Boyer, Négocians à St.-Marc.
M. Pocquet de Janville, Conseiller au Conseil Souverain de la Martinique.
M. Pougnac aîné, Habitant à Jean-Rabel.
M. Poupart, Curé de St.-Eusache à Paris.

R.

M. Raphet, Substitut à Sainte-Lucie.
Le Regiment du Port-au-Prince.
M. Rénoncourt, Capitaine d'Artillerie-Milices, au-Fond-des-Nègres.
M. de Ronseray, Sénéchal du Port-au-Prince.
M. Rossignol des Dunes, Commandant le bas de l'Artibonite.
M. Rouannet, Entrepreneur de Bâtimens, au Cap.

S.

M. de Saint-George, Chirurgien du Roi au Port-au-Prince.
M. Salaignac, Avocat au Conseil de St.-Domingue.
M. Sarrette, Habitant à Maribaroux.
M. Sentout, Greffier de l'Intendance par intérim.
M. Sermandi, Négociant à Marseille.
M. Simon, premier Secrétaire de l'Intendance, à St.-Domingue.
MM. de la Société des Colons-Américains à Paris.
M. Solée, ancien Chirurgien-Major de la Marine, Chirurgien au Port-au-Prince.
M. Sonis, Arpenteur au Port-au-Prince.

T.

Tabago (MM. les Colons de).

M. Thomasset de Martinville.

M. Trigant, Avocat au Parlement de Bordeaux.

M. Trigant de Brau, Conseiller-Assesseur au Conseil Supérieur de Saint-Domingue.

V.

M. Varin, Libraire à Paris.

M. Vaughan (Samuel) le jeune, de la Société Philosophique de Philadelphie, à Londres.

M. de Very, Directeur du Bureau de Correspondance au Port-au Prince.

W.

M. White (Michel), Habitant aux Verrettes.

Fin de la Liste de MM. les Souscripteurs.

FAUTES ESSENTIELLES A CORRIGER.

Cette marque ═══ *signifie* au lieu de.

Page 2, après l'enregistrement au Conseil du Cap, *ajoutez*, Et à celui du Port-au-Prince, le 9 Mai.

61 ligne antépénultième ═══ 1781, *mettez*, 1780.

80 —— 18 ═══ 1785, *mettez*, 1780.

95 à la fin *ajoutez*, Et refusé à l'enregistrement au Conseil du Port-au-Prince, le 14 Mai suivant.

99 après la 5e. ligne, *ajoutez*, Et refusé à l'enregistrement au Conseil du Port-au-Prince, le 4 Juin suivant.

100 ligne 15 ═══ Madame, *mettez*, Michel.

— —— 16 ═══ p Drunault, *mettez*, pour Dussault, *et ajoutez au bout de cette ligne ces mots :* avec 108 autres signatures.

104 au bas de la première Lettre du Ministre, *ajoutez*, Déposée au Conseil du Port-au-Prince, le 23 Août 1781.

115 à la fin, *ajoutez*, Et à celui du Port-au-Prince, le 14 Mai suivant.

119 ligne 10 ═══ par l'Article onze, *mettez*, par l'Article deux.

130 à la fin, *ajoutez*, Et refusé à l'enregistrement au Conseil du Port-au-Prince, le 21 Juillet suivant.

147 au bas de l'Extrait de la Lettre du Ministre, *ajoutez*, R. au Conseil du Port-au-Prince, le 15 Octobre 1781.

149 après la 12e. ligne, *ajoutez*, R. au Conseil du Port-au-Prince, le 15 Octobre 1781.

— à la date ═══ 3 Juillet, *mettez*, 13 Juillet.

159 ligne 24 ═══ les Lieutenans-Colonels aux Lieutenans de Roi, *mettez*, les Lieutenans de Roi aux Lieutenans-Colonels.

279 à la dernière ligne, *ajoutez*, le 8 du même mois.

299 après la 3e. ligne, *ajoutez*, R. à l'Amirauté du Cap, le 12 Avril suivant : Et à celle de St.-Marc, le 16.

315 à l'enregistrement au Conseil du Port-au-Prince, *ajoutez*, le 28 Mai et le 9 Juin 1783.

333 après l'enregistrement au Conseil du Cap, *ajoutez*, Et à celui du Port-au-Prince, le 13.

402 ligne 20 ═══ St.-Marc, *mettez*, Brest.

— —— 22 *ajoutez*, sur les embarquemens par les Colonies.

413 à l'enregistrement ═══ 12, *mettez*, 22.

457 à la 4e. ligne de la Lettre du Ministre ═══ Elle, *mettez*, Sa Majesté.

619 ligne 30 ═══ 1750, *mettez*, 1720.

676 —— 23 ═══ Chirurgien-Major, *mettez*, Tambour-Major.

680 —— 12 ═══ en présence du Commissaire des Guerres, *mettez*, en présence du Commissaire des Colonies, faisant fonction de Commissaire des Guerres, etc.

791 —— 15 ═══ Aide-Maréchal des Logis, *mettez*, Aide-Maréchal-Général des Logis.

793 *ajoutez* au titre : des Isles sous le Vent.

846 au titre ═══ Régimens-Provinciaux, *mettez*, Régimens-Coloniaux.

855 ligne 5 ═══ Décembre, *mettez*, Septembre.

Quant aux fautes Typographiques, le Lecteur est prié d'y suppléer.

LOIX

LOIX

ET

CONSTITUTIONS

DES COLONIES FRANÇOISES

DE L'AMÉRIQUE SOUS LE VENT.

BREVET de Lieutenant au Gouvernement-Général des Isles sous le Vent de l'Amérique, pour M. Reynaud de Villeverd.

Du 4 Janvier 1780.

AUJOURD'HUI 4 Janvier 1780, le Roi étant à Versailles, Sa Majesté estimant nécessaire, pour le bien de son service, de rétablir la place de Lieutenant pour Elle au Gouvernement-Général de ses Isles sous le Vent de l'Amérique, pour le temps de la guerre seulement, Elle a cru ne pouvoir faire un meilleur choix pour remplir cette importante place, que du sieur François Reynaud de Villeverd, Commandant-Général des Troupes et des Milices, Brigadier d'Infanterie dans les Colonies, par la confiance qu'Elle a en son zèle, fidélité et affection à son service, et par les preuves qu'il a données en diverses occasions de sa valeur, bonne conduite, expérience et capacité. En conséquence, Sa Majesté a commis, ordonné et établi le sieur François Reynaud de Villeverd, Lieutenant pour Elle au Gouvernement-Général de sesdites Isles sous le Vent de l'Amérique, pour, sous l'autorité de Sa Majesté, et en l'absence du Gouverneur Lieutenant-Général auxdites Isles, avoir le Commandement sur tous les Commandans en Second, et Lieutenans pour Elle qui y sont établis et tous autres; maintenir les peuples desdites Isles en paix, repos et tranquillité, les défendre de tout son pouvoir; commander tant par mer que par terre; ordonner et faire exécuter tout ce qu'il jugera devoir et pouvoir faire pour la conservation des diverses Isles, et généralement faire et ordonner tout ce qui appartient à ladite charge de Lieutenant pour Sa Majesté au Gouvernement Général desdites Isles, la tenir et exercer, en jouir et user pendant le temps qu'il plaira à Sa Majesté, aux honneurs, pouvoirs, autorités, prééminences, franchises, droits qui y appartiennent, et aux appointemens qui lui seront ordonnés par les états dressés à cet effet. Veut et entend Sa Majesté que ledit sieur François Reynaud de Villeverd ait, en présence du Gouverneur Lieutenant-Général auxdites Isles, séance aux Conseils Supérieurs après l'Intendant desdites Isles, et qu'en l'absence du Gouverneur Lieutenant-Général il ait la préséance sur l'Intendant dans lesdits Conseils. Mande Sa Majesté à tous Officiers militaires et Officiers des Conseils-Supérieurs établis auxdites Isles, et à tous autres qu'il appartiendra, chacun en droit soi, que ledit sieur François Reynaud de Villeverd, ils ayent à reconnoître et lui obéir en l'absence du Gouverneur et Lieutenant-Général auxdites Isles. Veut Sa Majesté que par le Trésorier-Général de la Marine et des Colonies en exercice, résident en France, ou son Commis auxdites Isles, il soit par chacun an payé des appointemens qui lui seront ordonnés, qu'il soit pour lesdits appointemens employé dans les Ordonnances particulières et états qui en seront expédiés et signés par Sa Majesté, lesquels rapportant avec le présent brevet ou copie d'icelui, duement collationné pour une fois seulement et quittances sur ce suffisantes, Elle veut que tout ce qui lui aura été payé desdits appointemens soit passé et alloué aux comptes de ceux qui en auront fait le payement par les Gens des comptes de Sa Majesté à Paris, auxquels Elle enjoint le faire sans difficulté. Et pour témoignage de sa volonté, etc.

R. au Conseil du Cap, le 25 Avril suivant.

V. l'Arrêt à sa date.

Lettre du Commandant en Second au Lieutenant-de-Roi du Cap, sur l'Introduction, par les Espagnols, de viandes fumées, pendant une maladie épizootique.

Du 4 Janvier 1780.

M. le Général ayant été informé, M., que les Espagnols, chez qui la maladie sur les bestiaux s'est renouvelée, introduisoient dans la Partie Françoise des viandes fumées qui pouvoient être infectées, et réveiller les dangers auxquels nous avons été exposés, et dont peut-être nous ne sommes pas quittes, vient de m'adresser ses ordres pour que pendant tout ce mois, au moins, on ne laisse entrer aucune viande fumée ou en aiguillettes. Vous voudrez bien donner les vôtres, tant à MM. les Commandans de bataillons qu'à la Maréchaussée, et leur recommander très-expressément de faire renvoyer à l'Espagnol ceux de cette Nation qui viendroient vendre cette viande dans le François; et quant aux gens de couleur habitans dans cette Partie, qui feroient ce commerce, vous voudrez bien recommander que l'on fasse brûler celle dont ils seroient nantis, ainsi que les viandes salées.

Ordonnance des Administrateurs, pour faire ôter des Baraques construites sur la Place de l'Intendance, au Port-au-Prince.

Du 7 Janvier 1780.

Supplient très-humblement les Citoyens, Propriétaires et Locataires des maisons de la Ville du Port-au-Prince, et ont l'honneur de vous exposer qu'il auroit plu à Sa Majesté de concéder à ladite Ville un terrein pour Place publique, situé près de l'Intendance; que depuis quelques années divers Particuliers y auroient fait construire, sans autre autorisation que celle que leur a suggéré leur intérêt personnel, et au préjudice des Supplians, certains bâtimens faits en planches, vulgairement nommés baraques. Une telle entreprise de ces Particuliers est non-seulement contraire au bien et à l'ordre Public; mais elle est encore vicieuse, notamment par l'incendie général dont elle est menacée à chaque instant, soit par le feu du ciel, qui peut même consumer ces baraques, soit par celui que les personnes qui les occupent y entretiennent journellement en plein vent pour faire leur cuisine.

Vu la présente Requête, notre Ordonnance du premier Décembre dernier, mise en marge, l'avis de nos Représentans au Port-au-Prince, et tout considéré : Nous, Général et Intendant, ordonnons aux Propriétaires des baraques établies sur la Place de l'Intendance au Port-au-Prince, d'enlever ou faire enlever lesdites baraques dans le délai d'un mois, à compter du jour de la notification de notre présente Ordonnance ; et faute par eux d'y satisfaire dans ledit délai, ordonnons qu'elles seront enlevées et détruites à leurs frais : leur faisons défenses d'y en établir à l'avenir, à peine de 500 liv. d'amende contre chaque contrevenant ; enjoignons aux Propriétaires des maisons qui environnent ladite Place, de porter de 12 pieds en 12 pieds la terre franche qui sera nécessaire pour planter des arbres autour d'icelle : et mandons aux Officiers de Police de tenir exactement la main à l'exécution de notre présente Ordonnance, qui sera enregistrée au Greffe de l'Intendance, pour y avoir recours au besoin. DONNÉ au Cap, etc, le 7 Janvier 1780. *Signé* D'ARGOUT ET DE VAIVRE.

R. au Greffe de l'Intendance, le 10.

ARRÊT du Conseil du Cap, qui juge que les Causes concernant les Fabriques, doivent être introduites, de plano *en la Cour, et que les Marguilliers ne peuvent rien répéter pour frais de repas, commissions, etc.; ces frais faisant partie de l'onéreux de cette charge publique.*

Du 20 Janvier 1780.

ENTRE M. le Procureur-Général du Roi en la Cour, Appelant d'une part ; et le sieur Delribal, Négociant au Cap, Intimé d'autre part ; de la cause, le R. P. Roubion, de l'Ordre de la Trinité (*Sacristain*), encore d'autre part ; et les Marguilliers et Paroissiens des Fabrique et Paroisse de ladite Ville du Cap, en la personne du sieur Réau, assigné aux fins desdits Arrêts, et exploit, aussi d'autre part : Vu, etc. Après que Carles, Avocat du sieur Delribal, d'Augy, Avocat du R. P. Roubion, et Bourlon, Avocat des Marguilliers et Paroissiens ont été ouis, ensemble le Procureur-Général du Roi, et tout considéré : LA COUR joignant lesdits appel et demandes, et y faisant droit, a mis et met l'appellation et Sentence dont est appel au néant ; émendant, déclare ladite Sentence nulle et incompétemment rendue ; évoquant le principal, du consentement des Parties, et y faisant droit, a homologué et homologue l'arrêté (*) de compte du 30 Avril 1779, dont s'agit, pour être exécuté selon sa forme et teneur ; déboute la Partie de Carles de ses demandes et conclusions, même de celles prises en garantie contre la Partie de d'Augy, et condamne ladite Partie de Carles aux dépens des causes principales d'appel et demandes envers toutes les Parties.

ORDONNANCE *des Administrateurs, qui défend l'exportation à l'Étranger des Espèces d'or et d'argent.*

Du premier Février 1780.

Robert, Comte d'Argout, etc.

Jean-Baptiste Guillemin de Vaivre, etc.

ÉTANT prévenus que les Bâtimens étrangers, dont nous avons permis l'introduction dans les Ports d'Amirauté de la Colonie, jusqu'à nouvel ordre, par notre Ordonnance du 20 Juillet 1778, en emportent successivement le numéraire, et voulant obvier aux progrès d'une perte aussi préjudiciable, nous avons ordonné et ordonnons ce qui suit :

ART. Ier. Ne pourront, sous quelque prétexte que ce soit, les Capitaines, Patrons, Pacotilleurs, Passagers et Equipages des Bâtimens étrangers, faire de retours qu'en denrées Coloniales ou marchandises sèches ; leur défendons d'exporter des espèces d'or ou d'argent, à peine de confiscation d'icelles, ainsi que du Bâtiment et cargaison, et en outre de trois mille livres d'amende applicable, moitié au profit du Roi, moitié au dénonciateur.

ART. II. Les cargaisons et pacotilles seront remises en entier aux Négocians - Commissionnaires choisis par lesdits Capitaines, ou auxquels ils auront été adressés, pour en être fait la vente par lesdits Commissionnaires seulement.

ART. III. A l'arrivée du Bâtiment, les Interprètes-Jurés seront tenus de demander auxdits Capitaines, Patrons, ou Négocians - Commissionnaires, et ceux-ci de fournir une facture évaluée, tant de la cargaison, que des objets de pacotille, laquelle, duement certifiée par ledit Commissionnaire, demeurera annexée à la déclaration du Capitaine. Au

(*) Il rejettoit les frais du repas, &c.

départ il sera fourni par lesdits Capitaines et Patrons, à la diligence desdits Interprêtes, tant au Greffier de l'Amirauté, qu'au Bureau de l'Octroi, un état pareillement certifié, contenant la balance du produit des ventes et du montant des retours; ce qui sera exécuté sous les peines énoncées en l'article premier, en ce qui touche lesdits Capitaines et Patrons, et sous celle de l'amende de trois mille livres, pour ce qui concerne les Interprêtes et Négocians-Commissionnaires, en cas de contravention et fausse déclaration.

ART. IV. Si les retours en marchandises n'équivaloient pas au produit des ventes, l'excédent sera laissé entre les mains du Négociant-Commissionnaire, et porté, comme tel, dans la déclaration de départ, pour être employé en achats ultérieurs de marchandises à exporter dans les voyages subséquens. Il sera justifié dudit emploi par la déclaration du plus prochain chargement, ou mise à fret sur quelqu'autre Bâtiment, dans l'espace de trois mois, pour toute préfixion et délai, le tout sous l'avant dite peine de trois mille livres d'amende contre le Négociant-Commissionnaire.

SERONT au surplus exécutées les dispositions de notre Ordonnance du 20 juillet 1778, et la présente enregistrée au Greffe de l'Intendance. Prions MM. les Officiers des Conseils Supérieurs de la faire pareillement enregistrer en leurs Greffes, et mandons à ceux des Amirautés du ressort, de tenir diligemment la main à son exécution, par de fréquentes visites et vérifications. Mandons à tous Commandans pour le Roi et Officiers d'Administration, Capitaines de Ports, Capitaines de Bateaux du Domaine de Sa Majesté, Capitaines de Navires, commandant les Bâtimens marchands dans les Rades, Receveurs de l'Octroi, de procurer, chacun en droit soi, l'observation la plus exacte de ladite Ordonnance, laquelle sera publiée, imprimée et affichée par-tout où besoin sera, à ce que personne n'en ignore. DONNÉ au Cap, etc.

R. au Conseil du Port-au-Prince, le 10 Février 1780.
Et à celui du Cap le lendemain.

ARRÊT du Conseil du Cap, qui déboute des Propriétaires du payement de leur Négre tué dans une chasse comme fugitif, quoiqu'il ne le fût pas.

Du 10 Février 1780.

VU par le Conseil la Requête des héritiers Butler, tendante à être remboursés de la somme de 3,000 liv., énoncée dans l'acte de vente du Négre

Achille ; Conclusions de Canivet, Substitut du Procureur-Général du Roi, Oui le Rapport de M. Ruotte, Conseiller ; et tout considéré ; LA COUR a débouté et déboute les Supplians des fins et conclusions de leur Requête.

Les héritiers Butler avoient rendu plainte contre le Commandant du détachement qui avoit tué leur Négre ; mais sur l'exhibition de l'ordre de chasse dont il avoit été porteur, le Juge l'avoit renvoyé d'accusation.

V. les Lettres du Ministre, des 30 Juin 1780, et 17 Mai 1782.

LETTRE du Lieutenant-de-Roi du Cap, au Commandant de la Paroisse de Limonade, qui accorde à l'Audiencier du Conseil du Cap, l'exemption, pour l'Économe de son Habitation, de tout service personnel.

Du 17 Février 1780.

A L'ÉGARD de l'exemption *pour l'Habitation* de l'Huissier Audiencier du Conseil, il n'a pas cette prétention, qui n'est dûe qu'aux Conseillers, Procureur-Général, Conseillers-Honoraires et Assesseurs, ainsi qu'aux Membres des Chambres d'Agriculture, et M. le Général est bien éloigné de vouloir lui en conférer le droit ; mais en même-temps, je vous prie de vouloir bien exempter l'Econome du sieur Baudu de tout service personnel des Milices et des revues, attendu que ne pouvant par son état sortir un moment de la Ville, il est juste que l'homme préposé à la gestion de ses biens, y veille avec exactitude, et c'est la seule faveur qui peut être accordée à l'Huissier Audiencier du Conseil.

RÉGLEMENT du Gouverneur-Général, concernant l'ordre et le service des Troupes et Milices en Campagne, & la Police Militaire dans les quartiers de la Colonie.

Du 18 Février 1780.

Ce Réglement, divisé en 19 titres, et contenant 268 articles, n'étant relatif qu'aux précautions qu'exigeoient alors les circonstances de la guerre, nous avons cru pouvoir nous dispenser d'en grossir ce Recueil.

ARRÊT du Conseil du Cap, qui reçoit M. de Lilancour en qualité de Commandant en Chef par intérim, attendu le décès de M. le Comte d'Argout.

Du 7 Mars 1780.

CE jour, M. de Thébaudieres, Procureur-Général du Roi, est entré et a dit : MM., profondément affligé de la perte que la Colonie vient de faire, nous resterions en proie à notre douleur, si nous ne trouvions déjà quelque consolation à être l'organe de la vôtre, et l'interprête des sentimens dont nous vous voyons pénétrés. Pleurons, MM., sur la mort de l'homme vertueux ! notre douleur est légitime, toute la Colonie la partage. Pleurons sur-tout un Chef dont les vertus, l'amour pour la justice, le zèle infatigable pour le bien, lui ont dans tous les temps concilié la confiance du Souverain, et rendront à jamais sa mémoire chère aux véritables Colons. Que ne nous est-il permis de vous retracer ici toutes les qualités qui distinguoient M. le Comte d'Argout, et qui le rendoient si digne de gouverner ! Mais ne seroit-ce pas, MM., ajouter à vos regrets, lorsque nous ne devons que vous présenter des motifs de consolation ? Le plus juste sans doute, et le mieux fondé, est dans l'expérience que nous avons déjà faite des vertus et des qualites de celui qui, par l'Ordonnance, est appelé à le remplacer ; c'est de voir le gouvernement passer entre les mains de M. de Lilancour, qui nous a déjà prouvé qu'il sait allier la justice à la bonté, les lumières supérieures à une modestie rare, et d'être assurés que s'il ne peut nous faire oublier le Gouverneur que nous pleurons, et qui mérite à tant de titres nos regrets, nous retrouverons en lui le même zèle pour le bien, le même amour pour la justice et pour la paix intérieure de cette Colonie. A CES CAUSES, je requiers pour le Roi, etc ; le Procureur-Général du Roi oui, la matière mise en délibération, et tout considéré : LA COUR faisant droit sur la remontrance du Procureur-Général du Roi, a reçu et reçoit M. de Lilancour, Brigadier des Armées du Roi, Commandant en Second de la partie du Nord, en qualité de Commandant en Chef par intérim de la Colonie, au desir de l'article 5 de l'Ordonnance du Roi du mois d'août 1775, pour remplir toutes les fonctions de Gouverneur-Lieutenant-Général, aux honneurs, privilèges, prééminence et prérogatives attribués par les Ordonnances ; donne acte au Procureur-Général du Roi du serment à l'instant prêté par M. de

Lilancour

Lilancour, et de l'installation qui vient d'être faite Audience tenante ; ordonne que le présent Arrêt sera imprimé, lu, publié et affiché partout où besoin sera, et copies collationnées d'icelui, envoyées ès Siéges et Amirautés du ressort, pour y être pareillement lues et publiées, etc.

V. l'Arrêt du Conseil du Port-au-Prince, qui suit.

ARRÊT du Conseil du Port-au-Prince, pour la Réception de M. de Lilancour, en qualité de Commandant en Chef par interim, attendu le décès de M. le Comte d'Argout.

Du 15 Mars 1780.

AUjourd'hui 15 Mars 1780, la Cour étant assemblée en la manière accoutumée, le Procureur-Général du Roi est entré, et a dit : la mort vient d'enlever M. le Comte d'Argout, qui, par une administration juste et modérée, a mérité d'emporter avec lui les regrets universels. Après le décès de M. le Comte d'Ennery, son Prédécesseur immédiat, M. de Lilancour, Commandant en second de la Partie du Nord, fut reconnu généralement Commandant en Chef de la Colonie par interim : la Requête qu'il présenta alors à la Cour pour s'y faire recevoir en cette qualité, les Ordonnances qu'il invoqua, l'Arrêt qui intervint sans réclamation ; voilà quels furent ses titres : ce sont encore les mêmes aujourd'hui, Messieurs ; ils sont appuyés de plus par une adminis ration sage dont vous avez été les témoins, par un caractère de modération, et sur-tout de modestie, qui lui est propre, et qui en faisant aimer l'homme qui commande, de ses inférieurs, leur rend la vertu plus attrayante, le devoir plus doux et plus facile. D'après ces motifs, et vu la Lettre de MM. de Lilancour et de Vaivre, datée du Cap le 8 Mars 1780, qui annonce aux Président et Procureur-Général en la Cour, la mort de M. le Comte d'Argout, l'Arrêt de la Cour du 28 Décembre 1776, et l'Arrêt du Conseil Supérieur du Cap, du 7 Mars 1780, je requiers que M. de Lilancour, Brigadier des Armées du Roi, Commandant en second de la Partie du Nord, soit reconnu en qualité de Commandant en Chef de la Colonie par interim, pour en remplir toutes les fonctions et jouir des prérogatives y attachées, aux termes des Ordonnances, sans qu'il soit tenu de prêter serment, dont il sera dispensé, attendu celui qu'il vient de prêter en cette qualité au Conseil du Cap. Le Procureur-Général du Roi oui, et la matière mise en délibération, LA

COUR a ordonné et ordonne que M. de Lilancour, Brigadier des Armées du Roi, Commandant en Second de la Partie du Nord, sera reconnu en qualité de Commandant en Chef de la Colonie par interim, pour en remplir toutes les fonctions, et jouir des prérogatives y attachées, aux termes des Ordonnances, sans qu'il soit tenu de prêter serment, dont elle l'a dispensé, attendu celui qu'il vient de prêter en cette qualité au Conseil Supérieur du Cap, suivant l'Arrêt de cette Cour, du 7 de ce mois. Ordonne que le présent Arrêt sera imprimé, lu, publié et affiché partout où besoin sera, et que copies collationnées d'icelui seront envoyées dans les Sénéchaussées et Amirautés du ressort, pour y être pareillement lues, etc.

ORDONNANCE du Roi, portant établissement d'une École d'Artillerie au dépôt des Recrues des Colonies à l'Isle de Ré, afin de fournir aux Compagnies de Canoniers-Bombardiers, ou au service du canon dans les Régimens des Colonies.

Du 15 Mars 1780.

LETTRE du Lieutenant-de-Roi du Cap, au Commandant de Limonade, sur les exemptions à prétendre par les Habitations chargées du Marguillage.

Du 25 Mars 1780.

MR. le Général a décidé que, conformément à l'usage pratiqué, le principal Économe d'une habitation Marguillière, sera exempt de tout service, mais que les autres Blancs ou Économes qui y seront employés, seront tenus de monter les gardes et de se trouver aux revues; et pareillement, si sur cette habitation il y a un attelier au-dessus de 79 Nègres, quoiqu'il ne s'y trouve qu'un Économe d'employé, ladite habitation, quoique Marguillière, sera tenue de fournir un monteur de garde. M. le Général donne pour exemple que son habitation du quartier du Trou fournit un monteur de garde, quoique le principal Économe soit exempt; mais relativement au nombre des Nègres de cette habitation, qui se trouve au-dessus de 79.

ORDONNANCE *de M. l'Intendant, qui, attendu la guerre, porte le prix des journées d'Hôpitaux, au Port-au-Prince, de 3 liv. 8 sols, à 4 liv. 18 sols pour les bas-Officiers, Matelots & Soldats, et à 16 liv. le prix des journées d'Officiers; le tout à compter du premier Septembre 1778.*

Du 27 Mars 1780.

R. au Contrôle, le 3 Avril suivant.

ARRÊT *du Conseil du Port-au-Prince, qui condamne une Boulangère au carcan durant trois jours consécutifs, au Marché de la même Ville, avec cet écriteau :* Boulangère convaincue d'avoir mis de la chaux dans le pain qu'elle fabriquoit ; *la bannit à perpétuité du ressort de la Cour, et ordonne l'impression, publication et affiche de l'Arrêt.*

Du 4 Avril 1780.

ARRÊT *du Conseil du Cap, qui, 1°. déclare les Négocians de la même Ville non-recevables dans leur tierce-opposition à l'établissement de la Bourse-commune des Huissiers; 2°. déclare le Procureur-Général du Roi non-recevable à se rendre tiers-opposant aux Réglemens de la Cour; & 3°. prive l'Avocat de ses honoraires, pour avoir plaidé la tierce-opposition des Négocians.*

Du 6 Avril 1780.

LOUIS, &c. Entre les Négocians soi-disant représentant le commerce du Cap, d'une part; et les Directeurs de la bourse-commune, représentant le corps des Huissiers de cette Ville, d'autre part. Vu, &c. LA COUR déclare les Négocians non-recevables dans la tierce-opposition par eux formée à l'exécution de l'Arrêt du 26 Février 1761, lequel sera exécuté selon sa forme et teneur; les condamne solidairement les uns pour les autres, un d'eux seul pour le tout, en l'amende de 150 liv. et aux dépens.... Enjoint à l'Avocat de porter honneur, respect et soumission aux Arrêts de Réglement de la Cour, conformément à son serment lors de sa réception en qualité d'Avocat postulant ; et pour y avoir manqué tant le droit de conseil que sa Requête libellée et sa plaidoirie ne passeront point en taxe. Déclare le Procureur - Général du Roi non-recevable dans sa tierce-opposition à l'exécution des Arrêts des 14 Mai 1772 et 28 Mai 1779, qui seront exécutés selon leur forme et teneur .... Et sur l'allégation faite à la Barre par l'Avocat des Huissiers, d'une prétendue Requête aux fins de faire tomber la bourse-commune des Huissiers du Fort-Dauphin, laquelle a dû être envoyée au Presbytère du Trou pour la faire signer par les Habitans dudit quartier.... La Cour a ordonné et ordonne que le Procureur - Général du Roi fera telles recherches et démarches qu'il jugera nécessaires, aux fins de parvenir à connoître les auteurs, fabricateurs et distributeurs de ladite Requête, si aucuns sont, pour de suite être par lui pris contr'eux telles conclusions qu'il avisera bon être, et par la Cour ordonné ce qu'il appartiendra.

AVERTISSEMENT de M. le Président du Conseil du Cap, à l'audience, touchant la qualité collective d'Héritiers tels.

Du 6 Avril 1780.

Entre les héritiers Behotte, etc.

A l'occasion de cette cause, M. le Président a annoncé au Barreau que la Cour ne souffriroit plus qu'il fût plaidé de causes où les Parties seroient désignées sous cette qualification générique, les héritiers tels ; *& qu'en conséquence les Avocats eussent à se conformer à cet Avertissement de la Cour, & à désigner chaque héritier nominativement.*

ORDONNANCE de M. l'Intendant, qui réduit à 80,000 liv. pendant la guerre, & à compter du premier Décembre 1778, le prix de la ferme des Postes, fixé au double pour le temps de paix.

Du 7 Avril 1780.

R. au Contrôle, le 18.

EXTRAIT de la Lettre du Ministre aux Administrateurs, pour accorder aux Assesseurs des Conseils un traitement de 4,000 liv., quand ils suppléent des Conseillers décédés.

Du 21 Avril 1780.

LE traitement de 4,000 livres réglé aux Assesseurs dans les Conseils Supérieurs, en l'absence des Conseillers titulaires, et que je leur ai annoncé par ma dépêche du 15 Novembre 1778, ayant pour objet de dédommager les Assesseurs des dépenses que leur occasionne la résidence absolue à laquelle leur service extraordinaire les oblige; le Roi a décidé que par le même motif il doit avoir lieu pour l'interim des Conseillers décédés, avec un effet rétroactif, en faveur des Assesseurs qui ont fait le service après le décès des deux derniers Conseillers.

R. au Contrôle, le 2 Avril 1781.

DÉLIBÉRATIONS du Conseil du Cap, pour savoir s'il préféreroit de siéger en Robe plutôt que l'Epée au côté, et Arrêté de cette Cour.

Des 22 et 24 Avril, et 11 Mai 1780.

Du 22 Avril.

CE jour, la Cour ayant observé qu'il existe dans ses registres une Délibération du 5 Mai 1761, qui a pour objet de déterminer et arrêter s'il seroit plus convenable et plus à-propos que la Cour siégeât en robe, que l'épée au côté, comme elle l'avoit fait jusqu'alors et le fait encore, et que cette Délibération est jusqu'à-présent demeurée sans suite; LADITE COUR a remis la Délibération au premier jour sur ce, et sur les suites à donner, s'il y a lieu, à celle susdite du 5 Mai 1761.

Du 24 Avril.

CE jour, la Cour, pour donner suite à sa Délibération du 22 de ce mois, a arrêté que MM. les Administrateurs, les Conseillers-Honoraires et Assesseurs seront invités à la séance ou assemblée qui se tiendra à cet effet le Jeudi, qui se comptera onze du mois de Mai prochain; auquel effet M. le Président demeure également invité à en écrire à ces Messieurs, et à les prévenir qu'il sera donné cours à ladite Délibération sur la présente invitation, tant en absence que présence.

Du 11 Mai.

CE jour, la Cour délibérant par suite de ses arrêtés des 22 et 24 Avril dernier, a arrêté qu'il n'y avoit lieu de donner suite à l'arrêté du 5 Mai 1761.

ARRÊT du Conseil du Cap, qui juge que des denrées envoyées par un Habitant à son Commissionnaire pour se payer de ses avances, et dont celui-ci a passé écriture sur ses Livres, sont insaisissables chez ledit Commissionnaire, de la part des autres Créanciers de l'Habitant.

Du 24 Avril 1780.

LOUIS, &c. Entre la Dame, non commune, du sieur Filleul, Marchande, au Fort-Dauphin, appelante d'une part; et le sieur Vieillard, Capitaine du Navire la Tamise, du Hâvre, intimé, &c. d'autre part; de la cause, le sieur Espinassy, encore d'autre part. Vu, &c. LA COUR joignant les instances et y faisant droit; a mis et met l'appellation et ce dont est appel au néant; émendant, décharge la partie de Moreau de Saint-Méry des condamnations contr'elle prononcées par lesdites sentences; en conséquence, déclare nulle et de nul effet, tant la saisie-exécution des Cafés dont il s'agit, que la vente d'iceux; condamne la partie de Bourlon à la restitution du prix desdits Cafés vendus, et en tous les dépens des causes principales et d'appel pour tous dommages et intérêts.

Le sieur Espinassy avoit écrit à la Dame Filleul que les cafés devoient servir à payer ses avances, et elle avoit passé écriture de cet objet sur son Livre avant la saisie du Capitaine Vieillard.

ARRÊT du Conseil du Cap, qui reçoit M. de Reynaud de Villeverd en qualité de Lieutenant au Gouvernement-Général.

Du 25 Avril 1780.

VU par le Conseil le Brevet, etc; Conclusions par écrit du Procureur-Général du Roi; ouï le rapport de M. de Saint-Martin, Conseiller, Doyen; et tout considéré : LA COUR; après avoir reçu de M. Reynaud de Villeverd le serment en pareil cas requis et accoutumé, l'a reçu et reçoit en la place de Lieutenant pour Sa Majesté au Gouvernement général des Isles sous le vent de l'Amérique; en conséquence, ordonne que le Brevet dont s'agit sera et demeurera enregistré au Greffe de la Cour, pour être exécuté suivant sa forme et teneur, et jouir par M. Reynaud de Villeverd des honneurs, priviléges, prééminence et prérogatives y attribués; ordonne que ledit Brevet sera lu Audience tenante, et que le présent Arrêt sera imprimé et affiché par-tout où besoin sera, et copies duement collationnées d'icelui envoyées à la diligence du Procureur-Général du Roi, ès Siéges-Royaux et d'Amirauté du ressort, pour y être pareillement enregistrées, lues, &c.

V. le Brevet à sa date.

LETTRE du Ministre aux Administrateurs, qui accorde au Président du Conseil la préséance sur les Lieutenans de Roi, Majors & Commissaires de la Marine.

Du 28 Avril 1780.

J'Ai reçu, MM., avec la lettre de Mrs d'Argout et de Vaivre, du 12 Décembre dernier, les Mémoires respectifs du Président du Conseil-Supérieur du Cap d'une part, et des Lieutenant de Roi, Major et plus ancien Commissaire de la Marine, de l'autre, au sujet de la préséance dans l'Eglise, les marches et cérémonies publiques où assiste le Conseil.

La question se trouve jugée par l'article premier de l'Édit de 1769, qui porte qu'à l'avenir, le Conseil-Supérieur du Cap sera composé du Gouverneur, de l'Intendant, du Commandant en Second, d'un Président, d'un Commissaire-Général de la Marine, du Lieutenant-de-Roi audit lieu du Cap, de douze Conseillers ; &c. Sa Majesté a, en conséquence, décidé que le Président doit avoir le pas sur les Lieutenant de Roi, Major, et plus ancien Commissaire de la Marine, nonobstant les dispositions du Réglement de 1743, à l'époque duquel la place du Président n'existoit pas. Pour prévenir toutes contestations à ce sujet, vous voudrez bien faire enregistrer ma dépêche aux deux Conseils-Supérieurs.

R. au Conseil du Cap, le 4 Avril 1781.
Et à celui du Port-au-Prince, le 27 du même mois.

ARRÊT du Conseil d'État, qui casse celui du Conseil du Cap, du 19 Juillet 1779, en ce qu'il prononce une interdiction contre l'Avocat.

Du 29 Avril 1780.

ARRÊT du Conseil d'État, qui accorde aux sieurs Boucherie, pendant l'espace de 15 ans, le privilége exclusif de l'usage du procédé par eux inventé pour le Rafinage des Sucres.

Du 7 Mai 1780.

SUR la Requête présentée au Roi par les sieurs Boucherie frères, Négocians, à Bordeaux, contenant qu'après plusieurs années de travail et d'expériences, ils sont parvenus à découvrir une manière de rafiner les Sucres, préférable à celle qui s'est toujours pratiquée, non-seulement en ce qu'elle est moins dispendieuse, mais encore attendu qu'il en résulte l'avantage de pouvoir extraire d'une quantité de Sucre brut déterminée, une quantité beaucoup plus grande de Sucre rafiné que celle qu'on est dans l'usage d'en tirer; mais que ce procédé, dont la recherche a coûté aux Supplians des soins et des frais considérables, est tellement simple qu'ils ne pourroient en faire usage pour une opération en grand, sans craindre qu'il ne fût promptement connu et pratiqué par tous les Rafineurs du Royaume, qui dès-lors tireroient gratuitement avantage des dépenses qu'il leur a occasionnées : Requéroient, à ces causes, &c. Vu ladite Requête, ensemble l'avis des sieurs Darcet, Docteur-Régent de la Faculté de Médecine de Paris,

Paris, Professeur en Chimie au Collége-Royal; Rouelle, Démonstrateur en Chimie au Jardin du Roi; du Bergier, Député au Conseil du Commerce pour la Ville de Bordeaux; Du Buq Duferret, Député au Conseil du Commerce pour les Isles du Vent; Rostagny, Député au Conseil du Commerce pour la ville de Marseille, et Lhéritier de Brutelles, Député au Conseil de Commerce pour les Isles d'Amérique sous le Vent; lesquels ont été commis pour la vérification dudit procédé. Oui le rapport, LE ROI étant en son Conseil, ayant aucunement égard à ladite Requête, a permis et permet auxdits sieurs Boucherie, frères, de faire exclusivement, pendant l'espace de 15 années, usage du procédé par eux inventé pour le rafinage des Sucres; fait défenses à tous les Rafineurs du Royaume, et à toutes autres personnes, de se servir dudit procédé sans l'aveu desdits sieurs Boucherie et ce, sous peine de 3,000 livres d'amende applicable au profit desdits sieurs, et de saisie pareillement à leur profit des matières et ustensiles surpris en contravention au présent Arrêt. Ordonne Sa Majesté, que le Mémoire énonciatif dudit procédé, sera déposé entre les mains du sieur Darcet, l'un des Commisaires nommés pour l'examen d'icelui, pour ledit Mémoire n'être rendu public qu'après l'expiration dudit Privilége; enjoint Sa Majesté aux sieurs Intendans et Commissaires départis dans les différentes Généralités du Royaume, de tenir la main à l'exécution du présent Arrêt. Ordonne pareillement que toutes les contestations qui pourront survenir à l'occasion de l'exploitation dudit Privilége, seront portées en première instance pardevant lesdits sieurs Intendans, et par appel au Conseil; et sera le présent Arrêt exécuté, nonobstant toutes oppositions ou autres empêchemens généralement quelconques, dont, si aucuns interviennent, Sa Majesté se réserve la connoissance, et icelle interdit à ses autres Cours et Juges. Fait au Conseil d'État du Roi; &c.

ARRÊT en Réglement du Conseil du Cap, touchant la vente des Animaux Épaves.

Du 8 Mai 1780.

ENTRE le sieur Dessouches; &c. d'une part; et la Dame veuve Passereau, d'autre part; LA COUR faisant droit sur les plus amples conclusions du Procureur-Général du Roi, ordonne, 1°. que les Animaux épaves ne pourront être vendus à la Barre des Siéges du ressort de la Cour, qu'après que leur signalement aura été mis dans les Affiches et Papiers publics, leur étampe et le jour, le lieu et le nom des personnes qui les auront arrêtés et où ils l'auront été, ainsi que le jour où ils auront été remis aux Épaves ; 2°. que les Propriétaires de tous les Animaux, de quelqu'espèce qu'ils soient, vendus comme Épaves, pourront les réclamer et reprendre en nature dans l'an et jour de la vente qui en aura été faite à la Barre des Siéges ; 3°. et enfin que ce délai passé, les Propriétaires ne pourront plus en exiger que le prix pendant l'espace d'une autre et seconde année, suivant et dans la forme prescrite par l'article 4 de l'Ordonnance du Roi du 19 Septembre 1767, concernant les Nègres épaves de cette Isle ; après laquelle seconde année la réclamation même du prix n'en sera plus reçue ; ordonne que le présent Arrêt sera imprimé, lu, publié et enregistré dans tous les Siéges du ressort de la Cour ; &c.

LETTRE du Commandant-Général par interim, aux Commandans en Second, sur l'exemption du service des Milices par lui accordée aux Huissiers.

Du 12 Mai 1780.

D'APRÈS les représentations journalières qui me sont faites, M. sur ce que les fonctions des Huissiers sont absolument incompatibles avec le service Militaire, j'ai étudié l'esprit de l'article 22 de l'Ordonnance de 1778 pour les Milices, qui met au nombre des Exempts les Procureurs et Notaires, et ne parle point des Huissiers ; ce ne peut être qu'une omission, car les mêmes raisons militent en faveur des Huissiers ; ainsi, M., j'ai réglé qu'ils doivent être affranchis comme tous les Officiers ministériels de la Justice, jusqu'à nouvel ordre : vous voudrez bien en prévenir les différens Commandans pour le Roi, et tenir la main à l'exécution de cet arrangement dans l'étendue de votre Département.

J'ai l'honneur d'être, etc. *Signé* REYNAUD.

ARRÊTÉ du Conseil du Cap, touchant l'âge pour l'émission des Vœux dans la Communauté des Religieuses de la même Ville.

Du 19 Mai 1780.

CE jour, par suite de l'Arrêt intervenu sur la remontrance du Procureur-Général du Roi, par lequel la Cour auroit déclaré que l'âge nécessaire pour l'émission des vœux de Religion, en la Communauté des Religieuses de cette Ville du Cap, demeuroit provisoirement, et jusqu'à ce qu'il ait plu à Sa Majesté d'en ordonner autrement, fixé à 18 ans accomplis, et ce conformément aux Loix publiques du Royaume à cet égard; auroit ordonné en conséquence qu'expédition dudit Arrêt seroit signifiée, à la diligence du Procureur-Général du Roi en la Cour, à la Supérieure de ladite communauté, pour qu'elle ait à s'y conformer en ce qui touche la Profession des Novices, à l'avenir, à peine de nullité, &c. a été arêté par la Cour qu'il sera fait des représentations à Sa Majesté, pour qu'il lui plaise fixer l'âge auquel l'émission des Vœux doit être faite dans ladite Communauté; et pour dresser lesdites représentations, la Cour a commis et commet M. Lohier de la Charmeraye, Conseiller.

RÉGLEMENT de M. l'Intendant, touchant les Négres des Particuliers, mis à la Chaîne du Roi par forme de discipline.

Du 20 Mai 1780.

Jean-Baptiste Guillemin de Vaivre, &c.

ETANT informé que plusieurs Habitans, pour éviter le payement des frais de maladies de leurs Négres, les envoient dans les Prisons de cette Ville, pour y être attachés à la chaîne, sous le faux prétexte de correction; et étant nécessaire de détruire un abus aussi préjudiciable aux intérêts du Roi; Nous défendons aux Concierges desdites Prisons, de recevoir à la chaîne aucun Esclave des Habitans, qu'il ne l'ait préalablement présenté au Chirurgien de Sa Majesté, qui jugera s'il est propre ou non à rendre des services au Roi; en ce dernier cas ledit Esclave ne sera point reçu: sera, à cet effet, l'écrou desdits Esclaves envoyés à la Chaîne, visé à chaque article par le Chirurgien du Roi, auquel nous enjoignons de tenir la main à l'exécution du présent, qui sera enregistré au contrôle de la Marine. DONNÉ au Cap, le 20 Mai 1780. *Signé*, de Vaivre.

R. au Contrôle, le 22.

ORDONNANCE des Administrateurs, touchant l'enregistrement au Greffe de l'Intendance, des quittances de taxes de Libertés.

Du 22 Mai 1780.

SUPPLIE humblement Tiphaine, Greffier de l'Intendance, par interim, et a l'honneur de vous exposer qu'il vient d'être informé que les quittances du Receveur des taxes des libertés seroient à l'avenir enregistrées au Greffe de l'Intendance, pour par le Greffier, en fournir etat, lorsqu'il en sera requis. Le Suppliant, pour cet effet, est obligé d'ouvrir un registre; ce qu'il ne peut faire sans par vous, Nosseigneurs, y être autorisé : ce considéré, Nosseigneurs, &c. Vu la présente Requête, et tout considéré : Nous, Commandant-Général et Intendant, ordonnons au Suppliant, en la qualité qu'il agit, de tenir un registre qui sera de Nous côté et paraphé, et déposé au Greffe de l'Intendance, pour y enregistrer les quittances des taxes de libertés qui seront données par le Receveur des taxes. Pour l'enregistrement de chacune, il lui sera payé par les parties une somme de 4 livres 10 sols; et sera notre présente Ordonnance enregistrée au Greffe de l'Intendance, pour y avoir recours au besoin. DONNÉ au Cap, &c. le 22 Mai 1780. *Signé*, REYNAUD ET DE VAIVRE.

R. au Greffe de l'Intendance, le 28 dudit mois.

ARRÊTS du Conseil du Cap, qui jugent 1°. que l'Immatriculation d'un Juif Portugais à Bordeaux, suffit pour l'affranchir de l'Aubaine dans les Colonies. 2°. Qu'une énonciation de société de Commerce sur des Livres, est supplétive d'un acte de société. 3°. Qu'un étranger naturalisé peut prendre la qualité de Négociant. 4°. Et enfin, qu'un Procureur ne peut, même en présence des Parties, dans un Inventaire judiciaire, et contradictoirement provoqué, emporter des Pièces pour les examiner.

Des 24 Mai 1780, et 16 Mai 1781.

ENTRE les sieurs Dyas Pereyra et Gauget, Exécuteurs testamentaires du sieur Tota l'aîné, Appelans, d'une part; et M. Bullet, Receveur des Aubaines, intimé, incidemment appelant, d'autre part; de la cause, le sieur

Moline jeune, associé du feu sieur Tota aîné, intimé; appelant d'autre sentence, aussi d'autre part; et entre le sieur Pereyra, Négociant en cette Ville, procédant en son propre et privé nom, demandeur, d'une part; contre ledit M. Bullet, en son nom personnel, défendeur, d'autre part; et encore entre les sieurs Raba frères, La Perrière et autres Créanciers de la succession Tota, parties intervenantes, d'une part; & ledit M. Bullet, d'autre part; et enfin entre M. L...., Procureur au Cap, demandeur en intervention et plainte, d'une part; contre lesdits sieurs Pereyra et Gauget, et M^e d'Augy, Avocat en la Cour, en son nom personnel, encore d'autre part; Vu, &c. Après que d'Augy, Avocat de Pereyra et Gauget, et en son nom personnel; Moreau de Saint-Méry, Avocat de Bullet et de L.... ; Larchevêque-Thibaud, Avocat de Moline jeune; Valentin de Cullion, Avocat de Raba frères et consorts, ont été ouis aux Audiences des 26 Avril dernier, 19, 20, 22 et 23 de ce mois, ainsi qu'à celle de ce jour; ensemble, de Saint-Martin fils, Substitut du Procureur - Général du Roi; et tout considéré: LA COUR joignant & statuant sur le tout par un seul et même Arrêt, en ce qui touche l'Appel de la Sentence du 26 Février dernier, et avant faire droit sur icelui, ordonne, sans préjudicier aux droits des Parties, ni attribution d'aucuns nouveaux, que les Parties de d'Augy rapporteront dans un an, à compter du jour de la signification du présent Arrêt, la preuve en due forme, que feu Tota, Juif Portugais, de la succession duquel il s'agit, réfugié en France, étoit, comme sa famille, immatriculé à Bordeaux; pour ce fait, ou à défaut de ce faire, être définitivement fait droit aux Parties ainsi qu'il appartiendra. En ce qui touche l'Appel de la Sentence du 4 Mars, ordonne pareillement, avant faire droit, que la société de commerce dont s'agit, sera provisoirement liquidée par les Parties de Larchevêque-Thibaud, et de d'Augy, sans commission, suivant leurs offres, en présence du Receveur des Aubaines, ou icelui duement appelé; comme aussi, que les Créanciers de ladite succession seront payés de leur dû en principal, intérêts et frais, par les Parties de Larchevêque-Thibaud et de d'Augy, en présence du Receveur susdit, ou icelui duement appelé; sauf à être par la Cour définitivement statué lors du jugement du fond sur le surplus des contestations y relatives, si aucunes sont; au moyen de quoi, déclare qu'il n'y a lieu de prononcer sur l'Appel de l'Ordonnance du 7 Mars .... En ce qui touche la demande de Dyas Pereyra, contre Bullet; ordonne que l'assertion dudit Bullet, (*) en carac-

(*) Elle portoit que ledit sieur Pereyra, Etranger naturalisé en Avril 1778, ne pouvoit être Commerçant, sous les peines portées par les Lettres-patentes du mois d'Octobre 1727.

tères italiques, à la fin de la page 13 de son Mémoire imprimé, commençant par ces mots, *: Et comment s'étonner*, et finissant par ceux-ci, *la qualité de Négociant, dans un Mémoire imprimé*, sera et demeurera supprimée : ordonne que le présent Arrêt, quant à ce, sera imprimé jusqu'à concurrence de 50 exemplaires, aux frais dudit Bullet, que la Cour a condamné aux dépens de l'incident, sauf son recours, s'il avise que bien soit. En ce qui touche l'intervention et plainte du Procureur L....., donne acte à d'Augy, en son nom personnel, de ce qu'il s'en rapporte à Justice ; et vu ce qui résulte des aveux dudit L....., consignés en sa Requête en plainte, le déboute des fins et conclusions d'icelle, lui enjoint d'être plus circonspect à l'avenir, sous peine d'interdiction, et le condamne aux dépens de son intervention ; le surplus des dépens respectifs des Parties réservés en définitif, ainsi que l'exécution du présent Arrêt.

Par Arrêt du 16 Mai 1781, lors duquel les héritiers Tota étoient Intervenans, le Receveur des Aubaines a été débouté de sa réclamation, la société accueillie, et le Receveur condamné, en sa qualité, aux dépens envers les Parties.

On avoit rapporté des certificats des Syndics de la Nation Juive à Bordeaux, du Receveur des Impositions, et des certificats de l'Immatriculation de la famille Tota.

ORDONNANCE *du Commandant en Chef par interim, concernant l'établissement de cinq Compagnies de Chasseurs-Royaux, tirés des Compagnies de Milices de Gens de Couleur.*

Du 26 Mai 1780.

François Reynaud de Villeverd, etc.

ETANT nécessaire de faire connoître les intentions de Sa Majesté concernant le service de ses Milices, Gens de couleur libres à Saint Domingue, et voulant leur fournir les moyens de servir encore avec plus de succès que par le passé ; Nous, en vertu des pouvoirs à nous confiés, avons ordonné et ordonnons ce qui suit.

ART. I. Il sera établi cinq Compagnies composées de Gens de couleur libres à Saint-Domingue, recrutés par les Milices desdits Gens de couleur, comme il sera ci-après expliqué.

II. Ces cinq Compagnies porteront le nom de *Chasseurs-Royaux de Saint-Domingue.*

III. Chaque Compagnie sera commandée par un Capitaine, un Sous-Aide-Major, lequel aura toujours rang de premier Lieutenant dans la Compagnie, un Lieutenant et un Sous-Lieutenant, et composée d'un Fourrier, quatre Sergens, huit Caporaux, quatre-vingt-huit Fusiliers et Tambours.

Les huit Caporaux et les quatre-vingt-huit Fusiliers formeront huit Escouades de douze hommes chacune.

La première et la cinquième Escouade formeront une première subdivision à laquelle sera attaché le premier Sergent; la seconde et la sixième Escouade formeront la seconde subdivision, à laquelle sera attaché le second Sergent; la troisième et la septième Escouade formeront la troisième subdivision, à laquelle sera attaché le troisième Sergent; la quatrième et la huitième Escouade formeront la quatrième subdivision, à laquelle sera attaché le quatrième Sergent.

Les première et troisième subdivisions formeront la première division qui sera subordonnée au Lieutenant; et les deuxième et quatrième subdivisions formeront la seconde division, que commandera le Sous-Lieutenant: ces deux Officiers en rendront compte tous les jours au Capitaine, et les Fourriers et Sergens en rendront aussi compte au Sous-Aide-Major, qui en répondra de son côté à l'Aide-Major, et au Capitaine de sa Compagnie, qui en répondra au Lieutenant-Colonel.

IV. Les Milices des Gens de Couleur de la *Partie du Nord*, fourniront deux Compagnies, dont une composée de *Mulâtres*, et l'autre de *Nègres*; celles de la Partie de l'Ouest, deux, dont une également composée de *Mulâtres*, et l'autre de *Nègres*; celles de la *Partie du Sud*, une de *Mulâtres*.

Les Milices Nègres de la Partie du Sud, fourniront aussi leur contingent pour la Compagnie de Nègres de la Partie de l'Ouest, au prorata de leurs forces.

V. Le Quartier d'assemblée, pour la formation de chaque Compagnie, sera, savoir:

Pour les deux de la Partie du Nord, *au Cap.*

Pour les deux de l'Ouest, *au Port-au-Prince.*

Pour celle du Sud, *à Saint-Louis.*

VI. L'État-Major de ces cinq Compagnies, sera composé d'un Lieutenant-Colonel et d'un Aide-Major.

VII. Tous Nègres, Mulâtres ou Gens de couleur libres, de 15 à 16 ans, seront obligés de servir un an dans les Compagnies de Chasseurs-Royaux de leur département.

VIII. Tous Négres, Mulâtres ou Gens de couleur libres qui jouissent de la liberté de fait, mais dont l'acte de ratification n'est pas en règle, seront tenus d'y servir pareillement un an, en outre de la taxe en argent.

IX. Tous Nègres, Mulâtres ou hommes de couleur, Esclaves, ne pourront obtenir la ratification de leur liberté, qu'ils n'ayent servi également un an dans lesdites Compagnies, aussi en outre de la taxe en argent.

X. Le Congé sera délivré exactement aux époques ci-dessus fixées; et lesdits Chasseurs-Royaux congédiés, rentreront dans les compagnies de Milices de leur Paroisse, pour y faire le service ordinaire.

Ledit congé sera expédié dans la forme prescrite, et dont il sera envoyé des feuilles imprimées, et en blanc, au Lieutenant-Colonel : ces congés seront signés du Commandant de la Compagnie, du Lieutenant-Colonel, de l'Aide-Major, et visés du Gouverneur-Général, du Commandant pour le Roi, et du Commissaire du lieu où sera ladite Compagnie.

Il est défendu aux Capitaines et à tous Officiers, à peine d'être cassés, de donner verbalement, ou par écrit, aucun congé absolu ni limité, à aucun Chasseur, sous quelque prétexte que ce soit, hors les cas prévus par les Articles X, XI et XIV, ou sans un ordre particulier du Gouverneur-Général.

XI. Tous Nègres, Mulâtres ou Gens de couleur libres et Miliciens, seront obligés de servir trois mois dans lesdites Compagnies, et rentreront ensuite dans les Compagnies de Milices ordinaires, sur des ordres dont il sera envoyé des feuilles imprimeés et en blanc, à chaque Commandant pour le Roi; et leur tour de service, dans les Compagnies de Chasseurs-Royaux, ne commencera que lorsque tous les autres y auront passé également trois mois.

XII. Les Miliciens, Gens de couleur mariés, ayant enfans et Habitation, ne serviront dans les Compagnies de Chasseurs-Royaux, que dans les cas forcés et extraordinaires.

Il en sera usé de même pour les Dragons Mulâtres ou Gens de couleur des Milices, qui seront bien montés et équipés en tout point, lesquels seront assemblés un jour de Dimanche, tous les mois, dans chaque Paroisse, pour y être inspectés et exercés par l'Officier commis à cet effet.

XIII. Les Milices de chaque Quartier remplaceront respectivement les hommes qui viendront à être congédiés ou à manquer, de manière que les Compagnies de Chasseurs-Royaux soient toujours complettes le premier

de

de chaque mois; en conséquence, la revue du Commissaire se passera du 28 au dernier de chaque mois.

XIV. Tous les Nègres, Mulâtres ou Gens de couleur libres, fugitifs de leur Quartier, seront tenus, aussi-tôt la présente Ordonnance publiée, de se présenter au Commandant pour le Roi, le plus voisin, qui leur donnera un certificat de leur présentation, avec un passeport, afin qu'ils s'acheminent sur le champ, pour rentrer dans leur Paroisse, par le chemin le plus court, à raison de dix lieues par jour; passé lequel temps ils seront arrêtés par la Maréchaussée, et conduits au chef-lieu de la Compagnie des Chasseurs-Royaux de leur département, où ils seront obligés de servir trois ans, et ensuite congédiés, conformément à l'Article X.

XV. Seront également condamnés à y servir trois ans, tous les Nègres et Gens de couleur qui, étant désignés pour servir dans les Compagnies de Chasseurs-Royaux, déserteront, au lieu de se rendre au Quartier d'assemblée: leur signalement sera, à cet effet, envoyé au Prévôt de chaque Juridiction, par le Commandant en Second, à qui lesdits signalemens seront adressés par les Commandans pour le Roi du département dont sera le Déserteur.

Le Major de chaque Bataillon de Milices, sera en conséquence tenu de prendre le signalement de chaque homme de son Bataillon, à mesure qu'il sera marqué pour servir dans les Chasseurs-Royaux, et d'en remettre une expédition au Commandant pour le Roi.

XVI. Veut Sa Majesté, que les appointemens et traitement des Officiers, Bas-Officiers, Chasseurs-Royaux et Tambours, leur soient payés et fournis sur le même pied que les Compagnies de Fusiliers des Régimens Coloniaux; Savoir, argent de France, par an:

ÉTAT-MAJOR.

Au Lieutenant-Colonel, y compris ses frais de journée et de déplacement. . . . . 8000 liv.
A l'Aide-Major, y compris ses frais de tournée et déplacement, . 2800

COMPAGNIES DE CHASSEURS.

A chaque Capitaine. 2400
A chacun des Lieutenans ou Sous-Aides-Major 1470
A chaque Sous-Lieutenant, ... 1380
Au Fourrier, ... 312

A chacun des Sergens,..............................176
A chaque Caporal,..............................171
A chaque Chasseur..............................99
A chaque Tambour, y compris la dépense des baguettes,... 135

XVII. La ration pour les Bas-Officiers, Soldats et Tambours, sera composée comme celle des Régimens Coloniaux, à l'exception du pain, qui sera suppléé par des vivres du pays, lorsqu'on le jugera à propos.

Lorsque les Compagnies de Chasseurs marcheront, il leur sera donné quinze sols pour leur tenir lieu de ration dans les endroits où il n'y aura point de Magasin du Roi: les Commandans de Paroisse seront alors prévenus de faire rassembler des vivres au prix courant, et les Officiers des Compagnies veilleront à ce que les ordinaires soient faits exactement, comme si chaque Chasseur recevoit la ration en nature des Magasins du Roi.

XVIII. Sur la solde réglée à chaque Bas-Officier, Chasseur et Tambour, il en sera affecté vingt-quatre deniers par jour par chaque Fourrier Sergent et Caporal, et vingt-deux deniers par chaque Chasseur et Tambour, pour s'entretenir de linge et de chaussure, dont le décompte sera fait tous les trois mois.

XIX. Attendu la grande mutation d'hommes qui aura lieu dans lesdites Compagnies de Chasseurs-Royaux, et qui occasionnera plus de frais pour les réparations, il sera payé sur le pied du complet, à commencer du premier juillet prochain, une masse de douze livres par an pour chaque homme, laquelle sera remise tous les mois avec la solde, pour être employée aux menues réparations journalières de l'habillement, équipement et armement, ainsi qu'au payement de la Capitation et des quatre deniers pour livre, tant des appointemens des Officiers, que de la solde des Bas-Officiers et Soldats, et de la somme de quatre cens livres par an pour frais de Bureau, adjugée à l'Aide-Major.

XX. La retenue, sur les appointemens des Officiers malades dans les Hôpitaux, sera faite sur le pied de la moitié: à l'égard des Bas-Officiers et Soldats malades dans lesdits Hôpitaux, la retenue aura lieu pour les deux tiers de leur solde respective, fixée par l'article XVI de la présente Ordonnance, l'autre tiers étant affecté pour linge et chaussure.

XXI. Les appointemens des Officiers et des Chasseurs-Royaux, seront payés tous les mois au Sous-Aide-Major de chaque Compagnie, d'après la revue du Commissaire, ainsi que le montant de la masse des menues réparations de l'habillement, équipement et armement, dont le Sous-Aide-Major donnera son reçu provisionnel: l'Aide-Major du Corps donnera à la fin de chaque année, une quittance du tout ; et cette quittance sera seule assujettie au Contrôle.

XXII. L'Aide-Major sera chargé d'ordonner, sous l'autorité du Lieutenant-Colonel, les menues réparations dont il confiera le soin dans chaque Compagnie au Sous-Aide-Major, qui sera tenu de lui en rendre compte.

XXIII. L'Aide-Major rendra tous les ans, en présence du Lieutenant-Colonel, devant le Gouverneur-Général et l'Intendant de la Colonie, ou ceux qui les représenteront, un compte général des sommes qu'il aura reçues et des dépenses qui auront été faites pour les cinq Compagnies ; ledit compte sera clos et arrêté par eux, à la fin de chaque année.

Il sera fait trois expéditions dudit compte et de l'arrêté qui sera au bas, dont une sera remise à l'Aide-Major pour sa décharge ; la seconde, au Contrôle de la Marine, et la troisième sera envoyée au Secrétaire d'État, ayant le Département de la Marine et des Colonies.

XXIV. Pour parvenir à la formation prescrite par la présente Ordonnance, les Commandans pour le Roi chargés de son exécution, se trouveront à la revue des Milices du mois de Juillet prochain, pour tirer le contingent des Milices de chaque Quartier qu'aura fixé le Commandant en Second, au prorata de leurs forces ; et en prenant d'abord des gens de bonne volonté, et par préférence pour les places de Bas-Officiers, ceux qui ont servi dans le Corps des Chasseurs-Volontaires, et ensuite dans les classes des articles VII, VIII, IX et XI ; en se conformant à l'instructions particulière qui leur sera adressée à cet effet par le Commandant en Second.

XXV. Les Bas-Officiers et Miliciens qui devront composer les Compagnies de Chasseurs-Royaux, recevront deux sols par lieue, pour se rendre au Quartier particulier d'assemblée de chaque Compagnie ; et pareils deux sols par lieue, pour retourner dans leur Paroisse, lorsqu'ils seront relevés ou congédiés, à l'exception de ceux dont les Paroisses seront placées dans l'arrondissement de quatre lieues du Quartier d'assemblée, lesquels n'auront point de part à la distribution desdits deux sols.

Sera ladite conduite payée sur les états en forme qui seront visés par le Commandant pour le Roi de chaque département : à cet effet, chaque homme sera porteur d'un ordre de route, signé du Commandant pour le Roi, qui contiendra le nom de sa Paroisse, la distance du Quartier d'assemblée & l'argent qu'il aura reçu.

Quant aux Officiers, ils recevront leur traitement, à commencer du premier Juillet prochain, qu'ils seront tenus de se mettre en route pour se rendre au Quartier d'assemblée de leur Compagnie.

XXVI. L'habillement, l'équipement et l'armement, seront délivrés des Magasins du Roi.

Au lieu de sabre, chaque Fusilier des Compagnies de Chasseurs-Royaux aura une forte manchette, à la mode du Pays, conforme au modèle qui sera donné.

XXVII. L'uniforme sera composé d'un habit-veste de coutil bi-blanc, tel que celui qui est fourni pour les Troupes réglées, paremens et revers de même, et collet jaune monté, bordé de vert.

Le parement en botte, garni en dessous de trois petits boutons.

Les revers garnis de six petits boutons de chaque côté, dont un en haut, deux au milieu, et trois au bas de la taille, avec un petit à chaque épaulette, qui sera de drap, des couleurs ci-après désignées.

Gillet de coutil bi-blanc, doublé de toile blanche au quart lessivée, sans manches, ni poches, ni pattes marquées, garni de dix petits boutons.

Pantalon-guêtre de coutil bi-blanc.

Une grande culotte de toile écrue, à la mode du pays.

Un havresac à bretelle de même toile.

Boutons de métal massif blancs et à queue, goudronnés de cinq fleurs de lys, à distance égale.

Cet habillement sera renouvelé tous les ans, aux frais du Roi.

Chapeau noir de cuir bouilli, à la Corse, garni d'une plume jaune et verte, qui sera renouvelé tous les trois ans.

XXVIII. L'habillement des Tambours sera comme celui des Chasseurs, avec un galon à la livrée du Roi, sur le parement et la poche.

XXIX. Les distinctions réglées pour les Fourriers et Sergens, seront en galon d'argent large de douze lignes; les distinctions pour les Caporaux, seront en galon de fil jaune, large de dix lignes.

Les distinctions des Compagnies de Chasseurs, seront désignées par la couleur des épaulettes; savoir:

Pour les deux de la Partie du Nord:

La Compagnie de Mulâtres, *rouge*.

La Compagnie de Nègres, *jaune*.

Pour la Partie de l'Ouest:

La Compagnie de Mulâtres, *verte*.

La Compagnie de Nègres, *bleue*.

Pour la Compagnie de Mulâtres du Sud, *noire*.

XXX L'habillement des Officiers sera comme celui des Soldats, mais de toile de coton, ou autre plus fine.

Chapeau ordinaire à la Corse.

XXXI. Les Chasseurs qui seront dans le cas des articles VII, VIII, IX et XIV, recevront en outre à leur arrivée au Corps, une paire de souliers et deux chemises : quant aux Chasseurs compris dans l'article XI, comme ils ne sont assujétis qu'à servir trois mois, et qu'ils sont obligés de s'entretenir à leurs frais dans les Milices ordinaires, ils ne recevront ni chemises, ni souliers, et seront tenus de remettre en bon état au Fourrier de la Compagnie, l'habillement, l'équipement et l'armement qu'ils auront reçus, lorsqu'ils seront congédiés après leurs trois mois de service.

XXXII. Tous Nègres, Mulâtres ou hommes de couleur des Compagnies de Chasseurs-Royaux qui auront servi pendant seize ans consécutifs dans lesdites Compagnies, ou qui auront fait quelques actions d'éclat à la guerre, ou rendu des services importans à la Colonie, recevront la plaque dans la même forme de celle des Vétérans des Troupes réglées, avec la différence que l'écusson sera jaune.

XXXIII. Tout Bas-Officier, Chasseur ou Tambour qui aura été grièvement blessé ou estropié à la guerre, jouira sa vie durant, de la paye de son grade; elle sera même réversible sur les veuves de ceux qui seront tués ou morts de leurs blessures.

XXXIV. Lorsqu'on rassemblera les Compagnies de Milices de Gens de couleur pour marcher à la guerre, les cinq Compagnies de Chasseurs-Royaux tiendront parmi elles les places que les Chasseurs tiennent dans les Régimens Coloniaux.

XXXV. Ces Compagnies se conformeront d'ailleurs aux Ordonnances et Réglemens concernant les Régimens Coloniaux, sur la police, discipline, exercice et service, et en tout ce qui n'est pas contraire à la présente Ordonnance.

XXXVI. Entend Sa Majesté, que les Chasseurs-Royaux soient en tout point assujétis, ainsi que les Soldats de ses autres Troupes, aux peines portées par les Ordonnances et Réglemens concernant les crimes et délits militaires; lesquels Ordonnances et Réglemens seront lus à la formation, et ensuite tous les trois mois exactement, afin que personne n'en prétende cause d'ignorance.

Mandons à MM. les Commandans en Second, aux Officiers des États-Majors pour le Roi, au Lieutenant-Colonel commandant ledit Corps, aux Commissaires des Guerres, ou autres Officiers d'Administration en faisant les fonctions, et à tous Officiers de se conformer et tenir la main, chacun en droit soi, à l'exécution de la présente Ordonnance, qui sera enregistrée au Contrôle de la Marine.

DONNÉ au Cap, le 26 Mai 1780, etc, *Signé*, REYNAUD.

ARRÊT du Conseil du Cap, touchant les qualifications de Noblesse.

Du 7 Juin 1780.

ENTRE le sieur, etc, tout considéré : etc. LA COUR faisant pareillement droit sur autres et plus amples conclusions du Procureur-Général du Roi, ordonne que les Arrêts de Réglemens des 25 Avril 1712, et 7 Octobre 1727, seront exécutés suivant leur forme et teneur ; en conséquence, fait défenses à toutes personnes de se qualifier d'Écuyer, Messire et Chevalier, sans avoir leurs titres enregistrés au Conseil, et ce, à peine de 500 livres d'amende ; comme aussi fait défenses, sous la même peine, à tous Juges, Curés, Notaires et autres, Officiers de Justice, de donner aucunes desdites qualités et autres à moins que les titres qui les constituent, ne leur paroissent avoir été enregistrés en dûe forme au Greffe de la Cour ; ordonne au surplus, que le présent Arrêt sera imprimé, lu, publié et affiché par-tout où besoin sera, à la diligence du Procureur-Général du Roi, et envoyé ès Jurisdictions du ressort de la Cour, etc.

ARRÊT du Conseil du Cap, touchant des Mulâtresses insolentes, et l'évasion de l'une d'elles des Prisons.

Du 9 Juin 1780.

VU PAR LA COUR, la procédure extraordinairement faite et instruite par le Juge-Criminel du Cap, à la requête du Substitut du Procureur-Géneral, demandeur et accusateur, contre le nommé Cassaignard, Concierge des Prisons ; Fauvel, dit Cadet ; le Négre Baptiste, esclave de Guillaume Lefevre ; le Négre Jean-Baptiste, esclave du sieur Troyon, défendeurs, accusés, détenus ès Prisons-Royales de cette ville ; et la nommée Marie-Anne, du Port-au-Prince, Mulâtresse libre, évadée des Prisons, accusée, contumace ; et contre les nommées Françoise et Marthe, aussi Mulâtresses et contumaces : ledit Substitut, appelant de Sentence dudit Siége, du quinze Mars dernier, qui auroit déclaré la nommée Françoise, Mulâtresse affranchie du sieur Dassans, dûement atteinte et convaincue d'avoir, le 3 Décembre dernier, dans la rue Espagnole, injurié la femme Castillon, épouse d'Herpin, Caporal d'Artillerie, en lui criant *Houra ;* et sur ce que ladite Herpin lui avoit demandé si ladite parole s'adressoit à elle, de lui avoir répondu dans le dessein de l'injurier : *Oui, femme à Soldat ;* ce qui avoit donné lieu à ladite Herpin de jeter des roches, et avoit produit une rixe entre-elles ; auroit pareillement déclaré ladite Marie-Anne, du Port-au-Prince, Mulâtresse affranchie, dûement atteinte et convaincue d'avoir, pendant la rixe de ladite Herpin avec la nommée Françoise, Mulâtresse libre, donné un soufflet à ladite Herpin ; pour réparation de quoi....... etc, auroit déchargé la nommée Marthe, Mulâtresse libre, affranchie du sieur La Salle, de l'accusation contre elle intentée ; et en ce qui concerne l'évasion des Prisons, faite par ladite Marie-Anne, auroit dit qu'il n'y avoit lieu de statuer quant à Marie-Anne ; auroit déclaré le Nègre Baptiste, constitué en prison de l'ordre de l'Administrateur des biens des héritiers Dupuy, véhémentement suspect d'avoir favorisé l'évasion de ladite Marie-Anne, tout au moins par négligence ; pour réparation de quoi l'auroit condamné à recevoir dans l'intérieur de la Geole, par forme de discipline, la quantité de quinze coups de fouet ; auroit déchargé Pujos, dit Cassaignard, Fauvel, dit Cadet, ainsi que le Nègre Jean-Baptiste, esclave du sieur Troyon, de l'accusation contre eux intentée ; auroit en conséquence ordonné que ledit Pujos, dit Cassaignard, seroit rétabli dans ses fonctions de Concierge des Prisons, et cependant lui auroit fait défenses de plus à l'avenir confier la garde de la porte d'entrée desdites Prisons à des Nègres ou autres Gens de couleur, et particulièrement à des prisonniers, comme aussi de se servir des prisonniers pour son service personnel ; lui auroit enjoint de veiller plus exactement et par lui-même sur ses Commis, et sur l'exactitude par eux à observer dans l'exercice des fonctions qu'il leur départ ; lui auroit pareillement ordonné de rétablir dans les Prisons ledit Nègre Jean-Baptiste, saisi et exécuté sur le sieur Troyon, son maître, et de rétablir à la chaîne ledit Nègre Baptiste, suivant les ordres qui lui avoient été donnés. Vu aussi toutes les pièces de la procédure énoncées en ladite Sentence ; l'acte d'appel du lendemain seize dudit mois de Mars ; l'Arrêt de la Cour du huit Avril suivant, qui ordonne que ladite procédure sera communiquée au Procureur-Général du Roi : oui et interrogé Pujos, dit Cassaignard, derrière le Barreau, sur la cause d'appel et cas à lui imposés ; conclusions par écrit du Procureur-Général du Roi : Oui le rapport de M. Ruotte, Conseiller, à la séance du jour d'hier, ainsi qu'à celle de ce jour, et tout considéré : LA COUR reçoit le Procureur-Général du Roi appelant de son chef de la Sentence du 15 Mars dernier ; joignant son appel à celui interjeté par son Substitut de ladite Sentence, a mis et met les appellations et Sentence dont est appel au néant, en ce que par icelle, les nommées Marie-Anne, du Port-au-Prince, et Françoise, Mulâtresses affranchies, n'auroient été condamnées qu'à être admonestées, Audience tenante, et à aumôner solidairement aux Pauvres de la Providence une somme de 1500 livres ; et encore en ce que Pujos, dit Cassaignard, auroit été renvoyé d'accusation contre lui intentée pour le fait de l'évasion de la nommée Marie-Anne ; émendant quant à ce, pour les cas résultans du procès, condamne lesdites Marie-Anne et Françoise à être attachées à un carcan placé à un poteau, planté à cet effet sur le Marché de la place de Clugny de cette Ville, et à y rester depuis sept heures du matin jusqu'à celle de dix heures, avec écriteau devant elles portant ces mots : MULATRESSE INSOLENTE ENVERS LES FEMMES BLANCHES, ce qui sera exécuté par effigie, en un tableau où lesdites condamnations seront transcrites, lequel sera attaché par l'Exécuteur de la Haute-Justice, à un poteau planté à cet effet sur ladite Place de Clugny ; ce fait bannies pour dix ans du ressort de la Cour, à elles enjoint de garder leur ban, sous les peines portées par les Ordonnances ; condamne en outre lesdites Marie-Anne et Françoise, Mulâtresses, solidairement en une amende de trois livres envers le Roi, et en une aumône de 1500 livres envers les Pauvres de la Providence de cette Ville, lesquelles sommes seront payées même par la vente des Négres et Négresses de la nommée Marie-Anne, saisis et annotés, sauf son recours contre la nommée Françoise pour sa portion, ainsi et comme elle avisera : en ce qui touche Pujos, dit Cassaignard, pour les cas résultans du procès, le condamne à être admonesté, Audience tenante, et à aumôner aux Pauvres de la Providence la somme de 1500 liv., la Sentence au résidu sortissant son plein et entier effet ; et pour l'exécution du présent Arrêt, renvoie les accusés par-devant ledit Juge Criminel ; ordonne au surplus que le présent Arrêt sera imprimé, lû, publié et affiché ès carrefours et lieux accoutumés de cette Ville, et par-tout où besoin sera, etc.

ARRÊT

ARRÊT du Conseil d'État, qui casse et annulle celui du Conseil du Cap, du 2 Juin 1779, portant décret d'assigné pour être oui, contre un Avocat de cette Cour, pour avoir dressé un Mémoire en forme de Requête, à la sollicitation des Habitans.

Du 9 Juin 1780.

LE ROI s'étant fait représenter en son Conseil, les dépêches des Gouverneur-Lieutenant-Général et Intendant de Saint-Domingue, portant que le 2 Juin 1779, il a été rendu un Arrêt par le Conseil-Supérieur du Cap, Isle et côte Saint-Domingue, qui permet au Procureur-Général de Sa Majesté, dans ce tribunal, de faire informer contre le sieur L......, Doyen des Avocats audit Conseil-Supérieur, sur le contenu et la publicité d'un Mémoire en forme de Requête, rédigé à la sollicitation de plusieurs Habitans de la Colonie, par ledit sieur L...., pour demander à Sa Majesté un nouveau Réglement sur la forme à observer relativement à l'intérêt des absens, lorsque leurs fondés de procuration viennent à décéder dans la Colonie; par lequel Arrêt il auroit été en outre décerné contre ledit sieur L...... un décret d'assigné pour être oui, qui ne lui a pas été signifié, quoi qu'il eût rempli peu de tems après les formalités ordinaires pour se rendre en France, où il est actuellement. Considérant, Sa Majesté, que le Mémoire rédigé pour le sieur L..... et ses réponses au Commissaire nommé pour lui demander compte des motifs de sa conduite dans cette affaire, ne contiennent que des observations relatives au bien général de la Colonie, et à l'intérêt particulier des Propriétaires absens; que d'ailleurs, dans ce Mémoire et dans ses réponses, cet Avocat s'est renfermé dans les bornes du respect qu'il doit au Conseil-Supérieur et à ses Arrêts; Vû lesdites dépêches, ensemble les expéditions dudit Mémoire, du Procès-verbal de dépôt le 20 Avril 1779, et dudit Arrêt portant décret d'assigné pour être oui, intervenu sur les conclusions du Procureur-Général: oui le rapport, LE ROI étant en son Conseil, a cassé et annullé, casse et annulle ledit Arrêt du Conseil-Supérieur du Cap, du 2 Juin 1779, et tout ce qui auroit pu s'ensuivre: a déchargé et décharge le sieur L...... de toute accusation relativement audit Mémoire, et à la plainte du Procureur-Général du Roi, sur laquelle ledit Arrêt est intervenu. Mande et ordonne Sa Majesté, à ses Officiers de son Conseil-Supérieur du Cap, Isle Saint-Domingue, de procéder à l'enregistrement du présent Arrêt, pour être exécuté selon sa forme et teneur, et aux Gouverneur-Lieutenant-Général et Intendant de ladite Colonie, d'y tenir la main. Fait au Conseil d'État du Roi, etc.

R. au Conseil du Cap, le 17 Janvier 1781.

LETTRE *du Ministre aux Administrateurs, pour faire participer les Officiers de Port de la Colonie, au supplément en plus value des rations, en comptant aux Capitaines de Port 300 liv. par an, et aux Lieutenans 200 liv., le tout argent de France, et à compter du premier Juillet 1778.*

Du 10 Juin 1780.

R. au Contrôle, le 31 Juillet suivant.

ORDONNANCE *de M. l'Intendant, qui, sur la représentation du sieur Dupuch, Commandant la Compagnie d'Ouvriers d'Artillerie, porte à 3 liv. 15 sols la journée des Négres employés à l'Arsenal au Cap, payée 3 liv. auparavant.*

Du 10 Juin 1780.

ARRÊT *du Conseil du Cap, qui renouvelle les défenses de laisser les Drogues et Médicamens entre les mains des Négres.*

Du 16 Juin 1780.

VU par la Cour, la procédure extraordinairement faite et instruite.... contre le nommé Jean, Négre-Esclave du sieur Laboubée, le nommé Zéphire, Négre-Esclave du sieur Dallest, Apothicaire en cette Ville, et le sieur Labie, Chirurgien..... à la Requête du Substitut du Procureur-Général, et ledit Substitut appelant, etc. LA COUR a mis et met l'appellation et Sentence dont est appel au néant, en ce que par icelle, le Négre Jean auroit été mis hors de Cour, et Labie renvoyé d'accusation; émendant quant à ce, pour les cas résultans du procès, condamne ledit Négre Jean à être fouetté et marqué d'une fleur-de-lys, entre les deux Guichets, par l'Exécuteur de la Haute-Justice, ensuite réintégré dans les Prisons-Royales de cette ville, pour y rester à perpétuité; en ce qui touche Labie, la Cour lui enjoint d'être plus circonspect à l'avenir, et de se conformer aux Ordonnances, notamment à celle du Roi, de 1682, et aux Arrêts de la Cour des 7 Février 1738, 11 Mars 1758 et 7 Avril 1772, la Sentence au résidu sortissant son plein et entier effet.

ARRÊT du Conseil Supérieur du Cap, qui reçoit M. Le Brasseur en qualité d'Intendant par interim.

Du 21 Juin 1780.

VU par le Conseil la remontrance du Procureur-Général du Roi, contenant que le départ pour France de M. de Vaivre, laissant la place d'Intendant de cette Colonie vacante, M. le Brasseur, Commissaire-Ordonnateur au Cap, devoit en remplir les fonctions, et représenter l'Intendant, aux termes de l'article VIII de l'Ordonnance de 1775, portant, etc. A CES CAUSES, requéroit, etc. Oui le rapport de M. de Saint-Martin, Conseiller-Doyen, et tout considéré : LA COUR, faisant droit sur la remontrance du Procureur-Général du Roi, a reçu et reçoit M. Le Brasseur, Commissaire-Ordonnateur, en qualité de représentant de l'Intendant de la Colonie dans toute la plénitude de ses fonctions, aux termes de l'article VIII de l'Ordonnance de 1775; donne acte à M. Le Brasseur du serment par lui prêté en ladite qualité; ordonne que le présent Arrêt sera lu Audience tenante, imprimé et affiché, et copies collationnées d'icelui, envoyées ès Jurisdictions et Amirautés du ressort.

V. l'Arrêt du Conseil du Port-au-Prince, du 13 Juillet suivant.

ARRÊT du Conseil du Cap, qui, aux termes des Statuts de Chirurgie, défend aux Chirurgiens de lever un appareil sans avoir appelé celui qui l'a posé, et condamne un Empyrique en une amende.

Du 21 Juin 1780.

LOUIS, etc. Entre la veuve de Pompée, Négre libre, etc.

LA COUR, etc. laquelle Sentence néanmoins sortira effet, quant au chef qui ordonne à L..... et à tous autres Chirurgiens, de se conformer à l'article 82, du titre 10 des Statuts et Réglemens de Chirurgie. Faisant droit sur les plus amples conclusions du Procureur-Général du Roi, condamne C..... en 500 liv. d'amende.

ORDONNANCE de M. l'Intendant, qui, sur la demande du Commandant-Général par interim, accorde six rations de fourrage par jour à l'Inspecteur-Général des frontières, à compter du premier Décembre 1778.

Du 25 Juin 1780.

R. au Contrôle, le 19 Août suivant.

ORDONNANCE du Juge de Police du Cap, qui défend de vendre le Cabris autrement qu'au poids, et plus de 22 sols 6 deniers la livre; et pour le distinguer du Mouton, enjoint aux Bouchers de laisser la queue attachée aux corps des animaux des deux espèces; le tout à peine de 50 livres d'amende pour la première fois, et de plus forte, même d'être poursuivis extraordinairement, en cas de recidive.

Du 26 Juin 1780.

LETTRE du Commandant en Chef par interim, au Lieutenant de Roi du Môle, sur les Destitutions et les Publications.

Du 27 Juin 1780.

NOUS vous répondons, M. l'Ordonnateur et moi, au sujet de vos plaintes contre le Substitut du Procureur du Roi; vous devez savoir que les Ordonnances ne nous autorisent pas même à déplacer un Huissier, et que leur procès doit leur être fait juridiquement: telle est la volonté du Souverain, que nous devons respecter; mais Nous contiendrons ce Substitut dans les bornes de son état, lorsqu'il sera constaté qu'il s'en écarte.

Comme il n'y a point de Tambour de ville au Môle Saint-Nicolas, il faut bien une permission aux Tambours des Troupes, pour publier des Ordonnances de la Police civile. S'il y avoit un Tambour de ville, le Substitut seroit seulement tenu de vous faire prévenir de l'heure à laquelle il feroit publier au son de la caisse; mais il n'a pas le droit de se créer un Tambour. *Signé* REYNAUD.

LETTRE DU MINISTRE aux Administrateurs, pour le payement, sur la Caisse des Négres suppliciés, d'un Négre tué lors d'une Chasse comme Maron, quoiqu'il ne le fût pas.

Du 30 Juin 1780.

J'AI reçu, MM. votre Lettre du 17 Avril dernier, par laquelle vous me rendez compte de la mort du nommé Achille, Négre appartenant aux héritiers Butler, tué par le nommé Frèse, qui l'avoit pris pour un des Négres Marons à qui il donnoit la chasse. Frèse, porteur d'un ordre pour la chasse des Négres Marons, n'a à se reprocher qu'une méprise, et ne peut personnellement en être responsable; il n'est pas juste, d'un autre côté, que les héritiers Butler soient victimes de cet événement, et la demande qu'ils font de la valeur de leur Négre, est fondée. Le Roi a en conséquence ordonné qu'ils en seroient remboursés par la caisse des Négres justiciés, sur le pied de 2,500 liv., argent de la Colonie. Je vous prie de faire connoître au Conseil-Supérieur du Cap, l'intention de Sa Majesté, et de tenir la main à son exécution.

R. au Conseil du Cap, le 27 Avril 1781.

V. l'Arrêt de cette Cour, du 10 Février 1780.

ORDONNANCE *des Administrateurs touchant les Voyers.*

Du premier Juillet 1780.

FRANÇOIS Reynaud de Villeverd, etc.
Joseph-Alexandre Le Brasseur, etc.

Sur les représentations qui nous ont été faites par les Voyers qui remplissent les fonctions d'Inspecteurs des chemins, établis par Ordonnance de MM. Fayet et Duclos, Général & Intendant de cette Colonie, du 21 Avril 1733, tendante à jouir des mêmes honneurs, priviléges et prérogatives des Capitaines de Milice, attribués par ladite Ordonnance auxdits Inspecteurs : étant nécessaire de fixer le nombre de Voyers, ainsi que leurs fonctions, prérogatives et uniformes; et voulant encourager de plus en plus le zèle et l'exactitude desdits Voyers, et pourvoir de la manière la plus sûre et la moins onéreuse à l'entretien et réparation des chemins : Nous, en vertu des pouvoirs à nous accordés par Sa Majesté, avons réglé et ordonné, réglons et ordonnons ce qui suit.

ART. Ier. Il sera établi par commission des Général et Intendant, si fait n'a été, un Voyer principal par Quartier, et un Voyer particulier par Paroisse.

II. Le Voyer principal sera tenu de faire tous les trois mois la visite des chemins de son Quartier, pour reconnoître et constater les grandes réparations à faire; de laquelle visite il dressera procès-verbal en présence du Commandant de la Paroisse & des Parties intéressées ou duement appelées, et dans lequel seront rapportés leurs dires, oppositions ou consentement, qu'elles seront tenues de signer.

Ledit procès-verbal sera remis au Commandant pour le Roi, qui l'adressera avec son avis aux Gouverneur-Général & Intendant, qui ordonneront ce qu'il appartiendra, pour être ensuite exécuté dans le temps fixé dans chaque département, suivant la différence des saisons qui y régnent; pourront cependant les Commandans en Second, dans les cas qui demanderont célérité, donner provisoirement les ordres nécessaires pour que les réparations urgentes soient faites sur le champ.

Le Voyer particulier de chaque Paroisse, accompagnera le Voyer principal dans la visite des chemins de sa Paroisse, & signera au procès-verbal l'article qui la concerne.

III. Le Voyer particulier fera tous les mois la visite des chemins de sa Paroisse, en présence du Commandant de ladite Paroisse, indiquera aux Habitans la manière dont devront être faites les menues réparations; en dressera procès-verbal, avec rapport des dires des Habitans, qui seront tenus de les signer, et remettra ledit procès-verbal au Commandant de la Paroiſſe, qui, en cas de non-exécution de la part des Habitans, adressera ledit procès-verbal avec son avis au Commandant pour le Roi, qui le fera passer également avec son avis au Commandant en Second, qui donnera sur le champ les ordres nécessaires pour lesdites menues réparations, l'exactitude et la vigilance à cet égard pouvant seules épargner et diminuer de beaucoup les travaux des grandes réparations.

IV. Les Voyers principaux et particuliers seront chargés de la direction des travaux, et les Conducteurs d'atteliers seront tenus de leur obéir et d'exécuter les ordres qu'ils donneront pour lesdits travaux et réparations; les Officiers des Milices qui pourront être commandés à cet effet, ne devant être chargés que du maintien du bon ordre, et de s'assurer du nombre des délinquans, dont ils rendront compte au Commandant de la Paroisse, pour que sur l'état qu'il en adressera au Commandant en Second, l'ordre des remplacemens soit ordonné.

V. Les Voyers principaux jouiront des mêmes honneurs, priviléges et prérogatives que les Capitaines des Milices, et les Voyers particuliers que les Lieutenans desdites Milices. Ils seront exempts de toutes corvées personnelles.

En conséquence, M. le Commandant-Général règle et ordonne que lesdits Voyers principaux et particuliers auront droit de porter l'Épaulette du grade dont les honneurs, priviléges et prérogatives leur sont accordés; qu'ils seront exempts des revues particulières des Milices, et ne seront tenus de marcher qu'aux revues générales, ou contre l'Ennemi lorsqu'ils seront commandés.

VI. L'uniforme desdits Voyers sera composé d'un habit gris mélangé de blanc, doublure ventre-de-biche, paremens en botte, revers, collet de même couleur, veste et culotte blanches, boutons jaunes unis; savoir, six petits sur chaque revers à distance égale, trois gros au-dessous, et trois à chaque poche qui sera coupée en long.

VII. Les Voyers principaux et particuliers résideront dans leurs Quartiers pour la plus grande facilité de leur service, et seront tenus, sous peine de destitution, de s'acquitter de leurs fonctions avec vigilance, exactitude et fidélité. Prions MM. les Officiers des Conseils Supérieurs de la Colonie, de procéder à l'enregistrement de notre présente Ordonnance, qui sera également enregistrée au Greffe de l'Intendance, imprimée, lue, publiée et affichée par-tout où besoin sera. Mandons à MM. les Officiers des États-Majors du Roi et des Milices, et à tous autres qu'il appartiendra, de tenir exactement la main à l'exécution d'icelle. DONNÉ au Cap, etc.

R. au Conseil du Cap, le 21 Juillet 1780.

Et à celui du Port-au-Prince, le 18 Octobre suivant.

V. une Lettre du 10 Août 1781.

ORDONNANCE des Administrateurs, touchant l'enlèvement des Négres et Matelots, par les Bâtimens Étrangers.

Du premier Juillet 1780.

FRANÇOIS Reynaud de Villeverd, etc.
Joseph-Alexandre Le Brasseur, etc.

Étant informés que depuis l'admission des Bâtimens étrangers dans cette Colonie, il s'est fait des enlèvemens fréquens de Matelots François et même de quelques Négres et Gens de couleur, libres et esclaves; que les Capitaines de ces mêmes Bâtimens, feignant d'ignorer les Réglemens relatifs à la discipline des Classes, ont, dans plusieurs circonstances, abusé de leur qualité d'Etrangers pour donner la facilité à beaucoup de Passagers de s'embarquer furtivement à leur bord, sans qu'ils fussent munis de permission du Gouverneur-Général, et sans s'assujettir à les faire porter sur leurs rôles d'équipage; et voulant remédier à des abus si contraires au bon ordre et à la discipline des Gens de mer et des Gens de couleur libres et esclaves: Nous, en vertu des pouvoirs à nous accordés par Sa Majesté, avons ordonné et ordonnons ce qui suit:

ARTICLE

ART. I. Aussi-tôt qu'un Capitaine de Bâtiment neutre abordera dans l'un des Ports de cette Colonie, il sera tenu de choisir un Commissionnaire qui l'accompagnera au Bureau des Classes, où il présentera son rôle, fera la déclaration exacte de tous les Matelots ou Passagers François qu'il auroit pu embarquer, et qui n'auroient pas été portés sur ledit rôle; et dans le cas où il s'en trouveroit, l'Officier d'Administration chargé du détail des Classes, en fera sur le champ la réclamation, et ils lui seront remis sans aucune difficulté.

II. Ledit Officier d'Administration chargé du détail des Classes, sera tenu de vérifier lesdites déclarations par une revue qu'il fera à bord, aussi-tôt que le Vaisseau aura mouillé dans le Port.

III. Les mêmes précautions pour les revues et déclarations seront prises lors du départ desdits Bâtimens, qui seront tenus de mouiller la veille auprès du Commandant de la Rade; et en cas de contravention de la part desdits Capitaines, chaque contrevenant sera condamné en mille livres d'amende, applicable à l'Hôpital de la Providence, et le Commissionnaire en demeurera responsable en son propre et privé nom, faute par lui d'en avoir fait la dénonciation.

Prions MM. les Officiers des Conseils Supérieurs de la Colonie, de procéder à l'enregistrement de notre présente Ordonnance, qui sera également enregistrée au Greffe de l'Intendance, imprimée, lue, publiée et affichée par-tout où besoin sera. Mandons aux Officiers des Amirautés de tenir la main à l'exécution d'icelle. DONNÉ au Cap, le premier Juillet 1780, etc. *Signés*, REYNAUD, et LE BRASSEUR.

R. au Conseil du Cap, le 21 Juillet 1780.
Et à celui du Port-au-Prince, le 16 Octobre suivant.

ORDONNANCE *du Roi, concernant le Service des Bureaux de la Poste Maritime; et Ordonnance des Administrateurs en conséquence.*

Des 4 Juillet 1780, et 18 Janvier 1781.

DE PAR LE ROI.

SA MAJESTÉ ayant permis au sieur Loliot, par Arrêt de son Conseil du 14 Août 1777, d'établir dans les Ports qui font le Commerce des Colonies, des Bureaux libres pour la réception, l'envoi et la distribution des Lettres de France aux Colonies, et des Colonies en France; et voulant régler le Service des Bureaux, de manière à procurer la plus grande sûreté dans la correspondance, a ordonné et ordonne ce qui suit:

ART. I. Les Armateurs, les Négocians et les Particuliers de tous états, seront libres d'expédier leurs Lettres et Paquets de papiers, ainsi qu'ils le jugeront à-propos, sans néanmoins qu'aucuns Armateurs, Négocians, Courtiers ou autres puissent, au préjudice des Bureaux établis pour la Poste Maritime, tenir des Bureaux Publics pour la réception, l'envoi et la distribution des Lettres, ni annoncer ou désigner des sacs ou coffres destinés à recevoir les Lettres du Public pour les Colonies.

II. Les Capitaines des Navires seront tenus de recevoir les sacs ou coffres qui leur seront remis par les Préposés des Bureaux avant leur départ, dont ils donneront avis auxdits Préposés, et seront lesdits coffres ou sacs fermés et cachetés du cachet desdits Bureaux, par les Directeurs, qui en feront mention sur les Registres servant à inscrire les Lettres.

III. A l'arrivée des Navires dans les Ports des Colonies, lesdits Capitaines feront remettre lesdits sacs ou coffres aux Bureaux des Postes qui y sont ou seront établis par la suite, et les Directeurs desdites Postes chargeront à l'instant leurs Registres de ladite remise.

IV. Les Capitaines des Navires en useront dans les Ports des Colonies pour la réception des sacs ou coffres qui contiendront les Lettres pour France, ainsi qu'il est porté en l'art. II. pour les expéditions de France aux Colonies, et à leur arrivée dans les Ports du Royaume, ils feront remettre les sacs ou coffres dont ils auront été chargés, aux Bureaux de la Poste Maritime, qui se conformeront à ce qui est prescrit par l'art. III.

V. Lesdits sacs ou coffres seront placés dans le lieu le plus sûr des

Navires, et autant que faire se pourra, dans la chambre du Capitaine.

VI. Les Directeurs des Bureaux de la Poste Maritime, et les Directeurs des Postes dans les Colonies, joindront à leurs envois respectifs, des Lettres d'avis dont ils garderont des doubles, contenant les qualités des Lettres et paquets de papiers qui seront dans chaque coffre ou sac, lesquelles Lettres d'avis les Directeurs des Bureaux d'arrivée seront également tenus de conserver pour les représenter en cas de besoin.

VII. Les Directeurs, Commis et Facteurs, seront tenus de faire viser leurs Commissions par les sieurs Intendans, et Commissaires-Généraux de la Marine; se réservant Sa Majesté, de leur accorder, par des ordres particuliers, et dans les Ports principaux seulement, les exemptions et priviléges dont les détails de leur service les rendront susceptibles.

VEUT au surplus, Sa Majesté, que les dispositions de l'Arrêt de son Conseil, du 14 Août 1777, soient exécutées selon leur forme et teneur, en ce qui n'est pas contraire à la présente Ordonnance, à l'exécution de laquelle mande Sa Majesté à Mons. le Duc de Penthièvre, Amiral de France, de tenir la main en ce qui concerne les droits de sa charge : Mande et ordonne Sa Majesté aux Gouverneurs - Lieutenans-Généraux, Intendans et Ordonnateurs de ses Colonies, aux Intendans, Commissaires-Généraux et Commissaires-Ordinaires des Ports et Arsenaux de la Marine en France, ou à ceux qui les représenteront, de tenir la main à l'exécution de la présente Ordonnance. FAIT à Versailles, etc.

LE DUC DE PENTHIÈVRE, Amiral de France, etc.

Vu l'Ordonnance du Roi, etc.

FRANÇOIS Reynaud de Villeverd, etc.

Joseph-Alexandre Le Brasseur, etc.

VU l'Ordonnance du Roi ci-dessus, à nous adressée par M. de Sartine, Ministre et Secrétaire d'État, ayant le Département de la Marine : Prions MM. les Commandans pour le Roi, Officiers d'Administration et tous autres Officiers qu'il appartiendra, de tenir, chacun en droit soi, la main à l'exécution de ladite Ordonnance, laquelle sera imprimée et affichée partout où besoin sera, à ce que personne n'en ignore, etc. DONNÉ au Cap, etc, le 18 Janvier 1781.

Signés, REYNAUD et LE BRASSEUR.

ORDONNANCE du Juge de Police du Cap, touchant les Boucheries.

Du 6 Juillet 1780.

SUR ce qui a été remontré verbalement par le Procureur du Roi, qu'il s'est introduit un abus sur le détail de la viande de Bœuf, qui à la fin est dégénéré en monopole, en ce que divers Particuliers, favorisés peut-être par les gens même attachés à la Boucherie, en achetant au prix de la Carte bannie de la meilleure viande de Bœuf, viennent ensuite la vendre au Marché de la Place de Clugny, à un prix exhorbitant; ce qui fait que les Étaux de la Boucherie ne sont garnis que de peu de viande de Bœuf, et même d'une viande inférieure, et nuit aux intérêts du Pauvre, qui, par conséquent, est obligé d'acheter fort cher de la viande de Bœuf. NOUS, faisant droit sur ladite remontrance, et pour remédier audit abus, faisons défenses à tous Particuliers quelconques, de vendre de la viande de Bœuf au Marché de la Place de Clugny ou ailleurs, soit par eux-mêmes, soit par des Négres et Négresses, libres ou esclaves, à peine de confiscation de ladite viande au profit des Hôpitaux de Providence, et saisie des balances et autres ustensiles, d'emprisonnement de leurs personnes et Négres, et d'une amende de 300 liv., applicable, tant au profit du Fermier-Général que du Dénonciateur; et pour éviter que soit le Fermier, soit ses Commis, ne distribuent et facilitent la sortie de la viande de Bœuf de toute autre manière que par la vente qui en sera faite par les Étaux de la Boucherie, nous ordonnons qu'après la tuerie, tous et chacun les quartiers de Bœuf seront comptés par l'Inspecteur de Police de semaine, et l'état d'iceux certifié par le Fermier ou son principal Commis, pour être le compte desdits quartiers de Bœufs vérifié le lendemain matin par le même Inspecteur de semaine, et en être ensuite la distribution et vente faites par les Bouchers; défendons audit Fermier-Général d'en vendre ni laisser vendre avant l'arrivée de la Brigade de Police de semaine, et avant la vérification faite de la quantité des quartiers de Bœuf à vendre. Défendons au Fermier-Général et à ses Commis de laisser entrer, pendant la distribution, qui que ce soit, hors les gens de Police, dans les magasins et chambres de distribution, ni de laisser sortir de la viande par aucun lieu que par les fenêtres de distribution que ledit Fermier établira en quantité suffisante pour satisfaire tout le monde; et pour l'exécution du présent article, le Fermier-Général aura soin d'avoir ses portes exactement fermées, de manière que les gens de la Police ne soient occupés dans l'intérieur qu'à veiller aux pesées, et à ce que la viande de Bœuf ne soit pas vendue au-delà du prix de la Carte bannie; et seront les deux articles ci-dessus, exécutés sous peine d'emprisonnement contre les Commis, et à peine contre le Fermier-Général de telle amende qu'il appartiendra, suivant l'exigence du cas, et des fautes commises par lui ou par ses Commis. En cas qu'après la distribution faite au Public, il reste de la viande au Fermier, du nombre des quartiers des Bœufs tués la veille, il lui sera loisible de la faire vendre au Marché de la Place de Clugny, sur le certificat de l'Inspecteur, et à la charge qu'il y aura un Sergent de Police présent à ladite vente, qui sera faite au taux de la Carte bannie. Mandons aux Inspecteurs et Sergens de Police, chacun en droit de soi, de tenir la main à l'exécution de la présente Ordonnance, qui sera affichée, lue et publiée par-tout où besoin sera, particulièrement affichée au-dehors et au-dedans de ladite Boucherie, et exécutée, etc. *Signé* ESTEVE.

LETTRE des Administrateurs aux Officiers de l'Amirauté du Cap, touchant les Gens de Couleur trouvés à bord des Prises, et se prétendant Libres.

Du 12 Juillet 1780.

LE Cartel conclu, MM., entre les Gouvernemens de Saint-Domingue et de la Jamaïque, touchant l'échange des prisonniers de guerre, porte, article 9, que les Esclaves trouvés à bord des Bâtimens pris de part et d'autre, pourront être vendus trois mois après leur arrivée, s'ils ne sont pas retirés pendant le cours de ce délai, par leurs Maîtres, moyennant une somme de 1500 liv. Le même article veut que les Gens de couleur libres qui justifieront de leur liberté, demeurent prisonniers et échangés contre des gens de leur espèce. Ce Cartel ne parle point du parti qu'il y aura à prendre vis-à-vis des gens de couleur qui se déclareront libres sans pouvoir en justifier *actu*.

Dans quelques Amirautés, on a regardé ces derniers comme Esclaves, faute par eux d'avoir justifié de leur prétendue liberté dans le délai de trois mois, et on a interprété, ou, pour mieux dire, forcé en cela l'article 9, qui veut, comme on vient de le dire, que les Esclaves soient effectivement vendus, lorsqu'ils ne sont pas retirés dans le même délai par leurs Maîtres. Il est arrivé cependant que plusieurs d'entr'eux ont réellement justifié de leur liberté après avoir été vendus; ils se sont par conséquent injustement trouvés dans l'esclavage. Cela a mérité l'attention du Gouvernement ; on s'occupe dans ce moment-ci d'une convention à cet égard entre les deux Gouvernemens ; mais en attendant, il est intéressant de prévenir un pareil inconvenient. Nous vous prions en conséquence, MM., de nous envoyer un état exact de tous les Gens de couleur qui se trouveront à bord des Bâtimens pris sur les Ennemis, et qui se déclareront libres, sans pouvoir en justifier pardevant vous, en faisant mention de leurs noms, de ceux des Bâtimens preneurs, pour nous mettre à portée de faire vérifier, ou de nous faire informer si cette classe d'hommes jouit ou non de la liberté, ce que nous vous ferons alors connoître, et jusques-là vous voudrez-bien, MM., faire surseoir à leur vente pendant neuf mois, après lequel temps vous pouvez faire procéder à cette vente. L'humanité exige que l'on prenne cette précaution, pour éviter qu'un libre ne tombe dans l'esclavage. Nous avons l'honneur d'être, etc. *Signé*, REYNAUD et LE BRASSEUR.

R. en l'Amirauté du Cap, le 21 Juillet 1780.

ORDONNANCE *du Juge de Police du Cap, qui ordonne aux Bouchers ordinaires de Mouton, de continuer à en débiter, à peine d'amende arbitraire, et de confiscation de leurs troupeaux, même de défenses d'exercer ledit état à l'avenir.*

Du 12 Juillet 1780.

LA cessation de cette Boucherie provenoit de l'exactitude qu'on employoit à empêcher les Bouchers de vendre autrement qu'au poids et au prix fixé, et de l'espoir qu'ils avoient de vendre leurs Moutons, à un prix excessif, aux Escadres. Tels furent les motifs qui donnèrent lieu à cette Ordonnance où ils sont relatés, et dont l'objet étoit d'assurer la subsistance de la Ville du Cap.

Arrêt du Conseil du Port-au-Prince, portant réception de M. Le Brasseur en qualité d'Intendant par Intérim.

Du 13 Juillet 1780.

Vu par la Cour le Brevet de Commissaire de la Marine, accordé par le Roi à M. Le Brasseur, le 22 Juin 1773; l'Ordre de Sa Majesté, du 7 Mars 1779, qui commet M. Le Brasseur aux fonctions d'Ordonnateur au Département du Cap; l'Arrêt du Conseil Supérieur du Cap, du 21 Juin dernier; la Requête présentée à la Cour par M. Le Brasseur, et les conclusions du Procureur-Général du Roi, en date de ce jour: Ouï le Rapport de M. Gabeure de Vernot, Conseiller-Doyen, et tout considéré: La Cour ordonne que lesdits Brevet et Ordre seront enregistrés en son Greffe, pour être exécutés suivant leur forme et teneur, et jouir par M. Le Brasseur de toutes les prérogatives y attachées, et notamment de la plénitude des fonctions d'Intendant et de Premier Président dans les Conseils de la Colonie, attendu l'absence de M. de Vaivre, Intendant. Et attendu que M. Le Brasseur a, conformément audit Arrêt du Conseil du Cap, prêté serment en cette qualité, ordonne qu'il en sera dispensé. Faisant droit sur le Réquisitoire du Procureur-Général, ordonne que le présent Arrêt sera imprimé, lu, publié et affiché par-tout où besoin sera, et envoyé dans les Sénéchaussées et Amirautés du ressort, etc.

Délibération arrêtée, conformément à une Lettre du Ministre, par MM. les Général et Intendant, MM. les Président, Doyen et Procureur-Général du Conseil du Cap, portant que le Couvent des Religieuses de la même Ville, sera pris pour y loger des Troupes.

Du 20 Juillet 1780.

Cejourd'hui 20 Juillet 1780, M. de Reynaud, Commandant-Général, a prié M. Le Brasseur, Commissaire Ordonnateur, faisant fonctions d'Intendant, ainsi que MM. de Troulliet, de St. Martin et de Thébeaudières, Président, Doyen et Procureur-Général du Conseil, de s'assembler pour conférer sur l'objet de la dépêche du Ministre, du 17 Avril 1778, concernant la Maison des Dames Religieuses du Cap, adressée à feu M. d'Argout, Gouverneur-Lieutenant-Général, ladite dépêche mise sur le Bureau, et dont la teneur suit :

« J'ai reçu, M., les Lettres que vous m'avez écrites les 31 Octobre, » 27 Novembre et 9 Décembre derniers, par lesquelles vous me » faites part de vos dispositions pour recevoir et placer les différens Régi- » mens envoyés à St. Domingue. Par celle du 27 Novembre, vous me » marquez que vous avez été sur le point de vous emparer de la Maison » des Dames Religieuses du Cap, capable de contenir trois Bataillons; » mais que vous avez été retenu par la crainte d'alarmer ces Religieuses, » et de vous attirer le reproche d'avoir abusé de votre autorité. Vous » me demandez à être autorisé à prendre cette Maison, dans le cas où » vous y seriez forcé par les maladies qui pourroient attaquer les troupes.

» Vous avez très-bien fait de ne rien précipiter pour l'exécution de ce » projet, qui ne peut être autorisé que par des motifs d'une nécessité » très-pressante. Si ce cas survient, vous en conférérez avec MM. l'Inten- » dant, le Président, le Doyen et le Procureur-Général du Conseil, dont » Sa Majesté vous autorise à suivre l'avis, à la pluralité des voix.

» Ces Religieuses ont représenté qu'elles étoient en très-petit nombre pour » remplir les vûes de leur établissement; j'ai pensé que 12 Professes et 3 » Converses devoient suffire; comme on a continué de me faire des repré- » sentations à ce sujet, je vous prie d'en conférer avec M. de Vaivre, et » de me marquer en commun ce que vous en pensez. J'ai l'honneur d'être, » etc. *Signé*, DE SARTINE.

M. le Commandant-Général expose que le cas prévu dans la dépêche ci-dessus, est survenu par l'arrivée prochaine et imprévue de 2,000 hommes de troupes qui doivent être débarqués dans peu de jours au Cap, par l'Escadre de M. de Guichen, et y rester jusqu'à nouvel ordre. Il pense que le bien du service, celui des Citoyens de la Ville, qui sont déjà très-foulés par le logement des troupes, exige que la Maison des Dames Religieuses soit prise pour loger les nouvelles troupes, d'autant qu'elles y seront bien cazernées et contenues; qu'un établissement de pareil nombre de troupes à la plaine ou au Fort Dauphin, exigeroit encore plus de dépenses pour le Roi, et de charge pour les Habitans, et ne pourroit être fait à temps; que d'ailleurs, les troupes ne pourroient y être contenues, comme dans ladite Maison, qui est grillée et entourée de murs très-élevés, et que les intérêts desdites Dames Religieuses et celui que le Public en retire, exigent d'un autre côté le plus scrupuleux examen. Il observe qu'on qu'on peut placer cette Communauté dans la maison du sieur Charier, au haut du Cap, que le Roi feroit griller et arranger, ainsi que lesdites Dames peuvent le desirer, et que M. l'Ordonnateur seroit invité à prendre toutes les précautions convenables pour la conservation des intérêts de cette Communauté; que le dérangement que ladite Communauté peut éprouver, ne peut équivaloir à toute la charge que les Citoyens et le bien du Service du Roi éprouveroient, si on ne prend pas cette maison pour le logement desdites troupes.

M. l'Ordonnateur, d'après la lecture de l'exposé de M. le Commandant-Général, a dit, que les différentes recherches qu'il avoit faites pour loger les 2,000 hommes de troupes ayant été vaines, que le manque de fonds dans le Trésor de la Colonie, le grand nombre d'Officiers et de troupes déjà logés dans la Ville du Cap, les désordres dangereux qui pourroient résulter de la division d'un aussi grand nombre de soldats, dans une Ville où les troupes ont toujours été casernées, et la nécessité où l'on se trouve d'avoir toujours ces troupes présentes en cas d'expédition pressée, le déterminoient à penser que la proposition de M. le Commandant-Général renfermoit la ressource la plus efficace, et l'unique qu'on pût employer dans la circonstance présente; qu'en conséquence, il étoit instant de demander au sieur Charier la maison qu'il possède sur le chemin du haut du Cap, et de la lui louer pour loger lesdites Religieuses, de la faire griller, d'y faire bénir une Chapelle par le Préfet Apostolique; qu'il étoit nécessaire de dresser, en présence de M. le Procureur-Général, un procès-verbal qui constatât la situation dudit Couvent, dans lequel procès-verbal il seroit dit que ledit Couvent leur seroit rendu dans l'état où il auroit été pris, et qu'il ne serviroit au Roi que pendant le peu de temps que lesdites troupes séjourneroient au Cap, et leur seroit rendu le lendemain de leur départ; qu'il devoit être passé un bail avec le sieur Charier à un prix convenu de gré à gré, et d'après l'estimation qui sera faite de sa maison. M. l'Ordonnateur a ajouté qu'il étoit d'autant plus disposé à adopter la proposition de M. le Commandant-Général, que d'après la visite qu'il avoit faite de la maison du sieur Charier, il lui avoit paru qu'elle étoit grande, logeable, située dans un local très salubre, et construite de manière à procurer aux Religieuses tous les besoins et les commodités qui pouvoient s'accorder avec leur institution et la décence inséparable de leur état.

Sur quoi la matière mise en délibération, tout considéré et mûrement examiné: il a été reconnu et avoué d'une voix unanime, que le parti proposé par M. le Commandant-Général est absolument nécessaire dans la circonstance qui se présente, et qui est précisément celle prévue par la dépêche du Ministre. En conséquence, il a été arrêté que la maison conventuelle des Religieuses de cette Ville, sera occupée par les troupes de Sa Majesté, qui doivent débarquer incessamment, à la charge par MM. les Administrateurs, suivant leurs offres, 1°. de procurer aux Religieuses, pour leur logement, la maison du sieur Charier, située au haut du Cap, maison vaste, commode et décente, où elles seront en quelque sorte cloîtrées; cette maison étant entourée de murs, ainsi que les cours et jardins qui en dépendent, et où elles auront une Chapelle; le tout fermé par un portail et même grillé, s'il est besoin. 2°. de faire constater en présence du Procureur-Général du Roi, l'état dans lequel se trouvera la maison Conventuelle desdites Religieuses, ainsi que les effets qui en feront partie, avant que lesdites troupes en prennent possession, et de la leur faire rendre dans le même état, aussi tôt le départ desdites troupes.

Arrêté en outre que la présente délibération sera déposée au Greffe de l'Intendance, et transcrite sur les Registres dudit Greffe pour recours, et en être délivré expédition à qui il appartiendra; comme aussi que la dépêche du Ministre sera annexée en original à ladite délibération, et déposée audit Greffe. Fait au Cap, etc., le 20 Juillet 1780. *Signé* REYNAUD, LE BRASSEUR, TROULLIET, ST. MARTIN et DE THÉBEAUDIERES.

R. au Greffe de l'Intendance, le 22, etc.

ORDONNANCE des Administrateurs, qui déclare, provisoirement, les Habitations des Conseillers exemptes de Corvées pour les Chemins, à la charge d'entretenir ceux qui passent sur icelles.

Du 20 Juillet 1780.

VU la Requête à nous présentée par les sieurs Ruotte et Lohyer de La Charmeraye, Conseillers au Conseil Supérieur du Cap, Habitans au quartier de la Plaine du-Nord, tendante à ce que, vu les offres des Supplians d'entretenir et réparer comme ils l'ont toujours fait et le font encore pour leur part et portion, les chemins publics et particuliers qui passent sur leurs terres, il nous plaise maintenir et garder les Supplians dans la possession et jouissance où ils sont de temps immémorial, de toutes les exemptions de corvées et de leur privilége susdit: faire défenses aux Commandans et Officiers de Milices de les troubler dans leurs exemptions et priviléges, et de leur donner ni faire passer aucuns ordres à ce contraires, etc.

Nous, Commandant-Général et Ordonnateur, renvoyons MM. Ruotte et de La Charmeraye à se pourvoir sur le fond de leur Requête pardevers Sa Majesté, de telle manière qu'ils aviseront bon être; et en attendant ladite décision, on continuera à se conformer à celle de nos Prédécesseurs; et en conséquence, il est défendu de comprendre les Habitations des Supplians dans les Corvées publiques. Au Cap, le 20 Juillet 1780. *Signé* REYNAUD et LE BRASSEUR.

Paraphée ne varietur, *et déposée au desir de l'Arrêt du Conseil du Cap, du* 21 *Juillet* 1780.

ORDONNANCE du Roi, portant Amnistie en faveur des Officiers-Mariniers et Matelots Déserteurs, qui se présenteront aux Officiers chargés du détail des Classes, dans l'année, à compter du jour de sa publication; et Ordonnance des Administrateurs pour la faire imprimer et afficher dans la Colonie.

Des 24 Juillet 1780, et 22 Janvier 1781.

ORDONNANCE provisoire des Administrateurs, concernant les Cabarets dans la Ville et Banlieue du Cap.

Du 2 Août 1780.

FRANÇOIS Reynaud de Villeverd, etc.

Joseph-Alexandre Le Brasseur, etc.

Étant nécessaire ..... (*Voyez l'Ordonnance qui suit.*)

ART. I. Le nombre des Cabarets à pot et à pinte sera réduit à trente pour la Ville du Cap; ils seront distribués, pour la commodité du Public, dans les différens quartiers, et ne pourront être tenus que par des gens connus, domiciliés et porteurs d'une permission du Juge-Sénéchal de la Jurisdiction du Cap, bien entendu que lesdits Cabaretiers ne pourront point céder leurs Cabarets dans aucun cas, qu'avec permission du Juge, ni cesser de le tenir que huit jours après en avoir fait la déclaration au Greffe.

II. La conservation des hommes..... (*V. pour le surplus de cet art. le Ve. de l'Ordonnance qui suit.*)

III. Ils ne pourront vendre du tafia à qui que ce soit, que sur des billets de gens connus et domiciliés en Ville : il leur est défendu d'en vendre aux Gens de guerre et Matelots, que sur un billet signé du Major de chaque Corps, ou de l'Officier préposé à cet effet, en présence d'un Bas-Officier.

IV, V et VI. (*Ce sont les art. VII, VIII et IX de l'Ordonnance qui suit.*)

VII. Et pour la plus parfaite exécution des articles ci-dessus, il sera choisi par le Juge et le Procureur du Roi, deux Syndics.... de deux Sergens de Police. (*Voyez l'art.* 10 *de l'Ordonnance qui suit*).

Les deux Cabaretiers choisis..... aux mêmes formes. (*V. l'Ordonnance qui suit, in fine.*)

Enjoignons..... par-tout où besoin sera. (*V. l'Ordonnance qui suit, in fine.*)

Mandons à MM. les Officiers de la Jurisdiction, *vu la nécessité urgente*, d'enregistrer provisoirement la présente Ordonnance, et de tenir la main à son exécution, jusqu'à ce qu'il en ait été plus amplement par nous statué, le Conseil Supérieur séant.

DONNÉ au Cap, etc. *Signé* REYNAUD et LE BRASSEUR.

R. au Greffe du Siège Royal du Cap, pour être exécutée provisoirement, et jusqu'à ce qu'il ait été plus amplement statué, le Conseil-Supérieur du Cap séant etc, le 3 Août 1780.

ORDONNANCE des Administrateurs, concernant les Cabarets dans la Ville et Banlieue du Cap.

Du 2 Août 1780.

FRANÇOIS Reynaud de Villeverd, etc.

Joseph-Alexandre Le Brasseur, etc.

Étant nécessaire de remédier promptement aux abus qui résultent de la trop grande quantité de Cabarets, qui s'augmentent journellement, sans ordre ni règle, dans la Ville du Cap et Banlieue, et de faciliter d'un autre côté l'exécution de l'Ordonnance du 4 Décembre 1777, concernant la défense de la vente du tafia au petit détail : Nous, en vertu des pouvoirs à nous confiés par Sa Majesté, avons ordonné et ordonnons ce qui suit.

ART. I. Le nombre des Cabarets à pot et à pinte sera réduit à trente pour la Ville du Cap ; ils seront distribués, pour la commodité du Public, dans les différens quartiers. Les Cabaretiers seront tenus d'avoir au-dessus de leur porte une Enseigne, au bas de laquelle seront écrits leurs noms, et ces mots : *Cabaret par permission.* Lesdits Cabarets ne pourront être tenus que par des gens connus, domiciliés, et porteurs d'une permission de deux Commissaires de la Cour nommés à cet effet, conjointement avec le Procureur-Général, bien entendu que lesdits Cabaretiers ne pourront point céder leurs Cabarets dans aucun cas, qu'avec permission desdits Commissaires de la Cour et du Procureur-Général, ni cesser de le tenir que huit jours après en avoir fait la déclaration au Greffe.

I I. Les Aubergistes, Traiteurs ou autres, qui tiennent table d'hôte, et les Marchands de vin, ne sont point compris dans le nombre des trente Cabaretiers, mais il leur est défendu de donner à boire à pot et à pinte à qui que ce soit : ils seront assujettis à avoir une permission par écrit desdits Commissaires de la Cour et du Procureur-Général ; ils seront aussi tenus d'avoir à leur porte une Enseigne, au bas de laquelle sera écrit leur nom et ces mots : *Aubergiste, Traiteur ou Marchand de vin par permission.*

III. Nul Etranger ne pourra tenir Auberge, Table d'hôte, Café ou Billard.

IV. Les personnes tenant Billards et Cafés, ne pourront donner à boire du vin à pot et à pinte à qui que ce soit, sous les peines portées par l'article VIII, et les contrevenans seront poursuivis conformément aux articles IX et X de la présente Ordonnance.

V. La conservation des hommes, et sur-tout des Gens de guerre, exigeant qu'on prenne les plus grandes précautions pour qu'ils ne puissent se livrer à la boisson du tafia, hors les distributions qui pourront leur en être faites d'autorité compétente, au quartier ou à bord, quatre des trente Cabaretiers seront choisis par lesdits Commissaires et Procureur-Général, et auront seuls le droit de vendre du tafia, et ce par barrique, demi-barrique, tierçon, quart ou dame-jeanne, contenant douze bouteilles au moins, conformément à l'article premier de l'Ordonnance du 4 Décembre 1777 ; et le prix du tafia sera taxé par lesdits Commissaires et Procureur-Général toutes fois et quantes. Lesdits Cabaretiers seront changés chaque année.

VI. Lesdits quatre Cabaretiers ne pourront vendre du tafia aux Gens de guerre et Matelots, que sur un billet signé du Major de chaque Corps, ou de l'Officier préposé à cet effet, en présence d'un Bas-Officier.

Il leur est également défendu d'en vendre aux Négres et Gens de couleur, sans un billet de leurs Maîtres.

VII. Il sera permis à chaque Régiment ou Corps de Troupes, d'avoir une Cantine à portée de son quartier, où le vin et la bière seront taxés par les Majors, proportionnellement au prix d'achat, de manière que les Cantiniers n'ayent qu'un profit raisonnable, et qu'ils ne soient tenus à aucune espèce de rétribution.

VIII. Au moyen de ces lieux désignés pour les Gens de guerre, il est défendu à tous autres Cabaretiers, Aubergistes, et autres personnes quelconques, de vendre ni donner à boire aucune boisson aux Troupes, sous peine de prison pour la première fois, et de trois cens livres d'amende contre les contrevenans; et en cas de récidive, les portes desdits Cabarets, Auberges et de toutes autres maisons seront murées, et les futailles ou vases contenant la boisson, confisqués au profit du Roi et des préposés qui auront fait constater lesdites contraventions par procès-verbal en dûe forme.

IX. Seront lesdites peines poursuivies pardevant les Juges des lieux, à la diligence des Procureurs du Roi, et les amendes et confiscations, appliquées conformément à l'article II de l'Ordonnance du 4 Décembre 1777.

X. Et pour la plus parfaite exécution des articles ci-dessus, il sera choisi par lesdits Commissaires et Procureur-Général, deux Syndics parmi lesdits trente Cabaretiers, lesquels Syndics, après serment prêté par eux, auront le droit de faire des visites et constater ces contraventions, étant assistés de deux Sergens de Police.

Les quatres Cabaretiers choisis pour la vente du tafia, et chacun d'eux séparément, auront le même droit pour constater ces contraventions en ce qui concerne la vente du tafia, en s'assujettissant aux mêmes formes.

Enjoignons, chacun en ce qui nous concerne, à tous Commandans et autres Officiers, de tenir, chacun en droit soi, la main à l'exécution de la présente Ordonnance, qui sera enregistrée au Greffe de l'Intendance, imprimée, lue et affichée par-tout où besoin sera. Prions MM. les Officiers du Conseil Supérieur du Cap, de la faire pareillement enregistrer en leur Greffe. Mandons à ceux de la Jurisdiction de ladite Ville, de tenir la main à son exécution. DONNÉ au Cap, le 2 Août 1780, etc. *Signé*, REYNAUD et LE BRASSEUR.

R. au Conseil du Cap, assemblé extraordinairement, le 22 Août 1780.

en vertu d'Arrêt qui nomme MM. Ruotte et Pourcheresse, de Vertières Conseillers-Commissaires pour l'exécution de ladite Ordonnance.

LETTRE *du Roi à M. l'Amiral, pour que la Navigation des Bâtimens Neutres soit libre.*

Du 7 Août 1780.

R. en l'Amirauté du Cap, le 22 Juillet 1781.

V. le Code des Prises, Tome 2, pag. 887.

LETTRE *du Roi à M. l'Amiral, pour que les Prises conduites dans les Ports François, par les Corsaires Américains armés en France, y soient jugées comme celles faites par des Corsaires François, et conformément à la Déclaration du 24 Juin* 1778.

Du 10 Août 1780.

R. en l'Amirauté du Cap, le 22 Juillet 1781.

V. le Code des Prises, Tome 2, pag. 888.

ORDONNANCE *de M. l'Intendant par Interim, portant que le Chapelain d'un Hôpital Militaire, établi instantanément dans la Ville du Cap, peut tenir les Registres mortuaires dudit Hôpital, mais qu'il doit laisser l'inhumation au Chapelain de la Fossette, et lui remettre les Registres en cas d'évacuation dudit Hôpital.*

Du 26 Août 1780.

SUPPLIE humblement Frère Anselme de Rossy, Religieux-Cordelier, Chapelain de la Fossette, et vous représente qu'il y a environ cinq ans, la Paroisse du Cap le nomma à la Chapellenie du Cimetière de la Fossette; les fonctions de cette place consistent dans la conservation de la Chapelle, à faire fouiller les fosses et enterrer les morts. Par le Réglement de MM. d'Ennery et de Vaivre, du 4 Décembre 1775, sa rétribution sur chaque sépulture fut fixée; et par Arrêt du Conseil Supérieur de cette Ville, du 21 Janvier 1777, il lui fut ordonné de tenir les Livres mortuaires, conformément aux Ordonnances, Edits et Déclarations du Roi. Le Suppliant a toujours rempli ses fonctions, et joui des priviléges attachés à sa place, sans trouble ni inquiétude, jusqu'à l'arrivée de M. de Guichen; alors le grand nombre de malades provenus de l'Escadre, a nécessité l'établissement d'un Hôpital particulier au bout de la rue Espagnole; le sieur Bouvier en a été le Directeur, et l'Aumônerie en a été déférée au sieur Abbé Rousselet, qui avoit déjà celle du Régiment d'Agenois.

Ces Directeur et Aumônier se sont bientôt assimilés à des Chefs d'un Hôpital de constitution Royale; et pour en avoir les priviléges, ils se sont adressés à M. d'Aigremont, Commissaire de la Marine; le premier en a obtenu l'ordre de faire enterrer par ses Négres tous les morts de son Hôpital dans le Cimetière de la Paroisse; et en cas de refus du Chapelain préposé à cet effet, de faire faire une double clef des portes qui en donnent l'entrée; l'autre a été autorisé à anticiper sur les fonctions Curiales en portant l'étole, faisant les Prières pour les enterremens, et tenant un Livret mortuaire paraphé de la main de M. d'Aigremont.

On ne peut douter que M. d'Aigremont n'ait été trompé par ces hommes ambitieux. L'Hôpital auquel ils sont attachés est le fruit de la nécessité; son établissement n'est que momentané et précaire, il n'a ni Chapelle ni Cimetière, enfin nulle constitution; de quel droit donc le Directeur trouble-t-il la Paroisse du Cap dans la propriété et jouissance de son Cimetière, en le faisant ouvrir à toutes les heures du jour et de la nuit?

L'Aumônier est également sans droit dans les fonctions qu'il s'est arrogées; il ne peut porter l'étole, suivre les corps aux enterremens, sans anticiper sur les fonctions du Curé de la Paroisse; mais ce qui est encore moins de sa compétence, c'est la tenue des Livres mortuaires qu'il s'est permise; les hommes de l'espèce qu'il enterre ne doivent être enregistrés que par le Suppliant; l'Arrêt cité lui en fait la loi, et c'est en exécution d'icelui que l'Hôpital régi par les sieurs Cezeron, Robert et Didier, lui a toujours envoyé ses morts: d'ailleurs, il est à observer que le sieur Rousselet ne s'est point conformé aux Ordonnances et à l'Édit du Roi de 1777; son livre est simple, et il doit être triple; il est paraphé par M.

M. d'Aigremont, et il doit l'être par le Juge des lieux; autrement, il ne peut faire aucune foi en justice, et il y a le risque à courir de la perte de son prétendu Livre: où retrouver alors le nom, la qualité et le lieu de la naissance des Morts? etc, etc, etc. Qu'il vous plaise, etc.

Soit communiqué à M. d'Aigremont pour avoir des éclaircissemens et son avis sur l'objet dont il s'agit; et le tout rapporté, être statué ce qu'il appartiendra. Au Cap, le 23 Août 1780. *Signé*, LE BRASSEUR.

Avis de M. d'Aigremont.

L'Hôpital Bouvier est un Hôpital Militaire; il est aux frais du Roi, et établi pour le traitement seul de ses troupes. Les Ordonnances du Roi donnent à un Hôpital Militaire un Aumônier pour dire la Messe, lorsqu'il y a une Chapelle, pour administrer journellement les secours spirituels, pour tenir un Registre des morts dans la forme prescrite par ces mêmes Ordonnances, pour les enterrer au Cimetière le plus voisin; les Négres pour la fouille des fosses, la fourniture de la chaux, si elle est nécessaire, devant être aux frais du Roi ou de l'Entrepreneur, tel que cela existe pour l'Hôpital du Port-au-Prince, qui est une entreprise comme au Cap; enfin il doit avoir les mêmes fonctions, et être assujetti aux mêmes règles que l'Aumônier des Religieux. La nomination est au choix de l'Intendant.

Le Desservant de la Chapelle du Cimetière de la Ville s'élève contre ces prérogatives, et prétend, etc. Mais pour l'enregistrement des Extraits mortuaires qui est la pierre d'achoppement, cette fonction étant la principale d'un Aumônier, la plus essentielle pour l'état des hommes, il faut absolument pour l'exactitude des noms, des qualités des Morts, une personne *ad hoc*, résidante à l'Hôpital, assujettie à sa Police, pour relever les erreurs sur les billets, qui ne sont que trop fréquentes; corriger les noms estropiés, inscrire le jour fixe de la mort, et répondre de ses enregistremens. Tout ce qu'on peut accorder au Père Desservant, c'est, lorsque l'utilité de l'Hôpital cessera, et par conséquent celle de l'Aumônier, de lui remettre le Registre des Morts, pour en tirer les Extraits mortuaires demandés et le profit. *Signé*, D'AIGREMONT.

Vu la présente Requête, les observations de M. d'Aigremont, copie de l'Arrêt du Conseil Supérieur, du premier Janvier 1777: Nous Ordonnateur, faisant fonction d'Intendant, ordonnons que le Chapelain par nous établi dans l'Hôpital Militaire, dont le sieur Bouvier a l'entreprise, continuera de remplir ses fonctions, de tenir les Registres pour les morts, et d'en délivrer les Extraits mortuaires, conformément aux Ordonnances du Roi ; mais qu'il sera tenu d'envoyer les Morts avec leurs noms à la porte du Cimetière pour en laisser faire les enterremens au Chapelain de la Fossette, à qui ces fonctions appartiennent : Ordonnons en outre que lors de l'évacuation dudit Hôpital Militaire, les Registres qui y auront été tenus par ce Chapelain, seront remis cotés et paraphés par le Commissaire des Guerres à l'Aumônier du Cimetière, pour en être délivré des Extraits à qui il appartiendra. AU CAP, le 26 Août 1780. *Signé*, LE BRASSEUR.

LETTRE *du Ministre à M. le Marquis de Vaudreuil, nommé Gouverneur-Général, touchant la subordination des Économes, Ouvriers et autres Gens à gages envers les Habitans.*

Du 8 Septembre 1780.

M. DE REYNAUD m'a rendu compte, M., de l'affaire du sieur le G... employé aux gages du sieur B.... Habitant, qu'il a osé provoquer, après avoir été renvoyé de son service. Il est nécessaire de réprimer sévèrement l'insolence des Économes, Ouvriers et autres gens à gages, qui osent se porter à des excès envers les Habitans-Propriétaires, et je ne puis qu'approuver la punition que M. de Reynaud a fait subir au sieur le G... (la prison). L'intention de Sa Majesté est même qu'en pareil cas vous usiez d'une plus grande sévérité.

V. la Lettre du Commandant-Général par intérim, du 28 Février 1781.

ORDONNANCE *des Administrateurs, portant établissement de Gardes-Quai dans les Villes du Cap et du Port-au-Prince.*

Du 6 Octobre 1780.

FRANÇOIS Reynaud de Villeverd, etc.
Joseph-Alexandre Le Brasseur, etc.

La conservation des Rades des Villes du Cap et du Port-au-Prince, qui se comblent journellement par les décombres et les immondices qu'on y jette, ainsi que sur les Quais, et la salubrité desdites Villes exigeant qu'il soit remédié à ces abus ; Nous, en vertu des pouvoirs à nous confiés par Sa Majesté, avons réglé et ordonné, réglons et ordonnons ce qui suit.

ART. Ier. Il sera établi dans chaque Ville du Cap et du Port-au-Prince une Escouade, composée d'un Chef et quatre hommes, sous le titre de *Gardes-Quai*, laquelle sera sous les ordres du Capitaine de Port.

II. Cette Escouade sera chargée de veiller à l'entretien et propreté des Quais, à ce qu'ils ne soient point encombrés et à ce qu'il ne soit jeté aucuns décombres et immondices à la mer le long desdits Quais.

III. Il sera planté des bornes en pierre et aux dépens du Roi sur lesdits Quais, à l'effet de désigner les endroits où pourront être placés les bois et autres marchandises provenans des déchargemens des Navires, et qu'on ne peut enlever sur le champ, de manière que les rues qui bordent les Quais soient libres, ainsi qu'un espace de vingt à trente pieds sur lesdits Quais le long de la mer.

IV. Les Propriétaires ou Commissionnaires chargés des objets déposés sur les Quais, seront tenus de les faire enlever dans huit jours., et même plutôt, sur l'ordre du Capitaine de Port, si cela est nécessaire pour le bien du service et pour le déchargement des nouveaux Bâtimens entrés.

V. Les Gardes des Troupes et des Milices prêteront main-forte à la réquisition du premier Garde-Quai, pour arrêter les contrevenans aux articles II et III. Lesdits contrevenans seront conduits au Corps-de-Garde de la Place, pour être ensuite ordonné ce qu'il appartiendra. Quant aux contrevenans à l'article IV, le Capitaine de Port en rendra compte au Commandant de la Place, s'ils refusent de se mettre en règle dans les vingt-quatre heures.

VI. Chaque Chef d'Escouade et chaque Garde-Quai recevra par jour une ration de vivres, telle que celle qui est distribuée aux soldats des Troupes, et il sera payé en outre en argent par mois, savoir :

A chaque Chef d'Escouade . . . . 80 liv.

A chaque Garde . . . . 66 liv.

VII. Le Chef de cette Escouade et les quatre Gardes-Quai seront armés d'un mousqueton. Leur uniforme sera composé d'un habit bleu, doublure, veste et culotte blanches, parement bleu de ciel, boutons blancs timbrés d'une ancre.

VIII. Au moyen du service particulier affecté aux Escouades de Gardes-Quai, elles seront dispensées de tout autre service et corvées quelconques, et se conformeront à tous les ordres qu'elles recevront du Capitaine de Port.

Enjoignons, chacun en ce qui nous concerne, à tous Commandans et tous autres de tenir, chacun en droit soi, la main à l'exécution de la présente Ordonnance, qui sera enregistrée au Greffe de l'Intendance, imprimée, lue, publiée et affichée par-tout où besoin sera. DONNÉ AU CAP, le 6 Octobre 1780, etc. *Signé*, REYNAUD, LE BRASSEUR.

R. au Greffe de l'Intendance, le 12 du même mois.

ORDONNANCE *des Administrateurs, qui établit que l'Habitation Baudin est chargée de l'entretien du chemin de la Petite-Anse au Cap, depuis le Bac jusqu'au Pont-de-Bois; et fait défenses de couper les Mangles ni de prendre du sable le long dudit chemin, etc.*

Du 6 Octobre 1780.

SUPPLIENT humblement les Habitans du Quartier Morin; disant que se trouvant extraordinairement assemblés par vos ordres, en présence de M. de Caduch, Commandant les Milices dudit quartier, pour dresser un état de situation de l'Eglise et des facultés et moyens de la Fabrique, M. de Caduch leur auroit communiqué les ordres que vous lui avez donnés, pour commander un attelier public, à l'effet de raccommoder le chemin du Bac à la Petite-Anse; quoique prêts à obéir à vos ordres, ils ont osé vous présenter cette Requête, afin que sur une copie de la délibération des Habitans assemblés le 15e jour du mois de Novembre 1778, en présence de M. le Chevalier du Grés, transcrit comme il suit:

« Délibéré en outre que, quoique le Quartier se charge pour l'instant de continuer à réparer et mettre en état le chemin de la Petite-Anse au Bac, il se réserve cependant d'adresser une Requête à Nosseigneurs les Général et Intendant, tendante à obtenir que l'entretien dudit chemin soit désormais à la charge de l'Habitation Baudin, comme concessionnaire des 50 pas du Roi, dans les Salines où passe ledit chemin; le tout arrêté et consenti de la voix unanime des Paroissiens soussignés: *Le Chevalier du Grés, le Marquis de Caduch, Riortier, Barré de St. Venant, la Chapelle, Filhol, d'Heilcour, le Chevalier du Périer, l'Escamela, Civrac, Lamy, Pinsun, Pons, Ducros, Rimbert, etc.* »

Il vous plaise ordonner au sieur Rimbert, Exécuteur Testamentaire et Procureur des héritiers Baudin, de faire les réparations necessaires à ce chemin, puisqu'il est Propriétaire du terrein sur lequel il passe, ou qu'il renonce à sa concession, et permette à tel habitant de cette Paroisse de se présenter pour l'obtenir, à la charge de réparer et entretenir ledit chemin; ils ne cesseront de faire des vœux pour votre conservation. *Signé*, le Marquis de Caduch, la Chapelle, d'Abadie de Filhol, Barré de St. Venant, Haitze, Pinsun, Delaleu, Salenave jeune, Lami, Salenave et Fournier de Bellevue.

Après avoir pris communication de la Requête ci-dessus, je consens dans l'intérêt des héritiers Baudin, d'entretenir le chemin dont s'agit, depuis le pont de bois jusqu'au Bac, et me soumets d'y faire travailler incessamment, sans que le présent consentement puisse nuire aux héritiers Baudin, et sous la réserve de faire valoir leurs droits en temps et lieu, à la condition néanmoins qu'il plaira au Gouvernement de me faire livrer la roche nécessaire pour la réparation et entretien dudit chemin, n'en existant pas sur les lieux. AU CAP, le 21 Septembre 1780. *Signé*, RIMBERT.

Et depuis, vu la Requête, notre Ordonnance de soit communiqué, du 11 Septembre dernier, la réponse du sieur Rimbert, représentant la partie intéressée; vu le procès-verbal du sieur Calon, Ingénieur du Roi, du 2 du courant, et l'avis de M. du Grés, du 4 du même mois; et tout considéré: Nous, Commandant-Général et Ordonnateur, faisant fonction d'Intendant, avons homologué et homologuons ledit procès-verbal, pour être exécuté selon sa forme et teneur, en se conformant à l'avis de M. le Chevalier du Grés; Ordonnons qu'il sera fourni sur le fonds de la caisse des Libertés la quantité de 195 toises de roches, pour les réparations indispensables dudit chemin. Défendons à toutes personnes de quelque qualité qu'elles soient, de couper les mangles, de fouiller et d'enlever le sable le long de la mer et dudit chemin; autorisons les Concessionnaires à arrêter tous contrevenans. Ordonnons de plus audit Concessionnaire de faire planter des mangles et autres arbres qui viennent sur les bords de la mer, le long du rivage, pour le garantir à l'avenir des dégradations qu'occasionnent les fortes marées: Mandons à MM. les Commandans pour le Roi, et à tous autres Officiers, de tenir la main à l'exécution de la présente Ordonnance, qui sera enregistrée *gratis* au Greffe de l'Intendance, pour y avoir recours au besoin. DONNÉ au Cap, le 6 Octobre 1781, etc. *Signé*, REYNAUD et LE BRASSEUR.

R. au Greffe de l'Intendance, le 12 dudit mois.

ORDONNANCE des Administrateurs, qui fixe l'exemption des Colonels employés dans la Colonie, à 24 têtes de Négres.

Du 9 Octobre 1780.

SUPPLIE humblement Henri-François-Leonard, Vicomte de Poudens, Mestre de Camp-Commandant du Régiment de Touraine, et Habitant à la Marmelade : Disant que dans le Réglement concernant les exemptions, il n'en est point fixé en raison du grade de Colonel; pourquoi le Suppliant à recours à Vous, etc.

Vu l'exposé en la présente Requête, l'avis de M. Prévôt de la Croix; Tout considéré : NOUS, Commandant-Général et Ordonnateur, faisant fonction d'Intendant; ordonnons que le Suppliant, en sa qualité de Colonel, employé dans cette Colonie, y jouira pendant le temps de son service et de sa résidence, de l'exemption de tous droits d'Octrois et Corvées publiques pour 24 têtes de Négres, à la charge par lui de se conformer à l'article X. du Réglement du 25 Septembre 1744; et mandons au Commandant du Quartier de tenir la main à l'exécution de notre présente Ordonnance, qui sera enregistrée au Greffe de l'Intendance pour y avoir recours au besoin. DONNÉ au Cap, etc. *Signé*, REYNAUD et LE BRASSEUR.

R. au Greffe de l'Intendance, le 12 dudit mois.

AVERTISSEMENT du Conseil du Cap, au Barreau, touchant les Requêtes Civiles.

Du 9 Octobre 1780.

CE JOUR, après la prononciation de l'Arrêt d'entre les sieurs Faubeau de Mallet et Bayon, et M. de Galiffet, Monsieur le Président a dit : « LA COUR » avertit les Avocats d'observer dans les Consultations à fin d'obtention de » Lettres de Requête Civile, de ne les faire signer que par les anciens Avocats » du Barreau, comme aussi de ne pas cumuler le Rescindant et le Rescisoire. »

Et en conformité d'un arrêté verbal de la Cour, M. le Président ayant fait venir chez lui le Doyen des Avocats, l'a prévenu qu'il convenoit, attendu le respect et les égards dûs aux Arrêts de la Cour, de porter au grand Rôle toutes les demandes en entérinement de Lettres de Requête Civile.

ARRÊT du Conseil du Cap, qui juge qu'un Médecin-Chirurgien dont le titre de Médecin est légalement connu par l'enregistrement, doit émolumenter comme Médecin.

Du 11 Octobre 1780.

LOUIS, etc. Entre Me Dazille, Docteur en Médecine de la Faculté de Douay, Médecin et Pensionnaire de Sa Majesté en cette Colonie, Correspondant de la Société Royale de Médecine de Paris, demeurant au Quartier Morin, Appelant d'une part; et le sieur Cameron, habitant à la grande Rivière, Exécuteur-Testamentaire du feu sieur Désodouards, Intimé d'autre part. Vu, etc. OUI Canivet, Substitut de notre Procureur-Général, et tout considéré : NOTREDITE COUR donne acte à la partie de Bourlon (Caméron) de ce qu'elle s'en rapporte à la prudence de la Cour; faisant droit sur l'appel, a mis et met l'appellation et Sentence (*qui réduisoit les honoraires de Me Dazille à 180 liv.*) dont est appel, au néant; émendant, condamne la Partie de Bourlon en sa qualité à payer à celle de Moreau de S. Méry, (Me Dazille) la somme de 990 liv. montant de son compte, et ce, par privilége et préférence à tous autres Créanciers; l'amende remise, la partie de Bourlon aux dépens; et néanmoins donne acte à la Partie de Moreau de S. Méry de la déclaration par elle faite sur la Barre, de ce que dans le cas où il seroit justifié que la succession dont s'agit seroit insolvable, elle se reduit volontairement au simple remboursement des dépens.

ORDONNANCE des Administrateurs, pour le changement du Cimetière de la Paroisse de la Petite-Rivière.

Du 16 Octobre 1780.

AUTANT il est nécessaire d'avoir dans une Paroisse un lieu destiné aux inhumations publiques, autant il est dangereux que ce lieu soit précisément au sein d'une ville ou d'un Bourg. La sagesse de nos Rois a fait des Réglemens précieux et très précis à cet égard. Les Habitans soussignés demandent en vain depuis long-temps à la Fabrique un endroit convenable au Cimetière de cette Paroisse ; celui qui existe attenant à l'Eglise, placé au centre même et sur l'endroit le plus élevé de ce Bourg qui est entouré d'eaux stagnantes, par conséquent mal saines, sera toujours, s'il subsiste, une cause certaine et continuelle de maladies et de mortalités ; les vapeurs épaisses et cadavéreuses qui s'élèvent en tout temps de ce Cimetière actuel, répandent nécessairement sur tout le Bourg un air pestilentiel et contagieux, lorsqu'après des pluies abondantes, le soleil plus ardent vient réchauffer ces tombeaux infects. Le Révérend Père Dupont, Curé de cette Paroisse, offre à la Fabrique une Partie du terrein concédé comme Prébende à son Presbytère, pour y fixer la sépulture publique ; mais il ne peut s'en servir à cet effet, qu'au préalable l'étendue n'en ait été déterminée par une délibération, entourée de murs, et maçonnée aux frais de la Paroisse, suivant les Réglemens du Roi sur cette matière. L'objet est trop important pour rester long-temps en projet et sans exécution. A CES CAUSES, etc.

Vu l'exposé en la présente Requête, la délibération faite en la présence de nos Représentans, en vertu de notre Ordonnance du 20 Août dernier, en date du 8 Octobre présent mois ; Tout considéré : Nous, Commandant-Général et Ordonnateur, faisant fonction d'Intendant, sans préjudice des droits d'autrui, avons homologué et homologuons la délibération des Habitans de la Petite-Rivière, en date du 8 Octobre présent mois, que nous avons paraphée *ne varietur*, pour être exécutée selon sa forme et teneur. Et sera la présente Ordonnance, ainsi que ladite délibération enregistrées au Greffe de l'Intendance pour y avoir recours au besoin. DONNÉ au Cap, le 16 Octobre, etc. 1780. *Signé* REYNAUD et LE BRASSEUR.

R. au Greffe de l'Intendance, le 19 du même mois.

ORDONNANCE

ORDONNANCE *des Administrateurs, pour numéroter les Maisons des Villes et Bourgs de la Colonie.*

Du 20 Octobre 1780.

FRANÇOIS Reynaud de Villeverd, etc.
Joseph-Alexandre Le Brasseur, etc.

Étant nécessaire pour la sûreté et la commodité du Public, ainsi que pour la facilité du service de la Police, de numéroter les Maisons des Villes et Bourgs de la Colonie; Nous, en vertu des pouvoirs à nous confiés par Sa Majesté, avons ordonné et ordonnons ce qui suit :

ART. I. Il sera dressé par les Ingénieurs du Roi, si fait n'a déjà été, des Plans-Directeurs de toutes les Villes et Bourgs de la Colonie, lesquels Plans seront par nous visés et paraphés, et copies déposées au Gouvernement. Il sera également déposé chez le Commandant pour le Roi, copie du Plan Directeur particulier de chaque Ville ou Bourg de son district, et extrait desdits Plans, tant aux Greffes des Conseils, chacun dans leur ressort, qu'en ceux des Jurisdictions.

II. Toutes les Maisons des Villes et Bourgs de la Colonie seront numérotées dans l'ordre qui sera désigné par les Ingénieurs du Roi, à l'exception des Eglises et autres Edifices publics, tels que Cazernes, Hôpitaux, Gouvernemens, Intendances et Magasins appartenans au Roi.

III. Chaque Propriétaire de Maison sera tenu de faire poser dans le délai d'un mois, à compter du jour de la publication de la présente Ordonnance, à ses frais et dans la forme ci-après prescrite, le numéro qui lui sera désigné par le Voyer commis à cet effet; lequel Voyer sera chargé de veiller à l'exécution de la présente Ordonnance, et autorisé à faire placer les numéros aux frais des contrevenans, qui seront contraints par voie de garnison, sur le procès-verbal du Voyer, au paiement qui sera taxé par les Juges des lieux.

IV. Le numéro de chaque Maison sera placé en chiffres peints en noir et à l'huile, sur une pierre de quinze pouces de long et de dix de large, peinte en blanc et à l'huile sur le mur de chaque maison, et au-dessous le nom de la rue. Il sera donné à cet effet des noms aux rues des Villes et Bourgs qui pourroient n'en point avoir; lesquels noms seront désignés par les Commandans pour le Roi et inscrits en lettres noires, aux dépens des Propiétaires, conformément à l'article trois.

V. Dans les emplacemens actuellement non-bâtis sur les rues, s'il n'y a point de mur d'entourage assez haut, il sera posé des poteaux où seront attachées les inscriptions du nom de la rue et du numéro de la maison en feuille de fer-blanc ou en bois, dans les mêmes formes, proportions et couleurs ci-dessus prescrites.

VI. Dans les emplacemens où il y a plusieurs maisons, ou qui pourroient par la suite être divisés, on les marquera du même numéro que la maison précédente, de manière que le même numéro servira pour toutes les maisons du même emplacement, en observant de placer au-dessous une lettre alphabétique pour les distinguer.

VII. Les Propriétaires des Maisons, leurs héritiers ou ayans-cause, seront tenus de conserver et entretenir lesdits numéros; et en cas de contravention au présent article, les délinquans seront condamnés en trois cens livres d'amende, moitié applicable au profit du Roi, moitié aux Voyers : ladite amende sera poursuivie par-devant les Juges des lieux, à la diligence des Procureurs du Roi, sur le procès-verbal desdits Voyers.

Sera notre présente Ordonnance enregistrée au Greffe de l'Intendance, imprimée, lue, publiée et affichée par-tout où besoin sera.

Prions MM. les Officiers des Conseils Supérieurs du Cap et du Port-au-Prince, de faire enregistrer la présente Ordonnance, et mandons à ceux des Jurisdictions de leur ressort de tenir la main à son exécution. DONNÉ au Cap, etc. *Signé*, REYNAUD et LE BRASSEUR.

R. au Conseil du Cap, le 6 Novembre 1780.
Et à celui du Port-au-Prince, le 11 Décembre suivant.

ORDONNANCE *des Administrateurs touchant le payement des Gages des Garde-Quais.*

Du 21 Octobre 1780.

FRANÇOIS Reynaud de Villeverd, etc.
Joseph-Alexandre Le Brasseur, etc.

L'article VI de notre Ordonnance du 6 Octobre présent mois, portant établissement des Garde-Quais dans les Villes du Cap et du Port-au-Prince, ayant déterminé qu'il sera payé par mois, argent de la Colonie; Savoir :

A chaque Chef d'Escouade . . . . . . 80 liv.
A chaque Garde 66

Et voulant assigner le payement desdits gages sur le produit de la taxe des Libertés ; prions M. Ferrand, Receveur desdites taxes, de payer des deniers d'icelles lesdits gages, tels qu'ils sont ci-dessus désignés, à l'échéance de chaque mois, à compter du jour que lesdits Chefs d'Escouade et Garde-Quais entreront en exercice. Le montant de tous lesquels gages ou appointemens sera passé et alloué chaque année en dépense dans les comptes dudit Receveur, en rapportant les quittances desdits Employés; ensemble une expédition de la présente Ordonnance, pour une fois seulement, laquelle sera au surplus enregistrée au Greffe de l'Intendance. DONNÉ au Cap, etc. le 21 Octobre 1780. *Signé*, REYNAUD et LE BRASSEUR.

R. au Greffe de l'Intendance, le 30.

ARRÊT du Conseil du Cap, qui ordonne, sous un mois, la démolition de Bâtimens de la même Ville qui menacent ruine.

Du 25 Octobre 1780.

ENTRE le sieur Courrejolles, Appelant, et M. le Procureur-Général, Intimé.

ORDONNANCE du Juge de Police du Cap, touchant la vente du Sel.

Du 25 Octobre 1780.

SUR la remontrance qui nous a été faite verbalement par le Procureur du Roi, qu'instruit par le Gouvernement du danger qu'il y avoit de manquer de Sel en cette ville et dépendances, par l'exportation considérable que les Étrangers font de cette Marchandise, devenue de première nécessité par l'usage essentiel dont elle est, tant pour le Citoyen que pour les Nègres, qui en font une consommation considérable; et étant instant d'arrêter, du moins pour un temps quelconque, les ventes auxdits Étrangers qui nous en privent ensuite, par l'exportation qu'ils en font dans des Isles et des Continens étrangers; Nous, faisant droit sur la Remontrance du Procureur du Roi, faisons défenses, tant aux Capitaines qui ont des magasins de sel, qu'aux Négocians, Marchands et autres qui en font trafic, de vendre leurdit Sel en partie et autrement qu'au détail à des Marchands et Habitans connus, qui en doivent faire ou faire faire une consommation intérieure; leur défendons pareillement de le vendre en gros ou en partie à des Étrangers ou à leurs Commissionnaires connus; de toutes lesquelles ventes ils feront mention dans leur brouillard ou Journal, qui énoncera précisément le nom de l'acheteur et l'emploi qu'il a déclaré en vouloir faire; le tout sous peine contre les contrevenans de telle amende qu'il appartiendra, suivant l'exigence des cas: Mandons aux Inspecteurs de Police de tenir la main à la présente Ordonnance, et pour y parvenir, de vérifier sans délai les divers Magasins dans lesquels il peut y avoir du Sel, de recevoir les déclarations des Propriétaires d'iceux, et de les remettre au Procureur du Roi. Et sera la présente lue et publiée par-tout où besoin sera, et exécutée nonobstant opposition ou appellation, etc.

ORDONNANCE des Administrateurs, pour l'ouverture d'un Chemin de communication propre aux Voitures, entre la Partie du Nord et celle de l'Ouest.

Du 29 Octobre 1780.

FRANÇOIS Reynaud de Villeverd, etc.
Joseph-Alexandre Le Brasseur, etc.

La nécessité d'une communication de la Partie du Nord avec celle de l'Ouest, par un chemin de Voiture, nous ayant déterminés à employer de nouveaux moyens pour y parvenir, il a été reconnu, par les Ingénieurs et Voyers, par nous commis à cet effet, que cette communication, recherchée vainement jusqu'à ce jour, et si desirée depuis long-temps pour le bien public et particulier, et pour l'avantage du Commerce interieur de la Colonie, étoit très-praticable et facile à exécuter, en passant par la ravine la Brande, le Boucan-Richard, le Pilate et Plaisance. En conséquence, Nous, Commandant-Général et Ordonnateur, faisant fonction d'Intendant, ordonnons qu'il sera fourni par les Habitans des quartiers des Gonaïves, Gros-Morne et Plaisance, le vingtième de la force annuelle de leurs ateliers, pour être employé à l'ouverture de cette communication, qui sera pour le moment de 10 pieds de large seulement, et dans l'ordre suivant. Savoir :

La corvée des Gonaïves, à partir du plat-pays, pris à la Barrière de Mme d'Oeede jusqu'à la limite du Boucan-Richard, quartier du Gros-Morne, excepté cependant les Cantons de la grande et petite Rivière des Gonaïves, qui seront employés à la perfection du chemin tracé par la ravine sèche de la grande Rivière jusqu'au pied de la Montagne de Plaisance.

La corvée du gros Morne, à partir des limites du Boucan-Richard, commun avec les Gonaïves jusqu'au Morne La Porte ; et les corvées de ces deux Paroisses seront commandées sur le champ.

La Corvée de Plaisance depuis le Morne La Porte jusqu'au Crochet qui se trouve dans la Coupe de Plaisance, vis-à-vis feu Brosset : ladite corvée ne commencera qu'au mois de Janvier prochain, vu le temps actuel de la récolte et des pluies dans ledit quartier.

MANDONS à MM. les Commandans pour le Roi et à ceux des Paroisses, aux Voyers principaux et particuliers, et à tous autres qu'il appartiendra, de tenir la main, chacun en droit soi, à l'exécution de la présente Ordonnance, qui sera enregistrée au Greffe de l'Intendance. DONNÉ au Cap, etc. *Signé*, REYNAUD et LE BRASSEUR.

R. au Greffe de l'Intendance, le 30.

ORDONNANCE *des Administrateurs, homologative d'une Délibération d'Habitans, sur les levées de la Grande-Rivière de Limonade.*

Du 2 Novembre 1780.

SUPPLIENT humblement les Habitans de la Paroisse de Limonade, soussignés ; disant que leurs Habitations situées sur les rives de la grande Rivière de Limonade, ont éprouvé des désastres irréparables, par l'effet des crûes d'eau extraordinaires, arrivées le 16 et le 19 du présent mois ; cet événement leur a fait connoître que les digues qu'ils avoient opposées à cette redoutable Rivière sont insuffisantes ; ils se disposent à les réparer, en leur donnant l'élévation et la solidité nécessaire pour résister à l'avenir à de pareils débordemens ; mais ces travaux si dispendieux deviendroient inutiles, si les Habitans intéressés ne travailloient pas sur un plan uniforme, si l'on ne donnoit pas aux levées la force et la hauteur nécessaires pour résister à l'effort des eaux. A quoi serviroit en effet, NN., à l'Habitation inférieure, de donner à ses levées une force supérieure, si celui qui est placé au-dessus de lui, par une sécurité mal placée, ou par une conspiration de l'intérêt particulier contre l'intérêt général, avoit des levées trop foibles que la première crûe d'eau doit surmonter? Telle est, Nosseigneurs, la position des Supplians: les héritiers du sieur Lefebvre sont propriétaires de terreins parallèles placés sur les deux rives de la grande Rivière; leur établissement et leur culture sont dans le Quartier-Morin sur la rive *Ouest*; ils n'ont sur la rive *Est*, dans la Paroisse de Limonade, qu'une bananière et des savanes: les débordemens de la grande Rivière, qui ne peuvent occasionner que de légers dommages au terrein de Limonade, pourroient porter le ravage et la destruction dans la partie de leur Habitation consacrée à la culture. Ces Habitans, NN., ont établi la sûreté de leur immense fortune sur la certitude de notre ruine: possesseurs des deux rives, ils ont établi des levées considérables sur la rive Occidentale, et en ont élevé de moins fortes et de plus basses de près de 4 pieds sur la rive Orientale. Il résulte de cette opération, que dans les grandes crûes, les eaux surmontant les digues les moins élevées, les Habitans de Limonade placés au-dessous sont ruinés par l'inondation, tandis qu'au Quartier-Morin les héritiers du sieur Lefebvre jouissent de notre infortune, dont ils sont les auteurs, puisqu'ils l'ont préméditée. Cette guerre d'un contre tous, NN., est d'autant plus funeste, que les auteurs de nos maux, possesseurs des deux rives, armés de tous les droits de la propriété, bravent sous ce bouclier sacré les loix civiles, qui ne sont établies que pour conserver les droits de cette même propriété. Mais il existe une loi antérieure, une loi impérieuse: c'est celle de l'utilité publique; elle est le principe, la cause et le nœud de la société. C'est cette loi, NN., dont l'exercice vous est spécialement confié, que nous implorons aujourd'hui pour la conservation de nos vies et de nos fortunes. Vos lumières supérieures, NN., vous feront voir qu'en sauvant de la destruction notre possession particulière, vous conservez à l'État le territoire le plus fertile du Nouveau-Monde.

Nos craintes ne sont point imaginaires, ni nos maux exagérés: la Rivière, si on ne s'oppose à ses progrès, si on ne la repousse, et si on ne la contient dans son lit, doit prendre son cours par les lits nouveaux qu'elle s'est ouverts sur le terrein que les héritiers Lefebvre possèdent à Limonade. Cinq ouvertures qui ont ensemble plus de 300 pieds de longueur, versent la majeure partie de la Rivière sur nos terreins; déjà nous avons perdu les récoltes de l'année; déjà, dans beaucoup d'endroits, un sable stérile couvre des terres renommées par leur fertilité; chaque intant accroît les progrès du mal, et le remède doit être aussi prompt qu'efficace, afin qu'il puisse être utile.

Ce ne sont pas seulement les Habitans du bas de l'Islet de Limonade qui sont menacés, l'Embarcadère de Limonade est exposé aux mêmes dangers, et à de plus grands encore, puisqu'il peut se faire que la petite Rivière de Limonade réunissant, dans un débordement, ses eaux à celles de la grande Rivière, détruise dans un instant ce Bourg, ses Habitans et les denrées dont il est l'entrepôt.

La Loi du Prince, NN., réunit dans les Colonies, au Domaine du Souverain, les terres que le Propriétaire laisse sans culture. La clause des concessions, est la culture; et le but de la culture est l'utilité particulière et publique. Le terrein que les héritiers Lefebvre possèdent dans la Paroisse de Limonade, n'est pas dans cet état d'abandon qui est puni par la peine de la réunion; mais l'abus qu'ils ont fait jusqu'à ce jour de la concession du Prince, est beaucoup plus répréhensible que la négligence du Colon qui laisse son terrein sans culture, presque toujours par l'insuffisance de ses moyens. Nous ne demandons point que les héritiers Lefebvre soient dépouillés de leurs possessions; mais les Supplians, NN., croient être fondés à demander qu'ils ne s'en servent pas pour leur ruine. Nous demandons qu'ils soient tenus à élever sur les terreins parallèles qu'ils possèdent sur les deux rives, des digues qui ayent la même force et la même élévation.

Ce n'est pas, NN., le seul abus qui doive être réformé, pour que la réparation des levées que nous nous proposons de faire, ne soit pas un travail inutile. Quelques Habitans ont fait entre le lit de la Rivière et les levées, des plantations de Roseaux, de Bamboux et d'Arbres. Lorsque l'eau de la Rivière, dans les crûes, sort de son lit, ces obstacles retardent son écoulement, et retiennent les arbres que le courant y transporte: de nouveaux obstacles s'y joignent, ils s'accumulent; l'eau gênée fait effort contre les digues, les surmonte, les renverse, et l'inondation envahit la plaine.

Nous ajouterons, NN., à ces observations, que les brêches qui sont ouvertes sur le terrein des héritiers Lefebvre, sont au-dessus du chemin-Royal du Cap au Fort-Dauphin: la communication est interrompue; elle ne peut être rétablie que lorsque ces ouvertures seront fermées. Ce Considéré, NN., il vous plaise ordonner, 1°. que tous les Habibitans Riverains seront tenus de couper les Roseaux, les Bamboux et les Arbres qui sont plantés entre le lit de la Rivière et les levées, et leur faire défenses d'y faire d'autres plantations que de Petit-Mil, d'Herbes de Guinée, ou plantes analogues, qui ne peuvent opposer d'obstacle au cours des eaux. 2°. Ordonner que toutes les levées seront réparées sans délai, sur toutes les Habitations, en leur donnant la solidité et l'élévation nécessaires pour résister aux plus grandes crûes d'eau. 3°. Que les héritiers de M. Lefebvre, représentés par MM. Stanislas Foache, Hellot, et Compagnie, Négocians au Cap, seront tenus de réparer, sous le plus coûrt délai, en y employant sans interruption tout leur attelier, toutes les brêches qui existent dans la levée placée sur la rive orientale, et de lui donner les mêmes dimensions qu'à la levée parallèle, placée sur la partie de leur terrein, sise au Quartier-Morin. 4°. Et afin d'éclairer votre justice, NOSSEIGNEURS, et de réunir tous les intéressés dans un avis commun, et les assujétir à un plan de réparation uniforme; ordonner que sans délai la visite des deux rives de la Rivière sera faite depuis l'embouchure jusqu'à l'extrémité supérieure de l'Habitation Lefebvre, et même au-delà, s'il est jugé nécessaire, par un Ingénieur du Roi, en présence du Commandant et du Voyer de la Paroisse et d'Habitans Experts, à l'effet de vérifier l'état des lieux, en dresser procès-verbal, d'après lequel, NN., vous ordonnerez ce qu'il appartiendra. 5°. Et enfin, pour prévenir les malheurs qui s'ensuivroient de l'inexécution de votre Ordonnance, ordonner que tous les ans, dans le cours du mois de Janvier, et même lorsqu'un des Intéressés le requerrera, le Commandant et le Voyer de la Paroisse feront la visite des levées, et qu'il leur sera enjoint de veiller soigneusement à l'exécution de votre Ordonnance, et vous ferez justice. A LIMONADE, le 25 Octobre 1780. *Signé*; *Dugas Fournier*; Morand de la Sauvagère, *comme représentant Madame de la Baronnie*; Dubourg, *comme représentant M. le Comte de la Belinaye*; *M. Fournier de la Chapelle, et M. le Président de Montholon*; François Viau, *pour les Habitans de l'Embarcadère*; du Jacquelin, *Représentant des héritiers Dureau.*

Avant de faire droit à la présente Requête, vu qu'en 1772 il a été fait par ordre du Gouvernement un projet de redressement de la grande Rivière, lequel a été adopté par les Habitans riverains, et dont acte a été déposé chez Me Doré, Notaire Général, au Cap; NOUS, Commandant-Général et Ordonnateur, faisant fonction d'Intendant, ordonnons que tous les Habitans des deux rives ou leurs Représentans, depuis l'embouchure de la Rivière jusqu'à l'Habitation Lefebvre inclusivement, s'assembleront au Cap, dans le Gouvernement, Jeudi prochain, 2 Novembre, huit heures du matin, vu le cas pressant, pour délibérer sur les moyens les plus convenables et les plus avantageux d'exécuter ledit redressement : en conséquence les Commandans du Quartier-Morin et de Limonade préviendront

viendront par écrit lesdits Habitans, pour qu'eux ou leurs Représentans se trouvent exactement à ladite Assemblée, lesquels Habitans seront tenus d'accuser, également par écrit, la réception dudit ordre, afin que personne n'en prétende cause d'ignorance. Au Cap, le 29 Octobre 1780. *Signé*, REYNAUD et LE BRASSEUR.

Aujourd'hui 2 Novembre 1780, 8 heures du matin, les Habitans soussignés se sont assemblés en l'Hôtel du Gouvernement, au Cap, en conséquence de l'Ordonnance de MM. les Commandant-Général et Ordonnateur, du 29 Octobre dernier, intervenue au pied de la Requête qui leur a été adressée le 25 du même mois, par les Habitans de la partie de Limonade, pour délibérer sur les moyens les plus convenables et les plus avantageux, de remédier aux inconvéniens qui résultent des inondations lors de la crue des eaux de la grande rivière, et sont convenus de faire les travaux dans l'ordre suivant; savoir:

ART. I. Que l'habitation Lefebvre réparera les brêches de ses levées, et les mettra dans le même état où elles étoient ci-devant, et ce sans délai.

II. Que chaque Habitant sera tenu de nettoyer en face de son habitation le lit de la rivière, et les écores, depuis l'embouchure de ladite rivière jusqu'à l'habitation Lefebvre inclusivement, sur les deux rives, et ne pourra planter aucun arbre, ni apporter aucun empêchement au cours de l'eau; garnira la levée, ainsi que l'intervalle entre la rivière et ladite levée, en herbes de Guinée, chiendent ou petit-mil, à son option, enlevera et détruira tous les arbres ou autres obstacles qui peuvent actuellement se trouver le long de ladite levée.

III. Que chaque Habitant sera tenu de couper les pointes de sa levée qui peuvent gêner le cours de l'eau, et se conformera à cet égard à ce qui lui sera tracé par l'Ingénieur que MM. les Administrateurs voudront bien commettre pour cette opération, sans que cela puiſſe préjudicier aux levées auxquelles on ne pourra toucher.

IV. Que chaque Habitant sera tenu de réparer les brêches de sa levée, et de la mettre dans le même état où elle étoit ci-devant, et l'élevera ensuite à la même hauteur, largeur et proportion que celle actuelle de l'habitation la Baronnie, et ne pourra apporter aucun changemens aux levées lorsqu'une fois elles auront été mises dans l'état ci-deſſus désigné.

V. Que l'habitation Lefebvre, lorsqu'une fois elle aura rétabli sa levée dans son premier état, du côté de Limonade, l'elèvera au niveau de celle de la Baronnie, et dans la même proportion, et sera aidée dans ce travail par les habitations de Madame de Bellevue, des héritiers Fournier de la Chapelle, de Miniac-Tressin, des héritiers Dureau et de la Dame la Baronnie, pour cette fois seulement, et chacune au prorata de la force de leurs Atteliers, et ladite habitation Lefebvre sera ensuite seule tenue de l'entretien de sa levée.

VI. Que chaque Habitant sera ensuite tenu d'entretenir sa levée, et ne pourra y apporter aucuns changemens, ni faire de nouveaux travaux, sans en prévenir les Riverains, à peine de toutes pertes, dépens, dommages et intérêts de sa part envers eux; et seront lesdites levées sujettes à l'inspection du Commandant ordinaire du quartier et de MM. Dubourg et Morand de la Sauvagère, qui ont été nommés dans la présente délibération pour Commissaires à cet effet.

VII. Le présent arrêté, pour avoir plus de force et d'exécution entre lesdites Parties, sera homologué; et à cet effet, lesdits Habitans soussignés ont nommé les deux Commissaires ci-devant désignés, et leur donnent tout pouvoir nécessaire pour présenter à Messieurs les Général et Intendant une Requête à l'effet d'obtenir leur Ordonnance en homologation desdites conventions.

Fait et arrêté en l'Hôtel du Gouvernement, au Cap, par les soussignés, chacun aux noms et qualités qu'il procède, les jours, mois et an que dessus: *signé*, Fournier de Varenne, *pour Madame Fournier de Bellevue*; Dubourg, *comme fondé des pouvoirs de MM. Fournier, de Montholon et de la Blinaye*; Bourlon, *comme fondé des pouvoirs de M. Charpentier, fondé de ceux des sieurs de Narcé, Cantineau, Dureau de Lamalle et mineurs Dureau*; Conégut, *fondé de procuration de M. Collet, héritier Dureau*: Morand de la Sauvagère, *représentant Madame de la Baronnie*; Barré de Saint-Venant, *pour l'Habitation Duplaa*; observant qu'il y a sur la rive de l'Habitation une marge considérable entre la levée et la Rivière, tandis que le côté opposé n'en a presque point; d'où il paroîtroit juste qu'il fût permis à M. Duplaa de planter et d'entretenir des roseaux sur le surplus de marge qu'il donne de plus que la rive opposée.

Observant MM. les héritiers Lefebvre, que la surcharge de la levée leur étant inutile et même nuisible, ils soutiennent qu'ils ne doivent pas y contribuer, d'autant mieux qu'ils ont une portion de travail assez considérable, étant assujétis à boucher les brêches, et à l'entretien de leur levée pour l'avenir. *Signé*, STANISLAS FOACHE, HELLOT, et Compagnie.

Supplient humblement Dubourg, Procureur des héritiers de la Chapellé, et Morand de la Sauvagère, Procureur de l'Habitation de la Baronnie: Disant que, par une délibération prise et arrêtée ce jour en l'Hôtel du Gouvernement, en vertu de votre Ordonnance du 29 Octobre dernier, etc., ils ont été nommés par les Habitans dénommés en ladite Délibération, pour Commissaires, et notamment à l'effet de solliciter de votre autorité l'homologation de ladite Délibération, pour quoi les Supplians ont l'honneur de vous adresser la présente.

Vu l'exposé en la présente Requête, notre Ordonnance du 29 Octobre dernier, mise au bas de celle à nous présentée le 25 dudit mois, la Délibération de cejourd'hui : NOUS, Commandant-Général et Ordonnateur, avons homologué et homologuons ladite Délibération de ce jour, signée des Parties intéressées, et que nous avons paraphée *ne varietur*, pour être exécutée selon sa forme et teneur, nonobstant les dires et oppositions des sieurs Barré de Saint-Venant et Hellot, en la qualité qu'ils agissent, lesquels seront tenus de s'y conformer également en tout son contenu : et sera ladite Délibération, les pièces y jointes, ensemble notre présente Ordonnance, enregistrées au Greffe de l'Intendance, pour y avoir recours au besoin. Mandons à M. le Commandant pour le Roi, à ceux des Paroisses, et à tous autres qu'il appartiendra, de tenir la main, chacun en droit soi, à l'exécution de la présente Ordonnance. Au Cap, le 2 Novembre 1780. *Signé*, REYNAUD et LE BRASSEUR.

R. au Greffe de l'Intendance, le lendemain.

ORDONNANCE *des Administrateurs, concernant les Poisons.*

Du 3 Novembre 1780.

FRANÇOIS Reynaud de Villeverd, etc.
Joseph-Alexandre Le Brasseur, etc.

Étant informés qu'au préjudice de l'Édit de 1682, de la Déclaration du Roi du 30 Décembre 1746, et des Arrêts de Règlement des Conseils Supérieurs de cette Colonie, des 7 Février, 12 Juillet 1738, 11 Mars 1758, et 17 Avril 1772, il se commet une infinité d'abus dans la vente des Poisons et autres drogues dangereuses de leur nature, qu'il s'en introduit chaque année une très-grande quantité dans la Colonie, et qu'ils sont étalés indiscrettement dans les Magasins des Capitaines de Navires, d'où ils passent dans ceux des Marchands, des Graisseurs, Droguistes, soi-disant Apothicaires, Maîtres Chirurgiens des Villes et Campagnes, Orfèvres, Maréchaux, Teinturiers et autres, où ils ne sont pas gardés avec plus de précautions, quelque rigoureuses que soient à cet égard les dispositions des Ordonnances et Réglemens; pour remédier à un désordre aussi dangereux, nous avons pensé qu'il étoit nécessaire non-seulement de faire exécuter toutes les Loix et Réglemens sur les Poisons et Vénéfices; mais encore d'y ajouter toutes les précautions que les circonstances locales ont rendues nécessaires.

Nous, en vertu des pouvoirs à nous accordés par Sa Majesté, avons ordonné et ordonnons ce qui suit :

ART. Ier. L'Apothicaire du Roi, dans tous les lieux où il y en a d'établis, soit par Brevet, soit par Commission des Général et Intendant, aura seul le droit de vendre *le Sublimé*, *l'Arsenic*, *le Réalgar*, *l'Orpiment*, *le Verd-de-gris*, et la Poudre connue sous la dénomination de *Poudre-à-Rats*; en conséquence, il est enjoint à tous Apothicaires, Chirurgiens, Marchands-Droguistes et autres, qui auront dans leurs Magasins des Drogues ci-dessus désignées, d'avoir, dans la huitaine de la publication de la présente, à les verser dans les mains des Apothicaires du Roi, qui leur en rembourseront le prix sur l'estimation qui en sera faite par les Médecin et Chirurgien du Roi, et ce sous peine de trois mille livres d'amende, dont moitié applicable au dénonciateur, et moitié à l'Hôpital de la Providence du Cap.

II. Enjoignons à tous Capitaines de Navires, Officiers-Mariniers et Pacotilleurs, qui seront chargés desdits Poisons, d'avoir à en faire la déclaration aux Greffes de l'Amirauté, et de se conformer à l'article premier de la présente Ordonnance, sous les mêmes peines; et afin qu'ils n'en prétendent cause d'ignorance, la présente sera exposée sur un tableau dans lesdits Greffes. Enjoignons en outre aux Officiers des Classes et aux Greffiers des Amirautés, de faire part du présent article à tous Capitaines de Navires au moment de leur arrivée dans les Ports de cette Colonie.

III. Enjoignons à l'Apothicaire du Roi de garder sous clef les Drogues ci-dessus désignées, et de n'en vendre qu'aux autres Apothicaires et Chirurgiens pour la composition de leurs remèdes, ou autres personnes connues et domiciliées : à cet effet, il tiendra deux Registres qui seront cotés, paraphés et arrêtés, tous les ans, par les Juges des lieux, sur l'un desquels il inscrira jour par jour la qualité et quantité, par livre, marc, once et grain des susdits Poisons, les noms, qualités et demeures de ceux qui les lui auront portés ou vendus, ainsi que les prix auxquels il les aura achetés : sur l'autre, tenu dans la même forme, il inscrira exactement la remise ou la vente desdits Poisons, en observant les mêmes formalités, et avec de plus grandes précautions encore, s'il est possible. Il fera signer les vendeurs sur le premier registre, et les acheteurs sur le second ; observera de ne laisser aucun blanc, ni de ne mettre aucun interligne sur lesdits registres, et ce sous peine, contre *ledit Apothicaire du Roi, d'interdiction*, et de répondre, en son propre et privé nom, de tous les accidens qui pourroient résulter de l'inexécution du présent article, et d'être même poursuivi suivant la rigueur des Ordonnances.

IV. Défendons à tous Apothicaires, Chirurgiens et autres, de laisser faire aucune préparation ni composition des Drogues nécessaires à la cure des maladies, aux Négres qui sont à leur service ; leur enjoignons de n'en charger que des Blancs de confiance, sous peine de mille livres d'amende au profit de l'Hôpital de la Providence, et de répondre également des événemens qui pourroient survenir de leur négligence à cet égard.

V. Faisons défenses à tous Esclaves et Gens de couleur libres, de l'un et l'autre sexe, de composer et distribuer aucun remède en poudre ou en quelqu'autre forme que ce puisse être, et d'entreprendre la guérison d'aucuns malades, à peine de punition afflictive, si le cas le requiert.

VI. Défendons expressément à tous Apothicaires et Chirurgiens d'envoyer à leurs Malades, par des Négres, aucuns remèdes simples ou composés, à moins que les bouteilles, pobans ou paquets ne soient cachetés et étiquetés, sous peine de mille livres d'amende, dont moitié applicable au dénonciateur, moitié à l'Hôpital des lieux, et d'être poursuivis suivant la rigueur des Ordonnances, pour les événemens qui pourroient résulter de leur inffaction au présent article.

VII. Afin d'assurer d'une manière plus solide la confiance publique, ordonnons qu'aucun Apothicaire et Marchand Droguiste ne pourra s'établir dans cette Ville, ainsi que dans les autres lieux de la Colonie, avant d'avoir été interrogé et examiné par les Médecin, Chirurgien et Apothicaire du Roi, soit au Cap, soit au Port au Prince, et deux Docteurs en Médecine nommés à cet effet en présence d'un Commissaire de la Cour et du Procureur-Géneral du Roi, et en avoir obtenu un certificat qui constate leur capacité, lesquels prêteront ensuite serment à la Jurisdiction : seront au surplus les Edits et Ordonnances du Roi, les Arrêts et Réglemens des Conseils sur la matière, notamment ceux ci-dessus cités, exécutés selon leur forme et teneur.

Enjoignons, chacun en ce qui nous concerne, à tous Commandans et autres Officiers, de tenir, chacun en droit soi, la main à l'exécution de la présente Ordonnance, qui sera enregistrée au Greffe de l'Intendance, imprimée, lue, publiée et affichée par-tout où besoin sera. Prions MM. les Officiers des Conseils Supérieurs du Cap et du Port-au-Prince, de faire pareillement enregistrer ladite Ordonnance. Mandons à ceux des Jurisdictions de tenir la main à son exécution.

DONNÉ au Cap, etc, le 3 Novembre 1780. *Signé*, REYNAUD et LE BRASSEUR.

R. au Conseil du Cap, le 17 Novembre 1780, par Arrêt qui nomme M. Ruotte, Conseiller, Commissaire pour ce qui concerne l'exécution de l'art. 7. Et à celui du Port-au-Prince, le 15 Octobre 1781.

ARRÊT du Conseil du Cap, concernant les Fabriques et Paroisses.

Du 6 Novembre 1780.

VU par le Conseil la remontrance du Procureur Général du Roi, contenant, etc. OUI le Rapport de M. Faure de Lussac, Conseiller; Tout considéré: LA COUR reçoit le Procureur-Général du Roi Appelant des Délibérations prises dans les Assemblées des Paroisses du Gros-Morne, le 15 Août dernier, du Fort-Dauphin, le 1 Octobre, de l'Acul, les 9 Janvier et 10 Septembre dernier, par lesquelles il a été nommé des Syndics-Commissaires et Trésoriers, autres que les Marguilliers en charge, ainsi que de celles prises dans toutes les autres Paroisses du ressort, tendantes aux mêmes fins; et avant de faire droit sur ledit appel, enjoint auxdits Syndics-Commissaires et Trésoriers, d'avoir à rendre compte dans trois mois du jour de la signification du présent Arrêt, aux Marguilliers en charge, de l'administration qu'ils ont eue en cette qualité des deniers de Fabrique, et de verser ès-mains desdits Marguilliers le reliquat dans le mois qui suivra l'arrêté de leurs comptes, sauf à statuer sur ledit appel, après la reddition desdits comptes et le versement desdits reliquats; ordonne néanmoins que tous les débiteurs aux Fabriques seront tenus, dans le même délai, de payer le montant de leurs dettes, soit ès-mains des Marguilliers en charge, soit en celles des Trésoriers ci-devant nommés par les Paroisses; ordonne en outre que tous les anciens Marguilliers en retard de rendre compte, seront tenus, dans le même délai, de rendre leurs comptes et de les communiquer aux Substituts du Procureur-Général ès Siéges, à l'effet d'être par eux visés et débattus, s'il y a lieu, et d'en payer le reliquat ès-mains, soit des Marguilliers en charge, soit desdits Trésoriers, un mois après l'arrêté qui en aura été fait; et faute tant par lesdits Syndics-Commissaires et Trésoriers, que par lesdits débiteurs et anciens Marguilliers de ce faire dans lesdits délais, et iceux expirés, ordonne dès-à-présent comme pour lors, et sans qu'il soit besoin d'autre Arrêt, qu'ils y seront contraints par corps; ordonne en outre que le présent Arrêt sera lu et publié à l'issue des Messes Paroissiales, registré ès-registres des délibérations des Paroisses; imprimé et affiché par-tout où besoin sera, notamment aux portes des Eglises Paroissiales du ressort; enjoint aux Substituts du Procureur-Général du Roi ès-Siéges, de veiller exactement à l'exécution de l'Ordonnance du 14 Mars 1741, et notamment de faire rendre compte scrupuleusement tous les ans aux Marguilliers sortant d'exercice, et de poursuivre les comptables ou débiteurs auxdites Paroisses, et au Procureur-Général d'y tenir la main et de certifier la Cour de ses diligences à cet égard.

ORDONNANCE des Administrateurs, qui autorise le sieur Lefebvre, Négociant au Cap, à y établir une Calle, à l'extrémité de la rue Notre-Dame, pour laquelle il lui sera fourni des Magasins du Roi les matériaux nécessaires.

Du 6 Novembre 1780.

R. au Contrôle, le 21 Février 1781.

ARRÊT du Conseil du Cap, qui ordonne que des demi-Escalins, Escalins et doubles Escalins cornés *, *seront pris, à la pièce, pour 7 sols 6 deniers, 15 sols, et 1 liv. 10 sols, et non au poids.*

Du 16 Novembre 1780.

ENTRE le sieur Tourneau, tenant Boulangerie au Cap, Appelant d'une part, et le sieur Vidal, Capitaine de Navire, Intimé d'autre part. Vu, etc: après que Moreau de St. Méry, Avocat de l'Appelant, et Carles,

---

* C'est-à-dire, coupés irrégulièrement.

Avocat de l'Intimé, ont été ouis ; ensemble le Procureur-Général du Roi, et tout considéré : LA COUR donne acte à la Partie de Carles de son consentement à l'évocation du principal ; faisant droit, a mis et met l'appellation et Sentence dont est appel au néant : émendant, évoquant le principal et y faisant droit, déclare les offres réelles faites par la Partie de Moreau de St. Méry et dont s'agit, bonnes et valables ; en conséquence, ordonne que ladite Partie de Carles sera tenue de les accepter, sauf à parfaire par celle de Moreau de St. Méry ; sinon et en cas de refus d'acceptation, l'autorise à déposer au Greffe de la Cour, aux risques, périls et fortune de ladite Partie de Carles, la somme de 2,441 liv. 10 sols, contenue au procès-verbal desdites offres. Ordonne que l'amende consignée sera remise, et condamne la Partie de Carles aux dépens des causes principale et d'appel.

Nota. *La Sentence ordonnoit avant faire droit, que les Pièces cornées ou coupées seroient pesées.*

ORDONNANCE des Administrateurs, homologative d'une délibération d'Habitans, touchant la grande Rivière de Limonade.

Du 17 Novembre 1780.

AUJOURD'HUI 14 Novembre 1785, huit heures du matin, les Habitans soussignés se sont assemblés en l'Hôtel du Gouvernement, au Cap, en conséquence de l'Ordonnance de MM. les Commandant-Général et Ordonnateur, du 9 Novembre présent mois, pour délibérer sur les moyens les plus convenables et les plus avantageux, de remédier aux inconvéniens qui résultent des inondations lors de la crue des eaux de la grande rivière, et sont convenus de ce qui suit ; savoir :

ART. I. Les Habitans Riverains des deux rives de la grande rivière, depuis les habitations Charite et Viard, jusqu'à la Tannerie, nettoyeront le lit actuel de la rivière, chacun le long de son terrein, de manière qu'il ne reste aucun arbre, ni autres obstacles au cours des eaux, et l'entretiendront à l'avenir en bon état.

II. Les Riverains de la rive droite couperont les petites pointes qui peuvent se trouver actuellement le long dudit lit, de la manière qui leur sera indiquée par l'Ingénieur du Roi préposé à cet effet, en présence

sence des Commandant et Voyer du quartier, de quoi il sera dressé procès-verbal.

III. Les Habitans de la rive gauche, savoir : Charite, Gradis, Darance, Cadusch, et l'Héritier, feront, chacun chez eux, une levée pour aller joindre celle de l'habitation Grandpré, à la distance et dans les proportions qui seront indiquées par l'Ingénieur du Roi, l'entretiendront exactement, et ne pourront y planter que du chiendent, de l'herbe de Guinée, ou du petit-mil, à leur option.

IV. La levée de Grandpré sera réparée sans délai, et conduite jusqu'au morne de la Tannerie, par les habitations Gradis, Darance, Cadusch, l'Héritier et Grandpré, et par les autres habitations qui y ont intérêt, et qui seront désignées par Messieurs les Général et Intendant.

V. Et pour assurer l'exécution des présentes conventions, les Habitans soussignés, ont nommé pour Commissaires, MM. Lami et Filhol, à qui ils donnent leurs pouvoirs pour présenter Requête à MM. les Général et Intendant, à l'effet d'en obtenir l'homologation, diriger lesdits ouvrages, et veiller à l'exécution de la présente. Fait et arrêté en l'Hôtel du Gouvernement, au Cap, par les soussignés, chacun au nom et qualité qu'il procède, observant que la levée Grandpré, garantissant le grand chemin qui conduit aux magasins du Roi à la grande rivière, il leur paroît juste qu'elle soit réparée et entretenue par la corvée publique du quartier, et les habitations de la Petite Anse, qui ont de petites places à la Grande Rivière. Signé, *le Marquis de Cadusch ;* Lamy, pour *l'habitation Grandpré ;* Haïtze, Procureur de *M. l'Héritier de Brutelle ;* Dabadie de Filhol, pour *l'habitation Gradis ;* Lescamela pour *l'habitation Darance, et Marsilliager ;* d'Heillecourt, pour *l'habitation de M. de Charite*, à Limonade; Rottier, pour *M. de Crillon*, en ce qui le concerne *le Marquis de Cadusch ;* Mosneron, pour *les habitations Bremont*, à Limonade, et *Destreilles* au Quartier-Morin; observant pour cette dernière que ne pouvant souffrir ni bénéficier en quoi que ce puisse être des inondations ou arrosemens de la grande rivière, n'ayant point de petite place, étant elle-même très-petite, et entièrement faible en mobilier, elle ne peut ni ne doit contribuer aux réparations et entretien des constructions des levées convenues, ces ouvrages devant appartenir naturellement aux Habitans, qui ont à craindre des dégâts de la grande rivière, ou qui ont de petites places à vivres; d'Heillecourt pour *l'habitation de Charite*, observant que sa petite place ayant une valeur très-modique, elle ne pourra se soumettre à se circonscrire de levées, qu'autant que leurs frais n'excéderont pas sa valeur; observant encore à l'article 5 qu'il n'a aucun intérêt à l'entretien de la levée de Grandpré, et qu'il supplie MM. les Général et Intendant de l'en exempter.

Supplient humblement Lamy et Filhol, Habitans au Quartier-Morin; disant que, par délibération prise dans l'assemblée tenue au Gouvernement, cejourd'hui, et qu'ils ont l'honneur de vous présenter, ils ont été nommés Commissaires à l'effet d'obtenir de vous, Nosseigneurs, l'homologation de ladite délibération, et de veiller à l'exécution des conventions contenues en icelle; pourquoi ils ont l'honneur de vous présenter Requête, etc.

Vu l'exposé en la présente Requête, la délibération prise dans l'assemblée tenue au Cap, le 14 Novembre présent mois, signée des Parties intéressées: Nous, Commandant-Général et Ordonnateur faisant fonctions d'Intendant, avons homologué et homologuons ladite délibération du 14 de ce mois, signée de toutes les Parties intéressés, et que nous avons paraphée *ne varietur*, pour être exécutée selon sa forme et teneur; sans avoir égard aux dires et oppositions du sieur d'Heillecourt, représentant de M. de Charite, et du sieur Monneron, représentant de M. de Bremond, et vu que la levée Grandpré a été faite par l'attelier public, et que la réparation en est urgente pour la sûreté du quartier et du grand chemin qui conduit à la Tannerie; ordonnons que les habitations Grandpré, l'Héritier, Cadusch, Darance, Bellevue, Gradis et Rocheblave, fourniront leur attelier en entier, et les autres Habitans de la Paroisse moins intéressés, le vingtième du leur, pour la réparation de ladite levée, qui commencera lundi vingt de ce mois, pour être continuée jusqu'à sa perfection, et ladite levée sera à l'avenir à la charge et à l'entretien de l'habitation Grandpré. Et seront ladite délibération, la Requête à fin d'homologation, ensemble notre présente Ordonnance, enregistrées et déposées au Greffe de l'Intendance, pour y avoir recours au besoin. Mandons à MM. les Commandant en Second, Commandant Particulier pour le Roi, et à celui des Milices, de tenir la main à l'exécution de la présente Ordonnance. Au Cap, le 17 Novembre 1780. *Signé*, REYNAUD et LE BRASSEUR.

R. au Greffe de l'Intendance, le 30 du même mois.

ORDONNANCE des Administrateurs, homologative d'une délibération d'Habitans, pour le redressement du lit de la Grande Rivière de Limonade.

Du 24 Novembre 1780.

AUJOURD'HUI 9 Novembre 1780, huit heures du matin, les Habitans soussignés se sont assemblés en l'Hôtel du Gouvernement, au Cap, en conséquence de l'Ordonnance de MM. les Commandant-Général et Ordonnateur, du 2 Novembre présent mois, pour délibérer sur les moyens les plus convenables et les plus avantageux de remédier aux inconvéniens qui résultent des inondations lors de la crûe des eaux de la grande Rivière, et sont convenus de ce qui suit; savoir:

ART. I. Que le lit de la Rivière depuis le point B jusqu'au point E, conformément au plan du sieur Desforges, du 4 Novembre 1772, sera redressé par entreprise, à prix d'argent, auquel chaque Habitation contribuera dans la proportion suivante; savoir:

Habitans de la rive droite. Paroy, à raison de	800	4600 pas.
Fontenille, ...	700	
Destouches, ...	800	
Dumesnil, ...	300	
L'Escarmoutier, ...	200	
Bougeau, ...	1200	
Castellanne, ...	600	
Habitans de la rive gauche. Guillaudeu, à raison de	400	3350 pas.
Carré, ...	300	
La Molère, ...	900	
Bougeau, ...	1200	
La Chapelle Doze, ...	550	
		7950 pas.

II. L'entreprise dudit redressement sera faite le plustôt possible, et à cet effet, les soussignés ont nommé pour Commissaires les sieurs Avalle, Procureur de l'Habitation Paroy, et Duperrier de Lillefort, Procureur de l'Habitation la Molère, qu'ils autorisent à traiter de ladite entreprise, s'obligeant à ratifier tout ce qu'ils feront à cet égard, ainsi qu'à payer leur quote-part en argent, aux termes qui seront fixés par le marché qu'ils en passeront.

III. A mesure que le lit de la Rivière sera redressé, chaque Habitant fera, à ses frais particuliers, dans les endroits où il sera jugé nécessaire par l'Ingénieur du Roi, et les deux susdits Commissaires choisis par les soussignés, des levées à la distance de quarante pas de l'écore, et dans la proportion qui sera déterminée par les susdits Ingénieur et Commissaires, et les levées actuelles qui ne sont pas au moins à la distance de trente-cinq pas, seront reculées à la distance fixée de quarante.

IV. Chaque Habitant sera tenu de tenir net, en tout temps et sur son terrein, le lit de la Rivière et les écores, et ne pourra planter aucun arbre ni apporter aucun empêchement au cours des eaux; garnira ses levées, ainsi que l'intervalle entre la Rivière et lesdites levées, en herbes de Guinée, chiendent ou petit-mil, à son option; détruira et enlèvera sans délai tous les arbres et autres obstacles qui se trouveront le long du nouveau lit.

V. Chaque Habitant sera également tenu d'entretenir ses levées, et ne pourra y apporter aucun changement ni faire de nouveaux travaux, sans en prévenir les Riverains soussignés, à peine de tous dépens, dommages et intérêts de sa part envers eux, et seront lesdites levées, ainsi que le lit de la Rivière et ses écores, sujets à l'inspection du Commandant du Quartier, et des deux Commissaires choisis pour veiller à l'exécution de la présente convention.

VI. Comme le nouveau lit traversera une grande partie du terrein appartenant à l'Habitation la Molère, les Habitations Fontenille, Destouches et Dumesnil, s'engagent à dédommager celle de la Molère, à dire d'Arbitres nommés de concert par les Parties.

VII. Et pour donner au présent arrêté plus de force, les soussignés chargent et donnent pouvoir aux deux Commissaires, ci-dessus nommés, de présenter Requête à MM. les Général et Intendant, pour obtenir d'eux leur Ordonnance en homologation de la présente convention.

Fait et arrêté en l'Hôtel du Gouvernement au Cap, par les soussignés, chacun au nom et qualité qu'il procède, les jour, mois et an que dessus: Avalle, pour *le Marquis de Paroy*; Laforcade, pour *l'Habitation Guillaudeu*; Aubert, *Procureur de Fontenille*; Peinsun, pour *M. Carré aîné*; Stanislas Foache, Hellot et Compagnie, pour *l'Habitation Destouches*; Duperrier de Lillefort, pour *l'Habitation la Molère*; De la Brosse, pour *les héritiers Dumesnil*; Morand de la Sauvagère, pour *l'Habitation l'Escar-*

moutier ; la Chapelle ; Roy, pour *l'Habitationn Castellane*, et *Casimir Menoire*, pour l'Habitation de mon frère, appert sa Lettre par laquelle il souscrit aux arrangemens ci-dessus.

Supplient humblement, Avalle, Habitant à Limonade, et Duperrier de Lillefort, Habitant au Quartier-Morin :

Disant que, par délibération prise dans l'Assemblée tenue au Gouvernement, le 9 Novembre, et qu'ils ont l'honneur de vous présenter, ils ont été nommés Commissaires, à l'effet d'obtenir de vous, NOSSEIGNEURS, l'homologation de ladite délibération, et de veiller à l'exécution des conventions contenues en icelle ; pourquoi ils ont l'honneur de vous présenter Requête, etc.

Vû l'exposé en la présente Requête, et la délibération prise dans l'Assemblée tenue au Cap, le 9 Novembre présent mois, signée des Parties intéressées : NOUS, Commandant-Général et Ordonnateur, faisant fonctions d'Intendant, avons homologué et homologuons ladite Délibération du 9 de ce mois, signée de toutes les Parties intéressées, et que nous avons paraphée, *ne varietur*, pour être exécutée selon sa forme et teneur. Et seront ladite Délibération, la Requête à fin d'homologation, et notre présente Ordonnance enregistrées et déposées au Greffe de l'Intendance, pour y avoir recours au besoin. MANDONS à MM. les Commandans pour le Roi au Cap, aux Commandans des Paroisses de Limonade et du Quartier-Morin, de tenir la main à l'exécution de la présente. AU CAP, le 24 Novembre 1780. *Signé*, REYNAUD et LE BRASSEUR.

R. au Greffe de l'Intendance, le 30 du même mois.

ARRÊT du Conseil du Port-au-Prince, concernant les Cautions des Comptables.

Du 13 Décembre 1780.

LA Cour assemblée en la manière accoutumée, les Gens du Roi sont entrés, et le Procureur-Général portant la parole, ont dit :

MM., Nous ne pouvons nous dispenser de mettre sous vos yeux l'abus énorme qui résulte de la facilité qu'ont les Comptables de la Colonie, de trouver des cautions limitées pour la sûreté des deniers qu'ils ont entre les mains.

Ces Cautions, loin de remplir l'objet pour lequel on les exige, sont presque toujours insuffisantes. Et en effet, on ne voit que trop souvent des comptables reliquataires envers le Roi, se trouver dans l'impuissance absolue de payer : leurs Cautions sont exécutées, à la vérité, mais seulement d'après la limitation de leurs engagemens ; ensorte que le surplus de la dette du Comptable devient en pure perte pour le Roi. Ces faits sont notoires et connus.

La conservation des droits de Sa Majesté, dont l'intérêt nous est particulièrement confié, exige donc dans ce moment la plus forte réclamation de notre part. D'après ces motifs, nous requérons, etc. Les Gens du Roi retirés, et la matière mise en délibération : LA COUR a ordonné et ordonne qu'il ne sera à l'avenir nommé par elle à aucune place de comptabilité, qu'il ne soit joint à la Requête de ceux qui prétendront à ces places, une soumission de caution illimitée de personnes connues et solvables. Ordonne aussi que le présent Arrêt sera imprimé et affiché partout où besoin sera, et que copies collationnées d'icelui, seront envoyées dans les Sénéchaussées du ressort, etc.

A été arrêté au surplus, que l'expédition du présent sera adressée au Sécrétaire d'État ayant le Département de la Marine.

ARRÊT du Conseil du Cap, touchant les excès commis sur un Habitant, en exécutant un décret de prise-de-corps, et qui défend aux Prévôts de Maréchaussée, 1°. de confier lesdits décrets, sur-tout à l'égard des Blancs, à des Brigadiers, s'ils ne sont majeurs et assermentés ; et 2°. d'employer des Cavaliers non assermentés ; le tout à peine d'en répondre, et de toute autre peine s'il y écheoit.

Du 14 Décembre 1780.

VU par la Cour la procédure extraordinairement faite et instruite par le Juge Criminel du Cap, à la Requête du Substitut du Procureur-Général du Roi audit Siége, demandeur et accusateur ; contre le nommé Mélizan, Brigadier de Maréchaussée, détenu à la Prison Royale de cette Ville ; Dubreuil, autre Brigadier, et les nommés Bazile, Vincent, Boutaly et Emanuel, Cavaliers de Maréchaussée ; et encore contre le sieur Bousoumat, Prévôt de la Maréchaussée de cette Ville, et le sieur Saurine, Négociant au Cap, tant en son nom, que pour la raison de Saurine frères, aussi défendeurs, accusés. La Sentence du 29 Septembre dernier, qui auroit dit qu'il n'y avoit lieu à décret contre le sieur Saurine aîné ; auroit dit pareillement que vu le décès du sieur Saurine jeune, il ne pouvoit être suivi extraordinairement à son égard, sauf les dommages-intérêts du sieur Savy, en sa qualité, et s'il y avoit lieu, contre sa succession, etc. La Sentence définitive dudit jour 20 Octobre dernier, qui auroit déclaré Mélizan, nommé Brigadier de Maréchaussée, dûment atteint et convaincu d'avoir, étant dans les fonctions de son état, et commandant le détachement de la Maréchaussée, la nuit du 21 au 22 Août dernier, et lors de la mise à exécution par lui faite du décret de prise-de-corps décerné contre le sieur de Bray, inconsidérement, par excès de cruauté, et sans nécessité d'une défense légitime, donné et fait donner plusieurs coups de sabre audit sieur de Bray, après que ledit sieur de Bray s'étoit cassé la jambe, et étoit étendu par terre et rendu ; d'avoir fait porter ledit sieur de Bray, aussi griévement blessé, chez ses accusateurs, et de l'avoir ensuite fait conduire au Cap dans les prisons, pendant la grande chaleur du jour ; ce qui a occasionné la gangrène dans sa jambe, laquelle gangrène a causé la mort dudit sieur de Bray. Pour réparation de quoi, etc. En ce qui concerne l'accusation intentée contre Dubreuil, nommé Brigadier, et les nommés Bazile, Vincent, Boutaly et Emanuel, les auroit déclarés dûement atteints et convaincus d'avoir, sans nécessité d'une défense légitime, donné des coups de sabre au sieur de Bray, lorsqu'ils l'ont arrêté ; pour réparation de quoi, etc. En ce qui concerne l'accusation intentée contre le sieur Bouzoumat, Prévôt de la Maréchaussée, l'auroit déchargé de ladite accusation ; ordonné que les termes injurieux à son honneur et à sa réputation, mentionnés en la Requête du sieur Savy, ès noms, signifiée le 11 Octobre dernier, seroient et demeureroient supprimés, et auroit condamné ledit sieur Savy, pour raison desdits termes injurieux, tant en son nom personnel qu'en ses qualités, en 150 liv. de dommages-intérêts, par forme de réparation, envers le sieur Bouzoumat : auroit ordonné que les faits et termes injurieux à la mémoire du sieur de Bray, et étrangers au procès, mentionnés dans les Requêtes, seroient et demeureroient supprimés ; auroit débouté les Parties du surplus de leurs demandes, fins et conclusions ; sauf au sieur Savy, ès noms, à se pourvoir au civil en dommages-intérêts s'il y a lieu, contre la succession du sieur Saurine jeune, etc. Oui et interrogé ledit Mélizan sur la Sellette, et les sieurs Bouzomat et Dubreuil, et les nommés Vincent, Basile, Boutaly et Emanuel derrière le Barreau, sur leur cause d'appel, et cas à eux imposés : Conclusions par écrit du Procureur-Général du Roi : Oui le rapport de M. Faure de Lussac ;

Conseiller, aux séances des 6 et 7 de ce mois, ainsi qu'à celle de ce jour; et tout considéré : LA COUR reçoit le Procureur-Général du Roi appelant de la Sentence du Siége Royal de cette Ville, en date du 20 Octobre dernier; joignant et prononçant par un seul et même Arrêt, en ce qui touche les appels, tant principaux qu'incidens de la Sentence du 29 Septembre dernier, a mis et met les appellations au néant, ordonne que ce dont est appel sortira son plein et entier effet; en ce qui touche les appels de la Sentence du 20 Octobre, sans s'arrêter ni avoir égard à celui du Procureur-Général du Roi, faisant droit sur ceux interjetés par Savy, ès qualités qu'il agit au procès, et Bouzoumat, a mis et met leurs appelations au néant; ordonne que ce dont est appel sortira son plein et entier effet à leur égard, et les condamne en l'amende ordinaire; en ce qui touche l'appel de Mélizan, a mis et met l'appellation et Sentence dont est appel au néant, en ce que par icelle ledit Mélizan auroit été condamné à être banni à perpétuité de la Colonie, et en l'amende de 50 liv. envers le Roi : émendant quant à ce, le condamne à garder prison, le temps et espace d'une année, l'interdit de ses fonctions de Brigadier de la Maréchaussée, et le déclare incapable de servir à jamais dans ladite Maréchaussée; en ce qui touche l'appel de Dubreuil, autre Brigadier de Maréchaussée, et celui des nommés Vincent, Basile, Boutaly et Emanuel, a mis et met les appellations et Sentence dont est appel au néant, en ce que par icelle ledit Dubreuil et les nommés Vincent, Basile, Boutaly et Emanuel auroient été interdits de leurs fonctions et déclarés incapables de servir dans la Maréchaussée, et encore en ce qu'ils auroient été condamnés solidairement en 300 liv. de dommages-intérêts, par forme de réparation civile, envers Savy, en sa qualité; émendant quant à ce, condamne ledit Dubreuil en trois mois de prison, et les nommés Vincent, Boutaly et Emanuel à garder pareillement prison le temps et espace d'un mois; renvoye le Négre Basile, Cavalier de Maréchaussée, hors de Cour, sur ladite accusation; le décharge des condamnations contre lui prononcées par ladite Sentence, icelle au résidu sortissant son plein et entier effet; ordonne que l'amende consignée par Dubreuil, Vincent, Basile, Boutaly et Emanuel leur sera remise; condamne Saurine et Bousoumat, chacun à leur égard, aux dépens par eux faits, le surplus supporté envers Savy; savoir, les deux tiers par Mélizan, l'autre tiers par Dubreuil, Vincent, Emmanuel et Boutaly : ordonne que tous les Mémoires imprimés et distribués en cause d'appel, seront et demeureront supprimés; sur le surplus des demandes, fins et conclusions des Parties, les a mis et met hors de Cour; l'exécution du présent Arrêt renvoyée pardevant le premier Juge.

FAISANT

Faisant droit sur les plus amples Conclusions du Procureur-Général du Roi, fait très-expresses inhibitions et défenses à Bousoumat, d'employer à l'avenir, pour l'exécution des décrets et mandemens de Justice, notamment vis-à-vis des Blancs domiciliés et Habitans, des Brigadiers de Maréchaussée qui n'ayent au moins 25 ans accomplis, et qui n'ayent été, tant lesdits Brigadiers que les Cavaliers, reçus et prêté serment en Justice, à peine de répondre personnellement de toutes pertes, dépens, dommages et intérêts, et autre peine s'il y échoit; enjoint au surplus, tant à Bouzoumat qu'à tous autres Prévôts, d'avoir dorénavant à se conformer ponctuellement aux Ordonnances du 31 Juillet 1743, et du 6 Décembre 1753, concernant le fait de la Maréchaussée; à l'effet de quoi, et pour qu'ils n'en prétendent cause d'ignorance, le présent Arrêt sera, à la diligence du Procureur-Général du Roi, signifié, tant audit Bouzoumat qu'à tous autres Prévôts du ressort de la Cour.

ARRÊT du Conseil du Cap, qui, 1°. ordonne qu'un Huissier de l'Amirauté sera tenu de se réunir à la Bourse commune des Huissiers du Cap, pour y exploiter dans les Cours et Siéges, conjointement avec eux; 2°. annulle trois Commissions d'Huissiers de l'Amirauté, délivrées provisoirement par le Lieutenant de celle du Cap; et 3°. enjoint pareillement auxdits Huissiers de se réunir à la Bourse commune.

Du 16 Décembre 1780.

CE JOUR, par suite de la remontrance du Procureur-Général du Roi, et des Arrêts provisoires rendus en conséquence, les 4 et 10 Novembre 1779: Vû toutes les Pièces et Mémoires, et tout considéré: LA COUR, où étoient MM. les Lieutenant au Gouvernement-Général, Commandant en Chef et Ordonnateur, faisant fonction d'Intendant par intérim, prononçant définitivement sur le tout, ordonne que l'Arrêt du 26 Février 1761, qui a établi la Bourse commune des Huissiers du Cap, et celui qui a établi celle du Fort-Dauphin, ensemble l'Édit du premier Avril 1769, registré en la Cour le 17 Octobre de la même année, et les Arrêts des 30 Novembre 1770, et 9 Juillet 1771, seront exécutés selon leur forme et teneur; en conséquence ordonne que Tarteyron, légalement pourvu d'un Office d'Huissier en l'Amirauté du Cap, ne pouvant seul suffire au service de ladite Amirauté, sera tenu de se réunir à la Bourse commune des Huissiers du Cap, pour exploiter concurremment avec eux, tant à l'Amirauté et à la Jurisdiction, qu'au Conseil, ainsi que les Huissiers Bergue, Ciret et Buquet, auxquels le Lieutenant d'Amirauté a donné des Commissions provisoires, lesquelles demeurent nulles et de nul effet, et comme non avenues; enjoint au Lieutenant de l'Amirauté du Cap de se conformer aux dispositions de l'Édit du premier Avril 1769, et à l'Arrêt du 9 Juillet 1771, qui en a ordonné l'exécution, et ce sous les peines de droit: ordonne que le présent Arrêt sera enregistré au Greffe de l'Amirauté de cette Ville, inscrit sur les Registres de la Bourse commune des Huissiers du Cap, et notifié audit Tarteyron, aux fins qu'il n'en prétende cause d'ignorance, et qu'il ait à s'y conformer, et à tous autres qu'il appartiendra, à la diligence du Procureur-Général du Roi, qui sera tenu d'en certifier la Cour.

V. l'Arrêt du 13 Janvier suivant.

JUGEMENT *du Tribunal Terrier, qui interdit un Arpenteur, pendant trois mois, pour avoir opéré au mépris des titres à lui exhibés, et le condamne à restituer le coût de son opération; le Jugement dûement lu, publié et imprimé.*

Du 18 Décembre 1780.

ORDONNANCE *provisoire de M. l'Intendant, qui accorde à Me Bullet, Receveur de l'Octroi au Cap, deux pour cent de Commission sur la recette des droits d'Occident, depuis qu'ils ont commencé à être perçus; sauf à rapporter le montant de ladite Commission, à défaut d'approbation de la part du Ministre.*

Du 5 Janvier 1781.

R. au Contrôle, le 15 Mai suivant.

ARRÊT du Conseil du Cap, touchant le nombre des Avocats et des Procureurs.

Du 12 Janvier 1781.

LA COUR assemblée, où étoient MM. les Administrateurs de la Colonie, après avoir, pour le bien de la Justice et la plus prompte expédition des affaires, augmenté de quatre le nombre de ses Avocats, a arrêté pour les mêmes considérations que le nombre des Procureurs au Siége Royal de la Ville du Cap, qui étoit demeuré jusqu'à présent fixé à 18, seroit à l'avenir porté à 22 : ordonne que le présent Arrêt sera, à la diligence du Procureur-Général du Roi, enregistré au Greffe du Siége Royal du Cap de cette Ville, pour l'exécuter suivant sa forme et teneur.

ARRÊT du Conseil du Cap, qui accorde, sur la Caisse Municipale, 3,000 liv. d'Appointemens, par an, au Voyer de la même Ville.

Du 12 Janvier 1781.

SUR ce qui a été représenté par MM. les Administrateurs, présens à la Séance, qu'il n'étoit pas possible d'attendre ni d'exiger du Voyer de la Ville du Cap, le zèle, l'assiduité et le désintéressement nécessaires pour le bien public et celui de la Police en cette partie, si cet Officier n'avoit aucune espèce de traitement qui pût au moins l'indemniser en partie du soin et de l'assiduité qu'exigent ses fonctions; la matière mise en délibération; le Procureur-Général sur ce mandé et ouï, et tout considéré : LA COUR ordonne, sous le bon plaisir du Roi, vu les augmentations et embellissemens dont MM. les Général et Ordonnateur s'occupent pour la salubrité, l'utilité et l'agrément de la Ville, qu'à l'avenir il sera compté sur la Caisse Municipale de ce ressort, une somme annuelle de 3000 liv. par quartier, de trois en trois mois, au Voyer de cette Ville seulement, sur les Ordonnances à ce nécessaires et usitées en pareil cas.

ORDONNANCE du Juge de Police du Cap, qui autorise l'Étalonneur à se transporter chez tous les Habitans, Négocians, Marchands, etc, pour y vérifier les Poids et Mesures, auquel effet il pourra se faire assister par deux Sergens de Police.

Du 12 Janvier 1781.

ARRÊT du Conseil du Cap, qui interdit pendant 3 mois, à compter du jour de la signification qui en sera faite, un Huissier brévêté de l'Amirauté, pour avoir refusé d'obéir à l'injonction de se réunir à la Bourse commune des Huissiers du Cap.

Du 13 Janvier 1781.

V. l'Arrêt de cette Cour, du 16 Décembre précédent.

ORDONNANCE des Administrateurs, concernant les Orféves.

Du 15 Janvier 1781.

FRANÇOIS Reynaud de Villeverd, etc.
Joseph-Alexandre Le Brasseur, etc.

Étant informés qu'il s'introduit depuis long-temps les plus grands abus dans l'Orfévrerie de cette Colonie, par la facilité qu'ont indistinctement tous les Particuliers, même les Gens de couleur, d'exercer la profession d'Orféve, sans être tenus à remplir aucunes des formalités municipales, établies en France pour les Communautés d'Arts et Métiers, et par le défaut d'un titre fixe aux matières d'or et d'argent qu'ils emploient, et d'un Poinçon général et probatif qui puisse en être le garant pour toute la Colonie; considérant ensuite que de ces abus multipliés, résulte celui plus grand encore d'altérer les monnoies, et d'en arrêter la circulation: Nous, en vertu des pouvoirs à nous accordés par Sa Majesté, avons ordonné et ordonnons ce qui suit.

ART. I. A compter du jour de la publication qui sera faite de la présente Ordonnance, il ne sera permis, à quelque personne que ce puisse être, d'exercer l'état d'Orfévre dans les Villes, Bourgs et autres lieux de la Colonie, avant d'en avoir obtenu la permission du Juge des lieux, sur les Conclusions du Procureur du Roi, et de l'avoir fait enregistrer au Greffe de la Jurisdiction, sous peine de cinq cens livres d'amende applicable, moitié au Roi, et moitié à ceux qui auront constaté ladite contravention; et de confiscation en outre des marchandises d'or et d'argent, ainsi que des outils qui auront été trouvés dans la maison et laboratoire du contrevenant; sans préjudice de plus forte peine en cas de récidive, même corporelle s'il y échoit.

II. Cette permission ne pourra être accordée qu'à des personnes âgées de 25 ans et aux fils de Maîtres à l'âge de 20, par les Orfévres qui seront nommés à cet effet par le Juge des lieux, d'après l'examen qui aura été fait de leur capacité en présence du Juge et du Procureur du Roi; seront en outre les Aspirans tenus de justifier de leurs bonne vie et mœurs, et de donner caution bonne et solvable de trois mille livres: ils ne pourront également être admis audit état s'ils ne savent ni lire ni écrire.

III. Les Gens de couleur, même libres, ne pourront être susceptibles desdites permissions pour exercer ledit état en chef, mais seulement servir de garçons dans les boutiques des Orfévres; et s'ils sont trouvés travaillant en leur particulier, outre les amendes et confiscations prononcées à l'article premier de la présente Ordonnance, ils seront condamnés en six mois de prison, et les esclaves seront confisqués au profit du Roi, s'il est prouvé que la contravention a été permise par leurs Maîtres, et dans le cas contraire ils seront punis du fouet et de la fleur de lys, même de plus forte peine en cas de récidive.

IV. Enjoignons à tous les Orfévres, sous peine de mille livres d'amende, d'avoir un registre qui sera paraphé *gratis* par le Juge des lieux, dans lequel ils écriront jour par jour, et sans interruption ni lacune, les matières d'or et d'argent ouvragées ou non qu'ils achetteront, le prix et poids d'icelles, les noms, qualités et demeure de ceux qui les leur auront vendues; ils inscriront pareillement les matières d'or et d'argent qu'ils recevront des divers Particuliers pour mettre en œuvre; ils désigneront également le nom desdits Particuliers, leurs qualités et domicile.

V. Lesdits Orfévres tiendront également et sous la même peine un Registre-journal dûement paraphé, dans lequel ils écriront aussi, jour par jour, les matières d'or et d'argent qu'ils vendront au poids ou à l'espèce d'ouvrage, avec le poids et la somme qu'ils auront reçue pour la façon, le tout sous les mêmes peines du précédent article.

VI. Défendons auxdits Orfévres d'acheter aucune matière d'or et d'argent, soit en poudre, lingot ou mise en œuvre, d'aucun Soldat ni Matelot ou autres Particuliers inconnus et non domiciliés, Négres et Mulâtres libres ou esclaves, s'ils ne sont accompagnés d'un bon répondant, qui puisse justifier de la propriété desdites marchandises; leur enjoignons au contraire, dans tous les cas où ladite formalité ne seroit pas remplie de s'emparer de tous les effets qui pourront leur être apportés, soit pour être vendus ou échangés, et d'en faire la déclaration et dépôt au Greffe, pour par le Procureur du Roi être fait telle poursuite qu'il appartiendra; sous peine contre lesdits Orfévres de restituer gratuitement lesdites matières et ouvrages achetés en contravention, et de cinq cens livres d'amende, même d'être poursuivis extraordinairement si le cas y échoit.

VII. Les matières d'or et d'argent qui seront à l'avenir employées aux ouvrages d'Orfévrerie, seront au titre de Paris; savoir, l'or de vingt carats et un quart par un quart de remède, et l'argent de onze deniers douze grains par deux grains de remède, sans que, sous prétexte d'ordre, volonté ou consentement des Particuliers qui auroient donné des ouvrages à faire auxdits Orfévres, ils puissent travailler et employer des matières d'un titre inférieur, sous peine de confiscation desdits ouvrages au profit du Roi, de cinq cens liv. d'amende, et même d'être poursuivis extraordinairement.

VIII. Enjoignons à tous les Orfévres d'avoir chacun un Poinçon particulier pour marquer leurs ouvrages, et de faire ensuite marquer ces mêmes ouvrages du Poinçon général, qui sera par nous établi sous la dénomination de *Poinçon de la Colonie*, par celui des Orfévres auquel nous en confierons la garde, sous le titre de Vérificateur-Garde-Poinçon, dans chacune des principales Villes de la Colonie, lequel prêtera serment devant le Juge des lieux, et sera autorisé à recevoir sept sols six deniers par chaque marque; lesdits Poinçons, tant particulier que général, seront gravés sur deux lames de cuivre, dont l'une restera déposée au Greffe des Jurisdictions, et l'autre sera remise audit Vérificateur-Garde-Poinçon.

IX. La marque des petites pièces d'Orfévrerie ne devant pas être égale à celle des grandes pièces, nous ordonnons qu'il sera remis à chaque Vérificateur-Garde-Poinçon un autre petit Poinçon, dont seront marquées toutes les pièces qui ne peseront que deux gros en or, et une once en argent et au-dessous, et qu'il ne lui sera payé pour raison desdites petites pièces que sept sols six deniers pour quatre marques, après avoir été essayées au touchau.

X. Tous ouvrages d'Orfévrerie susceptibles de marque, et qui n'auront point été portés chez le Vérificateur-Garde-Poinçon pour être marqués, ou qui le seroient d'un Poinçon contrefait, quand ils seroient d'ailleurs au titre établi, seront réputés pièces de contravention, et, comme telles, sujettes à confiscation; et sur les dénonciations du Vérificateur-Garde-Poinçon, l'Orfévre contrevenant pourra être poursuivi à la Requête du Procureur du Roi, et puni conformément à l'article sept.

Pareillement tous ouvrages qui ne se trouveroient point au titre établi lors de la présentation à la marque du Poinçon de la Colonie, seront à l'instant coupés et brisés par le Vérificateur, qui sera tenu de déposer lesdits ouvrages au Greffe, pour servir de pièces de conviction contre l'Orfévre contrevenant, lequel sera également poursuivi conformément à l'article sept.

XI. A mesure que les Orfévres porteront des pièces d'Orfévrerie chez le Garde-Poinçon pour être marquées, lesdits Orfévres les porteront au détail, sur un registre particulier dûment paraphé, qu'ils seront obligés d'avoir, sur lequel ledit Garde-Poinçon leur en donnera son reçu; et lors de la remise d'icelles, l'Orfévre y mettra le sien; et seront tenus les Orfévres de présenter, tant ledit registre, que ceux précédemment énoncés, dans toutes les visites qui seront faites chez eux, et toutes les fois qu'ils en seront requis.

XII. Il sera tous les ans choisi en l'Hôtel du Juge, dans le nombre des Orfévres de la Ville, un ou deux Syndics, qui tous les deux, avec le Garde-Poinçon, serviront à l'examen des Postulans; et qui en outre seront et demeureront autorisés à faire, ensemble ou séparément, de fréquentes visites, en se faisant assister d'un Inspecteur ou autre Officier de Police, suivant les lieux, chez les Orfévres, Marchands-Joailliers, Capitaines de Navire ou autres vendant des marchandises d'or et d'argent, ou travaillant de l'état d'Orfévre sans y être autorisés, pour constater les contraventions au présent Réglement; desquelles visites, en cas de contravention, sera dressé procès-verbal contenant l'énumération, l'espèce et poids desdites matières, lequel sera remis au Procureur du Roi, pour poursuivre les délinquans, conformément à l'article sept.

XIII. Seront au surplus exécutés les Ordonnances et Réglemens rendus jusqu'à ce jour sur le fait de l'Orfévrerie.

Enjoignons, chacun en ce qui nous concerne, à tous Commandans et autres Officiers de tenir, chacun en droit soi, la main à l'exécution de la présente Ordonnance, qui sera enregistrée au Greffe de l'Intendance, imprimée, lue et affichée partout où besoin sera. Prions MM. les Officiers du Conseil Supérieur du Cap de la faire pareillement enregistrer au Greffe. Mandons à ceux de la Jurisdiction de ladite Ville de tenir la main à son exécution. DONNÉ au Cap, etc. le 15 Janvier 1781. *Signé*, REYNAUD et LE BRASSEUR.

R. au Conseil du Cap, le 4 Avril suivant.

ARRÊT du Conseil du Cap, qui admet la preuve, tant par titres que par témoins, qu'un Particulier soutenu Espagnol d'après une procédure faite en son nom 13 ans auparavant, est François.

Du 16 Janvier 1781.

ENTRE le sieur Alexandre Faxardo, Appelant d'une part; et Me Bullet, Receveur des Aubaines, Intimé d'autre part; de la cause le sieur Aubert, pareillement Intimé d'autre part; Vu, etc. Après que Bourlon, Avocat des Appelans, Moreau de St. Méry, Avocat de l'Intimé, et Baudry des Losières, Avocat d'Aubert, ont été ouis aux Audiences des 4, 6, 13, 18 et 19 Décembre dernier, ainsi qu'à celles des 11, 12, 17, 14 et 15 de ce mois, et à celle de ce jour, ensemble Saint-Martin fils, Substitut du Procureur-Général du Roi, et tout considéré: LA COUR a reçu et reçoit Alexandre, comme tuteur de Rosette Faxardo, Charles Faxardo, François Henrique, et Marie-Anne Faxardo, son épouse, et Guillotin et femme, parties intervenantes en l'instance, et incidemment Appelans de la Sentence du 27 Mars 1779; joignant les interventions, appel principal et incident, et demandes, a mis et met l'appellation et Sentence dont est appel au néant; émendant, ordonne avant faire droit que les Parties de Bourlon et de Baudry des Lozières, prouveront que Pierre-Salomon Faxardo, est né François, tant par son acte de circoncision que par tous autres titres, et même par témoins, pardevant M. Lohyer de la Charmeraye, Conseiller, que la Cour a commis à cet effet; comme aussi qu'elles prouveront par titres, et même par témoins, pardevant ledit Commissaire, l'identité de Pierre Faxardo, de la succession duquel il s'agit, et ce dans le délai de dix-huit mois, sauf la preuve contraire; pour ce fait, ou à défaut de ce faire, être par la Cour ordonné ce qu'il appartiendra, dépens réservés.

V. l'Arrêt du 21 Mars 1768, et le Brevet de don du 21 Juin 1782.

ARRÊT

ARRÊT du Conseil du Cap, touchant le paiement de la Maréchaussée mise chez les Débiteurs aux deniers Royaux.

Du 17 Janvier 1781.

LA COUR, où étoient MM. les Administrateurs de la Colonie, faisant droit sur le réquisitoire du Procureur-Général du Roi, a ordonné et ordonne que le Réglement concernant la Maréchaussée, de 1743, sera exécuté selon sa forme et teneur : ce faisant, autorise ladite Maréchaussée à exiger et percevoir de tous les redevables aux deniers royaux et publics, six francs pour la première journée, quand même elle n'y resteroit en garnison que partie dudit premier jour, et que pour les jours suivans, la Maréchaussée ne sera payée sur le même pied et comme dessus, qu'autant que le Cavalier y sera réellement et de fait resté en garnison chez chacun des redevables : ordonne que le présent Arrêt sera imprimé, lu, publié et enregistré dans les sièges Royaux du ressort.

ORDONNANCE des Administrateurs, concernant les Accoucheurs et Sages-Femmes.

Du 18 Janvier 1781.

FRANÇOIS Reynaud de Villeverd, etc.
Joseph-Alexandre Le Brasseur, etc.

Les accidens multipliés qui résultent dans cette Colonie de la facilité qu'ont tous les Particuliers et un grand nombre de femmes de couleur, dont l'impéritie n'est que trop démontrée, de donner des secours aux femmes enceintes, et de les accoucher, ayant fixé notre attention, et voulant y remédier : Nous, en vertu des pouvoirs à nous accordés par Sa Majesté, avons ordonné et ordonnons ce qui suit :

ART. I. Ne pourront à l'avenir dans aucune des Villes de la Colonie, pratiquer l'Art des accouchemens, que les personnes reconnues capables par le Médecin du Roi-Accoucheur, ou autre Médecin ayant une commission à cet effet des Général et Intendant, sous peine de mille livres d'amende, et d'être poursuivies extraordinairement pour raison des accidens qui pourroient résulter de leurs contraventions.

II. Il sera établi à cet effet dans les principales Villes de la Colonie, une École, dans laquelle il sera fait des démonstrations par lesdits Médecins du Roi.

III. Les Personnes qui auront suivi ledit Cours, ne pourront être admises à pratiquer ledit Art, et obtenir un certificat dudit Médecin, avant d'avoir subi un examen de trois heures, tant sur la théorie que sur la pratique des accouchemens.

IV. Les Accoucheurs ou Sages-femmes arrivant d'Europe, même ceux pourvus de Lettres de maîtrise, ne pourront exercer ledit Art qu'après avoir été examinés par ledit Médecin, sous peine de mille liv. d'amende, applicable au profit des pauvres femmes enceintes qui seront reçues chez ledit Médecin pour y faire leurs couches.

Les Accoucheurs ou Sages-femmes, qui exercent actuellement ladite Profession, pourront cependant, quoique non encore reçus, continuer de l'exercer, mais ne pourront se dispenser d'assister régulièrement aux Écoles, jusqu'à ce qu'ils ayent obtenu desdits Médecins du Roi-Accoucheurs, le certificat qui leur est nécessaire; faute de quoi ils seront poursuivis comme contrevenans à l'article premier de la presente Ordonnance.

VI. Ne pourront sous les mêmes peines les Sages femmes qui auront obtenu un certificat desdits Médecins du Roi-Accoucheurs, opérer dans les accouchemens extraordinaires, qu'elles n'ayent appelé un Accoucheur.

VII. Ne pourront également, sous les mêmes peines, lesdites Sages-femmes reçues, traiter les femmes dans les maladies occasionnées, soit par leur grossesse, soit par les suites de couches.

VIII. Ordonnons à tous Chirurgiens qui seront appelés pour faire l'ouverture d'une femme décédée enceinte ou en couches, d'en prévenir, pour y assister, le Médecin du Roi-Accoucheur.

IX. Les Accoucheurs ou Sages-femmes seront tenus de se conformer pour les honoraires qui leur seront dus, aux Réglemens du Conseil-Supérieur du Cap, du 14 Juin 1757.

X. Seront au surplus les Ordonnances et Réglemens rendus sur cette matière, exécutés suivant leur forme et teneur.

Enjoignons, chacun en ce qui nous concerne, à tous Commandans et autres Officiers de tenir, chacun en droit soi, la main à l'exécution de la présente Ordonnance, qui sera enregistrée au Greffe de l'Intendance, imprimée, lue, et affichée par-tout où besoin sera. Prions MM. les Officiers du Conseil Supérieur du Cap de la faire pareillement enregistrer en leur Greffe. Mandons à ceux de la Jurisdiction de ladite Ville de tenir la main à son exécution. DONNÉ au Cap, etc.

R. au Conseil du Cap, le 4 Avril 1781.

ORDONNANCE *des Administrateurs, pour la Réparation en neuf du Marché de la Place de Clugny, au Cap.*

Du 29 Janvier 1781.

L'AN 1781, le 7 Janvier, sont comparus pardevant Nous, au Gouvernement, les contribuables à la confection de la Place de Clugny, pour délibérer sur la manière la plus convenable de perfectionner cette Place, et de la rendre praticable en temps de pluie, où il est impossible dans l'état actuel, que le marché puisse continuer de se tenir, vû la boue qu'occasionne la moindre grande pluie.

Il a été présenté à cet effet deux projets, dressés et signés par M. Calon de Felcourt, Ingénieur du Roi. Le premier, de paver ladite Place en entier, qui occasionneroit une dépense de 2,400 toises carrées de pavé, et 267 toises cubes de terre de remblai; le second, de diviser en quatre parties égales ladite Place, formant chacune un carré qui sera bordé sur chaque face d'un pavé de 12 pieds de large, tel que celui des rues, en observant à chaque division desdits carrés, les rigoles telles qu'elles sont marquées sur les plan et profil; ce qui n'occasionneroit qu'une dépense de 400 toises carrées de pavé, et 700 toises cubes de terre de remblai, mais qui seroit moins solide; le milieu de chaque carré seroit d'un pied plus haut que le pavé du pourtour de ladite Place.

La matière mise en délibération, la pluralité des voix a été d'accepter le premier projet de paver la Place en entier, conformément aux plan et devis de M. Calon de Felcourt, que MM. les Général et Intendant sont priés de parapher *ne varientur*, et de décharger à l'avenir lesdits Habitans de l'entretien des pavés et d'entourage de ladite Place; et lesdits Habitans ont offert de donner 55,000 liv., et que le Gouvernement se chargeroit du reste, pour que ladite Place fût pavée en entier, et entourée de barrières comme celle de la Place - d'Armes, et que la fontaine fût arrangée de manière que l'élévation de la Place ne lui apportât aucun préjudice ; et ils ont nommé pour Commissaires chargés de faire la répartition et recette des sommes dont chacun est contribuable, dans la même proportion qui a été suivie dans la première imposition, les sieurs Sorbier, Prudhomme et Jolet cadet ; ce dernier, pour être chargé en outre de la perception des deniers, et de faire les paiemens, conformément aux clauses et conditions du marché dont le dernier terme ne sera payé qu'après la réception de l'ouvrage ; et lesdits Habitans soussignés donnent à cet effet tous pouvoirs nécessaires et s'obligent à payer entre les mains du sieur Jolet, leur quote-part, en argent, de l'imposition de 55,000 livres, pour le pavé remblai et autres ouvrages de ladite Place, aux termes qui seront fixés ; et ont signé.

Fait au Cap, au Gouvernement, les jour, mois et an que dessus. *Signé*, Sorbier, Jean Arnaud, Pré-Meslé de Trémondrie, Madame David, Viviés, p. Attila, Prudhomme, p. Drunault, Lalande, etc.

Vu la délibération, Nous, Commandant-Général et Ordonnateur, faisant fonctions d'Intendant, avons homologué et homologuons ladite délibération pour être exécutée selon sa forme et teneur ; en conséquence, ordonnons que tous les Habitans contribuables à la confection de la Place de Clugny, notamment désignés par l'Ordonnance de MM. de Montreuil et de Clugny, lors Commandant-Général et Intendant, en date du 12 Janvier 1764, payeront comptant, entre les mains du sieur Jolet nommé à cet effet, leur quote-part de la somme de 55,000 liv., dont l'imposition sera faite par les Commissaires choisis à cet effet, dans la même proportion que la première ; au moyen de laquelle somme, qui sera versée dans la Caisse des Libertés, la Place de Clugny sera, sans délai, pavée en entier, et entourée de barrières, conformément aux plan et devis du sieur Calon de Felcourt, que nous avons paraphés *ne varientur*, aux frais de la Caisse des Libertés, qui supportera également l'entretien de ladite Place, dont nous déchargeons à l'avenir les susdits Habitans ; que la fontaine sera également arrangée aux frais de ladite Caisse des Libertés, de manière que l'élévation de la Place ne lui apporte aucun préjudice ; que les arbres qui sont morts seront en outre entretenus par le sieur Prudhomme, aux offres qu'il fait de s'en charger, en par lui jouissant des privilèges et exemptions dont jouissoit celui qui en étoit chargé précédemment. Et sera la présente Ordonnance enregistrée et déposée au Greffe de l'Intendance, avec ladite délibération, plan et devis de nous paraphés *ne varientur.* DONNÉ au Cap le 29 Janvier 1781. *Signé*, REYNAUD et LE BRASSEUR.

R. au Greffe de l'Intendance, le 3 Février suivant.

ORDONNANCE *des Administrateurs, qui défend d'avoir des Canots de passage sur la Rivière du Haut du Cap, attendu qu'ils nuisent au Bac.*

Du 30 Janvier 1781.

SUPPLIE humblement Jean-Baptiste Corneille, Adjudicataire de la Ferme du Bac, disant qu'il auroit surpris divers Particuliers à passer avec des Canots, concurremment avec lui, des personnes de l'autre côté du Bac, à revenir de ce côté-ci, et à retourner, notamment les Négres, de l'Habitation des héritiers Baudin, gérée par M Rimbert; lesquels non contens de passer le monde vis à-vis le Bac, sous prétexte de passer les Négres de l'Habitation, passent en un Canot, vis-à-vis l'Hôpital, des Négres venant de la plaine de la Petite-Anse, etc, par un sentier qu'ils ont pratiqué en ladite Habitation. Comme cela ne peut être que très-préjudiciable au Suppliant, qui se trouveroit beaucoup en déficit sur sa ferme, qui est déjà fort chère; qu'il vous plaise, Nosseigneurs, etc. Vu le contenu en la présente Requête : Nous, Commandant-Général et Ordonnateur, faisant fonctions d'Intendant, défendons à toutes personnes, de quelque qualité et condition qu'elles soient, de troubler le Suppliant dans l'exercice du Privilége exclusif du passage du Bac, dont il a eu l'adjudication, et aux Passagers de la Petite-Anse, et notamment aux Négres de l'Habitation des héritiers Baudin, de passer aucune personne, soit pour aller à la plaine, soit pour en revenir, dans des Canots particuliers, dont l'usage ne peut que faire tort à la Ferme du Suppliant, sous peine de 50 liv. d'amende au profit du Fermier. Sera la présente Ordonnance enregistrée au Greffe de l'Intendance, et en cel. de la Subdélégation : Mandons, etc. AU CAP, le 30 Janvier *Signé*, REYNAUD et LE BRASSEUR.

R. au Greffe de l'Intendance, le même jour.
Et à celui de la Subdélégation, le 28 Avril suiv.

LETTRE du Lieutenant-de-Roi du Cap, au Commandant de Limonade, sur ce que doit faire un Commandant de Paroisse lorsque les Administrateurs demandent son avis sur une contestation qui leur est soumise.

Du 7 Février 1781.

LE Commandant de Paroisse désigné par Mrs les Général et Intendant, pour donner son avis dans une affaire litigieuse, doit prévenir les Parties par un écrit qui sera porté par un piquet, qu'elles ayent à se trouver sur les lieux, au jour et à l'heure qu'il indiquera, pour être présentes à la visite qu'il doit faire en exécution de l'Ordonnance de MM. le Général et Intendant; et sitôt qu'il aura donné et rédigé son avis, il l'adressera au Greffier de l'Intendance, afin que les Parties en lèvent une expédition.

ORDONNANCE des Administrateurs, qui accorde aux sieurs Bouillary et Blais, Menuisiers au Cap, l'exemption de toutes Corvées personnelles, de logement de Gens de Guerre, et de service Militaire, à la charge de soigner et entretenir, à leurs frais, les allées d'Arbres de la Place-d'Armes du Cap.

Du 8 Février 1781.

R. au Greffe de l'Intendance, le même jour.

ORDONNANCE des Administrateurs, qui exempte le sieur Aujar, Charpentier, de toutes Corvées personnelles, de logement de Gens de guerre, et de service Militaire, à la charge de soigner et entretenir quatre allées d'Arbres, vulgairement appelés Figuiers Blancs, *à la Place de Clugny, au Cap.*

Du 8 Février 1781.

R. au Greffe de l'Intendance, le même jour.

ARRÊT du Conseil du Cap, qui porte réception de l'Huissier Ciret, bréveté de Sa Majesté, sur la nomination de M. l'Amiral, pour l'Amirauté de la même Ville, à la charge de demeurer réuni à la Bourse commune des Huissiers du Cap, établie par l'Arrêt de la Cour du 26 Février 1761, qui sera exécuté suivant sa forme et teneur.

Du 9 Février 1781.

ARRÊT du Conseil du Cap, qui proscrit une obligation de livrer 48 mille 300 livres de sucre brut, pour une somme de 4,105 liv. 10 sols prêtée; et condamne seulement à rembourser le Prêt, avec les intérêts de droit.

Du 12 Février 1781.

ENTRE le sieur de Grandpré, Appelant des Sentences de l'Amirauté du Cap, des 31 Mars et 22 Septembre 1764, d'une part; et le sieur Auger, Intimé, d'autre part; de la cause Me Du commun, Curateur à la succession du feu sieur Préval, encore d'autre part; Vu, etc. Après que d'Augy, Avocat de l'Appelant; Carles, Avocat de l'Intimé; et le Loup Desperelles, substituant Valentin de Cullion, Avocat de Ducommun, ont été ouis, et tout considéré; LA COUR a reçu et reçoit la Partie de d'Augy, incidemment appelante de la Sentence de l'Amirauté du Cap, du 30 Novembre 1748; statuant sur le tout, a mis et met l'appellation et Sentences dont est appel, au néant; émendant, a réduit la demande principale de la partie de Carles, à la somme de 4105 liv. 10 s.; condamne la partie de d'Augy au paiement de ladite somme, pour la part et portion dont elle amende et dans la succession dont s'agit, et hypothécairement pour le tout, & aux intérêts de ladite somme, à compter du jour de la demande originaire; ordonne que l'amende lui sera remise, et la condamne néanmoins aux dépens des causes principale et d'appel.

Aux termes de l'acte, le Prêteur ne prenoit le sucre que sur le pied de 8 liv. 10 s. le cent, quoiqu'à l'époque où il les réclamoit, ils valussent à-peu-près 5 fois autant : il demandoit donc environ 20 mille livres pour 4 qu'il avoit prêtées, et 35 ans d'intérêt.

LETTRE du Ministre aux Administrateurs, touchant les Appointemens du Député de la Colonie de Saint-Domingue.

Du 17 Février 1781.

J'AI reçu, MM. la réponse de MM. d'Argout et de Vaivre, à la lettre que M. de Sartine leur avoit écrite au sujet du traitement de M. l'Héritier de Brutelles, Député du Commerce de Saint-Domingue : d'après l'avis des Administrateurs et des Chambres d'Agriculture ; Sa Majesté a décidé que ce Député jouiroit, à compter du 1er Janvier 1779, du même traitement de 14,000 liv., attribué aux Députés de la Martinique et de la Guadeloupe. Cette somme sera payée par moitié, suivant l'usage, par les deux Caisses Municipales du Cap et du Port-au-Prince. Vous voudrez bien faire connoître aux Conseils les intentions de Sa Majesté. Je suis instruit que les Conseils, avant d'ordonner le paiement du traitement du Député, veulent exiger la représentation de son certificat de vie ; ils jugeront que cette forme n'est pas nécessaire, en considérant que les paiemens éprouvent des délais pendant lesquels on ne manqueroit pas d'être informé à Saint-Domingue de la mort du Député.

Pour Copie conforme. *Signé* LE BRASSEUR.

Déposée au desir de l'Arrêt du Conseil du Cap, du 29 Octobre suivant.

EXTRAIT de la Lettre du Ministre aux Administrateurs, sur le Passage des Officiers de la Jurisdiction au Bac du Cap.

Du 17 Février 1781.

VOUS connoissez, MM., la contestation qui s'est élevée entre le Conseil-Supérieur du Cap, et feu M. Caignet, au sujet du changement que ce dernier a apporté à une des clauses de la Carte-bannie de la Ferme actuelle du bac de la rivière du Haut du Cap. M. de Sartine a en conséquence écrit le 29 Avril 1779, à MM. d'Argout et de Vaivre, une lettre pour être enregistrée au Conseil, par laquelle

l'exemption

l'exemption réclamée par ce Tribunal devoit être restrainte aux personnes seulement, suivant la nouvelle Carte-bannie faite par M. Caignet; cette lettre a été effectivement enregistrée, mais ces Administrateurs, par leur réponse du 22 Décembre 1779, ont observé que la dépêche de M. de Sartine ne faisant pas mention des Officiers des Jurisdictions, ils se trouveroient mieux traités que ceux des Conseils. Sur le compte que j'en ai rendu au Roi, Sa Majesté m'a ordonné de vous écrire que son intention est que la modification apportée par M. Caignet dans la nouvelle Carte-bannie, soit exécutée dans toute sa teneur, tant envers les Officiers du Conseil, qu'envers ceux des Juridictions. Vous voudrez bien communiquer ma dépêche au Conseil, l'y faire enregistrer, et tenir la main à son exécution.

LETTRE *du Ministre aux Administrateurs, sur l'assujettissement des Officiers de la Marine, aux Ordonnances sur la Police des Classes et sur celle de la Colonie.*

Du 17 Février 1781.

J'AI été informé que les Officiers de la Marine ne veulent reconnoître aucunes règles pour les Classes et la navigation à St. Domingue; qu'au-lieu de demander à l'Ordonnateur le remplacement des Gens de mer dont ils ont besoin, ils aiment mieux completter ou renforcer leurs équipages par la violence; qu'ils enlèvent, à main armée, les Matelots des Navires Marchands, sans mesure comme sans proportion, et gênent ainsi les opérations du Commerce; qu'enfin ils refusent de déposer leurs rôles d'équipages et de passagers au Bureau des Classes, soit à leur arrivée, soit à leur départ: d'où résultent à-la-fois l'impossibilité de connoître les mouvemens des Gens de Mer, la facilité pour les débiteurs de mauvaise foi de se soustraire à leurs Créanciers, et le trouble dans les familles qui ne peuvent constater le sort des personnes qui se sont embarquées. L'intention du Roi, à qui j'ai rendu compte de ces abus, est que les Officiers de la Marine se conforment scrupuleusement aux Ordonnances rendues tant pour la police des Classes que pour celle de la Colonie, et Sa Majesté vous ordonne de tenir la main à leur exécution. Il sera prescrit à l'avenir aux Commandans des Vaisseaux de ne point s'écarter des dispositions de ces mêmes Ordonnances.

LETTRE du Ministre aux Administrateurs, sur la nécessité d'admettre les Négres apportés par les Neutres, et même par les Bâtimens Ennemis.

Du 17 Février 1781.

VOUS me marquez par votre lettre du 1er Décembre dernier, n°. 55, qu'il est arrivé à St. Domingue une Frégate Danoise, ayant sous son escorte trois Bâtimens de la même Nation, chargés de vivres, et que vous avez fait sentir aux Officiers de cette Frégate, combien il seroit avantageux pour le Commerce de leur Nation, d'introduire des Négres à St. Domingue. Il seroit, en effet, bien à desirer que les Nations neutres portassent leurs spéculations sur cette branche de Commerce. L'intérêt de la Colonie exige qu'on reçoive des noirs, même par des Bâtimens ennemis. A cet égard, je vous préviens d'avance qu'il sera délivré des passeports à des Bâtimens qui partiront des ports d'Angleterre. L'intention du Roi est qu'en les admettant, vous leur procuriez les facilités qui dépendront de vous, et que vous leur permettiez de prendre des cargaisons de denrées Coloniales, avec destination pour les ports de France, où ils acquitteront les droits de Domaine d'Occident, ainsi qu'il sera énoncé dans les passeports. Vous jugerez qu'à plus forte raison il convient de bien accueillir les Neutres.

EXTRAIT de la Lettre du Ministre au Procureur-Général du Conseil du Cap, sur divers points d'Administration.

Du 22 Février 1781.

M. de Reynaud a eu tort d'agir seul en une matière qui étoit commune aux deux Administrateurs, et d'ordonner que les états de la situation des Fabriques, fussent envoyés chaque année au Commandant seul. Il a également mal fait, en prescrivant les assemblées des Paroisses, de négliger les formes prescrites par le Réglement du 14 Mars 1741, omission qu'il a cependant couverte par la déclaration faite au Conseil Supérieur, qu'il n'avoit point entendu blesser les dispositions des Ordonnances. J'avertis les Administrateurs de ces irrégularités, afin qu'ils les évitent par la suite. Le zèle qui a entraîné M. de Reynaud dans cette omission, étoit d'ailleurs d'autant plus louable, que vous avouez vous même qu'il étoit instant de rétablir l'ordre dans les Fabriques, et la décence dans le Service divin.

1°. Vous supposez perpétuellement dans votre réquisitoire, que le Gouverneur et l'Intendant n'ont rien à voir, rien à ordonner relativement au temporel des Paroisses; que leurs pouvoirs se bornent à permettre, par écrit, l'enregistrement des délibérations paroissiales aux Conseils Supérieurs; que leur autorité ne peut s'étendre au-delà; qu'enfin les réglemens sur cet objet, ne les concernent point.

Vous ne devez pas ignorer qu'une des principales fonctions des Administrateurs, est de veiller au Service divin, à la construction, réparation, entretien des Eglises, Sacristies, et Presbytères, qui sont des objets de Police générale; qu'il appartient à eux seuls, et non aux Conseils, d'ordonner dans cette partie, suivant l'exigence des cas, et après la nécessité dûment constatée, de contraindre même les Communautés qui opposeroient un refus; qu'eux seuls, et non les Conseils, doivent faire les Réglemens concernant les Elections et limites des Paroisses, l'ordre et la manutention des Fabriques, en tout ce qui n'auroit pas été réglé par les Ordonnances du Roi. Ces principes sont consacrés dans une multitude de Réglemens; et il est étonnant que vous ayez confondu l'autorité de l'Administration qui doit ordonner, avec celle des Tribunaux qui concourent seulement, à quelques égards, pour les formes à suivre dans l'exécution.

2°. Il est vrai que la comptabilité des Paroisses est un objet municipal qui regarde les Conseils et le Ministère Public; mais les Administrateurs sont obligés de provoquer cette comptabilité, de dénoncer les abus aux Procureurs-Généraux, et de les surveiller eux-mêmes; enfin, ils ont le droit d'excitation et de l'inspection en tout ce qui tient à l'ordre, et à l'intérêt Public.

3°. Vous arguez de nullité les délibérations prises dans quelques Paroisses, en vertu des ordres de M. de Reynaud, parce que ces assemblées ont été convoquées par les Commandans de quartiers, tandis qu'elles doivent l'être par les Marguilliers; vous les qualifiez en conséquence d'Assemblées, Militaires.

L'Ordonnance de 1743 dit: que les Assemblées extraordinaires, concernant les Fabriques des Eglises, seront convoquées à la réquisition des Marguilliers; mais la réquisition n'est pas la convocation. Le Marguillier est le requérant; le Commandant de la Paroisse est le convoquant; soit qu'il convoque par l'excitation des Marguilliers, soit en vertu d'ordres émanés de l'Administration, c'est lui qui préside toujours aux Assemblées, et elles n'en sont pas plus Militaires pour cela. Il résulteroit, par l'interprétation que vous avez donnée à l'Ordonnance de 1743, que le Gouverneur et l'Intendant ne pourroient faire assembler une Paroisse, pour des objets concernant l'Eglise et la Fabrique, qu'avec l'attache des Marguilliers; et vous sentez combien cette proposition seroit fausse, et d'une conséquence dangereuse.

4°. Vous vous plaignez de ce que M. de Reynaud a demandé l'envoi des états de la situation des Fabriques, et de ce qu'il a annoncé que d'après ces mêmes états, pièces et Requêtes nécessaires, il ordonneroit, conjointement avec l'Ordonnateur, le prompt paiement de ce qui seroit dû.

L'envoi des états est sans doute une précaution sage et utile; il ne tend qu'à mettre les Administrateurs à portée de connoître s'il y a lieu ou non de provoquer des poursuites, et en cela, il rend plus facile la surveillance prescrite par tous les Réglemens, sans blesser celui de 1743. A l'égard du paiement à ordonner, il est bien évident que M. de Reynaud n'a entendu parler que des objets non-contestés. Il n'a pu et n'a pas voulu s'attribuer de jurisdiction; il a entendu seulement provoquer la rentrée des deniers de l'Eglise; et sans difficulté, les Administrateurs ont le droit de faire payer les dettes Publiques: ils doivent veiller à cet égard, lorsque les Procureurs-Généraux dorment.

Il me reste à répondre aux questions que vous avez proposées dans votre lettre; la solution en est simple, d'après les règles qui ont été établies de tout tems.

Sans difficulté le devoir de leur place impose aux Procureurs-Généraux des Conseils-Supérieurs, l'obligation de réclamer contre toutes infractions aux Ordonnances enregistrées, de quelque part qu'elles émanent. L'enregistrement dans les Tribunaux emporte, de leur part, la vigilance sur l'exécution; mais ce même devoir leur prescrit d'observer les égards et les ménagemens convenables, lorsqu'il s'agit d'opérations faites ou ordonnées par les Gouverneur et Intendant.

Quand les ordres des Administrateurs sont contraires aux Réglemens enregistrés, les Conseils-Supérieurs doivent inviter, avant tout acte, ces mêmes Administrateurs à rétracter leurs entreprises; et s'ils s'y refusent, se borner à adresser des représentations au Roi dans les formes prescrites. Il est essentiel qu'ils ne rendent pas d'Arrêts pour empêcher l'effet des ordres émanés de l'Administration à une si grande distance: ce choc des autorités, est le désordre le plus dangereux.

Il n'y a aucun doute que les Gouverneur et Intendant, ainsi que les autres Officiers Militaires et Civils qui ont séance aux Conseils, puissent y assister, quoiqu'il doive y être délibéré sur des objets qui concernent l'exercice de l'autorité des Chefs. Ce sont des points d'ordre public, sur lesquels tous les membres des Conseils ont droit de donner leur avis.

ORDONNANCE *des Administrateurs, pour l'établissement d'un Pont sur la Rivière du haut du Cap, et pour en fixer le Péage.*

Du 23 Février 1781.

FRANÇOIS Reynaud de Villeverd, etc.
Joseph-Alexandre Le Brasseur, etc.

Etant nécessaire pour le service du Roi, ainsi que pour le bien public, que le Pont desiré et projetté depuis long temps, sur la rivière du Haut du Cap, au-lieu et place du Bac, soit construit incessamment, et établi de manière cependant à concilier les opérations Militaires avec l'avantage du Public, et ayant égard aux représentations des Habitans des Paroisses du Morin, de Limonade et la Petite-Anse, tendantes à se rédimer, ainsi que les Esclaves, du droit de péage, aux offres qu'ils ont faites de contribuer d'une somme de 202,455 liv. pour la construction dudit Pont : Nous, en vertu des pouvoirs à nous confiés par Sa Majesté, avons réglé et ordonné, réglons et ordonnons ce qui suit :

ART. I. Il sera fait incessamment et sans délai, sur la rivière du Haut du Cap, à l'entrée de la Ville, un Pont en piles de maçonneries, couvertes d'une charpente de bois du Pays, et de madriers d'Acajou, ou de poutrelles de bois de Cypre, ou Pice-pin. Ledit Pont aura 100 pieds de long, sans compter les culées et les rampes, ni l'épaisseur des piles, qui seront espacées de 20 pieds en 20 pieds.

La largeur sera de 32 pieds, dont 24 pour les voitures, et 4 pour le trottoir de chaque côté, pour les gens de pied : il y aura un Pont-levis dans le milieu, le tout conformément aux plan, profil et devis par nous paraphés *ne varientur*.

II. Ledit Pont sera construit aux frais de la Caisse des Libertés, au moyen de la somme de 202,455 liv., que les Habitans en sucrerie des Paroisses du Morin, de Limonade et de la Petite-Anse, se sont imposée et engagés d'y verser, par leurs délibérations des 11, 18 et 22 Février présent mois, que nous avons homologuées et homologuons, pour être exécutées selon leur forme et teneur; en conséquence, ordonnons que lesdites habitations payeront dans le courant de Mars prochain, entre les mains du sieur Bullet, Trésorier, chargé de la recette des Libertés, au Cap, le tiers de leur quote-part de ladite somme de 202,455 liv.; le second tiers, lorsque la moitié de l'ouvrage dudit Pont sera faite, et l'autre tiers à la perfection dudit ouvrage.

III. Au moyen de la somme de 202,455 liv. qu'auront payée les habitations en sucrerie des Paroisses du Morin, de Limonade, et de la Petite-Anse, dont l'état est joint aux délibérations, tous les Propriétaires, Procureurs, Gérans, et autres Blancs employés sur lesdites habitations, seront affranchis, à perpétuité, du droit de péage, ainsi que leurs chevaux, chaises, voitures, effets et denrées.

Le Commandant, le Major, l'Aide-Major, et Chirurgien-Major des Bataillons de Milices du Cap et de Limonade, de même que le Commandant, le Curé, l'Aide-Major, le Chirurgien-Major et les Voyers principaux et particuliers desdites Paroisses du Morin, Limonade et la Petite-Anse, seront également exempts du droit de Péage, ainsi que leurs chaises, chevaux de chaises, de monture, et de valets.

IV. Tous les Négres et Gens de couleur, généralement quelconques, tant esclaves que libres, seront aussi affranchis à perpétuité du droit de Péage, mais personnellement seulement, et leurs chevaux, voitures, denrées et animaux de charge continueront d'y être assujettis.

V. Le droit de Péage subsistera toujours pour tous les autres Blancs qui ne sont pas compris dans l'article 3 de la présente Ordonnance, ou dans la Carte-bannie de la Ferme du Bac, ainsi que pour leurs chevaux, chaises, voitures, effets et denrées.

VI. Pour éviter tout abus ou fraude, il sera remis au Fermier du droit de Péage, un état nominatif des Propriétaires et Blancs qui doivent jouir de l'exemption portée à l'article 3; ledit état signé du Commandant de la Paroisse, et visé par le Commandant pour le Roi.

VII. Dans les mutations des Blancs employés sur les habitations affranchies du droit de Péage, le Chef de chaque habitation sera tenu d'en prévenir par un billet visé du Commandant de la Paroisse, ledit Fermier, qui donnera une marque d'exemption, signée de lui, à chaque Blanc, qui ne pourra la prêter à d'autres, sous peine d'être puni suivant l'exigence des cas.

VIII. Quant aux chevaux et voitures des habitations exemptes du droit de Péage, les Négres qui les conduiront, seront porteurs d'un bon signé de leur Maître, sur lequel le nombre des chevaux sera désigné; les contrevenans seront arrêtés et punis, de même suivant l'exigence du cas.

IX. L'entretien du Pont sera fait sur le produit du Péage, dont le prix continuera d'être perçu suivant le tarif arrêté le 17 Septembre 1742, par MM. de Larnage et Maillard, lors Général et Intendant, en tout ce qui ne sera pas contraire à la présente Ordonnance. Sera la présente Ordonnance enregistrée au Greffe de l'Intendance, imprimée, lue et affichée par-tout où besoin sera. Seront également enregistrés les délibérations et états des habitations contribuables, et copie sera déposée audit Greffe des plan, profil et devis; le tout de Nous homologué et paraphé, comme dit est. Mandons, chacun en ce qui nous concerne, à tous Commandans pour le Roi, et autres, de tenir, chacun en droit soi, la main à l'exécution de la présente Ordonnance. DONNÉ au Cap, le 23 Février 1781. *Signé*, REYNAUD et LE BRASSEUR.

R. au Greffe de l'Intendance, le 3 Mars suivant.

EXTRAIT de la Lettre du Ministre, à M. le Marquis de St. Simon, Maréchal de Camp, Commandant les Régimens de Touraine et d'Enghien, étant à St. Domingue, sur quelques points relatifs à l'exercice de ce Commandement dans ladite Isle.

Du 25 Février 1781.

J'AI l'honneur de vous prévenir que Sa Majesté n'a pas approuvé la prétention que vous avez eue d'exiger les honneurs de Commandant en Chef, qui ne pouvoient vous appartenir qu'au moment où vous sortiriez d'une des Colonies, et où vous joindriez quelques Corps Espagnols. Par une suite du principe dont vous partiez, vous vous êtes également trompé sur l'autorité indépendante que vous avez voulu exercer dans St. Domingue, sur les trois Soldats qui avoient manqué à M. de Bouillé, et sur la forme des Congés à donner aux Soldats de votre Brigade.

S. M. a trouvé que, d'après les mêmes principes, vous n'auriez pas dû, sans l'aveu de M. de Reynaud, quitter S. Domingue pour aller à la Havanne offrir vos services, et proposer vos vûes à M. de Navia: malgré cela, le Roi a loué le zèle qui vous a porté à chercher les occasions de vous rendre utile.

LETTRE du Commandant en Chef par intérim, aux Commandans en Second, sur les Gens à gages.

Du 28 Février 1781.

J'AI l'honneur de vous adresser, M., copie d'une dépêche du Ministre, du 8 Septembre dernier, par laquelle vous verrez que l'intention du Roi est que les Économes, Ouvriers et autres Gens à gages, soient contenus dans les égards qu'ils doivent aux Habitans; vous voudrez bien en conséquence, lorsque vous recevrez des plaintes à ce sujet, faire mettre en prison, sur le champ, ceux qui se seront portés à quelques excès, et m'en rendre compte, pour que je puisse décider du temps qu'ils doivent y rester. J'ai l'honneur d'être, etc. *Signé*, REYNAUD.

LETTRE du Ministre à M. de Reynaud, Commandant en Chef par intérim, sur les Armemens directs aux Isles pour les Côtes d'Afrique.

Du 5 Mars 1781.

LA Traite directe aux côtes d'Afrique n'est prohibée dans nos Colonies qu'afin d'en réserver les avantages au Commerce du Royaume; et plus encore pour prévenir l'introduction des Noirs d'une Traite étrangère. Ce double motif cessant en temps de guerre, et puisque nos Armateurs ne font point d'entreprise en ce genre, les Armemens directs que vous me proposez ne m'ont paru susceptibles d'aucun inconvénient. Je vous autorise en conséquence à les permettre de concert avec M. Le Brasseur, si des Particuliers veulent les entreprendre.

ORDONNANCE

ORDONNANCE du Lieutenant de l'Amirauté du Cap, qui, de l'ordre de M. l'Amiral, enjoint à tous les Capitaines des Batimens Étrangers de payer le droit d'Ancrage, attribué à ladite charge d'Amiral, sur le même pied que les Nationaux, entre les mains du Receveu qui leur délivrera leur Congé de sortie, qui sera ensuite enregistré au Greffe; avec défenses au Greffier de délivrer auxdits Étrangers leurs papiers de Navigation et autres expéditions, que ledit congé ne lui ait été présenté et ne soit enregistré.

Du 10 Mars 1781.

ARRÊT du Conseil du Cap, confirmatif de Sentence du Siége du Port-de-Paix, qui 1°. déclare nulle la vente souscrite pour 2,000 l., par un débiteur mis en prison, de deux Négres par lui achetés 3,300 l.; ladite vente faite sous la garde d'un Exempt de Maréchaussée, qui avoit conduit le débiteur des prisons chez le Notaire; 2°. adjuge 3 liv. pour chaque jour de détention desdits Négres; et 3°. condamne le Créancier, pour avoir traduit son débiteur devant l'autorité Militaire, en 2,000 liv. d'amende envers la Paroisse du Môle et la Providence du Cap, et en 1000 liv. de dommages-intérêts.

Du 22 Mars 1781.

ENTRE le sieur Béhérel, demeurant au Môle St. Nicolas, Appelant, d'une part; et le sieur Philippe Desairs, Intimé, d'autre part; sur les conclusions par écrit du Procureur-Général du Roi et le rapport de M. Simonet d'Ostente, Conseiller Assesseur.

Le sieur Desairs avoit été mis en prison, à la requisition du sieur Béhérel, par ordre de l'Officier faisant les fonctions de Commandant au Môle St. Nicolas, pour y rester jusqu'à ce qu'il eût fini son affaire avec le sieur Béhérel. Il avoit souscrit la vente en question, conduit par un Exempt chez le Notaire; mais s'étant pourvu en Justice, il obtint Sentence adjudicative de ses fins et conclusions; laquelle Sentence a été confirmée par l'Arrêt au rapport.

ORDONNANCE des Administrateurs, sur les Accaparemens de Comestibles.

Du 24 Mars 1781.

FRANÇOIS Reynaud de Villeverd, etc.
Joseph-Alexandre Le Brasseur, etc.

Étant informés des abus qui résultent, tant pour les intérêts des Habitans de cette Colonie, que pour ceux du Commerce de France, des accaparemens que font depuis quelque temps, beaucoup de Particuliers des différens comestibles nécessaires à la vie, en les achetant en gros ou en partis considérables, à bon marché, des Capitaines de Navires, pour les revendre ensuite en détail à un prix exhorbitant; ce qui ets d'autant plus nuisible au Commerce et aux Colons, que les Capitaines qui se laissent éblouir par cette fausse spéculation, n'en sont pas moins obligés par les circonstances de séjourner plusieurs mois dans la Colonie avec leurs Bâtimens, étant arrivés par convoi et forcés de partir de même, et que les Habitans, dans ce temps de calamité, ne peuvent se procurer, à un prix raisonnable, les denrées dont ils ont besoin, tant pour eux que pour leurs Négres, au moyen de ce que les Accapareurs se rendent maîtres du prix, et par une intelligence criminelle avec les Capitaines de Navires, les engagent à vendre eux-mêmes les comestibles qu'ils ont achetés d'eux, soit pout cacher leur monopole, soit pour se conserver contre les Acheteurs la faveur de la contrainte par corps, accordée en cette Colonie aux dettes de cargaison; de manière que l'Habitant se trouve doublement vexé, et qu'il n'en résulte que du préjudice pour les Armateurs; et étant nécessaire de remédier à tous ces abus, Nous, en vertu des pouvoirs à nous confiés par Sa Majesté, avons ordonné et ordonnons ce qui suit:

ART. I. Défendons à tous Capitaines de Navires nationaux ou étrangers, armés dans les Ports du Royaume, et autres personnes chargées de faire la vente de leurs cargaisons, de vendre en gros ou en grands partis les comestibles nécessaires à la vie, comme Farines, Vins, Vinaigres, Beurre, Viandes salées, Morues et autres Poissons salés, Riz, Légumes secs et Sel; ainsi que tous les autres objets de première nécessité, tels que Chandelle, Savon et Suif, autrement que trois semaines après l'ouverture publique de leurs magasins, qui sera annoncée dans les Affiches et Papiers publics, afin que les Habitans ayent le temps de se pourvoir de ce dont ils auront besoin pour leur propre consommation.

II. Faisons pareillement défenses à tous Négocians, Marchands ou Particuliers, de quelque qualité et condition qu'ils soient, d'acheter en gros ou en partis au-delà de leurs besoins personnels, aucun desdits comestibles ou autres objets ci-dessus désignés, avant le terme fixé par l'article premier.

III. Faisons expresses inhibitions auxdits Capitaines, Négocians, Marchands ou Particuliers, de chercher à se soustraire à ces défenses par aucunes fraudes, telles que de faire acheter par différens Particuliers lesdits comestibles ou autres objets de première nécessité, en détail, pour les réunir dans leurs magasins, ou de les faire vendre, en détail, par les Capitaines de Navire, dont ils les auroient achetés secrètement en gros ou en grands partis.

IV. Les contrevenans directement ou indirectement aux défenses ci-dessus, seront condamnés à trois mille liv. d'amende solidaire et par corps, en outre de la confiscation des objets vendus en contravention de la présente Ordonnance, et seront même poursuivis extraordinairement comme monopoleurs ou fauteurs de monopole, suivant l'exigence des cas.

V. Lesdites amendes et confiscations seront prononcées par les Juges des lieux à la diligence des Procureurs du Roi, et le produit en sera applicable, moitié aux Hôpitaux et Maisons de Providence, et moitié aux dénonciateurs, tels qu'ils soient, même aux Officiers et Sergens de Police, qui seront tenus, pour la plus parfaite exécution de la présente Ordonnanee, de visiter chaque jour, pendant les trois semaines fixées par l'article premier, les magasins des Capitaines, et de constater autant que faire se pourra les contraventions par un procès-verbal.

Enjoignons, chacun en ce qui nous concerne, à tous Commandans et autres Officiers de tenir la main, chacun en droit soi, à l'exécution de la présente Ordonnance, qui sera enregistrée au Greffe de l'Intendance, imprimée, lue, publiée et affichée par-tout où besoin sera. Prions MM. les Officiers des Conseils Supérieurs du Cap et du Port-au-Prince, d'enregistrer la présente Ordonnance; et mandons à ceux des Jurisdictions de leurs ressorts de tenir la main à son exécution. DONNÉ au Cap, etc. le 24 Mars 1781. *Signé*, REYNAUD et LE BRASSEUR.

R. au Conseil du Cap, le 4 Avril suivant.

ARRÊT du Conseil du Cap, sur une plainte portée par un Habitant, contre un Gérant, pour lui avoir fait des menaces, à la suite d'une rixe entre les Esclaves de deux Habitations.

Du 30 Mars 1781.

ENTRE le sieur P., *Habitant*, Appelant; et le sieur G., *gérant* l'Habitation des sieurs D., Intimé. Après que d'Augy, Avocat de P; Moreau de St. Méry, Avocat de G., ont été ouis à l'Audience du jour d'hier, ainsi qu'à celle de ce jour; ensemble le Procureur-Général du Roi qui a donné lecture des charges et informations, et tout considéré: LA COUR statuant sur le tout, a mis les appellations et ce dont est appel au néant; émendant, décharge la Partie de d'Augy des condamnations contr'elle prononcées par ladite Sentence; faisant droit par Jugement nouveau sur les plaintes et demandes respectives des Parties, en ce qui touche la plainte et demandes de la Partie de d'Augy contre celle de Moreau de St. Méry, condamne ladite Partie de Moreau de St. Méry, et par corps, à se transporter en personne au Greffe de la Cour, dans les trois jours de la signification du présent Arrêt; et là, déclarer, en présence de trois personnes au choix de ladite Partie de d'Augy, que c'est méchamment et comme mal avisé qu'il s'est porté aux excès, violences et voies de fait mentionnés au Procès; qu'il s'en repent, et lui en demande pardon; de laquelle réparation sera dressé procès-verbal par le Greffier de la Cour; condamne en outre ladite Partie de Moreau de St. Méry, et par corps, en 1500 liv. de dommages-intérêts envers la Partie de d'Augy, applicables de son consentement aux Maisons de Providence du Cap; et fait défenses à ladite Partie de Moreau de St. Méry de récidiver, sous plus grandes peines; ordonne que le présent Arrêt sera imprimé au nombre de 100 exemplaires, et affiché par-tout où besoin sera, et notamment à la porte de l'Eglise Paroissiale du Dondon, aux frais et dépens de la Partie de Moreau de St. Méry; sur le surplus des demandes fins et conclusions des Parties, les a mises et met hors de Cour; réservant néanmoins notredite Cour de statuer séparément sur les plus amples conclusions du Procureur-Général du Roi, etc.

DÉCLARATION du Roi, contre les Jeux.

Du 30 Mars 1781.

LOUIS, etc. Depuis notre avènement à la Couronne, nous n'avons cessé de nous occuper de la prospérité de nos États et du bonheur de nos Sujets; nous nous sommes appliqué à établir l'ordre dans toutes les parties de l'Administration de notre Royaume, et nous commençons à jouir avec satisfaction du succès de nos soins; mais nous nous flatterions en vain de rendre nos Peuples heureux par notre économie et par l'attention avec laquelle nous avons évité jusqu'à présent d'augmenter leurs charges, si nous ne faisions pas usage de la puissance que Dieu nous a donnée pour remédier aux malheurs qu'un grand nombre de nos Sujets attirent sur leurs familles par leur inconduite. L'abus des jeux, qui s'est multiplié depuis quelque temps, a fixé notre attention, et nous nous sommes fait représenter les Ordonnances des Rois nos prédécesseurs, sur une matière aussi importante; nous avons reconnu qu'ils ont dans tous les temps donné des Loix salutaires, dont il est de notre sagesse de maintenir l'exécution. A CES CAUSES, etc. voulons et nous plaît ce qui suit.

ART. I. Les Édits, Ordonnances, Arrêts et Réglemens contre les jeux de hasard et autres prohibés, seront exécutés selon leur forme et teneur, et sous les peines y portées, suivant l'exigence des cas, tant dans notre bonne Ville de Paris, que dans toutes les autres Villes et Bourgs de notre Royaume, Pays, Terres et Seigneuries de notre obéissance.

II. Seront réputés prohibés, outre les jeux de hasard, principalement tous les jeux dont les chances sont inégales, et qui présentent des avantages certains à l'une des parties, au préjudice des autres.

III. Faisons très-expresses et itératives inhibitions et défenses à toutes personnes, de quelque état et condition quelles soient, de s'assembler en aucun lieu privilégié ou non privilégié, pour jouer auxdits jeux prohibés ou à tous autres de même nature, sous quelques noms que lesdits jeux ayent été ci-devant introduits, et sous quelque forme et dénomination qu'ils puissent être présentés dans la suite.

IV. Les Commissaires au Châtelet dans notre bonne Ville de Paris, et les Officiers de Police dans les autres Villes et Bourgs de notre Royaume, seront tenus de veiller exactement sur les maisons où il pourroit être tenu de pareilles assemblées de jeux prohibés ; ils en informeront nos Procureurs et les Juges de Police, lesquels seront tenus de procéder contre les contrevenans dans les formes prescrites par les Ordonnances, de les condamner aux peines portées par les articles ci-après, et d'en donner avis à nos Procureurs-Généraux.

V. Ceux qui seront convaincus d'avoir joué auxdits jeux prohibés, seront condamnés pour la première fois, savoir, ceux qui tiendront lesdits jeux sous le titre de Banquiers, et sous quelqu'autre que ce soit, en trois mille livres d'amende chacun, et les Joueurs en mille livres chacun, applicables, un tiers à Nous, un tiers aux Pauvres des Hôpitaux des lieux, et l'autre tiers au dénonciateur.

VI. Lesdites amendes seront payables sans déport et par corps ; et faute du payement d'icelles, les contrevenans garderont prison jusqu'au parfait payement.

VII. En cas de récidive, l'amende contre ceux qui auront tenu lesdits jeux, et contre les Joueurs, sera du double, sans que lesdites amendes puissent être remises ni modérées, pour quelque cause et sous quelque prétexte que ce soit.

VIII. Ceux qui, après avoir été deux fois condamnés auxdites amendes, seroient de nouveau convaincus d'avoir tenu lesdites assemblées, seront poursuivis suivant la rigueur des Ordonnances, et punis de peines afflictives ou infamantes, suivant l'exigence des cas.

IX. Ceux qui, pour faciliter la tenue desdits jeux, auront prêté ou loué sciemment leurs maisons, seront condamnés en dix mille livres d'amende, au payement de laquelle lesdites maisons seront et demeureront spécialement affectées.

X. Déclarons nuls et de nul effet tous contrats, obligations, promesses, billets, ventes, cessions, transports et tous autres actes, de quelque nature qu'ils puissent être, ayant pour cause une dette de jeu, soit qu'ils ayent été faits par des majeurs ou des mineurs. SI DONNONS EN MANDEMENT à nos amés et féaux les Officiers de nos Conseils-Supérieurs du Cap et du Port-au Prince, etc.

R. au Conseil du Cap, le 6 Octobre 1781.

Et à celui du Port-au-Prince, le 15 du même mois.

DÉCLARATION du Roi, qui abroge la Question Préparatoire.

Du 8 Avril 1781.

LOUIS, etc. SALUT. Les anciennes Ordonnances des Rois nos prédécesseurs avoient toujours adopté l'usage d'appliquer à la question l'accusé d'un crime constant et auquel la Loi réservoit la peine de mort, lorsque les indices étant considérables contre l'accusé, la preuve ne se trouvoit cependant pas être suffisante pour lui faire subir cette peine.

Par l'article premier du titre 19 de l'Ordonnance du mois d'Août 1670, tous Juges ont été autorisés à ordonner cette question, dénommée question préparatoire. Par l'article onze ils ont été même autorisés à arrêter que nonobstant la condamnation à cette question, les preuves subsisteroient en leur entier, pour pouvoir condamner l'accusé à toutes sortes de peines pécuniaires ou afflictives, excepté toutefois celle de mort, à laquelle l'accusé qui avoit souffert la question, sans rien avouer, ne pouvoit être condamné, si ce n'est qu'il survînt de nouvelles preuves depuis la question. La faculté laissée aux Juges d'ordonner, suivant les circonstances, la question préparatoire avec ou sans réserve de preuves, a rendu nécessaire de déterminer la place que chacune de ces condamnations devoit occuper dans l'ordre des peines, d'autant plus que les Jugemens, soit définitifs soit d'instruction, devant passer à l'avis le plus doux en matière criminelle si le plus sévère ne prévaut d'une voix dans les procès qui se jugent à la charge d'appel, et de deux dans ceux qui se jugent en dernier ressort, il étoit indispensable de régler entre ces deux manières de prononcer, laquelle étoit la plus douce ou la plus sévère.

C'est d'après ces considérations, que, par l'article 13 du titre 25 de la même Ordonnance qui détermine l'ordre des peines, après la peine de mort naturelle, la question avec la réserve des preuves en leur entier, a été marquée comme la plus rigoureuse, et que la question sans réserve de preuves n'a été rangée qu'après celle des Galères perpétuelles et bannissement perpétuel, comme étant moins rigoureuse.

Nous nous sommes fait rendre compte des motifs qui avoient déterminé à autoriser, d'une manière aussi précise, l'usage de la question préparatoire, et nous avons été informé que lors des Conférences tenues préalablement à la rédaction de l'Ordonnance du mois d'Août mil six cent-soixante-dix, des Magistrats recommandables par une grande capacité et par une expérience consommée, s'étant expliqués sur ce genre de question, auroient déclaré qu'elle leur avoit toujours semblé inutile : qu'il étoit rare que la question préparatoire eût tiré la verité de la bouche d'un accusé, et qu'il y avoit de fortes raisons pour en supprimer l'usage, et il nous paroît que l'on n'a cédé pour lors qu'à une sorte de respect pour son ancienneté. Nous sommes bien éloigné de nous déterminer trop facilement à abolir les Loix qui sont anciennes et autorisées par un long usage; il est de notre sagesse de ne point ouvrir des facilités pour introduire en toutes choses un droit nouveau qui ébranlerait les principes, et pourroit conduire par degrés à des innovations dangereuses; mais après avoir donné toute l'attention à l'usage dont il s'agit, avoir examiné tous ses rapports et ses inconvéniens, et les avoir balancés avec les avantages que la Justice en a pu retirer, et qui pourroient en résulter par la suite pour la conviction et pour la punition des coupables, nous ne pouvons nous refuser aux réflexions et à l'expérience des premiers Magistrats, qui laissent entrevoir plus de rigueur contre l'accusé dans ce genre de condamnation, que d'espérance pour la Justice de parvenir, par l'aveu de l'accusé, à completter la preuve du crime dont il est prévenu. Nous ne pensons donc pas devoir différer de faire cesser un pareil usage, et d'annoncer en même-temps à nos Peuples que si, par un effet de notre clémence naturelle, nous nous relâchons en cette occasion de l'ancienne sévérité des Loix, nous n'entendons pas toutefois restreindre leur autorité par rapport aux autres voies qu'elles prescrivent pour constater les délits et les crimes, et pour punir ceux qui en seront dûement convaincus. Nous sommes d'ailleurs bien assuré que nos Cours, qui sont dépositaires de cette autorité, continueront, à notre exemple, de protéger toujours l'innocence et la vertu. A CES CAUSES, etc. abolissons et abrogeons l'usage de la question préparatoire; défendons à nos Cours et autres Juges de la donner avec ou sans réserve de preuves, en aucun cas et sous quelque prétexte que ce puisse être; et sera notre présente Déclaration, à compter du jour de sa publication, exécutée selon sa forme et teneur dans toute l'étendue de notre Royaume, Pays, Terres et Seigneuries de notre obéissance, nonobstant toutes Coutumes, Loix, Statuts, Réglemens, Styles et Usages à ce contraires, auxquels nous avons dérogé et dérogeons. SI DONNONS

EN

EN MANDEMENT à nos amés et féaux les Officiers de nos Conseils Supérieurs du Cap et du Port-au-Prince, etc.

R. au Conseil du Cap, le 6 Octobre 1781.
Et à celui du Port-au-Prince, le 15 du même mois.

ORDONNANCE *du Juge de Police du Cap, pour le transport des Immondices dans les Marécages de la Fossette, et empêcher qu'il n'ait lieu dans la Ravine.*

Du 11 Avril 1781.

SUR la remontrance verbalement à nous faite par le Procureur du Roi, VU l'Ordonnance du 2 Novembre dernier, et tout considéré : Nous ordonnons que ladite Ordonnance du 2 Novembre dernier, sera exécutée suivant sa forme et teneur ; en conséquence faisons très-expresses inhibitions et défenses à toutes personnes, de quelque qualité et condition qu'elles soient, de faire jeter ailleurs que dans les marécages de la Fossette, au-delà des ponts construits, aucuns fumiers, rippes de bois et autres immondices, et de les envoyer jeter notamment dans le lit de la ravine, à peine de trente livres d'amende pour la première fois, et de plus forte peine en cas de récidive. Autorisons les particuliers demeurans le long et auprès de la ravine et tous autres Blancs, d'arrêter et de faire arrêter les Nègres porteurs d'immondices qui voudroient les jeter dans ladite ravine, et de les faire conduire dans les prisons de cette Ville ; MANDONS aux Inspecteurs de Police de tenir la main à l'exécution de la présente Ordonnance, qui sera lue, publiée et affichée partout où besoin sera, et exécutée ; etc.

RÉGLEMENT de M. l'Intendant par interim, concernant l'ordre qui doit être établi dans les Magasins du Roi pour distinguer les dépenses.

Du 18 Avril 1781.

JOSEPH-ALEXANDRE LE BRASSEUR, etc.

Les dépenses occasionnées dans cette Colonie par les stations et relâches des Vaisseaux, Frégates et autres Bâtimens de Sa Majesté, étant à la charge de la Marine, doivent être énoncées dans les pièces de comptabilité qui y sont relatives, de manière qu'on puisse les distinguer de toutes les autres dépenses, les présenter, comme le Ministre le prescrit, dans des bordereaux particuliers, et les porter dans les comptes du Trésorier à l'article de la Marine.

Pour établir cette distinction, il est absolument nécessaire de faire séparer dans les Magasins les objets achetés pour la Marine, de ceux achetés pour les autres besoins du Service.

En conséquence, nous avons ordonné et ordonnons ce qui suit.

ART. I. Le Magasin établi au Cap pour le service de la Marine, continuera d'être le dépôt de tous les objets destinés pour les Vaisseaux, Frégates et autres Bâtimens de Sa Majesté venant d'Europe, à l'exception des vivres qui seront déposés dans le Magasin de la Colonie.

II. Le Garde dudit Magasin de la Marine ne devant être chargé que de ce seul dépôt, on ne tirera sur lui à l'avenir que pour les besoins des Vaisseaux et autres Bâtimens de Sa Majesté.

III. Dans le cas cependant où quelques objets nécessaires pour les Bâtimens Gardes-Côtes ne se trouveroient pas dans le Magasin de la Colonie ou dans ceux du Commerce, on les tirera sur celui de la Marine, qui les livrera, *à titre de prêt*, audit Magasin de la Colonie, pour être remplacés à la première occasion.

IV. Le Garde-Magasin de la Marine tiendra un registre particulier pour ces prêts.

V. Il distinguera dans son Magasin les objets achetés au Cap, de ceux envoyés d'Europe, et il en tiendra deux registres particuliers.

VI. Tous les certificats qu'il délivrera aux Fournisseurs, seront timbrés du mot *Marine*.

VII. Le Garde-Magasin de la Colonie distinguera aussi les objets envoyés d'Europe, de ceux achetés au Cap, et il en tiendra également deux registres séparés. Il distinguera en outre dans les vivres provenans de ces achats, ceux qui seront destinés pour les besoins des Vaisseaux du Roi, en faisant marquer de la lettre *M* les barrils et futailles qui les contiendront. Il poura faire aisément cette distinction d'après les ordres de recette dans lesquels la destination pour la Marine sera énoncée.

VIII. Les certificats que ledit Garde-Magasin de la Colonie délivrera aux Capitaines de Navires ou Négocians qui auront vendu les vivres destinés pour les Vaisseaux du Roi, seront timbrés du mot *Marine*.

IX. Le Garde-Magasin d'Artillerie au Cap, se conformera à l'article 7 pour la distinction des objets achetés dans ce Port, de ceux envoyés d'Europe, et pour la tenue des deux registres.

X. Les Officiers d'Administration qui nous représentent dans les autres Ports de cette Colonie, y feront séparer dans les Magasins les objets envoyés d'Europe ou des différens Ports de ladite Colonie, de ceux achetés sur les lieux; dont il sera tenu également deux registres particuliers.

XI. Dans le cas où il seroit nécessaire d'acheter dans ces différens Ports quelques objets pour les Vaisseaux et autres Bâtimens du Roi venant d'Europe; ils seront séparés de tous les autres dans lesdits Magasins, et distingués en outre par la marque prescrite dans l'article 7; et les certificats que les Gardes desdits Magasins délivreront pour lesdits objets seront timbrés du mot *Marine*.

XII. Les vivres que l'on fera passer du Cap et du Port-au-Prince dans les Magasins des autres Ports de cette Colonie, seront pris, autant qu'il sera possible, dans ceux provenans des envois d'Europe; et dans le cas où l'on seroit forcé, par les circonstances, d'avoir recours aux vivres achetés dans ces deux Villes principales pour approvisionner ces différens Magasins, on aura la plus grande attention de ne pas y envoyer les vivres destinés pour la Marine et marqués de la lettre *M*.

XIII. Les vivres avariés qui seront remis dans les Magasins de cette Colonie par les Vaisseaux ou autres Bâtimens de Sa Majesté, étant au compte du Munitionnaire de la Marine, les Officiers d'Administration auront la plus grande attention de les faire déposer dans un lieu séparé; et comme le moindre délai ne peut qu'en augmenter les avaries et en diminuer la valeur, ils les feront vendre promptement ou jeter à la mer, si leur mauvais état l'exige; et s'il est bien reconnu que la consommation en seroit nuisible et dangereuse; en observant de suivre strictement les formalités prescrites à ce sujet par les Ordonnances de 1689 et de 1765. Ils nous feront passer des doubles des procès-verbaux qu'ils dresseront, tant pour la remise desdits objets, que pour en constater la mauvaise qualité et le produit de la vente qui en aura été faite.

XIV. Lorsque les Gardes-Magasins seront dans le cas de compter avec MM. les Officiers de la Marine pour les objets qui leur seront délivrés desdits Magasins, ils en dresseront deux états, l'un des objets provenans des envois d'Europe ou des Ports de la Colonie, l'autre de ceux provenans des achats faits sur les lieux; ils en remettront des doubles aux Officiers d'Administration, qui nous les feront passer avec les états que l'on dresse dans les Bureaux des Fonds pour toutes les fournitures qui n'entrent point en Magasins, et autres objets de dépenses.

XV. Lesdits Gardes-Magasins seront tenus de fournir tous les mois, pour donner une connoissance suivie de leur situation, des états des recettes et livraisons par eux faites dans le courant du mois précédent, des objets provenans des envois d'Europe ou des Ports de la Colonie, et de ceux achetés sur les lieux : ils remettront lesdits états dans les huit premiers jours de chaque mois aux Officiers d'Administration, qui nous les feront passer après les avoir vérifiés et visés.

XVI. Les certificats que délivrent lesdits Gardes-Magasins étant des pièces essentielles de comptabilité, ils seront rédigés de la manière la plus claire et la plus précise, et timbrés suivant le bordereau des chapitres de recettes et dépenses établis dans la Colonie; ils feront mention de l'époque de la livraison faite par les Fournisseurs et Ouvriers, des qualités, quantités, poids, mesures, proportions et dimensions, et, autant qu'il sera possible, de la destination et emploi des objets.

XVII. Lesdits Gardes-Magasins se conformeront exactement aux modèles annexés à notre présent Réglement, tant pour les différens états ci-dessus prescrits, que pour les certificats.

Sera le présent Réglement enregistré au Contrôle de la Marine, imprimé et envoyé par M. le Contrôleur à tous Officiers d'Administration et Gardes-Magasins, auxquels nous enjoignons de s'y conformer, chacun en droit soi, sous les peines qu'il appartiendra. DONNÉ AU CAP, etc. *Signé*, LE BRASSEUR.

R. au Contrôle de la Marine, le 20 *Avril* 1781.

ORDONNANCE des Administrateurs, pour l'ouverture de la Rue dite Fermée de la Ville du Cap.

Du 23 Avril 1781.

L'AN 1781, et le 18 du mois d'Avril, Nous, Voyer de la Ville et Banlieue du Cap, soussigné, nous étant transporté dans la Rue-fermée pour y faire notre inspection sur l'état actuel de ladite Rue, aurions trouvé que la communication avec la Rue des Religieuses se trouve interceptée par les murs d'entourage d'un grand emplacement non-bâti, appelé vieux cimetière, lequel appartient à la Fabrique de la Paroisse de Notre-Dame de l'Assomption, qui n'en reçoit qu'un loyer médiocre en proportion de celui qu'elle pourroit en percevoir, si prolongeant ladite Rue-fermée jusqu'à celle des Religieuses, la Fabrique faisoit construire sur la partie du terrein qui lui resteroit de chaque côté de cette ouverture, des maisons qui serviroient à loger des Prêtres employés à la desserte de la Cure ou des Citoyens de ladite ville. Outre cet avantage particulier, on trouveroit à l'ouverture de cette Rue celui de la facilité et de la célérité des charrois de marchandises qu'exige le bien du commerce, celui de la propreté des rues, auquel on ne peut parvenir qu'en ne permettant point qu'il reste dans aucune partie d'une ville des emplacemens inhabitables ou inhabités; celui enfin de la sûreté de chaque individu, dont les biens peuvent être pillés ou la personne insultée dans le voisinage de tels endroits. L'exposition de ces motifs, abstraction faite de l'embellissement de la ville, nous ayant paru suffisante pour intéresser MM. les Administeurs à ordonner l'ouverture de cette partie de la Rue-fermée, Nous avons dressé le présent Procès-verbal, pour être remis à MM. les Général et Intendant, servir et valoir ce que de droit. Au Cap, lesdits jour et an que dessus. *Signé* de Bouy, Voyer.

VU le présent Procès-verbal, et l'avantage qui résultera pour le bien public et l'embellissement de la Ville, de l'ouverture de la Rue-fermée, à travers l'emplacement inhabité appelé vieux Cimetière: Nous, Commandant-Général et ordonnateur, faisant fonctions d'Intendant, ordonnons que conformément au nouveau plan-directeur de la Ville, la Rue-fermée sera prolongée à travers ledit emplacement dit le Cimetière, jusqu'à la

Rue des Religieuses ; et vu que ledit terrein appartient à la Fabrique de la Paroisse du Cap, il sera convoqué sans délai par le Marguillier au lieu et en la manière accoutumée, une assemblée de Paroisse, pour régler les moyens les plus convenables et les plus prompts pour l'ouverture de ladite Rue, la clôture des emplacemens et la confection des pavés nécessaires ; cette ouverture, loin de préjudicier aux intérêts de la Fabrique, augmentera infiniment la valeur des emplacemens ; et sera la présente Ordonnance enregistrée au Greffe de l'Intendance. DONNÉ au Cap, etc. le 23 Avril 1781. *Signé*, REYNAUD et LE BRASSEUR.

R. au Greffe de l'Intendance, le même jour 23.

ORDONNANCE *des Administrateurs, qui établit dans la Ville du Cap un Fontenier sous les ordres de l'Ingénieur en Chef.*

Du 28 Avril 1781.

FRANÇOIS Reynaud de Villeverd, etc.
Joseph-Alexandre Le Brasseur, etc.

Étant nécessaire de pourvoir d'une manière stable à l'entretien des Fontaines de la Ville du Cap et des Canaux qui y conduisent de l'eau, ainsi qu'à la propreté et au nétoyement desdits Canaux ; Nous, en vertu des pouvoirs à nous confiés par Sa Majesté, avons ordonné et ordonnons ce qui suit :

ART. Ier. Il sera établi dans la Ville du Cap un Fontenier sous les ordres de l'Ingénieur en chef, qui sera chargé d'entretenir les Fontaines et les Canaux de conduite, tant en maçonnerie qu'en plomb, et de nétoyer exactement lesdits Canaux, de manière qu'il ne se perde point d'eau : le prix dudit entretien sera payé sur la Caisse des deux et demi pour cent.

II. Lesdites Fontaines et Canaux seront préalablement mis en bon état aux frais du Roi ; de quoi sera dressé Procès-verbal par l'Ingénieur en chef, et dont expédition sera remise audit Fontenier.

III. Le Fontenier sera exempt de toutes corvées, et M. le Commandant-Général ordonne en outre qu'il sera dispensé de tout service militaire, à la charge par lui de se conformer à l'article vingt-six de l'Ordonnance du Roi du premier Avril 1768, concernant les Milices.

IV. Défendons à toutes personnes, de quelque qualité et condition qu'elles soient, de crever ou dégrader, en manière quelconque, lesdites Fontaines et Canaux, sous peine d'être punies suivant l'exigence du cas. M. le Commandant-Général ordonne aux Postes de prêter main-forte à la première réquisition qui en sera faite pour arrêter les contrevenans, qui seront conduits au Corps-de-Garde de la Place, pour être ordonné ce qu'il appartiendra.

Enjoignons, chacun en ce qui nous concerne, à tous Commandans pour le Roi et autres Officiers, de tenir, chacun en droit soi, la main à l'exécution de la présente Ordonnance, qui sera enregistrée au Greffe de l'Intendance, imprimée, lue, publiée et affichée par-tout où besoin sera. DONNÉ AU CAP, etc, le 28 Avril 1781. *Signé*, REYNAUD et LE BRASSEUR.

R. au Greffe de l'Intendance, le premier Mai suivant.

JUGEMENT du Tribunal Terrier, qui interdit un Arpenteur pendant trois mois, pour être contrevenu aux art. 8 *et* 12 *du Réglement concernant les Arpenteurs, du premier Avril* 1773 *; et ordonne l'impression dudit Jugement.*

Du 5 Mai 1781.

ARRÊT du Conseil du Port-au-Prince, qui condamne un Orfévre de la même Ville à être admonesté, avec injonction d'être plus circonspect dans les achats qu'il fera de Bijoux, attendu qu'il en avoit acquis de volés.

Du 21 Mai 1781.

ARRÊT du Conseil du Cap, qui casse une procédure Criminelle du Juge de l'Amirauté de la même Ville, servant de suite à une remontrance du Contrôleur de la Marine; condamne le Geolier en 300 liv. d'aumônes pour oublis dans les états de geole remis au Procureur-Général, et, lui enjoint de fournir chaque jour, audit Procureur-Général, un Bordereau des entrées et sorties de tout Blanc quelconque.

Du 29 Mai 1781.

LOUIS, etc. Entre le sieur Pauquet, Appelant, Demandeur d'une part; et notre Procureur-Général en notredite Cour, Intimé, et de son chef Appelant et Demandeur d'autre part. Vu par notredite Cour l'Ordonnance dont est appel dudit jour 13 Mai, qui auroit donné acte au Substitut du Procureur-Général de l'Amirauté, de la plainte par lui rendue contre le sieur Pauquet, lui permet d'informer des faits y contenus, circonstances et dépendances, lors de laquelle information seroient entendus, et, en tant que de besoin, répétés dans leurs précédentes dépositions, le sieur de Mauny, ci-devant commandant le bateau du Roi le Chat, et le sieur Reynaud de Vic, ci-devant commandant le bateau du Roi le Renard, et tous autres qu'il appartiendroit; et cependant auroit ordonné que ledit sieur Pauquet seroit écroué à la requête du Procureur du Roi dudit Siége, pour être oui et interrogé sur les faits de ladite plainte et autres, sur lesquels le Procureur du Roi voudroit le faire ouïr et entendre : comme aussi auroit ordonné que toutes les Pièces demeureroient jointes à la procédure; ce qui seroit exécuté nonobstant opposition ou appellation quelconques, et sans y préjudicier, etc. Vû aussi les Arrêts, Pièces et Exploits; après que Carles, Avocat de Pauquet, a été oui, ensemble notre Procureur-Général, qui a donné lecture de toutes les pieces et de la procédure; et tout considéré : NOTREDITE COUR a reçu et reçoit notre Procureur-Général Appelant; joint son appel à celui interjeté par la Partie de Carles; prononçant sur les appels, a mis et met les appellations au néant; émendant, casse et révoque l'Ordonnance de l'Amirauté du Cap, du 13 de ce mois, *ainsi que tout ce qui l'a précédée et suivie* : ordonne qu'à l'instant Hebert, Huissier de service, se transportera aux Prisons Royales de cette Ville, à l'effet d'élargir la Partie de Carles, et que son écrou sera biffé; à quoi faire le Geolier contraint, quoi faisant déchargé; sauf néanmoins

néanmoins au Substitut de notre Procureur-Général de l'Amirauté, à former à raison du délit prétendu dont il s'agit, telles plaintes qu'il avisera bon être; et ce, pardevant tous autres Juges que ceux qui en ont déjà pris connoissance, et à leurs frais, s'il y a lieu.

Faisant droit sur les plus amples Conclusions de notre Procureur-Général, condamne Cassaignard en 300 liv. d'aumône envers la Providence de cette Ville, pour les oublis par lui commis dans les états qu'il a délivrés à notre Procureur-Général, du mouvement des prisons; lui fait défenses de récidiver sous plus grande peine, même de cassation: lui enjoint de délivrer, jour par jour, audit Procureur-Général, un Bordereau en bonne et dûe forme, et de lui certifié, de l'entrée et sortie de tous les Blancs constitués prisonniers, et de quelque ordre que ce soit; ordonne en conséquence que le présent Arrêt lui sera signifié à la diligence dudit Procureur-Général.

Le Capitaine Pauquet, arrêté de l'ordre de M. l'Intendant en fonctions, par les Hoquetons de l'Intendance, comme suspect d'avoir abusé d'un Commandement parlementaire, avoit donné lieu à une Enquête à l'Amirauté, à la réquisition du Contrôleur de la Marine, et en vertu de l'Ordonnance de M. l'Intendant en fonctions. D'après cette Enquête, le Juge de l'Amirauté, sur la remontrance du Procureur du Roi, avoit rendu son Ordonnance du 13 Mai, relatée dans l'Arrêt; et sur cette Ordonnance, le sieur Pauquet n'avoit été qu'écroué à la Geole, à la Requête du Procureur du Roi, et retenu sans décret.

SENTENCE *de Réglement du Juge de l'Amirauté du Cap, qui défend à tout Canotier et Passager d'embarquer des Négres sans Billets de leurs Maîtres.*

Du 9 Juin 1781.

CETTE *Sentence condamne le nommé Mallet, Mulâtre libre, tenant le Passage du Limbé, à payer à la nommée Marthe Dupré, une somme de 3,600 liv., pour la valeur d'un Négre appartenant à ladite Marthe, et pris avec le Passager dudit Mallet, par le Corsaire Anglois Porkin.*

« Et faisant droit sur les plus amples Conclusions du Procureur du Roi, fait défenses à tous Passagers et Canotiers de passer dans leurs Bâtimens aucuns Négres Esclaves, à moins qu'ils ne soient porteurs d'un billet de leurs Maîtres. »

La Sentence et le Réglement ont été confirmés par Arrêt du Conseil du Cap, du 18 Février 1782.

ORDONNANCE des Administrateurs, touchant les Orfèvres.

Du 11 Juin 1781.

FRANÇOIS Reynaud de Villeverd, etc.
Joseph-Alexandre Le Brasseur, etc.

Sur les représentations qui nous ont été faites par les Orfèvres de cette Ville, que tous les ouvrages qu'ils ont fabriqués avant la promulgation de notre Ordonnance du 15 Janvier dernier, n'avoient point de Poinçon, et qu'il en résulteroit de très-grandes pertes pour eux, si, en conformité de ladite Ordonnance, ils étoient obligés de les refondre et remettre au titre qui y est fixé : Nous, ayant égard auxdites représentations, et en conséquence des pouvoirs à nous accordés par Sa Majesté, avons ordonné et ordonnons ce qui suit :

ART. Ier. Chaque Orfèvre sera tenu de faire au Greffe de la Jurisdiction, dans quinzaine, à compter du jour de la publication de la présente Ordonnance, la déclaration de tous les ouvrages qui ne sont pas conformes à l'Ordonnance du 15 Janvier dernier, passé lequel temps les Orfèvres contrevenans seront soumis aux peines portées par ladite Ordonnance.

ART II. Il sera établi un Poinçon particulier, aux frais de la Communauté desdits Orfèvres, dont un double sera également déposé au Greffe, pour contremarquer dans quinzaine, à compter du jour de la publication de la présente Ordonnance, tous les ouvrages anciens dont se trouvent possesseurs lesdits Orfèvres ; et ledit délai expiré, lesdits ouvrages ne pourront plus être exposés en vente, sous les peines portées par ladite Ordonnance du 15 Janvier dernier, et ledit Poinçon sera limé et rompu ; de tout quoi il sera dressé procès-verbal par le Vérificateur-Garde-Poinçon, en présence des Juge et Procureur du Roi de la Jurisdiction.

Et sera la présente enregistrée au Greffe de l'Intendance, imprimée, lue et affichée par-tout où besoin sera. Prions MM. les Officiers des Conseils Supérieurs du Cap et du Port-au-Prince, d'enregistrer la présente Ordonnance ; et mandons à ceux des Jurisdictions de leurs ressorts de tenir la main à son exécution. DONNÉ au Cap, etc.

R. au Conseil du Cap, le même jour.

ARRÊT du Conseil du Cap contre un Capitaine, pour avoir mal-à-propos jeté à la Mer les Lettres dont il étoit porteur pour la Colonie ; et qui enjoint à tous Capitaines d'avoir à remettre aux Bureaux des Postes les sacs de Lettres, avant d'aller rendre compte de leur voyage, et d'entrer dans aucune maison.

Du 13 Juin 1781.

VU par la Cour la procédure faite et instruite sur la plainte du Procureur-Général du Roi, procédant de son office, demandeur et accusateur ; contre L... Capitaine commandant la Frégate la Chimère, défendeur et accusé ; la remontrance en plainte du Procureur-Général du Roi, en date du 30 Mai dernier, sur laquelle est intervenu Arrêt le même jour, qui lui auroit donné acte de la plainte qu'il rendoit, lui auroit permis de faire informer des faits contenus en ladite remontrance, circonstances et dépendances, pardevant M. Ruotte, Conseiller, qu'elle auroit commis à cet effet, pour, l'information faite par-devant lui, être par ledit Procureur-Général du Roi requis, et par la Cour ordonné ce qu'il appartiendroit ; la remontrance du Procureur-Général du Roi, du même jour, à M. le Commissaire, aux fins de faire assigner des témoins ; l'information faite par M. le Commissaire, contenant les dépositions de dix-neuf témoins, ensuite de laquelle est l'Ordonnance de soit communiqué au Procureur Général du Roi du même jour 2 dudit mois de Juin ; l'Arrêt intervenu le 7 sur les Conclusions dudit Procureur Général du Roi, portant décret d'ajournement personnel, et qui ordonne en outre qu'expédition de la déclaration faite au Greffe de l'Amirauté de cette Ville sera et demeurera jointe à la procédure ; l'interrogatoire par lui subi derrière le Barreau le 11, en exécution dudit Arrêt ; l'Ordonnance du même jour de soit communiqué au Procureur-Général du Roi ; celle du douze, qui nomme M. Faure de Lussac, Conseiller, pour Rapporteur du procès dont s'agit ; conclusions définitives et par écrit du Procureur-Général du Roi : Oui le rapport de M. Faure de Lussac, Conseiller, et tout considéré : LA COUR, procédant au Jugement définitif de la procédure dont s'agit, vu ce qui résulte, tant de la plainte que des charges et informations, contre L..., de sa déclaration au Greffe de l'Amirauté, et de son interrogatoire, lui fait défenses d'ouvrir à l'avenir aucuns des sacs de Lettres qui pourront lui être remis dans ses voyages de France ici, et d'ici en France; lui fait défenses en outre de faire aucun choix ni triage d'aucunes des Lettres contenues auxdits sacs, comme aussi de jeter lesdits sacs à la mer, à moins de danger imminent de prise, et après en avoir délibéré avec son Etat-Major, duquel jet audit cas il sera tenu de dresser procès-verbal; et pour l'avoir fait, le condamne par corps en 300 livres d'aumône envers les Maisons de Providence de cette Ville, lui fait défenses de récidiver, sous plus grande peine.

Et faisant droit sur les plus amples conclusions du Procureur-Général du Roi, enjoint à tous Capitaines de Navires Marchands d'avoir à se conformer aux diverses Ordonnances sur la Correspondance de la Métropole avec les Colonies, notamment à celle de MM. les Général et Intendant de cette Colonie, du 2 Avril 1743, enregistrée en la Cour le 2 Mars 1744; en conséquence leur fait défenses, aux termes de l'article II de ladite Ordonnance, de s'arrêter ou entrer dans aucune maison des lieux où ils mouillent, même d'aller rendre compte de leur voyage et navigation, qu'ils n'ayent auparavant remis les sacs des Lettres aux Bureaux des Postes, sous peine de cinq cens livres d'amende, sauf à la Cour à arrêter telles représentations à Sa Majesté qu'elle jugera convenable pour le rétablissement de l'ordre dans cette partie importante; ordonne que le présent Arrêt sera lu Audience tenante, et qu'icelui, ensemble l'Ordonnance dudit jour 2 Avril 1743, enregistrée en la Cour le 2 Mars 1744, seront imprimés, lus, publiés et affichés par-tout où besoin sera, et copies dûment collationnées, envoyées à la diligence du Procureur-Général du Roi ès Siéges Royaux et d'Amirautés du ressort, pour y être pareillement registrées, lues, publiées et affichées, notamment dans les Greffes des Amirautés, etc.

ARRÊT du Conseil du Cap, qui défend aux premiers Juges de prononcer ni directement ni indirectement sur les Mémoires des Avocats, imprimés dans des affaires pendantes en la Cour, et de prendre des Epices dans les Sentences sur délibéré.

Du 25 Juin 1781.

LOUIS, etc. Entre le sieur Collas de Magnet, appelant d'une part; et les sieur et dame Bergès, intimés, d'autre part. Vu la Sentence dont est appel, qui vuidant le délibéré, etc. Et vu le Mémoire imprimé, intitulé : Supplément pour le sieur Collas, contre Mᵉ Brossier, Collet et autres, commençant par ces mots : *l'affectation des adversaires* ; et finissant par ceux-ci : *la suite de la fable étoit au moins un exemple capable de vous retenir* ; ledit Mémoire signé *Mᵉ Laborie, Avocat*, où il est dit à la page 14, *la dame Jamet s'oblige, et le sieur Collos a la générosité de lui accorder dix ans sans intérêt, et de stipuler qu'il sera payé en café à 20 sols la livre* ; auroit fait défenses au sieur Collas de plus à l'avenir insérer ou faire insérer dans des Mémoires manuscrits ou imprimés, des faits et des clauses contraires aux actes qu'il aura signés ; dépens compensés entre les Parties, que le sieur Collas ne pourroit employer en frais de poursuites, etc. Vu aussi les titres, pièces et exploits ; après que Moreau de Saint-Méry, Avocat de Collas, de Magnet et l'Archevêque-Thibaud, Avocat des sieur et dame Bergès, ont été ouis à l'Audience du 30 Avril dernier, ensemble notre Procureur-Général, et que par Arrêt dudit jour, il a été ordonné qu'il en seroit délibéré au rapport de M. Lohier de la Charmeraye, Conseiller ; Oui le rapport : NOTREDITE COUR vuidant le délibéré, reçoit le Procureur-Général appelant d'office de la Sentence dont il s'agit, tant au chef concernant le Mémoire, imprimé par un Avocat en la Cour, et dans une cause y pendante, qu'au chef concernant les épices prises par le premier Juge pour la Sentence sur délibéré, de l'Appel de laquelle il s'agit, joignant les appels respectifs et y faisant droit, en ce qui touche l'appel de notre Procureur-Général, et celui de la Partie de Moreau de Saint-Méry, a mis et met l'appellation et ce dont est appel au néant. 1°. En ce que la Sentence prononce sur un Mémoire de l'Appelant, imprimé par un Avocat en notredite Cour, dans une affaire y pendante, et autre que celles dont il s'agissoit. 2°. En ce que le premier Juge s'est taxé des épices pour ladite Sentence ; émendant quant à ce, fait défenses à M. B., lors Juge au Port-de-Paix, de plus à l'avenir prononcer directement ni indirectement sur des Mémoires faits par des Avocats en notredite Cour, pour l'instruction des causes qui y sont pendantes. Fait pareilles défenses au même Juge, de prendre aucunes épices pour des Sentences sur délibéré ; ordonne que l'article 4 du titre 5 de l'Ordonnance de 1667, sera exécuté selon sa forme et teneur, etc.

ARRÊT du Conseil du Cap, touchant le paiement des Appointemens et Rétributions des Archers et Cavaliers de Maréchaussée, de la part des Prévôts et Exempts.

Du 27 Juin 1781.

VU par la Cour la remontrance du Procureur-Général du Roi, contenant qu'il s'est introduit dans la Maréchaussée un abus qui pourroit avoir des suites fâcheuses, si la Cour n'y apportoit remède. Que les Prévôts de Maréchaussée sont depuis long-temps dans l'usage de retenir à leurs Archers et Cavaliers, non-seulement les rétributions qui leur sont dûes pour des prises de Négres marons, confiscations et expéditions, mais encore leurs appointemens, dont ils font une masse qu'ils partagent ensuite, quand et de la manière qu'il leur plaît; en sorte que ces malheureux, privés du fruit de leur travail et des moyens de subsister, sont forcés de déserter, ou meurent accablés de misère. Que cet abus, outre qu'il répugne à l'humanité, peut compromettre l'ordre public, par la négligence dans le service, suite inévitable du défaut de paye. Que l'établissement des masses, quand on supposeroit à leurs auteurs les motifs les plus purs, ainsi qu'une exacte égalité dans la distribution, seroit toujours une innovation contraire à l'article 31 de l'Ordonnance du Roi, du 31 Juillet 1743, qui veut que le partage des rétributions se fasse après l'expédition entre ceux qui y auront assisté, ainsi et de la manière prescrite par cet article. Que l'esprit de la Loi est de récompenser les Cavaliers qui ont fait ces expéditions, et d'exciter leur émulation. Encore si cette répartition se faisoit régulièrement et dans les temps marqués; mais qu'on concevoit que le motif des Prévôts, en retenant ainsi pardevers eux tous les revenus et bénéfices de leurs Troupes, étoit moins l'intérêt de leurs Cavaliers, que leur propre avantage. Que s'ils avoient consulté le bien du service, ils n'auroient pas du moins fait entrer dans leurs masses les appointemens des Archers et Cavaliers, qui doivent être régulièrement payés tous les trois mois. Que cet objet, qui est sacré, puisque c'est leur subsistance, pouvoit d'autant moins faire partie d'une masse à répartir, qu'il étoit tout réglé par l'Ordonnance qui fixe la quotité des appointemens des Employés dans la Maréchaussée, qui, par conséquent, ne doivent pas être confondus parmi des objets casuels, des rétributions, qui n'appartiennent qu'à ceux qui les ont acquises. Qu'il étoit donc nécessaire de faire cesser un abus aussi préjudiciable aux Cavaliers de Maréchaussée en particulier, qu'au bien-public en général, et d'empêcher qu'ils soient privés de leurs appointemens et rétributions, comme cela étoit dernièrement arrivé à ceux de la Jurisdiction du Fort-Dauphin, par l'évasion subite du Prévôt Piccard de More, qui leur avoit emporté la solde entière de deux mois. Qu'il joignoit à sa remontrance les plaintes qui lui avoient été portées contre cet abus, et confirmées par son Substitut dans l'une des Jurisdictions. Que cet abus n'étoit point particulier ; qu'il régnoit dans toutes les Brigades du ressort de la Cour, de manière que le coup de la proscription devoit frapper généralement. Que le moyen qu'il croyoit le plus propre à prévenir cet abus, étoit, etc. Oui le rapport de M. Lohier de la Charmeraye, Conseiller, et tout considéré : LA COUR, faisant droit sur la remontrance du Procureur-Général du Roi, a ordonné et ordonne que les Ordonnaces concernant la Maréchaussée, et notamment celle du 31 Juillet 1743, seront exécutées suivant leur forme et teneur ; fait défenses à tous Prévôts et Exempts de faire à l'avenir des masses des appointemens et rétributions revenans aux Brigadiers, Cavaliers et Archers de Maréchaussée, sous les peines de droit ; ordonne qu'à compter du jour de la signification du présent Arrêt, les Prévôts et Exempts de Maréchaussée seront tenus de payer tous les trois mois les appointemens de leur Troupe, en présence des Juges dans les lieux de leur domicile, et en présence du plus ancien Notaire dans les autres Quartiers ; ordonne pareillement qu'ils seront tenus de payer, même présence, les rétributions revenantes aux Archers et Cavaliers de Maréchaussée, sitôt après les expéditions, conformément à l'article 31 de ladite Ordonnance ; ordonne qu'à la diligence du Procureur-Général du Roi, le présent Arrêt sera signifié à tous Prévôts et Exempts de Maréchaussée, imprimé, lu, publié et affiché par-tout où besoin sera, et copies dûment collationnées, envoyées, à la diligence du Procureur-Général du Roi, ès Jurisdictions du ressort, pour y être enregistrées, lues, publiées et affichées, à la diligence des Substituts dudit Procureur-Général du Roi èsdits Siéges, qui seront tenus d'en certifier la Cour au mois : ordonne que la Requête des Gens de la Maréchaussée du Port-de-Paix sera et demeurera jointe à la minute du présent Arrêt.

V. l'Arrêt du Conseil d'État, du 13 Octobre suivant.

ARRÊT du Conseil du Cap, touchant l'Appointé au Parquet des Requêtes communiquées au Procureur-Général.

Des 28 Juin et 28 Juillet 1781.

VU par la Cour la Requête des Substituts du Procureur-Général du Roi, contenant qu'il s'est élevé une difficulté entre le Procureur-Général et eux, sur laquelle ils prient la Cour de vouloir bien prononcer. Elle consiste à savoir si, comme le soutient M. le Procureur-Général, il peut, dans son absence du Parquet, faire porter chez lui les Requêtes mises sur le Bureau, pour y être par lui répondues ; ou si au contraire, comme le pensent les Substituts, ces Requêtes doivent être remises au Parquet pour y être répondues par le plus ancien Substitut, représentant le Procureur-Général absent : OUI le rapport de M. Ruotte, Conseiller, et tout considéré ; LA COUR a ordonné et ordonne que ladite Requête sera communiquée au Procureur-Général du Roi.

Ce jour, la Cour, après avoir procédé à l'examen du procès d'entre M. le Procureur-Général en icelle et ses Substituts, a rendu définitivement Arrêt en ces termes :

LA COUR donne acte au Procureur-Général du Roi et à Me C... du désistement de ce dernier, des fins de la Requête par lui conjointement présentée avec Me S..., le 28 Juin dernier ; ce faisant, les déboute des fins d'icelle ; leur fait défenses d'en présenter de semblables à l'avenir ; les renvoie à l'exécution de l'article 8 de l'Édit concernant la discipline des Conseils de cette Colonie, du mois de Janvier 1766, enregistré en cette Cour le 26 Juillet suivant, avec ordre de s'y conformer ; et pour y être contrevenus, ordonne que, tant Me C... que Me S... seront à l'instant mandés en la Chambre, et que le Mémoire dudit sieur S..., du 15 de ce mois, intitulé : Réponse au *Mémoire de M. le Procureur-Général*, commençant par ces mots : *les Substituts prétendent* ; et finissant par ces mots : *absolument désintéressé*, sera et demeurera supprimé : ordonne pareillement que toutes les autres Pièces de cette contestation demeureront, à telles fins que de raison, déposées au Greffe de la Cour, préalablement paraphées, *ne varientur*, et que le présent Arrêt sera inscrit sur les Registres du Parquet.

Arrêt

ARRÊT du Conseil du Cap, qui continue Me Bullet pour un second exercice de Receveur de l'Octroi de la même Ville, pendant cinq années, à compter du premier Janvier 1782.

Du 6 Juillet 1781.

ARRÊT du Conseil d'État, qui déclare incompatibles les places des Sénéchaussées et des Amirautés, au Port-au-Prince et au Cap.

Du 7 Juillet 1781.

LE Roi s'étant fait rendre compte de l'état des différentes Jurisdictions établies dans son Isle de St. Domingue, Sa Majesté a reconnu que l'usage de conférer à la même personne les deux Offices de Juge de la Sénéchaussée, et de Lieutenant de l'Amirauté, ainsi que ceux de Procureur du Roi, et même de Greffier des deux Siéges, est contraire au bien de la Justice, et nuit à l'expédition des affaires dans les deux Villes principales du Port-au-Prince et du Cap, où une grande population et un grand Commerce exigent de la part des Officiers de chaque Jurisdiction un service assidu et sans partage. Sa Majesté a jugé en conséquence nécessaire de faire cesser le préjudice que cette union d'Office cause à ses Sujets. A quoi voulant pourvoir, Oui le rapport, LE ROI étant en son Conseil, a déclaré et déclare incompatibles les Offices de Sénéchal et de Lieutenant de l'Amirauté au Port-au-Prince et au Cap, ainsi que les deux Offices de son Procureur, et même ceux de Greffier dans les deux Siéges de la Sénéchaussée et de l'Amirauté desdites Villes : ordonne Sa Majesté que les Officiers qui sont pourvus desdits Offices déclarés incompatibles, seront tenus de faire leur option, dans la quinzaine du jour de la signification qui leur sera faite du présent Arrêt, à la requête du Procureur-Général dans les Conseils Supérieurs du Port-au-Prince et du Cap; faute de quoi lesdits Officiers seront censés préferer les places des Amirautés ; et il sera pourvu à celles des Sénéchaussées que Sa Majesté a déclaré et déclare audit cas vacantes. Enjoint Sa Majesté aux Gouverneur-Lieutenant-Général et Intendant de ladite Colonie de St. Domingue, de nommer provisoirement les Sujets qu'ils jugeront propres à remplir par intérim les fonctions des places qui vaqueront, soit par l'option expresse des Officiers, ou par défaut de ladite option. Mande et ordonne Sa Majesté à ses Officiers des Conseils-Supérieurs du Cap et du Port-au-Prince, en l'Isle St. Domingue, que le présent Arrêt ils ayent à faire enregistrer pour être exécuté selon sa forme et teneur; ordonne Sa Majesté à ses Gouverneur-Lieutenant-Général et Intendant, en ce qui les concerne, d'y tenir la main. Fait au Conseil d'État, etc.

R. au Conseil du Cap, le 4 Octobre 1781.
Et à celui du Port-au-Prince, le 21 Novembre suivant.

LETTRE du Ministre aux Administrateurs, sur la nomination aux places des Conseils et des Jurisdictions.

Du 7 Juillet 1781.

IL importe essentiellement, MM, au service du Roi que les fonctions de la Magistrature ne soient confiées qu'à des Sujets qui par leur mérite, leurs connoissances et leur conduite, puissent également les remplir. Pour prévenir toute surprise et assurer le meilleur choix, le Roi a prescrit des régles qui rempliront cet objet important, si les Conseils-Supérieurs justifient la nouvelle marque de confiance que S. M. leur donne, par une grande attention dans les propositions dont ils se trouveront chargés.

Les Présidens et les Procureurs-Généraux des Conseils-Supérieurs, seront choisis dorénavant entre les Conseillers, et devront avoir exercé, au moins pendant six ans, un Office de Magistrature, soit dans un Conseil-Supérieur, soit dans les Jurisdictions ou Siéges d'Amirauté de la Colonie. Lorsqu'une de ces Places viendra à vaquer, le Conseil-Supérieur proposera à la pluralité des voix trois Conseillers. La délibération sera prise en présence du Gouverneur et de l'Intendant ou de leurs Représentans. Il en sera dressé un procès-verbal, que les Administrateurs adresseront avec leurs observations et leur avis au Secrétaire de la Marine, qui prendra les ordres du Roi, sur le choix que Sa Majesté jugera à propos de faire entre les trois Conseillers proposés.

Les Conseillers seront choisis parmi les Assesseurs, les Substituts des Procureurs-Généraux, les Officiers de Judicature et les Avocats qui auront exercé leur Office et suivi le Barreau dans la Colonie, pendant cinq années au moins, sans interruption. Toutes les formes prescrites ci-dessus pour le choix des Présidens et Procureurs-Généraux, seront également observées pour celui des Conseillers.

Les Offices de Juges et de Procureurs du Roi dans les Jurisdictions ne pourront être donnés qu'à d'autres Officiers de Judicature, à des Avocats, à des Notaires, et à des Procureurs gradués, qui auront exercé leurs fonctions dans la Colonie également pendant 5 ans, au moins, sans interruption.

La même proposition de trois Sujets à la pluralité des voix ; la même délibération en présence des Administrateurs ; le même procès-verbal prescrit par les articles précédens auront lieu pour les Offices inférieurs, comme pour ceux de Président, de Procureur-Général, et de Conseiller des Conseils-Supérieurs.

Lorsque quelqu'Office viendra à vaquer dans les Jurisdictions, les fonctions de Juge seront remplies de droit par le Lieutenant de Juge, et celles de Procureur du Roi par le plus ancien Substitut, et celles de Greffier par le principal Commis-Greffier, ayant serment en Justice, jusqu'à ce qu'il ait été pourvu à l'Office vacant.

Telles sont MM., les règles que Sa Majesté vous prescrit ; son intention est qu'elles soient exactement suivies. Vous voudrez bien remettre une copie de cette Dépêche à chacun des Conseils-Supérieurs, afin qu'ils s'y conforment. Vous les préviendrez que s'ils ne justifioient pas, par des choix scrupuleux, l'essai que Sa Majesté m'a autorisé de faire dans la nomination aux places de Magistrature et de Judicature, Elle ne balanceroit pas à revenir aux anciennes formes. J'ai l'honneur d'être, etc. *Signé*, CASTRIES.

R. au Conseil du Cap, le 24 Mai 1782.
Et à celui du Port-au-Prince, le 7 Juin suivant.

ARRÊT du Conseil du Cap, qui défend de Saisir-exécuter les Animaux destinés à l'Approvisionnement des Villes et Bourgs.

Du 7 Juillet 1781.

ENTRE la Dame veuve Legros, et le sieur Drouineau, etc ; Faisant droit sur les Conclusions du Procureur-Général du Roi, fait très-expresses inhibitions et défenses à toutes personnes, notamment aux Huissiers, de saisir et séquestrer Cochons, Moutons, et Animaux servant à l'approvisionnement des Villes et Bourgs du Ressort ; et ce, sous les peines de droit : ordonne que le présent Arrêt sera envoyé aux Jurisdictions, etc.

ARRÊT du Conseil d'État, qui décharge la mémoire du feu sieur Lalanne, Trésorier de Saint-Domingue, des plaintes et accusations portées contre lui, et dispense ses Représentans de tout compte.

Du 7 Juillet 1781.

SUR la Requête présentée au Roi étant en son Conseil, par Marguerite Reine de St. Martin, veuve du feu sieur Lalanne, ci-devant Négociant et Trésorier de la Marine au Cap, mineure émancipée par mariage, procédante sous l'autorité du sieur Bayon de Libertat, son Curateur aux causes, et Tuteur aux actions immobiliaires; par ledit sieur Bayon de Libertat audit nom, et par le sieur Bernard de St. Martin, Ecuyer, Doyen des Conseillers au Conseil-Supérieur du Cap, au nom et comme tuteur principal à la personne et aux biens de l'enfant mineur dudit feu sieur Lalanne et de ladite Demoiselle de St. Martin sa fille, contenant, etc. LE ROI étant en son Conseil, a ordonné et ordonne que l'Arrêt rendu en son Conseil, le 25 Décembre 1773 sera rapporté, et demeurera sans effet ni exécution; et vu l'impossibilité de faire rendre et apurer le compte du feu sieur Lalanne, par le défaut de Pièces perdues et adhirées entre les mains des agens de l'Administration; Sa Majesté évoquant le principal, et y faisant droit, a déchargé et décharge, par grace, la veuve et l'enfant du feu sieur Lalanne de toute reddition et débet de compte, pour raison de son exercice et fonctions de Trésorier de St. Domingue; a déchargé et décharge purement et simplement la mémoire du feu sieur de Lalanne des plaintes et accusations portées contre lui, permet en conséquence à ladite veuve Lalanne de faire imprimer le présent Arrêt; a débouté et déboute au surplus la veuve Lalanne et le sieur St. Martin en qualité de tuteur du mineur Lalanne, de leurs autres demandes *. FAIT au Conseil d'État, etc.

* Elles tendoient à une prise à partie, et à obtenir des dommages-intérêts.

BREVET d'Inspecteur-Général des Milices Mulâtres et Négres libres des Isles sous le Vent, sous l'autorité du Gouverneur-Lieutenant-Général, des Commandans en Second, Lieutenans-de-Roi et Majors-Commandans, pour M. de Rouvray.

Du 8 Juillet 1781.

ORDONNANCE des Administrateurs, concernant la Maréchaussée.

Du 9 Juillet 1781.

FRANÇOIS Reynaud de Villeverd, etc.
Joseph-Alexandre Le Brasseur, etc.

Étant informés que quelques articles de l'Ordonnance du Roi, du 31 Juillet 1743, concernant les Maréchaussées, ne sont pas exécutées exactement et strictement, nous avons cru devoir les rappeller par la présente; en conséquence nous ordonnons ce qui suit :

ART Ier. Le Prévôt général fera, conformément à l'article 10 de l'Ordonnance du Roi de 1743, des tournées au moins tous les six mois dans les différens Départemens pour examiner et vérifier si le service est rempli avec exactitude, et en dresser des états qu'il nous remettra, pour, sur iceux, être ordonné par nous ce qu'il conviendra.

II. Les appointemens des Prévôts, Exempts, Brigadiers et Archers continueront à leur être payés dans la forme et de la manière accoutumée, conformément à l'article 15.

III. Le partage des rétributions accordées pour les captures, saisies, confiscations et amendes, sera fait après chaque expédition, conformément à l'article 31.

Mandons à MM. les Commandans en Second, Officiers des États-Majors du Roi et à ceux des Milices, Prévôts-généraux et particuliers des Maréchaussées, et à tous autres qu'il appartiendra, de tenir la main à l'exécution de la présente Ordonnance, qui sera enregistrée au Greffe de l'Intendance, imprimée, lue, publiée et affichée par-tout où besoin sera. DONNÉ au Cap, etc.

R. au Greffe de l'Intendance, le 13 du même mois.

ARRÊT du Conseil du Cap, qui fait défenses au Juge du Fort-Dauphin de connoître des poursuites faites pardevant M. l'Intendant, pour le Recouvrement des Deniers Royaux; et renvoie la femme d'un Comptable à se pourvoir pardevers qui de droit, pour ses reprises dotales, attendu la saisie des biens du mari pour lesdits Deniers Royaux.

Du 10 Juillet 1781.

VU par la Cour la Requête de la Dame épouse du sieur P...., procédante sous l'autorité de Me P.... Vu aussi la quittance d'amende; Conclusions du Procureur-Général du Roi: Oui le rapport de M. Lohyer de la Charmeraye, Conseiller, et tout considéré: LA COUR a débouté et déboute les Supplians des fins et conclusions de leur Requête, sauf à eux à se pourvoir comme ils aviseront, et pardevant qui il appartiendra, tous leurs droits à cet égard demeurant réservés. Faisant droit sur les plus amples Conclusions du Procureur-Général du Roi, l'a reçu et reçoit Appelant de la Sentence du Juge du Fort-Dauphin, du 17 Mai dernier, dont s'agit, tient son appel pour bien relevé, et y fait droit; déclare ladite Sentence nulle et incompétemment rendue. Fait défenses au Juge du Siége Royal du Fort-Dauphin d'en rendre de pareilles, et de connoître à l'avenir de pareilles matières.

La Dame P.... poursuivant son mari en séparation de biens, fait saisir-séquestrer ses effets. Le Contrôleur de la Marine donne après cette saisie-séquestration, une remontrance à M. l'Intendant, portant que le sieur P.... a été chargé par le Trésorier particulier du Fort-Dauphin, du recouvrement de quelques quittances d'Octroi, et qu'il a disparu sans en rendre compte. En conséquence, Ordonnance qui permet la saisie des biens de ce Lieutenant de Prévôt. Un Huissier de l'Intendance saisit. La Dame P.... donne Requête au Juge pour faire assigner le Contrôleur de la Marine, dont la saisie-exécution est déclarée nulle par une Sentence par défaut.

Nouvelle Remontrance du Contrôleur, et Jugement de M. l'Intendant, qui, sans égard à la Sentence du Juge du Fort-Dauphin, déclare la saisie bonne et valable. Alors appel en la Cour des deux Ordonnances par la Dame P.... qui demandoit permission d'assigner le Contrôleur, et des défenses contre l'exécution des deux Ordonnances de M. l'Intendant.

ORDONNANCE *des Administrateurs, concernant la Petite Monnoie.*

Du 10 Juillet 1781.

FRANÇOIS Reynaud de Villeverd, etc.
Joseph-Alexandre le Brasseur, etc.

Étant informés qu'il s'introduit journellement dans les différens Quartiers de la Colonie un grand nombre de petite monnoie d'argent sous le nom d'Escalins ou demi-Escalins coupés, qui n'ont ni poids ni forme régulière, et étant nécessaire de prévenir le désordre que cette introduction ne manqueroit pas d'occasionner, d'autant plus que la suppression de cette petite Monnoie a été faite dans les Colonies de Sa Majesté Catholique : Nous, en vertu des pouvoirs à nous confiés par le Roi, et jusqu'à ce que sur le compte qui en sera rendu à Sa Majesté, il lui plaise d'en disposer autrement, ordonnons, nonobstant toutes Ordonnances et Réglemens à ce contraires :

ART. Ier. Que toutes les pièces d'argent coupées et désignées sous le nom de Piastres, demi-Piastres, double-Escalins, Escalins et demi-Escalins, n'auront plus cours dans cette Colonie, à commencer du jour de la publication de la présente, et ne seront réputées que comme matière ou marchandises.

II. La Piastre ordinaire, la demi-Piastre, le double-Escalin, l'Escalin, et le demi Escalin ronds, continueront d'avoir cours en cette Colonie aux prix qui leur sont fixés lorsqu'ils ne sont point altérés.

III. La Piastre-Gourde, la demi-Gourde, le quart-de-Gourde ou Gourdin, le huitième de Gourde ou demi-Gourdin, continueront également d'avoir cours dans cette Colonie, conformément à l'article 9 de l'Ordonnance de MM. de Vallière et de Vaivre du 6 Juillet 1774.

IV. Les pièces d'argent, qui, quoique cordonnées, pécheront par la qualité et la matière, seront rejetées comme de fausse fabrique, et en conséquence il sera procédé contre les fabricateurs, introducteurs et expositeurs d'icelles extraordinairement et en la forme prescrite par les Arrêts du Conseil Supérieur du Cap, du 13 Mai 1773, et du Conseil-Supérieur du Port-au-Prince, du 30 Avril suivant, et selon la rigueur des Édits, Déclarations et Ordonnances de Sa Majesté contre les Faux-Monnoyeurs. Prions MM. les Officiers des Conseils-Supérieurs du Cap et du Port-au-Prince d'enregistrer la présente Ordonnance, et mandons à ceux des Jurisdictions de leurs ressorts de tenir la main à son exécution. Sera icelle enregistrée au Greffe de l'Intendance, imprimée, lue et affichée par-tout où besoin sera. DONNÉ au Cap, etc. *Signé*, REYNAUD et LE BRASSEUR.

R. au Conseil du Cap, le même jour.

ARRÊT du Conseil du Cap, qui juge qu'un Économe est garant de la perte d'un Cabrouet et de deux Négres, dont il a disposé pour son usage, sans l'agrément du Propriétaire présent.

Du 11 Juillet 1781.

ENTRE les sieurs Bonnefond et Pinaudier, Appelans d'une part; et le sieur Couturier, Intimé d'autre part; Vu, etc, après que Pigeot de Louisbourg, Avocat des Appellans, et Moreau de St. Méry, Avocat de l'Intimé, ont été ouis aux Audiences des 7 et 9 de ce mois, ainsi qu'à celle de ce jour; et tout considéré, LA COUR a mis et met l'appellation et Sentence dont est appel au néant; émendant, condamne la Partie de Moreau de St. Méry à payer à celle de Pigeot de Louisbourg, la somme de 10,000 liv. pour les deux Négres, les quatre Mulets et le Cabrouet, dont ladite Partie de Moreau de St. Méry a indûement disposé à l'insçu de ses Propriétaires, et pour ses affaires personnelles *; aux intérêts de ladite somme, à compter du jour de la demande qui en a été faite; si mieux n'aime ladite Partie de Moreau de St. Méry, suivant l'estimation qui sera faite desdits 2 Négres, 4 Mulets et Cabrouet, par Experts qui auront connu lesdits objets, et qui seront convenus par les Parties; et ce, pardevant M. de Pourcheresse de Vertières, Conseiller, que la Cour a commis et commet à cet effet, sinon par lui nommé d'office, ce que la Partie de Moreau de St. Méry sera tenue d'opter dans quinzaine, à compter du jour de la signification du présent Arrêt, sinon déchue; faisant droit sur les saisies et séquestrations faites à la requête des Parties de Pigeot de Louisbourg, des Négres, Cochons et autres objets, si aucuns sont, appartenant à la Partie de Moreau de St. Méry, les dé-

---

* Les deux Négres et les 4 Mulets s'étoient noyés en traversant la Rivière de Jaquezy pendant un débordement, et le Cabrouet avoit été entraîné par les eaux.

clare bonnes et valables ; ordonne que lesdits Négres, Cochons et autres objets seront vendus, à la requête des Parties de Pigeot de Louisbourg ; savoir, le Négre à la Barre du Siége Royal du Fort-Dauphin, en la manière accoutumée, et les Cochons et autres objets, par le premier Notaire requis, sous le bénéfice des offres faites par les Parties de Pigeot de Louisbourg, de tenir compte de leur valeur à celle de Moreau de St. Méry, sur et tant moins et à valoir aux condamnations ci-dessus contr'elle prononcées ; d'abord sur les intérêts et frais, et subsidiairement sur le capital : ordonne que l'amende sera remise aux Parties de Pigeot de Louisbourg, et condamne celle de Moreau de St. Méry en tous les dépens des causes principale d'appel et demande.

ARRÊT du Conseil du Cap, qui interdit aux Receveurs l'usage d'agir par suite d'exercice.

Du 12 Juillet 1781.

VU par le Conseil, la Requête du sieur Duranton, demeurant au Fort-Dauphin, contenant, etc. Conclusions du Procureur-Général du Roi : Oui le Rapport de M. Faure de Lussac, Conseiller, et tout considéré : LA COUR a ordonné et ordonne que Duranton ne pourra faire à l'avenir aucunes des fonctions dépendantes de la place de Receveur des Aubaines, Bâtardises, etc, dont est aujourd'hui pourvu Blanchet de Boullemer, sous telles peines qu'il appartiendra ; lui enjoint de verser dans le jour de la signification du présent Arrêt, dans la caisse dudit Blanchet de Boullemer, la somme de 1000 liv. par lui indûment perçue depuis l'exercice de ce dernier, pour raison de la vente du terrein dépendant de la succession de la veuve Bertier, ainsi que les sommes qui ont pu ou dû lui être payées pour le prix des sucres saisis par la succession Petaro ; lesdites deux successions échues au Roi à titre de bâtardises ; enjoint audit Duranton d'avoir à remettre ou faire remettre à Blanchet de Boullemer, tous les titres actifs et autres relatifs aux places qu'il a ci-devant exercées, et qu'exerce aujourd'hui ledit Blanchet de Boullemer, pour du tout ce dernier demeurer chargé en sadite qualité ; auxquels versement et remise Duranton sera contraint par toutes voies dûes et raisonnables, même par corps : quoi faisant, valablement quitte et déchargé ; ce qui sera exécuté nonobstant opposition et autres empêchemens quelconques.

LETTRE du Ministre aux Administrateurs, sur les Comptables et leurs Cautions.

Du 13 Juillet 1781.

J'AI reçu, MM, avec la Lettre commune de MM. de Reynaud et Le Brasseur, du 13 Mars dernier, l'Arrêt du Conseil Supérieur du Cap, qui condamne solidairement les sieurs Perard, Duc commun, Brocas et Charrier, à payer, comme cautions du feu sieur Galvada, Receveur des droits de la Caisse des Suppliciés au Cap, un reliquat de compte montant à 147,137 liv. 1 sol 11 deniers, ainsi que la Requête qui vous a été présentée par la première de ces cautions, pour qu'il fût sursis à l'exécution de l'Arrêt. La situation où se trouvoit le sieur Perard, étoit sans doute très-désagréable; mais malgré tout l'intérêt qu'il pouvoit inspirer, MM. de Reynaud et Le Brasseur ont bien fait de ne pas accorder le sursis demandé; cette indulgence auroit tiré à conséquence. Vous voudrez bien poursuivre rigoureusement la rentrée de ces fonds, afin que la crainte que ce traitement devra inspirer aux Comptables et à leurs Cautions, rende les premiers plus exacts, et oblige les autres à une surveillance plus suivie.

EXTRAIT de la Lettre du Ministre aux Officiers du Conseil du Port-au-Prince, sur leur refus de recevoir des Substituts du Procureur du Roi.

Du 13 Juillet 1781.

MM. de Reynaud et Le Brasseur m'ont dénoncé, MM, le refus que vous avez fait d'enregistrer deux Commissions qu'ils avoient expédiées, l'une de Substitut du Procureur du Roi à St. Marc, en faveur du sieur Fouquereau, l'autre pour une semblable place au Cap Tiburon, en faveur du sieur Bellanger. Le prétexte commun de ces refus a été que les personnes nommées n'avoient point été présentées par le Procureur-Général, en conformité du Réglement des deux Conseils, du 17 Mars 1764. Vous avez ajouté à l'égard du sieur Bellanger, que la place de Substitut au Cap Tiburon n'étoit pas vacante, etc. Les Administrateurs ont incontestablement le droit de nommer provisoirement les Substituts du Procureur du Roi: toutes les Ordonnances sont expresses à cet égard; et c'est la première fois qu'une pareille difficulté a été élevée, ou du moins que le Gouvernement en a eu connoissance. Le Réglement de 1764, que vous avez opposé, a été évidemment fait sans compétence. Il n'appartient pas aux Conseils Supérieurs d'établir des règles contraires aux intentions manifestées du Roi. En supposant encore que la disposition de ce Réglement, que vous avez invoquée, eût pu avoir dans le temps quelque poids par elle-même, elle se trouvoit formellement annullée par l'art. 57 de l'Ordonnance du 23 Mai 1775, modification de celle de 1766.

D'après ces principes, que vous n'avez pu méconnoître, la conduite que vous avez tenue est inexcusable ; et le Roi, à qui j'en ai rendu compte, m'a chargé de vous en témoigner tout son mécontentement. L'intention de S. M. est que vous enregistriez sur le champ les Commissions des sieurs Fouquereau et Bellanger, et que cette dépêche soit transcrite sur les Registres du Conseil Supérieur. Je mande à MM. de Lillancour et Le Brasseur d'y tenir la main.

ORDONNANCE des Administrateurs, touchant la Petite-Monnoie.

Du 13 Juillet 1781.

FRANÇOIS Reynaud de Villeverd, etc.
Joseph-Alexandre Le Brasseur, etc.

Étant nécessaire de pourvoir provisoirement au remplacement de la petite Monnoie d'argent coupée, prohibée par notre Ordonnance du premier de ce mois, Nous, en vertu des pouvoirs à nous confiés par Sa Majesté, et jusqu'à ce que sur le compte qui lui en sera rendu, il lui plaise d'en disposer autrement, avons ordonné et ordonnons, nonobstant toutes Ordonnances et Réglemens à ce contraires, ce qui suit :

ART. I. Il sera envoyé promptement et sans délai un Bâtiment à la Havane, et même à la Vera-Crux, si cela est nécessaire, pour y aller chercher pour cinquante mille Gourdes de huitième et de seizième de Gourdes.

II. Les Escalins doubles et les Escalins simples, dûment marqués de la Croix d'Espagne, coupés et prohibés, seront portés au Trésor, où ils seront reçus au poids, conformément à l'article premier de notre Ordonnance du premier de ce mois.

III. Il sera donné une forme ronde à ces pièces, de manière qu'elles pèsent, sçavoir, l'Escalin simple quarante-cinq grains, et le demi-Escalin vingt-deux grains et demi, lesquels auront la même valeur que les Escalins et demi-Escalins ronds cordonnés, conformément à l'article 2 de notre Ordonnance du premier de ce mois.

IV. Il sera de plus frappé sur le bord de chacune de ces pièces ainsi arrondies, le Poinçon de la Colonie par le Garde-Poinçon des Orfèvres.

V. Ces Escalins et demi-Escalins ainsi arrondis, et mis à leur véritable valeur, auront cours dans la Colonie, de manière cependant que personne ne pourra donner ou recevoir plus de quatre de chacune de ces pièces dans toute espèce de payemens ou d'achats, à quelque prix qu'ils se montent.

Sera au surplus exécutée notre Ordonnance du premier de ce mois, suivant sa forme et teneur. Prions MM. les Officiers des Conseils Supérieurs du Cap et du Port-au-Prince, d'enregistrer la présente Ordonnance, et mandons à ceux des Jurisdictions de leur ressort de tenir la main à son exécution. Sera icelle enregistrée au Greffe de l'Intendance, imprimée, lue et affichée par-tout où besoin sera. DONNÉ au Cap, etc, le 13 Juillet 1781. *Signé*, REYNAUD et LE BRASSEUR.

R. au Conseil du Cap, extraordinairement assemblé, le même jour.

LETTRE du Ministre aux Officiers du Conseil du Port-au-Prince, sur le refus d'enregistrer un Ordonnance des Administrateurs sur les Poisons.

Du 13 Juillet 1781.

MM. de Reynaud et Le Brasseur m'ont adressé, MM, l'Ordonnance qu'ils ont rendue le 3 Novembre dernier, concernant la vente dans la Colonie, des Poisons qui entrent dans la composition des remèdes. Ils m'ont marqué en même-temps que vous en avez refusé l'enregistrement, sous le prétexte qu'une Ordonnance du Roi avoit été rendue en 1746 sur la même matière.

Vous n'ignorez pas que les Administrateurs ont le pouvoir de faire des Réglemens provisoires sur tous les objets confiés à leurs soins, pourvu qu'ils ne contiennent aucune disposition contraire à ce qui auroit été statué par S. M. Vous savez également qu'il est enjoint aux Conseils-Supérieurs d'enregistrer ces mêmes Réglemens, sauf à adresser leurs représentations au Secrétaire d'État de la Marine, s'ils pensent qu'il en puisse résulter quelque inconvénient. D'après les intentions du Roi, tant de fois et si expressément manifestées à cet égard, j'ai été d'autant plus étonné des difficultés que vous avez élevées, que l'Ordonnance rendue par MM. de Reynaud et Le Brasseur ne renferme que des dispositions utiles, et qu'il n'en est aucune qui soit contraire à l'Ordonnance de 1746, à laquelle de nouvelles précautions sont seulement ajoutées. En vous ordonnant de procéder sur le champ à l'enregistrement de cette Ordonnance, S. M. m'a chargé de vous marquer qu'Elle n'a pu voir dans le refus que vous vous êtes permis, qu'un effet de l'inquiétude qui vous porte souvent à chercher, sous des prétextes vains, et par des interprétations forcées, à limiter ou gêner l'autorité qu'elle a confiée aux Administrateurs. J'espère que vous ferez oublier ce sujet de reproches, par une conduite plus circonspecte, et plus conforme à la sagesse qui doit diriger vos opérations.

LETTRE du Ministre aux Administrateurs, touchant les Bâtimens du Commerce qui seront arrêtés pour le Service du Roi.

Du 3 Juillet 1781.

LES Commandans des Escadres du Roi, MM., ont cru être obligés, dans plusieurs occasions, de retenir des Bâtimens du Commerce pour le Service du Roi dans les Colonies : quoique Sa Majesté soit bien persuadée qu'ils ne s'y sont jamais déterminés que par les circonstances, il lui a paru convenable de prescrire ce qu'il sera à-propos de faire à cet égard, lorsque le besoin l'exigera. Ces Commandans se sont contentés de renvoyer les Capitaines des Navires qu'ils ont arrêtés, à se pourvoir en France, relativement aux indemnités qui pourroient leur être dûes ; et il en est résulté que les Armateurs ont fait des demandes très-fortes, dans lesquelles ils ont compris et la valeur des Bâtimens et celle de leurs cargaisons, lorsqu'ils ont été pris, ce qui est assez fréquemment arrivé ; comme d'un autre côté la situation de ces Bâtimens n'a pas été constatée au moment où ils ont été retenus pour le Service, il est devenu absolument impossible de discuter avec connoissance de cause les prétentions excessives des Armateurs, et de régler ce qui pouvoit leur être légitimement dû.

Pour éviter de semblables inconvéniens à l'avenir, et ne pas donner lieu à des demandes en indemnité, qui sont toujours onéreuses aux intérêts du Roi, en ce qu'elles ne sont pas en proportion avec le service qu'on a pu retirer du Bâtiment qui a été employé momentanément ; S. M veut qu'il n'en soit désormais retenu que dans les circonstances où il est impossible de faire autrement ; son intention est que dans ces occasions il soit passé un traité d'affrétement par l'Intendant ou Ordonnateur, avec le Capitaine qui sera retenu, et qu'il soit stipulé dans ce traité l'indemnité qui devra être accordée à l'Armateur, pour le temps auquel son Navire sera employé pour le Service, ainsi que ce que Sa Majesté sera tenue de lui rembourser, dans le cas où ce Bâtiment viendroit à périr ou à être pris par les Ennemis.

Je vous prie, MM., de veiller à ce que ces formalités soient exactement observées, lorsque vous serez obligés de vous servir des Bâtimens du Commerce, ou que les Commandans des Escadres du Roi se trouveront forcés d'en retenir pour le Service ; il leur est expressément recommandé de n'employer ce moyen que dans l'impossibilité absolue de disposer d'aucuns Bâtimens du Roi pour y suppléer. J'ai l'honneur, etc. *Signé* CASTRIES.

R. au Contrôle, le 8 Avril 1782.

LETTRE du Ministre au Commandant en Chef par intérim, qui supprime le Logement des Officiers à la suite des Places et des Troupes dans les Colonies.

Du 13 Juillet 1781.

JE vous préviens, M. que l'intention du Roi est que vous donniez les ordres les plus précis pour la suppression des Logemens accordés aux Officiers à la suite des Places et des Troupes dans les Colonies. Vous voudrez bien tenir la main à ce qu'il n'en soit donné aucun aux Officiers qui ne sont point titulaires.

R. au Contrôle, le 12 Octobre suivant.

ARRÊT du Conseil du Cap, pour la réception de M. de Lilancour, en qualité de Commandant en Chef par intérim.

Du 17 Juillet 1781.

CE jour, M. de Thebaudières, Procureur-Général du Roi, est entré et a dit : MM, le témoignage que vous avez donné à M. de Lilancour, de vos regrets sur la trop courte durée de sa dernière administration, nous est un sûr garant que vous partagez avec toute la Colonie le plaisir qu'elle ressent de le voir rétabli dans l'intérim de Commandant en Chef des Isles sous le Vent, et de l'empressement que vous mettrez à le faire reconnoître en cette qualité aux Peuples de votre ressort. A CES CAUSES, je requiers pour le Roi, etc. Le Procureur-Général du Roi ouï, la matière mise en délibération, et tout considéré : LA COUR, faisant droit sur la remontrance du Procureur-Général du Roi, a reçu et reçoit M. de Lilancour, Brigadier des Armées du Roi, Commandant en Second de la Partie du Nord, en qualité de Commandant en Chef par intérim de la Colonie, au desir de l'Ordre du Roi dont s'agit, pour remplir toutes les fonctions de Gouverneur-Lieutenant-Général, aux honneurs, priviléges, prééminences et prérogatives attribués par les Ordonnances ; ordonne que l'Ordre dont s'agit sera enregistré au Greffe de la Cour, pour être exécuté suivant sa forme et teneur ; ordonne en outre qu'il sera, ensemble le présent Arrêt, imprimé et lu, Audience tenante, publié et affiché partout où besoin sera, et copies dûment collationnées, envoyées à la diligence du Procureur-Général du Roi ès Siéges Royaux et d'Amirautés du ressort, pour y être lues, etc.

Soit la teneur de l'Ordre.

DE PAR LE ROI.

Sa Majesté ayant permis au Sieur de Reynaud de cesser les fonctions de Lieutenant-Général au Gouvernement de Saint-Domingue, son intention est qu'à la réception du présent Ordre, il remette le commandement provisoire de la Colonie et des Troupes au plus ancien des Commandans en Second ; enjoint en conséquence, Sa Majesté, au Sieur de Lilancour de prendre ledit commandement. Veut Sa Majesté que le présent Ordre soit enregistré aux Greffes des Conseils-Supérieurs du Cap et du Port-au-Prince. Fait à Versailles, le 7 Mars 1781. *Signé*, LOUIS; *et plus bas*, CASTRIES. Et scellé d'un sceau en papier.

ARRÊTS du Conseil du Cap, qui ordonnent qu'il sera procédé à un interrogatoire, sauf à ordonner qu'il demeurera cacheté pendant l'appel de la Sentence qui a ordonné le renvoi à fins civiles.

Des 21 Juillet et 29 Novembre 1781, et 15 Février 1782.

Le sieur M... accusoit la Dame B. d'avoir recélé son Négre durant son Maronage. Sur l'information, le premier Juge avoit renvoyé à fins civiles. Appel de la part du sieur M... sur la Requête duquel le premier Arrêt du 21 Juillet 1781, ordonne que l'information sera décrétée par un Juge autre que celui dont est appel, et la Dame B... interrogée, sauf à ordonner que l'interrogatoire restera cacheté pendant l'appel.

Le second Arrêt, du 29 Novembre, rendu par défaut, confirme celui du 21 Juillet; et sur l'opposition de la Dame B... à ces deux Arrêts, intervint le 3e, qui l'en deboute avec dépens.

Plaidans, MM. d'Augy et l'Archevêque, sur les Conclusions de M. de St. Martin fils, Substitut de M. le Procureur-Général.

ORDONNANCE du Roi, portant réunion des Dépôts de Recrues des Colonies, de celui de l'Inde, et des 3 Compagnies d'Infanterie, affectées à la Garde du Port de l'Orient, pour ne former ensemble dans ce dernier lieu, qu'un seul et même Corps, sous la dénomination de Bataillon auxiliaire des Régimens des Colonies.

Du 25 Juillet 1781.

ORDONNANCE

INSTRUCTIONS données par les Administrateurs sur les Recensemens.

Du 7 Août 1781.

JEAN-BAPTISTE DE Tastes de Lilancour, etc.
Joseph-Alexandre Le Brasseur, etc.

Les moyens employés jusqu'à présent pour la distribution et la collection des feuilles de recensemens, loin de remédier aux abus qui se sont glissés dans cette partie, n'ont fait que les augmenter, et retarder la formation des rôles d'impositions et des états de population et de culture, soit par la lenteur des Habitans à faire viser leurs déclarations par les Officiers de Milice, soit par le peu d'exactitude de ces derniers dans la remise qu'ils doivent en faire aux Commandans de Paroisses. Il arrive même chaque année que plusieurs Habitans ne fournissent point de Déclarations, ou les donnent fausses ; ce qui cause le plus grand préjudice aux intérêts du Roi et à ceux des Paroisses, met les Administrateurs de cette Colonie dans l'impossibilité de connoître les progrès de sa culture, et les tient perpétuellement dans l'incertitude sur la mesure de sa population. Pour parvenir à détruire de pareils abus et mettre en règle cette partie importante de l'Administration, nous avons jugé nécessaire de donner les instructions suivantes aux Commandans de Paroisses et Officiers de Milice.

ART. I. Les feuilles qui servent aux Déclarations, seront envoyées chaque année, dans le courant du mois d'Octobre, aux Commandans de Paroisses.

ART. II. Ils feront assembler, le premier Novembre, tous les Officiers de Milice de leur Paroisse pour leur distribuer lesdites feuilles, et ils auront soin d'assigner auxdits Officiers les Habitans le plus à portée de leur demeure.

III. Lesdits Commandans remettront, avec les feuilles, à chacun des Officiers de Milice, l'état des Habitans auxquels elles devront être distribuées, afin de leur faciliter cette distribution, ainsi que la collection des Déclarations. Ils dateront et signeront cet état.

Tous les Habitans, de quelque qualité qu'ils soient, exempts ou non exempts ; les Ecclésiastiques, Religieux ou Religieuses étant tenus de fournir des Déclarations, lesdits Commandans auront la plus grande attention de n'en oublier aucun dans lesdits états, même le Curé de la Paroisse; et dans le cas où quelque Habitant auroit plusieurs habitations dans la même Paroisse, ils recommanderont auxdits Officiers de remettre des feuilles pour chacune des habitations, et d'en faire faire la Déclaration séparément.

IV. Les Officiers de Milice distribueront les feuilles aux Habitans dans les dix premiers jours de Novembre; et pour constater cette distribution dans ledit délai, ils seront tenus de remplir le certificat qui se trouve en tête de chaque feuille, en y portant le nom des Habitans auxquels ils les remettront, ainsi que la date de la remise qu'ils leur en feront, et ils signeront lesdits certificats.

V. Ils retireront les Déclarations dans les dix derniers jours du même mois de Novembre. En les recevant des mains des Habitans ou de leurs représentans, ils les examineront avec la plus scrupuleuse attention, et vérifieront si elles sont exactement remplies.

Ils verront par la nouvelle forme que l'on a donnée aux feuilles servant à ces Déclarations, qu'elles doivent faire mention : 1°. des noms, surnoms et âges, non-seulement des Chefs de chaque maison ou habitation; mais encore des femmes, enfans, et de tous les Blancs et Gens de couleur libres attachés auxdites maisons ou habitations, ainsi que des esclaves. 2°. Du nom des compagnies de tous ceux qui sont dans les Milices. 3°. De la nature du fonds de chaque habitation, soit sucrerie en blanc ou brut, indigoterie, cafeterie, cacaoterie, cotonnerie ou autre culture, et de la quantité de carreaux de terre destinés à chaque culture. 4°. Des guildiveries, poteries, briqueteries et tuileries, tanneries et fours à chaux. 5°. Des moulins à bêtes ou à eau. 6°. Des cabrouets à mulets et à bœufs. 7°. des vivres, bestiaux, armes et munitions de guerre. 8°. Du nombre des esclaves qui seront nés, ainsi que de ceux qui seront morts pendant l'année. 9°. Les Procureurs d'habitations dont les propriétaires sont absens, doivent porter le nom desdits propriétaires, ainsi que de leur résidence, à l'endroit destiné à cet effet dans lesdites nouvelles feuilles. 10°. Les Habitans des Villes doivent porter dans leurs Déclarations le nom du propriétaire de la maison qu'ils occupent, celui de la rue où elle est située, et le nom de la personne qui représente ledit propriétaite, s'il est absent. 11°. Ils doivent y porter également leur qualité ou profession à la suite de leur nom. 12°. Dans les Villes où les maisons sont numérotées, chaque Habitant doit faire mention, sur sa déclaration, du numéro de celle qu'il occupe. 13°. Tous les gens de couleur libres, doivent être distingués en mettant à la suite de leur nom les lettres N. L., pour les Négres et Négresses, M. L.

pour les Mulâtres et Mulâtresses, Q. L. pour les Quarterons et Quarteronnes. Si les Déclarations ne contenoient pas ces différens renseignemens lors de la remise qui en sera faite par les Habitans aux Officiers de Milice, ils y feront faire sur le champ les changemens et augmentations nécessaires; et lorsqu'ils seront assurés de leur exactitude, ils les viseront par duplicata après les avoir fait signer par l'Habitant, et ils lui en laisseront un double. Dans le cas où quelque Habitant ne sauroit signer, lesdits Officiers appelleront deux personnes pour faire signer sa déclaration.

Sa Majesté voulant par l'article 17 de son Réglement, du 25 Septembre 1744, qu'en cas de fausses déclarations sur le nombre des Noirs, et après la vérification qui en aura été faite par les ordres des Gouverneur-Général et Intendant, les Esclaves qui auront été recelés et non déclarés, soient confisqués, et les Propriétaires d'iceux condamnés en cinq cens livres d'amende; les Privilégiés déchus en outre pour toujours des exemptions à eux accordées : lesdits Officiers de Milice auront soin de prévenir les Habitans, que l'on fera à l'avenir les vérifications les plus exactes des déclarations; qu'il sera même fait confrontation desdites déclarations avec les inventaires qui sont dressés au décès de chaque Habitant; et qu'en cas d'infraction audit article 17 du Réglement du Roi, le faux déclarant ou sa succession seront condamnés aux peines qui y sont portées.

VI. Lesdits Officiers de Milice, après avoir réuni les déclarations qu'ils doivent retirer des mains des Habitans dans les dix derniers jours du mois de Novembre, ainsi qu'il leur est prescrit par l'article précédent, en feront la remise au Commandant de leur Paroisse le premier Décembre suivant.

Si à cette époque il se trouvoit quelque habitant qui eût refusé de fournir sa déclaration, l'Officier qui aura été chargé de la lui demander, en fera son rapport au Commandant de Paroisse, lequel en rendra compte sur le champ au Commandant pour le Roi, qui établira de suite garnison chez le défaillant, jusqu'à ce qu'il ait fourni cette déclaration.

VII. Tout Officier de Milice qui ne se conformera pas exactement aux dispositions des articles 4, 5 et 6 des présentes instructions, sera interdit et privé de toutes exemptions et priviléges, jusqu'à ce que Sa Majesté, à qui il sera rendu compte de la négligence, mauvaise volonté et désobéissance dudit Officier, en ait autrement ordonné.

VIII. Les Commandans de Paroisses, en recevant les déclarations des Officiers de Milice, leur en donneront décharge à la suite de l'état mentionné en l'article 3.

IX. Lesdits Commandans étant à portée de connoître les privilégiés de leur Paroisse, auront attention de vérifier exactement les exemptions dont il sera fait mention dans les déclarations. Ils certifieront celles qui devront avoir lieu, et qui seront conformes aux Réglemens et Ordonnances du Roi, dont nous donnons ci-après l'extrait, ainsi qu'à l'article 10 des présentes instructions; et ils auront soin de faire connoître par une apostille en marge desdites déclarations, celles qui ne seront pas fondées.

Extraits du Réglement du Roi, du 25 Septembre 1744, et de l'Ordonnance de Sa Majesté, concernant le rétablissement des Milices, du premier Avril 1768. (*V. ces pièces à leurs dates.*)

X. Au Commandant-Général des troupes, (Négres) . . . 30
Au Major-Général, ... 24
Au Maréchal-Général-des-Logis, ... 24
A chaque Colonel, ... 24
A chaque Lieutenant-Colonel, ... 20
A chaque Chef de Bataillon et Major, ... 18
A chaque Ingénieur ordinaire, ... 10
Au Greffier de l'Intendance, à la charge de délivrer gratis les expéditions concernant les affaires de Sa Majesté, ... 8
Au Greffier de la Subdélégation du Cap, à la charge également de délivrer gratis les expéditions concernant les affaires de Sa Majesté, . 6

XI. Les Commandans de Paroisses étant responsables des déclarations après les avoir reçues et en avoir donné décharge, conformément à l'article 8 des présentes instructions, seront tenus de les adresser, le 10 Décembre de chaque année, à l'Officier d'Administration de leur département; et dans le cas où il y auroit du retard de leur part, ledit Officier d'Administration en informera le Commandant pour le Roi, qui donnera des ordres précis à ce sujet, et tiendra exactement la main à l'exécution du présent article.

XII, Lesdits Commandans seront tenus de joindre, chaque année, aux déclarations qu'ils feront parvenir aux Officiers d'Administration de leur département, l'état nominatif de tous les Habitans de leur Paroisse, sans aucune exception, dans lequel ils distingueront les défaillans, s'il y en a, et ils certifieront ledit état.

Ils feront cet état par ordre alphabétique et par numéro, conformément au modèle annexé aux présentes instructions, et ils porteront le numéro de chaque Habitant en tête de sa déclaration.

Seront les présentes instructions enregistrées au Greffe de l'Intendance et de la Subdélégation du Cap. DONNÉ au Cap, etc, le 7 Août 1781. *Signé*, LILANCOUR, et LE BRASSEUR.

R. au Greffe de l'Intendance, le 17 du même mois.
Et à celui de la Subdélégation.

ORDONNANCE *du Roi, qui attache les Cadets-Gentilshommes des Troupes des Colonies aux cinq Compagnies du Bataillon auxiliaire desdites Troupes à l'Orient, et fixe leur nombre à six par Compagnie.*

Du 10 Août 1781.

LETTRE *des Administrateurs, au Lieutenant-de-Roi du Cap, sur les Voyers.*

Du 10 Août 1781.

NOUS avons l'honneur, M. de vous prévenir que Sa Majesté n'a point approuvé que M. de Reynaud ait autorisé les Voyers à porter un uniforme; son intention étant qu'ils ne soient regardés que comme Officiers purement Municipaux, et ne devant jouir comme par le passé que de la seule exemption de milice. Vous voudrez-bien en conséquence tenir la main à l'exécution des ordres de Sa Majesté, et leur prescrire de ne porter aucune marque ni distinction militaire. Nous avons l'honneur, etc, *Signé*, LILANCOUR et LE BRASSEUR.

RÉGLES *que Sa Majesté veut être observées pour la nomination aux places de Chevalier dans l'Ordre Royal et Militaire de St. Louis, à l'égard des Officiers employés au Département des Colonies.*

Du 27 Août 1781.

TROUPES RÉGLÉES.

SA MAJESTÉ voudra bien accorder la Croix de St. Louis à tout Colonel qui aura servi pendant dix-huit années consécutives.

A tout Lieutenant-Colonel et Chef de Bataillon qui aura servi sans interruption pendant vingt années consécutives.

A tout Major qui aura servi pendant vingt-deux années sans interruption.

Ttout Chef de Bataillon qui n'aura pas le Brevet de Lieutenant-Colonel, aura la Croix de St. Louis à 24 ans de service sans interruption.

A tout Capitaine, Lieutenant et autre Officier qui aura servi sans aucune interruption pendant 26 ans consécutifs.

Les services ne seront comptés que de l'âge de 15 ans révolus.

Le service de bas-Officier et Soldat, sera compté à raison de deux années pour une. Le service sera constaté par des Certificats dont la vérité sera certifiée par les Officiers Supérieurs, et le Gouverneur, qui apostilleront le Mémoire pour la Croix.

Les mois d'une Campagne de guerre seront comptés doubles, eu égard au service de paix, et cette disposition aura un effet rétroactif. Les Officiers seront tenus pour cet effet, de se procurer une attestation des Capitaines du Régiment avec lesquels ils auront fait la guerre, et l'attestation sera jointe au Mémoire contenant la demande de la Croix.

Le service de guerre ne sera compté sur terre, que lorsque des armées rassemblées seront campées ou cantonnées en présence de l'Ennemi, sans que les camps ou cantonnemens formés pour la sûreté des côtes ou frontières, puissent être réputés services de guerre, à moins que les camps ou cantonnemens n'ayent été attaqués par l'Ennemi, et encore dans les Colonies, lorque l'Ennemi aura effectué une descente, et qu'il y aura eu combat pour l'en empêcher; de même lorsque les troupes embarquées auront effectué ou tenté une descente sur le Pays ennemi.

Le service de mer sera aussi compté comme service de guerre, du jour où le Vaisseau dont l'Officier fera partie, passera en rade sa revue de départ.

Les Officiers qui, par des actions de bravourese, seront distingués dans des occasions périlleuses et éclatantes, seront exempts de toutes règles, et la Croix de St. Louis leur sera accordée, quel que soit leur âge, et quelque temps de service qu'ils ayent, après qu'ils auront rempli les formes ci-dessous prescrites.

L'action de bravoure doit être constatée par un procès-verbal, dressé autant que faire se pourra dans le jour-même, par les Officiers Généraux qui seront présens, et en leur absence, par les Officiers Supérieurs des Corps qui en auront été témoins, ou par ceux du Vaisseau sur lequel sera l'Officier, s'il est embarqué; et lorsqu'il n'y aura point d'Officiers Supérieurs, par les Officiers qui se trouveront présens à l'action, ou par les Notables de tous états et conditions, lesquels certifieront l'action par un acte dans la meilleure forme, et la plus authentique que le temps et les lieux le comporteront. Ce procès-verbal, tel qu'il est prescrit, sera remis par l'État-Major du Régiment au Général de l'armée ou à tout autre Commandant en chef, qui l'adresseront au Ministre de la Guerre, pour être présenté à Sa Majesté, à l'effet d'accorder ou refuser la Croix, suivant les circonstances.

Si un Officier ayant quitté un emploi dans un Corps par retraite ou abandonnement, se trouve être rentré dans un Régiment, ses services ne lui seront comptés pour la Croix que du jour qu'il y sera rentré, et ses services antérieurs seront regardés comme non-avenus, si toutefois il y a plus d'un an et un jour d'interruption, ou s'il n'est pas prouvé qu'il a quitté pour des blessures qui ne lui permettoient pas de continuer le service.

Sa Majesté ne donnera plus à l'avenir ni promesses ni expectatives de la Croix de St. Louis aux Officiers en activité de service, non plus qu'à ceux qui se retireront.

Les Officiers réformés des Régimens qui ne sont pas rentrés au service, ou n'y rentreront pas de 10 ans, du jour de leur réforme, ne pourront prétendre à la Croix de St. Louis.

Aucun Officier ne pourra être nommé à une place de Chevalier dans l'Ordre, s'il ne fait profession de la Religion Catholique, Apostolique et Romaine.

Les Commandans en second des Isles principales seront assimilés aux Mestres-de-Camp; les Lieutenans-Colonels aux Lieutenans de Roi; les Majors de Places, aux Majors de Troupes, et les Aides-Majors aux Capitaines.

Milices des Colonies.

Il ne sera employé aucun Officier à la suite des Milices; ceux qui ont à présent ce titre seront supprimés, et seront remplacés d'après les propositions des Gouverneurs et Commandans, et ne seront susceptibles de la Croix de St. Louis, qu'autant qu'ils deviendront Titulaires de quelques emplois militaires: alors on évaluera leurs services réels.

Les Commandans de Bataillon de Milices obtiendront la Croix après 28 ans de services effectifs, les Majors après 30 ans, les Capitaines après 32 ans, les Lieutenans après 36 ans également effectifs. Les Services de guerre leur seront comptés doubles comme aux Officiers des troupes réglées et aux mêmes conditions.

On se conformera au surplus aux dispositions de l'Ordonnance du 13 Décembre 1779. *Signé*, Castries.

ORDONNANCE *des Administrateurs, touchant l'établissement d'un Carénage dans le Port du Cap.*

Du 25 Septembre 1781.

JEAN GRAMONT, ancien Capitaine de Port, a l'honneur de vous représenter, NN., que son zèle pour le bien de la Marine Royale et Marchande, lui avoit fait faire des recherches, lorsqu'il exerçoit en sa qualité ci-dessus, pour trouver un endroit propre à faire un Carénage pour les Vaisseaux de Sa Majesté, et pour ceux du Commerce. Ses recherches ont été heureuses, ayant découvert dans le temps un haut-fonds, dans le *Nord-Est* du Bourg de la Petite-Anse, à environ un quart-de-lieue : il fit part de ses observations à MM. le Comte d'Argout et de Vaivre, qui en firent part à M. le Comte de Grasse, Général de Mer et autres Capitaines commandant les Vaisseaux de Sa Majesté. Ce Chef-d'Escadre a appelé le Suppliant, pour aller visiter le lieu avec lui, et les Capitaines Commandans : après l'avoir vu et examiné, ils reconnurent que ce haut fond étoit très-propre pour y établir le Carénage proposé.

Ce Général en rendit compte au Gouvernement : il fut décidé que le lieu seroit encore visité par M. de La Motte-Piquet, et les Capitaines de son Escadre. Le Suppliant fut encore appelé à cette opération, qui fut faite en présence des Chefs de l'Escadre, et trouvée à leur satisfaction ; ce Commandant de l'Escadre en fit son rapport à M. de Vaivre, Intendant, qui ordonna au Suppliant d'en faire part à M. Rabié; cet Ingenieur en Chef s'y transporta avec le Suppliant, et après l'avoir vu et sondé, il lui dit que ce haut-fond avoit été ci-devant nommé *le Bélier*.

M. Rabié en fit donc son rapport au Gouvernement : il fut convenu qu'il feroit le relèvement, un Plan et un Mémoire des estimations de ce que ledit Carénage pourroit coûter ; ce qui a été exécuté par les soins du Suppliant, en ce qui concernoit les voitures, et des Matelots qu'il a fournis à cet effet.

Le Plan et le Mémoire sont chez M. Rabié, qui, quand vous voudrez, NN. vous les mettra sous les yeux. Convaincu que vous ne cessez, NN. de donner tous vos soins à tout ce qui peut intéresser le bien du service, et l'avantage du Commerce, le Suppliant s'est fait un devoir de vous témoigner son zèle en entrant dans vos vûes de bienfaisance, et en vous rappelant le souvenir d'un objet si important, pour en faciliter l'exécution.

Ce

Ce considéré, NN., le Suppliant offre de commencer le remblai du haut-fond où il n'y a que 3 à 4 pieds d'eau pour en faire un Carénage des Vaisseaux de Sa Majesté et du Commerce, si pour l'y autoriser, vous daignez lui accorder la concession de ce haut-fond, aux offres de le remettre au Roi, lorsqu'il sera jugé nécessaire de le reprendre, en lui remboursant les remblais et autres travaux qu'il auroit faits, suivant l'estimation de MM. les Ingénieurs, etc.

VU la présente Requête, les Ordonnances des 30 et 31 Août dernier; le certificat délivré en conséquence par l'Arpenteur-général Paris de St. Vallier, le 3 Septembre présent mois, dûment visé, publié, et tout considéré : NOUS, Commandant en chef et Ordonnateur faisant fonction d'Intendant, ordonnons qu'il sera délivré au Suppliant en la forme ordinaire, une concession pour la jouissance du terrein dont il s'agit, sur les cinquante pas du Roi, relativement au certificat de l'Arpenteur-général Paris de St. Valier, du 3 Septembre présent mois, à la charge par lui de se conformer en tout à l'article premier de l'Ordonnance du premier Mars 1773, d'établir sur ledit terrein un Carénage pour les Vaisseaux de Sa Majesté et du Commerce, et de le rendre libre lorsqu'il deviendra utile à Sa Majesté et au bien de la Colonie; en conséquence, faisons défenses à toutes personnes de troubler le Suppliant dans ladite jouissance, sous les peines de droit. Et sera notre présente Ordonnance enregistrée au Greffe de l'Intendance, pour y recourir au besoin. DONNÉ AU CAP, etc, le 25 Septembre 1781. *Signé*, LILANCOUR et LE BRASSEUR.

R. au Greffe de l'Intendance, le 27 du même mois.

ORDONNANCE *du Juge de Police de St. Marc, touchant la Navigation sur la Rivière de l'Artibonite.*

Du premier Octobre 1781.

REMONTRE le Substitut du Procureur du Roi, qu'il lui a été fait des représentations par quelques Habitans du Quartier de l'Artibonite, sur la manière dont se fait la Navigation sur la Rivière du même nom, qui les expose à des préjudices notables, par les inconvéniens qui en peuvent résulter.

En effet, les Bateliers qui fréquentent la Rivière de l'Artibonite ne distinguent aucun temps; il sembleroit cependant qu'ils dussent s'abstenir de naviguer, lorsqu'elle est haute et à ses écores, parce qu'alors ils courent risque eux-mêmes de périr en donnant dans des brêches que les grandes crûes occasionnent ordinairement aux digues établies sur les bords de cette Rivière, dont souvent les terres qui les composent et qui ne sont que de rapport, n'ont pas eu le temps encore d'acquérir la solidité nécessaire pour répondre à l'utilité qu'on en espère; et que d'un autre côté ces Navigateurs approchant trop de ces écores ou digues, ou marchant inconsidérément sur ces digues ou nouvellement faites ou déjà trop imbibées des eaux de la Rivière, forment ces brêches, et peuvent par-là occasionner la ruine, non-seulement de l'Habitant riverain, mais de plusieurs autres Habitans. Pour éviter que ces accidens n'arrivent, le Remontrant croit nécessaire de requérir, etc.

Vu la présente, nous faisons défenses à tous Patrons et Maîtres des Bateaux et Bacs qui naviguent sur la Rivière de l'Artibonite, de naviguer lorsque ladite Rivière est haute, et presque à ses écores; leur enjoignons de s'arrêter au premier endroit convenable lorsque, leur voyage entrepris, ils seront surpris par une crûe d'eau inopinée, et d'attendre pour reprendre leur navigation, que la Rivière soit baissée au-dessous de ses écores, à peine de répondre des dommages qu'ils pourroient occasionner, et même d'être punis suivant l'exigence des cas; ordonnons que les Propriétaires des Esclaves employés à ladite navigation, demeureront responsables des contraventions faites par lesdits Esclaves à la présente Ordonnance, laquelle sera lue, publiée et affichée ès lieux accoutumés en cette Ville, et encore à la Saline, et aux Bacs établis sur la Rivière de l'Artibonite pour le passage d'icelle. A St. Marc, etc, *Signé*, BRETON DES CHAPELLES.

ARRÊTÉ du Conseil du Cap, portant que les Conseillers-Assesseurs n'ont pas voix délibérative dans les affaires de Compagnie et autres, si ce n'est suivant que le règle l'Édit de leur création.

Du 4 Octobre 1781.

CE jour, sur ce qui a été mis en délibération de savoir si les Conseillers-Assesseurs devoient avoir voix délibérative dans les affaires de Compagnie et autres; LA COUR sur ce a déclaré et ordonne que l'Édit de création du mois d'Août 1742, enregistré en la Cour le 2 Mars 1744, concernant les Assesseurs, sera exécuté selon sa forme et teneur.

LETTRE *du Procureur-Général du Conseil du Port-au-Prince, aux Officiers de la Sénéchaussée de St. Marc, touchant les anciens Praticiens à appeler pour juger en matière Criminelle, à défaut de Gradués.*

Du 4 Octobre 1781.

SUR l'avis, MM. qui m'a été donné qu'il n'y avoit pas suffisamment de Gradués à St. Marc, pour juger définitivement une affaire criminelle qui est en état; je vous observerai que, quoique l'Ordonnance du mois d'Août 1670 ne parle que de Gradués, l'usage dans la Colonie a toujours été, à défaut de Gradués, de prendre pour Adjoints des Praticiens du Siége: cet usage qui contrarie la Loi, est forcé; car il y a des Jurisdictions où il n'y a pas un seul Avocat, et il seroit bien extraordinaire alors qu'il fallût en faire venir de trente lieues, comme dans l'espèce qui se présente: cela occasionneroit au Roi des frais ruineux. Au reste, cet usage, quoique contraire à l'Ordonnance de 1670, est néanmoins conforme à l'Ordonnance des Gabelles de France, qui admet d'anciens Praticiens à défaut de Gradués. Ainsi, MM., dans la circonstance où vous vous trouvez, vous épuiserez d'abord le rôle des Procureurs, et ensuite celui des Notaires de votre Jurisdiction, en suivant l'ordre de leur réception.

J'ai l'honneur d'être avec un respectueux attachement, MM., votre, etc. *Signé*, DE LA MARDELLE.

LETTRE *du Ministre aux Administrateurs, touchant la vente des Prises faites par les Bâtimens de Sa Majesté.*

Du 5 Octobre 1781.

LE ROI a jugé à-propos, MM., de rendre le 4 Août dernier, une Ordonnance qui attribue en France aux Intendans et Ordonnateurs de la Marine, les ventes et autres opérations relatives aux prises faites par les Vaisseaux de S. M.: il avoit été pourvu par l'article 10 aux formalités qui doivent être observées dans les Colonies, relativement aux mêmes prises; mais des éclaircissemens ultérieurs ont fait reconnoître qu'il n'étoit pas possible d'obliger les Administrateurs ou leurs Représentans dans les diverses Amirautés d'assister à des opérations de déchargemens de vente et de livraisons, incompatibles avec les fonctions importantes de leur place. L'Ordonnance du 4 Août ne sera en conséquence exécutée qu'en France, et ne vous sera point adressée. S. M. m'a chargé d'y suppléer, en vous expliquant ses intentions sur ce qui concerne les prises faites par ses Vaisseaux.

Elle veut, 1°. que le Contrôleur, et en son absence le principal Officier d'Administration, soit appelé à toutes les opérations, et particulièrement au déchargement, à la vente et livraison des prises, sans qu'il puisse y être procédé qu'en leur présence et de leur consentement.

2°. Que les Officiers et Equipages preneurs ou leurs fondés de pouvoir soient également appelés aux mêmes opérations, dont ils ne pourront néanmoins arrêter le cours. Il leur sera seulement permis de représenter, par eux-mêmes ou par l'organe, soit du Procureur-du-Roi, soit du Contrôleur, ce qu'ils jugeront convenable. Il sera fait mention dans le procès-verbal de leurs représentations; et si le Juge trouve de la difficulté à y statuer, il renverra la contestation pardevant les Général et Intendant, qui donneront leur décision.

3°. Que les Officiers des Amirautés procèdent diligemment et sans retardation à l'instruction des prises, à la conclusion de leur avis, et à l'envoi de cet avis, et des Pièces de la Procédure, aux Gouverneur et Intendant, ainsi qu'au déchargement, vente et livraison; qu'ils apportent la plus grande attention à restreindre les frais d'instruction, d'inventaire, gardiennage et autres, à peine d'en répondre en leurs propres et privés noms; à quoi les Administrateurs seront tenus de veiller exactement pour m'en rendre compte.

4°. Que la liquidation des frais soit envoyée sans délai à l'Intendant, pour être par lui examinée, allouée ou réduite, ainsi qu'il appartiendra; le tout provisoirement, sauf le jugement définitif du Conseil des Prises.

R. au Contrôle, le 4 *Avril* 1782.

ARRÊTÉ du Conseil du Cap, qui décide que les fonctions d'Avocat sont incompatibles avec l'emploi de Secrétaire de MM. les Administrateurs.

Du 10 Octobre 1781.

ARRÊTÉ néanmoins que Mes B... et V... n'exerceront la profession d'Avocat que lorsqu'ils ne rempliront absolument qu'elle, et que toutefois ils seront inscrits sur le tableau dans leur ordre de réception comme les autres.

Me B... étoit Secrétaire de M. l'Intendant par intérim, et Me V. Secrétaire de M. le Commandant en chef par intérim.

ARRÊT du Conseil d'État, qui casse celui du Conseil du Cap, du 27 Juin précedent, relatif à la Maréchaussée, et statue sur les Reglemens à faire par le Conseil.

Du 13 Octobre 1781.

LE ROI s'étant fait représenter en son Conseil l'Arrêt rendu par le Conseil-Supérieur du Cap, le 27 Juin 1781, qui fait défenses aux Prévôts et Exempts de Maréchaussée, etc. VU aussi le procès-verbal des Administrateurs, et leurs dépêches des 10 et 26 Juillet dernier, S. M. considérant que le Conseil-Supérieur du Cap est sorti des bornes des pouvoirs qui lui sont confiés par l'article 47 de l'Ordonnance du premier Février 1766, et par l'article 25 de l'Ordonnance du 23 Mai 1775; que d'ailleurs, l'entreprise à laquelle ce Tribunal s'est porté est une contravention formelle à l'Ordonnance antérieure du 31 Juillet 1743, et qu'il appartenoit aux Gouverneur-Lieutenant-Général et Intendant, ou à leurs représentans par intérim, de faire provisoirement un tel Réglement; à quoi voulant pourvoir: OUI le rapport; LE ROI étant en son Conseil, a cassé et annullé, casse et annulle ledit Arrêt de Réglement rendu par son Conseil-Supérieur du Cap, le 27 Juin 1781. Fait défenses audit Conseil-Supérieur d'en faire de semblables à l'avenir; sauf à faire aux Gouverneur-Lieutenant-Général et Intendant telle demande, représentations et observations qu'il appartiendra, dans tous les cas qui pourroient exiger de nouveaux Réglemens provisoires de Police. Fait pareillement Sa Majesté, défenses audit Conseil-Supérieur de s'assembler désormais pour délibérer sur aucune affaire concernant l'ordre public, sans en avoir préalablement prévenu les Gouverneur-Lieutenant-Général et Intendant ou leurs Représentans, en les invitant d'assister à la séance; ce qui sera exécuté, même dans le cas où ledit Conseil-Supérieur jugeroit à-propos de faire aucuns Réglemens de Justice, auxquels il est autorisé par l'article 47 de l'Ordonnance du premier Février 1766, et par l'article 25 de l'Ordonnance du 23 Mai. 1775. Mande et ordonne Sa Majesté aux Officiers de son Conseil-Supérieur du Cap, de faire enregistrer le présent Arrêt, pour être exécuté selon sa forme et teneur, et à ses Gouverneur-Lieutenant-Général et Intendant d'y tenir la main. Fait au Conseil d'État, etc.

R. au Conseil du Cap, le 18 Avril 1782.

ORDONNANCE *du Juge de Police du Cap, qui défend de tirer aucun petard, fusée, etc, dans la Ville, à peine de 400 liv. d'amende, dont les parens seront responsables pour leurs enfans, et les Maîtres pour leurs Esclaves; et défend aussi aux Artificiers d'en vendre auxdits enfans et Négres, sous la même peine.*

Du 15 Octobre 1781.

ARRÊT *du Conseil du Cap, qui autorise le Lieutenant de l'Amirauté de la même Ville à fixer son Audience au Vendredi matin de chaque semaine.*

Du 18 Octobre 1781.

SUR ce qui a été dit à la Cour par M. le Président, que le Lieutenant de l'Amirauté de cette Ville lui a observé que les Offices de Sénéchal et de Lieutenant de l'Amirauté de cette Ville venant d'être désunis, il n'étoit pas possible qu'il pût continuer de tenir son Audience le Samedi, à la suite de celle qui est tenue ce même jour par le Sénéchal du Cap; qu'il estimoit qu'il conviendroit de changer le jour de son Audience, qu'au lieu du Samedi, il pourroit la fixer au Vendredi au matin de chaque semaine, sous le bon plaisir de la Cour, et qu'il attendoit sa réponse : Sur quoi la matière mise en délibération, LA COUR a arrêté que le Lieutenant de l'Amirauté de cette Ville est et demeure autorisé à changer le jour de son Audience, et à la fixer au Vendredi au matin de chaque semaine.

ARRÊT du Conseil du Cap, qui, conformément à l'usage, commet le Sous-Doyen de la Cour, pour installer le Sénéchal de la même Ville, et présider à l'Audience de sa Réception.

Du 19 Octobre 1781.

SUR ce qui a été dit à la Cour, par M. le Président, qu'il a été omis dans l'arrêt de réception du jour d'hier, de Me Busson, en l'Office de Sénéchal par intérim de cette Ville, de commettre le Sous-Doyen de MM. les Conseillers de la Cour pour son installation, et présider à l'Audience, suivant l'usage qui a été pratiqué, notamment lors de la réception de Me Esteve, Commissionné de Sa Majesté, et de Me Courtin, Commissionné par intérim de MM. les Général et Intendant : Sur quoi la matière mise en délibération, et tout considéré : La COUR a commis et commet M. Ruotte, Sous-Doyen de MM. les Conseillers, pour procéder à l'installation dudit Me Busson, et présider à l'Audience.

ARRÊT du Conseil du Cap, qui juge qu'un Curateur aux Vacances doit toujours prendre sa Commission sur les sommes produites par les Immeubles situés dans son ressort, quoique le lieu principal où la succession est ouverte soit situé dans un autre district.

Du 23 Octobre 1781.

LOUIS, etc. Entre Me Lavaud, Curateur aux Successions vacantes du ressort du Fort-Dauphin, Appelant ; et Me Ducommun, Curateur aux Successions vacantes du ressort du Cap, gérant celle du sieur Pelletreau, Intimé ; de la cause les héritiers le Page de Varançay, et les Demoiselles Garnier (Créanciers) ; après que Baudry des Lozières, Avocat de Lavaud ; d'Augy, Avocat de Ducommun ; Moreau de St. Méry, Avocat des héritiers le Page de Varançay ; Prévost, Avocat des Demoiselles Garnier, ont été ouis ; ensemble de Thebaudières jeune, Substitut de notre Procureur-Général ; et tout considéré : NOTREDITE COUR a reçu et reçoit notre Procureur-Général incidemment Appelant de la Sentence qui ordonne que Brassier videra ses mains en celles du Procureur plus ancien des Créanciers ; joignant ledit appel à l'appel principal, et faisant droit sur le tout par un seul et même Arrêt, a mis et met lesdites appellations et ce dont est appel au néant ; émendant, ordonne que l'article 4 du Chapitre 15 du Réglement du 4 Décembre 1775, enregistré en notre dite Cour, le 14 du même mois, sera exécuté suivant sa forme et teneur ; ce faisant, ordonne que Brassier (*Fermier des biens Pelletreau*) videra ses mains en celles de la Partie de Baudry des Lozières, laquelle Partie, après avoir prélevé sa commission sur les sommes qui auront été versées entre ses mains, sera tenue de rendre compte desdites sommes à la Partie de d'Augy au premier commandement qui lui en sera fait ; à ce faire contraint par toutes les voies, même par corps : quoi faisant, bien et valablement déchargée.

RÉGLEMENT des Administrateurs, qui fixe le traitement des Officiers Prisonniers de Guerre dans la Colonie.

Du 28 Octobre 1781.

JEAN-BAPTISTE de Tastes de Lilancour, etc.

Joseph-Alexandre Le Brasseur, etc.

Étant nécessaire de fixer le traitement qui doit être accordé aux Officiers Prisonniers de Guerre, pour subvenir à leur subsistance dans cette Colonie ; NOUS, en vertu des pouvoirs qui nous sont confiés, avons ordonné et ordonnons provisoirement, et jusques à ce qu'il en soit autrement ordonné par Sa Majesté, qu'il sera payé auxdits Officiers Prisonniers de Guerre, à l'avenir, par jour les sommes ci-après mentionnées : Savoir,

Aux Officiers Généraux,	20 liv.
Aux Officiers d'un grade supérieur à celui de Capitaine,	12
Aux Capitaines,	9
Aux Lieutenans,	6
Aux Sous-Lieutenans et Gardes de la Marine,	4
Aux Écrivains,	4
Aux Officiers Marchands,	4

Sera

Sera la présente enregistrée au Contrôle de la Marine. DONNÉ au Cap, etc. *Signé*, LILANCOUR et LE BRASSEUR.

R. au Contrôle, le 31 Octobre 1781.

ORDONNANCE de M. l'Intendant par intérim, qui enjoint au Receveur des Octrois de ne recevoir, pour le Chargement de chaque Navire, qu'une seule déclaration qui lui sera présentée par le Capitaine.

Du 29 Octobre 1781.

JOSEPH-ALEXANDRE LE BRASSEUR, etc.

Sur les représentations qui nous ont été faites par le Receveur des Octrois de cette Ville et un grand nombre de Capitaines de Navires, que l'usage qui est établi au Cap de faire payer au Trésor les Droits d'Octroi par les Chargeurs, au lieu de les faire payer par les Capitaines, entraînoit les plus grands inconvéniens, sur-tout en temps de guerre où ils sont obligés de partir en grand nombre à une même époque qui ne leur est souvent annoncée que quelques jours avant leur départ; qu'il donnoit lieu à faire cent déclarations, lorsqu'elles pourroient être réduites à une seule, et occasionnoit de la part du Receveur, des vérifications multipliées et des recherches pénibles qui ne peuvent que compromettre sa tranquillité et arrêter le cours du service public, et voulant y pourvoir; Nous, en vertu des pouvoirs à nous confiés par Sa Majesté, avons ordonné et ordonnons ce qui suit:

ART. Ier. A compter du jour de la publication de la présente, le Receveur des Octrois au Cap, se conformera à l'usage établi à la Martinique et dans les autres Ports de cette Colonie, et en conséquence ne recevra pour le chargement de chaque Navire, qu'une seule déclaration qui lui sera présentée par le Capitaine.

II. Cette déclaration contiendra les noms de tous les Particuliers qui auront chargé.

III. Chaque Capitaine sera tenu, lors de la délivrance du connoissement, de recevoir des Particuliers chargeurs le montant des Droits qu'ils pourront devoir, et de les verser dans la Caisse des Octrois, lorsqu'il fera sa déclaration pour être expédié définitivement.

Sera la présente imprimée, lue, publiée et affichée par-tout où besoin sera, et icelle enregistrée au Greffe de l'Intendance. MANDONS à l'Officier d'Administration préposé au détail des Classes et des Armemens, de tenir la main à son exécution, et de n'expédier aucun Rôle d'Equipage, s'il n'est accompagné d'une seule déclaration signée du Capitaine, et acquittée du Receveur de l'Octroi. DONNÉ au Cap, etc, le 29 Octobre 1781. *Signé*, LE BRASSEUR.

R. au Greffe de l'Intendance, le 5 Novembre suivant.

LETTRE du Lieutenant-de-Roi du Cap, au Commandant du Bataillon de Limonade, touchant les Voyers qui refuseroient de faire leur service.

Du 31 Octobre 1781.

SI dans quelque Paroisse de votre quartier, il se trouve quelque Voyer qui refuse de remplir les fonctions que l'Ordonnance concernant les chemins leur prescrit; M. le Commandant-Général vous ordonne de lui faire remettre sa Commission, et de l'obliger de se faire inscrire, sans aucun délai, dans une Compagnie de Milices.

Au défaut de Voyer, l'Arpenteur de la Paroisse est obligé d'en faire les fonctions, et M. le Commandant-Général vous prie de me faire passer les noms de tous les Arpenteurs de votre Quartier, pour pouvoir les faire interdire, s'ils refusent de remplir en même-temps les fonctions de Voyer.

ARRÊT du Conseil du Cap, qui condamne un Charpentier à déclarer, au Greffe de la Cour, en présence de 4 témoins, qu'il demande pardon à M. B... B... Notaire au Trou, des imputations fausses et calomnieuses qu'il s'est permises contre lui (sous le prétexte d'une surtaxe d'honoraires) et qu'il le reconnoît pour un Officier intègre; en 600 liv. de dommages-intérêts, applicables, du consentement de M. B... B..., à l'Eglise Paroissiale du Trou; l'Arrêt imprimé et affiché, au nombre de 100 Exemplaires.

Du 6 Novembre 1781.

ARRÊT du Conseil du Cap, touchant la remise de l'Amende de Requête civile.

Du 6 Novembre 1781.

VU par le Conseil la Requête de Guitteny Duplessis, Habitant au Port Margot; conclusions du Procureur-Général du Roi : OUI le rapport de M. Ruotte, Conseiller; et tout considéré; LA COUR a ordonné et ordonne à Bullet, Receveur des Amendes, de rembourser au Suppliant, sans frais de commission ni aucune retenue, la somme de 450 liv., montant de la quittance d'amende dont s'agit : ordonne en outre que le présent Arrêt sera exécuté, nonobstant opposition ou autre empêchement généralement quelconque.

ARRÊT du Conseil d'État, qui casse et annulle des Lettres d'appel, prises en la Chancellerie, près le Parlement de Paris, contre un Arrêt du Conseil du Port-au-Prince, ainsi que tout ce qui s'en est ensuivi.

Du 10 Novembre 1781.

LE Roi étant en son Conseil, a cassé, révoqué et annullé, casse, révoque et annulle les Lettres d'appel, données à Paris, sous le contrescel de la Chancellerie du Palais, le 22 Janvier 1780, portant permission d'intimer et assigner la Veuve Saintard, sur l'appel interjeté par le sieur le Court, de l'Arrêt rendu contre lui, en dernier ressort, au Conseil Supérieur du Port au-Prince, le 8 Mars 1779; casse et annulle pareillement S. M. l'Arrêt en forme de Pareatis, rendu audit Conseil-Supérieur, le 7 Novembre 1780, et tout ce qui s'en est ensuivi; sauf audit sieur le Court à se pourvoir, si lieu y a, par les voies de droit, contre l'Arrêt rendu audit Conseil-Supérieur, le 8 Mars 1779.

ORDONNANCE *des Administrateurs, portant établissement d'un second Courier, par semaine, dans les Parties du Nord et de l'Ouest.*

Du 17 Novembre 1781.

JEAN-BAPTISTE de Tastes de Lillancour, etc.

Joseph Alexandre Le Brasseur, etc.

Le Public sent aujourd'hui l'utilité du nouvel établissement d'un second Courier par semaine dans la Partie du Sud; mais cet avantage resteroit imparfait, si ce même établissement n'avoit également lieu dans les Parties du Nord et de l'Ouest, sur-tout en temps de guerre, où la correspondance d'un Port à l'autre ne sauroit avoir trop d'activité. Nous, ayant égard aux représentations qui nous ont été faites à ce sujet, soit par le Commerce, soit par les Habitans, et en vertu des pouvoirs à nous donnés par Sa Majesté, avons ordonné et ordonnons ce qui suit.

Il y aura à l'avenir deux Couriers par semaine du Port-au Prince au Cap, et les jours de leur départ et de leur arrivée demeureront fixés, ainsi qu'il suit; savoir,

Du *Nord à l'Ouest.* Le premier Courier partira du Cap tous les Jeudis à midi précis, arrivera à Saint-Marc le Vendredi à midi, en partira le même jour à six heures du soir pour se rendre au Port-au-Prince le Samedi soir.

Le second Courier partira tous les Dimanches à midi précis, arrivera à Saint-Marc le Lundi soir, en partira le lendemain à midi pour se rendre le Mercredi soir au Port-au-Prince.

De l'Ouest au Nord. Le premier Courier partira du Port-au-Prince tous les Dimanches à midi précis, arrivera à Saint-Marc le Lundi soir, en repartira le lendemain à midi pour se rendre le Mercredi soir au Cap.

Le second Courier partira tous les Jeudis à midi précis, arrivera à Saint-Marc le Vendredi matin, en partira à midi, et se rendra le Samedi soir au Cap. Sera la présente Ordonnance imprimée, lue, publiée et affichée par-tout où besoin sera, et icelle enregistrée au Greffe de l'Intendance. DONNÉ au Cap, etc. le 17 Novembre 1781. *Signé*, LILANCOUR et LE BRASSEUR.

R. au Greffe de l'Intendance, le lendemain.

ARRÊT du Conseil du Cap, concernant les Fabriques.

Du 19 Novembre 1781.

VU par le Conseil la remontrance du Procureur-Général du Roi, contenant que l'Arrêt de la Cour du 6 Novembre de l'année dernière, ayant pour objet de rétablir l'ordre dans la comptabilité des Fabriques, opéreroit mieux et plutôt cet effet si les Trésoriers, anciens Comptables et débiteurs étoient astreints à verser directement eux-mêmes le montant de leurs débets et reliquats entre les mains du Receveur-Général des Droits Municipaux; Que la Cour voyoit la difficulté de parvenir au recouvrement des anciens fonds : que ces fonds maintenant dispersés, une fois réunis et versés entre les mains des Marguilliers en charge des Paroisses, formeroient à la vérité une masse connue et déterminée; mais qu'à peine la liquidation générale seroit consommée qu'il faudroit procéder à de nouvelles opérations pour forcer les Marguilliers sortant de charge, chaque année, à rendre leurs comptes et leur faire payer le reliquat ès mains de leurs successeurs; reliquat d'autant plus fort qu'il seroit composé de tous les anciens fonds réunis dans une seule masse, et des deniers qu'ils auroient perçus pendant leur exercice; mais que si les différens comptables et débiteurs avoient aujourd'hui tant de peine à solder leurs débets particuliers, comment les Marguilliers pourroient-ils acquitter la somme de tous ces débets réunis? Qu'aujourd'hui il étoit dû par dix Habitans, plus ou moins, une somme de quarante mille livres à une Fabrique : l'exécution de l'Arrêt du 6 Novembre de l'année dernière alloit la réunir dans une seule main, de laquelle tout portoit à craindre qu'il ne fût bien plus difficile de la sortir qu'il ne l'étoit dans ce moment de la faire payer par ces dix Habitans : que des événemens si fréquens dans ce Pays sujet à révolutions, pouvoient détruire la solvabilité des Marguilliers : qu'il étoit possible que ces Marguilliers, dont les Habitations sont souvent situées dans les doubles montagnes et éloignées des voisins, vinssent à être volés : que si la caisse de la Paroisse n'étoit pas la proie de l'avidité étrangère, elle pouvoit tenter la cupidité du dépositaire lui-même : que ces événemens que la prudence faisoit prévoir au Procureur-Général du Roi, étoient les motifs qu'il croyoit devoir présenter à la Cour, avec les précautions nécessaires pour mettre en sureté les deniers des Fabriques, à la conservation desquels son ministère l'obligeoit de veiller : que les Habitans avoient bien senti le danger de ce versement successif des deniers de la Fabrique des mains d'un Marguillier en celles d'un autre : que ceux de la Paroisse de Plaisance, entr'autres, lui avoient présenté une requête pour obtenir la continuation du sieur Le Clerc, Trésorier de cette Paroisse, en lui exposant l'avantage d'un Trésorier dépositaire dont la probité et la solvabilité garantissoient de tout événement fâcheux : que le Procureur-Général du Roi croyoit la confiance des Habitans de la Paroisse de Plaisance pour le sieur Le Clerc bien fondée ; mais que quelle que fût la probité d'un Trésorier, elle ne le mettroit pas à l'abri des événemens imprévus qui pouvoient déranger sa fortune et le rendre insolvable : que le vol de la caisse que l'on craignoit chez un Marguillier, pouvoit aussi-bien arriver chez un Trésorier : que le risque étoit égal entre l'un et l'autre, et que le danger étant réciproque, on devoit prendre les mêmes précautions pour en préserver la caisse : que le vrai moyen d'assurer les fonds des Paroisses et de prévenir tout événement, étoit d'obliger provisoirement, tant les Trésoriers que les Comptables et débiteurs indistinctement, à verser directement leurs débets entre les mains du Receveur-Général des Droits Municipaux, pour y rester aux ordres légaux de chaque Fabrique et Marguillier en charge : que ce Réglement dont l'expérience démontroit l'utilité, satisferoit également l'intérêt du Public et celui des Habitans, en ce que d'une part il simplifieroit la comptabilité, objet d'inquiétude dont les Marguilliers seroient désormais délivrés, et que d'une autre, en fixant la sûreté des deniers, il produiroit le rétablissement de l'ordre si long-temps négligé dans l'Administration du temporel des Églises : que les comptes ordonnés par l'Arrêt de la Cour, du 6 Novembre de l'année dernière, étoient rendus ; mais que la crainte de réunir dans une seule main les sommes dûes à une Fabrique par dix Habitans, plus ou moins, et de les exposer par cette réunion aux risques qui venoient d'être présentés, avoit fait suspendre au Procureur-Général du Roi la poursuite du paiement des reliquats et autres sommes dûes aux Fabriques ; mais que maintenant que ces comptes étoient rendus, la Cour étoit en état de faire droit sur l'interlocutoire prononcé par l'Arrêt du 6 Novembre de l'année dernière. A CES CAUSES, requéroit, etc : ladite remontrance signée : de Thebaudières. Oui le rapport de M. Lohier de la Charmeraye, Conseiller, et tout considéré : LA COUR, où M. le Commandant en Chef étoit, joint ladite remontrance à l'appel interjeté par le Procureur Général du Roi des délibérations prises dans les Assemblées des Paroisses du Gros-Morne, le 15 Août 1780, du Fort-Dauphin, le premier Octobre suivant, et de l'Accul, les 9 Janvier et 10

Septembre de la même année, ainsi que de celles prises dans toutes les autres Paroisses du ressort de la Cour, pour la nomination de tels Syndics, Commissaires et Trésoriers, et y faisant droit; en ce qui touche ledit appel, a mis et met l'appellation et ce dont est appel au néant; émendant, déclare lesdites délibérations et nominations nulles et de nul effet, comme contraires au Réglement du Roi, du 14 Mars 1741, concernant le temporel des Paroisses de St. Domingue, enregistré en cette Cour, le 8 Novembre suivant.

Et en ce qui touche ladite remontrance, a sursis et surseoit à y faire droit pendant trois mois, pendant lequel temps il sera, à la diligence du Procureur-Général du Roi, convoqué des assemblées dans toutes les Paroisses du ressort, dans chacune desquelles assistera un des Substituts du Procureur-Général du Roi, à l'effet par lesdits Paroissiens de délibérer et s'expliquer, s'il ne seroit pas utile et convenable pour le bien et la sûreté des deniers des Fabriques, que les anciens deniers dus, dans quelques mains qu'ils soient, fussent versés entre les mains du Receveur-Général des Droits Municipaux du ressort de la Cour, pour y rester aux ordres légaux de chaque Fabrique et Marguillier en charge; lequel Receveur seroit autorisé à prélever sur la recette effective desdites sommes un droit de deux et demi pour cent, à la charge par ledit Receveur; 1°. de fournir pour sûreté desdits deniers bonne et suffisante caution qui seroit reçue en la forme ordinaire, et avec le Procureur-Général du Roi devant le Conseiller-Commissaire; 2°. de tenir un registre en bonne forme dûment coté et paraphé, dans lequel il ouvriroit un compte au débit et crédit pour chaque Fabrique et Paroisse du ressort, et y porteroit, date par date, les recettes qu'il feroit, ainsi que les paiemens sur les mandats des Marguilliers en charge; 3°. de rendre compte par bref état, chaque année, au renouvellement des Marguilliers, même plus souvent, si besoin étoit, de la situation de chacune des Fabriques, sans néanmoins comprendre dans le versement desdits anciens fonds dûs, la recette et manutention annuelle de chacun des Marguilliers de Paroisses, lesquelles continueront comme par le passé aux termes du susdit Réglement du Roi, du 14 Mars 1741: pour, lesdites délibérations ainsi faites et rapportées, être par la Cour définitivement statué sur la remontrance susdite du Procureur Général du Roi, ainsi qu'elle verra bon être: ordonne que le présent Arrêt sera à la diligence du Procureur-Général du Roi signifié à tous les Syndics, Commissaires et Trésoriers susdits, et transcrit sur les registres des délibérations des Paroisses du ressort.

ARRÊT du Conseil du Cap, qui ordonne au Greffe de la Jurisdiction, le Dépôt du Plan-Directeur des Quais de la Ville.

Du 20 Novembre 1781.

CE jour le Procureur-Général du Roi est entré, et a remis sur le Bureau le Plan-Directeur des Quais de cette Ville, qui lui a été adressé par MM. les Administrateurs de cette Colonie, d'eux dûment signé; ce plan devant servir de règle dans les nivellemens et alignemens, il en requiert le dépôt au Greffe de la Jurisdiction de cette Ville, et l'annexe aux plans déjà déposés; le Procureur-Général du Roi oui et retiré, la matière mise en délibération; et tout considéré : LA COUR a ordonné et ordonne que le Plan-Directeur des Quais de cette Ville, Signé, REYNAUD et LE BRASSEUR, sera et demeurera, préalablement paraphé par M. le Président, déposé au Greffe de la Jurisdiction de cette Ville, et annexé à ceux qui y sont déjà déposés, pour servir au jugement des contestations qui pourroient s'élever en matière de nivellement et alignement.

RÉGLEMENT du Roi, concernant le Service et l'Économie de l'Artillerie et des Fortifications aux Colonies.

Du 24 Novembre 1781.

LE ROI voulant régler ce qui concerne le service économique de l'Artillerie et des Fortifications dans ses Colonies de l'Amérique, Sa Majesté a ordonné et ordonne ce qui suit.

ART. Ier. Les ouvrages de l'Artillerie et des Fortifications, après avoir été délibérés, en toutes circonstances, entre le Gouverneur-Lieutenant-Général et l'Intendant, ou dans un Conseil de Guerre, seront déterminés par le premier, et ordonnés par le second, en tout ce qui a rapport aux différens marchés tendant à l'exécution et aux paiemens.

II. Les marchés, soit pour fournitures, soit pour ouvrages à la toise, ou toute autre main-d'œuvre à l'entreprise, seront passés par l'Intendant en présence du Contrôleur : les Officiers en Chef de l'Artillerie et des Fortifications, chacun en ce qui les concerne, seront appelés pour stipuler

puler les conditions relatives à leur art, et pour donner leur avis sur lesdits marchés, et les signeront.

III. Les approvisionnemens et fournitures de tous les effets dépendans du Génie et de l'Artillerie, seront vérifiés, avant leur entrée au Magasin, par le Commissaire chargé de l'inspection des Magasins, en présence des principaux Officiers respectifs et du Contrôleur; il en sera usé de même pour la réception des ouvrages de construction, réparation, entretien, et de tous autres, de quelque nature qu'ils soient.

IV. Dans les Villes du Cap, du Port-au-Prince et du Môle-Saint-Nicolas, la conservation des effets de l'Artillerie et des Fortifications sera confiée à un Garde-Magasin particulier, lequel sera présenté par le principal Officier de l'Artillerie, et nommé conjointement par les Gouverneur-Lieutenant-Général et Intendant. Entend Sa Majesté que dans les autres postes, les Magasins de l'Artillerie et des Fortifications soient réunis à ceux de la Marine, et gardés par les Préposés que l'Intendant aura commis à cet effet, pourvu toutefois que ladite réunion puisse se faire sans occasionner aucune confusion des effets appartenans à ces divers Départemens.

V. En ce qui concerne l'Artillerie, l'arrangement du Magasin sera dirigé par l'Officier-Commandant de cette partie.

VI. Les Gardes-Magasins de l'Artillerie et des Fortifications ne recevront et ne délivreront ni poudre, ni ustensiles, ni autres effets, de quelque nature qu'ils puissent être, qu'en vertu des ordres communs desdits Gouverneur-Lieutenant-Général et Intendant, ou de leurs Représentans. Ne pourra néanmoins ledit Intendant refuser le concours de sa signature, lorsqu'il en sera requis par ledit Gouverneur-Lieutenant-Général, et par écrit; et seront toutes les pièces relatives à la comptabilité, signées par lesdits Gardes-Magasins.

VII. Défend Sa Majesté de détourner les effets desdits Magasins de leur destination, sous quelque prétexte que ce soit. Veut Sa Majesté que dans le cas où un Service en aidera l'autre, ce ne soit qu'à titre de prêt et à charge de remplacement.

VIII. Tous les états et pièces servant à établir les dépenses relatives aux travaux de l'Artillerie et des Fortifications, seront signés par les principaux Officiers respectifs.

IX. Les Ouvriers, Soldats et tous Journaliers employés aux travaux des deux Départemens, seront inspectés par un Commissaire qui en fera tous les jours l'appel par lui-même, ou par les Employés de son Bureau, et le Contrôleur assistera aux appels lorsqu'il le jugera convenable.

X. Lesdits Ouvriers, Soldats et Journaliers, ainsi que les Piqueurs, seront payés par le Trésorier, en présence du Contrôleur, d'après les rôles arrêtés par quinzaine.

XI. Seront d'ailleurs observées, relativement aux dépenses de l'Artillerie et des Fortifications, toutes les règles et formalités prescrites par les Ordonnances de Sa Majesté, relativement à la comptabilité des Colonies.

Mande et ordonne Sa Majesté à ses Gouverneur-Lieutenant-Général et Intendant de St. Domingue, et à tous autres Officiers qu'il appartiendra, de tenir la main à l'exécution du présent Réglement. Fait à Versailles, etc.

R. au Contrôle, le 14 Mars 1782.

ORDONNANCE du Roi, concernant les Missions dans les Colonies Françoises de l'Amérique.

Du 24 Novembre 1781.

LOUIS, etc. Sur le compte qui nous a été rendu de l'administration des Missions dans nos Colonies de l'Amérique, nous avons reconnu que les Réglemens faits sur cet objet important sont insuffisans, et que l'augmentation de la culture & de la population exige que nous permettions aux Habitans, à cause de l'éloignement des Paroisses, d'établir des Chapelles sur leurs Habitations, afin qu'ils puissent assister & faire assister plus exactement leurs Esclaves au Service divin : A CES CAUSES, etc, voulons et nous plaît ce qui suit.

ART. Ier. Le Préfet Apostolique, sous l'autorité et discipline duquel seront les Missionnaires, en vertu des pouvoirs dont il sera revêtu par le Saint-Siége, ne pourra remplir aucune de ses fonctions qu'après l'enregistrement de la Bulle ou Bref de sa nomination et de ses pouvoirs, en vertu de nos Lettres d'attache, en celui de nos Conseils-Supérieurs dans le ressort duquel sa Mission se trouvera établie.

II. Nos Gouverneur-Lieutenant-Général et Intendant auront inspection et autorité sur la conduite personnelle des Missionnaires et sur celle de leur Supérieur, tant comme Supérieur, que comme Préfet Apostolique, non-seulement relativement à leurs mœurs, mais encore par rapport aux négligences ou abus d'autorité qu'ils pourroient se permettre dans les actes appartenans au for extérieur.

III. Voulons que nosdits Gouverneur-Lieutenant-Général et Intendant fassent honorer et respecter lesdits Supérieur et Missionnaires dans les fonctions de leur ministère; voulons aussi qu'en cas de scandale de leur part ou de trouble causé par eux à l'ordre et à la tranquillité publique, nosdits Gouverneur-Lieutenant-Général et Intendant puissent ordonner par voie d'administration le déplacement desdits Missionnaires et leur renvoi en France, et même, selon la nature & la gravité des cas, donner ordre audit Supérieur de venir en France rendre compte de sa conduite.

IV. Le Supérieur de chaque Mission commettra à la desserte de toutes les Paroisses de son district, et distribuera selon qu'il le jugera à propos, les Missionnaires, après avoir communiqué à nos Gouverneur-Lieutenant-Général et Intendant, les changemens & nominations qu'il aura déterminés.

V. Si aucun des Missionnaires nommé pour desservir une Paroisse étoit jugé par nos Gouverneur-Lieutenant-Général et Intendant, ne pouvoir y être employé sans inconvénient, sera tenu le Supérieur de la Mission d'en nommer un autre.

VI. Ne pourra ledit Supérieur retirer, changer ou renvoyer en France aucun Desservant des Paroisses, sans avoir préalablement pris par écrit et à la pluralité des voix, l'avis des cinq plus anciens desdits Desservans, et sera signé d'eux le résultat dudit avis, pour être remis à nos Gouverneur-Lieutenant-Général et Intendant; sans qu'il soit besoin que leurs motifs soient détaillés dans ledit résultat.

VII. Faisons défense aux Supérieurs desdites Missions, d'employer aux fonctions du Ministère Ecclésiastique dans les Colonies, aucuns Prêtres séculiers ou réguliers qui ne seroient pas pourvus de démissoire de leur Evêque diocésain, ou lettre d'obédience de leur Supérieur régulier.

VIII. Le Supérieur de chaque Mission pourra, si bon lui semble, se réserver les fonctions curiales du Chef-lieu de la Colonie, et retenir près de lui le nombre de Missionnaires qu'il jugera nécessaire pour le suppléer & l'aider dans les fonctions de son ministère.

IX. Chaque Préfet Apostolique fera, au moins une fois par an, la visite des différentes Paroisses et Chapelles de sa Mission; il examinera la conduite des Missionnaires, l'état et la tenue des registres de mariages, baptêmes et sépultures, celui des Ornemens et Vases sacrés, la situation des Fabriques, les réparations à faire aux Eglises et Presbytères, et du tout rendra compte aux Gouverneur-Lieutenant-Général et Intendant.

X. Le Préfet Apostolique veillera particulièrement à ce que les Esclaves dans chaque Paroisse reçoivent de leurs Curés les instructions nécessaires et les Sacremens de l'Eglise; et dans le cas où il auroit connoissance de négligence ou empêchement de la part des Maîtres, il en donnera avis aux Gouverneur-Lieutenant-Général et Intendant, afin qu'il y soit par eux pourvu.

XI. Pourront les Habitans faire construire des Chapelles particulières sur leurs Habitations; auquel cas ils s'adresseront au Préfet Apostolique dans le district duquel leurs Habitations seront situées, pour obtenir la permission d'y faire célébrer la Messe; et ne pourra ladite permission leur être refusée lorsque lesdites Chapelles seront construites et ornées décemment.

XII. Lorsqu'une Chapelle particulière aura été établie en vertu de la permission du Préfet Apostolique, il aura le droit de visite et d'inspection sur ladite Chapelle, ainsi que sur la conduite de l'Aumônier entretenu pour la desservir.

XIII. Défendons à tous Curés desservant les Paroisses de nos Colonies, de célébrer aucun mariage dans lesdites Chapelles.

XIV. Chaque Préfet Apostolique rendra compte, une fois chaque année, au Secrétaire d'État ayant le Département de la Marine et des Colonies, de l'état de la Mission, des Paroisses et des Communautés Religieuses, ainsi que de la conduite des Missionnaires; et sera tenu ledit Préfet Apostolique de remettre une copie dudit compte à nos Gouverneur-Lieutenant-Général et Intendant. Si donnons en mandement à nos Officiers de nos Conseils-Supérieurs en l'Isle Saint-Domingue, etc.

R. au Conseil du Port-au-Prince, le 18 Avril 1782.

Et à celui du Cap, le 11 Mai suivant.

ÉDIT concernant les Successions vacantes dans les Colonies Françoises de l'Amérique, les Curateurs en titre d'office, les Exécuteurs Testamentaires et les Légataires.

Du 24 Novembre 1781.

LOUIS, etc. Le compte qui nous a été rendu des abus introduits dans l'administration des Successions, lorsqu'en l'absence des héritiers elles viennent à s'ouvrir dans nos Colonies de l'Amérique, nous ont convaincu de l'insuffisance des Réglemens relatifs à ces sortes de biens, comme à ceux qui sont chargés de les régir en qualité, soit de Curateurs en titre d'office, soit d'Exécuteurs testamentaires : nous avons pensé en conséquence qu'il étoit de notre justice de faire cesser les plaintes qui nous ont été portées sur des objets si importans, de fixer clairement les cas dans lesquels le ministère du Curateur en titre d'office sera réputé indispensable, et ceux où les Successions vacantes pourront être confiées à d'autres Administrateurs, de pourvoir à la sûreté de toutes les Parties intéressées par des dispositions qui ne laissent aucun doute sur les obligations de ces mêmes Curateurs et Exécuteurs testamentaires, ainsi que sur la manière dont les Légataires pourront exercer leurs droits. A CES CAUSES, voulons et nous plaît ce qui suit, etc.

ART. Ier. Avons approuvé et confirmé, approuvons et confirmons l'établissement des Curateurs en titre d'office aux Successions vacantes dans les Siéges Royaux de nos Colonies de l'Amérique ; conférons par le présent Édit à nos Conseils-Supérieurs desdites Colonies le pouvoir, par eux exercé provisoirement jusqu'à ce jour, de nommer dans leur ressort lesdits Curateurs en présence des Gouverneur-Lieutenant-Général et Intendant, comme aussi de prescrire les conditions à remplir pour pouvoir exercer ledit Office de Curateur, et de recevoir les cautions que lesdits Conseils exigeront desdits Curateurs, sans pouvoir les en dispenser.

II. Les Curateurs en titre d'office seront nommés à vie, et pourront néanmoins être destitués par nos Conseils-Supérieurs pour cause de négligence ou malversation dans leurs fonctions, indépendamment des autres peines qui seroient encourues pour lesdites malversations ; le tout en présence des Gouverneur-Lieutenant-Général et Intendant.

III. Les successions seront réputées vacantes, toutes les fois qu'il ne se présentera personne ayant titre ou qualité pour s'en mettre en possession, et leur administration appartiendra au Curateur en titre d'office établi dans le lieu où elles seront ouvertes, lequel Curateur sera tenu de faire apposer les scellés, et de faire faire inventaire en présence de notre Procureur, par un Notaire de la Jurisdiction; déclarons que s'il se trouve en plusieurs Jurisdictions des biens et effets dépendans de la même succession, chacun desdits biens et effets sera régi séparément par le Curateur de la Jurisdiction dans laquelle ils seront situés, à la charge de rendre compte au Curateur de la Jurisdiction du domicile du défunt, lequel Curateur sera constitué Régisseur principal, et chargé en chef de toute ladite succession.

IV. Les Curateurs en titre d'office seront tenus de procéder, soit en demandant, soit en défendant, sur toutes les actions relatives aux successions confiées à leur administration, et d'opérer avec toute la célérité possible la liquidation desdites successions, à peine de tous dépens, dommages et intérêts contre lesdits Curateurs, pour raison des préjudices que leur négligence pourroit occasionner aux héritiers ou aux Créanciers; défendons néanmoins auxdits Curateurs de se permettre aucunes poursuites ni procédures, sans y avoir été au préalable autorisés par l'avis de nos Procureurs; à défaut de laquelle autorisation, les frais et dépens qui tomberont en pure perte pour les successions, seront à la charge desdits Curateurs. Enjoignons en conséquence à nos Procureurs de veiller pour l'intérêt des absens, et de consulter nos Procureurs-Généraux dans les cas qui leur paroîtront douteux.

V. Si les héritiers absens et non représentés par les fondés de leurs pouvoirs ont des parens dans la Colonie, il sera fait une assemblée desdits parens pour nommer un d'entr'eux Curateur auxdits héritiers absens; auquel cas, ledit Curateur élu aura l'administration des biens de la succeſſion, exclusivement au Curateur en titre d'office, lorsque sur les conclusions de notre Procureur ladite élection aura été homologuée par le Juge des lieux où le défunt avoit son domicile; & seront, si besoin eſt, les amis & les voiſins notables du défunt, appelés à ladite assemblée.

VI. Ne sera regardée comme vacante, même en partie, toute succession dont un héritier légitime se trouvera présent ou représenté, encore qu'il ne justifiât pas être seul héritier, et qu'il n'eût aucun parent sur les lieux; pourra ledit héritier, en sa qualité d'habile à succéder, réclamer la curatelle et administration de la succession, sans toutefois que par ladite réclamation il soit censé avoir fait acte d'héritier ; et dans ce cas, lesdites curatelle et administration lui seront déférées exclusivement au Curateur en titre d'office, à la charge par ledit héritier de donner une caution solvable ; seront néanmoins les scellés apposés aussi-tôt après le décès sur les effets et papiers de ladite succession, desquels il sera fait inventaire en présence de notre Procureur, auquel nous enjoignons de veiller à ce que ladite apposition de scellés n'éprouve aucun retardement, et même de la requérir, sans attendre qu'il soit à cet égard présenté requête par ledit héritier.

VII. S'il se trouve des héritiers présens et des héritiers absens, un desdits héritiers présens sera nommé Curateur dans une assemblée de parens, amis ou voisins notables, et sera au surplus l'article précédent exécuté à son égard.

VIII. Toutes personnes domiciliées hors le chef-lieu de la Jurisdiction, dans les maisons desquelles seroient décédés des particuliers dont aucun héritier ne se trouveroit sur les lieux, donneront sans délai avis dudit décès à notre Procureur, par un exprès, aux frais de la succession ; seront pareillement tenues lesdites personnes de faire leur déclaration des effets appartenans aux défunts, entre les mains d'un Officier public ayant serment en Justice, soit Substitut de notredit Procureur, soit Notaire demeurant dans le Quartier ; le tout à peine de répondre des pertes et dommages que leur retardement à cet égard pourroit occasionner aux Parties intéressées.

IX. Tous autres détenteurs d'effets appartenans auxdites successions seront, sous les mêmes peines, pareillement obligés d'en faire leurs déclarations au Greffe de la Jurisdicsion, et ensuite la remise à qui sera par Justice ordonné, sauf auxdits détenteurs à insérer dans leursdites déclarations, les prétentions qu'ils pourront avoir sur lesdits effets, et il y sera statué par le Juge en la manière ordinaire.

X. Tous les effets déclarés ou rapportés en vertu des deux articles précédens, seront compris dans l'inventaire, avec indication des déclarations qui auroient pu être faites par les Parties dans les mains desquelles lesdits effets se seront trouvés.

XI. Si celui qui sera décédé sans héritiers présens ni représentés dans la Colonie, étoit en société, inventaire sera fait, après l'apposition des scellés, par le Curateur avec l'associé survivant, de tous les effets et papiers de ladite société, à l'effet de quoi ledit survivant représentera ceux desdits effets et papiers qui pourront alors être dans ses mains, et seront les livres et registres de ladite société paraphés et arrêtés par tous les assistans audit inventaire.

XII. Si la société ne consiste qu'en effets mobiliers, le Curateur en provoquera la vente et le partage pour se mettre en possession de la part afférente aux héritiers absens du défunt; sera toutefois laissé à l'associé survivant le recouvrement à faire des créances, ainsi que la direction des affaires commencées pour la poursuite desquelles l'agence dudit associé seroit nécessaire.

XIII. Si dans ladite société il se trouve des immeubles, elle continuera, relativement auxdits immeubles et effets mobiliers attachés à leur exploitation, entre l'associé survivant et les héritiers du défunt, jusqu'à ce qu'elle soit dissoute par une licitation ou toute autre sorte de partage; ne pourra toutefois ladite licitation être valablement faite avec le Curateur en titre d'office, ni même avec le Curateur qui auroit été élu par les parens, qu'après l'expiration d'une année depuis le décès dudit défunt; et audit cas, les étrangers seront admis à enchérir; à l'effet de quoi, pendant le cours de ladite année, celui qui poursuivra ladite licitation la fera publier par des affiches, avec les formalités et dans les délais prescrits par le présent Édit, pour les ventes judiciaires des immeubles provenans des successions vacantes: voulons que pendant la continuation de ladite société, ledit associé survivant reste Administrateur des immeubles communs entre lui et les héritiers du défunt.

XIV. Si la société avoit été formée par le défunt pour raison du bail d'une Habitation par lui prise à ferme avec l'associé survivant, ladite société continuera pendant le reste de la durée dudit bail avec les héritiers dudit défunt; au moyen de quoi, s'ils sont absens et non représentés, le Curateur en titre d'office se mettra en leur lieu et place pour l'exploitation de ladite Habitation.

XV. Les dispositions des articles XI, XII, XIII et XIV ci-dessus, concernant les successions des associés, ne seront exécutées dans tout leur contenu, qu'autant que les clauses de l'acte d'association n'y seront point formellement contraires.

XVI. Lorsqu'un conjoint viendra à prédécéder sans enfans issus de son mariage, et que ses héritiers se trouveront absens et non représentés, les scellés seront apposés, sans délai, sur les effets et papiers de sa succession, à la requête du conjoint survivant, ou de notre Procureur en la Jurisdiction; enjoignons à notredit Procureur de faire procéder,

céder en sa présence, à l'inventaire desdits effets et papiers, pour du tout être fait délivrance provisoire audit conjoint survivant. Laissons à l'arbitrage du Juge d'obliger ledit survivant à donner caution pendant cinq années, ou à ne pas l'y obliger; ce qui toutefois ne pourra être ainsi réglé qu'après que notre Procureur aura été ouï en ses conclusions : voulons néanmoins que si ladite succession ne consiste qu'en mobilier, ledit conjoint survivant ne puisse être dispensé de donner bonne et suffisante caution pour lesdites cinq années, s'il n'est dans la Colonie propriétaire d'établissemens capables de répondre de la valeur dudit mobilier.

XVII. Dans le cas où ledit conjoint survivant seroit l'épouse, son administration sera surveillée par le Curateur en titre d'office, sans le concours duquel elle ne pourra rien vendre ni acheter pour le compte de ladite administration, et seront toutes ses actions poursuivies en Justice au nom dudit Curateur.

XVIII. Dans tous les cas où il y aura des héritiers absens, l'institution d'un Exécuteur Testamentaire ni celle d'un Légataire universel ne dispenseront pas notre Procureur de faire apposer diligemment les scellés sur les effets et papiers du Testateur, si fait n'a été, et d'en faire inventaire.

XIX. Tout inventaire commencera par l'examen des papiers, à l'effet de connoître les héritiers absens, d'avoir des renseignemens sur leur résidence, et principalement de constater s'il existe ou s'il n'existe pas de testament; ordonnons qu'aussi tôt que lesdits renseignemens seront acquis, de premières lettres d'avis soient écrites pour être envoyées aux héritiers, et seront lesdites lettres d'avis concertées entre notre Procureur et le Curateur en titre d'office, s'il est dans le cas d'assister à l'inventaire; ou entre notredit Procureur et telle autre Partie assistante audit inventaire, en qualité d'Héritier, de Conjoint survivant, de Curateur élu, d'Exécuteur Testamentaire ou Légataire universel; entendons que lesdites lettres présentent un apperçu de la nature et de la valeur de la succession.

XX. Si aucun héritier n'est présent ni représenté, il sera fait estimation des biens-meubles et immeubles de la succession, sur la requête du Curateur, et par Experts qui seront nommés d'office par le Juge des lieux; et sera fait, dans ledit inventaire, mention détaillée de ladite estimation.

XXI. D'après les susdites opérations, il sera fait par le Notaire un relevé sommaire dudit inventaire et de ladite estimation, lequel relevé sera joint à de secondes lettres d'avis faites par notre Procureur, ou par notredit Procureur et le Curateur en commun, ainsi qu'il est porté en l'article XIX.

XXII. Tous lesdits avis seront adressés aux héritiers, s'ils sont connus; et dans le cas contraire, à notre Procureur-Général en France dans le Parlement ou Conseil Souverain de la Province dont le défunt auroit paru originaire, ou dans laquelle on présumeroit que lesdits héritiers pourroient résider; enjoignons en outre à nos Procureurs de faire insérer lesdits avis dans tous les papiers publics de la Colonie.

XXIII. Pour faire passer à leur destination lesdits avis, ils seront remis, par duplicata en temps de paix, et par triplicata en temps de guerre, au Greffier de la Jurisdiction, lequel les fera partir par les premiers Navires, prendra du Capitaine un certificat, et inscrira lesdits chargemens en marge du registre mentionné dans l'article LI de notre présent Edit.

XXIV. Il sera fait par ledit Notaire, des copies en forme desdites expéditions par duplicata ou triplicata, selon qu'on se trouvera en paix ou en guerre, lesquelles copies seront envoyées à l'Intendant par ledit Greffier, avec les notes des Navires sur lesquels les paquets auront été chargés; et seront lesdites copies adressées par ledit Intendant au Secrétaire d'Etat ayant le Département de la Marine et des Colonies.

XXV. Si les biens vacans, laissés par ceux qui décéderont hors des Villes ou Bourgs, sont trop peu considérables pour exiger le transport de notre Procureur, le Curateur en titre d'office pourra se faire autoriser par le Juge à faire apporter au chef-lieu de la Jurisdiction les effets ainsi laissés par ledit défunt, et sera desdits effets dressé seulement procès-verbal par un Notaire, lequel les fera renfermer dans une caisse qu'il scellera en présence de deux Habitans connus et voisins du lieu du décès; entendons qu'il soit fait ensuite un simple récolement desdits effets par notredit Procureur et ledit Curateur.

XXVI. Aussi-tôt que l'inventaire d'une succession vacante aura été achevé, le Curateur fera procéder à la vente des effets mobiliers périssables, après toutefois y avoir été autorisé par une Ordonnance du Juge, rendue sur les conclusions de notre Procureur en la Jurisdiction; voulons même que ladite Ordonnance soit visée par notre Procureur-Général, lorsqu'elle permettra de vendre des Négres domestiques, ouvriers ou d'une espèce semblable. Quant à la forme de ladite vente, elle sera réglée par la même Ordonnance, relativement à la valeur desdits effets, et il en sera ainsi des autres conditions qui pourront dépendre dudit Juge.

XXVII. Sous le titre d'effets périssables et par cette raison susceptibles d'être vendus, ne seront jamais compris les Négres, bestiaux et ustensiles mobiliers servant à l'exploitation de l'Habitation ou manufacture qui pourra se trouver dans la succession.

XXVIII. Pourront néanmoins lesdits Négres, bestiaux et ustensiles mobiliers de culture, être vendus séparément de l'Habitation à laquelle ils seront attachés, pourvu que les terres et bâtimens de ladite Habitation ne restent pas invendus, et que leur vente ait été ordonnée par le Juge.

XXIX. Voulons que dans le cas où le Juge auroit ordonné ladite vente ; sa sentence ne puisse être mise à exécution qu'après avoir été visée par notre Procureur-Général, auquel elle sera envoyée avec un état au vrai de l'actif et du passif de la succession, lequel état sera certifié par le Curateur, et visé par notre Procureur en la Jurisdiction ; autorisons notredit Procureur-Général à se rendre appelant de ladite Sentence, s'il l'estime convenable à l'intérêt commun de ladite succession et des Créanciers.

XXX. Tout Curateur élu par les parens des héritiers absens, tout conjoint survivant, ainsi que tout héritier ou légataire universel envoyés par provision seulement en possession des biens vacans, ne seront considérés que comme de simples Administrateurs, jusqu'à ce qu'il leur soit fait délivrance définitive desdits biens ; voulons en conséquence qu'ils soient assujettis aux règles ci-dessus prescrites par les articles XXVI et XXVII, concernant la vente des effets mobiliers périssables, comme aussi aux dispositions des articles XXVIII et XXIX, concernant la vente des immeubles, et seront toutes lesdites règles et dispositions pareillement appliquées aux Exécuteurs Testamentaires, à moins que par le Testament même ils ne soient spécialement autorisés auxdites ventes.

XXXI. Les Curateurs élus, les Curateurs en titre d'office, ni les Officiers des Siéges et Tribunaux dans lesquels les ventes seront faites ou ordonnées, ne pourront se rendre adjudicataires, soit par eux-mêmes, soit par personnes interposées, d'aucuns biens-meubles ou immeubles des successions vacantes ; voulons qu'en cas de contravention au présent article, les biens et effets ainsi acquis soient rendus à la succession pour être recriés et vendus à son profit, et que les délinquans et leurs prête-noms soient condamnés solidairement et par corps à payer à ladite succession le double de la valeur desdits effets ; seront, en outre, lesdits délinquans et leursdits prête-noms déclarés incapables d'exercer aucunes fonctions publiques.

XXXII. Nos Procureurs seront toujours Partie nécessaire aux appositions des scellés, inventaires et ventes des biens dépendans des successions dont les héritiers ou partie d'iceux seulement se trouveront absens de la Colonie, sans y être représentés par des fondés de leurs pouvoirs.

XXXIII. Les Tuteurs feront, dans nos Colonies, fonctions de Curateurs pour les mineurs absens, et il en sera ainsi des mères tutrices ; voulons même que ladite curatelle se proroge dans leur personne, après l'expiration de la tutelle, jusqu'à ce que les héritiers se présentent en personne ou par des fondés de leurs pouvoirs pour exercer leurs droits ; exceptons toutefois le cas d'une mère qui, après un second mariage, perdroit la tutelle de ses enfans ; déclarons qu'audit cas on se conformera aux dispositions de l'article suivant.

XXXIV. Tant que le conjoint survivant, de quelque sexe qu'il soit, conservera la tutelle ou curatelle de ses enfans absens, s'il leur échoit des successions collatérales, elles seront pareillement administrées par ledit conjoint survivant, lequel toutefois sera tenu d'en faire faire inventaire en présence de notre Procureur ; dans le cas néanmoins où ledit conjoint survivant seroit l'épouse, laquelle auroit convolé à de nouvelles noces, un autre Curateur sera nommé auxdits enfans dans une assemblée de parens et amis ; n'entendons aussi empêcher les mères survivantes de provoquer la nomination dudit Curateur, à l'effet de faire procéder, contradictoirement avec lui, à l'inventaire de la communauté, et de parvenir à la liquidation de ses droits.

XXXV. Il sera libre à tous particuliers de proroger pendant cinq années l'exécution testamentaire qu'il leur plaira de confier, comme aussi de nommer un ou plusieurs exécuteurs pour être subrogés les uns aux autres ; et ne pourra le Curateur en titre d'office, s'immiscer aucunement en sadite qualité, dans les affaires de leur succession, pendant le temps marqué pour la durée de ladite exécution, à moins que lesdits exécuteurs ne soient refusans de s'en charger, ou ne viennent eux-mêmes à décéder. Voulons néanmoins que dans le cas où les Testateurs auroient chargé leur Exécuteur Testamentaire de libérer leur succession sans avoir limité le temps pour opérer ladite libération, le Juge puisse, suivant la nature des circonstances, fixer un délai au-delà duquel ladite exécution testamentaire ne pourra être prolongée.

XXXVI. A l'expiration d'une exécution Testamentaire, celui qui en aura été chargé, sera tenu d'en rendre compte, sans qu'il puisse en être dispensé par le Testateur. Déclarons nulle et de nul effet, comme étant l'ouvrage de la suggestion, toute clause qui dans un Testament contiendroit une telle dispense ; et dans le cas où ladite exécution testamentaire ayant concerné des héritiers absens, il seroit question de remettre la succession auxdits héritiers en personne ou aux fondés de leurs pouvoirs, ladite remise ne pourra être valablement faite qu'en vertu d'une Ordonnance du Juge rendue sur les conclusions de notre Procureur.

XXXVII. Lorsque la durée de l'exécution testamentaire aura été de cinq années, sans qu'on ait eu aucune connoissance des héritiers, le compte en sera rendu pardevant le Conseil-Supérieur sur le réquisitoire de notre Procureur-Général, en la même forme, et de la même manière que celui des Curateurs en titre d'office ; voulons qu'audit cas le reliquat en argent dudit compte soit versé dans la caisse de notre Trésorier, et que les immeubles de la succession soient remis ès-mains du Curateur, pour être vendus à sa poursuite et diligence, et les fonds provenans de ladite vente, être pareillement versés dans ladite caisse. Pourra néanmoins la poursuite de ladite vente être confiée audit Exécuteur-Testamentaire, s'il est consentant de s'en charger gratuitement, auquel cas il sera par notredit Conseil commis à cet effet ; pourra aussi ledit Curateur, sans attendre le réquisitoire de notre Procureur-Général, se pourvoir d'Office en notre Conseil-Supérieur, et demander l'envoi en possession desdits immeubles.

XXXVIII. Si ladite exécution testamentaire n'est pas prorogée à cinq années, lors de son expiration le compte en sera rendu au Curateur en présence de notre Procureur, en cas que les héritiers ne soient ni présens ni représentés, et ne pourra ledit compte être réputé définitif, qu'après avoir été homologué par le Juge des lieux ; seront aussi, lors de ladite reddition de compte, et sans attendre ladite Sentence d'homologation, tous les biens meubles et immeubles de la succession remis audit Curateur.

XXXIX. Pendant l'absence des héritiers non représentés, tout Exécuteur Testamentaire dont la commission aura été prolongée au-delà de l'année coutumière, sera tenu à la fin de chaque année, de justifier de sa gestion active et passive, par des états sommaires soutenus de pièces justificatives. Seront lesdits états et pièces justificatives, remis à notre Procureur-Général, lequel, après l'examen du tout, pourra requérir ce qu'il avisera bon être, rendra lesdites pièces audit Exécuteur Testamentaire, et gardera lesdits états pour y avoir recours en cas de besoin.

XL. Si à la fin de chaque année de sa gestion, l'Exécuteur-Testamentaire ne fournit les états sommaires et pièces mentionnés dans l'article précédent, ou si de leur examen résultent des preuves d'une conduite préjudiciable aux intérêts des héritiers absens, il sera, à la diligence de notre Procureur, déchu de son administration, privé du legs à lui fait par le Testament, condamné à tous dommages et intérêts envers les Parties lésées par son fait ou sa négligence, et même à plus grande peine s'il y échoit. Voulons en conséquence que tous les biens, titres et papiers de la succession, soient alors remis au Curateur, et sera ledit Exécuteur-Testamentaire contraint par corps à ladite remise, ainsi qu'au paiement des restitutions ou condamnations pécuniaires qui pourront être prononcées contre lui.

XLI. Quelque reculé que puisse être le terme marqué pour faire cesser la fonction d'un Exécuteur-Testamentaire, il ne pourra se dispenser de remettre aux héritiers les biens de la succession aussi-tôt qu'ils se présenteront pour les recueillir, ou par eux-mêmes ou par des fondés de leurs pouvoirs, sauf audit Exécuteur-Testamentaire à retenir dans ses mains des valeurs suffisantes pour remplir les legs particuliers; et où ladite succession ne consisteroit qu'en mobilier, s'il a été chargé de l'acquittement des dettes, il sera tenu, avant la remise desdits biens auxdits héritiers, d'acquitter toutes les dettes connues au moment de leur réclamation, à moins que par les Créanciers mêmes il ne soit déchargé de ladite obligation.

XLII. Enjoignons à nos Procureurs de faire recherche de toutes les successions pour lesquelles il aura été précédemment nommé des Exécuteurs-Testamentaires, lesquels n'auroient encore ni fait la remise, ni rendu compte desdites successions. Voulons que nosdits Procureurs en remettent un bordereau à l'Intendant, et un autre bordereau semblable à notre Procureur-Général.

XLIII. Les Testamens portant institution de légataires universels, ou nomination d'Exécuteurs-Testamentaires, tous présens dans la Colonie, ne pourront à l'avenir être homologués, sans que le Curateur en titre d'office ait été intimé, lorsque les héritiers du Testateur seront absens et non représentés. Ne pourra toutefois ledit Curateur se rendre appelant de la Sentence d'homologation; entendons que la faculté d'interjeter un semblable appel ne puisse être exercée que par nos Procureurs.

XLIV. Tant que les héritiers ne pourront être mis en cause, les Légataires universels ne pourront aussi obtenir, contradictoirement avec le Curateur en titre d'office, qu'une délivrance provisoire de leurs legs, encore qu'ils eussent en propriété dans la Colonie des établissemens suffisans pour répondre de la valeur desdits legs. Déclarons qu'en vertu de ladite délivrance provisoire, ils ne pourront se regarder que comme de simples Administrateurs des biens à eux légués, ni faire aucune vente des biens meubles et immeubles de la succession, qu'en se conformant aux règles et formalités prescrites par notre présent Edit pour les ventes à faire par les Curateurs en titre d'office.

XLV. Dans le cas néanmoins où depuis le décès du Testateur, ils se seroit écoulé cinq années sans que les héritiers se fussent présentés, sur la Requête des Légataires universels et sur les conclusions de notre Procureur, la délivrance provisoire faite auxdits Légataires, sera convertie en délivrance définitive, au moyen de quoi ils pourront comme propriétaires, valablement disposer de tous les biens à eux legués. Ne pourra toutefois, la Sentence portant délivrance définitive, être préjudiciable auxdits héritiers et à leur droit de contester le validité du Testament, lequel droit ils ne pourront exercer que pendant trente années, à compter du jour dudit décès. Déclarons que lesdites années courront également contre les mineurs, les interdits et tous autres sans exception; et où lesdits héritiers, après ladite Sentence, parviendroient à faire annuller un legs universel, ils n'auront d'action que contre le Légataire, ses héritiers et autres représentans à titre gratuit, et nullement contre les tiers détenteurs qui auroient acheté de lui et payé les biens légués.

XLVI. Les Légataires particuliers seront assujettis aux règles prescrites par les deux articles précédens concernant les Légataires universels; exceptons seulement les legs pieux, ceux faits pour des œuvres de charité ou qui pourroient être regardés comme des actes rémunératoires; entendons que la délivrance définitive desdits legs ainsi exceptés, puisse être ordonnée sans exiger de caution, et sans attendre que les cinq années ci-dessus dites se soient écoulées. Déclarons en outre que dans la classe desdits actes rémunératoires, seront compris les legs faits aux Exécuteurs-Testamentaires lorsqu'ils auront accompli les intentions du Testateur.

XLVII. Si les Légataires tenus de donner caution ne peuvent en présenter une recevable, les biens à eux légués seront remis dans les mains du Curateur en titre d'office, pour être par lui administrés pour le compte de qui il appartiendra, jusqu'à ce qu'il n'y ait plus lieu d'exiger ladite caution. Laissons néanmoins à la prudence de nos Juges, d'accorder sur lesdits legs, s'il y a lieu, des provisions alimentaires, et ce, pendant les cinq années que pourra durer l'obligation de donner caution. Voulons au surplus que dans tous les cas, les fruits des biens légués appartiennent aux

Légataires universels ou particuliers, à compter du jour de la demande en délivrance provisoire, lorsque ladite délivrance deviendra définitive.

XLVIII. Les saisies faites sur le défunt ou entre les mains du Curateur en sadite qualité, demeureront converties en oppositions simples pour la conservation des droits des saisissans, sans qu'il soit besoin de le faire prononcer.

XLIX. Le Curateur dressera de toute succession un tableau général des Créanciers connus, dans l'ordre de leurs priviléges et hypothèques. Sera ledit tableau communiqué à notre Procureur, pour le paiement desdits Créanciers être ensuite ordonné par le Juge, après toutefois qu'il aura été par lui statué sur les oppositions qui pourront être formées entre lesdits Créanciers.

L. Les paiemens seront faits sans délai par ledit Curateur, à mesure que les fonds lui rentreront Déclarons qu'il sera tenu personnellement des intérêts et frais que ses retardemens volontaires pourroient occasionner.

LI. Sera tenu dans chaque Jurisdiction un registre particulier, coté et paraphé par le Juge, dans lequel registre le Greffier inscrira par ordre de date les successions du ressort qui tomberont en vacance, et généralement toutes les autres successions, sans aucune exception, dans lesquelles il se sera trouvé des héritiers absens. Voulons qu'à chacune desdites successions, sans aucune exception, soient mentionnés les noms, surnoms et domicile du défunt, le lieu de son origine s'il est connu, les noms et demeures desdits héritiers absens, si faire se peut, ou les renseignemens les plus propres à les indiquer, comme aussi les noms, demeures et qualités de l'Exécuteur-Testamentaire, du Légataire universel, Curateur ou autre auquel le soin de ladite succession auroit été confié. Seront en outre notés en marge les navires par lesquels les avis auront été envoyés, le temps de leur départ, ainsi que le Port pour lequel ils étoient destinés; et lorsque ladite succession aura été réclamée par les héritiers ou mise en notre main, il en sera pareillement fait mention.

LII. De trois en trois mois, il sera remis par ledit Greffier à l'Intendant, ainsi qu'au Procureur-Général du Conseil-Supérieur auquel ressortira la Jurisdiction, une copie dudit registre, contenant les enregistremens faits pendant le dernier quartier, et sera ladite copie adressée par ledit Intendant au Secrétaire d'État ayant le Département de la Marine et des Colonies.

LIII. Les Curateurs en titre d'office auront aussi un registre coté et paraphé

paraphé par le Juge de leur résidence, dans lequel ils inscriront, avec tous les détails prescrits par l'article LI ci-dessus, les successions vacantes dont ils auront pris possession; et sera tous les trois mois ledit registre visé par notre Procureur, après avoir été confronté avec celui tenu par le Greffier.

LIV. Seront en outre lesdits Curateurs, obligés de tenir un régistre journal paraphé du Juge, sur lequel ils porteront de suite et sans aucun blanc toutes les recettes et dépenses qu'ils feront pour les successions par eux régies. Ordonnons que chaque article desdites dépenses et recettes soit numéroté, et qu'à la marge comme dans le corps de l'article même, la succession à laquelle il appartiendra soit indiquée; et sera tous les trois mois remis au Greffe de la Jurisdiction par lesdits Curateurs, un double dudit journal signé d'eux, duquel journal tout Particulier pourra prendre communication sans frais et sans déplacer.

LV. A la fin de chaque année, les Greffiers enverront à l'Intendant et à notre Procureur Général un bordereau des successions réclamées dans leur ressort respectif, et remises aux héritiers, soit par les Curateurs en titre d'office, soit par des Curateurs élus ou par des Exécuteurs-Testamentaires; et sera ledit bordereau visé par notre Procureur et par le Juge de la Jurisdiction.

LVI. Le compte de chaque succession vacante et non réclamée, sera rendu par le Curateur en titre d'office d'année en année, et dans les trois premiers mois de l'année suivante; à l'effet de quoi il remettra au Greffe de notre Conseil-Supérieur dans le ressort duquel il sera établi, ledit compte avec les pièces au soutien, desquelles pièces sera fait un inventaire sommaire, au bas duquel il sera donné audit Curateur une reconnoissance par le Greffier dudit Conseil-Supérieur; et où une succession vacante seroit réclamée dans le cours de l'année, ledit Curateur ne pourra se dispenser d'en rendre compte aux héritiers, aussitôt que leur réclamation aura été autorisée par le Juge.

LVII. Immédiatement avant la remise des comptes ci-dessus dits au Greffe de notre Conseil-Supérieur, le Curateur dressera le bordereau des sommes d'argent qui devront se trouver dans sa caisse, lequel bordereau sera visé par notre Procureur, après avoir été par lui vérifié sur les journaux des recettes et dépenses remis au Greffe de la Jurisdiction par ledit Curateur. Voulons qu'après ladite vérification, visite soit faite de ladite caisse par le Juge et notredit Procureur, et que l'état au vrai en soit par eux certifié au bas dudit bordereau, lequel sera annexé aux pièces produites avec les comptes.

LVIII. Les comptes ainsi rendus en notre Conseil-Supérieur, y seront jugés dans une des séances dudit Conseil, sur les conclusions de notre Procureur-Général ; entendons qu'à cet effet il soit nommé par l'Intendant ou celui qui présidera en l'absence dudit Intendant, un Rapporteur pour l'examen desdits comptes, et en faire le rapport le plus diligemment possible.

LIX. Tout Curateur dont les comptes ne seront pas rendus annuellement et dans le temps marqué par l'article LVI ci-dessus, sera condamné en mille livres tournois d'amende pour la première fois, et en cas de récidive condamné à la même amende et destitué de son emploi ; et où il seroit convaincu d'infidélité, soit dans sa régie, soit dans son compte de caisse, comme aussi d'un déficit dans les sommes d'argent qui devroient s'y trouver, nous ordonnons que dès la première fois, sa destitution et ladite amende de mille livres tournois soient prononcées contre lui, indépendamment de la restitution des sommes par lui détournées. A l'égard du préjudice qu'il pourroit causer aux Parties par de simples fautes d'administration, nous entendons qu'il en soit puni par les dommages et intérêts auxquels il sera condamné envers lesdites Parties, pourvu toutefois que lesdites fautes ne soient pas de nature à le faire juger incapable d'exercer son emploi.

LX. Les Curateurs en titre d'office pourront assister aux scellés et inventaires, et occuper dans les procédures, soit par eux-mêmes, soit par le ministère d'un Procureur ; et dans les deux cas, ils ne pourront exiger que les mêmes droits ; entendons qu'il ne leur soit alloué d'autres frais que ceux qui auront été utiles à la succession, ou qui auront été nécessaires pour remplir des formalités indispensables.

LXI. Les comptes d'un Curateur liquidés par les Arrêts d'un Conseil-Supérieur ne pourront être attaqués par les héritiers que pour erreur de calculs, auquel cas il leur sera libre de se pourvoir contre lesdits Arrêts par une simple opposition à l'effet de faire réformer lesdites erreurs. N'entendons néanmoins interdire auxdits héritiers la faculté de rendre plainte contre ledit Curateur pardevant notredit Conseil-Supérieur, pour raison d'infidélités dont ils croiroient avoir acquis la preuve, auquel cas ils pourront pour leurs intérêts civils, prendre telles conclusions qu'ils aviseront bon être, indépendamment desdits Arrêts de liquidation.

LXII. L'administration des Curateurs en titre d'office sera terminée par la Sentence qui aura été rendue sur la réclamation des héritiers présens ou représentés par des fondés de procurations spéciales ; et à défaut de ladite réclamation, la durée de ladite Administration sera de cinq années, à compter du jour du décès, sans pouvoir être prolongée au-delà de ce terme, pour quelque cause et sous quelque prétexte que ce soit, en ce non compris cependant les neuf mois de plus mentionnés dans l'article suivant; entendons que sur lesdites cinq années soit imputé et déduit le temps pendant lequel les biens de la succession auroient pu rester dans les mains d'un exécuteur testamentaire.

LXIII. A l'expiration desdites cinq années, les successions non reclamées entre les mains du Curateur en titre d'office, seront de droit présumées tombées en déshérence et provisoirement remises en notre possession. Voulons en conséquence que les sommes d'argent provenues desdites successions, et dont les Curateurs auront été déclarés redevables par l'Arrêt de liquidation de leur dernier compte, soient versées par eux dans la caisse de notre Trésorier, lequel en fera recette extraordinaire, en vertu des Ordonnances de l'Intendant, et en donnera décharge auxdits Curateurs au bas d'une ampliation desdites Ordonnances: voulons en outre, que si à ladite époque il reste des immeubles dans lesdites successions, la vente en soit ordonnée par ledit Arrêt de liquidation; entendons que, pour parvenir à ladite vente, il soit fait trois publications par affiches de trois en trois mois, pour l'adjudication desdits immeubles être faite après les neuf mois révolus, pendant lesquels lesdits Curateurs continueront de les administrer.

LXIV. A l'égard de la succession d'un conjoint prédécédé sans enfans, et de laquelle succession le conjoint survivant auroit été mis provisoirement en possession, conformément à l'article XV de notre présente Ordonnance, voulons qu'après la révolution desdites cinq années, à défaut d'héritiers présens ou représentés, ladite succession soit déclarée appartenir audit survivant, et qu'en conséquence il lui en soit fait par le Juge délivrance définitive; sauf toutefois les réclamations qui pourroient dans la suite être faites par les héritiers.

LXV. Les affiches, pour parvenir à la vente prescrite par l'article LXIII ci-dessus, seront dressées et apposées en la forme usitée pour les autres ventes judiciaires des immeubles de nos Colonies; entendons qu'elles contiennent des renseignemens suffisans pour faire connoître la nature et la valeur des immeubles à vendre, avec indication des lieux où l'on pourra se procurer de plus grands éclaircissemens, et du jour préfix auquel il sera procédé à l'adjudication.

LXVI. Les ventes ci-dessus dites seront faites par le Juge des lieux où les Habitations seront situées, en présence de notre Procureur ou de son Substitut, du Curateur en titre d'office et du Contrôleur, soit principal, soit particulier, ou d'un autre Officier d'Administration par lui commis pour le représenter.

LXVII. Lorsqu'en vertu des articles précédens une succession vacante aura été mise en notre main, les héritiers qui se présenteront pour la réclamer, seront tenus de la prendre dans l'état où elle se trouvera, sans pouvoir inquiéter ni rechercher les tiers-détenteurs qui auroient acquis légalement, et payé les biens meubles et immeubles de ladite succession.

LXVIII. Tout Curateur sera de droit contraignable par corps, ainsi que par la saisie et vente de ses biens meubles ou immeubles, au paiement du reliquat des comptes de son Administration; soit que ledit reliquat doive être versé dans la caisse de notre Trésorier, soit qu'il doive être remis à des héritiers ou créanciers; seront aussi les cautions desdits Curateurs contraignables par les mêmes voies, pour le montant de leur cautionnement.

Si donnons en mandement à nos Officiers de nos Conseils-Supérieurs en l'Isle Saint-Domingue, que le présent Édit ils ayent à faire lire, etc.

R. au Conseil du Port-au-Prince, le 18 Avril 1782.
Et à celui du Cap, le 11 Mai suivant.

ORDONNANCE *du Roi, concernant les biens des Fabriques des Eglises dans les Colonies de l'Amérique.*

Du 24 Novembre 1781.

LOUIS, etc. Nous sommes informé qu'il s'est introduit une grande négligence dans la gestion des biens temporels des Eglises dans nos Colonies; que les Marguilliers n'y rendent point leurs comptes et n'en payent point les reliquats dans les termes prescrits par les Ordonnances rendues à ce sujet; en un mot, que l'ordre nécessaire à la conservation de ces mêmes biens n'est aucunement suivi, ce qui occasionne aux Fabriques de ces Eglises des diminutions considérables sur leurs revenus: voulant donc faire cesser de tels abus, et empêcher qu'ils ne puissent à l'avenir se renouveller, nous avons cru devoir prendre les plus justes mesures pour assurer l'observation constante des règles auxquelles ces sortes de gestions doivent être invariablement assujéties. A ces causes, ect. voulons et nous plaît ce qui suit:

ART. I. Dans le délai de six mois après la publication de notre présente Ordonnance, il sera dressé, si fait n'a été, dans chaque Paroisse de nos Colonies un état et inventaire, de tous les titres, papiers et renseignemens des biens appartenans à la Fabrique, ainsi que des meubles et ornemens de l'Eglise, en présence du Prêtre desservant la Cure, du Marguillier en charge et de deux Habitans nommés à cet effet par ladite Paroisse: ordonnons que ledit état et inventaire soit écrit sur un registre, et signé desdits Desservant, Marguilliers en charge et Habitans.

II. Ledit registre sera destiné à inscrire encore les marchés passés par les Marguilliers, les arrêtés de leurs comptes, la mention des paiemens de leur reliquat, et généralement l'extrait de tous les actes concernant le temporel de ladite Eglise.

III. Il sera tenu un registre particulier, dans lequel seront inscrits par ordre de date les produits des quêtes et les dons en argent qui pourront être faits à l'Eglise. Enjoignons à tous Marguilliers en charge de faire faire exactement lesdites quêtes dans les Eglises aux jours de Dimanches et Fêtes; voulons qu'en cas de négligence de leur part, ils soient forcés en recette sur le pied de la plus forte desdites quêtes, et ce pour chacun desdits jours où il n'aura pas été quêté.

IV. Dans toutes nos Colonies les Marguilliers seront nommés par leur Paroisse respective, et ne resteront en charge qu'une année.

V. A l'expiration de son année d'exercice, tout Marguillier sera tenu de rendre compte de sa gestion, et de payer comptant le reliquat dudit compte entre les mains du nouveau Marguillier nommé pour le remplacer.

VI. Le compte dudit Marguillier sera reçu par le Prêtre desservant la Cure, par le Marguillier entrant en charge et deux Habitans dont la Paroisse aura fait choix, et sera l'arrêté dudit compte signé par toutes lesdites Parties sur le registre mentionné ci-dessus.

VII. Ne pourra toutefois ledit arrêté de compte être réglé définitivement qu'après avoir été communiqué à notre Procureur en la Jurisdiction du lieu, à l'effet d'être par lui examiné et débattu.

VIII. Si à l'occasion des débats fournis, soit par les oyans-compte, soit par notre Procureur, il s'élève des contestations, elles seront portées devant le Juge de ladite Jurisdiction, sauf l'appel en notre Conseil-Supérieur du ressort, des Sentences qui pourront être rendues par ledit Juge, et pourra ledit appel être interjeté par notredit Procureur, comme par les autres Parties.

IX. Lesdites contestations seront réputées matières sommaires; voulons aussi que lesdites Sentences qui interviendront soient exécutoires par provision et nonobstant l'appel, sans toutefois que les Fabriques soient tenues de donner caution pour l'exécution provisoire des condamnations prononcées à leur profit.

X. Les Marguilliers seront à l'avenir contraignables par corps pour la reddition de leurs comptes, et pour le paiement des sommes dont ils se trouveront redevables.

XI. Les poursuites contre un Marguillier en retard de compter ou de payer, seront faites à la requête et diligence du Marguillier entrant en charge; voulons qu'après avoir obtenu ladite contrainte par corps contre le Marguillier redevable, il en provoque l'exécution en envoyant copie de la Sentence à nos Gouverneur-Lieutenant-Général et Intendant.

XII. Si pendant les six premiers mois de son exercice, le nouveau Marguillier n'a fait les poursuites nécessaires pour faire prononcer ladite condamnation, ou s'il a négligé d'en envoyer copie à nos Gouverneur-Lieutenant-Général et Intendant, il sera de droit et sans qu'il soit besoin de le faire ordonner par un Jugement, personnellement et solidairement débiteur des sommes pour lesquelles lesdites poursuites auroient dû être faites; voulons qu'en conséquence il soit tenu de s'en charger en recette, quand même elles ne lui auroient pas été payées effectivement.

XIII. La contrainte par corps n'aura lieu contre les héritiers d'un Marguillier: déclarons qu'ils ne pourront être poursuivis que par les autres voies ordinaires, au paiement des sommes dûes à la Fabrique par le défunt. Exceptons néanmoins le cas dans lequel il seroit reconnu que les deniers de ladite Fabrique seroient passés dans les mains desdits héritiers depuis la mort dudit Marguillier. Entendons qu'audit cas, ils soient contraignables par corps à la restitution desdits deniers.

XIV. Ladite contrainte par corps n'aura lieu non plus contre les Marguilliers dont la gestion aura précédé la publication de notre présente Ordonnance. Enjoignons seulement aux Marguilliers qui se trouveront en charge lors de ladite publication, de les poursuivre par toute autre voie pour les obliger à rendre compte et à payer leurs débets. Déclarons que faute par lesdits Marguilliers en charge de faire les diligences convenables à cet égard et d'en justifier, ils seront forcés en recette pour le montant desdits débets.

XV. Sera pareillement forcé en recette, tout Marguillier qui ne justifiera point avoir fait les poursuites nécessaires pour se procurer la rentrée des sommes non perçues par lui pour la Fabrique, et qui auroient dû l'être pendant l'année de son exercice.

XVI. Veilleront pareillement nos Procureurs ès Jurisdictions, à ce que les comptes des exercices antérieurs à la publication des présentes, soient diligemment rendus ; leur enjoignons d'envoyer à l'Intendant et à notre Procureur-Général au Conseil-Supérieur du ressort, dans le délai de six mois après ladite publication, un état des comptes non rendus ou non soldés dans leur ressort respectif, ainsi que des poursuites qui auront été faites à ce sujet : ordonnons à nos Gouverneur-Lieutenant-Général et Intendant d'y tenir la main.

XVII. A chaque mutation de Marguillier, il sera fait dans la forme prescrite par l'article premier de la présente Ordonnance, un nouvel inventaire des titres, papiers, meubles et autres effets appartenans, tant à l'Eglise qu'à la Fabrique, à l'effet de quoi tous lesdits titres, papiers et autres effets seront représentés et remis au Marguillier entrant en charge, et ce d'après l'inventaire précédent qui en aura été fait par son prédécesseur, ainsi que d'après les autres actes qui pourroient avoir eu lieu postérieurement audit inventaire.

XVIII. Tout Prêtre desservant une Cure dans nos Colonies, sera tenu, sous peine de cent-cinquante livres tournois d'amende, d'envoyer chaque année, tant à l'Intendant qu'à notre Procureur-Général, une copie par extrait et signée de lui, de l'arrêté définitif du compte rendu par le dernier Marguillier de sa Paroisse.

XIX. Les Marguilliers ne pourront accepter aucune fondation nouvelle qu'en vertu d'une délibération de la Paroisse, homologuée par nos Gouverneur-Lieutenant-Général et Intendant, et avec le consentement du Prêtre commis à la desserte de la Cure ; leur enjoignons de veiller à ce que les charges des fondations antérieurement reçues soient acquittées ; leur faisons très-expresses inhibitions et défenses d'en appliquer les biens à des usages autres que ceux auxquels ils se trouveront destinés par lesdites fondations ; voulons qu'elles soient toutes énoncées dans un tableau, lequel sera par l'ordre du Marguillier placé dans le lieu le plus apparent de la Sacristie.

XX. En ce qui concerne la concession des bancs dans les Eglises ; les permissions d'y placer des épitaphes ; les ordres à donner pour faire sonner les cloches ; la convocation des Assemblées de la Paroisse, relativement au service de l'Eglise ; la nomination aux Places de Chantre, de Sacristain et autres Clercs de l'œuvre ; les droits à payer, tant aux Prêtres desservans les Cures qu'aux Fabriques, et généralement tous autres objets relatifs audit service, il sera fait par nos Gouverneur-Lieutenant-Général et Intendant un nouveau Réglement, auquel lesdits Marguilliers et lesdits Prêtres desservans seront tenus de se conformer, après qu'il aura été enregistré en nos Conseils-Supérieurs, et publié en la manière ordinaire.

XXI. Toutes les quêtes dans les Eglises, seront au profit et pour l'utilité desdites Eglises. Entendons que, pour quelque cause que ce puisse être, il n'en puisse être fait aucune autre, qu'en vertu d'une permission expresse de nos Gouverneur-Lieutenant-Général et Intendant; et dans le cas où ils auroient permis d'en faire une pour les pauvres, le produit en sera remis au Prêtre faisant les fonctions de Curé, pour ledit produit être par lui employé à sa destination, sans que ledit Prêtre soit tenu d'en rendre aucun compte. Voulons qu'il en soit ainsi de toutes les autres sommes d'argent qui lui seront données ou léguées pour aumônes ou autres œuvres pies. Si donnons en mandement à nos Officiers de nos Conseils-Supérieurs du Cap et du Port-au-Prince, en l'Isle St. Domingue, que la présente Ordonnance ils aient à faire lire, etc.

R. au Conseil du Port-au-Prince, le 18 Avril 1782.
Et à celui du Cap, le même jour.

ÉDIT *concernant les Chemins publics et particuliers dans les Colonies.*

Du 24 Novembre 1781.

LOUIS, etc. Informé des inconvéniens qui résultent des corvées ordonnées par les Rois nos prédécesseurs pour l'entretien et la construction des Chemins publics dans nos Colonies: considérant d'ailleurs que ces sortes de travaux sont des charges foncières, dont aucun Habitant ne peut être affranchi, nous avons cru devoir préférer aux contributions par corvées, une répartition par tâches des Chemins à entretenir, et ne laisser subsister l'ancien usage des corvées que pour la construction des nouveaux Chemins. Nous avons même tout lieu de croire qu'au moyen de cette répartition, de tels travaux auront le double avantage d'être à l'avenir mieux exécutés et moins onéreux aux contribuables: desirant aussi de prévenir les contestations qui s'élèvent fréquemment au sujet des Chemins particuliers entre les possesseurs des Habitations, nous nous sommes proposés d'établir des regles simples et précises d'après lesquelles les prétentions

prétentions respectives à cet égard ne puissent plus avoir rien d'incertain. A ces causes, etc, nous voulons et nous plaît ce qui suit :

ART. I. Tous les Chemins seront distingués par les dénominations de grands Chemins, de Chemins de communication, et de Chemins particuliers.

II. Seront réputés grands Chemins ceux à l'usage général de la Colonie, conduisant aux Chefs-lieux, et d'une Ville à une autre. Seront réputés Chemins de communication, ceux de traverse pour communiquer d'une Paroisse à une autre, à un grand Chemin ou Embarcadère public ; et seront réputés Chemins particuliers, ceux de servitude qui partant d'une Habitation, en traversent une ou plusieurs autres pour aboutir, soit à un Chemin de communication, soit à un Embarcadère.

III. Les grands Chemins auront à la plaine cinquante pieds francs de largeur ; dans les mornes vingt-cinq pieds sur les terreins unis et de niveau, et quinze seulement sur le penchant des montagnes.

Les Chemins de communication auront à la plaine vingt-huit pieds francs de largeur, dans les mornes quinze sur les terreins unis ou de niveau, et dix seulement sur le penchant des montagnes.

IV. Les grands Chemins et les Chemins de communication seront également considérés comme Chemins publics. Voulons que les uns et les autres soient conservés, quant à leur direction, dans l'état où ils se trouveront lors de l'enregistrement du présent Édit, à moins qu'il ne soit reconnu nécessaire d'y faire des changemens ; auquel cas il y sera pourvu par les Gouverneur-Lieutenant-Général et Intendant, après avoir pris l'avis de la Chambre d'Agriculture.

V. Lesdits Chemins publics seront bombés, et il y sera pratiqué à droite et à gauche des fossés propres à procurer l'écoulement des eaux.

VI. Lorsqu'une portion des Chemins publics traversera des terres couvertes de bois, lesdits bois seront abattus dans une largeur de six toises sur chaque côté desdits Chemins, et dans une largeur de trois toises seulement pour les Chemins particuliers.

VII. Les propriétaires d'Habitations pourront planter des haies vives ou sèches sur les terreins à eux appartenans qui borderont les Chemins publics, à la charge par eux de laisser trois pieds de distance entre lesdites haies et le Chemin ou le fossé, et de faire tailler au moins deux fois l'année les haies vives.

VIII. Les cannes à sucre et toutes autres cultures seront plantées à quatre pieds de distance au moins de la haie bordant le fossé des Chemins publics.

IX. L'entretien et les réparations des Chemins publics seront, à compter du jour de l'enregistrement du présent Édit, répartis par tâches entre les Paroisses qui se trouveront dans le cas d'y contribuer, et de suite entre les Habitations qui les composent. Voulons que la portion assignée à chacune desdites Paroisses et successivement à chaque Habitation, soit marquée par des bornes indicatives en la manière qui sera prescrite par les Gouverneur-Lieutenant-Général et Intendant; et seront lesdit Chemins réparés et entretenus de manière qu'ils soient en tout temps d'un usage facile et commode.

X. Toute Paroisse voisine d'un Chemin public dont elle fera habituellement usage, sera tenue de contribuer à l'entretien et aux réparations dudit Chemin public, encore qu'il ne passe point sur le territoire de ladite Paroisse.

XI. Dans la répartition des tâches, on aura égard au voisinage des Paroisses et à celui des Habitations : entendons que lesdites tâches soient distribuées de manière qu'elles se trouvent, autant que faire se pourra, dans les limites desdites Paroisses et à la proximité desdites Habitations.

XII. Aussi-tôt après l'enregistrement du présent Édit, il sera fait en vertu des ordres des Gouverneur-Lieutenant-Général et Intendant, par le Voyer général de chacune des trois Parties de l'Ouest, du Nord et du Sud, assisté des Voyers particuliers, et à leur défaut, d'Arpenteurs nommés par lesdits Gouverneur-Lieutenant-Général et Intendant, un toisé général des Chemins publics actuellement existans dans chaque partie respective, lesquels seront distingués en deux classes, dont l'une comprendra les grands Chemins, et l'autre les Chemins de communication.

XIII. Les Voyers et Arpenteurs annoteront dans leur procès-verbal les différentes parties de Chemins qui exigeront plus de travaux annuels pour leur entretien, à raison de la nature du sol ou de la proximité des Villes, Bourgs et Embarcadères. Voulons que lesdits travaux soient évalués respectivement les uns aux autres, et que d'après ladite évaluation soient réglées les tâches respectives et proportionnelles de tous les Habitans tenus de contribuer audit entretien.

XIV. Après la confection dudit toisé en la manière prescrite par les articles précédens, il sera fait par les mêmes Voyers et Arpenteurs un projet de répartition pour l'entretien des Chemins publics entre les Paroisses respectives, avec indication des portions de Chemins que chacune desdites Paroisses sera tenue d'entretenir. Voulons qu'il assiste à la rédaction dudit projet de répartition un Commissaire de chacune des Paroisses entre lesquelles ladite répartition aura lieu.

XV. La répartition entre les Paroisses sera réglée en raison du nombre respectif de leurs Négres de tout âge et de tout sexe. Voulons néanmoins que dans le cas où une Paroisse des mornes concourroit pour l'entretien d'un Chemin avec une Paroisse de la plaine, à nombre égal de Négres entre elles, la tâche de ladite Paroisse de la plaine soit réglée au double de la tâche de ladite Paroisse des mornes. Voulons que la même règle de proportion soit observée entre les Habitans, relativement à leur situation respective.

XVI. Le toisé général, le procès-verbal de l'estimation des travaux et l'état de répartition dressé en conséquence de ladite estimation, seront publiés et affichés à la porte de l'Eglise de chacune des Paroisses respectives. Sera faite la publication suivant l'usage ordinaire et certifiée par le Commandant des Milices de chaque Paroisse.

XVII. Dans le délai de quinzaine, à compter du jour de la publication ordonnée par l'article précédent, pourront les Paroisses qui croiront être lésées par le projet de répartition faite sur ledit projet, telles représentations qu'elles estimeront convenables. Seront à cet effet lesdites Paroisses, sur la demande qui en sera faite pour elles, en leur nom, par leur Commandant à nos Gouverneur-Lieutenant-Général et Intendant, autorisés à nommer respectivement dans une assemblée paroissiale, convoquée dans les formes ordinaires, un ou plusieurs Habitans pour constater la lésion et rédiger les représentations à faire, lesquelles seront remises auxdits Commandans des Paroisses, et par eux adressées auxdits Gouverneur-Lieutenant-Général et Intendant. Ordonnons qu'après l'expiration dudit délai de quinzaine, aucune Paroisse ne soit admise à s'assembler pour procéder auxdites représentations.

XVIII. Avant de faire droit sur les représentations des Paroisses, les Gouverneur-Lieutenant-Général et Intendant nommeront d'office trois Commissaires pris entre les Voyers et Arpenteurs, autres que ceux qui auront procédé à la répartition; lesquels Commissaires feront la visite des lieux, vérifieront les objets desdites représentations, et dresseront procès-verbal de leur vérification, auquel sera joint leur avis motivé.

XIX. Les Gouverneur-Lieutenant-Général et Intendant, d'après lesdits procès-verbal et avis, et selon qu'ils l'estimeront convenable, arrêteront définitivement entre les Paroisses respectives, la répartition des Chemins à entretenir, et rendront à cet effet une Ordonnance commune, contre laquelle il ne pourra être formé aucune opposition ni réclamation. Seront en conséquence établies les bornes indicatives mentionnées dans l'article IX du présent Édit, pour marquer les tâches assignées à chacune desdites Paroisses.

XX. D'après la répartition générale entre les Paroisses, comme aussi d'après les mêmes estimations et règles de proportions qui l'auront déterminée, il sera procédé à la répartition particulière à faire entre les Habitans, en raison du nombre respectif de leurs Négres ; et à cet effet, chacune desdites Paroisses nommera quatre Commissaires, lesquels avec le Commandant et le Voyer, dresseront le projet de la répartition particulière, et sera le procès-verbal dudit projet, signé desdits Commandant, Voyer et Commissaires.

XXI. Ledit procès-verbal sera affiché par copie à la porte de l'Eglise Paroissiale, et déposé en original pendant quinze jours chez le Commandant de la Paroisse, où tous les Habitans intéressés en pourront prendre communication sans déplacer ; et si aucuns croyoient être lésés, ils feront leurs représentations par des mémoires qu'ils remettront audit Commandant, lequel leur en donnera son récépissé, et les adressera sur le champ avec son avis, aux Gouverneur-Lieutenant-Général et Intendant ; déclarons que lesdits quinze jours expirés, lesdits Mémoires ne pourront plus être reçus.

XXII. Les faits énoncés dans lesdits Mémoires seront vérifiés par deux Commissaires, que les Gouverneur-Lieutenant-Général et Intendant choisiront à cet effet dans une des Paroisses les plus voisines, lesquels Commissaires dresseront procès-verbal de ladite vérification, et y joindront leur avis motivé.

XXIII. D'après lesdites vérification et avis, le projet de répartition particulière sera homologué par les Gouverneur-Lieutenant-Général et Intendant, avec les changemens qui leur auront paru justes et nécessaires, et ne sera reçue aucune réclamation contre l'Ordonance portant ladite homologation, laquelle sera affichée et publiée dans la Paroisse. Voulons qu'en conséquence de ladite Ordonnance, il soit établi conformément à l'article IX ci-dessus, des bornes pour indiquer la tâche distribuée à chaque Habitation en particulier.

XXIV. Lorsque les répartitions, tant générales que particulières, auront été arrêtées et exécutées, elles seront toujours suivies à l'avenir, à moins qu'il ne survienne dans la fortune des contribuables, ou dans le local des Chemins, des changemens imprévus occasionnés par force majeure, et assez considérables pour exiger qu'il soit fait une nouvelle répartition de l'entretien desdits Chemins.

XXV. Seront tenus tous les Habitans, sans aucune exception, d'entretenir les portions de Chemins qui auront été respectivement assignées à leurs Habitations ; à défaut de quoi il y sera pourvu par le Voyer, ainsi qu'il sera prescrit ci-après. Voulons qu'à l'égard dudit entretien, il ne puisse être prétendu aucun privilège ni exemption, même par ceux qui pourroient en avoir obtenu à titre onéreux, sauf à être par nous pourvu à leur indemnité, d'après les titres qu'ils représenteront à nos Gouverneur-Lieutenant-Général et Intendant.

XXVI. Dans le cas où un propriétaire d'Habitation n'y feroit pas sa résidence, son économe sera contraint par les mêmes voies, et de la même manière que le Propriétaire même, à l'entretien du Chemin dont l'Habitation sera chargée, et à tous les travaux que cette partie pourra exiger, sans que ledit Économe puisse rien répéter contre ledit Propriétaire, pour raison des frais que sa négligence auroit pu occasionner, ou des condamnations qui auroient été prononcées contre lui.

XXVII. Toute personne jouissant, à quelque titre que ce soit, d'une Habitation, en représentera le propriétaire, relativement à l'entretien des Chemins, et sera tenu à toutes les charges dudit entretien.

XXVIII. Les Habitations qui seront établies à l'avenir, seront exemptes de toutes contributions à l'entretien et à la construction des Chemins publics pendant trois ans, à compter pour les concessions anciennes, du jour de la publication de notre présent Edit, et pour les concessions nouvelles, du jour de leur enregistrement.

XXIX. Les portions de grands Chemins aboutissans aux Villes et Bourgs principaux, qu'il conviendra de laisser à la charge des Habitans desdites Villes et Bourgs, seront déterminées par les Voyers généraux, et mentionnées dans leur procés-verbal.

XXX. Dans chaque Ville et Bourg principal, les contribuables s'assembleront dans la forme ordinaire des assemblées de Paroisse, pour déterminer eux-mêmes la manière d'exécuter ce qui sera à leur charge, soit par corvée commune, soit par adjudication au rabais ; et le moyen qui aura été adopté à la pluralité des voix, sera suivi.

XXXI. Les cotisations desdits contribuables seront réglées en proportion des valeurs respectives de leurs maisons, magasins et emplacemens, et il sera choisi par eux quatre Commissaires, pour dresser avec le Commandant et le Voyer de la Paroisse, les rôles desdites cotisations, lesquels rôles ne seront définitivement arrêtés et ordonnés par les Gouverneur-Lieutenant-Général et Intendant, qu'après avoir fait remplir les formalités prescrites par l'article XXI du présent Édit, pour les états de répartitions particulières à faire entre les Habitations. Déclarons qu'aucune représentation contre lesdits rôles ne pourra être faite que dans les délais prescrits par ledit article XXI, et seront les faits allégués dans lesdites représentations, vérifiés par tels nouveaux Commissaires qu'il plaira aux Gouverneur-Lieutenant-Général et Intendant de nommer.

XXXII. Indépendamment du Voyer général établi dans chacune des Parties de l'Ouest, du Nord et du Sud, les Gouverneur-Lieutenant Général et Intendant établiront dans chaque Partie le nombre de Voyers particuliers qu'ils jugeront nécessaire, et à chacun desquels ils assigneront un district pour l'inspection des Chemins publics.

XXXIII. Le Voyer général pourra visiter les Chemins publics aussi souvent qu'il l'estimera convenable, et sera néanmoins tenu de faire, chaque année, après en avoir pris l'ordre du Gouverneur-Lieutenant-Général et Intendant, une visite générale dans son département. Voulons que sur chaque Paroisse il soit accompagné dans ladite visite par le Commandant et deux Commissaires de ladite Paroisse, lesquels Commissaires seront pris parmi les Habitans et nommés par eux. Ordonnons pareillement que l'état où les Chemins auront été trouvés, et les travaux qu'ils exigeront, comme aussi les causes de leur dégradation, et les plaintes qui pourront être portées à ce sujet, soient constatées par un procès-verbal signé desdits Voyer général, Commandant et Commissaires, lequel procès-verbal sera envoyé auxdits Gouverneur-Lieutenant-Général et Intendant, pour être par eux ordonné ce qu'il appartiendra; et où ledit Commandant de Paroisse ne pourroit assister à ladite visite, il sera suppléé par un autre Officier des Milices.

XXXIV. Seront tenus les Voyers particuliers de faire tous les six mois une visite générale des chemins de leur district, et d'en dresser un procès-verbal tel qu'il est ordonné par l'article précédent; n'entendons néanmoins leur interdire la liberté de visiter lesdits chemins aussi souvent et toutes les fois qu'ils le jugeront à propos.

XXXV. Si quelques Habitans négligeoient d'entretenir les parties de chemin assignées à leur Habitation respective, le Voyer particulier les avertira de les réparer dans le délai de huit jours; il donnera connoissance dudit avertissement au Commandant et aux deux Commissaires des chemins de ladite Paroisse; et ledit délai expiré, il fera faire aux frais desdits Habitans en retard, les travaux nécessaires pour réparer lesdites parties de chemin.

XXXVI. Lorsque lesdits ouvrages auront été faits, il sera procédé à leur visite et réception par les Commandant et Commissaires de la

Paroisse, en présence des Habitans qui les auront occasionnés par leur négligence, ou iceux dûment appelés; et sera par lesdits Commandant et Commissaires dressé procès-verbal de ladite visite et réception, si lesdits ouvrages sont de nature à être reçus. Voulons que le montant des frais desdits ouvrages soit réglé par ledit procès-verbal.

XXXVII. Au bas dudit procès-verbal, nos Gouverneur-Lieutenant-Général et Intendant donneront une Ordonnance portant que, huitaine après la signification qui en aura été faite auxdits Habitans, ils seront contraints, même par corps, à payer audit Voyer le montant des frais mentionnés audii procès-verbal, sans qu'il soit besoin d'autre commandement que celui qui leur aura été fait par ladite signification. Voulons néanmoins que pour accélérer ledit paiement, nos Gouverneur-Lieutenant-Général et Intendant puissent en faire prendre le montant par forme d'avances seulement sur la Caisse municipale.

XXXVIII. Attendu l'impossibilité d'évaluer avec précision les travaux à faire sur chacune des parties d'un chemin neuf, nous ordonnons que tous les nouveaux chemins publics, dont la construction pourra être jugée nécessaire, seront faits par corvées, lesquelles seront réglées en la manière ci-après prescrite. N'entendons toutefois interdire aux Habitans la faculté de prendre, si bon leur semble, la voie de l'adjudication au rabais.

XXXIX. Lorsqu'il sera question d'ouvrir un nouveau chemin public, les Gouverneur-Lieutenant-Général et Intendant en communiqueront le projet à la Chambre d'Agriculture du ressort, laquelle sera tenue d'en délibérer dans la première séance, et de remettre auxdits Gouverneur-Lieutenant-Général et Intendant, le résultat de sa délibération, pour être ensuite, s'ils le jugent nécessaire, ordonné par eux en commun l'ouverture dudit chemin; auquel cas le tracé en sera fait en la manière ordinaire par des Voyers qu'ils commettront à cet égard.

XL. Sera dressé procès-verbal dudit tracé, lequel constatera l'étendue du nouveau chemin d'une limite à l'autre, et la largeur qu'il conviendra de lui donner, selon la situation des lieux en plaine ou dans les mornes; comme aussi les rivières, ravines, marais et bois qui s'y rencontreront, les escarpemens, ponts, levées, saignées et pavés qu'il sera nécessaire d'y faire et entretenir.

XLI. Après la confection du procès-verbal, il sera fait par les mêmes Voyers un état des Paroisses qu'il estimeront devoir contribuer au nouveau chemin, lequel état contiendra un projet général de contribution par corvées, en raison du nombre des esclaves qu'il y aura respectivement dans les Paroissses contribuables, de l'utilité que chaque Paroisse pourra retirer dudit chemin, de l'éloignement où elle s'en trouvera, et dans les proportions établies par l'article XV entre les Paroisses et Habitations de la plaine et des mornes. Ledit état contiendra pareillement un projet de contribution particulière entre les Habitations respectives de chaque Paroisse, dans leqtiel seront observées les proportions établies pour la contribution générale entre lesdites Paroisses.

XLII. Le procès-verbal contenant le tracé du nouveau Chemin, l'état des Paroisses contribuables, la contribution générale de chacune desdites Paroisses, et les contributions particulières des Habitations, sera publié et affiché à la porte de l'Église de chacune des Paroisses respectives, suivant l'usage ordinaire; pourront les Habitans intéressés en prendre connoissance et faire les représentations qu'ils jugeront convenables, soit relativement à la contribution des Paroisses les unes respectivement aux autres, soit relativement à celle des Habitations dans chacune desdites Paroisses.

XLIII. Dans le délai de quinze jours, à compter du jour de la publication du procès-verbal et des états de contribution, les représentations, si aucune y a, seront remises aux Commandans de chaque Paroisse, lesquels les adresseront avec leur avis aux Gouverneur-Lieutenant-Général et Intendant, pour y avoir tel égard qu'il appartiendra.

XLIV. Les Gouverneur-Lieutenant Général et Intendant nommeront, s'ils le jugent nécessaire, deux Commissaires à l'effet de vérifier les faits allégués dans les représentations; et d'après le procès-verbal de vérification, auquel sera joint l'avis motivé desdits Commissaires, lesdits Gouverneur-Lieutenant-Général et Intendant arrêteront définitivement par une Ordonnance contre laquelle nulle opposition ne sera reçue, l'état des Paroisses contribuables, comme aussi celui de la contribution générale entre lesdites Paroisses, et des contributions particulières entre les Habitations qui les composent.

XLV. Lorsque le nouveau Chemin aura été parachevé, il sera ajouté aux autres Chemins publics, et réparti par Paroisses et par Habitations, dans la forme prescrite ci-dessus pour l'entretien desdits Chemins.

XLVI. Pourront nos Gouverneur-Lieutenant-Général et Intendant, selon la nature des circonstances et l'exigence des cas, prendre sur les Caisses municipales, ou sur notre Trésor, tout ou partie des fonds nécessaires pour la construction et l'entretien des ponts qu'exigeront les Chemins tant anciens que nouveaux.

XLVII.

XLVII. Défendons à tout Habitant, de quelque qualité et condition qu'il soit, de faire paître ses animaux dans les Chemins publics; à peine de soixante livres tournois d'amende, laquelle sera prononcée par le Juge du ressort. Voulons en outre que la prise desdits animaux soit payée aux preneurs par lesdits délinquans, suivant le tarif qui sera arrêté par nos Gouverneur-Lieutenant-Général et Intendant.

XLVIII. Les Habitans qui ont titre ou possession suffisante pour jouir d'un Chemin sur les Habitations de leurs voisins, seront maintenus dans ladite jouissance; et en cas de contestation pour raison desdits titre ou possession, ils se pourvoiront pardevant les Juges des lieux.

XLIX. Tout Habitant, sans être tenu à aucun dédommagement, aura un Chemin sur les Habitations aux étages desquelles la sienne se trouvera située, et seront lesdits étages déterminés à cet égard, par le lieu de l'Embarcadère ou par le Chemin public qui y conduit.

L. Le Chemin sera pris ou ordonné, en cas de contestation, dans un lieu et dans une direction commode pour celui qui en devra jouir; entendons néanmoins que ladite direction ne puisse traverser l'emplacement où seront situés les maisons, cases à Négres et autres bâtimens des Habitations, hors le cas d'une absolue nécessité. Voulons même que ledit Chemin soit conduit de manière à devenir le moins préjudiciable que faire se pourra à celui ou ceux sur les possessions desquels il passera.

LI. Tout Chemin déjà établi et qui sera praticable, ne pourra être changé par l'Habitant qui en jouit, sous prétexte d'en avoir un autre plus court ou plus commode, à moins que le propriétaire de l'Habitation sur laquelle passeroit le nouveau Chemin n'y consente.

LII. En cas de partage et de subdivision d'une Habitation jouissant d'un Chemin, les différentes portions démembrées de ladite Habitation, suivront leurs lisières pour aller joindre ledit Chemin, dont l'usage leur sera commun; et si quelques lisières se trouvoient impraticables, lesdites portions seront asservies les unes aux autres pour le passage nécessaire, jusqu'à la jonction dudit Chemin commun, de manière qu'à cet égard, les partages et subdivisions ne puissent jamais nuire à un étranger.

LIII. Il ne sera accordé qu'un seul Chemin pour les nouvelles Habitations qui pourront être établies sur le terrein compris dans une seule et même concession, et elles jouiront dudit Chemin conformément à ce qui est prescrit par l'article précédent.

LIV. L'ouverture et la confection des Chemins particuliers, seront faites aux frais des Habitans à qui ils auront été accordés, lesquels Habitans seront pareillement chargés de les entretenir, sauf à y faire contribuer ceux qui en feront habituellement usage; et sera ladite contribution réglée par les Gouverneur-Lieutenant-Général et Intendant, sur les Mémoires contradictoires des Parties et l'avis du Voyer.

LV. La connoissance de toutes les contestations qui, à d'autres égards que la contribution mentionnée dans l'article précédent, pourront naître au sujet desdits Chemins particuliers, appartiendra aux Juges ordinaires, et par appel aux Conseils-Supérieurs.

Si donnons en mandement à nos Officiers de nos Conseils en l'Isle Saint-Domingue, etc.

R. au Conseil du Cap, le 18 Avril 1782.

Et à celui du Port-au-Prince, le même jour.

LETTRE *du Lieutenant du Roi du Cap, au Commandant du Bataillon de Limonade, pour que les Cabrouets ne roulent pas, durant 3 jours, après les Nords et les Pluies considérables.*

Du 25 Novembre 1781.

LES réparations des Chemins, Mr, qui viennent d'être faites, et qui ont coûté à MM. les Habitans une immensité de journées de Négres, nécessitent non seulement leur entretien, mais plus particulièrement encore des soins bien prompts pour empêcher, autant qu'il est possible, leur dégradation. En conséquence, M. le Commandant-Général m'a ordonné de vous prier de faire publier à la porte de l'Église de toutes les Paroisses de votre quartier, et afficher à ladite porte et aux Embarcadères, une défense à MM. les Habitans de faire charroyer par des cabrouets aucune espèce de denrées qu'après trois jours de sec à la suite des nords ou des pluies considérables par orage; avec la restriction néanmoins que si quelque Habitant se trouve obligé d'envoyer un cabrouet pour y chercher de la farine, du vin ou d'autres objets indispensables à l'exploitation de son Habitation, il sera tenu, conformément à l'Ordonnance, de demander une permission par écrit au Commandant de la Paroisse, qu'il ne doit pas lui refuser; et pareillement, en cas de départ d'un Convoi, s'il étoit nécessaire de faire charger des sucres ou autres denrées pour ne pas perdre l'occasion de les embarquer, MM. les Habitans demanderont également cette permission au Commandant ; et comme ces mêmes Habitans qui se plaignent en général lorsqu'il se fait des charrois en temps de pluie qui rompent tous les Chemins, ne veulent pas néanmoins arrêter les cabrouets lorsqu'ils passent devant leur barrière, quoique l'Ordonnance les y autorise, vous voudrez bien, pour parvenir à l'exécution de cet ordre de défenses, établir après un nord ou des pluies considérables, et avant trois jours, des hommes de garde à 2 ou 300 pas en avant des Embarcadères, et leur consigner de ne laisser passer aucun cabrouet qui y arriveroit dans ce tems prohibé, à moins que le conducteur ne fût muni de ladite permission ci-dessus, du Commandant de la Paroisse.

M. le Commandant-Général vous prie aussi de faire publier cet avis à la revue prochaine des Milices de votre Bataillon, afin que dans aucune Paroisse, personne n'en puisse prétendre cause d'ignorance.

LETTRE *du Ministre à M. l'Intendant, sur une nomination d'Écrivains-principaux de la Marine pour la Colonie.*

Du 30 Novembre 1781.

VOUS m'avez transmis, Mr., avant votre départ, tant en votre nom qu'en celui du Comité, des observations sur la nécessité de commettre, pour suppléer les Commissaires, des sujets autres que des Commis-aux écritures. Sur le compte que j'en ai rendu au Roi, S. M. a bien voulu, en attendant qu'il soit pris un parti définitif pour les Officiers d'Administration aux Colonies, établir à Saint-Domingue, trois Écrivains-principaux. Ces Écrivains-principaux étant subtitués aux Sous-Commissaires ; ils jouiront du même traitement et porteront le même uniforme, en attendant qu'il soit pris d'autres arrangemens.

ARRÊT du Conseil du Cap, qui 1°. rejette la prétention des Administrateurs de la Providence de la même Ville, de s'emparer d'un Legs fait pour une Providence au Port-de-Paix, sous le prétexte qu'on n'a pas obtenu des Lettres du Prince; 2°. garde le Curateur aux Successions vacantes dans la possession de l'objet légué. 3°. Et enfin reserve néanmoins aux Intéressés à l'établissement, de se pourvoir pardevant Sa Majesté.

Du 3 Décembre 1781.

LOUIS, etc. Entre les Administrateurs des Maisons de Providence de cette Ville, au principal Appelans de Sentence de notre Siége Royal du Port-de-Paix, du 30 Novembre 1771, Demandeurs par leurs conclusions prises à la Barre, tendantes à ce qu'il plût à notredite Cour, Vu l'expédition du Testament du feu sieur Verjus, reçu au rapport de Me Rey, Notaire au Port-de-Paix, le 27 Août 1739, homologuer ledit Testament, à l'effet d'être exécuté quant au Legs y porté en faveur des pauvres malades de la Paroisse du Port-de-Paix, de la manière qu'il seroit dit ci-après; donner acte aux Administrateurs de la Providence de cette Ville, de la réclamation qu'ils faisoient dudit Legs, et de ce que pour l'exécution dudit Testament, quant à ce, ils offroient de recevoir à perpetuité dans les Maisons de Providence de cette Ville les pauvres malades du Port-de-Paix et dépendances, de les y nourrir, soigner et médicamenter au nombre et ainsi qu'il plairoit à notredite Cour de le fixer, en leur fondant des lits dans la salle des malades-payans, et ce, à raison du produit annuel des biens dont le Legs en question se trouvera être composé: en conséquence, dire et ordonner que Me de la Hogue, Curateur aux Successions vacantes de la Jurisdiction du Port-de-Paix, en cette qualité gérant celle du sieur Verjus, seroit tenu de rendre compte auxdits Administrateurs de la Providence, en leur qualité, dans huitaine de la signification de l'Arrêt à intervenir, de la gestion, régie et administration qu'il avoit eue des biens et effets dépendans de la succession du sieur Verjus, et de leur en communiquer les pièces au soutien; pour, après ledit compte apuré, leur en payer le reliquat, et leur faire remise de tous les biens, tant meubles qu'immeubles, titres, papiers et autres objets de ladite succession; quoi faisant, bien et valablement déchargé, sous la réserve de tous autres droits et actions; déclarer l'Arrêt commun avec les Curé et Marguilliers de la Paroisse du Port-de-Paix ; ordonner la restitution de l'amende, et condamner les Parties adverses aux dépens, en leur qualité ; d'une part : Et Me de la Hogue, Curateur aux Successions vacantes du Port-de-Paix, gérant celle du feu sieur Verjus, Intimé ; d'autre part : Le sieur Brun Larcherie, Habitant au Port-de Paix, en qualité de Marguillier de la Paroisse de ladite Ville, encore d'autre part. Vu par notredite Cour l'Arrêt de l'opposition duquel s'agit, confirmatif de Sentence de notre Siége Royal du Port-de-Paix, du 30 Novembre 1771, qui auroit donné acte à Me Bellier, Curateur aux successions vacantes du Port-de-Paix, de ce qu'il s'en rapportoit à Justice ; et faisant droit, auroit mis les Administrateurs de la Providence du Cap, et le sieur Mion, Marguillier de la Paroisse du Port-de-Paix, hors de Cour, dépens entre eux compensés, etc ; et faisant droit sur la réquisition du Procureur du Roi, l'auroit reçu opposant à l'exécution de l'Ordonnance du Juge dudit lieu, du 10 Octobre 1739, homologative du Testament dont étoit question ; et ce, quant au Legs dont il s'agit : en conséquence, auroit ordonné que Me Bellier, en sa qualité, demeureroit chargé de ladite succession, jusqu'à ce qu'il en ait été autrement ordonné, sauf aux Intéressés et ayant droit à l'établissement dont est question, à se retirer pardevant Sa Majesté, pour obtenir Lettres à ce nécessaires, conformément à la déclaration du Roi du 25 Novembre 1743, et auroit condamné lesdits Administrateurs de la Providence et le sieur Mion aux dépens faits pour Me Bellier, etc. Vu aussi les titres, pièces et exploits, après que de Suzanne, Avocat des Administrateurs de la Providence de cette Ville, Prévost, Avocat de Me de la Hogue, et Bonnemaison, Avocat du sieur Brun Larcherie, ont été ouïs aux Audiences des 29 et 30 Novembre dernier, et premier de ce mois, ainsi qu'à celle de ce jour ; ensemble notre Procureur-Général. Et tout considéré : NOTREDITE COUR a reçu et reçoit les Parties opposantes à l'exécution de l'Arrêt du 23 Novembre 1779, remet les Parties au même et semblable état où elles étoient avant ledit Arrêt ; au principal, a mis et met l'appellation au néant : ordonne que ce dont est appel sortira son plein et entier effet; condamne la Succession aux dépens envers toutes les Parties.

Arrêt du Conseil du Cap, confirmatif d'une Sentence de l'Amirauté de la même Ville, qui condamne un Propriétaire à payer 7,400 liv. montant de la facture des Sucres embarqués dans son Passager, qui a fait naufrage la nuit, le Patron étant endormi, comme le prouve l'Enquête.

Du 4 Décembre 1781.

Entre le sieur Duhalty, Négociant au Cap, Appelant; Et le sieur Dutour, Intimé. Plaidant Mes Carles et Daugy; sur les conclusions de M. de Saint Martin fils, Substitut de M. le Procureur-Général.

Ordonnance des Administrateurs, portant que les Grands-Voyers et les Voyers principaux jouiront de l'exemption de dix Négres, et les Voyers particuliers de celle de six Négres seulement.

Du 5 Décembre 1781.

Supplie humblement Pâris de St. Valier, Grand-Voyer du ressort du Conseil-Supérieur du Cap, tant en son nom personnel que comme faisant et se portant fort pour les autres Voyers principaux et particuliers dudit ressort: Disant que par votre Réglement du premier Juillet 1780, M. le Général ayant attribué aux Voyers un grade militaire, vous leur avez accordé les honneurs, priviléges et prérogatives attachés auxdits grades; que depuis cette disposition de l'Ordonnance ayant été abrogée, ou au moins l'effet en paroissant suspendu pour quelque-temps, les Voyers se trouvent avec des fonctions souvent dispendieuses, sans autre dédommagement de leur dévouement au service public, que le plaisir de contribuer autant qu'il est en eux au bien et à l'avantage de la Colonie. Que lesdits Voyers, considérés aujourd'hui comme Officiers purement Municipaux, ne peuvent plus prétendre, sans une autorisation spéciale et *ad hoc*, aux priviléges et exemptions qui faisoient partie de leurs prérogatives, comme Officiers militaires, etc.

Vu l'Ordonnance de MM. le Marquis de Fayet et Duclos, du 21 Avril 1733, autre Ordonnance du premier Juillet 1780, et Réglement du 7 Août 1781, l'exposé en la présente, et tout considéré; Nous, Commandant en chef et Ordonnateur, faisant fonctions d'Intendant, ordonnons que conformément à l'art. 5 de notre Ordonnance du premier Juillet 1780, les Grands-Voyers et Voyers principaux jouiront de l'exemption de tous droits d'Octroi et corvées publiques pour 10 Négres, et les Voyers particuliers pour six seulement, à la charge par eux de se conformer à l'art. 10 du Réglement du 25 Septembre 1744. Mandons à chaque Commandant de Quartier de tenir, chacun en droit soi, la main à l'exécution de la présente Ordonnance, laquelle sera enregistrée au Greffe de l'Intendance pour y recourir au besoin. DONNÉ au Cap, etc, le 5 Décembre 1781 *Signé*, LILANCOUR et LE BRASSEUR.

R. au Greffe de l'Intendance, le 24 du même mois.

ORDONNANCE *des Administrateurs, qui règle le Service des Négres de l'Attelier du Roi au Môle.*

Du 5 Décembre 1781.

JEAN-BAPTISTE de Tastes de Lilancour, etc.
Joseph-Alexandre le Brasseur, etc.

Étant nécessaire de fixer d'une maniere invariable le service des Négres appartenans au Roi, dans l'attelier qui a été établi au Môle St. Nicolas, Nous, en vertu des pouvoirs à nous accordés par Sa Majesté, avons ordonné et ordonnons ce qui suit:

ART. Ier. Le Commissaire de la Marine établi au Môle, sera seul chargé de la police des Négres du Roi, et en fera la revue, même aux heures des travaux, lorsque le bien du service l'exigera.

II. Lorsqu'il aura été ordonné des travaux au Môle St. Nicolas, l'Ingénieur du Roi demandera au Commissaire de la Marine le nombre d'hommes qui lui sera nécessaire; et dans le cas où le Commissaire en feroit le refus, il sera obligé d'en donner les motifs par écrit à l'Ingénieur, qui les fera passer au Général et Intendant pour y être pourvu ainsi qu'il appartiendra.

III. Lorsque les Ouvriers seront aux travaux, ils seront sous les ordres directs de l'Ingénieur, et le pouvoir qu'aura le Commissaire d'en constater la présence par des revues, ne s'étendra pas jusqu'à les détourner de leurs travaux, à moins de nécessité urgente pour le service du Roi, dont le Commissaire donnera également les motifs par écrit à l'Ingénieur.

IV. Ledit Commissaire enverra toutes les Semaines aux Général et Intendant l'état de la revue desdits Négres, et y mentionnera les travaux auxquels ils sont employés.

V. Défendons à toutes personnes, de quelque qualité et condition qu'elles soient, de se servir desdits Négres appartenans au Roi, pour leur usage particulier. Permettons seulement au Commandant pour le Roi, au Commissaire de la Marine, à l'Ingénieur en Chef, à l'Officier Commandant l'Artillerie, et à celui détaché à la presqu'Isle, d'en prendre, chacun un, qui ne sera point Ouvrier, au lieu et place de gardien, dont le Roi seroit obligé de payer la solde. Mandons à nos Représentans au Môle St. Nicolas de tenir la main sévèrement à l'exécution de la présente, qui sera enregistrée au Contrôle de la Marine. DONNÉ au Cap, etc. *Signé*, LILANCOUR et LE BRASSEUR.

R. au Contrôle le même jour.

ARRÊT du Conseil du Cap, qui juge que le Capitaine de Port de la même Ville n'est pas tenu des faits de ses Pilotes.

Du 18 Décembre 1781.

ENTRE le sieur Dupeux, Capitaine du Navire le Comte de Guichen, de Bordeaux, Appelant de Sentence de l'Amirauté du Cap, du 9 Novembre dernier, d'une part; Et Don Louis Robert de Verux, Capitaine du Navire la Bonne-Prise de Cadix, Intimé, d'autre part; de la cause le sieur Massot, Capitaine de Port, encore d'autre part. Vu, etc. Après que Pigeot de Louisbourg, Avocat de l'Appelant, d'Augy, Avocat de l'Intimé, et Moreau de St. Méry, Avocat du sieur Massot, ont été ouis à l'Audience du jour d'hier, ainsi qu'à celle de ce jour; et tout considéré: LA COUR joignant les appel et demandes, faisant droit sur le tout par un seul et même Arrêt, a mis et met l'appellation et Sentence dont est appel au néant: émendant, ayant aucunement égard aux enquêtes respectives des Parties, condamne la Partie de d'Augy, (Robert de Verux) à payer et rembourser à celle de Pigeot de Louisbourg (le sieur Dupeux) la somme de 1416 liv., montant des avaries dont s'agit, et aux intérêts de ladite somme, à compter du jour de la demande; ordonne que l'amende consignée par l'Appelant lui sera remise; en ce qui touche la demande en garantie, déboute la Partie de d'Augy de de ladite demande, et la condamne aux dépens des causes principale, d'appel et demandes envers toutes les Parties, etc.

Le 4 Octobre 1781, le Navire de Cadix entrant au Cap, fit des avaries à celui de Bordeaux. Assigné pour les payer, Don Robert de Verux appela en garantie le sieur Massot, Capitaine de Brûlot et de Port, au Cap, attendu qu'il avoit à son Bord un Pilote. Le sieur Massot justifia d'abord que les Pilotes du Port n'étoient ni à son choix ni à sa nomination, et au surplus, que les jours d'entrée des Convois, comme le 4 Octobre, l'insuffisance des Pilotes portoit à agréer tous les Officiers de Navires qui s'offroient alors, de bonne volonté, pour en servir.

ODONNANCE *de M. l'Intendant par intérim, qui condamne en 500 liv. d'amende l'Imprimeur du Cap, pour avoir fait, sans son approbation, des changemens à l'Almanach de la Colonie.*

Du premier Janvier 1782.

JOSEPH-ALEXANDRE Le Brasseur, etc.

Sur l'examen fait de l'Almanach historique et chronologique de Saint-Domingue pour la présente année 1782, composé, imprimé et distribué par le sieur Leblanc, Prote du sieur Dufour, Imprimeur du Roi, au Cap, et chargé de sa Procuration en son absence, pour ce qui concerne l'Imprimerie; duquel examen il résulte qu'entr'autres changemens que ledit sieur Leblanc s'est permis dans la composition dudit Almanach, il auroit notamment imaginé d'y supprimer la Liste chronologique des Gouverneurs et Intendans de cette Colonie, et d'y en insérer une autre, sans que pour raison desdites innovations il ait recouru à nous, afin de solliciter qu'elles fussent approuvées; considérant en outre que ledit sieur Leblanc, en nous présentant un Exemplaire de l'Almanach de l'année dernière, avec des feuilles en blanc, pour y faire les changemens que nous jugerions convenables, a affecté de garder un silence blâmable sur ceux qu'il avoit lui-même projetés; et comme une conduite aussi peu circonspecte caractérise pleinement un manquement à l'autorité: Nous, en vertu des pouvoirs à nous confiés par Sa Majesté, faisons très expresses inhibitions et défenses, sur telles peines qu'il appartiendra, à l'Imprimeur du

Roi, au Cap, et à tous autres, ainsi qu'à leurs Représentans, de plus à l'avenir se permettre de semblables suppressions, ni aucunes insertions nouvelles, qu'ils n'ayent auparavant demandé notre agrément à cet effet; leur enjoignons en conséquence de ne jamais publier l'Almanach de cette Colonie, sans qu'au préalable ils en ayent requis et obtenu notre permission, sur une épreuve dudit Almanach, qu'ils seront tenus de nous soumettre. Et pour, de la part du sieur Leblanc, s'être permis d'innover, de son chef et sans le concours de l'autorité, nous le condamnons, en son propre et privé nom, en 500 liv. d'amende au profit de Sa Majesté, avec injonction d'être désormais plus circonspect, sous plus grande peine. Sera la présente enregistrée aux Greffes de l'Intendance et de la Subdélégation du Cap, imprimée, lue, publiée et affichée par tout où besoin sera. DONNÉ au Cap, etc.

R. au Greffe de l'Intendance, le 6 du même mois.
Et au Greffe de la Subdélégation, le jour suivant.

ORDONNANCE *des Administrateurs, touchant la Boucherie du Mouton, du Cochon et du Cabrit.*

Du 21 Janvier 1782.

JEAN-BAPTISTE de Tastes de Lilancour, etc.
Joseph-Alexandre Le Brasseur, etc.

Étant informés que les Particuliers qui vendent et débitent dans la Ville du Cap de la viande de Mouton, Cochon et Cabrit, ne se sont pas conformés jusqu'à présent à l'une des dispositions de l'art. 7 de la Cartebannie, du 11 Novembre de l'année dernière, qui leur enjoint de peser ladite viande et de la vendre sans charge; considérant, en outre, que ce sont des Négres libres, même des Esclaves qui font ce commerce d'une manière suspecte et inquiétante pour les Habitans; et voulant remédier à ces abus : Nous, en vertu des pouvoirs à nous accordés par Sa Majesté, avons ordonné et ordonnons ce qui suit :

ART. Ier. Il sera nommé, parmi les Habitans les plus connus, un Entrepreneur pour ladite Boucherie, auquel il sera accordé, par nous, une permission exclusive de vendre et débiter ladite viande de Mouton, Cochon et Cabrit, dans la Ville du Cap, pendant trois ans consécutifs, à compter du premier Février prochain.

II. L'Entrepreneur sera tenu d'avoir une quantité suffisante d'Étaux, soit à la Place de Clugny, soit à la Place Royale, et de les entretenir perpétuellement dans un état d'entière propreté ; lui défendons de vendre et débiter ladite viande ailleurs que dans lesdits Étaux, sous peine d'amende arbitraire, qui sera prononcée par les Juges des lieux.

III. Lesdits Étaux seront séparés les uns des autres, de manière que les viandes de Mouton, Cochon et Cabrit ne soient jamais confondues ; l'Entrepreneur aura la plus grande attention à ce que ses Commis ou autres gens employés à ladite Boucherie, ne vendent pas du Cabrit pour du Mouton ; et dans le cas où ils tomberoient dans cette contravention, il en deviendra responsable en son propre et privé nom, et sera condamné en 3,000 liv. d'amende, dont moitié sera applicable au dénonciateur, et l'autre moitié à la Maison de la Providence.

IV. Il ne sera permis à aucunes personnes, de quelque qualité et condition qu'elles puissent être, même à l'Adjudicataire des Boucheries du Cap, de vendre ni débiter de la viande de Mouton, Cochon et Cabrit, à peine de confiscation de ladite viande, de saisie des Négres qui seront trouvés la vendant et débitant, et de 500 liv. d'amende contre les contrevenans, facteurs ou adhérens d'iceux, applicable moitié aux Inspecteurs et Sergens de Police, qui auront assuré ladite contravention, et moitié à l'Entrepreneur de ladite Boucherie, au payement de laquelle ils seront contraints par corps, et par la vente des Esclaves saisis. Il est pareillement défendu aux Particuliers d'acheter ladite viande, vendue en contravention, sous peine de 300 liv. d'amende, applicable comme dessus ; dérogeant en tant que besoin est à l'article 7 de ladite Carte-banhie des Boucheries du Cap, dans tout ce qui pourroit être contraire à la présente disposition.

V. L'Entrepreneur sera tenu de faire le relevé de la consommation journalière de ses viandes dans la Ville du Cap, et d'avoir en conséquence ses Étaux toujours garnis, pour n'en laisser manquer ni aux Hôpitaux ni au Public, sous peine de 200 liv. d'amende, pour chaque jour de cessation de fourniture ; et attendu les circonstances de la guerre, et la rareté des animaux ; il pourra la vendre au prix suivant.

Le Mouton, à . . . . 41 sols 3 d. la liv.

Le Cabrit, à 30

Le Cochon, à . . . . 22 6 d.

VI. Il ne pourra être assujetti à délivrer cette viande à quelque personne que ce puisse être, qu'en la payant argent comptant.

VII. Il sera exempt de toutes corvées, ainsi que les Négres attachés au service de ladite Boucherie, lesquels ne pourront être saisis, si ce n'est pour l'exécution de la présente.

VIII. Il sera tenu de donner bonne et solvable Caution, et Certificateur, qui répondront solidairement de toutes les condamnations pécuniaires qui interviendront contre lui, pour défaut de fourniture, amendes, dedommagemens ou autrement.

IX. Il sera également tenu de faire enregistrer la permission qu'il tiendra de nous, au Greffe du Conseil-Supérieur et de la Jurisdiction; et sera la présente Ordonnance enregistrée au Greffe de l'Intendance, imprimée, publiée et affichée partout où besoin sera. Prions MM. les Officiers du Conseil-Supérieur du Cap de la faire enregistrer pareillement en leur Greffe; mandons à ceux de la Jurisdiction de tenir sévèrement la main à son exécution. DONNÉ au Cap, etc. *Signé*, LILANCOUR et LE BRASSEUR.

R. au Greffe de l'Intendance, le 23 Janvier 1782.

V. les Arrêts du Conseil du Cap, du 26 du même mois.

ARRÊT du Conseil du Cap, qui Juge qu'un Officier de Milice porteur d'un Ordre de Chasse, ne sauroit en user s'il n'est accompagné d'un détachement, sans être personnellement garant des suites de la Chasse.

Du 24 Janvier 1782.

LOUIS, etc. Entre MM. et Demoiselles de Brucourt, frères et sœurs, habitans au Grand Bassin, d'une part: Et le sieur Gaillardet, jeune, Officier de Milice, habitant à la Grande Coline, et le sieur Joubert, cadet, habitant au même quartier, Intimés, d'autre part. Vu par notre-dite Cour, la Sentence dont est appel, en date dudit jour 12 Juillet dernier qui, les demandes jointes au mois, donne acte auxdits sieurs et demoiselles de Brucourt, sur leur réquisition, pour leur servir et valoir ce que de raison, de la déclaration faite par les sieurs Gaillardet cadet, et Joubert, que le 6 Mai dernier, lorsque ces derniers ont tiré sur les deux Négres dont s'agit, dont un avoit été tué et l'autre blessé, ils étoient sans détachement; et faisant droit sur les demandes des Parties, en ce qui touche celle desdits sieurs et demoiselles de Brucourt, vu les ordres de chasse délivrés aux sieurs Gaillardet cadet, et Joubert, registrés au Greffe de notre Siége Royal du Fort-Dauphin, auroit déclaré lesdits sieurs et demoiselles de Brucourt non-recevables dans leur demande, de laquelle ils auroient été déboutés avec dépens, sauf à eux à se pourvoir devant qui de droit et s'il y avoit lieu, pour avoir le remboursement du Négre tué, ainsi qu'ils aviseroient ; en ce qui touche la demande en plainte des sieurs Gaillardet cadet et Joubert, vu l'acte extrajudiciaire à eux signifié de la part desdits sieurs et demoiselles de Brucourt, 3 jours avant ladite plainte, et ce qui en résulte, notamment de la rature faite sur l'original de leur Requête, répondue le 6 Mai dernier, du mot *assassiné*, vu qu'il avoit été substitué celui de *tué*, auroit déclaré ladite plainte non-recevable, de laquelle ledits sieurs Gaillardet jeune et Joubert auroient été déboutés avec dépens, sauf à eux à les compenser sur ceux ci-dessus prononcés en leur faveur ; et sauf encore à eux à rapporter la copie de ladite Requête, du 6 Mai dernier, pour y faire la rature du mot *assassiné*, et y substituer celui de *tué* ; conformément aux offres des sieurs et demoiselles de Brucourt, etc. Après que d'Augy, Avocat des Appelans, et Moreau de St. Méry, Avocat des Intimés, ont été ouis à l'Audience du 15 de ce mois, ensemble de St. Martin fils, Substitut du Procureur-Général, et que par Arrêt dudit jour, il a été ordonné qu'il en seroit délibéré au Rapport de M. Margariteau, Conseiller, dépens réservés ; les Pièces mises sur le Bureau, vues ; Oui le Rapport, et tout considéré : NOTREDITE COUR vuidant le délibéré, a mis et met l'appellation et Sentence dont est appel au néant, en ce que les Parties de d'Augy auroient été déboutées de leur demande et condamnées aux dépens ; émendant quant à ce, décharge lesdites Parties de d'Augy des condamnations contr'elles prononcées par ladite Sentence ; et faisant droit par Jugement nouveau sur la demande originaire, faute par lesdites Parties de Moreau de St. Méry, de s'être conformées aux ordres de Chasse dont elles étoient porteurs, et de s'être fait accompagner d'un détachement lors de la prétendue Chasse du 6 Mai dernier, les condamne solidairement, l'un pour l'autre, un d'eux seul pour le tout, à payer aux Parties de d'Augy, avec intérêts à compter du jour de la première demande, la somme de 2,000 liv. pour la valeur du jeune Négre nommé Remy, par eux tué le 6 Mai dernier, si mieux n'aiment lesdites Parties de Moreau de St. Méry, suivant l'estimation qui en sera faite par Experts qui auront connu ledit Négre, ce qu'ils seront tenus d'opter dans les trois jours de la signification du présent Arrêt ; sinon déchus de ladite option. Fait défenses auxdites Parties de Moreau de St. Méry de récidiver, sous plus grande peine ; la Sentence au résidu sortissant effet ; ordonne que l'amende consignée par les Appelans leur sera remise ; et condamne les Parties de Moreau de St. Méry, aussi solidairement, aux dépens des causes principale et d'appel ; sur le surplus des demandes, fins et conclusions des Parties, les a mises et met hors de Cour.

V. une Lettre du Ministre, du 2 Juin 1786.

ARRÊT de Réglement du Conseil du Cap, qui fixe 1°. la Pension des Curés, et 2°. des Règles pour la Garde des Papiers des Fabriques.

Du 25 Janvier 1782.

ENTRE le Procureur-Général du Roi en la Cour, procédant de son office, Appelant de délibération du 14 Janvier 1781, d'une part : Et le sieur Faure, d'autre part. VU, etc. Après que de Suzanne, Avocat du sieur Faure, a été ouï, ensemble le Procureur-Général du Roi, et tout considéré : LA COUR a mis et met l'appellation et Sentence dont est appel au néant, en ce que par la délibération dont s'agit, il auroit été arrêté que le Curé de la Paroisse de la Marmelade seroit mis à la Portion congrue ; 2°. en ce que le Marguillier de ladite Paroisse auroit été déchargé du Regîstre des Délibérations, et que les Paroissiens en auroient chargé Baratte, Notaire, sous le titre de Greffier de la Paroisse, pour en rester à l'avenir dépositaire, et délivrer expédition des délibérations à qui il appartiendroit ; émendant quant à ce, déclare ces deux chefs nuls et comme non avenus ; fait défenses aux Habitans de ladite Paroisse, d'en prendre à l'avenir de semblables ; condamne la Partie de Suzanne, en sa qualité, à payer la pension du Curé à raison de 4,000 liv. par an, à compter du premier Janvier 1781, et aux dépens ; déclare le présent Arrêt commun à toutes les Paroisses du ressort. Faisant droit sur les plus amples conclusions du Procureur-Général du Roi, ordonne que tant les Registres des Délibérations des Paroisses du ressort de la Cour, que les titres et papiers concernant les Fabriques, seront déposés au Banc de l'Œuvre, dans un coffre ou armoire fermant à trois serrures et clefs différentes, dont l'une sera remise ès mains du Curé, l'autre ès mains des Substituts du Procureur-Général du Roi, dans les Paroisses de leur résidence, et dans les autres, ès mains d'un Habitant notable, qui sera choisi dans une Assemblée ; et la troisième entre les mains du Marguillier en exercice : ordonne qu'il ne pourra être tiré dudit coffre ou armoire aucun titre ou papier, qu'il ne soit donné par celui qui s'en chargera, un récépissé sur le Registre des Délibérations, lequel sera déchargé lors de la remise desdites Pièces : ordonne en outre que le présent Arrêt sera inscrit à la diligence du Procureur-Général du Roi, sur les Registres des Délibérations de toutes les Paroisses du ressort, etc.

LETTRE du Ministre aux Administrateurs, touchant les Rations accordées aux Officiers Militaires et autres du Môle.

Du 25 Janvier 1782.

MM. DE LILANCOUR et Le Brasseur m'ont marqué, MM, par leur Lettre du 15 Septembre 1781, qu'ils avoient accordé provisoirement des Rations en nature, aux Commandant, Commissaire, Médecin et Chirurgien du Roi au Môle St. Nicolas, afin de les traiter à l'instar des Officiers des troupes de cette garnison, en faveur desquels M. de Sartine avoit approuvé une semblable distribution. Sur le compte que j'en ai rendu au Roi, S. M. a bien voulu consentir à cet arrangement, et Elle a réglé à chaque grade le nombre de Rations en nature ci-après; savoir:

Au Lieutenant de Roi,	6 Rations.
A l'Aide-Major de la Place,	3
Au Commissaire,	3
Au Médecin,	2
Et au Chirurgien,	2

M. de Bongars donnera en conséquence les ordres nécessaires, et tiendra la main à ce qu'il n'y ait que les présens qui participent à cette faveur. Le supplément en argent, réglé à chaque grade pour la plus-value des Rations, en temps de guerre, demeurera supprimé.

ARRÊTS du Conseil du Cap, qui déclarent des Particuliers non-recevables à s'opposer à l'Enregistrement d'une Ordonnance des Administrateurs, et qui font défenses à l'Avocat de présenter à l'avenir des Requêtes à pareilles fins.

Du 26 Janvier 1782.

VU par le Conseil la Requête de Paul Chivrel, Jacob Rick, Isaac Castan, Nimes, Hob, Laidet, etc, Bouchers de Mouton, Cochon et Cabrit, domiciliés, résidans au Cap. Disant, qu'accablés sous le poids de la plus profonde douleur, ils viennent déposer aux pieds de la Cour leur affliction, leur inquiétude, et implorer avec confiance sa justice pour les soustraire aux horreurs de la misère dans laquelle on veut les plonger.

Ils profiteront en même-temps de cette circonstance heureuse pour se justifier à ses yeux des imputations sur lesquelles on a pu fonder les motifs de la nouvelle loi, à l'enregistrement de laquelle ils ont cru être en droit de former opposition.

Sans doute, ils auroient desiré pouvoir donner dans cette circonstance à MM. les Administrateurs, une preuve frappante de leur soumission entière à leur volonté ; mais s'ils avoient pu être insensibles à la voix plaintive de l'humanité, aux gémissemens de leurs femmes, aux larmes de leurs enfans, aux sanglots de leurs proches, à la tristesse de leurs esclaves, et être sourds enfin à la voix terrible du besoin, l'intérêt public, qui tient sans cesse le bon Citoyen en garde contre les entreprises des méchans, toujours aux aguêts pour tendre des piéges à l'autorité, leur auroit fait un devoir de leur réclamation et de leur résistance.

Les Supplians ne s'attacheront pas, NN., à vous peindre les dangers et les inconvéniens qu'entraînent après soi les priviléges exclusifs : ce seroit faire injure à vos lumières et à votre sagacité que de s'appesantir à cet égard ; mais ils vous supplieront d'observer que le bien public sollicite leur conservation, que leur nombre mérite la plus grande faveur, la population étant encore plus l'ame d'une Colonie que d'un État en terre ferme. A ce qu'il plaise à la Cour, etc., vu son Arrêt du 6 Août 1756, la Carte-Bannie du 11 Novembre 1781 ; la Requête présentée à M. Le Brasseur le 22 du présent mois de Janvier 1782 ; copie collationnée de l'ordre donné au sieur Arques, Marchand, rue Espagnole, de vuider sa maison dans 24 heures ; ensemble l'exposé en la présente ; les recevoir opposans à l'enregistrement de l'Ordonnance de MM. les Administrateurs, concernant le privilége exclusif des Boucheries de Mouton, de Cochon et de Cabrit : ce faisant, leur donner acte des offres qu'ils font de donner le Mouton à un gourdin la livre, le Cabrit à deux escalins, et le Cochon à un escalin et demi ; de n'en faire aucune espèce de vente que sur la Place du Marché, et de se soumettre à tels Réglemens qu'il plaira à la Cour de déterminer dans sa sagesse, et de peser dans sa prudence, pour assûrer, autant que les circonstances le permettront, le service du Public et l'exactitude dans la police relative à cet objet ; même de nommer entr'eux deux Syndics, pour veiller, concurremment avec les Inspecteurs et Sergens de Police, à l'exécution de ces Réglemens ; en conséquence, et sous le bénéfice desdites offres, les autoriser à continuer, séparément, l'exploitation desdites Boucheries comme par le passé, conformément à l'article 7 de la Carte-Bannie, du 11 Novembre 1781 ; faire défenses à toutes personnes de les inquiéter ni ni troubler dans leur Commerce directement ni indirectement ; ordonner que l'Arrêt à intervenir sera imprimé et affiché par tout où besoin sera, etc. Conclusions du Procureur-Général du Roi ; Oui le Rapport de M. Ruotte, Conseiller ; et tout considéré : LA COUR a déclaré et déclare les Supplians non-recevables en leurs demandes ; défend à ..... Avocat en la Cour, de plus présenter à l'avenir de pareilles Requêtes, sous les peines de droit ; et ordonne en conséquence que le présent Arrêt lui sera signifié à la diligence du Procureur-Général du Roi.

VU par le Conseil la Requête des Habitans de la Ville du Cap soussignés : DISANT qu'ils sont assez à plaindre d'être soumis à la gêne du Privilége exclusif de la viande de Boucherie, sans se voir encore exposés à devenir la victime de la cupidité, de la pénurie ou du peu d'intelligence d'un Entrepreneur particulier, pour la fourniture de la viande de Mouton, de Cochon et de Cabrit. Les amendes que les Cartes Bannies prononcent contre les Fermiers qui manquent à leur fourniture n'indemnisent pas le Public de la privation qu'il a éprouvée. CE CONSIDÉRÉ, NN., il vous plaise recevoir les Supplians opposans à l'enregistrement de l'Ordonnance, etc. Conclusions du Procureur-Général du Roi, etc. (*Même Arrêt que le précédent.*)

ARRÊT du Conseil du Cap, qui condamne le nommé Jean-Baptiste à être mis au Carcan pendant 2 heures, au Marché de Clugny de la même Ville, avec cet Ecriteau : Négre insolent envers les Blancs, *ensuite à être fouetté, marqué, et attaché à la Chaîne publique, comme Forçat, pendant 3 ans, pour avoir commis des excès sur la personne du sieur Barré Duvivier, gérant de l'Habitation de M. le Président Duplaa, au Quartier Morin.*

Du 31 Janvier 1782.

ORDONNANCE des Administrateurs, qui augmente le prix du Logement à fournir aux Officiers en argent, et qui exempte les Habitans du Cap de loger, hors le cas de foule indispensable.

Du 6 Février 1782.

JEAN-BAPTISTE de Tastes de Lilancour, etc.
Joseph-Alexandre Le Brasseur, etc.

Sur l'examen que nous avons fait du Mémoire qui nous a été présenté par les Habitans de la ville du Cap, dans l'assemblée de Paroisse du 18 Novembre 1781, duquel il résulte qu'il en coûte auxdits Habitans une somme annuelle de 270930 liv. en sus de ce qui leur est alloué et payé par le Roi, pour le logement des Officiers qui y tiennent garnison, malgré l'exemption dont ils doivent jouir, en conformité de ce qui a été arrêté dans la dernière assemblée nationale, et ayant égard aux représentations qui nous ont été faites par M. le Major Général des Troupes, et MM. les Chefs des différents Corps, relativement à la modicité du traitement qui a été accordé jusqu'à présent aux Officiers pour leur logement, et voulant concilier, autant qu'il est possible, ces deux intérêts qui sollicitent également notre justice, Nous, en vertu des pouvoirs à nous accordés par Sa Majesté, avons ordonné et ordonnons provisoirement ce qui suit :

ART. I. Les Habitans de la ville du Cap seront maintenus dans leurs exemptions, et ne recevront plus d'ordre de logement, excepté dans le cas de foule indispensable qu'occasionne la guerre.

II. Attendu l'augmentation du loyer des maisons dans la ville du Cap, et les difficultés qu'ont trouvé jusqu'à présent MM. les Officiers pour se loger convenablement à leurs grades, le prix de leur logement a été arrêté ainsi qu'il suit; savoir :

Aux Colonels	4500 liv.
Aux Lieutenans-Colonels, Majors et Chefs de Bataillon .	3000 liv.
Aux Capitaines.	1500 liv
Aux Lieutenans et sous-Lieutenans.	1200 liv.

Sera le présent Réglement enregistré au Contrôle de la Marine, et exécuté à compter du premier de ce mois. DONNÉ au Cap; *Signé*, LILANCOUR et LE BRASSEUR.

R. au Contrôle, le 15 Avril suivant.

Lettre du Ministre aux Administrateurs, sur les Polices d'Affrétement à passer dans les Colonies pour le compte du Roi.

Du 6 Février 1782.

Le peu d'ordre et d'économie qu'on a apporté, MM, dans les affrètemens des Bâtimens du Commerce que les Commandans des Escadres ont employés en diverses occasions pour le service du Roi, ayant été une source de réclamations de la part des Armateurs, lesquelles ont occasionné à Sa Majesté une dépense exorbitante, je vais vous faire connoître la forme dans laquelle je desire que vous passiez les polices de ces affrètemens dans les Colonies, afin que, l'indemnité une fois annoncée, les Propriétaires des Navires ne puissent exercer que les droits qu'ils auront justement acquis.

Si le service de Sa Majesté exige que vous affrétiez des Navires Marchands, pour transporter des Troupes et autres munitions nécessaires à une expédition quelconque, de concert avec les Commandans des Escadres, vous conviendrez avec les Représentans des Armateurs ou les Capitaines, du prix qu'il vous paroîtra juste de leur allouer pour chaque tonneau d'encombrement effectif embarqué pour le Roi, sans avoir égard à la jeauge du Bâtiment, et vous spécifierez les conditions auxquelles vous vous engagerez, soit pour le temps que vous les retiendrez au service, soit pour les ramener ou les faire escorter aux lieux de leur destination.

Mais si, malgré les conditions raisonnables que vous offrirez aux Représentans des Armateurs ou Capitaines, ils se refusoient à donner leurs Navires pour le service de Sa Majesté, vous vous concerterez alors avec les Commandans des Escadres; et après avoir établi, par ce concours, un prix quelconque à l'affrètement, vous userez de votre autorité, nonobstant les représentations ou protestations qu'on pourroit faire, en observant de m'adresser ce que vous aurez arrêté avec les Commandans des Escadres qui signeront avec vous le traité d'affrètement, afin que je le fasse examiner, et que, sur le compte que j'en rendrai à Sa Majesté, Elle puisse prononcer sur ce qu'il sera juste d'accorder de dédommagement aux Armateurs dont on aura employé les Navires. Je suis d'ailleurs persuadé que vous ne vous déterminerez à employer ce moyen d'autorité, que pour des expéditions de la plus grande importance, et desquelles il devra résulter un avantage réel pour le service de Sa Majesté, et que dans ces circonstances extraordinaires, vous aurez la plus grande attention à ménager ses intérêts.

ORDONNANCE *du Juge de Police du Cap, qui défend à tous Mulâtres et Négres Esclaves, de s'attrouper dans la Ville, et de courir les rues en habit déguisé et sous le masque, notamment dans les jours de Carnaval; à peine, contre les Négres qui se trouveront ainsi attroupés, ou qui courront dans les rues en habit déguisé, et sous le masque, d'être punis de prison, et de 25 coups de fouet; même d'être poursuivis extraordinairement si le cas y échoit.*

Du 11 Février 1782.

ARRÊT *du Conseil du Cap, qui confirme un Réglement du Juge de la même Ville, touchant les Négres Esclaves embarqués sans Billets.*

Du 18 Février 1782.

V. la Sentence du 9 Juin 1781.

ORDONNANCE *du Juge de Police du Cap, qui défend de continuer à insulter un Particulier.*

Du 19 Février 1782.

REMONTRE le Procureur du Roi, que l'acharnement des Négres de cette Ville à poursuivre dans les rues et injurier un Particulier Blanc, nommé la Poterie, subsistant toujours, malgré les précautions que vous auriez prises pour tâcher d'arrêter un pareil scandale, qui porte la plus grande atteinte au respect dû à la qualité de Blanc par les Gens de couleur; Nous croyons ne pouvoir parvenir à réprimer un abus aussi révoltant que par la promulgation d'une Ordonnance de Police, qui, en défendant cette espèce d'émotion populaire, contienne en même temps des peines contre ceux qui y contreviendront : c'est pourquoi, etc.

Vu la présente remontrance, et faisant droit sur icelle, Nous faisons très-expresses inhibitions et défenses à toutes personnes, de quelque qualité et condition qu'elles soient, d'injurier, faire injurier le sieur la Poterie dans les rues, et de faire attrouper les enfans et les Négres après ledit sieur la Poterie, sous peine d'amende, qui sera par nous arbitrée : faisons très-expresses défenses et inhibitions à tous Gens de couleur libres ou esclaves, d'injurier et de s'attrouper après ledit sieur la Poterie, sous peine d'être poursuivis extraordinairement, et d'être sur le champ conduits ès Prisons de cette Ville ; et afin qu'on n'en prétende cause d'ignorance, Nous ordonnons que la présente Ordonnance sera lue et publiée dans tous les carrefours de cette Ville, en la manière accoutumée ; mandons aux Inspecteurs, etc.

Publiée le même jour.

JUGEMENT *de la Commission établie au Port-au-Prince, qui déclare les Intéressés à la distribution des Eaux de la Grande-Rivière du Cul-de-Sac, solidaires pour le paiement des Entreprises, Travaux et dépenses relatifs à ladite distribution.*

Des 20 Février et 2 Mai 1782.

ENTRE Henry Baqué, Entrepreneur de tous les Bassins de subdivision, Canaux et autres ouvrages y relatifs, pour parvenir à la distribution des eaux de la Grande-Rivière du Cul-de-sac, demandeur par Requête répondue et signifiée les 7 et 14 Août dernier, d'une part ; Et les Intéressés à la distribution des eaux de ladite Rivière, en la personne des sieurs Boissonniere de Mornay, Digneron et Carlier, leurs Syndics, défendeurs, défaillans, d'autre part. Vu un marché fait, etc, ensemble un certificat du Greffier de la Commission, du 26 Novembre suivant, portant qu'il n'a été rien produit de la part des défendeurs ; Ouï M. le Président en son rapport, et Me Piémont, Substitut du Procureur-Général du Roi, pour la maladie d'icelui, en ses conclusions, tout considéré : Avons par Jugement en première instance et dernier ressort, donné défaut faute de défendre contre les défaillans; et en adjugeant le profit, ordonnons que le devis et marché du 12 Mai 1777, sera exécuté selon sa forme et teneur; en conséquence, condamnons les défendeurs, solidairement. l'un pour l'autre, l'un d'eux seul pour le tout, à payer au demandeur en deniers ou quittances valables, la somme de 113,777 liv. 17 s. 2 den. pour le prix des travaux dont il s'agit, avec intérêts du jour de la demande, et aux dépens. DONNÉ au Port-au-Prince, en la Chambre de Commission, le 20 Février 1782; *Signé*, VINCENT, BOURDON et PREVOST DE LA CROIX.

Le Jugement du 2 Mai déboute de l'opposition formée au précédent.

ORDONNANCE *des Administrateurs, concernant l'exportation des Comestibles.*

Du 21 Février 1782.

GUILLAUME-LÉONARD de Bellecombe, etc.

Alexandre-Jacques de Bongars, etc.

Notre premier soin en arrivant dans cette Colonie, a été de nous faire rendre compte de ce qui forme les objets de subsistance.

Nous avons vu avec satisfaction que nous avions, soit dans les Magasins du Roi, soit dans les magasins particuliers, de quoi attendre les approvisionnemens qui nous sont promis et qui vont nous arriver incessamment.

Mais les circonstances où nous nous trouvons ayant considérablement augmenté nos consommations, il est de notre prudence de veiller à ce que notre abondance actuelle ne serve pas de prétexte à une exportation qui pourroit nous réduire à la disette.

A ces causes et par ces considérations, en vertu des pouvoirs à nous accordés par Sa Majesté, Nous avons défendu et défendons par cette présente Ordonnance, qu'aucuns des Bâtimens qui sortiront des Ports de cette Colonie, tant les nationaux que ceux des Puissances neutres, et même les Parlementaires, chargent à leurs bords respectifs d'autres comestibles que ceux qui seront nécessaires pour leur traversée jusqu'aux lieux de leur destination, à peine contre les Capitaines contrevenans, d'une amende de trois mille livres, et de la confiscation desdits comestibles; l'amende et la confiscation applicables au profit de l'Hôpital de la Providence de cette Ville, et même à peine d'être poursuivis extraordinairement si le cas le requiert.

Enjoignons aux Officiers des Amirautés de faire avant le départ des Navires, une visite exacte à l'effet de constater la quantité de leur comestible; et où il s'en trouveroit plus qu'il n'en faut pour la traversée, de prononcer contre chacun des Capitaines contrevenans l'amende de trois mille livres et la confiscation de tous les comestibles, sans préjudice de la poursuite extraordinaire, si le cas le requéroit.

Défendons aux Capitaines de Ports de cette Colonie, de laisser partir aucuns Navires, à moins qu'il ne leur soit apparu de la visite ci-dessus ordonnée, soit par la représentation du procès-verbal de visite, soit par un certificat des Juges de l'Amirauté. Prions MM. les Officiers des Conseils-Supérieurs du Cap et du Port-au-Prince, d'enregistrer la présente Ordonnance et de tenir la main à son exécution.

Sera la présente enregistrée au Greffe de l'Intendance, imprimée, lue, publiée et affichée par-tout où besoin sera.

DONNÉ au Cap, etc. *Signé*, BELLECOMBE et BONGARS.

R. au Conseil du Cap, le même jour 21 *Février* 1782.
Et à celui du Port-au-Prince, le 28.

ARRÊT *du Conseil du Cap, qui déclare les Officiers de l'Amirauté du Port-de-Paix non-recevables dans leur tierce-opposition à l'exécution d'autre Arrêt qui autorise des Armateurs du Môle à faire vendre, par-devant un Notaire du même lieu, un Corsaire, et à disposer du prix d'icelui.*

Du 28 Février 1782.

ENTRE Me Faure Sénéchal, et Me Lasnier de la Salle, Substitut de M. le Procureur-Général au Port-de-Paix, demandeurs en tiercé-opposition à l'exécution de l'Arrêt de la Cour, en date du 25 Janvier dernier, d'une part; Et les sieurs Isnard, Musculus, et Rondineau, etc, défendeurs à ladite tierce-opposition, d'autre part. VU, etc. Après que l'Archevêque-Thibaud, Avocat des Demandeurs, et d'Augy, Avocat des

Défendeurs, ont été ouis; ensemble le Procureur-Général du Roi, et tout considéré: LA COUR a déclaré et déclare les Parties de l'Archevêque-Thibaud non-recevables dans leur tierce-opposition à l'exécution de l'Arrêt du 25 Janvier dernier, lequel sera exécuté suivant sa forme et teneur, et les condamne en l'amende de 150 liv., et aux dépens: ordonne que mention sera faite du présent Arrêt, en marge de la minute de l'opposition formée par lesdites Parties de d'Augy, et les déboute du surplus de leurs demandes, fins et conclusions, etc.

ARRÊT du Conseil du Cap, qui, 1°. convertit en Décret d'ajournement personnel celui de prise-de-corps décerné sur une accusation d'Adultère. 2°. Ordonne qu'on nommera un Tuteur à l'Enfant accusé d'en être le fruit.

Du 28 Février 1782.

LOUIS, etc. Entre .... Appelante du décret de prise-de-corps décerné par le Juge Criminel du Cap, Défenderesse et Demanderesse par ses conclusions prises à la barre, tendantes à ce qu'il plût à notredite Cour mettre l'appellation et décret dont s'agit au néant, ensemble tout ce qui l'a précédé et suivi; émendant, évoquant le principal et y faisant droit, sur le vu des charges et informations, dire et juger que les dépositions de Me B.... et de la dame L.... seroient et demeureroient rejetées du procès, comme aussi qu'il ne pourroit être procédé à la lecture des deux lettres écrites, l'une par la mère de l'Appelante, et l'autre par un Religieux du Cap, dans le cas où le sieur .... les auroit fait joindre à la procédure; renvoyer l'Appelante de l'accusation contr'elle intentée; lui donner acte de ses offres de réintégrer le domicile conjugal dans le jour de la signification de l'Arrêt à intervenir; en conséquence, enjoindre de la recevoir et de la traiter maritalement sous toutes réserves généralement quelconques de fait et de droit, d'une part; Et le sieur ... Intimé en appel dudit décret de prise-de-corps, Demandeur et Défendeur, par ses conclusions prises à la barre, tendantes à ce qu'il plût à notre Cour joindre les appels et demandes; et faisant droit sur le tout par un seul et même Arrêt, en ce qui touche l'appel, mettre l'appellation au néant, ordonner que ce dont étoit appel sortiroit son plein et entier effet; en ce qui touche les demandes, sans égard, quant à présent, à celle de la dame .... tendante à être renvoyée

voyée de l'accusation d'adultère contr'elle intentée par son mari ; ordonner que la procédure extraordinairement instruite contr'elle à la requête de l'Intimé, devant le Juge Civil et Criminel de notre Siége-Royal du Cap, le Substitut de notre Procureur-Général audit Siége joint, seroit continuée et parachevée jusqu'à Jugement définitif inclusivement, sauf l'appel en notredite Cour ; condamner l'Appelante en l'amende ordinaire et aux dépens de la cause d'appel ; d'autre part. Vu par notredite Cour le décret de prise-de-corps décerné par le Juge Civil et Criminel du Siége-Royal du Cap, le 12 Novembre 1781 ; vu aussi les Arrêts, pièces et exploits etc ; Après que Moreau de St. Méry, Avocat de l'Appelante, et d'Augy, Avocat de l'Intimé, ont été ouïs aux audiences des 18, 19 et 20 de ce mois, ainsi qu'à celle de ce jour ; ensemble notre Procureur-Général qui a donné lecture des charges et informations, à l'audience de ce jour, et tout considéré : NOTREDITE COUR a reçu et reçoit notre Procureur-Général Appelant du décret de prise-de-corps décerné par le Lieutenant-Criminel de notre Siége-Royal du Cap, le 12 Novembre de l'année dernière, et dont s'agit, joint ledit appel à celui interjetté par la Partie de Moreau de St. Méry ; et faisant droit sur le tout, a mis et met l'appellation et ce dont est appel au néant ; émendant, renvoie la Partie de Moreau de St. Méry en état d'ajournement personnel ; ordonne en conséquence qu'elle sera ajournée à comparoir en personne devant le Lieutenant-Criminel du Siége-Royal de cette Ville, pour être ouïe sur les faits résultans des charges et informations et autres sur lesquels la Partie de d'Augy voudra la faire interroger ; déboute la Partie de Moreau de St. Méry, du surplus de ses demandes, fins et conclusions ; ordonne que la procédure extraordinairement instruite contr'elle, à la requête de la partie de d'Augy, devant le Lieutenant-Criminel du Siége-Royal du Cap, le Substitut de notre Procureur-Général audit Siége joint, sera continuée et parachevée, et le procès fait et parfait jusqu'à Jugement définitif inclusivement, sauf l'appel en la Cour ; ordonne que l'amende consignée par l'Appelante lui sera remise ; les dépens de la cause d'appel réservés, sur lesquels le premier Juge pourra prononcer.

Et faisant droit sur les plus amples conclusions de notre Procureur-Général, ordonne qu'à la diligence de son Substitut en notre Siége-Royal du Cap et pardevant le Juge dudit Siége, les parens paternels et maternels de la Partie de Moreau de St. Méry seront assemblés, à l'effet de délibérer et donner leur avis pour la nomination d'un tuteur à l'enfant de ladite Partie de Moreau de St. Méry, pour, en ladite qualité, ester au Procès pendant entre les Parties, et y prendre les conclusions de droit.

Lors de la plaidoirie de cette cause, le mari opposoit deux fins de non-recevoir; l'une prise de ce que sa femme ne s'étoit pas mise en état en prison, en appelant du décret de prise-de-corps; et l'autre de ce qu'étant mineure, elle auroit dû être assistée d'un Curateur; ces moyens n'eurent aucun succès.

L'Avocat de la femme s'opposa à ce que l'Avocat du mari lût les deux Lettres mentionnées dans les conclusions de l'Appelante; on fut aux opinions; et la Cour permit cette lecture.

BREVET de Don en faveur du sieur Jacob Gradis, Négociant à Bordeaux, et de Demoiselle Ester Depas, son Epouse, des biens composant la succession du sieur Depas, leur père et beau-père, décédé à Saint-Domingue.

Du 2 Mars 1782.

LE Receveur des Aubaines s'étoit emparé de cette succession, attendu la qualité de Juif du défunt, et de la Dame Gradis son héritière.

LETTRE des Administrateurs aux Officiers de l'Amirauté du Cap, touchant les Reprises faites par les Batimens de Sa Majesté.

Du 12 Mars 1782.

L'ORDONNANCE du Roi du 15 Juin 1779, porte, MM., que lorsque les Navires des Sujets du Roi, auront été repris par les Bâtimens de Sa Majesté, le tiers sera adjugé à son profit, si la prise est faite dans les 24 heures, et en totalité, si cette même reprise n'a lieu qu'après le délai de 24 heures; sans que les Etats-Majors des Bâtimens preneurs puissent y rien prétendre, sauf cependant à Sa Majesté à accorder aux équipages une gratification proportionnée à la valeur des Navires repris et de leurs cargaisons.

Cette disposition a été diversement interprétée à Saint-Domingue. MM. les Officiers de la Marine ont cru pouvoir soutenir que tous les Bâtimens repris, autres que ceux qui appartiennent aux Sujets du Roi, doivent être rangés dans la classe des prises ordinaires, et adjugés aux Etats-Majors et Equipages, sauf le tiers réservé aux Invalides de la Marine; et ils se sont particulièrement fondés sur ce que l'Ordonnance du 15 Juin 1779, ne fait aucune distinction des Bâtimens François, d'avec ceux qui pourroient appartenir à des Puissances alliées ou neutres.

D'un autre côté, les Amirautés, en s'en tenant rigoureusement aux termes dans lesquels les dispositions de cette Ordonnance sont conçues, ont adjugé au Roi le produit de toutes recousses faites, soit sur les Sujets de Sa Majesté, soit sur les neutres ou alliés.

Le Roi, informé des doutes qui se sont élevés en cette Colonie sur l'objet des recousses, vient, MM., de manifester à cet égard ses intentions. Sa Majesté veut que le produit de toutes les reprises, et dans tous les cas, soit versé au trésor, afin que sur le compte qui lui sera rendu, elle puisse alors statuer ce qu'elle jugera à propos.

D'après cette décision, vous voyez, MM., que la prétention de MM. les Officiers de la Marine, relativement aux recousses faites sur les alliés ou sur les neutres, n'a pas été bien fondée, et que les recousses doivent par conséquent être adjugées dans tous les cas au Roi. Le Ministre nous a chargé, MM., par sa dépêche du 13 Juillet dernier, de vous faire connoître cette décision du Roi, afin que vous ayez à vous y conformer. Nous avons l'honneur d'être, etc. *Signé*, BELLECOMBE et BONGARS.

R. au Greffe de l'Amirauté du Cap, le même jour.

LETTRE *des Administrateurs aux Officiers de l'Amirauté du Cap, portant que les Soldats qui sont dans les Bâtimens-Preneurs doivent avoir part aux prises.*

Du 12 Mars 1782.

VOUS avez cru, MM., jusqu'à présent, devoir refuser de faire participer aux prises faites sur les ennemis de l'Etat, les Soldats qui se sont trouvés à bord des Bâtimens-preneurs comme passagers.

L'article 10 de l'Ordonnance du Roi du 28 Mars 1778, n'admet, à la vérité, au partage des prises, que les Troupes de terre formant la garnison des Vaisseaux, ou embarqués sur les Bâtimens fretés, armés en guerre; mais il est juste, comme l'ont pensé les Officiers de la Marine, que les Soldats passagers qui ont participé aux combats, participent aux prises, avec d'autant plus de raison que ces Soldats ne sont embarqués, soit sur les Vaisseaux, soit sur les Bâtimens fretés, que pour aller défendre les Colonies, et qu'ils augmentent la force des Equipages. Telle est, MM., à cet égard la décision du Roi : le Ministre nous charge de vous la faire connoître, afin que vous vous y conformiez. Nous ne doutons pas que les intentions de Sa Majesté ne soient ponctuellement exécutées. Nous avons l'honneur d'être, etc. *Signé*, BELLECOMBE et BONGARS.

R. au Greffe de l'Amirauté du Cap, le même jour.

ORDONNANCE *de M. l'Intendant, qui enjoint aux Porteurs de Titres quelconques sur le Trésor ou sur les Caisses de la Colonie, de les faire enregistrer, sous un mois, sur un Registre, tenu par lui pour la Partie du Nord, ou sur celui tenu par l'Ordonnateur des Parties de l'Ouest et du Sud, à peine de n'être pas compris dans les arrangemens à prendre pour le paiement desdits objets.*

Du 13 Mars 1782.

Cette Ordonnance, à l'exception de ce qui a trait à la tenue des Registres, est copiée mot-à-mot sur celle du même Administrateur, en date du 23 Septembre 1766.

ARRÊT *du Conseil du Cap, touchant la Délibération des Habitans d'une Paroisse, à l'effet d'être déchargés de la Collecte des droits de Maréchaussée et Suppliciés.*

Du 14 Mars 1782.

VU la Requête présentée par le sieur de Longchamps, Habitant du Limbé, Marguillier de la Paroisse; ladite Requête tendante à ce qu'il plaise à la Cour homologuer la Délibération prise par lesdits Paroissiens, à l'effet de demander la décharge de la Collecte des droits de Maréchaussée et Suppliciés : Collecte dont se doit charger le Receveur de ces droits. VU la Délibération, ensemble les Conclusions du Procureur-Général du Roi : Oui M. Lohier de la Charmeraye, Conseiller, en son rapport ; et tout considéré : LA COUR a débouté et déboute le Suppliant de sa demande, et le condamne, en son nom personnel, au coût du présent Arrêt. Et faisant droit sur les plus amples Conclusions du Procureur-Général du Roi, a déclaré nulle et de nul effet la Délibération prise par les Paroissiens de la Paroisse du Limbé ; leur fait défenses d'en prendre à l'avenir de semblables, et leur enjoint de se conformer aux Ordonnances, sous les peines de droit : ordonne en outre que le présent sera transcrit sur les Registres des Délibérations de ladite Paroisse du Limbé, en marge de la Délibération susdite.

LETTRE du Lieutenant de Roi du Cap, à un Membre de la Chambre d'Agriculture de la même Ville, touchant l'exemption de Gardes pour son Habitation.

Du 17 Mars 1782.

VOTRE réclamation, M., est très-juste, et en conséquence je viens d'écrire à M. Assailly ce qui suit : L'Habitation principale, « M., de M. du » Petit-Houars, étant exempte de toutes Corvées et des Gardes, relati- » vement à sa qualité de Membre de la Chambre d'Agriculture, vous » voudrez bien le rayer du Tableau des Gardes qui sont dûes aux Mon- » teurs, que je vous ai renvoyé, avec l'ordre au bas de les faire payer ; » et que je n'ai signé relativement à lui que par erreur ... » Il est vraisemblable qu'il vous renverra les 84 liv. que vous lui avez fait passer, et qu'il ne me mettra pas dans la nécessité de lui en envoyer l'ordre. J'ai l'honneur, etc. *Signé*, LE CHEVALIER DUGRÈS.

ARRÊT du Conseil du Cap, qui ordonne l'exécution de l'Ordonnance des Administrateurs, du 24 Juin 1773; fait défenses en conséquence à tous Gens de couleur de prendre et signer le nom de leurs Patrons; leur enjoint de prendre des noms de l'idiôme Africain ou de leur couleur et métiers, sous les peines portées par l'Ordonnance, l'Arrêt dûment envoyé aux Juges du Ressort pour y être lu et registré.

Du 18 Mars 1782.

ENTRE les sieurs Charrier Frères; Et la nommée Marie-Charlotte, Mulâtresse Libre. Plaidant Mes Carles et Gautier.

Arrêt du Conseil du Cap touchant la vente et l'achat des Bijoux.

Du 20 Mars 1782.

VU par la Cour la procédure extraordinairement faite et instruite par le Juge Criminel de cette Ville contre Le Doux, etc. Conclusions par écrit du Procureur-Général du Roi; OUI le rapport de M. Pourcheresse de Vertière, Conseiller; et tout considéré : LA COUR a mis et met l'appellation et Sentence dont est appel au néant, en ce que par icelle Terreblanque auroit été renvoyé d'accusation; émendant quant à ce, l'a mis et met hors de Cour, et lui fait défenses de plus à l'avenir s'immiscer dans des ventes de Bijoux qui ne lui appartiennent point, sous les peines de droit; la Sentence au résidu sortissant son plein et entier effet; et pour l'exécution renvoie pardevant le premier Juge. Faisant droit sur les plus amples Conclusions du Procureur-Général du Roi, ordonne que l'Ordonnance de Mrs les Administrateurs concernant les Orfèvres, enregistrée en la Cour le 14 Août 1781, sera exécutée selon sa forme et teneur; en conséquence, enjoint à tous Orfèvres, et notamment à Limousin, de s'y conformer sous les peines y portées : ordonne en outre que le présent Arrêt sera imprimé, lu, publié et affiché, à la diligence du Procureur Général du Roi, par tout où besoin sera.

DÉLIBÉRATION sur le Rang entre les Officiers de la Sénéchaussée et ceux de l'Amirauté du Cap.

Du 21 Mars 1782.

L'AN 1782, le jeudi 21 Mars, 4 heures de l'après-midi, Nous, Sénéchal, Lieutenant-Particulier, Procureur du Roi, Substituts du Procureur du Roi, et Greffier du Siége-Royal du Cap, étant assemblés dans la Chambre de l'Auditoire dudit Siége, à l'effet de nous rendre en corps de Jurisdiction à l'église Paroissiale de cette Ville, pour assister au Tè Deum qui doit être chanté en actions de graces de la naissance de Monseigneur le DAUPHIN, d'après les invitations de M le Gouverneur-Général, et l'Arrêt du Conseil-Supérieur du Cap, en date du 14 du présent mois; nous avons vu venir dans ladite Chambre de l'Auditoire, MM. les Lieutenant, Procureur du Roi, et Greffier du Siége de l'Amirauté de cette Ville, lesquels nous ont dit avoir été pareillement invités à ladite cérémonie par l'Arrêt susdaté. Alors M. le Sénéchal a demandé à MM. les Officiers de l'Amirauté, quel étoit l'ordre qu'ils se proposoient d'observer dans la marche pour se rendre à l'Eglise, et quelle étoit la place qu'ils comptoient occuper dans ladite Eglise. M. le Lieutenant de l'Amirauté a répondu, que conformément à la décision de MM. d'Argout et de Vaivre, lors Général et Intendant, en date du 16 Mai 1779, dont il a fait lecture, le Lieutenant de l'Amirauté devoit marcher après le Sénéchal, et prendre place dans le banc après lui; que le Procureur du Roi de l'Amirauté devoit marcher après celui de la Jurisdiction, et prendre place également dans le banc après lui; et enfin, que le Greffier de l'Amirauté devoit marcher et prendre place dans le banc après celui de la Jurisdiction. Sur cette réponse et après en avoir délibéré, Nous avons arrêté de nous conformer, pour cette fois seulement, et sans tirer à conséquence pour l'avenir, à la décision provisoire de MM. d'Argout et de Vaivre, contenue dans leur lettre du 16 Mai 1779; et cependant en réitérant les protestations par nous ci devant faites, relativement à ladite décision, que nous nous pourvoirons incessamment contre icelle par les voies de droit. De tout quoi nous avons dressé le présent procès-verbal que nous avons signé les jour et an que dessus.

ORDONNANCE du Juge du Cap, pour la Police de la même Ville.

Du 27 Mars 1782.

Cette Ordonnance est, mot-à-mot, la même que celle du premier Septembre 1775.

ORDONNANCE du Juge de Police du Cap, concernant le Marché de la Place-Clugny.

Du 3 Avril 1782.

JEAN-BAPTISTE-JULIEN BUSSON, etc.

Sur ce qui nous a été représenté par le Procureur du Roi, que la Place-Clugny étant aujourd'hui rétablie à neuf, il convenoit de pourvoir à l'ordre et à la distribution des Places, et de faire un Réglement qui, en même-temps qu'il assigneroit le rang de chacune des classes de Marchands et Négres, remédieroit aux abus que l'Ordonnance de Police du 27 Juillet 1768 n'avoit pas prévus, et fixeroit en même-temps la Police nécessaire pour la propreté de ce marché; Nous, faisant droit sur ladite remontrance, et chargés que nous sommes par l'Ordonnance constitutive dudit marché, du 18 Janvier 1768, de faire les Réglemens nécessaires, relatifs aux détails dudit marché, et renouvelant et augmentant l'Ordonnance de Police du 27 Juillet 1768, nous avons ordonné et ordonnons ce qui suit:

1°. Ladite Place de Clugny, conformément à l'Ordonnance de MM. les Général et Intendant, du 18 Janvier 1768, duement enregistrée au Conseil-Supérieur de cette Ville, continuera d'être la seule Place de marché pour le comestible; faisons défenses à tous Marchands de mouton, cabrit, poisson, herbages, graisserie, volailles, gibier et autres denrées, de se former des Étaux ailleurs, à peine de 60 livres d'amende pour la première fois, et de plus forte en cas de récidive, applicable comme sera dit ci-après.

2°. Faisons en même-temps défense à tous Marchands pacotilleurs, et autres débitant des marchandises sèches, de s'établir dans ladite Place, ni d'y faire aucun étalage, soit intérieurement, soit extérieurement

rement dans les carrefours, soit dans les rues adjacentes; et quant aux Marchands demeurant dans les maisons et boutiques qui environnent ledit marché, leur faisons défenses d'étaler leurs marchandises hors de leurs boutiques, soit sur des tables, soit sur des établis formés le long des murs, à peine de 60 liv. d'amende pour la première fois, et de plus forte en cas de récidive, même de confiscation desdites marchandises ainsi étalées.

3°. L'Inspecteur que nous chargeons du détail dudit marché, sera chargé des clefs desdites barrières ouvrantes et fermantes, pour les faire ouvrir toutes les fois que le cas le requerra et qu'il lui sera ordonné, et il aura soin de les faire exactement fermer ensuite.

4°. Le même Inspecteur aura le soin de la distribution des Places dans l'ordre et la forme qu'il sera dit ci-après, et aura attention de mettre, autant que faire se pourra, les Marchands de la même espèce de denrées ensemble; mais quant à la propreté de la Place, chaque Inspecteur qui sera de service à la Place, sera chargé d'y veiller exactement.

5°. Les Marchandes d'herbes et légumes seront placées sur une ou deux lignes, suivant leur quantité, dans toute la partie de ladite Place du côté Est, de manière qu'il y ait une rue entre les deux lignes, et un passage vuide de cinq à six pieds entre la barrière et la première desdites lignes. Lesdites Marchandes d'herbes pourront avoir des baraques couvertes, mais portatives, qui seront alignées, et lesdites baraques ne seront que de six pieds, sans aucun entourage en planches.

6°. Les Marchands de mouton, les Marchands de cochon, saucisses, et ceux qui vendent les tombées de bœuf, mouton, cochon et autres de cette nature, seront placés dans toute la longueur de la partie Sud de ladite Place et sur deux rangs, si cela est nécessaire; et dans ce cas, il y aura une rue entre deux, et un passage de 5 à 6 pieds entre les barrières et le premier rang. Il leur sera loisible d'avoir des tables sans aucun entourage dans le bas: celles des Marchands de mouton pourront être au plus de 8 pieds; celles des autres Marchands ne seront que de 6 pieds, et toutes bien alignées. Les Marchands de mouton seront les premiers dans la partie la plus Est.

7°. Dans la partie Ouest de ladite Place, les Marchandes de volailles seront placées également sur deux lignes, dans le côté allant au Sud; et dans la partie Ouest allant au Nord, seront placés les Marchands de cabrit, et dans la même forme et sous les mêmes conditions qu'il a été ci-dessus dit pour les Marchands de viande et de mouton;

et au moyen de ce qu'il y aura des tables et des Places particulières pour la vente du cabrit, nous faisons défenses aux Bouchers de mouton, de tenir ou d'avoir, soit pour vendre ou autrement, aucune partie du cabrit sur leurs tables destinées à la vente du mouton. Comme aussi faisons défenses à ceux qui vendent du cabrit, d'avoir ni de vendre du mouton sur leursdites tables : le tout sous peine de 100 liv. d'amende pour la première fois, et de plus forte en cas de récidive, même d'être poursuivis extraordinairement.

Si les Marchandes de volailles et les Marchands de viande de cabrit ne peuvent occuper les deux lignes du côté Ouest, l'Inspecteur achevera de remplir lesdites deux lignes, savoir : le côté allant au Sud, par des Marchands de saucisses, boudins et tombées, et à leur défaut, par des Marchandes d'herbes, de petit-mil verd, qui, à défaut de place, seront obligées de se tenir derrière la seconde ligne des Marchandes de volailles ; et si du côté allant au Sud dans la partie où doit se vendre le cabrit, les deux lignes ne peuvent être remplies, la seconde ligne sera remplie par des Marchands de graisserie, dont les tables seront enlevées tous les soirs, ainsi qu'il sera dit ci-après.

8°. Et quant à la partie Nord de ladite Place, elle sera occupée dans toute sa longueur, et sur deux lignes, par les Marchands de poisson, huitres et autres coquillages ; Marchands de morue verte et sèche, harengs, poisson salé ; et si cette espèce de Marchands ne peut remplir les deux lignes, elles seront achevées de remplir par des Marchands Graissiers : les tables des Marchands de poissons seulement, pourront être de 8 pieds au plus, et celles des autres Marchands de 6 seulement. Les Marchands de poisson seront placés les premiers du côté Est.

9°. Aucun des Marchands étalans sur ledit marché, ne pourra avoir des baraques couvertes à demeure, si ce n'est les Marchandes de légumes, d'herbages ; et aucun Marchand ne pourra avoir des tables à demeure, si ce n'est les Marchands de mouton, cabrit et poisson : tous les autres n'auront que des tables volantes qui se retireront tous les soirs ; et sera le présent article exécuté sous peine d'une amende de 30 liv., et de confiscation de la table ou couverture qui devant être enlevée le soir ne l'aura pas été, et de plus forte en cas de récidive.

10°. Les rues qui partagent la Place en croix, seront entièrement libres de tout étalage quelconque ; mais à l'alignement desdites rues des deux côtés de chaque carré, l'Inspecteur de Police pourra placer des

Marchands de graisserie, vivres à Négres, pain, charbon, grain et autres de cette nature, sur une ligne seulement, en observant de mettre les Marchands de la même nature ensemble; et quant à l'intérieur de chaque carré, il sera destiné pour les Négres de place, les fêtes et dimanche; et le reste de la semaine, pour les externes qui vendent des vivres à petit étalage et par terre, le tout sans nuire aux Marchands d'herbes pour Chevaux et Mulets, qui seront toujours placés derrière les Marchands de volailles.

11°. Tous ceux qui auront une place fixe sur le marché, même les Marchands d'herbes pour les bêtes cavalines, seront tenus tous les jours à trois heures de l'après-midi, de balayer ou faire balayer leurs places et les environs d'icelle, et de faire jeter les immondices hors de la Place et des barrières dans le lieu qui sera indiqué par les Inspecteurs; et chaque lundi et vendredi, tous lesdits Marchands ayant place fixe dans chacun des quatre carrés, seront tenus de faire balayer aussi l'intérieur de chacun desdits carrés où ils auront leurs places, et d'en jeter ou faire jeter les immondices dans lesdits lieux indiqués; le tout à peine de trente liv. d'amende pour chaque contravention, et de plus forte en cas de récidive, même d'être privé du droit d'étaler audit marché, s'il y a lieu.

12°. Et en ce qui concerne l'intérieur du bassin de la Fontaine, son pourtour, les quatre ruisseaux des quatre rues traversant ladite Place, et le contour extérieur de ladite Place hors les barrières, lesdits objets seront en entier à la charge de l'Entrepreneur du nétoyement des rues et places de cette Ville, qui sera tenu de faire balayer et nétoyer tous les jours, entre quatre et cinq heures, le tour extérieur de ladite Place, et les lundi et vendredi de chaque semaine, le bassin de ladite fontaine, le pavé qui l'environne et les quatre ruisseaux intérieurs de la Place; le tout à peine de cinquante liv. d'amende, et de plus forte à chaque récidive.

13°. Faisons défenses à tout Négre et Marchand sur ladite Place, d'arracher aucun pavé d'icelle, ni de planter aucun poteau en terre, sous peine de cinquante liv. d'amende, et d'être forcé de rétablir ledit pavé à ses frais; et quant aux Marchands ayant boutique dans les Maisons qui environnent la Place qui desirent avoir des tentes, et pour cet effet de planter des poteaux sur ladite Place; ils ne pourront le faire que sur une permission de nous par écrit, qui ne leur sera accordée qu'à la charge que lesdits poteaux seront mis intérieurement et adhérens immédiatement aux barrières; qu'ils ne pourront plus être arrachés sous prétexte qu'ils n'occupent plus la maison ; sauf à eux avant la plantation desdits poteaux, à prendre les arrangemens qu'ils aviseront avec le Propriétaire de la maison, et que lesdits poteaux seront de bon bois équarri, peint en vert ; et dans le cas où ils auront besoin d'être changés, ils ne pourront l'être qu'avec une permission par écrit de nous, et les tentes seront toujours élevées au moins de 10 pieds ; et sera la dernière partie du présent concernant les poteaux et tentes, exécutée sous peine de 200 liv. d'amende, même de plus forte peine s'il y échéoit ; et pour la sûreté de l'exécution de ce présent article, ordonnons aux Voyers de la Ville de faire exactement des visites sur ladite Place-Clugny, et au moins une fois la semaine.

14°. Défendons aux Marchands, Négres et Mulâtres libres qui auront une place, de la vendre ou donner, sous prétexte de leurs tables ni autrement, à peine d'une amende de 200 liv., ni de l'échanger sans la permission de l'Inspecteur ; auquel effet nous ordonnons à l'Inspecteur de Police chargé dudit détail de tenir, sur un carnet, la note exacte des places qu'il aura distribuées, ainsi que de leur gissement.

15°. L'Inspecteur de semaine de place s'y rendra exactement tous les matins avec sa brigade, pour veiller au bon ordre, assurer la fidélité des marchés, arrêter les désordres, et faire en général tout ce qui lui est ordonné par les Réglemens de Police, et y laisser un Sergent de planton, après que le reste de la brigade se sera retiré, lequel y retournera avant trois heures pour veiller à ce que la Place soit balayée, et les immondices emportées par les tombereaux ; et tous les jours à cinq heures ledit Inspecteur y retournera pour y dresser les procès-verbaux de contraventions.

16°. Toutes les amendes et confiscations qui seront prononcées en exécution de la présente Ordonnance, appartiendront à la brigade de Police qui en aura dressé le procès-verbal de contravention.

MANDONS aux Inspecteurs et autres Officiers de Police de tenir la main à l'exécution de la présente Ordonnance, qui sera imprimée, lue, publiée et affichée par-tout où besoin sera, notamment à la Place-Clugny, et exécutée nonobstant opposition ou appellation quelconque, et sans y préjudicier. DONNÉ au Cap, ce 3 Avril 1782. *Signé*, BUSSON.

ARRÊT du Conseil du Cap, qui nomme M. Ruotte Conseiller, Commissaire pour affermer au sieur Boulard, Habitant au Morne-Rouge, la Savane acquise au même lieu pour les Chevaux de la Maréchaussée, et lui faire compter 6,000 liv.; à la charge par lui, pour ladite somme, d'entretenir ladite Savane, la réparer et recevoir les Chevaux de la Maréchaussée.

Du 7 Avril 1782.

ARRÊT du Conseil du Cap, qui 1°. proscrit la saisie-exécution faite des meubles d'un Curateur aux successions vacantes, pour avoir paiement d'un objet dû par une succession; 2°. confirme une Sentence qui avoit rejeté une demande en condamnation par corps contre le Curateur; 3°. et enfin autorise la Partie à recourir contre son Procureur, attendu que ces procédures sont contraires aux Réglemens.

Du 13 Avril 1782.

ENTRE Me Lavaud, Appelant, d'une part; Et la dame veuve Berot, Intimée, d'autre part. Vu, etc. Après que d'Augy, Avocat de Lavaud, et Carles, Avocat de la veuve Berot, ont été ouïs, ensemble de Saint-Martin fils, Substitut du Procureur-Général du Roi; et tout considéré: LA COUR a reçu et reçoit la Partie de d'Augy incidemment Demanderesse; joignant les appels respectifs et demande incidente, faisant droit sur le tout, par un seul et même Arrêt, en ce qui touche l'appel de la Sentence du 15 Juin 1780, a mis et met l'appellation et Sentence dont est appel au néant; émendant, décharge ladite Partie de d'Augy des condamnations contr'elle prononcées par ladite Sentence; et faisant droit par Jugement nouveau, sans égard à la demande originaire de la Partie de Carles dont elle est déboutée, déclare injurieuse, tortionnaire et déraisonnable la saisie-exécution dont s'agit, en fait pleine et entière main-levée à ladite Partie de d'Augy, à la remise des objets saisis tous gardiens contraints, quoi faisant, déchargés;

en ce qui touche l'appel de la Sentence du 3 Août suivant, (1) a mis et met l'appellation au néant; ordonne que ce dont est appel sortira effet, condamne la Partie de Carles en l'amende dudit appel; finalement en ce qui touche la demande incidente, donne acte à la Partie de d'Augy de la présentation et signification de son compte, par bref état, de la succession dont s'agit, comme aussi de ses offres réelles de la somme de 3284 liv. 6 s. pour le reliquat dudit compte; donne pareillement acte à la Partie de Carles de ce qu'elle accepte provisoirement lesdites offres sous les réserves de fournir tels débats que de droit audit compte, pour l'appurement duquel la Cour a renvoyé et renvoie les Parties devant le Juge du Fort-Dauphin; condamne la Partie de Carles en tous les dépens des causes principale d'appel et demande, pour tous dommages-intérêts, sauf son recours contre son Procureur, pour les dépens de cause principale.

(1) Qui déclare non-recevable dans la demande à fin de contrainte par corps contre le Curateur.

LETTRE *du Gouverneur-Général au Commandant du Bataillon de Limonade, touchant l'emploi des Gens de couleur libres, au Cap, en cas d'expédition de la part de la Garnison.*

Du 15 Avril 1782.

LA grande expédition ordonnée par Sa Majesté, M., devant faire sortir de cette Colonie la majeure partie des Troupes entretenues qui y tiennent garnison, il est d'une sage prévoyance de faire usage des ressources particulières qu'offre la population, pour assurer sa défense, pendant que les Troupes du Roi agiront offensivement sur les possessions de l'ennemi. Vous comprenez aisément que je veux parler des Milices: mais comme en ce moment il ne s'agit que de précaution, je crois suffisant d'assembler les Gens de couleur pour renforcer les Troupes réglées qui resteront dans la Colonie. Ce ne seroit qu'à la dernière extrémité que je me déterminerois à détourner les Habitans des travaux précieux de la culture, et dans la seule circonstance où leur intérêt particulier leur feroit sentir la nécessité de défendre leurs propriétés.

Vous voudrez donc bien, MM., au reçu de la présente, donner des ordres dans les dépendances de votre Commandement, pour que les Compagnies de Milices de couleur se tiennent prêtes à se rendre au chef-lieu lorsqu'elles seront mandées. Je ne doute pas que MM. les Officiers qui les commandent, ne montrent dans cette circonstance la plus vive émulation à donner des preuves de leur zèle pour le service du Roi, et ne cherchent à mériter les graces dont Sa Majesté sera disposée à récompenser le sacrifice qu'ils feront de leurs intérêts particuliers, pour contribuer à la sûreté publique, et à la défense de la Colonie.

Je crois inutile, M., de vous engager à exciter leur patriotisme; mais en leur faisant connoître ce que les besoins de la Colonie exigent de leur zèle, je vous prie de les assurer que je veux chercher les moyens de leur rendre le moins onéreux possible, le service auquel ils vont être assujettis momentanément. Dans l'ordre que vous donnerez pour assembler ces Milices, vous n'oublierez pas de prévenir que c'est uniquement pour faire le service de la Colonie, sous les ordres des Officiers actuels, et que tant qu'elles seront employées, elles jouiront du même traitement que les Troupes réglées.

Il est entendu que ces Compagnies se rendront au lieu d'assemblée indiquée, avec leur habit uniforme et leur armement : les Dragons feront le service à pied avec les Compagnies d'Infanterie. J'ai l'honneur d'être avec un sincère et parfait attachement, M. etc. *Signé*, DE BELLECOMBE.

ARRÊT du Conseil du Cap, qui juge qu'on peut être reçu Notaire, sans avoir rendu compte d'une comptabilité dont on a été chargé.

Du 15 Avril 1782.

VU par la Cour la Requête de L..., Curateur aux successions vacantes dans le ressort du Siége Royal du Fort-Dauphin; VU aussi la quittance d'amende, Conclusions du Procureur-Général du Roi; OUI le Rapport de M. Ruotte, Conseiller; et tout considéré : LA COUR a reçu et reçoit le Suppliant appelant de l'Ordonnance dont s'agit, tient son appel pour bien relevé; en conséquence a mis et met l'appellation et l'Ordonnance dont est appel au néant; émendant, ordonne que le Suppliant sera reçu à l'Office de Notaire ès Siéges du Fort-Dauphin, pour en exercer les fonctions, conformément à la Commission qui lui en a été octroyée par MM. les Administrateurs, le 29 Janvier dernier, à ce faire le Sénéchal dudit Siége contraint; à la charge par le Suppliant suivant ses offres et soumission, de prêter, à l'instant de sa réception, le serment audit cas requis : ordonne que l'amende consignée par l'Appelant lui sera remise.

L'Ordonnance portoit « Ayant égard à ce que Me L.... a été, et est encore, » chargé d'une Comptabilité considérable, en sa qualité de Curateur aux succes- » sions vacantes de ce Ressort, Nous ordonnons, avant faire droit, que ledit » Me L.... justifiera de la régularité de sa comptabilité dans ledit exercice, par » le rapport de la quittance finale de ses comptes. »

LETTRE *circulaire de MM. les Général et Intendant, aux Habitansdes Quartiers circonvoisins du Cap, touchant le logement des Gens-de-Guerre.*

Du 19 Avril 1782.

LA Ville du Cap ne pouvant suffire, M., à loger toutes les Troupes qui vont se réunir dans la Colonie, pour marcher à l'expédition ordonnée par Sa Majesté, et la saison ne permettant pas de les faire camper, nous sommes obligés de recourir aux moyens qu'offrent les Habitations de la plaine du Cap. C'est avec peine que nous nous voyons forcés de donner cet embarras aux Colons, dont nous connoissons et respectons les priviléges : mais nous sommes trop convaincus de leur patriotisme, pour douter un instant de leur disposition à se prêter à la circonstance critique qui nous met dans le cas de leur causer cette gêne momentanée.

Nous vous prévenons, M., que suivant l'état de répartition des 8000 hommes à loger dans les Habitations les plus proches, vous avez été désigné pour recevoir sur la vôtre, ... Soldats et .... Officiers. Nous vous prions de faire ce qui dépendra de vous pour établir ces Troupes convenablement : les Officiers qui logeront avec elles, seront chargés d'y maintenir la plus exacte discipline, et nous espérons qu'il ne se passera rien qui puisse vous donner lieu de vous plaindre. Nous comptons que vous voudrez bien fournir les voitures nécessaires pour transporter leurs vivres. Nous avons l'honneur d'être, avec une très-parfaite

parfaite considération, Monsieur, votre, etc. *Signé*, BELLECOMBE et BONGARS.

ARRÊT du Conseil du Cap, qui juge qu'un Huissier de l'Intendance étant seul, ne peut prétendre à toutes les significations de son emploi, d'autant qu'il est Huissier Royal, et le condamne à laisser cet objet en Bourse commune.

Du 25 Avril 1782.

ENTRE les Huissiers de la Bourse commune du Fort-Dauphin, Appelans de Sentence du 6 Novembre 1781, d'une part; Et le sieur Ponsard, l'un des Huissiers de la Bourse commune, Intimé d'autre part. Vu par la Cour le défaut livré au Greffe le 25 Février dernier, par Carles, Avocat des Appelans contre l'Intimé; Oui le rapport de M. de Conigliano, Conseiller; et tout considéré: LA COUR a déclaré ledit défaut bien obtenu, et pour le profit, a mis et met l'appellation et ce dont est appel au néant, en ce que l'Intimé auroit été autorisé à jouir seul des rétributions des significations concernant l'Intendance et le Tribunal Terrier; et en ce que les Appelans auroient été condamnés à lui rembourser le *solvit* des significations par eux faites dans une Sentence du ressort du Tribunal Terrier; émendant quant à ce, ordonne que l'art. 5 de l'Ordonnance rendue par le Juge du Fort-Dauphin le premier Juin 1769 pour l'établissement de la Bourse des Huissiers, sera exécutée suivant sa forme et teneur; en conséquence, fait défenses à l'Intimé de faire aucune signification ou autre acte à son profit, sans y être commis par le Bureau; et ce, nonobstant la Commission d'Huissier de l'Intendance, vû l'impossibilité où il est de remplir seul lesdites fonctions, et les absences qu'exige son état d'Huissier en la Jurisdiction; et pour être contrevenu au susdit article, et conformément à icelui, le condamne en l'amende de 300 liv.; décharge les Appelans de celle contre eux prononcée par la susdite Sentence, laquelle au résidu sortira son plein et entier effet; condamne l'Intimé aux dépens des causes principale et d'appel, etc.

AVERTISSEMENT du Conseil Supérieur du Cap, touchant les Constitutions sur la Barre.

Du 26 Avril 1782.

Ce jour, à l'occasion d'une Constitution proposée sur la Barre, M. le Président, après la petite Audience, a passé dans la Salle des Avocats, où il leur a observé, en s'adressant au Bâtonnier : que la Cour jugeoit irrégulières les Constitutions à la Barre, et qu'elle n'en admettroit aucune; de quoi les Avocats devoient demeurer avertis.

ARRÊT du Conseil du Cap, confirmatif d'une Sentence du Siége Royal de la même Ville, qui juge qu'on ne peut tiercer un Bail passé à l'amiable.

Du 27 Avril 1782.

ENTRE le sieur Lagrave, Marchand au Cap, Appelant d'une part : Et le sieur Boulard, Habitant au Morne-Rouge, Intimé d'autre part; De la cause Me du Commun, Curateur aux Successions vacantes du Cap, gérant celle du sieur Etienne, aussi d'autre part. Plaidant Mes Langlois, Bourlon et d'Augy; sur les Conclusions de M. le Procureur-Général.

En vertu d'une Ordonnance du Juge du Cap, Me du Commun avoit donné à bail à ferme au sieur Boulard, par acte reçu par Mes Hourclatx et son Confrère, Notaires, une petite Habitation dépendante de la succession Etienne, moyennant 1500 liv. par an. Le sieur Lagrave dénonça à Me du Commun qu'il tierçoit le prix du Bail, et introduisit une demande en conséquence. La Sentence l'y déclara non-recevable.

ARRÊT du Conseil du Cap, qui déclare non-recevable dans une demande en entérinement de Lettres de Relief de laps de temps et de Requête Civile.

Du 27 Avril 1782.

ENTRE le sieur A..., les Demoiselles L.... et le sieur P.... (Plaidant Mes Darracq, de Sapt et l'Archevêque.)

Ces Lettres de Relief et de Requête civile accordées par S. M., sur une consultation de trois Avocats aux Conseils du Roi, signées en Commandement par le Ministre de la Marine, *et datées par erreur du* 31 *Novembre* 1775, *furent trouvées obreptices et subreptices; obreptices, en ce qu'on y avoit avancé qu'on n'avoit proposé aucun moyen de nullité d'ordonnance ni de coutume contre l'acte de vente annullé par l'Arrêt du Conseil du Cap du* 20 *Mars* 1777, *et que le Conseil-Privé, en reconnoissant l'injustice de l'Arrêt du Cap, avoit jugé les vices de forme plus propres à donner lieu à la Requête civile qu'à la cassation; subreptices, en ce qu'on avoit caché qu'au Conseil-Privé on avoit employé pour moyen de cassation le défaut d'obtention de Lettres de rescision, contre l'acte de vente; moyen qui n'avoit pas empêché le Conseil-Privé de débouter de la demande en cassation par Arrêt du* 16 *Novembre* 1778.

ARRÊTS du Conseil du Port-au-Prince, touchant une Opposition faite par la Veuve d'un condamné, à l'Arrêt qui a prononcé contre lui la peine du Bannissement à temps.

Des 27 Avril et 18 Juillet 1782.

Le premier de ces Arrêts, intervenu sur une Requête ainsi intitulée : Supplie humblement la Dame Veuve F...., tant en son nom que comme Tutrice de ses enfans mineurs, *et dénonçant M. D...., ancien Conseiller en la Cour, comme Auteur de l'instruction criminelle faite contre F...., donne acte de l'accusation, et permet d'assigner M. D....*

Le second Arrêt, rendu par défaut, reçoit la femme F.... opposante à l'Arrêt du 19 *Février* 1768 (V. le à sa date) *qu'il déclare nul et non avenu, ainsi que tout ce qui s'en est ensuivi ; au principal l'appellation mise au néant, et la Sentence du* 18 *Décembre* 1767 (relatée dans l'Arrêt du 19 Février 1768) *confirmée ; M. D.... condamné aux dépens, et acte à la Demanderesse de ses réserves.*

V. l'Arrêt du Conseil d'État du 16 *Octobre* 1784.

ARRÊT du Conseil du Cap, confirmatif d'une Sentence du Juge Criminel de la même Ville, qui déclare un Négre, Commandeur, duement atteint et convaincu d'avoir tenu des Assemblées nocturnes, et de s'être servi de superstitions et de prestiges pour abuser de la crédulité des autres Négres, et tâcher de leur tirer de l'argent ; pour réparation de quoi l'auroit condamné au fouet sur la Place du Marché de Clugny ; ensuite remis à son Maître.

Du 29 Avril 1782.

ARRÊT du Conseil du Cap, confirmatif de Sentence du Siége Royal de la même Ville, qui adjuge à des Bâtards, gens de couleur, la moitié d'une succession composée notamment d'une Habitation.

Du 29 Avril 1782.

ENTRE les héritiers Diancourt ; les sieur et Dame Landon, acquéreurs des biens de la succession Diancourt ; et la nommée Nanette Soreau, Mulâtresse libre, demeurante au Port Margot, Tutrice de ses enfans mineurs.

Plaidant Mes de Susanne, Larchevêque et d'Augy, sur les Conclusions de M. le Procureur-Général.

La Sentence homologue le Testament du sieur Diancourt, portant que ses dettes payées, il donne la moitié de sa succession à ses freres et sœurs, ses héritiers, et l'autre moitié aux enfans de Nanette Soreau ; en conséquence, envoie cette derniere, en sa qualité, en possession desdits biens, sur les revenus desquels elle percevra mille livres pour la nourriture et entretien de ses enfans ; le surplus devant être employé, de son consentement, à la libération de la succession.

ARRÊT du Conseil du Cap, qui entr'autres dispositions, déclare nulle, ainsi que tout ce qui s'en est ensuivi, une Sentence du Siége Royal de la même Ville, qui, sur la demande de Négocians qui avoient fait assigner des Habitans, leurs Commettans, au domicile de leur propre Maison de Commerce, prononçoit des condamnations contre lesdits Habitans.

Du 11 Mai 1782.

ENTRE les sieurs B... et B...; Et les sieurs et Dame de R.... (Plaidant, Me d'Augy et Champion.)

LETTRE du Ministre aux Administrateurs, touchant 1°. un Négre tué par méprise dans une Chasse de Noirs Marons. 2°. L'Administration de la Caisse Municipale, et 3°. les Lettres Ministerielles.

Du 17 Mai 1782.

J'AI mis, MM., sous les yeux du Roi l'Arrêté du Conseil du Cap, que M. le Brasseur m'a adressé le 3 Juin dernier, relativement au nommé Achille, Esclave des héritiers Butler, tué par méprise dans une chasse de Noirs Marons, et dont M. de Sartine avoit ordonné le remboursement par la caisse des Suppliciés, sur le pied de 2,500 liv. Sa Majesté a décidé que la sûreté commune, dont ces chasses sont l'objet, ayant été cause de la mort de ce Négre, le dommage qui en a résulté devoit être réparé par les fonds communs destinés à pourvoir à cette même sûreté, et que les Réglemens du Conseil du Cap qui fixent à 1,200 liv. le remboursement des Négres suppliciés ou tués en maronage, n'étoient pas applicables au cas dont il s'agit. En effet, le Négre Maron et celui prévenu de crime, doivent être considérés comme ayant perdu respectivement de leur valeur, l'un par le maronage, qui laisse la propriété du Maître incertaine, et l'autre par ses mauvaises inclinations qui le rendent dangereux. Le nommé Achille n'étant dans aucun de ces cas, il étoit juste que le remboursement en fût fait sur le pied de sa vraie valeur.

Le principe établi par le Conseil du Cap, que les Arrêts des Cours Souveraines ne peuvent être détruits que par des Arrêts du Conseil du Roi, est incontestable dans les matières de Jurisdiction; mais il n'a pas d'application au fait particulier. C'est comme Administrateurs de la caisse des Suppliciés, et non comme Juges, que les Officiers du Conseil qui en ont l'inspection, ordonnent les payemens qu'elle doit faire : les actes qui émanent d'eux dans cette matière, ne doivent être considérés que comme des Ordonnances d'Administration, malgré l'usage qui leur a donné le nom d'Arrêts. L'autorité du Roi approuve ou réforme ces Ordonnances par des dépêches Ministérielles, et toujours ses volontés sont transmises par les Administrateurs aux Conseils, lorsqu'il ne s'agit pas d'objets de pure Jurisdiction. Sa Majesté veut en conséquence que ses intentions, manifestées par la dépêche de M. Sartine, du 30 Juin 1780, soient exécutées, et Elle vous charge d'y tenir la main. J'ai l'honneur d'être, etc. *Signé* CASTRIES.

Déposée au Conseil du Cap, le 7 Mai 1783.

ARRÊT du Conseil du Cap, qui, en confirmant une Sentence du Siége Royal de la même Ville, juge que des acquisitions à faculté de Réméré, ne sont point usuraires, et que le Bail fait par l'acheteur des objets vendus au vendeur lui-même, durant le temps du réméré, peut être plus fort que l'intérêt du prix de l'acquisition.

Du 8 Juin 1782.

ENTRE la nommée Marion, Négresse libre, Appelante; Et le sieur Granon, Intimé; Plaidant Mes Pigeot de Louisbourg, et Moreau de St. Méry; sur les Conclusions de M. de St. Martin fils, Substitut de M. le Procureur-Général.

Le sieur Granon avoit acheté de Marion par acte notarié, une Maison pour 2,400 liv., prix qu'elle avoit coûté antérieurement à Marion même; on stipula la faculté de réméré dans un délai fixé par l'acte. Depuis, les loyers de la Ville du Cap ayant augmenté, il loua cette Maison à Marion sur le pied de 1,300 liv. par an; celle-ci attaqua les actes de vente et de bail comme usuraires : Sentence qui la déboute de sa réclamation, et la déclare déchue de la faculté de réméré dont le terme est expiré.

ARRÊT du Conseil du Cap, qui fait grace à l'Exécuteur des Hautes-Œuvres du Fort-Dauphin, qui s'étoit évadé des Prisons.

Du 8 Juin 1781.

VU par la Cour la procédure extraordinairement faite et instruite par le Lieutenant-Criminel du Fort-Dauphin, à la Requête du Substitut du Procureur-Général du Roi audit Siége, demandeur et accusateur; contre le nommé Alexandre, Négre, Exécuteur de la Haute-Justice, défendeur et accusé; ledit Alexandre appelant de Sentence qui l'auroit déclaré dûement atteint et convaincu de s'être évadé des prisons, et de s'être réfugié à l'Espagnol; et vu l'Arrêt de la Cour du 10 Mars 1779, intervenu sur la réquisition de M. le Procureur-Général du Roi, qui auroit sursis à l'exécution d'autre Arrêt dudit jour, portant peine de mort contre lui pour meurtre, et l'auroit commis à l'emploi d'Exécuteur de la Haute-Justice en ce Siége, à la charge par lui de ne point désemparer des prisons, à peine de subir son Jugement; auroit ledit Alexandre condamné à être pendu et étranglé, jusqu'à ce que mort s'ensuive, par l'Exécuteur de la Haute-Justice, à une potence qui seroit pour cet effet dressée sur la Place de cette Ville. VU les Conclusions par écrit du Procureur-Général du Roi; Oui le rapport de M. Faure de Lussac, Conseiller; OUI ledit Alexandre, *à genoux aux pieds de la Cour*, et après qu'il a prêté serment; LA COUR a mis et met l'appellation et Sentence dont est appel au néant; émendant, décharge le nommé Alexandre de la peine de mort contre lui prononcée par ladite Sentence, et ce, par grace spéciale; le renvoie à ses fonctions d'Exécuteur de la Haute-Justice au Fort-Dauphin, en par lui se conformant au serment qu'il vient de prêter aux pieds de la Cour, de ne jamais désemparer des prisons, à peine de subir irrémissiblement le Jugement de mort contre lui prononcé le 10 Mars 1779.

Le motif de cet Arrêt a été notamment l'art. 2 du Traité définitif de Police entre les Cours de France et d'Espagne, du 3 Juin 1777.

ARRÊT du Conseil du Cap, confirmatif d'une Sentence du Juge Royal de la même Ville, qui juge qu'un Bail-à-ferme ne donne pas lieu à la restitution.

Du 10 Juin 1782.

ENTRE le nommé Philippe Jasmin, Nègre libre, appelant d'une part; Et le sieur Hilairet, intimé d'autre part. Plaidant Mes d'Augy et Moreau de St. Méry; sur les Conclusions de M. de St. Martin fils, Substitut de M. le Procureur-Général.

V. un Arrêt du 29 Mars 1784.

C'est aussi la Jurisprudence du Conseil du Port-au-Prince.

ARRÊT du Conseil du Port-au-Prince, touchant les Guildives.

Du 12 Juin 1782.

ENTRE les héritiers Beaulieu Pont-le-Roi, etc. Faisant droit sur la réquisition de Notre Procureur-Général, fait défenses aux héritiers Beaulieu Pont-le-Roi, et à tous autres, de rétablir la Guildive dont il s'agit, dans le lieu où elle étoit avant l'incendie du 7 Mars dernier. Fait pareillement défenses à toutes personnes, de quelque qualité et condition qu'elles puissent être, d'établir des Guildives dans les Villes et Bourgs du Ressort, à moins de trois cens toises de distance des limites desdites Villes et Bourgs, à peine de cinq cens livres d'amende; enjoint à tous ceux qui ont des Guildives établies dans l'enceinte des Villes et Bourgs, et à moins de trois cens toises, de les faire servir à d'autre usage, sous la même peine; ordonne que le présent Arrêt sera imprimé, lu, publié et affiché par tout où besoin sera, et que copies collationnées d'icelui seront envoyées dans toutes les Sénéchaussées du Ressort, etc.

ARRÊT

ARRÊT du Conseil du Cap, contenant la première nomination à Vie d'un Curateur aux Successions Vacantes.

Du 13 Juin 1782.

Vu par le Conseil la Requête de Me Ducommun, Curateur aux Successions vacantes du Cap; vu aussi l'arrêté de la Cour du 11 de ce mois; la dépêche de MM. les Général et Intendant, adressée à M. le Président, par suite d'icelui, du lendemain. Conclusions de St. Martin fils, Substitut du Procureur-Général du Roi. OUI le Rapport de M. Ruotte, Conseiller; et tout considéré: LA COUR a accordé et accorde au Suppliant les fins de sa Requête; en conséquence l'a nommé et nomme à vie, à la place de Curateur aux Successions vacantes du Ressort du Siége Royal du Cap, aux termes de l'Édit du Roi, du 24 Novembre dernier, enregistré en la Cour le 11 Mai dernier; à la charge par le Suppliant, suivant ses offres, de présenter une nouvelle Caution au premier Janvier 1785, que finira son second exercice, et aux autres charges et conditions de droit. Fait au Cap, etc.

ARRÊT du Conseil du Cap, contre un Apothicaire, pour avoir vendu une Drogue Vénéneuse à un Négre qui s'en est empoisonné.

Du 13 Juin 1782.

Vu par la Cour la procédure extraordinairement faite et instruite par le Juge Criminel du Cap, à la Requête du Substitut du Procureur-Général du Roi audit Siége, contre le nommé Jean Thénevot, Apothicaire de cette Ville, défendeur et accusé, décrété d'ajournement personnel; ledit Substitut appelant de Sentence dudit Siége du 14 Mars dernier, qui auroit déclaré ledit Jean Thénevot duement atteint et convaincu d'avoir, contre la disposition de l'Ordonnance de MM. les Général et Intendant, en date du 3 Novembre 1780, enregistrée le 4 du même mois, tenu dans son Magasin des Drogues prohibées, et dont la vente est réservée par ladite Ordonnance à l'Apothicaire du Roi; pour réparation de quoi, etc. OUI et interrogé ledit Jean Thénevot derrière le Barreau, sur sa cause d'appel et cas à lui imposés; Conclusions par écrit du

Procureur-Général du Roi : OUI le rapport de M. Faure de Lussac, Conseiller, et tout considéré : DIT A ÉTÉ PAR LA COUR qu'il a été mal Jugé par le Juge Criminel au Siége Royal du Cap, en ce que ladite Sentence auroit seulement condamné Jean Thénevot en la somme de 3,000 liv. d'amende envers le Roi, bien appelé par le Substitut du Procureur-Général du Roi ; émendant, pour les cas résultans du procès, interdit Jean Thénevot, pour le temps et espace de 6 mois, de ses fonctions d'Apothicaire, pendant lequel délai son Magasin sera clos et fermé, avec expresses inhibitions et défenses de débiter par lui-même ou faire débiter pendant ledit délai, aucunes Drogues Médicinales ; le condamne en l'amende de 3,000 liv. applicables au profit du Roi, et lui fait défenses de récidiver, sous peine de punition corporelle ; ordonne que le présent Arrêt sera imprimé jusqu'à la concurrence de 100 Exemplaires, aux frais dudit Thénevot, et affiché dans tous les carrefours et lieux accoutumés de cette Ville, etc.

ARRÊTÉ du Conseil du Cap, touchant le Jugement d'un délit commis par un Soldat, autre qu'un délit Militaire.

Du 13 Juin 1782.

CE jour, M. le Gris, Conseiller, ayant proposé à la Cour de lui faire le Rapport du procès-criminel instruit contre le nommé la Jeunesse, Soldat au Régiment de Cambresis, condamné à être pendu par Sentence du Juge du Port-de-Paix, du 10 Avril dernier ; il a été observé qu'il sembloit résulter de l'article 27 de l'Ordonnance de 1775, qu'un Officier Major devoit être appelé pour être présent au Rapport et Jugement de ce procès : sur ce, LA COUR a arrêté que M. le Général seroit prévenu à telles fins que de raison, qu'elle a remis le Rapport et Jugement du procès-criminel dont il s'agit, au Jeudi 27 de ce mois ; auquel effet il sera remis à M. le Général expédition du présent Arrêté.

Le Jugement eut lieu ledit jour 27, et le Soldat fut condamné aux Galères à perpétuité.

ARRÊT du Conseil du Cap, touchant des Négres Voleurs de Sucre.

Du 13 Juin 1782.

Vu par la Cour la procédure criminelle faite, instruite et jugée *dans l'état où elle s'est trouvée, sans qu'il fût besoin d'une plus ample instruction* (1) par le Lieutenant-Criminel au Siége-Royal du Fort-Dauphin, à la Requête du Substitut du Procureur-Général du Roi, demandeur et accusateur; contre les nommés Jean-Pierre, Yoyo, et Marie Noël, Négres Esclaves, de l'Habitation la Garenne; le nommé Joseph Ossé, Négre Esclave du sieur Biscente, Espagnol, et les nommés....... Négres libres Espagnols, défendeurs et accusés; lesdits Jean-Pierre, Yoyo, Marie-Noël, Joseph Ossé et autres. Appelans de Sentence dudit Siége du........ qui auroit lesdits Jean-Pierre et Yoyo déclaré duement atteints et convaincus d'avoir pris sept-à-huit formes de Sucre blanc, sur l'Habitation de leurs Maîtres, et de les avoir vendues audit Négre Joseph Ossé; et ledit Joseph Ossé duement atteint et convaincu d'avoir été complice dudit vol; pour réparation de quoi les auroit condamnés à être conduits sur la Place des Marché de cette Ville, ayant écriteaux portant ces mots: *Voleurs de Sucre*; et là, être fouettés nuds de verges par l'Exécuteur de la Haute-Justice; pour, ce fait, être reconduits en prison, pour être remis à leurs Maîtres; auroit lesdits Marie Noël et Négres Espagnols condamné à assister à l'exécution, pour être ensuite ladite Marie Noël remise à son Maître. Conclusions par écrit du Procureur-Général du Roi: vu aussi la Requête du sieur de Bruix, Chevalier de l'Ordre-Royal et Militaire de St.-Louis, et Dame d'Osmon, héritiers Lagarenne, tendante à ce qu'il plaise à la Cour les recevoir appelans de ladite Sentence, aux fins que lesdits Négres soient renvoyés à la correction domestique. Ladite Requête jointe par Arrêt de ce jour, pour y avoir en jugeant tel égard que de raison: Oui M. de Pourcheresse de Vertières, Conseiller, en son Rapport, et tout considéré: DIT A ÉTÉ par la Cour, sans avoir égard à ladite Requête, qu'il a été bien jugé, mal et sans grief appelé, etc.

(1) Il n'y eut point d'information, attendu que les Interrogatoires et les autres circonstances avoient produit une preuve suffisante.

BREVET de Don en faveur du sieur Aubert, Négociant au Cap, du montant du Legs universel à lui fait par le sieur Salomon Faxardo, dont la Succession étoit réclamée par le Receveur des Aubaines, comme étant celle d'un Espagnol.

Du 21 Juin 1782.

R. au Conseil du Cap, le 18 Décembre suivant.

Sa Majesté se détermina à accorder de pareils Brevets de Don aux Légataires particuliers.

ORDONNANCE des Administrateurs, touchant l'Édit du 24 Novembre précédent, sur les Chemins.

Du 26 Juin 1782.

GUILLAUME-LÉONARD de Bellecombe, etc. Alexandre-Jacques de Bongars, etc.

En exécution de l'Édit du Roi sur les Chemins de cette Colonie, et en vertu du pouvoir à Nous donné par cet Édit, nous avons estimé convenable de réunir dans une même Ordonnance, et ce qu'il faut faire en attendant que l'Édit puisse être exécuté, et les opérations nécessaires pour en préparer l'exécution.

ART. I. Les réparations des Chemins continueront à se faire suivant l'ancien usage, et d'après les Ordonnances sur ce rendues, notamment celle de MM. d'Ennery et de Vaivre, du 3 Juin 1776.

II. Les réparations se feront incessamment ; au temps toutefois où il est d'usage de commencer les travaux dans chacune des trois Parties de la Colonie.

III. Pour entrer dans les vues du Législateur, nous ordonnons que personne sans exception ne soit dipensé ni exempt de fournir des Nègres pour les Corvées.

IV. Conformément à l'article 12 de l'Édit, ordonnons au Voyer général de chacune des trois Parties de l'Ouest, du Nord et du Sud, assisté du Voyer particulier de chacune des Paroisses, de faire le plus promptement qu'il sera possible un toisé général des Chemins publics, actuellement existans dans chaque partie respective, en distinguant les grands Chemins des Chemins de communication.

V. Dans les Paroisses où il n'y a point de Voyer, autorisons les Habitans, et leur ordonnons même de s'assembler dans la forme ordinaire, à l'effet de choisir et de nous proposer la personne de la Paroisse qu'ils estimeront propre à bien remplir les fonctions de Voyer; et nous lui en ferons expédier la Commission.

VI. Dans le cas où les Paroissiens n'auroient pas de confiance dans le Voyer actuel de leur Paroisse, ils pourront, après en avoir délibéré dans une assemblée que nous les autorisons à tenir, choisir et nous proposer un nouveau Sujet, à qui nous donnerons une Commission, en retirant celle de l'ancien Voyer. Sera ladite Ordonnance enregistrée au Greffe de l'Intendance. Prions MM. les Officiers des Conseils Supérieurs de la faire pareillement enregistrer en leurs Greffes. Mandons à tous Commandans pour le Roi, Commandans de Quartier ou de Paroisse, de s'y conformer en ce qui les concerne. DONNÉ au Cap, etc. le 26 Juin 1782. *Signé*, BELLECOMBE et BONGARS.

R. au Greffe de l'Intendance le même jour.

R. au Conseil du Port-au-Prince, le 6 Juillet 1782.
V. l'Arrêt du Conseil du Cap, du 15 du même mois de Juillet.

ARRÊT *du Conseil du Cap, confirmatif d'une Sentence du Juge-Criminel du Fort-Dauphin, qui condamne un Blanc et un Mulâtre libre, Voleurs de Bourriquets, à être fouettés, marqués, et à 9 ans de Galères.*

Du 27 Juin 1782.

ORDONNANCE de M. l'Intendant, touchant les Employés dans les Bureaux du Roi.

Du premier Juillet 1782.

ALEXANDRE-JACQUES de Bongars, etc.

Les Sujets se rendront au détail, chaque jour de travail, le matin à huit heures, pour ne sortir qu'à midi; l'après-midi à trois heures, pour ne sortir qu'à six.

Lors des départs d'Escadres, ou qu'il s'agira d'opérations extraordinaires, le Bureau sera ouvert Fêtes et Dimanches, et les Sujets y viendront aux heures qui leur seront indiquées par l'Officier d'Administration chargé de l'inspection dudit détail.

Ledit Officier devant connoître toutes les affaires qui ressortent de son détail, les papiers lui seront remis par les Parties, à mesure qu'elles se présenteront, ou en son absence à son premier Commis, pour lui être remis de suite, à l'effet d'opérer la distribution du travail, et de pouvoir en rendre compte, conformément à l'ordre particulier que nous lui avons fait expédier à cet effet; de même les affaires expédiées lui rentreront, pour qu'elles soient par lui remises aux Parties.

Les Sujets attachés audit détail, useront de la plus grande honnêteté envers les Particuliers qui auront à traiter d'affaires; et du compte que nous rendra l'Officier d'Administration, et de la conduite qu'ils tiendront, et de l'utilité qu'ils auront fait valoir pour le bien du Service de Sa Majesté, dépendra leur avancement. Sera la présente enregistrée au Contrôle de la Marine. Fait au Cap, le premier Juillet 1782. *Signé*, BONGARS.

R. au Contrôle, le 8 du même mois.

LETTRE du Ministre aux Administrateurs, touchant les Ecclésiastiques.

Du 5 Juillet 1782.

J'AI rendu compte au Roi, MM., de l'affaire du Prêtre de la Mission des Jacobins, condamné au bannissement par Sentence du Juge de

Jacmel, du 24 Mai 1780, ainsi que de l'Arrêt du Conseil-Supérieur du Port-au-Prince, du 6 Mars 1781, qui a sursis à prononcer sur les différens appels de cette Sentence, et a ordonné que la procédure me seroit renvoyée.

La suspension à laquelle le Conseil-Supérieur s'est porté, est un acte de prudence. La Lettre du Conseil de Marine, du 30 Janvier 1717, sur laquelle le Préfet Apostolique de la Mission a prétendu établir l'incompétence des Tribunaux ordinaires dans l'affaire du Père ...., a pu donner des doutes sur le parti qu'il y avoit à prendre contre un Missionnaire poursuivi criminellement ; mais si les règles prescrites par cette Lettre étoient bonnes dans le principe de l'établissement d'une Colonie, il y auroit aujourd'hui beaucoup d'inconvéniens à les maintenir au milieu d'une population nombreuse. Dans l'état actuel des choses, l'intention de Sa Majesté est que les Missionnaires soient, comme ses autres Sujets, poursuivis à la Requête du Ministère public, et des Parties civiles, devant les Tribunaux ordinaires, pour raison des délits dont il pourroit résulter des peines afflictives ou infamantes, ou des intérêts civils. En conséquence le Conseil-Supérieur du Port-au-Prince procédera au jugement définitif de l'affaire du Père ...., et à l'enregistrement de cette dépêche, qui servira désormais de règle. En veillant sur la conduite privée des Missionnaires, et en renvoyant en France ceux qui se seront rendus répréhensibles à un certain point, vous éviterez le scandale que la loi commune à tous les Citoyens, de quelque qualité et condition qu'ils soient, rend inévitable, lorsque les délits sont commis, etc.

ARRÊT du Conseil du Cap, confirmatif d'une Sentence du Siége Royal de la même Ville, qui juge que quand les Quittances du vendeur d'un Immeuble sont muettes sur l'imputation des Payemens, ou qu'elles sont imputables d'abord aux Intérêts, il faut éteindre 1°. les intérêts des intérêts devenus capitaux, au moyen de la condamnation en Justice. 2°. les intérêts ainsi devenus capitaux ; 3°. et finalement le capital.

Du 5 Juillet 1782.

ENTRE les héritiers Chabanon, Appelans ; et le sieur Detchevery, Intimé. Plaidant Mes d'Augy et l'Archevêque.

Les héritiers Chabanon prétendoient que c'étoit à eux débiteurs, qu'il appartenoit de régler l'imputation.

Arrêt du Conseil du Cap, qui juge que l'enregistrement d'une Commission de Notaire de l'Intendance peut être refusée dans le Greffe d'une Sénéchaussée, et qu'un Directeur de la Bourse des Huissiers ne peut prendre la qualité de Maître, *quoique Notaire de l'Intendance.*

Du 5 Juillet 1782.

Vu par le Conseil la Requête d'Espert, Notaire de l'Intendance, à la résidence du Fort-Dauphin, contenant, entr'autres choses, qu'il a été pourvu le 28 Mars dernier de la Commission de Notaire de l'Intendance, à la résidence du Fort-Dauphin, registrée le 29 au Greffe de l'Intendance, et le 15 Avril au Bureau de la Marine; et qu'il a prêté le serment ès-mains du sieur Duranton, Sous-Commissaire de la Marine, Commissaire délégué à cet effet par M. l'Intendant; que cette nouvelle qualité étant devenue publique au Fort-Dauphin, où il étoit un des Directeurs de la Bourse des Huissiers, on lui a donné à l'Audience la qualité de *Maître*, dans une cause où il étoit Partie; mais que sur la remontrance du Procureur du Roi, le Juge lui en a fait la défense: que comme on ne la refuse pas aux Notaires, et qu'il n'y a point de différence à St. Domingue entre les prérogatives des Notaires de la Jurisdiction et celles des Notaires de l'Intendance, le Suppliant a cru que les Officiers du Siége ne s'étoient portés à cette démarche que parce que la nouvelle qualité ne leur étoit pas légalement connue. En conséquence, il a donné Requête à fin d'obtenir permission de faire enregistrer la Commission au Greffe de la Jurisdiction; mais il a été débouté, etc. Vu aussi la quittance d'amende; Conclusions de St. Martin fils, Substitut du Procureur-Général du Roi; Ouï le Rapport de M. le Gris, Conseiller, et tout considéré: La Cour a mis et met l'appellation au néant, ordonne que ce dont est appel sortira effet, et condamne l'Appelant en l'amende ordinaire, etc.

ARRÊT du Conseil du Cap, touchant la plainte d'un Entrepreneur de Bâtimens, contre un Habitant.

Du 6 Juillet 1782.

LOUIS, etc. Entre le sieur Casse, *Entrepreneur de Bâtimens*, Appelant; et le sieur Guillet de la Brosse, *Habitant et Major des Milices*, Intimé. Vu la Sentence rendue sur la plainte du sieur Casse, pour prétendues injures à lui dites, et menaces à lui faites lors d'une estimation d'ouvrages ordonnés sur l'Habitation Butler, qui, vu les enquête et contre-enquête, et ce qui en résulte, auroit enjoint au sieur Casse de ne point sortir des bornes du respect que son état exige, et le condamne en tous les dépens, pour tous dommages-intérêts. LA COUR a mis l'appellation au néant: ordonne que ce dont est appel sortira son plein et entier effet; condamne l'Appelant en l'amende ordinaire et aux dépens.

ARRÊT du Conseil Cap, infirmatif d'une Sentence qui condamnoit un Habitant à payer le Négre de son Voisin, tué par les siens dans une Place à Vivres.

Du 6 Juillet 1782.

ENTRE le nommé Vallois, Mulâtre libre, Habitant au Moustique, Appelant, d'une part; Et le sieur Aumailley, Habitant audit Quartier, Intimé d'autre part. Vu, etc. Après que de Suzanne, substituant Bourlon, Avocat de l'Appelant; et Moreau de St. Méry, Avocat de l'Intimé, ont été ouïs; ensemble de Saint-Martin fils, Substitut du Procureur-Général du Roi, et tout considéré: LA COUR a mis et met l'appellation et Sentence dont est appel au néant; émandant, décharge la Partie de Bourlon des condamnations contre elle prononcées par ladite Sentence: ordonne que l'amende par elle consignée lui sera remise, et condamne la Partie de Moreau de St. Méry aux dépens, etc.

La Sentence condamnoit le nommé Vallois à payer 3,000 liv. pour le Négre mort, 5 jours après, des blessures d'un instrument contondant, *dont le procès-verbal justifioit qu'il avoit reçu 23* coups, *sinon à dire d'Experts qui l'auroient connu.*

La Sentence donnoit de plus acte au Procureur du Roi de sa plainte contre Vallois et un de ses Négres, décrétoit Vallois d'ajournement personnel, et son Négre de prise-de-corps, pour être leur procès fait, jusqu'à jugement définitif. Ce décret n'avoit eu aucune suite.

Cet Arrêt paroît contraire à la Jurisprudence antérieure du Conseil du Cap, qui, par un Arrêt, rendu 6 ans auparavant, entre le sieur Tabois, Habitant à la Souffrière du Limbé, et l'Économe de Me Grimperel, Notaire-général, condamna cet Économe, à la suite d'une procédure criminelle, à payer le prix du Négre du sieur Tabois, tué dans une place à vivres.

Un Arrêt du Conseil du Port-au-Prince, rendu vers le même temps que celui du nommé Vallois, sur la demande de M. de la Périere, Conseiller, en payement de l'un de ses Esclaves, prononça de même que l'Arrêt du Conseil du Cap, du 8 Juillet 1782. A la vérité, dans l'espèce de l'Arrêt de M. de la Périere, l'Habitant chez lequel le Négre avoit été tué se trouvoit muni d'un ordre de chasse.

ARRÊT du Conseil du Port-au-Prince, touchant les Plaintes ou demandes des Esclaves contre leurs Maîtres, et les Affranchissemens.

Du 8 Juillet 1782.

LOUIS, etc. Entre Graba, demeurant à Léogane, au nom et comme tuteur de la Négresse Marie-Françoise et de ses quatre enfans, Appelant et Intimé, comparant par Deronseray, Avocat, d'une part; Et notre Procureur-Général, prenant le fait et cause de son Substitut audit Siége, Intimé: La nommée Marie-Jeanne Morin, veuve Mérillac, Quarterone libre, aussi Intimée et Appelante, comparante par Dubuisson, aussi Avocat; Les Légataires institués de Marie-Louise Merillac, veuve Chassergue, Intimés et Appelans, comparans par Chachereau, Avocat; Et encore, Michel Maurin, dit Languedoc, Cordonnier, demeurant à Léogane, tuteur nommé par Justice à la Mulâtresse Adélaïde, aussi Appelant, comparant par de Cullion, Avocat, d'autre part. La Sentence du 20 Mars 1781, homologative de l'avis des amis de la Négresse Marie-Françoise et de ses quatre enfans, laquelle nomme ledit Graba pour tuteur, tant de ladite Marie-Françoise que de ses quatre enfans mineurs, à l'effet de parvenir à l'obtention de leur liberté, même de régir et gouverner leurs personnes et biens; la Sentence du 29 du même mois, qui, en homologuant l'avis des amis de la Mulâtresse Adélaïde, nomme ledit Maurin pour son tuteur, etc. Les Sentences du 28 Septembre dernier, rendues entre la veuve Merillac, Graba et les légataires de la veuve Chassergue, lesquelles reçoivent la veuve Merillac tierce-opposante envers les Sentences des 29 Mars précédent, qui sont déclarées nulles; faisant droit sur les plus amples conclusions du Substitut du Substitut de notre Procureur-Général, déclare la nommée Marie-Françoise et ses quatre enfans, et la nommée Adélaïde, acquis et confisqués à notre profit, pour être vendus en la forme de droit, poursuite et diligence du Receveur des Confiscations, auquel à cet effet expédition de ladite Sentence sera remise, les dépens pris sur la confiscation: OUI leurs Avocats et notre Procureur Général; Tout considéré: NOTRE COUR a donné acte au Procureur-Général de l'appel par lui interjeté des Sentences des 20 et 29 Mars 1781, homologatives de l'avis des amis de la Négresse Marie-Françoise et de ses quatre enfans, ainsi que de la nommée Adélaïde, Mulâtresse; joignant ledit appel aux appels respectifs des Parties, et prononçant sur iceux, a mis et met les appellations et Sentences dont est appel au néant; émendant, en ce qui touche l'appel des Sentences des 20 et 29 Mars 1781, déclare nulles et de nul effet lesdites Sentences; fait défenses à tous Juges du Ressort de la Cour d'en rendre à l'avenir de pareilles, sauf aux Esclaves, en cas de demandes ou de plaintes de leur part contre leurs Maîtres, à faire présenter leurs mémoires aux Substituts du Procureur-Général ou au Procureur-Général lui-même, conformément aux Édits de 1685 et de 1724, pour, par lesdits Substituts ou par le Procureur Général, être formé tels réquisitoires, et par les Juges ou par la Cour, être statué sur iceux, ainsi qu'il appartiendra: en ce qui touche l'appel des deux Sentences du 28 Septembre 1781, a mis et met les appellations et lesdites Sentences au néant; émendant, déclare nulles et de nul effet toutes dispositions faites par feu Marie-Louise Merillac, veuve Chassergue, Quarterone libre, dans ses Testament et Codicile, relatives aux libertés à poursuivre en faveur des Esclaves y dénommés; faisant droit au principal sur la demande de la Partie de Dubuisson, ordonne que lesdits Esclaves lui seront remis, à l'effet de quoi l'autorise à s'en emparer par-tout où elle pourra les trouver; condamne les Parties de Chachereau en tous les dépens des causes principales et d'appel, les amendes remises: sur le surplus des demandes, fins et conclusions des Parties, les met hors de Cour; ordonne que le présent Arrêt sera imprimé, lu, publié et affiché par-tout où besoin sera, et que copies collationnées d'icelui seront envoyées dans toutes les Sénéchaussées du Ressort, etc.

ARRÊT du Conseil du Cap, qui, sur une accusation de taxe exorbitante contre les Officiers de l'Amirauté du Port-de-Paix, en décharge ces derniers, leur permet de se pourvoir en réparation, et de faire imprimer l'Arrêt.

Du 11 Juillet 1782.

ORDONNANCE des Administrateurs, pour faire payer annuellement 6,000 liv. par le Concierge des Prisons du Port-au-Prince, applicables au traitement des pauvres Malades de la même Ville.

Du 19 Juillet 1782.

GUILLAUME-LÉONARD de Bellecombe, etc.
Alexandre-Jacques de Bongars, etc.

Étant informés que nos Prédécesseurs ont assujetti les différens Concierges des Prisons Royales du Port-au-Prince, à payer sur le produit de cette Geole une somme de 6,000 liv. par an, en faveur des pauvres de la Paroisse de cette Ville; Nous avons cru devoir suivre un si louable usage, et suppléer par une Ordonnance particulière à ce que nous avons omis de faire par la Commission donnée au Geolier; mais nous avons estimé convenable de régler, en même temps, l'emploi de ces six mille livres, et de les appliquer en entier au soulagement des pauvres malades: Sur quoi, Nous, en vertu des pouvoirs à nous donnés par Sa Majesté, avons ordonné et ordonnons ce qui suit:

ART. I. Le Concierge actuel des Prisons du Port-au-Prince sera tenu, à compter du jour qu'il est entré en jouissance des droits de Geole, de payer comme ses Prédécesseurs une somme de 6,000 liv. par an, dans les termes et ainsi qu'il sera ci-après ordonné.

II. L'Entrepreneur de l'Hôpital Royal du Port-au-Prince recevra les pauvres malades qui seront envoyés audit Hôpital, sur un billet du Curé de la Paroisse, pour être traités et soignés comme le sont audit Hôpital les bas-Officiers, Soldats et Matelots; et sera ledit Entrepreneur payé des journées desdits pauvres malades, sur le pied qu'elles lui sont accordées par son marché pour lesdits bas-Officiers, Soldats et Matelots; le prix total desquelles journées ne pourra au surplus excéder, par chaque année, ladite somme de 6,000 liv.; de manière que si cette somme se trouvoit employée avant l'expiration de l'année, on cesseroit alors l'envoi des malades, jusqu'au commencement de l'année suivante.

III. Cet Entrepreneur sera obligé de tenir un état particulier des pauvres malades qui lui seront envoyés, lequel état sera visé du Curé, et le payement de journées lui sera fait, tous les mois, en vertu d'Ordonnances qui lui seront délivrées à son profit sur le Geolier, jusqu'à concurrence seulement de ladite somme de 6,000 liv. par an; au soutien desquelles Ordonnances on rapportera les billets d'entrées délivrés par le Curé, et ceux de sortie donnés par les Médecin et Chirurgien du Roi audit Hôpital. Prions nos Représentans au Port-au Prince de tenir la main à l'exécution de la présente Ordonnance, laquelle sera enregistrée au Greffe de l'Intendence. DONNÉ au Cap, etc.

R. au Greffe de l'Intendance, le 20 du même mois.

ARRÊT du Conseil du Cap, touchant une Ordonnance de MM. les Administrateurs sur les Chemins, présentée à l'enregistrement.

Du 19 Juillet 1782.

VU par la Cour l'Ordonnance de MM. les Général et Intendant, en date du 26 Juin dernier, concernant les Chemins; conclusions de Saint-Martin fils, Substitut du Procureur-Général du Roi; Ouï le Rapport de M. Ruotte, Conseiller; et tout considéré: LA COUR, Vu l'Édit du Roi concernant les Chemins, en date du 24 Novembre 1781, enregistré en la Cour le 18 Avril dernier, a déclaré et déclare qu'elle ne peut et ne doit se porter à enregistrer ladite Ordonnance, comme contraire, dans la disposition de son premier article, audit Édit, à l'art. 40 de l'Ordonnance du Roi du mois de Février 1766, et à l'article 16 de l'Ordonnance du Roi, du 22 Mai 1775, enregistrée en la Cour le 16 Août suivant; sauf à MM. les Administrateurs à faire, en conformité dudit Édit concernant les Chemins, les Réglemens qu'ils jugeront à-propos pour son exécution.

ARRÊT du Conseil du Cap, confirmatif d'une Sentence du Juge-Royal de la même Ville, qui, entr'autres dispositions, alloue dans un compte de Tutelle l'art. des 10 pour cent, pris par le Tuteur sur toutes les sommes étant dans la succession du Père de ses Pupilles, et sur ses propres recouvremens, conformément au Testament du Père.

Du 20 Juillet 1782.

ENTRE le sieur Lapole et les héritiers Ragody, Appelans; et la veuve du sieur Guillebert, vivant Tuteur des Mineurs-Ragody. Au Rapport de M. le Gris, Conseiller.

On n'allouoit les 10 pour cent que sur les recouvremens faits par le Tuteur.

ARRÊT du Conseil du Cap, qui juge, sur le Référé d'un Conseiller-Commissaire nommé pour une estimation, 1°. que le prétendu mécontentement des Parties lors de l'estimation, ne les autorise pas à demander de nouveaux Arbitres, sauf à faire valoir leur moyen en définitif; et 2°. que les Ordonnances des Conseillers-Commissaires doivent être exécutées par provision.

Du 20 Juillet 1782.

VU par le Conseil la Requête de Denis Castanet, Négociant au Cap; Vu pareillement la Requête des sieurs Etienne Gros et Jean Lalande; Conclusions de Thébaudières jeune, Substitut du Procureur-Général du Roi; Ouï le Rapport de M. de Pourcheresse de Vertières, Conseiller; et tout considéré : LA COUR joignant lesdites deux Requêtes à celles présentées le jour d'hier par lesdits Etienne Gros et Jean Lalande, et y faisant droit, sans préjudicier aux droits respectifs des Parties, qui leur sont et demeurent réservés en définitif, a ordonné et ordonne que les opérations encommencées par le Conseiller-Commissaire-Rapporteur, seront continuées sur le même pied; en conséquence, que les opérations continueront à être faites par Moline jeune, Paul et Poulet, que la Cour a nommés et nomme d'office pour Experts et sur-Expert; ordonne en outre que toutes et chacune les Ordonnances dudit Conseiller-Commissaire, si aucunes sont par lui rendues dans le cours desdites opérations, seront exécutées provisoirement, ensemble le présent Arrêt, nonobstant toutes oppositions ou autres empêchemens généralement quelconques.

LETTRE du Lieutenant-de-Roi du Cap, au Commandant de Limonade, touchant les honneurs à rendre à son Excellence Don Bernard de Galvez, Gouverneur-Général de la Province de la Louisianne et de la Floride Occidentale, Lieutenant-Général des Armées de Sa Majesté Catholique, et Commandant-Général de l'Armée d'opération en Amérique, et à son Épouse, lors d'un voyage par eux projeté à St. Raphaël, dans la Partie Espagnole.

Du 25 Juillet 1782.

M. le Général étant prévenu, M., d'un voyage que M. et Mme de Galvez doivent faire à St. Raphaël, desireroit qu'on leur marquât les plus grands égards dans les Paroisses qu'ils traverseront. Il m'a chargé d'avoir l'honneur de vous prévenir en conséquence de tout le plaisir que vous lui ferez, de faire trouver le jour de leur passage à l'entrée de celle que vous commandez, 12 à 15 Dragons Blancs, avec leurs Officiers, pour les accompagner dans son étendue. Il ne doute pas que vous ne vous y rendiez vous-même pour leur offrir toutes les ressources dont ils pourront avoir besoin, et que vous ne vous portiez à seconder en tout ses intentions envers M. et Mme. de Galvez, dont il vous aura plus d'obligation que si cela le concernoit particulièrement. J'ai, etc. *Signé*, Le Chevalier DU GRÈZ.

P. S. M. et Mme de Galvez passeront le jour de leur départ par la Rivière du haut du Cap, et iront coucher au Bois-de-l'Anse, chez M. Artaud, acquéreur de Crillon; le lendemain, ils reviendront par le Quartier-Morin, pour monter au Dondon: en conséquence, le détachement des Dragons de Limonade doit les prendre à la Passe-à-Viard, pour les escorter au Bois-de-l'Anse; et le lendemain les reprendre pour les ramener à ladite Passe-à-Viard, et les remettre au détachement du Quartier-Morin.

LETTRE de MM. les Général et Intendant au Commandant en Second de la Partie du Nord, touchant la Distribution et le Toisé des Chemins et le choix des Voyers.

Du 28 Juillet 1782.

NOUS avons fort à cœur M., que l'Édit du Roi sur les Chemins soit exécuté promptement. C'est par le toisé général qu'il faut commencer. Nous vous prions donc, M., de faire le plutôt qu'il sera possible assembler les Paroisses de votre département, à l'effet d'être par chacune d'elles fait choix d'une personne capable pour remplir les fonctions de Voyer, et statuer en même-temps sur les honoraires dont il conviendra de récompenser son travail. Nous pensons que la meilleure manière de le régler et de le faire payer, est de fixer, par toise, une somme quelconque, à supporter par ceux qui seront chargés de l'entretien; de façon, par exemple, qui si on alloue deux sols par toise, une habitation qui, par la répartition, se trouvera chargée de 1000 toises d'entretien, payera 100 liv. pour sa contribution aux honoraires du Voyer.

Notre intention, M., est que vous laissiez aux Paroisses la faculté non-seulement de choisir un Voyer pour celles qui n'en auroient pas, mais encore d'en nommer un second, si l'ancien n'avoit pas la confiance des Paroissiens, etc.

Il y a des Quartiers où l'on a fixé le toisé à 3 sols la toise, comme le Limbé en Septembre 1782; mais communément il est payé sur le pied de deux sols par toise.

LETTRE du Ministre aux Administrateurs, sur la Fourniture des Drogues et Médicamens.

Du 3 Août 1782.

JE vous renvoie, MM., un Mémoire par lequel l'Apothicaire du Roi au Cap expose, qu'au préjudice des droits de sa place, la fourniture des drogues

drogues et médicamens pour les Hôpitaux et les Vaisseaux du Roi s'est faite au rabais, et qu'il en peut résulter de grands inconvéniens pour la santé et la conservation des hommes, par l'infidélité, soit dans le poids, soit dans la qualité des drogues. Comme je ne doute pas que vos Prédécesseurs n'ayent pris toutes les précautions nécessaires pour en assurer la bonté, je ne puis qu'approuver leurs dispositions. L'intention du Roi est que dans cette fourniture comme dans toutes les autres, vous laissiez la concurrence la plus entière, en vous assurant toutefois de la bonne qualité.

ORDONNANCE *du Lieutenant de l'Amirauté de Saint-Marc, qui fait défenses à tous Capitaines des Bâtimens mouillés dans la rade, de débarquer leur Lest ailleurs que dans le lieu qui leur sera indiqué à cet effet.*

Du 16 Août 1782.

ORDONNANCE *du Juge de Police du Cap, concernant les Chiens attaqués de la rage.*

Du 30 Août 1782.

VU la remontrance à nous présentée par le Procureur du Roi, contenant qu'il vient d'être informé que la rage canine commençoit à faire de nouveaux ravages, tant dans la Ville que dans les Campagnes; qu'une petite chienne appartenante à la Dame Carere, demeurante en cette Ville, venoit d'être attaquée de ce mal; qu'au Morne-Rouge, sur l'Habitation de la Dame Dunand, un des chiens de la dite Habitation y auroit mordu d'abord deux des Négres assez legérement, mais se seroit ensuite jeté sur l'Économe-Gérant avec tant d'acharnement qu'on n'auroit pu lui faire lâcher prise qu'en lui coupant la tête; que d'après ces faits il seroit d'autant plus important de prendre toutes les précautions dont on a déjà usé en pareil cas, que le nombre des chiens est excessivement multiplié dans les Campagnes et même dans la Ville: Nous, faisant droit sur la remontrance du Procureur du Roi, et pour apporter le remède le plus prompt à un mal dont les progrès sont aussi rapides et les effets aussi funestes, ordonnons que les Arrêts du

Conseil du Cap, des 1 mars 1762 et 9 février 1768, rendus dans de pareilles circonstances, seront exécutés selon leur forme et teneur. En conséquence ordonnons:

1°. A tous Habitans de cette Ville et à ceux des Campagnes du ressort de notre Jurisdiction, qui ont des chiens, de les contenir, et de ne pas les laisser vaguer de jour ni de nuit dans les grands chemins ni dans les rues, et de les faire détruire au premier symptôme de maladie, et ce, sous peine de 1000 livres d'amende envers le Roi; et en outre, de répondre de tous les dommages que lesdits chiens pourroient occasionner. 2°. Permettons à toutes personnes qui rencontreront des chiens dans les rues de cette Ville, ou dans les Campagnes du ressort de notre Jurisdiction, de les tuer; enjoignons aux Officiers de Maréchaussée et de Police, chacun en droit soi, de veiller exactement à la sûreté desdits grands chemins et rues, et de tuer ou assommer tous les chiens qu'ils y trouveront vagans. 3°. Enjoignons à tous les Habitants de faire brûler exactement les corps des animaux qu'ils soupçonneront être morts de ladite maladie: et aux Médecins et Chirurgiens, de dresser des Procès-Verbaux des personnes attaquées, ou qui pourront être attaquées de ladite maladie; dans lesquelles ils auront attention de décrire le commencement du mal, ses progrès et les remèdes qu'ils auront employés, lesquels Procès-Verbaux ils seront tenus de remettre au Greffe de notre Jurisdiction. 4°. Mandons aux Inspecteurs de police de tenir la main à l'exécution de la présente Ordonnance, qui sera imprimée, lue, publiée, & affichée par-tout où besoin sera, etc. *Signé*, BUSSON.

ORDRE du Roi, qui nomme M. le Mercier de la Rivière Ordonnateur au Cap.

Du 25 Août 1782.

R. au Conseil du Cap, le 18 *Novembre suivant.*
Et à celui du Port-au-Prince, le 14 *Janvier* 1783. *V. l'Arrêt.*

ORDRE du Roi, qui autorise M. le Mercier de la Rivière à faire les fonctions de Commissaire-Général dans la Colonie.

Du 25 Août 1782.

R. au Conseil du Cap, le 18 Novembre suivant.
Et à celui du Port-au-Prince, le 14 Janvier 1783. V. l'Arrêt.

ORDONNANCE du Roi, portant défenses de Rançonner aucuns Navires ou Marchandises ennemis, à commencer du premier Décembre prochain.

Du 30 Août 1782.

V. la Lettre du Ministre, du 10 Janvier 1783.

LETTRE du Ministre aux Officiers du Conseil du Cap, sur les Chambres d'Agriculture, et le traitement du Député de la Colonie.

Du 30 Août 1782.

J'AI mis, Messieurs, sous les yeux du Roi l'arrêté que vous avez fait relativement au traitement du Député de S. Domingue, fixé à 14,000.liv. ainsi que je l'avois marqué à MM. de Reynaud et le Brasseur par ma dépêche du 17 février 1781, qui vous a été communiquée. Sa Majesté a persisté à penser que les Chambres d'Agriculture sont utiles ; que les frais qu'elles occasionnent doivent être à la charge des Colonies respectives, puisque c'est pour leur utilité qu'elles ont été instituées ; qu'enfin il est juste que le Député de la Colonie la plus importante ait un traitement égal à celui des Députés des autres Colonies. Par ces motifs, Sa Majesté a confirmé sa première décision, à laquelle vous auriez dû, dans tous les cas, vous conformer avant de faire des représentations. En conséquence, son intention est que le traitement du Député de la Colonie assis sur les caisses municipales, soit porté à quatorze mille livres par an, avec effet rétroactif au premier

Janvier 1779. Elle vous ordonne, pour cet effet, de faire registrer cette dépêche au Greffe du Conseil Supérieur.

LETTRE du Ministre aux Administrateurs, sur les Prises.

Du 30 Août 1782.

L'ORDONNANCE du 28 Mars 1778 concernant les prises, donne, MM., articles 10 et 11, part aux prises aux Troupes de terre embarquées sur des Vaisseaux du Roi ou sur des Bâtimens de transport fretés pour le compte de Sa Majesté et armés en guerre, ainsi qu'aux Equipages des Bâtimens Marchands employés à la suite des Escadres, également fretés pour le compte de Sa Majesté, armés en guerre, et dont les Capitaines seront pourvus pour le voyage d'un grade dans la Marine. L'intention est que les dispositions de ces articles soient appliquées aux Troupes employées dans les Colonies, lorsqu'elles seront embarquées pour des expéditions. Sa Majesté veut encore que le produit des Bâtimens dont on s'emparera dans les rades ou les Ports d'une Isle conquise, soit également réparti entre la Marine et les Troupes de l'expédition. Vous voudrez bien tenir la main à l'exécution des ordres de Sa Majesté, et les transmettre à vos Représentans.

LETTRES-PATENTES en forme d'Edit, concernant les Anoblissemens dans les Colonies Françoises, et les preuves de Noblesse à faire dans le Royaume par les Habitans desdites Colonies.

Du mois d'Août 1782.

LOUIS, etc. Les Rois nos prédécesseurs ont cru qu'il étoit de leur sagesse d'affectionner de plus en plus à leur service & d'exciter à la vertu par des distinctions honorables, ceux de leurs Sujets qui avoient transporté leur fortune, fixé leur établissement, ou qui étoient nés dans les Colonies Françoises. Plusieurs Habitans de nosdites Colonies ayant, en considération des services importans qu'ils avoient rendus, obtenu des Lettres de Noblesse, nous sommes informés qu'on a cherché à semer des inquiétudes dans les familles desdits Habitans, sous le prétexte des révocations prononcées, premièrement, par la Déclaration du 27 Septembre 1664, des Anoblissemens accordés depuis le 1 Janvier 1634; deuxièmement, par l'Edit du mois d'Août 1715, de ceux accordés depuis le 1 Janvier 1689; troisièmement, par l'Arrêt du Conseil du 2 Mai 1730, sur le droit du joyeux avénement du feu Roi, notre honoré Seigneur & ayeul, à la Couronne; de ceux accordés depuis 1643 jusqu'au 1 Septembre 1715, dans le cas où l'on ne satisferoit pas à ce droit; quatrièmement, par l'Edit du mois d'Avril 1771, de ceux accordés depuis le 1 Janvier 1715, aussi dans le cas où les sommes qu'il impose sur les Anoblis ou sur leurs descendans, ne seroient pas acquittées. Nous nous sommes fait représenter ces Déclaration, Edit et Arrêt, et nous avons remarqué, par les objets d'administration qu'ils renferment, qu'ils étoient peu susceptibles d'application à l'administration des Colonies Françoises, ni à la plûpart des Anoblissemens accordés aux Habitans d'icelles: conséquemment que l'exception à leur égard n'avoit point été nécessaire; que d'ailleurs, s'il existoit dans nosdites Colonies quelques familles dont les titres d'Anoblissement fussent dans le cas de la révocation prononcée par les Déclaration, Edits et Arrêt de notre Conseil ci-dessus mentionnés, et qui n'ont pas été enregistrés dans les Conseils Supérieurs de nosdites Colonies, il ne seroit pas juste que ces familles perdissent la distinction de la Noblesse qui auroit de bonne foi déterminé des alliances honorables et des établissemens avantageux. Dans ces circonstances, nous pensons qu'il est de notre justice de venir au secours desdits Habitans, de reconnoître le zèle et la fidélité qu'ils ont toujours montrés, de faire cesser la fausse application qu'on auroit pu donner auxdites Déclaration, Edits et Arrêt; de fixer irrévocablement, non-seulement dans nos Colonies, mais même dans notre Royaume, l'effet des Anoblissemens accordés à aucuns des Habitans d'icelles. Nous avons en même-temps jugé à propos de faciliter auxdits habitans les preuves de Noblesse qu'ils seront dans le cas de faire dans notre Royaume, en prenant toutefois les précautions nécessaires pour écarter les fraudes qui pourroient en altérer la pureté. A CES CAUSES, etc, voulons et nous plaît ce qui suit:

ART. I. Les Lettres d'Anoblissement accordées par Nous ou par les Rois nos prédécesseurs à aucuns Habitans de nos Colonies, ou à ceux qui depuis qu'ils auroient transporté leur domicile dans lesdites Colonies, auroient été anoblis, continueront d'avoir leur effet à leur égard ou à l'égard de leurs enfans mâles ou femelles, et descendans en ligne directe et en légitime mariage, soit dans nos Colonies, soit dans notre Royaume; pourvu que lesdites Lettres d'Anoblissement ayent été revêtues des formalités ordinaires et accoutumées, et qu'il ne puisse être valablement opposé, soit auxdits Anoblis soit à leurs descendans, aucune dérogeance.

II. Leur noblesse sera comptée à dater des enregistremens desdites Lettres d'Anoblissement dans nos Parlemens et nos autres Cours, et dans les Conseils Supérieurs de nos Colonies, en la forme ordinaire et accoutumée. Voulons qu'ils en jouissent pleinement et paisiblement, sans qu'on puisse leur opposer, en aucun cas, la Déclaration du 27 Septembre 1664, l'Edit du mois d'Août 1715, la Déclaration du 27 Septembre 1723, l'Arrêt du Conseil du 2 mars 1771, ni aucune autre Ordonnance ou Réglement dont nous n'avons pas ordonné l'enregistrement dans les Conseils Supérieurs de nosdites Colonies.

III. Ordonnons que lesdits Anoblis ou ceux de leurs descendans nés dans nos Colonies, qui seront dans le cas de faire preuve de leur Noblesse, seront tenus de rapporter, indépendamment de leurs Lettres d'Anoblissement ou titres constitutifs de leur Noblesse, et des titres et actes nécessaires pour justifier de leur filiation et possession de Noblesse, un acte de notoriété du Conseil-Supérieur dans le ressort duquel leur domicile sera établi, portant que les Anoblis, depuis la date de leurs titres d'Anoblissement, et leurs descendans, n'auront exercé aucun état incompatible avec la Noblesse dont ils seront revêtus, et qu'ils auront pris les qualités nécessaires pour la conserver. Ne pourra ledit acte de notoriété être donné que d'après les conclusions de notre Procureur-Général, par le Conseil-Supérieur assemblé en nombre compétent; et sera ledit acte signé par tous les Juges qui auront assisté à la séance, et par notre Procureur-Général.

IV. Attendu les partages des familles dont les titres originaux restent ordinairement en possession de la branche aînée, et vu le danger de confier à l'incertitude de la navigation les originaux des titres justificatifs de la Noblesse, voulons, sans tirer à conséquence, que les copies collationnées des titres constitutifs de Noblesse et Arrêts d'enregistrement d'iceux, soient admises dans les preuves que les Habitans de nos Colonies seroient obligés de faire dans notre Royaume: et seront lesdites copies attestées conformes aux originaux et signées par nos Conseils-Supérieurs, chacun dans leur ressort, en observant les mêmes formalités prescrites par l'article III des présentes; et sera en outre indiquée dans ladite attestation, la branche de la famille entre les mains de laquelle lesdits titres originaux seront restés.

V. Les descendans des Anoblis, pour obtenir l'acte mentionné en l'article III et dans la forme qui y est désignée, seront tenus de rapporter, outre le titre de leur Anoblissement, les titres et autres actes civils, tels que contrats de mariage, partages, transactions, testamens et autres pièces admises dans les preuves de Noblesse, et de les joindre à la Requête qu'ils feront présenter au Conseil-Supérieur du ressort, à l'effet d'avoir ledit acte, lequel leur sera donné comme ci-dessus, d'après les conclusions de notre Procureur-Général, de laquelle production il sera fait mention dans ledit acte.

VI. N'empêchons, soit nos Procureurs-Généraux èsdits Conseils, soit nosdits Conseils-Supérieurs, chacun dans leur ressort, de requérir et ordonner, s'ils avisent qu'il en soit besoin, d'après les Requêtes des Parties pour avoir le certificat de non-dérogeance, une enquête dans laquelle seront entendus au moins quatre témoins notables, entre ceux que les Parties pourront indiquer au nombre de six, et que nos Procureurs-Généraux pourront choisir.

VII. L'enquête ne pourra être ordonnée que pour avoir le certificat de non-dérogeance. N'entendons qu'elle puisse suppléer au défaut des titres, ni au défaut des qualités nécessaires pour la conservation de la Noblesse.

VIII. Les Anoblis, pour avoir ledit acte, ne seront tenus de joindre à leur Requête que les Lettres d'Anoblissement ou le titre constitutif de leur Noblesse.

IX. Les descendans des Anoblis, pour obtenir la signature et attestation des copies conformes à l'original, et dans la forme mentionnée à l'article IV, seront tenus de joindre à leur Requête le titre constitutif de leur Noblesse, et de se conformer à l'article V ci-dessus.

N'entendons rien innover pour ce qui regarde la production des pièces à l'effet de justifier dans notre Royaume de la Noblesse de nos Sujets des Colonies, si ce n'est à l'égard du titre constitutif d'icelle, lequel pourra être produit en copie collationnée dans la forme prescrite par l'article IV du présent Édit. Si donnons en mandement à nos Officiers de nos Conseils-Supérieurs en l'Isle St. Domingue, &c.

R. au Conseil du Cap, le 6 Mai 1783.
Et à celui du Port-au-Prince, le ...

ARRÊT du Conseil d'Etat, qui ordonne la suppression et la radiation d'un Discours prononcé par le Procureur-Général du Conseil du Cap.

Du 13 Septembre 1782.

LE Roi s'étant fait représenter en son Conseil le Discours prononcé par son Procureur-Général du Conseil-Supérieur du Cap en l'Isle S. Domingue à la Séance Publique tenue le 17 juillet 1781, pour la réception du sieur de Lilancour en qualité de Commandant en chef de la Colonie par interim; le Procès Verbal imprimé de ladite réception; les Dépêches du Commissaire-Général et du Procureur-Général, des 20 & 27 juillet de la même année; Sa Majesté a reconnu que ce Discours renferme indirectement la censure de l'administration du sieur de Reynaud, auquel ledit Sieur de Lilancour succédoit; qu'un tel discours, prononcé dans une audience publique et consigné dans les Registres dudit Conseil-Supérieur, offre un exemple dangereux qui peut porter atteinte à la subordination qu'il est nécessaire de maintenir dans les Colonies, envers les Dépositaires immédiats de l'autorité et de la confiance de Sa Majesté; que d'ailleurs, les faits énoncés dans le Discours intéressent uniquement le gouvernement et l'administration de la Colonie, dans lesquels les ordonnances du 1 Février 1766 et du 22 Mai 1775, défendent expressément aux Conseils Supérieurs de s'immiscer: A quoi voulant pourvoir; Oui le rapport: LE ROI étant en son Conseil a ordonné & ordonne que le Discours prononcé par son Procureur-Général à la Séance du Conseil-Supérieur du Cap, le 17 Juillet 1781, sera supprimé, avec défenses à toutes personnes d'en distribuer aucun exemplaire; ordonne en outre qu'il sera rayé et biffé sur le Registre du Greffe dudit Conseil-Supérieur, et que le présent Arrêt y sera émargé. Mande et ordonne Sa Majesté à sondit Conseil-Supérieur du Cap Isle S. Domingue, d'exécuter le présent Arrêt; a commis & commet ses Gouverneur Lieutenant-Général et Intendant de ladite Colonie, pour faire procéder à l'exécution dudit Arrêt, nonobstant tout empêchement. Fait au Conseil d'Etat, etc.

R. au Conseil du Cap, le 6 Mai 1783.

ARRÊT de Réglement du Conseil du Port-au-Prince, concernant les Curateur en titre d'Office.

Du 2 Octobre 1782.

LA COUR assemblée en la manière accoutumée, MM. Gabeure de Vernot, Doyen, et Fougeron, Conseillers-Commissaires nommés par l'Arrêté du 20 Juillet dernier, pour examiner un réquisitoire du Procureur Général du Roi, concernant les Curateurs en titre d'Office, ayant rendu compte de leur mission; LA COUR, considérant que si elle se déterminoit en ce moment à nommer à vie les Curateurs aux successions vacantes, actuellement en exercice, sans, au préalable, avoir vérifié par elle-même leur comptabilité, d'après des comptes en règle et appurés, ce seroit mal répondre aux intentions du Roi, qui a particulièrement en vue la sûreté des deniers qui sont entre leurs mains, a arrêté et ordonné: 1°. Que tous les Curateurs aux successions vacantes de son ressort, actuellement en exercice, et sans exception, continueront d'exercer leur emploi jusqu'au jour fixé par leur Arrêt de nomination, auquel jour entreront en exercice ceux qui auront été nommés à vie; 2°. Que pour exercer ledit office, il sera, comme par le passé, fait enquête pardevant les Sénéchaux, des vie, mœurs, âge compétent, religion et capacité de ceux qui seront pourvus à l'avenir dudit office; comme aussi que leurs Cautions ne seront reçues qu'après avoir été discutées pardevant les Juges des lieux, contradictoirement avec les Substituts du Procureur-Général; 3°. Que le cautionnement dudit office pour la jurisdiction du Port-au-Prince sera de . . . . 60,000 liv.
Pour celle de S. Marc de 40,000
Pour celle du Petit-Goave de 20,000
Pour celle de S. Louis de 20,000
Pour celle de Jacmel de 20,000
Pour celle de Jérémie de 20,000
Pour celle des Cayes de 40,000

4°. Que les Cautions reçues resteront obligées tant que les Comptables conserveront leur exercice, jusqu'à l'entier appurement et acquittement de leurs comptes. Pourront néanmoins lesdites Cautions être libérées de leur cautionnement, en cas de départ pour France, ou mort; dans ces deux cas, lesdites cautions pourront être suppléées par d'autres qui seront agréées et reçues pardevant le Juge des lieux; dans tous les cas les Cautionnemens ne pourront durer moins de cinq années. Ordonne enfin que le présent Arrêt sera imprimé, lu, publié et affiché par-tout où besoin sera, et que copies collationnées d'icelui seront envoyées dans les Sénéchaussées du ressort, etc.

ARRÊTÉ du Conseil du Cap, sur la réception d'un Substitut du Procureur-Général.

Du 7 Octobre 1782.

CE jour, M. de Saint-Martin, Conseiller, Doyen, a mis sur le bureau la Requête du sieur Germain-Eustache Deschamps, aux fins d'être reçu à l'état et office de Substitut du Procureur-Général du Roi en icelle, A ÉTÉ ARRÊTÉ par la Cour qu'avant de statuer sur la réception dont s'agit, Germain-Eustache Deschamps suivra le barreau pendant quelque temps.

Cet Arrêt a été exécuté, et M. Deschamps a plaidé avant d'être reçu.

ARRÊT du Conseil du Cap, touchant, 1°. des Négres pris par l'Ennemi, conduits à la Jamaique, et ramenés dans la Colonie pour y être vendus, et 2°. l'un desdits Négres annoncé comme libre.

Du 9 Octobre 1782.

ENTRE le sieur Pesseville, demeurant au Cap, Appelant, d'une part; Et le sieur Cappé Intimé, d'autre part; Et encore le nommé la Tortue N. L. Appelant d'autre part; et le sieur Cappé susdit, Intimé en appel de ladite Sentence, d'autre part. Vu, etc. Après que Champion, Avocat de Pesseville; Laborie, Avocat de l'intimé; et Moreau de S. Méry, Avocat de la Tortue, ont été ouïs aux audiences des 4, 5, 7 et 8 de ce mois, ainsi qu'à celle de ce jour; ensemble de S. Martin fils, Substitut du Procureur-Général du Roi, et tout considéré : LA COUR joignant les instances, et prononçant sur les appels et demandes respectives des Parties, et faisant droit sur le tout, par un seul et même Arrêt ; en ce qui touche les appels, a mis et met les appellations au néant ; ordonne que ce dont est appel sortira effet ; condamne les appelans, chacun en droit soi, en l'amende ordinaire et aux dépens ; en ce qui touche les faits allégués par la Partie de Champion sur la détention à bord de ladite Goelète dont s'agit, du Négre Joseph, se disant libre depuis 20 ans, donne acte au Procureur-Général du Roi de ce qu'il prend pour dénonciation lesdits faits ; lui donne pareillement acte des offres faites en conséquence par la Partie de Laborie, de remettre dans le jour ledit Négre Joseph entre les mains de Clément, Frères, Négocians en cette Ville, pour en demeurer chargés comme dépositaires de biens de Justice, et jusqu'à ce qu'il ait été prononcé sur la validité de la liberté dudit Négre par le premier Juge ; à l'effet de quoi il sera nommé à la requête du Substitut du Procureur-Général au Siége Royal du Cap, un Curateur audit Négre Joseph.

Le sieur Pesseville et le nommé la Tortue avoient fait faire des offres réelles de 1500 liv. pour chacun de leurs Négres achetés à la Jamaïque par le Capitaine Cappé, et par lui ramenés et vendus au Cap, en s'appuyant sur l'article 7 du Cartel arrêté entre les Gouverneurs de St. Domingue et de la Jamaïque, le premier Février 1779, dans les délais duquel ils se trouvoient encore. Ils soutenoient que la vente vraie ou simulée faite à la Jamaïque par le Corsaire Porkin, *qui avoit enlevé ces Négres lorsqu'ils étoient occupés à tirer de la roche à chaux, sur les ressifs de Limonade, étoit nulle à leur égard, comme faite avant le délai fixé par le Cartel, pour la réclamation réciproque. La Sentence avoit rejeté leur demande, et maintenu le sieur Cappé dans la propriété des Négres, et l'Arrêt la confirme.*

ORDONNANCE *du Juge de Police du Cap, qui, à défaut de Fermier des Boucheries, permet à tous particuliers de vendre de la viande, à 18 sous la livre.*

Du 10 Octobre 1783.

V. l'Ordonnance du 7 Janvier 1783.

ARRÊT du Conseil du Cap, qui annulle une délibération de la Paroisse du Limbé, portant que des fonds destinés à la constructian d'une nouvelle Eglise, serviroient pendant la guerre au paiement des droits Curiaux et Suppliciés, sauf à se taxer de nouveau à la paix.

Du 17 Octobre 1782.

ENTRE M. le Procureur-Général du Roi en la Cour, Appelant de la délibération prise le 7 Avril dernier par les Habitans de Saint-Pierre du Limbé, d'une part; Et le sieur Dandin, Intimé d'autre part; De la cause, le sieur Bourlier de Longchamps, Intimé pareillement, d'autre part: Vu, etc. Après que Baudry des Lozières, Avocat des Intimés, a été ouï, ensemble de Saint-Martin fils, Substitut du Procureur-Général du Roi; et tout considéré: LA COUR donne acte aux Parties de Baudry des Lozières de ce qu'elles s'en rapportent à la prudence de la Cour; faisant droit sur l'appel, a mis et met l'appellation et la délibération dont s'agit au néant; émendant, ordonne qu'il sera incessamment, et sans délai, procédé aux recouvremens des droits Curiaux et Suppliciés par qui de droit. Fait défenses aux Marguilliers et Habitans de la Paroisse St. Pierre du Limbé, de plus à l'avenir prendre de pareilles délibérations sous les peines de droit. Ordonne que le présent Arrêt sera transcrit à la diligence du Substitut du Procureur-Général du Roi sur le registre de la susdite Paroisse en marge de ladite délibération, et condamne les Parties de Baudry, en leurs qualités, aux dépens.

JUGEMENT du Tribunal Terrier, qui proscrit une demande en révision et en nullité d'un premier Jugement, et fait défenses d'en former de semblables.

Du 21 Octobre 1782.

ENTRE le sieur Guitteny Duplessis, etc. Vu la Requête dudit sieur Guitteny Duplessis à MM. les Général et Intendant, tendante à ce qu'il leur plût, vu l'exposé en icelle & les actes qui en prouvent la vérité, vu aussi les nullités qui vicient le Jugement du Tribunal Terrier y daté, ordonner qu'il seroit rapporté audit Tribunal ; en conséquence, que les Parties y viendroient de nouveau plaider par écrit sur la réunion poursuivie par Me Puyou, et dont l'effet a tourné à son profit ; pour, le tout vu et examiné, être définitivement statué sur la contestation en grande connoissance de cause ; ladite Requête *signée*, Guitteny, en tête de laquelle est la nomination faite de M. de Brucourt, Rapporteur, par M. Le Brasseur ; le tout vu, considéré et mûrement examiné : LE TRIBUNAL assemblé, ouï M. de Brucourt, Conseiller, en son rapport, déclare ledit sieur Guitteny Duplessis non-recevable en sa demande ; lui fait défenses, en outre, d'en présenter de pareilles à l'avenir, aux peines de droit ; ordonne que ladite Requête sera et demeurera déposée au Greffe du Tribunal, pour en être délivré expédition à qui de droit, laquelle nous avons paraphée, *ne varietur*, & le condamne aux dépens du présent Jugement ; ce qui sera exécuté nonobstant oppositions ou appellations quelconques, sans y préjudicier et sans donner caution.

ARRÊT du Conseil du Cap, qui condamne un Négociant qui vend des Indigos, sans ordre, à les payer ce qu'ils ont coûté au propriétaire, et non ce que leur vente a produit ; et qui condamne le Passager qui a fait erreur sur la remise de ces Indigos, en se trompant de nom, en un quart des dépens.

Du 22 Octobre 1782.

LOUIS, etc. Entre le sieur Tauzin jeune, Négociant au Cap, Appelant d'une part ; Et le sieur Etienne, Habitant aux Fonds-Blancs, intimé, d'autre part ; De la cause le sieur Veloppé tenant le Passager de Caracol, aussi Appelant, encore d'autre part. Vu par notredite Cour les Sentences dont est appel, la première du 6 Avril dernier, qui donne acte au sieur Etienne de son intervention par le ministère de M. Perrier, son Procureur, et de sa demande tendante à ce que le sieur Tauzin lui remette en nature les Indigos qui lui ont été remis, mal à propos, par le sieur Veloppé, et pour lesquels le sieur Tauzin n'a eu aucun ordre pour les vendre ; auroit pareillement donné acte au sieur Tauzin de sa déclaration qu'il a vendu lesdits indigos à raison de 10 liv. 10 sols la livre, et de ses offres d'en compter le produit au sieur Etienne, même sans commission ; et pour faire droit, auroit remis la cause au Lundi prochain 10 heures du matin, pendant lequel temps ledit sieur Etienne feroit signifier ses moyens d'intervention et demande; la seconde Sentence du 12 Avril aussi dernier, qui auroit joint les demandes; et y faisant droit, pour avoir, le sieur Tauzin, vendu les Indigos dont s'agit sans avoir pouvoir ni ordre du sieur Etienne, et après que ledit sieur Etienne, par le ministère dudit Maître Perrier, son Procureur, a affirmé la sincérité des poids et prix desdits indigos portés aux certificats ou factures au soutien de sa demande, sans avoir égard aux exceptions et incidens du sieur Tauzin dont il étoit débouté, l'auroit condamné, et par corps, à payer au sieur Etienne la somme de 4773 liv. montant des indigos par lui vendus sans ordre, après les avoir reçus du Passager; l'auroit condamné, en outre, à payer audit sieur Etienne la somme de 50 liv. pour dommages-intérêts, et aux trois-quarts des dépens; ladite Sentence déclarée commune avec le sieur Veloppé, qui étoit condamné en l'autre quart desdits dépens. Vu aussi les Arrêt, Titres Pièces et Exploits, après que Darracq, Avocat de Tauzin jeune; et Moreau de S. Méry, Avocat d'Etienne et de Veloppé, ont été ouïs; et tout considéré: NOTREDITE COUR joignant les appels et demandes, faisant droit sur le tout par un seul et même Arrêt, en ce qui touche les appels, a mis et met les appellations au néant, ordonne que ce dont est appel sortira effet; condamne la partie de Darracq en l'amende ordinaire, et aux dépens envers Etienne, l'une des Parties de Moreau de S. Méry; déclare le présent Arrêt commun avec Veloppé, autre Partie de Moreau de S. Méry; lequel est condamné aux dépens par lui faits en cause d'appel, etc.

ARRÊT du Conseil du Cap, qui ordonne la Communication au Ministère Public, des causes qui en sont susceptibles, et notamment de celles en Séparation; et néanmoins, juge que le défaut de communication n'opère pas la nullité d'une Sentence rendue en pareille matière.

Du 31 Octobre 1782.

ENTRE M. le Procureur-Général du Roi en la Cour, au nom et comme prenant le fait et cause de son Substitut, Appelant, d'une part; Et demoiselle de la Porte, Epouse du sieur Piccard de More, mineure, autorisée à la poursuite de ses droits, d'autre part; De la cause, le sieur Piccard de More, habitant à l'Acul, Intimé, encore d'autre part. Vu, etc. Après que le Loup Desperelles, Avocat de la dame Piceard de More et de son Curateur; et Prevost, Avocat du sieur Piceard de More, ont été ouïs; ensemble Deschamps, Substitut du Procureur-Général du Roi; et tout considéré: LA COUR donne acte aux Parties de le Loup Desperelles, de ce qu'elles s'en rapportent à la prudence de la Cour; donne pareillement acte à la Partie de Prevost de ce quelle s'en rapporte à la prudence de ladite Cour, et de ses réserves d'interjeter appel de la Sentence, si elle juge que bien soit; prononçant sur l'appel, a mis et met les Parties hors de Cour, sans dépens. Et faisant droit sur les plus amples conclusions du Procureur-Général du Roi, enjoint au Juge du Fort-Dauphin de ne plus à l'avenir juger de Procès et instances sujettes à communication, notamment les demandes en séparation entre mari et femme, sans les conclusions du Ministère Public.

L'appel du Procureur du Roi du Fort-Dauphin, portoit sur ce que la Cause de séparation d'entre les S. et De Piceard de More ne lui avoit pas eté communiquée.

ARRÊT du Conseil du Cap, qui juge que le Médecin Adjoint au Médecin du Roi, ne supplée pas de droit ce dernier dans ses fonctions civiles comme dans les Hôpitaux.

Du 5 Novembre 1782.

VU par le Conseil la Requête de Me Duchemin de l'Etang, Médecin du Roi Adjoint au Cap, contenant qu'il croiroit manquer aux devoirs que lui impose sa place, s'il gardoit le silence sur un fait important qui tient à l'intérêt public. Le Sieur Gauche, Apothicaire, notoirement connu pour l'associé de la Dame Baradat, auparavant veuve du sieur Laporte, vivant Apothicaire en cette Ville, étant décédé, il a été question de choisir un préposé, un autre associé, pour débiter la Boutique de la veuve Laporte; en conséquence on a fait choix du sieur Anselme, qui a sollicité son examen. On a dabord profité d'un moment où le sieur Saussay, Apothicaire du Roi, étoit absent, pour en faire nommer un autre pour cet examen. Le sieur Baradat, Médecin du Roi y a paru, et le sieur Laysses y a assisté, on ne sait à quel titre. On a caché à M. le Comissaire de la Cour, tout ce qui pouvoit lui faire inspecter un examen où l'on ne vouloit employer que la faveur: aussi a t'il eu lieu, et sans doute le sieur Anselme va se présenter pour en recueillir le prix. Mais le Suppliant ne peut dissimuler cet abus: d'abord cette conduite est suspecte, parce qu'on a pris l'époque de l'absence de l'Apothicaire du Roi; et ensuite Me Baradat ne pouvoit présider à l'examen, parce que l'associé futur de la dame son épouse le rend récusable à tous égards, et qu'il se trouve qu'il n'y a point eu de Médecin du Roi appelé, au desir des Ordonnances, puisque celui qui y étoit n'en pouvoit connoître. On pourra prétendre que Me Laysses a eu de MM. les Général et Intendant, il y a eu trois ou quatre années, une commission d'Adjoint au Médecin du Roi du Cap; mais depuis, Sa Majesté a nommé le Suppliant à cette place dont Me Laysses est conséquemmentt dépouillé. C'est ce qui résulte de l'ordre de Passe ci-joint, en date du 22 Octobre 1780, *Signé* LOUIS, par lequel le Suppliant, *Médecin du Roi aux Cayes*, est venu en cette Ville. Cet ordre de Passe qui conserve le Suppliant dans les prérogatives de Médecin du Roi Adjoint à M. Baradat, et la lettre du Ministre, aussi ci-jointe, en date du même jour 22 Ocobre 1780, qui lui accorde les appointemens, prouvent que Me. Laysses est désormais sans droit ni qualité, au moins tant que le Suppliant est présent. A ces causes requéroit le Suppliant qu'il plût à la COUR, vu les pièces ci-jointes, recevoir en tant que de besoin il en seroit, le Suppliant opposant à la réception du sieur Anselme, en qualité de Me Apothicaire, attendu l'irrégularité de son examen; faisant droit sur ladite opposition, ordonner que par l'Apothicaire du Roi, en présence du Suppliant et du Chirurgien du Roi, les Maîtres Apoticaires de cette Ville duement invités à s'y trouver, il sera procédé à un nouvel examen dudit sieur Anselme, pour sur icelui être par la Cour statué ce qu'il appartiendra, et faire défenses à Me. Laysses, Médecin de cette Ville, de se prétendre aucun droit en qualité de Médecin du Roi-Adjoint, ni de s'ingérer dans les fonctions de ladite place, si ce n'est (encore dans le cas où la Cour jugeroit bon de le dire ainsi) en l'absence ou empêchement du Suppliant; ladite requête *signée*, Moreau de St Méry, Avocat. Vu pareillement la Requête de Me Baradat, Médecin du Roi au Cap, contenant qu'il auroit été instruit par la voix publique que Me Duchemin de l'Étang formoit des prétentions qui attentoient à ses droits, dans une Requête en opposition, non à la réception du sieur Anselme, mais par erreur de nom, à celle du sieur Vuitenot; le Suppliant se bornera à représenter que la teneur de sa Lettre de Passe fixe très-expressément ses fonctions, en lui assignant de l'aider dans le traitement des Malades qui sont dans les Hôpitaux, sans lui fixer d'autres fonctions. Il s'ensuit de ces principes, que le Médecin de l'Étang n'a pas plus de droit qu'un Médecin ordinaire, aux fonctions de la place qui ne regardent que le Médecin du Roi seul, et ceux qu'il lui plaît d'employer pour le remplacer, lorsqu'il lorsqu'il en est empêché. Le Médecin de l'Étang est donc sans titre et sans qualité, pour former l'opposition qu'il lui a plu de faire à la réception du sieur Anselme; et c'est pour en faire ordonner la nullité, que le Suppliant a l'honneur de donner à la Cour la présente Requête. A ces causes, requéroit qu'il plût à la Cour, vu l'ordre de Passe en date du 22 Octobre 1780, accordé au Médecin de l'Étang qui fixe ses fonctions au seul soin des Hôpitaux, sans qu'il soit question d'autres fonctions du Médecin du Roi, le déclarer non-recevable, sans titre, ni droit ni qualité; en conséquence déclarer son opposition nulle et de nul effet, avec défenses d'en former à l'avenir de semblables, et le condamner aux dépens. Ladite Requête signée, Baradat et Bourlon, Avocats; Conclusions de S. Martin, fils, Substitut du Procureur-Général du Roi; Ouï le rapport de M. Faure de Lussac, Conseiller; et tout considéré: LA COUR, joignant lesdites deux Requêtes et y faisant droit, a déclaré et déclare Duchemin de l'Étang non-recevable dans son opposition et autres demandes.

LETTRE des Administrateurs aux Commandans des Bataillons de Milices, afin que les Commandans de Quartier reçoivent la Souscription des Milices pour le Vaisseau que la Colonie offre au Roi.

Du 14 Novembre 1782.

NOUS avons vu avec le plus grand plaisir, M., que le cri du Patriotisme élevé ici au premier avis de notre perte dans le Combat Naval du 12 Avril, est devenu le cri général de toute la Colonie. L'empressement de tous les Citoyens à remplir la souscription proposée, nous a fait espérer que nous pourrions bientôt annoncer à Sa Majesté l'entier accomplissement d'un projet qui nous a procuré l'occasion de lui faire connoître l'attachement et le zèle des Colons de S. Domingue.

La première classe, représentée par le Corps des Milices, sera jalouse de se distinguer dans cette circonstance si favorable au desir bien naturel qu'elle a de se montrer également digne des bontés du Souverain, et de la considération publique; et en vous priant, M., de vous charger de recevoir les souscriptions des Milices de votre département, nous sommes certains de vous donner une commission qui vous flattera infiniment. Veuillez donc bien annoncer cette disposition dans votre Quartier, et lorsque vous en aurez rempli l'objet, nous faire passer l'état des souscriptions et des sommes qu'ils auront votées.

Nous avons l'honneur d'être, etc. *Signé* BELLECOMBE et BONGARS.

P. S. Vous voudrez bien, M, donner copie de cette Lettre à tous MM. les Commandans des Paroisses de votre Département, que vous pourrez autoriser à recevoir les souscriptions des Milices de leurs Paroisses, et de vous les faire passer.

ORDONNANCE *des Administrateurs, qui supprime les Gardes-Quai au Cap et au Port-au-Prince, et y établit un Inspecteur de Quai.*

Du 16 Novembre 1782.

GUILLAUME-LÉONARD de Bellecombe, etc.
Alexandre-Jacques de Bongars, etc.

Sur le compte que nous nous sommes fait rendre de la manière dont les Gardes-Quai remplissent les fonctions qui leur sont attribuées par l'Ordonnance de leur création, nous avons estimé convenable de les supprimer, et d'établir, à leur place, un simple Inspecteur, qui, sous les ordres du Capitaine de Port, veillera à ce que l'Ordonnance du 6 Octobre 1780, soit ponctuellement exécutée. Nous, en vertu des pouvoirs qui nous sont confiés, avons réglé et ordonné ce qui suit :

ART. I. A compter du quinze de ce mois, seront supprimées les deux Compagnies Gardes-Quai, établies au Port-au-Prince et au Cap par l'Ordonnance du 6 Octobre 1780.

II. Au lieu et place desdit Gardes-Quai, avons établi dans chacune des Villes du Port-au-Prince et du Cap, un simple Inspecteur de Quai, lequel, sous les ordres du Capitaine de Port, veillera seul à l'exécution de l'Ordonnance du 6 Octobre 1780.

III. Attribuons audit Inspecteur une ration par jour, telle qu'elle se donne aux soldats des Troupes, et en outre, cent livres par mois pour tous droits et appointemens.

IV. L'Inspecteur de Quai aura le même uniforme que les Inspecteurs de Police.

Enjoignons, chacun en ce qui nous concerne, à tous Commandans et tous autres, de tenir, chacun en droit-soi, la main à l'exécution de la présente Ordonnance, qui sera enregistrée, tant au Contrôle de la Marine qu'au Greffe de l'Intendance. DONNÉ au Cap, etc. *Signé* BELLECOMBE et BONGARS.

R. au Contrôle, le 22 du même mois.

ARRÊT *du Conseil du Cap, qui juge que quand un Négociant Commissionnaire vend des Sucres, l'acheteur qui ne les enlève pas sur le champ, lui doit un magasinage de 6 liv., par barique, pour un mois, encore que les bariques ne soient pas laissées ce temps, dans le Magasin d'achat.*

Du 18 Novembre 1782.

ENTRE les sieurs Guiraud et Viard, Négocians au Cap, Appelans, d'une part; Et le sieur Gauthier fils, Négociant, et le sieur Guiraud, Capitaine de Navire, Intimés d'autre part. Vu etc.; Après que Champion, Avocat des Appelans, et d'Augy, Avocat des Intimés, ont été ouïs; et tout considéré: La COUR a mis et met l'appellation et Sentence dont est appel, au néant; émendant, condamne Gauthier, l'une des Parties de d'Augy, à payer à celle de Champion la somme de 174 liv. avec intérêts du jour de la demande, et aux dépens des causes principale et d'appel, sauf le recours de Gauthier contre le Capitaine Guiraud; ordonne que l'amende sera remise aux Parties de Champion, etc.

La Sentence déboutoit les sieurs Guiraud et Viard de leur demande. L'Arrêt est conforme à l'avis des dix Maisons de Commerce les plus considérables du Cap.

LETTRE *du Lieutenant de Roi du Cap, au Commandant de Limonade, touchant des Canots arrêtés sur les ressifs où ils avoient été, malgré la défense de l'*Embargo.

Du 24 Novembre 1782.

M. le Général, qui a été on ne peut pas plus satisfait de la manière dont M. de Puisaye a exécuté ses ordres, m'a chargé, M., de l'en remercier de sa part, et de le prévenir qu'il ne doit rendre les Canots arrêtés (sur es ressifs de Limonade, malgré l'embargo et les défenses du Général) que sur mon ordre, par lequel je motiverai en même-temps la somme que chacun d'eux sera tenu de compter à la Garde; à raison de six livres par tête de Négres qui leur ont été rendus à leur arrivée ici, pour leur éviter les frais de geole; mais en cas de récidive, leurs Canots seront confisqués au profit de la Garde, et ils en seront avertis lorsque je leur donnerai l'ordre demain pour les aller prendre.

ARRÊTS du Conseil du Cap, dont le premier ordonne que des Experts fixeront la signification du mot Emplacement *dans la Ville du Cap, et fait défenses à un Procureur de faire dans aucune procédure des réserves et des protestations contre les Arrêts de la Cour, et à un Huissier d'en signifier, le tout à peine d'interdiction; et le second décide, conformément au rapport des Experts, qu'un Emplacement est le quart d'un Islet ayant face sur 4 Rues.*

Des 29 Novembre 1782, et 21 Mars 1783.

ENTRE les sieurs Charrier frères, Négocians au Cap, Appelans d'une part; Et la nommée Charlotte, Mulâtresse libre, demeurante au Cap, Intimée d'autre part. Après que le Loup Desperelles, Avocat des Appelans, et Gauthier, Avocat de l'Intimée, ont été ouïs, à l'Audience du jour d'hier, ainsi qu'à celle de ce jour; ensemble Deschamps, Substitut du Procureur-Général du Roi: et tout considéré: LA COUR ordonne avant faire droit, sans préjudice du droit des Parties au principal ni attribution d'aucun nouveau, qu'à la requête de la Partie la plus diligente, Parties présentes ou duément appelées, pardevant M. Ruotte, que la Cour a commis et commet à cet effet, les Experts qui ont estimé les terreins et Bâtimens dont s'agit, après serment par eux prêté devant ledit Commissaire, s'expliqueront cathégoriquement et nettement sur la signification précise du mot *Emplacement* en termes de leur art; et dans le cas où cette signification ne seroit pas conforme à celle qu'ils ont donnée à ce mot dans l'inventaire de la succession Charrier, d'expliquer les raisons qui les ont déterminés à l'employer comme ils ont fait audit inventaire: comme aussi ordonne que, dans le cas où aucun desdits Experts seroit décédé, ou dans l'impossibilité de comparoir pardevant ledit Commissaire, à l'effet de l'explication dont il s'agit, les Parties conviendront amiablement entre-elles d'un autre Expert, même de plusieurs, sinon qu'il en sera nommé d'office par ledit Commissaire; lesquels nouveaux Experts, après serment par eux prêté, donneront leur avis sur le mot *Emplacement*; à l'effet de quoi représentation leur sera faite du procès-verbal d'estimation, ensemble des plans figuratifs qui ont été mis sous les yeux de la Cour: de tout quoi sera dressé procès-verbal, pour, icelui fait et rapporté, être par les Parties conclu, par le Procureur-Général du Roi requis, et par la Cour statué ce qu'il appartiendra, dépens réservés. Faisant droit sur les plus amples conclusions du Procureur-Général du Roi, fait expresses inhibitions et défenses à P.... aîné, de faire à l'avenir, dans aucune procédure quelconque, des réserves et protestations contre les Arrêts de la Cour, sous peine d'interdiction, et à l'Huissier Romain de signifier à l'avenir de pareille réserves et protestations sous les mêmes peines: ordonne que le présent Arrêt leur sera signifié à la Requête du Procureur-Général du Roi, afin qu'ils n'en prétendent cause d'ignorance, et qu'ils ayent à s'y conformer, sous les peines y portées, etc.

L'autre Arrêt du 21 Mars 1783, homologue le rapport des Experts en date des 14 et 18 Décembre précédent, portant qu'on doit entendre par le mot d'Emplacement *dans la Ville du Cap, le quart d'un Islet ou Quarré ayant face sur 4 rues.*

ORDONNANCE *des Administrateurs, portant Érection d'une Place de Notaire-Général dans la Partie du Sud.*

Du 15 Décembre 1782.

GUILLAUME-LÉONARD de Bellecombe, etc.

Alexandre-Jacques de Bongars, etc.

Le bien public nous ayant paru exiger qu'il y eût un Notaire-Général dans chacune des trois Parties de la Colonie, le Nord, l'Ouest et le Sud, à l'instar de ce que nos Prédécesseurs ont fait pour les Arpenteurs-Généraux qu'ils ont porté également au nombre de trois, par leur Réglement du 1 Avril 1773: Nous, en vertu des pouvoirs à nous donnés par sa Majesté, avons ordonné et ordonnons qu'il y aura à l'avenir un troisième Notaire-Général, pour exercer ses fonctions dans toute l'étendue de la partie du Sud; à l'effet de quoi, celles du Notaire-Général actuellement en exercice, nommé pour tout le ressort du Conseil Superieur du Port-au Prince, demeureront restreintes à la dépendance de la Partie de l'Ouest. Et sera la présente enregistrée au Greffe de l'Intendance. Prions MM. du Conseil Supérieur du Port-au-Prince de faire enregistrer la présente Ordonnance, et de tenir la main à son exécution. DONNÉ au Cap, etc.

R. au Conseil du Port-au-Prince, le 19 Décembre 1782.

LETTRE Circulaire du Lieutenant de Roi du Cap, aux Commandans des Quartiers pour la Suppression des Lettres et des Visites du Premier de l'An.

Du 4 Janvier 1783.

M. le Général a écrit, M., aux Commandans en Second, que les visites du premier de l'an étant supprimées, les lettres de compliment doivent également l'être; et en conséquence, il me charge de vous assurer qu'il est convaincu de l'attachement de tous les Habitants de la Colonie, par la raison qu'il en a beaucoup pour tous les honnêtes-gens. Et il desire qu'on ne lui écrive pas à cette occasion, parce que ses occupations ne lui permettent pas de pouvoir leur répondre. J'ai l'honneur d'être, etc. *Signé*, le Chevalier du GRÈS.

ORDONNANCE du Juge de Police du Cap, qui défend aux Particuliers de vendre de la Viande de Bœuf, et fixe le prix du Mouton à 37 sols 6 den., et celui du Cochon à 22 sols 6 den., la livre.

Du 7 Janvier 1783.

ARRÊT du Conseil du Cap, qui condamne un Blanc en 3,000 liv. de dommages-intérêts, pour avoir frappé un Mulâtre libre, de manière à lui faire courir le risque de perdre un œil.

Du 9 Janvier 1783.

ENTRE le Nommé Charles Maucombre, Mulâtre libre, Tailleur d'habits au Cap, Appelant d'une part; Et le sieur Chanche, tenant le passage de l'Acul, demeurant au Cap, Intimé d'autre part. Vu, etc. Après que d'Augy, Avocat de l'Appelant, et Darracq, Avocat de l'Intimé, ont été ouïs, ensemble de S. Martin fils, Substitut du Procureur-Général du Roi; et tout considéré: La COUR a mis et met l'Appellation et Sentence dont est appel au néant, en ce que par icelle la partie de Darracq n'auroit été condamnée à payer à celle de d'Augy, par forme de dommages et intérêts, que la somme de mille livres, avec intérêts à compter du jour de la signification de ladite Sentence; émendant quant à ce, condamne ladite Partie de Darracq à payer à celle de d'Augy la somme de 3,000 liv., par forme de dommages-intérêts. La Sentence, au résidu, sortissant son plein et entier effet; et condamne l'Intimé aux dépens.

LETTRE du Ministre aux Administrateurs, sur l'Ordonnance touchant les Rançons en Mer.

Du 10 Janvier 1783.

LES abus qui sont résultés, MM., de la permission accordée aux Armateurs de rançonner en mer les Navires et marchandises ennemis, ont déterminé Sa Majesté à défendre absolument à ses Sujets de rançonner à l'avenir aucuns Navires ou Marchandises ennemis, pour quelque cause, ni quelque prétexte que ce puisse être. Sa Majesté a, en conséquence, rendu l'Ordonnance dont je vous envoie des exemplaires. Vous voudrez bien la rendre publique dans la Colonie, et la faire imprimer et afficher à cet effet. Le délai fixé au 1 Novembre prochain, ne pouvant avoir lieu pour les Colonies où il ne pourra être connu, l'intention de sa Majesté est que cette Ordonnance ait son exécution dans les Isles qui se trouvent sous sa domination, à compter du jour de son enregistrement aux Conseils

Supérieurs, et aux Amirautés, et de sa publication. Si, malgré la défense portée par cette loi, il étoit fait quelques rançons ou autres engagemens tendant au même but, l'article 6 de l'Ordonnance confisque le montant au profit des Invalides de la Marine. Le paiement doit en être poursuivi par le Trésorier desdits Invalides, qui se trouve sous vos ordres; et les ôtages doivent vous être remis. Je ne crois pas nécessaire d'entrer, sur la disposition de cet article, dans un plus grand détail. S'il arrive qu'on soit dans le cas de l'exécuter, on suivra alors, tant pour le gîte, l'entretien de l'ôtage et sa liberté, après le paiement de la rançon ou engagement, la marche qui est prescrite par les Ordonnances, et que les Administrateurs tiennent dans pareil cas. Vous donnerez, en conséquence, vos ordres au Trésorier qui sera tenu de faire dresser la liquidation desdits objets, et d'en compter dans la forme portée par l'instruction du Roi du 30 Septembre 1781.

LETTRE du Ministre aux Administrateurs, sur le transport des Noirs de Saint-Domingue dans les Isles Espagnoles.

Du 12 Janvier 1783.

J'AI été informé, MM., que le Navire, le Prince de Conty, armé à S. Malo par le Sieur Magon fils, et commandé par le sieur Corbillé, avoit porté, au commencement de 1777, à S. Domingue, 861 Noirs traités à la côte d'Angole, et que 250 de ces Noirs avoient été vendus, pour 397,000, aux sieurs Gauthier fils et Rey, Correspondans de la Compagnie de l'Assiente, qui les ont fait passer à la Havanne. Je vous prie de vous procurer des renseignemens précis sur ces faits, et de me marquer comment il a pu se faire que ces 250 Noirs ayent été transportés à la Havanne à l'insçu des Administrateurs, ou par quels motifs il en ont pu accorder la permission. Je suis bien persuadé, dans tous les cas, qu'une semblable contravention aux Réglemens qui défendent de laisser sortir les Noirs de nos Colonies, n'aura plus lieu à l'avenir.

ARRÊT

ARRÊT du Conseil du Port-au-Prince, portant réception de M. de La Rivière, en qualité de Commissaire Général et Ordonnateur.

Du 14 Janvier 1783.

VU par la Cour les ordres accordés à M. de La Rivière par le Roi, donnés à Versailles le 26 Août 1782, Signés LOUIS, et plus bas CASTRIES, scellés d'un sceau en papier, et enregistrés au Conseil Supérieur du Cap le 18 Novembre suivant; le premier, pour remplir la place d'Ordonnateur au Cap, et le second, pour faire les fonctions de Commissaire-Général de la Colonie; les Arrêts du Conseil Superieur du Cap dudit jour 18 Novembre dernier, portant réception de M. de La Rivière, et enregistrement desdits ordres; la Requête présentée à la Cour, etc. LA COUR, attendu le serment prêté par M. de La Rivière au Conseil du Cap, l'a dispensé d'en prêter un nouveau; en conséquence, l'a reçu et reçoit en qualité de Commissaire-Général & de faisant fonctions d'Ordonnateur, pour en jouir avec le rang et séance portés par l'Edit du mois d'Avril 1769. Ordonne que lesdits ordres seront enregistrés, pour être exécutés suivant leur forme et teneur, etc.

ORDONNANCE des Administrateurs, qui nomme provisoirement le sieur Dufour de Rians pour Imprimeur du Roi au Cap, pendant 15 ans.

Du 26 Janvier 1783.

R. au Conseil du Cap, le 7 Février suivant.
V. le Brevet du premier Juillet, même année.

*ARRÊT du Conseil du Cap, qui juge que la Nyctalopie * est un vice redhibitoire, et que la demande en Garantie d'un acquéreur est, en pareil cas, non-recevable après le délai de six mois.*

Du 25 Janvier 1783.

ENTRE le sieur Cuisso, demeurant au Cap, Appelant et demandeur en garantie, d'une part; Et la Dame veuve Maurere, Boulangère au Cap, Intimée d'autre part; De la cause le sieur Servin, dit Nîmes, assigné en garantie d'autre part. Vu, etc. Après que le Loup Desperelles, Avocat de l'Appelant; Carles, Avocat de l'Intimé; et Laborie, Avocat de Servin, dit Nîmes, ont été ouis à l'Audience du 12 Octobre dernier; ensemble Dechamps, Substitut du Procureur-Général du Roi, et que par Arrêt dudit jour, il a été ordonné qu'il en seroit délibéré au rapport de M. Faure de Lussac, Conseiller, dépens reservés; les pieces mises sur le Bureau, vues; Ouï le rapport, et tout considéré: LA COUR, vuidant le délibéré, donne acte à la Partie de Laborie de ce que, sur l'appel, elle s'en rapporte à la prudence de la Cour; donne pareillement acte à la Partie de le Loup Desperelles de son appel incident de la Sentence du 16 Juin 1781; joignant les appels principal, incident et demandes, faisant droit sur le tout par un seul et même Arrêt; sans s'arrêter ni avoir égard à la demande en garantie dont la Partie de le Loup Desperrelles est et demeure déboutée, a mis et met les appellations au néant; ordonne que ce dont est appel sortira son plein et entier effet; condamne l'Appelant en l'amende ordinaire et aux dépens, tant des causes principale, que d'appel et demandes, même en ceux de contre-garantie.

La Sentence, vu le Certificat du Chirurgien du Roi, portant que le Négre Coïs, dit Jeannot, est affligé de la Nyctalopie, condamnoit le sieur Cuisso à le reprendre, et à rembourser à la Dame Maurere 2200 liv. par elle payées pour le prix dudit Négre. Quant à la garantie du sieur Cuisso contre son vendeur, introduite en la Cour, en énonçant la maladie du Négre comme un vice rédhibitoire, le délai des actions de cette espèce étant fixé par sa Jurisprudence à six mois, la Cour a dû proscrire cette garantie formée après ce terme, compté depuis la vente faite au sieur Cuisso par le sieur Servin.

* *La Nyctalopie est une maladie des yeux qui empêche de voir durant la nuit; elle est opposée à l'Eméralopie, qui prive de la lumière pendant le jour. On s'apperçut que le Négre dont il est question étoit Nyctalope, parce qu'il ne pouvoit rendre aucun service dans les travaux nocturnes de la boulangerie à laquelle on l'avoit attaché, ne voyant point du tout les objets, malgré la lumière et le feu qui les éclairoient.*

ORDONNANCE *du Roi, concernant les termes de la cessation des Hostilités en Mer.*

Du 4 Février 1783.

ARRÊT *du Conseil du Port-au-Prince, touchant l'incompatibilité de la Place de Sénéchal par intérim, avec les fonctions de Notaire.*

Du 11 Février 1783.

VU par le Conseil le réquisitoire du Procureur-Général du Roi, contenant, que la place de Lieutenant de Juge, dans les Jurisdictions, produisent si peu, que, jusqu'à ce jour, on a joint à ces places un office de Notaire, parce que, dans le vrai, il n'y a aucune incompatibilité entre ces deux places; mais que le Roi ayant jugé à propos par une Dépêche de son Sécretaire d'Etat au Département de la Marine, datée du 7 Juillet 1781, et déposée au Greffe de la Cour, d'ordonner qu'à l'avenir, les Lieutenans rempliront les places de Sénéchaux, lorsque ces places seront vacantes par leur mort ou leur absence de cette Colonie; il s'ensuit dès-lors qu'il ne peut être nommé d'autres personnes à l'interim des places de Sénéchaux; que cette disposition en faveur des Lieutenans, donne lieu à un abus, lorsqu'ils sont Notaires en même-temps; et en effet, lorsqu'il y avoit des Sénéchaux par interim, les Lieutenans comme Notaires, avoient un Supérieur qui pouvoit les corriger, lorsqu'ils s'écartoient comme Notaires: mais aujourd'hui, qui jugera leur conduite dans leur Siége? Qui, en décidant de la validité de leurs actes, pourra leur donner des injonctions, et les interdire même, s'il y a lieu? Sera-ce un Procureur, qui lui-même est sous la discipline de ces Lieutenans? Cet abus est trop palpable pour le laisser subsister. D'après ces motifs, le Procureur-Général requiert que, etc. La COUR ordonne que, dans le cas de mort ou d'absence de la Colonie des Sénéchaux du ressort, leurs Lieutenans seront tenus d'opter dans trois jours, à compter de leur mort ou de leur départ de la Colonie, ou des fonctions de Sénéchal, ou de celles de Lieutenant et de Notaire jointes ensemble; et dans le cas où ils opteroient pour les fonctions de Sénéchal seul, leur enjoint d'envoyer au Procureur-Général la démission de leur office de Notaire. Ordonne, au surplus, que le présent Arrêt sera envoyé dans les Sénéchaussées du ressort, pour y être lu, publié et registré, etc.

ARRÊT du Conseil du Cap, qui juge que des Négres mis à Bail à Ferme peuvent être saisis.

Du 6 Mars 1783.

ENTRE le sieur Vergille, Négociant au Cap, d'une part; Et le sieur Jacquemin, habitant au Limbé, d'autre part. Vu, etc. Après que d'Augy, Avocat de l'Appelant, et Carles, Avocat de l'Intimé, ont été ouïs; et tout considéré: LA COUR, joignant les appels des deux Sentences du 1 Mai 1779, et dont s'agit, a mis et met les Appellations et Sentences dont est appel, au néant; émendant, évoquant le principal, et y faisant droit, déclare bonnes et valables les deux saisies-exécutions dont s'agit; ordonne que les Négres saisis seront vendus et adjugés en la forme ordinaire, à la Barre du Siége Royal de cette Ville; pour, du produit de ladite vente, être la Partie de d'Augy payée de son dû en principal, intérêts et frais, &c.

Les Négres saisis avoient été donnés à Bail à Ferme à un Mulâtre, Entrepreneur-Maçon.

ARRÊT du Conseil du Cap, confirmatif d'une Sentence du Siège Royal de la même Ville, contenant un Réglement sur les Loteries.

Du 6 Mars 1783.

ENTRE le Sr Bourlier, Appelant d'une part; Et le sieur Deschamps, Perruquier, Intimé d'autre part. Vu la Sentence qui auroit dit et jugé que le buffet d'Acajou, formant un lot d'une Loterie de sieur Pothin (et sorti avec un numéro, d'abord pris pour 66, quoique ce fût le numéro 99 renversé,) seroit remis au sieur Deschamps, porteur du numéro 99, qui demeure autorisé à s'en faire mettre en possession; Et faisant droit sur les plus amples conclusions du Procureur du Roi, auroit fait défenses au sieur Pothin de plus à l'avenir faire de pareilles Loteries, sous les peines portées par les Ordonnances. Ouï Deschamps, Substitut pour le Procureur-Général du Roi, et tout considéré: LA COUR a mis l'appellation au néant; ordonne que ce dont est appel sortira son plein et entier effet; condamne l'Appelant en l'amende ordinaire et aux dépens.

ARRÊT du Conseil du Cap, qui juge que la Location faite par un Co-propriétaire deportion d'une Maison dont la Licitation est ordonnée, ne peut suspendre l'effet de cette Licitation.

Du 7 Mars 1783.

ENTRE le sieur Chailleau, demandeur en tierce-opposition à l'Arrêt du 18 Février 1782 (*), d'une part; Et les sieurs Godin et Carreyre défendeurs d'autre part; De la cause le sieur Moreau cadet et le sieur Moreau aîné, encore d'autre part. Vu, etc. Après que d'Augy, Avocat de Chailleau; Carles, Avocat de Godin et Carreyre; le Loup Desperelles, Avocat de Moreau cadet, et Langlois Desfosses, Avocat de Moreau aîné, ont été ouïs; ensemble Deschamps, Substitut du Procureur-Général du Roi; et tout considéré: LA COUR, faisant droit sur le tout par un seul et même Arrêt, donne acte à la Partie de le Loup Desperelles des offres par elle faites, d'indemniser la Partie de d'Augy; donne pareillement acte à la Partie de Langlois Desfosses de ce qu'elle s'en rapporte à la prudence de la Cour, en ce qui touche la tierce-opposition de la partie de d'Augy, à l'exécution de l'Arrêt de la Cour du 18 Février 1782, l'a débouté et déboute de ladite tierce-opposition; ordonne que ledit Arrêt sera exécuté selon sa forme et teneur; condamne ladite Partie de d'Augy en l'amende de 150 livres et aux dépens.

* Il ordonnoit la Licitation d'une Maison sise au Cap.

ARRÊT du Conseil du Cap, qui juge que le Don fait d'un Bâtiment pris et non conduit dans un Port ni jugé de bonne prise, ne dépouille pas le Propriétaire.

Du 9 Mars 1783.

ENTRE les sieurs Ferraut et Daris, Appelans, d'une part; Et le sieur Joseph Fernandès, Intimé, d'autre part: VU, etc. Après que d'Augy, Avocat des Appelans, et Langlois Desfosses, Avocat de l'Intimé, ont été ouïs; LA COUR, en ce qui touche les appels respectifs de la Sentence du 23 Octobre dernier dont s'agit, sans égard à l'appel et demande incidente desdites Parties de Langlois Desfosses, qui en sont et demeurent déboutées, a mis et met l'appellation et ce dont est appel au néant; émendant, décharge la Partie de d'Augy des condamnations contre elles prononcées par ladite Sentence; et faisant droit par Jugement nouveau, sur la demande originaire des Parties de Langlois Desfosses, les en déboute; maintient et garde les parties de d'Augy dans la propriété, possession et jouissance de la Goëlette dont s'agit; condamne la Partie de Langlois en tous les dépens.

Le sieur Fernandès, Espagnol, Commandant et Propriétaire d'une Goëlette, fut pris en venant de Monte-Christo au Cap, par le Corsaire Anglois Porkins, qui lui rendit la liberté, et lui donna une autre Goëlette Françoise, qu'il avoit prise aussi. La donation portoit :

Je certifie que la Goëlette de nom inconnu, prise par la Goëlette l'*Endeavour* de Sa Majesté, sous mon Commandement, a été donnée par moi à Joseph Fernandès.... Donné sous mon seing, à bord de la Goëlette de Sa Majesté, l'*Endeavour*, en mer, le 1er jour de Décembre 1782. *Signé* JOHN PORKINS.

Le sieur Fernandès retournant à Monte-Christo avec cette preuve de la générosité de Porkins, fut forcé par le gros temps de relâcher au Fort-Dauphin. Là les sieurs Darris et Ferraut s'emparèrent de la Goëlette donnée à Fernandès, et qui avoit été prise sur eux par Porkins. Le sieur Fernandès les assigna en remise. Ils se présentèrent pour se défendre, après avoir exigé que le sieur Fernandès donnât la caution Judicatum solvi*; ce qu'il fit en déposant 1000 l. au Greffe du Siége du Fort-Dauphin. La Sentence déclara la donation nulle, et ordonna la remise de la Goëlette aux sieurs Darris et Ferraud, à la charge de payer le tiers de sa valeur à Don Fernandès. Il y en eut appel respectif, vidé par cet Arrêt.*

ARRÊT du Conseil du Cap, qui ordonne que la Minute d'une Déclaration diffamante faite chez un Notaire, sera supprimée.

Du 10 Mars 1783.

LOUIS, etc. Entre le sieur Castanet, etc.; Et le sieur Lalande, etc. Faisant droit sur les plus amples conclusions de notre Procureur-Général, ordonne que tous les Mémoires imprimés dans la cause, sous quelque titre que ce soit, seront et demeureront supprimés; comme aussi ordonne que la minute de la déclaration de Jerôme Carré, reçue par feu Bordier, Notaire, le 7 Mars 1779, sera retirée par le Greffier de la Cour des minutes dudit Bordier; à la remettre tout dépositaire contraint, quoi faisant, déchargé, pour être ladite minute par le Greffier biffée et demeurer supprimée, comme étant ledit acte contraire aux bonnes mœurs, et attentatoire au repos public des Citoyens : de quoi sera dressé Procès-verbal et fait mention en marge du répertoire dudit Bordier.

ARRÊT du Conseil du Cap, qui juge 1°. Que quand on achète à Saint-Domingue des Marchandises sur des factures d'Europe, avec un bénéfice quelconque de tant pour cent, le bénéfice doit être compté sur le pied d'achat de France ou d'un autre lieu, réduit sur le taux de la monnoie de France à Saint-Domingue; et non pas eu égard à l'évaluation des prix d'Europe dans les Colonies Étrangères. 2°. Que tant pour cent de bénéfice s'entend de la valeur du prix coûtant, sans le réduire au taux de Saint-Domingue. 3°. Que l'acceptation d'un bordereau de vente où l'on ne porte que des résultats, n'est pas un acquiescement inattaquable de la part des Négocians qui l'ont souscrite. 4°. Et enfin, que la demande en payement de l'un des termes d'une obligation divisée, doit être formée par instance principale, et non pas incidemment à la discussion sur la demande en payement d'un autre terme, sous le prétexte que l'échéance est arrivée pendant la contestation.

Du 20 Mars 1783.

ENTRE les sieurs Claessens, Esbervest et Compagnie, Négocians à Curaçao, Appelans de Sentence de l'Amirauté du Cap, du 22 Mars 1782, d'une part; Et les sieurs Moline frères, Negocians au Cap, Intimés d'autre part; De la cause le sieur Francillon, aussi Négociant au Cap, encore d'autre part: VU, etc. Après que d'Augy, Avocat des Appelans; Laborie, Avocat de Moline frères et Compagnie; et Moreau de St. Méry, Avocat de Francillon, ont été ouis aux Audiences des 11 et 12 de ce mois, et que par Arrêt dudit jour 12, il a été ordonnné que les Avocats respectifs des Parties mettroient leurs pièces sur le Bureau, pour en être délibéré au rapport de M. Faure de Lussac, Conseiller, dépens réservés; les piéces mises sur le Bureau, vues: Ouï le rapport de M. Faure de Lussac, Conseiller, et tout considéré: LA COUR, vuidant ledit délibéré, joignant les appels et demandes, et y faisant droit; sans s'arrêter ni avoir égard à la demande incidente des Parties de d'Augy, dont elles sont et demeurent déboutées, a mis et met l'appellation au néant; ordonne que ce dont est appel sortira son plein et entier effet; et néanmoins donne acte aux parties de Laborie de leurs offres de payer à celles de d'Augy la somme de 111,804 liv. 2. sols 4 den., pour les deux derniers termes du marché dont s'agit, encore qu'il n'en ait été formé de demande : en conséquence, condamne lesdites Parties de Laborie, de leur consentement, au paiement de ladite somme ; les condamne pareillement, de leur consentement, à remettre aux Parties de d'Augy, dans la personne de Claessens, l'une d'elles, les factures originales dont s'agit, et qui leur ont été confiées : condamne lesdites Parties de d'Augy en l'amende ordinaire, et aux dépens de la cause d'appel, etc.

Les sieurs Claessens, Erbervest et Compagnie avoient vendu des Marchandises aux sieurs Moline et Francillon, sur le pied des factures, avec un bénéfice convenu. Lorsqu'il fut question du payement, les vendeurs prétendirent 1°. que les valeurs des factures, énoncées notamment en florins de Hollande, devoient être évaluées en argent d'Amérique, non pas sur le pied du Change de St. Domingue, mais bien de la Colonie Hollandoise de Curaçao ou de celle Danoise de Saint-Thomas, où lesdites Marchandises avoient été portées originairement, et où le change avoit été compté au bas des factures. 2°. Que le bénéfice à tant pour cent, ne devoit être ajouté qu'après l'évaluation du change du prix d'achat ; et 3°. que l'acceptation mise par les acquéreurs au bas du bordereau de vente, contenant seulement les totaux des factures particulières, élevoit une fin de non-recevoir contre lesdits acquéreurs critiquant ces totaux.

Les sieurs Moline et Francillon répondoient, 1°. vos factures doivent être évaluées sur le pied de l'argent de France, et nous ferons le change du résultat de cette évaluation sur le taux de l'argent de France à St. Domingue. Par exemple, le florin de Hollande valant 2 liv. de France, et 2 liv. de France valant 3 l. de St. Domininingue, nous compterons chaque florin pour 3 l., sans nous informer s'il vaut davantage dans d'autres Colonies. 2°. Quand on achète sur le pied de facture avec 80 pour cent de bénéfice, par exemple ; c'est-à-dire, que pour 100 liv. de France on donne 180 liv. de St. Domingue, et non pas, comme vous le voulez 100 liv. de France d'abord converties en 150 liv. de St. Domingue, puis 80 pour 100 de bénéfice, ce qui formeroit une total de 270 l. 3°. L'acceptation du bordereau de vente n'est pas un acquiescement aux calculs des factures, puisqu'ils n'y paroissent pas. La Sentence et l'Arrêt ont adopté les raisons des sieurs Moline et Francillon, soutenues par plusieurs Parères.

Enfin les vendeurs vouloient introduire incidemment sur l'appel leur demande des 2 derniers termes du payement : l'Arrêt les en déboute, mais donne acte de l'offre de les payer.

ARRÊT

ARRÊT du Conseil d'État, pour le renouvellement des Cartouches des Noirs et autres Gens de couleur qui sont à Paris.

Du 23 Mars 1783.

LE ROI s'étant fait représenter l'Arrêt de son Conseil, du 11 Janvier 1773, par lequel Sa Majesté étant informée que beaucoup de Maîtres ont négligé de se conformer aux dispositions dudit Arrêt du Conseil pour les Noirs, ou autres Gens de couleur qui sont à leur service, et que ceux qui ne sont point en service ne se sont pas non plus conformés à ces dispositions : Et Sa Majesté voulant faire cesser un abus aussi contraire au bon ordre, qui exige que tous les Noirs qui se trouvent dans Paris, soient connus. A quoi voulant pourvoir : Ouï le rapport et tout considéré ; LE ROI ÉTANT EN SON CONSEIL, a ordonné et ordonne que dans quinzaine, à compter du jour de la publication du présent Arrêt, tous les Noirs, Mulâtres ou autres Gens de couleur qui sont dans Paris, seront tenus de se présenter au Greffe de l'Amirauté, à l'effet de se faire délivrer un certificat dans la forme portée au présent Arrêt, pour chacun desquels il ne pourra être exigé plus de dix sols de la part du Greffier de l'Amirauté. Veut et entend Sa Majesté, que tous les Noirs, Mulâtres ou tous autres Gens de couleur de l'un et de l'autre sexe, qui ne seront pas munis dudit certificat, soient arrêtés et conduits dans les ports les plus prochains, et remis dans les dépôts qui y sont établis, jusqu'à leur rembarquement pour les Colonies, suivant les ordres que Sa Majesté fera expédier à cet effet. Mande et ordonne Sa majesté, à Mons. le Duc de Penthièvre, Amiral de France ; au sieur le Noir, Conseiller d'État, Lieutenant-Général de Police de la Ville, Prévôté et Vicomté de Paris ; au Commissaire départi pour l'observation des Ordonnances dans les Amirautés, et auxdits Officiers des Amirautés, de tenir la main, chacun en droit soi, à l'exécution du présent Arrêt, lequel sera enregistré aux Greffes des Amirautés, lu, publié et affiché partout où besoin sera, afin que personne n'en ignore. Fait au Conseil d'Etat, etc.

LETTRE du Ministre aux Administrateurs, sur les Négres amenés en France.

Du 28 Mars 1783.

IL débarque, MM., journellement en France des Négres et Négresses domestiques, qui sont arrêtés à leur arrivée dans le Port, et remis aux dépôts, conformément à la Déclaration du 9 Août 1777; mais les Maîtres prétendent pour l'ordinaire n'avoir pas eu connoissance de cette Loi, ni de la défense de les amener en France. Cette assertion est d'autant plus surprenante que, pour embarquer des Noirs, on a dû obtenir de vous la permission que prescrit la Déclaration du 9 Août 1777, et l'Ordonnance du 23 Février 1778, qui vous ont été adressées pour les rendre publiques dans la Colonie; ce que je ne doute pas que vous n'ayez fait aussi-tôt leur réception. Pour ôter, à l'avenir, tout prétexte à ceux qui embarquent des Noirs pour leur service pendant la traversée, l'intention du Roi est que vous fassiez réimprimer, en placard, la Déclaration du 9 Août 1777, et l'Ordonnance du 23 Février 1778, dont je joins ici des exemplaires, et que vous les fassiez afficher en abondance et publier aux prônes des Paroisses de la Colonie; Sa Majesté ayant ordonné que ces loix seroient exécutées à la rigueur. Vous sentez qu'une fois qu'elles seront connues des Colons et des Capitaines de Navires, ils n'auront plus de motifs pour chercher à excuser les embarquemens et débarquemens des Noirs, sans en avoir obtenu la permission.

J'ai également à vous parler d'un autre abus qui s'est introduit. L'art. 4 de la Déclaration permet à tout Habitant des Colonies, qui passe en France, d'embarquer avec lui un seul Noir ou Mulâtre de l'un ou de l'autre sexe, pour le servir pendant la traversée. L'art. 5 assujettit l'Habitant à obtenir une permission d'embarquement de son Domestique. Il doit être fait mention, aux termes des art. 6 et 7 dans le rôle d'Equipage, de cette permission, ainsi que de la Quittance de consignation de mille liv., prescrit par l'art 5; mais il est très-rare que l'on ait eu l'attention de faire cette mention sur le rôle d'Equipage; d'où il résulte l'inconvénient que l'on ignore si la consignation a eu lieu; et comme les Noirs sont mis au dépôt à leur arrivée, l'embarras augmente encore, lorsqu'il est question d'acquitter les frais de dépôt. On ne peut le faire faire par le Trésorier du Port, en assignant son remboursement sur le montant de la consignation dont on n'a pas la preuve.

Les Maîtres retardent de payer ces frais, les Noirs restent au dépôt, et la loi n'est pas exécutée. Il est donc nécessaire, MM., que vous prescriviez aux Commissaires des Classes de se conformer, à l'avenir, strictement aux art. 6 et 7 de la Déclaration du 9 Août 1777. Enfin, Sa Majesté a permis aux Colons d'amener un Noir pour les servir pendant la traversée; mais journellement chaque Habitant en amène jusqu'à trois ou quatre. D'autres, et cela se répète très-souvent, n'amènent que des Négrillons de 4, 5 et 6 ans, et même plus jeunes. On ne peut certainement les considérer comme des Domestiques propres à servir dans la traversée; et la permission qui est donnée pour l'embarquement de pareils individus, est on ne peut pas plus contraire à l'esprit de la loi, qui n'admet que ceux en état de servir. Sur le compte que j'en ai rendu à Sa Majesté, Elle m'a ordonné de vous marquer que son intention est qu'un Colon, ou toute autre personne, ne puisse amener plus d'un Noir, conformément à l'art 4 de la loi, et de l'un ou de l'autre sexe; et sur-tout qu'il ne soit donné de permission d'en embarquer qu'autant qu'ils auront atteint l'âge de quinze ans. Je vous prie, MM., de donner la plus grande attention à ces abus; et de tenir sérieusement la main à l'exécution de la Déclaration du 9 Août 1777, dont les dispositions doivent être remplies avec la plus scrupuleuse exactitude.

ARRET du Conseil du Cap, qui ordonne que deux Mémoires imprimés seront et demeureront supprimés, comme Libelles diffamatoires; interdit pour 6 mois celui qui a signé lesdits Mémoires, distribués après l'Arrêt définitif, qui avoit supprimé tous ceux de la Cause; et ordonne l'impression et l'affiche du présent Arrêt.

Du 4 Avril 1783.

ARRÊT du Conseil du Cap, qui juge que la voie de la poursuite Judiciaire ne doit pas être prise contre une personne qui refuse d'obéir à un Ordre du Lieutenant de Police, et qui enjoint à tous ceux soumis à de pareils ordres d'y obéir, dès qu'ils leur seront intimés par écrit.

Du 5 Avril 1783.

ENTRE la Dlle Lautard Dubosquet, Appelante de Sentence du Lieutenant de Police de cette Ville, du 10 Février dernier, d'une part; Et M. le Procureur-Général du Roi en la Cour, au nom et comme prenant le fait et cause de son Substitut au Siége Royal du Cap, Intimé, d'autre part. VU, etc. Après que d'Arracq, Avocat de l'Appelante, a été ouï; ensemble Deschamps, Substitut du Procureur-Général: LA COUR a mis et met l'Appellation et ce dont est appel au néant: émendant, évoquant le principal et y faisant droit, déclare la procédure dont s'agit nulle et de nul effet; en conséquence, a mis et met la Partie de d'Arracq hors de Cour sans dépens. Faisant droit sur les plus amples conclusions du Procureur-Général du Roi, enjoint à la fille Dubosquet et à tous autres sujets à la Police, d'avoir d'orénavant à obéir ponctuellement aux ordres du Juge de Police, qui leur seront intimés par écrit.

Sur une plainte verbale, le Juge de Police du Cap avoit fait dire à la fille Lautard de se rendre devant lui; ce qu'elle refusa de faire sous prétexte de maladie. Il lui envoya un Inspecteur de Police, auquel elle répondit encore qu'elle étoit malade, et qui rendit compte de cette réponse. Le Juge ordonna à cet Inspecteur de dresser un procès-verbal de son transport, sur lequel rapport, le Juge rendit, conformément aux Conclusions du Procureur du Roi, une Ordonnance portant que la fille Lautard seroit vue et visitée par les Médecin et Chirurgien du Roi, qui décidèrent que la maladie étoit supposée: alors il y eut, à la poursuite du Procureur- du Roi, Sentence portant décret d'ajournement personnel contre la fille Lautard, et dont elle se rendit Appelante.

Nota. Les Ordonnances du Juge n'avoient pas été préalablement signifiées à la fille Lautard, le procès-verbal de l'Inspecteur de Police étoit fait hors de sa présence, et celui des Médecin et Chirurgien méritoit aussi quelques reproches d'irrégularité.

ARRÊT du Conseil du Cap, qui proscrit la réclamation d'une Fille qui reprochoit à sa Mère d'avoir fait passer pour légitime une Fille naturelle, et qui attaquoit, après cinq années expirées, l'Etat de celle par elle reconnue comme légitime, et comme sa Sœur-utérine.

Du 8 Avril 1783.

ENTRE Dame le Tourneur, épouse séparée, quant aux biens, du sieur Cartellier, Légataire universel du sieur Métais, dit Ladouceur, Appelante d'une part; Et le sieur Rey, Habitant au Limbé, au nom et comme Légataire universel du feu sieur Maillau, Habitant audit lieu, lequel étoit donataire entre-vifs de feu Dame Julienne Rieux, son épouse, icelle héritière du sieur François Rieux, et de Dame Marie Bonaud, ses père et mère, incidemment Appelant de la Sentence aux chefs que réserve les dépens, d'autre part. VU par la Cour la Sentence du premier Septembre 1781, qui, vu le Testament dudit sieur Mailleau, au rapport de Minée, Notaire à l'Acul, en date du 7 Août 1778, auroit, Parties ouïes, ensemble le Procureur du Roi en ses Conclusions verbales, vu que Julienne Rieux, décédée femme Mailleau, est décédée dans la possession de l'état de fille légitime de François Rieux, et de Marie Bonneaud, son épouse; et faute par la Dame Cartellier de justifier que ladite Julienne Rieux étoit fille naturelle de ladite Marie Bonaud; sans égard à la demande de ladite Cartellier, à l'effet de rapport de l'Extrait-Baptistaire de Julienne Rieux; fait délivrance au sieur Rey du legs universel dont s'agit, etc; dépens réservés, pour être joints à la demande en compte. Ouï Deschamps, Substitut du Procureur-Général du Roi, et tout considéré: LA COUR faisant droit sur les appels, en ce qui touche l'appel principal, a mis l'appellation au néant: ordonne que ce dont est appel sortira son plein et entier effet; condamne l'Appelante en l'amende ordinaire et aux dépens; en ce qui touche l'appel incident, a mis et met l'appellation et ce dont est appel au néant; émendant, condamne ladite Cartellier aux dépens de l'incident fait en première instance.

Julienne Rieux avoit toujours joui publiquement de son état de fille legitime de François Rieux et de Marie Bonnaud. La femme Cartellier, sa sœur utérine, avoit elle-même reconnu son état, notamment sur son Extrait-Mortuaire,

Métais, 3e mari de la Dame Bonnaud, s'étoit laissé condamner à rendre un compte à Julienne Rieux, qu'il ne lui auroit pas dû si elle n'eût été qu'une fille naturelle. D'ailleurs elle étoit morte depuis 5 ans 4 mois, trois jours, lors de l'atteinte que la femme Cartellier essaya de porter à son état. Tout étoit donc réuni pour faire proscrire la prétention indécente de la femme Cartellier, qui reprochoit à sa mère, Marie Bonnaud, une supposition de Part ou une honteuse foiblesse.

LETTRE *du Lieutenant de Roi du Cap, au Commandant de Limonade, touchant les Corps-de-Garde de sa Paroisse.*

Du 20 Avril 1783.

M. le Général vous autorise de les affermer, de la manière que les Habitans de la Paroisse trouveront la plus avantageuse à leur intérêt, et aux conditions de les entretenir, de manière qu'on les retrouve en très-bon état à la première Guerre.

On a pareillement affermé tous les Corps-de-Gardes dans les différentes Paroisses, à la charge par le Fermier de les entretenir en bon état, même d'y faire certaines augmentations, et de les remettre à l'instant de la Guerre.

ARRÊT *du Conseil d'État, qui accorde aux sieurs Boucherie, le Privilége exclusif pendant 12 années, 1°. de faire usage dans la seule Fabrique qu'ils se propose d'établir à la Martinique, de leur procédé nouveau sur le Rafinage des Sucres, et jusqu'à concurrence de 3 millions de livres par an, avec la faculté de les vendre aux Sujets des États-Unis; et 2°. de faire usage de leur procédé dans les Isles et Colonies Françoises, et d'en traiter avec les Habitans, aux clauses et conditions fixés par l'Arrêt.*

Du 25 Avril 1783.

SUR la Requête présentée au Roi par les sieurs Boucherie frères, Négocians à Bordeaux, contenant que par Arrêt de son Conseil, du 7

Mai 1780, S. M. leur auroit permis de faire exclusivement pendant 15 années, usage d'un procédé par eux inventé pour rafiner les Sucres, moins dispendieux que les méthodes jusqu'alors pratiquées, et par lequel ils obtenoient d'une quantité de Sucre brut déterminée, une quantité beaucoup plus grande de Sucre rafiné; qu'à l'aide de nouveaux travaux et de nouvelles expériences, ils sont parvenus à perfectionner ce même procédé, et à l'appliquer avec un égal succès au jus de Cannes, et qu'il en résulte quantité double de Sucre, qualité meilleure, main-d'œuvre plus simple et livraison plus prompte: avantages précieux pour le Royaume, par l'extension de la Navigation et du Commerce qui en sera un effet nécessaire; que leur découverte dont la recherche leur a coûté des soins et des frais considérables, est tellement simple, qu'ils ne pourroient en faire usage sans qu'il fût promptement connu et pratiqué par tous les Propriétaires de Sucreries dans les Colonies, qui dès-lors en profiteroient seuls gratuitement. Requéroient à ces causes les Supplians, qu'il plût à S. M. leur accorder par supplément de récompense pour l'invention du procédé nouveau sur le rafinage des Sucres, etc. OUI le rapport, LE ROI étant en son Conseil, ayant aucunement égard à ladite Requête, a permis et permet auxdits sieurs Boucherie frères, de faire, exclusivement pendant l'espace de 12 ans, usage du procédé par eux inventé pour le rafinage des Sucres dans la seule Fabrique qu'ils se proposent d'établir à la Martinique, et jusqu'à concurrence seulement de 3 millions de livres pesant par an, lesquelles ils pourront vendre aux Sujets des États-Unis dans ladite Colonie de la Martinique, et les transporter sur des Navires François dans les Ports de l'Amérique Septentrionale, à la charge d'acquitter à la sortie tant les droits établis dans la Colonie que ceux du Domaine d'Occident, et demi pour cent du Commerce, avec les sols pour livre additionnels, et de ne rapporter sur les Navires François, s'ils en emploient, que les objets dont l'introduction est permise, et dans les seuls lieux établis pour ladite introduction. Accorde pareillement S. M. auxdits sieurs Boucherie le privilége exclusif, pendant le même espace de 12 ans, d'exercer dans les Colonies Françoises de l'Amérique leur procédé nouveau appliqué au jus des Cannes, pour la fabrication du Sucre terré, avec faculté de traiter pour l'exercice dudit procédé avec les Colons qui voudront le pratiquer, sous la condition qu'ils n'exigeront d'eux que 9 liv. argent de France pour chaque tête de leurs Négres employés à la culture depuis l'âge de 15 ans jusqu'à celui de 60, laquelle somme ne sera payable que dans 3 ans, en 3 termes égaux, d'année en année. Défend S. M. à toutes personnes, de quelque qualité et condition qu'elles soient, qui n'auront point traité avec lesdits sieurs Boucherie, d'user dudit procédé, à l'exercice exclusif duquel S. M. veut que les Gouverneurs et Intendans des Colonies respectives tiennent exactement la main; Et sera le présent Arrêt exécuté, nonobstant toute opposition et empêchement quelconques, dont, si aucuns interviennent, S. M. se réserve la connoissance, et icelle interdit à ses autres Cours et Juges. Fait au Conseil d'État, etc.

ARRÊT du Conseil du Cap, qui déclare les Religieux de la Charité exempts des droits Curiaux et Suppliciés.

Du 6 Mai 1783.

VU par le Conseil la Requête des Supérieur et Religieux de la Charité du Cap François, contenant qu'en vertu tant du privilége de Paroisse à eux perpétuellement accordé par des Brefs authentiques, que de l'exemption de toutes taxes, soit Royales, soit Municipales, consignées dans les Lettres-Patentes de leur établissement, et confirmée par les différens marchés passés avec Sa Majesté, ils n'avoient, jusqu'ici, payé aucuns droits Curiaux et Suppliciés. Le sieur Dutilh même, comme Syndic de la Paroisse du Cap, et les Marguilliers de son temps, ayant déjà voulu les faire contribuer à l'édification de l'Eglise, ont été déboutés de leurs prétentions, par Arrêt solemnellement rendu le 14 Mai 1770, sur les Conclusions de M. Lohier de la Charmeraye, alors Substitut de M. le Procureur-Général. Les mêmes raisons subsistent contre la demande actuelle du sieur Brocas, Marguillier pour l'année 1781; et sans doute qu'elle n'aura pas un succès plus heureux. Ils ont d'abord payé pour se conformer aux Ordonnances; et les Supplians ont maintenant recours aux Juges et Conservateurs nés de toutes immunités. Conclusions de St. Martin fils, Substitut du Procureur-Général du Roi; Ouï le Rapport de M. Faure de Lussac, Conseiller : et tout considéré : LA COUR, ayant égard à ladite Requête, a ordonné que Brocas, en sa qualité de Marguillier de la Paroisse du Cap, sera tenu de restituer aux Supplians, dans le jour de la signification du présent Arrêt, la somme de 912 liv. par lui reçue, en ladite qualité, des Supplians; sauf audit Brocas à se faire rembourser de celle de 279 liv. par le Receveur des droits Suppliciés, dans le cas où il la lui auroit payée; et ce, en vertu du présent Arrêt, et et sans qu'il soit besoin d'autre; et sauf audit Marguillier à porter ladite somme totale en reprise dans son compte, s'il est nécessaire, etc.

ARRÊT du Conseil du Cap, qui déboute un Habitant de sa demande à fin de paiement d'un de ses Négres, tués pa rles Négres Gardiens des Vivres d'un autre Habitant.

Du 7 Mai 1783.

ENTRE le sieur Nogues, Habitant du Port-de-Paix, Appelant d'une part; Et le sieur de Montagnac, Intimé. VU la Sentence du Juge du Port-de-Paix, qui, sur la demande du sieur de Montagnac en paiement de la somme de 3,000 liv. pour la valeur de son Négre l'Amour, tué d'un coup de fusil par les Gardiens des Vivres du sieur Nogues, auroit ordonné que ledit sieur de Montagnac feroit preuve, etc, et sur la demande en évocation du principal consenti par les Parties: LA COUR a mis et met l'appellation et Sentence dont est appel au néant; évoquant le principal et y faisant droit, déboute le sieur de Montagnac de sa demande originaire, et le condamne aux dépens, etc.

V. l'Arrêt du 8 Juillet 1782.

ARRÊT du Conseil du Cap, qui déclare nul un Arpentage fait par le sieur Tartelin, faute par lui d'avoir fait sommer préalablement les Parties intéressées de s'y trouver, et d'avoir sommé celles présentes d'y signer.

Du 7 Mai 1783.

ARRÊT du Conseil d'État, portant une Surséance de 2 ans, et Réglement pour l'Administration des biens de la Débitrice pendant leur durée.

Du 13 Mai 1783.

SUR la Requête présentée, etc: ouï le Rapport, LE ROI étant en son Conseil, ayant aucunement égard à ladite Requête, a accordé et accorde à la Dame Comtesse des Roches ès noms et qualités qu'elle agit, terme et délai de 2 ans pour l'acquittement des dettes de la succession dudit feu sieur de Cadouche ; pendant lequel temps fait Sa Majesté défenses aux Créanciers de ladite succession de faire contre ladite Dame Comtesse des Roches aucunes poursuites ni procédures, autres que pour la reconnoissance de leurs titres de créance, et pour la conservation de leurs droits, à peine de nullité, etc. Fait en outre Sa Majesté à ladite Dame Desroches pleine et entière main-levée de toutes saisies et exécutions ; les saisies-réelles, si aucunes sont, demeurant en état ; ordonne que tous Fermiers, Locataires, etc, seront contraints à payer, etc, entre les mains du sieur Barré de St. Venant, que S. Majesté a nommé et nomme Séquestre et Administrateur desdits biens ; ordonne que les pensions alimentaires à prélever sur les revenus d'iceux pour ladite Dame des Roches et pour sa fille mineure, seront fixées par le Conseil-Supérieur du Cap ; et que déduction faite desdites pensions, et des dépenses d'exploitation et d'entretien des Habitations, le surplus desdits revenus sera distribué, sans procédure et sans frais, aux Créanciers de ladite succession, par le sieur Barré de St. Venant, qui sera tenu, à l'expiration desdites 2 années de surséance, d'en rendre compte à qui il appartiendra : Ordonne Sa Majesté que le présent Arrêt sera exécuté nonobstant toute opposition ou empêchement quelconque, dont, si aucuns interviennent, Sa Majesté se réserve et à son Conseil la connoissance qu'Elle interdit à ses Cours et Juges, à l'exception toutesfois desdites pensions alimentaires ; sur lesquelles seules Sa Majesté a commis son Conseil-Supérieur du Cap pour statuer en premier et en dernier ressort. Fait au Conseil d'Etat, etc.

ORDONNANCE *des Administrateurs, concernant la cessation de l'introduction des Bâtimens Etrangers, appartenans à des Puissances neutres, dans les Ports d'Amirauté de la Colonie.*

Du 24 Mai 1783.

GUILLAUME-LÉONARD de Bellecombe, etc.

Alexandre-Jacques de Bongars, etc.

Les circonstances de la guerre avoient déterminé nos Prédécesseurs à permettre, par leur Ordonnance du 20 Juillet 1778, l'introduction dans les Ports de cette Colonie, des Bâtimens étrangers appartenans à des Puissances neutres, et ce, jusqu'à ce qu'il en fût autrement ordonné: aujourd'hui que la paix, dont nous avons le bonheur de jouir, doit ramener l'exécution des Loix prohibitives, nous devons nous empresser, pour le bien du Commerce de la Métropole, à fixer le terme où cette introduction devra cesser.

Nous, en vertu des pouvoirs à nous donnés par Sa Majesté, avons ordonné et ordonnons que ladite Ordonnance du 20 Juillet 1778 cessera d'avoir son exécution, à compter du 1er Juillet prochain, passé lequel temps l'introduction des Bâtimens dans cette Colonie reprendra le cours qu'elle avoit avant ladite Ordonnance; n'entendons apporter à cet égard aucune innovation, jusqu'à ce qu'il en soit autrement ordonné par Sa Majesté. Sera la présente Ordonnance enregistrée au Greffe de l'Intendance, imprimée, lue, publiée et affichée par-tout où besoin sera. Prions MM. les Officiers des Conseils-Supérieurs du Cap et du Port-au-Prince, de l'enregistrer; et mandons aux Officiers des Amirautés de leurs ressorts, de tenir la main à son exécution. DONNÉ au Cap, etc, le 24 Mai 1783. *Signé,* BELLECOMBE et BONGARS

R. au Conseil du Cap, le 2 Juin suivant.
Et à celui du Port-au-Prince, le.....

ARRÊT du Conseil du Cap, portant défenses aux Notaires de passer des Actes de vente de Négres, si les Vendeurs ne justifient pas de leur propriété.

Du 31 Mai 1783.

ENTRE la nommée Zabeth, Négresse libre, demeurante au Cap, Appelante; Et Jean-François Quarteron, Pêcheur, Intimé. Faisant droit sur les plus amples Conclusions du Procureur-Général du Roi, fait défenses à Cormeaux la Chapelle, Notaire, et à tous autres de faire de pareilles ventes (d'Esclaves) à moins que les Parties ne leur représentent leurs titres de propriété.

LETTRE du Ministre aux Administrateurs, touchant la retenue à faire sur les produits des Greffes.

Du 9 Juin 1783.

EN prenant connoissance des objets qui concernent l'Administration des Colonies, MM., j'ai reconnu qu'il y avoit plusieurs Greffes à St. Domingue, dont le produit est hors de toute proportion avec la nature des fonctions dont les Greffiers sont chargés. Le Roi, à qui j'en ai rendu compte, auroit desiré pouvoir réduire les émolumens de ces places à leur juste mesure, en diminuant le tarif; mais ces émolumens étant le résultat de la quantité plus ou moins grande des affaires, il auroit fallu un tarif particulier pour chaque Jurisdiction et Amirauté; et cette voie a paru susceptible de difficultés et d'inconvéniens. S. M. a préféré en conséquence le parti d'ordonner une retenue sur le produit de chaque Greffe, de manière que l'attribution des Greffiers des Conseils-Supérieurs et de l'Intendance et de ceux des Chefs-Lieux, et des Jurisdictions principales, ne s'élève pas, déduction faite des frais, au-dessus de 10,000 liv. argent de France, et de 8,000 liv. pour les Greffes ordinaires. L'intention de S. M. est que le montant de ces retenues soit versé dans une caisse particulière pour être employé à des objets d'utilité publique, dont il me sera rendu compte, et dont vous ne disposerez que d'après les ordres qui vous seront adressés.

Pour éviter toute erreur dans les évaluations des Greffes, et fixer les retenues à faire, il est nécessaire que vous m'adressiez incessamment un état qui contienne l'appréciation du produit net de tous les Greffes. Vous aurez soin de ne déduire de la recette que les frais que peut faire un Greffier intelligent qui exerce lui-même ses fonctions. Ces évaluations doivent comprendre les Greffes des Amirautés dans les lieux où ils sont unis avec ceux des Jurisdictions au Cap et au Port-au Prince: l'évaluation sera faite séparément pour chaque Greffe.

Quoique les Greffes ayent tous été accordés à titre gratuit avec la clause *aussi long-temps qu'il plaira au Roi*, S. M. veut bien que le tarif que vous allez former ne soit mis à exécution, que pour ceux qui sont actuellement vacans et qui vaqueront dans la suite.

ARRÊT du Conseil du Cap, qui juge que des deniers remis par un Particulier, 6 jours avant sa mort à un de ses Amis, avec une destination secrète, ne font pas partie de la succession de ce Particulier, et que l'Ami n'est pas tenu de révéler le secret, mais qu'il en est autrement d'un Immeuble.

Du 16 Juin 1783.

ENTRE Me Désarmand, Curateur aux Successions vacantes du Port-de-Paix, gérant celle du feu sieur d'Angilbert, Exempt de Maréchaussée, à Jean Rabel, d'une part; Et le sieur Condaminé, Intimé, d'autre part. VU par la Cour la Sentence du Juge dudit Port-de-Paix, du 13 Juillet 1782, qui (ayant à statuer sur la demande de Me Désarmand, en remise d'une somme de 3,980 liv., ainsi que des titres d'un emplacement situé au Môle St. Nicolas, que l'Intimé a déclaré lui avoir été *remis et confiés par le sieur d'Angilbert, six jours devant sa mort, pour remettre à une personne qu'il lui avoit nommée*, dépendant ladite somme et ledit emplacement de la succession d'Angilbert) auroit, Parties ouies, ainsi que le Ministère public, ordonné qu'il seroit sursis à faire droit pendant une année, pendant lequel temps le sieur Condaminé seroit tenu d'indiquer le nom du Donataire, et l'en prévenir, et d'en prévenir également les héritiers d'Angilbert, d'en certifier le Procureur du Roi, et pendant ledit temps la somme à lui remise par le sieur d'Angilbert, restera entre ses mains à sa caution juratoire; sauf à lui à se faire autoriser à déposer, s'il l'estime ainsi, pour opérer sa décharge, ainsi qu'à mettre à bail l'emplacement dont s'agit, dépens réservés: Ouï de Thébaudières, Substitut du Procureur-Général du Roi; et tout considéré: LA COUR donne acte à Condaminé de ce qu'il s'en rapporte à la prudence de la Cour; donne pareillement acte au Procureur-Général du Roi de l'appel incident qu'il interjette de la Sentence dont s'agit; joignant les appel principal et incident et demandes; faisant droit sur le tout par un seul et même Arrêt, a mis et met les appellations et Sentence dont est appel au néant; émendant, déclare le Curateur aux Successions vacantes non-recevable en sa demande en délivrance en ses mains de la somme dont s'agit; condamne Condaminé à remettre au Curateur les titres de l'emplacement dont est question, pour en user suivant le dû de sa charge; condamne la succession aux dépens.

ARRÊT du Conseil du Cap, qui défend de prendre des Négres en journée s'ils n'ont pas de billets de leurs Maîtres.

Du 27 Juin 1783.

ENTRE le sieur Henriques, etc. Et faisant droit sur les plus amples Conclusions du Procureur-Général du Roi; ordonne que les Ordonnances et Réglemens concernant la Police des Esclaves, seront exécutés selon leur forme et teneur : En conséquence, fait très-expresses inhibitions et défenses à toutes personnes, de quelque qualité et condition qu'elles soient de prendre des Esclaves à la journée, sans que lesdits Esclaves ne soient porteurs d'un billet de leurs Maîtres, à peine d'être condamnés en l'amende en faveur du Maître, conformément à l'article 34 de l'Édit du Roi, du mois de Mars 1724. Ordonne que le présent Arrêt sera imprimé, jusqu'au nombre de deux cens Exemplaires, lu, publié et affiché, à la diligence du Procureur-Général du Roi, ès Carrefours et lieux accoutumés de cette Ville, et partout où besoin sera; que pareilles expéditions seront envoyées à la diligence dudit Procureur-Général du Roi, ès Jurisdictions du Ressort, etc.

BREVET d'Imprimeur-Libraire, dans le Ressort du Conseil-Supérieur du Cap, pour le sieur Dufour de Rians.

Du 1er Juillet 1783.

AUJOURD'HUI, 1er Juillet 1783, le sieur Dufour de Rians, Imprimeur au Cap, en l'Isle St. Domingue, ayant fait représenter à Sa Majesté que le privilége qui lui avoit été accordé pour 8 ans, le 29 Mai 1775, tant pour l'Imprimerie que pour la vente des Livres et Écrits, imprimés et manuscrits, étoit expiré le 29 Mai dernier, et ayant fait supplier S. M. de lui en accorder le renouvellement pour 15 années, à compter du jour de la cessation de son privilége actuel, en y joignant le privilége de la rédaction et de la distribution dans toute l'étendue de la Colonie, tant de la Gazette connue sous le nom d'Affiches Américaines que de l'Almanach; et S. M. étant informée que ledit sieur Dufour de Rians a l'expérience et les qualités requises au fait de l'Imprimerie; Elle lui a accordé et accorde pendant l'espace de 15 ans, à compter du 29 Mai dernier, le privilége d'imprimer dans tous le ressort du Conseil-Supérieur du Cap, à l'exclusion de tous autres, les Édits, Lettres-Patentes, Déclarations, Ordonnances, Réglemens et Arrêts, les Mémoires et autres Ecrits concernant l'instruction des procès pendans au Conseil-Supérieur du Cap; ensemble tous autres Ecrits qui seront approuvés par l'Intendant de St. Domingue ou l'Ordonnateur faisant fonctions d'Intendant au Cap; lui permet pareillement, S. M. de vendre et débiter, à l'exclusion de tous autres, dans l'étendue du ressort dudit Conseil-Supérieur du Cap, toutes sortes de Livres approuvés, Gazettes et autres nouvelles imprimées et manuscrites qu'il pourra faire venir du Royaume, à condition néanmoins qu'il ne pourra les vendre et distribuer, ni les faire passer dans les différentes parties du ressort dudit Conseil-Supérieur du Cap, qu'après en avoir fait approuver la liste par l'Intendant de l'Isle ou l'Ordonnateur du Cap; et que lorsque l'envoi lui en aura été fait, il représentera audit Intendant ou Ordonnateur tous les volumes de livres imprimés et manuscrits qui lui seront venus de France, avec la facture; lesquels il ne pourra vendre et distribuer qu'après en avoir reçu l'approbation dudit Intendant ou Ordonnateur; lui accorde en outre S. M. pendant le même espace de 15 années, à l'exclusion de tous autres, la permission de rédiger et de distribuer dans toute l'étendue de la Colonie, tant la Gazette connue sous le nom *d'Affiches Américaines*, que l'Almanach, sous la condition que le Rédacteur particulier de la Gazette sera approuvé par les Administrateurs, et qu'il ne pourra la faire imprimer et distribuer, ainsi que l'Almanach, qu'après avoir obtenu la permission de l'Intendant ou de l'Ordonnateur; à condition en outre par ledit sieur Dufour de Rians, de payer pendant la durée de son privilége une somme de deux mille livres, par chaque année, aux Demoiselles Cazamajor, pour faire cesser une pension de pareille somme qui leur avoit été accordée sur l'Office de Sénéchal du Fort-Dauphin: entend cependant S. M., que si l'une des deux Demoiselles Cazamajor ou les deux venoient à mourir avant l'expiration du présent privilége, ledit sieur Dufour de Rians soit dispensé de payer ladite somme de 2,000 liv., par an, à leurs héritiers, se réservant de faire connoître ses intentions pour l'emploi de ladite somme. Mande et ordonne S. M. au Gouverneur Lieutenant-Général, à l'Intendant en ladite Isle de St. Domingue et à l'Ordonnateur du Cap, de tenir la main à l'exécution du contenu au présent Brevet, qui sera registré au Conseil-Supérieur du Cap, et par-tout où besoin sera, etc.

R. au Conseil du Cap, le 2 Octobre suivant.

RÉGLEMENT des Administrateurs, concernant la Poste aux Lettres.

Du 8 Juillet 1783.

GUILLAUME LÉONARD de Bellecombe, etc.
Alexandre-Jacques de Bongars, etc.

L'expérience démontrant, chaque jour, l'insuffisance des moyens employés précédemment pour donner au service des Postes l'exactitude et la célérité dont il est susceptible; et les circonstances ayant produit des changemens qui rendent les Ordonnances et Réglemens de nos Prédécesseurs inapplicables dans beaucoup de points, à raison de l'état de splendeur et d'activité où est arrivé la Colonie, tant par l'accroissement de son Commerce que par celui de son Agriculture: Ces considérations nous ont portés à donner un nouvel ordre à l'Administration de la Poste aux Lettres, en nous occupant sur-tout de l'augmentation du nombre des Couriers, et de celui des Bureaux, afin que tous les Colons jouissent également des avantages précieux d'une correspondance exacte, sûre et rapide: Nous, en vertu des pouvoirs à nous accordés par S. M., avons ordonné et ordonnons ce qui suit:

ART. Ier. *Port-au-Prince.* Le Courier pour la Partie du Nord partira tous les Dimanches et Jeudis à midi précis, et sera de retour les Mercredis à 8 heures du matin, et les Samedis à 8 heures du soir.

Celui des Parties de l'Ouest et du Sud, jusques et compris Tiburon, Jérémie, l'Islet et Petit-Trou, partira tous les Dimanches à midi précis, et arrivera des mêmes endroits tous les Mercredis et Jeudis à 8 heures du matin.

Le second Courier, qui ne parcourra que la grande route jusqu'aux Cayes, partira tous les Jeudis à midi précis, et sera de retour tous les Samedis à 4 heures du soir.

Le Courier particulier pour la Ville de Léogane sera restreint à 4 départs par semaine; et dorénavant, le grand Courier, tant à l'aller qu'au retour, se chargera du paquet pour cette Ville, et de celui de cette Ville pour le Port-au-Prince. Par ce moyen, la Ville de Léogane n'aura qu'un seul jour par semaine sans expédition par la Poste, et le service par le petit Courier s'exécutera de la manière suivante.

Tous

Tous les Lundis, Mardis, Vendredis et Samedis, le petit Courier, partira à six heures de relevée, et sera de retour tous les Mardis, Jeudis, Samedis et Dimanches à huit heures du matin.

Celui pour Jacmel partira tous les Dimanches à midi et Mercredis à 6 heures de relevée, et sera de retour tous les Mercredis et Dimanches à 8 heures du matin.

Celui de la Croix des Bouquets et du Mirebalais, partira tous les Dimanches à 5 heures de relevée, et sera de retour tous les Jeudis dès le matin.

Léogane. Le Courier du Port-au-Prince, de St. Marc, Fort-Dauphin, du Cap et de toute la Partie du Nord, arrivera tous les Dimanches et Jeudis au soir, et partira pour lesdits endroits tous les Mercredis et Samedis au soir.

Celui de Cayes, S. Louis et Jérémie arrivera tous les Mercredis et Samedis dans la matinée, et partira pour lesdits endroits tous les Dimanches et Jeudis au soir.

Il y aura en outre le Courier particulier qui arrivera du Port-au-Prince tous les Mardis, Jeudis, Samedis et Dimanches matin, et partira tous les Lundis, Mercredis, Vendredis et Samedis au soir.

Celui pour Jacmel partira tous les Dimanches et Mercredis, au soir et sera de retour tous les Mardis et Samedis au soir.

Grand-Goave. Le Courier de toute la Partie du Nord, Port-au-Prince, Léogane, arrivera tous les Vendredis et Lundis dans la nuit, et partira pour les mêmes endroits tous les Mardis et Vendredis au soir.

Celui des Cayes et de toute la Partie du Sud arrivera tous les Mardis et Vendredis de relevée, et partira pour les mêmes endroits tous les Lundis et Vendredis dès le matin.

Petit-Goave. Le Courier de toute la Partie du Nord, Port-au-Prince, etc, arrivera tous les Lundis et Vendredis dès-le matin et partira pour les mêmes endroits les Mardis et Vendredis au soir.

Celui des Cayes et de toute la Partie du Sud arrivera tous les Vendredis et Mardis au soir, et partira pour les mêmes endroits tous les Lundis et Vendredis à 8 heures du matin.

Afin que le grand Courier des Cayes ne soit pas arrêté dans sa route en attendant l'arrivée du Courier de Jérémie, Nipes et Miragoane, l'on expediera du Petit-Goave tous les Vendredis un petit Courier, qui sera chargé des Paquets de Jérémie, Nipes et Miragoane, et qui les remettra à Léogane avant le départ du Courier d'où ils seront expédiés pour le Port-au-Prince.

Fond-des-Négres. Le Courier de la Partie du Nord, Port-au-Prince et Petit-Goave arrivera tous les Lundis et Vendredis, et partira pour lesdits endroits les Mardis et Vendredis.

Celui de la Partie du Sud, des Cayes, etc, arrivera tous les Lundis et Vendredis, et partira pour lesdits endroits tous les Lundis et Vendredis au soir.

Acquin. Le Courier de la Partie du Nord, Port-au-Prince, Petit-Goave, etc, arrivera tous les Lundis et Vendredis au soir, et partira pour lesdits endroits les Mardis et Vendredis au soir.

Le Courier de la Partie du Sud, des Cayes, etc, arrivera tous les Lundis et Vendredis au soir, et partira pour lesdits endroits tous les Samedis et Mardis dès le matin.

Le petit Courier de traverse de Jacmel et de Baynet arrivera tous les Jeudis à onze heures du matin, et partira tous les Vendredis dès le matin.

Saint-Louis. Le Courier du Cap, de toute la Partie du Nord, Port-au-Prince, Petit-Goave, etc, arrivera tous les Samedis et Mardis matin, et partira tous les Dimanches et Jeudis au soir.

Celui du Cap et de la Partie du Sud, arrivera tous les Dimanches et Jeudis au soir, et partira tous les Mardis et Vendredis au soir.

Cavaillon. Le Courier de toute la Partie du Nord, Port-au-Prince, St. Louis, etc, arrivera tous les Samedis et Mardis, et partira tous les Dimanches et Jeudis de relevée.

Celui de la Partie du Sud, des Cayes, etc, arrivera tous les Jeudis et Dimanches de relevée, et partira tous les Samedis et Mardis matin.

Cayes. Le Courier du Cap, de toute la Partie du Nord, de celle de l'Ouest, Port-au-Prince, Petit-Goave, St. Louis, etc, arrivera tous les Mardis et Samedis au soir, et partira pour lesdits endroits tous les Dimanches et Jeudis à midi précis.

Celui des Anses, Coteaux, Jérémie, etc, arrivera tous les Mardis matin, et partira tous les Mercredis à une heure de relevée.

Port-Salut. Le Courier arrivera tous les Mercredis au soir, et partira tous les Lundis de relevée.

Coteaux. Le Courier du Nord et de l'Ouest, arrivera tous les Mercredis soir, et partira tous les Lundis à midi.

Celui de Tiburon arrivera tous les Dimanches, et partira tous les Jeudis à midi.

Tiburon. Le Courier du Nord, de l'Ouest et des Cayes, etc, arrivera tous les Vendredis à 9 heures du matin, et partira tous les Samedis à midi.

Celui de l'Islet arrivera tous les Samedis à 10 heures du matin, et partira tous les Vendredis à midi.

L'Islet. Le Courier de toute la Colonie arrivera tous les Vendredis au soir. Celui pour le Sud partira le lendemain matin, et celui pour le Nord le Dimanche à 9 heures du matin.

Jérémie. Le Courier des Parties du Nord et du Sud arrivera le Lundi au soir, et partira pour les mêmes endroits le Samedi à midi.

Celui de l'Islet, etc, arrivera le Lundi au soir et partira le Jeudi après l'arrivée du Courier de Nipes et du Petit-Trou.

Petit-Trou. Le Courier du Nord et du Port-au-Prince arrivera tous les Lundis dans la nuit, et partira tous les Mardis à midi.

Celui de Jérémie arrivera tous les Lundis de relevée, et partira tous les Mardis de relevée.

Nippes. Le Courier du Port-au-Prince, du Cap, etc, arrivera tous les Lundis au soir, et partira tous les Mardis de relevée.

Celui de Jérémie, l'Islet, etc, arrivera tous les Lundis au soir, et partira tous les Mardis à midi.

Jacmel. Le Courier de toute la Partie du Nord et du Port-au-Prince arrivera tous les Lundis à midi et Jeudis au soir, et partira les Mardis et Vendredis à 5 heures du soir.

Celui pour Baynet, les Cayes, Acquin, etc, partira tous les Lundis au soir, et arrivera tous les Samedis.

Mirebalais. Le Courier arrivera tous les Lundis dans la matinée, et partira tous les Mercredis de relevée.

Arcahaye. Le Courier du Port-au-Prince et de toute la Partie du Sud arrivera le Judi et leDimanche au soir, & partira en même-temps pour le Cap et pour le Nord.

Celui du Cap, St. Marc et de toute la Partie du Nord, arrivera les Mercredis et Samedis dès le matin, et partira sur le champ pour le Port-au-Prince, et la Partie du Sud.

Saint-Marc. Le Courier du Cap et de toute la Partie du Nord; celui du Port-au-Prince et de toute la Partie du Sud, ariveront le Vendredi à midi et le Lundi au soir, et partiront le Mardi et le Vendredi à 6 heures du soir.

Celui de la Petite-Rivière et du Boug des Verettes arrivera le Vendredi à 3 heures de relevée, et partira le lendemain matin.

Gonaïves. Le Courier du Cap et de toute sa dépendance arrivera les Vendredis dès le matin et les Lundis à midi, et partira les Mardis et Vendredis au soir.

Celui du Port-au-Prince, St. Marc, et de toute la Partie du Sud, arrivera le Mardi de relevée et le Vendredi dans la nuit, et partira pour lesdits endroits les Lundis et Vendredis dès-le matin.

Limbé. Le Courier du Cap et de toute sa dépendance arrivera tous les Dimanches et Jeudis à 5 heures de relevée, et partira pour lesdits endroits les Samedis et Mercredis dans la matinée.

Celui pour St. Marc, le Port-au-Prince & les Cayes partira tous les Dimanches et Jeudis à 5 heures de relevée, et arrivera tous les Samedis à midi et Mercredis matin.

Celui pour le Port-de-Paix, le Port-Margot, et le Môle partira tous les Dimanches et Jeudis à 5 heures de relevée, et arrivera tous les Samedis à midi et Mercredis matin.

Port-de-Paix. Le Courier de toute la Colonie arrivera deux fois la Semaine, le Vendredi dès-le matin et le Lundi à midi, et partira dès le même jour 4 et 5 heures après son arrivée.

Celui du Môle arrivera également deux fois par semaine, les Vendredis dès-le matin et Lundis avant midi, et repartira 4 et 5 heures après son arrivée.

Celui pour le Gros-Morne partira seulement une fois la semaine tous les Vendredis de relevée, et sera de retour tous les Mercredis.

Gros-Morne. Le Courier partira tous les Mardis à midi, et arrivera tous les Samedis.

Môle. Le Courier de toute la Colonie arrivera deux fois la semaine, le Vendredi et le Lundi au soir, et repartira le Samedi et le Mardi dès-le matin.

Fort-Dauphin. Le Courier du Cap et de tous les autres Quartiers de la Colonie arrivera tous les Mardis et Vendredis matin, et repartira les mêmes jours.

Le petit Courier d'Ouanaminthe arrivera également tous les Mardis et Vendredis, et repartira comme celui du Cap.

Cap. Le Courier pour St. Marc, Port-de-Paix, le Môle, Port-au-Prince, les Cayes, et généralement tous les Quartiers de l'Ouest et du Sud partira tous les Dimanches et Jeudis à midi précis, et arrivera tous les Samedis et Mardis de relevée.

Celui pour le Fort-Dauphin, Trou, Terrier-Rouge et Ouanaminthe, partira tous les Lundis et Jeudis à midi, et arrivera tous les Mercredis et Samedis matin.

Celui pour la Grande-Rivière, le Dondon, la Marmelade, etc, partira tous les Vendredis matin, et arrivera le Dimanche au soir.

ART. II. Il sera remis à chaque Directeur un Timbre, contenant le nom du lieu de son Bureau, qu'il imprimera sur toutes les Lettres et paquets qui y seront déposés, afin qu'on puisse connoître en tout temps le Bureau d'où seront parties les différentes Lettres ou paquets, tant pour la facilité des taxes que pour les renvois.

III. Les Bureaux seront ouverts depuis 8 heures du matin jusqu'à midi, et depuis 3 heures de relevée jusqu'à 6, excepté seulement les jours de départ des Couriers pour les Villes des Cayes, du Cap et du Port-au-Prince, où les Bureaux ne pourront s'ouvrir qu'après leurs expéditions faites.

IV. Les Directeurs ne pourront apporter aucun retard, sous quelque prétexte que ce soit, au départ des Couriers. Leurs paquets seront fermés à l'heure fixée, et cachetés avec un cachet aux armes de S. M., sur lequel sera gravé le nom de leur Direction. Les Lettres qui ne leur seront pas remises à temps partiront par le Courier suivant; et ils auront l'attention d'instruire chaque Courier du moment de son départ, et de la diligence qu'il aura à faire pour se rendre au premier Bureau de sa route.

V. Les Directeurs ne laisseront entrer personne dans leurs Bureaux; encore moins permettront-ils aux Particuliers d'y chercher eux-mêmes leurs Lettres; mais dès qu'ils les auront arrangées, ils les distribueront par l'ouverture de leurs Bureaux, qui sera pratiquée à cet effet, et ce le plus promptement que faire se pourra. Ils auront attention de ne point remettre les Lettres à des personnes inconnues dans leur Quartier, non plus qu'à des Négres, à moins qu'ils ne soient porteurs d'un billet ou carte signé de leurs Maîtres.

VI. Le Fermier, les Directeurs et Commis seront autorisés à ne faire aucun crédit, et ne pourront être contraints de délivrer les Lettres qu'en payant le port sur le champ.

VII. La difficulté de se procurer de la petite monnoie, à raison de sa rareté, rendant la distribution journalière difficile, souvent même impraticable; il sera permis au Fermier, suivant l'ancien usage, de distribuer à chacun de ses Directeurs une certaine quantité de bons, signés de lui ou de son représentant en cette Colonie, lesquels ne pourront être au-dessus de 4 escalins: Défendons auxdits Directeurs d'en répandre dans le public d'autres que ceux prescrits par le présent article; et leur enjoignons de retirer sous 6 mois, à compter de la date du présent Réglement, ceux qu'ils auroient pu distribuer signés d'eux, dont le Fermier ne sera point tenu de répondre.

VIII. Les Directeurs ou leurs Commis ne pourront ouvrir aucun autre paquet que ceux adressés à leur Bureau, à peine de 1500 liv. d'amende, payables dans les 24 heures, sur l'ordre et entre les mains de qui il appartiendra.

IX. Les Directeurs qui seroient reconnus avoir ouvert des paquets à des Particuliers ou décacheté des Lettres, autres que celles qui les regarderont, seront traités comme violateurs de la foi publique, et poursuivis criminellement.

X. Il est expressément défendu à toutes personnes de quelque qualité et condition qu'elles puissent être, sous prétexte même d'autorité, d'ouvrir les malles, sacoches et paquets des Couriers, sous peine de 500 liv. d'amende, et d'être poursuivies extraordinairement, suivant l'exigeance des cas.

XI. Il ne sera permis à personne, pas même aux Privilégiés, de charger les Couriers de caisses, paquets de Marchandises ou autres effets, à moins de convention expresse avec le Fermier ou ses Directeurs, qui, pour ces causes, ne pourront changer ou retarder l'ordre et la marche desdits Couriers.

XII. Les Couriers ne pourront se charger d'autres Lettres ou paquets que ceux du Bureau de la Poste, et ne pourront s'arrêter dans les routes ni dans les Villes et Bourgs avant d'avoir remis leurs paquets au Bureau, et en partant après les avoir reçus; à peine contre les contrevenans de 300 liv. d'amende pour la première fois, et de 6 mois de prison, et de révocation en cas de récidive.

XIII. Les Couriers seront tenus de se trouver au Bureau de la Poste à l'heure fixée pour leur départ, le tout à peine d'une amende de 30 liv. et de prison, si le cas y échet, et sur l'ordre que nous ou nos représentans en donneront d'après les plaintes des Directeurs.

XIV. Toutes les Lettres contresignées des Princes du Sang, du Ministre de la Marine, de l'Amiral et de Nous Général et Intendant, à quelques personnes qu'elles soient adressées, seront franches de port.

XV. Ceux qui jouiront personnellement de la franchise des ports de Lettres à cause du détail de service dont ils sont chargés, et ceux qui par les mêmes causes, jouiront du droit de contre-seing, ne souffriront pas qu'on abuse de leur couvert et du cachet pour frauder les droits de la Poste; si cependant il étoit reconnu quelque contrevention à cet égard, il y sera pourvu par Nous sur les représentations du Fermier, qui pourra requérir à cet effet, que les paquets suspectés soient ouverts, en présence de la personne à qui lesdits paquets seront adressés ou du représentant qu'elle auroit désigné, et de celle d'un Officier d'Administration sur ce requis ; laquelle ouverture ne pourra avoir lieu seulement que dans les Villes du Port-au-Prince et du Cap.

XVI. S'il étoit apporté quelque trouble au service des Postes, les Directeurs en dresseront leurs procès-verbaux qu'ils signeront et feront signer par leurs voisins ou autres qui auront été présens ; et en cas de refus il en sera fait mention dans lesdits procès-verbaux qui seront adressés à M. l'Intendant pour être statué ce que de droit.

XVII. La Police des Postes appartiendra à M. l'Intendant ou à ses Subdélégués dans les différens Départemens, et les Directeurs seront tenus de leur rendre compte dans tous les cas où le service l'exigera, et de s'adresser à eux, s'il survenoit quelques difficultés à ce sujet.

XVIII. Les Directeurs ne seront responsables en aucune manière de l'or ou de l'argent qui sera envoyé dans les Lettres ou paquets ; mais ils garantiront celui qui sera expédié par la Poste ; et ils auront la plus grande attention d'en charger leur Registre, ainsi que le Bordereau d'envoi sur lequel ils porteront le prix de la Commission qui ne pourra jamais excéder 5 pour cent.

XIX. Le Fermier aura l'attention de remettre à chaque Directeur des instructions contenant les détails particuliers du service de leur Bureau, auxquelles ils seront tenus de se conformer.

XX. Le service des Postes étant incompatible avec tout autre service, seront tant les Fermiers que les Directeurs, Commis et Couriers dispensés du service des Milices ; ils jouiront en outre des exemptions pour leurs Négres, ainsi qu'il suit :

Le Fermier 10 Négres. Le Contrôleur 6 ; le Receveur 4 ; le Directeur du Cap 4 ; et chacun des Directeurs 3.

XXI. Afin de parvenir à l'exécution de l'Ordonnance du Roi, du 4 Juillet 1780, concernant la correspondance entre la Métropole et les Colonies ; enjoignons à tous Capitaines Marchands arrivans en cette Isle, de se conformer à celle de MM. Larnage et Maillart, du 2 Avril 1743.

XXII. Voulons que les Capitaines de Port des Lieux où aborderont les Navires en cette Colonie, soient tenus d'avertir ou faire prévenir lesdits Capitaines Marchands qu'ils ne pourront descendre à terre qu'avec les sacs des Lettres qui leur auront été confiés.

XXIII. Aucun Capitaine de Navire ne pourra obtenir son billet de sortie du Capitaine de Port qu'il n'ait justifié, par un certificat du Directeur de la Poste, de la remise qui lui aura été faite du sac des Lettres.

XXIV. Le Fermier et ses Directeurs seront tenus de se conformer aux taxes des Ports-de-Lettres contenues au tarif ci-après ; savoir :

Port-au-Prince. Les Lettres simples du Port-au-Prince, au Cap, Port-de-Paix, Môle, les Cayes et *vice versâ* payeront, ... 1 l. 10 s. d.

Celles pour le Fort-Dauphin, Ouanaminthe, Dondon, Grande-Rivière, Trou et *vice versâ*, ... 1 17 6

Celles pour Jacmel, Fond-des-Négres, Miragoane, Nippes, et *vice versâ*, ... 1 2 6

Celles pour le Petit-Goave, Mirebalais et *vice versâ*, 15

Celles pour Léogane, Croix-des-Bouquets et *vice versâ*, 7 6

Celles pour les Côteaux, Port-Salut, Cap-Dame-Marie, Abricots, Tiburon, l'Islet, Jérémie et *vice versâ*, . 1 17 6

Celles du Port au-Prince à St. Marc et *vice versâ*, . 15

St. Marc. Celles de St. Marc au Port-de-Paix, au Môle, au Cap et *vice versâ*, ... 15

Celles pour le Fort-Dauphin, Ouanaminthe, Dondon ou autres lieux en deçà et *vice versâ*, ... 1 2 6

Celles pour le Mirebalais, Jacmel, Petit-Goave, Fond-des-Négres et *vice versâ*, ... 1 2 6

Celles pour Acquin, St. Louis, les Cayes et *vice versâ*, 1 10

Celles pour les Côteaux, Tbiron, l'Islet, Cap-Dame-Marie, Jérémie et *vice versâ*, ... 1 17 6

Celles pour la Petite-Rivière, les Verettes, Mont-Roui, Gonaïves et *vice versâ*, ... 7 6

Cap. Les Lettres du Cap au Fort-Dauphin, Trou, Terrier-Rouge, Grande-Rivière, Marmelade, Limbé, et *vice versa*, ... 15

Celles pour Ouanaminthe, Port-de-Paix, Jean-Rabel, le Môle, Dondon et *vice versâ*, ... 1 2 6

Celles du Cap, du Fort-Dauphin, Môle et du Port-de-Paix, pour Acquin, St. Louis, les Cayes, Tiburon, Jérémie et *vice verâ*, ... 2 5

Celles des mêmes endroits pour Jacmel, Mirebalais, le Petit-Goave, Fond des Négres, Nipes et *vice versâ*, 1 17 6

Celles pour Plaisance, Gonaïves et *vice versâ*, . 15

Cayes. Les Lettres de St. Louis et des Cayes-aux-Côteaux, Cap-Tiburon et *vice versâ*, ... 15

Celles

	l.	s.	d.
Celles des Cayes, Tiburon, Côteaux, St. Louis et Acquin pour Jérémie, Cap-Dame-Marie, Abricots, l'Islet et *vice versâ*, ...	1 l.	17 s.	6 d.
Celles pour St. Louis, Acquin et *vice versâ*, . . .		15	
Celles pour Cavaillon, Port-Salut et *vice versâ*, .		7	6
Celles pour le Petit-Goave, Fond des-Négres, Nipes, Petit-Trou et *vice versâ*, ...	1	2	6
Celles de Léogane à Jacmel, et *vice versâ*, ...		15	
Celles pour St. Louis, les Cayes et *vice versâ*, .	1	10	
Celles du Mirebalais et Jacmel pour Saint-Louis, les Cayes, Côteaux, Tiburon, Jérémie, l'Islet et *vice versâ*,	1	17	6
Celle du Fond-des-Négres pour Acquin et *vice versâ*,		7	6
Celles du Petit-Goave, aux Côteaux, Tiburon, l'Islet, Jérémie et *vice versâ*, ...	1	10	

Les taxes des Lettres dont les lieux ne sont pas énoncés seront de 7 sols 6 den., lorsqu'elles seront adressées au Bureau le plus prochain de celui où elles auront été mises ; et lorsqu'elles passeront, les taxes seront augmentées de 7 sols 6 den. par 10 lieues qu'elles auront à faire.

Les Lettres doubles payeront une taxe double. Les paquets de 4 gros à une once, deux Lettres simples. Ceux d'une à 3 onces, 3 Lettres simples. Ceux de 3 à 5 onces, 4 Lettres simples. Ceux de 5 à 8 onces, 7 Lettres simples. Ceux de 8 à 12 onces, 8 Lettres simples, et de 12 onces à une livre, 11 Lettres simples. Lorsque les paquets de papiers peseront plus d'une livre, ils seront taxés comme 16 Lettres simples ; et dans ces proportions les taxes desdits paquets excédant le poids d'une livre, seront taxés relativement à leur poids. Un paquet de 20 onces payera comme 20 Lettres simples ; de 24 onces comme 24 Lettres.

Les Directeurs auront pour cet effet des balances, et marqueront sur chaque paquet avec la taxe, le poids qu'il se trouvera peser.

Sera le présent Réglement lu, publié et affiché par-tout où besoin sera, et icelui enregistré au Greffe de l'Intendance. DONNÉ, etc. le 8 Juillet 1783. *Signé* BELLECOMBE et BONGARS, etc.

R. au Greffe de l'Intendance, le...

ARRÊT du Conseil du Cap, qui juge que le Marguillage est une Charge réelle et non personnelle.

Du 10 Juillet 1783.

Le sieur Tach, habitant, nommé Marguillier à l'âge de 53 ans, justifioit par plusieurs Certificats en forme, qu'une Hernie inguinale le mettoit dans l'impuissance de vaquer à ses propres affaires; malgré ces motifs l'Arrêt confirme sa nomination.

V. l'Arrêt du 21 Avril 1766.

ARRÊT du Conseil du Cap, qui juge qu'il n'y a pas lieu à la Prescription contre les Avocats dont les Honoraires sont répétés en représentant les Dossiers.

Du 10 Juillet 1783.

CET Arrêt a été rendu en faveur de la Dame Veuve de Me Litré, vivant Avocat au Conseil du Cap, et décédé en 1769.

Cette décision, qui n'est pas la première de cette espèce, est fondée sur ce que les Avocats qui ne tiennent point de Livres, et ne donnent ni ne retirent de récépissés des Pièces qui leur sont confiées, ou qu'ils rendent, sont censés avoir un titre dans l'existence même du Dossier entre leurs mains; et encore sur ce qu'il ne seroit pas juste de se prévaloir contre eux de ce qu'ils ont attendu leur payement, et fait un crédit souvent forcé aux Isles, à des Cliens qu'une Jurisprudence contraire auroit peut-être conduits trop aisément à en abuser.

ARRÊT du Conseil du Cap, portant que les Inspecteurs de Police dresseront leurs Procès-verbaux sur les Lieux, et en présence des Parties intéressées.

Du 10 Juillet 1783.

ENTRE les sieurs Henriques, Quiros et autres Marchands de la Place-Clugny, Appelans de Sentence du Lieutenant de Police du Cap, et de l'art. 2 de son Ordonnance du 3 Avril 1782 d'une part; Et le Procureur-Général du Roi en la Cour, prenant le fait & cause de son Substitut, au Sige-Royal du Cap, Intimé, etc. Vu la Sentence qui, vu les Procès-verbaux de Sarazin, Inspecteur de Police, constatant les contraventions audit article 2 de l'Ordonnance de Police, du 3 Avril 1782, qui fait défenses à tous Marchands de mettre dans les rues des Tréteaux & Tables pour étaler leurs Marchandises; auroit lesdits Marchands condamnés chacun en l'amende de 60 liv., portée par ladite ordonnance, ce qui seroit exécuté, etc. Après que Laborie, Avocat des Appelans a été ouï, ensemble de Saint-Martin fils, Substitut pour le Procureur Général du Roi; Et tout considéré: LA COUR a mis et met les appellations et Sentence dont est appel au néant; émendant, déclare nuls les procès-verbaux dont s'agit, pour n'avoir point été rédigés sur les Lieux, et signés par les Parties trouvées en contravention; en conséquence les décharge des condamnations contre-elles prononcées; enjoint aux Inspecteurs de Police de rédiger sur les Lieux leurs procès-verbaux, et de les faire signer par les Parties contrevenantes, et en cas de refus d'en faire mention: ordonne que l'Arrêt sera notifié à la requête du Procureur-Général du Roi, aux Inspecteurs de Police, pour qu'ils ayent à s'y conformer; et néanmoins, ordonne de plus fort l'exécution de l'art. 2 de l'Ordonnance de Police du 3 Avril 1782.

ARRÊT du Conseil du Cap, qui condamne des Mulâtres Libres au Carcan et au Bannissement hors du Ressort de la Cour, pendant 3 ans, pour avoir donné à jouer à des Gens de Couleur Libres et Esclaves.

Du 17 Juillet 1783.

ORDONNANCE des Administrateurs, portant établissement d'un Ingénieur-Hydraulicien, avec Réglement sur ses droits et ses fonctions.

Du 19 Juillet 1783.

GUILLAUME-LÉONARD de Bellecombe, etc.

Alexandre-Jacques de Bongars, etc.

Frappés du grand nombre de contestations qui s'élèvent dans cette Colonie, à l'occasion de la répartition proportionnelle des eaux, et qui croissent d'année en année, à mesure que les Habitans sont forcés de partager entre-eux les eaux des Rivières, pour remédier aux sécheresses qui désolent leurs cultures; et aussi à mesure que leur industrie se perfectionne, et que des Moulins à eau et d'autres machines hydrauliques se multiplient dans tous les quartiers. Considérant combien il seroit intéressant de prévenir de telles discussions, et d'en arrêter le cours, s'il étoit possible, ou du moins de les éclaircir par un procès-verbal juridique et instructif, afin d'abréger les procédures, dans les cas où la décision de telles affaires seroit portée devant les Tribunaux, nous avons jugé convenable d'établir provisoirement un Ingénieur Hydraulicien, dont les lumières dans cette partie de la Méchanique, ainsi que le zèle et la probité soient généralement connus. Sur quoi, en vertu des pouvoirs qui nous ont été confiés par S. M., nous avons ordonné et ordonnons ce qui suit :

ART. Ier. Il sera établi dans cette Colonie, par provision seulement, et en attendant la confirmation de S. M., un Ingénieur - Hydraulicien, que tous les Habitans auront la faculté d'appeler, lorsqu'il sera question d'une distribution d'eau, à l'effet par lui d'examiner le local, déterminer le lieu où se fera la prise d'eau, en mesurer la quantité, fixer celle que chacun des Intéressés aura droit d'y prétendre, fournir le plan de l'ouvrage à faire ou approuver celui qui aura été choisi par les Habitans, & du tout dresser procès-verbal, dont lesdits Habitans intéressés pourront nous demander l'homologation que nous leur accorderons, s'il y a lieu.

II. Les Mémoires des Ouvriers employés aux ouvrages relatifs, soit aux arrosemens, soit aux Moulins à eau, seront réglés en cas de contestation par ledit Ingénieur, sauf auxdits Ouvriers à se pourvoir devant les Juges ordinaires, s'ils n'étoient pas satisfaits du prix qui leur seroit alloué.

III. Dans le cas où les Habitans intéressés à une distribution d'eau ne s'arrangeroient pas à l'amiable, et qu'ils porteroient leur contestation devant les Tribunaux qui en doivent connoître, ledit Ingénieur sera obligé, lorsqu'il en sera requis, soit par les Juges, soit par Nous, de se transporter sur les Lieux, d'examiner l'état des choses et d'en dresser procès-verbal, pour être ensuite jugé par lesdits Tribunaux ce que de droit.

IV. Pour qu'il n'y ait rien d'arbitraire sur les frais de transport dudit Ingénieur, en quelque lieu de la Colonie qu'il soit appelé et envoyé, soit par les Habitans, soit par les Juges, soit par Nous, nous les avons fixé et fixons par ces présentes à raison de 60 liv. par jour, à compter de celui de son départ, jusqu'à celui de son retour, dans le lieu de son domicile ordinaire, lesquels, dans tous les cas, seront supportés par les Habitans, soit que ledit Ingénieur ait pu les arranger à l'amiable, soit que la contestation ait été jugée par le Tribunal qui en doit connoître. Dans ce dernier cas, les frais seront compris dans les dépens auxquels sera condamnée la Partie qui aura succombé.

Sera la présente Ordonnance enregistrée au Greffe de l'Intendance, imprimée, lue, publiée et affichée par-tout où besoin sera. Prions MM. les Officiers du Conseil-Supérieur du Cap d'enregistrer la présente Ordonnance; et mandons à ceux de la Jurisdiction de tenir la main à son exécution. DONNÉ au Cap, etc.

R. au Conseil du Cap, le 3 Octobre suivant.

Le sieur Verette aîné, a été nommé en conséquence.

LETTRE *du Ministre au Gouverneur-Général, touchant un Conseil de Guerre tenu contre des Habitans, pour avoir eu correspondance avec l'Ennemi.*

Du 27 Juillet 1783.

J'AI reçu, M., l'expédition de la procédure instruite par le Conseil de Guerre contre G...B... et F. frères, et le sieur C..., les 4 premiers condamnés à mort pour avoir eu une correspondance avec Porkins, Commandant un Corsaire Anglois, et le dernier renvoyé à un plus amplement informé. Sur le compte que j'ai rendu au Roi de cette affaire, Sa Majesté a jugé qu'à défaut de Jurisdiction Prévôtale, vous n'aviez d'autre ressource que celle d'un Conseil de Guerre pour faire instruire la procédure, et prononcer une peine infligée par l'Ordonnance Militaire, qui n'est enregistrée dans aucun des Tribunaux.

BREVET de Grace en faveur de 4 Particuliers condamnés à mort par Jugement d'un Conseil de Guerre.

Du 25 Juillet 1783.

AUJOURD'HUI 25 Juillet 1783, le Roi étant à Versailles, sur la très-humble supplication faite à Sa Majesté par les nommés G... B... F... et F..., Navigateurs à St. Domingue, contenant qu'un Corsaire Anglois, commandé par Porkins, a croisé pendant la Guerre sur les côtes de Saint-Domingue; qu'il y a fait un nombre infini de prises de Bateaux Pêcheurs et Caboteurs, dont les Equipages étoient composés d'Esclaves; que les Administrateurs de la Colonie avoient toléré long-temps des communications entre les Habitans et ce Corsaire, pour le rachat de ces Esclaves qui étoient rendus à leurs Maîtres, en payant au Corsaire la moitié de leur valeur; qu'à l'arrivée du sieur de Bellecombe, ce Gouverneur avoit défendu ces communications, qui devenoient dangereuses dans des Colonies où étoit le théâtre de la Guerre; que malgré cette défense, ils avoient eu le malheur d'entretenir une correspondance avec Porkins, pour le rachat de trois Esclaves qu'il leur avoit pris, ce qui avoit donné lieu au transport de quelques pains à bord de ce Corsaire; qu'ayant été accusés et convaincus de cette communication, ils avoient été condamnés à être pendus par un Jugement du Conseil de Guerre du 20 Mars 1783, à l'exécution duquel le Gouverneur-Général avoit sursis jusqu'à ce qu'il eût reçu les ordres de S.M.; que les Juges, après avoir prononcé suivant la rigueur de la Loi, sollicitoient eux-mêmes la clémence de S. M. Dans ces circonstances, lesdits..... auroient très-humblement fait supplier S. M. de vouloir bien les décharger de la peine de mort contre eux prononcée par le Conseil de Guerre tenu au Cap, Isle St. Domingue, le 20 Mars 1783, pour raison des communications qu'ils avoient eues avec le Corsaire Porkins: A quoi ayant égard, et préférant miséricorde à la rigueur des Loix, S. M. de sa grace spéciale, pleine puissance et autorité Royale, a aboli, remis, quitté et pardonné, abolit, remet, quitte et pardonne le délit commis par lesdits... en entretenant des communications avec le Corsaire Anglois Porkins, en temps de Guerre, les a déchargé et décharge de la peine de mort prononcée contre-eux par le Conseil de Guerre tenu au Cap-François le 20 Mars 1783, pour raison desdites communications. Leur fait S. M. remise de toutes autres peines, amendes et offenses corporelles, civiles et criminelles qu'ils peuvent avoir, pour raison de ce, encourues envers S. M. et Justice, met et restitue S. M. lesdits impétrans en leur bonne renommée. Fait défenses à toutes personnes de faire auxdits impétrans aucuns reproches injurieux à cet égard, sous telle peine qu'il appartiendra. Mande et ordonne S. M. à son Gouverneur-Lieutenant-Général de l'Isle de St. Domingue, de faire assembler le Conseil de Guerre, pour être procédé à l'entérinement du présent Brevet, qui sera exécuté selon sa forme et teneur, et pour par lesdits Impétrans jouir et user pleinement, paisiblement et perpétuellement de l'effet d'icelui, cessant et faisant cesser tous troubles et empêchemens contraires, et pour témoignage de sa volonté, S. M. m'a ordonné d'expédier présent, etc.

Entériné au Conseil de Guerre, tenu au Cap le...

LETTRE *du Ministre aux Administrateurs, sur l'Établissement de l'Isle de la Trinité Espagnole.*

Du 3 Août 1783.

J'ai été prévenu que le Ministère Espagnol s'occupoit de faire un Établissement à la Trinité; et il paroît que la nouvelle Colonie doit être uniquement formée des Émigrans des autres Colonies Je vous recommande de prendre les plus grandes précautions pour empêcher la sortie des Habitans de votre Colonie, ainsi que celle de leurs Esclaves. Vous employerez pour cet effet tous les moyens qui sont en votre disposition, et vous m'en rendrez compte.

COMMISSION *d'Intendant-Général des Colonies, pour M. de Vaivre.*

Du 17 Août 1783.

LOUIS, etc. A notre amé et féal Chevalier, Conseiller en nos Conseils et Maître des Requêtes ordinaire de notre Hôtel, le sieur Jean-Baptiste-Guillemin de Vaivre, ancien Conseiller au Parlement de Besançon, ancien Intendant de Saint-Domingue : SALUT. Ayant jugé à-propos, pour le bien de notre Service, d'établir un Intendant-Général des Colonies, pour, sous les ordres de notre très-cher et très-amé Cousin le Maréchal de Castries, Chevalier de nos Ordres, Commandant-Général et Inspecteur de la Gendarmerie, Ministre et Secrétaire d'État, ayant le Département de la Marine et des Colonies, avoir inspection sur les objets qui intéressent notre Service; Nous avons cru ne pouvoir faire un meilleur ni plus digne choix que de vous, dont nous connoissons le zèle, la capacité, l'expérience, l'affection et la fidélité à notre Service, par les preuves multipliées que vous nous en avez données dans les différens emplois et commissions qui vous ont été confiés successivement, et principalement dans les charges de Conseiller en notre Parlement de Besançon, d'Intendant de notre Colonie de Saint-Domingue, et de Maître des Requêtes ordinaire de notre Hôtel, que vous avez gérées et administrées avec distinction, et à notre pleine et entière satisfaction : A CES CAUSES, et autres à ce nous mouvant, nous vous avons nommé, commis et député, et par ces présentes, signées de notre main, nommons, commettons et députons, Intendant-Général des Colonies pour, en ladite qualité, suivre et diriger les différentes parties de notre service, relatives à l'Administration des Colonies, Comptoirs et autres Établissemens que nous possédons en Amérique, en Afrique et en Asie; tenir la main à l'exécution de la partie de nos Ordonnances et Réglemens relatifs aux fonctions qui vous sont attribuées; suivre immédiatement sous les ordres de notredit Secrétaire d'État ayant le Département de la Marine et des Colonies, la direction des différens détails, affaires et objets concernant ladite Administration des Colonies, et pour ladite charge d'Intendant-Général des Colonies, exercer, en jouir et user aux honneurs, fonctions, pouvoirs, autorités et prérogatives y attachés, et aux appointemens qui vous seront ordonnés par nos États; de ce faire, vous donnons pouvoir et mandement spécial par cesdites présentes. Mandons à notre très-cher et très-amé Cousin le DUC DE PENTHIÈVRE Amiral-de-France, et aux Vice-Amiraux, Lieutenans-Généraux, Chef-d'Escadres, Commandans de nos Ports, Directeurs-Généraux de nos Arsenaux, Gouverneurs des Colonies, Intendans de la Marine, des Armées Navales et des Colonies ou Ordonnateurs, et tous autres Officiers qu'il appartiendra, de vous reconnoître et faire reconnoître en ladite qualité : CAR TEL EST NOTRE PLAISIR. DONNÉ à Versailles, le 17e jour du mois d'Août, de l'an de grace 1783, de notre règne, le 10me. *Signé* LOUIS; et plus bas : *Par le Roi*, le Maréchal DE CASTRIES.

LE DUC DE PENTHIÈVRE, etc.

ORDONNANCE

LETTRE du Ministre à M. l'Amiral, sur plusieurs objets concernant les Amirautés de la Colonie.

Du 12 Septembre 1783.

J'AI examiné, avec attention, les Mémoires et Observations de M. Périer, sur différens griefs que le Lieutenant d'Amirauté du Port-au-Prince a denoncés à V. A. S. Sur le compte que j'en ai rendu au Roi, S. M. m'a ordonné de transmettre à V. A. S. ses intentions sur chaque article.

Les Administrateurs des Colonies sont chargés supérieurement de la manutention des loix prohibitives; ce qui les oblige d'inspecter particulièrement la navigation dans les mers de l'Amérique. C'est le motif des permissions qu'ils accordent sur requêtes, et qui doivent être connues des Juges de l'Amirauté par l'enregistrement dans leurs Greffes, afin qu'ils puissent faire expédier les congés nécessaires pour les voyages permis. Les Juges des Amirautés sont obligés de se conformer à cet égard aux décisions des Administrateurs qui, dépositaires de l'autorité du Roi, ont le droit de faire des Règlemens provisoires dans toutes les parties. Les Articles 9 et 10 du Titre 4 du Règlement du 12 Janvier 1717, ont prévu des cas dans lesquels les congés ne peuvent être délivrés qu'après que les Gouverneurs auront été avertis. Dans d'autres cas il faut le consentement du Gouverneur, à qui il est recommandé d'empêcher qu'on n'abuse de ces congés pour faire le commerce avec les Étrangers. Je supplie V. A. S. de considérer que cette dernière disposition autorise particulièrement les permissions sur requêtes que le Lieutenant d'Amirauté dénonce comme abusives, et que les Administrateurs ont accordées dans tous les temps.

Les Siéges des Amirautés ont dans les Colonies le même arrondissement que les Sénéchaussées, et dans cet arrondissement les sentences des Juges d'Amirauté s'exécutent sans pareatis. Mais le Lieutenant d'Amirauté prétend qu'on doit affranchir de cette forme les sentences d'une autre Amirauté, et que, par exemple, une sentence du Juge de l'Amirauté du Petit-Goave doit être exécutée sans paréatis dans la jurisdiction du Port-au-Prince. Il semble que pour détruire cette prétention, il suffit d'observer qu'une sentence du Sénéchal du Petit-Goave ne peut être exécutée au Port-au Prince sans parëatis ; c'est en effet la disposition précise de l'Art. 6 du Titre 27 de l'Ordonnance de 1667, qui enjoint aux juges de donner le parëatis dans leur ressort, sans entrer en connoissance de cause. Cette observation détruit le motif d'inconvénient que l'on fonde sur l'incompétence du juge qui ne donne que la permission d'exécuter, et non pas, ainsi qu'on le dit, la sanction et vertu exécutoire.

Les circonstances de la contestation qu'un Juge d'Amirauté a éprouvée à l'occasion de la publication des articles préliminaires de la Paix, ne sont pas connues ; mais il semble que le Lieutenant d'Amirauté du Port-au-Prince n'auroit pas dû parler de cette affaire, puisqu'il ajoute que le Conseil Supérieur a rejeté unanimement la prétention du Sénéchal.

Il en est à peu-près de même du rang des Juges d'Amirauté dans les cérémonies publiques. De l'aveu du Lieutenant d'Amirauté, ils n'ont encore formé à cet égard aucune demande, et il en fait néanmoins un article de ses griefs. Les Administrateurs des Colonies sont juges des questions de cette espèce, & c'est à eux à determiner provisoirement quelle sera dans les Cérémonies publiques la marche des Officiers des Amirautés qui, en effet, dans les Colonies doivent avoir rang immédiatement après les Juges des Sénéchaussées. Je suis persuadé que V. A. S. sera satisfaite de leurs décisions.

Les faits relatifs à la rade du Port-au-Prince, dont on assure que le centre est embarrassé par de vieilles coques de navires servant de pontons, ne sont pas connus. Le Roi m'a chargé de demander à cet égard aux Administrateurs les éclaircissemens les plus précis, et de leur recommander de concilier les différens intérêts. V. A. S. jugera elle-même que les pontons sont d'une utilité évidente ; mais il ne faut pas qu'il en résulte des inconvéniens plus grands. On peut les prévenir par des règlemens, soit pour empêcher qu'on ne jette du lest dans le port, soit pour désigner un endroit particulier pour le service des pontons, soit pour prévenir les accidens du feu ; et je ne puis penser que le Juge de l'Amirauté éprouve à cet égard des obstacles, s'il se tient dans les bornes de sa jurisdiction. La rade et le port du Port-au-Prince sont d'ailleurs également destinés pour le service de la marine Royale, et sous ce point-de-vue le Gouverneur réunit à l'autorité de l'Administration les droits du Directeur Général des ports que le Lieutenant d'Amirauté a peut-être méconnus.

V. A. S. doit être informée du retour en France du Procureur du

Roi de l'Amirauté du Cap, qui a obtenu un congé pour le rétablissement de sa santé. Les Administrateurs n'ont pas cru être autorisés à nommer un officier pour remplir, pendant son absence, les fonctions de sa place, et ils ont laissé ces fonctions au plus ancien gradué. Il semble que la question devoit être décidée par l'Article 9 du Titre 1er du Règlement de 1717, qui nomme dans ce cas le Juge ordinaire le plus prochain, et qui indiquoit le Lieutenant de Juge de la juridiction du même lieu ; mais comme cette disposition précise pourroit avoir des inconvéniens, S. M. est disposée à s'en remettre aux Administrateurs, qu'Elle autorisera à nommer, dans le cas d'absence, l'officier de justice qu'ils jugeront le plus propre à remplir l'interim. Je supplie V. A. S. de vouloir bien me marquer si elle ne trouve pas de difficultés dans cet arrangement. *

Depuis la désunion des Jurisdictions et des Amirautés du Cap et du Port-au-Prince, les mêmes Procureurs postulent dans les deux siéges. Si ce double service, dont il y a beaucoup d'exemples en France, est susceptible d'inconvéniens, S. M. se propose d'autoriser les Administrateurs à consulter les Conseils Supérieurs et les Juges des différens siéges, et à affecter à ceux de l'Amirauté le nombre de Procureurs qui sera jugé nécessaire. Ils pourront exercer leurs fonctions en vertu des titres dont ils sont actuellement pourvus ; à moins que V. A. S. ne juge à propos de leur faire expédier de nouvelles nominations. Elle pourvoira de même successivement aux vacances, etc. **

* *M. l'Amiral avoit déjà nommé à cet interim par commission du 16 juin 1783. Une nouvelle absence du Titulaire a encore donné lieu à une commission de M. l'Amiral du 16 Février 1786.*

** *Les Procureurs postulent encore dans les deux siéges.*

LETTRE *du Ministre à M. de Bongars, Intendant, sur les Commis du Bureau des Fonds au Cap.*

Du 13 Septembre 1783.

J'AI reçu votre Lettre du 27 Septembre dernier, N°. 55, par laquelle vous m'avez rendu compte des abus qui s'étoient introduits dans les Bureaux des fonds, & du parti que vous aviez pris de les réformer en entier, en rappelant néanmoins quelques bons Sujets que vous avez cru devoir excepter. Vous avez bien fait de donner cet exemple, &

de faire mettre ensuite en prison trois Commis qui s'étoient portés à des excès punissables. Je regrette que vous n'ayez pas effectué le projet que vous aviez formé de renvoyer en France les sieurs F... A. . & L..., & je crains que l'indulgence que vous aurez eue pour eux n'ait détruit les bons effets de la sévérité que vous avez d'abord montrée. Vous voudrez bien me marquer les motifs qui vous auront déterminé à changer d'avis à leur égard. Si la bonne conduite du sieur Morel s'est soutenue, je vous autorise à lui accorder une gratification. Je ne puis, au surplus, que vous confirmer ce que je vous ai marqué en dernier lieu sur ce qui concerne les Sujets employés sous vos ordres dans les différentes parties de l'Administration.

R. au Contrôle, le 21 Novembre suivant.

ORDONNANCE du Juge de Police du Cap, qui permet la Vente de la viande de Boucherie.

Du 25 Septembre 1783.

VU par Nous Jean-Baptiste-Julien BUSSON, Conseiller du Roi, Sénéchal, Juge Civil, Criminel & de Police du Siége Royal du Cap, la remontrance du Procureur du Roi, expositive que le défaut d'enchérisseurs, lors des publications qui ont été faites de la Carte-banie, dressée pour la fourniture de la viande de Boucherie, ayant déterminé M. l'Intendant à passer un Marché particulier pour la fourniture des Troupes & des Hôpitaux, il Nous auroit en même temps chargé de pourvoir à la fourniture du Public; que dans ces circonstances, il croit devoir requérir que les dispositions de notre Ordonnance du 18 Octobre 1782, conformément à laquelle le Marché particulier, passé par M. l'Intendant, a été dressé, soient renouvelées & publiées; Nous, faisant droit sur la Remontrance du Procureur du Roi, & renouvelant les dispositions de notre Ordonnance susdite, avons ordonné & ordonnons ce qui suit:

ART. I. Il sera permis, à commencer au 3 Octobre prochain, à tout Particulier de lever Boucherie de viande, & de débiter au Public la viande des animaux qu'il aura tués, en remplissant préalablement les conditions suivantes.

II. Tout Particulier qui voudra tenir Boucherie, sera tenu d'enfaire la déclaration au Greffe de notre Siége, & de prendre soumission de se conformer aux conditions qui lui seront imposées par notre présente Ordonnance, sous les peines y portées.

III. Expédition de ladite Déclaration sera remise au sieur Sarasin, Inspecteur de Police, pour, par ledit Inspecteur, être donné au Particulier qui le requerra, un Emplacement sur la Place du Marché, dit de Clugny.

IV. Sur l'Emplacement qui aura été donné par l'Inspecteur de Police, le Particulier qui voudra faire la Boucherie, sera tenu d'établir un Etal, garni de Balance suspendue à une Potence, et de Poids duement étalonés; et ne pourra être vendu sur ledit Etal que de la viande de Bœuf.

V. Tous ceux qui feront la Boucherie seront tenus de garnir leur Etal d'une quantité suffisante de viande, qui ne pourra être moindre de deux cens livres.

VI. Ceux qui auront rempli les conditions ci-dessus prescrites et fait en conséquence la fourniture de viande au Public, seront tenus, avant de pouvoir cesser de faire ladite fourniture, de prévenir deux jours d'avance.

VII. Tout Particulier qui fera la Boucherie en vertu de notre présente Ordonnance, sera tenu de se conformer, pour le prix de la viande qu'il débitera, au Marché particulier passé par M. l'Intendant, et de donner en conséquence la viande au Public à raison de 18 sols la livre.

VIII. L'Inspecteur de Police qui sera de semaine au Marché, et les Sergens de sa Brigade, veilleront exactement à ce que les Bouchers ne commettent aucune infidélité dans le prix, ni dans le poids de la viande; et en cas de contravention de la part desdits Bouchers, ils en dresseront Procès-Verbal, qu'ils remettront au Procureur du Roi, pour être par lui requis, et par Nous statué ce qu'il appartiendra.

IX. Seront tous les articles de la présente Ordonnance exécutés, à peine de 300 livres d'amende, applicables, moitié au Roi, et moitié à la Brigade de Police qui constatera la contravention. Mandons aux Inspecteurs de Police de veiller à l'exécution de notre présente Ordonnance, qui sera lue, publiée et affichée par-tout où besoin sera. DONNÉ au Cap, etc. *Signé* BUSSON.

Ordonnance des Administrateurs qui fixe les Limites de la Paroisse du Trou.

Du 27 Septembre 1783.

Aujourd'hui huitième jour du mois de Juillet 1777, Nous, Jean-Joseph Audibert, Inspecteur des Chemins, Ponts et Chaussées de la dépendance du Fort Dauphin et ancien Arpenteur principal de cette même dépendance, demeurant au Trou, Certifions ; qu'à la réquisition de M. Pillet, Capitaine d'Infanterie au Bataillon du quartier Dauphin, Commandant au Trou, nous aurions, comme dit est, à sa réquisition, travaillé à lever le plan des limites de ladite Paroisse St. Jean-Baptiste du Trou, et à cet effet autorisé par la lettre de MM. d'Ennery et de Vaivre, Général et Intendant de cette Colonie, du 26 Août 1776, et que nous avons annexée copie à la présente minute ; pour cet effet, et pour parvenir à la dite réquisition, nous aurions extrait copie de tous les plans des habitations limitrophes des différentes Paroisses qui confrontent celle du Trou, que nous aurions réduits à une même échelle, et avec lesquels nous aurions dressé le plan desdites limites ci-attaché, et suivant les indications qui nous ont été données par notre dit sieur Requérant, et d'après ce plan par nous ainsi dressé des dites limites de la paroisse du Trou, lavé en rouge, elle se trouve bornée à l'Est de la cîme de la montagne des Epineux, des Balingans et à Bouché, et qui a toujours servi de séparation entre ladite paroisse du Trou d'avec celle des Terriers-Rouges ; ensuite elle est bornée au Nord de la Ravine à Bouché jusqu'à son confluent, avec la rivière à Marion, & qui a toujours servi de séparation entre ladite Paroisse du Trou & celle des Terriers-Rouges ; ensuite dudit confluent de ladite Ravine à Marion, elle est bornée à l'Est de ladite rivière à Marion jusqu'à son confluent avec la rivière de l'Acul de Samedi, & a toujours servi de séparation entre ladite Paroisse du Trou & celle du Fort-Dauphin ; & dudit confluent de ladite rivière de l'Acul de Samedi, avec la rivière à Marion, ladite paroisse du Trou se trouve bornée à l'Est et au Sud de ladite rivière de l'Acul de Samedi, et qui a toujours servi de séparation entre ladite Paroisse du Trou et celle du Fort-Dauphin, jusqu'à la rencontre de la crête à battre du feu, qui borne ladite paroisse du Trou à l'Est, et qui sert de séparation entre ladite Paroisse du Trou d'avec celle du Fort-Dauphin, jusqu'à la rencontre de la cîme de la montagne de l'Acul de Samedi, laquelle borne ladite Paroisse du Trou au Sud, jusqu'à la rencontre du piton des flambeaux, et sert de séparation entre ladite Paroisse du Trou d'avec celle de Vallière. Dudit piton des flambeaux, la Paroisse du Trou est bornée à l'Est du piton des Nègres, ligne de démarcation par nous tracée par ordonnance de MM. de Vallière et de Montarcher, pour lors Général et Intendant de cette Colonie, et pour servir de séparation entre ladite Paroisse du Trou, et celle de Vallière jusqu'à la rencontre de la source de la rivière à Racadeaux, et au point désigné sur notre plan par la lettre E; duqueldit endroit ladite rivière borne ladite Paroisse à l'Est jusqu'à la rencontre de la grande rivière au point D, sur notre plan, pour delà ensuite aller directement à l'Ouest, en suivant le cours de la grande rivière, jusqu'à la rencontre du point O, sur notredit plan, et cette ligne de D en O, borne ladite Paroisse du Trou au Sud. Et dudit point O, sur le plan de la veuve la Rousselière, dont les établissemens sont sur ladite Paroisse du Trou, Nous aurions suivi une crête allant au Nord et à l'Ouest jusqu'au point C, sur notre plan, rencontre du piton des Roches au-dessus des établissemens du Sieur Bailly, et cet espace borne ladite Paroisse du Trou au Sud et à l'Ouest, et la sépare de la Paroisse de Limonade et du lieu vulgairement appelé les Fonds-Bleus. Nous observons que les Sieurs la Rousselière, la Pallière, veuve Lépy, Hamon, le Genty et veuve Dailleboust, et dont les habitations, ainsi que les établissemens, sont situés sur la rivière des Ecrévisses, ont toujours refusé de faire le service et contribuer aux charges et corvées publiques dans la Paroisse du Trou, prétendant mal-à-propos être de celle de Limonade. MM. les Général et Intendant voudront bien lever ces difficultés en faveur de la Paroisse du Trou. Ensuite dudit point C, ladite montagne à Palmiste borne ladite Paroisse du Trou à l'Ouest jusqu'à la montagne des Ecrevisses, et sert de séparation entre la Paroisse du Trou et le Moka, Paroisse de Limonade; ensuite c'est la montagne des Cottelettes et de Sainte Suzane, qui borne ladite Paroisse du Trou à l'Ouest, et lui sert de séparation avec le Moka, Cottelettes et Sainte Suzanne, Paroisse de Limonade, jusqu'à la lisière de l'habitation de madame Desportes au point R sur notre plan; et ensuite c'est la lisière de l'habitation de ladite dame Desportes, et la ravine à Grimaud qui bornent ladite Paroisse du Trou à l'Ouest, et qui lui servent de séparation avec celle de Limonade, jusqu'à la rencontre du chemin qui conduit du

Cap au Fort-Dauphin et aux Terriers-Rouges, et à l'endroit vulgairement appelé *la grande Raque ;* ensuite dudit endroit, c'est ledit grand chemin qui borne ladite Paroisse du Trou jusqu'à la lisière des habitations Salva, et qui la sépare d'avec celle des Terriers-Rouges. Mais ladite habitation Salva, celle des Sieurs Hay et Gerbeau, depuis 1721, ont fait partie de la Paroisse des Terriers-Rouges, par ordonnance de la même année de MM. de Sorel et Duclos, qui ordonne la séparation de la Paroisse du Trou en deux, et le démembrement des habitations qui vont aux deux côtés des deux chemins de Jacquesy, pour ne former avec lesdits habitans des Terriers-Rouges, qu'une seule Paroisse; notredit sieur Requérant nous auroit requis de rapporter au présent procès verbal les observations par lui faites à ce sujet, comme il suit.

Qu'il faut que ladite Ordonnance ait été mal interprétée. MM. de Sorel et Duclos ont ordonné le démembrement des habitations qui sont aux deux côtés des deux chemins dudit Jacquesy, & que ces deux chemins de Jacquesy ne peuvent être autre chose que le chemin désigné sur notre plan, chemin du Cap au Fort - Dauphin, et celui qui conduit à l'Embarcadère de Jacquesy, et que le Gouvernement n'a jamais eu intention de donner pour ligne de démarcation entre la Paroisse du Trou et celle des Terriers-Rouges, des lignes ou lisières des habitations des sieurs Salva, Hay et Gerbeau, lignes très-irrégulières, et que nous avons lavées en jaune sur notre plan, et qu'il est d'usage que l'on donne ordinairement pour ligne de démarcation les bords de mer, les rivières, ravines, grands chemins et les cîmes des montagnes; aussi le Gouvernement a pourvu à cela par la lettre du 20 Août, en prescrivant de ne donner pour ligne de démarcation que les bords de mer, rivières, ravins, grands chemins et les cîmes des montagnes; et notredit sieur Requérant se croit fondé à supplier Nosseigneurs les Général et Intendant, d'ordonner qu'à l'avenir les habitations des sieurs Salva, Hay et Gerbeau feront partie de la Paroisse du Trou.

Notre Requérant nous a requis d'observer encore à Nosseigneurs les Général et Intendant, que les trois Embarcadères de Caracol, du Trou et de Jacquesy se trouvent dans la Paroisse de Terriers-Rouges; qu'il conviendroit que l'Embarcadère de Caracol, qui sert à une partie des habitations de Limonade, et celui du Trou fissent partie de la Paroisse du Trou, en la bornant de la ravine à Grimaud jusqu'à la mer, ensuite le bord de la mer jusqu'à la rencontre de la rivière du Trou, qui serviroit de bornes entre ladite Paroisse du Trou

Trou et celle des Terriers-Rouges, jusqu'à la rencontre du chemin du Cap aux Terriers-Rouges, sur l'habitation Gerbeau, et ensuite suivre ledit grand-chemin du Terrier-Rouge, jusqu'à la rencontre de la lisière mitoyenne entre l'habitation Pardieu et celle du sieur Bretoux, il resteroit l'Embarcadère, dit de Jacquesy, qui seroit attaché à ladite Paroisse des Terriers-Rouges; comme étant à sa convenance, et ceux de Caracol et du Trou, les attacher à la Paroisse du Trou, comme étant à la convenance de ladite Paroisse par leur situation; d'autant mieux que la garde de ces deux Embarcadères en temps de guerre a été toujours confiée aux habitans de ladite Paroisse du Trou, qui auroit pour lors dans toute son étendue, pour ligne de démarcation, la mer, rivières, ravines et les cîmes des montagnes, conformément à l'intention du Gouvernement, et ainsi qu'il est prescrit par la lettre du 20 Août 1776. Notre dit sieur Requérant ose attendre de Nosseigneurs les Général et Intendant, qu'ils auront égard à ses justes représentations; et il attendra avec impatience leur Ordonnance pour faire poser les bornes dans les endroits qu'il leur plaira lui prescrire.

Clos le présent procès-verbal le seizième jour du mois d'Août, dit an que dessus, audit lieu de la Paroisse du Trou, en la maison de notredit sieur Requérant, en sa présence, et qui, après en avoir pris lecture, a signé avec nous, *signé*: PILLET et AUDIBERT.

Soient le présent procès-verbal et plan communiqués à M. le Commandant pour le Roi de la partie du Nord, pour, sur son raport et avis, être par Nous ordonné ce qu'il appartiendra. DONNÉ au Cap le 20 Septembre 1783. *signé*: BELLECOMBE et BONGARS.

Nous, Lieutenant de Roi au Cap et dépendances, Commandant en second par interim de la Partie du Nord, conformément aux ordres ci-dessus du vingt de ce mois, disons que le plan et procès verbal de la Paroisse du Trou, levé par le sieur Audibert, Inspecteur des Chemins, Ponts et Chaussées de la dépendance du Fort Dauphin, en exécution de l'ordre de MM. le Comte d'Ennery et de Vaivre, par leur lettre au Commandant de la dite Paroisse du 20 Août 1776, démontre parfaitement, par la ligne lavée en rouge, les limites connues et arrêtées entre les Paroisses du Trou et celles du Fort Dauphin, de Vallière et de Limonade. En conséquence estimons que le dit plan doit être homologué *Ne Varietur*, pour former au Nord les limites de la dite Paroisse du Trou avec celle des Terriers-Rouges, depuis le point de la crête des Epineux, des Balingans, et à Bouché jusqu'à la Ravine à Bouché, et au Confluent de la rivière à Marion. Ensuite dudit confluent de la dite Ravine à Bouché avec la rivière à Marion jusqu'à son confluent avec la rivière de l'Acul de Samedi, la crête à battre du feu et la cîme de la montagne de l'Acul de Samedi, pour borner la dite Paroisse du Trou à l'Est et au Sud de la Paroisse du Fort Dauphin. Pareillement de cette dernière Crête au Piton des flambeaux, et de ce Piton en suivant la crête de la montagne du Piton des Nègres jusqu'au point E, à la source de la rivière des Racadaux, qui sera suivie jusqu'au point D, jonction de la dite rivière des Racadeaux avec la grande Rivière, pour la borner aussi à l'Est de la Paroisse de Vallière; de ce point D, en suivant toujours la ligne lavée en rouge, descendant la grande Rivière jusqu'au point O, sur la place de la dame veuve de la Rousselière, dont les établissemens sont sur la dite paroisse du Trou et à la rencontre de la crête de la montagne à Palmiste, pour la borner au Sud de la Paroisse de Vallière, et à l'Ouest de la Paroisse de Limonade, suivant ladite crête de la montagne à Palmiste jusqu'au point C, rencontre du Piton des Roches au dessus des établissemens du sieur Bailly, lequel Piton des Roches la sépare aussi à l'Ouest de la dite paroisse de Limonade. Et, ayant égard à l'observation du sieur Audibert, Nous estimons qu'il doit être jugé et ordonné que les habitations La Rouselière, La Pallière, Veuve Lépy, Hamon, Le Gentil, Veuve Dailleboust et Bailly, dont les établissemens sont situés sur la rivière des Ecrevisses et sur le terrein dépendant de la paroisse du Trou, la crête de la montagne à Palmiste bornant incontestablement depuis longtemps ladite Paroisse du Trou de celle de Limonade, seront tenues à l'avenir de donner leurs recensemens au Trou, de contribuer aux charges et corvées publiques de ladite Paroisse, et d'y faire leurs services des milices. Du point C suivant toujours la crête de la montagne du Palmiste jusqu'à la jonction de la montagne des Ecrevisses située dans l'intérieur de la Paroisse du Trou, et où commence la montagne des Cotelettes, Sainte-Suzanne, la lisière de l'habitation Desportes St. Nudec jusqu'au point R; et dudit point R jusqu'à la jonction de la Ravine à Grimeau qui sera suivie, chassant au Nord jusqu'à la rencontre du chemin qui conduit du Cap au Fort-Dauphin et aux Terriers-Rouges, vulgairement appelé la grande Raque, pour borner à l'Ouest dans toute son étendue ladite Paroisse du Trou de celle de Limonade; ensuite dudit endroit ordonner que la ligne lavée en rouge sur ledit plan qui parcourt ledit chemin du Cap au Fort-Dauphin et aux Terriers-Rouges de l'Ouest à l'Est, marquera ledit grand chemin pour bornes de la Paroisse du Trou avec celle des Terriers-Rouges, ensorte que les habitations Salva, Hay et Gerbeau qui, par erreur et pour avoir dans le temps mal interprêté l'Ordonnance de MM. de Sorel et Duclos de 1721, ont été placées dans la Paroisse des Terriers-Rouges, seront désormais de la Paroisse du Trou, où elles ont même donné depuis plusieurs années leurs recensemens et fait leur service de milices; et finalement que ladite ligne arrivée à la lisière de l'habitation de Pardieu d'avec celle de Bretoux, et qui, courant au Sud, joint le premier point, dit Crête de la montagne des Epineux, des Balingans, d'où ledit sieur Audibert est parti pour commencer lesdits abornemens, renfermera invariablement ladite Paroisse du Trou dans toute son étendue, sans pouvoir avoir égard à l'observation du sieur Audibert, de comprendre dans ladite Paroisse du Trou les embarcadères de Caracol et du Trou, attendu qu'ils emporteroient de la Paroisse des Terriers-Rouges, les habitations Loup, Héritiers Thomas, Achy, Choiseul et Astier, établies toutes les cinq en sucreries qui diminueroient les revenus de la Paroisse des Terriers-Rouges d'une somme considérable, et lui ôteroient aussi les moyens de pouvoir entretenir ses chemins, ce qui seroit injuste, ces habitations étant les plus considérables de la Paroisse. Tel est notre avis. Au Cap le 26 Septembre 1783. *Signé* : le Chevalier DUGRÉS.

Suit l'Ordonnance définitive.

Vu le procès verbal de l'Arpenteur principal Audibert du 8 Juillet 1777, clos le seize Août suivant, le plan y annexé, Notre Ordonnance du 20 Septembre présent mois, l'avis de M. le Lieutenant de Roi au Cap et dépendances, Commandant en second de la Partie du Nord, en date du 26 du même mois de Septembre, et tout considéré : Nous, Général et Intendant, sans préjudice des droits d'autrui, avons homologué, et homologuons les Procès-verbal et plan de l'Arpenteur principal Audibert, des 8 Juillet et 16 Août 1777, que nous avons paraphé *ne varietur*, pour sortir son plein et entier effet. Ordonnons en conséquence que la Paroisse du Trou avec celle des Terriers-Rouges sera bornée au *Nord* depuis le point de la crête de la montagne des Epineux, des Balingans et à Bouché jusqu'à la rivière à Bouché, et au confluent de la rivière à Marion; à l'*Est* et au *Sud* du quartier Dauphin, en suivant le confluent de ladite Ravine à Bouché avec la rivière à Marion jusqu'à son confluent avec la rivière de l'Acul de Samedi, la crête à battre du feu, et la cîme de la montagne de l'Acul de Samedi ; à l'*Est* de la Paroisse de Vallière, à partir de la dernière crête du Piton des flambeaux, et en suivant de ce piton, la crête de la montagne du Piton des Nègres jusqu'au point E, source de la rivière à Racadeaux qui sera suivie jusqu'au point D, jonction de ladite rivière à Racadeaux avec la grande rivière ; au *Sud* de la Paroisse de Vallière, à partir du point D, descendant la grande rivière jusqu'au point O, sur la place de la Dame Veuve La Rousselière, à l'effet de remonter la crête de la montagne à Palmiste jusqu'au point C, rencontre du piton des Roches ; à l'*Ouest* de la Paroisse de Limonade, à partir du point C, suivant toujours la crête de ladite montagne à Palmiste jusqu'à la jonction de la montagne des Ecrevisses, et où commence la montagne des Côtelettes, Sainte-Suzanne, la lisière de l'habitation Desportes de Saint-Nudec jusqu'au point R ; et dudit point R jusqu'à la jonction de la Ravine à Grimeau, qui sera suivie chassant au *Nord* jusqu'à la rencontre du chemin qui conduit du Cap au Fort-Dauphin et aux Terriers-Rouges, vulgairement appelé la *grande Raque*. Ordonnons pareillement que la ligne lavée en rouge sur ledit plan, qui parcourt ledit chemin du Cap au Fort-Dauphin et Terriers-Rouges de l'*Ouest* à l'*Est*, désignera les bornes de ladite Paroisse du Trou avec le quartier des Terriers-Rouges, et que ladite ligne, arrivée à la lisière de l'habitation Pardieu d'avec celle de Bretoux courant au *Sud*, renfermera invariablement ladite Paroisse du Trou. Que les habitations La Rousselière, La Pallière, Veuve L'Epy, Hamon, Le Gentil, Veuves Dailleboust et Bailly, Salva, Hay et Gerbeau feront partie de la susdite Paroisse du Trou, y donneront leurs recensemens, contribueront aux charges et corvées publiques et y feront leurs services de milices. Mandons à M. le Commandant pour le Roi de la partie du Nord, et à MM. les Commandans des quartiers du Trou, Terrier-Rouge, Fort-Dauphin, Vallière et Limonade, de tenir, chacun en ce qui le concerne, sévèrement la main à l'exécution de notre Ordonnance. Et sera la présente enregistrée, tant au Greffe de l'Intendance qu'en celui de la Subdélégation, et plan déposé au-dit Greffe de la Subdélégation pour y recourir au besoin. Donné au Cap, etc. le 27 Septembre 1783. *Signé :* BELLECOMBE et BONGARS.

R. au Greffe de l'Intendance, le 4 Décembre 1783.

Et à celui de la Subdélégation le 27 du même mois.

BREVET portant Privilége d'Imprimer un Journal, sous le titre de Journal Américain, pour les sieurs Vincendon frères.

Du 2 Octobre 1783.

AUJOURD'HUI, 2 Octobre 1783, le Roi étant à Versailles, sur ce qui a été représenté à Sa Majesté par les sieurs Guillaume Vincendon de Sogey et Etienne Vincendon Dutour, frères, Avocats, qu'ils desireroient faire imprimer à Saint-Domingue, vendre et distribuer dans les Colonies, un Journal, sous le titre de Journal Américain, ou Relations Historiques, Politiques, Littéraires, de Jurisprudence, de Commerce et d'Agriculture, destinées à l'usage des Colonies; Sa Majesté voulant protéger un Etablissement qui paroît utile aux progrès de l'Agriculture, du Commerce et de la Jurisprudence, et traiter favorablement lesdits sieurs Vincendon de Sogey et Vincendon Dutour, Elle leur a accordé et accorde, pendant quinze ans, le privilége de composer, faire imprimer à Saint-Domingue, vendre et distribuer dans les Colonies, à l'exclusion de tous autres, un Journal, sous le titre de Journal Américain, ou Relations Historiques, Politiques, Littéraires, de Jurisprudence, de Commerce et d'Agriculture, destinées à l'usage des Colonies; à condition néanmoins que ledit Journal ne pourra être imprimé, vendu ni distribué qu'après qu'il aura été vu et approuvé par l'Intendant de la Colonie au Port-au-Prince, et le Commissaire général Ordonnateur au Cap, ou par ceux qu'ils auront nommés à cet effet, et qu'il en sera envoyé des Exemplaires au Gouverneur-Lieutenant-Général, à l'Intendant et à l'Ordonnateur du Cap, et aux Présidens et Procureurs-Généraux des Conseils-Supérieurs du Port-au-Prince et du Cap. Entendant S. M. que ledit Journal, sous le titre de Journal Américain, ne puisse nuire ni porter préjudice à la Gazette de Médecine dont elle a accordé, le 26 Décembre 1777, le privilége, pour dix ans, au sieur Duchemin de l'Etang, ni à celle connue sous le nom d'Affiches Américaines, dont elle a également accordé, le premier Juillet dernier, le privilége pour quinze ans au sieur Dufour de Rians, Imprimeur au Cap. Mande S. M. au Gouverneur, son Lieutenant-Général, et à l'Intendant de ladite Isle de Saint-Domingue, ainsi qu'à l'Ordonnateur du Cap, de tenir la main à l'exécution du contenu au présent Brevet, qui sera registré aux Greffes des Conseils-Supérieurs du Port-au-Prince et du Cap, en ladite Isle de Saint-Domingue, et par-tout où besoin sera, etc.

R. au Conseil du Cap, le 12 Mai 1784.
Et à celui du Port-au-Prince le....

Il n'a encore rien paru de ce Journal.

ARRÊT du Conseil du Cap touchant le Compulsoire des minutes d'un Arpenteur.

Du 2 Octobre 1783.

VU par le Conseil la Requête des héritiers Laurignac, etc. conclusions de St. Martin fils, Substitut du Procureur-Général du Roi; et tout considéré : LA COUR a ordonné et ordonne que les Minutes de Dumoutier, Arpenteur, seront compulsées aux dépens de qui il appartiendra, pour être tiré des Copies collationnées du Procès-Verbal du 2 Novembre 1775, Parties présentes ou duement appelées.

LETTRE des Administrateurs au Premier Substitut, faisant fonction de Procureur-Général au Conseil du Port-au-Prince, sur les Fous envoyés de la Colonie en France, pour y être enfermés.

Du 2 Octobre 1783.

NOUS pensons comme vous, M., qu'il y a lieu de faire passer en France les différens Particuliers actuellement détenus dans les prisons du Conseil-Supérieur du Port-au-Prince, et qui ont été interdits pour cause de folie; mais en prenant ce parti, il est indispensable de justifier leur état de démence, en envoyant au Ministre une expédition de chacune des procédures. Nous vous prions en conséquence, M., de vouloir bien les faire demander dans les Greffes, et nous les envoyer. Il est encore nécessaire de connoître les facultés de chacun des Interdits. En effet, on doit prendre sur les revenus de leurs biens le montant des pensions qui sont alors payées aux Supérieurs des Maisons de force où ils sont enfermés ; et, en ce cas, on est obligé de payer une année d'avance. Ceux de ces fous qui n'ont absolument rien, restent enfermés au compte du Roi. Nous vous prions également, M., de prendre à ce sujet des renseignemens, et de nous en faire part. Nous rendrons compte de tout à M. le Maréchal de Castries. Nous avons l'honneur d'être avec un parfait attachement, M., vos, etc. *Signé* : BELLECOMBE et BONGARS.

LETTRE du Ministre aux Officiers du Conseil du Port-au-Prince, sur les discussions d'entre le Président de cette Cour et le Commissaire Ordonnateur, pour la Préséance et la Présidence.

Du 4 Octobre 1783.

J'AI reçu les Lettres que vous m'avez écrites, ainsi que les Mémoires et Pièces que vous m'avez adressés, les 25 Janvier et 29 Juin derniers, au sujet des difficultés qui se sont élevées entre le Commissaire-Général-Ordonnateur et le Président, tant sur la Présidence au Conseil, que sur la Préséance à l'Eglise, dans les marches et cérémonies publiques.

Avant que de vous manifester les intentions du Roi sur le fond même des contestations, dont le retour n'est malheureusement que trop fréquent, je vous préviens que Sa Majesté, convaincue qu'elles ne prennent pour l'ordinaire leur source que dans un orgueil répréhensible et contraire à l'esprit d'harmonie qui fait le lien du service, ne les jugera dorénavant que par la punition de ceux qui en seront les auteurs. Elle vous a donné des Règlemens clairs et précis sur la matière ; elle ne souffrira pas qu'on en abuse davantage au préjudice du temps et des soins que vous devez à la distribution de la justice. Mais s'il se présentoit des cas qui fussent en effet douteux, Elle veut que l'on aille au-devant du choc des prétentions ouvertes, du scandale et de l'éclat de l'opposition des pouvoirs, en déférant le doute aux Administrateurs qui le résoudront par une décision provisoire, laquelle sera exécutée en attendant les ordres du Gouvernement, et sauf les représentations de la Partie qui se croira lésée.

Venant maintenant aux différens points de vos réclamations, il y a plus que de l'obstination de la part du Président à vouloir s'arroger un droit de Présidence sur le Commissaire-Général-Ordonnateur, que celui-ci a clairement sur lui par la disposition textuelle de l'Art. 9 de l'Edit du mois d'Avril 1769.

L'Ordonnance du 22 Mai 1775 ne déroge pas à cette disposition ; l'Art. 8, dont vous vous prévalez, n'a même aucune application à l'espèce. Il ne règle que le cas du remplacement de l'Intendant pour cause de mort ou d'absence hors de la Colonie. C'est alors seulement que le Commissaire-Général le représente dans toute la plénitude de ses fonctions, soit en ce qui concerne l'Administration, soit en ce qui tient à la première Présidence des Conseils-Supérieurs. Vainement concluez-vous de-là que le Commissaire-Général n'a pas même la Présidence simple lorsque l'Intendant est hors du ressort ; car présider le Président n'est pas toujours avoir la première Présidence : elle n'appartient qu'à la dignité de l'Intendant ou au Chef de l'Administration, qui le supplée dans toute la Colonie. C'est une dénomination honorifique incommunicable hors du cas unique de mort ou d'absence de l'Isle. Lorsque l'Intendant n'est qu'absent hors du ressort, le Commissaire du Roi préside à sa place, et néanmoins n'est pas Premier-Président. Il n'y a donc que subtilités, équivoques de mots, citations indifférentes, et conséquences forcées dans cette partie de votre Mémoire. Votre décision provisoire a été incompétente, injuste, contraire même à une dépêche de M. de Sartine dont l'Ordonnateur vous avoit donné communication. Quoique cette dépêche (*) n'ait pas été enregistrée, vous ne deviez pas moins vous y conformer, par la raison qu'elle ne renferme rien qui ne soit compris dans le sens et les expressions de l'Edit de 1769 et de l'Ordonnance du 22 Mai 1775. J'aurois proposé au Roi de casser votre Arrêt du 14 Janvier dernier, si la présente dépêche ne devoit pas produire le même effet pour l'avenir.

Vous n'avez pas eu moins de tort de vous retirer après vous être mis en marche le jour de la Pentecôte pour aller à l'offrande dans l'Eglise Paroissiale, sous prétexte que l'Ordonnateur y avoit devancé le Président. La Préséance à l'Eglise et dans les marches publiques n'a rien de commun avec la Présidence au Conseil. L'Ordonnateur, quoiqu'induement dépouillé de cette Présidence par votre Arrêt provisoire, n'en avoit pas moins le libre exercice de son droit de Préséance. Il lui est acquis par plusieurs Articles du Règlement du 31 Juillet 1743, qui, tant pour le Pain-béni que pour les Offrandes, Processions et autres Cérémonies, place avant les Officiers du Conseil-Supérieur, réunis en Corps dans leur banc, non-seulement le Commissaire-Ordonnateur, et

(*) Voyez Tome V, page 723.

pourvu

pourvu de commission de Subdélégué à l'Intendance, mais encore le Commissaire de la Marine.

A la Procession de la Fête-Dieu, les prétentions respectives de l'Ordonnateur et du Président ont été également outrées. Dès-que le Commandant en second n'y étoit pas, l'Ordonnateur devoit prendre la droite, et le Président la gauche à la tête du Conseil-Supérieur. Le Président n'étoit nullement fondé à intervertir cet ordre, conforme à l'esprit du Règlement de 1743. De son côté, l'Ordonnateur a méconnu sa place lorsqu'il a voulu marcher seul à la tête du Conseil. Cette prérogative est incommunicable de l'Intendant à l'Ordonnateur. L'Intendant, hors le cas de mort ou d'absence de la Colonie, ne peut être représenté à cet égard.

Tout ce qui a suivi cette erreur de la part de l'Ordonnateur, est infecté du même vice ; mais le Prévôt de la Maréchaussée ne pouvoit se dispenser de lui obéir. Je fais passer aux Administrateurs l'ordre du Roi qui le rétablit dans ses fonctions, pour que vous ayez à l'enregistrer aussi-tôt qu'ils vous l'adresseront. Vous auriez dû, au-lieu de l'interdire, au-lieu d'élargir les Huissiers et le Concierge des prisons, recourir à leur autorité, et ne pas employer la vôtre à combattre celle de l'Ordonnateur qui ne vous est aucunement subordonné dans l'exercice ou dans l'abus de ses fonctions. Mal-à-propos encore avez-vous élevé des doutes sur sa place dans le Chœur de l'Eglise. Elle lui est due à côté du Commandant en second, mais dans un banc et non dans un fauteuil, auquel ni l'un ni l'autre n'ont droit. Vous ne pouviez ignorer l'usage constant au Cap à cet égard.

Enfin le Président n'a pas été fondé à contester à l'Ordonnateur le rang et la Présidence dans les assemblées de la Commission établie pour juger les contestations relatives à la distribution des eaux de la grande Rivière du Cul-de-sac.

Telles sont, MM., les décisions que S. M. m'a chargé de vous transmettre, avec ordre de les enregistrer et de vous y conformer plus exactement à l'avênir. Elle a été aussi mécontente de votre conduite et de celle du Président en particulier, que du style de vos Mémoires, et du ton peu décent de raillerie, de sarcasmes, et de citations d'apologues que vous vous y êtes permis.

R. au Conseil du Port-au-Prince, le 22 Décembre 1783.

ORDRE du Roi, qui lève l'Interdiction prononcée par le Conseil Supérieur du Port-au-Prince contre le Sieur Chamirant, Prévôt de la Maréchaussée, pour avoir exécuté les ordres du Commissaire-Général Ordonnateur.

Du 4 Octobre 1783.

VU par S. M. une expédition de l'Arrêt du Conseil supérieur du Port-au Prince du 17 Juillet dernier, par lequel le sieur Chamirant, Prévôt de la Maréchaussée du Port au Prince, a été interdit de toutes fonctions, jusqu'à ce que par S. M. il en fût autrement ordonné. Attendu que ledit sieur Chamirant n'a fait qu'exécuter les ordres du sieur de la Rivière, Commissaire-Général Ordonnateur auquel il est subordonné, S. M. a relevé et relève ledit sieur Chamirant de l'interdiction prononcée contre lui par ledit Conseil Supérieur du Port-au-Prince, laquelle sera regardée comme non-avenue. Ordonne S. M. que les appointemens dudit sieur Chamirant lui seront payés et rendus du jour qu'il a cessé de les toucher. Mande S. M. aux Officiers de son Conseil Supérieur du Port-au-Prince de faire enregistrer le présent Ordre, et aux Gouverneur, Lieutenant-Général et Intendant d'y tenir la main, etc.

R. au Conseil du Port-au-Prince, le 22 Décembre suivant.

LETTRE du Ministre aux Officiers du Conseil Supérieur du Port-au-Prince, pour la nomination à vie du Sieur Giraud, déja Curateur aux successions vacantes de la jurisdiction du Port-au-Prince.

Du 4 Octobre 1783.

MM. de Bellecombe et de Bongars, en m'informant de la nomination à vie du sieur Ducommun à la place de Curateur aux biens vacans dans la partie du Cap, conformément à l'article 2 de l'Edit du mois de Novembre 1781, m'ont fait part du refus qu'a éprouvé de votre part le sieur Giraud, dans une circonstance toute pareille, sous prétexte que votre règlement du 17 Mai 1776, porte: qu'il ne sera nommé à aucune place dépendante du Conseil, si ce n'est dans les 6 derniers mois de l'exercice du Comptable alors pourvu. Vous auriez dû sentir que cette disposition n'étoit pas applicable au cas présent, où il ne s'agit pas de remplacer un Comptable par un autre, mais d'exécuter la loi qui veut que les Curateurs aux successions vacantes soient nommés à vie. Le sieur Giraud a obtenu votre suffrage pour la dernière nomination, et vous n'avez annoncé aucun motif qui puisse autoriser un changement d'opinion à son désavantage. Le Roi, dont j'ai pris les ordres, a décidé dans cette circonstance, que le sieur Giraud devoit jouir, comme le sieur Ducommun, Curateur au Cap, du bénéfice des nouveaux arrangemens, à moins qu'il ne soit survenu des faits à sa charge; ce que je ne présume pas, puisque vous lui laissez continuer son exercice. L'intention de S. M. est, en conséquence, que le sieur Giraud jouisse de sa place à vie, et que cette dépêche soit enregistrée dans votre Greffe. Je charge les Administrateurs de vous la remettre, et de me rendre compte de l'exécution des ordres du Roi.

R. au Conseil du Port-au-Prince, le 6 Avril 1785.

ARRÊT du Conseil du Cap, qui autorise le Préfet Apostolique à célébrer un mariage.

Du 6 Octobre 1783.

VU par la Cour la Requête du sieur . . . . tendante, Vu son extrait de Baptême, par lequel il appert qu'il est âgé de 24 ans et demi, et une lettre de sa mere, par laquelle elle lui recommande de fréquenter la société de la demoiselle . . . . . et de suivre en tout ses conseils, le recevoir appelant du refus du R. P. Saintin de Curfaux, Préfet Apostolique de ce ressort, de procéder à son mariage avec ladite demoiselle . . . . attendu qu'il n'est point majeur et qu'il ne rapporte point de procuration de sa mere; en conséquence autoriser le R. P. Saintin, etc. Vu l'extrait de Baptême du Suppliant, la lettre de sa mere, la quittance d'amende, conclusions par écrit de S. Martin fils, Substitut, pour le Procureur-Général du Roi. Ouï le rapport de M. de Conigliano, & tout considéré : LA COUR a reçu et reçoit le Suppliant appelant du refus du frère Saintin de Curfaux, Préfet apostolique, et statuant, autorise, *sans tirer à conséquence*, ledit frère Saintin de Curfaux à procéder au mariage d'entre le Suppliant et la demoiselle B. . . . . nonobstant qu'il ne rapporte point de procuration de sa mere ; sauf les autres oppositions, telles que de droit.

ARRÊT du Conseil du Port-au-Prince, qui juge que le Décanat des Procureurs appartient au Procureur plus anciennement gradué.

Du 6 Octobre 1783.

LOUIS, &c. Vu, &c. Entre Besnard Boisset, &c. Et Charles Monlauzun ; la Sentence qui donne acte aux sieurs Doyen et Jochaud de la Verdière, Procureurs, de leur intervention en la cause, et prononçant sur le tout : vu la commission de Procureur audit Siége accordée au sieur Monlauzun le 2 Novembre 1768, les lettres de licence et la matricule d'Avocat en notre Parlement de Paris, en faveur de l'Intimé, en date des 11 et 13 mars dernier, ordonne que le sieur Monlauzun, *plus ancien Procureur dudit Siége*, jouira du droit de *Doyen* desdits Procureurs dudit Siége et des droits et prérogatives attachés à cette place ; déboute les Parties intervenantes de leur intervention et compense les dépens, lesquels n'ont point été liquidés, les Parties s'étant désisté de ce chef de leurs conclusions, ce qui sera exécuté nonobstant appel, et sans y préjudicier, sans donner caution, attendu qu'il s'agit de fonctions d'Officiers publics : la Requête présentée à la Cour par la partie de Salaignac, sur laquelle est intervenu Arrêt le 23 Août dernier, qui lui donne acte de son appel de ladite Sentence et lui permet d'intimer qui de droit pour en venir à l'Audience de ce jour ; lesdites Requête et Arrêt signifiés aux sieurs Monlauzun, Doyen, et Jochaud le 6 Septembre aussi dernier et 4 du présent mois, &c. Oui, &c. NOTRE COUR a mis et met l'appellation et ce dont est appel au néant ; émendant, décharge la Partie de Salaignac (Besnard) des condamnations contre elles prononcées ; au principal, déboute la partie de Duhamel (Monlauzun) de ses demandes, fins et conclusions, maintient celle de Salaignac dans la possession du droit de Doyen des Procureurs de la jurisdiction de S. Marc ; condamne ladite Partie de Duhamel aux dépens des causes principales et d'appel, l'amende remise ; prononçant sur l'intervention des Parties de Chachereau, déclare le présent Arrêt commun avec elles. Fait en Conseil, &c.

Me. Monlauzun, plus ancien Procureur commissionné de la Sénéchaussée de Saint-Marc, passa en France et fut reçu Avocat au Parlement de Paris, le 13 Mars 1783. Revenu à Saint-Marc il prétendit que le Décanat lui appartenoit, et le fit ainsi juger par la Sentence du Siége. Me. Bernard Boisset, Procureur, moins ancien de commission, mais gradué depuis 1775, soutint au contraire que le Décanat appartenoit au plus ancien des Gradués ; et c'est cette opinion que l'Arrêt canonise.

ARRÊT du Conseil du Cap touchant une inscription de Faux.

Du 16 Octobre 1783.

LOUIS, &c. Vu la Sentence du Juge du Cap, qui, vu la déclaration qu'on veut se servir d'une pièce arguée de faux : ladite pièce remise au Greffe le surlendemain qu'elle a été signifiée : vu aussi l'acte de remis au Greffe, qui n'a point été signifié dans les 24 heures, sans égard aux exceptions du défendeur, auroit ladite pièce rejetée du procès par rapport à lui, et l'auroit condamné aux dépens, &c. Ouï Deschamps, Substitut pour le Procureur-Général du Roi, et tout considéré : LA COUR a mis et met l'appellation et ce dont est appel au néant ; émendant, a ordonné et ordonne que la demanderesse sera tenue de former sa demande en inscription de faux, conformément à l'Ordonnance ; sinon déchue ; la condamne en tous les dépens. Ordonne que l'amende consignée par l'Appelant, lui sera remise.

La Demanderesse s'appuyoit sur l'Art. 14 du Titre 2 de l'Ordonnance du mois de Juillet 1737, pour obtenir le rejet de la pièce, mais cette disposition n'a été considérée que comme comminatoire.

ORDONNANCE des Administrateurs, contenant concession en faveur du Sieur Artau, Entrepreneur des Bâtimens du Roi, d'un Terrein situé à l'extrémité Sud de la ville du Cap, aux conditions y portées.

Du 16 Octobre 1783.

A Nosseigneurs, Nosseigneurs les Général et Intendant des Isles françaises de l'Amérique sous le vent.

Supplie humblement Jean Artau, Entrepreneur des Bâtimens du Roi, au Cap. Disant qu'ayant éprouvé de très-grandes pertes de ce que ses matériaux sont dispersés, faute de posséder un terrein à proximité de la Ville à pouvoir y construire des logemens pour ses ouvriers et des hangards où il pût réunir sous une seule vue, et mettre ses matériaux de toute espèce à l'abri des injures du temps, et y former un chantier capable d'y établir commodément les différentes charpentes que nécessitent les travaux du Roi; il auroit reconnu qu'au Nord et au Sud des Boucheries de cette Ville, entre les arbres du Cours et la lesse de la rivière du haut du Cap, il y avoit, outre les cinquante pas du Roi, un espace de terrein inculte appartenant aussi à S. M., représenté sur le plan ci-joint, suivant les lignes lavées en jaune et désignées par les lettres A B C D E F G H, et sur lequel, ainsi que sur les cinquante pas, le suppliant pourroit, sans nuire ni masquer la promenade dudit Cours, faire construire ses différens hangards; mais comme il ne le peut sans une permission de Vous, Nosseigneurs, il a l'honneur de recourir à Vos Grandeurs, et de requérir qu'il Vous plaise, vu l'exposé en la présente, accorder au Suppliant la paisible jouissance pendant vingt ans, qui commenceront à courir de la date de votre Ordonnance, du terrein non établi, qui se trouve Nord et Sud entre le chemin qui conduit en ligne directe du pont projeté à faire sur la rivière du haut du Cap, au chemin de la rue Espagnole, et le pont construit au bout du Cours Est et Ouest, entre la rivière du haut du Cap et la haie de l'habitation des héritiers Ducasse, lequel appartient au Roi, ayant été réuni au Domaine, ainsi que de la case établie pour le Gardien dudit Cours qui se trouve trop près du chemin de la rue Espagnole; qu'il lui soit loisible de transporter ladite case à une position qu'il aura reconnue plus convenable à la veille que fera le Gardien, et lui permettre de planter en petit-mil, herbes de Guinée et autres herbages, l'espace qui se trouve entre ledit Cours et le grand-chemin qui conduit à la rue Espagnole, de bâtir et entretenir, à ses frais, dans le vuide qui se trouve au Nord de la boucherie, et entr'elle et le Quinconce à l'Ouest d'icelle, entre les arbres du Cours et la rivière du haut du Cap, tels hangards et bâtimens qu'il aura besoin pour la conservation de généralement tous ses matériaux, et établissemens de ses chantiers; aux offres que fait le Suppliant de remettre au Roi le susdit terrein à l'expiration desdites vingt années de sa jouissance, ainsi que dans le nombre des bâtimens qui y auront été construits, ceux qui seront nécessaires au service de Sa Majesté, dans l'état où ils se trouveront, moyennant qu'il sera remboursé des prix qu'ils seront alors estimés par Arbitres convenus; d'entretenir à ses frais ladite case du Gardien du Cours, les arbres qui y sont plantés, y remplacer tous ceux qui sont morts, et ceux qui pendant ledit temps viendroient à périr; d'entretenir ledit Cours d'une manière défensive contre tous animaux, afin de ne pas ôter le coup-d'œil de cette promenade; de donner un chemin pour se rendre à ladite boucherie, qui prendra à dix-neuf toises ou environ, côté Nord du second pont du Cours, et qui se terminera en avant d'icelle; de donner pareillement dans la partie Est dudit terrein, sur le bord de la rivière, un passage pour rendre de la Ville les animaux à la boucherie; enfin de rapprocher le tourniquet à l'entrée du Cours sur le bord du chemin du pont projeté sur la rivière du haut du Cap.

Le Suppliant Nosseigneurs, a l'honneur de représenter qu'à compter du premier Janvier 1778, il lui a été accordé par Ordonnance de MM. d'Argout et de Vaivre, la jouissance de douze années consécutives, d'une partie de terrein qu'il expose en la présente, sans être tenu à aucune charge ni entretien, ledit terrein étant pour lors nû; mais le suppliant a été pareillement autorisé d'y faire construire les différens hangards qu'il auroit besoin, ainsi qu'il le réclame de Vos bontés; enfin il se soumettra entièrement à ce que vous lui prescrirez, Nosseigneurs, par l'Ordonnance qui lui accordera ce qu'il sollicite.

Les vœux du Suppliant, Nosseigneurs, ne cesseront pour la conservation de Vos jours précieux; *signé :* ARTAU.

Renvoyons à M. Rabié pour avoir son avis. Au Cap le 30 Septembre 1783. *Signé :* BELLECOMBE et BONGARS.

Vu le renvoi à Nous fait de la présente Requête, Nous estimons qu'on peut accorder au Suppliant la jouissance pendant vingt ans du terrein compris entre les lignes AB, CD, EF, GH & HI, à la réserve néanmoins du terrein nécessaire pour la construction des lavoirs publics compris entre les lignes K L, L M, M N & N K, lavées en bleu sur le plan signé de Nous. Au Cap le 16 Octobre 1783. *Signé* RABIÉ.

Vu notre Ordonnance du 30 Septembre dernier, l'avis de M. Rabié, donné en conséquence le 16 Octobre suivant, l'exposé en la presente, et tout considéré : Nous, Général & Intendant, accordons au Suppliant la jouissance pendant vingt ans, à compter de ce jour, du terrein renfermé sur la copie du plan du sieur Calon de Felcourt du 20 Mai dernier, que Nous avons paraphée, *Ne varietur*, entre les lignes A B, C D, E F, GH et H I, sous la réserve de celui compris entre les lignes K L, L M, M N, N K, à la charge par ledit Suppliant d'entretenir à ses frais la case du Gardien du Cours, les arbres qui y sont plantés, remplacer ceux qui sont morts et ceux qui pendant ledit temps viendroient à périr, entourer ledit Cours d'une manière défensive contre tous les animaux, donner un chemin pour aller à la boucherie, laisser pareillement dans la partie Est dudit terrein sur le bord de la rivière un passage libre pour y rendre de la Ville les animaux, et rapprocher le tourniquet à l'entrée dudit Cours sur le bord du chemin du pont projeté sur la rivière du haut du Cap. Et sera Notre présente Ordonnance enregistrée aux Greffes de l'Intendance et de la Subdélégation pour y recourir au besoin. DONNÉ au Cap &c. le 16 Octobre 1783. *Signé*, BELLECOMBE et BONGARS.

R, au Greffe de l'Intendance, le 12 Décembre 1783,
Et à celui de la Subdélégation, le même jour.

ARRÊT du Conseil du Port-au-Prince, qui décide qu'une place d'Avocat Titulaire n'appartient pas de droit à un Avocat Intérimaire, quoique le plus ancien de cette dernière classe.

Du 17 Octobre 1783.

A Nosseigneurs, Nosseigneurs du Conseil-Supérieur du Port-au-Prince. S. H. Goguet, Avocat en la Cour, a l'honneur de vous exposer qu'aux termes de l'Art 5 du Règlement du 26 Mars 1764, concernant la préséance

séance des Avocats aux Conseils, il croit avoir le droit, en sa qualité de premier Intérimaire, de prétendre à la première place vacante d'Avocat Titulaire. Me Ravaut Darzilliers, ayant, par son décès laissé vacante une place de Titulaire, le Suppliant à l'honneur de requérir qu'il vous plaise, Nosseigneurs, vu l'expédition de son Arrêt de réception en qualité d'Avocat en la Cour, en date du 5 Juin 1783, l'expédition par extrait du règlement du 26 Mars 1764, concernant la préséance des Avocats aux Conseils, ensemble l'exposé en la présente, ordonner que le Suppliant passera de l'état d'Avocat Intérimaire en la Cour, à celui d'Avocat Titulaire : c'est justice. *Signé :* GOGUET. Vu la présente Requête, l'Arrêt de la Cour du 5 Juin dernier, qui a reçu le Suppliant au nombre des Avocats militans en icelle, pour en excercer les fonctions pendant l'absence de Me de la Coste, ensemble les conclusions de Me de Bourcel, Substitut, faisant fonction de Procureur-Général du Roi, du jour d'hier, ouï le rapport de Me Fougeron, tout considéré : La Cour dit qu'il n'y a lieu à prononcer sur ladite Requête. *Signé :* FOUGERON et BOURDON.

ARRÊT du Conseil du Cap, qui juge qu'un Propriétaire, déja logé, ne peut pas invoquer le Privilége de la Loi Æde, auquel il n'a pas renoncé par le bail qu'il a fait de sa maison.

Du 17 Octobre 1783.

LOUIS, &c. Vu l'appel interjeté par les sieurs Moline frères, Marchands en cette Ville, de la Sentence du Juge du Cap, qui, (ayant à statuer sur la demande du sieur Dias Pereyra, Negociant, en validité du Congé par lui donné auxdits sieurs Moline de la maison qu'il leur a louée, en par lui affirmant qu'il reprend sa maison pour l'occuper en entier et en personne) auroit, avant faire droit, ordonné que ledit sieur Dias Pereyra affirmeroit à l'Audience qu'il occupera ladite maison en entier et en personne; pour l'affirmation faite, être statué ce qu'il appartiendra, dépens reservés. Sur l'appel incident du sieur Dias Pereyra de ladite Sentence, et sur la demande en évocation du principal, consentie par les Parties, pour être par la Cour statué sur la demande originaire : LA COUR joignant les appels principal et incident, et demandes en évocation du principal, et y statuant par un seul et même Arrêt, a mis et met les appellations et Sentence dont est appel au néant; émendant, évoquant le principal et y faisant droit, *a déclaré et déclare Dias Pereyra non recevable* en sa demande originaire, et le condamne en tous les dépens, ordonne que l'amende consignée par Moline, frères, leur sera remise.

ARRÊT du Conseil du Port-au-Prince, qui juge 1°, que malgré l'appel de la nomination à la tutelle, le Tuteur n'est pas moins tenu de gérer, et qu'il peut être condamné en sa qualité; et 2o, que le premier Juge a pu fixer d'office la pension des Mineurs, sans avis de parens.

Du 17 Octobre 1783.

LE Sieur Petit-Gas nommé Tuteur des mineurs Carles, ayant appelé de cette nomination, les Sieur et Dame Le Roi, ne l'actionnèrent pas moins pour leur payer la pension de ces mineurs sur le pied qui seroit réglé par le Juge qui prononça effectivement en faveur des Sieur et Dame Le Roi. Le Sieur Petit-Gas invoquoit l'appel de sa nomination, et soutenoit que la pension auroit du être fixée par une délibération de parens des Mineurs. La sentence a éte confirmée par l'Arrêt.

ARRÊT du Conseil du Port-au-Prince, qui condamne une femme Stellionataire, par Corps.

Du 17 Octobre 1783.

ADELAIDE Fanotte vend comme à elle appartenante une Négresse de son fils, dont elle est tutrice, au Sieur Marcel, et celui-ci à un Sieur Gosse. Peu après Adelaïde réclame cette Négresse comme Tutrice. Garantie de Gosse contre Marcel, et contre-garantie de ce dernier contre Adelaïde. La conduite de la mère porta le Ministère Public à requérir une assemblée de Parens où elle fut depouillée de la tutelle qu'on déféra au nommé Moulins. L'instance reprise par ce nouveau Tuteur, Sentence du Juge de Jacmel du 13 Décembre 1781, déclara nulle la Vente de la Négresse, la garantie de Gosse contre Marcel adjugée, mais celui-ci debouté de la contre-garantie contre la mère. L'Arrêt émende cette sentence au Chef qui déboute Marcel; et conformément aux conclusions de M. Bourcel, Substitut, faisant fonctions de Procureur-Général, condamne Adelaïde, par Corps, *à garantir et indemniser son acquéreur.*

ARRÊT du Conseil du Cap, qui prononce la nullité d'une Donation d'Esclaves.

Du 18 Octobre 1783.

LOUIS, etc. Entre le sieur Linas, Sellier, demeurant au Cap, Appelant de Sentence du Siége royal de ladite Ville, du 20 Juillet 1782, Demandeur par ses conclusions prises à la barre, tendantes à ce qu'il plût à notredite Cour mettre l'appellation et ce dont étoit appel au néant; émendant, déclarer l'acte de donation passé au rapport de Me Grimperel, Notaire, le 27 Juin 1771, nul et de nul effet, comme étant feint et simulé; en conséquence, le maintenir et garder dans la propriété des Nègres Jean-Baptiste et Tonny, à lui vendus par la dame veuve Lavaud, par acte du 5 Février 1776; faire défenses à la dlle Lavaud de le troubler dans ladite propriété, et la condamner aux dépens des causes principale et d'appel, sauf son recours contre la succession de sa mère, ainsi qu'elle aviseroit; subsidiairement, et où notredite Cour ne jugeroit pas ainsi, audit cas, condamner les sieurs François René et Augustin Lavaud, héritiers de la feue Dame leur mère, à le libérer, garantir et indemniser des condamnations qui seroient prononcées contre lui, tant en principal, qu'intérêts et frais, même en ceux de garantie; réserver au surplus les droits de l'Appelant contre la succession de la dame veuve Lavaud aux fins de ses dommages et intérêts; d'une part. Et demoiselle Nannette-Augustine Lavaud, fille majeure demeurante au Cap, Intimée, Demanderesse & Défendresse par sa Requête signifiée le 17 de ce mois, tendante à ce qu'il plût à notredite Cour mettre l'appellation au néant, ordonner que ce dont étoit appel sortiroit effet, condamner l'Appelant en l'amende ordinaire, et aux dépens, d'autre part. De la cause les sieurs René et Augustin Lavaud, héritiers de la dame Lavaud, leur mère, assignés à fin d'arrêt commun,

Défendeurs et Demandeurs par leur Requête signifiée le jour d'hier, tendante à ce qu'il plût à notredite Cour leur donner acte de ce qu'ils adhèrent aux conclusions principales du sieur Linas; en conséquence, déclarer n'y avoir lieu de prononcer sur les conclusions subsidiaires, et condamner la demoiselle Lavaud en tous les dépens, tant de la cause principale que d'appel, encore d'autre part : Vu par NOTREDITE COUR la Sentence dont est appel, qui auroit joint les demandes principales et en garantie, et faisant droit sur la demande principale, sans égard aux exceptions du sieur Linas, non plus qu'à la déclaration de maronnage par lui faite au Greffe, le 7 Juin, lors dernier, jour de la demande formée par la demoiselle Lavaud, et vu la donation faite à ladite demoiselle Lavaud par le sieur Pereyra le 27 Juin 1771, auroit condamné le sieur Linas à remettre à ladite demoiselle Lavaud, dans le jour de la signification de ladite Sentence, lesdits Nègres Baptiste et Tonny à elle appartenans, ainsi qu'il résulte de la donation; sinon et faute par le sieur Linas de ce faire, auroit autorisé ladite demoiselle Lavaud, dès l'instant, et sans qu'il soit besoin de nouveau Jugement, à se saisir et s'emparer desdits Nègres Baptiste et Tonny partout où elle les trouveroit, aux frais dudit sieur Linas; l'auroit condamné en outre à payer à ladite demoiselle Lavaud les journées desdits Nègres à raison de trente sols par jour, depuis le jour de la demande, jusqu'à celui de la remise, et aux dépens; et faisant droit sur la demande en garantie formée par le sieur Linas contre les sieurs René Lavaud et Augustin Lavaud, héritiers de la feue dame Lavaud, leur mère, les auroit condamnés en leur qualité, conjointement et solidairement l'un pour l'autre, un d'eux seul pour le tout, à libérer, garantir et indemniser ledit sieur Linas des condamnations contre lui ci-dessus prononcées, tant en principal qu'intérêts et frais; les auroit condamnés en outre solidairement l'un pour l'autre, et l'un d'eux seul pour le tout, à rembourser audit sieur Linas la somme de 3200 liv. prix de la vente desdits Nègres par lui payée à la veuve Lavaud, leur mère, le 5 Février 1776, avec les intérêts, à compter du jour de la remise desdits Nègres, et les auroit condamnés aux dépens de la demande en garantie, et débouté les Parties du surplus de leurs demandes, fins et conclusions, etc. Vu aussi les Arrêts, Titres, Pièces et Exploits, après que l'Anglois des Fosses, Avocat de l'Apelant, Rodier, Avocat de l'Intimé, et Darracq, Avocat de René et Augustin Lavaud ont été ouïs; et tout considéré : NOTREDITE COUR donne acte aux Parties de Darracq de leur adhésion aux conclusions de la Partie de l'Anglois des Fosses; faisant droit sur l'appel, a mis et met l'appellation et Sentence dont est appel au néant, émendant, déclare l'acte de donation, au rapport de Grimperel, Notaire, en date du 21 Juin 1771, nul et de nul effet; en conséquence, maintient et garde la Partie de l'Anglois des Fosses dans la propriété, possession et jouissance des Nègres Jean-Baptiste et Tonny dont s'agit, à elle vendus par la feue veuve Lavaud mère, par acte du 5 Février 1776; fait défenses à la Partie de Rodier et tous autres, de l'y troubler, sous les peines de droit; ordonne que l'amende consignée par la Partie de l'Anglois des Fosses, lui sera remise, et condamne celle de Rodier aux dépens des causes principales et d'appel envers toutes les Parties; déclare le présent Arrêt commun avec la Partie de Darracq.

Dans cette cause il paroissoit un sous-seing-privé portant Vente des Nègres dont s'agit, de la part de la Veuve Lavaud au Sieur Pereyra. Cet écrit, daté du commencement de 1771, fut mis dans un dépôt public l'avant-veille de l'acte de donation des mêmes esclaves par le Sieur Pereyra, en propriété à la Demoiselle Lavaud, et en usufruit à sa mère. Ce rapprochement, l'Etampe PL des Nègres qui étoit celle de la Communauté Lavaud, la possession constante de la Veuve Lavaud, la Vente faite au Sieur Linas, la jouissance de ce dernier, ont déterminé le Conseil du Cap à proscrire l'Acte de donation comme feint et simulé, et tendant à dépouiller un acquéreur de bonne foi.

ARRÊT *du Conseil d'Etat, qui établit une Commission pour décider toutes les contestations relatives à la succession Buttet, ouverte à Saint-Domingue.*

Du 18 Octobre 1783.

SUR ce qui a été représenté au Roi, étant en son Conseil, par la majeure partie des Héritiers, Légataires et Créanciers des successions des feus sieur Marin Buttet, Gouverneur de la partie du Sud, isle Saint-Domingue, et de dame Marie-Anne Gromont, son épouse, que l'ouverture des successions desdits sieur et dame Buttet auroit donné lieu à nombre de contestations portées les unes devant les premiers Juges de l'isle Saint-Domingue, les autres devant le Conseil-Supérieur du Port-au-Prince, les autres enfin au Châtelet et au Parlement de Paris; que de ces procédures diverses, faites devant des Juges éloignés et indépendans les uns des autres, il résulteroit nécessairement des retards dans les décisions, des frais considérables, et peut-être même des Jugemens opposés entr'eux, ce qui éterniseroit, en quelque sorte, ces discussions judiciaires auxquelles les biens dépendans de ces mêmes successions sont en proie depuis plus de vingt ans; que frappée de ces considérations, Sa Majesté, par Arrêt de son Conseil du 18 Novembre 1780, auroit évoqué à Elle et à son Conseil toutes les contestations nées et à naître relativement auxdites successions entre les Héritiers, Légataires et Créanciers Buttet, et icelles réunies, circonstances et dépendances, auroit renvoyé en la Grand'Chambre du Parlement de Paris, pour y être instruites sommairement et sans frais, sans ministères de Procureurs et d'Avocats, sur simples Mémoires qui contiendroient les demandes, fins et conclusions des Parties, signées d'elles ou de leurs fondés de procuration, pour y être statué en premier et dernier ressort par un ou plusieurs Arrêts, par les sieurs Gilbert de Voisin, Président audit Parlement, de Chavannes, Farjonnel, d'Hauterive, le Febvre d'Amecourt, Berthelot de S. Albans, le Roy de Roullé, et Dionis du Séjour, Conseillers audit Parlement; que Sa Majesté auroit députés à cet effet, lesquels cependant pourroient faire Arrêt au nombre de cinq; que les Lettres-Patentes expédiées le même jour sur cet Arrêt, n'ayant point été enregistrées en cette Cour, cette attribution seroit restée sans effet; qu'en conséquence les Parties auroient continué de procéder, et devant les Tribunaux de Saint-Domingue, et devant le Parlement de Paris, où elles avoient été renvoyées pour faire statuer sur le rescisoire de certains Arrêts rendus au Conseil-Supérieur du Port-au-Prince, cassés par un précédent Arrêt du Conseil de Sa Majesté, du 4 Novembre 1780; ce qui auroit donné lieu à plusieurs Arrêts, tant dudit Conseil-Supérieur, que du Parlement de Paris, contre lesquels les Parties se sont pourvues en cassation, et auroit encore accrû le nombre des contestations; que dans ces circonstances, la majeure partie desdits Héritiers, Légataires et Créanciers Buttet, se seroient de nouveau adressés à Sa Majesté, et l'auroient suppliée (attendu qu'ils ont attaqué par la voie de cassation les Arrêts rendus au Parlement de Paris), de révoquer l'attribution donnée à cette Cour par les Arrêts du Conseil et les Lettres-Patentes susdatés, et de vouloir bien leur accorder d'autres Commissaires pris parmi les Membres de son Conseil. A quoi desirant pourvoir : Vu les Arrêts du Conseil d'Etat des 4 et 18 Novembre 1780, les Lettres-Patentes du 18 desdits mois et an ; ensemble les Requêtes des Parties : OUI LE RAPPORT, Sa Majesté, étant en son Conseil, a révoqué et révoque l'attribution donnée au Parlement de Paris par l'Arrêt du 4 Novembre 1780, et les Lettres-Patentes du 18 Novembre de la même année, a évoqué et évoque de nouveau à Elle et à son Conseil toutes les contestations nées et à naître entre les Héritiers, les Légataires, les Créanciers, et autres prétendans droit à la succession Buttet ; et icelles contestations, circonstances et dépendances a renvoyé et renvoie devant les sieurs Commissaires de son Conseil, établis pour juger toutes les contestations relatives à la vérification des droits maritimes, pour, toutes lesdites contestations nées dans quelques Tribunaux qu'elles soient pendantes, soit en France, soit dans les Colonies, être portées pardevant ladite Commission, pour continuer d'y être instruites suivant les derniers erremens, sur papier non timbré, et sans autre ministère que celui des Avocats au Conseil ; et icelles contestations nées, ensemble celles à naître relativement auxdites successions, être jugées définitivement en premier et dernier ressort sur le rapport du sieur de Sartine, Maître des Requêtes, l'un desdits Commissaires, et au nombre de cinq Juges au moins, par un ou plusieurs Jugemens interlocutoires et définitifs, sur les conclusions du Procureur-Général de ladite Commission, dans tous les cas où son ministère seroit jugé nécessaire ; a ordonné et ordonne Sa Majesté, que toutes les opérations relatives auxdites successions des sieur et dame Buttet, telles que la liquidation de leur communauté et continuation d'icelle liquidation, s'il y a lieu, celles tant des dots de leurs enfans en France, que des diverses créances, la saisie-réelle des biens situés dans la province du Maine, propre au feu sieur Buttet, vendus par sa veuve au Baron de Spinefort, et saisis réellement sur ce dernier en vertu d'Arrêt du Parlement de Paris, la liquidation des droits réclamés par les sieurs Gradis et autres, ensemble les partages de ladite communauté et desdites successions, seront faits par procès-verbaux pardevant ledit sieur de Sartine, Commissaire-Rapporteur, ou celui desdits sieurs Commissaires qui sera nommé à cet effet ; et dans le cas où il y auroit lieu à la vente de meubles ou immeubles sis en France ou dans les Colonies, pour parvenir à liquider les dettes desdites successions, ou la vente de l'habitation du Fond-des-nègres, dépendantes desdites successions, seroit, par lesdits sieurs Commissaires, jugée nécessaire, Sa Majesté a autorisé et autorise lesdits sieurs Commissaires à faire procéder, pardevant eux, auxdites ventes par les voies et en la forme ordinaire, ou commettre les Juges de la Jurisdiction dans le ressort de laquelle seront situés lesdits biens, tant en France que dans les Colonies, pour y être par lesdits Juges procédé par les mêmes voies et en la même forme; a ordonné et ordonne Sa Majesté que l'ordre et la distribution du prix provenant des immeubles, la contribution du mobilier, circonstances et dépendances, seront faites par procès-verbaux devant ledit sieur de Sartine, Commissaire-Rapporteur, ou tel desdits sieurs Commissaires, qui sera nommé à cet effet, lequel rendra compte à ladite Commission de toutes les demandes et contestations qui pourront être formées lors de la confection de tous lesdits procès-verbaux, pour être par ladite Commission statué ce qu'il appartiendra; et lequel Commissaire, après la confection desdits procès-verbaux, en rendra compte à ladite Commission, pour pareillement par elle statuer ce qu'il appartiendra. Ordonne enfin Sa Majesté que, pour consignation même judiciaire, pour exploits, productions ou significations de pièces, il ne pourra être perçu ni exigé aucun droit par le Receveur des Consignations, ni aucun droit de contrôle, insinuation, centième denier ou autre quelconque par aucun de ses Régisseurs ou Fermiers, sous quelque prétexte que ce soit; comme aussi, que tous les Arrêts de ladite Commission seront expédiés sur parchemin non timbré à la seule rétribution du Greffier expéditionnaire, sans aucun autre émolument de Greffe. Fait, Sa Majesté, défenses auxdits Héritiers, Légataires, Créanciers et à tous autres prétendans droit aux successions Buttet, de se pourvoir ailleurs que pardevant lesdits Commissaires, et à toutes Cours et Juges d'en connoître, à peine de nullité, cassation de procédures, cinq cens livres d'amende, et de tous dommages et intérêts; se réservant au surplus Sa Majesté de prononcer en son Conseil sur les différentes demandes en cassation formées ou à former par lesdits Héritiers, Légataires, Créanciers, et tous autres prétendans droit auxdites successions Buttet, contre aucun des Arrêts rendus, soit au Parlement de Paris, soit par les Conseils-Supérieurs des Colonies, ensemble sur les demandes en interprétation d'Arrêts de son Conseil déjà rendus ou qui pourront l'être par la suite relativement auxdites successions Buttet. Et sera le présent Arrêt exécuté nonobstant toute opposition et empêchement quelconques, dont, si aucuns interviennent, Sa Majesté se réserve à Elle et à son Conseil toute connoissance, icelle interdisant à toutes ses autres Cours et Juges. FAIT au Conseil d'Etat du Roi, Sa Majesté y étant, tenu à Fontainebleau, le 18 Octobre 1783. *Signé:* LE MARÉCHAL DE CASTRIES.

R. au Greffe de la Commission, le 27 du même mois.

LETTRE

LETTRE de MM. les Administrateurs au Premier Substitut faisant fonction de Procureur-Général au Conseil du Port-au-Prince, sur la nomination aux places de Substituts des Juridictions, de Notaires et de Procureurs.

Du 19 Octobre 1783.

CE sont, Mr., autant que nous puissions nous le rappeler, les Officiers du Siége du Petit-Goâve qui nous ont demandé l'établissement d'un Substitut et d'un Notaire au quartier des Baradaires. Nous leur écrivons par ce Courier, pour avoir de plus grands éclaircissemens sur la vraie consistance de ce quartier, afin d'éviter les conflits qui pourroient s'élever entre ce nouveau Substitut et ceux des Paroisses de l'Anse-à-Veau et du Petit-Goâve. Nous vous ferons part, Monsieur, de ce que nous apprendrons à cet égard, et du parti que nous prendrons en conséquence.

Nous venons de faire expédier la Commission de Substitut à Baynet, en faveur du sieur Funel de Seranon, dont vous nous rendez de bons témoignages.

L'établissement d'un Substitut aux Verrettes vous paroissant nécessaire, nous accordons avec plaisir cette place au sieur Morizot, Notaire au même lieu, qui réunit les suffrages de Messieurs les habitans de ce quartier. Nous allons faire expédier sa Commission, qu'il pourra faire retirer du Greffe de l'Intendance, où elle sera envoyée pour y être enregistrée.

Quant à la réflexion que le Conseil paroît avoir faite, qu'il seroit naturel de créer une place qui n'existe pas avant d'y nommer, elle ne peut avoir d'application aux places de *Substitut*, *de Notaire* ou *de Procureur.* Nous avons incontestablement le pouvoir de nommer à ces places dans tous les quartiers où le bien public pourroit l'exiger, et en ce cas les Commissions que nous accordons, commencent ainsi..... *Etant nécessaire de nommer ou d'établir un Substitut dans tel ou tel quartier*, Nous, &c. Voilà, Monsieur, la forme usitée de tous les temps. Notre intention n'est pas de nous en écarter. Nous avons l'honneur &c. *Signé:* BELLECOMBE et BONGARS.

ARRÊT du Conseil du Cap, qui condamne deux Nègres du Sieur Le Jeune, habitant à Plaisance, à avoir le poing coupé, et à être rompus vifs sur la place devant l'Eglise de Plaisance, comme assassins du neveu de leur Maître, et ordonne que la tête de l'un sera mise à un piquet dans ladite place, et celle de l'autre à un pareil piquet au Carrefour du Bourg de Plaisance. L'exécution de l'Arrêt réservée en la Cour; auquel effet la Cour nomme MM. Ruotte et Le Gris Conseillers-Commissaires; l'Arrêt imprimé, lu, publié et affiché.

Du 20 Octobre 1783.

ARRÊT du Conseil du Cap qui condamne le Sieur . . . ancien Officier des Troupes-Légères, pour avoir injurié et maltraité un tailleur de la ville du Cap, en 300 liv. de réparations civiles et en tous les dépens, avec defenses de récidiver, sous peine de punition corporelle.

Du 21 Octobre 1783.

ARRÊT du Conseil du Cap, confirmatif de Sentence du Siége Royal de la même ville, qui condamne les Sieur et Dame A. . . . Blancs et Marchands, à payer 300 liv. de réparations civiles à la nommée F . . . . Négresse libre, pour l'avoir excédée de coups.

Du 21 Octobre 1783.

ARRÊT du Conseil du Port-au-Prince, qui juge que la qualité d'Exécuteur Testamentaire d'un fondé de procuration, ne donne aucun droit à l'exercice de la procuration, et qui défère au Curateur aux vacances l'administration des Biens du Mandant non-représenté.

Du 22 Octobre 1783.

LE Sieur Joseph Estebe meurt léguant son habitation au Sieur Guillaume Estebe, son frère, résident à Bordeaux. Celui-ci envoie sa procuration à Charles Estebe son fils, qui meurt nommant pour Exécuteur Testamentaire le Sieur Garel. On met les scellés sur l'habitation; le Testament d'Estebe Fils est homologué avec le Curateur aux vacances; et Sentence du Juge du Petit-Goave du 18 Octobre 1782, ordonne la levée des Scellés et l'Inventaire.

Le Curateur, mieux instruit, donne Requête au Juge, pour que l'Inventaire de ce qui n'appartient point à Estebe fils, mais à son père, lui soit remis; et qu'attendu les contestations qui pourroient survenir lors de l'Inventaire, le Juge se transporte pour faire droit aux Parties sur le champ, et pour éviter à frais.

Sentence du 31 Décembre 1782 ordonne que l'Inventaire sera fait tant à la requête du Curateur que du Sieur Garel, par un Notaire en présence du Juge, attendu la réquisition; que dans l'Inventaire distinction sera faite des biens appartenans au Sieur Estebe fils et au Sieur Estebe père; que les biens du fils seront remis à son Exécuteur Testamentaire, et ceux du Père au Curateur, pour en être par eux rendu compte à qui de droit; ce qui sera provisoirement exécuté.

Appel du Sieur Garel qui prétendoit que la qualité d'Exécuteur Testamentaire du Sieur Estebe fils, mandataire de son père, l'appeloit à la gestion des biens de ce dernier, qui, selon lui, ne formoient pas une succession vacante, mais des biens vacans, à l'administration desquels le Curateur étoit étranger par le titre même de son office.

Le Curateur opposoit que le mandat n'est pas transmissible, que la procuration du Père ne contenoit pas de pouvoir de substituer, et que le fils n'en parloit même pas dans son Testament; que la distinction entre biens vacans et succession vacante, étoit sophistique, et qu'enfin il méritoit, comme homme de la Loi, comme Officier public, la préférence sur un tiers qui n'avoit aucun titre coloré pour s'immiscer dans cette administration.

Sur les Conclusions du premier Substitut faisant fonction de Procureur Général, le Conseil se détermina à confirmer la Sentence.

ARRÊT du Conseil du Cap touchant l'élection des Tuteurs des Esclaves poursuivant leur liberté.

Du 22 Octobre 1783.

LOUIS, &c. Entre le sieur Dugas, Bienveillant de la nommée Vénus, Négresse, appelant d'une Ordonnance du Juge du Port de Paix, qui, vu la remontrance du Procureur du Roi, sans égard à la déclaration des héritiers passée devant Me Bressac, Notaire, auroit réputé ladite déclaration contraire aux règles établies contre les esclaves qui ne peuvent ester en Justice, attentatoire aux intérêts des mineurs dont on ne peut disposer sans la participation du Ministère Public, et en conséquence auroit déclaré nulle et de nul effet la délibération des amis de la nommée Vénus, Négresse, pour procéder à la nomination d'un Tuteur à son affranchissement; auroit ordonné que ladite Vénus seroit conduite à l'attelier des héritiers, pour être employée aux travaux ordinaires et accoutumés; avec défenses à Me Bressac de ne plus recevoir de pareilles déclarations dans lesquelles les intérêts des mineurs sont compromis, sans la participation du Procureur du Roi, et pareillement défenses à Me Garnier du Tessé, Procureur, de ne plus présumer à l'avenir de l'intention du Ministère Public, en présentant à l'homologation de pareilles délibérations. Ouï, de S. Martin fils, Substitut, pour le Procureur-Général du Roi, et tout considéré: LA COUR a mis et met l'appellation et Ordonnance au néant; émendant, ordonne que pardevant autres Juges que ceux qui ont donné les remontrance et Ordonnance dont s'agit, il sera, à la requête de Dugas, Bienveillant de Vénus, procédé à la délibération des amis de ladite Vénus, pour la nomination d'un Tuteur à son affranchissement; ordonne que l'amende consignée par l'Appelant lui sera remise; sans dépens.

Les Co-héritiers majeurs qui avoient passé la déclaration notariée, portant consentement à la liberté de Vénus, donnée par leur père, de son vivant, pour la récompenser de 40 années de service, s'étoient engagés à dédommager les mineurs, s'il le falloit, de leur cinquième dans la valeur de la Négresse Vénus.

ARRÊT du Conseil du Cap contre un Mulâtre libre qui avoit porté la main sur un Blanc.

Du 22 Octobre 1783.

VU par la Cour la procédure extraordinairement faite et instruite par le Lieutenant Criminel du Cap, à la requête du Substitut du Procureur-Général du Roi audit Siége, Demandeur et Accusateur, contre le nommé François dit Mongin, Mulâtre libre de la Marmelade, Demandeur et Accusé, détenu ès prisons royales de cette ville, appelant, ainsi que ledit Substitut de Sentence dudit Siége du 24 Septembre dernier, qui auroit déclaré ledit François dit Mongin, duement atteint et convaincu d'avoir levé la main sur le sieur Gautier dans le grand chemin, près le corps-de-garde de la Marmelade, lorsque ledit sieur Gautier avoit cherché à arracher des mains dudit Mulâtre Mongin la Négresse Ursule, esclave du sieur la Forestrie, d'avoir même saisi au corps et pris par les cheveux ledit sieur Gautier; pour réparation de quoi, &c. Conclusions par écrit de S. Martin fils, Substitut, pour le Procureur-Général du Roi; ouï le rapport de Me Canivet, Conseiller, et tout considéré, &c. DIT A ÉTÉ par la Cour qu'il a été mal jugé par le Lieutenant Criminel au Siége Royal du Cap, en ce que ladite Sentence auroit seulement condamné le Mulâtre François dit Mongin à être attaché un seul jour au carcan, et ensuite à être banni du ressort de la Jurisdiction pendant trois ans, bien appelé par ledit Substitut du Procureur du Roi; émendant, pour les cas résultans du Procès, condamne ledit Mulâtre François dit Mongin à être attaché pendant trois jours consécutifs par l'Exécuteur de la Haute-Justice au carcan, à un poteau qui sera à cet effet planté sur la place du marché de cette Ville, dite de Clugny, pour y demeurer, chaque jour, depuis sept jusqu'à neuf heures du matin, ayant un écriteau devant et derrière, portant ces mots en gros caractères : *Mulâtre libre qui a levé la main sur un Blanc ;* ce fait, être attaché à la chaîne publique de cette Ville, pour y servir le Roi comme forçat, pendant le temps et espace de trois années, et pour l'exécution du présent Arrêt, a renvoyé et renvoie ledit François dit Mongin prisonnier pardevant ledit Juge Criminel. &c.

ARRÊT du Conseil du Port-au-Prince touchant une Usurpation du titre de Blanc.

Du 23 Octobre 1783.

LOUIS, &c. Vu, &c. Entre le sieur Lafont, &c. Et Pierre Reculé, &c. la Requête présentée à la Cour, par François Reculé, aux fins d'appeler le sieur Ogé, Major à Jacmel, pour voir dire qu'il sera maintenu et gardé dans sa qualité de Blanc non mésallié, que défenses seront faites audit sieur Ogé et à tous autres de l'y troubler en manière quelconque, sous telle peine qu'il appartiendra ; l'Arrêt intervenu sur ladite Requête, le 8 Mai 1780, qui donne acte à François Reculé du contenu en ladite Requête, et lui permet d'intimer sur icelle notre Procureur-Général, pour en venir à l'Audience au premier jour ; l'Arrêt du 3 Mai 1781, rendu entre François Reculé et notre Procureur-Général, lequel garde et maintient provisoirement la partie de Duhamel dans la jouissance et possession de l'état de Blanc non mésallié ; la Requête présentée à la Cour par les sieurs Lafont et Lelon, sur laquelle est intervenu Arrêt le 21 Février 1782, qui leur donne acte de leur tierce-opposition envers l'Arrêt du 3 Mai 1781, leur permet de faire assigner François Reculé pour procéder sur icelle, et les autorise à se faire délivrer, soit au Greffe de Jacmel, soit par le Curé dudit lieu, ou autres Paroisses, soit enfin par les Notaires de ce Ressort et tous autres dépositaires publics, tels actes par extraits ou expéditions qu'ils aviseront, relatifs à la naissance et à la généalogie desdits Reculé, le tout moyennant salaire compétent ; autre Requête présentée à la Cour par François Reculé aux fins d'assigner les sieurs Lafont et Lelon pour voir dire que l'Arrêt du 3 Mai 1781, sera exécuté, et que ledit Reculé sera maintenu et gardé définitivement en l'état et possession de Blanc non mésallié, avec défenses à toutes personnes de l'y troubler, et que pour l'y avoir troublé au mépris de la vérité, des Titres et du dernier Arrêt, en lui donnant de dessein prémédité et de concert entre eux la qualification de Quarteron libre, et avançant faussement que c'étoit par ordre et instruction du Gouvernement, ils seront tenus de lui faire réparation d'honneur par acte passé au Greffe, de le reconnoître pour Blanc d'origine, et condamnés aux dommages-intérêts auxquels il se réserve de conclure. Un Mémoire imprimé pour Reculé, signifié à l'Avocat des sieurs Lafont et Lelon, le 20 Septembre audit an, etc. tout considéré; NOTRE COUR, prononçant sur le tout, et y faisant droit, reçoit les sieurs Lafont et Lelon tiers opposans à l'Arrêt du 3 Mai 1781; en conséquence remet les Parties au même et semblable état qu'elles étoient avant ledit Arrêt, déboute Pierre Reculé de ses demandes, tendantes à être gardé définitivement en l'état et possession de Blanc non mésallié, et autres fins; ordonne que, tant la Requête présentée par François Reculé en la Cour, et sur laquelle est intervenu Arrêt le 19 Février 1782, que celle aussi présentée par ledit François Reculé au Juge de Jacmel et répondue d'ordonnance le 26 Décembre 1781, ensemble le Mémoire imprimé pour ledit Reculé, contre les sieurs Lafont et Lelon, commençant par ces mots: *A la honte de l'humanité*, et finissant par ceux-ci: *Si toutefois il peut y en avoir. Signé:* RECULÉ et DUHAMEL, Avocat, seront et demeureront supprimés comme injurieux auxdits sieurs Lafont et Lelon; fait défenses audit Reculé d'en faire ni présenter de semblables à l'avenir; ordonne que le présent Arrêt sera imprimé et affiché au nombre de 50 exemplaires, aux frais dudit Reculé, tant en cette Ville qu'à Jacmel; condamne ledit Reculé en tous les dépens faits sur les démandes respectives. Sur le surplus des demandes, fins et conclusions des parties, les met hors de Cour.

ORDONNANCE de M. l'Intendant, qui fixe le prix des Passages des personnes employées au service du Roi.

Du 23 Octobre 1783.

ALEXANDRE Jacques de Bongars, &c.

La difficulté qui pourroit s'élever au sujet des payemens à faire, pour le passage et nourriture aux frais du Roi de toutes les personnes employées à son service, qui seroient transportées, soit de cette Colonie dans une autre, soit d'un port à l'autre de cette Colonie, à bord des bâtimens particuliers seulement, nous ayant déterminé à établir un prix fixe et uniforme, relativement à chaque classe des passagers; Nous, en vertu des pouvoirs à nous accordés par sa Majesté, avons statué et ordonné, statuons et ordonnons qu'il sera payé à l'avenir en raison desdits passage et nourriture. Savoir:

Pour le passage et nourriture de chaque personne:

	par jour
A la table,	9 liv.

	par jour:
Pour idem à ration et demie,	4 liv. 10 s.
Pour idem à ration simple,	3 liv.
Pour passage seulement.	1 liv. 10 s.

Sera le présent Règlement déposé et enregistré au Contrôle de la Marine pour recours. Fait au Cap le 23 Octobre 1783. *Signé :* BONGARS.

R. au Contrôle le 2 Décembre suivant

LETTRE du Ministre à un Particulier, sur les places de Notaire et de Procureur dans les Colonies et les passages aux frais du Roi.

Du 24 Octobre 1783.

J'AI reçu, Mr., la lettre par laquelle vous demandez à passer aux Isles pour y exercer la profession de Notaire et de Procureur. Le nombre de ces places est fixé dans les Colonies ; elles sont d'ailleurs à la disposition des Administrateurs à qui vous devez vous adresser sur les lieux. Je ne puis également vous procurer votre passage aux frais du Roi : cette faveur n'est due qu'aux personnes qui sont appointées au service du Roi.

LETTRE du Ministre aux Administrateurs, pour supprimer les Bateaux-Domaines-Garde-Côtes.

Du 26 Octobre 1783.

JE me suis fait rendre compte des dépenses qu'occasionne dans les Colonies l'entretien des bateaux du Domaine ; et quoiqu'elles soient immodérées, j'ai reconnu qu'elles n'étoient pas même balancées par les avantages d'une utilité réelle. En conséquence j'ai cru devoir proposer au Roi de supprimer ces bateaux pour l'avenir, en les remplaçant par d'autres batimens de S. M. de différente force et grandeur, qui armeront et désarmeront en France, qui ne seront plus commandés doré-navant

navant que par des Officiers de la Marine Royale, et qui rempliront avec plus de succès d'une part, et avec beaucoup plus d'économie de l'autre, la double destination de croiser contre l'Interlope, et de faire pour le service du Roi, dans les Colonies, tous les transports d'effets, troupes, munitions et approvisionnemens que vous jugerez nécessaires, en observant de ne point interrompre les croisières pour des objets minutieux. S. M. a approuvé ce changement, et me charge de vous en prévenir. La Division destinée pour Saint-Domingue sera composée habituellement d'un vaisseau, de 2 frégates et de 3 corvettes. Vous concerterez ensemble les plans des croisières à établir, et ensuite M. de Bellecombe seul, en intimera l'ordre au Commandant de la Division, qui sera immédiatement soumis à son autorité. Vous en userez de même dans le cas d'une mission particulière ou d'un transport quelconque à ordonner. La police sur ces bâtimens ou sur tous autres bâtimens flottans dans les ports et rades, appartiendra audit Commandant ou à celui qui le représentera. Les demandes, les avances, les remplacemens se feront en la forme prescrite par l'Ordonnance de 1765, et M. de Bongars aura soin de mettre en règle les états de dépense de chacun de ces bâtimens, à mesure qu'ils devront quitter la Colonie, de manière que je puisse connoître, sur le champ, le montant exact des dépenses qu'ils auront faites, lequel sera soumis d'ailleurs à la censure du Conseil permanent de la Marine dans le port de retour et de désarmement. L'intention de S. M. est de les réduire aux plus stricts besoins. S'il étoit fait des demandes excédantes, ou qu'il vînt à se glisser du relâchement dans les Etats-Majors et Equipages, de la négligence dans la poursuite de la Contrebande, ainsi que dans l'exécution de tout ce que M. de Bellecombe auroit cru devoir prescrire au Commandant de la station; enfin, en cas de plaintes fondées de la part du Commerce national, S. M. entend rendre ledit Commandant personnellement responsable du fait de ses subordonnés, lorsqu'il n'aura point prévenu ou arrêté sur le champ les abus. Il lui sera donné des instructions détaillées dont il vous remettra copie à son arrivée. Je me flatte que ce nouvel arrangement ne pourra que procurer le plus grand bien du service, et que vous y concourrez de tout votre zèle et pouvoir, par les principes de l'harmonie la plus constante avec le Commandant de la station navale. Mais en même temps S. M. exige que vous me rendiez compte, sans aucun ménagement, soit en commun soit en particulier, de tout ce que vous pourriez appercevoir de contraire à ses vues dans la conduite des Officiers à qui Elle aura donné sa confiance pour des objets aussi importans que ceux dont il s'agit.

Aussi-tot que la station sera établie, M. de Bongars fera désarmer et vendre dans les formes ordinaires les bateaux du Domaine qui pourroient vous rester. Je lui recommande très-spécialement d'en arrêter la comptabilité le plus promptement qu'il lui sera possible; et, quant aux Officiers qui se trouveront supprimés, vous les replacerez dans les ports autant que vous en aurez l'occasion et que vous les en jugerez susceptibles.

Si vous estimiez convenable de faire rentrer dans les magasins les agrès et apparaux de quelques-uns des bateaux du Domaine pour n'en faire vendre que les coques seulement, je m'en rapporte d'avance, sur ce point, à ce que votre prudence vous suggérera.

LETTRE de MM. les Administrateurs au Premier Substitut, faisant fonction de Procureur-Géneral au Conseil du Port-au-Prince, touchant quelques abus commis par la brigade de la Maréchaussée de l'Anse-à-Veau.

Du 26 Octobre 1783.

LES plaintes, Mr., qui vous ont été portées contre la Brigade de Maréchaussée à l'Anse-à-Veau, nous paroissent très-fondées. Nous venons en conséquence d'écrire au Prévôt, de manière à le déterminer à suivre très-scrupuleusement tout ce qui lui est prescrit par les Règlemens touchant le service de la Maréchaussée. Nous lui faisons particulièrement sentir combien il est répréhensible, ou son Exempt, d'oser prendre sur eux de relaxer les prisonniers que lui ou sa *Brigade ont arrêtés*. Nous lui faisons à cet égard de très-expresses défenses, en lui ordonnant d'ailleurs de dresser des Procès-verbaux en cas de contravention, pour être par lui remis aux Juges qui en doivent connoître. Enfin, nous le menaçons de le destituer de sa place en cas de récidive, en le prévenant qu'il sera d'ailleurs poursuivi extraordinairement. Il y a lieu de croire, Monsieur, qu'il fera attention à ce que nous lui marquons. Si vous appreniez qu'il en fût autrement, nous vous serons obligés de nous en faire part. Nous vous prierons alors, Monsieur, de faire agir votre ministère. Nous avons l'honneur d'être etc. *Signé :* BELLECOMBE et BONGARS.

ARRÊT du Conseil du Port-au-Prince touchant l'envoi des Pièces de Conviction au Greffe de la Cour.

Du 28 Octobre 1783.

LOUIS, etc. Contre le nommé Gustave, etc. LA COUR enjoint au Greffier de notre Siége de Jacmel de se conformer à l'Article 6 du Titre 26 de l'Ordonnance du mois d'Août 1670, sous les peines y portées; en conséquence d'envoyer au Greffe de notre Cour, avec les procès, les effets et hardes servant de pièces de conviction. Fait en Conseil, etc.

ARRÊT du Conseil du Port-au-Prince, qui déclare nulles des Clauses insérées dans un Acte de donation et relatives à l'affranchissement de 27 esclaves et à l'emploi d'une somme de 75,000 liv.

Du 28 Octobre 1783.

LOUIS, etc. Vu, etc. Entre le sieur François Sire, etc.; Et la dame Metiser, etc.; la production faite au Greffe de notre Conseil par Faure, Avocat du sieur Sire, le 22 Janvier 1778, consistant entr'autres choses, en un Acte au rapport de Baron, Notaire, en date du 25 Janvier 1769, portant donation par Marie Thérèse Metiser, veuve Gormand, en faveur du sieur François Sire, et du sieur François-Louis Toussaint, son fils, âgé d'environ deux ans, issu de son mariage avec feu Marie-Jeanne Metiser, de la propriété et jouissance de l'habitation de la veuve Morgand, sise au Cul-de-Sac, contenant environ deux cens carreaux de terre, ensemble tous les esclaves que le sieur Sire emploiera utilement pour l'établissement de ladite habitation, dans lesquels ne seront point compris les nommés Marie, Jasmin, Marthe, etc, au nombre de dix-sept têtes que ladite dame se réserve, entendant leur donner la liberté; et pour cet effet, elle donne pouvoir au sieur Sire, père, de pour elle et en son nom, obtenir de MM. les Général et Intendant leur liberté, à la charge par les Donataires d'établir ladite habitation en sucrerie, comme aussi de payer aux pauvres, de concert avec le frère Bonnet ou celui qui lui succédera dans la cure de la Croix-des-Bouquets, la somme de 75000 livres, auquel paiement le sieur Sire ne pourra être forcé qu'après la liquidation des sommes nécessaires pour l'établissement de la sucrerie, etc. Ensuite est expédition de l'acceptation de ladite donation faite devant le même Notaire, du 17 Février suivant, par le sieur François Sire, Tuteur de son fils mineur, ladite acceptation aussi insinuée le 20 du même mois; la Sentence du 5 Septembre 1772 dont est appel, laquelle faisant droit sur le premier chef de demande des sieur et dame Guimard, sans avoir égard, quant à ce, aux exceptions du sieur Sire, et faute par lui d'avoir, conformément à l'obligation à lui imposée par la veuve Morgand dans l'acte de donation du 25 Janvier 1769, fait ratifier la liberté de dix-sept Esclaves qui en étoient exceptés, le condamne de faire remise dans le jour, pour tout délai, aux sieur et dame Guimard des dix-sept Esclaves, et néanmoins fait défenses aux sieur et dame Guimard de disposer et aliéner lesdits Esclaves pendant l'espace d'une année, à compter de la date de ladite Sentence; lequel temps expiré, il leur sera loisible d'en disposer comme bon leur semblera, etc. Vu aussi la production faite au Greffe de la Cour par Carles, Avocat, au nom et comme bienveillant des nommés Jean et autres, le 14 Avril 1777, consistant en une Requête présentée par le sieur Sire à MM. les Général et Intendant, ensuite de laquelle est leur Ordonnance du 2 Juin 1776, qui lui permet d'affranchir les nommés Jean et Alexis, Nègres, la nommée Marie, etc. et d'en passer Acte devant Notaire, ou au Greffe dudit Siége, en se conformant à l'Ordonnance du 10 Juillet 1768, etc.; et en considération des services que lesdits nègres et négresses ont rendus à leur Maîtresse, dispense le sieur Sire de tous paiemens à ce sujet, relativement à l'Article 11 du Règlement du 22 Mai 1775, pour ledit acte d'affranchissement fait et rapporté avec les certificats de publication et de non-opposition au jugement de main levée, et ladite permission être homologuée, s'il y échet; et à cet effet le sieur Sire sera tenu de le représenter dans le délai de quatre mois, à peine de nullité, sauf, dans le cas d'instance en opposition à ladite liberté, à se pourvoir vers MM. les Administrateurs pour obtenir une prorogation de délai; une Requête présentée par le sieur Sire au Juge dont est appel, aux fins d'assigner en son hôtel les sieur et dame Guimard, pour voir dire qu'ils seront tenus de donner main levée de l'opposition par eux formée au Greffe dudit Siége, le 18 Juillet 1776, à la liberté requise par ledit sieur Sire, pour les dénommés en ladite Requête; et ce, dans les 24 heures de la signification de la Sentence, sinon, ladite Sentence en tiendra lieu, avec dépens, etc. NOTRE COUR a donné Acte au Procureur-Général de l'appel par lui interjeté; joignant les appels respectifs, a mis les appellations et ce dont est appel au néant; émendant, déclare nulle et de nul effet la clause portée en l'acte passé le 25 Janvier 1769 par la Veuve Morgand, en faveur des sieurs Sire père et fils, ladite clause relative à l'affranchissement de 17 esclaves y dénommés qu'elle charge le sieur Sire d'obtenir; en conséquence ordonne que lesdits esclaves et leurs crues seront et demeureront en la propriété des sieur et dame Guimard; à l'effet de quoi les autorise à s'en emparer par-tout où ils pourront les trouver. Ordonne, en outre, que la somme de 75,000 liv., destinée par la dame Morgand à être distribuée, soit aux esclaves, soit aux pauvres, sera payée par le sieur Sire aux sieur et Dame Guimard, aux termes, et en la manière exprimée dans l'Acte du 25 Janvier 1769. Déclare cette partie du présent Arrêt commune avec le Curé de la Croix-des-Bouquets, etc.

ARRÊT *du Conseil du Cap, qui condamne un Capitaine de navire à payer, ou à remettre à un habitant, les sucres achetés par ledit Capitaine, d'un Négociant, la veille de sa banqueroute; ledit Négociant les ayant achetés lui-même, sans jour ni terme, du Commissionnaire de cet Habitant.*

Du 30 Octobre 1783.

ENTRE le sieur Gramont, habitant à l'Artibonite, suite et diligence du sieur la Faucherie, Négociant au Cap, Appelant; Et le sieur Bars, Capitaine du navire Américain le Windsor, Intimé. Ouï Viel, Avocat de l'Appelant, et Carles, Avocat de l'Intimé; et tout considéré: LA COUR a mis et met l'Appellation et Sentence dont est appel au néant; émendant, condamne la partie de Carles à payer à celle de Viel la somme de 1900 liv., si mieux elle n'aime faire remise des sucres dont s'agit, et la condamne aux dépens. Ordonne que l'amende consignée par la Partie de Viel lui sera remise. (*)

Les 5 et 14 Novembre, il y eut trois Arrêts semblables ; l'un en faveur de la dame de La Baronie, habitante à Limonade ; le second en faveur du sieur Rouvière, Négociant au Cap, et le troisième en faveur des sieurs Lory et Farjonel, tous les trois contre le même Capitaine Bars.

(*) *La Sentence de l'Amirauté du Cap déboutoit l'Habitant de sa demande.*

ARRÊT *du Conseil du Cap, qui juge que l'Adjudicataire d'effets judiciairement vendus, ne peut être tenu* par Corps, *lorsqu'on s'est contenté de son obligation.*

Du 30 Octobre 1783.

ENTRE le Sr. Pescaye fils, Appelant; Et le sieur de Saxi, Officier au Régiment du Cap, Cessionnaire. Ouï le Loup Desperelles, Avocat de Pescaye fils ; et d'Augy, Avocat de Saxi ; et tout considéré : LA COUR a mis et met l'Appellation et Sentence dont est appel au néant, en ce que par icelle la Partie de le Loup Desperelles auroit été condamnée *par Corps* ; émendant quant à ce, la décharge de ladite Condamnation, la Sentence au résidu sortissant son plein et entier effet, etc.

Il y avoit une Obligation, consentie et acceptée, de 5000 et quelques cents livres.

ORDONNANCE de M. l'Intendant, qui fixe le prix des journées de voyages des Nègres, Mulets, Cabrouets, Acons et Canots employés pour le service du Roi.

Du 31 Octobre 1783.

ALEXANDRE Jacques de Bongars, etc.

La nécessité où l'on est de prendre journellement pour le service du Roi, les Cabrouets, Acons, Canots, Nègres et Mulets de divers Particuliers, nous obligeant, pour éviter toute espèce de discussion à cet égard, à fixer d'une manière précise et uniforme, le prix des paiemens à faire à ce sujet, qui ne peuvent plus être les mêmes que ceux établis pour le temps de guerre; NOUS, en vertu des pouvoirs à nous accordés par Sa Majesté, ayons ordonné et ordonnons qu'à l'avenir et à compter de ce jour, il sera payé aux Particuliers fournisseurs les sommes ci-après; Savoir:

Pour un voyage d'un Cabrouet attelé d'un mulet et conduit par deux Nègres, 1 liv.

Pour une journée d'un Cabrouet attelé et conduit comme il est dit, 18

Pour une journée d'un Acon armé de cinq nègres, 60

Et sans nègres, 30

Pour le voyage d'un Canot armé de nègres, 3

Pour la journée d'un Canot sans nègres, 6

Pour la journée d'un Canot armé de nègres, 12

Pour la journée d'un mulet, 12

Pour la journée d'un Nègre, 3

Sera la présente Ordonnance enregistrée au Contrôle de la Marine pour recours. Donné au Cap, etc. *Signé :* BONGARS.

R. au Contrôle de la Marine, le 12 Novembre suivant.

ARRÊT du Conseil du Cap, qui accueille 1° la saisie-revendication faite par un Capitaine, de farines par lui vendues cinq jours avant une Banqueroute, etc. et 2°. sa demande à fin de rapport à la masse, du prix dû pour d'autres farines passées à un tiers dans cet intervalle.

Du 5 Novembre 1783.

ENTRE le sieur Testas, Capitaine de navire, Appelant d'une part; Et le sieur Couré, Boulanger, Intimé d'autre part. Ouï Viel, Avocat du sieur Testas, et Carles, Avocat du sieur Couré; et tout considéré: LA COUR a mis l'appellation et ce dont est appel, au néant; émendant, déclare bonne et valable la saisie-séquestration des barils de farine dont s'agit; ordonne en conséquence, que dans le jour de la signification du présent Arrêt, la Partie de Carles sera tenue de les remettre à la Partie de Viel, si mieux elle n'aime lui en payer le prix. Condamne la Partie de Carles à rapporter à la masse commune des effets de Grenonville, le prix du surplus des trente-cinq barils de farine, pour être répartis aux créanciers et la condamne aux dépens, sauf son recours contre Grenonville; ordonne que l'amende consignée par la Partie de Viel lui sera remise.

ARRÊTÉ du Conseil du Port-au-Prince touchant la Présentation, de la part de la Cour, aux places de Judicature, suivant la lettre du Ministre du 7 Juillet 1781.

Du 10 Novembre 1783.

CE jour, etc. la Compagnie, après invitation faite à MM. les Commandant en second et Commissaire-Général pour procéder à la nomination de trois sujets à proposer à S. M. pour la place de Procureur du Roi à Jacmel, conformément à la lettre du Ministre du 7 Juillet 1781,

1781 ; après qu'il a été reconnu qu'il ne se présentoit que deux sujets ; savoir : le sieur Lacombe, Lieutenant de Juge de Jacmel, y faisant aujourd'hui fonctions de Sénéchal par interim, pour l'absence par congé du Titulaire; et le sieur Trigant de la Tour, qui remplit aujourd'hui par interim l'office de Procureur du Roi du Port-au-Prince, pour l'absence aussi par congé du Titulaire qui est en France : A ARRÊTÉ, que, par le Substitut du Procureur-Général du Roi, copie de ladite Dépêche par extrait sera adressée à ses Substituts dans les Siéges du Ressort, pour y être lue, etc. ; a ordonné en outre, qu'arrivant la vacance de quelqu'un des Offices dont s'agit dans le Ressort, ceux des Officiers qui voudront se mettre sur les rangs, seront tenus d'adresser au Procureur-Général leur Mémoire avec les pièces relatives à ce qui est préscrit par ladite Dépêche ; et ce, dans le mois, à compter du jour où l'emploi sera devenu vacant, etc. Fait en Conseil, etc. *Signé :* BOURDON.

ARRÊT du Conseil du Port-au-Prince, touchant l'exécution des Art. 22 et 23 du Titre 10 de l'Ordonnance de 1670, touchant l'élargissement des Prisonniers.

Du 12 Novembre 1783.

LOUIS, etc. Entre le Sr.... Donne pareillement Acte au Procureur-Général de l'Appel par lui interjeté de l'Ordonnance rendue le 26 Juin 1783 par R..... Procureur au Petit-Goave; et faisant droit sur ledit Appel, a mis l'Appellation et ce dont est appel au néant; émendant, déclare ladite Ordonnance nulle et de nul effet; enjoint audit R.... de se conformer aux Articles 22 es 23 du Titre 10 de l'Ordonnance de 1670 ; lui fait défenses de rendre à l'avenir de pareilles Ordonnances; et, pour l'avoir fait, l'interdit de toutes fonctions de Juge pendant l'espace de trois mois.

ARRÊT du Conseil du Cap, touchant un refus de Marier une femme, attendu que le décès de son premier Mari n'étoit pas jugé suffisamment justifié.

Du 13 Novembre 1783.

VU par la Cour la Requête à elle présentée par la dame Erigoine, expositive, que depuis sept ans elle n'a eu aucunes nouvelles de son Mari, lors Subrecargue sur le bateau le Dauphin, qui a péri en venant de la Nouvelle-Orléans; et par laquelle elle conclut à ce qu'il plaise à la Cour, vu les lettres de son Mari de 1776, la lettre adressée à l'armateur dudit bateau, en lui faisant part de sa perte, dont ne se sont sauvés que trois personnes et l'auteur de la lettre; et l'Enquête ordonnée par Arrêt de la Cour, la recevoir Appelante du refus du R. P. Saintin de Curfaux, Préfet Apostolique du Ressort, de procéder à son mariage; en conséquence autoriser le R. P. Saintin de Curfaux de procéder audit mariage, etc. Vu aussi l'Arrêt du .... Novembre dernier, portant qu'il seroit informé du décès du mari de la Suppliante plus amplement, et par toutes voies dues et raisonnables; l'Enquête faite par-devant Notaires; les lettres ci-dessus et la quittance d'amande; conclusions par écrit de Saint-Martin fils, premier Substitut du Procureur-Général du Roi; Ouï le Rapport de M. Couet de Montarand, Conseiller-Assesseur, Rapporteur, et tout considéré : LA COUR a reçu et reçoit la Suppliante Appelante du refus du F. Saintain de Curfaux, Préfet Apostolique; et y statuant, autorise, *sans tirer à conséquence*, ledit F. Saintain de Curfaux de procéder à la publication des bans du mariage d'entre la Suppliante et le sieur .... et de suite à l'impartition de la bénédiction nuptiale, nonobstant qu'elle ne rapporte point un extrait mortuaire d'Erigoine, son mari, sauf les autres oppositions telles que de droit.

Arrêt *du Conseil du Cap, qui admet l'affirmation de celui qui emploie, sur la fixation des appointemens de l'Employé.*

Du 13 Novembre 1783.

Entre le sieur Prost, Parfumeur au Cap, Appelant de Sentence de la même ville, qui le condamnoit à payer 1800 liv. pour 18 mois de gages; Et le sieur Tassis, Intimé, qui réclamoit originairement 2400 liv.

L'Arrêt n'accorde que 900 liv. au sieur Tassis, à la charge par le sieur Prost d'affirmer, en personne, à l'Audience de la Cour, qu'il ne lui a promis que 600 liv. par an.

Plaidans Me Baudry des Lozieres pour l'Appelant, et Me l'Anglois Desfosses pour l'Intimé.

Arrêt *du Conseil d'Etat, qui 1°. déclare nulle la concession faite de partie de la Place de Vallière, au Port-au-Prince, prononce le remboursement en faveur du Cessionnaire, etc. et 2°. Ordonne l'exécution des Règlemens concernant les Concessions.*

Du 15 Novembre 1783.

Le Roi s'étant fait rendre compte, en son Conseil, de la concession faite, le 29 Janvier 1781, par les sieurs de Reynaud, Commandant-Général par interim à Saint-Domingue, et le sieur Le Brasseur, Commissaire-Ordonnateur au Cap, faisant également par interim les fonctions d'Intendant, au sieur Vicomte de Choiseul, Inspecteur des limites de la Colonie, d'un terrein situé sur la place de Vallière, en la ville du Port-au-Prince; et de la cession faite, sous-seing privé, le 13 Mars suivant, ratifiée le 25 devant les Notaires du Port-au-Prince, par ledit sieur Vicomte de Choiseul, aux sieurs Nau et Marie, du terrein énoncé en la susdite concession, avec l'approbation desdits sieurs de Reynaud et Le Brasseur, motivée sur l'utilité publique : Sa Majesté auroit reconnu que ladite place de Vallière, formée à grands frais, tant pour y placer une fontaine publique, que pour servir d'asyle aux habitans, en cas de tremblement de terre ou d'incendie, avoit éprouvé en 1775 un retranchement considérable, par la concession que les Administrateurs firent alors au sieur Mesples, d'une partie du terrein, pour y construire une salle de Spectacle, mais qu'elle avoit conservé, quoiqu'avec une moindre étendue, son existence, sa forme et sa destination primitive; particulièrement pour la construction d'une fontaine qui, suivant le plan général, devoit être placée au milieu. Sa Majesté, également informée que le sieur Delant, Négociant du Port-au-Prince, ayant demandé la concession du même terrein, le sieur de Vincent, Commandant en second de la Partie de l'Ouest de Saint-Domingue, le sieur Prevôt de la Croix, Commissaire-Ordonnateur au Port-au-Prince, et le sieur Sorel, Ingénieur, avoient donné, le 29 Septembre 1780, un avis raisonné portant que ladite concession ne pouvoit être accordée sans préjudice à l'intérêt public; et que, cependant, le 4 Janvier suivant, sur la demande semblable du Vicomte de Choiseul, lèdit sieur de Vincent et le sieur Proissi représentant l'Odonnateur absent, et le sieur Sorel ont donné en sa faveur un avis contraire au premier, au moyen de restrictions, qui ne faisoient point cesser les inconvéniens de la concession et qui d'ailleurs auroient pu être également appliquées à la première demande. Vu la Dépêche des sieurs de Bellecombe et de Bongars, Gouverneur-Général et Intendant de ladite Colonie, portant entr'autres choses, que le sieur Marie avoit commencé, sur le terrein qui lui a été rétrocédé, des constructions dont ils ont ordonné la suspension, attendu la nécessité indispensable de réunir la concession au Domaine pour appliquer ce terrein à sa première destination; ce qui ne pouvoit néanmoins avoir lieu qu'à la charge de payer aux acquéreurs, tant les dédommagemens et intérêts qui peuvent leur être dus, que le prix et loyaux coûts du Contrat que les sieurs de Reynaud et Le Brasseur ont pu verbalement approuver en vertu d'une Dépêche Ministérielle, qui autorise les Administrateurs de Saint-Domingue à dispenser, dans le cas d'utilité publique, de l'exécution des réglemens concernant les concessions. Vu pareillement le Procès-Verbal de l'état des bâtimens construits et commencés sur le terrein concédé, avec les soutiens et dires du sieur Marie pour lui et ses associés, un plan fait par le sieur Sorel, Ingénieur, représentant ladite place de Vallière, tant avant la Concession de 1775, qu'avant celle faite au Vicomte de Choiseul, et son état actuel, les pièces ci-dessus référées et autres, jointes à la Dépêche des Administrateurs : Sa Majesté voulant, conformément à leur avis, rendre la place Vallière à sa première destination, et pourvoir au remboursement des sommes légitimement dues aux acquéreurs qui ont contracté sur la foi de l'approbation abusive des Administrateurs ; Ouï le Rapport : LE ROI étant en son Conseil, a cassé et annullé, casse et annulle la Concession faite au Vicomte de Choiseul, par lesdits sieurs de Reynaud et Le Brasseur de la place Vallière, ainsi que les ventes ou rétrocessions du même terrein, faites par le Vicomte de Choiseul aux sieurs Marie et associés, avec l'autorisation des mêmes Administrateurs ; voulant Sa Majesté que ladite Place soit remise au même état où elle étoit avant la Concession, pour être employée aux usages auxquels elle étoit destinée suivant le plan général. Commet Sa Majesté les sieurs Gouverneur-Lieutenant-Général et Intendant de Saint-Domingue, pour liquider tant le prix principal, frais et loyaux-coûts du Contrat de Vente fait aux sieurs Marie et Associés, que les sommes qui leur sont dues, pour les dédommager des dépenses des constructions qu'ils ont entreprises, même les intérêts de non jouissance s'il y a lieu, et les frais nécessaires pour mettre ladite place Valliere dans l'état où elle étoit avant la Concession. Ordonne Sa Majesté que ledit sieur de Choiseul soit tenu de rendre aux acquéreurs le prix du Contrat, frais et loyaux coûts, avec les intérêts ; se réservant Sa Majesté de prononcer sur le remboursement des dédommagemens pour dépenses de constructions et des frais nécessaires pour remettre les choses dans leur premier état. Ordonne au surplus Sa Majesté, que les Règlemens concernant les concessions seront observés selon leur forme et teneur, sans que les Administrateurs de Saint-Domingue puissent, sous aucun prétexte, dispenser de leur exécution, nonobstant toute autorisation contraire qui pourroit leur avoir été donnée. Mande Sa Majesté aux Gouverneur-Lieutenant-Général et Intendant des Isles sous le Vent, de tenir la main à l'exécution du présent Arrêt, lequel sera enregistré au Tribunal Terrier de Saint-Domingue. Fait au Conseil d'Etat, etc. *Signé :* Le Maréchal DE CASTRIES.

Voyez *un Ordre du Roi du* 18 *du même mois, pag.* 398.

ARRÊT du Conseil du Cap, touchant la Commission d'un Procureur du Roi par Interim, en l'Amirauté de la même ville, pourvu par M. l'Amiral seulement.

Du 15 Novembre 1783.

ENTRE le Sénéchal du Cap, faisant fonctions de Procureur du Roi en l'Amirauté, Appelant (ledit Appel relevé par le Procureur-Général du Roi); Et Me. Bayard, incidemment Appelant (en ce que sa Requête a été communiquée au Sénéchal du Cap, et que l'Ordonnance vise ses conclusions). Vu l'Ordonnance, dont est appel, du Lieutenant de l'Amirauté, du 13 présent mois, qui, sans égard aux conclusions du Procureur du Roi, tendante à ce que Me. Bayard soit tenu de se retirer pardevant Sa Majesté, pour avoir des lettres de provisions et d'attache à sa Commission, vu la Commission de Procureur du Roi par interim, donnée par M. l'Amiral, du 16 Juin dernier, à Me. Bayard, auroit ordonné que ladite Commission seroit enregistrée pour être exécutée selon sa forme et teneur. Ouï Laborie, Avocat de Me. Bayard, ensemble Deschamps, Substitut du Procureur-Général du Roi, et tout considéré : LA COUR a mis les Appellations au néant; ordonne que ce dont est Appel sortira son plein et entier effet, sans dépens; Ordonne que la Partie de Laborie prêtera en la Cour le serment en tel cas requis et accoutumé.

ARRÊT du Conseil du Cap, qui juge qu'un Légataire universel n'a aucun droit sur des esclaves acquis par une Affranchie, depuis l'Acte de Manumission du Testateur, son Maître; et que l'achat d'une esclave souffert par un autre Maître, antérieur au Testateur, ne donne pareillement aucun droit à ce Légataire Universel à la propriété de l'Esclave ainsi achetée.

Du 15 Novembre 1783.

ENTRE le sieur Lemaire, habitant au Dondon, Exécuteur Testamentaire et Légataire universel du sieur Hoyer, Appelant; Et la nommée Rose Mayador, Intimée. Vu la Sentence du Juge du Cap, du 27 Mai 1780, qui, Parties ouïes, ensemble le Procureur du Roi en ses Conclusions verbales, joignant les demandes et y faisant droit, auroit déchargé la nommée Rose Mayador des condamnations contre elle prononcées; faisant droit par Jugement nouveau, vu l'Acte de Manumission fait par le sieur Hoyer, le 22 Août 1767, tant de la nommée Rose Mayador, que des nommés, etc., auroit ledit sieur Lemaire condamné à remettre à Rose Mayador ses trois enfans qui sont en sa possession, nommés Rosette, Julienne et Jacques Simon; et à faute de ce, auroit autorisé ladite Rose Mayador à les faire prendre et arrêter aux frais dudit sieur Lemaire, par tout où elle les trouvera; et en ce qui concerne la Négresse Cité, *acquise le 27 Décembre 1764*, par la nommée Rose Mayador, lors esclave du sieur Fortier, sans égard aux exceptions du sieur Lemaire, dans lesquels il l'auroit déclaré non-recevable, comme aussi sans égard aux exceptions du sieur Lemaire en ce qui concerne les nommées Geneviève et Agathe, acquises par la nommée Rose Mayador *depuis sa Manumission*, auroit ordonné que remise desdites trois Négresses, Cité, Geneviève et Agathe sera faite à ladite Rose Mayador, dans trois jours de la signification de la Sentence; sinon, et à faute de ce faire, auroit autorisé la nommée Rose Mayador à les faire prendre et arrêter aux frais et dépens du sieur Lemaire, par-tout où elle les trouvera; sur le surplus des demandes des Parties, les auroit mises hors de Cour, et auroit ledit sieur Lemaire condamné aux dépens. Ouï l'Anglois Desfosses, Avocat du sieur Lemaire et de Suzanne, Avocat de Rose Mayador, ensemble de Saint-Martin fils, Substitut pour le Procureur-Général du Roi, et tout considéré : LA COUR a mis l'Appellation au néant; ordonne que ce dont est appel sortira son plein et entier effet; condamne l'Appelant en l'amende ordinaire et aux dépens.

Le sieur Lemaire soutenoit que les trois esclaves acquis par Rose Mayador devoient appartenir au sieur Hoyer, comme achetées avant la ratification de sa liberté, suivant l'Art. 28 de l'Edit de 1685.

ORDONNANCE *des Administrateurs, qui fixe les Limites de la Paroisse de Vallière.*

Du 15 Novembre 1783.

AUJOURD'HUI, le cinquième jour d'Octobre 1783, Nous, Jean-Joseph Audibert, ancien Arpenteur-principal, et Inspecteur des Chemins, Ponts et Chaussées de la dépendance du Fort-Dauphin, Certifions qu'à la réquisition de M. Castex, Commandant la division du quartier de Vallière, Paroisse Saint-Vincent, au Bataillon Dauphin, et sur l'autorité verbale que lui en a donnée M. Du Grès, Commandant en second par intérieur de la Partie du Nord de Saint-Domingue, suivant l'ordre de même de M. le Général, à l'effet de faire un plan régulier des limites, abornemens et étendue dudit quartier et Paroisse de Vallière, attendu que celui par nous fait le 27 Octobre 1773, à la réquisition du sieur Lange Jousserant, élu Syndic pour l'érection de ladite Paroisse, ne pouvoit être régulier, attendu que les limites Françoises et Espagnoles n'avoient pas encore été reconnues, et ne l'ont été qu'en 1776; et par la reconnoissance desdites limites, ledit quartier et Paroisse de Vallière s'est trouvé démembré de plusieurs habitations qui se sont trouvées au Sud desdites limites sur les terres Espagnoles, et plusieurs autres qui ont été tronquées; ce qui a restreint la Paroisse dans une bien petite étendue, et a mis MM. les Habitans d'icelle dans l'impossibilité de pourvoir à l'entretien d'un Curé; Nous, pour satisfaire à ladite réquisition, nous aurions donc rapporté

sur

sur notredit plan lesdites limites Françoises et Espagnoles, telles qu'elles ont été par nous relevées avec le sieur Du Canelle, par ordre du Gouvernement, à partir du point désigné sur notredit Plan, par la lettre A, et en passant par les bornes royales, depuis No. 32 jusqu'à la borne No 43, posée au confluent de la Grande-Rivière et de la Ravine des Chandeliers, et au point désigné sur notredit plan par la lettre B; et dans cet espace nous avons compris tout le terrein qui est sous la dénomination des Bas-Ouragans ou Nouvelle-Gascogne, autorisé à cet effet par l'Ordonnance de MM. de Vallière et Montarcher, du 10 Août 1773, article premier. Duquel dit point B, nous aurions, allant vers l'Est, relevé les contours et sinuosités de ladite Grande-Rivière qui sépare en cet endroit ladite Paroisse de Vallière de celle de Limonade, et du lieu vulgairement appelé les Fonds-Bleus, et jusqu'au point désigné sur notredit plan par la lettre C, sur la place de la dame veuve la Rousselière, et dont les établissemens sont dans la Paroisse du Trou, d'où nous aurions continué de relever ladite Grande-Rivière, allant toujours vers l'Est, jusqu'au confluent de ladite Grande-Rivière et celle des Racadeaux, désignée sur notre plan par la lettre D, et séparé en cet endroit ladite Paroisse de Vallière de celle du Trou; d'où nous aurions relevé les contours et sinuosités de ladite Riviere des Racadeaux, allant vers le Nord jusqu'à sa source, et à la rencontre de la crête de la Montagne du Piton-des-Nègres au point désigné sur notredit plan par la lettre E, et séparé en cet endroit ladite Paroisse de Vallière de celle du Trou, et nous serions conformés à l'Ordonnance de mesdits sieurs de Vallière et Montarcher, dudit jour 10 Août 1773, art. premier, où les Racadeaux sont compris. Cela paroîtra un démembrement de la Paroisse du Trou; ce n'en est cependant pas un, puisqu'il doit faire partie de la Paroisse de Vallière: d'ailleurs, la Paroisse du Trou sera bien dédommagée par la rentrée des habitations Gerbeau, aujourd'hui M. Du Grès fils; Salva, aujourd'hui succession Champaing, et Haï, toutes les trois établies en sucreries. Dudit point E, sur notredit plan, nous aurions relevé les sinuosités de ladite crête de la Montagne du Piton-des-Nègres jusqu'au Piton-des-Flambeaux, allant vers le Nord, et désigné ledit endroit par la lettre F, et séparé, en cet endroit, ladite Paroisse de Vallière, du lieu appelé les Ecrevisses, Paroisse du Trou; d'où nous aurions, allant vers l'Est, relevé les sinuosités de ladite crête de la Montagne de l'Acul-de-Samedi, jusqu'à la jonction de la crête à battre du feu, et au point désigné sur notre plan par la lettre G, et séparé ladite Paroisse de Vallière de celle du Trou, et du lieu appelé les Perches, d'où nous aurions également, toujours vers l'Est, relevé les sinuosités de la crête de la Montagne de l'Acul-de-Samedi, jusqu'au point désigné sur notre plan par la lettre A, et cet espace sépare ladite Paroisse de Vallière de celle du Fort-Dauphin; ce qui auroit fini nos opérations pour les limites et abornemens de ladite Paroisse de Vallière, qui est bornée au Nord, de la crête de l'Acul-de-Samedi, et des Paroisses du Trou et du Fort-Dauphin, et partie de la Grande-Rivière; à l'Ouest, de la crête du Piton-des-Nègres, du Piton-des-Flambeaux et de la Rivière des Racadeaux; à l'Est et au Sud, des limites Françoises et Espagnoles, et renfermée sur notre plan entre les lettres A B C D E F G A et les contours lavés en rouge.

Il est à observer que les Habitations qui sont sous la dénomination de Nouvelle-Gascogne, les plus éloignées, ne le sont pas de trois lieues de l'Eglise et du Bourg de Vallière, au-lieu qu'elles sont distantes de l'Eglise et du Bourg du Trou, d'environ huit lieues : différence bien grande, lorsqu'il est question d'envoyer chercher les secours spirituels, et aussi pour le Service Militaire, étant à la portée de leur Commandant sous les yeux duquel ils sont, ainsi que les habitations qui sont sous la dénomination des Racadeaux. Fait et clos le présent procès-verbal, le vingtième jour du susdit mois et an, en présence de mondit sieur Castex, notre Requérant, qui, après en avoir pris lecture, a signé avec nous, et que nous renvoyons pardevant Nosseigneurs les Général et Intendant, pour faire approuver et parapher, tant le présent procès-verbal que le plan y attaché, s'il y a lieu, et pour copie collationnée, conforme à la minute. *Signé* : CASTEX et nous soussigné; *Signé* : AUDIBERT.

Soient le présent procès-verbal et plan, communiqués à M. le Commandant pour le Roi de la Partie du Nord; pour, sur son rapport et avis, être par nous statué ce qu'il appartiendra. DONNÉ au Cap, le 11 Novembre 1783. *Signé* : BELLECOMBE et BONGARS.

Nous, Lieutenant du Roi de Cap et dépendances, Commandant en second par interim, de la Partie du Nord, conformément aux ordres ci-dessus de MM. les Général et Intendant, du 11 de ce mois : disons que le plan et procès-verbal de la Paroisse de Vallière, levé le cinquième jour du mois d'Octobre dernier, et arrêté le 20 du même mois, par le sieur Audibert, ancien Arpenteur principal et Inspecteur des Chemins, Ponts et Chaussées de la dépendance du Fort-Dauphin, à la réquisition de M. Castex, Commandant de ladite Paroisse, et d'après les ordres de MM. les Général et Intendant que nous lui avons notifiés, démontre parfaitement, par la ligne lavée en rouge, les limites qu'il convient de lui donner, pour former les abornemens avec les Paroisses du Fort-Dauphin, du Trou et de Limonade, par la raison que ladite Paroisse de Vallière a perdu par la ligne des reconnoissances des limites Françoises et Espagnoles, une grande étendue de terres concédées anciennement, qui auroient contribué par leur établissement aux charges publiques; en conséquence, estimons indispensable de l'en dédommager, en prenant sur la Paroisse du Trou la partie des Racadeaux, et le terrein compris sous la dénomination des Bas-Ouragans, entre la Grande-Rivière et la ligne des limites Françoises et Espagnoles, éloignées de huit à dix lieues du Bourg du Trou, et qui ne sont distantes de celui de Vallière que de trois lieues, dont la Paroisse du Trou a été amplement dédommagée par les habitations Salva, Haï et héritiers Gerbeau, établies en sucreries, qui ont été réunies à ladite Paroisse du Trou; que ledit plan et procès-verbal seront homologués *ne varietur*, pour former invariablement ladite Paroisse de Vallière, dans les bornes marquées par ladite ligne lavée en rouge, et par les lettres A B C D E F G A, et que les habitations Lareche, succession J. Lambert, veuve Cottin, succession A. Lambert, les deux habitations Roger, veuve Vigoureux et d'Aprinville, situées tant sur la rivière des Racadeaux que dans l'intérieur du Quartier de ce nom, ainsi que toutes les habitations situées à l'Ouest de la grande Rivière jusqu'aux limites Espagnoles, depuis le point A jusqu'au point B, seront ainsi et à toujours, de ladite Paroisse de Vallière, obligées d'y donner leurs recensemens, de contribuer aux charges et corvées publiques, et d'y faire leur service de Milices : tel est notre avis. Au Cap, le 12 Novembre 1783. *Signé :* le Chevalier DU GRÈS.

Vu le procès-verbal et plan de l'Arpenteur principal Audibert, du 11 Octobre dernier, clos le 20 dudit mois; notre Ordonnance du 11 Novembre suivant; l'avis de M. le Lieutenant du Roi du Cap et dépendances, Commandant en second de la Partie du Nord, en date du 12 du même mois; et tout considéré : Nous, Général et Intendant, sans préjudice des droits d'autrui, avons homologué et homologuons le procès-verbal et plan de l'Arpenteur principal Audibert, du 11 Octobre dernier, clos le 20 dudit mois, que nous avons paraphé, *ne varietur*, pour sortir leur plein et entier effet. Ordonnons; en conséquence, que la ligne lavée en rouge sur ledit plan où sont tracés les caractères A B C D E F G A, renfermera invariablement la Paroisse du quartier de Vallière. Ordonnons pareillement que les habitations Lareche, succession J. Lambert, veuve Cottin, succession A. Lambert, les deux habitations Roger, veuve Vigoureux et d'Aprinville, situées tant sur la Rivière à Racadeaux que dans l'intérieur du quartier de ce nom, ainsi que toutes les autres habitations situées à l'Ouest de la Grande-Rivière jusqu'aux limites Espagnoles, depuis le point A jusqu'au point B, feront partie de la susdite Paroisse du quartier de Vallière, y donneront leurs recensemens, contribueront aux charges et corvées publiques, et y feront leur service de Milices. Mandons à M. le Commandant pour le Roi de la Partie du Nord, et à MM. les Commandans des quartiers de Vallière, du Trou, Fort-Dauphin et Limonade, de tenir, chacun en ce qui les concerne, la main à l'exécution de notre Ordonnance. Et sera la présente enregistrée, tant au greffe de l'Intendance qu'en celui de la subdélégation, et ledit plan déposé audit greffe de la Subdélégation, pour y recourir au besoin. DONNÉ au Cap etc., le 15 Novembre 1783. *Signé :* BELLECOMBE et BONGARS.

R. au Greffe de l'Intendance le 4 Décembre 1783.
Et à celui de la Subdélégation le 27 du même mois.

LETTRE *du Roi au Gouverneur-Général pour la publication de la Paix.*

Du 17 Novembre 1783.

MONS. de Bellecombe, après avoir posé les fondemens de la paix par les articles préliminaires que j'ai signés avec le Roi de la Grande-Bretagne, je n'ai pas différé à la conclure définitivement. Les conférences tenues à cet effet, ont eu le succès que je pouvois desirer; et le Traité définitif de paix auquel l'Empereur, Roi de Hongrie et de Bohême, et l'Impératrice de toutes les Russies, ont concouru comme

Médiateurs, a été signé à Versailles, le 3 du mois de Septembre dernier. Les ratifications de ce traité ayant été solemnellement échangées, et l'ouvrage de la paix étant par là entièrement consommé, mon intention est de rendre à Dieu de nouvelles actions de graces de la tranquillité qu'il veut bien accorder à mon Peuple. C'est dans cette vue que je vous écris cette lettre, pour vous dire que mon intention est que vous fassiez chanter le *Te Deum* dans la principale Eglise du Port-au-Prince, et dans les autres Eglises de la Colonie, et que vous y assistiez dans le lieu de votre résidence, et fassiez assister le Conseil-Supérieur, que vous teniez la main à ce que les autres Corps qui doivent être à de semblables Cérémonies, ayent à s'y trouver, et qu'au surplus, vous donniez les Ordres nécessaires dans la Colonie pour faire allumer des feux-de-joie dans les rues, tirer le canon, et donner toutes les autres marques et démonstrations de réjouissances publiques accoutumées en pareil cas. Vous donnerez pareillement des Ordres pour faire publier et afficher l'Ordonnance ci-jointe, relative à la Paix, en la manière accoutumée, dans les lieux ordinaires de l'étendue de la Colonie, afin qu'aucun n'en prétende cause d'ignorance. Et la présente etc.

R. au Conseil du Port-au-Prince, le 20 Février 1784.

ORDONNANCE *des Administrateurs, qui nomme un Rédacteur de la Gazette de la Colonie.*

Du 17 Novembre 1783.

Guillaume-Léonard de Bellecombe, etc.
Alexandre-Jacques de Bongars, etc.

Le Ministre nous ayant chargé par sa dépêche du 7 Juillet 1783, de faire choix du sieur Mozard pour rédiger sous nos ordres la gazette de la Colonie, et ayant, d'ailleurs, connoissance que le sieur Mozard a toutes les qualités nécessaires pour s'acquitter avec succès de cette rédaction, nous l'avons nommé et commis, nommons et commettons par ces présentes, rédacteur de ladite gazette, à la charge par lui de nous communiquer ses feuilles manuscrites qui ne pourront être imprimées que nous n'ayons mis notre approbation au bas. Voulons que ledit sieur Mozard jouisse des priviléges attachés à ces sortes d'emplois; nous réservant, au surplus, de fixer la portion qui lui sera payée à titre d'appointement sur le produit de ladite gazette par le sieur Dufour de Rians, Imprimeur bréveté du Roi, et à qui Sa Majesté a bien voulu accorder le privilége de la rédaction et impression de ladite gazette. Sera la présente enregistrée aux Greffes de l'Intendance et de la Subdélégation. DONNÉ au Cap etc., le 17 Novembre 1783. *Signé :* BELLECOMBE et BONGARS.

R. au Greffe de l'Intendance, le 18 *Novembre* 1783.

Et à celui de la Subdélégation, le même jour.

ORDRE du Roi relatif à la Concession de la Place de Vallière au Port-au-Prince.

Du 18 Novembre 1783.

DE PAR LE ROI.

SA Majesté, ayant, par Arrêt rendu le 15 de ce mois en son Conseil, cassé et annullé la concession faite par les sieurs de Reynaud, Commandant-Général par interim de Saint-Domingue, et Le Brasseur, Commissaire-Ordonnateur, faisant également par interim les fonctions d'Intendant, au Vicomte de Choiseul, Inspecteur des limites de la Colonie, de la Place de Vallière, en la Ville du Port-au-Prince, et ordonné que ladite Place soit rendue à sa première destination, à la charge que les sieurs Marie et Associés, auxquels ledit Vicomte de Choiseul a rétrocédé ladite concession, seroient remboursés tant du prix principal, frais et loyaux-coûts du contrat avec les intérêts de non-jouissance, que des dépenses qu'ils ont faites en constructions sur ledit terrein, et des frais nécessaires pour le remettre dans son premier état; Elle a ordonné, pour l'exécution dudit arrêt, ce qui suit: 1°. Le Vicomte de Choiseul sera tenu de prendre, avec les sieurs Marie et Associés, des arrangemens convenables pour les remboursemens qui sont à sa charge;

faute de quoi faire dans le temps qui sera désigné par les Administrateurs de Saint-Domingue, sa place d'Inspecteur des limites de la Colonie sera et demeurera supprimée, et néanmoins les appointemens de ladite place continueront d'être employés dans les états de dépenses, jusqu'à ce que les sommes qui seront dues auxdits sieurs Marie et Associés soient acquittées, sans que la présente disposition puisse être réputée comminatoire; Défendant Sa Majesté audit Vicomte de Choiseul de prendre dans le cas prévu, la qualité d'Inspecteur des limites, et d'en faire aucunes fonctions. 2°. Sa Majesté considérant que les sieurs de Reynaud, Le Brasseur, Vincent, de Proissy et Sorel doivent être responsables des fautes d'une concession aussi abusive, elle a ordonné que les sommes qui seront liquidées, tant pour dédommagemens accordés aux sieurs Marie et Associés, que pour remettre la Place de Vallière en l'état où elle étoit avant la concession faite au Vicomte de Choiseul, seront payés; savoir: une moitié par ledit sieur de Reynaud, $\frac{3}{16}$ par ledit sieur le Brasseur, $\frac{2}{16}$ par ledit sieur Vincent, $\frac{1}{16}$ par ledit sieur de Proissy, et le dernier seizième par le sieur Sorel: leur enjoint Sa Majesté, de prendre également des arrangemens convenables pour le paiement desdites sommes dans les termes qui seront désignés par les Administrateurs; faute de quoi, Sa Majesté supprime dès-à-présent, tant la pension de 4000 liv. qu'elle a accordée audit sieur de Reynaud sur son Trésor Royal, que les appointemens et traitemens dont peuvent jouir lesdits sieurs Le Brasseur, de Vincent, de Proissy et Sorel: veut Sa Majesté qu'il soit rendu compte par les Administrateurs de Saint-Domingue de l'exécution du présent Ordre. Fait à Fontainebleau, etc. *Signé:* LOUIS; Et plus bas, Le Maréchal de CASTRIES.

ARRÊT du Conseil du Cap touchant un Cautionnement judiciaire souscrit par une Femme.

Du 18 Novembre 1783.

ENTRE Paul, Tuteur des Mineurs Girault, et le sieur Girault, Mineur émancipé d'âge, Appellans; Et le sieur Lartigue, Intimé: Vu la Sentence du Juge du Cap, du 21 Décembre dernier, qui, Parties ouïes, ensemble le Procureur du Roi en ses conclusions verbales, auroit le sieur Lartigue reçu opposant à l'exécution de la Sentence du 17, même mois; en conséquence l'auroit déchargé des condamnations prononcées par icelle; statuant par Jugement nouveau, sans égard aux exceptions du sieur Paul en sa qualité, et attendu la solvabilité notoire de la dame le Fevre et du sieur de Caduch, reçus pour caution et certificateur du bail dont il s'agit, auroit dit qu'ils seront tenus de faire les soumissions requises au Greffe du Siége; auroit condamné ledit sieur Paul en sa qualité, aux dépens, sauf les frais de contumace auxquels le sieur Lartigue demeure condamné. Ouï, Baudry des Lozieres, Avocat des Appellants, et d'Augy, Avocat de l'Intimé, ensemble de Saint-Martin fils, Substitut pour le Procureur-Général du Roi; et tout consideré: LA COUR a mis l'appellation au néant, ordonne que ce dont est appel sortira son plein et entier effet; à la charge toutes fois, par la Partie de d'Augy, de fournir à celle de Baudry des Lozieres un renfort de caution solvable; ordonne que l'amende consignée par la Partie de Baudry des Lozieres lui sera remise; condamne la Partie de d'Augy aux dépens des causes principales et d'appel.

Le motif de l'Arrêt, pour ordonner le renfort de caution, a été que le sexe de la dame le Febvre l'affranchissoit de l'exécution stipulée, par Corps, *dans le bail contre les caution et certificateur.*

ARRÊT du Conseil du Cap qui condamne un Certificateur solidaire à rembourser la Caution solidaire qui a payé avec subrogation de la part du Créancier, et rejette la Partie de la demande touchant des Fermages prescrits.

Du 18 Novembre 1783.

ENTRE les sieur et Dame Pescaye, (subrogés par transport aux droits de la mineure Baranchoy, créancière du sieur Dassier, principal obligé, pour fermages et déficits d'un bail dont lesdits sieur et veuve Pescaye étoient cautions solidaires) d'une part; Et les héritiers Chabanon, Légataires universels du sieur Laviviau, certificateur solidaire dudit bail. Vu la Sentence rendue au Siége Royal du Cap sur délibéré, qui; (sur la demande en déclaré exécutoire contre les dits héritiers

héritiers Chabanon, des condamnations obtenues contre le principal-obligé par la mineure Baranchon), Parties ouïes, auroit ledit Pescaye et sa femme déclarés non-recevables en leurdite demande, et les auroit condamnés aux dépens. LA COUR vuidant le délibéré ordonné par son arrêt du..., Ouï le Rapport de M. Canivet, a mis et met l'appellation et Sentence dont est appel, au néant, en ce que par icelle, les Appelans auroient été déclarés non-recevables en leurs demandes en déclaré-exécutoire, *pour raison des déficits* : émendant quant à ce, déclare lesdites Sentences exécutoires contre lesdits héritiers Chabanon; en conséquence les condamne à payer aux Appelans *les déficits*, tels qu'ils ont été fixés; la Sentence au résidu sortissant son plein et entier effet; ordonne que l'amende consignée par les Appelans, leur sera remise, dépens en cause d'appel compensés.

Les fermages furent jugés prescrits, attendu qu'il s'étoit écoulé plus de cinq ans.

ARRÊT du Conseil du Cap, qui juge que le Fermier d'une Habitation a valablement payé à la femme Copropriétaire de son chef, la Pension à elle fixée par justice sur le prix de la Ferme, et rejette la réclamation du Mari, qui n'avoit rien fourni à sa femme, et qui attaquoit ses quittances, comme données sans son autorisation.

Du 28 Novembre 1783.

ENTRE le sieur Hugon, etc. Plaidant Mes d'Augy et Darracq.

ARRÊT du Conseil d'État, portant que les Lettres de Change tirées de l'Amérique postérieurement au premier Janvier 1784, et celles tirées de l'Inde postérieurement au 1er Juillet de la même année, ne seront pas soumises à l'Arrêt du 23 Février 1783, mais payées à leur échéance.

Du 1er Décembre 1783.

ORDONNANCE de M. l'Intendant, concernant le Fret des Effets, Vivres et Munitions, qui se transportent pour les besoins du Service.

Du 1er Décembre 1783.

ALEXANDRE-Jacques de Bongars, etc.

Etant nécessaire de fixer par un tarif les prix qui doivent être payés dans le temps de paix aux différens Capitaines Caboteurs ou autres, pour le fret des effets, vivres et munitions qui se transportent pour les besoins du service dans les Ports de la Colonie, et de l'avis de M. le Cocq, Commissaire des Colonies, Contrôleur de la Marine à Saint-Domingue, nous avons arrêté et fixé les prix qui suivent; Savoir:

Il sera payé du Cap au Fort-Dauphin, par Tonneau . . . . . 15 liv.

Il sera payé du Cap au Port de Paix et au Môle, par Tonneau . . . . . 30 liv.

Idem, du Cap au Port-au-Prince, par Tonneau . . . . . 40 liv.

Idem, du Cap aux Cayes, par Tonneau . . . . . 60 liv.

Il sera payé du Port-au-Prince aux Cayes. . . . . 40 liv.

Et sera le présent tarif enregistré au Contrôle de la Marine à Saint-Domingue. FAIT au Cap, le 1er Décembre 1783. *Signé:* BONGARS.

R. au Contrôle le 14 Janvier suivant.

LETTE Circulaire du Ministre aux Intendans de la Marine à St. Marc, Rochefort et Toulon, aux Commissaires-Généraux au Hayre, et à Dunkerque, et au Commissaire ordinaire à Bordeaux.

Du 5 Décembre 1783.

J'AI été informé, Mr., qu'il se présentoit souvent dans les Ports, des Particuliers qui vouloient s'embarquer pour passer, soit dans les

Royaumes étrangers en Europe, soit dans les différentes parties de l'Amérique. Si ces embarquemens se faisoient sans aucune formalité, il pourroit en résulter des émigrations contraires au bien de l'Etat. Le Roi, à qui j'en ai rendu compte, a décidé en conséquence que tous ceux qui voudront s'embarquer pour les Pays étrangers en Europe comme en Amérique, seront tenus de représenter une permission ou passe-port du Gouvernement: ce qui ne sera point nécessaire pour ceux qui passeront aux Colonies Françoises. Sa Majesté excepte les personnes connues qui auront leur domicile dans le Port de l'embarquement ou dans les environs. Vous voudrez bien donner les ordres nécessaires pour l'exécution des intentions de Sa Majesté dans l'étendue de votre département.

ARRÊT du Conseil du Port-au-Prince, touchant la Répartition du produit d'une saisie mobiliaire, dans un cas de déconfiture.

Du 12 Décembre 1783.

LOUIS, etc. vu etc, Entre la veuve Denos, etc; Et Chaumet, Huissier, etc; la Sentence qui, sans avoir égard à la répartition faite par Chaumet le 28 Janvier 1782, ni à la retenue par lui faite du montant de la créance de Vachon, qui a remis ses pièces avec un aval en blanc au dos de son dossier, déclare lesdites répartititon et retenue nulles et de nul effet; ordonne que toutes Parties intéressées présentes ou duement appelées, il sera procédé à la distribution du prix du Nègre Jean-Louis, en l'étude du Procureur plus ancien de ceux en cause, pour le Saisissant être payé en entier de sa créance, principal, intérêts et frais, suivant la taxe qui en a été faite, et le surplus des dix-mille livres, prix du Nègre, être distribué par contribution au marc la livre entre les écrouans, attendu qu'il y a déconfiture, et que la Partie saisie n'avoit que ce seul Nègre, et n'a pas d'autres biens apparens, et que tous les écrous sont faits avant la vente; ordonne que la créance de Dupont n'entrera en ladite contribution qu'autant qu'il joindra le billet qui fait son titre à ses autres pièces. En ce qui touche la créance de Roch, attendu que sur les 1800 liv., moitié est payable en sucre, et l'autre en argent, dit qu'il ne sera compris en la répartition à faire que pour 900 liv., sur le principal et intérêts et frais de ladite somme ; et procédant à la taxe des frais sur les pièces remises au premier Juge, enjoint à Chaumet qui les a payés sans taxe, de rapporter à la masse : 1°. sur les dossiers Landrault, suivant les apostilles, 46 liv. 10 s. ; sur ceux de Roch, 31 liv. ; sur les frais d'écrou et de perquisition, sur ceux de Jacoteau, 100 liv. ; sur les troisième et quatrième dossiers de Vachon, 51 liv., et 17 liv. sur la dernière signification et acte d'Huissier ; sur les dossiers Denos et Soubiran, 85 liv. ; finalement, sur les frais de geole, 63 liv. ; le tout, sauf à Chaumet son recours contre les autres Huissiers en ce qui les concerne. Et attendu que, par le procès-verbal de vente, ledit Chaumet reconnoît avoir reçu de Soubiran les 10000 liv. de l'adjudication du Nègre Jean-Louis, le condamne, par corps, à rapporter ladite somme en l'étude de Chaillon, Procureur plus ancien, au jour indiqué pour la distribution et contribution de ladite somme, à la diligence de la veuve Denos poursuivant ladite contribution. Et faisant droit sur les plus amples conclusions du Substitut de notre Procureur-Général, fait défenses à Chaumet de faire de pareilles répartitions, sous peine d'interdiction, et pour l'avoir fait, le condamne en son nom personnel aux dépens. NOTRE COUR donne acte à notre Procureur-Général de l'appel par lui interjeté de ladite Sentence du 27 Avril 1782 ; joignant ledit appel à ceux interjetés par les Parties, et y faisant droit, a mis et met les appellations, ensemble ladite Sentence, au néant, en ce que par icelle il est ordonné que le premier Créancier saisissant, sera payé en entier de sa créance par privilége et préférence : emendant quant à ce, ordonne que ledit premier Créancier saisissant viendra à contribution au marc la livre avec les autres Créanciers saisissans ; ladite Sentence au résidu sortissant effet, etc.

ARRÊT du Conseil du Cap, touchant 1° la liquidation d'une Société où l'un des Associés est décédé ; et 2°. des Lettres missives adressées à l'Associé prédécédé.

Du 13 Décembre 1783.

LOUIS, ect. Entre le sieur Saint-Martin, Négociant à Bordeaux ; au nom et comme chargé de la liquidation de la Société Saint-Martin, Manne et Compagnie, représenté en cette Colonie par le sieur Balansun, Négociant au Cap, fondé de ses pouvoirs, appelant de Sentence de notre Siége Royal de ladite Ville du Cap, en date du 30 Novembre 1782, défendeur et demandeur par ses conclusions prises à la Barre, tendantes à ce qu'il plût à notredite Cour mettre l'appellation et ce dont est appel au néant; émendant, condamner Me Ducommun en sa qualité, à rendre compte dans huit jours de la signification de l'Arrêt à intervenir, de la régie et administration qu'il avoit eue des biens et affaires de feu sieur Antoine Manne, comme dépendant de la Société Saint-Martin, Manne et Compagnie, et à en communiquer les pièces dans le même délai, et à en payer le reliquat; comme aussi le condamner à faire remise dans le jour de la signification de l'Arrêt, de tous les Titres, papiers actifs et autres effets existans de ceux délaissés par le feu sieur Manne, comme dépendant de ladite Société, aux offres du Demandeur d'en faire la liquidation et de rendre compte aux héritiers Manne, de l'intérêt qu'avoit ledit sieur Antoine Manne dans ladite Société, et ce, dans le délai qui seroit fixé, et condamner lesdits héritiers Manne en tous les dépens, d'une part. Et le sieur Jean Manne père; Pierre André, Marie et Jeanne Manne ses enfans, demeurans à Orthez, représentés en cette Colonie par ledit sieur Pierre Manne leur fils et frere, tous habiles à se dire et porter héritiers du feu sieur Antoine Manne, suite et diligence de Me Prunet, Procureur ès Siége Royal et d'Amirauté du Cap, fondé des pouvoirs dudit sieur Pierre Manne, Intimé en appel de la susdite Sentence, anticipant; demandeurs par leurs conclusions prises à la Barre, tendantes à ce qu'il plût à notredite Cour mettre l'appellation au néant, ordonner que ce dont étoit appel sortiroit son plein et entier effet, et condamner l'Appelant en l'amende ordinaire et aux dépens sous toutes réserves, d'autre part. De la cause, Me Ducommun, curateur aux successions vacantes du ressort de notre Siége du Cap, en cette qualité gérant celle du feu sieur Manne, pareillement Intimé en appel de ladite sentence, Défendeur et Demandeur par ses conclusions prises à la Barre, tendantes à ce qu'il plût à notre Cour lui donner acte de ce qu'il s'en rapporte à la prudence de la Cour, encore d'autre part. Vu par notredite Cour la Sentence dont est appel, qui, sur la demande du sieur Manne et ses enfans, héritiers de feu sieur Antoine Manne, auroit condamné Me Ducommun à leur faire remise des biens composant la succession dudit feu sieur Antoine Manne, et ce, dans le mois de la signification de ladite Sentence, ainsi qu'à leur rendre compte dans ledit délai de la gestion et administration qu'il avoit eue desdits biens ; et faisant droit sur la demande dudit sieur Manne, en remise des lettres mentionnées et copiées en partie dans les écrits du sieur Saint-Martin, auroit donné acte à Me Ducommun de sa déclaration que lesdites lettres ne s'étoient point trouvées dans ladite succession dudit sieur Antoine Manne, et n'ont point été par lui remises au sieur Saint-Martin, par un abus de confiance ; l'auroit condamné à faire remise audit sieur Manne desdites lettres, et ce, dans le jour de la signification de ladite Sentence, et ordonne que les termes injurieux à la mémoire du feu sieur Antoine Manne, et consignés dans l'écrit du sieur Saint-Martin, seroient et demeureroient supprimés ; auroit débouté, quant alors, les Parties du surplus de leurs demandes, fins et conclusions, tous les droits des Parties résultans de la Société qui a existé entre le feu sieur Manne et le sieur Saint-Martin réservés, et auroit condamé ladite succession Manne aux dépens. Vu aussi les Titres, Pièces et Exploits, après que Carles, Avocat de l'Appelant ; le Loup Desperelles, Avocat des Intimés, et d'Augy, Avocat de Ducommun, ont été ouis, ensemble de Saint-Martin fils, Substitut de notre Procureur-Général, et tout considéré ; NOTREDITE COUR donne acte à la partie de d'Augy, de ce qu'elle s'en rapporte à la prudence de notredite Cour ; faisant droit sur l'appel, a mis et met l'Appellation et Sentence dont est appel, au néant : emendant, décharge la Partie de Carles des condamnations contre elle prononcées par ladite Sentence ; faisant droit par jugement nouveau sur les demandes originaires respectivement formées par les Parties de le Loup Desperelles et Carles, condamne la Partie de d'Augy à rendre compte à celle de Carles, dans un mois, de la gestion et administration qu'il a eue des effets, Titres et Papiers de la Société d'Antoine Manne, à en communiquer les pièces au soutien dans le même délai, et en payer le reliquat à la Partie de Carles, si reliquat il y a, comme aussi à lui remettre tous les Titres, Papiers et Pièces relatifs à la Société Saint-Martin, Manne et Compagnie, à la charge par la Partie de Carles de rendre compte à celle de le Loup Desperelles, de l'intérêt d'Antoine Manne dans ladite société ; ordonne que l'amende consignée par la Partie de Carles lui sera remise, et condamne les Parties de le Loup Desperelles aux dépens des causes principales d'appel et demande envers toutes les Parties. Faisant droit sur les plus amples conclusions de notre Procureur-Général, ordonne que les lettres de Pierre Manne à défunt Antoine Manne, seront extraites du dossier de la Partie de Carles, pour être déposées au Greffe de notredite Cour après avoir été paraphées, *ne varietur*, par le Président de la séance, et en être délivré expédition à qui par la Cour sera ordonné.

ARRÊT du Conseil du Cap touchant les Fonctions des Officiers des Siéges et le respect à eux dû par les Procureurs.

Du 13 Décembre 1783.

VU par la Cour la Requête à elle présentée par Brossier, Avocat en Parlement et Procureur du Siége Royal du Port-de-Paix, tendante à ce qu'il lui fût donné acte de la dénonciation par lui faite au Procureur-Général du Roi, de l'abus qui règne audit Siége d'après l'Ordonnance rendue par M. le Sénéchal portant, » que le Siége ne peut » être réputé vacant pour les affaires sommaires qu'après vingt-quatre » heures, et qu'après trois jours pour les affaires ordinaires. Vu les Pièces y jointes; l'Arrêt du 9 Novembre 1779; conclusions par écrit de Deschamps, Substitut du Procureur-Général du Roi: Oui le Rapport de M. Bouron, Conseiller, et tout considéré: La Cour ordonne que son Arrêt du 9 Novembre 1779, sera exécuté selon sa forme et teneur; en conséquence, ordonne qu'en cas d'absence du Juge du Port-de-Paix et du Lieutenant, leurs fonctions seront remplies par le plus ancien Praticien gradué du Siége, incontinent après leur absence du chef-lieu, pour les Audiences ordinaires et extraordinaires, et toutes matières provisoires, sommaires et qui requièrent célérité; et le troisième jour seulement de l'absence, pour les matières non requérant célérité; déclare nul l'avis du Procureur du Roi du 20 Novembre dernier, et tout ce qui s'en est suivi; enjoint au Procureur du Roi de donner ses Conclusions dans l'affaire du nommé Vallois, et néanmoins enjoint à tous Procureurs du Port-de-Paix de porter honneur et respect aux Magistrats dudit Siége, et notamment à Brossier, sous peine d'interdiction; ordonne que le présent Arrêt sera, à la diligence du Procureur-Général du Roi, notifié aux Procureurs du Siége du Port-de-Paix en la personne de leur Doyen.

ARRÊT du Conseil du Cap, qui défend à un Substitut du Procureur du Roi du Port-de-Paix de conclure dans les affaires où il a été employé comme Notaire, sous les peines de droit.

Du 13 Décembre 1783.

ENTRE les nommés Descottes et Gaudin, etc.

ORDONNANCE des Administrateurs concernant le Quai de la ville du Cap.

Du 13 Décembre 1783.

GUILLAUME-Léonard-de-Bellecombe, etc.
Alexandre-Jacques Bongars, etc.

Etant informés de l'inexécution de l'article sept du titre premier du livre quatre de l'Ordonnance de 1681, et ayant égard à la Requête des différens Habitans Propriétaires qui bordent le Quai de cette Ville, et aux charges qui leur sont imposées; Nous, en vertu des pouvoirs à nous accordés par Sa Majesté, défendons à tous Particuliers de laisser plus de trois jours sur le Rivage de cette Rade aucunes espèces de marchandises ou matériaux qui puissent embarrasser le Quai, notamment d'y mettre tremper des feuillards et des cuirs, ainsi que d'enlever les roches qui y seront jetées pour établir les mouillages nécessaires à la décharge des Barques et autres embarcations. Enjoignons au Capitaine de Port de tenir la main à l'exécution de la présente, et de faire transporter à la Maison de la Providence tous les effets qui se trouveront sur ledit Rivage, après ledit délai de trois jours, aux frais des Propriétaires desdits effets, pour le gardiennage desquels ils seront tenus de payer au profit de ladite Maison, une somme de trente livres par jour. Sera la présente publiée et affichée sur le Quai de cette Ville au son du tambour, afin que personne n'en prétende cause d'ignorance,

et

et enregistrée au Greffe de la Subdélégation. Donné au Cap, etc. le 13 Décembre 1783; *Signé:* BELLECOMBE et BONGARS.

R. au Greffe de la Subdélégation le 19.

LETTRE du Ministre aux Administrateurs, sur le temps de Domicile pour contracter Mariage.

Du 15 Décembre 1783.

Mr. FRANCOIS Marie, Chevalier de Broglie, Mestre-de-Camp en second du Régiment Royal-Italien, passe à Saint-Domingue pour y consommer mariage, du consentement du Roi et de sa Famille, avec la demoiselle d'Alcourt de Belzun. Il est muni des pièces qui constatent qu'il a rempli dans le Piémont où il est né, et où sa famille réside, toutes les formalités prescrites en pareil cas. L'intention de Sa Majesté est qu'il soit dispensé de domicile antécédent. Vous voudrez bien en conséquence donner les ordres nécessaires pour qu'il n'éprouve à ce sujet ni difficultés ni retards.

ARRÊT du Conseil du Port-au-Prince touchant 1° un Appel dans une matière évoquée par Arrêt du Conseil d'Etat; et 2° une Signification faite par un Huissier à un Juge non-Partie dans la cause et en fonctions.

Du 15 Décembre 1783.

ARRÊT du Conseil d'Etat du 5 Mars 1768, porte évocation à S. M. de toutes les instances, demandes et contestations nées et à naître, concernant la Succession Béon, circonstances et dépendances, soit en France, soit dans les Colonies, et icelles renvoie par-devant le Châtelet, et par appel, au Parlement de Paris; interdisant toute connoissance à toutes autres Cours et Juges, à peine de nullité, cassation, et même de tous dépens, dommages et intérêts.

D'après cet Arrêt, renvoi prononcé par le Juge du Port-au-Prince pardevant les Juges d'évocation, des instances déjà introduites devant lui. Arrêt du Conseil du Port-au-Prince confirmatif de la Sentence.

Arrêt du Parlement de Paris, qui ordonne plusieurs opérations dans la Colonie, et nomme le juge du Port-au-Prince Commissaire à cet effet. En conséquence. Sentence de ce Juge, portée par appel au Conseil du Port-au-Prince.

Sur cet appel, interjeté par M. de Boynes, héritier de la dame Béon, Arrêt de défenses du Conseil du Port-au-Prince, signifié par l'Huissier au Lieutenant de Juge, opérant en exécution de la Sentence appelée.

L'arrêt dudit jour, 15 Décembre 1783, entre M. de Boynes et les sieurs Cauvet, autres héritiers Béon, sur les conclusions de M. de Bourcel, Premier Subtitut faisant fonction de Procureur-Général; sans avoir égard aux appels interjetés en la Cour, déclare les Parties follement intimées, fait main levée des défenses, et renvoie lesdites Parties à se pourvoir, si bon leur semble, par-devant les Juges d'évocation préposés par l'Arrêt du Conseil d'Etat du 5 Mars 1768.

Et faisant droit sur les Conclusions de notre Procureur-Général, fait défenses à Demongeot, Huissier, de faire à l'avenir des significations aux Juges, lorsqu'ils ne seront point Partie dans la Cause; et pour l'avoir fait, l'interdit pendant huit jours.

ORDONNANCE *du Roi, concernant les États-Majors de l'Isle Saint-Domingue.*

Du 20 Décembre 1783.

DE PAR LE ROI.

SA Majesté ayant jugé utile à son service d'apporter dans les Etats-Majors de Places de la Colonie de Saint-Domingue, quelques changemens; et voulant régler dans des proportions plus convenables à leurs grades, les appointemens qui leur seront attribués à l'avenir, Elle a ordonné et ordonne ce qui suit:

ART. I. Indépendamment du Gouverneur-Lieutenant-Général, veut Sa

Majesté qu'il soit employé dans la Colonie trois Commandans en second, trois Commandans particuliers, dix Majors et quatre Aides-Majors, suivant la répartition ci-après :

Partie du Nord.

Un Commandant en second, qui résidera au Cap.
Un Commandant particulier et un Aide-Major au Cap.
Un Major au Fort-Dauphin.
Un Major au Port-de-Paix.

Partie de l'Ouest.

Un Commandant en second, qui résidera à Saint-Marc.
Un Commandant particulier et un Aide-Major au Port-au-Prince.
Un Commandant particulier et un Aide-Major au Môle-Saint-Nicolas.
Un Major à Saint-Marc, à Léogane et à Jacmel.
Un Aide-Major à Mirebalais.

Partie du Sud.

Un Commandant en second, qui résidera aux Cayes.
Un Major au Petit-Goave, à Jérémie, au Cap-Tiburon, à Saint-Louis et aux Cayes.

II.

Les appointemens du Commandant en second de la Partie du Nord, continueront d'être fixés, argent de France, à . . . 24000 liv.
Ceux des Commandans des Parties de l'Ouest et du Sud, à 20000
Ceux des Commandans particuliers, à 9000
Ceux des Majors, à 6000
Ceux des Aides-Majors, à 3600

Il ne sera fait aucun changement dans les sommes qui ont été payées en temps de paix, pour les logemens desdits Officiers.

Les Commandans particuliers seront à cet égard traités comme les anciens Lieutenans-de-Roi, dont le titre est supprimé.

III.

Le Gouverneur-Général et les Commandans en second seront susceptibles de tout avancement, selon leur ancienneté et leurs grades.

Les Commandans particuliers seront susceptibles du brevet de Colonel, et ne pourront néanmoins prétendre, tant qu'ils resteront dans ces emplois, qu'au grade de Brigadier.

Les Majors ne pourront obtenir que le brevet de Lieutenant-Colonel.

Les Aides-Majors seront choisis dans la classe des Capitaines, et ne seront susceptibles que du brevet de Major.

IV.

Les Lieutenans de Roi actuels, dont les places seront réduites à l'avenir à l'état de Major-Commandant, conserveront le titre de Lieutenant-de-Roi, avec le logement dont ils jouissent actuellement, et qui n'aura plus lieu pour leurs successeurs.

MANDE et ordonne Sa Majesté aux Gouverneur-Général et Intendant des Isles sous le vent de l'Amérique, ou à ceux qui les représenteront, et aux autres Officiers qu'il appartiendra, de tenir la main à l'exécution de la présente Ordonnance. FAIT à Versailles, le 20 décembre 1783. *Signé :* LOUIS, *et plus bas :* Le Maréchal DE CASTRIES.

ORDONNANCE *des Administrateurs, portant homologation d'une délibération d'habitans, pour prendre des précautions contre les débordemens de la Grande-Rivière de Limonade.*

Du 22 Décembre 1783.

AUJOURD'UI 21 Décembre 1783, se sont assemblés en l'Hôtel du Gouvernement, en présence de MM. les Général et Intendant, les Habitans soussignés, lesquels sont unanimement convenus que les débordemens de la grande Riviere menaçoient l'Islet de Limonade et le quartier Morin; qu'il falloit prendre les précautions nécessaires pour prévenir les accidens qui en pourroient résulter; qu'à cet effet ils choisissoient MM. Verret, Ingénieur Hydraulicien, et Naudet, Arpenteur-Général du ressort, pour faire les nivellemens, et indiquer les moyens qui seroient à prendre, tant pour la conservation dudit Islet, que pour la sûreté des habitations dudit quartier Morin; de tout quoi ils dresseront plan et procès-verbal pour être rapportés à MM. les Général et Intendant, et être par eux ordonné ce qu'il appartiendra.

De plus, a été délibéré que les opérations susdites seroient faites à la diligence de MM. Aubert et Foache, lesquels sont convenus de faire les avances qu'exigeront lesdites opérations dont ils seront remboursés par les Intéressés. Délibéré au Cap lesdits jour et an que dessus par nous; *Signé :* Marquis de Fontenille, Roi, Aubert, Walsh de Chassenon, Gobert et Morand, S. Foache, P. Morange et Compagnie pour l'habitation Destouches, Chateaubriant, Ville-Valeix, Artau et Drouillard.

Vu et homologué la présente délibération, pour être exécutée selon sa forme et teneur, le tout sans préjudice des droits d'autrui. Et sera notre présente Ordonnance enregistrée au Greffe de la Subdélégation pour y recourir au besoin. Donné au Cap, le 22 Décembre 1783; *Signé :* BELLECOMBE et BONGARS.

R. au Greffe de la Subdélégation le même jour 12.

BREVET de réhabilitation de la mémoire d'Antoine Labarre et d'Yves Thomas, condamnés à mort par un Conseil de Guerre.

Du 27 Décembre 1783.

AUJOURD'HUI 27 Décembre 1783, le Roi étant à Versailles, sur ce qui a été représenté à Sa Majesté par Marie-Victoire et Marie-Thérèse Labarre, filles légitimes d'Antoine Labarre et de Marie Riché, Habitans de Saint-Domingue; que dans le temps malheureux des troubles de la Colonie, occasionnés par le rétablissement des Milices, Antoine Labarre, leur père, Charron-Serrurier à la Groix-des-Bouquets, quartier du Cul-de-Sac, Isle Saint-Domingue, ayant été demandé par un Habitant pour raccommoder un moulin, se transporta le 8 Mars 1769 chez ce Particulier avec Yves Thomas, son compagnon, et deux Mulâtres apprentis; que dans la route, un détachement de Dragons de la Légion de Saint-Domingue s'empara d'eux, les conduisit au Port-au-Prince, et de là au Gouvernement, où, malgré leurs réclamations, et après avoir été interrogés, ils furent condamnés à mort par un Conseil de Guerre; que le lendemain de ce Jugement ils furent exécutés; qu'Antoine Labarre et Yves Thomas, son compagnon, étant Citoyens, n'avoient pu être condamnés par un Conseil de Guerre nul et incompétent à tous égards; que sa Majesté avoit tellement senti la verité de ce principe, que par des Lettres-Patentes données au mois de Mars 1773, elle avoit déclaré nul et incompétemment tenu le Conseil de Guerre qui avoit condamné à mort, relativement aux mêmes troubles, le nommé Duvigneau et ses co-accusés; que ces lettres avoient réhabilité leur mémoire et ordonné que leurs biens confisqués leur seroient rendus; que lesdites Marie-Victoire et Marie-Thérèse Labarre étant à cette époque dans l'enfance et dans la misère, n'avoient pu faire entendre leurs réclamations, et que ce silence étoit la cause qu'elles n'avoient point été comprises dans les Lettres-Patentes ci-dessus mentionnées: CONSIDÉRANT Sa Majesté que d'aprés l'attestation de tous les Habitans de la plaine du Cul-de-Sac, dépendance du Port-au-Prince, ledit Antoine Labarre et Yves Thomas, son compagnon, s'etoient toujours conduits en Sujets fidèles; qu'ils n'avoient point été complices des troubles dont la Colonie étoit alors agitée; que les Administrateurs de Saint-Domingue pensent qu'il est de la bienfaisance de Sa Majesté d'accorder auxdites Marie-Victoire et Marie Thérèse Labarre la grace qu'elles sollicitent, pour qu'il ne reste aucune trace de ces temps de troubles; que d'ailleurs Antoine Labarre et son Compagnon, étant Citoyens n'avoient pu être condamnés par un Conseil de Guerre; à quoi ayant égard: SA MAJESTÉ a déclaré et déclare par le présent brevet lesdits Antoine Labarre et Yves Thomas, son Compagnon, injustement et incompétemment condamnés à mort par le Jugement du Conseil de Guerre tenu au Port-au-Prince le 9 Mars 1769; a réhabilité et réhabilite la mémoire desdits Antoine Labarre et Yves Thomas; fait défenses à toutes personnes de faire aucuns reproches auxdites Marie-Victoire et Marie-Thérèse Labarre pour raison du supplice subi par leur père, sous telles peines qu'il appartiendra; ordonne que les biens confisqués à son profit par ledit Jugement, seront rendus et restitués aux héritiers desdits Antoine Labarre et Yves Thomas; à quoi faire, tous Receveurs dépositaires seront contraints en vertu du présent brevet; quoi faisant, déchargés; imposant au surplus silence, tant à ses Procureurs-Généraux qu'autres Parties, et a tous Juges sur toutes les suites de ce qui s'est passé dans ladite Colonie à l'occasion desdits troubles. MANDE et ordonne Sa Majesté à ses Officiers de son Conseil Supérieur du Port-au-Prince d'entériner le présent brevet, pour être exécuté selon sa forme et teneur, et du contenu en icelui, faire jouir et user lesdites Impétrantes, pleinement, paisiblement et perpétuellement, cessant et faisant cesser tous troubles et empêchemens contraires ; et pour témoignage de sa volonté, Sa majesté m'a ordonné d'expédier le présent brevet, etc. *Signé :* LOUIS, *et plus bas*, LACROIX, Maréchal DE CASTRIES.

Entériné au Conseil du Port-au Prince le 1er Octobre 1784, par Arrêt portant que ledit Brevet sera imprimé, lu, publié et affiché par-tout où besoin sera.

ARRÊT du Conseil du Cap concernant le Baptême du Tropique.

Du 8 Janvier 1784.

ENTRE Me. Lorquet; Et le sieur Piaud, Capitaine du Navire la Claudia, etc. (plaidant, MMes. d'Arracq et Viel) : Faisant droit sur les plus amples conclusions de notre Procureur-Général, LA COUR fait très-expresses inhibitions et défenses à Piaud, Capitaine du Navire la Claudia, et à tous autres Capitaines, Maîtres et Officiers de Navires Marchands, de permettre ou souffrir à l'avenir que, sous prétexte du passage du Tropique du Cancer, les gens de leurs équipages insultent, vexent et rançonnent les passagers, pour les assujettir à la Cérémonie profane abusivement appelée le *Baptême du Tropique* ou *de la Ligne*, à peine contre lesdits Capitaines, Maîtres et Officiers, de répondre en leurs propres et privés noms, des faits de leurs Matelots, et d'être poursuivis extraordinairement comme coupables du crime de force et de violence publique ; ordonne que le présent Arrêt sera signifié, à la diligence de notre Procureur-Général, tant à Piaud qu'à tous autres Capitaines des Navires Marchands de la rade du Cap, en la personne du plus ancien ; ordonne en outre que ledit Arrêt sera imprimé, lu, publié et affiché ès Carrefours et Lieux accoutumés de cette Ville, et copies duement collationnées d'icelui, envoyées à la diligence dudit Procureur-Général aux Siéges d'Amirauté du ressort, etc.

Voyez *la Lettre du Ministre du 28 Mai suivant.*

ORDONNANCE des Administrateurs, qui fixe les honoraires des Médecin, Chirurgien et Apothicaire du Roi à l'examen des Apothicaires.

Du 10 Janvier 1784.

A NNgrs. NNgrs. les Général et Intendant des Isles Françoises de l'Amérique sous le vent.
Supplient humblement Baradat, Médecin du Roi; Cosme dAngerville, Chirurgien-Major, et Saussay, Apothicaire, dn Roi; disant que depuis long-temps il est alloué au Médecin du Roi, et au Chirurgien-Major, des honoraires pour l'examen et réception des Chirurgiens. L'art. 7. de l'Ordonnance de vos Prédécesseurs du 3 Novembre 1780, prescrit qu'aucun Apothicaire et Marchand-Droguiste ne pourra s'établir avant d'avoir été interrogé par les Médecin, Chirurgien et Apothicaire du Roi, en présence d'un Commissaire de la Cour et de M. le Procureur Général. Il paroît également juste de fixer des honoraires aux Supplians pour ces réceptions, d'autant que l'établissement d'un magasin d'Apothicairerie suppose des facultés aux Récipiendaires, que les Chirurgiens ont rarement. Il vous a été fait, NNgrs, une semblable demande par les Officiers de santé du Port-au-Prince; pourquoi les Suppliants se réunissent à eux pour le même objet, et requièrent, que ce considéré, NNgrs., il vous plaise fixer aux Supplians pour les réceptions des Apothicaires tels honoraires qu'il vous plaira, et ordonner que votre Ordonnance à intervenir sera enregistrée au Greffe de l'Intendance; et vous ferez justice; *Signé :* BARADAT, COSME d'ANGERVILLE et SAUSSAY.

Vu l'exposé en la présente, et tout considéré: Nous, Général et Intendant, ordonnons qu'il sera payé à l'avenir aux Supplians pour la réception des Apothicaires, le prix fixé par l'art. 4 de l'Ordonnance du Roi du 30 Avril 1764, concernant les Chirurgiens; et sera notre présente Ordonnance enregistrée au Greffe de la Subdélégation. Donné au Cap, le 10 Janvier 1784; *Signé :* BELLECOMBE et BONGARS.

R. au Greffe de la Subdélégation le lendemain.

ARRÊT

ARRÊT du Conseil du Cap, qui condamne une Modiste et son Mari à remettre à sa Mère une Fille, par eux reçue d'elle comme apprentisse, et ce, nonobstant l'agrément du Père absent.

Du 10 Janvier 1784.

ENTRE Descazeaux, ancien Huissier, et sa femme, Modiste, opposans à l'exécution de l'Arrêt confirmatif d'une Sentence du Juge du Fort-Dauphin, qui, Parties ouïes, sans égard aux exceptions, auroit condamné les sieur et dame Descazeaux à remettre à la dame Lottard Dubosquet, la demoiselle Lottard Dubosquet, sa fille mineure, et les meubles et effets qu'elle avoit donnés en la mettant chez ladite dame Descazeaux en apprentissage; et à faute de ce, auroit autorisé la Demanderesse à se faire assister de la Maréchaussée, aux frais et dépens des Défendeurs, etc. Ouïs, de Suzanne, Avocat des Opposans, et Carles, Avocat de la dame Dubosquet, et tout considéré: LA COUR a débouté et déboute les Opposans de leur opposition; ordonne que l'Arrêt sera exécuté selon sa forme et teneur, et les condamne aux dépens.

La dame Lottard Dubosquet non-commune en biens avec son mari qui étoit hors de la Colonie, plaça sa fille en apprentissage chez la femme Descazeaux, Modiste, qui ne traita qu'avec elle. La mère ayant voulu retirer sa fille, refus de la Modiste qui excipoit d'une procuration du père autorisant la fille à demeurer chez elle. La Sentence du Juge du Fort-Dauphin ordonna la remise de la fille et de ses effets fournis par la mère non-commune. Sur l'Arrêt par défaut confirmatif de cette Sentence, opposition de Descazeaux et sa femme, dont l'Arrêt ci-dessus les déboute.

Les motifs de cette décision ont été l'absence du père et les bonnes mœurs qui veulent qu'une fille soit plutôt confiée à la garde de sa mère qu'à celle des Etrangers.

ARRÊT du Conseil du Port-au-Prince, qui interdit aux Huissiers de la Sénéchaussée de la même ville d'exploiter en l'Amirauté, et autorise les Huissiers de l'Amirauté à exploiter en la Sénéchaussée et en la Cour.

Du 12 Janvier 1784.

LOUIS, etc. Vu, etc.; Entre Poupet, Dubois, etc. Huissiers (de l'Amirauté), etc.; Et Lamarre, Gayot jeune, Huissiers (en la Sénéchaussée); la Sentence qui déclare les commissions d'Huissiers obtenues par les Parties de Duhamel, (Lamarre et consorts) nulles, et, comme telles, sans effet; leur enjoint de les remettre au Greffe de l'Amirauté dans le jour de la signification de ladite Sentence; leur fait défenses de plus à l'avenir s'ingérer de faire aucuns actes ni exploits concernant les affaires dudit Siége de l'Amirauté, et ce, sous peine d'amende arbitraire et de nullité desdits actes ou exploits; dit aussi que les Parties de Salaignac, (Poupet et consorts), seront dorénavant tenues, sous telles peines qu'il appartiendra, d'exploiter uniquement et exclusivement audit Siége de l'Amirauté, conformément au vœu de l'Arrêt du Conseil d'Etat du 7 Juillet 1781, registré en la Cour le 21 Novembre suivant, lequel prononçant la scission des Siéges Royaux et d'Amirauté, en établit l'incompatibilité, déboute les Parties de Salaignac du surplus de leurs demandes, déclare ladite Sentence commune avec Gascoing, Drouin, etc.; les dépens compensés entre les Parties; NOTRE COUR a donné acte au Procureur-Général de l'appel par lui interjeté de la Sentence du 10 Décembre dernier; joignant les appels respectifs et y faisant droit, prononçant sur celui des Parties de Duhamel, a mis et met l'appellation au néant; ordonne que ce dont est appel sortira effet avec amende; prononçant pareillement sur l'appel des Parties de Salaignac, a mis et met l'appellation et Sentence dont est appel, au néant, en ce que par icelle il est ordonné que lesdites Parties de Salaignac exploiteront uniquement au Siége de l'Amirauté de cette Ville; émendant quant à ce, autorise lesdites Parties de Salaignac à exploiter, comme par le passé, à la Sénéchaussée de cette Ville, et en la Cour; à la charge par elles de faire le service ordinaire en la Cour; ladite Sentence au résidu sortissant effet, sans dépens, du consentement des Parties de Salaignac; l'amende remise.

Les Commissions en l'Amirauté que cet Arrêt oblige les Huissiers de la Sénéchaussée à remettre au Greffe de l'Amirauté, etoient émanées des Lieutenans desdits siéges d'Amirauté. Les Huissiers de l'Amirauté qui réclamoient contre eux, étoient au contraire brevetés du Roi sur la présentation de M. l'Amiral.

ARRÊT *du Conseil du Cap, qui annulle une Vente et un bail à ferme faits par des Mandataires, sans pouvoir suffisant, des Nègres et de l'Habitation de leurs Mandans, et enjoint aux Notaires en passant des actes portant Substitution à des Procurations, avec faculté d'aliéner, d'exprimer clairement et la Substitution et les Pouvoirs substitués.*

Du 13 Janvier 1784.

ENTRE les sieur et dame C..., Apppelans; Et le sieur L..., Intimé; Et les sieurs B...., frères, etc.; vu la Sentence du Juge du Cap du 15 Septembre dernier, qui, Parties ouïes, ensemble le Procureur du Roi en ses conclusions verbales, sans égard aux exceptions des sieur et dame C..., sans égard à la dénonciation de la révocation de la procuration des sieurs B... frères, signifiée par le sieur M... le 9 présent mois, *quatre heures et demie du soir*, comme aussi à l'acte de mise en possesion dudit sieur M...., de l'habitation dont s'agit, *en date du* 11, lequel demeure nul et de nul effet, et comme non-avenu; vu les expéditions de l'acte de vente des 37 têtes de Nègres dont s'agit, *en date du 9 présent mois; et de l'acte du bail à ferme dudit jour pas[illegible] [illegible] midi*, auroit débouté les sieur et dame C... de leurs dema[illegible] en nullité desdits actes; en conséquence auroit gardé et maintenu ledit sieur L... en la propriété, possession et jouissance desdits 37 Nègres portés audit acte de vente, et des objets mentionnés audit bail à ferme; auroit fait défense auxdits sieur et dame C... de le troubler ni inquiéter dans sadite propriété et jouissance, sous les peines de droit, et les auroit condamnés aux dépens pour tous dommages et intérêts; tous leurs droits sur l'appel de la Sentence du 15 Avril dernier, (qui envoie les sieurs B . . . frères, en possession de la procuration adressée au sieur D . . .) réservés. Ouïs, d'Augy, Avocat des Appellans, l'Anglois des Fosses, Avocat de L. . . et Rodier, Avocat de B. . . frères; ensemble le Procureur-Général du Roi en ses conclusions verbales, et tout considéré : LA COUR, sans égard aux conclusions prises à la Barre par les Parties de l'Anglois des Fosses et de Rodier, dont elles demeurent déboutées, a mis et met l'Appellation et la Sentence dont est appel, au néant; émendant, déclare nuls et de nul effet les actes de vente et de bail à ferme dont s'agit; maintient et garde les Parties de d'Augy en la propriété, possession et jouissance des Nègres et Place dont s'agit; fait inhibition et défenses aux Parties de l'Anglois des Fosses et de Rodier de les y troubler, sous les peines de droit, et les condamne solidairement aux dépens, tant des causes principales que d'appel; ordonne que l'amende consignée par les Parties de d'Augy, leur sera remise.

Faisant droit sur les plus amples conclusions du Procureur-Général du Roi, enjoint aux Notaires du ressort, de désigner en détail dans les Substitutions qui seront passées à leur rapport par personnes chargées de plusieurs Procurations, celles desdites Procurations qui seront ou devront être comprises dans lesdites Substitutions, et leur fait défenses d'employer dans lesdits actes la clause de Substitution vague et générale; à l'effet de quoi, ordonne que la disposition du présent Arrêt en ce qui touche les Notaires du ressort, leur sera signifiée à la diligence du Procureur-Général du Roi, en la personne du Doyen des Notaires de chacun des Siéges ressortissans en la Cour, et inscrite sur le Registre desdits Notaires, pour qu'ils ayent à s'y conformer à l'avenir, sous les peines de droit; comme aussi ladite disposition envoyée aux Jurisdictions du ressort, pour y être enregistrée à la diligence, etc.

Au mois de Février 1783, le Sieur D . . ., Négociant au Cap, partant pour France, donne aux Sieurs B . . ., ses neveux, une procuration pour gérer ses affaires, et la termine par une clause vague et générique de substitution aux procurations dont il étoit chargé. Il s'embarque le 1er Avril suivant. Le 10 du même mois d'Avril 1783, les Sieurs B . . . reçoivent la procuration que les Sieur et Dame C . . . avoient donnée à leur oncle dès le 2 Juillet 1782, et dont les circonstances de la guerre avoient retardé l'arrivée. Le lendemain, 11 Avril, demande en compte des Sieurs B . . . contre le Sieur M. . . ., précédent mandataire des Sieur et Dame C. . . ., qui le rend, et remet tous les objets appartenans aux mandans. Les Sieur et Dame C. . . . instruits, sans doute, de l'absence du Sieur D. . . . , rendent leur confiance au sieur M. . . . , et lui envoient une nouvelle procuration qu'il fait signifier aux Sieurs B. . . . le 9 *Septembre* 1783, à quatre heures et demie du soir, *comme les Sieurs B. . . . le font mettre dans l'exploit. Le même jour,* 9 *Septembre* avant midi, *deux actes, dont l'un porte de la part des Sieurs B. . . . vente au Sieur L. . . . de* 37 *têtes de Nègres, et Bail d'une petite habitation. Ces Actes furent maintenus par le* 1er *Juge; mais en la Cour le défaut de pouvoirs de la part des sieurs B. . . . , l'inexécution des formalités contenues dans la procuration des Sieur et Dame C. . . . , adressée au Sieur D. . . . , (tels que des avis préalables dans la Gazette, vente à la barre du Siége, et pour des objets sûrs, au-lieu d'une vente où l'on s'est contenté d'une promesse de payer la majeure partie dans un an), ont fait infirmer la Sentence. Lors de la plaidoierie au Conseil, on présenta un sous-seing-privé du* 6 *Novembre* 1783, *portant promesse de vente, dont il résultoit qu'il avoit été payé dès-lors, à compte,* 31 *mille et quelques cents livres. Ce sous-seing privé, dont l'Acte notarié du* 9 *ne faisoit aucune mention, non plus que le compte des Sieurs B. . . . du* 10 *Septembre, qui auroient du s'y charger en recette des* 31 *mille et quelques cents livres, ne fit pas accueiller les Conclusions prises à la barre pour la confirmation de la Sentence, et inspirèrent au contraire l'idée du Règlement qui termine l'Arrêt.*

ARRÊT *du Conseil du Cap confirmatif de Sentence de l'Amirauté de la même ville, qui déclare un Armateur non-recevable dans sa demande en paiement d'une lettre-de-change de* 1550 *liv. tournois, pour le passage de deux personnes; sur le motif que ces deux personnes n'avoient pas été rendues à leur destination, le navire, quoique sous pavillon neutre, ayant été pris par l'Ennemi à l'approche de cette destination.*

Du 14 Janvier 1784.

LOUIS, etc. Entre le sieur la Fitte neveu, Négociant au Cap, d'une part; Et le sieur Chaigneau, aussi négociant au Cap, d'autre part. Vu par notredite

Cour la Sentence dont est appel, qui, ayant égard aux exceptions du sieur Chaigneau, auroit déclaré le sieur la Fitte non-recevable dans sa demande, et l'auroit condamné aux dépens; Après que d'Arracq, Avocat de l'Appelant, et Viel, Avocat de l'Intimé, ont été ouïs, et tout considéré : NOTREDITE COUR a mis et met l'Appellation au néant ; ordonne que ce dont est appel, sortira effet, condamne l'Appelant en l'amende ordinaire, et aux dépens, et néanmoins condamne la Partie de Viel à payer à celle de Darracq, la somme de 50 l. pour autant prêté par cette dernière à la Partie de Viel.

Cet Arrêt a été cassé par Arrêt du Conseil d'Etat.

ORDONNANCE *des Administrateurs, qui fixe les Limites de la Paroisse de Bombarde.*

Du 17 Janvier 1784.

GUILLAUME Léonard de Bellecombe, etc.
Alexandre Jacques Bongars, etc.

Etant nécessaire de déterminer des Limites fixes à la Paroisse de Bombarde, tant pour régler d'une manière positive le toisé des chemins de cette Paroisse, et en asseoir le plan, que pour en assurer le service, les droits curiaux, et écarter les contestations entre les Curés; à ces causes, vu les renseignemens qui nous ont été fournis par M. le Chevalier d'Ancteville, Major au Corps Royal du Génie; Commandant pour le Roi au Môle Saint-Nicolas, nous avons ordonné et ordonnons ce qui suit. 1.° : Ladite Parroisse de Bombarde sera bornée au *Nord* par le second Banc qui conduit à Bombarde passant par la Croix et le Trou aux Oiseaux, suivant cette ligne *Est* et *Ouest* jusqu'à la mer; à *l'Est* et *au Sud* de la Ravine à Gallet, de la Rive droite de la Rivière de Henne jusqu'à son embouchure à la mer; à l'*Ouest* de la mer. 2°. Enjoignons aux Arpenteurs et Voyers, chargés de faire le plan des Paroisses par notre dépêche du 19 Octobre dernier, de se conformer à ladite Ordonnance pour les abornemens des Paroisses du Môle, Jean-Rabel et Port à Piment, limitrophes de celle-ci, ainsi que pour les bornes et toisé des chemins de ladite Paroisse. Enjoignons de même à l'Arpenteur et Voyer de la Paroisse de Bombarde de nous rapporter le plan de la Paroisse de Bombarde ; conformément aux abornemens ci-dessus spécifiés. Enjoignons encore aux Habitans compris dans les Limites ci-dessus établies, de satisfaire à toutes les charges de ladite Paroisse, en la manière accoutumée. Seront les renseignemens de ladite Paroisse fournis par M. le Chevalier d'Ancteville, enregistrés au Greffe de la Subdélégation avec la présente Ordonnance, pour icelle être lue, publiée et affichée par tout où besoin sera. Prions MM. les Officiers du Conseil Superieur du Cap, d'enregistrer la présente Ordonnance, et de tenir la main à son exécution. Mandons à MM. les Officiers de la Jurisdiction de son ressort, de tenir pareillement la main à son exécution. Donné au Cap etc; le 17 Janvier 1784. *Signé :* BELLECOMBE et BONGARS.

En conséquence des demandes qui nous ont été faites des Limites les plus convenables à établir pour déterminer invariablement celles de la Paroisse de Bombarde : Nous, Major au Corps Royal du Génie, Commandant pour le Roi au Môle Saint-Nicolas, chargé en chef du service des Fortifications de cette dépendance, d'après les renseignemens que nous en avons pris sur les lieux ; proposons à MM. les Général et Intendant pour ladite Paroisse de Bombarde, les Limites suivantes; savoir : au Nord, le second Banc qui conduit à Bombarde, passant par la Croix et le Trou aux Oiseaux, suivant cette ligne Est et Ouest jusqu'à la mer; à l'Est et au Sud, la Ravine droite de la Riviere de Henne jusqu'à son embouchure à la mer; à l'Ouest la mer. Fait au Môle Saint-Nicolas, le 25 Décembre 1783. *Signé :* le Chevalier d'ANCTEVILLE.

R. au Greffe de la Subdélégation le 30 Janvier 1784.

ORDONNANCE *des Administrateurs, qui fixe les limites de la Paroisse de Jean-Rabel.*

Du 17 Janvier 1784.

GUILLAUME Léonard de Bellecombe, etc.

Alexandre Jacques Bongars, etc.

Les Limites de Jean-Rabel, du côté du Port-de-Paix, ont été déterminées par l'Ordonnance du 5 Novembre 1771, de M. le Comte de Nolivos; mais étant restées incertaines, tant du côté du Port-à-Piment, que du côté du Môle; cette incertitude a apporté du retardement dans les opérations du toisé des chemins, par nous précédemment ordonné; étant d'ailleurs nécessaire de déterminer des Limites d'une manière précise, tant pour ne plus retarder les opérations susdites, que pour former le plan des Paroisses, assurer le service, l'établissement des droits curiaux, écarter les contestations entre les Curés : A ces causes, vu les renseignemens qui nous ont été fournis par M. le Chevalier d'Ancteville, Major au Corps Royal du Génie, et Commandant pour le Roi au Môle Saint-Nicolas; nous avons ordonné et ordonnons ce qui suit : 1°. La Paroisse de Jean-Rabel sera bornée à l'Est, comme il a été fixé par l'Ordonnance de M. le Comte de Nolivos, en date du 5 Novembre 1771, passant par l'Habitation Duverger, aujourd'hui Hatrel, contournant au Sud le pied des Mornes qui ont leurs retombées dans le Port à-Piment; remontant ensuite la Rive gauche de la Riviere de Henne jusqu'à la Ravine et Source à Gallet, suivant la Ravine de Calalou; contournant ensuite la racine des Montagnes du Mardi-Gras, puis celles des Citronniers jusqu'à la Source de la Riviere des Côtes de Fer; descendant ensuite le long de la Rive droite de ladite Rivière jusqu'à son embouchure à la Mer : au Nord de la Mer des Pins, la petite Rivière des Côtes de Fer jusqu'a l'embouchure de la Rivière de Moustique. 2°. Enjoignons aux Arpenteurs et Voyers chargés de faire le plan des Paroisses par notre Dépêche du 19 Octobre dernier, de se conformer à ladite Ordonnance pour les abornemens des Paroisses du Port-de-Paix, Port-à-Piment, Môle Saint-Nicolas et Bombarde, limitrophes de cette Paroisse, ainsi que pour les bornes et toisé des chemins desdites Paroisses. Enjoignons de même à l'Arpenteur et Voyer de la Paroisse de Jean-Rabel, de nous rapporter le plan de ladite Paroisse de Jean-Rabel, conformément aux abornemens ci-dessus spécifiés. Enjoignons encore aux Habitans compris dans les Limites ci-dessus établies, de satisfaire à toutes les charges de ladite Paroisse, en la manière accoutumée. Seront les renseignemens de ladite Paroisse, fournis par M. le Chevalier d'Ancteville, enregistrés au Greffe de la Subdélégation avec la présente Ordonnance, pour icelle être lue, publiée et affichée par-tout où besoin sera. Prions MM. les Officiers du Conseil Supérieur du Cap, d'enregistrer la présente Ordonnance, et de tenir la main à son exécution. Mandons à MM. les Officiers de la Jurisdiction de son ressort, de tenir pareillement la main à son exécution. Donné au Cap; etc. le 17 Janvier 1784. *Signé :* BELLECOMBE et BONGARS.

En

En conséquence des demandes qui nous ont ont été faites des Limites les plus convenables à établir pour déterminer invariablement celles de la Paroisse de Jean-Rabel; Nous, Major au Corps Royal du Génie, Commandant pour le Roi au Môle Saint-Nicolas, chargé en chef du service des Fortifications de cette dépendance, d'après les renseignemens que nous en avons pris sur les lieux, proposons à MM. les Général et Intendant pour ladite Paroisse de Jean-Rabel, les Limites suivantes; savoir: à l'Est, les Limites établies par l'Ordonnance de MM. le Comte de Nolivos et de Montarcher, en date du 5 Novembre 1771, passant par l'Habitation Duverger, aujourd'hui Hatrel, contournant au Sud le pied des Mornes qui ont leurs retombées dans le Port-à-Piment; remontant ensuite la Rive gauche de la Rivière de Henne jusqu'à la Rivière et Source à Gallet, suivant la Ravine du Calalou; contournant ensuite la racine des Montagnes du Mardi-gras, puis celle des Citronniers jusqu'à la source de la Rivière des Côtes-de Fer; descendant ensuite le long de la Rive droite de ladite Rivière jusqu'à son embouchure à la Mer; au Nord, la Mer depuis la petite Rivière des Côtes-de-Fer jusqu'à l'embouchure de la Rivière de Moustique. Fait au Môle Saint-Nicolas, le 25 Décembre 1783. *Signé*: le Chevalier d'ANCTEVILLE.

R. au Greffe de la Subdélégation le 30 Janvier 1784.

ORDONNANCE *des Administrateurs, qui fixe les limites de la Paroisse du Port-à-Piment.*

Du 17 Janvier 1784.

GUILLAUME Léonard de Bellecombe, etc.

Alexandre Jacques Bongars, etc.

Le Quartier du Port-à-Piment s'étant accru depuis l'établissement des eaux de Boynes, et étant susceptible d'un nouvel accroissement par l'extension de ses cultures que la paix favorise, par celui du Bourg établi par nos Prédécesseurs MM. le Chevalier de Vallière et de Montarcher; considérant d'ailleurs que ce Quartier a fait jusqu'à présent partie de la Paroisse du Gros-Morne, tandis que son éloignement de ce lieu ne permet pas au Curé de vaquer à ses fonctions dans cette portion de sa Paroisse; qu'il devient de plus en plus nécessaire d'assurer des secours spirituels à l'Hôpital du Roi, aux Eaux de Boynes, dont l'utilité pour les Troupes du Roi et les Habitans de cette Colonie exige que nous maintenions l'établissement; que nos Prédécesseurs MM. le Chevalier de Vallière et de Montarcher, par leurs Dépêches des 5 Août et 20 Septembre 1773, à M. le Chevalier d'Ancteville, Ingénieur en chef au Môle, avoient déjà senti la nécessité d'y établir une Paroisse, et donné des ordres en conséquence; que depuis cette époque les droits curiaux de ce Quartier ont été mis en séquestre pour parvenir à en faciliter l'établissement; qu'enfin les Mers de l'Ouest baignent les Côtes de ce Quartier, jusqu'à présent compris dans la Partie du Nord. A ces causes, vu les renseignemens qui nous ont été fournis par M. le Chevalier d'Ancteville, Major au Corps Royal du Génie, au Môle Saint-Nicolas, et Commandant pour le Roi en cette Place; nous avons ordonné et ordonnons ce qui suit: 1o. Le Quartier du Port-à-Piment sera à l'avenir une Paroisse de la Partie de l'Ouest, dépendance du Môle Saint-Nicolas, sous le nom de paroisse du Port-à-Piment, sous les abornemens ci-après. 2o Ladite Paroisse sera bornée à l'Ouest de la Mer, à partir de la Montagne de la Pierre jusqu'à la Baye de Henne; au Sud, de la Crête de la Montagne de la Pierre; au Sud-Est, de celle des Montagnes de Moutaca, de Terre-Neuve, Piton-des-Sources et du Dos-d'Ane; au Nord-est, de la Crête de la Montagne de Moustique; au Nord, du pied de la Montagne de Jean-Rabel, de la Hate de Duverger-Guillet, et de la racine des Mornes qui ont leurs retombées dans le Port-à-Piment, limites des Paroisses de Jean-Rabel et de Bombarde. 3o. Enjoignons aux Arpenteurs et Voyers chargés de faire le plan des Paroisses par notre Dépêche du 19 Octobre dernier, de se conformer à ladite Ordonnance pour les abornemens des Paroisses des Gonaïves, Gros-Morne, Port-de-Paix, Jean-Rabel et Bombarde, limitrophes de cette nouvelle Paroisse, ainsi que pour les bornes et toisé des chemins desdites Paroisses. Enjoignons de même aux Voyers dudit Quartier du Port-à-Piment, de nous rapporter le plan de ladite Paroisse et toisé des chemins d'icelle, conformément aux abornemens ci-dessus spécifiés: enjoignons encore aux Habitans compris dans les Limites ci-dessus établies, de satisfaire à toutes les charges de ladite Paroisse, en la manière accoutumée. Seront les renseignemens de la dite Paroisse fournis par M. le Chevalier d'Ancteville, enregistrés au Greffe de la Subdélégation avec la présente Ordonnance, pour icelle être lue, affichée et publiée par-tout où besoin sera. Prions MM. les Officiers du Conseil-Supérieur du Cap d'enregistrer la présente Ordonnance, et de tenir la main à son exécution. Mandons à MM les Officiers de la Jurisdiction de son ressort, de tenir pareillement la main à son exécution. Donné au Cap, etc; le 17 Janvier 1784. *Signé :* BELLECOMBE et BONGARS.

En conséquence des demandes qui nous ont été faites des Limites les plus convenables à établir pour former une Paroisse au Port-à-Piment; Nous, Major au Corps Royal du Génie, Commandant pour le Roi au Môle Saint-Nicolas, chargé en chef du service des Fortifications de cette dépendance, d'après les renseignemens que nous avons pris sur les lieux, proposons à MM. les Général et Intendant pour ladite Paroisse du Port-à-Piment, les limites suivantes; savoir : à l'Ouest, la Mer, à partir de la Montagne de la Pierre jusqu'à la Baye de Henne; au Sud, la Crête de la Montagne de la Pierre; au Sud-Est, les Montagnes de Moutaca, de Terre-Neuve, Piton-des-Sources et du Dos-d'Ane; au Nord-Est, la Crête de la Montagne de Moustique; au Nord, le pied de la Montagne de Jean Rabel, la Hate de Duverger-Guillet, et la racine des Mornes qui ont leurs retombées dans le Port-à-Piment, limites des Paroisses de Jean-Rabel et de Bombarde. Fait au Môle Saint-Nicolas, le 25 Décembre 1783. *Signé :* le Chevalier d'ANCTEVILLE.

R. au Greffe de la Subdélégation le 30 *Janvier* 1784.

ORDONNANCE *des Administrateurs, qui fixe les limites de la Paroisse du Môle-Saint-Nicolas.*

Du 17 Janvier 1784.

GUILLAUME Léonard de Bellecombe, etc.

Alexandre Jacques Bongars, etc.

Etant nécessaire d'établir des Limites fixes à la Paroisse du Môle Saint-Nicolas, tant pour régler d'une manière positive le toisé des chemins de cette Paroisse, en asseoir le plan, que pour assurer le service, les droits curiaux, et écarter les contestations entre les Curés: A ces causes, vu les renseignemens qui nous ont été fournis par M. le Chevalier d'Ancteville, Major au Corps Royal du Génie au Môle Saint Nicolas, et Commandant pour le Roi audit lieu, avons ordonné et ordonnons ce qui suit: 1o. La

Paroisse du Môle Saint Nicolas sera bornée à l'avenir ; à l'Est, de la rive gauche de la petite Rivière des Côtes-de-Fer, remontant à sa source ; passant par la racine de la Montagne des Citroniers et celle de la Montagne du Mardi-Gras, la Ravine du Calalou, la Source et Ravine à Gallet ; au Sud, du deuxième Banc qui conduit à Bombarde, passant par la Croix, le Trou aux Oiseaux, et chassant sous cette ligne de l'Est à l'Ouest ; au Nord et à l'Ouest de la Mer. 2o. Enjoignons aux Arpenteurs et Voyers chargés de faire le plan des Paroisses par notre Dépêche du 19 Octobre dernier, de se conformer à ladite Ordonnance pour les abornemens des Paroisses de Jean-Rabel et Bombarde, limitrophes de celle-ci, ainsi que pour les bornes et toisé des chemins desdites Paroisses. Enjoignons de même à l'Arpenteur et Voyer de la Paroisse du Môle Saint-Nicolas de nous rapporter le plan de la Paroisse du Môle, conformément aux abornemens ci-dessus spécifiés. Enjoignons encore aux Habitans compris dans les Limites ci-dessus établies, de satisfaire à toutes les charges de ladite Paroisse, en la manière accoutumée. Seront les renseignemens de ladite Paroisse fournis par M. le Chevalier d'Ancteville, enregistrés au Greffe de la Subdélégation avec la présente Ordonnance, pour icelle être lue, publiée et affichée par-tout où besoin sera. Prions MM. les Officiers du Conseil-Supérieur du Cap d'enregistrer la présente Ordonnance, et de tenir la main à son exécution. Mandons à MM. les Officiers de Jurisdiction de son ressort de tenir pareillement la main à son exécution. Donné au Cap etc ; le 17 Janvier 1784. *Signé :* BELLECOMBE et BONGARS.

En conséquence des demandes qui nous ont ont été faites des Limites les plus convenables à établir pour déterminer invariablement celles de la Paroisse du Môle Saint-Nicolas ; Nous, Major au Corps Royal du Génie, Commandant pour le Roi au Môle Saint-Nicolas, chargé en chef du service des Fortifications de cette dépendance, d'après les renseignemens que nous avons pris sur les lieux, proposons à MM. les Général et Intendant pour ladite Paroisse du Môle Saint-Nicolas, les Limites suivantes, savoir : à l'Est, la Rive gauche de la petite Rivière des Côtes-de-Fer, remontant à sa source ; passant par la Racine de la Montagne des Citroniers et celle de la Montagne du Mardi-Gras, la Ravine du Calalou, la Source et Ravine à Gallet ; au Sud, du deuxième Banc qui conduit à Bombarde passant par la Croix, le Trou aux Oiseaux, et chassant sous cette ligne de l'Est à l'Ouest jusqu'à la Mer ; au Nord et à l'Ouest, la Mer. Fait audit Môle

Saint-Nicolas, le 25 Décembre 1783. *Signé :* le Chevalier d'Ancteville.

R. au Greffe de la Subdélégation le 30 Janvier 1784.

ARRÊT du Conseil du Port-au-Prince, qui condamne une jeune Négresse à être pendue sous les Aisselles et à la prison perpétuelle, pour avoir attenté à la vie de son Maître.

Du 19 Janvier 1784.

LOUIS, etc; contre la nommée Elizabeth, etc. NOTRE COUR a mis et met l'Appellation et Sentence dont est appel, au néant; en ce que par icelle la Négresse Elizabeth dite Zabeau, n'a été condamnée qu'à être pendue sous les aisselles, et être renfermée dans les Prisons pour le reste de ses jours; émendant quant à ce, condamne ladite Négresse Elizabeth, dite, Zabeau, à faire amende honorable, nue en chemise, la corde au col, tenant en ses mains une torche ardente du poids de deux livres, au-devant de la principale Porte de l'Eglise de cette Ville, où elle sera menée par l'Exécuteur de la Haute-Justice, ayant écriteau devant et derrière, portant ces mots : *Négresse Empoisonneuse*, et là étant à genoux, déclarer que méchamment et pour se venger des châtimens à elle infligés par son maître, elle a voulu attenter à sa vie en mettant de l'émétique à diverses reprises dans différentes boissons à son usage; ce dont elle se repent, en demande pardon à Dieu, à Nous et à la Justice; pour, ce fait, être conduite sur la Place publique, et y être pendue sous les aisselles à une Potence qui sera dressée à cet effet, à laquelle elle demeurera suspendue l'espace d'un quart d'heure, et de là transférée dans les Prisons de cette Ville, pour y être renfermée le reste de ses jours; renvoie l'exécution du présent Arrêt pardevant le Juge dont est appel.

LETTRE de MM. les Administrateurs au Premier Substitut faisant fonction de Procureur-Général du Roi au Conseil du Port-au-Prince, sur des mandemens que se permettoit un Prevôt de Maréchaussée.

Du 22 Janvier 1784.

LE Prévôt de Maréchaussée au Petit-Goave nous paroît, comme à vous, Mr, très répréhensible d'avoir ordonné au nommé Fourneau de se rendre pardevant lui. Il n'a certainement pas le droit de mander personne. Il n'a peut-être agi que d'après des ordres du Commandant: c'est, Mr, ce que nous allons éclaircir. S'il est en faute, nous la lui reprocherons très-sévèrement, avec menace de le destituer sur le champ s'il osoit récidiver.

Nous avons l'honneur d'être, etc. *Signé :* BELLECOMBE et BONGARS.

ARRÊT du Conseil du Port-au-Prince, qui, faisant droit sur le Réquisitoire du Procureur-Général, enjoint à Barais, Huissier, de se conformer à l'Art. 21 du Titre 33 de l'Ordonnance de 1667, concernant la Taxe à faire par le Juge du salaire de l'Huissier, au bas des Procès-verbaux de vente d'objets saisis et exécutés, et la mention de cette taxe dans les grosses desdits Procès-verbaux.

Du 23 Janvier 1784.

ENTRE la dame veuve de Longpré, etc.

ARRÊT du Conseil du Cap, touchant les Inventaires et Partages.

Des 23 et 24 Janvier, 12 Mai et 19 Juillet 1784.

VU par le Conseil la Requête des Notaires du Fort-Dauphin, suite et diligence de Me Gournay de Préfontaine l'un d'eux, à ce autorisé par délibération desdits Notaires, du 14 Novembre dernier, contenant (entr'autres choses) que dans la Jurisdiction du Fort-Dauphin pendant 2 ans, sur 37 Inventaires, il y en a eu 31 ou 32 faits par les Officiers du Siége; pourquoi ils concluoient à ce qu'il plût à la Cour ordonner que les Arrêts du 26 Février 1761, et Édit du 11 Mai 1782, seront exécutés selon leur forme et teneur, en ce qui concerne les Supplians, nonobstant tout usage à ce contraire, déclarer qu'il n'y a plus lieu à la surséance ordonnée par l'Arrêt du 15 Juillet 1762; en tout cas, en donner aux Supplians pleine et entière main levée, les maintenir en conséquence, et garder dans le droit de faire seuls tous les Inventaires, soit entre majeurs et mineurs, soit dans les successions vacantes, privativement aux Officiers du Siége Royal du Fort-Dauphin, sauf et excepté cependant les cas royaux d'aubaine, bâtardise, déshérence et confiscation, qui regarderont seuls les Officiers dudit Siége; faire défenses auxdits Officiers de troubler les Supplians dans l'exercice de ce droit; faire pareillement défenses aux Procureurs dudit Siége de donner aucune Requête tendante à requérir les Officiers d'icelui, pour la confection des Inventaires autres que ceux à eux attribués; enjoindre auxdits Officiers d'en faire en tout cas le renvoi aux Supplians sans dénomination d'aucun, excepté en cas de contestation pour le choix entre les Parties; maintenir et garder pareillement les Supplians dans le droit de faire exclusivement aux Officiers dudit Siége tous partages volontaires, ceux ordonnés par Justice demeurant réservés auxdits Officiers; ordonner que l'Arrêt à intervenir sera lu, publié, registré, etc. Conclusions de Saint-Martin fils, Substitut du Procureur-Général du Roi; ouï le rapport de M. Ruotte, Conseiller, et tout considéré: LA COUR, avant faire droit, a ordonné et ordonne que la Requête dont s'agit, sera signifiée à tous les Juges des Jurisdictions, ainsi qu'aux Notaires d'icelles, en la personne du plus ancien desdits Notaires, pour, sur les Mémoires tant desdits Juges que desdits Notaires, lesquels seront remis et adressés au Procureur-Général du Roi en la Cour, être par elle, sur ses Conclusions, statué ce qu'il appartiendra.

Du 24 Janvier.

Vu par le Conseil la Requête des mêmes, pour qu'il lui plût les autoriser à faire dans les Greffes et dépôts publics de son ressort, la recherche et levée de toutes pièces et actes nécessaires; enjoindre à tous Greffiers et dépositaires de délivrer lesdites pièces et actes, etc. LA COUR a autorisé et autorise les Supplians à faire dans le Greffe de la Jurisdiction du Fort-Dauphin seulement, la recherche des Pièces dont s'agit, à la charge par eux, suivant leurs offres, de salarier ainsi que de droit

Du 12 Mai.

Vu par le Conseil la Requête des mêmes, Conclusions du Procureur-Général du Roi : LA COUR a ordonné et ordonne que dans le délai de quinzaine, à compter du jour de la signification du présent Arrêt, les dénommés à l'Arrêt du 22 Janvier dernier, et qui n'ont point encore satisfait aux dispositions d'icelui, fourniront les Mémoires dont s'agit; sinon et faute par eux de ce faire dans ledit délai et icelui passé, sera définitivement fait droit aux Supplians ainsi qu'il appartiendra.

Du 19 Juillet.

Vu par le Conseil la remontrance du Procureur-Général du Roi; ouï le Rapport de M. Ruotte, Conseiller, et tout considéré: LA COUR faisant droit sur ladite remontrance, a ordonné et ordonne que M. Ruotte, Conseiller, que la Cour a commis et commet à cet effet, assisté du Procureur-Général du Roi, se transportera dans le Greffe du Siége Royal de cette Ville, et successivement dans la Ville du Port-de-Paix et du Fort-Dauphin, à l'effet d'en visiter les Greffes, et s'il y échoit, les Études des Notaires, de constater l'état de ces dépôts publics, de vérifier les frais des Scellés et Inventaires, et autres opérations respectivement faites par les Notaires et les Juges, d'approfondir les plaintes portées contre l'excès desdits frais, et contre les procédures abusives et vexatoires; en conséquence autorise ledit Commissaire à se faire repré-

senter

senter, tous les Registres et Minutes, à reconnoître s'il est dans ces Greffes des Procès négligés depuis long-temps, et à constater tous les abus que cet examen lui fera connoître; pour du tout Procès-Verbaux dressés, communiqués au Procureur-Général du Roi, et rapportés à la Cour, être par ledit Procureur-Général du Roi requis, et par la Cour ordonné ce qu'il appartiendra.

ARRÊTÉ du Conseil du Cap, qui nomme MM. de St. Martin et Ruotte, Conseillers en la Cour, Commissaires, à l'effet de concourir avec le Procureur-Général du Roi à établir que la Troupe de Police est insuffisante dans la ville du Cap, et à solliciter MM. les Administrateurs à cet égard.

Du 26 Janvier 1784.

ARRÊT du Conseil du Cap, qui déclare le Sieur Martin, Négociant à Bordeaux, non-recevable dans sa demande en interprétation d'autre Arrêt du 13 Décembre précédent.

Du 28 Janvier 1784.

ARRÊT du Conseil du Cap concernant les Baux des Biens de Mineurs.

Du 28 Janvier 1784.

ENTRE le Procureur-Général du Roi, Appelant; Et le sieur Liron, etc. Ouï le Rapport de M. Ruotte, Conseiller : LA COUR, faisant droit sur les plus amples Conclusions du Procureur-Général du Roi, fait défenses à tous Tuteurs de plus à l'avenir donner à bail ou à loyer les biens de leurs Mineurs par anticipation, et ce, avant six mois de l'expiration des baux des Maisons des Villes, et une année avant celle des baux des Biens de Campagne.

Enjoint auxdits Tuteurs, lorsqu'il écherra de donner à loyer ou à bail à ferme les biens de Mineurs, et que par une Délibération légale et duement homologuée, les Parens n'en auront pas jugé la régie préférable au bail à ferme, d'avoir à le faire annoncer dans les Papiers publics de la Colonie, par trois avis consécutifs, et d'en poursuivre ensuite l'Adjudication au plus offrant et dernier Enchérisseur, à l'Audience de la Jurisdiction des lieux, par une seule publication et sur les Conclusions du Ministère public; et ce, sous peine de nullité de tous les baux à loyer ou à ferme qui pourroient être passés à l'avenir contre les dispositions du présent Arrêt, et à peine contre les Tuteurs, de répondre, en leurs propres et privés noms, de tous les événemens d'iceux. Ordonne que le présent Arrêt sera imprimé, lu, publié et affiché par-tout où besoin sera, et envoyé aux différentes Jurisdictions du Ressort de la Cour, etc.

ARRÊT du Conseil du Cap, qui déclare le Sieur Saulagay non-recevable *dans les fins de sa Requête, tendante à être reçu tiers-opposant à l'exécution de l'Arrêt du 26 Janvier précédent, qui accorde des défenses au Sieur Cassaignard contre l'exécution d'une Sentence portant qu'il quittera la maison à lui louée par le Sieur Arnaud de Marsilly, et dont ce dernier a passé nouveau bail au Sieur Saulagay.*

Du 5 Février 1784.

ARRÊT du Conseil du Cap, qui autorise à justifier par un Acte de Notoriété, la Qualité de Frère d'un défunt dont on demande la succession.

Du 6 Février 1784.

ENTRE Me Ducommun, Curateur aux successions vacantes de la Jurisdiction du Cap, Appelant de Sentence du Juge de ladite Ville, d'une part; Et le sieur Vallins, au nom et comme mari et maître des droits de demoiselle Pondavi, suite et diligence des sieurs Grelot, frères,

Négocians en cette Ville, fondés de sa Procuration, d'autre part. De la cause le Sr. Pondavi, Capitaine de Navire, de présent mouillé en cette Rade, Demandeur en intervention, encore d'autre part. Vu la Sentence dont est appel, qui, Parties ouïes, sans égard aux exceptions de Me Ducommun, en sa qualité, auroit ordonné que les scellés apposés après le décès du sieur Pondavi, décédé en Mer, en revenant ici de la Nouvelle-Angleterre, seroient levés à la requête des sieurs Grelot, frères, pour être procédé à l'Inventaire des biens laissés par ledit feu Pondavi, et pour être du tout, lesdits sieurs Grelot, en leurs dites qualités, envoyés en possession, à la charge par eux de donner bonne et solvable caution; ce qui seroit exécuté, etc. Ouï d'Augy, Avocat de Ducommun; Darracq, Avocat de Grelot frères, et Laborie, Avocat de Pondavi, et tout considéré: LA COUR donne acte aux Parties de Darracq, de ce qu'elles renoncent au bénéfice de leur Procuration; donne pareillement acte à la Partie de Laborie de son intervention; et pour y faire droit, continue la déduction de la cause à Lundi prochain, pendant lequel temps la Partie de Laborie rapportera un acte de notoriété, supplétif de preuves pour assurer sa qualité de frère de feu Pondavi; dépens réservés.

Autre Arrêt du 9 du même mois, vu l'Acte de notoriété du 7, constatant la qualité de frère du Sieur Pondavy présent, ordonne la levée des scellés et l'Inventaire à sa requête, et l'envoie en possession de la succession, pour la régir et administrer comme Curateur, à la charge toutefois de donner bonne et solvable caution; la succession condamnée aux dépens.

Le Sieur Pondavy arrivoit d'un voyage de la Côte de Guinée, et ne prévoyant pas la mort de son frère, n'avoit pour établir sa parenté, que son Extrait-Baptistaire. Ce titre a paru suffisant pour recourir à un Acte de notoriété, fait dans un Port très-commerçant, où il étoit facile de trouver des personnes qui connussent les deux frères. D'ailleurs, il ne s'agissoit que de la mise en possession provisoire, portée en l'Art. 6 de l'Edit du 24 Novembre 1781.

ARRÊT du Conseil du Cap, qui refuse à un Mineur qui invoque l'Art. 6 de l'Edit du 24 Novembre 1781, l'Administration des biens de la Succession de son Oncle dont il est héritier.

Du 9 Février 1784.

ENTRE Me de Verville, Curateur aux successions vacantes du Fort-Dauphin, Appelant; Et le sieur Dubourg, Intimé. Vu la Sentence du Juge dudit lieu, du 17 Juillet dernier, qui, Parties ouïes, vu l'extrait baptistaire du sieur Dubourg, *Mineur émancipé d'âge*, attendu qu'il en résulte ainsi que du testament du feu sieur Dubourg, (quoique déclaré nul), que ledit sieur Dubourg est son neveu; qu'il est même de notoriété publique qu'il résidoit comme tel chez ledit feu sieur Dubourg; sans égard aux exceptions dudit Me de Verville, en sa qualité, auroit ordonné qu'à la requête du sieur Dubourg, assisté de son Curateur aux Causes, et sa caution, il seroit procédé à la levée des scellés apposés après le décès dudit feu sieur Dubourg, et de suite à l'Inventaire des biens par lui laissés, et surseoit néanmoins quant à l'envoi en possession de ladite *succession* pour l'administration des biens d'icelle, pendant lequel sursis il sera procédé à une Assemblée d'Amis et Voisins pour l'élection, en la place de Curateur à ladite succession de la personne dudit sieur Dubourg, qui sera tenu de faire homologuer ladite élection, et de fournir caution de son administration, etc. Ouïs en l'Audience du 17 Décembre dernier, Rodier, Avocat de de Verville, et Prevost, Avocat de Dubourg, ensemble Saint-Martin fils, Substitut pour le Procureur-Général du Roi, et tout considéré: LA COUR vuidant le Délibéré ordonné par son Arrêt du 17 Décembre dernier, au rapport de M. Ruotte, Conseiller, a mis et met l'Appellation et ce dont est appel, au néant; émendant, envoie la Partie de Rodier, en sa qualité, en possession de la succession dont s'agit, pour la régir et administrer suivant le dû de sa charge; ordonne que l'amende consignée par la Partie de Rodier, lui sera remise, et condamne la succession aux dépens.

ARRÊT du Conseil du Cap touchant la taxe des honoraires d'un Notaire.

Du 10 Février 1784.

ENTRE le sieur Piednoel, Appelant, Et Me Brunet, Intimé. Vu la Sentence, qui, Parties ouïes, auroit déclaré Piednoel non-recevable en sa demande, (en restitution d'une somme prétendue exigée de trop pour des actes), sauf à lui à apporter en l'Hôtel les actes dont s'agit, au pied desquels sont les *Solvit* dudit Me Brunet de Barigny, pour y être lesdits *Solvit* modérés, s'il y a lieu; condamne le sieur Piednoel aux dépens; etc. Ouï Carles, Avocat de Piednoel, et d'Augy, Avocat de Brunet de Barigny, et tout considéré: LA COUR a mis l'Appellation au néant; ordonne que ce dont est appel sortira son plein et entier effet; condamne l'Appelant en l'amende ordinaire, et aux dépens.

ARRÊT du Conseil du Cap, confirmatif de Sentence du Siége du Fort-Dauphin, qui, vu les enquêtes respectives, condamne les héritiers Narp à payer au Sieur Bourgeois de la Rocquerie le prix d'un bœuf tué par leurs Nègres.

Du 10 Février 1784.

ARRÊT du Conseil du Port-au-Prince touchant des droits mal-à-propos perçus par un Greffier, et qui défend aux Procureurs de payer des droits non compris au tarif.

Du 11 Février 1784.

LOUIS, etc. Vu, etc. Entre le sieur L..., Greffier en chef, etc; Et le sieur Larocheviau, Curateur aux successions vacantes, Intimé; une Requête présentée au premier Juge par l'Intimé, sur laquelle est intervenue l'Ordonnance dont est appel, qui fait défenses à l'Appelant de percevoir en sus des deux tiers de la taxe dudit Juge, le droit d'annexe, sous les peines portées au Règlement du 4 Décembre 1775, sauf en matière criminelle, et conformément à l'article 19 d'icelui, à abandonner, si bon lui semble, les deux tiers de ladite taxe, pour expédier à trente sols le rôle; lui fait aussi défenses d'expédier les rôles en minutes, et d'estimer les rôles par évaluation; lui enjoint, à cet égard, de se conformer à l'article 16 dudit Règlement; lui ordonne de restituer tous les droits d'annexe de trois, six et neuf livres par lui induement exigés à la présentation des expéditions où il a inscrit : *et pour ledit droit*, tant à l'Intimé qu'à toutes personnes porteurs des expéditions, où ledit droit auroit été perçu et établi, dont il sera donné reçu à côté de l'expédition avec radiation dudit droit, et ce, sans autre Ordonnance, à peine de désobéissance, et d'encourir les peines portées par ledit Règlement; fait défenses aux Procureurs dudit Siége de payer pour leurs Cliens aucuns droits indus au Greffe, ni autres droits que ceux prescrits par le Règlement, sous peine d'être responsables envers leurs Cliens des radiations et rejets, à leurs risques, périls et fortune, et sans aucunes réserves; laquelle Ordonnance sera déposée au Greffe dudit Siége, ainsi que l'état certifié de l'Intimé, visé dudit Juge, et préalablement signifié à l'Appelant à ce qu'il ait à s'y conformer; ordonne qu'à la diligence du Substitut de notre Procureur-Général, ladite Ordonnance sera signifiée aux Procureurs dudit Siége, pour qu'ils n'en ptétendent cause d'ignorance et ayent à y obéir; ce qui sera exécuté provisoirement, s'agissant de l'exécution du tarif etc. Ouï Duhamel, (Avocat de l'Appelant) et Chachereau, (Avocat de l'Intimé:) NOTRE COUR a mis et met l'appellation au néant; ordonne que ce dont est appel sortira son plein et entier effet; condamne l'Appelant en l'amende ordinaire et aux dépens. *Signé* : DE LA RIVIERE.

ARRÊT du Conseil du Port-au-Prince touchant ses Audiences.

Du 13 Février 1784.

VU par la Cour le réquisitoire du Procureur-Général du Roi, contenant que la multitude des causes d'Audience, de nature à requérir un prompt Jugement, et placées au rôle des Lundis, l'avoit porté à présenter, le 21 Juillet 1780, un réquisitoire sur lequel il a été arrêté, le 3 Décembre suivant, qu'il seroit affecté un jour d'augmentation pour l'expédition des Causes du rôle des Lundis, lesquelles seroient également appelées le Lundi de chaque Semaine, qui, jusques-là n'étoit point destiné aux Audiences, ce qui auroit lieu autant qu'il seroit jugé nécessaire; ordonne en conséquence que le Règlement sera notifié aux Avocats, à l'effet de s'y conformer; que l'augmentation de ce jour a accéléré le jugement des affaires portées aux rôles des Lundis et Jeudis, de sorte qu'aujourd'hui ce rôle est sur sa fin; il n'y reste plus que sept Causes, dont deux sont en arrangement entre les Parties; que le Procureur-Général ne voit plus d'inconvénient à ce que la Cour supprime le jour d'augmentation qu'elle avoit donné pour expédier les Causes mises aux rôles des Lundis. Le très-petit nombre d'affaires qui restent, comme la Cour s'en convaincra par le rôle, ainsi que celles qui pourroient survenir, pourront occuper l'Audience des Lundis : ainsi l'administration de la Justice remise sur le pied du Règlement de la Cour, du 9 Juin 1783, ne souffrira aucun retard. Dans ces circonstances, le Procureur-Général requiert qu'il soit arrêté, etc. Ledit réquisitoire signé : DE BOURCEL, etc. LA COUR a arrêté que le jour d'Audience augmenté par l'arrêté du 3 Décembre 1780, et déterminé au Jeudi de chaque Semaine, sera et demeurera supprimé; ordonne en conséquence que le présent Règlement sera notifié aux Avocats, etc.

ARRÊT du Conseil du Port-au-Prince, qui commet un Avocat pour taxer les frais dûs à un Avocat décédé.

Du 13 Février 1784.

VU la Requête du sieur Sorel, Capitaine d'infanterie, Ingénieur du Roi, au nom et comme exécuteur-testamentaire de Me Duhamel, vivant, Avocat en la Cour; contenant qu'il auroit eté nommé exécuteur testamentaire de Me Duhamel; en cette qualité il est tenu de faire constater les sommes dues à la succession, pour raison des frais que ledit Me Duhamel a pu faire dans les différentes affaires dont il a été chargé, etc. C'est pour parvenir à la taxe de ces mêmes frais, que le Suppliant a été conseillé de requérir, etc., ladite Requête signée, SOREL et BRUNEAU LA ROCQUE, Avocat; Conclusions de Me de Bourcel, Substitut, faisant fonction de Procureur-Général du Roi, de ce jour; ouï le Rapport de M. Fougeron, Conseiller et tout considéré: LA COUR a commis et commet Me Chachereau, Doyen des Avocats en icelle, à l'effet de procéder à la taxe des frais qui se trouveront dus à la succession de Me Duhamel, pour les différentes affaires dans lesquelles il a occupé.

ARRÊT du Conseil du Port-au-Prince, qui condamne un Receveur des Aubaines en son nom personnel, à payer des Nègres par lui vendus mal-à-propos.

Du 20 Février 1784.

ENTRE Pinedo, demeurant aux Cayes, Appelant, comparant par Chachereau; Et le sieur Baron, Receveur des Aubaines et autres droits aux Cayes, en cette qualité chargé de la succession de Benjamin Izorum, Intimé, comparant par de la Fond. LA COUR, ouï Me Picmont, Conseiller, faisant fonctions de Procureur-Général du Roi en ses Conclusions, a mis et met les Appellations, etc. Et attendu que ledit Intimé a poursuivi la vente des Nègres, à la remise desquels il étoit condamné; le condamne, *en son nom personnel*, à payer à l'Appelant ; 1o la somme de 2733 liv. pour le prix des Nègres dont il s'agit : et 2°. celle de 2000 liv., à quoi la Cour a fixé le prix des journées desdits Nègres, aux intérêts desdites sommes, et aux dépens des causes principale et d'appel, l'amende remise, etc.

ORDONNANCE *du Roi, portant réduction sur les appointemens des États-majors des Régimens Coloniaux, et suppression des Chefs de Bataillon.*

Du 28 Février 1784.

DE PAR LE ROI.

SA MAJESTÉ ayant reconnu que les appointemens de l'État-Major des Régimens Coloniaux ont été portés par les Ordonnances de création à des sommes trop fortes, relativement à ceux dont jouissent les autres Officiers; et voulant faire connoître ses intentions sur les Chefs de Bataillon, Elle a ordonné et ordonne ce qui suit :

Art. I. A compter du jour que la présente Ordonnance sera enrégistrée au Contrôle de chaque Colonie, les Officiers des États-Majors des Régimens Coloniaux jouiront des appointemens ci-après ; savoir : par an :

Les Colonels . . . . 10000 liv.
Les Lieutenans-Colonels 7000
Les Majors 4800

II. LES Chefs de Bataillon demeureront supprimés sous ce titre, et prendront les premières Compagnies de Fusiliers en conservant leurs rangs. Ils jouiront extraordinairement de trois mille six cents livres d'appointemens, qui cesseront lorsqu'ils se retireront ou monteront à un grade supérieur.

III. LES deux derniers Capitaines, qui par cet arrangement, perdront leurs Compagnies, jouiront, à la suite de chaque Régiment, de la totalité de leurs appointemens actuels, en attendant qu'ils puissent reprendre des Compagnies aux premières vacances.

MANDE et ordonne Sa Majesté aux Gouverneurs-Généraux et Intendans dans ses Colonies Orientales et Occidentales, ou à ceux qui les représenteront, et à tous autres Officiers qu'il appartiendra, de tenir la main à l'exécution de la présente Ordonnance.

FAIT à Versailles, etc.

R. au Contrôle le 27 Avril 1784.

ARRÊT du Conseil du Cap contre des Fabricateurs de Faux-billets.

Du 28 Février 1784.

VU par la Cour la Procédure extraordinairement faite et instruite par le Juge Criminel au Siége Royal du Port-de-Paix, à la requête du sieur Jean-Louis Michel, ci devant Habitant à Jean-Rabel, Demandeur et Accusateur, le Substitut du Procureur-Général du Roi audit Siége du Port-de-Paix joint, contre le nommé Cimetiere, Quarteron libre, et le nommé Lajonquiere, tous deux Habitans audit lieu de Jean-Rabel, Défendeurs et Accusés, Contumax, sur laquelle procédure seroit intervenue Sentence le 5 Juillet 1779, qui auroit renvoyé les Parties à l'Audience pour y être statué ce que de raison, sauf, s'il y avoit lieu, à reprendre la voie extraordinaire; vu pareillement toutes les pièces énoncées en ladite Sentence, l'acte d'appel interjeté d'icelle par ledit Michel, ainsi que d'un décret d'assigné pour être ouï décerné contre lui pendant l'instruction dudit Procès Criminel; autre appel antérieur dudit Michel d'autre Sentence du Siége Royal du Port-de-Paix, du 19 Septembre 1778, laquelle le condamne à payer un billet de 42,000 l. aux sieurs Foache, Morange et Compagnie à qui ledit Cimetiere l'avoit transporté, et lui donne acte de ses réserves de se pourvoir pour raison du faux imputé audit billet qu'il prétendoit n'avoir souscrit que pour 2,000 liv. seulement, ce qui a occasionné ledit Procès Criminel que ledit Michel a intenté auxdits Cimetiere et Lajonquiere, (lesdits appels des susdites Sentences joints en la Cour à cause de leur connexité), l'Arrêt de la Cour du 10 Janvier 1783, qui auroit ordonné avant faire droit sur les instances jointes, que l'Arrêt rendu le 17 Novembre 1777, entre Cimetiere et Michel, seroit exécuté selon sa forme et teneur; en conséquence qu'il seroit procédé par Habitans experts et un sur-expert à l'estimation des dégradations et jouissances dont la restitution avoit été ordonnée par ledit Arrêt du 17 Novembre 1777;

pour, ladite estimation faite et rapportée, ou à défaut de ce faire, être par les Parties requis, par le Procureur-Général du Roi conclu, et par la Cour ordonné ce qu'il appartiendroit ; autre Arrêt de la Cour du 15 Juillet 1783, qui, faisant droit sur l'appel interjeté par Michel du décret d'assigné pour être ouï, contre lui décerné le 3 Février 1779, et de la Sentence de renvoi à l'Audience du 5 Juillet suivant, auroit reçu le Procureur-Général du Roi Appelant de son chef desdits Décret et Sentence, lui auroit donné acte de la plainte par lui portée en la Cour contre lesdits Lajonquiere et Cimetiere, joignant les appels respectifs et plainte, faisant droit sur le tout, sans égard au rapport d'Experts du 17 Février 1783, sauf à en ordonner un autre s'il écheoit, conformément et aux termes du premier Arrêt qui ordonne l'estimation des dommages et intérêts, auroit mis l'Appellation, Décret et Sentence dont étoit appel, au néant ; émendant, évoquant le principal, et y faisant droit, ensemble sur les plus amples Conclusions du Procureur-Général du Roi, auroit ordonné que lesdits Lajonquierre et Cimetiere seroient pris et appréhendés au corps, et constitués prisonniers ès Prisons de cette Ville, si pris et appréhendés pouvoient être ; sinon, assignés à cri public à la huitaine, et ensuite leurs biens saisis et annotés, et à iceux établis gardiens à la diligence du Procureur-Général du Roi, pour leur être le Procès fait et parfait pardevant M. Ruotte, Conseiller, que la Cour auroit commis à cet effet ; auroit en outre ordonné que les témoins des informations qui ont déposé que ledit Lajonquiere avoit reçu 12000 liv. ou cinq têtes de Nègres pour avoir terminé l'affaire dudit Cimetiere avec Michel, seroient de nouveau entendus sur lesdits faits, et autres témoins que ledit Procureur-Général du Roi ou Michel pourroient découvrir par forme de continuation d'information, comme aussi que les pièces relatives audit Procès se trouvant dans les dossiers des Parties, en seroient distraites pour demeurer jointes à la procédure, préalablement paraphées, *ne varietur*, par M. le Président de la Cour, sauf à être délivré des expéditions par le Greffier d'icelle ; les Procès-Verbaux de perquisition faite desdits Lajonquiere et Cimetiere en vertu du susdit Arrêt ; les assignations à eux données à quinzaine, à domicile ; autres assignations à eux données, à son de trompe, par un seul cri public à comparoir à la huitaine ensuivant, sans qu'ils se soient mis en état ès Prisons du Cap pour satisfaire aux Décrets contre eux décernés ; la remontrance du Procureur-Général du Roi au Commissaire de la Cour, tendante à ce qu'il lui plût lui permettre de faire assigner les témoins, et ordonner que l'information faite, lesdits témoins, à cause de la distance du lieu de leur demeure, seroient sur le champ récolés en leurs dépositions, et que le récolement d'iceux vaudroit confrontation aux Accusés contumax, pour ce fait, et le tout communiqué au Procureur-Général du Roi, être par lui requis ce qu'il appartiendroit; l'Ordonnnance de M. le Commissaire portant permission d'assigner pour le 18 Décembre dernier, et adjudicative du surplus des Conclusions du Procureur-Général du Roi; l'original des assignations données aux susdits témoins; autre remontrance au Commissaire de la Cour, en date du 16 Décembre dernier, aux fins qu'il lui plût entendre le même jour la déposition du sieur François Leblanc, rendu en cette Ville avant le 18 du même mois, jour auquel il étoit assigné, l'audition plus prompte dudit témoin devant le rendre plus tôt à ses affaires dont il étoit très-éloigné, et éviter des frais; l'Ordonnance conforme de M. le Commissaire; l'audition dudit témoin par forme de continuation d'information; celle du sieur Alexis Dubois, en date du 18 dudit mois de Décembre; le défaut donné le même jour contre le sieur Denis Berthelot, témoin défaillant, pour le profit duquel M. le Commissaire l'auroit condamné en dix livres d'amende, et ordonné qu'il seroit assigné, à ses frais et dépens, à comparoir pardevant lui en son Hôtel le 28 Janvier dernier, à peine d'y être contraint par emprisonnement de sa personne; l'original de la réassignation audit Berthelot, en date du 13 Janvier dernier, avec signification de la susdite Ordonnance; la comparution dudit Berthelot, en date du 15 du même mois, en vertu de la première assignation à lui donnée, la réassignation lui ayant été signifiée en son absence pendant qu'il étoit en route pour se rendre au Cap; l'audition dudit Berthelot en date du même jour, en vertu de la première assignation, ainsi qu'il a été requis par le Procureur-Général du Roi, et ordonné par M. le Commissaire de la Cour, ledit Berthelot ayant été empêché de se rendre plus tôt au Cap par l'abondance des pluies et la difficulté des chemins rendus impraticables; le récolement de tous les susdits témoins en leurs dépositions; l'Ordonnance de M. le Commissaire, du 12 de ce mois, qui ordonne que le tout soit communiqué au Procureur-Général; Conclusions par écrit de Saint-Martin fils, Substitut du Procureur-Général du Roi, ouï le Rapport de M. Le Gris, Conseiller, et tout considéré: DIT A ÉTÉ PAR LA COUR, que la contumace est bien et duement acquise contre les nommés Cimetiere et Lajonquiere; et adjugeant le profit d'icelle, vu ce qui résulte des cas du Procès, de l'aveu fait par Lajonquiere, lors de son interrogatoire du 18 Février 1774, d'avoir écrit le billet dont s'agit sur une demi-feuille de papier pliée en quatre, et notamment de l'état du billet original actuellement déposé au Greffe; la Cour déclare lesdits Cimetiere et Lajonquiere duement atteints et convaincus, après avoir fait signer à Michel un billet de 2,000 livres écrit par Lajonquiere où la cause de la valeur n'étoit point exprimée, d'avoir montré à diverses personnes un billet de 42,000 livres, aussi sans cause de valeur, et écrit par Lajonquierre, avec une fausse signature de Michel; d'avoir rendu audit Michel le premier billet de 2,000 li. véritablement souscrit par lui, et sous prétexte du vice qu'il renfermoit, de lui en avoir fait signer un autre à la place avec la cause de la valeur, pareillement de 2,000 livres, et écrit par Lajonquiere, où l'arrangement des mots a été combiné de maniere que le même billet de 2,000 livres avec la véritable signature de Michel, et l'approbation de l'écriture, a été porté à la valeur de 42,000 livres, par l'adroite suppression d'une marge, et l'addition d'une nouvelle, renfermant les mêmes mots que celle supprimée, à l'exception de celui *quarante* qui devoit augmenter la somme, ainsi que le tout a été figuré par le Procureur-Général du Roi sur une demi-feuille de papier pliée en quatre, jointe à ses Conclusions, en écrivant le billet du côté opposé à celui du pli du papier; déclare pareillement lesdits Cimetiere et Lajonquiere atteints et convaincus d'avoir, avec ledit billet rendu frauduleusement de 42,000 livres au-lieu de 2,000 livres dont il étoit, acheté vingt Nègres de Stanislas Foache, Morange et Compagnie, dont cinq ou six ont été le prix dont Cimetiere a payé la fraude et le vol fait pour lui par Lajonquiere audit Michel; pour réparation de quoi, condamne lesdits Cimetiere et Lajonquiere à faire amende honorable en chemise, nuds tête, la corde au col, tenant chacun en leurs mains une torche de cire ardente du poids de deux livres, avec écriteaux devant et derrière portant ces mots en gros caractères: **FABRICATEUR DE FAUX BILLETS**, au-devant de la principale porte de l'Eglise Paroissiale de Jean-Rabel, où ils seront conduits par l'Exécuteur de la Haute Justice, et là, étant à genoux, dire et déclarer à haute et intelligible voix, que méchamment, frauduleusement et comme mal avisés, ils ont rendu un billet souscrit par Michel pour une somme de 2,000 livres, de celle de 42,000 livres; qu'ils s'en repentent, en demandent pardon à Dieu, au Roi, à la Justice et audit Michel; ce fait, être attachés au Carcan pour y rester pendant le temps et espace de trois heures, et ce, depuis sept heures du matin jusqu'à dix, ce fait, conduits sur les Galères pour y servir Sa Majesté comme forçats à perpétuité, préalablement flétris sur l'épaule dextre d'un fer chaud, empreint des lettres G A L. Condamne en outre lesdits Cimetiere et Lajonquiere solidairement en deux mille livres de réparation, dommages-intérêts envers ledit Michel, applicables de son consentement à la maison de Providence de cette Ville, et aux dépens du procès ; le surplus de leurs biens acquis et confisqués au profit de Sa Majesté ; et au cas que confiscation n'ait lieu sur les biens de chacun desdits Accusés, préalablement pris la somme de 1000 l. d'amende envers ledit Seigneur Roi ; ce qui sera exécuté par effigie en un tableau sur lequel sera transcrit le présent Arrêt, lequel tableau sera attaché à un poteau dressé sur la place, au-devant de l'Eglise Paroissiale dudit lieu de Jean-Rabel ; et pour ladite exécution, renvoie pardevant le premier Juge. Ordonne que le présent Arrêt sera imprimé et affiché à la diligence du Procureur-Général du Roi, tant ès Carrefours et lieux accoutumés de cette Ville, qu'en celle du Port-de-Paix, au Bourg de Jean-Rabel, et par-tout où besoin sera. Fait au Cap, en la Chambre Criminelle etc.

ARRÊT du Conseil du Cap confirmatif de Sentence du Juge du Fort-Dauphin, qui, en accueillant la Prescription trentenaire invoquée par la détentrice de l'immeuble, rejette l'action en Déguerpissement, et y déclare le Demandeur non-recevable.

Du 2 Mars 1784.

ENTRE le sieur Denans, Appelant; Et la veuve Duprat, Intimée.

ARRÊT du Conseil du Port-au-Prince qui défend à un Particulier, se prétendant Médecin, d'exercer la médecine.

Du 4 Mars 1784.

VU par la Cour le Procès verbal dressé par MM. Piemont et Reynaud de Saint-Hilaire, Conseillers-Commissaires nommés par Arrêts des 8 Juillet 1780, et 5 Novembre 1783, contenant divers interrogats faits par le sieur Fos de la Borde, Médecin du Roi, au sieur Léon Bourdais sur ses connoissances en Médecine; ledit Procès-Verbal en date du 3 Février dernier; vu en outre un second Procès-Verbal dressé, le même jour, par les mêmes Commissaires, en vertu des mêmes Arrêts, de l'état des Lettres de Docteur en Médecine, dont ledit sieur Léon Bourdais se prévaut; conclusions de M. de Bourcel, Substitut, faisant fonction de Procureur-Général du Roi, en date du 10 Février dernier; ensemble les autres pièces; ouï le Rapport de M. Gabeure de Vernot, Conseiller, Doyen; et tout considéré : LA COUR fait défenses au sieur Léon Bourdais d'exercer la Médecine dans l'étendue de son ressort, à peine d'être poursuivi extraordinairement.

ARRÊT du Conseil du Port-au-Prince, qui déclare nulle une Séparation de corps et de biens, irrégulièrement prononcée.

Du 8 Mars 1784.

ENTRE Sénéchal, Apothicaire aux Cayes; Et la dame Anne Matheau, épouse se disant séparée de corps et de biens du sieur Pierre Hubert, son mari, absent. LA COUR donne acte au Procureur-Général du Roi de l'appel par lui interjeté de la Sentence rendue par le Juge de Saint-Louis, le 17 Septembre 1776; faisant droit sur ledit appel, a mis et met l'appellation et ce dont est appel au néant; émendant, déclare ladite Sentence nulle et irrégulière; en conséquence fait défenses à la Partie de Lafont de se dire femme séparée de corps et de biens d'avec Pierre Hubert, son mari, sauf à elle à se pourvoir dans les formes de droit.

Sur la demande de la dame Hubert pour être autorisée à poursuivre sa séparation de corps et de biens contre son mari qui l'avoit abandonnée depuis cinq ans, le Juge avoit nommé un Curateur à ce dernier. Le Curateur avoua les sévices imputés par la femme, et d'après lesquels le Juge prononça, sans conclusions du Ministère public et sans enquête, la séparation de corps et de biens proscrite par l'Arrêt.

ARRÊT du Conseil du Port-au-Prince, qui juge qu'un acquéreur a valablement payé au Tuteur des Mineurs, propriétaires d'un immeuble, une somme de 50,000 liv., six mois avant l'échéance du terme porté au contrat d'acquisition.

Du 8 Mars 1784.

Ce paiement fait par le Sieur Roberjot Lartigue au Sieur Noailles, Tuteur des Mineurs Carcado, étoit critiqué par ces derniers après leur émancipation.

ARRÊT du Conseil du Port-au-Prince, qui fixe à 2 liv. 15 sols par tête de Nègres l'imposition des droits municipaux.

Du [illegible] Mars 1784.

ARRÊT du Conseil du Cap, qui condamne un Mari à payer à sa Femme séparée de corps et de biens, la valeur d'un troupeau par lui reçu antérieurement dans un partage, lors duquel il représentoit sa femme, et celle des produits dudit troupeau.

Du 11 Mars 1784.

ENTRE dame Marie-Jeanne Trévan, épouse séparée de corps et de biens de Me. Dumesnil, autorisée par Justice à la poursuite de ses droits, Appelante de Sentence du Juge du Cap, du 22 Novembre dernier, (rendue sur sa demande en paiement de 25,000 liv., pour le montant d'un troupeau de bêtes à corne et cavalines, du croît d'icelui, et des intérêts, à compter du jour de la demande en séparation confirmée par Arrêt

Arrêt du 2 Juillet 1778) ; ledit troupeau à elle échu en partage après le décès de la dame veuve Chailleau, sa grand-mère, et estimé cinq mille et quelques cents livres en 1771, sinon à dire d'Arbitres ; Et Me Dumesnil, Intimé. Ouïs d'Augy, Avocat de l'Appelante, et le Loup Desperelles, Avocat de l'Intimé, ensemble de Saint-Martin, fils, Substitut du Procureur-Général du Roi ; et tout considéré : LA COUR a mis et met l'Appellation et ce dont est appel * au néant ; émendant, évoquant le principal, et y faisant droit, condamne la Partie de le Loup Desperelles à payer à celle de d'Augy la somme de 25,000 liv. pour le montant du troupeau de bêtes à corne et cavalines dont s'agit, si mieux n'aime ladite Partie de le Loup Desperelles à dire d'Arbitres choisis par les Parties, sinon pris et nommés d'office, ce qu'elle sera tenue d'opter dans trois jours de la signification dudit Arrêt, sinon déchue de l'option, etc.

* La Sentence ordonnoit avant faire droit, que Me Dumesnil affirmeroit en personne, sous quinzaine, qu'il n'avoit pas disposé des animaux à son bénéfice particulier.

ORDONNANCE *du Roi, portant suppression des Ingénieurs des Colonies, et fixation du traitement des Officiers du Corps royal du Génie, qui seront chargés du service des Fortifications aux Indes Orientales et Occidentales.*

Du 14 Mars 1784.

DE PAR LE ROI.

SA MAJESTÉ voulant établir l'uniformité dans le service des Fortifications de ses Colonies orientales et occidentales, et en charger les Officiers du Corps Royal du Génie, Elle a résolu de supprimer tous les Officiers connus sous le nom d'Ingénieurs des Colonies ; et Elle a en conséquence ordonné et ordonne ce qui suit :

Art. 1er. Sa Majesté a supprimé et supprime tous les Officiers employés sous le titre d'Ingénieurs des Colonies, tant aux Indes orientales qu'occidentales, et Elle se réserve d'accorder des pensions à ceux qui ne seront pas employés à un autre service.

II. Veut Sa Majesté que dans chacun des trois Gouvernemens généraux de l'Inde, des Isles du Vent, et des Isles sous le Vent, il soit employé un Directeur Général des Fortifications, avec le nombre d'Ingénieurs en chef, et d'Ingénieurs ordinaires qui sera arrêté par des états particuliers.

III. Les Directeurs Généraux seront choisis entre les Officiers supérieurs du grade de Major, et au-dessus, du Corps Royal du Génie, et les Ingénieurs en chef, autant qu'il sera possible, entre les Capitaines en premier. Les Ingénieurs ordinaires ne pourront être détachés aux Colonies qu'après dix ans de service au moins, non compris le séjour à l'École de Mézières.

IV. Les Directeurs Généraux des Fortifications jouiront, dans les Colonies, d'un traitement de 12000 liv. par an, ci . . . 12000 liv.

Les Ingénieurs en chef 5000

Et les Ingénieurs ordinaires 3450

indépendamment des appointemens dont lesdits Directeurs Généraux, Ingénieurs en chef et ordinaires, continueront de jouir dans leurs Corps, suivant leurs grades respectifs.

V. Il sera fourni dans les Colonies aux Directeurs Généraux, Ingénieurs en chef et ordinaires, des logemens en nature, lorsqu'il y aura des bâtimens appartenans à Sa Majesté; autrement, le logement desdits Officiers leur sera payé en argent, suivant les fixations qui en seront faites par les Intendans des Colonies, selon les grades respectifs. Les Directeurs Généraux résideront dans le chef-lieu, auprès des Gouverneurs Généraux.

VI. Les Ingénieurs en chef ou ordinaires qui seront employés dans les Colonies non comprises sous les Gouvernemens généraux, jouiront du traitement attribué à leur titre par les deux articles précédens.

VII. Les Ingénieurs-Géographes qui seront employés dans les différentes Colonies au service qui leur est propre, seront sous les ordres des Directeurs Généraux des Fortifications, et le nombre en sera proportionné au travail qui reste à faire dans chaque Isle, pour achever d'en lever les plans.

VIII. Il sera payé dans les Colonies aux Ingénieurs-Géographes ayant commission de Capitaine, trois mille livres d'appointemens, et deux mille livres à ceux qui ne seront que Lieutenans, y compris les appointemens dont ils pourroient jouir en France. Il leur sera de plus attribué par les Administrateurs, de l'avis du Directeur Général des Fortifications, une somme par lieue carrée de superficie dont ils leveront le plan, pour leur tenir lieu de toutes dépenses extraordinaires à ce sujet.

Mande et ordonne Sa Majesté aux Gouverneurs Géneraux, et Intendans dans ses Colonies orientales et occidentales, ou à ceux qui les représenteront, et à tous autres Officiers qu'il appartiendra, de tenir la main à l'exécution de la présente Ordonnance. Fait à Versailles etc. *Signé :* LOUIS ; *et plus bas :* Le Maréchal DE CASTRIES.

R. au Contrôle le 25 Juin 1785.

ARRÊT du Conseil du Port-au-Prince contre un particulier qui avoit usé de Voies de fait envers un autre.

Du 15 Mars 1784.

NOTRE COUR a mis et met l'Appellation et Sentence dont est appel, au néant ; émendant, pour les cas résultans du Procès, condamne ledit A... à être admonesté en la Chambre du Conseil ; lui fait défenses de récidiver et d'user à l'avenir de voies de fait, à peine de punition corporelle ; ordonne que pendant trois ans ledit A.... s'abstiendra de la Ville et Banlieue du Petit-Goave, à peine d'être poursuivi extraordinairement, et le condamne en 200 liv. d'aumône applicable au pain des pauvres, etc.

ARRÊT du Conseil du Cap concernant les Actes de Justice provisoires dans les Paroisses de la Campagne.

Du 15 Mars 1784.

ENTRE Me Cormeaux Desnoës etc. : LA COUR, faisant droit sur les plus amples Conclusions et Réquisitions du Procureur-Général du Roi ; (vu ce qui résulte nommément des circonstances et des détails mis sous les yeux de la Cour dans l'affaire qui vient d'être jugée, et attendu qu'il importe à la bonne Administration de la Justice de pourvoir le plus promptement possible, à toutes les opérations provisoires qui ne peuvent être différées sans nuire également à l'ordre public et à l'intérêt des Parties); a arrêté, ordonné et statué ce qui suit.

Art. 1er. Le Procureur-Général du Roi présentera à la Cour un Notaire choisi dans chaque Paroisse de la Campagne, lequel, après avoir été par la Cour agréé en qualité de Commissaire du Siége Royal dont dépendra ladite Paroisse, pour y faire les Actes de Justice Conservatoires ou Préparatoires ci-dessus désignés, sera renvoyé pardevant ledit Siége, à l'effet d'y prêter le serment en tel cas requis.

II. Chaque Notaire ainsi commis pourra, dans son district, apposer les scellés, procéder à la levée des cadavres, recevoir les déclarations et plaintes, en cas de flagrant-délit, inspecter les Boulangeries, Cabarets, Boucheries et autres lieux publics, rapporter les contraventions aux Ordonnances et Mandemens de Justice, et dresser des Procès-Verbaux, le tout par provision, dans les cas qui requerront célérité, et où il y auroit péril dans la demeure; et ce, à la charge, par lesdits Notaires-Commissaires, de faire remettre leurs Procès-Verbaux au Greffe de la Jurisdiction dans les vingt-quatre heures; de quoi sera fait mention au bas des mêmes Procès-Verbaux, ainsi que du jour et de l'heure de leur apport.

III. Sur le compte que le Procureur-Général du Roi rendra tous les ans, de la manière dont le présent Arrêt aura été exécuté, la Cour se réserve de donner des témoignages de sa satisfaction à ceux des Notaires-Commissaires qui se seront montrés les plus dignes de sa confiance.

IV. Ordonne au surplus que le présent Arrêt sera imprimé, publié et affiché dans toutes les Paroisses de la Campagne du Ressort de la Cour, et que des Copies collationnées d'icelui seront envoyées ès Jurisdictions du Ressort, etc.

Voyez *la Lettre du Ministre du 24 Juillet suivant.*

ORDONNANCE *des Administrateurs touchant la Boucherie, au quartier du Trou.*

Du 16 Mars 1784.

A Ngrs, Ngrs les Général et Intendant, etc.

Supplient humblement les Habitans de la Paroisse du Trou; disant qu'il y a environ deux mois que le sieur Boyer tenant la Boucherie du Bourg, se proposoit d'avoir l'honneur de vous présenter une Requête tendante à ce qu'il vous plût lui accorder un privilége exclusif, et non limité, de tenir la Boucherie audit lieu, sans même fixer le prix de la Viande. Le Commandant de la Paroisse ayant eu connoissance de son projet, le communiqua à plusieurs Habitans, qui tous d'un commun accord, convinrent avec lui que ce privilége exclusif étoit contraire au bien public; en conséquence M. Lemaitre refusa audit sieur Boyer de signer sa Requête. Le sieur Boyer peu satisfait du refus du Commandant de cette Paroisse, osa, le 21 du mois dernier, faire défendre par le sieur Gautro, Exempt de la Brigade de Maréchaussée, à deux Mulâtres, Habitans dudit Bourg, de faire Boucherie, et débiter leur Viande qu'ils avoient annoncée au Public à un escalin la livre. Sur les plaintes qui furent portées par les Mulâtres au Commandant, il ordonna au sieur Gautro d'avoir sur le champ à révoquer la défense qu'il avoit faite aux Mulâtres sans son consentement, et depuis ce moment ces mêmes Mulâtres ont continué de vendre la Viande à un escalin la liv. à tous ceux ceux qui se sont présentés; ils ont satisfait toute la Paroisse en leur fournissant la Viande aussi bonne que le sieur Boyer: ce n'est donc qu'avec peine, Ngrs, que nous avons entendu, le 19 de ce mois, un Huissier proclamer au son du tambour une Ordonnance du Sénéchal du Fort-Dauphin, par laquelle il est défendu à tous particuliers, en vertu d'un Ordre émané de Vous, Ngrs, de faire Boucherie au Bourg du Trou, accordant le privilége exclusif audit sieur Boyer, en fixant le prix de la Viande à un escalin et demi la livre. Comme nous présumons, Ngrs, que le sieur Boyer a été assez téméraire pour vous en imposer, en vous exposant que la demande qu'il vous faisoit, étoit conforme aux desirs de tous les Paroissiens, comme il vous l'exposoit dans sa Reqnête, il y a deux mois; nous avons recours à votre Justice, en Vous suppliant, Ngrs, de vouloir bien permettre à tous particuliers qui voudront faire la Boucherie, de débiter leur Viande à un escalin la livre, comme nous l'ont offert les Mulâtres susdits; et vous ferez justice. *Signé :* LE MAITRE, le Chevalier DE BUOR, et onze autres Habitans.

Vu l'exposé en la Requête; vu aussi la Requête du sieur Boyer, répondue de notre Ordonnance du 10 Janvier dernier; quoique la Requête ne soit souscrite que par un moindre nombre d'Habitans, néanmoins comme il s'agit de l'avantage général du Quartier, et que nous voyons d'ailleurs avec plaisir, par la préférence que demandent les Souscripteurs de la présente Requête pour deux Mulâtres sur un Blanc, que cette portion des Habitans de la Paroisse commence à revenir de ses anciens préjugés sur les gens de couleur; ordonnons que sans nuire ni préjudicier pour le moment au privilége exclusif accordé au sieur Boyer, il sera permis aux deux Mulâtres dont il est question dans la Requête, de tuer et de débiter de la Viande dans le Quartier, mais à la charge, et non autrement; 1o. de fournir constamment de bonne Viande à un escalin la livre, sous peine de mille livres d'amende : 2o. d'en prendre l'engagement au greffe de la Jurisdiction : 3o. de fournir bonne et valable caution qui sera reçue par le Juge de ce lieu; et en attendant que l'engagement et la réception de caution nous soient rapportés, défendons très-expressément auxdits Mulâtres et à tous autres de tuer et de débiter de la Viande. Et sera la présente Ordonnance enregistrée au Greffe de la Subdélégation. Donné au Cap, le 16 Mars 1784. *Signé :* BELLECOMBE et BONGARS.

R. au Greffe de la Subdélégation, le 18 du même mois.

ARRÊT du Conseil du Cap, qui proscrit un compte de tutelle portant : Recette, Rien; *Dépense,* Rien; *sur l'allégation que le Tuteur n'a rien géré.*

Du 16 Mars 1784.

ENTRE la dame épouse du sieur Terrien, Curatrice à son interdiction;

Appelante ; Et Me Queret du Rivage, Procureur ès Siéges du Cap, au nom et comme mari de demoiselle Viret de Vitry, et encore comme fondé de la procuration du sieur Viret de Vitry, ancien Gendarme du Roi, Intimé. Vu la Sentence du Juge du Port-de-Paix qui, Parties ouïes, vu le compte signifié par la dame Terrien, sans égard à ses exceptions, l'auroit condamnée à rendre aux Demandeurs, dans les formes ordinaires, un compte par recette et dépense, pour raison de la tutelle de leurs personnes et biens, déférée au sieur Terrien, et l'auroit condamné aux dépens. Oui Rodier, Avocat de l'Appelante; et Prevost, substituant Baudry Deslozieres, Avocat des Intimés, ensemble de Saint-Martin, fils, Substitut du Procureur-Général du Roi, et tout considéré : LA COUR a mis l'appellation au néant ; ordonne que ce dont est appel sortira son plein et entier effet ; condamne l'Appelante en l'amende ordinaire et aux dépens.

ORDONNANCE de Police du Juge de Jérémie, touchant la distribution du Pain-bénit.

Du 16 Mars 1784.

VU la remontrance du Procureur du Roi, il est enjoint au Marguillier de la Paroisse, actuellement en charge, lorqu'il fera distribuer le pain-bénit aux grand'Messes Paroissiales, de ne le faire présenter à d'autres personnes, qu'après qu'il l'aura été au Major-Commandant pour le Roi, aux Officiers de Justice ensuite, et successivement aux différens Particuliers ; et ce, conformément aux différentes Déclarations du Roi, et Arrêts de la Cour, qui fixe les honneurs dus à chacun dans les Eglises et Cérémonies publiques. Sera la présente signifiée au Marguillier actuel de la Paroisse, à la diligence dudit Procureur du Roi. Fait à Jérémie, ce 17 Mars 1784. *Signé* DE MOUSEUIL.

LETTRE Circulaire du Ministre aux Intendans et Ordonnateurs de la Marine dans les Ports, concernant les Soldats Invalides.

Du 18 Mars 1784.

SUR le compte, Mr, que j'ai rendu au Roi des représentations que font journellement les Bas-Officiers et Soldats Invalides du Département de la Marine et des Colonies, tendantes à obtenir l'habillement; Sa Majesté a bien voulu y avoir égard, et Elle leur a accordé à chacun une somme de 4 liv. 10 s., par an, à compter du premier Janvier de la présente année, pour leur en tenir lieu. L'intention de Sa Majesté en leur accordant ce traitement, a été d'assimiler les Bas-Officiers et Soldats Invalides de la Marine et des Colonies, à ceux du Département de la Guerre. En conséquence je vous prie de faire employer, sur l'état des demi-soldes des six derniers mois de chaque année, à commencer de celle-ci, ladite somme de 4 liv. 10 s., pour tenir lieu d'habillement, à la suite du nom de chaque Bas-Officier et Soldat entretenu dans les Amirautés dépendantes de votre Département, et vous voudrez bien en donner l'ordre aux Commissaires des différents Quartiers des Classes qui vous concernent.

R. au Contrôle de la Marine, à Saint-Domingue, le 30 Août suivant.

ARRÊT du Conseil du Port-au-Prince touchant la réclamation d'un Boulanger emprisonné par l'ordre d'un Substitut du Procureur du Roi.

Du 19 Mars 1784.

UN procès-verbal dressé par Me. Bernard, Substitut du Procureur du Roi de St. Marc, à la résidence des Gonaïves, portoit qu'à l'époque du 9 Janvier 1782, faisant une visite chez David, Boulanger du même lieu des Gonaïves, ce dernier lui auroit dit des choses très-offensantes qui l'avoient l'avoient determiné à l'envoyer en prison pour 24 heures. Ce procès-verbal n'avoit point été déposé au Greffe du Siége.

Le boulanger affecta de demeurer en prison lorsque le Substitut voulut l'en faire sortir, et il forma ensuite, de plano *en la Cour, une demande en dommages-intérêts, et en réparation d'honneur contre Me Bernard. Sur cette demande, Arrêt par défaut, contre lequel Me. Bernard revint par opposition.*

Ce Substitut soutint que la procédure étoit nulle, comme portée directement en la Cour : son adversaire répondit qu'il étoit non-recevable à proposer cette nullité, pour n'avoir pas attaqué par l'opposition l'Arrêt portant permis d'assigner, mais seulement le second rendu par défaut et adjudicatif des conclusions de sa demande.

Il paroît que le moyen du boulanger fut accueilli, puisque l'Arrêt définitif du 19 Mars 1784, conforme aux conclusions de MM. les Gens-du-Roi, reçoit Me Bernard opposant à l'Arrêt par défaut, et vide le principal par un hors de Cour à l'égard de toutes les Parties.

LETTRE du Ministre aux Administrateurs, sur les Honneurs à rendre aux Officiers de la Marine commandant en chef les forces Navales dans les Colonies.

Du 21 Mars 1784.

JE vous préviens, Mrs, que le Roi a jugé nécessaire d'accorder dans ses Colonies une distinction particulière aux Officiers de sa Marine qui commanderont en chef les forces Navales aux Isles du Vent, et sous le Vent; en conséquence Elle m'a ordonné de vous faire connoître que son intention est qu'on rende, à l'avenir, dans toutes les Places, à tout Officier de la Marine commandant en chef, de quelque grade qu'il soit, les honneurs portés au titre de l'Ordonnance de la Marine de 1765 : *honneurs rendus dans le Port*, art. CLII, sans que par cela il puisse être réputé Commandant dans le Port. Vous voudrez bien donner des ordres en conséquence, pour que ceux de Sa Majesté soient exécutés.

R. au Contrôle le 14 Juillet 1785.

Arrêt du Conseil du Port-au-Prince, qui proscrit une procédure faite sur une demande en Séparation de corps et d'habitation.

Du 22 Mars 1784.

Louis, etc. Vu, etc.; Entre la dame l'Herisson, et Jean l'Herisson son mari, une Requête présentée par la dame l'Herisson au Juge de Jacmel, ensuite de laquelle est une Ordonnance rendue par A. . . le 13 Février 1783, conçue en ces termes: *la Suppliante autorisée comme dit est, lui permettons d'appeler aux fins de la présente, dans les délais de l'Ordonnance, et à l'extraordinaire, à tout jour et heure, sur l'Habitation et dans l'appartement de la Suppliante, où nous nous transporterons, assisté de notre Greffier, aux fins ci-dessus; lui permettons en outre de faire faire inventaire, comme requis, ledit inventaire à ses frais, comme de saisir et arrêter;* un procès-verbal contenant les Sentences des 18 et 19 dudit mois de Février; ouïs Salaignac, (Avocat de la dame l'Herisson), et Bruneau de la Roque, (Avocat du sieur l'Herisson): Notre Cour a reçu la Partie de Salaignac opposante à l'exécution de l'Arrêt du 26 Janvier dernier; faisant droit sur ladite opposition, remet les Parties au même et semblable état qu'auparavant ledit Arrêt; au principal, donne acte au Procureur Général de l'appel par lui interjeté, tant de l'Ordonnance rendue par A. . ., Procureur, faisant fonction de Juge, le 13 Février 1783, que de toute la procédure qui s'en est ensuivie; joignant ledit appel à celui interjeté par la Partie de Bruneau, prononçant sur le tout, a mis et met les appellations et ce dont est appel, au néant; émendant, déclare nulle, et de nul effet, tant ladite Ordonnance du 13 Février, que toute la procédure qui s'en est ensuivie; fait défenses à A. . . d'en instruire de pareilles à l'avenir, et pour l'avoir fait, l'interdit de toutes les fonctions de Juge pendant deux ans, et le condamne en 2,000 liv. d'amende applicable aux réparations de l'Auditoire; condamne en outre, tant ledit A. . . que H. . ., Procureur de la dame l'Herisson, à la restitution des sommes qu'ils ont touchées pour l'instruction de ladite procédure; condamne les Parties de Salaignac aux dépens des causes principale et d'appel, l'amende remise.

Requête pour la dame l'Herisson, contenant 1° Plainte des sévices de son mari, et 2° Demande en interrogatoire du mari sur l'habitation en présence de sa femme, qui sera pareillement interrogée, de plus autorisée à faire preuve des sévices, à se retirer chez les parens que le Juge indiquera, et enfin à faire faire inventaire de tous les biens. Cette Requête fut répondue le 13 Février 1783 de l'Ordonnance ci-dessus relatée dans l'Arrêt.

Le Procureur-Juge se transporte sur l'habitation. Il y rédige une pièce commencée le 18, finissant le 19, où il donne acte au sieur l'Herisson de ce qu'il s'oppose à ses opérations, et le déclare défaillant; pour raison de quoi il tient les sévices pour avérés, et en ordonne la preuve; ce qu'il veut être exécuté par provision. Il veut de plus que le mari remette des hardes, bijoux, 5 domestiques, et paye 10,000 liv. de pension à sa femme, sans donner caution.

Le 20 un Notaire fait l'inventaire, où le Procureur-Juge fait les fonctions de Procureur du Roi; le Sieur l'Herisson s'y oppose en excipant de son appel de l'Ordonnance du 13 Février, que Me A... n'a pas voulu ordonner à l'huissier, étant sur l'habitation, de signifier, sous le prétexte qu'il n'est plus Juge, quoiqu'il mette le même jour au bas d'une Requête aux mêmes fins, un renvoi à se pourvoir vers qui de droit. On donne dans l'inventaire acte au Sieur l'Herisson de son opposition; mais on passe outre.

Pendant l'inventaire, sommation au Sieur l'Herisson, pour avoir du linge de table, etc. Son Procureur et celui de la dame son épouse s'arrachent une nappe; le mari rend plainte de ce qu'elle lui est enlevée; et le Procureur, tout-à-la fois Juge et Procureur du Roi, renvoie les Parties à se pourvoir.

Saisie-gagerie à la requête de la dame l'Herisson; le 26 Février Requête pour la convertir en saisie-exécution, et être autorisée à vendre des meubles, faute par le mari d'avoir payé d'avance la moitié des 10,000 liv. de provision; ordonnance conforme de Me A...

Telle étoit la procédure originale et monstrueuse tout-à-la-fois, qui avoit donné lieu aux appels du Sieur l'Herisson, et que l'Arrêt a si justement rendue au néant.

LETTRE du Premier Substitut, faisant fonction de Procureur-Général au Conseil du Port-au-Prince, au Procureur du Roi de la Sénéchaussée des Cayes, touchant la visite des minutes des Notaires.

Du 22 Mars 1784.

LA COUR à laquelle j'ai fait part, Mr, de quelques observations relatives à la visite des minutes des Notaires, par son arrêté verbal de ce jour, a décidé et m'a chargé de vous faire connoître que la déclaration du Roi du 2 Août 1710, ainsi que ses Arrêts de Règlemens, et notamment celui du mois de Juillet dernier, devoient être littéralement exécutés; en conséquence que les Procureurs du Roi devoient faire, *en personne*, la visite des minutes de tous les Notaires de leurs Jurisdictions, qui ne peut être confiée à leurs Substituts; en conséquence vous voudrez bien vous conformer à la décision de la Cour. J'ai l'honneur d'être avec un sincère attachement, etc. *Signé :* DE BOURCEL, faisant fonction de Procureur-Général.

ARRÊT du Conseil du Port-au-Prince touchant un envoi d'héritiers en possession d'une Succession, et une Vente d'objets dépérissables.

Du 24 Mars 1784.

LOUIS, etc. Vu, etc.; Entre Marie-Catherine Maignan, veuve Lacroix, etc; Et notre Procureur-Général, etc; l'Ordonnance du 1er Décembre dernier, insérée dans le procès-verbal de reconnoissance des scellés apposés après le décès de feu Jacques Maignan, laquelle donne acte aux sieur et dame Lacroix de leur déclaration, qu'ils se portent héritiers purs et simples dudit Maignan, les envoie en possession de tous les biens composant la succession de celui-ci, à la charge par eux de fournir bonne et valable caution, attendu leur défaut de résidence dans la Jurisdiction de Jérémie, et d'élire domicile dans l'étendue de ladite Jurisdiction, leur permet néanmoins de faire faire inventaire de tous lesdits biens par le premier Notaire requis, conformément à une autre Ordonnance du 25 Novembre dernier, auquel sera libre d'assister le sieur Bose, Procureur des Créanciers de ladite succession; l'Ordonnance du 20 Février suivant, intervenue sur une Requête présentée par la veuve Lacroix, icelle portant que le premier Juge se transportera, le mardi 24 du même mois, sur l'Habitation où est décédé le sieur Maignan, en compagnie du Substitut de notre Procureur-Général, et assisté du Greffier, à l'effet de procéder, le Jeudi suivant, neuf heures du matin, à la vente des effets dépérissables de ladite succession, pour, les deniers en provenant, par rapport aux Créanciers, au cas que la caution exigée n'ait pas été fournie, être déposés au Greffe, pour être répartis entre les Créanciers, ce qui sera exécuté provisoirement; ouïs, etc. : NOTRE COUR a donné acte à la Partie de Godin, (veuve Lacroix) de l'appel incident par elle interjeté, sur le Barreau, de l'Ordonnance rendue par le Juge de Jérémie, le premier Décembre dernier, joignant les appels, et y faisant droit, en ce qui touche celui de l'Ordonnance du premier Décembre dernier, a mis et met les appellations et ladite Ordonnance au néant, en ce que par icelle la Partie de Godin est tenue de fournir caution; émendant quant à ce, la décharge de ladite condamnation, ladite Ordonnance au résidu sortissant son plein et entier effet; en ce qui touche l'appel de la Sentence du 20 Février dernier, a mis et met l'appellation et ladite Ordonnance au néant, en ce que par icelle le Juge a ordonné le transport du Siége, à l'effet de procéder à la vente des effets dépérissables dépendans de la succession Maignan, et le dépôt des deniers de la vente au Greffe dudit Siége; émendant quant à ce, autorise ladite Partie de Godin à faire procéder à la vente des effets dont il s'agit, par le premier Notaire requis, à la charge par ladite Partie de Godin de déposer ès mains dudit Notaire, somme suffisante pour délivrer aux Créanciers de ladite succession jusqu'à concurrence de leur dû, l'amende remise.

ARRÊT du Conseil du Port-au-Prince touchant une Procédure nulle, incompétente et vexatoire, et qui commet le Juge du Port-au-Prince pour instruire sur une Plainte rendue contre un Officier d'un autre Siége.

Du 24 Mars 1784.

LOUIS, etc; Vu, etc. Entre Me L... Sénéchal, etc.; Et le sieur H..., Procureur, etc; la Requête en plainte présentée par l'Intimé au Juge de Jacmel, l'Ordonnance intervenue sur icelle le 11 du mois de Février, le décret du 21 du même mois; la Requête présentée à la Cour par Me L..., sur laquelle est intervenu Arrêt le 4 du courant, qui lui donne acte de son appel dudit décret, lui permet d'intimer qui de droit, pour en venir à l'Audience des Mercredis avec nos gens, à l'effet de quoi, ordonne que les charges et informations seront apportées au Greffe de la Cour : vu aussi la procédure, ouïs, etc. NOTRE COUR a donné acte au Procureur-Général de l'appel par lui interjeté de la Sentence portant décret d'ajournement personnel contre Me L..., et et y faisant droit, sans avoir égard à l'appel aussi interjeté par le Procureur-Général de la Sentence du 9 Février dernier, portant interdiction contre le sieur H..., a mis et met l'Appellation et ledit Décret au néant; émendant, déclare les Plainte, Conclusions sur icelle, Ordonnance, et tout ce qui s'en est ensuivi, nuls, incompétens et vexatoires; fait défenses à Mes B... et L... d'en rendre à l'avenir de semblables, et pour l'avoir fait, les condamne chacun en 2000 liv. d'amende envers Nous, et en outre, en tous les frais de la procédure, solidairement avec le sieur H...; interdit ledit H... des fonctions de Procureur pendant cinq ans; fait défenses à Me F..., Substitut du Substitut de notre Procureur-Général et Notaire, et à B... et B..., Procureurs, de rendre à l'avenir de pareilles Sentences, sous les peines de droit; donne acte au Procureur-Général de ce qu'il prend pour dénonciation les faits articulés par H... dans sa Requête, savoir : 1° que Me L..., Lieutenant de Juge, a commis, comme Notaire, un faux dans un acte : 2o. que dans un procès-criminel, il a fait écrire les dépositions des témoins absolument différentes de ce que lesdits témoins avoient déposé ; 3o. qu'il a donné, dans un contrat de mariage, la qualité de libre à une Négresse esclave; en conséquence donne acte au Procureur-Général de la plainte qu'il rend en faux principal contre Me L... et ses adhérens, des trois faux ci-dessus mentionnés; ordonne qu'il en sera informé à la requête, poursuite et diligence de son Substitut, en la Jurisdiction du Port-au-Prince, pardevant le Sénéchal dudit lieu, que la Cour commet à cet effet, qui demeure autorisé à se transporter par-tout où besoin sera, conjointement avec ledit Substitut, et ce, tant par titres que par témoins, et même, s'il y a lieu, par Experts et comparaison d'écritures, pour, la procédure instruite jusqu'à Sentence définitive rapportée en la Cour, être par elle statué ce qu'il appartiendra. Donne défaut, faute de plaider, à Me L... contre le sieur H..., et surseoit à faire droit sur ses demandes jusqu'après l'événement de la procédure, sur la plainte du Procureur-Général, en faux principal.

Sentence du 9 Février 1784 porte (après ce qui concerne le fond de la contestation), que le Juge par interim de Jacmel a interdit pour trois mois Me H...., Procureur, inutilement averti par lui de cesser de s'exprimer d'une manière indécente à l'Audience. Requête au Siége par ce Procureur, où il soutient n'avoir pas été averti et n'avoir pas parlé indécemment.

Il saisit cette occasion pour imputer plusieurs choses flétrissantes au Juge par interim, et les dénoncer au Procureur du Roi comme un crime de faux principal.

Me B... Procureur, faisant fonction de Procureur du Roi, déclare par ses conclusions, qu'il n'empêche qu'il en soit donné acte au Sieur H.... et qu'il soit informé à sa requête des faits qu'elle renferme. Me L.... autre Procureur, faisant fonction de Juge, rend une Ordonnance le 11 Février, conforme à ces conclusions, et ordonne l'information.

l'Information faite, Me L... avec un autre Procureur, Me B...., et Me F... Notaire, pris pour assesseurs, décrètent le 21 Février, le Juge par interim d'ajournement personnel. Me H.... déclare se rendre Partie civile; puis il se désiste du bénéfice du décret.

Le 26, les 2 Procureurs, L.... et B. se rassemblent avec un 3eme Procureur, et après avoir donné acte à Me H... de son désistement, et déclaré leur décret nul, par le même jugement et sur les conclusions du même Me B... Procureur ci-devant cité, comme faisant fonction de Procureur du Roi, ils décrètent de nouveau le Juge par interim.

Le lendemain 27, un huissier lui signifie ce décret qu'il qualifie d'as-

signé pour être ouï, et lui enjoint de subir interrogatoire sous trois jours, sinon qu'il y aura conversion en décret d'ajournement personnel. Le 28, seconde signification par un autre huissier qui déclare le décret avec son vrai titre, et menace du décret de prise-de corps, si l'interrogatoire n'est pas prêté sous trois jours.

*C'est sur l'appel interjeté par Me L.... du décret du 21 Février et de toute la procédure, qu'est intervenu l'Arrêt ci-dessus, où l'on voit entr'autres dispositions : 1°, Qu'il juge sans égard à l'appel interjeté par le Ministère public de la Sentence du 9 Février portant interdiction de trois mois contre Me H.... Procureur; Appel fondé sur ce que cette condamnation étoit prononcée sans conclusions du Procureur du Roi. 2°. Qu'il déclare toute la procédure nulle, incompétente et vexatoire, ce qui se trouve assez expliqué par les faits que nous venons de rapporter, qui offrent le tableau d'un Juge décrété par trois Procureurs pour en avoir interdit un quatrième, tandis que ce dernier avoit la voie de l'Appel contre la Sentence d'interdiction. 3°. Qu'il veut que les frais d'une procédure mal-à-propos poursuivie aux dépens de S. M., soient supportés par ceux qui l'ont faite. 4° Qu'il donne acte au Procureur-Général de la plainte qu'il rend sur une dénonciation * de faux qui peuvent intéresser l'ordre public. 5° Et enfin que le Juge d'un autre Siége est commis pour l'instruction.*

Autre Arrêt du 12 Mai 1784 a débouté Me H.... de son opposition au précédent.

---

* *Voyez* l'Arrêt du Conseil de Saint-Domingue du 17 Octobre 1787, qui déclare cette Dénonciation calomnieuse.

LETTRE

LETTRE du Ministre aux Administrateurs, touchant 1° une introduction de Noirs étrangers dans la Partie du Sud de Saint-Domingue; et 2° les Armemens faits aux Colonies pour la Côte d'Afrique.

Du 25 Mars 1784.

J'AI vu, Mrs, avec peine, par votre lettre du 14 Janvier dernier, que les plaintes qui avoient été adressées par la Chambre du Havre, sur la permission que vous aviez accordée, d'introduire 4,000 Noirs étrangers à Saint-Domingue, étoient fondées. Que des Bâtimens François ou Etrangers ayent été employés à cette introduction, c'est un accessoire assez indifférent, qui n'empêche pas que cette infraction des Loix prohibitives ne soit très-alarmante pour le commerce de la traite françoise, quoique dans la vérité il en ait reçu peu de préjudice, à raison de l'époque de l'introduction des Noirs, et de la partie de la Colonie pour laquelle vous l'avez permise. Je suis d'ailleurs surpris que vous n'ayez pas rendu compte, dans le temps, d'une opération aussi considérable, et des motifs qui vous y avoient déterminés: le besoin du moment n'étoit pas une raison suffisante. Il est intéresssant, ainsi que je vous l'ai marqué, de maintenir la confiance du Commerce pour ne pas ralentir ses spéculations; l'avantage d'une introduction partielle de 4,000 Noirs ne pouvant balancer le préjudice qui résulteroit des découragemens des Armateurs. Je ne trouve encore dans votre lettre aucuns éclaircissemens, et j'ignore de quelle Isle étrangère vous avez permis de tirer les Noirs, si l'introduction étoit consommée lorque ma dépêche vous est parvenue, ou si vous l'avez cessée, ainsi que je vous l'ai prescrit au nom de Sa Majesté.

C'est une nouvelle infraction des loix prohibitives, et un nouveau grief pour le Commerce que vous m'annoncez dans la permission que vous veniez de donner à des Négocians François pour aller traiter des Captifs à la côte d'Afrique. Les Habitans de nos Isles sont exclus de la traite des Noirs, pour laquelle il n'est permis d'armer des Bâtimens que dans un certain nombre de Ports de France où les Négocians sont astreints à des formalités qui ne peuvent être remplies dans les Colonies. Il n'en est aucune, par exemple, qui puisse rassurer contre la crainte de voir les Bâtimens partis de vos Ports, rentrer avec des cargaisons de Noirs achetés dans les Isles voisines, sous le masque d'un voyage d'Afrique. Vous n'ignorez pas que c'est par le Cabotage François de l'Amérique, que la contrebande se fait avec le plus de hardiesse et d'impunité; et c'est cette crainte explicitement énoncée, qui a donné lieu à l'Ordonnance du 12 Octobre 1739, par laquelle il est défendu de transporter des Noirs des Isles Françoises du Vent à Saint-Domingue, et réciproquement; défense qui, par les mêmes motifs, doit s'étendre aux autres Colonies, et à laquelle il ne peut être fait exception que sur des motifs préalablement approuvés par Sa Majesté. Avant cette époque, la même question s'étoit élevée, et le Ministre de la Marine par sa dépêche du 24 Février 1728, marque à Mrs de la Rochalard et Duclos, Gouverneur et Intendant de Saint-Domingue, que le Roi avoit désapprouvé la conduite des Administrateurs des Isles du Vent, qui avoient autorisé de semblables expéditions. Il faut bien que les cargaisons qui seront rapportées des côtes d'Afrique par les Bâtimens dont vous avez permis l'expédition, puissent être déchargées et vendues dans la Colonie; mais, en vous recommandant de ne jamais accorder de pareilles permissions, je vous prie de prendre les mesures les plus efficaces pour vous assurer que ces mêmes Bâtimens n'auront relaché dans aucune Isle étrangère de l'Amérique, où ils ayent pu prendre tout ou partie de ces cargaisons que vous devez faire confisquer en cas de contravention.

ORDONNANCE des Administrateurs sur l'établissement d'un Bureau public de Correspondance.

Du 27 Mars 1784.

SUPPLIENT humblement Lorquet et de Verry, Directeurs du Bureau de Correspondance établi au Port-au-Prince, et ont l'honneur de vous représenter, etc.

Vu la Requête, et considérant la nécessité de prévenir toutes les difficultés qui pourroient compromettre les intérêts du Public dans l'exercice du Bureau public de Correspondance, dont nous avons permis l'établissement dans l'isle de Saint-Domingue auxdits sieur Lorquet et de Verry : Nous, Général et Intendant, avons ordonné que toutes les opérations dudit Bureau de Correspondance seroient soumises dans tous les temps à l'inspection des Général et Intendant de la Colonie ou de leurs Représentans ; que les livres tenus par ce Bureau seront cottés et paraphés par le premier Juge des lieux ; que l'acte de société des Supplians sera insinué au Greffe de la Jurisdiction ; que la présente Requête sera enregistrée, et demeurera déposée au Greffe de l'Intendance ; qu'il en sera délivré copie en bonne forme aux Supplians, ainsi que de l'Ordonnance mise au bas d'icelle ; enjoignons en outre auxdits Supplians de transcrire ladite requête, ainsi que notre Ordonnance, à la tête du registre des délibérations de leur société. Donné au Cap, etc. *Signé :* BELLECOMBE et BONGARS.

R. au Greffe de l'Intendance, le 1er Avril suivant.

ARRÊT du Conseil du Cap, qui juge que dans le cas d'un Débarquement de gré-à-gré, il n'est pas dû de Conduite.

Du 30 Mars 1784

ENTRE le sieur Millon, Capitaine du Navire l'Aimable Thérèse d'Ostende, Appelant ; Et le sieur Latouche, Intimé. Vu la Sentence du Lieutenant de l'Amirauté du Cap, du 26 Janvier dernier, qui, Parties ouïes, ayant aucunement égard aux exceptions, vu le rôle d'équipage, écrit en langue Flamande, et l'écrit particulier en langue Françoise, auroit le sieur Millon, de son consentement, condamné à fournir au sieur Thomas Latouche, ci-devant Pilotin sur ledit Navire, une lettre-de-change de 1728 liv., argent de la Colonie, pour la solde de ses appointemens et gages, payable par privilége et préférence, sur le corps et quille dudit Navire, et le fret d'icelui, arrivé que soit ledit Navire en France ; auroit condamné en outre le sieur Millon en 120 liv., argent de France, pour lui tenir lieu de conduite, et aux dépens liquidés, etc. Ouïs d'Augy, Avocat de l'Appelant, et Darracq, Avocat de l'Intimé, et tout considéré : LA COUR a mis et met l'Appellation et Sentence dont est appel, au néant, en ce que par icelle l'Appelant auroit été condamné à payer à l'Intimé, 120 liv., argent de France, pour deux mois de conduite, en sus de ses gages ; émendant, décharge l'Appelant de ladite condamnation, ordonne que l'amende consignée par lui, lui sera remise; condamne la Partie de d'Augy aux dépens de la cause principale, et celle de Darracq aux dépens de la cause d'appel.

Le même jour semblable Arrêt, en faveur du même Capitaine, contre le Lieutenant du navire, réclamant 300 liv. argent de France pour deux mois de conduite.

ARRÊT du Conseil du Cap, qui, d'après un parere de Négocians qui atteste que dans les ventes de Bois et de Planches, la réduction de deux pieds d'une pièce fendue à un seul pied, n'est qu'en faveur de ceux qui achètent en cargaison, et que même il est des Capitaines qui ne donnent aucune réduction, rejette la prétention de l'obtenir de Négocians qui revendent.

Du 30 Mars 1784.

ENTRE les sieurs Morgues et Compagnie, Tonneliers, Appelans; Et les sieurs Neau et Compagnie, Négocians, Intimés. Vu la Sentence qui, Parties ouïes, ayant égard aux exceptions, et vu les termes du bordereau, auroit dit que les Demandeurs seront tenus de prendre livraison de 15000 pieds de planches, mentionnés audit borderau à raison de 3 s. 9 den. le pied, si mieux n'aiment les Demandeurs, du consentement des Défendeurs, résilier le marché passé entre les Parties, ce qu'ils seroient tenus d'opter dans le jour de la signification de la présente Sentence, sinon déchus de l'option, et condamnés, comme ci-dessus, à prendre livraison des 15000 mille pieds de planches dont s'agit; auroit débouté les Demandeurs du surplus de leurs demandes et les auroit condamnés aux dépens, etc. Ouïs Viel, Avocat des Appelans, et Darracq, Avocat des Intimés, et tout considére : LA COUR a mis l'Appellation au néant, ordonne que ce dont est appel sortira son plein et entier effet, condamne les Appelans en l'amende ordinaire, et aux dépens.

Les Sieurs Mourgues et Compagnie vouloient deux pieds de planche fendue pour un pied. Le parere étoit contraire à leur prétention.

ARRÊT du Conseil du Cap, qui ordonne la suppression et la lacération d'un Mémoire imprimé pour les Avocats en la Cour.

Du 30 Mars 1784.

LOUIS, etc. Entre Mes d'A..., de S..., C..., P..., B..., L.., le L..., B..., A...: T..., V.., G.., et R..., Avocats en notredite Cour, Demandeurs en tierce-opposition à l'exécution de l'Arrêt, en date du premier de ce mois, Défendeurs au débouté d'icelle, et incidemment Demandeurs aux fins de leur Mémoire imprimé et Requête de Viennent, signifiés la 22 de ce mois, et encore aux fins des Conclusions par eux prises sur la Barre, tendantes à ce qu'il plût à notredite Cour joindre la demande incidente à la tierce-opposition, et prononçant sur le tout par un seul et même Arrêt, leur donner acte de ce que, pour causes et moyens, tant de leur tierce-opposition que de leur demande incidente, ils employoient le contenu en leur Mémoire imprimé, signifié ledit jour 22 de ce mois; en ce qui touche leur tierce-opposition, les recevoir tiers-opposans à l'exécution de l'Arrêt de notredite Cour du 1er de ce mois, remettre en conséquence les Parties au même et semblable état qu'elles étoient avant ledit Arrêt; au principal et sur l'appel interjeté par Me L..., de la Délibération prise à son sujet par les Avocats de notredite Cour, au Parquet, et en présence des Substituts de notre Procureur-Général, le 3 Décembre dernier, déclarer ledit Me L..., non-recevable dans son appel, en tout cas, mettre l'Appellation au néant, ordonner que ce dont étoit appel sortiroit effet, et condamner l'Appelant en l'amende de son appel; en ce qui touche la demande incidente des tiers-opposans, ordonner que le Mémoire imprimé et distribué sur ledit appel par Me L..., commençant par ces mots: *J'attaque une Délibération*, et finissant par ceux-ci: *la plus basse de toutes les passions, l'Envie*; seroit et demeureroit supprimé comme injurieux, calomnieux et attentatoire à la pureté et à la noblesse de la profession d'Avocat; lui faire défenses d'en fabriquer ni distribuer de semblables à l'avenir sous les peines de droit; maintenir les tiers-opposans dans l'exercice de la discipline à eux confiée par notredite Cour, et notamment par le Règlement des deux Conseils du 19 Mars 1764; ordonner qu'aux frais des tiers-opposans, et sans répétition contre Me L..., de leur consentement, l'Arrêt à intervenir seroit imprimé à tel nombre d'exemplaires que bon leur sembleroit; ordonner en outre que ledit Arrêt seroit transcrit par le Greffier du Parquet sur le registre des Avocats; condamner Me L... aux dépens de la tierce-opposition envers les tiers-opposans, et néanmoins leur donner acte de la remise qu'ils déclaroient lui en faire, d'une part. Et Me L..., Avocat en notredite Cour, Défendeur à ladite tierce-opposition, et Demandeur au débouté d'icelle, et encore Demandeur aux fins de la Requête signifiée le 26 de ce mois, tendante à ce qu'il plût à notredite Cour le recevoir incidemment Demandeur; joignant ladite demande aux tierce-opposition et demande des Parties adverses, et statuant sur le tout par un seul et même Arrêt, en ce qui touche la tierce-opposition, y déclarer les tiers opposans non-recevables, subsidiairement les y déclarer mal fondés, les en débouter et les condamner à l'amende; en ce qui touche leur demande, les y déclarer pareillement non-recevables, en tout cas les en débouter; enfin, en ce qui touche celle de Me L..., ordonner que le Mémoire imprimé, signifié et distribué sur ladite tierce-opposition par les tiers-opposans, commençant par ces mots: *Me L...*, et finissant par ceux-ci: *Nous acceptons avec transport un Chef si recommandable*, seroit et demeureroit supprimé, comme injurieux, calomnieux et attentatoire à l'honneur et à la réputation de Me L...; faire défenses aux tiers-opposans d'en fabriquer ni distribuer à l'avenir de semblables, sous les peines de droit; ordonner qu'aux frais dudit Me L..., et sans répétition contre les tiers-opposans, de son consentement, l'Arrêt à intervenir seroit imprimé à tel nombre d'exemplaires qu'il jugeroit à propos, et affiché par-tout où besoin seroit; ordonner en outre que l'Arrêt à intervenir seroit transcrit en marge de la Délibération du 3 Décembre dernier; condamner enfin les tiers-opposans conjointement et solidairement en leur nom personnel, aux dépens, applicables du consentement dudit Me L..., ainsi que la portion de l'amende le concernant, aux Maisons de Providence de cette Ville, sous toutes réserves, d'autre part; VU PAR NOTREDITE COUR son Arrêt, de la tierce-opposition duquel il s'agit, en date dudit jour premier de ce mois, qui auroit mis l'Appellation, et ce dont étoit appel au néant; émendant, auroit déclaré la Délibération *

* Elle portoit que les Avocats ne considéreroient plus Me L.... comme leur Confrère.

du 3 Décembre dernier dont s'agissoit, nulle et de nul effet; auroit fait défenses aux Avocats d'en prendre à l'avenir de semblables, et ordonné qu'en présence de notre Procureur-Général, ladite Délibération seroit rayée et bâtonnée par le Greffier du Parquet, où les Avocats seroient assemblés; ordonné qu'en marge de ladite Délibération, mention seroit faite dudit Arrêt; auroit débouté l'Appelant du surplus de ses demandes, sans dépens, et ordonné que l'amende par lui consignée, lui seroit remise; faisant droit sur les Conclusions de notre Procureur-Général, auroit supprimé le Mémoire de L..., lui auroit fait défenses d'en composer à l'avenir de pareils, et sursis à statuer sur les plus amples Conclusions de notre Procureur-Général. Vu aussi les Titres, Pièces et Exploits; après que d'A..., Avocat des Demandeur, et L..., Avocat dans sa propre cause, ont eté ouïs aux Audiences des 26, 27 et 29 de ce mois, ainsi qu'à celle de ce jour; ensemble notre Procureur-Général, et tout considéré : NOTREDITE COUR joignant les demandes incidentes et respectives des Parties à la tierce-opposition, statuant sur le tout par un seul et même Arrêt, déboute les Parties de d'A..... de leur tierce-opposition à son Arrêt du premier de ce mois, ordonne que ledit Arrêt sera exécuté selon sa forme et teneur; déboute pareillement les Parties de d'A... de leur demande incidente, et les condamne en l'amende de leur tierce-opposition, et aux dépens envers ledit L..., que notredite Cour déboute du surplus de ses demandes.

Donne acte à notre Procureur-Général de la remise par lui faite sur le Bureau de notredite Cour, du Mémoire imprimé que les Parties de d'A... lui ont fait signifier le 22 du courant, et de ce qu'il déclare sur la réparation qui lui est due, s'en rapporter à la prudence de notredite Cour; En conséquence, prononçant sur ladite réparation, pour les manquemens faits par les Parties de d'A... au ministère de notre Procureur-Général, en se permettant de tronquer et de mutiler son Plaidoyer verbal dans ledit Mémoire; ordonne que le Mémoire imprimé pour les Avocats en notredite Cour, dont il s'agit, sera et demeurera supprimé, comme injurieux et contraire au respect dû à notre Procureur-Général; ordonne que l'exemplaire de ce Mémoire qui lui a été signifié le 22 du courant, sera lacéré sur le champ, en pleine Audience, par l'Huissier de service, de laquelle lacération il sera dressé procès-verbal. Ordonne en outre que la minute portant pouvoir d'imprimer ledit Mémoire, sera apportée au Greffe de notredite Cour pour y être rayée, biffée et demeurer supprimée; à l'effet de quoi, Dufour, notre Imprimeur au Cap, sera contraint de déposer ladite minute dans le jour de la signification du présent Arrêt ; quoi faisant, déchargé. Statuant sur la peine encourue de la part de d'A..., pour avoir plaidé ledit Mémoire, et de la part de S.... et R..., pour l'avoir distribué, a interdit lesdits d'A..., S... et R... de toutes fonctions d'Avocats-postulans en notre dite Cour, et ce, pendant la quinzaine, à compter de ce jour. Ordonne, au surplus, que le présent Arrêt sera imprimé, publié et affiché par-tout où besoin sera, à la diligence de notre Procureur-Général.

Et après la prononciation de l'Arrêt ci-dessus, M. le Président a dit : Greffier, remettez à l'Huissier de service l'Exemplaire du Mémoire signifié au Procureur-Général du Roi, le vingt-deux de ce mois, à l'effet de lacérer ce Mémoire à l'instant, en conformité de l'Arrêt de la Cour ; Ce qui a été exécuté, et dont la Cour a donné acte, Audience Publique tenant.

ARRÊT du Conseil du Cap qui 1° juge que le montant des Déficits dûs par le Fermier d'une Habitation, ne peut être saisi, mais doit être employé en remplacement sur ladite habitation ; et 2° prescrit l'établissement d'un Séquestre aux fruits.

Du 31 Mars 1784

ENTRE la dame veuve Vicomtesse de Butler, Habitante au Bois-de-Lance, Appelante ; Et Me Menude, au nom et comme Procureur plus ancien des créanciers Butler, saisissans ès mains des sieurs Friger et Balansun, Fermiers de l'Habitation, Intimés. Vu la Sentence qui, attendu qu'il est dû la somme de 47,450 liv., pour déficits de Nègres et animaux, ordonne qu'elle sera remise à Me Menude, pour être répartie auxdits créanciers saisissans, au marc la liv. de leur créance ; en conséquence auroit débouté ladite dame de Butler de sa demande, et l'auroit condamnée aux dépens qui seront pris et prélevés sur les deniers a déposer. Ouïs Laborie, Avocat de l'Appelante, Larchevêque-Thibaut, Avocat des Intimés, et Carles, Avocat de Friger et Balansun, ensemble de Saint-Martin, fils, Substitut du Procureur-Général du Roi, et tout considéré :

considéré : LA COUR a mis et met l'appellation, et ce dont est appel, au néant ; émendant, décharge la Partie de Laborie des condamnations contre elle prononcées ; en conséquence condamne les Parties de Carles, solidairement l'un pour l'autre, l'un deux seul pour le tout, à payer à la Partie de Laborie la somme de 47450 liv., montant des déficits en Nègres et animaux de leur bail à ferme, pour ladite somme être de suite employée au remplacement desdits Nègres et animaux ; à la charge par ladite Partie de Laborie, de justifier ensuite de l'emploi intégral de ladite somme, en Nègres et animaux, pour l'Habitation de l'Appelante, à un Syndic-séquestre aux fruits, qui sera incessamment nommé dans une assemblée de créanciers, à la poursuite de leur Procureur plus ancien ; ordonne que tous les revenus de l'Habitation seront remis audit Syndic-séquestre, à la déduction de la pension de ladite Partie de Laborie, et des frais de l'exploitation ; ordonne que l'amende consignée par la Partie de Laborie lui sera remise ; les dépens pris et prélevés sur les deniers à remettre à l'Appelante.

ARRÊTÉ du Conseil du Cap, touchant les permissions de tenir Cabarets, en vertu de l'Ordonnance de MM. les Administrateurs du 22 Août 1780.

Du 31 Mars 1784.

CE jour, sur l'observation qui a été faite par MM. Ruotte et de Pourcheresse de Vertieres, Conseillers-Commissaires, chargés de l'exécution de l'Ordonnance du 22 Août 1780, en ce qui les concerne : LA COUR a arrêté que MM. lesdits Commissaires sont et demeurent autorisés à n'accorder des permissions, en conformité de la dite Ordonnance, qu'à la charge par ceux qui les auront obtenues, de ne pouvoir s'en prévaloir qu'après les avoir fait enregistrer au Greffe de la Jurisdiction ; en conséquence enjoint au Greffier dudit Siége de remettre au Substitut du Procureur - Général du Roi, aux frais des Parties, des extraits desdites permissions, dans les 24 heures de leur enregistrement ; ordonne, au surplus, qu'expédition du présent arrêté sera adressée à la diligence du Procureur-Général du Roi, aux Officiers de la Jurisdiction de cette Ville, pour être enregistrée au Greffe dudit Siége, à la diligence du Substitut dudit Procureur-Général du Roi qui en certifiera la Cour au mois.

ARRÊT du Conseil du Cap, confirmatif de Sentence du Juge du Fort-Dauphin, qui déclare non-recevable dans une demande en entérinement de lettres de Rescision, prises contre une Vente sous-seing privé du 2 Février 1779 (à laquelle on reprochoit de n'être pas faite double et de ne contenir ni le consentement des Parties, ni des preuves de tradition) qu'un Acte notarié du 6 Avril 1781 avoit confirmée.

Du 31 Mars 1784.

ENTRE le Sr Roi, etc.

ARRÊT du Conseil du Cap contre un Nègre qui avoit frappé un Blanc.

Du 1er Avril 1784.

VU par la Cour la procédure extraordinairement faite et instruite par le Juge Criminel au Siége Royal de cette Ville, à la requête du Substitut du Procureur-Général du Roi audit Siége, Demandeur et Accusateur contre le nommé Saint-Éloy, de nation Ybo, Nègre esclave du sieur Dumas Machoquet, au Cap, détenu ès Prisons Royales de cette Ville, Défendeur et Accusé; ledit Saint-Éloy, Appelant, ainsi que ledit Substitut, de Sentence rendue audit Siége, qui, vu ce qui résulte des charges et informations, auroit le nommé Saint-Éloy déclaré duement atteint et convaincu d'avoir donné un soufflet à Rivoux Machoquet, Associé du sieur Jean Dumas, et de l'avoir blessé d'un coup de couteau au bras; pour réparation de quoi, auroit condamné ledit Saint-Éloy à être pendu et étranglé jusqu'à ce que mort s'ensuive, par l'Exécuteur de la Haute-Justice, à une Potence qui sera à cet effet plantée dans la Place du Petit-Carenage, vis-à-vis la Boulangerie du Roi; Vu aussi, etc: Conclusions, etc. Ouï le Rapport de M. Le Gris, Conseiller, et tout considéré: LA COUR a mis et met l'Appellation au néant; émendant, pour les cas résultans du procès, condamne le nommé Saint-Éloy à être fustigé nud de verge par l'Exécuteur de la Haute-Justice, dans tous les lieux et Carrefours de cette Ville, et flétri sur la Place du Marché de cette Ville, dite de Clugny, d'un fer chaud empreint des trois lettres G. A. L., ce fait, attaché à la chaîne publique pour y servir le Roi comme forçat à perpétuité.

Ce Nègre étoit nouvellement arrivé d'Afrique et n'entendoit pas le François.

ARRÊT du Conseil du Cap, confirmatif de Sentence du Juge criminel de la même ville, qui condamne un Nègre esclave, à recevoir par l'Exécuteur des hautes-œuvres, vingt-cinq coups de fouet, devant le Corps-de-Garde de la Place-d'Armes, sur une échelle, pour s'être revolté contre la Garde qui vouloit l'arrêter.

Du 1er Avril 1784

ARRÊT du Conseil du Port-au-Prince touchant le Mausolée de M. le Comte d'Ennery.

Du 2 Avril 1784.

CE jour, 2 Avril 1784, M. de Bourcel faisant fonctions de Procureur-Général du Roi, est entré et a dit : que par la mort de M. Bonnel, Conseiller, et par le départ pour la France de Me de la Mardelle, Procureur-Général, qui étoient conjointement chargés par la Cour de veiller à l'exécution du Mausolée de M. le Comte d'Ennery, et par suite de la correspondance par eux entretenue à ce sujet avec le sieur Vence, Négociant de Marseille, celui-ci ayant écrit, le 12 Mars de l'année dernière, à mondit sieur de la Mardelle, pour avoir des ordres sur l'embarquement de ce Mausolée qui étoit exécuté depuis long temps, et resté en magasin en attendant que la Paix en facilitât l'envoi; la Cour auroit chargé le Requérant de donner audit sieur Vence l'ordre d'en faire l'embarquement le plutôt possible, et de le faire assurer, et qu'en conséquence, il lui auroit écrit le 6 Juin de l'année dernière, et en auroit reçu, les 29 Octobre et 28 Novembre suivant, deux réponses portant qu'il auroit, suivant cet ordre, embarqué le Mausolée en question dans le Navire le Saint-Xavier, Capitaine Damicis, destiné pour le Port-au-Prince; qu'à la lettre du 28 Novembre, est joint le compte du coût et frais du Mausolée, daté du 25 du même mois, montant à la somme de 9500 liv., compris l'Assurance, et non compris la commission, pour la fixation de laquelle ledit sieur de Vence s'en rapporte à ce qui sera réglé par le Conseil; que postérieurement il a encore reçu du même une troisième lettre datée de Marseille, le 3 Décembre, par le Capitaine Damicis, dont le Navire est arrivé heureusement, et mouillé en ce Port; qu'à cette lettre sont joints le connoissement et le traité fait à Marseille, pour le fret de onze tonneaux et trois quarts à 120 liv. tournois le tonneau; ledit traité fait par l'entremise d'Esculon l'aîné, Courtier à Marseille, le 24 Octobre, et légalisé le 1er Décembre; Pourquoi il requiert qu'il plaise à la Cour lui donner acte de la présentation qu'il fait desdites lettres et pièces, et au surplus, statuer tant sur l'évaluation de la commission à allouer au sieur Vence, que sur le paiement du fret en question, et encore sur le lieu où seront déposés les 41 caisses et les 24 pierres de taille formant le Mausolée en question, et a signé; *Signé*: DE BOURCEL.

Sur quoi la matière mise en délibération: LA COUR donne acte au Substitut du Procureur-Général de la présentation et remise par lui faites des lettres du sieur Vence des 12 Mars 1783, 29 Octobre, 28 Novembre et 3 Décembre suivans, ainsi que du traité du 24 Novembre, et connoissement du 20 Novembre, lesquelles pièces resteront déposées en son Greffe, après avoir été paraphées par M. le Président; ordonne en outre: 1°. que la Commission du sieur Vence lui sera allouée sur le pied de 10 pour 100, de la somme de 9500 liv., argent de France, montant du compte ci-dessus mentionné, sur laquelle commission déduction faite des 500 liv., argent de France, que ledit Négociant se trouve avoir entre les mains, reste à lui payer celle de 450 liv. même argent, valant 675 liv., argent de cette Colonie: 2°. qu'il sera payé au Capitaine Esprit Damicis, pour son fret de onze tonneaux et trois quarts, à raison de 120 liv. tournois par tonneau, le somme de 2115 liv.; argent de cette Colonie; lesquelles deux sommes seront payées, tant audit Capitaine Damicis qu'au porteur de pouvoir du sieur Vence, chacun pour ce qui le concerne, par le Receveur Général des droits municipaux, auquel elles seront allouées en bonne dépense, en rapportant le présent Arrêt et les deux quittances: 3°. qu'à la diligence dudit Substitut, faisant fonctions de Procureur-Général, les objets en question seront mis à terre, et déposés, pour assurer leur conservation, dans les magasins du Roi, avec la permission de M. l'Ordonnateur, pour y rester jusqu'à ce que l'emplacement du Mausolée soit disposé pour le recevoir.

LETTRE *du Ministre au Gouverneur-Général, sur les Forces Navales en Station, et la suppression des bateaux du Domaine.*

Du 2 Avril 1784.

INDÉPENDAMMENT des instructions qui vous étoient propres, M., je vous ai adressé copie de celles qui ont été données au Commandant des Forces Navales, de la Station que le Roi a jugé à propos d'établir aux Isles sous le vent. Je ne doute point que vous n'évitiez avec soin de vous écarter de l'esprit de ces instructions, et que vous ne vous attachiez à remplir les intentions du Roi; et c'est dans cette opinion fondée sur votre zèle pour le service de Sa Majesté, que je vais entrer dans quelques nouveaux détails.

Les Commandans des Stations n'ont été mis sous vos ordres que pour éviter l'inconvénient de deux autorités dans votre Gouvernement; mais l'intention du Roi est que la police intérieure des Rades et Ports soit exercée par le Commandant des Forces Navales, et qu'il dispose de l'emploi des Bâtimens flottans. Votre autorité à cet égard doit se borner à ordonner ce que vous jugerez nécessaire, soit au transport d'hommes et de munitions d'une Isle à l'autre, soit aux opérations politiques. Vous adresserez vos ordres directement au Commandant de la Station, et non pas aux Bâtimens particuliers, parce que ce Commandant répondant personnellement de l'exécution de ces ordres, doit être le maître de destiner tel ou tel Bâtiment aux différentes missions; et, à cet égard, je vous observe que vous devez être très-circonspect sur les ordres par écrit que vous donnerez au Commandant de la Satation, pour éviter les discussions continuelles qui ne manqueroient pas de s'élever, et dont la décision ultérieure devra être renvoyée à la Cour. Vous ne devez pas écouter les plaintes des Officiers particuliers de la Marine, et vous les renverrez devant leurs Commandans. Vous aurez sans doute effectué la suppression des bateaux du Domaine : s'il en est autrement, je vous recommande de consommer cette opération à la réception de ma dépêche, et de faire quitter l'uniforme à tous les Officiers qui n'ont pas de brevet du Roi.

R. au Contrôle de Saint-Domingue le 14 *Juillet* 1785.

ARRÊT *du Conseil du Port-au-Prince confirmatif de Sentences, qui, attendu le départ pour France du sieur Jacquesson, Tuteur du mineur Raymond, donne un autre Tuteur à ce dernier.*

Du 2 Avril 1784.

Cette nouvelle nomination étoit attaquée par le Fondé de procuration du sieur Jacquesson au nom de ce premier Tuteur, absent de la Colonie, qui avoit substitué ses pouvoirs à son mandataire.

LETTRE *du Ministre au Gouverneur-Général sur la Suppression des Ingénieurs de la Colonie, et la conservation de ceux d'entre eux qui pourront suppléer les Ingénieurs-Géographes.*

Du 2 Avril 1784.

JE joins ici, M., l'Ordonnance que je vous ai annoncée concernant le service des Fortifications à Saint-Domingue : le Roi en a chargé les Officiers du Corps Royal du Génie, en ordonnant la suppression des Ingénieurs de la Colonie ; vous voudrez bien tenir la main à son exécution.

Il reste beaucoup de travail à faire pour compléter les plans que les Ingénieurs-Géographes étoient chargés de livrer. Sa Majesté vous autorise, en exécution de l'art 7 de son Ordonnance, à conserver entre les Ingénieurs de la Colonie ceux que vous jugerez les plus capables de bien remplir ce service, pour lequel ils seront sous les ordres du Directeur Général. Vous voudrez bien m'en adresser l'état, ainsi que celui des Ingénieurs supprimés, en joignant votre avis sur le traitement de retraite dont ces derniers seront susceptibles, selon leur ancienneté et la nature de leurs services.

LETTRE du Ministre aux Intendans et Ordonnateurs des Ports de France, sur une demi-ration de vin donnée en sus aux Bas-Officiers des Troupes, lorsqu'ils s'embarquent pour les Colonies.

Du 7 Avril 1784.

JUSQU'A présent, M., on a été dans l'usage de donner aux Bas-Officiers des troupes, lorsqu'il se sont embarqués pour passer aux Colonies, une demi-ration de vin en sus de la simple ration commune aux Bas-Officiers et Soldats : l'intention du Roi étant de faire cesser cet usage, vous voudrez bien donner des ordres, pour qu'à l'avenir il n'y ait absolument que les Bas-Officiers des troupes destinés à servir de Garnison sur les Bâtimens de Sa Majesté, qui jouissent de cette douceur.

R. au Contrôle de Saint-Domingue le 30 Aout suivant.

LETTRE du Ministre aux Administrateurs, pour que la distribution des Rations soit réduite aux Troupes seules.

Du 7 Avril 1784.

JE suis informé, MM, qu'indépendamment des troupes, il y a dans les Colonies un certain nombre de rationnaires extraordinaires qui reçoivent également leur subsistance des magasins du Roi; l'intention de Sa Majesté étant de faire cesser toutes distributions de cette nature sans aucune exception, vous voudrez bien donner des ordres, pour qu'à compter du premier du mois qui suivra la réception de cette dépêche, il ne soit absolument distribué de rations qu'aux troupes. Les envois de comestibles qui vous seront faits à l'avenir, seront réglés en conséquence de cette disposition; à l'égard des Noirs du Roi, ils recevront la ration en vivres du Pays, suivant l'usage.

Si ce nouvel arrangement rend nécessaire une augmentation de gages en faveur des Ouvriers, des Archers, Gardiens, etc., vous m'en rendrez compte, et vous m'en enverrez un état qui contiendra les sommes que vous jugerez devoir leur être accordées avec les motifs de votre avis. Il y a un grand nombre de ces entretenus qui peuvent trouver leur subsistance dans les vivres du pays, et qui ne retirent en effet leurs rations que pour les vendre.

R, au Controle le 30 Août suivant.

ORDONNANCE

ORDONNANCE *des Administrateurs, portant Privilége exclusif pour la distribution des Pillules de Loubeau.*

Du 7 Avril 1784.

SUPPLIENT humblement Anselme et Compagnie, Apothicaires au Cap : disant qu'ils avoient acquis de la dame Baradat, résidente en cette Ville, le secret des pillules connues sous le nom *de pillules de Loubeau*, que cette dame a acquis elle-même du sieur Loubeau, par acte passé pardevant Me Javin, Notaire à Ouanaminte, (du 13 Avril 1778.) Que cependant, au mépris de leurs titres, il se trouve des Apothicaires qui osent débiter des pillules sous la même dénomination, et tromper ainsi le Public par une contrefaçon également préjudiciable aux droits des Supplians, et à l'intérêt des Citoyens. C'est pourquoi ils ont recours à votre autorité et justice, Ngrs, pour qu'il vous plaise, sur l'exposé de la présente, les maintenir dans leur propriété, en leur accordant le privilége exclusif de vendre seuls, par eux ou par leurs délégués, lesdites pillules de Loubeau; et ferez justice; *Signé :* ANSELME et Compagnie.

Vu l'exposé en la présente, et y ayant égard : Nous, Général et Intendant, accordons aux Supplians le privilége exclusif de vendre seuls, par eux ou par leur délégués, les pillules de Loubeau, et faisons expresses inhibitions et défenses à qui que ce soit d'en débiter à l'avenir, aux peines de droit; et sera notre présente Ordonnance enregistrée au Greffe de la Subdélégation, pour y recourir au besoin. Donné au Cap, le 7 Avril 1784; *Signé :* BELLECOMBE et BONGARS.

R. au Greffe de la Subdélégation le 12 *du même mois.*

LETTRE du Ministre aux Administrateurs sur le transport des Nègres d'une Isle à une autre.

Du 16 Avril 1784.

VOUS savez, MM., que l'Ordonnance du 12 Octobre 1739 défend tout transport de Nègres entre les Isles du Vent et sous le Vent, et que cette défense a eu pour but d'empêcher la contrebande à laquelle ce cabotage donnoit lieu, en procurant les moyens d'aller prendre des chargemens de Noirs aux Isles Etrangères. Comme j'ai lieu de présumer qu'on pourroit chercher à porter atteinte aux dispositions de cette Ordonnance, je vous recommande de tenir rigoureusement la main à son exécution, de ne permettre aucun transport de Nègres d'une Colonie à une autre, sans une permission de Sa Majesté, qui ne sera accordée que sur des motifs qui soient de nature à autoriser une exception.

ARRÊT du Conseil du Port-au-Prince, qui enjoint à un Lieutenant de Juge de se conformer dans ses Procès-verbaux à l'Ordonnance de 1670.

Du 20 Avril 1784.

LOUIS, etc. Contre le nommé Jean, Nègre esclave, etc.; Et faisant droit sur le réquisitoire de notre Procureur-Général, enjoint au Lieutenant de Juge à Saint-Marc, de se conformer à l'avenir à l'Ordonnance de 1670, concernant les formalités à observer par les Juges dans leurs procès-verbaux.

LETTRE du Ministre aux Administrateurs sur la Culture de la Cochenille.

Du 22 Avril 1784.

LE sieur Joubert, Médecin au Port-au-Prince, à qui vos prédécesseurs avoient confié les premiers germes de Cochenille et de Nopal, que le sieur Thiery de Menonville, mort en 1781, avoit rapportés du Mexique pour les naturaliser à Saint-Domingue, est venu en France avec des essais de Cochenille silvestre, dont les résultats en teinture pourpre et écarlate de la Manufacture Royale des Gobelins ont presqu'égalé ceux de la Cochenille fine que nous tirons de l'Espagne. On peut même se flatter que la légère nuance de différence qui se trouve dans les teintes de l'une et l'autre espèce, n'a d'autre cause que l'impuissance où l'Artiste a été d'opérer en assez grand volume pour asseoir des comparaisons plus exactes. Le Roi à qui j'ai rendu compte de ces expériences, en a été extrêmement satisfait. Sa Majesté a fort à cœur d'étendre et de pousser avec rapidité les succès d'une culture dont nous pourrions, dans peu, retirer les plus grands avantages. Vous ne sauriez donc trop rechercher et saisir les moyens d'entrer à cet égard dans les vues de Sa Majesté : il sera nécessaire pour cela, qu'aussi-tôt le retour du sieur Joubert au Port-au-Prince, vous vérifiiez par vous mêmes ou par vos représentans, l'état de ses plantations de Nopal et de Cochenille qui s'y seroient propagées, afin de distribuer ces semences de production dans les différens quartiers de la Colonie à des Habitans connus qui auroient des terreins propres à l'établissement d'une Nopalerie ; à cette distribution vous joindrez celle d'une instruction imprimée sur la culture de la plante, l'éducation de l'animal, et les procédés de la récolte. Personne ne sera plus à portée de la bien rédiger que le sieur Joubert, d'après ses observations. Vous vous ferez informer des progrès de la propagation, et vous la favoriserez, soit par des encouragemens et exemptions, soit par des concessions de terre, s'il vous en est demandé à cet effet, en ne les accordant que dans des sols arides, et pour une médiocre étendue, attendu que ces sortes de terreins sont ceux qui conviennent le mieux au Nopal et à la Raquette Espagnole, dont la culture n'exige ni beaucoup de surface ni beaucoup de moyens pour donner néanmoins des produits assez considérables. Il est à souhaiter que ce genre d'occupation devienne une ressource pour les petits Habitans, et sur-tout pour les Gens de couleur libres.

Une de vos principales attentions sera de constater si les races de Cochenille fine du Mexique ont péri dans le dépôt du sieur Thiery de Menonville, comme l'assure le sieur Joubert, ou s'il seroit trop difficile de les multiplier; car il seroit infiniment préférable de s'attacher à cette espèce de qualité supérieure, si on peut espérer de la faire prospérer ainsi que le vrai Nopal, au lieu de la Cochenille silvestre et de la Raquette indigène, connue sous le nom de Raquette Espagnole.

J'aurois desiré que le sieur Joubert vous eût communiqué ses projets, ses mémoires et ses demandes, avant que de me les présenter. Votre suffrage auroit déterminé dans mon esprit le degré de confiance et d'accueil qui peut lui être dû; mais vous étiez au Cap lorqu'il est parti du Port-au-Prince. Il sollicite le Cordon de Saint-Michel, pour prix, tant de ses anciens services de Médecin attaché aux Hôpitaux de Sa Majesté, que des soins qu'il donne à la nouvelle branche de commerce et d'industrie qu'il s'agit de fomenter. Cette récompense seroit prématurée; le Roi veut bien lui en permettre l'espoir, en le subordonnant au succès des événemens, et aux preuves ultérieures de son zèle. Cependant, et dès-à-présent, Sa Majesté a jugé à propos de lui accorder le brevet de Médecin-Botaniste, aux appointemens de 3000 liv. annuellement, que M. de Bongars lui fera payer, à compter du 1er Janvier dernier, au moyen de quoi la gratification annuelle de 2000 liv. dont il jouissoit comme chargé provisoirement des cultures du sieur Thiery, cessera à la même époque, sauf à vous à me proposer pour lui des gratifications extraordinaires, s'il y a lieu. L'intention de Sa Majesté est, au surplus, qu'il lui soit continué les mêmes avantages que ceux qui avoient été réglés pour son prédécesseur, à l'exception de la jouissance de 6 Nègres de l'atelier du Roi. Je joins ici le brevet du sieur Joubert, ainsi que ses Mémoires concernant la Cochenille. Vous voudrez bien m'informer souvent, et dans les plus grands détails, de l'exécution successive que vous aurez donnée aux ordres de Sa Majesté, que je vous transmets dans cette dépêche. Je suis persuadé que vous y répondrez par un zèle égal à l'intérêt qu'elle y prend.

Le Sieur Joubert est décédé à Saint-Domingue peu de temps après son retour.

BREVET de Naturaliste et Botaniste du Roi à Saint-Domingue, en faveur du Sieur Joubert, Médecin.

Du 22 Avril 1784.

AUJOURD'HUI 22 Avril 1784, le Roi étant à Versailles, voulant commettre une personne capable et expérimentée pour faire les fonctions de Médecin-Naturaliste et Botanique à Saint-Domingue, et sachant que le sieur Joubert a l'expérience et les qualités nécessaires pour s'en bien acquitter, Sa Majesté l'a retenu et ordonné, le retient, et l'ordonne son Médecin-Naturaliste et Botaniste dans ladite Colonie, pour, en ladite qualité, travailler à faire des découvertes, tant en Botanique que dans les objets relatifs à l'Histoire Naturelle, et particulièrement pour veiller à la propagation de la Cochenille, aux appointemens qui lui seront réglés par les Etats et Ordonnances de Sa Majesté. Mande Sa Majesté au Gouverneur son Lieutenant-Général, et à l'Intendant des Isles sous le Vent, de recevoir et faire reconnoître ledit sieur Joubert en ladite qualité, de tous ceux et ainsi qu'il appartiendra, et pour témoignage de sa volonté, etc.

ORDONNANCE des Administrateurs, homologative d'une Délibération prise par les Habitans du Quartier de Vallière, pour la construction d'une Eglise avec devis et marché.

Du 22 Avril 1784.

R. au Conseil du Cap, le 7 Mai suivant.

ARRÊT du Conseil du Cap, touchant la Présentation faite par le Procureur-Général, de quatorze Substituts des Procureurs du Roi dans les Paroisses du ressort de la Cour.

Du 22 Avril 1784.

VU par le Conseil la remontrance du Procureur-Général du Roi, tendante à ce qu'il plût à la Cour, en exécution de l'Arrêt du 15 Mars dernier, lui donner acte de la présentation des Notaires par lui choisis dans les Paroisses du ressort de la Cour, au nombre de quatorze, suivant le tableau annexé à ladite remontrance; en conséquence agréer chacun desdits Notaires, en qualité de Commissaire du Siége Royal dont dépend sa Paroisse, pour y faire les actes de Justice conservatoires ou préparatoires, désignés dans ledit Arrêt, et renvoyer lesdits Notaires pardevant leurs Siéges respectifs, à l'effet d'y prêter le serment en tel cas requis; à l'effet de quoi il seroit délivré à chacun d'eux un extrait séparé de l'Arrêt à intervenir, dans la forme qui seroit prescrite par la Cour; ladite remontrance signée: FRANCOIS DE NEUF-CHATEAU. Ouï le Rapport de M. Ruotte, Conseiller, et tout considéré: LA COUR, en exécution de son Arrêt du 15 Mars dernier, faisant droit sur la remontrance du Procureur-Général du Roi, lui donne acte de la présentation des quatorze Notaires par lui choisis dans les Paroisses du ressort de la Cour, et désignés dans le tableau ci-joint, lesquels sont, etc; en conséquence les a agréés en qualité de Commissaires du Siége Royal duquel dépendent leurs Paroisses, pour y faire les actes de Justice conservatoires et préparatoires, relatés dans ledit Arrêt; au moyen de quoi, les renvoie, chacun en droit soi, pardevant leurs Juges respectifs, à l'effet d'y prêter le serment en tel cas requis, après leur avoir justifié d'un exemplaire ou expédition dudit Arrêt du 15 Mars dernier, pour qu'il ne prétende cause d'ignorance du contenu en icelui; ordonne en conséquence qu'il leur sera délivré un extrait du présent Arrêt.

ARRÊTS du Conseil du Cap, touchant le Domicile des Mineurs pour contracter Mariage.

Des 22 et 23 Avril 1784.

VU par la Cour la Requête à elle présentée par Auguste Papillon, tuteur ad hoc de demoiselle Fouëson, Mineure, et du consentement du sieur Fouëson, oncle paternel de ladite demoiselle Fouëson; ladite Requête tendante à être reçus appelants du refus par écrit du R. P. Saintin de Curfaux, Préfet Apostolique, de procéder à l'impartition de la bénédiction nuptiale, malgré les publications par lui faites des bancs de l'Appelante avec le sieur de Najac, Chevalier de Saint-Louis, Habitant au Quartier d'Ennery, lesquelles ne vaudroient qu'au cas que le Conseil Supérieur du Cap l'autoriseroit à passer outre, nonobstant le défaut de domicile de fait de la demoiselle Fouëson, arrivée de France en Octobre dernier; vu aussi la Délibération et le consentement des parens de ladite dlle Fouëson, et autres pièces jointes; la quittance d'amende; Vu l'Ordonnance de MM. Larnage et Maillard, Général et Intendant, du 6 Mai 1745, qui fixe sous le bon plaisir du Roi, et jusqu'à ce qu'il soit autrement décidé, le temps de domicile pour les personnes arrivées de France, à six mois, et ne s'explique pas néanmoins à l'égard des Mineurs; ladite Ordonnance enregistrée en la Cour; conclusions par écrit du Procureur-Général du Roi; Oui le Rapport de M. Ruotte, Conseiller, et tout considéré : LA COUR a reçu et recoit la Suppliante Appelante du refus dont s'agit, et y statuant, a autorisé et autorise, sans tirer à conséquence, le F. Saintin de Curfaux, Préfet Apostolique du ressort, de procéder à l'impartition de la bénédiction nuptiale, entre la Suppliante et le sieur de Najac, nonobstant le domicile de fait de la Suppliante, sauf les autres oppositions telles que de droit.

Du même jour 22.

Semblable Arrêt en faveur du Sieur Giroud, Chirurgien, Mineur de 21 ans, arrivé depuis cinq mois, procédant sous l'autorisation de son

Tuteur ad hoc; *et ayant le consentement que lui a donné en partant, le Sieur Giroud, son Père.*

Du 23.

Autre Arrêt semblable en faveur de la Demoiselle Aplada, assistée et du consentement du Sieur Aplada, son Père, parti du Fort-Dauphin où il étoit établi, pour l'aller chercher en France d'où il étoit récemment arrivé avec elle.

ARRÊT du Conseil du Cap touchant une manière de qualifier M. le Garde-des-Sceaux.

Du 23 Avril 1784.

VU par le Conseil la requête du sieur R..., qu'il plût à la Cour, vu les lettres de légitimation, etc, visées du Garde des Sceaux, Vice-Chancelier de France, et scellées du grand Sceau, etc. Conclusions du Procureur-Général du Roi; Ouï le Rapport de M. de Pourcheresse de Vertieres, Conseiller, et tout considéré : LA COUR, etc; Faisant droit sur les plus amples Conclusions du Procureur-Général du Roi, enjoint au Suppliant de qualifier plus respectueusement qu'il ne le fait dans sa requête, M. le Garde des Sceaux, Chef suprême de la Justice, que Sa Majesté, Elle-même, qualifie de *Sieur, et de son très-cher et féal Chevalier Garde des Sceaux de France.*

ARRÊT

ARRÊT du Conseil du Port-au-Prince, sur le projet de construire une Chapelle dans le Cimetière de la même ville, et d'y placer le Mausolée de M. le Comte d'Ennery.

Du 23 Avril 1784.

A Ngrs, Ngrs du Conseil Supérieur du Port-au-Prince.

Supplient humblement les frères Charles-Damien Duguet, Préfet Apostolique; Et Claude-André Grulé, Vice-Préfet, et Curé du Port-au-Prince, de la Mission des Frères-Prêcheurs, et ont l'honneur de vous exposer, Ngrs, qu'il seroit expédient de construire une Chapelle dans le Cimetière de cette Ville, pour y faire les prières et les cérémonies usitées, aux enterremens des personnes que leur trop grand éloignement ne permet pas de transporter à l'Eglise. Depuis que le Cimetière est entouré d'un mur, il ne manque que cette Chapelle pour qu'il soit parfaitement en règle, ainsi qu'on le voit au Cap, à Saint-Marc, et dans tous les autres endroits où les Cimetières sont entourés. Les Suppliants espèrent que la Cour prendra cet objet en considération, surtout dans un moment où le Monument érigé à la mémoire de M. le Comte d'Ennery, semble l'exiger. Ce Monument voté pour être placé dans le Cimetière, a été construit sur un plan relatif à ce projet; il est fait pour être isolé, et conséquemment il ne peut être placé dans l'Église, où il faudroit qu'il fût plaqué pour ne point en gâter la symmétrie. Cependant s'il est placé dans le Cimetière, exposé aux injures du temps, bientôt il sera détruit; les arbustes et les herbes l'auront bientôt couvert; et perdu pour les yeux du Public, il deviendra un Monument absolument inutile. Il pourroit donc être placé dans une petite Chapelle, dont la construction, réunie à celle du Mausolée, n'augmenteroit pas de beaucoup la dépense. Ce considéré, Ngrs, il vous plaise ordonner que le Mausolée de M. le Comte d'Ennery soit placé dans une Chapelle construite à cet effet dans le Cimetière de cette Ville, sur un plan déterminé de façon que l'Autel soit dans un bout, et le Mausolée dans l'autre; qu'on puisse dans le milieu placer les corps pour faire les cérémonies de l'absoute; et dans le cas où il plairoit à la Cour de faire élever ce Monument dans l'Église paroissiale, ordonner cependant la construction d'une petite Chapelle dans le Cimetière pour le service de la Paroisse, et statuer que ladite Chapelle ne pourra jamais être desservie que par le Curé ou le Vicaire de la Paroisse, au nom du Curé, et sous l'inspection du Préfet Apostolique, et ferez justice; *Signé :* F. Duguet, Préf. Ap., F. Grulé V. P. Ap., et Salaignac, Avocat.

Soit communiqué au Procureur-Général du Roi. Au Port-au-Prince, etc. *Signé :* La Biche de Reignefort.

Attendu que les frais de la construction d'une Chapelle dans le Cimetière doivent être supportés par la Fabrique, j'estime qu'il y a lieu d'ordonner qu'à la diligence du Marguillier il sera fait une Assemblée des Habitans de la Paroisse, pour délibérer, tant sur les avantages ou inconvéniens de la construction de ladite Chapelle, que sur les moyens de subvenir, en cas de construction, aux frais qui en résulteront; pour ladite Délibération homologuée en la manière accoutumée, par MM. les Général et Intendant, être ensuite enregistrée en la Cour. Au Port-au-Prince, le 22 Avril 1784. *Signé :* De Fourcel.

Vu la présente Requête, et les Conclusions de Me de Bourcel faisant fonctions de Procureur-Général du Roi; Ouï le Rapport de Me la Biche, de Reignefort, Conseiller, et tout considéré : LA COUR a renvoyé les Supplians à se pourvoir vers qui de droit. Donné au Port-au-Prince en Conseil, etc.

La Chapelle a été construite dans le Cimetière, et l'on y a placé le Mausolée de M. le Comte d'Ennery.

ARRÊT du Conseil Supérieur du Cap, concernant 1°. l'Exécution provisoire des Sentences; et 2°. les Copies données par les Huissiers.

Du 24 Avril 1784.

LA COUR, faisant droit sur les plus amples Conclusions du Procureur-Général du Roi, fait défenses à tous Juges du ressort de la Cour, d'ordonner l'exécution provisoire de leurs Sentences, nonobstant l'appel, sinon dans les cas expressément portés par les Ordonnances, et sur la réquisition des Parties. Lorsque dans lesdits cas les Juges accorderont aux Parties l'exécution provisoire de leurs Sentences, ordonne que la clause et le motif en seront insérés dans le Jugement, ainsi que l'obligation auxdites Parties de donner caution suivant l'Ordonnance, sans que ladite caution puisse être ordonnée ensuite par un autre Jugement; le tout à peine contre les Juges de répondre des dépens, dommages et intérêts des Parties, et de plus grandes, s'il y échet.

Fait défenses aux Huissiers qui signifient des Sentences, d'y exprimer par abréviation, comme une clause de style, ladite clause contenant l'exécution provisoire desdites Sentences; leur enjoint de transcrire religieusement, et en toutes lettres, le prononcé desdites Sentences, ainsi que la date et le nom des Parties et des Juges, sous peine d'interdiction, et en outre, des dommages et intérêts des Parties.

Enjoint nommément à Romain et Daysse, Huissiers, qui ont commis l'erreur de substitution du nom de Me. Busson, Juge, à celui de Me. de Sainte-Marie, Lieutenant particulier du Juge, dans les significations par eux faites des Sentences des 30 Août et 13 Septembre 1783, d'être plus circonspects à l'avenir, à peine de faux. Ordonne enfin que le présent Arrêt sera imprimé, lu, publié et enregistré dans tous les Siéges Royaux et d'Amirauté de la Cour, etc. etc.

LETTRE du Ministre au Gouverneur-Général, approbative de sa conduite envers des Miliciens qui refusoient de servir avec d'autres.

Du 25 Avril 1784.

J'AI reçu au mois de Février dernier, Mr., la lettre du 10 Décembre précédent, par laquelle vous m'avez informé que les sieurs D...., Dragons du Mirebalais, étant revenus à l'obéissance, et ayant promis de donner l'exemple de la soumission en reprenant et continuant leur service, à leur Compagnie, vous aviez révoqué l'ordre que vous aviez donné pour les faire passer en France. L'insubordination dont s'étoient rendus coupables les Dragons du Mirebalais en refusant de servir avec les sieurs Montas, reconnus Blancs par Arrêt du Conseil Supérieur du Port-au-Prince, méritoit d'être sévèrement réprimée, et vous aviez bien fait de prendre le parti de renvoyer les Chefs de la mutinerie en France, où ils auroient éprouvé des marques du mécontement de Sa Majesté; mais je ne désapprouve point l'indulgence avec laquelle vous les avez traités lorsqu'ils ont montré du repentir. Je suis persuadé que dans toutes les circonstances vous maintiendrez avec la même fermeté l'autorité que le Roi vous a confiée.

ARRÊT du Conseil du Cap, qui 1°. condamne le nommé Michel, Mulâtre libre, Caboteur, pour avoir lancé contre plusieurs Blancs, assis devant la porte du Sieur Sommereau, horloger au Cap, une pierre qui avoit rompu le barreau d'une chaise, et atteint le Sieur le Roi, Tapissier, duquel coup ledit Sieur Le Roi auroit été renversé, à être attaché à la chaîne du Roi, pour y servir comme forçat l'espace de trois années; Le nommé Jean-Baptiste Firmin Declaré, Nègre se disant libre, pour avoir tenu des propos insolens et menaçans au Sieur Sommereau; et le nommé Jean-Baptiste, Nègre esclave de la nommée Rossignol, pour avoir mal-à-propos frappé le chien du Sieur Joubert, couché près des Blancs assis devant la porte du Sieur Sommereau, et donné lieu par-là aux faits qui se sont ensuivis, à être fouettés, l'un et l'autre, dans tous les Lieux et Carrefours accoutumés; et 2°. Faisant droit sur les plus amples Conclusions du Procureur-Général du Roi, ordonne que Jean-Baptiste Firmin fera, dans la délai d'un mois, preuve de sa liberté, pendant lequel temps il gardera prison.

Du 27 Avril 1784.

ARRÊT du Conseil du Port-au-Prince touchant les déclarations de Départ de la Colonie.

Du 27 Avril 1784.

VU le Réquisitoire du Procureur-Général du Roi, contenant qu'il lui a été remis deux Mémoires, l'un par le Sénéchal de cette Ville, et l'autre par le Greffier de l'Amirauté; d'après ces Mémoires respectifs, il paroît qu'il existe de la part du Sénéchal une réclamation en faveur de sa Jurisdiction, d'un droit que l'usage seul avoit concédé à l'Amirauté. Les particuliers qui veulent passer en France, font au Greffe une Déclaration de départ. Ils en prennent expédition, la remettent à un Huissier, qui la publie par trois Dimanches consécutifs; et si personne ne fait opposition au départ, le Greffier donne au particulier un certificat de non-opposition, sur lequel le Gouverneur-Général fait délivrer un congé. S'il survient quelque opposition, alors le particulier est tenu d'en obtenir main-levée par le Juge. Il n'existe, à la connoissance du Procureur-Général du Roi, aucune Loi qui détermine précisément dans lequel des deux Greffes, de l'Amirauté ou de la Jurisdiction, cette Déclaration de départ doit être faite. L'usage a toujours été en faveur du Greffe de l'Amirauté, qui a conservé la possession de ce droit, depuis même la désunion des Siéges. Le Procureur-Général, après avoir pris lecture des Mémoires ci-joints, estime qu'il y a lieu, faisant droit sur son réquisitoire, d'ordonner que les Déclarations de départ des particuliers pour France, seront dorénavant faites au Greffe de la Sénéchaussée; faire défenses au Greffier de l'Amirauté d'en recevoir de pareilles à l'avenir; ordonner que l'Arrêt à intervenir sera enregistré, tant au Greffe de la Sénéchaussée, qu'à celui de l'Amirauté de cette Ville; vu les deux Mémoires joints audit réquisitoire; Ouï le Rapport de M. Gabeure de Vernot, Conseiller, Doyen, et tout considéré: LA COUR dit qu'il n'y a lieu de statuer, quant à présent, sur ledit réquisitoire.

Le Mémoire du Sénéchal contient l'aveu que les oppositions et les procédures en main-levée avoient lieu en l'Amirauté avant la désunion des Siéges; mais il dit que les déclarations sont faites par des citoyens justiciables du Juge légal, pour l'intérêt d'autres justiciables de ce même Juge. Il ajoute que les Art. 4 des Ordonnances de 1766 *et de* 1775 *disent* les Juges ordinaires; *ce qui ne peut s'entendre de ceux des Amirautés ; que le Lieutenant de l'Amirauté a reconnu la bonté de ces principes, et que son Greffier résiste seul.*

Le Mémoire du Greffier de l'Amirauté porte que l'usage est pour lui ; que les Ordonnances de 1766 *et de* 1775 *ne parlent pas des déclarations, mais des oppositions ; que d'ailleurs ces déclarations ont trait aux Capitaines qui doivent les trouver à l'Amirauté.*

Le Sénéchal répliquoit en marge du Mémoire du Greffier : Si les déclarations avoient lieu en l'Amirauté, par suite les publications devroient être faites par des Huissiers de l'Amirauté, puis les oppositions, puis enfin les poursuites en main-levée ; ce qui est contraire aux Ordonnances de 1766 *et de* 1775. *Le Capitaine ne feuillète aucun registre ; c'est à l'Opposant à lui signifier son opposition : enfin l'Amirauté n'est qu'un tribunal d'attribution, et n'a que ce que lui accorde l'Ordonnance de* 1681, *et le Règlement de* 1717.

ARRÊT *du Conseil du Cap pour l'exécution des Règlemens concernant les Écoles.*

Du 28 Avril 1784.

VU par le Conseil la remontrance du Procureur-Général du Roi, contenant qu'il est obligé de mettre sous les yeux de la Cour les pièces qu'il a reçues, relativement à l'École publique que le nommé Chasset, Mulâtre libre, s'ingère de tenir dans le Bourg d'Ouanaminthe, sans aucune autorisation, au mépris de l'Arrêt de la Cour du 4 Octobre 1717, et de l'Ordonnance de MM. de Larnage et Maillart, du 7 Mai 1745, qui prescrivent aux Maîtres-d'École de se faire reconnoître des Curés et des Juges ordinaires. Pierre Dulac, Maître-d'École du même Bourg, approuvé et enregistré conformément à cette Ordonnance, avoit déféré au Juge du Fort-Dauphin l'entreprise de ce Mulâtre ; mais, au-lieu de prononçer contre ce dernier les peines portées par la Loi, le Substitut du Procureur-Général s'est contenté de requérir, et le Juge de porter contre Chasset, des défenses de tenir École. Ces défenses vagues, datées du 2 Septembre dernier, ont été signifiées le lendemain à Chasset, qui n'en a tenu compte. Pierre Dulac s'est adressé à MM. les Général et Intendant, pour en obtenir des ordres plus efficaces. Ces sages Administrateurs, jaloux de marquer leur respect pour les Loix enregistrées, ont renvoyé Dulac pardevant les Juges ordinaires, auxquels appartient l'exécution de l'Ordonnance du 7 Mai 1745. En conséquence, Dulac a présenté au Juge du Fort-Dauphin une nouvelle Requête qui paroît n'avoir pas été répondue, quoiqu'elle fût appuyée d'un Procès-Verbal de Me Cormeaux Desnoës, Notaire, qui constate la contravention du Mulâtre Chasset. Enfin, Dulac a pris le parti d'adresser au Procureur-Général du Roi toutes les pièces de cette affaire.

Le Procureur-Général du Roi a été surpris de voir dans ces pièces, non-seulement que les Officiers de première instance ayent, en quelque sorte, refusé de faire exécuter l'Ordonnance du 7 Mai 1745, mais que, soit pour l'enregistrement de Pierre Dulac, en qualité de Maître-d'École au lieu d'Ouanaminthe, le 4 Août 1783, soit pour les défenses par eux faites à Chasset le 2 Septembre suivant, c'est-à-dire, pour deux objets de Police, et qui doivent être expédiés sans frais, ces Officiers ont perçu des droits; de sorte que chacune de ces Ordonnances a coûté à Pierre Dulac vingt-une livres. Le ministère du Procureur-Général du Roi ne peut que s'élever contre de pareilles abus : c'est l'objet de sa remontrance.

Le Procureur-Général du Roi croit devoir saisir cette occasion pour faire ordonner l'impression de l'Arrêt de la Cour du 4 Octobre 1717, et de l'Ordonnance du 7 Mai 1745. Ce Règlement très-sage, cette Loi très-importante ne sont point assez connus; l'exécution en est négligée, parce qu'on en ignore les dispositions : en les rappelant aujourd'hui, le Remontrant croit qu'il est de la sagesse de la Cour d'y ajouter une précaution de plus, pour en assurer l'exécution à l'avenir. Ladite remontrance *Signée :* **François de Neufchateau.** Ouï le Rapport de M. Ruotte, Conseiller, et tout considéré : **La Cour**, faisant droit sur la remontrance du Procureur-Général du Roi, l'a reçu et reçoit Appelant de l'Ordonnance rendue le 2 Septembre dernier, par le Juge du Fort-Dauphin, sur la requête de Dulac, Maître-d'École à Ouanaminthe, contre Chasset, Mulâtre libre au même lieu; en conséquence, a mis et met l'Appellation et ce au néant; émendant, faisant droit sur les Conclusions du Procureur-Général du Roi, condamne ledit Chasset en cinquante livres d'amende et un mois de prison, pour avoir contrevenu à l'Ordonnance de MM. de Larnage et Maillart du 7 Mai 1745; ce qui sera exécuté nonobstant opposition; Fait défenses audit Chasset de récidiver, sous plus grande peine.

Faisant droit sur les plus amples Conclusions du Procureur Général du Roi, ordonne que les droits perçus en la Jurisdiction du Fort-Dauphin, tant pour ladite Ordonnance du 2 Septembre dernier, que pour celle du 4 Août précédent, seront remis à Pierre Dulac; à quoi faire, le Greffier de ladite Jurisdiction sera contraint par toutes voies dues et raisonnables, à la diligence du Procureur-Général du Roi; quoi faisant, le Greffier sera bien et valablement déchargé. Et afin que personne n'en prétende cause d'ignorance, ordonne que le Règlement de la Cour du 4 Octobre 1717, concernant les Écoles, et ladite Ordonnance du 7 Mai 1745, enregistrée en la Cour le 6 Juillet suivant, seront imprimés et affichés dans toutes les Paroisses du ressort de la Cour; enjoint aux premiers Juges de tenir la main à ce qu'ils soient exécutés selon leur forme et teneur. Fait défenses de percevoir aucuns droits ni frais pour les enregistremens exigés par ladite Ordonnance, et pour les opérations de Police qu'elle peut occasionner, à peine de concussion. Enjoint aux Substituts du Procureur-Général du Roi dans les Villes, et aux Notaires-Commissaires dans les Campagnes, de vérifier, tous les mois, la manière dont ladite Ordonnance sera exécutée, et de rendre compte, au moins tous les six mois, au Procureur-Général du Roi, des diligences qu'ils auront faites à cet égard, pour recevoir de lui les ordres et les instructions nécessaires. Ordonne enfin que le présent Arrêt, ensemble ladite remontrance, seront lus, publiés, imprimés et affichés à la suite dudit Arrêt du 4 Octobre 1717, et de ladite Ordonnance du 7 Mai 1745, et copies collationnées, envoyées dans les Siéges du ressort de la Cour, pour y être pareillement lues, publiées etc.

ARRÊT

ARRÊT du Conseil du Cap touchant un Changement de Nom.

Du 28 Avril 1784.

ENTRE les sieurs Michaux de Lauture, demeurans à Seury, Diocèse de Limoge, Appelans; Et Me Ducommun, Curateur aux successions vacantes du Cap; Vu la Sentence du Juge de ladite Ville, du 26 Septembre 1783, qui, Parties ouïes, ensemble le Procureur du Roi en ses Conclusions verbales, auroit ordonné que dans dix mois, du jour de la signification de la Sentence, les Demandeurs feroient preuve, tant par titres que par témoins, que Michel de la Tour, décédé en cette Ville le 11 Septembre 1780, est le même que Michaux de Lauture; dépens réservés; Ouïs Darracq, Avocat des Appelans, et d'Augy, Avocat de Ducommun, ensemble le Procureur-Général du Roi, et tout considéré : LA COUR a mis et met l'appellation et ce dont est appel au néant; émendant, évoquant le principal, et y faisant droit, envoie les Parties de Darracq en possession des biens de la succession dont s'agit; condamne la Partie de d'Augy à leur en rendre compte, et la condamne aux dépens, en sa qualité. Faisant droit sur les plus amples Conclusions du Procureur-Général du Roi, ordonne que mention du présent Arrêt sera faite en marge de l'extrait mortuaire que le Curé du Cap délivrera de Michel de la Tour, aux fins qu'il soit constant que ledit Michel de la Tour, dont s'agit, est le même que Michaux de Lauture.

L'identité parut suffisamment acquise par plusieurs pièces, et notamment par une enquête faite à Seury, où le défunt avoit déclaré être né; mais sur-tout par une signature Michaux de Lauture, *apposée par le defunt dans la Colonie, le 16 Mai 1779, sur les registres d'une Société qui rappelle les hommes à l'égalité, et qui leur inspire la confiance par le secret dont elle est accompagnée. Elle crut pouvoir communiquer au Ministère public, en cause d'appel, une preuve dont elle étoit dépositaire, et que le defunt n'avoit plus intérêt qu'on cachât.*

ARRÊT du Conseil du Cap, qui enjoint à tous Huissiers de faire sans retard et sans acception de personnes, les Actes de leur ministère.

Du 28 Avril 1784.

VU par la Cour la remontrance du Procureur-Général du Roi, contenant qu'il est instruit que les Huissiers de la Jurisdiction du Fort-Dauphin, par un ménagement condamnable, ou par une crainte non moins déplacée, refusent de mettre à exécution contre certaines personnes qualifiées, les Titres et les Jugemens que l'on met entre leurs mains, à moins que les Parties ne les y forcent par une injonction expresse du Juge; que les Huissiers n'ont besoin d'aucune autre autorisation que de celle de leur ministère; qu'ils le doivent à toute personne, et contre toute personne indistinctement et sans exception; d'ailleurs que nul ne peut les empêcher de remplir leurs fonctions, parce que nul ne peut se soustraire à l'empire de la Justice; que si les Huissiers croient devoir prévenir les Magistrats et les personnes en place des significations qu'ils sont chargés de leur faire; cette politesse d'usage est personnelle à l'Huissier qui s'en acquitte, et qui ne peut, sous ce prétexte, ni sous aucun autre, éluder la réquisition des Parties, et les exposer à de nouvelles démarches pour faire cesser son inaction: comme le Public y est intéressé, le Procureur-Général croyoit devoir déférer cet abus à la Cour, et lui proposer de le proscrire par un Arrêt, à l'exemple de ce qui a été fait par plusieurs Parlemens. A ces causes, requéroit le Procureur-Général du Roi, qu'il plût à la Cour enjoindre, etc; ladite remontrance signée: FRANÇOIS DE NEUFCHATEAU. Oui le Rapport de M. Ruotte, Conseiller, et tout considéré: LA COUR, faisant droit sur la remontrance du Procureur-Général du Roi, enjoint aux Huissiers de la Jurisdiction du Fort-Dauphin, et à tous autres du ressort de la Cour, de se conformer aux Ordonnances et Règlemens; en conséquence, de mettre à exécution et sans retard les Obligations, Sentences, Commissions et Lettres Royaux et Arrêts qu'ils auront reçus des Parties, et de faire, à cet effet, tous exploits nécessaires et de justice dont ils seront requis, sans aucune acception de personnes, à peine de 100 liv. d'amende, de tous dépens, dommages et intérêts des Parties, et d'interdiction contre les Huissiers refusans et délayans : ordonne que le présent Arrêt sera lu à la première Audience de la Cour, et enregistré au Greffe d'icelle, pour y avoir recours, le cas échéant, et copies collationnées d'icelui, envoyées aux Siéges Royaux du ressort, pour y être pareillement lues et enregistrées, etc.

ARRÊT du Conseil du Port-au-Prince, qui interdit un Notaire pendant un mois, pour avoir donné dans un Acte, la qualité de Libres à des Gens de couleur, sans y avoir fait mention des Actes constitutifs de leur liberté, suivant le Règlement de la Cour du 9 Janvier 1778.

Du 28 Avril 1784.

ARRÊT du Conseil du Cap qui condamne deux Nègres Espagnols, qui en attiroient de François dans le Territoire de leur Nation pour les y vendre, à être fouettés, marqués, et mis à la chaîne du Roi à perpétuité.

Du 29 Avril 1784.

ARRÊT du Conseil du Cap, qui accorde une Commission à un des coassociés d'un commerce maritime, comme Capitaine-géreur.

Du 29 Avril 1784.

ENTRE les sieurs le Dué et Roberjot Lartigue, Négocians au Port-au-Prince, coArmateurs, Appelans ; Et le sieur Lemelle, Capitaine et coArmateur, Intimé. Vu la Sentence du Juge du Cap qui, ayant égard aux soutennemens, et vu ce qui résulte du parère donné par les Négocians de cette Ville, auroit alloué au sieur Lemelle, Capitaine et coarmateur, cinq pour cent sur le montant des ventes par lui faites de la cargaison du Brigantin, tant à la Havanne qu'ici, sur le montant des Planches, Essentes et Tabacs rapportés en retour; et cinq pour cent sur les 3,000 Gourdes par lui rapportées de la Havanne, et les auroit condamnés aux dépens. Vu toutes les pièces, etc; Ouï le Rapport de M. Pourcheresse de Vertierre, Conseiller, et tout considéré : LA COUR a mis et met l'Appellation et Sentence dont est appel, au néant, en ce que par icelle il auroit été alloué au Rendant cinq pour cent pour commission; émendant quand à ce, alloue au Rendant deux et demi pour cent; la Sentence au résidu sortissant son plein et entier effet; condamne les Appelans aux dépens, ordonne que l'amende par eux consignée leur sera remise.

Les conventions d'entre les armateurs étoient muettes sur cet objet; mais un parère de Négocians et de Capitaines du Cap et du Port-au-Prince attestoient que l'usage étoit d'accorder une commission au Capitaine gêreur, à moins de convention contraire. D'ailleurs le Sieur le Dué avoit lui-même exigé une commission pour l'achat des objets sociaux.

ARRÊT du Conseil d'Etat qui 1°. juge que les difficultés faites à un proposé pour un emploi dans les Milices, ne peut donner lieu à des réclamations juridiques de sa part; Et 2°. maintient ce proposé dans son état de Blanc, contesté lors de ses plaintes en justice réglée.

Du 30 Avril 1784.

LE ROI étant en son Conseil, en présence et de l'avis desdits sieurs Commissaires, faisant droit sur l'instance, sans s'arrêter aux demandes du sieur Chapuzet dont Sa Majesté l'a débouté, a cassé et annullé l'Arrêt du Conseil du Cap du 1er Mai 1779, et tout ce qui s'en est ensuivi, notamment les Arrêts des 17 et 28 Juin, et 19 Juillet 1779; évoquant les demandes portées par la Requête dudit sieur Chapuzet du 26 Novembre 1778, et y faisant droit; donne acte au sieur Cairou et aux sieurs Bayon et Consorts de leur déclaration, que pour preuve du respect et de l'obéissance aveugle qu'ils portent à l'Arrêt du 13 Mai 1771, ils ont, depuis cette époque, souffert le sieur Chapuzet monter dans les Compagnies de Blancs de leur quartier, et qu'ils consentent qu'il y monte comme ci-devant, tant et si long-temps que bon lui semblera; ordonne en conséquence que ledit Arrêt du 13 mai 1771 sera exécuté, et que ledit sieur Chapuzet et sa famille continueront de jouir des droits et possession de l'état de Blancs comme par le passé; fait défenses à toutes personnes de les y troubler; ordonne que le Mémoire imprimé par lesdits Bayon et Consorts, et signifié le 15 Juin 1779, commençant par ces mots: *La tête vous tourne*, et finissant par ceux-ci: *des Nègres et des Esclaves*; leur Requête et Conclusions du 26 Mai; leur Requête imprimée, signifiée le 8 Juillet même année, commençant par ces mots: *Nous avons à répondre*, et finissant par ceux-ci: *d'avoir succombé*; leurs Conclusions imprimées, signifiées le 12 dudit mois de Juillet, finissant par ces mots: *Le mari de la dame Cesvet*: et l'imprimé commençant par ces mots: *Lorsque dans les plaidoiries*, et finissant par ceux-ci: *ce que nous avons toujours été*; seront supprimés, a débouté lesdits Bayon et Consorts de leur demande en cassation de l'Arrêt du 17 Avril 1779, et sur les autres demandes et Conclusions des Parties, Sa Majesté les met hors de Cour; dépens entre eux compensés.

ARRÊT du Conseil du Cap touchant l'emploi d'une Encre violette et de mauvaise qualité dans les Actes judiciaires.

Du 6 Mai 1784.

VU par le Conseil la Requête du sieur Reymond Justal, etc. LA COUR donne acte au Procureur-Général du Roi de ses réserves de se pourvoir à fin de faire rendre Arrêt qui proscrive le débit de l'Encre violette, et son emploi dans les actes judiciaires.

C'étoit à l'occasion d'une légalisation du Lieutenant particulier du Cap, en date du 26 Août 1778 et déjà illisible.

ARRÊT du Conseil du Cap touchant les Qualifications de Noblesse et le District des Notaires.

Du 7 Mai 1784.

ENTRE Me. D..., Notaire, etc. Faisant droit sur les plus amples Conclusions du Procureur-Général du Roi, fait défenses à la Partie de Baudry Deslozieres (Me D...) de prendre la qualité de CHEVALIER, et lui enjoint de ne point aller hors de son district ; ordonne que le présent Arrêt, par extrait, lui sera signifié à la requête du Procureur-Général du Roi, avec commandement de s'y conformer.

ARRÊT du Conseil Supérieur du Cap, qui juge qu'un Armateur n'est pas tenu de payer les dettes contractées par un Capitaine, soi-disant pour l'utilité du navire, sans en justifier.

Du 7 Mai 1784.

Le Capitaine Daniel avoit tiré sur le Sieur Lorry Duvivier une lettre-de-Change de 1500 liv., stipulée pour nécessité du Bâtiment, quoiqu'il fût recommandé au Sieur Plombard, alors Consul à Charles-Town ; il ne représentoit ni procès-verbal signé de ses Officiers, au desir de l'Art. 19 du Titre 1er du liv. 2 de l'Ordonnance de la Marine, ni même aucune espèce de détail. Il avoit de plus réglé avec le Sieur Duvivier, sans faire mention de cette dépense dans son compte.

ARRÊT du Conseil du Cap touchant une Promesse de Liberté.

Du 7 Mai 1784.

ENTRE la dame veuve du sieur Morange, Habitante au Quartier du Port-de-Paix, tant en son nom que comme Tutrice de ses enfans Mineurs; Appelante de Sentence du Juge dudit Port-de-Paix, d'une part; Et le Sieur. . . . , bienveillant de la nommée Marie Rose, Mulâtresse, Intimé, et incidemment Appelant au chef qui a compensé les dépens, d'autre part. Vu la Sentence dont est appel, qui, sur l'opposition de la veuve Morange, aux publications de la liberté de Marie Rose, après qu'il en a été délibéré, vu autre Sentence dudit Siége, (qui, sur l'opposition formée par ledit sieur... pour ladite Marie Rose, à l'Ordonnance dudit Siége, portant permission à la dame veuve Morange de faire arrêter Marie Rose par la Maréchaussée, par-tout où elle la trouveroit, auroit reçu ladite Marie Rose opposante, remis les Parties au même et semblable état qu'elles étoient avant l'Ordonnance, et auroit fait défenses à la dame veuve Morange d'attenter à la liberté de ladite Marie Rose), et tout considéré, sans égard aux exceptions de la dame veuve Morange, ès noms et qualités, l'auroit déboutée de son opposition aux publications de la liberté de Marie Rose, dépens compensés. Ouïs Viel, Avocat de la veuve Morange, et Carles, Avocat de Marie-Rose, ensemble de Saint-Martin, fils, Substitut du Procureur-Général, et tout considéré: LA COUR, joignant les appels, et y faisant droit, par un seul et même Arrêt, en ce qui touche l'appel principal, a mis l'appellation au néant, ordonne que ce dont est appel sortira son plein et entier effet; condamne la Partie de Viel en l'amende ordinaire et aux dépens: en ce qui touche l'appel incident, a mis et met l'appellation et ce dont est appel au néant, en ce que, par la Sentence, les dépens auroient été compensés; émendant quant à ce, condamne la Partie de Viel en tous les dépens des causes principale et d'appel; ordonne que l'amende consignée par la Partie de Carles lui sera remise.

Le feu Sieur Morange ayant donné à Marie Rose, son esclave, une promesse de liberté en 1760, celle-ci avoit continué à le servir jusqu'en

1782 *qu'elle sortit de chez lui. Le Sieur Morange fut, le 3 Janvier*
1783, *un des nominateurs d'un bienveillant à Marie Rose pour la ratification de sa liberté. Cependant la dame Morange prétendoit que l'ingratitude de Marie Rose, en ne venant pas soigner son maître durant la maladie dont il étoit mort dans la même année 1783, la rendoit indigne du bienfait.*

ARRÊT du Conseil du Cap, qui juge que des Donataires ne peuvent répéter des dommages-intérêts pour non-jouissance, que du jour de la Donation, et non de celui de la cession originairement faite au donateur.

Du 8 Mai 1784.

ENTRE le sieur Jouannault, Tuteur de..., (Mineurs donataires de..., qui étoit aux droits de la Martelliere, lequel les avoit cédés, à compter de 1754), Appelant de Sentence du Juge du Fort-Dauphin, d'une part; Et la dame veuve Teulon, Intimée, d'autre part. Vu la Sentence qui, Parties ouïes, ensemble le Procureur du Roi en ses Conclusions verbales, vu l'acte de donation du..., sans égard aux exceptions, auroit condamné la veuve du sieur Teulon à payer les dommages-intérêts pour la jouissance du terrein dont s'agit, à compter du jour seulement de la donation, et ce, à dire d'Arbitres, etc. Ouïs d'Augy, Avocat de l'Appelant, et Laborie Avocat de l'Intimée, ensemble M. Canivet, dernier Conseiller pour le Procureur-Général du Roi, à défaut d'icelui et de ses Substituts, et tout considéré : LA COUR a mis l'appellation au néant; ordonne que ce dont est appel sortira son plein et entier effet, condamne la Partie de d'Augy, en sa qualité, en l'amende ordinaire, et aux dépens.

ORDONNANCE

ORDONNANCE *des Administrateurs concernant le Traitement alloué aux Officiers de l'Etat-major par interim.*

Du 8 Mai 1784.

GUILLAUME Léonard de Bellecombe, etc.

Alexandre Jacques Bongars, etc.

Le Roi ayant déclaré par l'art. 30 de son Ordonnance du 13 Décembre 1779 que le relief des appointemens des Officiers de tout grade, absens par congé, même pour cause de maladie, n'aura lieu que pour la moitié de leurs appointemens, à compter du jour auquel ils auront cessé d'en toucher dans les Colonies, jusqu'à celui de leur rembarquement, sans que l'autre moitié puisse être remplacée par voie de gratification ou autrement : et Sa Majesté ayant pareillement jugé utile à son service de diminuer le nombre des Officiers de l'État-Major des Places de cette Colonie ; considérant ensuite qu'il sera nécessaire de nommer des Officiers pour remplir les fonctions par interim desdites Places, afin que le service ne puisse en souffrir, et étant nécessaire de fixer le traitement desdits Officiers qui seront pourvus de l'interim par M. le Général ; NOUS, en vertu des pouvoirs à nous accordés par Sa Majesté, avons ordonné et ordonnons provisoirement ce qui suit :

Art. Ier. Lorsqu'un Officier de l'État-Major sera nommé et établi par M. le Général pour remplir par interim les fonctions de Commandant en second, de Commandant particulier, ou de Major de Place, il jouira de la moitié des appointemens de ladite Place, et de la moitié de ceux de la Place dont il sera titulaire dans ledit État-Major.

II. Lorsque M. le Général choisira un Officier des Régimens Coloniaux pour remplir les mêmes fonctions, il jouira pareillement de la moitié des appointemens de ladite Place qu'il remplira par interim, et de la totalité des appointemens qui lui sont attribués dans son Régiment.

III. Les Officiers des Régimens Coloniaux qui seront choisis pour remplir les fonctions d'Aide-Major de Place, jouiront de la moitié des appointemens desdites Places qu'ils rempliront par interim, et de la totalité des appointemens de leur grade en activité dans leur Régiment.

IV. Lorsque le choix regardera un Officier employé sans appointemens dans la Colonie, il ne pourra jouir que de la moitié des appointemens de la Place qu'il remplira par interim.

V. Les Officiers qui rempliront par interim des Places d'État-Major, dont les Officiers titulaires seront absens par congé, jouiront en outre de ce qui est prescrit ci-dessus, du logement attribué auxdites Places. Sera la présente Ordonnance déposée et enregistrée au Contrôle de la Marine. Donné au Cap, etc., le 8 Mai 1784. *Signé* : BELLECOMBE et BONGARS.

R. au Contrôle le 10 du même mois.

ARRÊT du Conseil du Cap, qui astreint à justifier du Compte rendu au Roi par un Curateur aux vacances qui, ayant géré par suite après son exercice, a pu se conserver dans la rétention d'une Succession dont il avoit été condamné à rendre compte.

Du 10 Mai 1784.

ENTRE le sieur Tonnelier, appelant d'une Sentence du Juge du Fort-Dauphin, d'une part; Et le sieur Larue du Verdet, (aux droits d'un créancier d'une succession vacante), Intimé, d'autre part. Vu la Sentence qui, faute par le sieur Tonnelier d'avoir, au desir de la Sentence du . . . 1764, rendu compte de ladite succession (gérée alors par lui, et depuis par suite d'exercice, en sa qualité de Curateur aux successions vacantes du Fort-Dauphin), Parties ouïes, vu ladite Sentence de 1764, auroit condamné ledit sieur Tonnelier à payer audit sieur Larue Duverdet la somme de . . ., et aux intérêts tels que de droit, et l'auroit condamné aux dépens. Ouïs d'Augy, Avocat de l'Appelant, et Carles, Avocat de l'Intimé, ensemble de Saint Martin, fils, Substitut du Procureur-Général du Roi, et tout considéré : LA COUR, avant faire droit, ordonne que, dans le délai de trois mois, la Partie de d'Augy justifiera de la reddition de son compte au Roi, sinon, et à faute de ce, et ledit délai passé, dès-à-présent comme pour lors, et sans qu'il soit besoin d'autre Arrêt, a mis et met l'appellation au néant; ordonne que ce dont est appel sortira son plein et entier effet, condamne l'Appelant en l'amende ordinaire, et aux dépens.

V. l'Arrêt de la même Cour, qui interdit l'usage d'agir par suite d'exercice, pag. 145.

ARRÊT du Conseil du Cap touchant le remboursement du Prix d'un Nègre condamné aux Galères perpétuelles.

Du 10 Mai 1784.

VU par la Cour la Requête à elle présentée par Dumas Machoquet, au Petit-Carénage, tendante à ce qu'il plût à ladite Cour, vu l'Arrêt du premier Avril dernier, portant condamnation des Galères à perpétuité contre son Nègre Saint-Éloi; l'Arrêt du 28 dudit mois qui, sur sa demande en remboursement dudit Nègre, ordonne, avant faire droit, qu'il justifiera de la propriété dudit Nègre dans les formes prescrites; l'acte de vente à lui passé pardevant Mes Hourclatx et son Confrère, Notaires en cette Ville, par le sieur Rabier Machoquet, de quatre Nègres, nommés Saint-Eloi, etc., le 13 Janvier dernier; le recensement par lui donné le 16 Avril dernier, de la date duquel, et de celle de l'Arrêt contre ledit Nègre Saint-Eloi, du 1er même mois, il résulte, que ce Nègre n'a pu ni dû être porté sur le recensement, attendu que le Suppliant se seroit grévé de frais de capitation pendant toute l'année pour ce Nègre; ordonner que, par le Receveur des droits suppliciés, il seroit payé de la somme de 1,200 liv. pour le remboursement dudit Nègre, etc. Conclusions par écrit du Procureur-Général du Roi; Ouï le Rapport de M. Le Gris, Conseiller, et tout considéré: LA COUR ordonne que, par le Receveur des droits suppliciés, il sera payé au Suppliant la somme de 1,200 liv., laquelle somme lui sera passée en bonne dépense.

RÈGLEMENT du Prefet Apostolique, qui transfère la Fête de Saint-Martin, Patron de la Paroisse du Dondon, au 4 Juillet, jour de la translation de ce Saint.

Du 12 Mai 1784.

NOUS, F. Saintin, Capucin, Supérieur-Général de la Mission dans tout le ressort du Conseil-Supérieur du Cap François, Isle et Côte Saint-Domingue, Préfet apostolique. A MM. les Curé, Marguillier, et autres Habitans de la Paroisse Saint-Martin du Dondon : Salut. Vu la Requête à nous présentée par MM. de la Haye, Curé de la susdite Paroisse du Dondon, et le Grand, fondé de procuration du Marguillier en exercice ; vu ensemble l'acte de l'Assemblée de Paroisse, en date du 8 Février de cette présente année, qui autorise d'une voix unanime les susdits Requérans à se retirer pardevers nous, à l'effet de transférer, en vertu de nos pouvoirs, la fête annuelle du Patron de la susdite Église, sous l'Invocation de Saint-Martin, Archevêque de Tours, dont l'Office est fixé par l'Église au 11 de Novembre, au quatre de Juillet, jour de la Translation du corps de leur bienheureux Patron. Nous qui ne cherchons que le plus grand avantage de l'Église en général, et celui des Paroisses particulières confiées à nos soins, comme il nous auroit été représenté dans nos différentes visites de la Paroisse du Dondon, et dans la Requête susdite : 1°. que dans le mois de Novembre, les pluies trop ordinaires dans cette saison, et les débordemens des Rivières qui en sont presque toujours les suites, sont des obstacles qui mettent les Paroissiens dans l'impossibilité de se rendre au lieu consacré par la Religion, pour y solemniser ladite fête avec la pompe et la décence qu'elle exige, ce que nous avons éprouvé nous-même ; depuis quatre ans nous avons voulu faire l'éloge de ce grand Serviteur de Dieu, instruire une partie de notre troupeau assemblé en plus grand nombre en ce jour ; et tous les ans, les mauvais temps nous en ont empêché : 2°. qu'à cette époque du 11 Novembre tombe le fort de la récolte du café, seul revenu des Habitans qui sont souvent forcés, pour ne point perdre ce qui fait et constitue leur fortune, de travailler et de faire travailler le susdit jour 11 Novembre ; voulant seconder les vues religieuses des susdits Requérans et Paroissiens, en vertu de nos pouvoirs; disons que la fête patronale de l'Église Paroissiale du Dondon, sous l'Invocation de Saint-Martin, Archevêque de Tours, qui, jusqu'à présent, a été solemnisée et fêtée le 11 Novembre, sera transférée au 4 Juillet, jour de la Translation du corps dudit Saint, et que ledit jour 4 Juillet sera chomé par ladite Paroisse du Dondon, ainsi que le sont dans toute la Préfecture, ceux des Patrons respectifs des autres Églises, en observant pour l'exécution du présent tout ce qui est de droit. Donné au Cap dans notre maison, sous notre seing ordinaire et le sceau de notre office, le 12 Mai 1784. *Signé :* F. SAINTIN, et scellé d'un sceau de cire rouge.

Au dessous est écrit : Les présentes, après qu'elles seront homologuées, seront lues au Prône de la Messe Paroissiale pendant trois Dimanches consécutifs, afin que personne n'en prétende cause d'ignorance, inscrites sur les Registres de la Paroisse, et conservées parmi les Titres des Papiers de l'Église.

Homologué par Arrêt du Conseil du Cap du 21 dudit mois de Mai.

ARRÊT du Conseil du Port-au-Prince, qui 1° déclare nulle et incompétente une Ordonnance du Juge de Jacmel; 2°. fait defenses au Greffier du même Siége de donner les procès par écrit à juger aux Procureurs, s'il n'en a été autrement ordonné; et 3°. commet le Sénéchal du Port-au-Prince pour instruire sur une plainte de faits arrivés dans le ressort de la juridiction de Jacmel.

Du 12 Mai 1784.

LOUIS, etc. Vu, etc; Entre le sieur Garnier, Greffier du Siége de Jacmel, Appelant; Et notre Procureur-Général, etc. Ouï Salaignac, Avocat de l'Appelant : NOTRE COUR a donné acte au Procureur-Général de l'appel par lui interjeté de ladite Ordonnance : joignant ledit appel à celui de la Partie de Salaignac, a mis et met les appellations et ce dont est appel au néant ; émendant, déclare ladite Ordonnance nulle et incompétente ; fait défenses à Me L..... d'en rendre de pareilles à l'avenir. Faisant droit sur le réquisitoire du Procureur-Général, fait défenses à la Partie de Salaignac de plus à l'avenir se dessaisir entre les mains des Procureurs, des procès par écrit remis dans son Greffe, s'il n'en est autrement ordonné, et ce, sous les peines de droit; la renvoie, au surplus, à l'exercice de ses fonctions, l'amende à elle remise.

Donne acte au Procureur-Général de ce qu'il prend pour dénonciation les faits contenus au procès-verbal dressé par Me L... le 21 Avril dernier, et de la plainte qu'il rend contre le sieur L..., Procureur, en prévarications par lui commises, soit en usurpant induement la qualité de Juge, soit en se taxant concussionnairement des honoraires; ordonne que ladite plainte sera et demeurera jointe à celle du 23 Avril dernier, pour être instruit sur le tout en la forme de droit, à la diligence du Substitut du Procureur-Général en la Jurisdiction du Port-au-Prince, pardevant le Sénéchal dudit lieu, qui demeure commis à cet effet, et ce, jusqu'à Sentence définitive exclusivement, pour, le tout rapporté en la Cour, être par le Procureur-Général pris telles Conclusions qu'il avisera, et par la Cour statué par un seul et même Jugement.

Pendant la durée du décret d'ajournement personnel décerné par un Procureur contre le Juge par interim de Jacmel (V. l'Arrêt du 24 Mars précédent, pag. 462.), *les Procureurs du Siége se firent donner les sacs des procès par écrit et en jugèrent plusieurs. Le Sénéchal par interim rentré en fonctions, se transporta au Greffe, où il dressa, le 21 Avril 1784, un Procès-verbal en présence du Procureur du Roi. Sur ce Procès-verbal communiqué au Ministère public, Ordonnance du Sénéchal par interim du même jour, par laquelle 1°. il annulle et réforme trois Sentences rendues par des Procureurs faisant fonctions de Juge; 2°. il les condamne à une amende de 3,000 liv.; 3°. il leur enjoint de restituer les épices qu'ils ont touchées; et 4°. il fait défenses au Greffier d'expédier les Sentences dont s'agit, lui enjoint de recouvrer des mains des Parties, ou des Procureurs, et même du Greffe de l'Intendance (pour les affaires de la compétence du Tribunal-Terrier), les expéditions desdites Sentences, lui enjoint la restitution de ses épices, et l'interdit pour trois mois. C'est par l'appel du Greffier que le Conseil fut saisi.*

ARRÊT du Conseil d'Etat, portant confirmation et établissement de Ports francs dans le Royaume.

Du 14 Mai 1784.

LE Roi desirant favoriser non-seulement le Commerce de ses Sujets, mais aussi celui de toutes les Nations; a jugé que le moyen le plus convenable à ses vues, seroit d'augmenter le nombre des Ports francs dans son Royaume. A quoi voulant pourvoir : Ouï le Rapport du sieur de Calonne, Conseiller ordinaire au Conseil royal, Contrôleur-Général des Finances; SA MAJESTÉ ÉTANT EN SON CONSEIL, a ordonné et ordonne ce qui suit :

Art. 1er. LE Port et la Ville-haute de Dunkerque, ainsi que le Port, la Ville et le Territoire de Marseille, continueront de jouir des franchises dont ils sont respectivement en possession, sans qu'il soit rien innové à leur égard.

II. A compter du 1er Juillet prochain, le Port et la Ville de l'Orient jouiront de l'entière liberté de recevoir les Navires et Marchandises de toutes les Nations, et d'exporter toute espèce de productions et de marchandises en toute franchise, à l'instar de celle qui a lieu à Dunkerque, sauf les précautions et formalités que Sa Majesté jugera à propos de prescrire, par la suite, pour le Commerce des Indes, de la Chine et des Colonies Françoises.

III. LE Port et la Ville de Bayonne, ceux de Saint-Jean-de-Luz et leur Territoire, jouiront, à compter du 1er Septembre prochain, des mêmes liberté et franchise énoncées au précédent article pour le Commerce étranger, tant par mer que par terre, ainsi qu'il sera plus amplement expliqué par des Lettres-Patentes qui fixeront l'étendue des priviléges des Villes de Bayonne, de Saint-Jean-de-Luz, et du pays de Labour. Et seront sur le présent Arrêt expédiées toutes Lettres nécessaires. FAIT au Conseil d'État du Roi, Sa Majesté y étant, tenu à Versailles, etc. *Signé :* Le Maréchal DE CASTRIES.

ARRÊT du Conseil d'Etat, qui prolonge jusqu'au 1er Juillet 1792, l'effet des Lettres-patentes du 1er Mai 1768, qui accordoient à l'Isle de Cayenne et à la Guyane Françoise, la liberté de Commerce avec toutes les Nations.

Du 15 Mai 1784.

LE Roi s'étant fait représenter les Lettres-Patentes du 1er Mai 1768, par lesquelles il a été accordé à la Guyane Françoise, pendant douze ans, une liberté entière et absolue de commercer avec toutes les Nations, afin de procurer à cette Colonie les secours dont elle avoit besoin pour l'accroissement de ses cultures; et sa Majesté étant informée que différentes circonstances n'ont pas permis aux Habitans de tirer de cette liberté de commerce tout l'avantage qu'ils devoient en attendre, Elle a résolu de leur en accorder la prolongation pendant huit autres années. À quoi voulant pourvoir : Ouï le Rapport; LE ROI ÉTANT EN SON CONSEIL, a ordonné et ordonne que les Lettres-Patentes du 1er Mai 1768, par lesquelles il a été permis aux Habitans de la Guyane Françoise de commercer librement avec toutes les Nations, continueront d'être exécutées selon leur forme et teneur, jusqu'au premier Juillet 1792. Mande Sa Majesté à Mons. le Duc de Penthièvre, Amiral de France, et aux Gouverneurs, Lieutenans-Généraux, Commandans particuliers, Intendans et Ordonnateurs, de tenir la main à l'exécution du présent Arrêt. Mande pareillement Sa Majesté aux Conseils Supérieurs des Colonies Françoises de procéder à l'enregistrement d'icelui, pour être lu, publié et affiché par-tout où besoin sera. FAIT au Conseil d'État, etc.

R. au Conseil du Port-au-Prince le 1er Octobre suivant.
Et à celui du Cap le 7.

EXTRAIT

EXTRAIT d'une Lettre du Ministre aux Administrateurs, concernant l'Assesseur qui fait le service d'un Conseiller titulaire, mort ou absent.

Du 15 Mai 1784.

LES Assesseurs ne sont pas obligés à la même assiduité que les Conseillers, parce que leur service est gratuit; mais il en doit être autrement, lorsque l'ancien Assesseur reçoit un traitement pour remplacer un Conseiller mort ou absent. Il est nécessaire que vous teniez la main à ce que ce traitement momentané ne soit véritablement que le prix de l'assiduité, puisqu'autrement l'objet qu'on a eu en vue ne seroit pas rempli.

LETTRE du Ministre aux Officiers des Conseils du Cap et du Port-au-Prince, sur la Présentation aux places de Conseiller.

Du 16 Mai 1784.

J'AI remarqué, MM., que, pour remplir les places de Conseiller qui ont vaqué depuis le Règlement du 7 Juillet 1781, les Conseils Supérieurs de Saint-Domingue se sont attachés à nommer presqu'exclusivement les Assesseurs et les Substituts des Procureurs-Généraux, dont plusieurs n'étoient pas susceptibles de cet avancement, ou n'avoient pas même le nombre d'années de service que le Règlement exige. Vous êtes sans doute convaincus que le Roi ne vous a point accordé cette prérogative pour suivre vos affections particulières, et que vous êtes obligés de vous dépouiller de toute prévention, pour présenter à Sa Majesté les trois Sujets que vous jugerez les plus propres à concourir avec vous à l'administration de la justice. Il y a certainement dans le nombre des Officiers de judicature et des Avocats de votre ressort, plusieurs sujets éclairés et honnêtes qui méritent votre suffrage. L'intention de Sa Majesté est que vous compreniez toujours au moins un

Juge ou un Avocat dans chaque nomination pour les places de Conseiller, et que vous ne vous permettiez jamais de proposer des sujets qui n'auront pas les qualités requises par le Règlement. Vous voudrez bien faire enregistrer cette Dépêche en votre Greffe, et vous y conformer exactement.

R. au Conseil du Port-au-Prince, le 1er Octobre 1784.
Et à celui du Cap le 9.

ORDONNANCE *des Administrateurs pour la Police du Port et du Carénage du Cap.*

Du 22 Mai 1784.

GUILLAUME Léonard de Bellecombe, etc.

Alexandre Jacques Bongars, etc.

La Rade du Cap ayant toujours été en temps de guerre le point de réunion des Forces Navales de Sa Majesté, et le rendez-vous des Bâtimens du commerce, tout ce qui peut intéresser sa sûreté et sa profondeur et tous les avantages d'un mouillage, a trop de droit à notre prévoyance, pour laisser subsister plus long-temps des abus dont la perpétuité ne tendroit à rien moins qu'à la dégradation du Port, en augmentant les difficultés de l'ancrage et de la navigation. En conséquence, sur les représentations qui nous ont été faites, que des particuliers achetoient de vieux Bâtimens pour en faire des pontons, et que par leur négligence ces Bâtimens couloient et étoient dans le cas de former par la suite des bancs ou haut-fonds; que les navires qui mouilloient aux environs de ces carcasses couroient les risques ou d'y toucher ou d'y raguer leurs cables : Nous, en vertu des pouvoirs à nous confiés par Sa Majesté, avons ordonné et ordonnons ce qui suit.

ART. I. Le Capitaine de Port continuera à jouir de la rétribution qui lui a été accordée, qui est d'usage pour l'entrée et la sortie de chaque Navire, jusqu'à ce qu'il soit fait un Règlement à ce sujet par les Administrateurs de la Colonie. Il sera tenu d'entretenir à ses frais des Pilotes et un canot armé pour aller au-devant des bâtimens qui se présenteront à la passe.

II. Le Capitaine de Port jouira seul du droit d'avoir des pontons flottans pour coucher les navires en carène ; il sera tenu de les entretenir bien étanchés et munis d'appareils nécessaires, bons et en suffisante quantité : lesdits pontons et appareils seront examinés et visités au moins tous les trois mois par le Commandant des Forces navales, ou par les Officiers qu'il nommera à cet effet.

III. Les propriétaires actuels des pontons flottans seront tenus de les remettre au Capitaine de Port, lequel en payera la valeur d'après l'estimation qui en sera faite à dire d'experts.

IV. Les propriétaires des carcasses, ayant ci-devant servi de pontons et qui sont maintenant coulées au fond de la Rade, seront tenus de les faire relever à leurs frais, pour être déposées dans le lieu qu'indiquera le Capitaine de Port.

V. Le Capitaine de Port veillera aux opérations relatives à l'article ci-dessus, qui ne doivent être faites que d'après ses ordres ; et dans le cas où il se trouveroit des particuliers qui refusassent d'obéir, l'autorisons à faire le relèvement desdites carcasses ou à les faire dépécer, ainsi qu'il appartiendra, le tout aux frais des propriétaires.

VI. Défendons à tous particuliers de quelque qualité et condition qu'ils puissent être, d'avoir des pontons flottans en rade, sous peine de confiscation et d'amende arbitraire, s'il y a lieu.

VII. Lorsque les particuliers auront acheté de vieux bâtimens hors d'état d'aller à la mer, ils seront tenus de s'adresser au Capitaine de Port qui leur indiquera le lieu où ils pourront les faire dépécer sans nuire à la rade et à la navigation.

VIII. Aucuns Capitaines, Patrons, ou propriétaires de bâtimens de quelque espèce que soient lesdits bâtimens, ne pourront les faire caréner sans avoir prévenu le Capitaine de Port ; leur défendons de faire chauffer leursdits bâtimens, qu'en présence d'un Officier ou du Maître de Port, afin de prévenir les accidens.

IX. Le Sieur Gramont, propriétaire du carénage établi sur le ressif *le Belier*, continuera à jouir des droits et prérogatives qui lui ont été accordés par sa concession, en se conformant toutefois à la police établie par le présent Règlement et sous l'inspection du Capitaine de Port. Prions MM. les Officiers du Conseil Supérieur du Cap d'enregistrer le présent Règlement, et Mandons aux Officiers de l'Amirauté dudit lieu de tenir la main à l'exécution dudit Règlement qui sera enregistré au Greffe de la Subdélégation, et imprimé, lu, publié et affiché par-tout où besoin sera. Donné au Cap le 22 Mai 1784. *Signé :* BELLECOMBE et BONGARS.

R. au Greffe de la Subdélégation, le 24 du même mois.

ARRÊT du Conseil du Cap, qui, attendu la demande réciproque à fin d'envoi en possession d'une succession, formée par un Donataire et par un Héritier qui arguë la donation de nullité, ordonne que l'Habitation sera administrée par un Sequestre-Régisseur.

Du 22 Mai 1784.

ENTRE le Sieur Dubian (Donataire en usufruit de la dame veuve Voyard), Appelant d'une part; Et le sieur de Corbiere, Fermier de l'Habitation Voyard, aussi Appelant; Et le Sieur Gourgues, habile à se dire seul héritier de la dame Voyard, sa sœur, Intimé. Vu la Sentence qui, Parties ouïes, auroit sursis à statuer sur la demande en nullité de la donation dont s'agit, pour être les pièces mises sur le bureau et en être délibéré; faisant droit sur la demande en envoi provisoire de la succession, auroit envoyé le Sieur Gourgues en possession d'icelle, pour en être chargé comme dépositaire de biens de justice jusqu'à la décision de la validité, ou invalidité de la donation dont s'agit, etc. Ouïs Laborie, Avocat de Dubian, Rodier, Avocat de Corbiere, et d'Augy, Avocat de Gourgues, et tout considéré : LA COUR a mis et met l'Appellation et Sentence dont est appel, au néant; émendant, ordonne qu'à la requête de la Partie de d'Augy il sera nommé pardevant le premier Juge un Sequestre-Régisseur à l'Habitation Voyard, qui en demeurera chargé comme dépositaire de biens de justice jusqu'à la décision de l'appel de la Sentence du ... (*), et en rendra compte à qui de droit; ordonne que l'amende consignée par les Parties de Laborie et de Rodier, leur sera remise, dépens réservés.

---

* Cette Sentence avoit prononcé sur le fond, durant l'appel de celle qui a donné lieu à l'Arrêt.

ORDONNANCE des Administrateurs, qui défend de tenir dans l'intérieur de la ville du Cap des Magasins de Nègres nouveaux.

Du 24 Mai 1784.

GUILLAUME Léonard de Bellecombe, etc.

Alexandre Jacques Bongars, etc.

Nous avons été frappés du danger dont la ville du Cap est menacée dans son intérieur, par l'usage d'entasser dans des Magasins particuliers, les Nègres nouveaux qui n'ont pu être vendus à bord des Bâtimens mouillés dans cette Rade. La Visite que le Ministère public a fait faire de sept de ces Magasins actuellement remplis, nous a présenté le tableau révoltant de morts et de mourans jetés pêle-mêle dans la fange. Indépendamment de l'outrage que cet abus fait à l'humanité, il est également préjudiciable à la santé des Citoyens et aux intérêts des Armateurs. Nous estimons qu'il est de notre devoir d'y remédier promptement, et Nous nous y porterions de nous-mêmes, quand nous n'y serions pas excités par le Règlement qui défend, sous peine de cinq cens livres d'amende, à tous Capitaines de Navires marchands, de garder dans leurs Magasins les Matelots malades, et qui leur enjoint de les faire porter à l'Hôpital. A CES CAUSES, et en vertu des pouvoirs à nous donnés par Sa Majesté, avons ordonné et ordonnons ce qui suit :

ART. I. Défendons à tous Capitaines ou Consignataires de Navires Négriers de déposer, dans l'intérieur de la Ville, les Nègres nouveaux qu'ils font descendre à terre, à peine de mille livres d'amende, tant contre lesdits Capitaines ou Consignataires, que contre ceux qui leur auront loué des Magasins pour recevoir lesdits Nègres nouveaux; laquelle amende sera prononcée au profit de la Maison de Providence, par le Juge ordinaire, sur les poursuites du Ministère public.

II. Lesdits Capitaines ou Consignataires pourront se retirer pardevers Nous, ou nos Représentans, en notre absence, à l'effet d'obtenir la permission de déposer dans les Bâtimens établis au lieu dit *la Fossette*, les Noirs qu'ils voudront mettre à terre et dont l'état sera joint à leur Requête, avec soumission de leur part de remettre les Bâtimens qui auront servi au dépôt desdits Noirs, dans le même état ou ils leur auront été livrés par le Gardien de la Fossette.

III. Autorisons les Capitaines ou Consignataires (conformément à une Requête qui nous a été présentée par un grand nombre d'Habitans) à percevoir des Acheteurs, en sus du prix des Noirs vendus, vingt-quatre livres par tête desdits Noirs ; à la charge de remettre au Trésor, sitôt la vente finie, cette somme de vingt-quatre livres, à laquelle les Habitans eux-mêmes ont évalué l'indemnité due au Roi pour les frais de construction et d'entretien desdits Bâtimens.

Prions MM. les Officiers du Conseil Supérieur du Cap, d'enregistrer la présente Ordonnance. Sera la présente enrégistrée au Contrôle de la Marine, et au Greffe de la Subdélégation, imprimée, lue, publiée et affichée par-tout où besoin sera. Donné au Cap, etc. *Signé :* BELLECOMBE et BONGARS.

Enregistrée, oui et ce requérant le Procureur-Général du Roi ; pour être exécutée suivant sa forme et teneur, à la charge que le prix du loyer des Bâtimens de la Fossette, fixé à 24 liv. par tête de Nègre, dans l'article trois, sera au compte des Armateurs, et ne pourra être répété sur les Acheteurs desdits Nègres, ainsi qu'il est dit en l'Arrêt de ce jour, qui ordonne que ladite Ordonnance, ainsi que celles du 28 Mai 1717, et du 12 Novembre 1731, seront imprimées, lues, publiées et affichées par-tout où besoin sera ; et copies duement collationnées, ensemble du présent Arrêt, envoyées à la diligence du Procureur-Général du Roi, aux Siéges Royal et d'Amirauté de cette ville, pour y être enregistrées, lues, publiées et affichées, etc.

Approuvée par une Lettre du Ministre du 5 Novembre suivant.

ARRÊT du Conseil du Port-au-Prince touchant un Règlement du Juge de Police de Jérémie, sur les Animaux qui vaguent dans les Rues.

Du 24 Mai 1784.

VU par la Cour le Réquisitoire du Procureur-Général, tendant, etc. LA COUR a donné acte au Procureur-Général de l'Appel par lui interjeté de l'Ordonnance de Police du 7 Mai 1783 ; Faisant droit sur ledit Appel, a mis et met l'Appellation et ce au néant ; en ce que par icelle la défense de laisser paître les animaux dans les rues est restreinte aux seuls animaux entiers ; émendant quant à ce, ordonne que l'Article 47 de l'Édit du mois de Novembre 1781, sera exécuté selon sa forme et teneur ; en conséquence fait défenses à tout particulier de la ville de Jérémie, de quelque qualité et condition qu'il soit, de laisser paître et vaguer aucuns animaux dans les rues, sous les peines portées audit Article ; enjoint au Juge de Police de Jérémie d'avoir à se conformer littéralement à l'exécution des Édits et Déclarations du Roi ; Ordonne en outre que copie collationnée du présent Arrêt sera envoyée en la Juridiction de Jérémie, etc.

ORDONNANCE des Administrateurs pour la Vente des Sirops au poids.

Du 24 Mai 1784.

GUILLAUME Léonard de Bellecombe, etc.

Alexandre Jacques Bongars, etc.

Occupés de la recherche de tous les moyens de prospérité de la Colonie, dont l'Administration nous a été confiée par Sa Majesté, nous avons reconnu qu'il s'étoit introduit dans le commerce des Sirops amers et Mélasses, des abus aussi contraires à la bonne foi, que préjudiciables aux intérêts des Vendeurs et des Acheteurs. Dans toutes les Places de Commerce, dans tous les Marchés, dans les Rafineries de l'Europe, dans toutes les Colonies (celle de la Partie du Nord de Saint-Domingue exceptée), l'usage général est de vendre les Sirops au poids et non à la velte. Il résulte de l'usage contraire, de grands inconvéniens. La velte qui sert à mesurer la capacité des boucauts remplis de Sirops, souvent inexacte et quelquefois infidèle, expose le Vendeur à une perte considérable. Quelquefois les boucauts, au-lieu d'être cylindriques, forment un ovale plus ou moins surbaissé. On a vu des boucauts qui avoient un double fond; d'autres boucauts n'ont pas leurs côtés parallèles de la même longueur. Dans tous ces cas, le rapport de la velte est inexact et toujours au détriment du Vendeur. La différence est souvent de vingt pour cent. Les Propriétaires des Sucreries ne souffrent pas seuls de ces fraudes; elles doivent entraîner la ruine des Propriétaires des Guildiveries qui se refusent à ces manœuvres illicites, parce qu'ils ne peuvent soutenir la concurrence de ceux qui n'ont pas la même délicatesse. Une infidélité plus criminelle encore, est celle de mêler de l'eau avec les Sirops, afin de les étendre. Outre la perte qu'éprouve l'Acheteur, lorsqu'il veut convertir ces Sirops en esprits ardens, il en résulte les plus grands inconvéniens pour la navigation et le commerce; les Sirops étendus d'eau fermentent dans la traversée; ils brisent les boucauts; il en résulte quelquefois la perte entière de la cargaison. Nous sommes instruits encore qu'il s'élève quelquefois des difficultés entre les Vendeurs et les Acheteurs sur l'ouïllage des Boucauts. Le Sirop, lorsqu'on le verse dans les futailles, se raréfie par l'effet de l'air qui se met en expansion. Lorsque le mouvement occasionné par le charoi a fait affaisser la liqueur, il se trouve un vuide de plusieurs veltes dans le boucaut, qui donne lieu à des réclamations de la part des Acheteurs auxquels les Vendeurs refusent quelquefois l'indemnité qui leur est légitimement due.

L'intérêt des mœurs, celui des Colons et des Négocians exigent que nous remédiions à ces abus; le moyen le plus efficace est d'assujettir le commerce des Sirops à la règle générale et à la loi de l'uniformité, en proscrivant l'usage de vendre les Sirops à la velte et en ordonnant de les vendre à l'avenir au poids. A CES CAUSES et en vertu des pouvoirs à nous donnés par Sa Majesté, avons ordonné et ordonnons ce qui suit :

ART. I. A l'avenir, à commencer *du premier Juillet* de la présente année

année (pour le Cap); *du premier Octobre* (pour le Port-au-Prince), toutes les ventes de Sirops et Mélasses se feront dans toute la Colonie au poids de Marc conforme à l'étalon déposé dans les Greffes des Jurisdictions.

ART. II.

Il sera accordé à l'Acheteur par le Vendeur une déduction de dix livres par chaque quintal, pour la tare des Boucauts et futailles contenant des Sirops amers, ainsi que cela se pratique pour la vente des sucres bruts.

ART. III.

Ordonnons, au surplus, que la présente Ordonnance soit lue, publiée, imprimée et affichée dans toutes les Villes et Paroisses de la Colonie, et expéditions d'icelle remises à tous les Étalonneurs-Jaugeurs dans les différentes Jurisdictions.

Prions Messieurs les Officiers des Conseils-Supérieurs du Cap et du Port-au-Prince, d'enregistrer la présente Ordonnance, et Mandons aux Juges des Jurisdictions de tenir la main à son exécution. Donné au Cap, etc. *Signé :* BELLECOMBE et BONGARS.

R, au Conseil du Cap le 4 *Juin* 1784.

Et à celui du Port-au-Prince le 18 *Octobre suivant.*

Et attendu que l'Arrêt du Conseil du Cap ordonnoit seulement l'enregistrement aux Sénéchaussées, autre Arrêt du 11 *Juin ordonne qu'il aura pareillement lieu aux Siéges d'Amirauté.*

Arrêt du Conseil du Cap, qui, sur l'appel d'une Sentence qui a canonisé une Liberté, et prononcé l'élargissement de l'Affranchi, à la charge de donner caution pour l'exécution provisoire de ladite Sentence, ordonne que cet élargissement aura lieu sous la simple caution juratoire du Curateur du Réclamant, de le représenter toutes fois et quantes il en sera requis.

Du 24 Mai 1784.

Vu par la Cour la Requête à elle présentée par Philemon, Mulâtre procédant sous l'autorité de Me Petit Deschampeaux, Procureur ès Siéges du Cap, Curateur à lui nommé pour la défense de sa liberté, ladite Requête tendante à ce qu'il plût à la Cour lui permettre d'anticiper le Sieur Brousse, Appelant de Sentence du Juge du Cap du . . . du présent mois, qui, Parties ouïes, ensemble le Procureur du Roi en ses Conclusions verbales, vu l'Acte passé par-devant Me Bordier, Notaire, le . . . 1764, par lequel le Sieur Chevalier de Laborde, son ancien Maître, lui auroit donné la liberté, avec prière à MM. les Général et Intendant de la ratifier; l'acte de ratification de ladite liberté par MM. de Montreüil et de Clugny, auroit le nommé Philemon maintenu provisoirement dans sa liberté, ses dommages-intérêts, reservés en définitif; en conséquence auroit ordonné que ledit Philemon sera relaxé des prisons; à quoi faire le Geolier contraint; ce faisant, bien et valablement quitte et dechargé, ce qui sera exécuté nonobstant toute opposition ou appellation quelconque, à la charge de donner caution conformément à l'Ordonnance: Vu aussi toutes les Pièces, Titres et Procédures, Conclusions par écrit du Procureur-Général du Roi; Ouï le Rapport de M. Pourcheresse de Vertiere, Conseiller, et tout considéré: La Cour a reçu et reçoit le Suppliant anticipant pour en venir dans le délai de l'Ordonnance, et néanmoins ordonne qu'à la signification du présent Arrêt le Suppliant sera relaxé des prisons, sous la simple caution juratoire de son Curateur de le representer toutefois et quantes il en sera requis; à quoi faire le Geolier contraint; ce faisant, bien et valablement quitte et dechargé; ce qui sera exécuté nonobstant toute opposition.

ARRÊT du Conseil du Port-au-Prince, qui, dans le cas d'un Convol, prescrit l'exécution de l'Art. 5 de l'Édit du mois de Février 1743, et celle de son Règlement du 17 Juillet 1764.

Du 26 Mai 1784.

ENTRE Me de Longpré des Baliziers, ancien Conseiller-Assesseur en la Cour, et Habitant à Léoganne, Appelant, comparant par de la Font, Avocat; Et dame Marguerite-Bonne-Louise Le Roi, veuve en premières noces de feu Me Colheux de Longpré, vivant Conseiller en la Cour, et tutrice de leurs enfans mineurs, aujourd'hui épouse du Sieur Dubuq de Saint-Olimpe, et de lui autorisée; ladite dame en France, représentée par ledit Sieur son mari, Intimée, comparante par Me Salaignac, Avocat; Et encore le Sieur Bernardon Habitant, au Cul-de-sac, comparant par Me Salaignac. LA COUR, ouï Me de Bourcel, Substitut, faisant fonction de Procureur-Général du Roi, en ses Conclusions, donne Acte à la Partie de la Fond de l'Appel incident par elle interjeté sur le bareau de la Sentence d'homologation, de l'avis des Parens et amis des Mineurs de Longpré, du 7 Avril dernier; donne pareillement Acte au Procureur-Général du Roi de l'Appel par lui interjeté de ladite Sentence; joignant lesdits appels à l'Appel principal, a mis et met les Appellations et Sentence dont est Appel, au néant; émendant, déclare nulle et comme non-avenue, la Délibération du 7 Avril dernier: évoquant le principal, et y faisant droit, sur les demandes des Parties, ordonne qu'à la requête du Substitut du Procureur-Général du Roi au Siège Royal de cette ville, il sera convoqué par-devant le Sénéchal dudit lieu une assemblée de Parens des Mineurs de Longpré, ou d'amis au défaut de Parens, à laquelle assemblée sera appelée la Partie de Me La Fond, pour donner leur avis: 1°. s'il est avantageux ou non auxdits Mineurs, que la dame Dubuq de Saint-Olimpe demeure leur Tutrice, et le Sieur de Saint Olimpe Cotuteur, et, dans le cas contraire, donner leur avis sur la nomination d'un autre Tuteur; 2°. sur la nomination à faire auxdits Mineurs d'un Subrogé-Tuteur; 3°. sur la pension à fixer auxdits Mineurs; pour ledit avis de Parens ou amis être ensuite, s'il y a lieu, homologué par ledit Sénéchal en la manière ordinaire; déboute les Parties du surplus de leurs demandes; condamne les Sieur et dame Du Buq de Saint-Olimpe aux dépens des causes Principale et d'Appel, l'amende remise.

La Dame veuve de Longpré, nommée Tutrice de ses enfans mineurs, d'après l'avis de leurs parens et amis, homologué par le Juge du Port-au Prince, épousa en secondes nôces, à Paris, Me Dubuq de Saint-Olimpe. Dans une assemblée de Parens ou amis convoquée à leur requête, Me de Saint-Olimpe fut nommé Cotuteur, et cet avis fut homologué par Sentence du Châtelet de Paris du 15 Septembre 1783.

Me de Saint-Olimpe, passé à Saint-Domingue, où sont les biens des mineurs, convoqua, à sa requête, une nouvelle assemblée de Parens et d'amis qui nommèrent le Sieur Bernardon pour Subrogé-Tuteur aux Mineurs, fixèrent à 3,000 liv. tournois la pension de chaque Mineur, et nommèrent trois arbitres pour constater à quel prix devoit être fixé la ferme d'une Habitation appartenante pour un tiers aux Mineurs. Sentence du Sénéchal du Port-au-Prince en date du 7 Avril 1784, confirma leur avis.

Sur l'appel de cette Sentence, interjeté par M. de Longpré des Balisiers, Oncle paternel des Mineurs, qui n'avoit pas été appelé à la Délibération, et sur l'appel du Ministère public, l'Arrêt, en annullant la Sentence du 7 Avril précédent, a renvoyé, par ses dispositions, à l'execution de l'Art. 5 de l'Edit du 1er Février 1743, concernant les Mineurs, qui veut que le Juge de la tutelle soit celui qui règle si elle doit être conservée au conjoint qui a convolé, et à l'exécution de l'Arrêt de Règlement du Conseil du Port-au-Prince en date du 17 Juillet 1764, portant qu'en cas de convol, la convocation des parens et amis aura lieu à la requête du Procureur du Roi.

V. *Tom. III, pag.* 724.

V. *Tom. IV. p.* 781.

ARRÊT du Conseil-Supérieur du Port-au-Prince, touchant la garde des Papiers d'une Succession, et l'apposition et la levée des Scellés relatifs à ladite garde.

Du 26 Mai 1784.

LOUIS, etc. Vu en Notre Conseil de Port-au-Prince, etc. Entre les Sieurs Duchemin et Griat, Négocians au Port-au-Prince, au nom et comme Exécuteurs-Testamentaires du feu Sieur Lilavois, Appelans, comparans par Salaignac.

Et la dame veuve et non-commune en biens dudit feu Sieur Lilavois, demeurante en cette ville, suite et diligence du Sieur Perdereau, Procureur, fondé de son pouvoir, Intimée, comparante par Daubry.

LA COUR, ouï Me de Bourcel, Substitut faisant fonctions de Procureur-Général du Roi, en ses Conclusions, a mis et met l'Appellation au néant; ordonne, etc.

Et faisant droit sur les Conclusions subsidiaires des Parties de Salaignac, ordonne, du consentement de celle de Daubry, que les papiers dont il s'agit seront et demeureront à la garde du Sieur Martin, établi Gardien-général lors de l'apposition des scellés, lequel en conséquence demeure autorisé à demeurer, tant le jour que la nuit, dans la maison dans laquelle se trouvent lesdits papiers; comme aussi que par le Notaire les scellés seront, en présence du Substitut du Procureur-Général du Roi, apposés à la fin de chaque vacation sur la porte des lieux dans lesquels ils seront enfermés. Fait au Conseil du Port-au-Prince, etc.

ORDONNANCE des Administrateurs, pour la formation du Quai, au lieu appelé le Petit-Carénage dans la ville du Cap.

Du 27 Mai 1784.

GUILLAUME Léonard de Bellecombe, etc.

Alexandre Jacques Bongars, etc.

Il est ordonné aux Propriétaires riverains du bord de la mer de Petit-Carénage dénommés ci-après; savoir : les Sieurs Courrejolle, Couribaux, veuve Maurere, les Sieurs Artaud, Ricoud, Tardieu, Gabriel, Clement, Troyon, veuve Durand, Giraud, Barbel, Ramon Barde, Guerdin, Roch, Terrein au Roi, de Saa; d'avoir à remblayer dans le courant de la présente année le Quai de soixante pieds en avant du terrein dont ils sont propriétaires, suivant et conformément à l'alignement qui leur en a été donné; déclarant que faute par eux de se conformer à la présente Ordonnance, il sera procédé à la réunion de leur terrein quoique commencé à bâtir. Fait au Cap le 27 Mai 1784. *Signé :* BELLECOMBE et BONGARS.

Conformément à l'ordre verbal de MM. les Général et Intendant, j'ai, Voyer de la ville et banlieue du Cap soussigné, donné en communication la présente Ordonnance à tous les propriétaires y denommés, pour avoir à s'y conformer, et ont tous signé. Au Cap le 10 Juin 1784. *Signé :* GUÉ, Voyer de la Ville (et lesdits Propriétaires ou leurs Représentans).

R. au Greffe de la Subdélégation le 15 Juin suivant.

LETTRE du Ministre aux Administrateurs, touchant une exemption en faveur des Pères ayant 10 ou 12 Enfans.

Du 28 Mai 1784.

J'AI reçu, MM., avec votre lettre du 13 Janvier dernier, le Mémoire du Sieur Ballon, Officier des Milices à Saint-Domingue, qui demande une pension pour l'indemniser de la privation d'une partie des priviléges dont l'Ordonnance de 1744 faisoit jouir les Pères de douze enfans, et qui, après avoir déjà été altérés par la suppression de la capitation des Noirs de Jardin en 1776, ont été anéantis par l'Édit du Roi du mois de Novembre 1781, qui n'admet aucune exemption pour les corvées des chemins. En appréciant la demande de ce Particulier dont vous faites l'éloge, vous proposez aussi de faire un Règlement qui accorde une pension de 1,000 liv. à ceux qui auront douze enfans, et une seulement de 500 liv. à ceux qui n'en auront que dix, et vous pensez qu'il convient de faire participer les Gens de couleur au bénéfice de ce Règlement, comme ils jouissoient déjà, quoique tacitement, de celui de l'Ordonnance de 1744. Il me paroît juste, comme à vous, d'accorder un dédommagement au Sieur Ballon et aux autres Pères qui se trouvent dans le même cas. Le moyen le plus simple est en effet de leur accorder une pension; mais les circonstances ne permettent pas de l'asseoir sur l'Octroi. La caisse des libertés offre une ressource plus naturelle. Le Roi vous autorise en conséquence à assigner sur les fonds de cette dernière caisse une gratification annuelle de 1,000 liv. aux Pères de douze enfans, et une de 500 liv. à ceux qui n'en auront que dix. Cette gratification sera diminuée d'un tiers pour les Gens de couleur, qui jouiront, dans les deux cas prévus, de 666 liv. 13 s. 4 d., ou de 333 liv. 6 s. 8 d.

R. au Contrôle le 19 Juillet 1786.

EXTRAIT de la Lettre du Ministre aux Administrateurs sur le Baptême du Tropique.

Du 28 Mai 1784.

J'AI reçu, MM., votre lettre du 24 Janvier dernier, à laquelle étoit jointe une expédition de l'Arrêt du Conseil Supérieur du Cap (du 8 Janvier précédent), rendu sur la plainte du sieur Locquet de la Pommeraye, pour abolir l'usage du baptême du Tropique à bord des Bâtimens allant aux Colonies. La disposition de cet Arrêt, qui regarde le sieur Piaud, Capitaine du Navire la Claudia, est juste, si en effet il s'est porté, ou a souffert qu'on se portât à certains excès; mais cet événement ne me paroît pas devoir donner lieu à une loi générale pour l'abolition d'un usage qui existe depuis long-temps chez toutes les nations de l'Europe; c'est même un amusement qui entretient la gaieté et conséquemment la santé des Équipages, et qui ne peut tirer à conséquence lorsqu'on n'en abuse pas.

ARRÊT du Conseil du Cap, touchant les Ordres de Chasse de Nègres marons.

Du 3 Juin 1784.

VU par la Cour la Requête à elle présentée par le Sieur Lapice Bergondy, habitant au Quartier Dauphin, tendante à ce qu'il plût à ladite Cour, vu la Déclaration de maronage de plusieurs Négres de l'habitation commune entre ses frères et lui, faite au Greffe le 2 Mai 1781, par le Sieur Dupont de Hault, gérant leur habitation; le dépôt fait au Greffe le.... Juin 1781, d'un ordre de chasse (le lendemain de sa date), et la déclaration du même jour, de la mort de Zabeth, Négresse des Sieurs Lapice, tuée la veille d'un coup de fusil

fusil dans un ajoupa, etc., ordonner que le Suppliant sera payé de la somme de 1,200 *liv.* etc. Conclusions par écrit de Saint-Martin *fils*, Substitut du Procureur-Général du Roi; Ouï le Rapport de M. Bouron, Conseiller, et tout considéré : LA COUR, attendu que le Sieur Castex, Capitaine-commandant les milices du Quartier de Vallière, n'a point le droit de donner des ordres de chasse qui sont réservés au Commandant seul pour le Roi, et que lesdits ordres doivent, avant leur exécution, être déposés au Greffe, a débouté et déboute le Suppliant de sa demande.

EXTRAIT de la Lettre du Ministre à M. l'Intendant, touchant le paiement des Pensions sur les Greffes.

Du 4 Juin 1784.

JE vous prie de ne perdre aucun temps, pour me rendre les comptes que je vous ai demandés, et d'employer, à la reception de ma lettre, tous les moyens possibles, et particulièrement la saisie des emolumens du Greffe, pour forcer le Sieur de la Pommeraye à payer les arrérages des pensions dont il est chargé. Je serois fâché que mon intention fût éludée sous aucun prétexte.

Il en est de même des pensions qui faisoient l'objet de ma Dépêche du 9 Août dernier, dont vous m'avez accusé la réception par votre lettre commune avec M. de Bellecombe du 23 Février dernier. Je vous prie de tenir exactement la main à ce que le Sieur Roberjot en fasse le recouvrement aux termes indiqués et sans délais, nonobstant toutes réclamations. Vous ordonnerez, pour cet effet, sans ménagement, la saisie des émolumens de ceux qui se trouveront en retard, et vous rendrez le Sieur Roberjot responsable des objets qu'il aura négligé ou différé de faire rentrer.

ARRÊT du Conseil du Cap confirmatif de Sentence de l'Amirauté de la même ville qui juge que, lorsqu'un Acte ne contient aucunement le mot de Commandite, et que la Société est formée sous la raison : un tel et Compagnie ; *ceux que ce mot* Compagnie *désigne, ne sont nullement des Commandataires, mais des Associés ordinaires, tenus des dettes de la Société au delà de leur mise.*

Du 5 Juin 1784.

ENTRE les Sieurs de Russy, Gauget et Compagnie, Négocians au Cap, Appelans ; Et le Sieur Sasportas, Négociant, Intimé. Plaidans Me d'Augy pour les Appelans, et Me Darracq pour l'Intimé.

Les Sieurs de Russy, Gauget et Compagnie, attaqués en declaré-exécutoire des condamnations obtenues contre le Sieur Martin, leur Associé, soutenoient que, n'étant désignés dans l'Acte que par le mot Compagnie, *ils n'étoient que des Associés en commandite.*

ARRÊT du Conseil du Cap, qui juge que le Maître, civilement garant de son Esclave, s'acquitte à cet égard, en payant 1,200 liv., valeur du remboursement d'un esclave supplicié, ou en faisant l'Abandon dudit Esclave à celui qui a souffert le dommage.

Du 7 Juin 1784.

ENTRE les héritiers le Febvre, ... (Plaidans Mes d'Augy et Darracq).

Un Nègre des héritiers le Febvre, qui en avoit tué un appartenant aux Sieurs Jombert, fut condamné par Arrêt à être fouetté et marqué, puis remis à son Maître. Alors demande des Sieurs Jombert contre les héritiers le Febvre en paiement de leur Nègre. Sentence du Juge du Cap du 12 Juin 1779, qui les condamne à payer le Nègre tué, sur l'estimation qu'en feroient des Arbitres; si mieux ils n'aimoient abandonner leur Nègre pour être vendu, et les Sieurs Jombert payés sur le produit de la vente. L'Arrêt, en émendant la Sentence, condamne les héritiers le Febvre à payer 1,200 liv. aux Sieurs Jombert, si mieux ils n'aiment abandonner leur Nègre au profit de ces derniers.

Cette fixation de 1,200 liv. est prise de ce que cette somme est la valeur d'un Nègre supplicié, et que les Sieurs Jombert n'auroient eu que cette somme à réclamer, si le Nègre des héritiers le Febvre avoit été condamné à la mort ou à la chaîne perpétuelle, etc. au lieu de leur avoir été remis. Quant à l'option que cet Arrêt défére aux héritiers le Febvre, c'est le vœu de l'Art. 37 de l'Édit du mois de Mars 1685.

ARRÊT du Conseil du Port-au-Prince touchant les Conventions d'un Contrat de mariage passé en pays de Droit écrit.

Du 7 Juin 1784.

ENTRE le Sieur Raucourt, Et son épouse. (Plaidans Me Salaignac pour le Mari, et Me La Fond pour la femme; sur les Conclusions de M. de Bourcel, Substitut, faisant fonctions de Procureur-Général).

Par le contrat de mariage d'entre les Sieur et Dame Raucourt, passé dans la ville de Condom, regie par le droit écrit, il fut stipulé 1°. « Que » la demoiselle Dutaya se constitue pour porter en dot au Sieur Raucourt, » son époux, tous et un chacun ses droits paternels et maternels, en » quelque lieu qu'ils soient situés et en quoi qu'ils puissent consister, et » pour la recherche desquels elle constitue ledit Sieur Raucourt pour » son procureur-général et spécial; 2°. que les futurs époux s'associent » moitié-à-moitié de tous les acquets qu'ils feront pendant ledit mariage, » réversibles aux enfans qui naîtront, et que n'y ayant point d'enfans, » chacun disposera de sa part et portion comme bon lui semblera. »

Le Sieur Dubouchet, Ayeul maternel de la Dame Raucourt, son héritière en partie, étant venu à mourir, le mari a prétendu pouvoir jouir de la portion de sa femme qui s'y est opposée. Sur la contestation, Sentence du Juge de Jérémie du 27 Mars 1784, qui autorise la Dame Raucourt à la poursuite de ses droits dans la succession de son Ayeul, et à partager avec ses cohéritiers; à la charge par elle, s'il lui écheoit un immeuble, de ne pouvoir l'aliéner sans l'autorisation de son mari, et si elle ne touche que des deniers, d'en faire emploi.

Le Sieur Raucourt ayant interjeté Appel de cette Sentence, l'Arrêt l'a confirmée.

Les motifs de cette décision (prononcée sans avoir égard à une prétendue fin de non-recevoir, opposée par la Dame Raucourt à son mari, à cause de la qualité de non-commune en biens insérée dans une procuration que son mari lui avoit donnée en 1769), ont été: 1°. que la Succession du Sieur Dubouchet, Ayeul de la Dame Raucourt, échue depuis le mariage, étoit un bien adventif non compris sous la dénomination des droits paternels et maternels, constitués en dot par la femme; cette dénomination ne pouvant concerner que les droits à repéter par elle, soit de son père, soit de sa mère, et n'y ayant pas au contrat la Clause: Tous ses droits présens et avenir; 2°. que, d'après la loi 8, au Code, de Pactis conventis, l'administration des biens paraphernaux appartenante à la femme, le Sieur Raucourt ne pouvoit prétendre à la jouissance du produit de la portion héréditaire de sa femme dans sa succession de son Ayeul; 3°. et enfin que la stipulation de Société dans le Contrat de mariage ne portant que sur les acquêts faits durant le mariage, l'héredité dont s'agit étoit exclue de cette même Société, qui ne pouvoit être assimilée à une clause expresse de Communauté que rien ne peut suppléer.

ARRÊT du Conseil du Cap touchant l'Opposition aux Arrêts par défaut.

Du 8 Juin 1784.

ENTRE les Sieurs Saurine, frères, le Sieur Conderive et le Sieur Israël Levy. (Plaidans Mes l'Anglois Desfosses, Baudry Deslozieres et d'Augy).

Acte sous-seing privé du 21 Octobre 1781, portant Vente d'un Nègre par Levy aux Sieurs Saurine. Autre sous-seing privé du 29 du même mois, portant Vente du même Nègre au Sieur Conderive. Cette seconde vente déposée au Greffe du Siége du Cap le 13 Octobre suivant.

Demande en remise du Nègre de la part des Sieurs Saurine frères contre le Sieur Conderive. Sentence du 19 du même mois de Novembre les déboute de leur demande, et condamne Levy, par Corps, *à les garantir et indemniser. Appel des Sieurs Saurine. Arrêt par défaut qui infirme la Sentence, et qui est exécuté au Limbé, lieu de la résidence du Sieur Conderive qui forme ensuite opposition à cet Arrêt.*

Les Sieurs Saurine soutenoient que le Sieur Conderive étoit non-recevable, faute par lui d'avoir fait des réserves lors de l'exécution de l'Arrêt par défaut, le procès-verbal de l'Huissier ne parlant que de frais de Chirurgie. Le Sieur Conderive répondoit qu'un procès-verbal non-signé de lui, n'élevoit pas une fin de non-recevoir; que l'opposition à un Arrêt devant être faite par le ministère d'un Avocat, il n'avoit pu recourir à cette voie au Limbé. Les moyens du Sieur Conderive l'ont fait recevoir opposant, d'autant que sa vente avoit seule une vraie date par son dépôt dans un Greffe; en conséquence l'Arrêt définitif, en confirmant la Sentence, condamne les Sieurs Saurine à remettre le Nègre au Sieur Conderive.

ARRÊT du Conseil du Cap, qui juge qu'une Femme non-régnicole est inhabile à invoquer le bénéfice de la loi : Undè vir et uxor, *ainsi que l'exécution de l'Art. 19 de l'Édit du 24 Novembre 1781, à la mort de son Mari qui étoit pareillement Étranger.*

Du 9 Juin 1784.

ENTRE Me de Verville, Receveur des Aubaines de la Jurisdiction du Fort-Dauphin, Appelant; Et la veuve Mouisse, Intimée; Et le Sieur Samson d'autre part; Vu la Sentence du 13 Novembre 1783, qui faisant droit sur le Règlement des qualités des Parties, auroit ordonné que Me de Verville plaidera en la cause comme Curateur aux successions vacantes, représentant en cette qualité les héritiers absens dudit Sieur Mouisse; et pour faire droit aux Parties sur le surplus de leurs demandes, auroit icelles appointées en droit à écrire, produire et contredire dans les délais de l'Ordonnance, depens reservés. Autre Sentence du 20 Décembre 1783, qui, le tout vu et mûrement examiné, ouï le Procureur du Roi en ses Conclusions, auroit la forclusion declaré bien et duement acquise contre Me de Verville, et adjugeant le profit d'icelle, procédant à la liquidation des droits de la veuve du Sieur Mouisse dans la succession de son mari, auroit le contrat civil de mariage, d'entre elle et ledit feu Sieur Mouisse, déclaré exécutoire contre ledit Me de Verville, en sa qualité, ainsi et comme il l'étoit contre ledit sieur Mouisse; en conséquence auroit dit et jugé que les droits de ladite dame veuve Mouisse, dans la succession de son mari, s'élèvent à, etc.; tant pour ses droits et conventions matrimoniales, que pour les paiemens par elle faits à la charge de la succession Mouisse, et ce par privilège et préférence à tous créanciers, ce dont elle demeurera bien et valablement dechargée tant envers les héritiers du feu Sieur Mouisse si aucuns sont, que tous autres; et quant au surplus de la succession dudit feu Sieur Mouisse, vu ce qui résulte tant de l'Article 16 de l'Édit du Roi du 24 Novembre 1781, que de la loi Prétorienne : *undè vir* et *uxor*, auroit dit et ordonné que ladite dame veuve Mouisse restera et demeurera provisoirement en possession du surplus de ladite Succession Mouisse, pour en faire et user comme de chose à elle appartenante; au moyen de quoi le Sieur Samson demeure bien et valablement dechargé du cautionnement par lui souscrit solidairement avec ladite dame veuve Mouisse, de représenter le montant de l'inventaire fait après le décès dudit Sieur Mouisse, et auroit condamné ladite Succession Mouisse en tous les dépens, ce qui sera exécuté, etc. Ouïs Rodier, Avocat de Verville, d'Augy, Avocat de la veuve Mouisse, et Darracq, Avocat de Samson, ensemble de Saint-Martin fils, Substitut du Procureur-Général du Roi, et tout considéré : LA COUR a mis et met les Appellations et Sentences dont est appel, au néant; émendant, condamne la Partie de d'Augy à faire remise de la Succession dont s'agit à la Partie de Rodier, sauf à ladite Partie de d'Augy à retenir ses droits comme ils sont fixés par la Sentence du 20 Décembre dernier; ordonne que l'amende consignée par la Partie de Rodier lui sera remise, condamne la Succession aux dépens, déclare l'Arrêt commun avec la Partie de Darracq.

Le feu Sieur Mouisse étoit Juif étranger, et sa femme étoit étrangère aussi.

ARRÊT du Conseil du Port-au-Prince touchant les Récusations, et qui charge le Procureur-Général d'obtenir la ratification d'une Liberté.

Du 18 Juin 1784.

LOUIS, etc. Entre Fleuri de la Roche, etc.; Et la nommée Marie Louise Rampale; Vu la Sentence du 28 Avril 1783, qui ordonne que Marie-Louise Rampale sera provisoirement élargie des prisons où elle est détenue, à sa caution juratoire, à la charge par elle de se représenter quand elle en sera requise, et pour plus de sûreté, accepte la caution de Pierre Pain qui fera sa soumission au Greffe, réserve au surplus les droits respectifs des Parties; la Sentence du 5 Mai 1783, qui ordonne, avant faire droit, que Marie-Louise Rampale rapportera, sous un mois, une expédition en forme et légalisée de l'extrait de baptême dont elle excipe; la Sentence du 16 Juin suivant, par laquelle le Juge de Jacmel renvoie la cause devant l'Officier qui lui succède suivant l'ordre du tableau, ne pouvant en connoître : NOTRE COUR a donné acte au Procureur-Général de l'Appel par lui interjeté de la Sentence du 16 Juin 1783 ; joignant ledit Appel à celui de la Partie de Bruneau de la même Sentence, a mis et met l'Appellation et ce dont est appel, au néant ; émendant, déclare ladite Sentence nulle et de nul effet ; fait défenses au Juge de Jacmel d'en rendre de pareilles à l'avenir, et lui enjoint de se conformer aux Articles 17 et 18 du Titre 24 de l'Ordonnance de 1667. Faisant droit sur le Réquisitoire de notre Procureur-Général, l'autorise à se pourvoir pardevant MM. les Général et Intendant, à l'effet d'obtenir la ratification de la liberté de Marie-Louise Rampale, aux frais de celle-ci, pour lesquels frais elle sera tenue de fournir caution, sinon elle gardera prison jusqu'à parfait paiement desdits frais.

ARRÊT du Conseil du Cap, qui ordonne que la Caution présentée pour l'Exécution provisoire d'une Sentence des Juges-Consuls de Marseille, sera discutée et reçue pardevant le Juge du Cap.

Du 21 Juin 1784.

ENTRE Maître-Jean, Cordonnier à Marseille, Appelant ; Et le Sieur Ferrie, Intimé. Vu la Sentence des Juges et Consuls de Marseille, qui, vu la Reconnoissance du Sieur Ferrie, par laquelle il s'est chargé d'une pacotille de souliers, pour vendre pour le compte du Sieur Maître-Jean, au Cap François, Isle et Côte Saint-Domingue, l'assignation donnée audit Sieur Ferrie en son dernier domicile à Marseille, auroit donné défaut contre ledit Sieur Ferrie, et pour le profit, l'auroit condamné à payer audit Sieur Maître-Jean, la somme de 625 liv., avec les intérêts, ce qui seroit, en, par ledit Sieur Jean, donnant bonne et suffisante caution, exécuté nonobstant opposition ou appellation quelconques, d'après le privilége accordé à la Jurisdiction des Juges et Consuls de Marseille, qui prient tous Sieurs Juges et Magistrats, de laisser mettre à exécution ladite Sentence dans le Ressort de leurs Jurisdictions. La Sentence du Juge du Cap, qui, statuant les dires et réquisitions des Parties, sans égard aux exceptions dudit Sieur Maître-Jean, auroit les Parties renvoyées pardevant le Juge de Marseille, pour discuter et faire recevoir la Caution dont s'agit; Ouïs Viel, Avocat de Maître-Jean, et Darracq, Avocat de Ferrie, et tout considéré : LA COUR a mis et met l'Appellation et ce dont est appel au néant; émendant, ordonne que la Caution présentée par la Partie de Viel pour l'exécution de la Sentence dont s'agit, sera discutée et reçue par le Juge du Cap; ordonne que l'amende consignée par la Partie de Viel lui sera remise, et condamne celle de Darracq aux dépens.

ARRÊT du Conseil du Port-au-Prince, portant défenses à Me D. . . . de prendre, et à tous Juges, Greffiers et Notaires, de lui donner la qualité de Conseiller de l'ancien Conseil du Port-au-Prince.

Du 21 Juin 1784.

ENTRE le Sieur de Grimouville, etc. NOTRE COUR, etc. Faisant droit sur le Réquisitoire du Procureur-Général, fait défenses à Me D. . de prendre la qualité de Conseiller de l'ancien Conseil, et lui enjoint de se conformer aux Lettres-patentes du mois de Mars 1773; fait pareillement défenses à tous Juges, Greffiers et Notaires, de lui donner la qualité de Conseiller de l'ancien Conseil, sous les peines de droit.

ARRÊT du Conseil du Port-au-Prince touchant le Quai de la même Ville.

Du 23 Juin 1784.

LOUIS, etc. Vu, etc. Entre les Sieurs Mathieu, Barrere, etc., Appelans; Et notre Procureur Général, Intimé; l'Ordonnance intervenue entre le Substitut de notre Procureur-Général, d'une part, les Sieurs Mathieu, Barrere, etc., d'autre part; laquelle, faute par ceux-ci d'avoir satisfait à l'exécution de la Sentence du 12 Juin 1783, ordonne qu'à la diligence du Substitut de notre Procureur-Général, les travaux à faire, Quais, Remblais, Pavés et Rigoles mentionnés au procès-verbal du Sieur Pigeonel, en date du 20 dudit mois d'Avril, seront publiés à la Barre du Siége et adjugés au rabais, pour être incessamment faits au desir des Ordonnances du 2 Avril 1774 et 20 Décembre 1775, sur une carte-bannie qui sera dressée aux frais des Appelans, chacun en ce qui le concerne; à l'effet de quoi, ordonne au Sieur Pigeonel, Voyer, de dresser un Procès-verbal des ouvrages à faire par chacun des Propriétaires, lequel contiendra la nature desdits ouvrages, l'étendue des Remblais et Rigoles, soit en longueur, soit en largeur, soit en longueur et hauteur, et par détail, relativement à chaque Propriétaire desdits emplacemens, pour, sur ledit Procès-verbal, être dressé carte-bannie, et parvenir à l'adjudication au rabais desdits ouvrages, et décerné de suite exécutoire contre chacun des délinquans; et attendu la contravention aux ordres susdatés et à la Sentence du 12 Juin 1783, condamne les Sieurs Mathieu, Barrere, etc. en l'amende qui est modérée, pour chacun d'eux, à la somme de 300 liv., conformément à l'Article 6 de l'Ordonnance de MM. les Général et Intendant du 2 Avril 1774, applicable moitié à Nous, et l'autre moitié au profit du Voyer; donne défaut contre les héritiers Brisson, et pour le profit, déclare la Sentence commune avec eux en ce qui concerne les condamnations ci-dessus prononcées; et, attendu que les Sieurs Gasnier et le Remboure ont fait faire partie des travaux prescrits par la Sentence du 13 Juin, les renvoie de l'amende ci-dessus prononcée; donne défaut contre le Sieur Hardouin, et, attendu qu'il a également fait partie des travaux, le renvoie aussi de l'amende, ce qui sera exécuté provisoirement : NOTRE COUR a mis et met l'Appellation au néant, ordonne que ce dont est appel sortira son plein et entier effet; condamne les Appelans en l'amende ordinaire.

ARRÊT du Conseil du Port-au-Prince, touchant la désobéissance d'un Huissier.

Du 23 Juin 1784.

LOUIS, etc. Vu, etc. Entre Poupet, Huissier, etc., Appelant; Et Notre Procureur-Général, etc., Intimé; l'Ordonnance dont est appel, portant, que l'Huissier Poupet se rendra ès prisons, pour les y garder jusqu'à nouvel ordre, et ce, pour être contrevenu à celui que le Lieutenant de l'Amirauté lui avoit donné de ne point faire de service à la Jurisdiction de laquelle il ne dépend aucunement, n'y étant point commissionné; NOTRE COUR a mis et met l'Appellation au néant, ordonne que ce dont est appel sortira son plein et entier effet, avec amende; renvoie au surplus, l'Appelant à l'exécution de l'Arrêt du 12 Janvier dernier.

ARRÊT du Conseil d'État, portant Règlement pour la Franchise du Port de l'Orient.

Du 26 Juin 1784.

LE Roi ayant, par Arrêt de son Conseil du 14 Mai dernier, ordonné que le port et la ville de l'Orient jouiroient d'une franchise semblable à celle qui existe à Dunkerque, et s'étant fait représenter les Mémoires de la Jurisdiction Consulaire et de l'Assemblée des Commerçans de l'Orient, ainsi que les différentes Loix et autres Règlemens qui établissent la franchise de Dunkerque, Sa Majesté a reconnu que pour assimiler la ville de l'Orient à celle de Dunkerque, il étoit nécessaire d'y établir la distinction d'une ville franche et d'une ville non-franche : Que cet établissement, réciproquement utile au Commerce national et à celui des Étrangers, étoit d'autant plus facile à faire à l'Orient, que la Partie de la ville appelée *le Port*, naturellement disposée pour la franchise, par ses magasins et ses emplacemens considérables, étoit séparée du reste de la ville par un mur qui en détermineroit sensiblement les limites : Que si, dans la suite, les magasins construits et à construire dans ladite partie, devenoient insuffisans pour les besoins du Commerce, il seroit avantageux que la prolongation de la ville franche se fît le long de la rivière de Scorff, où la profondeur de l'eau permet le mouillage aux plus gros Vaisseaux : Qu'enfin il convenoit d'autant mieux de circonscrire ainsi la partie franche, que la ferme des devoirs des États de Bretagne, dont l'exercice seroit incompatible avec la franchise, n'y a jamais perçu aucuns droits. A quoi voulant pourvoir : Vu l'avis du Sieur de Bertrand de Molleville, Intendant et Commissaire départi en la province de Bretagne; et Ouï le Rapport du Sieur de Calonne, Conseiller ordinaire au Conseil royal, Contrôleur-Général des Finances; LE ROI étant en son Conseil, a ordonné et ordonne ce qui suit :

ART. I. Les limites de la franchise accordée au port et à la ville de l'Orient par l'Arrêt du 14 Mai dernier, seront fixées, quant-à-présent, au territoire et enclave de la partie de ladite ville qu'on appelle *le Port*, et qui est fermée par un mur de clôture. L'autre partie de la ville, située entre ledit mur de clôture et les remparts, conservera les avantages du Commerce national à l'instar de la basse ville de Dunkerque. Se réserve Sa Majesté d'étendre ladite franchise aux terreins adjacens du port, le long de la rivière de Scorff, à mesure que les besoins du Commerce pourront l'exiger, et même par la suite à une partie de la ville nationale, si les terreins destinés à la franchise devenoient insuffisans.

II. Les cordages, tonneaux et autres effets de toute espèce, destinés aux service et fournitures de la Marine royale, seront transportés et remis dans le plus petit nombre de magasins que faire se pourra, dans l'espace de huit jours, à compter de la publication du présent Arrêt, et plus tôt, s'il est possible, à la diligence du Sieur Thevenard, Commandant du port de l'Orient, et du Sieur Clouet, Commissaire-ordonnateur de la Marine, qui se concerteront sur cet objet avec le Sieur Intendant et Commissaire départi en la province de Bretagne.

III. Les magasins qui se trouveront vacans après le transport desdits effets, seront affermés, pour le compte du Roi, à l'usage des

Commerçans; et l'adjudication en sera faite le 1er Août prochain par les Commissaires qui seront nommés par Sa Majesté.

IV. Il sera dressé, par l'Ingénieur de la Marine, un plan des magasins ou hangards qui pourront être construits sur les terreins vains et vagues, situés dans l'enceinte du port, pour être incessamment procédé à ladite construction, conformément audit plan, aux frais de Sa Majesté, et seront lesdits magasins affermés au profit du Roi, ou concédés à ceux qui voudroient entreprendre de les construire.

V. La franchise aura lieu dans toute l'étendue déterminée par le premier article du présent Arrêt; on y pourra recevoir de l'Étranger, et lui envoyer toutes espèces de productions et de marchandises en exemption de tous droits de traites; et les Navires y arrivant, en partant, ou au mouillage, n'y seront sujets à aucune visite ni déclaration.

VI. Le Commerce des Indes Orientales exercé par les sujets du Roi, pourra continuer de se faire à l'Orient; il y jouira de tous les avantages, faveurs, franchises, priviléges de transit et autres, qui lui ont été précédemment octroyés, et même en cas de réexportation, de l'exemption du droit d'Indult que Sa Majesté lui accorde par Arrêt de ce jour; à la charge par les Bâtimens françois qui arriveront de l'Inde, de la Chine, ou des Isles de France et de Bourbon, de prendre à l'Ile de Croix, si faire se peut, ou dans les gros temps, à la rade du Port-Louis, trois Employés des Fermes, et de ne refuser dans le trajet aucuns desdits Employés qui se présenteroient pour les accompagner jusqu'au port de l'Orient, et y veiller concurremment avec les Employés du Bureau établi dans les magasins dudit port destinés au Commerce françois de l'Inde, au déchargement des marchandises et à leur transport dans lesdits magasins, où elles seront mises en entrepôt effectif; et encore à la charge que, lors de leur arrivée audit port, les Capitaines justifieront, tant de leur expédition de départ pour l'Inde, soit dudit port de l'Orient, soit des autres ports du royaume auxquels il a été ou pourra être permis de participer audit Commerce, que de leur expédition de retour de l'Inde, de la Chine, ou des Isles de France et de Bourbon.

VII. Après que les conditions portées en l'article précédent auront été remplies, les marchandises qui en auront été l'objet, seront, dans lesdits magasins destinés au Commerce françois de l'Inde, revêtues des plombs et autres marques établies pour constater que lesdites marchandises proviennent du Commerce national; et elles jouiront ensuite de la liberté de sortir de l'Orient par la porte d'Hennebond, d'entrer dans la consommation du royaume, ou d'y passer en transit, ainsi que de celle d'être réexportées par mer à l'Étranger avec toutes les faveurs, franchises et exemptions énoncées audit article.

VIII. Les Négocians et Armateurs de l'Orient pourront faire le Commerce des Colonies françoises de l'Amérique, à la charge que l'embarquement des marchandises d'exportation et le déchargement de celles d'importation se feront aux quais de la ville *non franche*, par alléges ou autrement; et ce Commerce y sera régi par les dispositions des Lettres-Patentes du mois d'Avril 1717, et des autres Règlemens subséquens, applicables à la province de Bretagne. Tous les effets, denrées et marchandises d'exportation destinés à ce Commerce, ainsi que ceux qui le sont au Commerce françois de l'Inde, jouiront de l'entrepôt et des exemptions qui leur sont respectivement accordés; et ledit entrepôt aura lieu dans les magasins de la ville seulement, pour les effets, denrées et marchandises destinés au Commerce des Colonies françoises de l'Amérique, et indifféremment dans les magasins du port et de la ville pour ceux qui le sont au Commerce de l'Inde.

IX. Les marchandises des crûs et fabriques du Royaume, destinés pour le port de l'Orient, jouiront des exemptions et modérations de droits, accordées à leur sortie pour l'Étranger, par les Arrêts du 13 et du 15 Octobre, du 19 Novembre et du 20 Décembre 1743, du 10 Octobre 1744, du 4 Octobre 1746, du 20 Juillet 1751 et du 15 Mai 1760.

X. Les marchandises qui, du port de l'Orient, entreront dans le Royaume, excepté celles des Indes, de la Chine, des Isles de France et de Bourbon, qui auront rempli les formalités prescrites par les Articles VI et VII ci-dessus, seront regardées comme venant de l'Étranger, et soumises comme telles aux droits des tarifs et autres dispositions des Règlemens. Fait au Conseil d'État, etc. *Signé :* Le Baron DE BRETEUIL.

LETTRE du Ministre à M. l'Intendant, touchant le paiement des Pensions affectées sur les Greffes.

Du 27 Juin 1784.

JE reçois, Mr, votre Lettre du 14 Avril dernier, par laquelle vous me marquez que vous n'avez d'autre voie que celle de l'invitation, pour obliger les Greffiers à payer les Pensions qui leur ont été imposées, et qu'ils n'en tiennent aucun compte. Vous ajoutez que la saisie des émolumens des Greffes ne seroit pas possible, et qu'elle seroit d'ailleurs sans effet, et vous en concluez que le seul moyen d'obliger ces Greffiers à payer, est de les menacer d'une révocation, et d'exécuter la menace sur un des plus entêtés. Il faudroit bien en venir à cette extrémité, si les Greffiers s'obstinoient à ne pas acquitter exactement des charges imposées sur des places lucratives qui leur ont été accordées à titre purement gratuit, mais il convient auparavant d'essayer un moyen sevère et qui paroît devoir être efficace.

Je vous ai marqué, par ma Lettre du 4 de ce mois, que le Sieur Roberjot demeureroit personnellement responsable des Pensions dont il négligeroit le recouvrement. Cette disposition sera maintenue, mais l'intention du Roi est que, sur la note qu'il vous remettra des Greffiers qui se trouveront en retardement, vous ordonniez sans ménagement qu'ils demeurent provisoirement suspendus de leurs fonctions, et que vous chargiez, soit le principal Commis, soit tout autre sujet digne de votre confiance, de les remplacer par interim, et de vous rendre compte des émolumens du Greffe, dont le produit net, déduction faite des salaires que vous aurez attribués pour l'interim, sera employé à acquitter les Pensions. Vous pourrez ensuite rétablir le Greffier débiteur dans sa place; mais le Roi veut que la deuxième suspension ne puisse être levée que par son ordre. Je vous recommande, Mr, de vous conformer exactement à ce que je vous marque, et de me rendre compte de ceux contre qui vous serez obligé d'employer les moyens de rigueur que Sa Majesté vous prescrit.

R. au Contrôle le 12 Août 1785.

LETTRE du Ministre aux Administrateurs, touchant le Commerce Étranger.

Du 27 Juin 1784.

J'AI reçu, MM., votre Lettre du 16 Avril dernier, à laquelle étoit joint un Mémoire de la Chambre d'Agriculture du Cap, au sujet des ordres donnés pour le renvoi des Américains au Môle-Saint-Nicolas. J'ai examiné vos observations avec la plus sérieuse attention, ainsi que la Lettre particulière de M. de Bellecombe du 15 Mars précédent, et le Mémoire de la Chambre. Le Roi s'occupe d'un nouvel arrangement qui, d'après les circonstances actuelles, puisse concilier la protection qu'il doit aux intérêts du Colon et à ceux des Négocians de France en ce qui touche le Commerce étranger dans les Isles; mais en attendant que la Loi projetée soit revêtue de la sanction nécessaire, Sa Majesté vous autorise provisoirement, sans tirer à conséquence et jusqu'à ce qu'autrement il en soit ordonné, s'il y a lieu, à permettre l'introduction des Américains dans les ports du Cap et des Cayes-Saint-Louis seulement, indépendamment du Môle-Saint-Nicolas, à la charge de se conformer exactement aux Arrêts du Conseil du 29 Juillet 1767, 3 Juin 1769, et à la dépêche du Ministre du 12 Décembre 1771, tant pour les objets d'importation et d'exportation licites, que pour les formalités à remplir, visites à subir, droits coloniaux, droit d'un et deux pour cent à payer. Vous voudrez bien en conséquence prendre les mesures les plus efficaces pour qu'il ne soit point abusé de cette faveur, et pour qu'elle ne soit étendue, sous quelque prétexte que ce soit, à aucunes matières d'échange que celles qui sont déterminées par les Règlemens et instructions que je viens de rappeler. M. de Bellecombe préviendra de ces dispositions provisoires le Commandant de la Division en station à Saint-Domingue, pour qu'il puisse diriger en conformité ses poursuites contre l'interlope, et vous me rendrez compte des moyens que vous aurez pris pour assurer, soit au Cap, soit aux Cayes, l'exécution des Arrêts du Conseil du 29 Juillet 1767 et 3 Juin 1769.

Le Traité de Commerce et d'Amitié du mois de Février 1778, conclu entre la France et les États-unis, n'est nullement applicable aux Colonies

Colonies, relativement auxquelles il ne leur réserve que la jouissance des ports d'entrepôt ouverts ou à ouvrir d'une manière subordonnée aux Règlemens qui en déterminent l'usage. Tout le reste est étranger à nos possessions d'Amérique; ainsi ce que vous avez cru y voir de concluant pour les Américains, quant à l'exportation des mélasses, à la remise des droits de sortie et des droits locaux, et à l'assimilation des Sujets des États-Unis à la Nation la plus favorisée, n'a point de fondement. Cette seule explication répond aux différentes questions que vous m'avez proposées. Ainsi je vous recommande de tenir sévèrement la main à ce qu'ils n'emportent ni mélasses, ni sucres bruts, à ce qu'ils payent les droits coloniaux ainsi que le droit d'un et de deux pour cent, et enfin à ce qu'ils ne soient admis que dans les ports ci-dessus désignés, sans les rendre participans au Privilége dont jouissent les Espagnols, d'être reçus dans tous les ports et rades de la Colonie; privilége qui n'est qu'une exception politique appuyée sur nos propres convenances, et que nous n'avons pas le meme intérêt de communiquer à d'autres Nations.

Cette Lettre, ainsi qu'nue écrite en conséquence par MM. les Administrateurs à leurs Représentans au Cap, le 14 Octobre 1784, sont enregistrées en l'Amirauté du Cap à la date du 19 du même mois d'Octobre.

ARRÊT du Conseil du Port-au-Prince, qui, attendu que Me Deschamps nommé Avocat en la Cour, a été Substitut du Procureur-Général du Conseil du Cap, le dispense des deux plaidoiries exigées pour être admis comme Avocat.

Du 2 Juillet 1784.

LA COUR, attendu la connoissance qu'elle a que le Sieur Deschamps a exercé une place de Magistrature, l'a dispensé des deux plaidoiries ordinaires; et après avoir pris dudit Sieur Deschamps le serment en tel cas requis, l'a reçu et admis au nombre des Avocats militans en icelle, à la charge par lui de se charger de la défense des pauvres comme de celle des riches, et de se conformer aux Ordonnances du Roi, Règlemens et Arrêts de la Cour; ordonne que sa matricule sera enregistrée au Greffe d'icelle. Fait en Conseil, etc.

ARRÊT du Conseil du Cap, qui défend d'exiger plus de 6 liv., par jour, pour un Cavalier de Maréchaussée mis en garnison.

Du 6 Juillet 1784.

ENTRE le Sieur Granon, etc. Faisant droit sur les plus amples Conclusions du Procureur-Général du Roi, fait défenses au Prevot de Maréchaussée du Cap, d'exiger plus de 6 liv., par jour, pour chaque Cavalier établi en garnison, et ce, sous les peines de droit; à l'effet de quoi ordonne que le présent Arrêt lui sera signifié à la requête du Procureur-Général du Roi.

ARRÊT du Conseil du Port-au-Prince, qui déclare nulle et incompétente une Sentence d'Interdiction prononcée par un Procureur tenant le Siége, contre un autre Procureur, et permet à ce dernier la Prise-à-partie.

Du 7 Juillet 1784.

LOUIS, etc. Vu, etc; Entre Laurent D...., Procureur, etc.; Et notre Procureur-Général; la Sentence susdatée, qui, faute par l'Appelant d'avoir satisfait à une autre Sentence du 12 du même mois, et suivant icelle, d'avoir justifié des pouvoirs des Parties pour lesquelles il avoit déja comparu, et au contraire d'avoir plaidé pour lui seul, en se servant néanmoins de toutes les pièces de ses Parties et autres y relatées, et attendu sa desobéissance à Justice, interdit le Sieur D... de ses fonctions de Procureur pour six mois; en conséquence ordonne qu'extrait de ladite Sentence lui sera signifié à la diligence du Substitut de notre Procureur-Général: NOTRE COUR a donné acte au Procureur-Général de l'Appel par lui interjeté de la Sentence du 17

Mai dernier : joignant ledit Appel à celui de la Partie de Chachereau (Me D. . . .), et y faisant droit, a mis et met les Appellations et ce dont est Appel, au néant ; émendant, déclare ladite Sentence nulle et incompétemment rendue ; fait défenses à R. . . ., et à tous autres Procureurs, de rendre à l'avenir de pareilles Sentences en matière de police, à peine d'interdiction : prononçant au principal, décharge la Partie de Chachereau des condamnations contre elle prononcées en conséquence la renvoie à ses fonctions ; permet en outre à la Partie de Chachereau de prendre à partie ledit R. . . ., qui a rendu la Sentence dont est appel, l'amende remise.

LETTRE du Ministre aux Administrateurs sur la Minorité et la Nomination des Conseillers-Assesseurs, l'ancienneté à leurs fonctions, lorsqu'ils suppléent des Titulaires absens, et la police appartenante au Président.

Du 9 Juillet 1784.

J'AI reçu, MM., votre Lettre du 26 Février dernier, relativement à la discussion qui s'est élevée entre deux Assesseurs du Conseil-Supérieur du Port-au-Prince pour la jouissance du traitement qui appartient à l'Assesseur qui remplace le Conseiller absent, et aux différentes questions auxquelles cette discussion a donné lieu. L'Assesseur qui a fait le service, doit sans difficulté recevoir le traitement qui y a été attaché, et l'autre ne peut rien prétendre jusqu'à l'époque où sa majorité l'a mis en état d'assister au Conseil. Pour prévenir de semblables inconvéniens, vous aurez soin à l'avenir de vous faire représenter les extraits-baptistaires de ceux à qui vous donnerez des commissions d'Assesseurs. Le Conseil-Supérieur n'auroit pas dû procéder à la réception de l'Assesseur que vous aviez nommé, lorsqu'il eut vérifié qu'il étoit mineur ; mais, puisqu'il a eu soin d'arrêter que cet Assesseur n'auroit voix délibérative qu'à 25 ans, il n'en sera resulté aucun inconvénient, et à cet âge il aura le droit de juger. Il ne faut en conséquence à présent ni dispense, ni Arrêt, pour valider les Jugemens auxquels il aura assisté après sa majorité.

C'est l'ancien Assesseur qui doit représenter le Conseiller absent ; mais vous devez tenir la main à ce qu'il remplisse ces fonctions passagères avec la plus grande exactitude. C'est encore au Président du Conseil qui a plus particulièrement la police de la Compagnie, qu'il appartient de donner les certificats de service sur lesquels l'Assesseur suppléant doit toucher son traitement.

ARRÊT du Conseil du Port-au-Prince, qui enjoint au Juge de Saint-Marc de se conformer aux Art. 17 et 18 du Tit. 15 de l'Ordonnance de 1670.

Du 14 Juillet 1784.

ARRÊT du Conseil du Cap, qui déclare un Plaignant non-recevable *à interjeter Appel du décret lancé contre des Accusés, sous prétexte qu'il est trop doux.*

Du 15 Juillet 1784.

Le Sieur D. . . étoit Appelant d'un décret d'ajournement personnel, décerné par le Juge du Cap sur sa plainte contre un Particulier, et contre une Quarteronne pour excès et voie de fait.

ARRÊT du Conseil du Cap, qui juge que la Pension alimentaire faite par une Femme non-commune à son Mari, pour cause d'indigence, et fixée par un autre Arrêt, est insaisissable.

Du 16 Juillet 1784.

ARRÊT du Conseil du Cap touchant l'Usurpation des Titres et Qualités de Noblesse.

Du 16 Juillet 1784.

VU par le Conseil la Remontrance du Procureur-Général du Roi, contenant qu'il a reçu des plaintes contre plusieurs Particuliers dont les Titres ne sont point enregistrés en la Cour, et qui pourtant se qualifient Ecuyers, Chevaliers, Messires, même Hauts et Puissans Seigneurs, nonobstant la défense expresse de l'Arrêt de la Cour du 25 Avril 1712. La facilité des Juges, des Curés, Notaires et Officiers de Justice, à prodiguer ces mêmes Titres, n'est pas moins contraire aux défenses également expresses, contenues dans l'Arrêt de la Cour du 7 Octobre 1727. Mais l'essor de la vanité ne connoissant plus de mesures, on voit de simples Roturiers qui se permettent d'usurper le Nom et Titre de Noblesse, au mépris des amendes prononcées par ces deux Arrêts. Que si l'on n'arrêtoit pas ces Usurpateurs, ils pourroient acquérir une possession dont ils abuseroient un jour jusqu'à supplier la Cour même de consacrer leurs entreprises par les Actes de notoriété qu'exigent les Lettres-Patentes du Roi, concernant la Noblesse des Colonies. L'Article 3 de ces Lettres-Patentes compte en effet au nombre des faits probatoires dont la Cour peut accorder acte sur les Conclusions du Procureur-Général du Roi, l'habitude de prendre les qualités nécessaires pour conserver la Noblesse; mais cet Article suppose que ces glorieuses distinctions ne seront pas prises au hasard et sans contradicteurs. D'ailleurs, il importe à l'Etat que les vrais Gentilshommes ne soient pas confondus avec de faux Nobles, et que ceux-ci se séparant mal-à-propos de leur classe de Citoyens, ne volent pas impunément des Honneurs et des Privilèges qui ne leur appartiennent point. C'est pour prévenir ces abus, que le Requérant propose à la Cour de renouveler la publication des Règlemens cités, et de prendre en même temps, pour en assurer l'exécution, des mesures déjà sagement adoptées dans plusieurs de nos Colonies. A ces causes, requéroit, etc. Ladite Remontrance, signée François DE NEUFCHATEAU. Ouï le Rapport de M. Ruotte, Conseiller, et tout considéré : LA COUR, faisant droit sur la Remontrance du Procureur-Général du Roi, a ordonné et ordonne que ses Arrêts du 25 Avril 1712, et 7 Octobre 1727, ensemble les Lettres-Patentes du Roi en forme d'Édit du 24 Août 1782, seront suivis et exécutés suivant leur forme et teneur; en conséquence, fait de nouveau très-expresses inhibitions et défenses à toutes Personnes de prendre les qualités d'Ecuyer, Chevalier, Messire, etc., dans aucun Acte, et à tous Juges, Curés, Notaires, Officiers de Justice, de donner ces Qualités à l'avenir, à moins que les Titres n'en ayent été reconnus et enregistrés au Conseil, conformément auxdites Lettres-Patentes du Roi, le tout à peine de 500 liv. d'amende par chacune contravention. Et afin de connoître les Contrevenans, et de mettre le Procureur-Général du Roi dans le cas de les poursuivre, enjoint à tous les Curés, Greffiers et Notaires du Ressort de la Cour, d'envoyer incessamment audit Procureur-Général du Roi une liste exacte des Particuliers qui ont pris les qualités d'Ecuyers, Chevaliers, Messires, ou autres Titres et Dénominations de Noblesse, dans les Actes reçus par lesdits Curés, Greffiers et Notaires, suivant les dates desdits Actes, depuis le 6 Mai 1783, époque de l'enregistrement en la Cour des Lettres-Patentes du 24 Août 1782, jusqu'au jour du présent Arrêt. Ordonne que tous lesdits Curés, Greffiers et Notaires du Ressort de la Cour, enverront à l'avenir tous les trois mois au Procureur-Général une pareille liste des Particuliers auxquels ils auront donné dans leurs Actes, les Noms et Titres de Noblesse, à peine de cinq cens livres d'amende pour la première fois, et de plus grande en cas de récidive. Ordonne en outre que le présent Arrêt, ensemble ceux des 25 Avril 1712 et 7 Octobre 1727, seront imprimés, lus, publiés et affichés dans toutes les Paroisses, et qu'à la diligence du Procureur-Général du Roi, copies collationnées en seront envoyées aux Siéges Royaux du Ressort de la Cour, etc.

ARRÊT du Conseil du Port-au-Prince, qui maintient le Chirurgien-Major du Roi dans le droit de prononcer sur les Vices redhibitoires des Nègres, privativement à tous autres, et déclare le Lieutenant de l'Amirauté incompétent pour prononcer sur la matière.

Du 19 Juillet 1784.

LOUIS, etc. Entre le Sieur Germon, Chirurgien-Major, de nous breveté au Port-au-Prince, etc.; comparant par Me Bruneau de la Roque, Avocat, d'une part; Et les Armateurs du navire l'Apollon, du Havre, suite et diligence des Sieurs Meynardie, Picard et compagnie, Négocians au Port-au-Prince, etc.; comparans par Me Goguet, aussi Avocat; Et encore le Sieur Tallard, habitant près cette ville, etc.; comparant par Salaignac, Avocat, d'autre part: NOTRE COUR, prononçant sur les Appels des Sentences des 2 Juin dernier, et 12 Juillet présent mois, joints par Arrêt du 15 de ce mois, a mis et met les Appellations et ce dont est Appel, au néant; émendant, déclare lesdites Sentences nulles et incompétemment rendues: prononçant au principal, maintient et garde la Partie de Bruneau dans le droit et privilège à lui accordé par l'Article 21 de l'Ordonnance du 25 Septembre 1744, et par l'Article 18 de l'Ordonnance du 30 Avril 1764; enjoint au Lieutenant de l'Amirauté du Port-au-Prince, de se conformer auxdits Articles en ce qui concerne la matière dont il s'agit; condamne la Partie de Salaignac aux dépens des causes principale et d'Appel, l'amende remise, etc.

Le Sieur Tallard avoit acheté de la cargaison du navire l'Apollon, un Nègre épileptique. Ayant assigné les Armateurs pour le reprendre, Sentence de l'Amirauté ordonna qu'il seroit mis chez le Chirurgien de l'Amirauté. Tierce-opposition du Chirurgien du Roi; Sentence l'en avoit débouté; de là les Appels.

ARRÊT du Conseil du Cap touchant le refus de marier une Mineure élevée en France, dont le Père réside dans la Colonie, faute d'avoir acquis le temps de Domicile nécessaire.

Du 19 Juillet 1784.

VU par la Cour la Requête à elle présentée par Jean Servin, habitant aux Cottelettes, tendante à ce qu'il plût à ladite Cour le recevoir Appelant du refus du R. P. Saintin de Curfaux, Prefet Apostolique du Ressort, de procéder aux publications des bans du mariage de Demoiselle Servin, sa fille mineure, avec M. de Brucourt, Chevalier, Conseiller en la Cour, la Demoiselle Servin depuis son retour de France, au mois de Décembre dernier, n'ayant point encore acquis domicile, conformément à l'Édit de Mars 1697, en conséquence autoriser le R. P. Saintin de procéder aux publications dudit mariage, etc. Conclusions par écrit du Procureur-Général du Roi : Ouï le Rapport de M. Ruotte, Conseiller, et tout considéré : LA COUR a reçu et reçoit le Suppliant Appelant du refus dont s'agit ; et y statuant, autorise le F. Saintin de Curfaux, Préfet Apostolique, de procéder aux publications des bans du mariage dont s'agit, sauf les autres empêchemens tels que de droit, comme aussi autorise l'Abbé Michaut, Curé de la Paroisse de Limonade, et tous autres, de procéder à la célébration dudit mariage.

ARRÊT

ARRÊT du Conseil du Cap qui annulle la nomination faite du Sieur Dubergier, Négociant de la même Ville, pour Tuteur des Mineurs Broissac, résidens à la Marmelade, où ils ont des Parens et des voisins.

Du 20 Juillet 1784.

ARRÊT du Conseil du Cap qui confirme la nomination faite par le Juge de la même Ville, d'après un avis de Parens et amis, d'un Etranger designé par le Testament du Père pour Tuteur à ses enfans, préférablement à leur Oncle paternel.

Du 21 Juillet 1784.

ENTRE le Sieur Dussault, etc. Plaidans Mes Carles et Laborie.

ARRÊT du Conseil du Port-au-Prince, portant qu'un Avocat en la Cour sera payé de ses honoraires par privilége et préférence.

Du 21 Juillet 1784.

LOUIS, etc. Vu, etc; Entre Me Salaignac, Avocat, etc.; Et le Sieur Vaubadon, etc; la Sentence susdatée qui condamne le Sieur Vaubadon, en sa qualité d'Exécuteur testamentaire, à payer à l'Appelant avec intérêts et dépens la somme de 2211 liv. pour le montant du compte y relaté; à l'égard du privilége demandé, renvoye l'Appelant à se pourvoir contre qui de droit, s'il y a lieu : NOTRE COUR a mis et met l'Appellation et Sentence dont est Appel, au néant; en ce que par icelle l'Appelant est renvoyé à se pourvoir vers qui de droit, relativement au privilége demandé; émendant quant à ce, condamne l'Intimé, en ses qualités, à payer à l'Appelant, par privilége et préférence à tous Créanciers, la somme de 2211 liv. pour le montant du compte produit au soutien de la demande, à la charge par lui de remettre les pièces au soutien d'icelui, etc.

ARRÊT du Conseil du Cap touchant la Concession de l'Islet du Massacre.

Du 21 Juillet 1784.

ENTRE les Sieurs Bedout et Héritiers Croisœuil, habitans à Maribaroux, tiers-opposans à l'enregistrement des Lettres-Patentes des mois de Mai 1754, Novembre 1768 et Mars 1778, portant Concession de l'Islet du Massacre à MM. le Marechal Duc de Noailles, et Marquis de Noailles, d'une part; Et les Sieurs Parades, et Pitaubert, acquéreurs de MM. de Noailles, d'autre part; après qu'ont été ouïs ès audiences des . . . . Carles, Avocat de Bedout et héritiers Croisœuil, et Laborie, Avocat de Parades et de Pitaubert, ensemble de Saint-Martin fils, Substitut du Procureur-Général du Roi, et qu'il a été ordonné qu'il en seroit délibéré au Rapport de M. Ruotte, Conseiller, et tout considéré: LA COUR vuidant le deliberé ordonné par son Arrêt du . . . présent mois, donne acte aux Parties de Carles, de ce que celles de Laborie ont déclaré prendre le fait et cause de MM. de Noailles, leur donne pareillement acte de la conversion de leurs tiercès oppositions en opposition à l'Arrêt du 8 Novembre 1779; en conséquence, ayant aucunement égard à l'Opposition desdites Parties de Carles, et à l'enregistrement des Lettres-patentes des mois de Mai 1754, Novembre 1768 et Mars 1778, ordonne qu'elles seront au surplus exécutées, et néanmoins, vu ce qui résulte de l'exception portée dans celle du mois de Novembre 1768, également confirmée par celle du mois de Mars 1778, et notamment de l'arpentage de la Partie de l'Ouest de l'habitation sociale entre l'Huillier et la femme Du Songé, faite par Meillat le 12 Septembre 1736, en vertu d'Ordonnance du Sieur de Chastenoye du 8 du même mois, laquelle l'auroit assujetti à ne pousser les opérations que jusqu'à la Ravine des Cousins seulement, jusqu'à ce qu'il en ait été autrement ordonné; a maintenu et maintient les Parties de Carles dans la propriété et possession de toute l'étendue des Concessions accordées à la Croix, Gaillard, Bossard et Bellicourt, Marc et Clairambault, les 28 Mars et 14 Septembre 1714, 10 Aout 1718, 16 Novembre 1720, 9 Décembre 1721, 20 Avril et 13 Octobre 1725, ainsi que par le Jugement de MM. Sorel et Mithon du 14 Décembre 1719. En conséquence, et vu pareillement ce qui résulte des établissemens faits sur lesdites Concessions, ordonne que lesdites Parties de Carles seront remplies de la quantité de 250 quarreaux de terre contenus dans leurs dits titres par le premier Arpenteur sur ce requis, lequel plantera des bornes à cet effet, Parties présentes ou duement appelées; déboute les Parties du surplus de leurs demandes, fins et Conclusions, et condamne celles de Laborie aux dépens.

LETTRE du Ministre aux Officiers du Conseil du Cap touchant les Substituts des Procureurs du Roi à nommer dans les divers Quartiers, pour les Actes de justice provisoire.

Du 24 Juillet 1784.

MM. de Bellecombe et de Bongars m'ont adressé, MM., des exemplaires de l'Arrêt que vous avez rendu le 15 Mars dernier sur le Réquisitoire du Procureur-Général, concernant les Actes de justice provisoire dans les Paroisses de la Campagne. Les inconvéniens auxquels vous avez voulu remédier par cet Arrêt, meritoient en effet votre attention; mais on ne peut se dissimuler que le parti que vous avez pris, d'établir dans chaque Paroisse un Commissaire permanent, dépouille les premiers Juges, donne atteinte aux pouvoirs des Administrateurs qui ont seuls le droit de nommer provisoirement des Officiers de Justice, et même à ceux du Souverain à qui il appartient seul d'en créer. Il étoit plus simple d'engager les Administrateurs à user du droit que leur donne l'Article 3 de l'Édit du mois de Janvier 1766, pour établir dans votre Ressort un certain nombre de Substituts des Procureurs du Roi, et les répartir, selon le besoin, dans les différens Quartiers. Vous aviez pour cela l'exemple du Ressort du Conseil-Supérieur du Port-au-Prince, où cet établissement existe depuis long-temps. Le Roi à qui j'ai rendu compte des dispositions de votre Arrêt, persuadé de la droiture de vos vues et satisfait de votre zèle, n'a point jugé à propos de le casser; mais Sa Majesté veut qu'il soit regardé comme non-avenu et qu'il demeure sans exécution, aussi-tôt que les Administrateurs, auxquels je transmets également ses ordres, auront nommé le nombre de Substituts des Procureurs du Roi qu'ils jugeront nécessaire de répartir dans les Quartiers et Campagnes de votre Ressort. Sa Majesté vous ordonne de faire enregistrer cette lettre, et de vous conformer aux dispositions qu'elle renferme.

R. au Conseil du Cap le 7 Octobre suivant.

LETTRE du Ministre aux Administrateurs sur la Commission établie pour les Affaires relatives à l'Arrosage de la Plaine du Cul-de-sac.

Du 1er Août 1784.

J'AI reçu, MM., avec votre Lettre du 13 Mai dernier, la copie d'un Règlement provisoire arrêté le 9 Juillet 1779 par la Commission établie pour les Affaires relatives à l'Arrosage de la Plaine du Cul-de-Sac, avec les Pièces concernant une contestation à laquelle ce Règlement a donné lieu entre M. de la Rivière, Commissaire-Général-Ordonnateur, et M. Bourdon, Président du Conseil. Vous demandez les ordres du Roi sur ce Règlement qui vous paroît sage et même nécessaire, attendu qu'un Magistrat du Conseil est plus en état qu'un Commissaire de la Marine de faire le Rapport d'une affaire; et vous annoncez que M. de Bongars, après son arrivée au Port-au Prince, est dans l'intention de s'y conformer.

La Commission n'étoit pas autorisée par l'Arrêt qui l'a établie, à faire des Réglemens, et dans tous les cas M. Bourdon qui la présidoit au mois de Juillet 1779, parce qu'il n'y avoit alors au Port-au-Prince ni Intendant, ni Commissaire-général, ne peut tirer aucun droit aujourd'hui de cette circonstance qui se trouve changée par l'arrivée de M. de la Rivière et par la décision qui attribue à cet Ordonnateur la présidence au Conseil. Je ne puis blâmer M. de la Rivière d'avoir réclamé les droits de sa place dans l'affaire qui a donné lieu à la contestation, comme je ne puis approuver la résolution prise par M. de Bongars de se conformer à un Règlement qui préjudicieroit également aux droits de ses Représentans et aux siens propres. La Commission est composée du Gouverneur-Général, de l'Intendant et du Président du Conseil du Port-au-Prince. Il est évident que dans cet état, c'est à l'Intendant que les Requêtes doivent être remises pour être appointées. En l'absence de l'Intendant, cette prérogative appartient au Commissaire-général, et ce n'est que vis-à-vis un simple Commissaire de la Marine, que le Président du Conseil peut réclamer l'expédition des Requêtes. Dans cet état, le Roi, à qui j'ai rendu compte des dispositions du Règlement de la Commission du 9 Juillet 1779, joint à votre lettre, a decidé : 1°. Que l'Intendant, ou le Commissaire-général qui se trouveront au Port-au-Prince, auront seuls le droit de présider et d'appointer les Requêtes présentées à la Commission. 2°. Que les rapports de toutes les affaires appartiendront au Président du Conseil, ou au Conseiller qui le suppléera, sans qu'il soit besoin d'une nomination à chaque fois, laquelle sans cela seroit nécessairement dévolue à l'Intendant, ou au Commissaire-général. 3°. Que les Requêtes qui pourront être présentées par les Parties pour cause de récusation, seront admises pour être jugées par la Commission dans la forme et ainsi qu'il est prescrit par les Ordonnances. S. M. veut au surplus que le Règlement provisoire du 9 Juillet 1779 cesse d'avoir aucun effet, et soit regardé comme non-avenu. Vous voudrez bien, MM., faire enregistrer cette Dépêche au Greffe de l'Intendance, tenir la main à son exécution, et vous y conformer vous-mêmes.

ORDONNANCE du Juge de Police de Saint-Marc touchant les Boucheries.

Du 6 Août 1784.

A Mr. le Lieutenant de Police au Siége de Saint-Marc.

Supplie humblement le Sieur Gilles Guérault, etc. Disant que des divers partis qui vous ont été proposés pour la ferme des Boucheries dans la dépendance de votre Jurisdiction, celui qu'il a plu à Mr. l'Intendant et à vous d'adopter, a été de les affermer pour une année seulement, jusqu'à ce qu'il en ait été autrement décidé par le Ministre des Colonies. Comme le Suppliant est le premier qui ait fait des démarches, tant auprès de M. l'Intendant que vis-à-vis de vous, pour en avoir le bail, etc.

Vu la présente, la lettre missive de Mr. l'Intendant à nous adressée, les Conclusions du Procureur du Roi, nous donnons acte des offres du Suppliant; ce faisant, ordonnons qu'à compter du premier Septembre prochain, il sera et demeurera autorisé à débiter de la viande de bœuf et de veau, à l'exclusion de toutes autres personnes, à titre de fermier, pendant un an seulement, dans cette Ville et dans tous les quartiers dépendans de la Jurisdiction, à la charge de la débiter à raison de vingt sous la livre, et de payer pour prix de la ferme pendant ladite année, la somme de six mille livres, à qui et ainsi qu'il sera avisé par M. l'Intendant; et encore à la charge de se conformer dans ledit débit, aux Ordonnances de la Police, à peine de cent livres d'amende en cas de contravention, et notamment quand il négligera de débiter de la viande; et enfin à la charge de débiter la viande pour les troupes, s'il y a lieu, au prix qui sera arbitré par M. l'Intendant. Ordonnons qu'il sera autorisé à avoir des sous-fermiers ès lieux accoutumés. Faisons défenses à toutes personnes de débiter de la viande au préjudice du Suppliant, sous telles peines qu'il appartiendra; Et sera la présente déposée au Greffe du Siége, lue, publiée et affichée. A Saint-Marc, le 6 Août 1784. *Signé :* BRETTON DES CHAPELLES.

Vu et approuvé. Au Port-au-Prince le 9 Août 1784. *Signé :* BONGARS.

REQUÊTE *présentée aux Administrateurs par les 12 Fondateurs du Cercle des Philadelphes du Cap François, et Lettre de MM. les Administrateurs à leurs Représentans à ce sujet.*

Des 22 Août et 16 Septembre 1784.

Du 22 Août.

SUPPLIENT très-humblement les Soussignés; Disant qu'ayant formé le projet de recueillir tout ce qui peut concerner l'Histoire physique et naturelle de Saint-Domingue, de se procurer la Description particulière de chaque Quartier, avec des détails sur le sol, les plantations, les rivières, les eaux minérales, les maladies, et de lier par des rapports intéressans tout ce qui influe sur la santé des Colons et des Nègres; et ce travail neuf et important exigeant des correspondances dans tous les Quartiers, il vous plaise, Ngrs, honorer les Supplians de votre protection, en leur permettant de se réunir, pour concerter leur projet et s'occuper de son exécution, et les autoriser à publier un Prospectus pour annoncer leurs vues et exciter l'émulation des personnes instruites qui voudront leur communiquer leurs observations. Les Supplians ont l'honneur de vous prévenir qu'ils ont le projet de donner à leur Société le nom de *Cercle des Philadelphes*, et de la régler par des Statuts qu'ils s'empresseront de vous soumettre, si vous le jugez nécessaire, pour être mieux instruits de leurs intentions. Ils espèrent que vous approuverez leurs vues, parce qu'elles ont pour objet le bien public. Ce faisant, Ngrs, etc.

Du 16 Septembre

Le projet proposé, MM., par les personnes qui ont signé la Requête que vous nous avez fait l'honneur de nous communiquer, ayant pour but de former un Recueil sur l'Histoire physique et naturelle de Saint-

Domingue, nous ne voyons aucun inconvénient à donner les mains à son exécution : on ne peut même assez louer l'intention des douze Citoyens qui se réunissent pour travailler à cet Ouvrage. Nous vous prions, MM., de vouloir bien en témoigner notre satisfaction particulière à cette Société, et la prévenir que nous recevrons avec plaisir son Prospectus à cet égard. Nous avons l'honneur d'être, etc. *Signé :* BELLECOMBE et BONGARS.

Pour Copie conforme à l'original, *Signé :* Le Chevalier DU GRÈS, et LASCARIS DE JAUNA.

Nous aurons occasion de parler de cette Société, qui, quoique naissante encore, a déjà bien mérité et du Gouvernement et de la Colonie. Le temps la rendra sans doute précieuse à l'Isle Saint-Domingue, et utile à toutes nos Possessions Coloniales, par les lumières qu'elle répandra sur ce qui les concerne.

ORDONNANCE *du Juge de police de Jérémie, portant défenses à un Particulier d'avoir aucun Parc à Cochons en ville, et d'y Tanner des Cuirs.*

Du 28 Août 1784.

VU la Remontrance du Substitut du Procureur du Roi, Nous faisons défenses au Sieur Marois d'avoir aucun parc à cochons en cette ville, ni de tanner aucuns cuirs, que dans des endroits écartés, par rapport à l'infection que ces animaux et ces cuirs exhalent dans une ville, ce qui peut être très-préjudiciable à la santé du Public ; Enjoignons audit Marois de se conformer à la présente Ordonnance, qui lui sera signifiée à la diligence dudit Substitut du Procureur du Roi. Mandons au Brigadier de police de veiller à l'exécution de la présente. Fait et donné, etc. *Signé :* DE MOUSEUIL.

ARRÊT

ARRÊT du Conseil d'Etat, concernant le Commerce étranger dans les Isles Françoises de l'Amérique.

Du 30 Août 1784.

LE Roi, toujours occupé du soin de concilier l'accroissement des cultures de ses Colonies d'Amérique, avec l'extension du Commerce général de son Royaume, n'a jamais perdu de vue les moyens qui pouvoient contribuer à la prospérité de ses Possessions au-delà des mers, sans diminuer les avantages que la Métropole devoit retirer de ces établissemens; mais les principes à suivre pour parvenir à ce but, présentoient des difficultés qui ne pouvoient être vaincues qu'à mesure que l'expérience auroit éclairé sur les changemens à introduire dans cette partie importante de l'administration. Par le compte que Sa Majesté s'est fait rendre de ceux qui ont eu lieu jusqu'à présent, Elle a reconnu qu'il avoit été nécessaire de tempérer successivement la rigueur primitive des Lettres-patentes du mois d'Octobre 1727, dont les dispositions écartent absolument l'Étranger du Commerce de ses Colonies; et que pour maintenir dans un juste équilibre des intérêts qui doivent se favoriser mutuellement, il avoit fallu en différens temps apporter des modifications à la sévérité des Règlemens prohibitifs. Considérant que les circonstances actuelles sollicitent de nouveaux adoucissemens, Elle a jugé qu'en les accordant, il convenoit encore de multiplier les Ports d'entrepôt dans les Isles Françoises du Vent et sous le Vent, d'en rectifier le choix, et de les ouvrir dans des lieux où ils fussent sous la main du Gouvernement et sous l'inspection du Commerce national, afin de prévenir l'abus d'une contrebande destructive, ou de le réprimer avec d'autant plus de sévérité, que Sa Majesté ayant pourvu aux besoins de ses Colonies, les infracteurs de ses loix en deviendroient plus inexcusables. A quoi voulant pourvoir: Ouï le Rapport; LE ROI ÉTANT EN SON CONSEIL, Sa Majesté a ordonné et ordonne ce qui suit:

ART. I. l'Entrepôt ci-devant assigné au Carénage de Sainte-Lucie, sera maintenu pour ladite Isle seulement, et il en sera établi trois nouveaux aux Isles du Vent; savoir, un à Saint-Pierre pour la Martinique, un à la Pointe-à-Pitre pour la Guadeloupe et dépendances, un à

Scarboroug pour Tabago. Il en sera pareillement ouvert trois pour Saint-Domingue, savoir, un au Cap-François, un au Port-au-Prince, un aux Cayes-Saint-Louis : celui qui existe au Môle Saint-Nicolas dans la même Colonie, sera et demeurera supprimé.

II. Permet Sa Majesté, par provision et jusqu'à ce qu'il lui plaise d'en ordonner autrement, aux Navires Etrangers, du port de soixante tonneaux au moins, uniquement chargés de bois de toute espèce, même de bois de teinture, de charbon de terre, d'animaux et bestiaux vivans, de toute nature, de salaisons de bœufs et non de porcs, de morue et poisson salés, de riz, maïs, légumes, de cuirs verds en poil ou tannés, de pelleteries, de résines et goudron, d'aller dans les seuls Ports d'entrepôt désignés par l'article précédent, et d'y décharger et commercer lesdites marchandises.

III. Il sera permis aux Navires étrangers qui iront dans les Ports d'entrepôt, soit pour y porter les marchandises permises par l'Article II, soit à vide, d'y charger pour l'Étranger, uniquement des sirops et taffias, et des marchandises venues de France.

IV. Toutes les marchandises dont l'importation et l'exportation sont permises à l'Étranger dans lesdits Ports d'entrepôt, seront soumises aux droits locaux, établis ou à établir dans chaque Colonie, et paieront en outre un pour cent de leur valeur.

V. Indépendamment du droit d'un pour cent, porté en l'Article ci-dessus, les bœufs salés, la morue et le poisson salés, paieront trois livres par quintal; et sera le produit dudit droit de trois livres, converti en Primes d'encouragement pour l'introduction de la morue et du poisson salés, provenans de la pêche françoise.

VI. Les chairs salées étrangères qui seront introduites dans les Colonies par des Bâtimens françois, expédiés directement des Ports du Royaume, ne seront point assujetties au paiement des droits mentionnés dans les deux Articles précédens.

VII. Il sera établi dans chaque Port d'entrepôt un nombre suffisant de Commis, pour veiller à ce qu'il ne soit introduit ni exporté d'autres marchandises que celles qui sont spécifiées dans les Articles II et III du présent Arrêt; et afin qu'il ne reste aucun soupçon d'inexactitude dans cette surveillance, autorise Sa Majesté les Négocians françois résidens dans chacun desdits Ports d'entrepôt, ainsi que les Capitaines de Navires qui pourront s'y trouver, à nommer respectivement entr'eux des Commissaires, lesquels seront chargés de dénoncer les négligences ou abus qu'ils pourroient reconnoître, et assisteront, lorsqu'ils l'estimeront convenable, à toutes les visites qui auront lieu, soit à l'arrivée, soit au départ des Navires étrangers.

VIII. Les Capitaines desdits Navires étrangers, qui iront dans les Ports d'entrepôt, seront tenus, sous peine de confiscation desdits Navires et de leurs cargaisons, et de mille livres d'amende, de se signaler au large, et d'avertir dans l'instant de leur arrivée, pour qu'il soit sur le champ envoyé deux Commis, et, autant que faire se pourra, une garde à leur bord, à l'effet d'empêcher qu'il ne soit rien déchargé avant la visite. Si lesdits Capitaines arrivent le matin, ils feront dans le jour, et s'ils arrivent le soir, au plus tard dans la matinée du lendemain, une déclaration exacte, tant au Bureau de Sa Majesté qu'au Greffe de l'Amirauté où ils rempliront d'ailleurs toutes les formalités d'Ordonnance, de l'espèce et de la quantité des marchandises dont les chargemens seront composés; représenteront leurs connoissemens et charteparties, et ne pourront procéder au déchargement que sur le congé ou permis du Bureau, en présence de deux Commis qui visiteront les marchandises, et dresseront le procès-verbal de leur assistance audit déchargement. Lorsque lesdits Navires s'expédieront en retour, il ne pourra être fait aucun chargement sans une pareille déclaration, sans la présence d'un nombre égal de Commis, sans un semblable procès-verbal d'assistance audit chargement, et sans un permis du Bureau pour le départ du Bâtiment.

IX. Si lors de la visite, avant, pendant ou après le chargement ou déchargement, il se trouvoit sur les Navires étrangers, venus dans les Ports d'entrepôt, ou partant desdits Ports, d'autres marchandises que celles dont l'importation et l'exportation sont permises par les Articles II et III, les Commis en dresseront procès-verbal, et le remettront sur le champ au Greffe de l'Amirauté, pour être, à la diligence du Procureur de Sa Majesté, procédé par les Officiers dudit Siége, à la saisie des Navires et de leur chargement, dont la confiscation sera prononcée, avec amende de mille livres, sauf l'appel au Conseil ou autre Tribunal supérieur du Ressort.

X. Les Armateurs françois, soit du Royaume, soit des Isles et Colonies Françoises, qui voudront concourir à l'importation des marchandises étrangères permises par l'Article II, comme aussi à l'exportation dans les Ports étrangers, des marchandises pareillement permises par l'Article III, seront soumis aux mêmes précautions, aux mêmes formalités et visites qui sont ordonnées pour les Navires étrangers; subiront les mêmes peines en cas de contravention, et supporteront les mêmes droits, à l'exception seulement du droit d'un pour cent, fixé par l'Article IV, dont ils seront dispensés.

XI. Tous Capitaines et Patrons de Bâtimens françois armés, soit dans les Ports du royaume, soit dans ceux des Colonies Françoises, qui voudroient s'expédier esdites Colonies pour aller aux Mers de l'Amérique, même à Saint-Pierre et Miquelon, ne pourront partir que d'un des Ports d'entrepôt, sous peine de confiscation des Bâtimens et de leurs cargaisons, et de mille livres d'amende. Lesdits Capitaines et Patrons seront tenus de prendre, ainsi qu'il est d'usage, la permission limitée du Gouverneur et de l'Intendant, et le passeport de l'Amiral, qui seront enregistrés au Greffe de l'Amirauté; ils fourniront, en outre, toutes les déclarations, et subiront toutes les visites nécessaires pour constater l'état de leurs chargemens, lesquels ne pourront consister qu'en sirops, taffias et marchandises venues de France, ainsi et de la même manière que s'ils étoient étrangers.

XII. Les expéditions vers des Ports étrangers, ne seront délivrées que pour ceux où Sa Majesté entretient des Consuls, Vice-consuls ou Agens, auxquels elles seront présentées, tant à l'arrivée qu'au départ, pour être par eux visées, et par les Capitaines exhibées au retour, soit en France, soit dans les Colonies.

XIII. Les Bâtimens françois qui seront partis d'un des Ports d'entrepôt, pour aller aux Mers de l'Amérique, même à Saint-Pierre et Miquelon, comme aussi ceux qui étant expédiés des Ports du Royaume, auront touché à un Port étranger, ou même auxdites Isles de Saint-Pierre et Miquelon, ne pourront, sous pareilles peines de confiscation des Bâtimens et de leurs cargaisons, ensemble de mille livres d'amende, rentrer ou entrer dans les Isles et Colonies Françoises, que par l'un des Ports d'entrepôt, à l'effet d'y subir les visites et inspections auxquelles sont assujettis les Bâtimens étrangers. Ils seront tenus aux mêmes déclarations et formalités, et ne pourront introduire que les mêmes marchandises dont l'importation est permise. Après lesdites visites et inspections pour lesquelles le déchargement aura toujours lieu, et dont il sera délivré certificat aux Capitaines et Patrons par le Directeur du Bureau de Sa Majesté, il sera libre auxdits Bâtimens de passer dans tel Port ou rade de la Colonie qu'ils jugeront à propos.

XIV. Lesdits Bâtimens françois, expédiés soit des Isles Françoises, soit des Ports du Royaume, qui ayant touché à un Port étranger, ou à Saint-Pierre et Miquelon, entreront dans un des Ports d'entrepôt, seront tenus, sous les mêmes peines de confiscation et d'amende, d'arborer, à trois lieues au large, une flamme ou marque distinctive, telle qu'elle sera indiquée par l'Amirauté, afin qu'au moment de leur arrivée il puisse être envoyé des Commis à bord par le Bureau de Sa Majesté.

XV. Veut Sa Majesté, toujours sous les mêmes peines, que les Bâtimens étrangers auxquels il a été permis pour un temps déterminé, d'introduire aux Isles du Vent seulement, des cargaisons de Noirs, dans les différens Ports d'Amirauté desdites Isles, ne puissent plus dorénavant les introduire pendant ledit temps, que dans les ports du Carénage de Saint-Pierre, de la Pointe-à-Pitre et de Scarboroug uniquement; dérogeant, quant à ce, à l'Arrêt de son Conseil du 28 Juin 1783, lequel au surplus continuera d'être exécuté selon sa forme et teneur.

XVI. Le produit des amendes et confiscations prononcées, sera attribué en totalité aux Commis des Bureaux de Sa Majesté, qui auront fait ou provoqué la saisie; à l'égard des Navires qui auront été pris en fraude par les Vaisseaux et Bâtimens Gardes-côtes de Sa Majesté, la totalité dudit produit appartiendra aux Commandans, États-majors et Équipages-preneurs, à la seule déduction des frais de Justice, du dixième de l'Amiral, et de six deniers pour livre au profit des Invalides de la Marine : lorsqu'il y aura des dénonciateurs, un tiers du même produit sera prélevé à leur profit.

XVII. Fait Sa Majesté très-expresses inhibitions et défenses à tous François, de prêter leur nom à des francisations simulées de Bâtimens étrangers, sous peine de trois mille livres d'amende applicable aux Hôpitaux des lieux, sans préjudice de la confiscation du Bâtiment, ordonnée par les divers Règlemens intervenus sur le fait de la Navigation : Enjoint à ses Procureurs ès Siéges des Amirautés, de faire à ce sujet toutes poursuites et diligences contre les contrevenans, à peine d'en répondre.

XVIII. Se réserve Sa Majesté d'ouvrir à l'avenir, s'il y a lieu, un Entrepôt pour Cayenne et la Guyane françoise, après l'expiration du temps qu'Elle a fixé par l'Arrêt de son Conseil du 15 Mai dernier, pour la liberté générale du Commerce dans ladite Colonie; Veut et entend que jusqu'à la révolution de ladite époque, les Bâtimens étrangers ou françois qui auront touché à quelque port ou rade de Cayenne et de la Guyane Françoise, ne puissent aborder que dans les seuls Ports d'entrepôt des Isles du Vent ou sous le Vent, aux mêmes conditions, précautions, règles et peines qui sont énoncées dans les Articles XIII et XIV ci-dessus.

XIX. Seront au surplus exécutées les dispositions des Lettres-patentes du mois d'Octobre 1727, et des Ordonnances et Règlemens subséquens, concernant le Commerce étranger dans les Isles et Colonies Françoises, en ce qui n'y est pas dérogé par le présent Arrêt.

Mande Sa Majesté à Mons. le Duc de Penthièvre, Amiral de France, et aux Gouverneurs, Lieutenans-Généraux, Commandans particuliers, Intendans, Commissaires généraux, Ordonnateurs, et tous autres qu'il appartiendra, de tenir la main, chacun en droit soi, à l'exécution du présent Arrêt : Mande pareillement Sa Majesté aux Conseils et Tribunaux Supérieurs des Colonies Françoises de l'Amérique, de procéder à l'enregistrement d'icelui, pour être lu, publié et affiché par-tout où besoin sera. Fait au Conseil d'État du Roi, Sa Majesté y étant, etc. *Signé :* LA CROIX, Maréchal de CASTRIES.

R. au Conseil du Port-au-Prince le 14 *Février* 1785.

Et à celui du Cap le . . . . 1785.

ORDONNANCE de M. l'Intendant concernant les Magasins du Roi.

Du 3 Septembre 1784.

ALEXANDRE Jacques de Bongars, etc.

L'ordre qui doit régner dans la manutention des effets appartenans à Sa Majesté, sous la garde du Comptable préposé à ce sujet; la discipline qui doit nécessairement subsister dans les Bureaux, pour en constater l'emploi selon les formes préscrites par l'Ordonnance; enfin la subordination si essentielle, tant pour la justesse des opérations, que pour l'exactitude du service, devant être parfaitement établis pour prévenir les abus qui pourroient résulter d'une marche arbitraire, NOUS, en vertu des pouvoirs à nous accordés par Sa Majesté, avons statué et statuons, ordonné et ordonnons ce qui suit; savoir :

ART. I. Les Bureaux seront ouverts à sept heures précises du matin, et fermés à midi sonné. Tous les Employés s'y rendront à l'heure fixée, et aucun ne pourra s'en dispenser que pour des raisons valables et avec le consentement de l'Officier chargé de ce détail; et, si les circonstances exigeoient un plus long service, ils s'y rendront l'après-midi à l'heure indiquée, conformément à l'ordre qu'ils en recevront.

II. Ordonnons à tous les Employés des Bureaux des Magasins du Roi, d'y paroître vêtus d'une manière décente et convenable, leur défendons très-expressément d'y tenir aucun colloque entre eux, ou avec des étrangers, autres que ceux qui s'y trouveront pour affaires du service.

III. Le Garde-magasin, ou à son défaut le premier Commis du Bureau, sera seul chargé de recevoir les pièces de recette et dépense. Il fera délivrer en présence du Commis au Contrôle, sur l'ordre qu'il en recevra de l'Officier d'Administration chargé du détail, les objets demandés; il distribuera les écritures à faire aux Employés subalternes, qui lui obéiront en tout ce qui concernera le service du Roi, et sans qu'aucun, sous quelque prétexte que ce soit, puisse s'immiscer à recevoir et garder par-devers lui les pièces relatives à la comptabilité, sous peine de privation de son emploi.

IV. Il tiendra un journal de recette et dépense qui sera arrêté chaque jour par l'Officier d'Administration; il établira à la fin de chaque semaine ses comptes de recette et dépense sur des registres séparés, qui seront certifiés de lui, vérifiés, et signés par l'Officier d'Administration et le Contrôleur de la Marine, et arrêtés par Nous; lui défendons de rien recevoir dans les Magasins, et d'en rien délivrer qu'au préalable les pièces de recette et dépense n'ayent été enregistrées au Bureau du contrôle établis dans lesdits Magasins, à peine d'interdiction et de répondre personnellement de la valeur des objets délivrés sans cette formalité.

V. Exceptons néanmoins les cas extraordinaires, tels que l'incendie, tremblement de terre et autres événemens imprévus, où la forme prescrite par l'Article IV, entraîneroit des longueurs préjudiciables, auquel cas le Garde-magasin pourra délivrer de son chef les objets nécessaires, en exigeant toutefois un reçu de la personne qui lui en fera la demande.

VI. Défendons au Garde-magasin d'entreposer dans les Magasins du Roi, d'autres effets que ceux appartenans à Sa Majesté. Il se conformera pour le surplus à ce qui est prescrit par l'Ordonnance.

Sera le présent Règlement enregistré au Contrôle de la Marine, et Copie collationnée affichée dans les Bureaux des Magasins. Mandons au Commissaire chargé du détail, au Contrôleur, et au Garde-

Magasin d'observer et faire observer ledit Règlement en tout son contenu. Donné au Port-au-Prince, etc. *Signé :* BONGARS.

R. au Contrôle le 10 du même mois.

ORDONNANCE *des Administrateurs, concernant la Construction d'une Barraque sur le Quai, au Cap.*

Du 7 Septembre 1784.

VU l'Exposé en la Requête du Sieur Maugendre, par grace et sans tirer à conséquence, permettons au Suppliant de faire construire sur le Port de cette ville, à l'endroit qui lui sera désigné par M. le Commandant de la Partie du Nord et M. le Capitaine de Port dudit lieu, une barraque en planches de trente à quarante pieds en quarré, à la charge par ledit Suppliant de détruire ladite barraque au premier ordre qu'il recevra, sans pouvoir exiger aucune indemnité contre qui que ce soit. Renvoyons le Suppliant à se pourvoir pardevant le Conseil Supérieur du Cap, pour obtenir la permission de vendre du vin. Et sera notre présente Ordonnance enregistrée au Greffe de la Subdélégation, pour y recourir au besoin. Mandons à M. le Commandant pour le Roi de la Partie du Nord, de tenir la main à son exécution. Donné au Port-au-Prince le 7 Septembre 1784. *Signé :* BELLECOMBE et BONGARS.

R. au Greffe de la Subdélégation le 15 du même mois.

LETTRE

LETTRE du Ministre au Gouverneur-Général, sur l'ordre successif des Avancemens dans les Colonies.

Du 30 Septembre 1784.

LE Roi ayant décidé, Mr., que les Troupes des Colonies seroient assimilées, autant que faire se pourra, à celles de l'Infanterie de l'Armée, et soumises aux mêmes loix de discipline, d'administration et de service dans tous les points où les circonstances locales et particulières aux Colonies n'exigeront pas d'y conserver des différences, je vais vous faire connoître succinctement les intentions de Sa Majesté.

L'ordre successif des avancemens sera suivi dans les Régimens jusqu'au grade de Capitaine inclus, ainsi qu'il est d'usage dans les Troupes de terre.

Le Roi se réserve de tirer les Majors des Régimens Coloniaux, des Capitaines-Commandans attachés au Département de la Guerre, pour vivifier l'instruction et la discipline qui se relâchent sans cesse dans les Colonies.

Les premiers Capitaines de chaque Régiment des Colonies concourront à l'avenir avec les Majors pour les Lieutenances-Colonelles, et ce sera dans cette dernière classe d'Officiers-Supérieurs, qu'on prendra les Colonels, s'ils ont les talens et la fermeté qui peuvent les en rendre susceptibles; sinon Sa Majesté les choisira dans son Infanterie.

Pour prévenir et arrêter les prétentions des grades inférieurs, qui par des protections parviennent à des places dans les États-majors, Sa Majesté a décidé qu'à l'avenir les Aides-Majorités ne seront données qu'à des Officiers titulaires ayant le grade de Capitaine. Les Aides-Majors de Place concourront avec les Majors de Régimens pour les Majorités de Place; et ce sera dans la classe des Colonels ou des Commandans particuliers, que le Roi prendra les Commandans en second.

Je joins au surplus copie d'un Règlement arrêté par Sa Majesté pour les Croix de Saint-Louis du Département des Colonies, qui doit vous être connu, et d'un autre Règlement du 1er Juin 1782, pour la nomination aux emplois du Département de la Guerre, dont les dispositions sont applicables au service des Colonies, dans les cas auxquels il n'a pas été pourvu. Je vous préviens au surplus que l'intention de Sa Majesté est que vous teniez exactement la main à l'observation des principes établis dans cette dépêche et dans les Règlemens qui y sont joints.

ARRÊT du Conseil d'État portant Règlement sur la Franchise accordée au Port et à la ville de l'Orient.

Du 3 Octobre 1784.

LE ROI ayant ordonné par Arrêt de son Conseil du 14 Mai dernier, que la ville de l'Orient jouiroit d'une franchise semblable à celle de Dunkerque, Sa Majesté a jugé qu'il seroit également utile au Commerce national et au Commerce étranger, d'y établir la distinction qui existe à Dunkerque d'une ville franche et d'une ville non franche, pour la rendre susceptible du Commerce des Colonies Françoises, dans la partie qui demeureroit nationale. Mais Sa Majesté a considéré qu'avant de fixer définitivement les limites de la franchise, il étoit nécessaire de déterminer le degré de liberté que l'intérêt de ses Finances lui permettoit d'y accorder au commerce du Tabac, et que cet objet important, ainsi que le Règlement à faire concernant le Commerce des Colonies, exigeoient l'examen le plus approfondi; ce motif avoit déterminé Sa Majesté à restreindre provisoirement par l'Arrêt de son Conseil du 26 Juin dernier, le territoire de la franchise à la partie de la ville appelée *le Port*, naturellement disposée pour un grand Commerce, par ses magasins et ses emplacemens considérables, sauf à l'étendre par la suite à mesure que les besoins du Commerce l'exigeroient; mais bientôt les versemens considérables de Tabac fabriqué et en poudre qui se sont faits du port dans la ville, ont prouvé la nécessité de prescrire une forme, qui, en assurant toute liberté pour le commerce extérieur du Tabac, même fabriqué, maintiendroit la Ferme générale dans le droit exclusif de le fournir pour la consommation intérieure, et préviendroit les introductions frauduleuses : c'est dans cette vue qu'a été rendu l'Arrrêt du Conseil du 28 Juillet dernier. Sa Majesté a été également informée que si la franchise demeuroit restreinte au territoire du port, les besoins du Commerce demanderoient qu'on permît d'y construire des maisons, et qu'on y laissât établir des débits de boissons, ce qui seroit également contraire au bon ordre, à la police du port, à la commodité du service de la Marine royale, et à la sûreté de ses magasins et atteliers; ces considérations importantes ne laissant aucun doute sur la nécessité d'étendre la franchise à la ville, et cette extension n'ayant plus, au moyen de l'Arrêt du Conseil du 28 Juillet dernier, les inconvéniens qui s'y étoient opposés, Sa Majesté s'est portée d'autant plus volontiers à n'en excepter désormais que le seul territoire qui s'étend depuis les limites du port jusqu'au bac de Saint-Christophe, qu'Elle a reconnu que c'étoit la situation la plus avantageuse qu'il fût possible de réserver pour l'établissement de la partie non franche destinée au Commerce des Colonies, et aux différentes branches du Commerce national. A quoi voulant pourvoir, vu l'avis du sieur Bertrand de Moleville, Intendant et Commissaire départi pour l'exécution des ordres du Roi en la province de Bretagne; et Ouï le rapport du sieur de Calonne, Conseiller ordinaire au Conseil royal, Contrôleur-général des Finances; LE ROI ÉTANT EN SON CONSEIL, a ordonné et ordonne ce qui suit:

ART. I. A compter du 30 Octobre prochain, le port et la ville de l'Orient jouiront de la franchise qui leur est accordée par l'Arrêt du Conseil du 14 Mai dernier, et cette franchise aura lieu dans toute l'étendue de la ville, telle qu'elle est circonscrite par ses remparts, comme aussi dans le port, sauf et excepté la partie dudit port réservée au Commerce national de l'Inde; et ladite franchise s'étendra sur la rade de Peumané jusqu'à l'Ile Saint-Michel, sans qu'il soit permis de rien débarquer sur l'une ni sur l'autre côte qui borde ladite rade, ni sur la côte en face du port, depuis la pointe de Cosquer jusqu'à la batterie de Caudan, la ferme générale demeurant autorisée à continuer de garder lesdites côtes avec des pataches et des canots, ainsi que toutes les parties de la rivière de Blavet, non comprises dans les limites ci-dessus fixées, de ladite franchise.

II. N'entend Sa Majesté que, sous prétexte de ladite franchise du port et de la ville, il soit porté aucune atteinte aux droits de la Ferme des Devoirs de Bretagne, sauf à la ville de l'Orient à se pourvoir, ainsi qu'elle avisera, aux États prochains, soit pour obtenir l'abonnement desdits droits, soit pour proposer des moyens, qui, en simplifiant leur perception, puissent concilier les intérêts de la Province avec ceux du Commerce.

III. Le Commerce des Colonies aura lieu sur la rivière de Scorff, depuis la douve revêtue de pierres, faisant la dernière limite au nord de la franchise jusqu'au passage de Saint-Christophe, et s'y fera conformément aux dispositions des Lettres-Patentes du mois d'Avril 1717, et autres Règlemens subséquens, applicables à la province de Bretagne; et il jouira de toutes les faveurs et privilèges d'entrepôt accordés par lesdits Règlemens, aussi-tôt qu'on y aura construit des magasins propres à l'exercice de la police desdits Entrepôts; à l'effet de quoi il sera dressé incessamment, à la diligence des officiers municipaux de la ville de l'Orient, un plan d'alignement des rues qu'il sera nécessaire d'ouvrir dans cette partie, pour ledit plan être autorisé par Sa Majesté.

IV. Les Capitaines ou Patrons de tout Navire arrivant à la hauteur de Groix, et destiné pour la ville où la franchise est établie, ne pourront refuser de prendre à bord deux ou trois Employés des Fermes, qui les accompagneront jusqu'aux limites de ladite franchise; ceux qui viendront des Isles et des Colonies françoises de l'Amérique ou de l'Afrique, seront pareillement accompagnés desdits Employés pendant tout le temps qu'ils traverseront l'étendue de la franchise et jusqu'à la partie du port non franche, située dans la rivière de Scorff, entre les vases du port et le passage de Saint-Christophe.

Les Capitaines qui partiront pour les Colonies, dudit port non-franc, seront aussi tenus de recevoir à bord deux ou trois Employés des Fermes, en traversant la franchise jusqu'à la hauteur de Groix.

V. Les Courtiers ou Consignataires des bâtimens chargés de Tabac fabriqué, seront tenus d'en faire la déclaration exacte aux Employés des Fermes, sous peine d'en répondre en leur propre et privé nom; et dans tous les cas les Capitaines ou Patrons des Bâtimens arrivant dans la franchise, seront tenus de souffrir à bord la visite desdits Employés, lorsqu'ils viendront pour reconnoître s'il ne s'y trouve pas de Tabac fabriqué.

VI. Les Marchandises de l'Inde, débarquées dans la partie du port réservée à ce Commerce national, pourront traverser la Ville et toute l'étendue du territoire franc, moyennant des acquits à caution, et en se conformant aux Règlemens rendus en cette matière.

VII. Il sera permis aux Habitans de la ville de l'Orient, de tirer de l'intérieur du Royaume, des bois de charpente et de chauffage, du charbon, des grains, farines et autres comestibles, même quand l'exportation hors du Royaume en seroit défendue, sauf qu'en ce dernier cas ils ne le pourront qu'à concurrence seulement des besoins de leur consommation; à l'effet de quoi il sera dressé par les Officiers municipaux un état estimatif de ladite consommation; sur lequel, après qu'il aura été vu et arrêté par le Sieur Intendant et Commissaire département pour l'exécution des ordres du Roi dans la généralité de Bretagne, seront expédiées les permissions nécessaires pour la sortie desdites denrées et marchandises, à la charge dans tous les cas d'acquitter les droits s'il en est dû.

VIII. Les Articles VI, VII et X de l'Arrêt du Conseil du 26 Juin dernier, et l'Arrêt du Conseil du 28 Juillet suivant, seront exécutés selon leur forme et teneur. Fait au Conseil d'État, etc. *Signé :* Le Maréchal DE CASTRIES.

ARRÊT du Conseil du Port-au-Prince, qui augmente la Brigade de Police de Saint-Marc.

Du 6 Octobre 1784.

VU par la Cour le Réquisitoire du Procureur-Général du Roi, contenant que par Arrêt du 1er Mars 1771, il a été établi une Brigade de Police à Saint-Marc, ladite Brigade composée d'un Exempt, d'un Brigadier et de quatre Archers, pour être aux ordres et mandemens des Officiers de la Jurisdiction ; que depuis l'époque de cette création, le commerce et la population de cette ville, placée entre le Port-au-Prince et le Cap, ont singulièrement augmenté, de sorte que le nombre de quatre Archers devient absolument insuffisant pour le bon ordre et la police. Déjà MM. les Administrateurs, persuadés de la nécessité de prendre cet objet en considération, ont assigné une somme de six mille livres pour y faire bâtir un corps-de-garde pour la brigade de police. En conséquence le Procureur-Général, à qui les Officiers du Siége ont adressé une demande à cet effet, persuadé de l'utilité d'une augmentation dans le nombre des Archers de police, augmentation qui tend à la sûreté générale confiée à ses soins ; requiert, etc. ledit réquisitoire en date du 4 du présent mois, signé DE BOURCEL. Ouï le Rapport de M. la Biche de Reignefort, Conseiller, la matière mise en délibération : LA COUR a ordonné et ordonne que le nombre des Archers établis en la ville de Saint-Marc sera dorénavant porté à huit, aux mêmes fonctions, devoirs et appointemens que ceux crées par l'Arrêt du 1er Mars 1771 ; ordonne aussi que Copie collationnée du présent Arrêt sera envoyée en la Sénéchaussée de Saint-Marc pour y être enregistré et exécuté suivant sa forme et teneur.

ARRÊT du Conseil du Cap, portant que chaque année les Avocats de la Cour renouvelleront leur Serment à la rentrée du Palais.

Du 7 Octobre 1784.

ARRÊT du Conseil du Cap touchant l'Homologation des avis de Parens pour la Vente des biens des Mineurs.

Du 8 Octobre 1784.

VU par la Cour la Requête présentée par le Tuteur des Mineurs Saint-Jean, habitans à Plaisance, tendante à ce qu'il lui fût permis de procéder à la vente d'un terrein de 31 quarreaux appartenant auxdits Mineurs, conformément à la délibération de leurs parens et amis, *homologuée par P.... Notaire;* vu aussi ladite délibération et homologation d'icelle, Conclusions du Procureur-Général du Roi, Ouï le Rapport de M. de Brucourt, Conseiller, et tout considéré : LA COUR a reçu et reçoit le Procureur-Général du Roi Appelant de l'homologation de la délibération dont s'agit; statuant sur son Appel, renvoie le Suppliant à se pourvoir pardevant le Juge du Cap, à l'effet de faire homologuer ladite délibération. Faisant droit sur les plus amples Conclusions du Procureur-Général du Roi, a interdit pendant six mois, P...., Notaire, pour s'être immiscé dans les fonctions de Juge Royal, lui fait défenses de récidiver sous plus forte peine, ordonne que le présent Arrêt lui sera signifié à la requête du Procureur-Général du Roi.

ARRÊT du Conseil du Cap touchant des Denrées perdues sur un Passager commandé par un Mulâtre, et la Police des Passagers.

Du 9 Octobre 1784.

ENTRE les Sieurs Castera et compagnie, tenant le Passager du Fort Dauphin; Et les Sieurs Riviere et Chevaly, Négocians, (Plaidans Mes d'Augy et Viel).

L'Arrêt confirme la Sentence du Lieutenant de l'Amirauté du Cap, du 20 Août précédent, qui, vu ce qui résulte de la déclaration faite au Greffe par le Mulâtre Colas, que les Sieurs Castera et Compagnie ont confié le commandement de leur barque audit Colas, Esclave, les auroit condamnés à payer 14,000 et quelques cents livres, pour 93 sacs de café chargés sur ladite Barque, naufragée sur les ressifs, si mieux ils n'aimoient à dire d'Arbitres.

Et faisant droit sur les plus amples Conclusions du Procureur-Général du Roi, condamne Castera et Compagnie, en 100 liv. d'amende, pour avoir établi sur leur Bâtiment passager, en qualité de Patron, un Mulâtre esclave, incapable, suivant les Ordonnances, d'être admis à commander un Bâtiment destiné pour le cabotage; fait très-expresses inhibitions et défenses à tous ceux qui tiennent des Bâtimens pour le cabotage dans le ressort de la Cour, d'en confier le commandement à des esclaves, sous peine d'être poursuivis extraordinairement; ordonne aux Officiers des Amirautés de veiller à ce que tous les propriétaires de bateaux et canots passagers dans le ressort de la Cour, se conforment aux Ordonnances du Roi, Arrêts et Règlemens de la Cour; en conséquence de tenir la main à ce qu'ils n'ayent que des Bâtimens bien conditionnés, et n'employent pour les commander que des matelots et gens de mer examinés et reçus suivant les Ordonnances concernant le petit cabotage, et en outre à ce que lesdits propriétaires de bateaux passagers exécutent l'Arrêt qui leur a prescrit d'avoir des livres et Registres cotés et paraphés Enjoint à tous lesdits propriétaires de bateaux et canots passagers de remettre au Procureur-Général du Roi, dans le délai de deux mois, leurs mémoires pour parvenir au tarif du frêt et aux Règlemens de la police desdits bateaux et canots, lesquels tarif et Réglemens seront imprimés et affichés dans les magasins desdits propriétaires et dans leurs bateaux, sous peine d'amende; et faute par eux de remettre leurs mémoires dans lesdits délais, ordonne qu'il sera par la Cour procédé d'office auxdits tarif et Règlemens sur les Conclusions du Procureur-Général. Faisant ladite Cour très-expresses inhibitions et défenses à Séjourné, Receveur des Octrois au Bureau du Fort-Dauphin, d'insérer en caractères typographiques dans les formules de ses quittances imprimées, que les déclarans lui ont dit ne savoir signer; lui enjoint d'interpeler les Parties et d'écrire à la main leur déclaration. Ordonne au surplus, que le présent Arrêt sera imprimé, publié et affiché tant dans les ports que dans les embarcadaires du ressort de la Cour, et copies collationnées d'icelui envoyées à la diligence du Procureur-Général du Roi dans les siéges d'Amirauté du même ressort, pour y être lu, publié et affiché, suivi et exécuté selon sa forme et teneur. Enjoint aux Substituts du Procureur-Général du Roi d'y tenir la main, et d'en certifier la Cour dans la quinzaine.

ARRÊT du Conseil du Cap confirmatif d'une Sentence du Siége Royal de la même ville, portant que la Succession du Sieur Denis, Américain de Boston, sera remise au Receveur des Aubaines.

Du 9 Octobre 1784.

ENTRE les Sieurs Walle et Laurent Faurès, Exécuteurs-Testamentaires du feu Sieur Denis, Appelans; Et Me Paquot, Receveur des Aubaines. Plaidans Mes d'Augy et Viel, sur les Conclusions de M. le Procureur-Général.

ARRÊT

ARRÊT du Conseil-Supérieur du Port-au-Prince, touchant les Interrogatoires sur la Sellette.

Du 9 Octobre 1784.

VU, etc. NOTRE COUR, etc. Faisant droit sur le Réquisitoire du Procureur-Général, enjoint au Sénéchal des Cayes de se conformer à l'Article 21 du Titre 14 de l'Ordonnance de 1670; en conséquence de faire subir aux accusés, sur la Sellette, leur dernier interrogatoire, lorsque les Conclusions du Ministère public tendront à une peine afflictive.

ARRÊT du Conseil du Cap, qui juge qu'en matière de Saisie, l'Élection de Domicile est attributive de Jurisdiction.

Du 12 Octobre 1784.

ENTRE le Sieur Pons, Appelant d'une part; Et le Sieur Jacquemin, Intimé; Ouïs Darracq, Avocat de Pons, et Bonnemaison, Avocat de Jacquemin, ensemble le Procureur-Général du Roi en ses Conclusions, et tout considéré : LA COUR a homologué et homologue l'avis du Parquet (portant : *Nous estimons que le Juge du Cap n'est point incompétent*); en conséquence statuant sur l'appel, a mis et met l'Appellation et ce dont est appel, au néant; émendant, évoquant le principal et y faisant droit, déclare la saisie dont s'agit, nulle, tortionnaire et déraisonnable, en fait pleine et entière main-levée à la Partie de Darracq, etc.

Le Sieur Jacquemin, en vertu d'un Arrêt du Parlement de Paris attributif de Jurisdiction, rendu d'après un Arrêt du Conseil d'État qui en avoit cassé un du Conseil du Cap entre le Sieur Jacquemin et le Sieur Labattut, fit saisir-revendiquer et séquestrer plusieurs objets sur l'habi-

tation qui étoit l'objet du procès. Le Sieur Pons, acquéreur conditionnel en 1780, des droits du Sieur Labattut, résultans d'un Acte de vente de 1773 attaqué par le Sieur Jacquemin, mais acquéreur définitif à la même époque d'autres objets indépendans dudit Acte, et notamment de ceux séquestrés, attaqua la saisie pardevant le Juge du Cap, qui, sur le vu de l'Arrêt du Parlement de Paris, faisant défenses de procéder ailleurs que pardevant lui, à peine de tous dépens, dommages et intérêts, etc., renvoya les Parties à se pourvoir au Parlement. Le Conseil du Cap, déterminé par l'élection de domicile portée en la saisie, et se jugeant compétent, a prononcé la nullité de la saisie.

ARRÊT du Conseil du Cap, qui admet contre un Sellier la Prescription de six mois portée en l'Art. 126 de la Coutume de Paris, à la charge d'affirmer qu'on n'a pas connoissance que le compte soit dû.

Du 13 Octobre 1784.

ENTRE le Sieur Gauchy, habitant ; Et le Sieur Grellet, Sellier ; Plaidans Mes Darracq et Baudry des Lozières.

ARRÊT du Conseil du Cap, touchant l'Art. 47 de l'Édit du mois de Mars 1685.

Du 13 Octobre 1784.

ENTRE les Sieur et Dame de Saint-Paul, Et le Sieur Perodin ; Plaidans Mes Daugy et Baudry des Lozières.

Les Sieur et Dame de Saint-Paul demandoient que le Sieur Perodin fût tenu de leur faire remise d'un jeune Mulâtre, fils de la Négresse Marie, à eux vendue avec un autre enfant Négrillon par le Sieur Darrigrand. Le Sieur Perodin repoussoit cette demande, en soutenant qu'aux termes de l'Édit de 1685, elle ne peut avoir lieu que contre le propriétaire, qui par des aliénations a séparé des enfans impuberes d'avec leur mère, mais que lui même étoit acquéreur; qu'au surplus il n'avoit acheté le jeune Mulâtre que pour lui procurer la liberté. La Sentence qui avoit débouté les Sieur et Dame de Saint-Paul de leur demande, fut confirmée par l'Arrêt, et avec d'autant plus de raison, qu'avant leur appel de cette Sentence ils avoient formé une nouvelle demande en paiement de 200 et quelques livres, pour traitement et nourriture du petit Mulâtre, qui avoit demeuré chez eux avec sa mère. Cette seconde demande fut aussi mal accueillie que la première, par une Sentence pareillement confirmée par l'Arrêt que nous rapportons.

ARRÊT du Conseil du Cap touchant l'Exécution des Règlemens concernant les Exécuteurs-Testamentaires.

Du 13 Octobre 1784.

VU par la Cour la Remontrance du Procureur-Général du Roi, contenant que les Articles de l'Edit du Roi, du 24 Novembre 1781, qui concernent nommément les Exécuteurs-Testamentaires, et qui ajoutent beaucoup de développement aux dispositions de l'Article 297 de la Coutume de Paris, ne dérogent point à l'Ordonnance de Sa Majesté Louis XIV, du 2 Février 1711, *au sujet des Exécuteurs des Testamens & des Personnes chargées de Procurations pour recueillir des Successions.* Cette Loi n'est pas suivie exactement, parce que ses dispositions ne sont pas assez connues. Il est intéressant d'en renouveler la publication. D'ailleurs, la plupart de ces articles de l'Edit du 24 Novembre 1781, qui regardent spécialement les Exécuteurs-Testamentaires, n'ont point encore reçu leur pleine et entière exécution dans tout le ressort de la Cour. Il importe également de les mettre en vigueur et de les rendre notoires à ceux qui doivent s'y conformer. D'après ces considérations, le Procureur-Général du Roi croit devoir proposer à la Cour d'ordonner, de nouveau, l'exécution et l'impression des Ordonnances et Articles de l'Edit du Roi ci-dessus rappelés, afin de rassembler sous un même point-de-vue les Dispositions différentes, relatives aux Exécutions testamentaires, et de faciliter par ce moyen à ceux qui en sont chargés, la connoissance et l'accomplissement de leurs obligations; sauf à recueillir ensuite dans le même esprit les Règlemens sur diverses Matières non moins importantes pour le bien de la Justice et l'intérêt public, telles que les Tutelles, les Curatelles, les Scellés et Inventaires, et autres objets sur lesquels la Cour a déjà réservé au Procureur-Général du Roi de se pourvoir particulièrement, pour assurer l'exacte observation des Loix, en mettant ceux qu'elles concernent dans l'impossibilité de les ignorer. A CES CAUSES, requéroit, etc. Ladite Remontrance signée FRANÇOIS DE NEUF-CHATEAU. Ouï le rapport de M. RUOTTE, Conseiller, et tout considéré : LA COUR a ordonné et ordonne que ladite Ordonnance de Louis XIV, du 2 Février 1711, et les Articles 18 et 19, 30, 35, 36, 37, 38, 39, 40, 41, 42 et 43, 46, 51, 52 et 55 de l'Edit du Roi, du mois de Novembre 1781, qui renferment les devoirs et les fonctions des Exécuteurs-Testamentaires et des Procureurs fondés pour le recouvrement des successions, seront suivis et exécutés suivant leur forme et teneur; et qu'afin que personne n'en ignore, lesdits Règlemens seront, à la diligence du Procureur-Général du Roi, imprimés de nouveau, lus, publiés et enregistrés à la suite du présent Arrêt.

Ordonne en outre que dans les homologations de Testamens, comme aussi dans les appositions de Scellés et Inventaires, où il se trouvera des Exécuteurs-Testamentaires, ces derniers seront obligés par les Juges et avertis par les Notaires, de se munir d'un exemplaire desdits Règlemens, et d'en justifier; ce qui sera également observé envers les Procureurs fondés aux recouvremens des Successions, dans les premiers actes judiciaires où ils figureront; et que Copies collationnées desdits Règlemens et du présent Arrêt, seront adressées aux Sieges Royaux du Ressort, pour y être pareillement registrées, lues, publiées et affichées etc.

ARRÊT du Conseil du Port-au-Prince, qui déclare le Sénéchal, Juge de l'Amirauté du Petit-Goave, privé et déchu de ses Offices, lui fait défenses de faire aucun acte relatif auxdits Offices, à peine de faux; et les déclare en conséquence vacans et impétrables, etc.

Du 13 Octobre 1784.

LOUIS, etc. Vu par notre Conseil Supérieur du Port-au-Prince, au Procès criminel instruit à la requête du Substitut de notre Procureur-Général audit Conseil, poursuite et diligence de son Substitut en la Jurisdiction du Port-au-Prince, et pardevant le Sénéchal dudit lieu, en vertu d'Arrêt de la Cour du 13 Décembre 1780, d'une part: Contre F... Juge Civil, Criminel et de Police en la Sénéchaussée du Petit-Goave, et Lieutenant de l'Amirauté dudit lieu, Défendeur et Accusé, d'autre part. L'Arrêt susdaté, intervenu sur l'appel interjeté par le Sieur de P... d'un décret d'ajournement personnel décerné contre lui par les Officiers de la Jurisdiction du Petit-Goave, le vingt-huit Octobre précédent; lequel donne acte audit P.... de l'appel par lui incidemment interjeté sur le Barreau, des plaintes, permission d'informer, information et de tout ce qui a précédé et suivi le décret d'ajournement personnel; joignant les appels et y faisant droit, met les appellations et ce dont est appel au néant; émendant, évoquant le principal et y faisant pareillement droit; déclare nulle et de nul effet la déposition du neuvième témoin de l'information; fait défenses à F.. d'interpeler les témoins sur leur dépositions sous les peines de droit, fait aussi défenses à P... de tenir aucun propos injurieux au caractère du Sénéchal du Petit-Goave, ainsi qu'aux autres Juges du Ressort; lui enjoint de porter honneur et respect audit Sénéchal, et lui fait défenses de récidiver sous peine de punition exemplaire; l'amende remise: au surplus, donne acte au Substitut de notre Procureur-Général de ce qu'il prend pour dénonciation ce qui a été articulé par P... savoir: 1°. qu'ayant proposé à F.. de parier que le Jugement qu'il venoit de rendre seroit infirmé au Conseil, ledit F.. lui avoit répondu qu'il ne parioit jamais, qu'il seroit même sûr de perdre; non pas que son jugement ne fût bien rendu, mais parce qu'il s'appeloit F.. Juge du Petit-Goave. 2°. Que F.. dans une autre circonstance, avoit dit que le Procureur Général du Conseil Supérieur du Port au-Prince étoit un f.... gueux, un f..... fripon; qu'il en avoit deux preuves par écrit dans son bureau; que les Conseillers étoient des polissons et gens de la nouvelle fabrique; ce qui s'appercevoit aisément en les comparant à ceux de l'ancien Conseil; que lui étoit provisionné, et que ces Conseillers de nouvelle fabrique n'étoient que brevetés, ce qui faisoit une grande différence; en conséquence, donne acte au Substitut de notre Procureur-Général de la plainte qu'il rend desdits faits, circonstances et dépendances, contre F. . . . , lui permet d'en faire informer à sa requête, poursuite et diligence de son Substitut en la Jurisdiction du Port-au-Prince, et pardevant le Sénéchal dudit lieu, et en cas d'absence ou empêchement, par-devant les autres Officiers du Siége suivant l'ordre du Tableau, lesquels sont commis à cet effet; pour le Procès être fait & parfait audit F. . . . jusqu'à Sentence définitive, sauf l'appel en la Cour; la remontrance en plainte desdits faits, présentée à la Cour par Me Piémont, Substitut de notre Procureur-Général, ensuite de laquelle est l'Arrêt dudit jour 13 Décembre 1780, le réquisitoire du Substitut de notre Procureur Général au Sénéchal du Port-au-Prince, ensuite duquel est l'ordonnance dudit Sénéchal pour assigner les témoins; l'information faite devant ledit Sénéchal; trois additions d'information; un décret d'ajournement personnel décerné contre l'Accusé; l'interrogatoire par lui subi devant le Sénéchal de cette ville; un réquisitoire du Substitut du Procureur-Général adressé à la Cour, sur lequel est intervenu Arrêt le vingt-trois Août audit an, qui autorise le Sénéchal du Port-au-Prince ou autres Officiers, suivant l'ordre du Tableau, à se transporter par-tout où besoin sera, même hors de l'étendue de son Ressort, pour l'instruction du Procès intenté contre l'Accusé; une sentence du quatre Septembre suivant, qui ordonne que les témoins ouïs ès information et addition d'information, et ceux qui pourront être ouïs par la suite, seront récolés en leurs dépositions et confrontés, si besoin est, à l'Accusé, lequel sera aussi récolé sur son interrogatoire; le récolement des témoins; les confrontations desdits témoins à l'Accusé, ensemble, diverses pièces y jointes; le récolement de l'Accusé en son interrogatoire; une requête présentée par l'Accusé au premier Juge; une Sentence du vingt-huit dudit mois, qui admet l'Accusé à faire preuve des faits justificatifs et des reproches par lui allégués au Procès en la forme de droit: en conséquence, ordonne que F. . . . , sera tenu après la prononciation à lui faite de ladite sentence, de nommer, sur le champ, les témoins qu'il prétend faire entendre pour justifier les faits ; autrement il ne sera plus reçu à en nommer ; lesquels témoins seront assignés à la requête du Substitut du Procureur-Général et ouïs d'office par le premier Juge ; ce fait, sera l'enquête communiquée audit Substitut et jointe au Procès, pour, en jugeant, y avoir tel égard que de raison ; à l'effet de quoi sera l'Accusé tenu de consigner entre les mains du Greffier la somme nécessaire pour fournir aux frais de la dépense desdits faits ; l'enquête faite sur les faits justificatifs ; les pièces envoyées en la Jurisdiction du Port-au-Prince par le Greffier du Petit-Goave ; autres pièces envoyées comme celles ci-dessus, au desir de l'Ordonnance du treize Mai suivant ; une requête de F. . . . , contenant plainte, tant contre le Procureur-Général et le Doyen de la Cour, que contre P. . . . et autres ; l'Ordonnance de soit communiqué au Substitut du Procureur-Général ; les conclusions dudit Substitut ; une sentence du vingt-trois du même mois, qui ordonne que ladite requête et les pièces y énoncées seront jointes au Procès, pour, en jugeant, y avoir tel égard que de raison, en ce qui concerne le Procès seulement, et quant au surplus des faits et conclusions de ladite requête, renvoye F. . . . à se pourvoir vers qui de droit ; ordonne en outre qu'expédition de ladite requête, ordonnance, conclusions et de ladite Sentence seront par le Greffier produites au Greffe de la Cour, ainsi et de la manière qu'il a coutume de produire les procès criminels ; vu aussi 43 pièces jointes à ladite requête ; deux autres requêtes de F. . . . , jointes au Procès en vertu d'ordonnance du trois Février dernier ; un certificat sans date délivré à celui-ci par le Sieur Berson ; l'interrogatoire subi par l'Accusé derrière le Barreau ledit jour trois Février dernier ; la sentence du même jour, dont est appel, qui déclare pertinens et admissibles les reproches faits par F. . . . contre les dixième et trente-neuvième témoins ouïs en l'information, et ceux contre le seul et unique témoin ouï en l'addition d'information : ce faisant, rejette du Procès leurs dépositions, rejette aussi du Procès la déposition du Sieur de Lenoncour, septième témoin ouï en l'information, non récolé ni confronté, et vu ce qui résulte de l'enquête en faits justificatifs, sans avoir égard aux dépositions des autres témoins ouïs en l'information, décharge F. . . . de l'accusation contre lui intentée à la requête du Substitut du Procureur-Général en la Cour, et sur le surplus des conclusions prises par ledit F. . . . , par ses requêtes des neuf Mars et vingt-deux Janvier précédens, le renvoye à se pourvoir contre qui de droit et pardevant qui il appartiendra ; l'appel *à minima* de ladite sentence interjeté par le Substitut du Procureur-

Général le cinq Février dernier ; les conclusions de Me de Bourcef, Substitut, faisant fonction de Procureur-Général, en date du huit Mars suivant ; l'Arrêt tenant lieu de lettres d'appel de la sentence du trois Février dernier, obtenu en la Cour par F. . . . , au chef qui lui fait grief ; une requête présentée à la Cour par F. . . . , le neuf du présent mois, sur laquelle est intervenu Arrêt le onze dudit mois, qui ordonne que ladite requête sera jointe au Procès, pour, en jugeant, y avoir tel égard que de raison ; vu encore quinze pièces jointes à ladite requête ; une nouvelle requête adressée à la Cour par F. . . . , sur laquelle est intervenu Arrêt le douze du courant, qui donne acte au Substitut, faisant fonction de Procureur-Général, de la plainte par lui rendue contre ledit F. . . . au sujet de ladite requête, comme contenant des dires injurieux et attentatoires à l'honneur de plusieurs Membres de la Cour ; ordonne que ladite plainte sera et demeurera jointe à celle déjà rendue et contenue dans les conclusions du huit Mars dernier, pour être fait droit sur le tout par un seul et même jugement, sauf à disjoindre ; ensemble quatre pièces jointes à ladite requête ; les assignations données à l'Accusé les deux et onze de ce mois, à l'effet de subir interrogatoire en la Cour ; et finalement les autres pièces du Procès : Ouï ledit F. . . . en son interrogatoire derrière le Barreau, et Me Fougeron, Conseiller, en son rapport ; Tout considéré et mûrement examiné : NOTRE COUR, joignant l'appel interjeté par le Substitut du Procureur-Général de la Sentence du trois Février dernier, à celui interjeté par F. . . . de la même Sentence, et faisant droit sur iceux, a mis et met les appellations et ladite Sentence au néant ; émendant, prononçant par jugement nouveau ; déclare les reproches fournis par F. . . . contre les dixième et trente-neuvième témoins ouïs en l'information, et ceux contre le seul et unique témoin de l'addition d'information, pertinens et admissibles ; ce faisant, rejette du Procès leurs dépositions ; rejette également du Procès la déposition du Sieur de Lenoncourt, septième témoin de l'information, non récolé ni confronté. Sans s'arrêter ni avoir égard aux faits justificatifs de F. . . . , et pour les cas résultans du Procès, déclare ledit F. . . . suffisamment atteint et convaincu de s'être servi d'expressions injurieuses et outrageantes, soit contre le Procureur-Général de la Cour, soit contre plusieurs autres Membres d'icelle ; d'en avoir également employé dans ses différens écrits, notamment dans trois requêtes présentées au premier Juge, l'une en date du 22 Janvier dernier, et les deux autres du 3 Février suivant, contraires

au

au respect dû à la Cour et à l'autorité de ses Arrêts ; comme aussi d'être contrevenu aux Arrêts des dix Décembre 1777 et 12 Juillet 1779 : pour réparation de quoi, l'a déclaré privé et déchu de ses Offices, tant de Sénéchal du Petit-Goave que de Juge de l'Amirauté dudit lieu ; lui fait défenses de faire aucun acte relatif auxdits Offices, à peine de faux ; déclare, en conséquence, lesdits Offices vacans et impétrables ; et pour y être pourvu, ordonne qu'expédition du présent Arrêt sera, à la diligence du Substitut du Procureur-Général, incessamment envoyée en la forme ordinaire au Ministre-Secrétaire d'État ayant le Département de la Marine. Ayant aucunement égard aux plaintes rendues par F. . . . , tant contre le Procureur-Général, que contre le Doyen de la Cour, les déclare téméraires, scandaleuses et calomnieuses, et comme telles, les rejette. Rejette pareillement les plaintes rendues par ledit F. . . . contre P. . . . et autres, et le déclare non-recevable en icelles. Sans s'arrêter aux plaintes du Substitut, faisant fonction de Procureur Général, des huit Mars dernier et douze Octobre présent mois, ordonne que les termes injurieux, calomnieux, et diffamans, répandus dans les écrits et requêtes dudit F. . . . seront et demoureront supprimés ; prononçant particulièrement, tant sur sa requête du vingt-deux Janvier dernier, que sur celle du trois Février suivant, et sur celles des neuf et douze de ce mois ; ordonne que par le Greffier de la Cour, expédition sera faite desdites requêtes, conforme aux minutes, pour lesdites expéditions être lacérées et brûlées par l'Exécuteur de la Haute Justice, devant la principale porte du Palais (*), comme mensongères, calomnieuses, scandaleuses, contenant les injures les plus grossières et la diffamation la plus outrageante, soit contre plusieurs des Membres de la Cour, soit contre la Cour elle-même. Ordonne que les minutes desdites requêtes, des vingt-deux Janvier, trois Février derniers, neuf et douze du présent mois, seront distraites de la procédure de première instance, pour demeurer déposées au Greffe de la Cour ; que les actes de dépôt qui peuvent en avoir été faits au Greffe de la Jurisdiction de cette ville, seront rayés et biffés, et que mention du présent Arrêt sera faite en marge d'iceux. Condamne F. . . . en mille livres d'aumône, applicables, tant au profit des pauvres Prisonniers de cette ville, que de ceux de la ville du Petit-Goave.

* Cette disposition a été exécutée le 16 du même mois d'Octobre.

Déboute au surplus ledit F. . . . de ses autres demandes, fins et conclusions. Ordonne que le présent Arrêt sera imprimé jusqu'à la concurrence de cent exemplaires aux frais et dépens dudit F. . . ., et que copies collationnées d'icelui seront envoyées dans les Jurisdictions du ressort, etc.

ARRÊTS du Conseil du Cap touchant les Qualifications de Noblesse.

Du 13 et 19 Octobre 1784.

VU par la Cour la Requête à elle présentée par le Sieur de Raty, Capitaine au Régiment Royal-Italien, expositive qu'étant passé dans la Colonie pour quelques affaires qui n'exigeoient qu'un séjour momentané, et ignorant les Règlemens de la Cour, qui défendent aux Officiers publics de donner des qualités sans enregistrement des Titres, il n'avoit pas cru devoir confier les siens aux risques de la mer; mais que se trouvant, dans ce moment-ci, dans le cas de passer quelques Actes importans, il est de son plus grand intérêt d'y prendre les Qualités qui lui sont dues. C'est pourquoi, etc. Vu aussi l'Extrait baptistaire du Suppliant en bonne et due forme; conclusions par écrit du Procureur-Général du Roi, Ouï le Rapport de M. Ruotte, Conseiller, et tout considéré : LA COUR, sans tirer à conséquence, a autorisé et autorise tous Officiers publics sur ce requis, de donner au Suppliant les Qualités dues à sa naissance, à la charge par le Suppliant de satisfaire dans le délai de six mois, aux Règlemens de la Cour, pour l'enregistrement de ses Titres, comme aussi de faire faire mention du présent Arrêt dans les Actes qu'il passera.

L'Arrêt du 19 permet à M. le Comte de Broglie, Chevalier de Malthe, Capitaine en second du Régiment Royal-Italien, de prendre la Qualité de *Haut et Puissant Seigneur*, d'après les différens Actes publics par lui rapportés, qui constatent la possession de ses Titres et Qualités.

ARRÊT du Conseil du Cap touchant le temps de Domicile nécessaire pour contracter Mariage et certaines Légalisations.

Du 13 Octobre 1784.

VU par la Cour la Requête des Sieur et Dame . . . . expositive que ladite Dame arrivant de France depuis deux mois avec la Demoiselle leur fille, et trouvant pour elle un établissement avantageux, ils ont éprouvé du R. P. Saintin de Curfaux, Préfet Apostolique, un refus de procéder aux publications des bans de son mariage, sous prétexte que ladite Demoiselle n'a point acquis de domicile de fait; en conséquence qu'il plaise à la Cour les recevoir Appelans, etc. Conclusions par écrit du Procureur-Général du Roi, ouï le Rapport de M. Ruotte, et tout considéré : LA COUR a reçu et reçoit les Supplians Appelans du refus dont s'agit; statuant sur l'appel, a autorisé et autorise le P. Saintin de Curfaux de procéder aux publications de bans de mariage dont s'agit; sauf les autres empêchemens tels que de droit. Faisant droit sur les plus amples Conclusions du Procureur-Général du Roi, enjoint audit . . . . de ne plus à l'avenir annoncer des pièces comme duement légalisées, lorsqu'elles ne le sont pas dans les formes. Faisant droit sur autres et plus amples Conclusions du Procureur-Général du Roi, lui donne acte de ses réserves de dénoncer au Procureur-Général du Roi, au Parlement de Rennes, l'abus qui peut résulter d'une légalisation donnée dans un imprimé séparé de la pièce légalisée par le Vicaire-général du Sieur Evêque de Nantes; auquel effet le Procureur-Général du Roi correspondra avec le Procureur-Général du Roi au Parlement de Rennes.

Arrêt du Conseil d'Etat qui casse et annulle ceux du Conseil du Port-au-Prince, qui avoient accueilli une Opposition formée à d'autres Arrêts de la même Cour, portant une condamnation au Bannissement.

Du 16 Octobre 1784.

Sur la Requête présentée à Sa Majesté par le Sieur D. . . . ; ancien Conseiller au Conseil-Supérieur du Port-au-Prince, contenant, etc. Ouï le Rapport, et tout considéré, Le Roi étant en son Conseil, a cassé et annullé, casse et annulle lesdits Arrêts du Conseil Supérieur du Port-au-Prince des 27 Avril et 19 Juillet 1782, et tout ce qui peut s'en être ensuivi ou pourroit s'ensuivre ; sauf à ladite femme F. . . . , tant en son nom qu'en celui de ses enfans mineurs, à se pourvoir par toutes voies régulières et d'ordonnance, contre les Arrêts dudit Conseil Supérieur des 19 Février et 24 Novembre 1768, s'il y a lieu, et déboute ledit Sieur D. . . . , quant à présent, de tous ses autres chefs de demande et Conclusions.

Arrêt du Conseil du Port-au-Prince touchant les Inventaires et Partages.

Du 19 Octobre 1784.

Vu la Requête des Notaires de la Jurisdiction des Cayes, contenant que les Officiers de ce Siége se perpétuent dans le droit qu'ils se sont arrogé, de faire les Inventaires, les Partages et les Ventes mêmes, etc. Conclusions de Ronseray, Substitut, faisant fonctions de Procureur-Général du Roi du 19 de ce mois, Ouï le Rapport de M. la Biche de Reignefort, Conseiller ; et tout considéré : La Cour ordonne que l'Arrêt du Conseil d'État du Roi du 17 Janvier 1688, et ceux de la Cour des 14 Janvier 1692, 12 Avril 1706, 1er Septembre 1710, 17 Juillet 1738, 23 Août et 25 Octobre 1769, et 7 Octobre 1771, seront enregistrés au Greffe de la Jurisdiction des Cayes, pour être exécutés dans le Ressort de ladite Jurisdiction selon leur forme et teneur, avec défense aux Juges dudit lieu d'y contrevenir.

ARRÊT du Conseil du Port-au-Prince, touchant le Jugement d'un Nègre accusé, mort avant son exécution.

Du 20 Octobre 1784.

VU la Requête du Sieur Pelerin de la Buxière fils, habitant au fond de l'Isle à Vache, contenant (que son Nègre Mercure, assassin du Nègre Denis, aussi son esclave, a été condamné par Sentence du Siége des Cayes du 3 Juillet, à être pendu. Dans la nuit du 26 au 27, ce Nègre s'est étranglé dans le cachot); pourquoi il requéroit qu'il lui fût compté 1200 liv. pour prix de sondit Nègre. Conclusions de Me. de Ronseray, Substitut, faisant fonctions de Procureur-Général du Roi, ouï le Rapport de M. Cottes, Conseiller, tout considéré : LA COUR a rejeté et rejette ladite Requête.

ARRÊT du Conseil du Port-au-Prince touchant la Procédure criminelle.

Du 20 Octobre 1784.

ENTRE Bodin, etc. LA COUR, ouï Me de Ronseray, Substitut, faisant fonctions de Procureur-Général du Roi, en ses Conclusions, prononçant sur l'appel, a mis et met l'Appellation et Sentence dont est appel, au néant; émendant, déclare ladite Sentence nulle et de nul effet; en conséquence renvoie les Parties pardevant les Juges du Petit-Goave, autres que ceux qui ont rendu ladite Sentence, pour y être procédé conformément aux dispositions de l'Art. 3 du Titre 20 de l'Ordonnance de 1670.

ARRÊT du Conseil du Cap, touchant un Concordat passé entre un Tuteur et les Créanciers de ses Pupilles habitans.

Du 21 Octobre 1784.

ENTRE les Sieurs Denormant le Boulanger, et autres Créanciers des Mineurs Dumas, Appelans d'une part; Et le Sieur Tournier, Tuteur desdits Mineurs, Intimé. Ouïs Viel, Avocat de Denormant et le Boulanger, et Prevost, Avocat des autres créanciers, Darracq, Avocat des Mineurs Dumas, et encore Avocat de Fourneau; ensemble Deschamps, Substitut du Procureur-Général du Roi, et tout considéré: LA COUR, etc. en ce qui touche l'appel de la Sentence (*qui auroit débouté les créanciers de leur opposition à l'exécution d'autre sentence homologative du Concordat d'entre le Sieur Tournier et les Sieurs Fourneau et autres Créanciers des Mineurs Dumas, qui seroit exécutée contre eux avec dépens*), a mis et met l'Appellation et ce dont est appel, au néant; émendant, déclare nul et de nul effet le Concordat dont s'agit; en ce qui touche l'appel de la Sentence (*qui déclare nulle une saisie de sucre faite par lesdits Créanciers, et leur défend les poursuites, à peine de dépens, dommages et intérêts*), a mis et met l'Appellation et ce dont est appel, au néant; émendant, déclare bonne et valable la saisie-exécution des sucres dont s'agit; en conséquence ordonne que par Fourneau la répartition du produit d'iceux sera faite auxdites Parties de Viel et de Prevost; en ce qui touche la demande incidente (*tendante à fin de mise à bail judiciaire de l'habitation des Mineurs*), ordonne que lesdites Parties de Viel et de Prevost se pourvoiront à cet effet pardevant le premier Juge, et de la manière qu'ils aviseront bon être; condamne Tournier *en son propre et privé nom* aux dépens.

Cet Arrêt juge encore que les habitans ne peuvent pas invoquer la faveur de l'Ordonnance du Commerce. Le Tuteur est ici condamné aux dépens en son nom personnel, pour avoir fait, sans avis de Parens, un Concordat qui nommoit le Sieur Fourneau, Négociant du Cap, Syndic des Créanciers et Consignataire des revenus, avec 3 pour cent de commission sur la vente des sucres, etc.

ARRÊT du Conseil du Cap, qui nomme un Exécuteur des Hautes-Œuvres pour la même Ville.

Du 23 Octobre 1784.

PAR suite de l'Arrêté de la Cour du 14 du présent mois, qui auroit chargé M. de Saint-Martin fils, Conseiller-Rapporteur du Procès criminel contre le nommé Cadet, Nègre, etc. de remettre au Lieutenant-Général de l'Amirauté de cette ville, le pouvoir de suspendre l'exécution dudit Nègre Cadet, condamné à être pendu par Arrêt du 14 de ce mois (*pour avoir volé avec effraction un paquet d'or et d'argent à bord d'une Goelette*), au cas que le Nègre acceptât l'emploi d'Exécuteur de la Haute-Justice; Vu le Procès-verbal du Lieutenant-Général de l'Amirauté du même jour 14, 3 heures de relevée, constatant l'acceptation par ledit Nègre Cadet; les Gens du Roi mandés, ouïs et retirés, Ouï ledit Cadet à genoux, nud-tête, aux pieds de la Cour, et après qu'il a prêté serment, LA COUR donne acte audit Cadet du serment qu'il vient de prêter à ses pieds, de bien et fidèlement remplir les fonctions d'Exécuteur de la Haute-Justice; en conséquence a sursis et sursoit à l'exécution de son Arrêt du 14 présent mois, portant contre lui peine de mort, lui enjoint de ne jamais désemparer des prisons, à peine d'être pendu conformément audit Arrêt.

Et à l'instant le Greffier a jeté à terre la présente commission, que ledit Cadet a ramassée.

ORDONNANCE *du Roi, portant création du Corps-royal de l'Artillerie des Colonies.*

Du 24 Octobre 1784.

DE PAR LE ROI.

SA MAJESTÉ voulant assimiler le service de l'Artillerie dans ses Colonies à celui de son Corps-royal de l'Artillerie en France, et remplacer les Compagnies de Canonniers-Bombardiers, employés à ce service, par un Régiment et deux Compagnies d'Ouvriers, Elle a ordonné et ordonne ce qui suit :

Composition du Corps-Royal de l'Artillerie des Colonies.

ART. I. Les compagnies de Canonniers-Bombardiers, chargées actuellement du service de l'Artillerie dans les Colonies et à l'Orient, seront et demeureront supprimées. Ceux des Officiers et Soldats desdites compagnies, reconnus en état de servir, seront incorporés dans le Corps-royal de l'Artillerie des Colonies que Sa Majesté juge à propos de créer par la présente Ordonnance, laquelle n'aura cependant son exécution dans les Colonies, que lorsque le Roi aura donné de nouveaux ordres pour l'incorporation desdites compagnies de Canonniers-bombardiers supprimées, dans ledit Corps-royal d'Artillerie des Colonies; entendant Sa Majesté que jusqu'à cette époque lesdites compagnies restent et demeurent sur le pied où elles sont actuellement.

II. Le Corps-royal de l'Artillerie des Colonies consistera en un Régiment de vingt compagnies de Canonniers-bombardiers et deux compagnies d'Ouvriers. Pour former ce régiment, il sera fourni par le Corps-royal de l'Artillerie de France, 470 hommes et une partie des Officiers nécessaires. Pour former les deux compagnies d'Ouvriers, il sera tiré de celles du Corps-royal les Officiers nécessaires, ainsi que 72 Ouvriers.

III. Le Corps-royal de l'Artillerie des Colonies tiendra le premier rang

rang parmi les Troupes d'Infanterie des Colonies, attendu qu'il conservera dans l'Infanterie françoise le même rang que le Corps-royal de l'Artillerie de France. Entend néanmoins Sa Majesté que si les Troupes de ce Corps se trouvent employées avec celles du Corps-royal de l'Artillerie de France, elles ne prennent rang qu'après celles dudit Corps : Veut également Sa Majesté que les détachemens du Corps-royal de l'Artillerie des Colonies, de telle force qu'ils puissent être, prennent dans tous les cas de service aux Colonies, le rang qui lui est attribué par cet article.

IV. Le régiment du Corps-royal de l'Artillerie des Colonies, sera divisé en cinq brigades. Chaque brigade sera formée de quatre compagnies, et commandée par un Chef de brigade, dont le grade équivaudra à celui de Major, et lui en donnera le rang et l'autorité par-tout où il se trouvera.

V. Lors de la formation du Corps-royal de l'Artillerie des Colonies, les brigades du régiment seront désignées par 1ere, 2e, 3e, 4e et 5e, suivant l'ancienneté de leurs Chefs, mais elles conserveront toujours ce rang entr'elles, quel que puisse être celui des nouveaux Chefs qu'elles pourront avoir dans la suite. Les compagnies seront fixées dans chaque brigade, sans pouvoir passer de l'une à l'autre, afin que par cet ordre les mêmes Soldats puissent avoir pendant le plus long-temps possible les mêmes Officiers, et que les tours de service entre les brigades et les compagnies puissent être plus constamment réguliers. Dans l'ordre de bataille, la première brigade aura la droite, la seconde aura la gauche, et ainsi de suite en alternant; la cinquième prendra le centre.

VI. Chaque compagnie de Canonniers-bombardiers, sera commandée en tout temps par un Capitaine en premier, un Capitaine en second, un Lieutenant en premier, un Lieutenant en second, et un Lieutenant en troisième; ce dernier, ainsi que la moitié des Lieutenans en second, seront choisis parmi les Sergens; mais ils ne pourront prétendre qu'aux emplois d'Aides-major, et à celui de Quartier-maître-trésorier.

VII. Les Compagnies de Canonniers-bombardiers seront composées d'un Sergent-major, un Sergent-fourrier-écrivain, cinq Sergens, cinq caporaux, cinq Appointés, cinq Artificiers, cinq Canonniers-bombardiers de la première classe, vingt de la seconde classe, quarante Apprentis et un Tambour, formant 88 hommes.

VIII. Les Caporaux, Appointés, Artificiers, canonniers-bombardiers et Apprentis de chacune desdites compagnies, seront distribués en cinq escouades, chacune desquelles sera commandée par un Sergent, et supérieurement par un Officier ou un Sergent-major.

IX. L'Etat-major du Corps-royal de l'Artillerie des Colonies, sera composé d'un Colonel, de quatre Lieutenans-colonels, dont un sera Directeur de l'Arsenal des Colonies, de cinq Chefs de brigade, un Major, trois Aides-major, un Quartier-maître-trésorier et un Tambour-major. Le Lieutenant-colonel-directeur fera partie du grand Etat-major du Corps, sans faire partie du régiment, roulera, suivant son ancienneté, avec les Lieutenans-colonels du régiment, pour parvenir aux emplois supérieurs du corps, et conservera les honneurs et prérogatives du commandement sur les Troupes et Officiers du Corps-royal de l'Artillerie des Colonies, lorsqu'il se trouvera dans la même Place que lesdites Troupes, et qu'il sera l'Officier du Corps le plus élevé en grade, ou le plus ancien, à grade égal. Entend Sa Majesté qu'il soit payé de ses appointemens et traitemens sur la caisse du régiment du Corps-royal d'Artillerie des Colonies, par le Quartier-maître dudit régiment, et que le Trésorier général de la Marine des Colonies y verse à cet effet les fonds nécessaires.

X. Les Chefs de brigade et le Major rouleront entr'eux pour le commandement, suivant leur ancienneté; ils commanderont, sous l'autorité du Colonel et des Lieutenans-colonels, non-seulement les quatre compagnies dont leurs brigades seront composées, mais encore celles qui y seront jointes quand le service l'exigera. Ils seront de plus spécialement chargés de veiller à l'instruction des Officiers de leurs brigades, de les diriger dans leurs études, ainsi que dans l'application de la théorie à la pratique, de leur donner enfin toutes les connoissances relatives aux opérations militaires et aux détails de l'Artillerie.

XI. Le Major sera chargé, sous les ordres de ses Supérieurs, de diriger les exercices d'Infanterie avec le canon de bataille; de veiller sur tous les détails de la Troupe, et remplacera au besoin les Chefs de brigades dans leurs fonctions, lesquels le remplaceront également dans les siennes. Il sera en outre chargé du dépôt des Recrues pour l'Artillerie des Colonies, du travail concernant cette partie, comme de tous les objets relatifs à la comptabilité et autres détails des Troupes d'Artillerie des Colonies, qui devront se traiter en France, ainsi que de la confection de l'habillement, de son envoi auxdites Troupes, et se conformera sur tous ces détails, aux ordres et instructions qu'il recevra du Conseil d'Administration.

XII. Chaque Aide-major sera personnellement chargé d'établir l'uniformité dans le service et dans les exercices, soit d'Artillerie, soit d'Infanterie; il rassemblera les détails et les comptes que les Lieutenans en troisième lui rendront de chaque Compagnie, pour en faire le rapport au Major ou Chef de brigade. Il sera en outre chargé supérieurement du logement, du campement et des distributions. Il remplira dans les Colonies, les ordres du Conseil d'Administration, sur l'entretien et les menues dépenses de la Troupe. Les Aides-major auront rang de Lieutenant en premier, et seront susceptibles de recevoir la commission de Capitaine, comme une récompense des services qu'ils auront rendus, mais sans pouvoir prétendre à aucun autre avancement dans le régiment d'Artillerie des Colonies. Tous les trois seront pris parmi les Lieutenans tirés des Sergens de ce régiment.

XIII. Le Quartier-maître-trésorier tiendra les registres de recette et dépense, recevra l'argent qu'il déposera dans la caisse, et remplira, sous le Major, les fonctions relatives aux logemens et distributions; il aura rang de Lieutenant en premier, et sera susceptible, comme les Aides-major, de recevoir, à titre de récompense, la commission de Capitaine.

XIV. Les Capitaines en premier seront particulièrement chargés de l'instruction des Officiers et Soldats de leurs compagnies, dans les exercices de théorie et de pratique d'Artillerie, et veilleront supérieurement sur la tenue et la discipline de leur Troupe; ils commanderont et feront quelquefois commander par leurs Officiers tous les exercices de détail d'Artillerie et d'Infanterie, que feront leurs compagnies, et donneront la plus grande attention à l'entretien et au bien-être de leur Troupe; déclarant Sa Majesté qu'Elle fera punir ceux qui y apporteroient quelque négligence.

XV. Les Capitaines en second, indépendamment du service ordinaire à leurs compagnies, pourront en outre être détachés, et chargés, sous les ordres du Commandant de l'Artillerie, des différens détails relatifs aux constructions, bâtimens, approvisionnemens et service, des parcs, des siéges et de campagne, et de tous autres objets concernant le service.

XVI. Chacun des Lieutenans en premier et en second, sera dans tous les cas de service d'Artillerie, spécialement chargé du commandement d'une des escouades de sa compagnie; leur Capitaine aura l'attention de leur en faire suivre toutes les instructions, ainsi que tous les détails de la Troupe, qu'il leur fera souvent commander en sa présence.

XVII. Les Lieutenans en troisième commanderont dans les cas de service d'Artillerie, une escouade de leurs compagnies. Ils seront subordonnés aux Aides-major, et spécialement chargés de la tenue et discipline de leurs compagnies; ils y feront toutes les fonctions des Officiers subalternes dans celles d'Infanterie, veilleront à ce que les menues réparations soient faites à mesure et en conséquence des ordres du Conseil d'Administration, se faisant aider dans leurs fonctions par le Sergent-major; ils en rendront compte au premier Aide-major, après en avoir informé leur Capitaine, ainsi que de tout ce qui se passera dans la compagnie, concernant le service, la discipline et le bon ordre. En bataille, aux siéges, aux exercices de pratique, ils feront le même service que les autres Lieutenans. Dans le cas d'un détachement d'une brigade ou de plusieurs compagnies, l'un des Lieutenans en troisième, au choix du Commandant, sera chargé de faire les fonctions d'Aide-major du détachement, et d'en rassembler les détails pour les rapporter à l'Aide-major des Troupes de l'Artillerie des Colonies, ou au Major du Corps.

XVIII. Sa Majesté, voulant établir parmi les Officiers du Corps-royal de l'Artillerie des Colonies, une émulation nécessaire au bien de son service, déclare que, sans avoir égard à l'ancienneté, Elle n'élevera aux emplois supérieurs de ce Corps, que ceux dont l'instruction, les mœurs et l'aptitude au commandement les en rendront dignes. En conséquence, pour faire connoître les Officiers susceptibles de ce choix, le Colonel du Corps en France, et celui qui commandera l'Artillerie en Chef dans chaque Colonie, assemblera chaque année, les Officiers supérieurs du Corps-royal de l'Artillerie des Colonies, qui se trouveront sous ses ordres, et leur demandera de désigner, séparément et par écrit, et sans permettre qu'ils se communiquent leur avis, parmi les Capitaines en premier, le sujet qu'ils croient le plus digne d'être élevé au rang de Major ou de Chef de Brigade; les Capitaines en premier, admis ensuite dans cette Assemblée, y désigneront concurremment avec les Chefs, parmi les Lieutenans en premier, le sujet le plus digne de passer à celui de Capitaine en second; parmi les Lieutenans en second, le sujet le plus capable de passer à celui de Lieutenant en premier; parmi les Lieutenans en troisième, le sujet le plus propre à remplir les places d'Aides-major et de Quartier-maître-trésorier; parmi les Sergens-major, le sujet non marié, le plus digne d'être élevé au rang de Lieutenant en troisième ; chacun d'eux signera son avis, et le Commandant d'Artillerie chez lequel se sera tenue l'Assemblée, en adressera le résultat avec ses observations, au Colonel du Corps-royal de l'Artillerie des Colonies, lequel en rendra compte à l'Inspecteur-général. Si la dispersion des Officiers ci-dessus, dans des lieux trop distans l'un de l'autre, s'opposoit à la tenue de cette Assemblée pour les élections, le Commandant en Chef de l'Artillerie y suppléeroit en demandant à chacun des Officiers désignés pour être électeurs, leurs avis qu'ils lui adresseroient par écrit et signés d'eux.

Les Capitaines en premier, d'Ouvriers du Corps royal de l'Artillerie des Colonies, rendront, tous les ans, compte au Directeur de l'Artillerie en France, de l'instruction, des talens et de la conduite de tous les Officiers qui seront employés sous leurs ordres, lequel en rendra compte à l'Inspecteur-général. A l'égard du choix d'une moitié des Lieutenans en second, il sera fait parmi les Élèves d'Artillerie de la Marine. Veut Sa Majesté que le Colonel du Corps-royal de l'Artillerie des Colonies, soit choisi à l'avenir parmi les Lieutenans-Colonels dudit Corps ; que les Lieutenans-Colonels le soient parmi les Chefs de brigades et Major, et ceux-ci parmi les Capitaines en premier ; son intention est au surplus qu'il soit accordé aux Lieutenans-Colonels dudit Corps, des brevets de Colonel, suivant le mérite et la durée de leurs services, et pour les mêmes motifs, des brevets d'Officiers supérieurs aux Chefs de brigade et Capitaines en premier.

XIX. Quant à l'avancement ultérieur des Officiers supérieurs du Corps-royal de l'Artillerie des Colonies, veut Sa Majesté que ceux qui y seront parvenus au grade de Colonel, soient susceptibles d'être promus à celui de Brigadier, et qu'ils prennent rang dans la ligne pour parvenir à ceux de Maréchal-de-camp et de Lieutenant-Général de ses armées, selon la durée ou l'importance de leurs services.

XX. Douze Lieutenans en premier du Corps-royal de l'Artillerie des Colonies, seront pourvus de la commission de Capitaine, d'après les témoignages qui seront rendus par leurs Chefs à l'Inspecteur général, et sur ceux des Gouverneurs-généraux, qui adresseront leurs observations au Secrétaire d'État de la Marine et des Colonies, s'ils jugent à propos d'en faire à cet égard.

XXI. Aussi-tôt qu'une place d'Officier supérieur, de Capitaine ou de Lieutenant, viendra à vaquer, l'Officier d'Artillerie qui commandera la Troupe où cette vacance arrivera, en donnera sur le champ avis au Colonel en France, et en préviendra également l'Officier supérieur d'Artillerie, sous les ordres duquel il se trouvera; cet Officier en rendra également et aussi-tôt compte au Colonel du Corps en France, lequel en informera l'Inspecteur-général, qui prendra les ordres du Secrétaire d'État ayant le département de la Marine et des Colonies, pour qu'il puisse être promptement pourvu à l'emploi vacant, d'après les notes résultantes des élections précédentes. Lorsqu'une place de Lieutenant en troisième vaquera dans une des compagnies aux Colonies, Sa Majesté entend que provisoirement et en attendant qu'Elle y ait pourvu, le Sergent-major fasse le service et les fonctions de Lieutenant en troisième, et qu'il soit lui-même suppléé dans les siennes par un autre Sergent. Les Officiers des compagnies de chaque brigade, ne rouleront pour arriver aux emplois du Corps-royal d'Artillerie des Colonies, que dans la seule brigade dont les compagnies auxquelles ils seront attachés feront partie; se réservant Sa Majesté de choisir parmi les Capitaines desdites brigades, ceux qu'Elle croira devoir élever au rang de Major ou de Chef de brigade. Entend néanmoins Sa Majesté que les commissions de Capitaines, affectées aux Lieutenans en premier de son Corps d'Artillerie des Colonies, soient données aux douze plus anciens du Corps, sans avoir égard à la brigade dans laquelle ils pourront se trouver, pourvu, toutefois, que les témoignages que leurs Chefs auront rendus de leurs services et capacité, lui permettent de suivre exactement l'ordre de leur ancienneté.

XXII. Le Sergent-major commandera la cinquième escouade de la compagnie, en bataille et aux écoles, dans les siéges et autres occasions de service; et ne sera employé aux batteries et détachemens, que dans le cas de nécessité et lorsqu'il sera commandé; il aidera et suppléera le Lieutenant en troisième, dans les détails du service et de la discipline, et sera chargé, sous son autorité, de l'instruction des Recrues, ainsi que du détail des subsistances, distributions, logemens, propreté du quartier, sous l'autorité de l'Aide-major.

XXIII. Le Sergent-fourrier-écrivain sera subordonné aux Aides-major et Quartier-maître, et chargé sous leurs ordres du détail des subsistances, distributions, logemens, campemens, propreté du quartier ou du camp; et suppléera au besoin les Sergens de la compagnie.

XXIV. Chaque Sergent commandera une escouade sous l'autorité des Officiers et du Sergent-major; il l'exercera, la maintiendra en bonne police et discipline, et rendra compte au Sergent-major ou au Lieutenant en troisième, ainsi qu'il lui sera ordonné, de tous les détails qui concerneront ladite escouade.

XXV. Les Caporaux aideront les Sergens dans leurs fonctions, et les remplaceront au besoin dans le commandement des escouades, et pourront eux-mêmes être suppléés au besoin par les Appointés.

XXVI. Pour choisir un Sergent-major, le plus ancien Capitaine présent à la brigade où vaquera ladite place, assemblera les Lieutenans en troisième de cette brigade, pour faire parmi les Sergens de la Brigade, le choix de quatre sujets qui ayent au moins seize ans de service, ou qui en temps de guerre, ayent passé le centre des Sergens. Ce premier choix sera porté au Chef de la brigade, qui en assemblera les quatre Capitaines ou Commandans des compagnies, pour, à la pluralité des voix, élire entre ces quatre sujets, les deux qu'ils croiront les plus dignes. Cette seconde élection sera remise au Commandant en chef de l'Artillerie, qui, après avoir consulté le Chef de brigade, nommera celui des deux qui devra remplir la place. Les emplois de Sergent-major ne pourront être donnés, sous quelque prétexte que ce soit, à des Sergens ou Fourriers convaincus d'avoir déserté.

XXVII. Lorsqu'il vaquera une place de Sergent ou Fourrier dans une compagnie, le Sergent-major et les deux plus anciens Sergens de cette compagnie, le Sergent-major et le plus ancien Sergent de chacune des trois autres compagnies de la brigade, s'assembleront pour indiquer, parmi les Caporaux et Appointés et Canonniers-bombardiers de la premiere classe, six sujets dans ladite brigade, sachant lire et écrire, et qu'ils croiront les plus propres à remplir la place vacante; ils en porteront l'état au plus ancien Officier de la brigade, lequel assemblera les quatre Commandans des compagnies d'icelle, pour choisir, à la pluralité des voix, trois des six sujets proposés. L'élection de ces trois sujets, sera portée au Chef de la brigade ou à celui qui la commandera, lequel en choisira deux, et portera ensuite cette élection au Commandant en chef de l'Artillerie, qui nommera celui des deux qu'il jugera le plus propre à remplir la place vacante.

Lorsque deux compagnies se trouveront détachées ensemble, soit qu'elles soient ou ne soient pas de la même brigade, elles fourniront le même nombre d'Officiers, deux Sergens-majors, et six Sergens pour procéder à la nomination de trois sujets, sur lesquels le plus ancien Officier des deux compagnies en choisira deux, parmi lesquels ensuite le Commandant du détachementt en choisira un. L'élection se fera dans la même forme, si trois compagnies, soit qu'elles soient ou ne soient pas de la même brigade, se trouvent détachées ensemble; les électeurs seront trois Sergens-majors et les deux plus anciens Sergens de chacune des trois autres compagnies, et ils présenteront quatre sujets que les trois plus anciens Officiers du détachement réduiront à deux, sur lesquels le Commandant en nommera un. Dans le cas où une compagnie ou des détachemens moindres qu'une compagnie, se trouveroient aux Colonies, dans des Isles, ou dans des Postes où le Commandant du détachement ne seroit pas à portée de prendre les ordres de son Officier supérieur, il fera élire, comme ci-devant, trois sujets, et installera celui qu'il croira mériter la préférence : on appliquera cette dernière forme dans les mêmes circonstances aux élections suivantes.

XXVIII. Lorsqu'il vaquera une place de Caporal ou d'Artificier, le Sergent-major, le Fourrier, les Sergens et l'ancien Caporal de la compagnie où la place sera vacante, s'assembleront chez leur Capitaine pour élire trois sujets de ladite compagnie ; le Capitaine en choisira deux qu'il présentera à son Chef de brigade, lequel en choisira un qu'il fera agréer par le Commandant en chef de la Troupe. On donnera toujours dans cette élection, à mérite égal, la préférence à l'ancienneté.

XXIX. Les places d'Appointés appartiendront de droit aux plus anciens Artificiers et Canonniers-bombardiers. A l'égard des Canonniers-bombardiers de première classe, ils seront pris dans la compagnie où la place sera vacante, parmi ceux de seconde classe ; en conséquence, les deux premiers Officiers et le Lieutenant en troisième de la compagnie examineront, en présence du Chef de brigade, le plus ancien Soldat de seconde classe ; et s'il est jugé en état d'être Chef de pièce, on lui donnera la place vacante, sinon on passera à l'examen du second, et ainsi de suite, jusqu'à ce qu'on en trouve un en état d'occuper ladite place ; dans le cas d'absence du Chef de brigade, le Capitaine de la compagnie le remplacera.

XXX. Il sera détaché aux Colonies le nombre de compagnies qui seront jugées nécessaires ; la destination des brigades et compagnies sera décidée par le sort.

XXXI. Défend expressément Sa Majesté tout échange de destination entre les Officiers et Soldats, à moins qu'il ne soit autorisé par le Secrétaire d'État ayant le département de la Marine et des Colonies.

XXXII. Le Colonel, le Lieutenant-colonel-directeur, le Major, un ou deux Chefs de brigade, le Quartier-maître-trésorier, resteront en France,

France, dans l'École qui sera établie pour l'instruction du régiment, et celle de son dépôt de Recrues.

XXXIII. Il sera aussi établi dans le lieu choisi pour cette École, un Arsenal de construction pour les Colonies, dont le susdit Lieutenant-Colonel qui, à cet effet, sera choisi d'abord, et pour cette fois seulement, parmi les Capitaines d'Ouvriers du Corps-royal de l'Artillerie, sera Directeur, et résidera en France.

XXXIV. Un Lieutenant-Colonel commandera l'Artillerie à Saint-Domingue, un à la Martinique, un à l'Isle-de-France ou dans l'Inde; ils auront chacun, sous leurs ordres, un Chef de brigade, et un Aide-major chargé du détail. Le Lieutenant-Colonel destiné pour l'Isle-de-France, ira commander l'Artillerie à Pondichery jusqu'à nouvel ordre.

XXXV. Les compagnies d'Ouvriers seront distribuées selon les besoins du service; une demi-compagnie restant en France, y sera commandée par le Capitaine en premier et le Lieutenant en premier.

XXXVI. Chaque compagnie d'Ouvriers sera commandée en tout temps par un Capitaine en premier, un Capitaine en second, un Lieutenant en premier et un Lieutenant en troisième; ces deux derniers Officiers seront choisis parmi les Sergens-majors; et composée d'un Sergent-major, un Sergent-fourrier-écrivain, cinq Sergens, cinq Caporaux, cinq Appointés, quinze Ouvriers de première classe, quinze de seconde classe, vingt-cinq Apprentis, et un Tambour, formant soixante-treize hommes: se réservant Sa Majesté d'augmenter ces compagnies suivant le besoin.

XXXVII. Du nombre de cinq Sergens de ces compagnies, deux seront Forgeurs ou Serruriers, deux Charrons, et un Charpentier ou Menuisier; le reste des Ouvriers de chaque compagnie, sera composé de vingt-cinq Forgeurs, parmi lesquels huit Serruriers, quatre Taillandiers, et quatre Forgeurs-ferblantiers; vingt Charrons, parmi lesquels, quatre Tourneurs en gros et quatre Tonneliers; et de vingt Charpentiers, parmi lesquels, trois Tourneurs et six Menuisiers.

XXXVIII. Chaque compagnie sera divisée en cinq escouades; chacune d'elles sera composée de cinq Forgeurs, quatre Charrons et quatre Charpentiers; et sera chacune desdites escouades commandée par un des Sergens.

XXXIX. Les comptes relatifs à l'Arsenal et aux travaux qui y seront exécutés, seront rendus par le Directeur dudit Arsenal, à l'Inspecteur-général, lequel lui adressera directement ses ordres. Lorsque le Colonel du Corps-royal de l'Artillerie des Colonies, sera présent dans la Place où sera établi l'Arsenal des Colonies, le Directeur l'informera des ordres qu'il recevra pour constructions d'attirails et approvisionnemens, ainsi que des envois qu'il en fera aux Colonies, ledit Directeur devant être personnellement chargé des détails relatifs aux travaux, de la police et service dudit Arsenal. Les compagnies d'Ouvriers auront pour Chef le Directeur de l'Arsenal des Colonies, qui résidera en France, auquel les Capitaines en premier rendront compte de tous les détails de leurs compagnies. Ce Directeur les rassemblera pour en former tous les ans les états qui devront être remis par lui à l'Inspecteur-général; il lui fera parvenir également les propositions de remplacement d'Officiers d'Ouvriers à mesure qu'elles auront lieu. Les Capitaines en premier d'Ouvriers, seront en conséquence tenus de donner avis audit Directeur, des vacances de places d'Officiers qui pourroient arriver dans leurs compagnies. Lorsqu'il s'agira de remplacer par des Recrues les hommes manquant aux compagnies ou détachemens d'Ouvriers employés aux Colonies, l'intention de Sa Majesté est qu'il n'y soit envoyé que ceux que le Directeur aura reconnu avoir l'instruction nécessaire, de quoi il répondra personnellement. Veut Sa Majesté que le Colonel ou Commandant du Corps-royal de l'Artillerie des Colonies, fournisse, sur la demande par écrit que lui en fera le Directeur, le nombre de Soldats que celui-ci jugera nécessaire au service de l'Arsenal; bien entendu que ces Officiers se concerteront pour que ce service ne fatigue pas trop la troupe. A l'égard des travaux, approvisionnemens et détails relatifs au service de l'Artillerie dans les Colonies, les Officiers d'Ouvriers y exécuteront ce qui leur sera prescrit par les Lieutenans-Colonels du Corps, chargés des fonctions de Directeur; et lesdits Lieutenans-Colonels seront tenus de rendre compte de ces différens objets, au Colonel en France.

XXXX. Les Officiers de ces compagnies, à l'exception des Lieutenans tirés du Corps des Sergens, rouleront avec les Officiers du Corps-royal de l'Artillerie des Colonies, pour leur avancement, & recevront les grades et les appointemens auxquels leur ancienneté leur donneroit droit s'ils eussent été attachés aux compagnies des brigades; ils seront susceptibles d'être admis aux places de Lieutenans-Colonels et de Chefs de brigade de ce Corps, et seront remplacés dans leurs emplois par des Officiers de ce même Corps.

XXXXI. Les Lieutenans de ces compagnies, tirés du Corps des Sergens, y rempliront les fonctions assignées ci-dessus aux Officiers des mêmes grades, et celles qui leur seront attribuées par le Règlement concernant le service des Ouvriers; ils pourront obtenir des commissions de Capitaines, et même parvenir au commandement de ces compagnies, en les méritant par des talens supérieurs et des services distingués. Pour faire le choix desdits Lieutenans, les Officiers desdites compagnies s'assembleront une fois par an chez le Commandant en chef desdites compagnies aux Colonies, et en France chez le Directeur, et y éliront à la pluralité des voix, parmi les Sergens non mariés qui auront passé le centre des Sergens, un Sujet qu'ils croiront digne d'être élevé à cette place; ils motiveront leur choix par écrit, le signeront et le remettront au Commandant en Chef de l'Artillerie aux Colonies, lequel, en y joignant son avis par écrit et signé de lui, le rendra auxdits Commandans des compagnies d'Ouvriers qui l'adresseront au Directeur, lequel le fera passer à l'Inspecteur-général; ensorte que lorsqu'une place de Lieutenant en troisième deviendra vacante, il suffira d'en donner avis à cet Inspecteur, pour qu'il puisse, sur les différentes élections qu'il aura reçues, présenter celle qu'il jugera la plus convenable.

XXXXII. Les Sergens-majors rempliront dans les compagnies d'Ouvriers, les mêmes fonctions que les Sergens-majors des Troupes de l'Artillerie des Colonies. Lorsque ces fonctions ne les obligeront pas de quitter les atteliers, ils s'y tiendront exactement pour surveiller les travaux, conjointement avec un Lieutenant en troisième. Le choix des Sergens-majors ne pouvant se faire que sur une ou deux compagnies, Sa Majesté restreint à douze les seize années qu'Elle exige pour les Sergens-majors des autres compagnies du Corps-royal de l'Artillerie des Colonies. On observera pour cette élection les mêmes formalités que pour celle du Lieutenant en troisième; mais l'agrément du Directeur suffira pour consommer celle-ci; et aux Colonies, celui du Commandant en chef de l'Artillerie.

XXXXIII. Les Sergens d'Ouvriers rempliront dans leurs compagnies les détails prescrits ci-dessus aux Sergens du Corps-royal de l'Artillerie des Colonies, et en outre celles que leur assigne le Règlement concernant le service des Ouvriers. Pour en faire le choix, le Sergent-major et les autres Sergens de la même compagnie, s'assembleront pour indiquer trois sujets sachant lire, écrire, et ayant, au moins, huit ans de service, et qu'ils croiront les plus dignes de la place vacante. Le Commandant de la compagnie, de concert avec les Officiers, choisira deux sujets sur ces trois, les présentera au Directeur, lequel choisira celui qu'il croira mériter la préférence. Dans le cas de détachement aux Colonies, ces élections se feront suivant les formes prescrites par les articles 26 et 27 de la présente Ordonnance.

XXXXIV. Les places vacantes de Caporal, Appointé, Ouvrier de première classe et Ouvrier de seconde classe, seront remplies par des élections faites dans la forme prescrite par l'article précédent, à l'exception que s'il ne se trouvoit pas dans la compagnie de sujet propre à remplir la place, on se borneroit à la laisser vacante jusqu'à ce qu'il se soit formé un sujet capable de la remplir.

XXXXV. L'intention de Sa Majesté est que les Troupes de l'Artillerie des Colonies, changent de garnison autant qu'il sera possible tous les quatre ans, et plus souvent dans l'intérieur de chaque département.

XXXXVI. Les Soldats du Corps-royal de l'Artillerie des Colonies, seront reçus en France aux Hôpitaux militaires ou de Charité et y seront traités ainsi que ceux du Corps-royal de l'Artillerie de France. Toutes espèces de fournitures, soit en pain, tabac, bois, chandelles ou ustensiles, qui doivent être faites aux Troupes de Sa Majesté, dépendantes du département de la guerre, seront faites et délivrées de la même manière à celles du Corps-royal de l'Artillerie des Colonies, ainsi qu'il est d'usage à l'égard des autres Troupes attachées au département de la Marine. Entend Sa Majesté que si lesdites Troupes du Corps-royal de l'Artillerie des Colonies, passent, en vertu de ses ordres, d'un lieu de son royaume dans un autre, elles marchent sur les routes qu'Elle leur fera expédier, et que les logemens, étapes et voitures leur soient fournis dans les lieux de leur passage, comme aux autres Troupes de Sa Majesté; et qu'il soit donné pour le temps qu'auront duré lesdites routes, aux Officiers et Soldats dudit Corps, un supplément d'appointement et de solde, conformément au tarif réglé pour les Troupes du Corps-royal de l'Artillerie de France.

XXXXVII. Aucun sujet ne sera proposé pour être Aspirant ou Élève du Corps-royal de l'Artillerie des Colonies, qu'autant qu'il aura atteint l'âge de quatorze ans révolus, s'il est proposé pour être Élève, et qu'il aura fait devant le Généalogiste de Sa Majesté, les mêmes preuves de noblesse exigées pour les Élèves de l'École royale Militaire. Il sera tenu de produire son extrait de baptême avec le certificat de ce Généalogiste, et ces deux pièces seront annexées au Mémoire de l'Inspecteur-général du Corps qui le proposera. Sa Majesté excepte de cette règle les fils des Chevaliers de l'Ordre royal et militaire de

Saint-Louis, et permet qu'ils lui soient proposés, en produisant les brevets de leurs pères, ou des certificats authentiques qu'ils ont été décorés de la Croix dudit Ordre; et ces pièces seront jointes, avec leur extrait de baptême, au Mémoire qui les proposera. Sa Majesté permet que les enfans des Officiers du Corps-royal de l'Artillerie des Colonies puissent être admis au nombre des Élèves de ce Corps dès l'âge de treize ans révolus, s'ils sont reconnus d'ailleurs avoir les connoissances exigées pour cette admission.

XXXXVIII. Ceux des Officiers du Corps-royal de l'Artillerie des Colonies, qui seront employés particulièrement et sans troupe, jouiront, soit qu'ils soient détachés aux armées dans les Colonies, ou dans les Places, des mêmes honneurs, prérogatives et commandemens attribués à ceux qui seront attachés aux Troupes. Aucun de ceux desdites Troupes, ne pourra prétendre à d'autre commandement qu'à celui qui lui appartient en vertu du grade dont il fait les fonctions.

XXXXIX. Aucun desdits Officiers ne pourra contracter de mariage aux Colonies avant l'âge de vingt-cinq ans révolus, sans en avoir obtenu la permission du Roi; il ne pourra obtenir cette permission que sur un Mémoire signé par le Conseil d'Administration de sa Troupe, et approuvé par le Gouverneur ou Commandant-général de la Colonie, et adressé au Colonel du Corps-royal de l'Artillerie des Colonies en France, qui le fera parvenir à l'Inspecteur-général, lequel prendra les ordres du Secrétaire d'État ayant le département de la Marine et des Colonies: ce Mémoire devra contenir les motifs qui déterminent l'Officier à se marier, détailler le nom, l'état, les biens de la personne qu'il se proposera d'épouser; les Membres du Conseil d'Administration donneront au bas dudit Mémoire, leur avis sur les convenances ou disconvenances dudit mariage, lequel, pour les Officiers qui auront passé l'âge de vingt-cinq ans, pourra se contracter d'après l'approbation qu'y aura donnée le Conseil d'administration, et la permission qu'aura expédiée en conséquence le Gouverneur ou Commandant-général de la Colonie.

L. Sa Majesté jugeant à propos de créer par la présente Ordonnance, un Inspecteur-général de l'Artillerie de ses Colonies; son intention est qu'il soit à l'avenir choisi, de préférence, et autant que le bien du service s'y trouvera, dans le nombre des Officiers-généraux qui auront été Colonels au Corps-royal de l'Artillerie des Colonies; mais en attendant, Elle veut que ledit Inspecteur soit pris parmi les Officiers-supérieurs de son Corps-royal de l'Artillerie de France.

LI. Ledit Inspecteur-général du Corps-royal de l'Artillerie des Colonies, sera chargé de mettre l'ensemble et l'uniformité, tant dans le service et l'instruction des Troupes de l'Artillerie des Colonies, que dans les constructions qui se feront dans leurs Arsenaux, soit en France, soit aux Colonies; et en outre sera tenu de se conformer aux dispositions de l'instruction qui lui sera remise chaque année à cet effet; il visitera tous les ans en France, l'Arsenal de construction des Colonies, y prendra connoissance des constructions, réparations, approvisionnemens faits ou à faire; il vérifiera la capacité et bonne conduite des Officiers et des Gardes d'Artillerie, et autres Employés qui y seront attachés; il inspectera les Troupes du Corps-royal de l'Artillerie des Colonies, tiendra la main à ce que le meilleur ordre soit établi dans l'Arsenal et ses magasins, et rendra compte au Secrétaire d'État ayant le département de la Marine et des Colonies.

LII. Ledit Inspecteur-général jouira, suivant son grade, et dans l'étendue de son département, pendant le temps que durera son inspection, des honneurs, prérogatives, prééminences et commandemens attribués aux autres Inspecteurs-généraux du Corps-royal de l'Artillerie, lorsqu'ils sont en fonction; il fera partie des Officiers-généraux de la ligne, et prendra rang avec eux.

LIII. L'Inspection des Troupes de l'Artillerie dans les Colonies, y sera faite par l'Officier d'Artillerie qui se trouvera la commander dans chaque Gouvernement; il en adressera le résultat au Colonel du Corps-royal de l'Artillerie des Colonies en France, lequel le remettra à l'Inspecteur-général; mais ledit Officier dans chaque Gouvernement, ne pourra procéder à ladite inspection, qu'après avoir communiqué au Gouverneur ou Commandant-général, les instructions qu'il aura reçues à cet effet, et il sera tenu de lui remettre un double de ladite inspection, que ledit Gouverneur ou Commandant-général adressera au Secrétaire d'État ayant le département de la Marine et des Colonies, en y joignant les observations particulières qu'il jugera convenables. Les Officiers faisant les fonctions d'Inspecteur aux Colonies, rendront compte pendant toute l'année, des opérations dont ils seront chargés, au Colonel du Corps-royal de l'Artillerie des Colonies en France, lequel en informera l'Inspecteur-général; mais ils seront tenus de rendre les mêmes comptes aux Gouverneurs ou Commandans-généraux.

LIV. Le Commandant de l'École d'Artillerie, à laquelle sera attaché le Corps-royal de l'Artillerie des Colonies en France, réglera les exercices & les différentes instructions de l'École, & se fera rendre compte de tout ce qui pourra concerner cette partie de son service. Quant à la police et discipline intérieure de cette Troupe, elle restera à son Colonel, qui seulement en rendra compte au Commandant d'École.

LV. Sa Majesté entend que les Officiers et Soldats du Corps-royal de l'Artillerie des Colonies, jouissent de leurs appointemens et solde, sans aucune retenue, soit pour les quatre deniers pour livre, soit pour la Capitation ou toute autre dépense ; son intention étant que ces objets soient acquittés sur la Masse générale établie pour les Troupes dudit Corps.

LVI. Sa Majesté ayant réglé les appointemens et solde que doivent recevoir les Officiers et Soldats de son Corps-royal d'Artillerie des Colonies, Elle veut que lesdits appointemens et solde leur soient payés, soit en France, soit aux Colonies, sur le pied ; savoir :

Tableau de la Solde réglée pour le Corps-royal d'Artillerie des Colonies.

Paye en France par an.

	livres.
A l'Inspecteur, Officier-général	12000.
A l'Inspecteur, Brigadier ou Colonel	9000.
Au Colonel, dont 1200 liv. pour frais de Bureau	6000.
Traitement attaché au commandement du Régiment	1200.
Au Lieutenant-colonel-directeur, dont 800 liv. pour frais de Bureau	5600.
A chacun des Lieutenans-colonels	3600.
Au Major, y compris son traitement	3500.
A chacun des Chefs de Brigade	3000.
Au Quartier-maître-trésorier	1800.
Au Tambour-major	400.
A chacun des Capitaines en premier, et aux deux Capitaines en premier d'Ouvriers	2400.
Traitement aux deux premiers Factionnaires du Régiment, et au plus ancien Capitaine d'Ouvriers	300.
A chacun des Capitaines en second	1500.
A chacun des Lieutenans en premier	1200.
A chacun des Lieutenans en second	950.
A chacun des Lieutenans en troisième	840.

	livres.
A chaque Sergent-major	540.
A chaque Sergent ou Fourrier	375.
A chaque Caporal	264.
A chaque Appointé	210.
A chaque Artificier	192.
A chaque premier Canonnier-Bombardier	174.
A chaque second Canonnier-Bombardier	141.
A chaque Apprenti	123.
A chaque Tambour	174.

Aux Compagnies d'Ouvriers.

A chaque Sergent-major	660.
A chaque Sergent ou Fourrier	375.
A chaque Caporal	327.
A chaque Appointé	291.
A chaque Ouvrier de la première classe	273.
A chaque Ouvrier de la seconde classe	219.
A chaque Apprenti	183.
A chaque Tambour	174.

Tableau de la Solde réglée pour le Corps-royal d'Artillerie des Colonies.

Paye aux Colonies par an.

A chacun des Lieutenans-colonels	8000.
A chacun des Chefs de Brigade	5400.
A chacun des Aides-major	2500.
A chacun des Capitaines en premier, et au Capitaine en premier d'Ouvriers	3900.
Traitement aux deux premiers Factionnaires du Régiment, et au plus ancien Capitaine en premier d'Ouvriers.	300.
A chacun des Capitaines en second	2700.
A chacun des Lieutenans en premier	2000.
A chacun des Lieutenans en second	1900.
A chacun des Lieutenans en troisième	1800.
A chaque Sergent-major	780.

A

	livres.
A chaque Sergent ou Fourrier	513.
A chaque Caporal	324.
A chaque Appointé	243.
A chaque Artificier	216.
A chaque premier Canonnier-Bombardier	189.
A chaque second, *idem*	144.
A chaque Apprenti	126.
A chaque Tambour	189.

Aux Compagnies d'Ouvriers.

A chaque Sergent-major	960.
A chaque Sergent ou Fourrier	513.
A chaque Caporal	396.
A chaque Appointé	342.
A chaque Ouvrier de première classe	315.
A chaque Ouvrier de seconde classe	243.
A chaque Apprenti	198.
A chaque Tambour	189.

LVII. Veut Sa Majesté que dans l'absence du Colonel du régiment d'Artillerie des Colonies, l'Officier qui le suivra, jouisse du traitement attaché au commandement dudit régiment en France.

Les appointemens ci-dessus seront augmentés d'un quart en temps de guerre, mais ce traitement n'aura lieu que de l'époque où Sa Majesté l'ordonnera.

LVIII. Il sera fourni en outre et sans aucune retenue, sur la solde ci-dessus réglée, à chaque bas Officier, Soldat et Tambour, aux Colonies, une ration par jour, composée de vingt-quatre onces de pain frais ou de vingt onces de farine, et de huit onces de bœuf frais ou salé; et dans le cas où ces comestibles manqueroient dans la Colonie, il y sera suppléé par des denrées du pays.

LIX. Il sera accordé un traitement extraordinaire aux Officiers supérieurs, ainsi qu'à ceux qui feront partie des équipages, lorsqu'en temps de guerre il plaira à Sa Majesté d'en assembler. Dans le cas de détachemens particuliers, que le service pourroit nécessiter dans l'intérieur de chaque Gouvernement général, il sera pourvu au remboursement des dépenses extraordinaires que lesdits détachemens devront occasionner aux Officiers, d'après le règlement qui sera fait à ce sujet dans chaque Colonie, par les Gouverneur-général et Intendant en commun.

LX. Sur la Solde réglée à chaque Sergent-major, Sergent Fourrier, Caporal, Appointé, Artificier, Canonnier-bombardier, Apprenti et Tambour du Corps-royal d'Artillerie des Colonies, il sera affecté vingt deniers par jour pour chaque Sergent-major, Sergent et Fourrier; et douze deniers pour chacun des autres, pour s'entretenir de linge et de chaussure. Les décomptes de ces retenues seront faits tous les quatre mois par le Lieutenant en troisième, la compagnie étant assemblée, en présence de l'Officier qui la commandera; celui-ci sera tenu de faire la visite du linge et chaussure, et d'ordonner les réparations qu'il croira nécessaires. L'argent du décompte sera remis entre les mains du Sergent de chaque escouade; chaque Soldat fera son emplette lui-même où il le jugera à propos, en présence de son Sergent, qui la payera, et remettra sur le champ au Soldat le surplus de ce décompte. Les objets d'entretien auxquels est destinée la masse de linge et chaussure, devenant plus dispendieux pendant la guerre, Sa Majesté accorde par jour, sur le pied de guerre, un supplément de solde, de huit deniers à chaque bas Officier et Soldat, lequel supplément sera mis en augmentation à ladite masse. Lorsqu'un Soldat du Corps-royal d'Artillerie des Colonies, qui aura été absent par congé rejoindra sa compagnie sans être convenablement pourvu de linge et chaussure, après qu'on aura employé pour l'en pourvoir, l'argent de la retenue des vingt et douze deniers ci-dessus ordonnée pour le temps de paix, et des vingt-huit et vingt deniers pour le temps de guerre; il sera prélevé sur ce qui lui sera dû de sa solde, la somme nécessaire pour y suppléer, et même pour réparer son habillement dans le cas où il seroit reconnu en mauvais état par défaut d'entretien.

LXI. Sa Majesté veut qu'il soit établi, à l'époque de la formation du Corps-royal de l'Artillerie des Colonies, une masse de cinquante-six livres par homme, par an, au complet, pour être employée aux Recrues, à l'habillement, à l'équipement, à l'entretien, à toute espèce de réparations sans distinction, ainsi qu'à l'entretien des armes dans toutes les compagnies dudit Corps. Ladite masse pourvoira au payement de la Capitation et des quatre deniers pour livre, tant des appointemens des Officiers dudit Corps, y compris le Directeur, que de la solde des bas Officiers et Soldats; il ne sera délivré de ladite masse aux détachemens envoyés aux Colonies, que dix livres par homme, pour subvenir à leur entretien.

LXII. Les compagnies d'Ouvriers étant attachées aux Arsenaux, Sa Majesté veut que leurs Capitaines soient en tout temps chargés des détails de leur subsistance, et Elle entend que tout l'argent qui, pour les autres compagnies du Corps-royal de l'Artillerie des Colonies, doit entrer dans la Caisse du régiment, reste pour les compagnies d'Ouvriers dans celles des Commis du Trésorier-général, employés dans les lieux où se trouveront lesdites compagnies, pour être délivré au Capitaine ou à son ordre, à mesure des besoins. Lorsque ces compagnies quitteront les Colonies ou leur garnison, les Capitaines arrêteront leur décompte avec les Commis du Trésorier-général qui leur donnera une reconnoissance détaillée des fonds qui lui resteront en Caisse sur les différentes parties; laquelle reconnoissance sera visée par l'Officier aux ordres duquel sera le Capitaine, et présentée à celui aux ordres duquel il passera. Lors des revues, ces reconnoissances seront présentées à l'Inspecteur-général, pour vérifier l'état de la Caisse, et en ordonner.

LXIII. L'intention de Sa Majesté étant qu'il soit formé dans son Corps-royal de l'Artillerie des Colonies, et dans chacune des compagnies d'Ouvriers dudit Corps, une masse qui prendra tous les ans de nouveaux accroissemens, et qui sera déposée dans la Caisse dudit Corps ou de la compagnie d'Ouvriers, Elle ordonne que lors du décompte à faire à chaque Sergent ou Soldat qui aura été absent par congé limité, il soit prélevé sur la solde entière, la retenue du linge et chaussure, et que du restant de ladite solde, il en soit donné moitié au Sergent ou Soldat qui aura rejoint à l'expiration de son congé, l'autre moitié devant être mise dans ladite Caisse; que ceux qui ne se trouveront pas présens à leur Corps au premier d'Avril, ne touchent rien du restant de leur solde, laquelle sera remise en entier à la Caisse, à moins qu'ils ne justifient par les certificats les plus authentiques, l'impossibilité où ils auroient été de rejoindre, pour cause de maladie constatée: bien entendu cependant que les congés limités mentionnés dans cet article, ne pourront être accordés qu'en France, et que sur ce qui devra être remis au Soldat ou à la bourse commune, il sera fait la retenue ordonnée pour l'entretien, par l'article 60 de la présente Ordonnance.

LXIV. Il sera fait tous les ans, six semaines après l'expiration des congés, un état du produit de cette masse, qui sera divisé par parties égales, entre les Sergens et Soldats qui composeront pour lors chaque compagnie, pour former à chacun d'eux une bourse particulière, qui restera cependant dans la Caisse, et ne sera donnée à chaque Sergent ou Soldat, que lorsqu'il aura obtenu quelque place ou retraite, ou son congé absolu : on ne comprendra pas dans cette répartition, ceux des Soldats de Recrue qui n'auront pas joint avant le premier Janvier de chaque année. L'état du produit de cette masse sera fait par le Quartier-maître, certifié par le Major, et visé par le Colonel ; et dans les compagnies d'Ouvriers, il sera formé par le Lieutenant, vérifié par le Capitaine, et visé par le Directeur ; et aux Colonies, par le Commandant en Chef de l'Artillerie.

Les fonds de cette masse resteront pour le régiment du Corps-royal de l'Artillerie des Colonies, dans sa Caisse, et ne seront délivrés que sur les ordres de l'Inspecteur-général ; ceux des compagnies d'Ouvriers resteront dans la Caisse du Commis du Trésorier-général, qui en fournira sa reconnoissance au Capitaine, et ne délivrera pareillement lesdits fonds, que sur les ordres de l'Inspecteur-général, en France, ou sur ceux du Commandant en Chef de l'Artillerie, aux Colonies. Les bourses particulières des morts ou désertés, n'entreront point dans les répartitions ; et après avoir prélevé sur lesdites bourses, ce que les Soldats peuvent devoir sur le prêt ou pour les avances indispensables que leur auroit faites leur Capitaine, le restant desdites bourses sera remis à la masse commune de la bourse du Soldat. A chaque revue d'Inspecteur, il sera donné à l'Inspecteur-général un état de ladite masse, qui en constatera la recette et la dépense, l'état actuel et le montant de la bourse de chaque Sergent ou Soldat ; on fera part à la Troupe de ce montant.

LXV. Sa Majesté voulant que les fonds de ladite bourse, dont on n'aura pas besoin pour les renvois annuels, puissent servir par la suite à procurer des secours aux femmes et aux enfans des Soldats ; Elle autorise le Colonel du Corps-royal de l'Artillerie des Colonies, et le Directeur, à proposer par la voie de l'Inspecteur-général, au Secrétaire d'État ayant le département de la Marine et des Colonies, des emplacemens pour ces fonds, dont le revenu sera employé à procurer des rations ou demi-rations de pain auxdites femmes et enfans, sur un état arrêté tous les ans par le Colonel du Corps-royal de l'Artillerie des Colonies, pour son régiment ; et pour les compagnies d'Ouvriers, par le Directeur ; lesdits états devant être approuvés par l'Inspecteur général.

LXVI. Les Gardes d'Artillerie, nécessaires pour le service dans les

Colonies, seront choisis à l'avenir parmi les Lieutenans en troisième et Sergens du Corps royal de l'Artillerie des Colonies, et ils se conformeront à ce qui sera prescrit de relatif à leurs fonctions par l'Ordonnance concernant le service du Corps-royal de l'Artillerie des Colonies.

LXVII. Il sera établi à la suite du Corps-royal de l'Artillerie des Colonies, un Commissaire pour y faire les fonctions attribuées aux Commissaires des Guerres et du Corps-royal, avec lequel les Commissaires des Colonies, chargés dans chacune d'elles de la police de l'Artillerie, correspondront pour tout ce qui concerne ce service, et auquel ils feront passer toutes les pièces de forme et de comptabilité qui y seront relatives, et que ledit Commissaire sera chargé de rassembler.

LXVIII. L'uniforme des Officiers et Soldats du Corps-royal de l'Artillerie des Colonies, sera habit, veste et culotte de drap bleu-de-roi, doublure et paremens rouges, en écarlate pour les Officiers, et drap garence pour les Soldats; la poche ordinaire, garnie de trois gros boutons, les revers de l'habit de drap bleu, garnis de sept petits boutons et trois gros au-dessous du côté droit, la veste garnie de douze petits boutons, et les poches de trois chacune; la culotte garnie de douze petits boutons et trois gros. Les boutons seront jaunes et timbrés d'une ancre et du n°. 64, conforme au modèle qui en sera approuvé.

Les Canonniers-bombardiers porteront deux épaulettes rouges à franges de même couleur. Les Artificiers porteront les mêmes épaulettes dont la tige sera liserée de jaune. Les Ouvriers auront des revers rouges à l'habit, et porteront deux épaulettes, fond rouge, liseré de bleu avec les franges rouges et bleues. Toutes ces épaulettes seront en laine.

Le Tambour-major et les Tambours du Corps-royal de l'Artillerie des Colonies, porteront la livrée du Roi; et ces derniers, mêmes épaulettes que les Canonniers-bombardiers.

Les galons des Sergens seront en or; les Sergens-majors porteront en outre deux contre-épaulettes de drap écarlate, liserées en or; les galons des Caporaux et Appointés, seront en laine aurore, et les chevrons destinés à marquer les rengagemens, en laine rouge.

Le chapeau des Soldats sera bordé d'un galon de laine noire, celui des Officiers le sera de velours. Le retroussis de l'habit sera garni sur les devans d'une fleur de lys, et sur le derrière d'une ancre.

Les grades des Officiers seront distingués par des épaulettes en or, pareilles à celles réglées pour le Corps-royal d'Artillerie de France. Les Officiers pourront porter pendant l'été la veste et culotte blanches.

L'uniforme des Gardes d'Artillerie, sera le même que celui des Officiers du Corps-royal de l'Artillerie des Colonies, à l'exception du parement et du collet qui seront de velours bleu-céleste; les Commandans de l'Artillerie tiendront la main à ce qu'ils portent l'uniforme, à ce qu'ils logent à l'Arsenal, et y fassent très-régulièrement leur service. L'armement des Soldats du Corps-royal de l'Artillerie des Colonies, sera, pour les fusils, semblable à celui du modèle qui sera approuvé; et pour les sabres, au modèle adopté pour le Corps-royal de l'Artillerie de France. Les Officiers seront sous les armes en hausse-col, en bottes, avec le baudrier en écharpe et l'épée à la main; ils ne porteront ni fusil ni giberne.

LXIX. Les drapeaux du Corps-royal de l'Artillerie des Colonies, seront les mêmes que ceux du Corps-royal de l'Artillerie de France. Ils seront portés par les deux derniers Lieutenans en troisième du régiment.

LXX. Lorsqu'il sera procédé à la formation du Corps-royal d'Artillerie des Colonies, en vertu des ordres de Sa Majesté, son intention est qu'il soit dressé par le Commissaire qui y assistera, un procès-verbal de ladite formation; voulant Sa Majesté que le traitement qui est réglé par ladite Ordonnance ait lieu : Savoir, pour les Officiers, du jour de la date de leurs brevets; et pour les bas Officiers et Soldats, du jour de leur départ des régimens du Corps-royal de l'Artillerie de France et des compagnies d'Ouvriers; ledit Commissaire remettra ensuite des doubles desdits procès-verbaux, signés de lui, au Trésorier-général de la Marine, et en adressera une expédition au Secrétaire d'État ayant le département de la Marine et des Colonies.

Mande Sa Majesté à Mons. le Duc de Penthièvre, Amiral de France, de tenir la main à l'exécution de la présente Ordonnance, en ce qui concerne les droits de sa charge.

Mande et ordonne Sa Majesté aux Gouverneurs-généraux et Intendans dans ses Colonies, ou à ceux qui les représenteront, à l'Inspecteur-général du Corps-royal de l'Artillerie des Colonies, au Commissaire dudit Corps, et à tous autres Officiers qu'il appartiendra, de tenir la main à l'exécution de la présente Ordonnance.

Fait à Versailles le 24 Octobre 1784. *Signé :* LOUIS. *Et plus bas,* Le Maréchal DE CASTRIES.

Le Duc DE PENTHIÈVRE, Amiral de France, etc.

ARRÊT du Conseil du Port-au-Prince, touchant la Procédure criminelle.

Du 26 Octobre 1784.

LOUIS, etc. contre G. . . . Notre Cour a donné acte à notre Procureur-Général du Roi de l'appel interjeté par lui de la Sentence du 17 Aout dernier, joignant ledit appel à celui interjeté par le Procureur du Roi de ladite Sentence, et y faisant droit, en ce qui touche l'appel dudit Procureur du Roi, le déclare nul et de nul effet; lui fait défenses de se rendre Appelant, en son nom personnel, dans les procès où il ne se sera pas rendu partie civile; prononçant sur l'appel de notre Procureur-Général, a mis et met l'appellation et ce dont est appel, au néant; émendant, déclare ladite Sentence nulle et de nul effet, ordonne que les témoins ouïs ès information et continuation seront récolés, si besoin est, en leurs dépositions et confrontés à l'accusé, et le procès instruit jusqu'à Sentence définitive inclusivement par les Officiers de la Jurisdiction de Jérémie, autres néanmoins que ceux qui ont rendu la Sentence dont est appel. Enjoint au Sénéchal de Jérémie de se conformer à l'avenir, dans l'instruction des procédures criminelles, à l'Article premier du Titre 15 et à l'Article 3 du Titre 20 de l'Ordonnance de 1670, sous les peines de droit.

Arrêt du Conseil d'État du Roi, qui, à compter du 10 Novembre prochain, convertit en Gratifications et Primes l'exemption du demi-droit accordée aux Denrées coloniales provenant de la Traite des Noirs.

Du 26 Octobre 1784.

Sur ce qui a été représenté au Roi, étant en son Conseil, que l'un des principaux encouragemens accordés au commerce de la traite des Nègres, par les Lettres-patentes du mois de Janvier 1716, Arrêts et Règlemens postérieurs, consiste dans l'exemption de la moitié des droits d'entrée et des droits locaux sur les sucres des Isles Françoises de l'Amérique provenans de la vente des Nègres auxdites Isles, et consommés dans le royaume; mais que cette faveur qui présentoit de grands encouragemens dans un temps où la valeur des sucres apportés dans le Royaume pour y être consommés, étoit égale au produit de la vente des Nègres, devient nulle pour une grande partie des armemens, depuis que la quantité des Nègres transportés aux Isles Françoises de l'Amérique, qui ne s'élevoit en 1716 qu'à deux ou trois mille Nègres, a été successivement portée au nombre de quinze mille, sans que l'importation des sucres consommés dans le Royaume ait pu suivre la même progression : d'où il résulte que les Armateurs étant obligés de vendre pour la destination de l'étranger sans jouir d'aucune faveur, une grande partie des sucres qu'ils reçoivent en retour de la vente des Nègres, ils ne suivent pas le commerce de la traite avec autant d'activité que l'exigeroit l'intérêt des Colonies Françoises de l'Amérique : Sa Majesté toujours portée à donner à ses Colonies et aux Armateurs de son Royaume, des marques de sa protection, a bien voulu accorder de nouveaux encouragemens à la traite des Nègres, et fixer dans une proportion plus égale les faveurs qui seront à l'avenir attribuées à ce commerce. A quoi voulant pourvoir; vu les Lettres-patentes des mois de Janvier 1716, l'Arrêt du 27 Septembre 1720, l'Arrêt et Lettres-patentes du 7 Septembre 1728, les Arrêts des 17 Mai 1734, 30 Septembre 1741, 2 Octobre 1742, 3 Décembre 1748, 31 Juillet 1767

1767 et 28 Juin 1783 ; vu aussi le Mémoire des Fermiers-généraux, ensemble l'avis des Députés au Bureau du Commerce : Ouï le rapport du sieur de Calonne, Conseiller ordinaire au Conseil-royal, Contrôleur-Général des finances ; LE ROI étant en son Conseil, a ordonné et ordonne ce qui suit :

ART. I. Les armemens pour la traite des Nègres continueront d'avoir lieu dans les ports auxquels il a été permis de faire le commerce des Colonies de l'Amérique, conformément aux dispositions de l'Arrêt du 30 Septembre 1741, et jouiront lesdits armemens des droits, priviléges et exemptions qui ont été accordés au commerce de Guinée par les Lettres-patentes des mois de Janvier 1716, par l'Arrêt et Lettres-patentes du 7 Septembre 1728 et autres Arrêts et Réglemens postérieurs.

II. A compter du 10 Novembre prochain, il sera accordé aux Armateurs pour chaque tonneau de continence des Navires employés à la traite des Nègres, une gratification de quarante livres qui tiendra lieu de l'exemption de la moitié des droits, qui avoit été accordée par l'article V des Lettres-patentes du mois de Janvier 1716, et qui sera payée à l'Armateur toutes les fois que son Navire sera expédié pour la traite, à condition qu'il transportera à l'une des Colonies Françoises les Nègres qui proviendront de ladite traite, et qu'il en justifiera dans la forme qui sera prescrite ci-après.

III. Indépendamment de la gratification mentionnée en l'article II, il sera accordé aux Armateurs une prime additionnelle par tête de Nègres qu'ils transporteront aux Isles du vent et au Sud de l'Isle de Saint-Domingue, laquelle prime additionnelle Sa Majesté a fixée à soixante livres argent de France pour les Nègres qui seront transportés aux Isles de la Guadeloupe et de la Martinique, et à cent livres pour ceux qui seront transportés dans les ports situés au sud de l'île de Saint-Domingue, depuis le Cap-Tiburon jusqu'à la pointe de la Béate, et dans les Isles de Cayenne, Tabago et Sainte-Lucie.

IV. Supprime Sa Majesté le droit de dix livres par tête de Nègres dont la perception qui a été ordonnée et réglée par l'Arrêt du 31 Juillet 1767, cessera d'avoir lieu pour les Navires qui partiront des ports de France pour la traite, à compter du 10 Novembre prochain.

V. La gratification de quarante livres par tonneau de continence sera payée au départ du Navire par le Receveur des fermes du lieu de l'armement, et les primes de soixante livres et de cent livres par tête de Nègres, seront payées par le Receveur des fermes du lieu où les Navires feront leur déchargement à leur retour de celle des Colonies Françoises où lesdits Navires auront porté le produit de leur traite.

VI. Pour recevoir la gratification de quarante livres par tonneau de continence au départ des Navires, les Négocians seront tenus de remettre au Receveur des Fermes une copie de l'attestation des Jaugeurs sermentés, qui leur sera délivrée, à l'effet de constater le port des Navires qui devront être employés à la traite, ensemble l'acte d'enregistrement de ladite attestation au greffe de l'Amirauté et au Bureau des Fermes; ils remettront en outre au Receveur des Fermes un état de leur chargement pour Guinée, et leur soumission de rapporter dans dix-huit mois le certificat du déchargement des Nègres dans l'une des Colonies Françoises, signé par les Intendans ou Commissaires-Ordonnateurs auxdites Isles, ou en leur absence, et dans les ports où il n'y a point de Commissaires-Ordonnateurs, par des Subdélégués qui seront à cet effet commis par les sieurs Intendans, et contiendra ledit certificat, le nom et le port du Bâtiment, le jour de son arrivée, le nombre des Nègres qu'il aura apportés dans ladite Isle; le tout conformément au modèle annexé au présent Arrêt.

VII. Pour recevoir les primes de soixante livres et de cent livres accordées par l'article III du présent Arrêt, les Armateurs seront tenus de rapporter au Bureau des Fermes un certificat des sieurs Intendans et Commissaires-Ordonnateurs, ou de leurs Subdélégués dans les Isles Françoises, dans la forme prescrite par l'article VI ci-dessus.

VIII. Les Navires destinés à la traite des Nègres seront jaugés par les Gardes-jurés ou Jaugeurs sermentés, lesquels prendront pour base de la jauge la largeur ou le bau du Vaisseau, sa longueur absolue de l'étrave à l'étambord, de râblure à râblure, et le creux, y compris l'entre-pont; et seront tenus lesdits Jaugeurs sermentés de donner leur attestation du port du Bâtiment, laquelle sera enregistrée au Greffe de l'Amirauté, et copie de ladite attestation sera remise au Bureau des Fermes.

IX. Dans le cas de suspicion de fraude dans la jauge des Navires, les Préposés des Fermes auront la faculté de les faire jauger de nouveau par d'autres Gardes-jurés, dont ils conviendront avec les Maîtres ou Propriétaires des Navires; et en cas qu'ils ne puissent s'accorder à l'amiable, les Parties se pourvoiront par-devant les Juges qui doivent connoître du droit de fret, pour être la jauge et mesurage des Vaisseaux, ordonnés par lesdits Juges, et faits par les Jaugeurs ou Experts dont les Parties conviendront, sinon nommés d'office, le plutôt qu'il sera possible, sans causer de retardement au départ des Vaisseaux.

X. Les frais de la jauge ou mesurage seront avancés par le Fermier, sauf à répéter lesdits frais, s'il y échet.

XI. Si par la jauge ou mesurage ainsi fait, la continence du Vaisseau ne se trouve moindre que celle portée par la déclaration du Maître que d'un vingtième et au-dessous, il ne pourra être condamné par lesdits Juges qu'aux frais et dépens.

XII. Si la continence du Vaisseau, suivant le rapport, est moindre que celle portée par la déclaration de plus d'un vingtième, le premier Jaugeur sermenté qui aura donné son attestation pour une fausse continence sera destitué, et le Maître du Navire sera condamné à payer une amende de cent-cinquante livres par tonneau qui auroit été déclaré au-delà de la véritable continence du Navire, et sera ladite amende répartie entre les Employés qui auront requis le jaugeage.

XIII. Si par la jauge et mesurage, la continence du Vaisseau n'excède pas celle portée par la déclaration du Maître, le Fermier sera condamné en tous les frais et dépens.

XIV. En cas de fraude ou de fausseté des certificats des Commissaires-Ordonnateurs dans les Isles, prescrits par l'Article VI du présent Arrêt, les Capitaines ou autres qui seront atteints de faux seront poursuivis extraordinairement, suivant la rigueur des Ordonnances, et l'Armateur sera condamné au paiement de la double somme à laquelle pourront s'élever les primes ou la gratification dont les certificats auroient procuré le paiement, et sera ladite amende répartie entre les Employés du Bureau des Fermes qui auront reconnu le faux.

XV. Les denrées et marchandises nationales destinées pour la traite des Nègres, continueront de jouir de l'exemption des droits de sortie et droits locaux, et du bénéfice de l'entrepôt, conformément aux dispositions des Arrêts des 27 Septembre 1730, 2 Octobre 1742, et 3 Décembre 1748.

XVI. Les denrées et marchandises étrangères, à l'exception de celles mentionnées dans l'Article XVII, continueront d'être admises à l'entrepôt de Guinée, en exemption de tous droits, conformément aux dispositions des Arrêts du 2 Octobre 1742 et 3 Décembre 1748, et décision du 31 Mars 1756; et à la charge de remplir les formalités prescrites par lesdits Arrêts et décision.

XVII. Ne seront admises à l'entrepôt pour le commerce de Guinée aucunes toiles peintes ou blanches des Indes, autres que celles provenant du commerce françois dans l'Inde. Fait Sa Majesté très-expresses inhibitions et défenses à tous Armateurs pour ledit commerce de Guinée, de faire venir de Hollande ou autres pays du Nord dans le Royaume, même sous prétexte d'entrepôt, aucunes toiles des Indes appelées Chittes, Caladaris, ou étoffes de pure soie ou mêlées de soie, qui continueront d'être prohibées, conformément à l'Article premier des Lettres-patentes du mois de Septembre 1728, à peine de confiscation desdites marchandises et de trois mille livres d'amende.

XVIII. Veut Sa Majesté que les Armateurs qui seront partis avant le 10 Novembre prochain pour faire la traite des Nègres et les porter aux Colonies Françoises d'Amérique, et qui n'auront pas joui du bénéfice des gratifications et primes mentionnées dans les Articles II et III du présent Arrêt, continuent de jouir jusqu'au premier Janvier 1787, de l'exemption qui a été accordée par l'Article XV des Lettres-patentes du mois de Janvier 1716, sur les sucres et autres marchandises des Isles Françoises, provenant de la vente des Nègres; à la charge par les Armateurs ou Capitaines de se conformer aux formalités prescrites par l'Ordonnance du 6 Juillet 1734, pour les certificats de ladite traite. Déclare Sa Majesté, que lesdits certificats ne procureront aucune exemption aux sucres ou autres denrées de l'Amérique apportés par des Navires dont l'arrivée dans les ports de France sera postérieure à ladite époque du 1er Janvier 1787.

XIX. Mande et ordonne Sa Majesté à Mons. le Duc de Penthièvre, Amiral de France, aux Intendans de la Marine et des Colonies, au Commissaire départi pour l'observation des Ordonnances dans les Amirautés, aux Commissaires-généraux des ports et arsenaux, Ordonnateurs, aux Officiers des Amirautés, aux Juges des Traites, Maîtres des ports et à tous autres qu'il appartiendra, de tenir chacun en droit soi, la main à l'exécution du présent Arrêt, lequel sera enregistré au Greffe des Amirautés, lu, publié et affiché par-tout où besoin sera. Fait au Conseil d'Etat, etc.

MODÈLE du Certificat qui doit être expédié aux Isles, en conformité de l'article VI de l'Arrêt du Conseil du 26 Octobre 1784.

NOUS,

Certifions que le Navire . . Capitaine . . du port de . . tonneaux, y compris l'Entrepont, suivant l'attestation des Jaugeurs sermentés de . .

parti de . . port de France, le . . pour la Traite des Nègres, est arrivé en ce port le . . et y a apporté . . Nègres, que le Capitaine a déclaré provenir de sa Traite, et qu'il a débarqués dans ce port : En foi de quoi nous avons délivré le présent certificat, et à icelui fait apposer le cachet de nos armes, & contre-signer par notre Secrétaire, pour servir et valoir ce que de raison.

Fait à . . le . .

Fait et arrêté au Conseil d'Etat du Roi, Sa Majesté y étant, tenu à Versailles le 26 Octobre mil sept cent quatre-vingt-quatre. *Signé :* Le Marechal DE CASTRIES.

Publié dans les Gazettes de Saint-Domingue des 19 Janvier et 5 Février 1785.

R. en l'Amirauté du Cap le 19 Février 1785.

Et dans celle de Saint-Marc le 12 Mars suivant.

ARRÊT du Conseil du Port-au-Prince, pour la punition d'un Traitement cruel qui avoit causé la Mort d'une Esclave.

Du 26 Octobre 1784.

LOUIS, &c. Contre le nommé Xavier, Nègre, se disant libre, etc. Vu par notre Conseil Supérieur du Port-au-Prince la Sentence du 15 Octobre présent mois, dont est appel; Vu aussi les autres pièces du Procès, et les conclusions de Me de Ronseray, Substitut, du 20 de ce mois: Ouï ledit Xavier en son interrogatoire sur la sellette, etc., NOTRE COUR a mis et met l'Appellation et ce dont est appel, au néant; émendant, déclare ledit Xavier duement atteint et convaincu d'avoir exercé plusieurs cruautés et traitemens rigoureux et barbares envers la nommée Marthe, Négresse, son esclave, décédée à son service. Pour réparation de quoi, le condamne à être battu et fustigé, nud, de verges, par l'Exécuteur de la Haute-Justice, ès carrefours et lieux accoutumés de cette ville, et à l'un d'iceux marqué d'un fer chaud sur l'épaule droite, portant pour empreinte les lettres GAL; ce fait, il sera conduit sur nos Galères, pour y servir comme forçat pendant trois ans, pendant lequel temps il sera tenu de justifier de sa liberté, faute de quoi, il sera vendu comme épave, en la manière accoutumée. Au surplus, lui fait défenses de posséder aucun esclave, ni d'en acquérir de qui que ce soit, sous les peines de droit, renvoie l'exécution du présent Arrêt devant le premier Juge, etc.

Arrêt du Conseil du Cap contre des Nègres-Assassins.

Du 28 Octobre 1784.

Vu par la Cour la procédure criminelle, extraordinairement faite et instruite par le Lieutenant-Général de l'Amirauté du Cap, à la requête du Substitut du Procureur-Général du Roi audit Siége, Demandeur et Accusateur, contre cinq Nègres, nommés l'Eveillé, Pharaon, Mercure, Luc et Azor, et un Négrillon nommé Jean-Pierre, âgé de quatorze ans ou environ; tous Esclaves des sieurs Gentil-Desmaries et Lavallette, et Matelots à bord de la Goëlette la Fortune, du Cap, Défendeurs et Accusés, détenus ès Prisons Royales de cette Ville, Appelans de la Sentence dudit Juge de l'Amirauté, en date du 20 du courant, etc. Vu aussi les Pièces de la Procédure énoncée en ladite Sentence, l'acte d'appel interjeté le vingt-un du même mois par lesdits Accusés; l'Arrêt de la Cour du même jour, qui ordonne que ladite procédure sera communiquée au Procureur-Général du Roi : Conclusions par écrit de Deschamps, Substitut du Procureur-Général du Roi : Ouïs et interrogés lesdits l'Eveillé, Pharaon, Mercure, Luc, Azor et Jean-Pierre, sur la sellette, sur leur Cause d'appel et cas à eux imposés : Ouï le rapport de M. de Pourcheresse de Vertières, Conseiller, et tout considéré. LA COUR reçoit le Procureur-Général du Roi, Appelant *à minima* de ladite Sentence, joint son Appel à l'Appel desdits l'Eveillé, Pharaon, Mercure, Luc, Azor et Jean-Pierre, prononçant sur le tout par un seul et même Arrêt, a mis et met les Appellations et Sentence dont est Appel au néant, émendant déclare lesdits Nègres duement atteints et convaincus; savoir, lesdits l'Eveillé et Pharaon, d'avoir le quinze Juillet dernier, en exécutant un complot formé entre eux et les autres accusés, plusieurs jours auparavant, assassiné à bord de ladite Goëlette et en mer, ledit Lavalette leur Maître, à coups de couteau, qui lui ont été donnés par ledit l'Eveillé, et à coups de bûche, qui lui ont été donnés par ledit Pharaon, pour achever de lui ôter la vie; ledit Mercure, d'avoir coopéré avec lesdits l'Eveillé et Pharaon à l'assassinat dudit Lavalette, qu'il tenoit pendant que lesdits l'Eveillé et Pharaon le frappoient ; ledit Pharaon et lesdits Luc et Azor, d'avoir pareillement ledit jour assassiné ledit Bernard, Patron de ladite Goëlette, à coups de couteau, qui lui ont été donnés par ledit Luc, et à coups de bûche, qui lui ont été donnés par ledit Pharaon, pour achever de lui ôter la vie, pendant que ledit Azor le tenoit par les cheveux ; ledit Pharaon, d'avoir ledit jour, à coups de bûche, grièvement blessé à la tête et au bras le Sieur Sicard, Passager sur ladite Goëlette ; lesdits l'Eveillé et Mercure, d'avoir environ huit jours après, lié ledit Sicard par les pieds et par les mains, de l'avoir en cet état jeté à la mer, et de s'être armés d'une hache pour l'obliger de lâcher une corde qu'il avoit saisie d'une de ses mains ; enfin, ledit Jean-Pierre, d'avoir eu connoissance du complot dans le temps même qu'il a été formé, et de n'en avoir point donné avis audit Lavalette son Maître ; d'être entré dans ledit complot, et d'y avoir participé en servant d'Emissaire aux autres Nègres pour l'exécution desdits assassinats, auxquels il a encouragé notamment ledit Azor. Pour réparation dequoi condamne lesdits l'Eveillé, Pharaon, Mercure, Luc, Azor et Jean-Pierre, à faire amende honorable à genoux, en chemise, nuds tête et la corde au cou, tenant chacun en leurs mains une torche de cire ardente du poids de deux livres, au-devant de la principale porte de l'Eglise Paroissiale de cette Ville, où ils seront menés et conduits dans un tombereau par l'Exécuteur de la Haute-Justice, ayant chacun un écriteau portant ; savoir : l'écriteau desdits l'Eveillé et Pharaon, ces mots : *Nègre assassin de son Maître ;* l'écriteau des Nègres Mercure, Luc et Azor, ces mots : *Nègre assassin de Blancs* ; et l'écriteau dudit Jean-Pierre, ces mots : *Nègre Complice & Emissaire des assassins de son Maître ;* et là, dire et déclarer à haute et intelligible voix, que méchamment et comme mal-avisés ils ont formé ledit complot, assassiné et jeté à la mer lesdits Lavalette, Bernard et Sicard ; qu'ils s'en repentent et en demandent pardon à Dieu, au Roi et à la Justice ; ensuite avoir lesdits l'Eveillé et Pharaon, comme assassins de leur Maître, le poing de la main droite coupé sur un poteau qui sera à cet effet planté devant ladite Eglise ; ce fait, lesdits l'Eveillé, Pharaon, Mercure, Luc, Azor et Jean-Pierre, menés dans le même tombereau sur le Quai S. Louis de cette Ville, auprès de la Cale du Roi, pour y avoir, lesdits l'Eveillé, Pharaon, Mercure, Luc et Azor, les bras, jambes, cuisses et reins rompus vifs, sur un échafaud, qui, pour cet effet, sera dressé sur ledit Quai, et ensuite être chacun d'eux, exposé sur une roue, la face tournée vers le Ciel, pour y rester tant qu'il plaira à Dieu leur conserver la vie ; et ledit Jean-Pierre, être

être pendu et étranglé jusqu'à ce que mort s'ensuive, à une Potence qui sera dressée près dudit Echafaud ; après quoi les corps desdits l'Eveillé, Pharaon, Mercure, Luc, Azor et Jean-Pierre, seront jetés au feu, dans un bûcher qui sera allumé près dudit Echafaud, et leurs cendres jetées au vent. Renvoie l'exécution du présent Arrêt pardevant le Lieutenant de l'Amirauté de cette Ville, et ordonne qu'à la diligence du Procureur-Général du Roi, il sera imprimé, publié et affiché, tant dans cette Ville, audit Quai et autres lieux accoutumés, que dans tous les Ports et Embarcadaires du Ressort de la Cour. Fait au Cap, etc.

ARRÊT du Conseil d'Etat, concernant les Armemens de Commerce pour les Isles et Colonies Françoises.

Du 31 Octobre 1784.

SUR ce qui a été représenté au Roi, étant en son Conseil, par les Négocians des différens Ports de son Royaume, que la faculté de faire le Commerce des Colonies Françoises de l'Amérique, dont ils sont privés, seroit une nouvelle source de richesses pour l'Etat, en ce qu'elle multiplieroit les moyens d'exporter les denrées et marchandises du crû de son Royaume, et de rapporter en retour celles des Colonies Françoises de l'Amérique ; qu'en conséquence, il seroit de la justice de Sa Majesté, et de l'intérêt public, de leur accorder pour ce Commerce, les mêmes exemptions dont jouissent les Négocians de différentes Villes maritimes, en vertu des Lettres-Patentes du mois d'Avril 1717, et Arrêts postérieurs; Sa Majesté a résolu de faire participer à ce Commerce et aux Priviléges qui y sont attachés, tous les Ports qui, par leur position, ont les moyens de faire des armemens pour les Colonies, et de recevoir les Navires qui sont employés à cette navigation. A quoi voulant pourvoir : Ouï, le rapport du sieur de Calonne, Conseiller ordinaire au Conseil Royal, Contrôleur-Général des Finances ; LE ROI étant en son Conseil, a ordonné et ordonne ce qui suit:

ART. I. Les armemens des Navires destinés pour les Isles et Colonies Françoises, continueront d'être faits dans les Ports actuellement ouverts à ce Commerce, conformément aux Lettres Patentes du mois d'Avril 1717, et autres Arrêts et Règlemens postérieurs.

II. Permet en outre Sa Majesté aux Armateurs et Négocians de son Royaume, de faire les armemens des Navires destinés pour les Isles et Colonies Françoises, dans tous les Ports qui pourront recevoir à moyennes marées, des Navires de la continenee de cent-cinquante tonneaux: Veut en conséquence Sa Majesté, qu'ils jouissent pour les armemens qu'ils feront dans ces Ports, du bénéfice de l'entrepôt, et des autres priviléges et exemptions portés par les Lettres-Patentes du mois d'Avril 1717, ainsi qu'en jouissent et doivent en jouir les Négocians des Ports admis à ce Commerce, aux conditions de se conformer aux dispositions desdites Lettres-Patentes et autres Règlemens postérieurs; et encore à la charge que les Négocians des Ports qui n'ont pas encore fait le Commerce des Colonies, et qui voudront profiter du bénéfice du présent Arrêt, seront tenus d'avertir trois mois d'avance, l'Adjudicataire des Fermes générales, de l'intention où ils sont de se prévaloir de la faculté qui leur est accordée.

III. Dispense Sa Majesté les Armateurs et Négocians de son Royaume, de l'obligation qui leur a été imposée par l'article II des Lettres-Patentes du mois d'Avril 1717, de faire dans le Port de leur armement, le retour des Navires qu'ils auront expédiés aux Isles et Colonies Françoises; à la charge néanmoins que le retour desdits Navires sera fait dans un des Ports du Royaume, ouverts au commerce desdites Colonies. Seront tenus à cet effet lesdits Armateurs et Négocians, de faire au Greffe de l'Amirauté, leur soumission, par laquelle ils s'obligeront, sous peine d'une amende de trois mille livres, qui ne pourra être modérée, de faire revenir directement leurs Vaisseaux desdites Isles dans l'un des Ports ouverts au commerce des Colonies, hors dans le cas de relâche forcée, de naufrage, ou autre accident imprévu, qui sera justifié par des procès-verbaux; et les Négocians fourniront au Bureau des Fermes du Port de l'armement, une expédition de leurdite soumission, laquelle y sera retenue pour l'exécution du présent article, jusqu'au retour du Vaisseau dans le même Port, ou jusqu'à ce qu'on y rapporte le certificat des Commis de l'un des autres Ports dans lequel le Navire aura fait son retour. Et seront sur le présent Arrêt, qui sera imprimé, lu, publié et affiché par-tout où besoin sera, toutes Lettres nécessaires expédiées. Fait au Conseil d'Etat, etc. *Signé:* le Maréchal DE CASTRIES.

ORDONNANCE *des Administrateurs, portant Permission d'exploiter des bois à la Gonave.*

Du 7 Novembre 1784.

GUILLAUME Léonard de Bellecombe, etc.
Alexandre Jacques Bongars, etc.

Le service du Roi exigeant en ce moment une quantité considérable de bois incorruptible, et les sieurs Lejeune Duparnay, Vauquelin, Mongeot et le Gaignelon, Associés, s'étant obligés de les fournir aux clauses et conditions mentionnées en leur marché, moyennant une permission exclusive de les tirer de l'Isle de la Gonave; Nous, en vertu des pouvoirs à nous accordés par Sa Majesté, et jusqu'à ce qu'il en ait été par Nous autrement ordonné, avons permis et permettons auxdits Associés d'exploiter des bois dans toute l'étendue de la Gonave, tant pour parvenir à l'exécution de leurdit marché, que pour satisfaire à toutes les demandes qui pourroient en outre leur être faites des bois propres au service du Roi, se soumettant, en vertu de la présente permission, à les livrer à moitié du prix du cours établi dans le commerce lors de la fourniture. Défendons à toutes personnes de les troubler dans leurs travaux, et de s'établir furtivement dans ladite Isle, sous peine de punition; exceptons néanmoins ceux qui en auroient précédemment obtenu de nous la permission; mais qui seront tenus de se fixer sur le local où ils ont formé leur établissement, sans pouvoir en changer, sous prétexte qu'ils ne trouveroient plus de bois à faire. Sera la présente enregistrée au Contrôle de la Marine et au Greffe de l'Intendance. Donné au Port-au-Prince, le 7 Novembre 1784. *Signé :* BELLECOMBE et BONGARS.

R. au Contrôle le 8 du même mois.

ARRÊT du Conseil du Port-au-Prince concernant la Taxe des Officiers d'Amirauté.

Du 8 Novembre 1784.

LOUIS, etc. Vu le procès extraordinairement instruit à la requête de notre Procureur-Général en notre Conseil, poursuite et diligence de son Substitut en la Jurisdiction du Port-au-Prince, et pardevant le Sénéchal dudit lieu, en vertu de l'Arrêt de la Cour, du 21 Juillet 1784, d'une part, contre le Sénéchal, par *interim*, en la Sénéchaussée de Jacmel, Défendeur et Accusé, Appelant de Sentence contre lui rendue le 27 Septembre 1784. L'Arrêt susdaté, qui donne acte à notre Procureur-Général de ce qu'il prend pour dénonciation la note en forme de relevé, faite par le sieur de Haumont de Saint-Marc, Ecrivain de la Marine à Jacmel, et remise par M. le Procureur-Général : en conséquence donne acte à notredit Procureur-Général de sa plainte, pour le fait de concussion y mentionné, circonstances et dépendances; ordonne qu'à la requête du Substitut de notre Procureur-Général en la Jurisdiction du Port-au-Prince, et par-devant le Sénéchal dudit lieu, il en sera informé et autorise ledit Sénéchal à se transporter, ainsi que le Substitut de notre Procureur-Général, par-tout où besoin sera, pour la procédure être instruite par ledit Juge, jusqu'à Sentence définitive inclusivement, sauf l'appel en la Cour; la Sentence rendue en notre Siége du Port-au-Prince, le 27 Septembre 1784, et dont est appel, qui, sans avoir égard aux reproches fournis par Me L... contre le Sieur de Haumont de Saint-Marc, Ecrivain de la Marine à Jacmel, témoin ouï dans l'information faite le 30 Juillet dernier, et consignés dans la confrontation du 7 Août dernier, lesquels sont déclarés non-pertinens ni admissibles, dit que d'après les pièces du procès ledit Me L..., accusé, a mal-à-propos et induement perçu la somme de 54 liv. pour les visites d'arrivée et de départ de la Goëlette la Marie-Anne, Capitaine Bernier, au-lieu de celle de 36 liv. portée par l'article 24 du Réglement de MM. les Général et Intendant, du 4 Décembre 1775, portant tarif des droits, et de l'article 2 de l'Ordonnance de MM. les Administrateurs, du 20 Juillet 1778; le condamne en conséquence à payer et rembourser à qui de droit, la somme de 18 liv. par lui induement perçue, lui fait défenses de récidiver, sous plus forte peine; lui enjoint de se conformer exactement à l'avenir aux Règlemens et Ordonnances susdatés; ordonne en outre que la Requête présentée au Juge par ledit Me L... et jointe au procès par Ordonnance du 25 Septembre dernier, ladite Requête commençant par ces mots : *Disant que le Sieur de Haumont de Saint-Marc*, et finissant par ceux-ci : *Jusqu'à la concurrence de 200 exemplaires*, sera et demeurera supprimée; Conclusions de Me de Ronseray, Substitut, faisant fonctions de notre Procureur-Général, du 21 dudit mois d'Octobre; Oui, ledit Me L... en son interrogatoire derrière le Barreau, et le rapport de Me la Biche de Reignefort, Conseiller; tout vu et considéré : NOTRE COUR a mis et met l'appellation au néant, ordonne que ce dont est appel sortira son plein et entier effet. Condamne d'office le Procureur du Roi et le Greffier de Jacmel, à restituer à qui de droit ce qu'ils ont perçu de trop sur la même Goëlette; enjoint, tant à Me L... qu'à tous autres Juges des Amirautés du Ressort, de se conformer aux articles 10 du tarif concernant la taxe, en conséquence de l'écrire de leur propre main, en marge des procès-verbaux de leurs opérations, et 24, concernant la visite des Navires, qui la fixe à 18 liv. sous les peines portées par ledit Règlement; ordonne que le présent Arrêt sera imprimé, lu, publié et affiché à la diligence de notre Procureur-Général, et copies collationnées d'icelui, envoyées aux Jurisdictions Royales et d'Amirautés du Ressort, pour y être pareillement enregistrées, etc.

ARRÊT du Conseil du Port-au-Prince, qui ordonne qu'il sera fait au Greffe de la Cour, et envoyé à la Sénéchaussée des Cayes, des expéditions des Loix, Ordonnances et Règlemens, pour y être enregistrées.

Du 8 Novembre 1784.

VU par la Cour la Requête du Procureur-Général du Roi, contenant que c'est en vain que MM. les Administrateurs et la Cour Souveraine feroient des Loix et des Règlemens, s'ils demeuroient sans exécution; que cependant, pour être dans le cas de les exécuter, il faut les connoître; que l'enregistrement fait dans les diverses Jurisdictions du Ressort, en a formé des dépôts, dans lesquels non-seulement les justiciables peuvent puiser les Loix pour s'y conformer, mais encore le Juge et le Ministère public; que la Jurisdiction des Cayes se trouve privée de cet avantage, son établissement n'ayant été enregistré qu'en 1779, et son installation n'ayant été faite que depuis quatre années; que d'un autre côté, les Officiers qui composent ce Siége, peu versés dans les loix locales, et ne trouvant point dans leur Greffe celles qui devroient les guider, n'ont pu s'y conformer; que c'est d'après ces considérations que le Procureur-Général croit devoir requérir qu'il plaise à la Cour l'autoriser à faire copier, aux frais de qui il plaira à ladite Cour, toutes les Loix émanées du Prince, de MM. les Administrateurs, et les Règlemens de la Cour, pour, sur l'état qui en sera dressé et visé par le Procureur-Général, la dépense être payée par qui la Cour l'ordonnera, et copie desdites Loix envoyée en la Jurisdiction des Cayes pour y être enregistrée, ledit réquisitoire en date du 8 Novembre 1784, signé DE RONSERAY. LA COUR a autorisé le Procureur-Général du Roi à faire copier aux frais du Roi, toutes les Loix émanées de Sa Majesté, de MM. les Administrateurs, et les Règlemens de la Cour, pour, sur l'état qui en sera dressé et visé par le Procureur-Général, les frais desdites expéditions être payés par le Roi, et copies desdites Loix être envoyées en la Jurisdiction des Cayes pour y être enregistrées.

ARRÊT du Conseil du Cap confirmatif d'une Sentence du Siége Royal du Fort-Dauphin, qui déboute le Sieur Nicoleau de sa demande en homologation du Testament du Sieur Stael, Suisse, vivant, Entrepreneur de charois au Quartier Dauphin; déclare ledit Testament nul, comme fait par un Aubain, et envoie le Receveur des Aubaines en possession de ladite Succession.

Du 9 Novembre 1784.

ARRÊT du Conseil du Port-au-Prince, sur le droit du Lieutenant-particulier de la Sénéchaussée, à remplir les fonctions du Lieutenant de l'Amirauté, privativement au Procureur du Roi de la même Amirauté.

Du 10 Novembre 1784.

VU par la Cour le réquisitoire du Substitut, faisant fonctions de Procureur-Général du Roi, contenant qu'il vient de s'élever au Siége des Cayes une contestation sur laquelle la Justice ne sauroit trop tôt s'empresser de prononcer; que son Substitut à l'Amirauté s'est arrogé le droit, en l'absence du Lieutenant de l'Amirauté, d'en remplir les fonctions, à l'exclusion du Lieutenant de Juge, qui semble directement appelé à ces fonctions, aux termes de l'article 9 du Règlement de 1717, concernant expressément les Siéges d'Amirauté; que le Procureur-Général ne s'appesantira pas à discuter les titres que chaque prétendant fournit en sa faveur, et en vertu desquels ils fondent respectivement leurs droits; que ces titres et ces moyens des Parties sont renfermés dans les Mémoires joints audit réquisitoire, que le Procureur-Général soumet devant les yeux de la Cour; qu'il se bornera seulement à observer que le Règlement de 1717 est généralement observé dans tous les Siéges du Ressort; que ce Règlement a établi l'usage constant d'appeler aux opérations de l'Amirauté le Juge le plus prochain, en cas d'absence ou maladie du Lieutenant audit Siége; qu'en la Jurisidction même des Cayes, Me de Ronseray, Lieutenant de Juge, a toujours été en possession de ce droit; que Me Pic-de-Père lui-même, ne le lui a jamais contredit, et que ce n'a été que la longue vacance de la place de Lieutenant de Juge, qui a fourni l'idée à ce dernier de s'attribuer des fonctions que les Procureurs n'ont pas osé lui contester; que le bon ordre et l'intérêt public exigent impérieusement que le caractère des Juges soit certain; que les jugemens soient rendus par des Magistrats dont les qualités ne puissent être aucunement douteuses. Dans ces circonstances, le Substitut du Procureur-Général requiert acte de la représentation qu'il fait en la Cour des Mémoires à lui adressés par son Substitut à l'Amirauté, et de ce qu'il conclut à son égard, à ce que Me Faugas soit maintenu, aux termes de l'article

9 du Règlement de 1717, dans le droit d'exercer toutes les fonctions et prérogatives relatives à l'Amirauté, en cas d'absence, ou autre empêchement du Lieutenant audit Siége, ledit réquisitoire signé de Ronseray. Vu aussi les Mémoires fournis par Mes Faugas et Pic-de-Père, etc. Ouï, ect. LA COUR a donné acte au Substitut du Procureur-Général de la représentation par lui faite des Mémoires à lui adressés par son Substitut en l'Amirauté, et par Me Faugas, Lieutenant de Juge en la Juridiction des Cayes; et faisant droit sur le réquisitoire dudit Substitut dudit Procureur-Général, a maintenu et maintient Me Faugas, conformément à l'article 9 du Règlement de 1717, dans le droit d'exercer toutes les fonctions et prérogatives relatives à l'Amirauté, en cas d'absence, ou autres empêchemens du Lieutenant audit Siége; en conséquence fait défenses à Me Pic-de-Père de ne plus à l'avenir s'attribuer lesdites fonctions.

ARRÊT du Conseil du Cap touchant les Jeux défendus.

Du 10 Novembre 1784.

LOUIS, etc. Entre la Dame Naugaret, tenant Café au Cap, Appelante d'une part. Et notre Procureur-Général en notredite Cour, prenant le fait et cause de son Substitut au Siége Royal du Cap, Intimé, d'autre part. Vu la Sentence dont est Appel du 25 Octobre dernier, qui, sans égard aux exceptions, et vu ce qui résultoit du Procès-verbal dressé par le sieur Abel, Exempt de Maréchaussée, le 22 du même mois, que la Dame Naugaret a prêté sciemment sa maison pour y jouer à des Jeux prohibés par les Ordonnances, auroit condamné ladite Dame Naugaret, et par corps, en l'amende de 10,000 liv. applicable, un tiers au profit du Roi, un tiers au profit de la Providence de cette Ville, et un tiers au profit de la Brigade de Maréchaussée du sieur Abel, sur lequel dernier tiers, prélèvement seroit fait d'une somme de 660 liv. en faveur du détachement Militaire qui a aidé la Maréchaussée dans son opération; et prélèvement fait sur le tout de la somme de 6 liv. en faveur de la bourse commune des Huissiers; auroit fait très-expresses inhibitions et défenses à ladite Dame Naugaret de récidiver, à peine d'être poursuivie extraordinairement; ce qui seroit exécuté nonobstant opposition

tion ou appellation quelconques, et sans y préjudicier, etc. Vu aussi les pièces et exploits; après que Carles, Avocat de l'Appelante, a été ouï, ensemble Deschamps, Substitut de notre Procureur-Général, en ses Conclusions, et tout considéré: NOTRE DITE COUR a mis et met l'appellation au néant; ordonne que la Sentence dont est appel, sortira són plein et entier effet, sans dépens. Et, faisant droit sur les plus amples Conclusions de notre Procureur-Général, enjoint, tant aux Officiers de Maréchaussée qu'à ceux de Police, de comprendre et dénommer à l'avenir, dans les Procès-verbaux qu'il dresseront pour faits de Jeux défendus, ceux des Joueurs qui leur seront connus, pour être procédé contre eux au desir des Ordonnances. Ordonne que le présent Arrêt, ensemble la Déclaration du Roi, du 30 Mars mil sept cent quatre-vingt-un, seront, à la diligence du Procureur-Général du Roi, imprimés, publiés et affichés, etc.

LETTRE Circulaire du Ministre aux Administrateurs des Isles Françoises de l'Amérique, en leur adressant les Arrêts du Conseil d'Etat des 30 Août et 26 Octobre précédens.

Du 13 Novembre 1784.

JE vous envoie, MM., une Expédition et des Exemplaires imprimés de l'Arrêt qui a été rendu au Conseil d'Etat du Roi le 30 Août dernier, concernant le Commerce étranger dans les Isles Françoises de l'Amérique: vous le ferez enregistrer au Greffe du Conseil Supérieur de la Colonie, et vous donnerez les ordres nécessaires pour son exécution.

Vous verrez dans le préambule de cet Arrêt, les motifs qui en ont déterminé les dispositions. Les avantages qui doivent en résulter, dépendront absolument de l'exactitude avec laquelle vous y veillerez. L'intention du Roi a été de concilier les divers intérêts des Habitans de ses Colonies et du Commerce de son Royaume. Ses vues seront remplies, si les Administrateurs maintiennent, par leur zèle, leur exactitude & leur vigilance, les principes qui sont établis dans cette nouvelle loi.

Je ne me suis pas dissimulé les difficultés qu'il y avoit à combattre; mais la plus grande provient principalement de la contrebande dont les fâcheux effets ne peuvent être appréciés ; les Colons les atténuent, pendant que les Négocians François les exagèrent. Quoi qu'il en soit, il n'est que trop certain que ces derniers ont de grandes raisons de se plaindre du relâchement qui existe de la part des Administrateurs. La cupidité amène l'Étranger, les Habitans ont interêt à l'appeler et à le recevoir. Je dois croire qu'aucun Administrateur ne se permettra de favoriser la fraude ; mais il peut y en avoir dans le premier, comme dans le second ordre, qui, soit par systême, soit par prévention pour les Colons à qui ils croient devoir une protection de préférence, soit enfin par négligence, ferment les yeux & dissimulent. C'est à cette dissimulation qu'il faut attribuer la plus grande partie du mal : il est vrai que la contrebande emprunte toutes les formes pour parvenir à ses fins ; mais elle ne trompe en général que ceux qui veulent être trompés, et souvent tout le monde connoît, sur les lieux, les moyens dont les Étrangers se servent pour décharger des cargaisons entières, pour faire le versement des articles prohibés, pour enlever les denrées coloniales, tandis que les seuls Administrateurs, et ceux qui sont préposés pour s'opposer à la fraude, paroissent l'ignorer. Il est important ; MM., que les personnes qui, sous vos ordres, sont employées à faire exécuter les loix prohibitives, soient bien instruites des intentions du Roi. Ce n'est pas assez d'abandonner à la poursuite la plus rigoureuse, ceux qui seront convaincus de favoriser d'une manière directe la contrebande, ou d'y conniver indirectement ; vous devez leur annoncer que Sa Majesté punira encore, par le rappel & par la privation de leurs places, ceux qui trahiront sa confiance. A cet égard, MM., les plaintes soutenues du Commerce sur l'existence d'une contrebande non réprimée, et l'opinion publique, formeront des preuves suffisantes pour persuader au Roi, que vous vous serez écartés des règles qu'il aura établies, et pour rejeter sur vous tout le mal qui résulteroit d'une indulgence répréhensible. Vous devez avoir sans cesse les yeux ouverts sur la conduite de vos subordonnés : ils ont tant de moyens pour connoître la vérité, que s'ils veulent les employer, rien ne leur échappera. Je dois même vous prévenir que le Roi mesurera principalement les marques de satisfaction qu'il donnera aux Administrateurs, sur le succès des soins qu'ils auront apportés à conserver les droits du Commerce de la Métropole.

Il y a, sans doute, quelques circonstances dans lesquelles ils doivent venir au secours des Colonies confiées à leurs soins, en permettant l'introduction étrangère d'objets de première nécessité, dont on pourroit craindre une trop grande disette ; mais ils ne peuvent user de cette ressource avec trop de circonspection. Le haut prix d'une denrée n'est pas un motif suffisant pour en tirer de l'Étranger. Les habitans des Colonies doivent s'attendre *à payer quelquefois très-chèrement des objets que le Commerce à son tour est forcé, dans d'autres occasions, de leur céder à très-bas prix et à perte. Vous jugerez vous-mêmes que, sans ces dédommagemens, la balance ne seroit pas égale. Vous n'accorderez au surplus que des permissions générales, jamais de particulières ; et avant d'en venir-là, vous en constaterez la nécessité par des procès-verbaux de visite, ainsi que par des avis des Chambres du Commerce, que vous joindrez toujours aux dépêches par lesquelles vous m'informerez des Ordonnances que vous aurez rendues pour admettre la denrée étrangère ; ce qui, dans tous les cas, ne pourra avoir lieu que par le Port d'Entrepôt. Je ne puis assez vous recommander de prendre les mesures les plus sûres pour n'être pas induits en erreur : vous devrez être en garde contre les rapports et les suggestions de tous ceux qui ont intérêt à l'admission des Étrangers. Tels sont entr'autres, les Négocians des Isles, dont les spéculations sont toujours en opposition avec celles du Commerce de la Métropole : vous aurez sur-tout la plus grande attention à empêcher qu'une denrée que vous serez forcés d'admettre passagèrement, ne serve de voie pour en introduire d'autres. Je vais maintenant, MM., entrer dans quelques détails sur les articles de l'Arrêt du Conseil, qui peuvent être susceptibles d'explication.*

L'Article Ier en supprimant les Entrepôts du Môle-Saint-Nicolas et de Sainte-Lucie, en établit un dans le Port principal de chaque Colonie du Vent ; et à Saint-Domingue, dans chacune des trois Parties du Nord, de l'Ouest et du Sud, qui sont considérées comme formant des Colonies à part. Par cet arrangement, les différentes Colonies du Vent et sous le Vent, jouiront avec facilité des objets permis ; d'un autre côté les Entrepôts se trouvant plus à portée des Administrateurs ou de leurs principaux Représentans, seront mieux surveillés, et les abus plus efficacement détruits. C'est ici le lieu de répéter que vous devez réprimer la contrebande avec d'autant moins de ménagement, que Sa Majesté ayant pourvu aux besoins de ses Colonies, les infracteurs de ses loix en deviendront plus inexcusables.

Vous verrez que dans l'Article II, on a ajouté aux objets dont l'introduction avoit été permise par les Entrepôts du Môle-Saint-Nicolas et de Sainte-Lucie, les salaisons de bœuf, la morue et le poisson salés, en payant, indépendamment du droit général d'Un pour cent réglé par l'Article IV, trois livres tournois par quintal, dont l'Article V ordonne la conversion en Primes d'encouragement pour l'introduction de la morue et du poisson salés, provenant de la pêche Françoise.

Le droit sur les salaisons de bœufs, n'a été fixé qu'à Trois livres, et celui qui existoit déjà aux Isles du Vent sur la morue, n'a été réduit à ce même taux que dans l'espérance que la perception s'en fera avec exactitude ; autrement ces avantages, qu'il a été juste de conserver au Commerce de France, ne seroient qu'une illusion, puisque par l'effet des déclarations fausses, le droit de Trois livres éprouveroit une réduction considérable. Vous sentirez même, MM., que ces fausses déclarations occasionneroient un double préjudice, puisqu'elles diminueroient encore la somme des Primes destinées à encourager l'introduction de la morue Françoise ; c'est un motif de plus pour exciter votre vigilance et vous engager à donner les ordres les plus propres à prévenir ou punir les fausses déclarations, et à assurer la perception entière du droit additionnel, établi par l'article V. Vous remarquerez par l'Article VI, que les chairs salées et étrangères, introduites par des Bâtimens François, expédiés directement des ports de France, sont affranchies des droits imposés par les deux articles précédens : cet affranchissement ne doit pas s'appliquer à la morue étrangère, pour laquelle il n'y a aucune exception.

Vous aurez un nouveau genre de fraude à prévenir, relativement à la répartition des Primes attribuées à la pêche Françoise ; il est essentiel d'obvier à ce que les Négocians puissent exagérer les quantités de morues qu'ils importeront ; il sera, en conséquence, nécessaire de les assujettir à des formes strictes, telles que celles de l'Arrêt du Conseil du 31 Juillet 1767, qui accordoit Vingt-cinq sous par quintal de morue Françoise, introduites aux Isles du Vent. Vous ordonnerez l'exécution des dispositions de cet Arrêt, qui seront applicables aux Colonies ; elles indiquent assez que l'introduction ne peut avoir lieu que par les Ports où il y a des Amirautés. Vous trouverez ici quelques exemplaires de ce Règlement.

L'Article III ne permet aux Étrangers de charger dans les Ports d'Entrepôts que des sirops et taffias, avec des marchandises venues de France, ainsi qu'il avoit été réglé pour les anciens Entrepôts. C'est sur ce point capital que la surveillance doit être portée jusqu'au scrupule. Il est facile de découvrir la fraude ; et la crainte des peines prononcées par l'Article IX, contiendra ceux qui seroient tentes de contrevenir à la loi, s'ils ne sont autorisés à compter sur le concert, la connivence ou le defaut d'exactitude des subordonnés. Vous ne pouvez cumuler trop de moyens contre les prévarications et les abus en cette partie.

C'est à vous, MM., à juger du nombre de Commis qu'il conviendra d'établir en exécution de l'Article VII ; leurs appointemens seront compris dans les frais de régie auxquels est destiné le produit d'Un pour cent, fixé par l'Article IV. Vous m'en adresserez l'état, ainsi que la note des appointemens que vous leur aurez attribués.

C'est pour mettre le Commerce en état de veiller à ses propres intérêts, que le même Article VII autorise les Négocians de France et les Capitaines des Bâtimens marchands qui se trouveront dans les Colonies, à nommer des Commissaires pour assister aux visites ; mais pour que cette disposition produise son effet, il ne faut pas que les Commissaires soient arrêtés par la crainte d'être considérés comme des délateurs, pendant qu'ils ne seront en effet, occupés que du soin d'écarter les atteintes qu'on voudroit porter au Commerce de France ; ce qui rentre dans le cas d'une défense légitime et indispensable. Vous devez accréditer cette opinion, et exciter même, s'il est nécessaire, le zèle des représentans naturels du Commerce de la Métropole.

Les Articles VIII et suivans, jusques et compris l'Article XIV, contiennent des dispositions qui ne paroissent exiger aucune explication. Je vous recommande seulement de ne pas regarder comme de vaines formalités, soit les expéditions que l'on exige pour constater les destinations, soit les visites prescrites pour vérifier la qualité des cargaisons. C'est à l'occasion de ces visites que se commettent les plus grands abus, en négligeant de les faire, ou en les faisant mal. Les Visiteurs qui ne rempliront point leurs fonctions avec zèle et fidélité, seront justement condamnables, et plus encore ceux qui s'oublieront au point de favoriser la contrebande ; mais les Supérieurs qui par état sont obligés d'inspecter leur conduite, devenant par négligence leurs complices, partageront leurs torts, et seront également punissables. Sa Majesté vous enjoint particulièrement de bien établir cette règle du service, et de vous y conformer en les destituant sans ménagement, et en les livrant à toutes les peines des Ordonnances prohibitives.

Les Prises interlopes seront jugées par appel dans les Conseils Supérieurs ; mais vous assisterez toujours au jugement, ou par vous-mêmes ou par vos Représentans. Vous empêcherez que l'on n'use d'indulgence envers les contrevenans ; et si les Conseils vous paroissent tomber à cet égard dans quelque relâchement, vous m'en avertirez sur le champ, afin que je prenne les ordres du Roi pour y pourvoir. M. le Gouverneur doit donner les ordres les plus précis aux Officiers commandant les Bâtimens du Roi, destinés à la garde des Côtes, pour rendre leurs surveillances efficaces.

L'Article X vous fera connoître que l'introduction des Noirs étrangers, autorisée par l'Arrêt du 26 Juin 1784, ne doit plus avoir lieu aux Isles du Vent que par les Ports d'entrepôt.

Il ne peut y avoir de difficulté dans le partage du produit des Bâtimens saisis, dont la totalité est attribuée par l'Article XVI, aux Commandans, États-majors et Équipages des Vaisseaux, et des Bâtimens Garde côtes de Sa Majesté, à la seule déduction des frais de justice, du dixième de M. l'Amiral, et des six deniers pour livre des Invalides. Quant aux prises faites à terre ou en rade par les Commis des Bureaux, vous me donnerez votre avis sur la manière de partager le produit des saisies, dont la totalité leur est également abandonnée.

Les francisations simulées portent le plus grand préjudice au Commerce national : il est étonnant qu'il se trouve des Négocians qui, par l'appât d'une Commission et d'un gain illicite, prêtent leurs noms à des Étrangers pour des expéditions fausses : ces manœuvres ne réussiroient point, si les Employés n'y participoient pas. Sa Majesté veut que vous fassiez exécuter avec la plus grande sévérité, les dispositions de l'Arrêt contre de telles francisations, et que vous ne perdiez jamais de vue à cet égard, la conduite des Commis des Bureaux des Classes.

Tant que la Guyane jouira de la liberté du Commerce étranger qui lui a été accordée pour un temps, les Bâtimens François qui auront touché dans quelques Ports ou Rades de cette Colonie, ne pourront aborder que dans les seuls Ports d'Entrepôt des Isles de l'Amérique, ainsi qu'il est porté par l'Article XVIII, à l'observation duquel vous aurez soin de tenir la main.

Je sais, MM., que depuis la paix, la crainte et la défiance ont ralenti les entreprises des Négocians François ; mais j'espère que le Commerce va reprendre la plus grande activité, et j'y invite les Chambres, en leur envoyant copie de cette dépêche, afin que les Négocians instruits de toute la protection qu'ils auront droit d'attendre de la part des Administrateurs, se livrent avec plus de confiance à leurs spéculations. Je serai exactement informé de la nature de leurs envois par les états de Commerce qui me parviennent à la fin de chaque quartier, de tous les Ports ; de votre côté, vous m'adresserez tous les trois mois, et toujours dans le courant du mois qui suivra le quartier, des états qui me fassent connoître d'une manière claire le commerce actif et passif de votre Colonie, en employant dans des feuilles séparées le commerce étranger et les droits qui en seront provenus.

En suivant, avec attention, tout ce qui peut contribuer à la prospérité du commerce du Royaume et des Colonies, j'ai reconnu que l'exemption du demi droit sur les denrées coloniales, provenant de la traite des Noirs, n'étoit pas un encouragement égal pour les Places de commerce ; plusieurs d'entr'elles ne pouvoient en tirer que de foibles avantages, parce que leur position ne leur permettoit pas de concourir pour la consommation du Royaume à laquelle l'exemption étoit applicable. Les ports les plus favorisés dans cette partie n'avoient encore qu'une jouissance partielle et éloignée. Le *plus souvent les Armateurs étoient obligés de négocier à perte ce qu'on a appelé* les acquits de Guinée *ou* factures subséquentes. *J'ai proposé à M. le Contrôleur-général de convertir cette exemption en Primes fixes ; ce Ministre y ayant consenti, nous avons profité de cette occasion pour augmenter les encouragemens dans les Colonies où le Commerce ne se porte pas avec le même empressement. Vous verrez par l'Arrêt du Conseil du 26 Octobre dernier, dont je vous envoie des exemplaires, que tous les Armateurs qui destineront leurs Bâtimens pour la traite des Noirs, recevront au départ une Prime de quarante livres par tonneau d'encombrement, en comprenant l'entrepont dans le jaugeage. En joignant à cette Prime acquise au départ et imputable sur la mise hors qui sera d'autant diminuée, l'affranchissement de dix livres par tête de Noirs, réservées par l'Arrêt du Conseil du 31 Juillet 1767, et qui n'a encore été accordé qu'à un certain nombre de Places, l'exemption du demi-droit se trouvera peut-être déjà compensée suffisamment ; mais il a été encore stipulé une Prime additionnelle de soixante livres par tête de Noirs qui seront transportés à la Martinique et à la Guadeloupe, et de cent livres pour ceux qui seront introduits dans la Guyanne, à Tabago, à Sainte-Lucie et dans la Partie du Sud de Saint-Domingue. J'espère que ces faveurs réunies aux facilités que je me propose de procurer au Commerce par l'établissement de plusieurs nouveaux Comptoirs sur les Côtes d'Afrique, donneront lieu à une augmentation considérable dans la traite des Noirs, et, par une conséquence nécessaire, dans la culture des Colonies. Je vous prie de veiller soigneusement à l'exécution de ce dernier Arrêt, et de donner des ordres pour qu'il ne soit commis aucun abus dans l'expédition des certificats, sur la représentation desquels les Primes seront payées au retour.*

Il est nécessaire que les intentions du Roi soient bien connues de tous ceux qui peuvent y être intéressés ou qui doivent concourir à leur exécution ; Sa Majesté veut, en conséquence, que cette dépêche soit enregistrée, tant au Greffe des Intendances et au Dépôt commun de vos Représentans, que dans les Contrôles généraux et particuliers. Elle vous charge également de donner des instructions conformes à vos subordonnés respectifs, et de leur expliquer leurs devoirs d'une manière si précise qu'il ne leur reste aucune excuse s'ils venoient à exciter des plaintes sur leur conduite. Je suis bien assuré, MM., que de votre côté vous ne négligerez rien pour que les vues de Sa Majesté soient complètement remplies.

J'ai l'honneur d'être, etc. Signé : *le Maréchal* DE CASTRIES.

R. au Contrôle à Saint-Domingue le 6 Février 1785.

ARRÊT du Conseil du Port-au-Prince, touchant l'absence d'une Veuve.

Du 17 Novembre 1784.

LOUIS, etc. Vu, etc. Entre le Sieur Buttet, etc; Et le Sieur Despinefort, etc. l'Ordonnance dont est appel, rendue sur la requête présentée par le Sieur Despinefort, de faire procéder à l'inventaire des biens dépendans de la succession du Sieur de Lenoncourt, etc. : NOTRE COUR a mis et met l'Appellation et l'Ordonnance dont est appel, au néant; en ce que par icelle il n'a point été statué sur la manière dont la dame de Lenoncourt, absente et non représentée par aucun fondé de procuration, seroit appelée et représentée à l'inventaire des biens dépendans de la succession de feu son mari : émendant quant à ce, ordonne que ledit inventaire sera fait en présence du Substitut de notre Procureur-Général, qui y assistera en qualité pour les absens, sans qu'aucun autre puisse s'immiscer, sous quelque prétexte et qualité que ce puisse être, à moins d'un pouvoir, à l'effet de représenter ladite dame de Lenoncourt; ladite Ordonnance, au résidu, sortissant effet; condamne la succession de Lenoncourt aux dépens.

ARRÊT du Conseil du Cap qui condamne le nommé Mardy, Nègre Congo, voleur avec effraction et assassin du Sieur Thivion, Commis chez le Sieur Gerbier, son Maître, à être rompu vif; sa tête ensuite coupée et exposée sur un piquet à la sortie de la Ville du Cap, au lieu dit la Fossette.

Du 19 Novembre 1784.

ARRÊT

ARRÊT *du Conseil du Port-au-Prince, touchant une Succession vacante.*

Du 20 Novembre 1784.

LOUIS, etc. Vu, etc. Entre Landelle, Curateur aux successions vacantes; Et notre Procureur-Général, la Requête présentée au Juge du Petit-Goave par l'Appelant en sa qualité, au bas de laquelle est l'Ordonnance dont est appel, qui, attendu que par le procès-verbal de scellés il conste qu'il dépend de la succession Monjon, un nègre et des animaux, et qu'en outre ledit Monjon étoit faiseur d'indigo par secret, dans le quartier où il est décédé, ordonne qu'à la requête de l'Appelant, en sa qualité, il sera, le mardi 21 Septembre, par le ministère du premier Notaire requis, procédé à une vente, servant d'inventaire des biens et effets mobiliers dépendans de la succession dudit Monjon sur l'habitation du sieur Mousnier, habitant à Nipes, où il est décédé, et ce, en présence du Substitut de notre Procureur-Général, sur une seule publication qui sera faite au bourg de l'Anse-à-Veau, des conditions de la vente qui sera faite au comptant, avant de déplacer, ès mains de l'Appelant, sous peine de folle enchère sur le champ; à la suite de laquelle vente servant d'inventaire, seront inventoriés les papiers qui se trouveront appartenir à ladite succession, ainsi que le Nègre en dépendant, et autres biens immeubles, si aucuns y a, après l'estimation faite par Experts et Surexpert qui seront nommés par les Parties sur les lieux, ou d'office par le Juge dont est appel, lesquels, avant de procéder, prêteront le serment devant lui en tel cas requis; en conséquence ordonne, pour parvenir à ce que dessus, son transport en compagnie du Substitut de notre Procureur-Général, et assisté du Greffier, ledit jour 21 Septembre, huit heures du matin, à l'effet de reconnoître et lever les scellés apposés sur les effets de la succession, en présence de l'Officier qui les a apposés, lequel sera tenu de rapporter les clefs dont est fait mention dans le verbal des scellés, pour du montant et contenu au procès-verbal de vente servant d'inventaire, l'Appelant en sa qualité rester chargé pour en compter au dû de sa charge; ordonne que ladite ordonnance sera déposée au rang des minutes du

Greffe, pour expédition être délivrée à qui de droit : NOTRE COUR a mis et met l'Appellation et ce dont est appel, au néant; émendant, renvoie à l'exécution de l'Article 25 de notre édit du 24 Novembre 1781 : condamne le Juge qui a rendu ladite Ordonnance dont est appel, aux dépens, l'amende remise.

ARRÊT du Conseil du Port-au-Prince, concernant un Procureur qui avoit fait induement les fonctions de Juge.

Du 22 Novembre 1784.

LOUIS, etc. contre L. . . NOTRE COUR a déclaré ledit L. . . duement atteint et convaincu d'avoir prévariqué, 1° en usurpant les fonctions de Juge dans le jugement d'un procès par écrit; 2° en jugeant ce procès, après avoir été le conseil et même le défenseur de l'une des Parties; lequel jugement, daté du 16 Mars dernier, sera nul et de nul effet. Pour réparation de quoi, condamne ledit L. . . . par corps, à remettre au Greffe de la Jurisdiction, pour être restituées à qui de droit, les sommes qu'il a induement perçues pour ses prétendues vacations dans le jugement de ce procès; l'a interdit en outre pour deux ans des fonctions de Procureur, et à perpétuité de toutes les fonctions de Juge.

ARRÊT du Conseil du Cap touchant la Subrogation des Négocians chargés des affaires d'une Habitante, aux droits de Créanciers, qui l'étoient de cette même Habitante pour dettes de cargaison.

Du 22 Novembre 1784.

ENTRE la dame veuve le Febvre, habitante au Camp de Louise, Appelante de sentences de l'Amirauté du Cap, d'une part; Et les

Sieurs Demont et Soulier, Négocians du Cap, Intimés; Ouï Viel, Substituant Laborie, Avocat de la dame veuve le Febvre, et Darracq, Avocat de Demont et Soulier; ensemble Deschamps, Substitut du Procureur-Général du Roi, et tout considéré : LA COUR a mis et met l'Appellation et Sentences dont est appel au néant; émendant, décharge la Partie de Viel des condamnations contre elle prononcées, statuant par jugement nouveau, déboute les Parties de Darracq de leur demande originaire, et les renvoie à faire comprendre le montant de leur demande dans leur compte général pour ladite Partie de Viel, & condamne lesdites Parties de Darracq aux dépens.

Une première Sentence en date du 16 Juillet 1784, rendue par défaut, vu 1° le billet souscrit par la dame le Febvre, à l'ordre du Sieur Chevalier Lamartre, chargé de la vente du navire négrier le Nérée, le 22 Janvier précédent, le cautionnement des Sieurs Demont et Soulier et la quittance des mains et deniers des Sieurs Demont et Soulier, du 17 Mars; 2° autre billet semblable à l'ordre des Sieurs Poupet frères, chargés des recouvremens du négrier la Rosalie, avec quittance portant subrogation en faveur des Sieurs Demont et Soulier, condamnoit la dame le Febvre, par Corps, *à rembourser 27,000 liv. montant des deux billets, avec intérêts et dépens. La seconde Sentence déboutoit la dame Le Febvre de son opposition à la précédente.*

L'Arrêt est fondé, 1°, sur ce que les femmes ne sont pas tenues par Corps *pour dettes de cargaison. 2°, sur ce que la subrogation n'entraînoit pas le* par Corps *en faveur des Sieurs Demont et Soulier, et 3°, sur ce que la dame Le Febvre avoit le droit d'imputer d'abord sur ces objets rigoureux le produit des denrées par elle envoyées aux Sieurs Demont et Soulier depuis les obligations en cargaison, et dont ils avoient crédité leur compte avec ladite dame.*

ARRÊT du Conseil du Cap concernant les Cabaretiers, Traiteurs, etc.

Du 23 Novembre 1784.

VU par la Cour la remontrance du Procureur-Général du Roi, contenant que le nombre des Habitans de la ville du Cap s'augmentant de jour en jour, et se renouvelant en peu de temps, il étoit nécessaire d'y réitérer, plus souvent qu'ailleurs, la publication des Réglemens qui ont pour objet la police journalière; et que parmi ces Réglemens, l'Ordonnance de MM. les Administrateurs du 2 Août 1780, concernant les Cabaretiers, Marchands de vin, Aubergistes, Traiteurs et Vendeurs de Tafia, devoit d'autant plus être publiée de nouveau, qu'elle intéressoit l'ordre public dans une partie où il est extrêmement important de le maintenir dans toute sa vigueur. Que d'ailleurs il étoit à propos que la disposition de l'Arrêt de la Cour du 31 Mars dernier, qui ordonnoit l'enregistrement des permissions au Greffe de la Jurisdiction, fût rendue publique; et qu'enfin il estimoit qu'il étoit de la sagesse de la Cour d'autoriser une précaution prise par MM. les Commissaires de la Cour et le Procureur-Général du Roi, dont le but étoit d'engager ceux qui obtiennent ces permissions, à ne point s'écarter de ce qui leur étoit prescrit par ladite Ordonnance. A ces Causes, requéroit le Procureur-Général du Roi qu'il plût à la Cour ordonner, etc. ladite remontrance signée DESCHAMPS, Substitut du Procureur-Général du Roi en la Cour. Ouï le rapport de M. Ruotte, Conseiller, et tout considéré : LA COUR a ordonné et ordonne qu'à la diligence du Procureur-Général du Roi, l'Ordonnance de MM. les Administrateurs du 2 Août 1780, enregistrée en la Cour le 22 dudit mois, concernant les Cabarets dans la ville et Banlieue du Cap, sera de nouveau imprimée, publiée et affichée dans tous les lieux et carrefours accoutumés de cette Ville et Banlieue, pour être exécutée selon sa forme et teneur ; enjoint en conséquence au Juge de Police d'y tenir la main avec la plus grande vigilance; à l'effet de quoi ordonne d'abondant, conformément à l'Arrêt de la Cour du 31 Mars dernier, que ceux qui obtiendront permission de tenir Cabaret, Auberge ou Table d'Hôte, de vendre du vin ou du Tafia, ne pourront user desdites permissions qu'après les avoir fait enregistrer au Greffe de la Jurisdiction; desquelles permissions enregistrées, il sera remis par le Greffier un extrait au Substitut du Procureur-Général du Roi, pour par lui veiller à l'exécution de ladite Ordonnance; ordonne en outre que les permissions accordées ci-devant par MM. les Commissaires de la Cour et le Procureur-Général du Roi, n'auront effet que pendant un an, à compter du premier de ce mois, et celles qui le seront à l'avenir également pendant un an, à compter du jour de leur date, et qu'elles ne pourront être renouvelées à ceux contre lesquels il sera intervenu un jugement de condamnation pour raison de contravention par eux commise; à l'effet de quoi il sera remis au Procureur-Général du Roi, par son Substitut au Siége du Cap, un extrait des Jugemens qui seront rendus en cas de contravention. Ordonne enfin que le présent Arrêt sera imprimé et affiché avec l'Ordonnance susdatée, et qu'expédition en sera envoyée au Siége-Royal du Cap, pour y être registré, lu et publié, etc.

ARRÊT du Conseil du Cap, qui condamne une Mulâtresse libre, au fouet et au bannissement, pour avoir prêté sa maison à des Nègres esclaves, jouant à des Jeux défendus, l'Arrêt duement imprimé et affiché.

Du 24 Novembre 1784.

ARRÊT du Conseil du Cap, qui condamne un Mulâtre libre, à être mis pendant trois jours au carcan, sur le marché de Clugny, avec écriteau, portant ces mots : Mulâtre libre, prenant faussément la qualité de Cavalier de Maréchaussée, et insolent envers les Blancs; *et à la chaîne publique à perpétuité, pour avoir arrêté dans le grand chemin un Nègre de l'habitation Grandpré, en se disant de la Maréchaussée, et avoir menacé l'Économe de ladite habitation.*

Du 24 Novembre 1784.

ARRÊT du Conseil du Cap confirmatif de Sentence du Juge de Police de la même ville, qui condamne le Sieur D. . . par Corps, *en l'amende de* 10,000 *liv., applicable un tiers au profit du Roi, un tiers à celui des Maisons de Providence, et l'autre tiers au profit de l'Inspecteur et des Sergens de Police ; prélèvement fait, sur le tout, de 6 liv., en faveur de la bourse commune des huissiers, pour avoir prêté sa maison pour jouer à des Jeux défendus, avec défense de récidiver, sous peine d'être poursuivi extraordinairement. Et faisant droit sur les plus amples Conclusions du Procureur-Général du Roi, lui donne acte de ce qu'il prend pour dénonciation le fait de résistance vive de la part du Sieur D. . . consigné dans le Procès-verbal de l'Inspecteur de Police ; en conséquence ordonne qu'à la requête du Substitut du Procureur-Général au Siége du Cap, il en sera informé, pour être le Procès fait et parfait audit D. . . pour raison de ladite résistance, jusqu'à jugement définitif.*

Du 24 Novembre 1784.

ARRÊT du Conseil du Port-au-Prince touchant un Décret lancé par un Juge, dans un cas qui lui étoit Personnel.

Du 24 Novembre 1784.

A MM. tenant le Conseil Supérieur du Port-au-Prince.

Vous remontre le Substitut, faisant fonctions de Procureur-Général, qu'il est obligé de vous déférer l'appel qu'il a précédemment interjeté d'une Ordonnance, portant décret d'ajournement personnel, décerné par le Sénéchal de Jacmel contre le Sieur de L. . . , Commandant audit lieu.

Sans mettre sous vos yeux, MM., les choses extraordinaires qui se sont passées à la suite de ce décret, et quoique la Partie contre laquelle il a été rendu demeure dans le silence, il suffit que ce jugement blesse les règles de la justice pour exciter le zèle du Procureur-Général à fixer son attention. Vous avez d'ailleurs préjugé qu'il ne pouvoit se soutenir, puisque, par votre Arrêt du 21 Juillet 1784, vous avez donné acte au Procureur-Général de l'appel qu'il en interjetoit. Il n'est donc question que de démontrer combien ce décret est contraire, tant à l'ordre public, qu'au caractère d'intégrité qui toujours doit accompagner le Magistrat.

Le Sénéchal de Jacmel, injurié et ménacé par le Sieur de L. . . , a consigné ses injures, ses menaces, dans un procès-verbal. Jusques-là, le Juge s'est maintenu dans les bornes de son devoir. Tout Magistrat offensé, peut et doit même dresser procès-verbal de l'injure qu'il reçoit. Son caractère, dans quelque circonstance qu'il se trouve, est respectable. Le procès-verbal clos, le Juge en a ordonné la communication à notre Substitut, qui requiert que le procès-verbal soit déposé au Greffe, pour en être délivré expédition, et pour l'expédition nous être renvoyée. Ce parti, quoique sage, n'étoit pas cependant celui qui dût être adopté. Le Juge devoit dans son propre Siége trouver un vengeur; la justice a des degrés qu'on ne peut franchir; mais, non-seulement le Sénéchal de Jacmel ne tint pas compte de ces conclusions, mais encore, au lieu d'en suivre une partie quant au dépôt, pour pouvoir le soumettre sous les yeux d'un autre Juge, il décrète lui-même sur le champ le Sieur de L. . . . d'ajournement personnel.

Comme le Procureur-Général vous l'a annoncé, il ne vous rappellera pas, MM., dans quelle circonstance ce décret est venu à sa connoissance : l'objet qui regarde son ministère, est de savoir si le Juge de Jacmel pouvoit lui-même décréter sur son procès-verbal.

L'Art. 5. au Titre 10 de l'Ordonnance de 1670 porte, il est vrai, que les procès-verbaux des Juges pourront être décrétés d'ajournement personnel ; mais la Loi ne dit pas qu'ils décréteront eux-mêmes. Elle dit qu'ils ont la faculté de dresser procès-verbal, lequel procès-verbal sera décrété d'ajournement personnel, parce que la foi la plus entière, la confiance la plus absolue, est due au témoignage d'un homme revêtu d'un caractère authentique.

Il est nécessaire, MM., de distinguer deux circonstances dans lesquelles peut se trouver un Officier de Justice outragé : par exemple, l'injure faite à un Juge qui remplit ses fonctions, un outrage qu'il reçoit relativement à ses fonctions, est un crime grave qui mérite une vengeance éclatante ; et, dans ce cas, non seulement le Juge peut lui-même decréter, mais il peut faire sur le champ arrêter le délinquant et le faire emprisonner. Le Juge en fonctions rend la justice au nom de S. M. ; il est sur son siége comme le représentant du Monarque, et celui qui est assez osé pour se porter à outrager, soit ses fonctions, soit le caractère avec lequel il les remplit, encourt la sévérité des loix, en est même puni comme coupable de lèse-Majesté ; mais lorsqu'un Juge est descendu dans la classe des particuliers, lorsqu'il a cessé d'administrer la justice, lorsqu'il partage les devoirs de la Société, il devient particulier lui-même ; et si, dans ce cas, il reçoit une injure personnelle, un outrage particulier qui ne regarde aucunement ses fonctions, il ne jouit plus des mêmes prérogatives, et il n'a, comme tous les sujets de la justice, que la voie de rendre plainte.

Dans l'espèce, les injures que Me L. . . . a consigné lui avoir été dites par le Sieur de L. . . , n'avoient point pour motif de l'outrager dans sa qualité de Juge, de manquer à son caractère ; elles paroissoient être le fruit d'une animosité, d'une haine particulière. Me L. . . . devoit donc rendre plainte, soit par la voie d'un procès-verbal sur lequel on auroit fait entendre des témoins, soit par une requête adressée au premier Juge ; mais dans certain cas, il ne pouvoit lui-même connoître de la contestation, ni décréter, parce que c'étoit remplir en

même

même temps deux rôles très-incompatibles, celui de Juge et de Partie, ce que jamais la justice ne sauroit admettre. Le décret décerné par Me. L. . . . sur son procès-verbal, est donc une infraction à l'ordre public, aux règles de la justice, à l'observation de la simple équité, et dès-lors le Procureur-Général est forcé de soumettre sous les yeux de la Cour la conduite de ce Juge, et de demander la nullité d'un jugement si peu conforme à l'impartialité. Dans ces circonstances, le Procureur-Général requiert, etc. signé : DE RONSERAY.

Vu le présent réquisitoire, le procès-verbal dressé par Me L. . ., le 16 Juin dernier, le décret d'ajournement personnel par lui lancé contre le Sieur de L. . ., le lendemain, et les deux Arrêts du 21 Juillet suivant, Ouï le rapport de M. la Biche de Reignefort, Conseiller : LA COUR, faisant droit sur l'appel dudit décret interjeté par le Procureur-Général, a mis l'Appellation et ce au néant; émendant, déclare ledit décret nul et comme non avenu. Fait défense à Me L. . . . d'en décerner de pareil à l'avenir, sous telle peine qu'il appartiendra.

ORDONNANCE *du Juge de Police de Jérémie, qui enjoint de faire nettoyer le devant des Maisons.*

Du 25 Novembre 1784.

Vu la Remontrance du Procureur du Roi, Nous enjoignons à chaque propriétaire ou locataire de maisons et emplacemens en cette Ville, d'avoir à faire sarcler, nettoyer et entourer tant lesdits emplacemens, que les rues qui les avoisinent, et de combler toutes les rigoles et trous qui auroient été occasionnés par les avalasses; et ce, sous le délai de quinzaine, sous peine de cinquante livres d'amende contre ceux qui ne se seront pas conformés à notre présente Ordonnance, laquelle sera lue, publiée et affichée, à son de tambour, dans les différens endroits de cette Ville, à la diligence du Procureur du Roi. Enjoignons à l'Exempt ou Officier de Police, de veiller soigneusement à l'exécution d'icelle, et de dénoncer au Procureur du Roi les contrevenans, pour être punis suivant l'exigence du cas. Sera la présente déposée au Greffe de notre Siége. Fait et donné de Nous, etc. *Signé*, DE MOUSEUIL.

ORDONNANCE de Police du Juge du Cap, qui taxe la viande de Cochon, de Mouton et de Cabrit, et le Poisson.

Du 26 Novembre 1784.

VU par Nous, Jean-Baptiste Julien Busson, etc., la Remontrance du Procureur du Roi, expositive qu'il devient indispensable de procéder à la taxe du poisson, et de la viande de mouton, de cochon et de cabrit; le prix qu'y mettent les différens marchands, donnant lieu à une infinité d'abus préjudiciables au bon ordre, et sur-tout à la classe du Public la moins aisée, il croit, dans ces circonstances, devoir requérir qu'il soit fait un Règlement à cet égard. Nous, faisant droit sur la Remontrance du Procureur du Roi, avons ordonné et ordonnons ce qui suit :

A commencer du dix Décembre prochain, le mouton, le cochon, le cabrit et le poisson, ne pourront être vendus que sur le pied fixé par la présente Ordonnance, savoir :

Mouton, la livre	1 liv. 12 s.
Poitrine et Cotelettes	2 liv. 1 s. 3 d.
Cabrit,	1 liv. 2 s. 6 d.
Cochon,	1 liv. 2 s. 6 d.
Poisson. Mulets, Brochets, Sardes de toute espèce, Barrés, Haut-dos blancs, Colans, Barbarins ou Rougets, Lunes, Têstards ou Fouillées, le Tazard, la Vieille, Crocros blancs, Balaous, Orfys, Ecrevisses ou Chevrettes, le tout soit de mer ou de rivière, au-dessus d'une livre : la livre,	1 liv. 10 s.
Lesdits Poissons au-dessous d'une liv., et les autres de quelqu'espèce qu'ils soient,	15 s.
Les grosses anguilles, à la livre	6 liv.
La Corde des petites	1 liv. 10 s.

Défendons à tous bouchers, poissonniers et autres, qui vendront sur le marché les objets ci-dessus détaillés, d'excéder les prix fixés par la présente Ordonnance, même sous pretexte de convention particulière avec l'acheteur, à peine de 500 liv d'amende, applicable moitié au Roi, et moitié à la Brigade de Police qui constatera ladite contravention. Mandons aux Inspecteurs de Police de tenir la main à l'exécution de la présente Ordonnance, qui sera imprimée, lue, publiée et affichée par-tout où besoin sera. Donné au Cap, etc. *Signé*: BUSSON.

ARRÊT du Conseil d'Etat qui casse et annulle un Arrêt du Conseil du Port-au-Prince du 9 Juin 1784, et une Sentence du Juge du Petit-Goave du 3 Juillet suivant, touchant l'emprisonnement d'un Lieutenant de Port.

Du 27 Novembre 1784.

LE Roi s'étant fait représenter en son Conseil la Requête présentée au Sénéchal du Siége-Royal du Petit-Goave, le 29 Mai dernier, par le Capitaine de Port de ladite Ville, par laquelle il auroit conclu à être élargi des fers et relaxé des prisons où il avoit été détenu par ordre du Major-Commandant du Petit-Goave, l'Ordonnance de soit-communiqué, les Conclusions du Procureur de S. M.; l'Ordonnance ensuite d'icelles, par laquelle il auroit été dit que la Requête dudit Sieur P. . . . seroit déposée audit Greffe; qu'il en seroit remis des expéditions au Procureur de S. M., pour être envoyées tant au Gouverneur-Général, qu'au Procureur-Général du Conseil-Supérieur du Port-au-Prince, pour, sur leur réponse, être requis et statué ainsi qu'il appartiendroit; l'Arrêt du Conseil-Supérieur du 9 Juin suivant, par lequel il auroit été donné acte au Procureur-Général de l'appel par lui interjeté de l'Ordonnance du Juge du 29 Mai précédent; joignant ledit appel à celui interjeté par ledit Sieur de P. . . ., et y faisant droit, les Appellations et ce dont avoit été appelé, auroient été mis au néant; émendant, ladite Ordonnance auroit été déclarée nulle et illégale, ainsi que les conclusions qui l'avoient précédée ; il auroit été fait défenses au Lieutenant de Juge et au Substitut du Substitut du Procureur-Général, d'en rendre de pareilles à l'avenir, à peine d'interdiction ; évoquant le principal et y faisant droit, il auroit été ordonné que le Sieur de P. . . . seroit élargi des prisons par le Geolier, à quoi faire il seroit contraint même par corps ; que son écrou seroit rayé et biffé, et mention faite en marge d'icelui dudit Arrêt, l'amende auroit été remise, et il auroit été donné acte audit Sieur de P. . . . de ses réserves expresses de se pourvoir par les voies de droit contre les auteurs de son emprisonnement, même par la voie extraordinaire, s'il y avoit lieu ; Copie de la depêche, écrite le 11 Juin suivant, par le Sieur de Bellecombe, Gouverneur-Général de Saint-Domingue, au Sieur de Bourcel, premier Substitut, faisant fonctions de Procureur-Général au Conseil-Supérieur du Port-au-Prince ; la Requête présentée par ledit Sieur de P. . . . audit Conseil-Supérieur, le 2 Juillet suivant, par laquelle il auroit demandé à être reçu sous la sauve-garde et protection du Conseil-Supérieur ; qu'en conséquence il fût défendu au Sieur Raymond, Exempt de la Maréchaussée du Petit-Goave, et à tous autres, d'attenter à sa personne et à sa liberté ; l'ordonnance au bas de ladite Requête, par laquelle ledit Sieur de P. . . . auroit été débouté de sa demande ; la Sentence du Juge du Siége dudit Petit-Goave du 3 dudit mois de Juillet qui auroit déclaré la détention aux fers dudit Sieur de P. . . ., en vertu des ordres du Major-Commandant, tortionnaire, déraisonnable et attentatoire à la liberté de citoyen, lui auroit fait défenses de récidiver, et pour l'avoir fait, l'auroit condamné, même par corps, en 10,000 liv. de dommages et intérêts envers ledit Sieur de P. . . ., auquel il auroit été permis de faire imprimer ledit Jugement jusqu'à concurrence de 50 exemplaires, et aux frais du Major-Commandant qui auroit été condamné aux dépens ; la dépêche des Sieurs Coustard et Chavenau aux Gouverneur-Général et Intendant de la Colonie, en date du 18 dudit mois de Juillet, celle du Sieur de Bellecombe du 8 Août suivant, par lesquelles il a été rendu compte au Secrétaire d'État, ayant le Département de la Marine, de l'affaire qui a donné lieu à toute cette procédure ; S. M. a reconnu que le Capitaine de Port et autres Officiers de Port étant soumis dans l'exercice de leurs fonctions aux Administrateurs et à leurs Représentans, le Sieur Poissonnier d'Arcé, Major du Petit-Goave, a eu le droit d'ordonner la prison à un subordonné qui lui avoit manqué de la manière la plus outrageante; que le Sieur de P. . . . s'étoit mal-à-propos pourvu en Justice réglée, et que le Conseil-Supérieur qui avoit statué sur sa plainte, et le Juge de la Jurisdiction qui lui avoit accordé 10,000 liv. de dommages et intérêts contre le Sieur Poissonnier, avoient outrepassé les bornes de leurs pouvoirs et statué sur une matière dont ils auroient du renvoyer la connoissance aux Administrateurs. A quoi voulant pourvoir, Oui le rapport, LE ROI étant en son Conseil, a cassé et annullé, casse et annulle ledit Arrêt du Conseil Supérieur du Port-au-Prince du 9 Juin 1784, la Sentence du Juge du Petit-Goave du 3 Juillet suivant, et tout ce qui les a précédés et suivis et pourroit s'ensuivre. Fait défenses, S. M., audit Conseil-Supérieur et au Juge dudit Siége, d'en rendre de semblables à l'avenir, et de prendre connoissance des affaires concernant l'Administration, à peine de nullité, cassation de procédures, et sous telles autres peines qu'il appartiendra. Mande et ordonne Sa Majesté à sondit Conseil-Supérieur du Port-au-Prince d'enregistrer le présent Arrêt, a nommé et nomme ses Gouverneur-Lieutenant-Général et Intendant de Saint-Domingue pour faire procéder audit enrégistrement, nonobstant tout empêchement. Et sera le présent Arrêt signifié de l'ordre exprès de S. M., tant au Sieur Papet, Lieutenant de Juge, qu'au Sieur Riboutté, faisant fonctions de Procureur de S. M. au Siége du Petit-Goave. Fait au Conseil d'État, etc.

R. au Conseil du Port-au-Prince le 6 Avril 1785.

ARRÊT du Conseil du Cap, confirmatif d'une Sentence du Siége-Royal de la même Ville, qui, faisant droit sur les plus amples Conclusions du Procureur du Roi, vu les contrariétés qui existent entre la minute d'un Acte et les deux Expéditions delivrées par le Notaire, l'interdit de ses fonctions pendant six mois, avec défenses de récidiver sous plus fortes peines, même d'être poursuivi extraordinairement comme Faussaire; ordonne que l'Acte déposé au Greffe sera rétabli au rang de ses minutes; mais que les deux expéditions demeureront audit Greffe.

Du 29 Novembre 1784.

ORDONNANCE *de Police du Juge de Jérémie, qui ordonne l'exécution de celle du 25 du même mois par lui rendue sur la propreté des Rues et Emplacemens de cette Ville.*

Du 30 Novembre 1784.

ARRÊT du Conseil du Cap, qui autorise provisoirement le Sieur Brunet, Sellier à Ouanaminte, à se retirer par devant les Juges et Commandant de la Partie Espagnole, pour demander expéditions de toutes procédures qui auroient pu être faites relativement à 53 Bêtes à cornes, par lui achetées d'un Espagnol, et arrêtées dans son enclos par l'Exempt de la Maréchaussée d'Ouanaminte, en vertu de l'ordre du Commandant pour le Roi de la dépendance du Fort-Dauphin, sur les plaintes du Commandant de ladite Partie Espagnole.

Du 2 Décembre 1784.

ORDONNANCE du Roi concernant les Procureurs et Économes-gérans des Habitations situées aux Isles sous le Vent.

Du 3 Décembre 1784.

DE PAR LE ROI.

SA Majesté s'étant fait rendre compte des abus qui se sont introduits dans la gestion des habitations situées à Saint-Domingue, Elle a jugé qu'il étoit de sa sagesse d'y pourvoir ; et en conséquence, Elle a ordonné et ordonne ce qui suit :

TITRE Ier Des Procureurs et Économes-gérans des habitations.

ART. Ier. Dans un an, à compter de l'enregistrement de la présente Ordonnance, aucune personne ne pourra accepter à la fois plus de deux procurations lucratives, à l'effet de gérer et administrer les biens de deux Propriétaires différens; sous la condition encore, et non-autrement, que lesdits Propriétaires y auront consenti par écrit, que les biens seront situés dans le même quartier, et qu'il n'y aura pas plus de trois lieues de distance de l'un à l'autre. Les personnes ainsi chargées de deux procurations, seront tenues de résider sur l'une des deux habitations, et répondront civilement de la mauvaise administration des Économes-gérans qu'elles auront placés sur celle où elles ne résideront pas, à moins que le Propriétaire de cette dernière n'eût renoncé expressément à ladite garantie.

II. Il est recommandé aux Propriétaires absens, pour la conservation de leur Mobilier, de fixer à leurs Procureurs ou Économes-gérans, pour honoraires de leurs gestions, une quotité déterminée sur le revenu net de l'habitation, comme dixième, quinzième ou autre proportion, d'après les conventions qui seront faites à cet égard entr'eux, prélèvement fait de tous frais d'exploitation et d'entretien courant, ainsi que des mortalités de Nègres et d'animaux. Ne pourront toutefois les Procureurs et Économes-gérans, entrer en partage pour les accroissemens ou naissances, qu'en argent seulement, au prix de l'estimation qui en sera faite à leur première réquisition.

III. Les constructions nouvelles seront entièrement à la charge des Propriétaires, lorsque lesdits Propriétaires les auront ordonnées; et à celle des Procureurs et Économes-gérans, lorsque ceux-ci se seront permis de les faire sans ordre.

IV. Tout Procureur ou Économe-gérant, tiendra six registres particuliers d'habitation, lesquels seront cotés et paraphés par un Habitant voisin, propriétaire en même genre de culture, autant que faire se pourra, n'ayant aucune gestion lucrative, et choisi par le Propriétaire, savoir;

1°. Le livre journal où il écrira, jour par jour, sans aucun blanc, les travaux de ladite habitation, chaque naissance et mortalité de Noirs et d'Animaux, le nombre d'Esclaves au jardin ou à l'hôpital, les grains de pluies, les accidens et événemens de toute nature, relatifs à l'administration.

2°. Un registre contenant les plantations, roulaisons et récoltes en tout genre.

3°. Un livre de facture de toutes les denrées qui seront vendues ou envoyées hors la Colonie par quantités, poids, prix, noms et domicile d'acheteurs, noms de Capitaines et Navires.

4°.

4°. Un registre contenant sur le *recto* l'état de tous les Nègres et Animaux, leurs achats, naissances et mortalités; et sur le *verso*, le nom des Ouvriers blancs ou Gens-de-couleur libres qui travailleront sur l'habitation, avec les marchés qui auront été faits à cet égard.

5°. Le registre de recette et dépense.

6°. Le journal d'hôpital, contenant l'état nominatif des Nègres malades, le nombre de jours de traitement, et l'extrait des ordonnances des Chirurgiens.

V. Les Procureurs et Économes-gérans enverront tous les mois aux Propriétaires qui ne résideront pas sur leurs habitations, ou même plus souvent, si lesdits Propriétaires l'exigent, copie exacte et certifiée d'eux, du livre journal, sur lequel ils inscriront le nom des Capitaines et Navires chargés de leurs paquets.

VI. Seront pareillement tenus lesdits Procureurs et Économes-gérans, de rendre un compte général de leur gestion à la première réquisition du Propriétaire, ou aux époques qui seront par lui fixées.

TIT. II. Nourriture, habillement, châtiment des Nègres esclaves.

ART. Ier. Il est expressément défendu à tous Propriétaires, Procureurs et Économes-gérans, de faire travailler les Nègres les Dimanches et Fêtes. Leur défend pareillement Sa Majesté de les faire travailler dans les autres jours de la semaine, depuis midi jusqu'à deux heures, ni le matin avant le jour, ni le soir après le jour tombant, sous prétexte d'ouvrages pressés, de quelque nature qu'ils puissent être, si ce n'est pour les temps de roulaison seulement, dans les sucreries et dans les autres manufactures, pour les cas extraordinaires; ce qui, dans ces dernières, ne pourra être porté au-delà de huit heures du soir. Enjoint Sa Majesté aux Officiers de la Maréchaussée, de constater par des procès-verbaux, tous délits à ce sujet, et d'en rendre compte sur le champ aux Gouverneur-Général et Intendant, ou à leurs Représentans, auxquels il est ordonné de tenir soigneusement la main à l'exécution du présent article; seront lesdits procès-verbaux remis par lesdits Gouverneur et Intendant, aux Procureurs du Roi, pour être les délinquans poursuivis à leur requête, et condamnés suivant l'exigence du cas.

II. Il sera distribué à chaque Nègre et Négresse, une petite portion de terre de l'habitation, pour être par eux cultivée à leur profit, ainsi que bon leur semblera. Veilleront diligemment les Propriétaires,

Procureurs et Économes-gérans à ce que lesdits jardins à Nègres soient tenus en bon état.

III. Indépendamment desdits jardins à Nègres, chaque Propriétaire, Procureur ou Économe gérant, plantera et entretiendra les vivres nécessaires pour la nourriture abondante de l'attelier, de manière qu'il y en ait toujours une moitié en récolte ouverte, et l'autre en remplacemens, le tout conformément aux règlemens locaux, usages du pays, et qualités diverses du sol, sans que le produit des jardins à Nègres mentionnés dans l'article précédent, puisse, dans aucun cas, entrer en considération pour la nourriture dudit attelier; voulant Sa Majesté que ledit produit tourne entièrement à l'aisance personnelle des Esclaves.

IV. Tous Propriétaires, Procureurs et Économes-gérans établiront sur leurs recensemens, la quantité qu'ils auront de terres en vivres, et l'espèce de vivres cultivés. Ordonne Sa Majesté que, tous les ans, vérification en soit faite par le principal Officier des Milices de la paroisse, ou par celui qu'il députera. Sur l'état qui en sera envoyé aux Gouverneur et Intendant, et par eux remis aux Procureurs du Roi, lesdits Propriétaires, Procureurs et Économes-gérans, en cas de contravention, fausse déclaration et négligence, seront condamnés, sans autre procédure que le réquisitoire du Ministère public, à telle amende arbitraire qu'il appartiendra. Enjoint Sa Majesté au Gouverneur-Lieutenant-général, de se transporter, de temps en temps, lui-même, ou de faire transporter ses Représentans sur les habitations qu'il jugera à propos, pour vérifier, à l'improviste, la sincérité des susdites déclarations et certifications. Lorsqu'elles se trouveront infidèles, Sa Majesté autorise ledit Gouverneur à ôter le commandement de la paroisse à l'Officier qui en sera revêtu, si c'est ledit Officier qui est en faute; à punir de la prison, ou à casser les Officiers de Milices qui se seroient rendus coupables de négligence, de complaisance ou de faux dans leurs vérifications; et seront les Propriétaires, Procureurs et Économes-gérans poursuivis et condamnés à la requête des Procureurs de Sa Majesté.

V. Il sera fourni à tous Nègres esclaves sans exception, des rechanges de grosse toile deux fois par an, lesquels rechanges seront composées pour les hommes, d'une chemise vulgairement nommée *vareuse*, et d'une culotte; pour les femmes, d'une chemise et d'une jupe; et pour les enfans, d'une chemise.

VI. L'Hôpital sera propre, aéré, meublé de lits-de-camp, nattes et grosses couvertures. Défend Sa Majesté l'usage pernicieux de faire ou de laisser coucher les malades à terre.

VII. Défend pareillement Sa Majesté de faire travailler les Négresses enceintes et les Nourrices, si ce n'est modérément après le lever du Soleil : veut qu'elles quittent le travail à onze heures du matin, qu'elles n'y retournent qu'à trois heures après-midi, qu'elles en sortent demi-heure avant le soleil couchant ; et que jamais, sous quelque prétexte que ce soit, même dans le temps des roulaisons de sucreries et travaux extraordinaires des autres Manufactures, elles ne puissent être assujetties à faire des veillées.

VIII. Toute femme esclave, mère de six enfans, sera exempte, la première année, d'un jour de travail au jardin, par semaine ; de deux jours la seconde année ; de trois jours la troisième, et ainsi de suite, jusqu'à ce qu'elle soit dispensée de tout travail audit jardin. Ladite exemption lui sera acquise en représentant ses six enfans, à chaque premier jour de l'an ; elle ne la perdra qu'autant qu'un de ses enfans, jusqu'à l'âge de dix ans, auroit péri faute de soins de sa part.

IX. Seront les Édits des mois de Mars 1685 et 1724, exécutés suivant leur forme et teneur : en conséquence, Sa Majesté a fait et fait très-expresses inhibitions et défenses, sous les peines qui seront déclarées ci-après, à tous Propriétaires, Procureurs et Économes gérans, de traiter inhumainement leurs Esclaves, en leur faisant donner plus de cinquante coups de fouet, en les frappant à coups de bâton, en les mutilant, ou enfin en les faisant périr de différens genres de mort.

TIT. III. Ventes et Envois de Denrées.

ART. Ier. Tout Habitant, Propriétaire, Procureur et Économe-gérant, fera marquer et numéroter de l'étampe à feu de l'habitation, les barriques, boucauts et barils à l'usage d'icelle, à peine de confiscation des barriques non étampées, et de leur contenu, dont la valeur sera remboursée au Propriétaire, s'il ne réside pas sur ladite habitation, par ledit Procureur et Économe-gérant.

II. Les Capitaines de Navires, Négocians, Marchands ou autres qui acheteront des denrées d'habitations, ne pourront les recevoir si elles ne sont accompagnées d'une déclaration signée par quantités, poids, prix, nom et étampe de l'habitation, à peine de confiscation, sans aucun recours de l'acheteur contre le vendeur, malgré toutes conventions à ce contraires, que Sa Majesté a déclarées et déclare nulles et de nul effet, avec défenses aux Juges d'y avoir égard.

III. Sous les mêmes peines de confiscation et de non-recours, les Négocians, Marchands résidans dans les villes et bourgs, Guildiviers, Magasiniers des bords de mer, Passagers, seront tenus de prendre pareille déclaration, et de l'inscrire sur leurs livres d'achat ou de transport, dûment cotés et paraphés sans frais par les Juges des lieux, ou autres Officiers commis par eux. Les Gouverneur-général et Intendant, ainsi que les Officiers des États-majors et Officiers de Justice, feront faire fréquemment des visites exactes dans lesdites boutiques, magasins et dépôts, par les Prévôts et Exempts de Maréchaussée, Inspecteurs et Exempts de Police, afin de constater les contraventions par des procès-verbaux, sur lesquels, indépendamment de la confiscation qui sera prononcée, les contrevenans seront poursuivis extraordinairement à la requête des Procureurs pour Sa Majesté, et punis comme receleurs, suivant la rigueur des Ordonnances.

TIT. IV. Révocation des Procureurs et Économes-gérans.

ART. Ier Aussi-tôt qu'un Propriétaire voudra, pour quelque cause que ce soit, révoquer son Procureur ou Économe-gérant, il pourra, si bon lui semble, requérir le Commandant de la paroisse de se transporter sur le champ sur l'habitation, et d'y apposer le scellé sur les papiers du Gérant, et sur tous les livres de l'habitation, ce que le Commandant ne pourra refuser, avec liberté néanmoins de se faire représenter par un Officier de Milices de la Paroisse, propriétaire en même genre de culture, et n'ayant point eu de gestion lucrative depuis dix ans. Sera ledit scellé apposé en présence du Gérant actuel et du Porteur de Procuration nouvelle, et à icelui établi Gardien.

II. Dans les vingt-quatre heures ou dans trois jours au plus tard, il sera nommé trois Propriétaires du même genre de culture, n'ayant ou n'ayant eu aucune gestion lucrative depuis dix années, et majeurs de vingt-cinq ans, lesquels seront choisis dans l'étendue de la paroisse, si faire se peut, sinon dans les paroisses les plus voisines, à l'effet d'examiner et arrêter les comptes du Régisseur sortant; l'un sera nommé par le Propriétaire ou son fondé de procuration, l'autre par le Procureur ou l'Économe ci-devant gérant, le troisième par les deux autres Commissaires, et en cas de partage, par le Commandant de la paroisse. Le Propriétaire qui, sans des motifs valables, dont nos Gouverneur-général et Intendant seront les seuls juges, s'excuseroit desdites fonctions de Commissaire, sera exclu, en toutes occasions, de graces et d'avancement.

III. Aussi-tôt après ladite nomination, il sera procédé à la reconnoissance et levée des scellés, par le Commandant de la Paroisse, ou par son Préposé. Les trois Commissaires-examinateurs feront le tirage des papiers, en présence de toutes les parties; et le scellé sera réapposé, si besoin est, sur ceux qu'ils indiqueront, pour sûreté de la reddition du compte, avec reconstitution de Gardien.

IV. Pourra le Propriétaire ou son Représentant, ainsi que le Gérant déplacé, requérir qu'il soit dressé procès-verbal de l'état de l'habitation dans toutes les parties qui peuvent constater une bonne ou mauvaise gestion. Lesdits Commissaires ne pourront se dispenser d'y procéder; ils seront tenus, dans leur procès-verbal, de déclarer ce qu'ils auront reconnu, soit à la charge, soit à la décharge du Procureur ou Économe-gérant, avec mention des dires et observations des parties, sans leur permettre, ni encore moins se permettre à eux-mêmes aucunes qualifications injurieuses; ils se contenteront de déclarer les faits. Ils vérifieront avec le plus grand soin, et même d'office, l'état des places à vivres, les jardins à Nègres, la tenue des livres, celle de l'hôpital, la fourniture des rechanges, et entendront l'atelier, sur les châtimens outrés, mutilation ou meurtres, travaux nocturnes, détournemens de Nègres et d'Animaux, ventes clandestines de denrées, injustices et vexations de l'ancien Gérant, contraventions aux adoucissemens prescrits en faveur des Négresses enceintes, nourrices ou mères de six enfans; de laquelle partie de leur procès-verbal, ils adresseront extrait en forme aux Gouverneur-général et Intendant, qui y auront tel égard que de raison pour faire poursuivre, s'il y a lieu, la punition des délits graves de gestion, par-devant les Juges ordinaires, à la requête du Procureur du Roi et aux frais de Sa Majesté, sauf à recouvrer. Lesdits Commissaires appelleront, si besoin est, pour la rédaction dudit procès-verbal, un des Notaires du lieu, dont les vacations seront payées par la partie qui, dans l'arrêté des comptes, sera déclarée reliquataire. Ils veilleront à ce que ledit acte ne soit point grossi d'écritures inutiles; ils le signeront avec les parties et ledit Notaire: si aucune desdites parties étoit refusante de signer, il en sera fait mention. L'acte ainsi clos et rédigé, servira de prise de possession au nouveau Procureur ou Économe-gérant, à qui il en sera délivré expédition ; il en sera pareillement délivré une au Procureur ou Économe sortant. La minute sera remise dans trois jours au Greffe de la juridiction, soit que ledit procès-verbal ait été rédigé par lesdits Commissaires-propriétaires, ou par ledit Notaire.

Après un délai suffisant, tel que lesdits Commissaires jugeront à propos de le régler, mais qui ne pourra être plus long de huitaine, l'ancien Procureur ou Économe-gérant sera tenu de présenter son compte de gestion, de lui certifié véritable, au nouveau Procureur-gérant, pour être par ce dernier examiné. Dans la semaine suivante, lesdits Commissaires se rassembleront sur l'habitation avec l'ancien et le nouveau Procureur ou Économe-gérant, et là, ledit compte sera discuté articles par articles, pour être lesdits articles alloués, réduits ou rejetés à la pluralité des voix par lesdits Commissaires, lesquels fixeront ensuite l'arrêté. Seront au surplus lesdits comptes faits et arrêtés doubles, et chaque double signé, tant desdits trois Commissaires, que desdits ancien et nouveau Procureur ou Économe-gérant ; sauf, en cas de refus de signer de la part de l'une des parties, à en être fait mention par lesdits Commissaires.

VI. Ledit arrêté de compte demeurera définitif et sans appel, sauf erreur ou omission, même en cas de non-défense volontaire ou évasion du comptable.

VII. Si l'un desdits Commissaires venoit à être récusé par l'une des Parties, la récusation seroit sur le champ jugée par les deux autres, et il sera de suite procédé, en cas de récusation fondée, à une nouvelle nomination, en la forme de l'article ci-dessus. S'il arrivoit partage, ou que ladite récusation portât sur plus d'un Commissaire, il y sera statué sans délai par le Commandant de la paroisse.

VIII. Ne seront reçues en Justice aucunes plaintes en diffamation, ni demandes en réparations ou dommages et intérêts de la part des anciens Procureurs et Économes-gérans, contre lesdits Commissaires, ni même contre les Propriétaires ou leurs nouveaux fondés de pouvoirs, sous prétexte du procès-verbal ordonné par l'article 4, ainsi que des procédures qui auroient pu s'ensuivre, d'après les ordres des Gouverneur-général et Intendant ; n'entend néanmoins Sa Majesté interdire les voies de droit auxdits anciens Procureurs et Économes-gérans, lorsqu'ils seront poursuivis en Justice réglée par leurs Constituans, et réciproquement.

IX. Si dans le cours de l'instruction du compte et du procès-verbal concernant l'état de l'habitation, les Commissaires estimoient qu'il fût essentiel pour l'ordre public, ou pour la sûreté des intérêts du Propriétaire, de s'assurer de la personne du Procureur ou Économe-gérant déplacé, ils le feront garder à vue par deux Cavaliers de Maréchaussée, dont ils requerront à cet effet l'assistance auprès de l'Officier qui commandera; et après le compte arrêté, ils le feront transporter, s'il y échet, dans les prisons du Juge des lieux, en attendant les ordres des Gouverneur-général et Intendant, à qui ils en rendront compte, en leur adressant l'extrait de leur procès-verbal, ainsi qu'il est ordonné par l'Article 4.

X. Si le Propriétaire est déclaré débiteur par l'arrêté de compte, il sera tenu de payer le Régisseur sortant, des premiers revenus de l'habitation, à peine contre ledit Propriétaire ou son représentant, de tenir les arrêts ou le Fort, suivant que les Gouverneur-général et Intendant en ordonneront, sur un simple Mémoire qui leur sera présenté, communication préalablement faite dudit Mémoire par le Commandant de la paroisse, audit Propriétaire ou à son représentant, pour y répondre dans trois jours pour tout délai, passé lequel ladite peine sera prononcée et exécutée.

XI. Défend Sa Majesté à tous Procureurs et Économes-gérans, d'acheter en leur propre nom ou sous des noms empruntés, aucune créance sur le Propriétaire de l'habitation, de quelque nature qu'elle soit, à peine de perte d'icelle. Défend pareillement aux Commissaires-examinateurs du compte, de faire entrer lesdites créances en compensation, à moins que le transport n'en eût été consenti par ledit Propriétaire lui-même.

XII. Lorsque le Propriétaire sera reliquataire, les papiers actifs du Régisseur sortant de place seront, sur la représentation de l'arrêté de compte, remis audit Régisseur par le Gardien d'iceux, moyennant décharge.

XIII. Si, au contraire, le Procureur ou Économe sortant, est reconnu débiteur par ledit arrêté de compte, il sera contraint, même par corps, d'en payer sur le champ le reliquat au Propriétaire; à l'effet de quoi, les Gouverneur-Général et Intendant, ou leurs Représentans, accorderont main-forte, sur la simple signification de l'arrêté de compte. Ordonne Sa Majesté qu'audit cas les scellés mis sur les papiers dudit Régisseur sortant, soient convertis en saisies et arrêts entre les mains du Gardien desdits scellés, et valent comme tels, en toutes Cours et Juridictions, sans qu'on puisse les arguër de nullité, malgré tous règlemens contraires, auxquels Sa Majesté a dérogé et déroge quant à ce.

XIV. Interdit expressément Sa Majesté à ses Conseils Supérieurs des Isles sous le Vent, et à tous autres Juges, la connoissance directe ou indirecte, par voie d'appel ou autrement, des arrêtés de compte signés par les trois Commissaires-examinateurs; voulant que lesdits arrêtés dûment signifiés, ayent force et exécution comme Jugement en dernier ressort.

XV. Les Greffiers des Juridictions tiendront un registre particulier, dûment coté et paraphé, dans lequel seront inscrits par ordre alphabétique les noms des Procureurs et Économes-gérans, dont les procès-verbaux de gestion auront été déposés, conformément à l'Article 4; et sera fait mention, en marge, des Jugemens de condamnation qui auroient été rendus contre lesdits Procureurs et Économes-gérans, soit à la requête du Ministère public, soit à celle de leurs Constituans. Enjoint Sa Majesté auxdits Greffiers, de donner communication dudit registre, sans déplacer, sans frais et à première réquisition, à tous Propriétaires d'habitation qui voudront en prendre connoissance.

XVI. Nul ne pourra être Procureur ou Économe-gérant d'habitation, s'il ne représente au Propriétaire qui donnera sa procuration, une copie de la présente Ordonnance, et il en sera fait mention dans la procuration. Dans le cas où le Régisseur choisi seroit absent, et où la procuration seroit en blanc, il en sera usé de même, lors de l'acceptation, au bas de laquelle il sera constaté que ladite exhibition aura été faite. Tout Régisseur qui aura manqué à cette formalité, sera poursuivi à la requête des Procureurs pour Sa Majesté, et déclaré pour cela seul incapable de gérer aucuns biens dans les Colonies.

XVII. Tout Régisseur qui aura été renvoyé d'une habitation, ne pourra être employé de nouveau par d'autres Propriétaires ou leurs fondés de pouvoirs, s'il ne leur représente les procès-verbaux des Commissaires-examinateurs, et l'arrêté de compte de ses précédentes gestions, ensemble copie de la présente Ordonnance. Ne seront réputés d'aucune valeur les lettres d'éloges et certificats donnés pendant, ou après lesdites régies, comme étant toujours prématurés, ou arrachés à la complaisance.

TIT.

Tit. V. Des Délits et Peines.

Art. I. Les Procureurs et Économes-gérans qui seront convaincus d'avoir changé de nom, après avoir régi des habitations, afin de se dérober aux recherches, et pouvoir se placer sur d'autres habitations comme régisseurs, seront condamnés à mille livres d'amende, déclarés incapables de gérer à l'avenir aucuns biens dans les Colonies, et renvoyés en France.

II. Tous Propriétaires, Procureurs et Économes-gérans, convaincus d'avoir fait donner plus de cinquante coups de fouet à leurs Esclaves, ou de les avoir frappés à coups de bâton, seront à l'avenir condamnés en deux mille livres d'amende pour la première fois; et en cas de récidive, déclarés incapables de posséder des Esclaves, et renvoyés en France.

III. Outre les peines ci-dessus, ils seront notés d'infamie lorsqu'ils auront fait mutiler des Esclaves; et encourront la peine de mort, toutes les fois qu'ils en auront fait périr de leur propre autorité, pour quelque cause que ce soit. Veut Sa Majesté qu'ils soient, èsdits cas, poursuivis comme meurtriers, à la diligence de ses Procureurs, et enjoint au Gouverneur-général et Intendant d'y tenir sévèrement la main.

IV. Les Procureurs et Économes-gérans qui se chargeront de plus de deux gestions, pour des biens appartenans à différens Propriétaires, ou qui auront contrevenu aux dispositions de la présente Ordonnance dans leur gestion, seront déclarés incapables d'en avoir d'autres à l'avenir; et les Propriétaires ou Procureurs d'habitations qui les emploieroient en cette qualité, condamnés à cinq cents livres d'amende, pour chaque mois de service.

V. Ceux desdits Procureurs et Économes-gérans qui seront convaincus d'avoir détourné à leur profit ou au profit d'un tiers, les travaux des Esclaves confiés à leurs soins, sans un consentement par écrit du Propriétaire, ou qui auront distrait et vendu les denrées de l'habitation, sans en porter le montant sur le registre des recettes et des ventes, seront poursuivis extraordinairement, comme voleurs, à la diligence des Procureurs de Sa Majesté, ou de la partie intéressée, et punis comme tels, suivant la rigueur des Ordonnances.

VI. Réserve Sa Majesté, à la disposition et arbitrage de ses Juges, de prononcer, suivant leur conscience, les amendes dont pourroient être susceptibles les délits de gestion non prévus dans la présente Ordonnance. Ordonne que la moitié des amendes qui seront prononcées appartiendra aux brigades de Police ou de Maréchaussée qui auront constaté les contraventions.

VII. Tous Gérans, Économes, Chirurgiens et autres personnes aux gages d'un Propriétaire, qui pendant ou depuis leur commensalité, auroient insulté ou provoqué, soit le Propriétaire même, soit son fondé de pouvoir, seront, de quelque qualité et condition qu'ils puissent être, poursuivis extraordinairement à la requête du Ministère public et aux frais de Sa Majesté, sauf à recouvrer. Enjoint aux Juges d'avoir égard dans leurs jugemens à ladite qualité de gagiste, pour condamner avec plus de sévérité en cas de simple injure, et selon toute la rigueur des Ordonnances sur les duels, en cas de provocation. Ordonne à ses Procureurs de veiller sans relâche et sans ménagement à l'exécution du présent Article, à peine de destitution. Ordonne en outre aux Gouverneur-général et Intendant, et à son Procureur-général, d'y apporter le zèle le plus soutenu et le plus inflexible.

Tit. VI. De la Police courante des Habitations.

Art. Ier. La Police courante sur les habitations, soit dans l'habitation même, soit d'habitation à habitation, appartiendra en commun aux Gouverneur-général et Intendant, exclusivement à tous autres. Dans l'exercice de ladite police courante seront comprises toutes voies de fait, telles qu'irruption d'animaux, pillage de vivres, forcement de barrières et clôtures, introductions nocturnes de Blancs ou Gens-de-couleur dans l'intérieur des habitations, interruptions de chemins de communication, disputes d'atteliers à atteliers, rixes entre les Économes-gérans et Propriétaires, réclamations par des Esclaves injustement maltraités, recelage de Nègres marrons, fêtes, assemblées, danses et autres objets semblables, pour lesquels il importe de pourvoir promptement.

II. Dans les circonstances ci-dessus et à la première réquisition, le Commandant de la paroisse sera obligé de se transporter ou d'envoyer un Officier de miliçe à l'effet de rétablir l'ordre ; pour quoi il demeure autorisé à prendre main-forte au corps-de-garde le plus prochain, et à se saisir même des coupables, s'ils ne sont Propriétaires. En cas de main-mise sur la personne, il sera tenu de dresser procès-verbal qu'il signera. Il en donnera copie à la partie intéressée, et sur le champ il remettra le saisi à la disposition de l'Officier qui commandera dans l'arrondissement, lequel ordonnera provisoirement ce qu'il trouvera juste et convenable, en attendant les ordres des Gouverneur-général et Intendant à qui il sera incessamment rendu compte du tout.

III. Lesdits Gouverneur-général et Intendant pourront, après vérification et en connoissance de cause, prononcer la peine des arrêts dans tel lieu qu'il leur plaira, s'il s'agit d'un Propriétaire; de la prison, s'il s'agit de Blancs à gages; de châtimens, s'il est question d'un Esclave. Dans les faits de récidive ou de trouble en résultant pour le quartier, Sa Majesté les autorise à renvoyer en France lesdits Blancs à gages, après avoir donné aux Propriétaires qui les employoient, le temps nécessaire pour régler de compte avec eux, et pour substituer d'autres personnes en leur lieu et place.

IV. N'entend toutefois Sa Majesté que, sous prétexte de police et de simple correction, lesdits Gouverneur-général et Intendant puissent s'immiscer dans le jugement des matières contentieuses, pour lesquelles ils seront toujours tenus de renvoyer les Parties en Justice ordinaire. Défend pareillement à tous Tribunaux, de connoître d'aucunes demandes ou actions en dommages et intérêts, relatives à l'exercice de ladite police, à peine de désobéissance. Pourront seulement les Conseils-Supérieurs, remettre leurs observations aux Gouverneur-général et Intendant à ce sujet, s'il y a lieu, et même adresser à Sa Majesté les représentations qu'ils croiront devoir lui faire, après les leur avoir communiquées; pour y être par Elle pourvu ainsi qu'il appartiendra.

Mande Sa Majesté aux Gouverneur Lieutenant-général et Intendant des Isles sous le Vent, et tous autres qu'il appartiendra, de tenir la main à l'exécution de la présente Ordonnance. Mande pareillement Sa Majesté aux Conseils-Supérieurs de Saint-Domingue, de procéder à l'enregistrement d'icelle, pour être lue, publiée et affichée par-tout où besoin sera.

Fait à Versailles le 3 Décembre 1784. *Signé* : LOUIS. *Et plus bas :* Le Marechal DE CASTRIES.

R. au Conseil du Port-au-Prince, le 6 Avril 1785.

Et à celui du Cap le 11 *Mai* 1786.

LETTRE du Ministre aux Administrateurs sur l'Artillerie Coloniale.

Du 4 Décembre 1784.

L'INTENTION du Roi étant, MM., de faire quelques changemens à la manutention de l'Artillerie Coloniale, Sa Majesté vient de rendre une Ordonnance, portant suppression des compagnies actuellement détachées pour le service de l'Artillerie des Colonies, et création d'un Régiment de 2,000 hommes, dans lequel ces compagnies seront incorporées. Aussi-tôt que cette Ordonnance aura été promulguée, je vous la ferai parvenir; mais en attendant, le Roi a décidé qu'il seroit fait une visite générale de tout ce qui peut avoir rapport à l'Artillerie dans ses Colonies, et Sa Majesté a jugé à propos d'y envoyer à cet effet M. du Puget, Colonel du nouveau Régiment.

Ce Colonel sera accompagné, savoir :

Des Sieurs de Senneville, Lieutenant-Colonel dans le nouveau Régiment.

de Pomeirols-Mainville,	Idem.
Chevalier de Pecault, Chef de Brigade,	Idem.
Chevalier Drozain,	Idem.
Vandernoot, Lieutenant en premier,	Idem.

Le premier de ces Officiers doit commander en chef l'Artillerie à la Martinique, et il aura sous ses ordres le Chevalier de Pecault, qui passera à la Guadeloupe; le second doit pareillement la commander à Saint-Domingue, et il aura sous ses ordres le Chevalier Drozain. Quant au Sieur Vandernoot, il reviendra en France avec son Colonel; mais tous ces Officiers ne pourront se rendre à leur destination ultérieure, que lorsque M. du Puget aura fini la tournée générale qu'il va faire, et qu'il aura jugé n'avoir plus besoin de leur présence. Il est donc juste qu'ils soient assurés de rencontrer dans chaque Colonie tous les secours qui pourront leur devenir nécessaires, et sur-tout qu'ils puissent y être payés de leurs appointemens.

Ceux des Lieutenans-colonels sont de	8000 liv.
Ceux des Chefs de Brigade de	5000 liv.
Ceux du Sieur Vandernoot de	2000 liv.

Sur lesquels appointemens, qui ont lieu à compter du premier du mois dernier, chacun de ces Officiers a reçu trois mois d'avance au moment de son embarquement.

Quant à M. du Puget, il lui a été réglé un traitement extraordinaire de 1000 liv. par mois, argent de France, et dont il jouira, à compter du jour de son arrivée dans la première Colonie, jusqu'à celui de son départ de la dernière qu'il aura parcourue, et il lui a été fait pareillement une avance de 6000 liv. sur ce traitement.

Le Roi a bien voulu aussi accorder à chacun des Officiers qui l'accompagnent, une gratification extraordinaire, au moyen de laquelle ils seront tenus de pourvoir aux frais de leur logement dans chaque Colonie, tant que durera la mission particulière dont ils sont chargés. M. du Puget sera également tenu à la même dépense : ainsi vous n'aurez plus qu'à prendre des mesures pour leur faire toucher ce qui leur sera dû de leurs traitemens ou appointemens, lorsqu'ils s'adresseront à vous pour cela.

A l'égard des facilités que vous pourrez procurer d'ailleurs à ces Officiers pour aider le succès de leur opération, je sais tout ce qu'on doit attendre en parcilles circonstances de votre zèle pour le bien du service.

R. au Contrôle, le 19 Mai 1785.

ARRÊT du Conseil du Cap, qui décide qu'un Médecin étranger doit rapporter des Lettres de Naturalité ou d'Aggrégation à une Faculté du Royaume, sinon subir Examen.

Du 6 Décembre 1784.

VU par le Conseil la Requête du Sieur Lentuaire, tendante à ce qu'il plût à la Cour, vu ses lettres de Docteur en Médecine de la Faculté de Naples, en date du vingt-six Août mil sept cent quatre-vingt-deux, expédiées en bonne forme ; le certificat du Juge du Fort-Dauphin, celui du Médecin du Roi dudit lieu, visé par le Commandant et par l'Ecrivain principal, et enfin celui du Chirurgien de l'Amirauté, ordonner que sesdites lettres seront enregistrées au Greffe de la Cour, pour par lui exercer la médecine dans son ressort, aux droits, prérogatives, honneurs et priviléges y attachés, se soumettant à satisfaire en tout aux Règlemens de la Cour, et notamment à rapporter, après son examen subi, son extrait baptistaire, et un certificat de catholicité du Curé dudit lieu du Fort-Dauphin; ladite Requête signée Darracq, Avocat; Conclusions de Deschamps, Substitut du Procureur-Général du Roi, Ouï le rapport de M. Lombard, Conseiller-Assesseur, et tout considéré : LA COUR a ordonné et ordonne, avant faire droit, que le Suppliant rapportera ses lettres de naturalité, ou certificat d'étude ou d'aggrégation à une Faculté de Médecine approuvée en France, ou à défaut de ce, il se retirera pardevant le Médecin du Roi en cette Ville, lequel assemblera les Médecins exerçans en cettedite Ville de l'autorité de la Cour, pour être procédé à tel examen ou conférence qu'il appartiendra, et être ensuite, leur certificat rapporté, requis et ordonné ce qu'il appartiendra.

ARRÊT du Conseil du Cap, touchant la Vente d'un Esclave, faite à la charge par l'Acquéreur de lui donner la liberté.

Du 6 Décembre 1784.

ENTRE le Sieur Robert, au nom et comme bienveillant de Paul Grif, Appelant; Et le Sieur Basse-Couleuvre, au nom et comme Tuteur des Mineurs . . . , Intimé; Ouï Taxis de Blaireau, Avocat de l'Appelant, et l'Anglois Desfosses, Avocat de l'Intimé; ensemble Deschamps, Substitut du Procureur-Général du Roi, et tout considéré: LA COUR, recevant en tant que de besoin la Partie de Taxis de Blaireau opposante à l'exécution de la Sentence (*qui déboute les Mineurs de leur demande en paiement de la somme de 800 liv., mentionnée en l'écrit daté de 1764, et portant vente de Paul Grif par le père des Mineurs à un Mulâtre, père dudit Paul, à la charge de l'affranchir, sauf auxdits Mineurs leurs droits sur la propriété de Paul, l'acte étant inexécuté*), remettant les Parties au même et semblable état qu'elles étoient avant icelle, et donnant acte à la Partie de Taxis de ses offres réelles de 800 liv., qu'elle sera autorisée à déposer au Greffe, si les Parties de l'Anglois refusent de les accepter, a mis et met l'Appellation et ce dont est appel au néant; émendant, déboute les Parties de l'Anglois de leur demande en remise de Paul Grif (*demande accueillie par la Sentence dont étoit appel*); autorise en conséquence la Partie de Taxis à se retirer pardevant MM. les Général et Intendant, à l'effet de faire ratifier la liberté dudit Paul Grif, condamne les Parties de l'Anglois aux dépens.

ARRÊT du Conseil du Cap, confirmatif d'une Sentence du Siége Royal du Fort-Dauphin, qui déclare nulle la Saisie faite d'une Négresse attachée à la Culture, et étant alors en marronnage.

Du 7 Décembre 1784.

ENTRE le Sieur Geraud, Négociant, Appelant; Et les Sieur et Dame Labarthe Sainte-Foi, Habitans, Intimés. Plaidant Mes Carles et d'Augy.

Il y avoit une déclaration du marronnage de la Négresse Zaïre; et en outre, le premier Juge avoit ordonné des Enquêtes respectives.

LETTRE du Ministre aux Administrateurs, touchant les précautions contre les Incendies.

Du 7 Décembre 1784.

IL m'a été remis, MM., par le Sieur Hesse, Ingénieur des Colonies, un Mémoire concernant les travaux hydrauliques qui ont été commencés en 1773 au Port-au-Prince, et qu'il seroit nécessaire d'achever pour prévenir de nouveaux incendies. Je vous invite à reprendre la suite de ces travaux et de la contribution dont ils étoient l'objet, si vous n'y trouvez pas d'inconvénient. Il a déjà été envoyé des pompes à Saint-Domingue. Vous pouvez me faire passer la note des ustensiles qu'on pourroit tirer des magasins du Roi. Sa Majesté vous autorise au surplus à faire un Règlement de police, par lequel il sera enjoint aux Propriétaires d'avoir une certaine quantité de seaux de cuir en bon état, en leur donnant un temps suffisant pour se procurer ces objets, et de prendre les autres précautions que vous indiquerez contre les accidens du feu. Ce Règlement pourroit être rendu général pour la Colonie.

ORDONNANCE *du Juge de police de Jérémie, qui enjoint aux Propriétaires des maisons de la basse-rue de la Marine, de faire couper les Arbres qui gênent cette rue.*

Du 8 Décembre 1784.

VU la Remontrance du Procureur du Roi, nous enjoignons à tous propriétaires et locataires des maisons de la basse-rue de la Marine, de faire couper des deux côtés de la rue, à droite et à gauche, tous les arbres qui barrent et étrécissent cette rue, et qui par leur ombrage et l'humidité qu'ils entretiennent, empêchent les rues de sécher, ce qui les rend toujours pleines de boue, et ôte aux Cabrouets et au Public la facilité d'y passer librement, etc. sous peine d'amende. Ordonne que la présente sera lue, publiée, à son de tambour, dans toute la basse-rue de la Marine, et affichée dans deux ou trois endroits les plus apparens, etc. *Signé :* DE MOUSEUIL.

ORDONNANCE

Ordonnance du Roi, concernant la Formation et la Solde des Troupes affectées au Service des Colonies Orientales et Occidentales.

Du 10 Décembre 1784.

DE PAR LE ROI.

SA Majesté voulant appliquer, autant que les circonstances locales pourront le permettre, aux Troupes affectées au service de ses Colonies Orientales et Occidentales, les dispositions qu'elle a arrêtées relativement à la formation et à la solde de son Infanterie, Elle a ordonné et ordonne ce qui suit :

ART. I. Les Régimens du Cap, du Port-au-Prince, de l'Isle-de-France, de Bourbon et de Pondichéry, seront composés de deux bataillons ; et ceux de la Martinique et de la Guadeloupe, de trois bataillons.

II. Le premier bataillon de chaque régiment sera composé de quatre compagnies de Fusiliers et d'une de Grenadiers. Le second sera composé de quatre compagnies de Fusiliers et d'une de Chasseurs. Le troisième bataillon des régimens de la Martinique et de la Guadeloupe, sera composé, comme le second, de quatre compagnies de Fusiliers et d'une de Chasseurs. La compagnie de Grenadiers et celle de Chasseurs ne seront cependant pas tellement nécessaires à leur bataillon, qu'elles ne puissent en être détachées sans en altérer l'intégrité. Le bataillon restera alors formé de quatre compagnies de Fusiliers.

III. Sa Majesté distinguera, pour la composition de ses régimens coloniaux, un pied de paix et un pied de guerre.

IV. Le nombre des Officiers et des bas-Officiers de tout grade, sera le même sur le pied de paix et sur le pied de guerre.

V. Sa Majesté veut bien rétablir le grade d'appointé en faveur des dix plus anciens, Fusiliers, ainsi que des huit plus anciens Grenadiers et Chasseurs de chaque compagnie, et accorder le même grade au plus ancien Tambour de chaque bataillon.

VI. Chaque compagnie de Fusiliers sera composée, sur le pied de paix, d'un Capitaine-commandant, d'un Capitaine en second, d'un Lieutenant en premier (cette dénomination devant être substituée à celle de premier Lieutenant), d'un Lieutenant en second, de deux Sous-lieutenans, d'un Sergent-major, d'un Fourrier, de cinq Sergens, de dix Caporaux, de dix Appointés, de quatre-vingt-dix Fusiliers et de deux Tambours; au total de cent dix-neuf bas-Officiers, Soldats et Tambours, commandés par six Officiers.

VII. Chaque compagnie de Fusiliers sera composée, sur le pied de guerre, d'un Capitaine-commandant, d'un Capitaine en second, d'un Lieutenant en premier, d'un Lieutenant en second, de deux Sous-lieutenans, d'un Sergent-major, d'un Fourrier, de cinq Sergens, de dix Caporaux, de dix Appointés, de cent quarante Fusiliers et de trois Tambours; au total de cent soixante-dix bas Officiers, Soldats et Tambours, commandés par six Officiers.

VIII. Il y aura un Soldat-charpentier dans le nombre des Fusiliers de chaque compagnie : il sera choisi parmi ceux qui seront le plus propres à ce service, et il n'en fera point d'autre à la guerre.

IX. Les Caporaux, les Appointés et les Fusiliers, formeront dix escouades. Ainsi chaque escouade sera composée, sur le pied de paix, d'un Caporal, d'un Appointé et de neuf Fusiliers. Elle sera composée, sur le pied de guerre, d'un Caporal, d'un Appointé et de quatorze Fusiliers.

X. Sa Majesté se réserve d'ordonner des augmentations progressives entre le pied de paix et le pied de guerre, selon qu'Elle le jugera à propos.

XI. Sa Majesté se réserve de même de tenir les escouades de ses régimens Coloniaux au-dessous du pied de paix, si Elle le jugeoit à propos; toute augmentation ou réduction ne portant que sur le nombre de Fusiliers de chaque escouade, et jamais sur celui des bas-Officiers, qui restera constamment le même.

XII. La compagnie de Grenadiers et celle de Chasseurs, seront formées de même nombre d'Officiers et de bas-Officiers de différens grades, ainsi que de Grenadiers ou de Chasseurs, et elles ne varieront pas du pied de paix au pied de guerre.

XIII. Elles seront composées chacune d'un Capitaine-commandant, d'un Capitaine en second, d'un Lieutenant en premier, d'un Lieutenant en second, de deux Sous-lieutenans, d'un Sergent-major, d'un Fourrier, de quatre Sergens, de huit Caporaux, de huit Appointés, de soixante-douze Grenadiers ou Chasseurs et deux Tambours ; au total de quatre-vingt-seize bas-Officiers, Grenadiers, ou Chasseurs et Tambours, commandés par six Officiers.

XIV. Les Caporaux, les Appointés et les Grenadiers ou Chasseurs de chaque compagnie, formeront huit escouades. Et chaque escouade sera composée, paix et guerre, d'un Caporal, d'un Appointé, et de neuf Grenadiers ou Chasseurs.

XV. Les dix escouades de chaque compagnie de Fusiliers, commandées chacune par un Caporal, formeront cinq subdivisions de la compagnie, commandées chacune par un Sergent, et composées de deux escouades. Et les huit escouades de chaque compagnie de Grenadiers ou de Chasseurs, formeront de même quatre subdivisions, commandées chacune par un Sergent, et composées de deux escouades.

XVI. Les cinq subdivisions de la compagnie de Fusiliers, formeront deux divisions de la compagnie ; la première, composée de trois subdivisions, commandée par le Lieutenant en premier, et sous ses ordres, par le premier Sous-lieutenant ; la seconde, de deux subdivisions, commandée par le Lieutenant en second, et sous ses ordres, par le second Sous-lieutenant. Et les quatre subdivisions de la compagnie de Grenadiers et de celle de Chasseurs, formeront de même deux divisions, composées chacune de deux subdivisions ; et commandées, la première, par le Lieutenant en premier et le premier Sous-lieutenant, et la seconde, par le Lieutenant en second et le second Sous-lieutenant.

XVII. Les divisions inégales des compagnies de Fusiliers, n'altéreront point l'égalité qui doit être conservée dans celle de l'ordre de bataille ; celles dont il vient d'être question, n'étant relatives qu'à la police, à la discipline et au travail intérieur, et n'ayant pour objet que d'affecter plus particulièrement les soins et la vigilance des Officiers et des bas-Officiers, aux divisions, subdivisions ou escouades qui leur sont confiées.

XVIII. Ainsi le Caporal sera responsable de son escouade au Sergent de la subdivision duquel elle fait partie, le Sergent de la subdivision au Sous-lieutenant de la division dans laquelle elle est comprise, le Sous-lieutenant de chaque division le sera au Lieutenant qui la commande, le Lieutenant au Capitaine en second, le Capitaine en second au Capitaine-commandant, et chaque Capitaine-commandant sera responsable de l'état de sa compagnie au Major.

XIX. Tous les Tambours seront aux ordres du Tambour-major : ceux de chaque bataillon formeront une escouade commandée, sous ses ordres, par le plus ancien Tambour ; mais l'autorité du Tambour-major sur les Tambours, n'empêchera pas qu'ils ne restent soumis à celle des Officiers et bas Officiers des compagnies dont ils font partie.

XX. Le Sergent-major de chaque compagnie en commandera tous les bas-Officiers et Soldats, subordonnément aux Officiers. Il sera particulièrement chargé de tous les détails du service et de la discipline, dont il sera responsable aux Officiers de la compagnie. Le Fourrier aura le rang de Sergent, et commandera à son rang parmi eux ; il dressera tous les états, et tiendra tous les registres et livres, et il sera responsable de tous les détails de distribution et de comptabilité au Quartier-maître. Il pourvoira au logement de la compagnie.

XXI. Les Sous-lieutenances ne pourront être données qu'à des Cadets-gentilshommes du Département des Colonies, conformément aux Ordonnances des 13 Décembre 1779 et 10 Août 1781, dont Sa Majesté renouvelle, en tant que de besoin, les dispositions.

XXII. Sa Majesté ayant jugé nécessaire à son service de supprimer les Aides-majors, et les Sous-aides-majors de ses régimens Coloniaux, ainsi que de réduire les Porte-drapeaux à un par bataillon, d'établir un Quartier-maître-trésorier, et d'augmenter le nombre des Adjudans, pour en établir un par chaque bataillon ; l'État-major sera composé, à l'avenir, d'un Colonel, d'un Lieutenant-colonel, d'un Major, d'un Quartier-maître-trésorier, de deux Porte-drapeaux, de deux Adjudans, d'un Chirurgien-major et d'un Armurier. Il y aura dans les deux régimens de trois bataillons, un troisième Porte-drapeau et un troisième Adjudant.

XXIII. Veut néanmoins Sa Majesté que, pendant le terme d'un an seulement, à compter du jour de la formation nouvelle de chaque régiment, les Aides-majors supprimés restent, en qualité de surnuméraires, à la suite des régimens, avec les appointemens de leurs grades de Capitaine ou Lieutenant, pour continuer leurs anciennes fonctions, et faciliter ainsi aux Officiers des compagnies, la connoissance de cette partie du service dont ils devront ensuite être chargés. Lesdits Aides-majors, après ladite année expirée, passeront successivement aux emplois de leurs grades à mesure qu'ils vaqueront, et ils reprendront leurs rangs dans les colonnes ; mais en attendant, ils ne feront plus à la suite des régimens, que le service de leurs grades de Capitaine ou Lieutenant.

XXIV. Le Major de chaque régiment continuera d'y surveiller tous les détails de service, police et discipline. Les Capitaines commandans, conséquemment à l'article 18, lui rendront compte; il rendra compte au Lieutenant-colonel, et le Lieutenant-colonel au Colonel. Le Quartier-maître de chaque régiment aura le rang de Lieutenant. Les Porte-drapeaux auront celui de derniers Sous-lieutenans. Et les Adjudans, celui de premiers Sergens-majors; ils commanderont à tous les Sergens-majors et au Tambour-major.

XXV. L'intention de Sa Majesté étant que les Adjudans ne perdent point, en continuant d'être Adjudans, les avantages et les récompenses que leurs services les mettront dans le cas de mériter, ils dateront sans être Officiers, pour toute espèce de récompense et de grace, de l'époque à laquelle, d'après leur ancienneté de Sergens-majors, ils auroient pu mériter de l'être; cette date sera pour eux, celle à laquelle un Sergent-major moins ancien qu'eux, auroit été fait Officier; et lorsqu'ensuite ils le seront eux-mêmes, ils reprendront leur rang sur ce dernier.

XXVI. Le Tambour-major aura le rang de Sergent-major.

XXVII. Sa Majesté a résolu d'accorder à ses régimens Coloniaux, une augmentation de paye pendant la guerre; et voulant en outre apporter à l'état de quelques grades, des changemens par lesquels son objet est sur-tout de distinguer les anciens Officiers, Elle a arrêté que les appointemens et solde seroient payés à l'avenir ainsi qu'il suit.

XXVIII. Par an sur le pied de paix.

	livres.
Au Colonel,	10,000.
Au Lieutenant-colonel,	7,000.
Au Major,	4,800.
Au Quartier-maître-trésorier,	1,800.
A chaque Porte-drapeau,	1,260.
A chaque Adjudant,	810.
A chacun des deux premiers Capitaines-commandans,	3,300.
A chacun des huit autres Capitaines-commandans,	2,800.
A chacun des deux premiers Capitaines en second,	2,400.
A chacun des huit autres Capitaines en second,	2,100.
A chaque Lieutenant en premier,	1,600.
A chaque Lieutenant en second,	1,500.
A chaque Sous-lieutenant,	1,400.

Tous les appointemens ci-dessus seront augmentés d'un quart en sus, sur le pied de guerre.

XXIX. Par jour, sur le pied de paix et sans retenue pour la ration.

Au Sergent-major d'une compagnie de Fusiliers,	17 s. 4 d.
A chaque autre Sergent ou Fourrier,	14 s. 4 d.
A chaque Caporal de Fusiliers,	9 s. 6 d.
Au premier Appointé de chaque compagnie de Fusiliers,	6 s. 6 d.
A chaque autre Appointé,	6 s.
A chaque Fusilier ou Tambour d'une compagnie de Fusiliers,	5 s. 6 d.
Au Sergent-major de la compagnie de Grenadiers,	19 s. 4 d.
A chacun des quatre autres Sergens et au Fourrier,	16 s. 10 d.
A chaque Caporal de Grenadiers,	11 s.
Au premier Appointé de la compagnie de Grenadiers,	8 s.
A chaque autre Appointé de la compagnie de Grenadiers,	7 s. 6 d.
A chaque Grenadier ou Tambour de la compagnie de Grenadiers,	7 s.

A tous les bas-Officiers, Soldats et Tambours de la compagnie de Chasseurs, la même solde qu'aux bas-Officiers de même grade, Soldats et Tambours de la compagnie de Fusiliers.

Au Tambour-major,	17 s. 4 d.
A l'Armurier,	5 s. 6 d.

Au premier Tambour de chaque bataillon, ayant le grade d'Appointé, indépendamment de sa solde, *un sou* de haute-paye.

XXX. Sa Majesté fera fournir, en outre et sans aucune retenue, sur la solde ci-dessus réglée, aux bas-Officiers, Soldats et Tambours, une ration par jour, composée de vingt-quatre onces de pain frais, ou vingt onces de farine, et de huit onces de bœuf salé ou frais; et dans le cas où ces comestibles manqueroient dans les Colonies, il y sera suppléé par les denrées du pays.

XXXI. Il sera retenu, par jour, sur la solde de tous les bas Officiers, Grenadiers, Chasseurs, Fusiliers, Tambours et Armuriers, vingt-deniers, à chaque Sergent-major, Tambour-major, Sergent ou Fourrier, et douze deniers à tous les grades inférieurs, pour former une masse de linge et chaussure. Cette masse sera conservée dans la caisse du régiment, et le décompte en sera fait tous les quatre mois.

XXXII. Les objets d'entretien auxquels est destinée la masse de linge et chaussure, devenant plus dispendieux pendant la guerre, Sa Majesté accorde par jour, sur le pied de guerre, un supplément de solde de huit deniers à chaque bas-Officier et Soldat : ce supplément sera réuni à la masse de linge et chaussure, établie par l'article précédent, et en augmentation de cette masse.

XXXIII. Les Adjudans seront exceptés des dispositions relatives à la masse de linge et chaussure, à laquelle ils n'auront nulle part. Il ne leur sera point fait de retenue pour y fournir, et ils ne recevront point, pendant la guerre, le supplément de solde établi par l'article précédent.

XXXIV. Sa Majesté continuera de se charger de la levée des recrues dont ses régimens Coloniaux auront besoin, et Elle défend aux Officiers de donner, sous quelque prétexte que ce soit, aucuns congés absolus, excepté dans les seuls cas d'infirmité et d'incapacité de service bien constatés.

XXXV. Il sera formé une masse générale pour laquelle Sa Majesté fera payer sur le pied de paix *trente livres* par chaque Adjudant, Sergent-major, Tambour-major, Sergent, Fourrier, Caporal, Appointé, Grenadier, Chasseur, Fusilier, Tambour et Armurier au complet. Cette masse destinée aux dépenses d'habillement, d'équipement, d'entretien et de réparation, sera chargée en outre de la retenue de la Capitation et des quatre deniers pour livre de tous les appointemens et de la solde ; elle sera payée par mois au Quartier-maître-trésorier de chaque régiment, et déposée dans la caisse ; et elle sera régie par le Conseil d'Administration.

XXXVI. Il sera payé à chaque Tambour, sur cette masse, une haute-paye de deux sous par jour, au moyen de laquelle il sera tenu d'entretenir sa caisse de peaux et de cordages, et de se fournir de baguettes.

XXXVII. La masse générale sera sur le pied de guerre de *trente-quatre livres* par an, par chaque bas-Officier et Soldat.

XXXVIII. Mais l'intention de Sa Majesté n'est pas qu'un régiment sur le pied de guerre quant au nombre, soit pour cela sur le pied de guerre quant à la solde. Ce dernier n'aura lieu que de l'époque et dans le cas que Sa Majesté l'ordonnera.

XXXIX. L'Armement des régimens Coloniaux continuera de leur être fourni des magasins de Sa Majesté.

XL. Toutes les dispositions prescrites par la présente Ordonnance, relativement aux appointemens, à la solde et aux masses, auront lieu de l'époque à laquelle la nouvelle formation sera mise à exécution dans chaque régiment ; mais Sa Majesté, en faisant jouir ses régimens Coloniaux, à l'instant même, des augmentations qu'Elle accorde, ne veut pas qu'aucun Officier perde rien de son état actuel; en conséquence, Elle ordonne que les Officiers dont les appointemens se trouveront diminués, reçoivent en supplément, sur la masse générale, les sommes nécessaires pour parfaire les mêmes appointemens dont ils jouissoient, sans que ce supplément puisse aucunement s'étendre à ceux qui leur succéderont dans leurs emplois; se réservant Sa Majesté de dédommager en tout ou en partie, la masse générale des régimens à qui cette charge pourroit être trop onéreuse.

XLI. Pour parvenir, dans chaque régiment, à l'exécution de la présente Ordonnance, l'Inspecteur à qui Sa Majesté en aura donné l'ordre, fera mettre le régiment sous les armes, en présence du Commissaire des guerres, qui en aura la police.

XLII. Cet Inspecteur fera une revue de ce régiment, et le Commissaire des guerres fera en même temps la sienne pour servir au paiement dudit régiment jusqu'au jour de sa nouvelle composition exclusivement.

XLIII. L'Inspecteur ordonnera ensuite au Colonel de choisir entre tous les Fourriers et Sergens, les sujets qu'il jugera les plus propres à remplir les deux places d'Adjudant dans les régimens de deux bataillons, et les trois places dans les régimens de trois bataillons.

XLIV. Il ordonnera l'incorporation des secondes compagnies, tant de Grenadiers que de Chasseurs dans les premières, et celle des compagnies de Fusiliers commandées par les huit moins anciens Capitaines de tout le régiment, dans les plus anciennes qui devront rester sur pied. Dans les régimens de trois bataillons, la compagnie de Grenadiers du troisième, et la compagnie de Chasseurs du premier, formeront la compagnie nouvelle de Chasseurs du second bataillon.

XLV. Les compagnies de Grenadiers, de Chasseurs et de Fusiliers, étant ainsi composées, on y attachera les Officiers qui devront les commander. L'intention du Roi est que les deux Chefs de bataillon qu'Elle a supprimés par son Ordonnance du 28 Février dernier, soient attachés aux deux premières compagnies de Fusiliers qui seront toujours à l'avenir commandées par les deux plus anciens Capitaines-commandans; que le Capitaine qui les suivra par ancienneté, soit placé à la compagnie de Grenadiers; et que le plus ancien de deux Capitaines de Chasseurs, conserve le commandement de la compagnie réunie, s'il se trouve, par son ancienneté, dans le nombre des sept autres Capitaines-commandans; autrement le Capitaine de la compagnie de Chasseurs sera choisi par le Colonel entre les Capitaines-commandans.

XLVI. Les Capitaines qui se trouveront sans compagnie, seront placés suivant

suivant la date de leurs Commissions, dans les différentes compagnies, en qualité de Capitaine en second; savoir: les deux plus anciens aux deux premières compagnies de Fusiliers, celui qui sera choisi par le Colonel à la compagnie de Chasseurs, à moins que l'un des anciens Capitaines de Chasseurs ne se trouve dans la classe des Capitaines en second; et en ce cas, il restera attaché en cette qualité à la compagnie de Chasseurs: les autres seront employés par ordre d'ancienneté aux compagnies de Fusiliers.

XLVII. Les deux Lieutenans de Grenadiers resteront attachés à la compagnie réunie de Grenadiers, en qualité de Lieutenant en premier et Lieutenant en second. Les neuf plus anciens Lieutenans seront employés par ordre d'ancienneté, en qualité de Lieutenant en premier à la compagnie de Chasseurs et à celle de Fusiliers; le Colonel choisira néanmoins celui de Chasseurs, si l'un des titulaires n'est pas dans le cas, par son ancienneté, de rester dans la classe des Lieutenans en premier: les autres Lieutenans rempliront les places de Lieutenans en second. Dans ces opérations, les deux Sous-aides-majors concourront par ancienneté avec les Lieutenans.

XLVIII. Les Sous-lieutenans de Grenadiers resteront également à leur compagnie, où ils seront employés par ancienneté. Les autres Sous-lieutenans seront employés par ancienneté, aux autres compagnies, à l'exception de celle de Chasseurs, pour laquelle le Colonel fera son choix, s'il y a lieu, comme à l'article précédent.

XLIX. Entre les quatre Porte-drapeaux qui existent actuellement dans chaque régiment, l'Inspecteur choisira, sur la proposition du Colonel, les deux qui devront entrer dans la nouvelle formation: les deux autres seront employés dans le grade de derniers Sous-lieutenans dans les compagnies de Fusiliers, en attendant qu'ils puissent passer à la compagnie de Grenadiers, dont les Lieutenances et Sous-lieutenances continueront d'être affectées aux Officiers qui auront passé par les grades de bas-Officiers. Au défaut de Sous-lieutenances titulaires, les deux Porte-drapeaux supprimés resteront à la suite, avec leur traitement actuel, jusqu'à ce qu'il vaque des places.

L. Dans les régimens Coloniaux où il n'y a pas de Quartier-maître-trésorier, le Colonel proposera, pour cette fois, à l'Inspecteur, un Lieutenant, Sous-lieutenant ou Porte-drapeau, pour en faire les fonctions, sur la nomination provisoire du Gouverneur, en attendant la confirmation de Sa Majesté.

LI. L'intention de Sa Majesté est qu'entre les Fourriers actuellement existans, les plus anciens soient faits Sergens-majors, et que les autres continuent leur service de Fourrier, en attendant qu'ils deviennent Sergens-majors. Les anciens Sergens seront conservés, et les moins anciens feront le service de Caporal. Les derniers Caporaux feront également le service des Appointés, dont le nombre sera seulement complété; le tout, jusqu'à ce que chacun soit remplacé dans son grade; voulant bien Sa Majesté leur conserver les hautes-payes dont ils jouissent jusqu'à leur remplacement qui aura lieu par préférence.

LII. Les Tambours ou Instrumens, qui excéderont la nouvelle composition, seront placés dans les compagnies comme Fusiliers, s'ils ont la taille prescrite, sans pouvoir prétendre à la haute-paye dont ils jouissent pour l'entretien de leur caisse; et il sera expédié des congés absolus à ceux qui ne se trouveront pas avoir la taille et la tournure pour être admis dans les compagnies de Fusiliers.

LIII. L'Inspecteur ordonnera que les plus anciens Grenadiers, Chasseurs ou Fusiliers qui, avec les Caporaux surnuméraires, devront compléter le nombre des Appointés, réglé par la présente Ordonnance, soient reconnus pour Appointés à la tête de leurs compagnies, et que le plus ancien Tambour de chaque bataillon le soit de même à la tête des Tambours.

LIV. Il ordonnera que les Fusiliers de chaque compagnie y soient *répartis dans les escouades à leur rang*; le premier Fusilier dans la première, le second dans la seconde, le troisième dans la troisième, le quatrième dans la quatrième, le cinquième dans la cinquième, le sixième dans la sixième, le septième dans la septième, le huitième dans la huitième, le neuvième dans la neuvième, le dixième dans la dixième; et ensuite l'onzième dans la première, le douzième dans la seconde, et ainsi de suite, en comprenant, dans cette répartition et à leur rang, les Fusiliers qui se trouveroient aux hôpitaux ou absens: Que les Grenadiers et les Chasseurs soient réunis de même dans les huit escouades de leurs compagnies: Que les escouades ainsi formées, le premier Caporal de chaque compagnie, et sous lui le premier Appointé, aient le commandement de la première; le second Caporal et le second Appointé, celui de la seconde, et ainsi de suite: Qu'ensuite les subdivisions soient formées dans les compagnies de Fusiliers; la première, de la première et sixième escouades; la seconde, de la seconde et septième, etc. Dans la compagnie de Grenadiers et dans celle de Chasseurs, la première de la première et cinquième escouades, la seconde de la seconde et sixième, etc. Et que les Sergens prennent le commandement de ces subdivisions à leur rang; le premier Sergent celui de la première, le second celui de la seconde, etc.

LV. Mais ce rang une fois établi entre les escouades et les subdivisions, l'Inspecteur ordonnera qu'il reste à perpétuité le même; c'est-à-dire, que l'escouade désignée la première, soit toujours la première; l'escouade désignée la seconde, toujours la seconde, etc. quelque soit le rang des Caporaux qui les commanderont: Que de même les subdivisions une fois établies première, seconde, etc. et formées à perpétuité des mêmes escouades, conservent toujours le même rang entr'elles, quelque soit celui des Sergens qui les commanderont: Qu'ainsi les divisions intérieures des compagnies n'éprouvent de changemens, que par les recrues qui entreront dans les compagnies de Fusiliers, ou les nouveaux Grenadiers et Chasseurs, ou par le remplacement de leurs bas-Officiers à de nouveaux grades.

LVI. Enfin, il ordonnera que les divisions soient formées dans les compagnies de Fusiliers: la première, de la première, troisième et cinquième subdivisions; la seconde, de la seconde et quatrième subdivisions. Dans la compagnie de Grenadiers et dans celle de Chasseurs: la première, de la première et troisième subdivisions; la seconde, de la seconde et quatrième subdivisions. Et que dans chaque compagnie, le Lieutenant en premier, et sous ses ordres le premier Sous-lieutenant, aient le commandement, l'inspection et la police spéciale de la première division; et de même le Lieutenant en second, et sous ses ordres le second Sous-lieutenant, celui de la seconde division.

LVII. Les chambrées et les ordinaires seront formés, autant qu'il se pourra, dans l'ordre des escouades, subdivisions et divisions ci-dessus indiqué; de manière que les Soldats des mêmes escouades, subdivisions et divisions logeant et vivant ensemble ou le plus près qu'il se pourra, soient constamment soumis à la vigilance et à la police des mêmes bas-Officiers. Mais ces divisions de police intérieure seront subordonnées dans l'ordre de bataille, à ce que prescrit l'Ordonnance de l'Exercice, relativement à la disposition des Soldats dans le rang, et aux divisions qui doivent y être observées.

LVIII. Après ces dispositions, relatives à l'ordre intérieur des compagnies, l'Inspecteur ordonnera que les deux premiers Capitaines en second passent aux deux premières compagnies de Fusiliers pour les commander, sous l'autorité des deux premiers Capitaines commandans, et qu'ils soient remplacés aux compagnies qu'ils quitteront, par les Capitaines en second, jusqu'alors attachés aux deux premières compagnies, qui se trouveront moins anciens qu'eux : Que la compagnie de Grenadiers soit toujours commandée par le troisième Capitaine-commandant : Celle de Chasseurs par celui des sept derniers Capitaines-commandans que le Mestre-de-camp jugera le plus propre à ce service : Et que cet ordre dans le commandement des compagnies soit toujours observé à l'avenir : Qu'ainsi les deux premières compagnies du régiment commandées par les deux premiers Capitaines-commandans, et sous leurs ordres par les deux premiers Capitaines en second, en restent toujours les premiers, passant seulement d'un bataillon à l'autre, selon le rang respectif de leurs Capitaines-commandans, sans que les deux premiers Capitaines en second attachés à ces compagnies, changent de l'un à l'autre, quelque soit leur rang entr'eux.

LIX. Ces différentes opérations terminées, l'Inspecteur fera une revue du régiment. Le Commissaire des guerres fera aussi la sienne pour servir, à compter de ce jour, au paiement du nouvel état d'appointement, de solde et de masse. Il constatera la nouvelle composition du régiment, par un procès-verbal, dont un double sera adressé au Secrétaire d'État de la Marine.

Mandant Sa Majesté à Mons. le Duc de Penthièvre, Amiral de France, de tenir la main à l'exécution de la présente Ordonnance, en ce qui concerne les droits de sa charge. Mande et ordonne Sa Majesté aux Gouverneurs-généraux et Intendans dans ses Colonies Orientales et Occidentales, ou à ceux qui les représenteront, et à tous autres Officiers qu'il appartiendra, de tenir la main à l'exécution de la présente Ordonnance. Fait à Versailles, le 10 Décembre 1784. *Signé :* LOUIS. *Et plus bas*, le Maréchal DE CASTRIES.

Le Duc DE PENTHIÈVRE, Amiral de France, etc.

Vu l'Ordonnance du Roi ci-dessus, et des autres parts, à nous adressée : Mandons, etc.

R. au Contrôle, le 14 Mai 1785.

LETTRE du Ministre à M. l'Intendant, concernant les Officiers et bas-Officiers du Bataillon auxiliaire, chargés de la conduite des Recrues.

Du 10 Décembre 1784.

JE suis informé, MM., qu'indépendamment des appointemens sur le pied des Colonies attribués à titre de gratification aux Officiers et bas-Officiers du Bataillon auxiliaire chargé de la conduite des Recrues, on a été dans l'usage de leur payer dans les Colonies, pendant le séjour qu'ils y ont fait, une certaine somme par jour pour leur nourriture. L'intention du Roi étant de réformer ces abus, vous voudrez bien donner des ordres, pour qu'à l'avenir il ne soit payé à ces Officiers et bas-Officiers, que les appointemens attachés à leur grade dans les Régimens des Colonies. A l'égard des bas-Officiers, ils recevront en outre une ration par jour des magasins du Roi, comme supplément à leur solde, à l'instar des bas-Officiers des Régimens Coloniaux.

ORDONNANCE de Police du Juge du Cap, concernant le Poisson.

Du 13 Décembre 1784.

SUR la requête à nous présentée par les Marchands de Poisson de cette Ville, et après que le Procureur du Roi s'en est rapporté à la prudence du Siége, Nous Jean-Baptiste-Julien Busson, etc. ayant égard aux représentations desdits Marchands de Poisson, nous ordonnons que tous les poissons de première qualité, et dénommés dans notre Ordonnance du 26 Novembre dernier, qui passeront depuis un quarteron jusqu'à une livre inclusivement, seront vendus à raison d'un escalin et demi la livre; et tous lesdits poissons au-dessous d'un quarteron, quinze sols la livre; sera le surplus de notredite Ordonnance du 29 Novembre dernier, exécuté selon sa forme et teneur. Mandons aux Inspecteurs de Police, etc. *Signé* : BUSSON.

ARRÊT du Conseil du Cap touchant une Veuve Donataire de part d'enfant, qui réclame en nature sa portion de l'argent trouvé dans la Succession de son Mari.

Du 18 Décembre 1784.

A la mort du Sieur Blondel, la Dame sa Veuve et son Gendre déposèrent d'accord, entre les mains d'un Tiers, une somme de 80 *et quelques mille livres en espèces, dont la Veuve réclama* la moitié en justice. *Le Gendre soutint qu'il devoit tout recevoir, l'héritier du sang étant saisi de l'universalité des biens. Sentence avoit ordonné la remise de l'argent au Gendre, à la charge par lui de fournir caution, sauf à la Veuve à exercer ses droits sur la Succession de son mari ; mais la Cour a réformé ce jugement, en se fondant sur ce que la demande de part d'enfant n'est pas sujette à délivrance, et que le survivant en est saisi de droit ; en conséquence elle a accordé la moitié des espèces à la Veuve.*

(Plaidans Mes d'Augy et de Suzanne).

ARRÊT du Conseil du Cap confirmatif de Sentence de l'Amirauté de la même Ville, qui condamne un Capitaine de Navire à payer aux Sieurs Guilbeau et Dubergier, Négocians, le montant des balles de toile par lui débarquées, et gâtées par la pluie sur le Quai, faute d'avoir prévenu à temps pour qu'elles pussent être enlevées.

Du 18 Décembre 1784.

Plaidans Me Viel et Me Darracq.

ARRÊT du Conseil du Cap, qui défend aux Huissiers de prendre des droits pour assistance aux levées de Scellés et aux Inventaires.

Du 20 Décembre 1784.

ENTRE le Sieur Servary, etc. Faisant droit sur les plus amples Conclusions du Procureur-Général du Roi, fait défenses aux Huissiers de comprendre dans leurs comptes, et d'exiger aucun droit pour assistance aux levées des Scellés et Inventaires.

ARRÊT du Conseil du Cap, qui, attendu la mauvaise-foi d'un Débiteur, permet de saisir et arrêter sur lui, nonobstant le Délai accordé pour acquitter les condamnations portées en un précédent Arrêt.

Du 21 Décembre 1784.

VU par la Cour la Requête de Fourneau et Compagnie, Négocians au Cap, expositive que le Sieur T. . . , condamné par Arrêt du mois de Juillet dernier, à leur payer une somme de 12,059 liv. pour compte arrêté, et ayant obtenu par le même Arrêt six mois de délai, abuse de l'indulgence de la Cour; qu'il vient de vendre tous ses Nègres, et d'en convertir le montant en lettres de change, etc. Ouï le rapport de Me Canivet, et tout considéré : LA COUR permet aux Supplians de saisir et arrêter tout ce qu'ils pourront rencontrer appartenant à T. . . , nonobstant le défaut d'expiration du délai, accordé par son Arrêt du . . . Juillet dernier, et ce aux risques, périls et fortune des Supplians; ce qui sera exécuté nonobstant toute opposition.

ARRÊT du Conseil du Cap, qui condamne le Sieur Duhalty, tenant le passage de Jacquezy, à payer aux Sieurs Depoëy 15 barriques de sucre perdues, lors du naufrage de sa barque dans la rade du Cap, et qui faisant droit sur les plus amples Conclusions du Procureur-général du Roi, fait défenses au Sieur Duhalty d'expédier son Bâtiment passager sans Patron blanc, et sous la seule conduite de Nègres esclaves; et pour l'avoir fait, le condamne en 100 liv. d'amende.

Du 22 Décembre 1784.

ARRÊT du Conseil du Port-au-Prince, touchant l'Ordonnance criminelle et le Bris de Prison.

Du 27 Décembre 1784.

LOUIS, etc. Contre les auteurs et fauteurs d'un Bris de Prison, etc. NOTRE COUR, joignant les appels et y faisant droit, a mis les Appellations et les Ordonnances dont est appel au néant; émendant, ordonne que la procédure continuera d'être instruite par d'autres Juges que celui qui a rendu lesdites Ordonnances, et ce, sur les plaintes et à la requête du Substitut de notre Procureur-Général, jusqu'à Sentence définitive, sauf l'appel en la Cour. Fait défenses au Juge de Jérémie de rendre à l'avenir de pareilles Ordonnances, et de surseoir à l'instruction des procédures criminelles; lui enjoint en outre, de se conformer à l'Article 25 du Titre 17 de l'Ordonnance de 1670. Fait en Conseil, etc.

ORDONNANCE du Roi, portant Amnistie générale en faveur des Soldats qui ont déserté des Troupes de Sa Majesté, employées au service de la Marine et des Colonies.

Du 10 Janvier 1785.

DE PAR LE ROI.

SA Majesté ayant accordé par son Ordonnance du 17 Décembre dernier, une Amnistie générale en faveur des Soldats, Cavaliers, Hussards, Dragons et Chasseurs de ses Troupes de terre; et voulant étendre cet acte de bonté aux Soldats Déserteurs de ses Troupes de la Marine et des Colonies, Elle a ordonné et ordonne ce qui suit:

ART. I. Sa Majesté quitte, remet et pardonne le crime de désertion commis; savoir, par les Soldats de ses Troupes de la Marine, et par ceux destinés au service de ses Colonies, étant en garnison en France, avant le 15 de ce mois; et par ceux des Troupes des Colonies y servant actuellement, avant le jour de la publication de la présente Ordonnance à la tête desdites Troupes, soit que lesdits Soldats ayent passé de ces Troupes dans d'autres Corps, qu'ils se soient retirés dans les provinces du Royaume et dans les Colonies françoises, qu'ils soient détenus dans les Dépôts ou Galères affectées aux Déserteurs, ou dans les prisons, ou qu'ils ayent passé dans les Pays étrangers: Défendant Sa Majesté à tous Officiers et autres ses sujets, de les inquiéter pour raison dudit crime de désertion, ni de les obliger, sous quelque prétexte que ce puisse être, à rentrer dans les Troupes d'où ils auront déserté; sans que la présente Amnistie puisse s'étendre à ceux qui se trouveront avoir déserté depuis les époques ci-dessus fixées, ni les exempter des peines portées par l'Ordonnance du 13 Janvier 1776, laquelle sera, jusqu'à nouvel ordre, rigoureusement exécutée; et à condition que les Déserteurs qui sont en Pays étrangers, reviendront dans l'espace de deux ans, à compter desdites époques, dans les terres de la domination de Sa Majesté, à peine d'être déchus de la présente Amnistie.

L'intention de Sa Majesté est que les Soldats desdites Troupes de la Marine et des Colonies, qui sont absens sur des congés de semestre ou des permissions datés en France depuis le 1er Juillet 1784, ou sur de pareils congés de semestre ou permissions délivrés dans les Colonies, et dont le terme n'est pas encore expiré, ne puissent se dispenser de rejoindre lesdites Troupes, sous prétexte de l'Amnistie.

II. Entend pareillement Sa Majesté, que les Soldats desdites Troupes qui, après avoir déserté, se sont engagés dans d'autres Corps, soit de terre ou de mer, ou au service des Colonies, y continuent leur service jusqu'à l'expiration des engagemens qu'ils ont contractés, sans qu'ils puissent se prétendre dispensés de satisfaire auxdits engagemens, en vertu de la présente Amnistie. Veut néanmoins Sa Majesté, que les engagemens que tous Déserteurs quelconques ont contractés pour seize ans, dans les Régimens et Troupes des Colonies, soient et demeurent réduits à huit ans, en vertu de la présente Ordonnance.

III. Sa Majesté autorise les Commandans et Officiers de ses Troupes, à admettre dans les différens Corps, les Déserteurs qui, ayant profité de l'Amnistie, se présenteront volontairement pour y servir comme de bons et fidèles sujets.

Mande et ordonne Sa Majesté à Mons. le Duc de Penthièvre, Amiral de France, aux Vice-Amiraux, Lieutenans-généraux, Intendans, Chefs d'escadres, Commissaires-généraux Ordonnateurs, aux Commandans-généraux et particuliers dans ses Colonies, aux Officiers de l'État-major de ses Troupes de la Marine et des Colonies, aux Prévôts-généraux de Maréchaussée, et à tous autres ses Officiers et Justiciers qu'il appartiendra de tenir la main, chacun à son égard, à l'exacte exécution et observation de la présente Ordonnance, laquelle Sa Majesté veut être lue et publiée à la tête des Corps, qui seront à cet effet assemblés aussitôt qu'elle sera parvenue aux Commandans desdits Corps, et de suite affichée par-tout où besoin sera, à ce que personne n'en ignore le contenu : Ordonne Sa Majesté aux Commissaires de la Marine, d'en faire lecture à chacune de leurs revues, aux Troupes qui passeront lesdites revues. Fait à Versailles, le 10 Janvier 1785. *Signé :* LOUIS. *Et plus bas :* le Maréchal DE CASTRIES.

Le Duc de Penthièvre, Amiral de France.

Vu l'Ordonnance du Roi des autres parts, à nous adressée: Mandons, etc.

Publié à la tête de la Garnison du Port-au-Prince, le 26 Avril 1785.

ORDONNANCE de Police du Lieutenant de l'Amirauté de Saint-Marc, touchant les Navires Nationaux et Étrangers qui commercent ou mouillent dans les Ports de ladite Amirauté.

Du 11 Janvier 1785.

LOUIS-Jean-Marie de Bourbon, Duc de Penthièvre, Amiral de France. A tous ceux, etc.

Sur ce qui nous a été remontré par le Procureur du Roi de l'Amirauté de Saint-Marc, qu'une longue tolérance a fait tomber dans l'inexécution les Ordonnances et les Règlemens les plus sages, au sujet de l'arrivée des Navires et Bâtimens dans les ports et rades ressortissant à cette Amirauté; que la plupart de ceux venant d'Europe ou des Isles du Vent pour faire leur vente à Saint-Marc, ne font point de rapport aux Officiers de l'Amirauté, et ne peuvent par conséquent être visités; que d'autres, sous prétexte de n'y passer que quelques jours, s'exemptent du même rapport, et lèvent l'ancre sans avoir satisfait aux formalités prescrites par les Ordonnances; que plusieurs vont mouiller à leur arrivée aux Gonaïves, où, sans avoir fait aucun rapport, sans avoir été visités, ils font leur vente; ce qui, dans tous les cas, est contraire au vœu du Règlement du Roi, qui ne permet auxdits Bâtimens d'entrer que dans les ports ou rades de la Colonie où il y a Amirauté, ainsi qu'il résulte de l'Article 12 dudit Règlement.

Que d'un autre côté il entre continuellement dans le port de Saint-Marc une multitude de Bâtimens de toute grandeur qui, sous l'apparence de faire le cabotage le long de la côte, trompent la vigilance des Officiers de l'Amirauté; que cependant les différentes

Ordonnances et instructions adressées à ces Officiers par MM. les Général et Intendant de Saint-Domingue, leur prescrivent de soumettre ces Bâtimens, ou du moins partie d'iceux, aux visites ordinaires; que d'abord par leur Ordonnance en date du 6 Juillet 1739, tous les bateaux se disant venir des Isles du Vent doivent être visités; qu'en second lieu, par leur lettre du 27 Juillet 1773, ils prescrivent de visiter les Bâtimens Espagnols à leur arrivée et avant leur départ: qu'enfin leur lettre du 26 Août 1773, adressée à ces mêmes Officiers, leur mande d'assujettir aux visites ordinaires tous les Bâtimens de trente tonneaux et au-dessus.

Que d'après les instructions des Représentans de Sa Majesté, les Officiers de l'Amirauté ne peuvent donc se dispenser de visiter les Bâtimens du port de trente tonneaux et au dessus, arrivant à Saint-Marc, même de moindre port s'ils leur paroissent suspects; mais que pour les visites il faut être prévenu; que le Capitaine de port l'ignore souvent lui-même, parce que la plupart des Maîtres ou Capitaines de ces Bâtimens se dispensent de lui en donner avis; qu'il est donc nécessaire d'assujettir lesdits Capitaines ou Maîtres, à en informer, tant le Capitaine de port que le Greffier de l'Amirauté, chargé d'ailleurs par le Règlement du Roi de 1717, de viser leur congé.

Qu'en outre plusieurs desdits Bâtimens importent des Nègres, et les Capitaines ou Maîtres ne font point de difficulté de les vendre ou mettre à terre, sans avoir fait aucune déclaration, sans que la visite ordinaire et celle de santé ayent été faites, sans que la permission du déchargement desdits Nègres ait été donnée, tant par le Commandant pour le Roi, que par les Officiers de l'Amirauté; que cependant rien n'est plus précis que le vœu des Ordonnances pour toutes ces formalités: qu'en effet l'Ordonnance de Sa Majesté du 25 Septembre 1744, veut que les Capitaines fassent la déclaration des Nègres qu'ils ont à leur bord, et que si, lors de la visite, il s'en trouve d'omis ou recelés, lesdits Nègres soient confisqués, le Capitaine destitué, et condamné en outre à mille livres d'amende.

Que l'ordre du Roi du 25 Juillet 1724, fait très-expresses défenses aux Capitaines des Bâtimens portant des Nègres, de vendre aucuns desdits Nègres, et à toutes personnes d'en acheter, avant que la visite de santé ait été faite à bord desdits Bâtimens, et que la permission de mettre les Nègres à terre ait été accordée, et ce, sous les mêmes peines que ci-dessus.

Enfin, que la Chambre de Commission, séant au Port-au-Prince, a rendu, en présence de MM. les Général et Intendant, un Arrêt en date du 2 Juin 1773, dont il résulte que les Capitaines ou Maîtres de tous les Bâtimens qui abordent et mouillent dans les ports, ayant des Nègres en chargement, ne peuvent en mettre à terre que la descente n'en ait été ordonnée par les Officiers de l'Amirauté, et ceux-ci ne peuvent l'ordonner avant qu'il leur ait été justifié de la visite de santé, faite par les Médecin et Chirurgien du Roi.

Que rien n'est plus sage sans doute que cette disposition; qu'elle tend à la conservation des citoyens qui seroient exposés, sans cette précaution, à participer aux maladies contagieuses qui règnent très-souvent parmi les Nègres que l'on amène; que non-seulement les Navires arrivant de l'Afrique, renferment souvent cette contagion dans leur sein, mais encore les Bâtimens qui se chargent au Cap ou ailleurs d'une certaine quantité de Nègres, sont souvent infectés de ces épidémies; soit que le mal, fomenté pendant la traversée d'Afrique, ne se déclare que pendant la seconde, soit qu'il prenne sa source dans la petitesse de ces nouveaux Bâtimens où les Nègres sont entassés (ce qui occasionne une plus prompte corruption de l'air qu'ils respirent), qu'il n'en est pas moins vrai que le danger dont ils menacent les citoyens, soit dans leurs propres personnes, soit dans leurs esclaves, suffit pour que le Ministère public tienne rigoureusement la main à l'exécution des Ordonnances sur ce point.

Enfin, qu'il entre assez souvent, soit dans le port de Saint-Marc, soit dans les autres rades ressortissant à l'Amirauté de cette ville, des Bâtimens étrangers ou Anglo-Américains, forcés d'y relâcher par tempête ou autres besoins pressans, lesquels Bâtimens ne font point de déclaration, ne sont point visités, débarquent ainsi clandestinement des marchandises étrangères et en embarquent de Coloniales, et contreviennent ainsi aux Ordonnances de Sa Majesté, et notamment aux Lettres-patentes du mois d'Octobre 1727; lesquelles Lettres-patentes au surplus, ne permettent auxdits Bâtimens de relâcher en aucun cas que dans le port même de Saint-Marc, et non dans les autres ports ou rades ressortissant à cette Amirauté. A ces causes, requéroit le Procureur du Roi, qu'il nous plût remédier à l'inobservation des Loix et Ordonnances sur cette matière. *Signé :* DE BOURGEL.

Nous, faisant droit sur la remontrance du Procureur du Roi, avons ordonné et ordonnons :

1°. Que les Articles XI, XII et XIV du titre IV du Règlement du Roi, en date du 12 Janvier 1717, seront exécutés selon leur forme et teneur ; en conséquence, que tous les Maîtres ou Capitaines de Navires ou Bâtimens, autres que ceux qui naviguent le long des côtes de Saint-Domingue, arrivant dans les ports ou rades ressortissant à l'Amirauté de Saint-Marc, feront leur rapport aux Officiers de ladite Amirauté, dans les vingt-quatre heures de leur arrivée, à peine d'amende arbitraire ; leur faisons défenses de décharger ou vendre aucune des marchandises ou effets de leur bord, avant que d'avoir fait leur rapport, si ce n'est en cas de péril et événement, à peine de punition corporelle contre les Capitaines ou Maîtres, et de confiscation de marchandises déchargées ou vendues ; leur faisons défense de sortir de la rade sans avoir rempli cette formalité. Recommandons au Capitaine de Port de tenir la main à l'exécution de la présente disposition, et de prévenir le Procureur du Roi de l'Amirauté, en cas de contravention de la part d'aucuns des Capitaines ou Maîtres.

2°. Faisons défenses auxdits Capitaines ou Maîtres, de mouiller au Port des Gonaïves, et d'y décharger aucune marchandise, à peine de mille livres d'amende, et de confiscation des marchandises déchargées : leur permettons seulement d'y envoyer des marchandises pendant le cours de leur vente, et d'y aller charger dans leurs Bâtimens, des denrées Coloniales, toutefois après en avoir obtenu la permission des Officiers de l'Amirauté. Recommmandons au Substitut du Procureur du Roi, à la résidence des Gonaïves, de veiller à l'exécution de la présente disposition, en se faisant représenter lesdites permissions, et de dresser des Procès-verbaux des contraventions, lesquels Procès-verbaux il adressera sur le champ au Greffe de l'Amirauté.

3°. Ordonnons que la lettre de MM. les Général et Intendant aux Officiers de l'Amirauté de Saint-Marc, en date du 26 Août 1773, sera exécutée suivant sa forme et teneur ; en conséquence, que les Officiers de ladite Amirauté, se transporteront à bord de tous les Bâtimens du port de trente tonneaux et au-dessus, qui arriveront dans le Port de Saint-Marc, de quelque lieu qu'ils viennent, même de moindre port, s'ils leur paroissent suspects, pour en faire la visite, conformément à ladite lettre. Et pour cet effet, enjoignons à tous Capitaines, ou Maîtres de Bâtimens qui naviguent le long des côtes de cette Ville, de quelque grandeur qu'ils soient, de donner, sur le champ, avis de leur arrivée, tant au Capitaine de Port, qu'au Greffier de l'Amirauté, à l'effet d'être pourvu ainsi qu'il appartiendra, soit à la visite de leur Bâtiment, s'il y écheoit, soit seulement au visa à mettre sur leur congé par ledit Greffier. Recommandons également au Capitaine de Port de tenir la main à l'exécution de la présente disposition, et de prévenir le Procureur du Roi de l'Amirauté en cas de contravention de la part d'aucuns desdits Capitaines ou Maîtres, qui seront alors condamnés à cinq cents livres d'amende.

4°. Ordonnons que l'ordre du Roi, en date du 25 Juillet 1724, que les Articles XX et XXI de l'Ordonnance de Sa Majesté du 25 Septembre 1744, enfin, que l'Arrêt de la chambre de Commission, en date du 2 Juin 1773, seront exécutés suivant leur forme et teneur; en conséquence, enjoignons à tous Maîtres et Capitaines de Navires, ou autres Bâtimens, de quelque grandeur qu'ils soient, et de quelque lieu qu'ils viennent, ayant à leur bord cargaison de Nègres, en tout ou en partie, de faire, aussi-tôt après leur arrivée dans les ports ou rades de l'Amirauté de Saint-Marc, leur rapport aux Officiers de ladite Amirauté : leur faisons défense de vendre, ou faire descendre de leur bord, aucun desdits Nègres, que la visite de santé prescrite par les Ordonnances, n'ait été faite par les Médecin et Chirurgien du Roi, et que la descente desdits Nègres n'ait été permise, tant par le Commandant pour le Roi, que par les Officiers de l'Amirauté; le tout à peine de mille livres d'amende contre lesdits Capitaines ou Maîtres, qui seront en outre déclarés incapables de commander, et de confiscation desdits Nègres.

5°. Ordonnons que les Articles III, XI et XVI du Titre premier des Lettres-patentes de Sa Majesté, du mois d'Octobre 1727, seront exécutés suivant leur forme et teneur; en conséquence, faisons défenses à tous Bâtimens étrangers, ou Anglo-Américains, d'aborder dans les ports ou rades ressortissant à l'Amirauté de Saint-Marc, sous quelque prétexte que ce soit, à peine de confiscation des Bâtimens et de la Cargaison; leur permettons seulement d'entrer dans le Port de Saint-Marc, lorsqu'ils seront forcés de relâcher par tempête ou autres besoins pressans, auquel cas les Capitaines, ou Maîtres desdits Bâtimens, seront tenus de faire leur déclaration, et de remplir les autres formalités prescrites par les Ordonnances. Leur faisons défenses de rien débarquer, vendre ni débiter, si ce n'est pour le coût des dépenses qu'ils seront nécessités de faire dans leur relâche, comme aussi d'embarquer à leur départ aucun Nègre ou denrée Coloniale, le tout à peine de confiscation des Bâtimens, de leur chargement, et de mille livres d'amende, qui sera payeé solidairement par le Capitaine et les gens de l'équipage.

6°. Ordonnons que la présente sera lue, publiée et affichée sur tous les Quais tant de Saint-Marc que des autres lieux et bourgs du où les Bâtimens peuvent mouiller, et que copie duement collationnée en sera délivrée et notifiée au Capitaine de Port de ladite Ville, qui tiendra la main à son exécution.

Donné de Nous, Jean-Jacques Gatien Bretton des Chapelles, Conseiller du Roi, Lieutenant d'Amirauté de Saint-Marc, en notre Hôtel, le 11 Janvier 1785. *Signé :* DE BOURCEL et BRETTON DES CHAPELLES.

ARRÊT du Conseil du Port-au-Prince, qui défend au Greffier de la Sénéchaussée de Saint-Marc, de lire aux Accusés les Sentences qui porteront condamnation à peines corporelles ou infamantes.

Du 19 Janvier 1785.

LOUIS, etc. Contre le nommé Nicolas Boinquent, etc. LA COUR fait défenses au Greffier de la Jurisdiction de Saint-Marc, de faire lecture aux accusés des Sentences, dont les condamnations porteront peines corporelles et infamantes.

ARRÊT du Conseil du Cap, qui 1°. déclare nul le legs universel porté en un Testament olographe fait dans la Colonie, par une Personne dont le domicile étoit à Marseille, attendu la prétérition de la Mère du Testateur; et 2°. statue sur des contestations entre Avocats.

Du 19 Janvier 1785.

ENTRE le Sieur Collot, au nom et comme veuf et donataire mutuel en toute propriété de demoiselle Berard, son épouse, qui étoit veuve du Sieur Monjal, et seule et unique héritière du Sieur Monjal, son fils, d'une part; Et le Sieur Ouvière, Négociant à Marseille, d'autre part; Et Me de Verville, Curateur aux Successions vacantes du Fort-Dauphin, aussi d'autre part; Ouïs les Avocats des Parties, ensemble Deschamps, Substitut du Procureur-Général du Roi, et tout considéré : LA COUR, joignant les plaintes, appels, incidens et demandes respectives des Parties à l'appel principal, statuant sur le tout par un seul et même Arrêt, en ce qui touche l'appel principal de la Sentence du Juge du Fort-Dauphin du 12 Juin 1783 (*qui ordonnoit que les Sieur et Dame Collot plaideroient au fond sur la demande en délivrance de legs du Sieur Ouvière*), tient l'instance pour bien reprise; prononçant sur icelle, a mis et met l'Appellation et Sentence dont est appel au néant, émendant, évoquant le principal et y faisant droit, sans s'arrêter, ni avoir égard à la demande en délivrance de legs formée par Ouvière, dont il demeure débouté, non plus qu'au testament de Jean Monjal, du 16 Décembre 1781, que la Cour déclare nul et de nul effet, quant aux dispositions universelles y portées, maintient et garde le Sieur Collot en sa qualité dans la propriété, possession et jouissance de tous les biens composant la Succession dudit Jean Monjal, situés tant dans la Colonie qu'en France, à la charge par lui, suivant ses offres, d'accomplir les legs particuliers portés audit Testament; condamne Ouvière à faire remise de ceux desdits biens dont il s'est emparé, et à lui restituer les jouissances depuis la détention jusqu'au jour de la remise réelle et effective d'iceux, etc.

Et faisant droit sur les plus amples Conclusions du Procureur-Général du Roi, lui donne acte du rapport par lui fait à la Cour de la dénonciation qui lui a été faite par D. . . . de l'Art. 2 de la signification à lui faite de la part de L. . . ; en conséquence ordonne la suppression dudit Article de ladite dénonciation, comme offensant pour ledit D. . . . en particulier, et tous ceux que ledit L. . . . a eu en vue sous la dénomination de ses écoliers, et lui enjoint de parler avec égard et honnêteté dudit D. . . , son ancien; donne acte au Procureur-Général du Roi de la plainte par lui rendue contre un imprimé; faisant droit sur ladite plainte, ordonne la suppression dudit imprimé, intitulé *Journal*, comme inutile à la cause, uniquement fait par ledit L. . . , pour injurier ses confrères, notamment D. . . , et ayant tous les caractères d'un vrai libelle; ordonne que Dufour, Imprimeur, sera tenu de remettre au Greffe de la Cour la minute dudit imprimé, pour y demeurer supprimée, etc.

ARRÊT du Conseil du Cap confirmatif, en ce chef, d'une Sentence arbitrale, portant, que sans avoir égard à des lettres de rescision déclarées sans objet quant à ce, les Intérêts des avances faites par des Négocians à un Habitant, et souscrites par acte notarié sur le pied de 10 *pour cent, seront réduits à cinq pour cent, sans préjudice des* 10 *pour cent de Commission sur les revenus.*

Du 20 Janvier 1785.

ENTRE les Sieurs Auger, Andrieux, Orry et Compagnie, ci-devant Négocians au Cap, Appelans; Et les donataires de M. Pillat de Villeblain, Habitant.

Au rapport de M. Le Gris, Conseiller.

ORDONNANCE *du Juge de Police de Saint-Marc, touchant la Vente du Tafia.*

Du 22 Janvier 1785.

JEAN-Jacques Gatien Bretton des Chapelles, etc.

Sur ce qui nous a été remontré par le Procureur du Roi, que quelque sages que soient les dispositions de l'Ordonnance de MM. les Général et Intendant, en date du 4 Décembre 1777, concernant le débit du Tafia, la cupidité des Cabaretiers ne laisse pas de les enfreindre journellement; qu'il s'est même établi une infinité de gens qui n'ont d'autre commerce que de vendre du Tafia, non-seulement à pot et à pinte, mais encore à verre: que cette facilité donne lieu aux désordres les plus grands; que d'un côté les esclaves, dont les ressources ne sont pas fort pécuniaires, trouvent à peu de frais le moyen de s'enivrer au préjudice du service de leurs Maîtres; et de l'autre, que les Marchands, peu délicats, reçoivent en paiement d'une bouteille, ou même d'un verre de cette boisson, tous les objets que les esclaves peuvent enlever, soit de la maison de leurs Maîtres, soit de celle des autres particuliers; qu'il est donc nécessaire d'arrêter promptement ce mal qui devient de plus en plus contagieux. A CES CAUSES, requéroit le Procureur du Roi qu'il nous plût y pourvoir. A cet effet, sans avoir égard aux différentes Ordonnances par nous rendues sur le débit du Tafia, lesquelles nous déclarons comme non-avenues: Disons et ordonnons que le Règlement du 4 Décembre 1777 sera exécuté suivant sa forme et teneur; en conséquence faisons défenses à tous Cabaretiers, Gargotiers, Cantiniers, et autres personnes quelles qu'elles soient, de détailler ou faire débiter du Tafia à verre, pot ou pinte, et même en toute autre mesure qui ne contienne douze bouteilles, à peine de trois cents livres contre les Blancs, et de pareille somme et de prison contre les Esclaves, et de trois cents livres contre leurs Maîtres, laquelle amende sera, dans tous les cas, applicable moitié au Roi, et moitié à la Police, ou à son défaut à la Maréchaussée, lorsque l'une ou l'autre aura constaté les contraventions par des Procès-verbaux en due forme. Enjoignons, tant aux Officiers de police qu'à ceux de la Maréchaussée, résidans dans les villes et bourgs du ressort, de veiller soigneusement à l'exécution de la présente Ordonnance, à peine d'être réputés complices ou fauteurs des contraventions, et poursuivis comme tels, et punis suivant la rigueur des loix. Ordonnons que la présente sera lue, publiée et affichée, tant dans la Ville et Banlieue, que dans les Bourgs et Paroisses du ressort. Donné en la Chambre de Police, le 22 Janvier 1785, et avons signé avec le Procureur du Roi. *Signé :* DE BOURCEL et BRETTON DES CHAPELLES.

ARRÊT du Conseil du Port-au-Prince, touchant les Tanneries.

Du 26 Janvier 1785.

LOUIS, etc. Vu, etc. Entre Maillard, etc; Et notre Procureur-Général etc.; la Sentence rendue contre Liege, Ferian et Bussiere, laquelle donne acte audit Bussiere de sa déclaration, que, depuis la Sentence du 17 Septembre dernier, il a cessé tous ouvrages de tannerie, ayant égard aux exceptions, le renvoie hors d'assignation; et vu la Requête présentée en 1780 par divers Habitans de cette Ville contre les Tanneries, le Procès-verbal dressé le 25 Octobre de la même année par les Médecin et Chirurgien du Roi de cette Ville, en présence du Sénéchal; la Sentence rendue par ledit Juge, le 30 du même mois d'Octobre, qui homologue ledit Procès-verbal, et fait défenses aux Tanneurs de continuer tous leurs établissemens; vu ce qui résulte encore du Procès-verbal dressé par les Officiers de Police de cette Ville, le 30 Août dernier, et la Requête présentée par divers autres habitans voisins desdits Liege, Ferian, etc.; la Sentence du 17 Septembre dernier, qui leur accorde un nouveau délai d'un mois pour cesser des établissemens aussi préjudiciables à la salubrité de l'air; vu encore la permission surprise par Liege, Maillart, etc. de MM. les Général et Intendant pour continuer leurs établissemens, pourvu qu'il n'y ait aucunes plaintes de la part des voisins; ouï le Substitut de notre Procureur-Général en ses Conclusions verbales, déclare les permissions susdites subreptices et obreptices, en ce que les demandes sur lesquelles elles ont été obtenues, ne font mention ni des plaintes des voisins, ni du Procès-verbal des Médecin et Chirurgien du Roi, qui constatent que les Tanneries sont préjudiciables à la santé publique, ni des jugemens juridiques qui les ont proscrites; ordonne en conséquence auxdits Maillard, Liege, etc. de cesser leurs établissemens en Tanneries, leur fait défenses d'en établir, si ce n'est à trois cents toises de la Ville, conformément à l'Arrêt de Règlement de la Cour concernant les guildiveries; et pour n'avoir pas satisfait aux précédentes Sentences, les condamne chacun en 300 livres d'amende, applicable moitié à la Police, moitié au Roi, sauf, en cas de récidive, à prononcer de plus grandes peines; ce qui sera exécuté, attendu qu'il s'agit de matière de police; l'Arrêt tenant lieu de lettres d'appel de ladite Sentence : NOTRE COUR a mis et met l'Appellation et Sentence dont est appel au néant; en ce que par icelle l'établissement en Tannerie de la Partie de Salaignac auroit été détruit; émendant quant à ce, autorise ladite Partie de Salaignac à conserver ledit établissement, à la charge par elle, suivant ses offres, de reculer ledit établissement à cent soixante pieds au-delà du lieu où il est situé, et à la charge encore de détruire ledit établissement dans le cas où par la suite quelques voisins, qui viendroient s'établir auprès, s'en trouveroient incommodés; ladite Sentence au résidu sortissant effet, l'amende remise.

ARRÊT du Conseil du Cap pour la Réception d'un Avocat, et Arrêté de la même Cour, portant qu'il conservera l'Office de Substitut du Procureur-Général en icelle.

Du 27 Janvier 1785.

VU par la Cour la matricule d'Avocat au Parlement de Paris, accordée à Me Germain-Eustache Deschamps, le sept Septembre mil sept cent soixante-neuf, duement collationnée, au dos de laquelle se trouve le *visa* de M. de Bongars, Intendant de cette Colonie; la Requête dudit Me Deschamps, aux fins d'être admis à militer en qualité d'Avocat en la Cour, à la charge de prêter le serment en tel cas requis; Conclusions de Brulley, Substitut du Procureur-Général du Roi; Ouï le rapport de M. Ruotte, Conseiller, et tout considéré: LA COUR a reçu et reçoit Germain-Eustache Deschamps en qualité d'Avocat en icelle, pour exercer ladite profession aux droits & émolumens y attribués, de même et tout ainsi qu'en jouissent les autres Avocats; lui donne acte du serment par lui présentement fait, de bien et fidèlement se comporter dans l'exercice de ladite profession, et de se conformer aux Ordonnances de Sa Majesté, Arrêts et Règlemens de la Cour, ordonne que ladite matricule, ensemble le *visa* dont s'agit, seront et demeureront enregistrés au Greffe d'icelle.

Ce jour, la Cour, pour témoigner à Me Deschamps la satisfaction qu'elle a de ses services, en qualité de Substitut du Procureur-Général du Roi, et en même temps qu'elle l'a admis au serment d'Avocat plaidant, postulant en la Cour, a arrêté, sans tirer à conséquence, qu'il conservera son office de Substitut, pour en remplir les fonctions dans les affaires dont il n'aura point connu comme Avocat.

ARRÊT du Conseil du Cap, qui renvoie le Marguillier de la Paroisse du Trou à se faire colloquer, pour venir avec les autres Creanciers de M. le Comte de Baunay, dans la répartition des revenus des biens de sa Succession, pour raison de deux obit *par lui fondés par son Testament.*

Du 27 Janvier 1785.

ENTRE le Sieur Pichon, Marguillier; Et M. et Mme la Princesse de Craon. Plaidans MMes. Prevost et d'Augy.

Le Marguillier demandoit à être payé par privilége et préférence des 6000 liv. du legs.

ARRÊT du Conseil du Cap, qui en annullant une Délibération de la Paroisse du Fort-Dauphin, décharge un ancien Marguillier de la condamnation prononcée par Sentence du Siége de ladite ville du Fort-Dauphin, des intérêts du montant de la perception par lui faite d'une cotisation volontaire pour la Fontaine de la même ville.

Du 31 Janvier 1785.

ENTRE le Sieur Garat, ancien Marguillier; Et M. Bourgeois Desgrantes, Marguillier actuel. Plaidans Mes. Carles et le Loup Desrelles. Sur les Conclusions de Me Deschamps, Substitut de M. le Procureur-Général.

LETTRE

LETTRE du Ministre aux Administrateurs sur les fonctions des Officiers des Sénéchaussées, dans les Amirautés réunies auxdites Sénéchaussées.

Du 4 Février 1785.

J'AI reçu, MM., votre lettre du 14 Octobre dernier, par laquelle vous me marquez, que vous n'avez pas trouvé joint au brevet de Procureur du Roi de la Sénéchaussée de Saint-Marc accordé au Sieur Bourcel, celui de l'Amirauté qu'il est d'usage d'expédier en même temps. Je vous l'ai adressé avec une lettre du 17 Septembre dernier, qui vous sera sans doute parvenue. Comme les nominations de M. l'Amiral éprouvent quelquefois des retards, il convient que dans les lieux où les deux siéges sont réunis, vous autorisiez les Officiers nommés à des places dans les Juridictions, à exercer provisoirement les mêmes fonctions dans les Amirautés. Cet arrangement préviendra tout inconvénient.

LETTRE du Ministre aux Administrateurs, touchant la Place Vallière, au Port-au-Prince.

Du 10 Février 1785.

J'AI reçu, MM., votre lettre du 27 Septembre dernier, relative à l'Arrêt du Conseil d'Etat du 15 Novembre 1783, concernant la place de Vallière, que je vous avois adressé avec un ordre du Roi pour son exécution. Ce qui concerne M. de Choiseul paroît terminé, par le paiement qu'il a fait ès mains du Trésorier de la Colonie, des sommes qu'il avoit reçues pour le prix de la vente de sa concession. Les nouvelles circonstances dont vous me rendez compte, exigent que la Place de Vallière, dont le dernier incendie a fait regretter la perte, soit rendue au Public. Le Roi vous charge en conséquence, de procéder à l'exécution de l'Arrêt et de l'Ordre de Sa Majesté, un mois après la réception de cette Dépêche. Ce terme a été accordé à M. de Reynaud, pour lui procurer les moyens de se faire représenter, s'il le juge à propos, par un fondé de procuration. M. Le Brasseur est parti depuis quatre mois pour l'Isle de France; mais il avoit été suffisamment prévenu. Ainsi, rien ne devra vous arrêter après le mois écoulé, et vous procéderez à l'opération dont vous êtes chargé, soit qu'il se présente ou qu'il ne se présente pas de fondés de procuration pour défendre les intérêts de MM. de Reynaud et Le Brasseur. Vous voudrez bien m'en rendre compte par les premières occasions.

ARRÊT du Conseil du Port-au-Prince, qui 1° condamne un Nègre, assassin d'un Blanc, à faire amende honorable, à avoir les deux poings coupés, et à être rompu vif; 2° fait défenses de louer des maisons aux Esclaves, et de les laisser vaguer moyennant une rétribution; 3°. prive le Maître du prix du Nègre supplicié, attendu qu'il avoit souffert cet abus; et 4° adjuge le montant de ce prix à un Nègre, Brigadier de Police, à titre de gratification, pour avoir fait découvrir des Assassins.

Du 11 Février 1785.

VU, etc.: LA COUR a condamné le nommé Pierre Louis, Perruquier, Nègre, etc. Et faisant droit sur les Conclusions du Procureur-Général, ordonne que les Arrêts de Règlement des 20 Juin 1772 et 20 Décembre 1783, seront exécutés suivant leur forme et teneur. En conséquence, fait défenses à tous Propriétaires, de quelque qualité et condition qu'ils soient, de louer à des Nègres esclaves, des maisons en tout ou en partie, sous quelque prétexte que ce soit; fait pareillement défenses à toute personne possédant des esclaves, de leur permettre de faire aucun commerce pour le compte desdits esclaves, et de les laisser errans et vagabonds et vivre à leur gré, moyennant une rétribution, soit par jour, soit par mois, à peine, contre les propriétaires de maisons et d'esclaves, de 1,000 liv. d'amende pour la première fois, et en outre de confiscation desdits esclaves au profit de Sa Majesté, en cas de récidive. Enjoint aux Officiers de justice de veiller avec exactitude à l'exécution dudit Réglement.

Et attendu la contravention du Sieur G. . . . auxdits Arrêts de Règlemens, le condamne en l'amende de 1000 liv., et le déclare en outre déchu de l'indemnité de 1200 liv., accordée sur la caisse des droits municipaux aux Propriétaires de Nègres suppliciés. Ordonne en outre, que pour récompenser le Nègre Jean Pierre, Brigadier de Police, de son activité et de son intelligence à découvrir les auteurs de l'assassinat du Sieur Castets, les 1200 liv. dont le Sieur G. . . . se trouve déchu, seront données audit Nègre Jean Pierre, pour lui tenir lieu de gratification.

Ordonne au surplus, que le présent Arrêt sera imprimé, lu, publié et affiché ès carrefours et lieux accoutumés de cette Ville, et copies duement collationnées d'icelui envoyées, à la diligence de notre Procureur-Général, aux Juridictions du ressort, pour y être pareillement lu, publié et affiché, etc.

ARRÊT du Conseil du Cap touchant l'emprisonnement d'un Contremaître, fait par ordre du Commissaire aux Classes.

Du 11 Février 1785.

ENTRE le Sieur Behirac, Capitaine du Brick le bon ami ; Et M. le Procureur-Général. (Plaidans Me Carles et Me Deschamps, Substitut de M. le Procureur-Général.

Le nommé Cept, Contremaître, ayant dit que le Brick étoit pourri, sur la plainte du Capitaine, il est emprisonné à la geole du Fort-Dauphin, de l'ordre du Commissaire aux classes. Le Procureur du Roi de l'Amirauté donne sa remontrance, sur laquelle une première Sentence du 31 Janvier ordonne l'élargissement provisoire de Cept, et une nouvelle visite du Brick, lequel sera viré en quille ; et une seconde du 3 Février, ordonne de nouveau l'élargissement, et fait défenses au Geolier de retenir des prisonniers d'autorité privée, et lui enjoint de porter obéissance aux mandemens de justice. L'Arrêt en infirmant les Sentences, ordonne, sur les offres du Capitaine, que nouvelle visite sera faite de son Bâtiment dans l'état où il est, lors de laquelle visite les gens de l'équipage seront entendus, et que le Contremaître gardera prison à la volonté du Capitaine.

ORDONNANCE de Police du Juge de Jérémie, qui enjoint aux Boulangers de faire une suffisante quantité de pain pour le Public.

Du 12 Février 1785.

VU le Réquisitoire du Substitut du Procureur du Roi, et y faisant droit, Nous enjoignons à tous les Boulangers de cette Ville, de faire quantité suffisante de pain, pour en fournir aux habitans de cette Ville, et d'avoir dans leur boulangerie, du pain, depuis huit heures du matin, jusqu'à sept heures du soir, et ce sous peine contre ceux qui en manqueront et en refuseront, sur les moindres plaintes qui nous seront portées, d'être condamnés pour la première fois à 500 liv. d'amende, et pour la seconde, à 500 liv. d'amende, et un mois de prison; enjoignons à l'Exempt de Police, de veiller soigneusement à l'exécution de notre présente Ordonnance, et de dénoncer au Procureur du Roi ceux qui y contreviendront. Sera la présente lue, publiée et affichée à la porte des Boulangers de cette Ville, afin qu'ils n'en prétendent cause d'ignorance, et déposée au Greffe de notre Siége. Fait et donné de Nous, etc. *Signé :* DE MOUSEUIL.

ARRÊT du Conseil du Cap, touchant 1° une séparation de Corps et de Biens ; et 2° la mise en cause des Séquestres, Gardiens, Dépositaires et Geoliers.

Du 14 Février 1785.

ENTRE Dame D. . . ; Et son mari ; Et un Séquestre. Plaidans Mes Baudry des Lozières, Prevost et Darracq. Sur les Conclusions de Me Deschamps, Substitut de M. le Procureur-Général.

La Dame D. . . . avoit été déboutée en 1772, par le Juge du Cap, de sa demande, tendante à être admise à la preuve des faits par elle articulés, afin d'obtenir sa séparation de Corps et de Biens.

En 1783, elle avoit réussi à faire prononcer par le même Juge sa séparation de biens.

Mais les anciens sévices ayant recommencé, elle interjeta appel de la Sentence de 1772, et impétra des lettres de restitution contre le désistement inséré dans la requête introductive d'instance, sur sa demande en séparation de biens.

De son côté, le Sieur D. . . . étoit Appelant de la Sentence de séparation de biens.

Le Conseil du Cap, attendu la gravité et la continuité des sévices, la diffamation publique et écrite, et un soupçon d'empoisonnement motivé dans des pièces signifiées, s'est déterminé à confirmer la séparation de biens, à entériner les lettres de restitution, et à prononcer la séparation de corps, sans même plus ample preuve.

Et faisant droit sur les plus amples Conclusions du Procureur-Général du Roi, LA COUR fait défenses à tous Avocats, Procureurs et aux Huissiers, d'assigner et de mettre en cause les Séquestres, Gardiens et Dépositaires, comme aussi les Geoliers, pour faire déclarer les jugemens communs avec eux, à peine de supporter en leur propre et privé nom, les frais qu'ils auront occasionnés par leur mise en cause. Ordonne que le présent Règlement sera, à la diligence du Procureur-Général du Roi, transcrit sur le registre des Avocats en la Cour, et que copies duement collationnées d'icelui seront envoyées ès Juridictions et Amirautés du Ressort, pour y être lues et registrées, tant sur les registres des Procureurs, que sur ceux des bourses communes des Huissiers.

ARRÊT du Conseil du Cap, rendu en matière d'Usure, qui reçoit le Procureur-Général tiers-opposant à l'exécution d'un précédent Arrêt.

Du 15 Février 1785.

ENTRE le nommé A. . . , Nègre libre, légataire universel de B. . . , aussi Nègre libre, tiers-opposant; Et le nommé C. . . , aussi Nègre libre. Plaidans Mes le Loup Desperelles et Darracq. Sur les Conclusions de Me Deschamps, Substitut de M. le Procureur-Général.

Le premier Arrêt condamnoit feu B. . . . à payer à C. . . . les fermages d'un Nègre. A. . . , son légataire universel, attaquoit cet Arrêt par la tierce-opposition, attendu que le Nègre en question avoit été donné par C. . . . à B. . . , en nantissement d'une somme de 900 liv., qui, au moyen des fermages, en produisoit une de près de 7000 liv. d'intérêts en 12 ans. L'Arrêt, en déclarant A. . . . non-recevable dans la tierce-opposition, accueille celle du Procureur-Général; en conséquence, déclare nul, comme usuraire, le bail à ferme, et condamne A. . . , suivant ses offres, à payer 900 liv., montant du billet originaire, avec les intérêts du jour de la demande, et C. . . . en 50 liv. d'amende, au profit des maisons de Providence.

ORDONNANCE des Administrateurs, qui nomme des Conseillers du Conseil du Port-au-Prince, pour juger les causes du Commerce étranger.

Du 15 Février 1785.

R. au Conseil du Port-au-Prince, le 4 Mai suivant.

ACTE de Notoriété du Parquet du Conseil-Supérieur du Cap, sur la portion afférante dans les revenus d'une Habitation, au Propriétaire du Fonds et au Propriétaire du Mobilier.

Du 16 Février 1785.

VU par les Gens du Roi, tenant le Parquet du Conseil-Supérieur du Cap, où les Avocats étoient exprès assemblés, l'Arrêt de ladite Cour, en date de ce jour, rendu sur Requête de M. Dufourq, ancien Conseiller au Conseil du Port-au-Prince, au nom et comme ayant été Exécuteur-Testamentaire de feu M. le Comte de Sedieres de Lentillac, vivant, Commandant en second de la Partie du Sud, et encore comme ayant été Tuteur, en cette Colonie, de Demoiselle de Sedieres, fille du premier lit, et aujourd'hui épouse de M. le Vicomte de Vergennes; et de Demoiselle Dufourq, veuve en seconde noces de feu mondit Sieur le Comte de Sedieres, tant en son nom de commune en biens avec lui, que comme Tutrice de Denis-Louis-Joseph de Lentillac, Comte de Sedieres, son fils; ladite Requête contenant, que M. de Sedieres auroit épousé, en 1757, la Demoiselle de Juchereau, et auroit reçu à valoir à sa dot 450,000 liv., en une Habitation et Nègres en dépendans, située à la Petite-Anse, et en outre quatre Nègres, stipulés propres à la Future. Qu'il fut stipulé communauté, avec faculté à la Future et aux siens d'y renoncer. Que la Demoiselle de Sedieres étant décédée en 1768, M. de Sedieres n'auroit pas fait faire inventaire; et se réputant en continuation de communauté, auroit administré l'Habitation, en bon Père de famille, jusqu'en 1772; et depuis, par le ministère du Sieur de Saint-Sernin, lorsque sa nomination au Commandement du Sud le força d'aller résider aux Cayes. Qu'en 1773, M. de Sedieres épousa la Demoiselle Dufourq, veuve Dumaliant, après avoir fait faire inventaire de sa première communauté, et l'avoir fait clore pour en opérer la dissolution; que l'Habitation fut estimée alors 798,717 liv.; que M. de Sedieres est décédé aux Cayes en 1777, laissant de son second mariage avec la Demoiselle Dufourq, Suppliante, un fils, nommé Denis-Louis-Joseph de Lentillac, Comte de Sedieres, et du premier, une Demoiselle, qui, en 1781, a épousé M. le Comte de Vergennes; que M. et Mme de Vergennes ont renoncé à la communauté et à la continuation. Qu'il s'agit aujourd'hui de liquider les droits de Mme de Vergennes du chef de Mme sa Mère, et de lui rendre compte, soit de l'administration de son Père, soit de celle de M. Dufourq, nommé son Tuteur dans la Colonie, depuis le décès du Père; que l'Habitation de la Petite-Anse est composée non-seulement des Nègres, Ustensiles et Bâtimens qui y existoient en 1757, mais encore des augmentations considérables qu'y a faites M. de Sedieres, pendant la communauté et continuation, en Nègres, Ustensiles, Bâtimens, et autres améliorations; que comme le tout a contribué à produire les revenus de l'Habitation de la Petite-Anse, il s'agissoit d'en faire la ventilation, relativement à ce qui appartenoit à chacun dans les fonds productifs; sur quoi, conformément aux conclusions de ladite Requête, la Cour auroit autorisé les Supplians à se retirer à notre Parquet, pour, après avoir consulté les Avocats, leur être délivré acte de notoriété sur la question suivante; savoir : lorsque plusieurs intéressés dans une Habitation indivise sont propriétaires, les uns de la terre et bâtimens, les autres du mobilier, dans quelle proportion amandent-ils dans les revenus communs, et quelle portion leur adjuge-t-on respectivement dans la liquidation?

Sur quoi, après avoir pris l'avis des Avocats, nous attestons et certifions, que l'usage général adopté dans les liquidations, soit qu'elles se passent par les Conseils des Parties à l'amiable, soit qu'elles se règlent en justice, est d'adjuger au Propriétaire du mobilier, les deux tiers des revenus, et l'autre tiers au Propriétaire de l'immeuble, et que cette jurisprudence est fondée sur ce que le mobilier, presque toujours plus

plus considérable que la valeur de l'immeuble, et composé de Nègres, Animaux et ustensiles, est périssable, et périt pour le compte de celui à qui il appartient, tandis que le fonds reste toujours, de sorte que l'on dédommage le Propriétaire du mobilier, du dépérissement journalier de ses capitaux, par une double portion dans les revenus.

Fait au Parquet, de l'avis des Avocats assemblés, le 16 Février 1785. *Signé :* DESCHAMPS, Premier Substitut, faisant les fonctions de M. le Procureur-Général pour son indisposition.

ARRÊT du Conseil du Cap, confirmatif de Sentence du Juge criminel de la même Ville, qui condamne un Nègre libre, pour avoir dégainé sa Manchette (*espèce de Coutelas*) *contre des Blancs, et les avoir injuriés, à être mis au carcan, à la Place de Clugny, avec cet écriteau :* Nègre libre, insolent envers les Blancs, *et à servir à la chaîne publique pendant un an.*

Du 17 Février 1785.

ARRÊT du Conseil du Cap, confirmatif de Sentence du Juge criminel de la même Ville, qui condamne, par contumace, un Particulier à la peine de mort, pour s'être battu en Duel, et condamne et flétrit à perpétuité la mémoire de celui tué dans le combat; leurs biens confisqués au profit du Roi, et l'Arrêt duement imprimé et affiché.

Du 17 Février 1785.

ORDONNANCE de Police du Lieutenant de l'Amirauté de Jérémie, portant, qu'il ne pourra à l'avenir être débarqué et introduit en cette Ville aucuns Nègres nouveaux, qu'ils n'ayent été visités par le Chirurgien de l'Amirauté.

Du 23 Février 1785.

NOUS Louis-Barthelemi de Favarange, Lieutenant de Juge en la Sénéchaussée Royale de Jérémie, y faisant fonctions de Lieutenant d'Amirauté, à cause de la maladie et absence de M. le Lieutenant ordinaire, constatée par sa lettre à M. Huc, Commis-Greffier. Vu la Remontrance, pour prévenir les maladies épidémiques apportées deux fois en ce Quartier depuis peu d'années, par les Nègres qui y ont été introduits sans avoir été visités ; Ordonnons provisoirement que, par le Chirurgien de l'Amirauté, visite sera faite avec exactitude et précaution, de tous les Nègres qui arriveront dans ce Port pour y être vendus. Disons, en conséquence, que ceux qui viennent d'y arriver ne pourront être débarqués, qu'après que ledit Chirurgien de l'Amirauté les aura visités, et aura délivré au Capitaine certificat de ladite visite, lequel sera joint à ses expéditions, et présenté avec lesdites expéditions au Greffe de l'Amirauté, pour, sur ledit certificat communiqué au Procureur du Roi et vu par Nous, être statué ce qu'il appartiendra ; le tout à peine d'amende contre les contrevenans. Ordonnons en outre, que notre présente Ordonnance sera publiée et affichée, pour que personne n'en ignore, et qu'à la diligence du Substitut du Procureur du Roi, elle sera signifiée au Chirurgien de l'Amirauté, pour qu'il ait à s'y conformer, aux droits et émolumens à lui attribués. Ce qui sera exécuté provisoirement, nonobstant opposition etc., y ayant péril en la demeure. Fait à Jérémie, ce 23 Février 1785 avant midi., *Signé* : L. B. DE FAVARANGE.

ARRÊT de Règlement du Conseil du Cap, qui ordonne que les Chirurgiens et les Infirmiers des Hôpitaux déclareront aux Officiers de Police les Blessés qu'ils auront pansés.

Du 26 Février 1785.

VU par le Conseil la Remontrance du premier Substitut du Procureur-Général du Roi, contenant que le maintien du bon ordre et de la tranquillité publique, qui doit être le principal objet des soins de la Justice, dépend sur-tout de l'exacte recherche des désordres qui troublent la Société, parce qu'en accomplissant le triste devoir de punir les délits commis, les Magistrats espèrent recueillir le précieux avantage d'en prévenir de nouveaux. Les Ordonnances de nos Rois, toujours attentifs à procurer le repos de leurs Sujets, présentent, à chaque pas, des précautions et des moyens pour parvenir à ce but salutaire; et un des moyens les plus puissans, sans doute, seroit que, selon l'intention des Rois, toute personne qui a connoissance d'un fait qui intéresse l'ordre public, en donnât avis à ceux que la Loi charge spécialement d'y veiller; de sorte que chacun concourant ainsi à l'intérêt de tous, il en pourroit résulter le plus haut degré de sûreté commune.

Une des branches de ce moyen qui seroit si efficace s'il étoit généralement pratiqué, c'est l'obligation particulièrement imposée aux Chirurgiens, de faire aux Officiers de Police déclaration des Personnes blessées qui sont confiées à leurs soins. Sans remonter aux premières Loix rendues sur cette matière, il suffit de dire que cette obligation doit leur être d'autant moins pénible, qu'ils s'y sont assujettis eux-mêmes par des Statuts qui sont leur propre ouvrage, qui les gouvernent par-tout, et auxquelles le Législateur n'a fait qu'apposer le sceau nécessaire pour les maintenir et en assurer l'exécution à jamais. En effet, l'Article CXXX, des Statuts des Maîtres en Chirurgie de Paris, porte en ces termes exprès, qu'ils *seront obligés d'avertir incessamment les Commissaires de leur quartier, des Blessés qu'ils auront pansés en premier appareil, et que les Contrevenans seront condamnés par le Prévôt de Paris, ou son Lieutenant-Général de Police, en telle peine qu'il appartiendra.* Indépendamment du serment particulier qui astreint les Chirurgiens à remplir les engagemens qu'ils se sont imposés, ils doivent, comme Sujets du Roi, soumission entière aux Ordonnances de Sa Majesté, et notamment à l'Édit du mois de Décembre 1666, d'où cet article de leurs Statuts paroît tiré, & qui exige d'eux une déclaration des Blessés qu'ils auront pansés chez eux & ailleurs, sous peine de 200 livres d'amende pour la première fois, d'interdiction pendant un an pour la seconde, & de privation de leur Maîtrise pour la troisième.

Il seroit superflu d'entrer dans un plus long détail des Règlemens qui concernent cet objet important de Police; cependant, il est indispensable de rappeler à la Cour que, par Arrêt du 3 Février 1761, Elle a adopté les règles établies par l'Edit & les Statuts dont il vient d'être parlé. Mais outre que cet Arrêt n'a pas été dans le temps suffisamment rendu public, et qu'il est déjà ancien pour un Pays où les Habitans se succèdent si rapidement; les peines qu'il prononce, quoique conformes à l'Edit de 1666, sont trop modérées pour empêcher des contraventions qui souvent pourroient être récompensées par les Personnes intéressées aux délits, au-delà de ce qu'elles seroient punies par la justice. Il est d'ailleurs à propos de proposer à la Cour une disposition qui, intéressant la conscience des Chirurgiens qui seront désormais reçus, pourra procurer plus d'effet que la crainte des peines les plus sévères. Enfin, l'Arrêt du 3 Février 1761, ne remplit pas entièrement les vœux de l'Édit de 1666, qui veut que ce qu'il exige des Chirurgiens, *soit observé à l'égard des Hôpitaux, dont l'Infirmier ou Administrateur qui a le soin des Malades, doit faire une pareille déclaration*; ce qu'il est également important d'ordonner. A CES CAUSES, requéroit le Remontrant qu'il plût à la Cour d'ordonner ce qui suit (comme l'Arrêt): Ladite Remontrance signée DESCHAMPS. Ouï le rapport de M. RUOTTE, Conseiller, la matière mise en délibération, et tout considéré: LA COUR a ordonné et ordonne ce qui suit:

ART. I. En conformité de l'Edit du mois de Décembre 1666, de l'Article CXXX des Statuts des Maîtres en Chirurgie de Paris, confirmés par Lettres-Patentes du Roi du mois de Septembre 1699, et de l'Arrêt de la Cour du 3 Février 1761; les Maîtres en Chirurgie, exerçant dans le Ressort de la Cour, seront obligés de faire au Juge, ou au Procureur du Roi, ou à tout autre Officier exerçant la Police dans le lieu de leur résidence, déclaration des Personnes blessées qu'ils auront pansées ou chez eux ou ailleurs, avec les noms et qualités desdites Personnes, s'ils les connoissent, les circonstances des blessures et l'indication des instrumens qu'ils jugeront les avoir causées, et ce, dans les 24 heures du pansement, plutôt si faire se peut; et, dans tous les cas, avant de lever le premier appareil.

II. Ceux qui manqueront à faire lesdites déclarations dans ledit temps, seront condamnés en 1.000 livres d'amende pour la première fois, en pareille amende et interdiction pendant un an pour la seconde fois, et en pareille amende et interdiction perpétuelle pour la troisième fois.

III. Lors de la réception des Chirurgiens qui se présenteront à l'avenir, ils prêteront nommément serment de se conformer au présent Règlement, dont il sera fait mention expresse dans l'Acte de leur Réception, à peine de nullité.

IV. Si les Personnes blessées sont transportées dans un Hôpital, l'Infirmier, ou tout autre ayant soin des Malades, ou en tous cas celui qui aura mis le premier appareil, sera tenu de faire une déclaration dans la forme ci-dessus, et dans le même temps; sous les mêmes peines si le Contrevenant est séculier et Maître en Chirurgie, et sous peine, s'il est régulier, de l'amende de 1,000 livres pour la première fois, et d'une amende double pour la seconde fois, et quatruple pour la troisième; pour le paiement desquelles amendes le temporel de la Manse pourra être saisi.

Ordonne que le présent Arrêt sera imprimé, publié et affiché, dans toutes les Villes et Bourgs du Ressort de la Cour, aux lieux et endroits accoutumés, et aux portes des Hôpitaux. Enjoint aux Officiers des Siéges Royaux et d'Amirauté d'y tenir la main, etc.

Arrêt du Conseil du Cap, sur la demande en paiement d'un Nègre non-marron, tué par un Cavalier de Maréchaussée.

Du 26 Février 1785.

Vu par la Cour la Requête du Sieur de Buor, Chevalier de Saint-Louis, Capitaine des Vaisseaux de Sa Majesté, Habitant au Trou, tendante, vu la Sentence portant condamnation à mort contre le nommé Boussens, Cavalier de Maréchaussée, contumace, pour avoir tué d'un coup de pistolet le nommé François, Nègre, esclave du Suppliant, et commandeur de son Habitation (lequel traversoit le grand chemin, pour aller porter les ordres de son Maître sur la petite Place, et ne s'étoit pas arrêté à la voix dudit Boussens); ordonner que par le Receveur des droits municipaux, il sera payé de la somme de 1200 liv. (prix des Nègres suppliciés) : La Cour a débouté et déboute le Suppliant de sa demande, sauf à lui à se pourvoir contre le nommé Boussens.

Arrêt du Conseil du Cap touchant les Écoles publiques.

Du 28 Février 1785.

Entre le F. Irénée, Capucin, Curé du Fort-Dauphin, Appelant; Et le Sieur Chevillard, Intimé; De la cause le F. Saintin, Préfet Apostolique du Ressort, tant en son nom personnel, que comme prenant le fait et cause du Frère Irénée, Intervenant; Le Sieur d'Ambreville, Maître d'école, au Fort-Dauphin, aussi intervenant : Ouïs Carles, Avocat du F. Irénée, de Suzanne, Avocat du P. Saintin, Darracq,

Avocat de Dambreville, et Viel, Avocat de Chevillard, ensemble Deschamps, Substitut du Procureur-Général du Roi, et tout considéré: LA COUR, joignant les interventions, demande et appel, et statuant par un seul et même Arrêt, a reçu et reçoit la Partie de Suzanne Partie intervenante; et sans s'arrêter à l'intervention de celle de Darracq, dans laquelle elle l'a déclarée non-recevable, a mis et met l'Appellation et Sentences dont est appel au néant; (la première vu la Requête du Sieur Chevillard, l'attestation de catholicité, de bonne vie et mœurs du Curé du Fort-Dauphin, et les Conclusions du Procureur du Roi, autorisoit Chevillard à tenir école publique pour l'instruction de la jeunesse de l'un et de l'autre sexe, à la charge par lui de se conformer aux Ordonnances du Roi et Règlemens de Police sur le fait de l'éducation de la jeunesse, et ordonnoit que la Sentence et le certificat du Curé seroient enregistrés au Greffe du Siége; la seconde Sentence déboutoit le F. Irénée de sa tierce-opposition à la précédente) émendant, fait défenses à la Partie de Viel de tenir école publique, sans une approbation par écrit du Curé, et ce, sous les peines portées par les Ordonnances; condamne la Partie de Darracq aux dépens de son intervention, et la Partie de Viel en tous les autres dépens; sauf au Substitut du Procureur-Général du Roi au Siége Royal du Fort-Dauphin, à convoquer une Assemblée de Paroissiens, à l'effet de délibérer, s'il est avantageux d'avoir en ladite ville un autre Maître d'école, lequel audit cas sera tenu d'avoir auparavant une approbation par écrit du Curé, enregistrée au Greffe de la Jurisdiction.

Le Sieur Chevillard n'avoit qu'une permission du Curé pour enseigner dans les maisons particulières, et non pas pour tenir École publique.

V. *l'Arrêt du* 21 *Avril suivant.*

ORDONNANCE des Administrateurs touchant l'ouverture de plusieurs Rues de la Ville du Cap.

Du 2 Mars 1785.

A Nosseigneurs Nosseigneurs les Général et Intendant des Isles Françoises de l'Amérique sous le Vent.

Supplient très-humblement Granon, Reveillac, Jean Pierre et Bray, voisins de la rue Saint-Sauveur, dite petite Guinée, et de la rue Espagnole, demeurans au Cap, et ont l'honneur de vous exposer, que s'étant apperçu que le Sieur la Taille, faisoit construire depuis la rue Espagnole jusqu'à celle Saint-Sauveur, un mur contraire à l'Ordonnance de Messieurs les Général et Intendant, du 12 Février 1781, et du Plan-directeur de 1780, sur les rues à ouvrir en cas de reconstruction, conformément à icelui, ils le lui auroient observé. Que, bien loin de se conformer à l'esprit de l'Ordonnance et au Plan-directeur, et de donner l'ouverture de ladite rue Saint-Sauveur, il a été sourd à toutes les représentations, et a continué en Maître absolu ses travaux. Les Supplians étant privés d'une rue et de l'ouverture d'icelle par conséquent, ils osent espérer de vos bontés, Nosseigneurs, que vous voudrez bien ordonner la visite des lieux, pour faire jour aux Supplians de leurs droits. Le bien public résulte de l'ordre des choses et de l'obéissance aux Ordonnances. Les Supplians n'ont pas cru devoir joindre à la présente une copie du Plan-directeur, persuadés qu'ils sont que leur demande est légitime, qu'un particulier ne peut se permettre de son autorité privée, de fermer une ouverture qui doit former une rue, sur-tout lorsque des personnes intéressées à la chose lui en ont fait l'observation.

Ce considéré, il vous plaise, Nosseigneurs, vu l'exposé en la présente, et le tort considérable que la privation de cette ouverture fait aux Supplians, ordonner, après que les lieux seront visités et reconnus contre l'Ordonnance et le Plan-directeur, de mettre ledit mur, bâti par le le Sieur la Taille, sur le carreau, nuisant aux droits des Supplians. *Ils* ne cesseront de faire des voeux au Ciel pour la conservation de vos Grandeurs. *Signé :* J. J. GRANON, REVEILLAC, BRAY et JEAN PIERRE.

Renvoyons à MM. les Commandant pour le Roi, et Ingénieur en chef de la Partie du Nord, pour être les faits par eux vérifiés, et sur leur rapport et avis par nous ordonné ce que de droit. Donné au Port-au-Prince, le 18 Décembre 1784. *Signé :* BELLECOMBE et BONGARS.

L'exposé de la Requête ci-dessus est vrai. Le Sieur la Taille a bâti sur l'emplacement de la rue, les parties cotées (A) sur le plan ci-joint, ce qu'il a fait malgré les avertissemens des voisins, et le procès-verbal du Voyer; il dit qu'il démolira, quand on ouvrira la rue du Chantier, du côté de la rue Espagnole. Je joins ici la soumission qu'il vient de m'envoyer, qui doit paroître singulière dans les conditions que met un Particulier en faute vis-à-vis le Gouvernement.

Si le Gouvernement ne prend un parti sur cette ouverture, elle ne se fera jamais, parce que le nommé Abraham, dit Faxardo, Juif de nation, et très-riche par les maisons qui lui appartiennent, ne veut point céder la partie de ses maisons qui barre cette rue du Chantier. Elle est en maçonnerie, et durera des siècles. Il a soin de la bien entretenir, et dit qu'il n'accordera l'ouverture que pour cent mille livres. On pourroit fixer un temps, au bout duquel cette rue seroit ouverte et le passage libre.

A l'égard des autres rues à ouvrir dans cette Partie, telles que celles du Hasard, de la Boucherie et de Saint-Sauveur, on peut donner une communication de la rue Saint-Sauveur à celle des Espagnols, presque vis-à-vis la rue du Hazard, en attendant qu'elle soit ouverte du côté de celle Saint-Sauveur. Il n'y a qu'un mur (B) à démolir, qui saille dans ladite rue, et est dans le prolongement de celle du Hasard. Le Voyer a fait, le 10 Février dernier, un Procès-verbal pour demander cette démolition, qui ne sera peut-être point accordée, quoiqu'on le devroit du côté de la rue des Espagnols. Il faudroit laisser la grande partie (C) toujours ouverte.

Pour celle des Boucheries, on y a bâti des hangards, et on l'a fermée d'un mur en pierre sèche, malgré la Requête du Voyer, du 16

Décembre 1783, contre le nommé Pironneau, laquelle a été remise au Procureur du Roi.

Celle de Saint-Nicolas a été barrée et bâtie par le nommé Belair, Garde d'Artillerie, sous la permission de M. Busson, Juge de Police, d'après un certificat du Voyer, avec soumission de démolir à la requisition du Gouvernement.

Vu l'abus ci-dessus et ceux qui peuvent avoir lieu, nous croyons qu'on ne devroit jamais permettre de barrer, ni masquer, de quelque manière que ce soit, tel emplacement désigné et arrêté pour faire des rues ou passages publics. Au Cap, le 13 Février 1785. *Signé :* Le Chevalier DE LA FITTE, Ingénieur en chef.

Notre avis est conforme à celui de M. le Chevalier de la Fitte, Ingénieur en chef, tant sur son exposé que sur ses observations, et nous croyons devoir y ajouter, qu'il est indispensable de fixer pour terme au Sieur Abraham, dit Faxardo Juif, qu'il sera tenu de faire l'ouverture dont s'agit, sur la rue Espagnole, vis à-vis celle du Chantier, à la fin du bail de ladite maison, en lui défendant de passer aucun nouveau bail à ferme, qu'après que ladite ouverture aura été faite; et au Sieur la Taille, d'ouvrir également ladite rue à la même époque, si le Gouvernement veut le traiter favorablement, parce qu'il mériteroit de recevoir l'ordre de faire cette ouverture tout de suite et sans différer, puisqu'il a bâti malgré les avertissemens des voisins et Procès-verbal du Voyer; et en même temps, j'estime qu'il devroit être défendu à tous particuliers, tels qu'ils puissent être, de barrer aucune rue, nonobstant toutes permissions, autres que de MM. les Administrateurs-généraux. Au Cap, le 14 Février 1785. *Signé :* DU GRÈS.

Vu notre Ordonnance du 13 Décembre 1784, les avis de nos Représentans au Cap, et de M. l'Ingénieur en chef de la Partie du Nord, des 13 et 14 Février dernier, exposés en la présente, et tout considéré : Nous, Général et Intendant, ordonnons aux particuliers du Cap, qui ont intercepté les communications des rues du Chantier et du Hasard pour se rendre à la rue Saint-Sauveur, de démolir leur barrage dans le délai de trois mois, à compter du jour de la notification de notre présente Ordonnance; à défaut par eux de l'exécuter dans le temps prescrit, et le délai expiré, autorisons M. l'Ingénieur en chef de la Partie du Nord, à mettre des ouvriers en nombre suffisant, pour faire détruire, aux frais et dépens desdits particuliers, les barrages dont s'agit, et défendons expressément à qui que ce soit, de barrer à l'avenir aucune rue, aux peines de droit. Mandons à M. le Commandant pour le Roi de la Partie du Nord, de tenir sévèrement la main à l'exécution de notre présente Ordonnance, qui sera enregistrée au Greffe de la Subdélégation, pour y recourir au besoin. Donné au Port-au-Prince, le 2 Mars 1785. *Signé :* BELLECOMBE et BONGARS.

R. au Greffe de la Subdélégation, le 15 du même mois.

ARRÊT *du Conseil du Cap confirmatif de Sentence du Siége-Royal de la même Ville, qui déclare non-recevable dans une demande en Déguerpissement contre un Tiers-détenteur.*

Du 3 Mars 1785.

ENTRE le Sieur Raby du Moreau, Chevalier de Saint-Louis, Cessionnaire des Héritiers de Claude Bidon, légataire universel d'Antoine Bidon (*Bailleur de fonds*), Appelant ; Et le nommé Carrere, Quarteron libre (*Tiers-détenteur de deux maisons et emplacemens sis au Cap*) ; Et la Dame veuve du Sieur Carrere (*Acquéreur originaire du feu Sieur Bidon*).

Au rapport de M. le Gris.

Le Conseil du Cap a pensé, comme le premier Juge, que la Déclaration du Roi, du 12 Janvier 1734, qui ne parle que du déguerpissement des Acquéreurs, *ne pouvoit pas s'étendre aux* Tiers-détenteurs.

ARRÊT du Conseil du Cap, confirmatif de Sentence du Siége-Royal du Fort-Dauphin, qui condamne un Locataire à payer 6000 liv. un Nègre, par lui loué comme cuisinier, et pris par les Ennemis, étant employé comme Navigateur; sinon suivant l'estimation d'Experts qui l'auront connu, et les journées dudit Nègre jusqu'au jour du paiement, à raison de 3 liv. par jour.

Du 3 Mars 1785.

ENTRE le Sieur Bigallet, Appelant; Et la Dame Rodrigue, Intimée.

Au rapport de M. de Brucourt.

Les Enquêtes respectives prouvèrent le fait de la location du Nègre comme cuisinier.

ARRÊT du Conseil du Cap, qui juge 1° : que des Nègres de culture ne cessent pas de conserver cette qualité, quoiqu'ils soient présentés à la barre du Siége pour être affermés, et que leur destination soit incertaine, et 2° que la désignation de Nègre cocher *dans un Procès-verbal de saisie, ne suffit pas pour rendre saisissable.*

Du 3 Mars 1785.

Après la mort du Sieur Chancerel, sa veuve avoit envoyé au Fort-Dauphin trois Nègres appartenans à ses enfans mineurs, pour être mis à ferme, et ils avoient été saisis devant la porte de l'Auditoire.

ARRÊT du Conseil du Port-au-Prince, qui fixe à 2 liv. 10 sols par tête de Nègres, l'imposition des Droits Municipaux.

Du 7 Mars 1785.

ORDONNANCE du Lieutenant de l'Amirauté du Cap, touchant les Pavillons et la Visite des Bâtimens venant des Ports étrangers.

Du 8 Mars 1785.

LOUIS-Jean-Marie de Bourbon, Duc de Penthièvre, Amiral de France, Salut : Savoir faisons à tous qu'il appartiendra, que le Roi ayant réglé par son Arrêt du Conseil d'État, du 30 Août 1784, duement enregistré et publié, que les Officiers des Amirautés où il y a Entrepôt, indiqueroient aux Capitaines des Bâtimens Nationaux qui viennent des Mers de l'Amérique ou de France, après avoir touché à un Port Étranger ou même aux Isles de Saint-Pierre de Miquelon, la flamme qu'ils seroient tenus d'arborer à trois lieues au large, avant d'entrer dans le Port, et que les Étrangers auroient aussi une flamme distinctive ; Nous, faisant droit sur la remontrance verbale du Procureur du Roi, déclarons que les Capitaines ou Maîtres qui commanderont lesdits Bâtimens, seront tenus ; savoir : les Étrangers, d'arborer la flamme rouge, et les Nationaux la flamme bleue ; et ce, sous les peines portées par ledit Arrêt. Ordonnons en outre que les Capitaines desdits Bâtimens, entrans ou sortans, seront tenus ; savoir : lors de leur entrée, de préparer leurs Bâtimens, Équipages et Cargaisons, de manière que quand les Officiers des Amirautés iront faire leur visite, ils puissent facilement tout voir ; et en outre lors de la sortie, que le Bâtiment puisse facilement achever de se charger en leur présence, pour par eux y mettre les scellés s'ils l'estiment nécessaire ; lesquels scellés lesdits Capitaines ou Maîtres ne pourront enlever que quand ils seront au moins à dix lieues au large : Autorisons cependant les Commis du Burèau établi par Sa Majesté, d'enlever lesdits scellés, si après notre visite il est jugé nécessaire de faire de nouvelles inspections, en par eux se chargeant des précautions subséquentes. Donné de Nous Jean-Baptiste Esteve, Conseiller du Roi, Lieutenant-Général de l'Amirauté du Cap, pour être enregistrée, lue, et publiée par-tout où besion sera. *Signé :* ESTEVE.

ORDRE du Roi, qui conserve aux Commandans particuliers les droits, honneurs et prérogatives des Lieutenans de Roi, auxquels ils ont été substitués.

Du 11 Mars 1785.

DE PAR LE ROI.

SA Majesté étant informée qu'il s'est élevé des difficultés sur la séance aux Conseils-Supérieurs des Colonies, des Commandans particuliers, dont elle a, par son Ordonnance du 20 Décembre 1783, substitué le titre à celui de Lieutenant de Roi, et voulant y pourvoir, Elle a ordonné et ordonne que lesdits Commandans particuliers jouiront, tant de la séance aux Conseils-Supérieurs, que de tous autres droits, honneurs et prérogatives dont ont joui ou dû jouir les Lieutenans de Roi, auxquels ils ont été substitués. Mande Sa Majesté aux Gouverneur et Intendant des Isles sous le Vent de l'Amérique, de tenir la main à l'exécution du présent ordre, et aux Conseils-Supérieurs du Cap et du Port-au-Prince, de procéder à l'enregistrement d'icelui. Fait à Versailles, etc.

R. au Conseil du Port-au-Prince, le 6 Juillet suivant.

Et à celui du Cap, le 18 du même mois.

ORDONNANCE du Roi touchant la Police des Bals des Gens-de-couleur libres, et celle des Spectacles.

Du 11 Mars 1785.

DE PAR LE ROI.

SA Majesté s'étant fait représenter un Règlement de Police pour la ville du Port-au-Prince, en l'Isle de Saint-Domingue, fait par les Sieurs de Vallière et de Montarcher, Gouverneur-général et Intendant, le 23 Mai 1772, enregistré au Conseil-Supérieur du Port-au Prince le 19 Juin suivant, Elle auroit reconnu que ledit Règlement ne contient que des dispositions sages et utiles, à l'exception de l'attribution donnée par l'Article VI au Juge de Police, pour permettre aux Gens-de-couleur et aux Nègres libres, de s'assembler pour danser dans le jour, jusqu'à neuf heures du soir seulement; cette inspection dans une Colonie cultivée par des esclaves, appartenant plus naturellement aux Commandans et Officiers des États-majors, qui ont des moyens plus prompts de surveillance et de correction. A quoi voulant pourvoir, Sa Majesté a ordonné et ordonne que, dans toute l'étendue de l'Isle de Saint-Domingue, les Gens de couleur et Nègres libres ne pourront s'assembler pour les danses de nuit ou kalendas; leur permet seulement de s'assembler pour danser le jour, jusqu'à neuf heures du soir, en prenant toutefois et préalablement l'attache des Commandant et Officiers des États-majors, à l'exclusion des Juges de Police, pour, par lesdits Commandant et Officiers des États-majors, être pourvu à ce qu'il n'arrive à cette occasion aucun désordre.

Sa Majesté étant également informée qu'il s'est élevé, sur la police des Spectacles, des contestations dont Elle veut prévenir les suites, Elle a attribué et attribue ladite police aux Commandans et aux Officiers des États-majors, à l'exclusion de tous Juges; sauf les cas dont les Administrateurs jugeront qu'il y aura lieu de renvoyer la connoissance aux Juges ordinaires. Mande Sa Majesté aux Gouverneur-Lieutenant-général et Intendant des Isles sous le Vent, de tenir la main à l'exécution de la présente Ordonnance. Mande pareillement aux Officiers des Conseils-Supérieurs du Cap et du Port-au-Prince, de procéder à l'enregistrement d'icelle. Fait à Versailles, etc.

R. au Conseil du Port-au-Prince, le 6 Juillet suivant.

Et à celui du Cap, le 18 du même mois.

ARRÊT du Conseil du Port-au-Prince touchant la Procédure criminelle.

Du 14 Mars 1785.

VU, etc. Contre les nommés Narcisse, Jenny, Lindo, etc. NOTRE COUR a déclaré et déclare nulle la procédure, à partir exclusivement du récolement des témoins, jusqu'à la Sentence dont est appel inclusivement; ordonne que les témoins ouïs ès informations seront confrontés, ainsi que les accusés, conformément à l'Article premier du Titre 15 de l'Ordonnance de 1670, et que la procédure sera instruite par d'autres Juges que ceux qui en ont déjà connu jusqu'à Sentence définitive, sauf l'appel en notre Cour; condamne le Juge qui a fait l'instruction, aux nouveaux frais de la procédure, dans laquelle seront compris ceux occasionnés par le transport des prisonniers, conformément à l'Article 24 du Titre 15 de ladite Ordonnance de 1670, etc.

Autre Arrêt du 11 Mai 1785 a déclaré le Juge d'instruction non-recevable dans sa tierce-opposition à l'exécution de celui ci-dessus.

ARRÊT

ARRÊT du Conseil du Port-au-Prince, qui enjoint de prendre les Officiers et Praticiens pour Assesseurs du Siége de Jérémie en matière criminelle, et à défaut, les Officiers du Siége le plus prochain.

Du 16 Mars 1785.

LOUIS, etc. Contre G. . . ; NOTRE COUR a donné acte à notre Procureur-Général de l'appel par lui interjeté de la Sentence du 7 Février dernier; Faisant droit sur ledit appel, a mis et met l'appellation et Sentence au néant; émendant, déclare ladite Sentence nulle et comme non-avenue; fait défenses à Me de F. . . de prendre des Assesseurs, autres que les Officiers et Praticiens du Siége, ou à défaut de praticiens, les Officiers du Siége le plus prochain; ordonne en conséquence, qu'il sera procédé à un nouveau jugement, suivant les derniers erremens jusqu'à l'époque de ladite Sentence, par d'autres Juges néanmoins que ceux qui ont rendu ladite Sentence; et vu les charges de la procédure: NOTRE COUR a converti le décret d'ajournement personnel décerné contre Me G. . . . en celui d'assigné pour être ouï, et renvoie provisoirement ledit Me G. . . . à ses fonctions, etc.

Arrêt du Conseil du Port-au-Prince, touchant la perte de plusieurs Billets à ordre, et l'Appel des condamnations qui en ordonnoient le paiement.

Du 17 Mars 1785.

Louis, etc. Vu, etc. Entre Michelin, etc. Et Treuil, etc. la Sentence susdatée, qui condamne l'Appelant, même par corps, à payer ses billets : Notre Cour a mis et met l'Appellation au néant ; ordonne que ce dont est appel, sortira son plein et entier effet ; condamne l'Appelant en l'amende ordinaire et aux dépens ; donne acte à Salaignac, Avocat, de sa déclaration, qu'ayant présenté dans la cause requête à la Cour pour sa Partie, à l'effet d'obtenir la faveur d'une audience extraordinaire, il avoit joint les trois billets souscrits par Michelin, le 14 Novembre 1782, au dos desquels étoit la signature en blanc du Sieur Treuil, et de ce que deux de ces billets, inscrits sur la même feuille, montant ensemble à la somme de 5,952 liv., ont été adirés : ordonne en conséquence que la quittance qui sera donnée, lors du paiement, en marge du présent Arrêt, vaudra pour pleine décharge à Michelin, qui sera tenu de s'en contenter, aux offres de l'Intimé, de lui faire rendre lesdits billets dans le cas où ils viendroient à être recouvrés : donne acte à la Partie de Delafond de ses réserves, et néanmoins la condame en l'amende de 150 liv., pour avoir appelé de ses billets à ordre.

LETTRE du Ministre au Gouverneur-général, pour nommer à l'interim des Majorités de Place.

Du 18 Mars 1785.

J'AI reçu, M. la lettre que vous m'avez fait l'honneur de m'écrire le 15 Novembre dernier, par laquelle vous demandez à être autorisé à admettre les Capitaines des Régimens Coloniaux à concourir pour l'interim des Majorités, attendu qu'il peut arriver qu'il y ait des motifs pour ne pas déplacer les Aides-majors. Vous observez en même temps que les Majors des Régimens, désignés pour occuper les majorités de places en concurrence avec les Aides-majors, étant obligés par l'ordre du service d'être toujours au Corps, il ne convient pas de leur donner des interim, qu'ils n'ont pas paru jusqu'ici desirer. J'approuve vos observations; mais je vous recommande de ne nommer aux interim des Majorités que les plus anciens entre les Capitaines.

ORDONNANCE du Commandant en second par interim et de l'Ordonnateur du Cap, qui autorise un Particulier à y vendre de l'Eau d'une source qui est dans sa maison.

Du 18 Mars 1785.

NOUS, Médecin, Chirurgien et Apothicaire du Roi, requis par M. Maugendre, établi sur le Quai Saint-Louis, au bord de la Mer, pour examiner la nature et les qualités d'une source qu'il a fait fouiller dans la cour de sa maison, après avoir analysé cette eau, nous nous sommes assurés qu'elle contenoit de la selénite et du sel marin à base terreuse, comme toutes les eaux de puits de la ville du Cap; que cette eau est moins légère que les eaux des fontaines du Cap, mais qu'elle ne contient aucun principe nuisible, et nous croyons, d'après cela, que l'on peut autoriser le Sieur Maugendre à fournir de l'eau aux Bâtimens de la rade. Au Cap, le 10 Mars 1785. *Signé :* SAUSSAY, COSME D'ANGERVILLE, et ARTHAUD.

A MM. les Commandant de la Partie du Nord, et Commissaire-Ordonnateur des Isles et Colonies Françoises de l'Amérique sous le Vent.

Supplie humblement Michel Maugendre, demeurant au Cap, et vous expose qu'il a fait fouiller une source dans un emplacement qu'il occupe en cette Ville, au bord de la mer. L'eau y est abondante; elle est également saine, ainsi qu'il résulte du Procès verbal de la visite et de l'analyse qu'en ont faites MM les Médecin, Chirurgien et Apothicaire du Roi en cette Ville, et on peut la prendre à cent pieds dans la mer, par le moyen d'un acqueduc que le Suppliant a fait construire. Les plus grosses chaloupes peuvent y venir à mer basse. Il desireroit être autorisé à en fournir à la rade, moyennant une légère rétribution d'un escalin par barrique. Les Capitaines de Navires et autres trouveroient probablement très-commode de faire leur eau dans cet endroit; ils éviteroient la peine de rouler leurs barriques à deux ou trois cents pas du bord de la mer, ou d'envoyer leurs chaloupes au haut de la rivière de Galiffet; au reste, la petite rétribution que le Suppliant demande, est bien moindre que celle qu'on exige ailleurs. Ce considéré, qu'il vous plaise, MM., vu ci-joint le rapport des visite et analyse faites par MM. les Médecin, Chirurgien et Apothicaire du Roi de cette Ville, de l'eau de la source dont s'agit, autoriser le Suppliant à en fournir aux Capitaines et autres Bâtimens mouillés dans la rade du Cap qui voudront y venir, moyennant une rétribution d'un escalin par barrique. Le Suppliant ne cessera de faire des vœux pour votre conservation. *Signé :* MAUGENDRE.

Permis au Suppliant de vendre de l'eau, à raison d'un escalin par barrique à ceux qui voudront la prendre chez lui. Au Cap, le 18 Mars 1785. *Signé :* Le Chevalier DU GRÉS et DE LA RIVIÈRE.

R. au Greffe de la Subdélégation, le 31 Janvier 1786.

LETTRE *du Ministre à M. l'Intendant, touchant le traitement d'un Conseiller du Conseil-Supérieur absent par congé.*

Du 18 Mars 1785.

LE Sieur Faure de Lussac, Conseiller au Conseil-Supérieur du Cap, va s'embarquer, M., pour retourner à son service. Il passera par la Martinique, afin d'y arranger les affaires de la Succession de son père, et je lui ai procuré pour cet effet, une prolongation de congé de six mois. Je vous prie de lui faire payer à son arrivée ce qui lui restera dû sur le traitement de 2,400 liv., dont jouissent en France les Conseillers qui s'y trouvent par congé, à compter du jour qu'il aura cessé de les toucher, ce qu'il sera tenu de justifier par un certificat du Trésorier-général de mon Département.

R. au Contrôle le 24 Janvier 1786.

RÈGLEMENT du Gouverneur-Général pour la Police des Spectacles.

Du 25 Mars 1783.

GUILLAUME-Léonard de Bellecombe, etc.

La tranquillité publique ayant été souvent compromise par des troubles qui avoient pris naissance au Spectacle, dont la Police ne nous paroît pas suffisamment assurée par les Réglemens de nos Prédécesseurs, et voulant remédier, autant qu'il est en Nous, aux désordres que ce défaut de Police des Spectacles pourroit encore occasionner, Nous avons cru convenable d'ajouter à ces Réglemens de nos Prédécesseurs, quelques dispositions tirées des Ordonnances du Roi pour la Police des Spectacles en France. En conséquence, sans déroger au Réglement fait par M. de Lilancour, le 22 Mai 1780, concernant les Spectacles, dont nous autorisons les Directeurs de Comédie à faire afficher des exemplaires, Nous ordonnons que toute annonce verbale de Pièce sera supprimée, voulant qu'il n'en soit fait à l'avenir que par les Affiches; et que quand quelque circonstance imprévue empêchera de donner la Pièce, ou les pièces annoncées par l'Affiche, ce dont il sera rendu compte au Commandant pour le Roi, qui jugera la validité des raisons de ce changement, le Public en soit prévenu par des Affiches à la main, posées à la Porte de la Comédie avant l'heure du Spectacle; permettant que lesdites Affiches à la main, ne soient mises qu'au bas des Loges du Général et de l'Intendant, si les raisons qui empêchent de donner la Pièce, ou les Pièces annoncées, sont survenues depuis l'heure fixée pour l'ouverture du Spectacle.

Défendons à toute personne quelconque qui assistera au Spectacle, soit dans les Loges ou au Parterre, d'en troubler la tranquillité, sous peine d'être arrêtée sur le champ et punie comme Perturbateur du repos public, conformément aux Ordonnances du Roi.

Défendons également d'interrompre les Acteurs pendant les Représentations, sous quelque prétexte que ce soit, de siffler ou de faire des huées ; de demander aucun Acteur ou Directeur, et à ceux-ci de paroître, sous peine, pour lesdits Acteur ou Directeur, d'être punis de prison.

Défendons pareillement de faire du bruit dans la Salle du Spectacle, soit avant le commencement de la Piece ou dans les Entr'actes, et à toute personne placée au Parterre, d'y avoir le chapeau sur la tête, soit dans les Entr'actes ou pendant que les Acteurs sont sur la Scène.

Et sera copie du présent Règlement affichée à la porte intérieure de chacune des Salles de Spectacle de la Colonie, afin que les dispositions en soient suffisamment connues. Mandons aux Officiers de l'Etat-major, chargés de la Police des Spectacles, de tenir la main à ce qu'il soit exécuté. Au Port-au-Prince, le 25 Mars 1785. *Signé :* BELLECOMBE.

LETTRE *du Ministre au Gouverneur-Général sur le traitement des Officiers qui remplissent par interim les places de l'Etat-major.*

Du 25 Mars 1785.

J'AI reçu, M., avec votre lettre commune du 20 Octobre dernier, l'Ordonnance que vous avez rendue pour fixer provisoirement le traitement des Officiers qui remplissent par interim les fonctions de Commandant en second, de Commandant particulier, de Major et d'Aide-major de Saint-Domingue. Le Roi approuve cette Ordonnance; mais l'intention de Sa Majesté est que, lorsque, suivant l'Article dernier, un Officier jouira du logement attaché à la place qu'il remplira, son logement propre sera suspendu. M. de Bongars voudra bien y tenir la main.

R. au Contrôle le 22 Juillet suivant.

LETTRE du Ministre aux Administrateurs touchant la permission accordée à M. le Vicomte de Choiseul-Praslin, de vendre l'Isle de la Tortue.

Du 31 Mars 1785.

M. le Vicomte de Choiseul-Praslin a demandé, MM., la permission de vendre l'Isle de la Tortue, concédée en 1767 à Mme la Comtesse de Montrevel, sa sœur, dont il est légataire universel. Le Roi, dont j'ai pris les ordres, a bien voulu, par des motifs particuliers, lui accorder cette faveur, en le dispensant de l'exécution tant des Réglemens généraux sur les concessions, que de la clause particulière du titre de Mme la Comtesse de Montrevel, qui l'assujettit à n'en pouvoir vendre que les parties qui en seroient établies. M. le Vicomte de Choiseul-Praslin pourra en conséquence, vendre l'Isle de la Tortu en l'état où elle se trouve, sans que néanmoins l'acquéreur puisse jamais se prévaloir de cette faveur, et à la charge par lui de se renfermer strictement dans les conditions de sa concession. L'intention de Sa Majesté est que cette Dépêche soit enregistrée aux Greffes du Conseil-Supérieur du Cap et de l'Intendance. Vous voudrez bien y tenir la main et m'en rendre compte.

R. au Conseil du Cap, le 6 Octobre suivant.

En vertu de cette permission, M. le Vicomte de Choiseul-Praslin a vendu la Tortue à M. Labattut, Négociant au Cap.

LETTRE

LETTRE du Ministre aux Administrateurs, pour leur annoncer la suppression de la place de Garde-magasin de la Marine au Cap, et ordonner l'entrée des effets de ce Magasin dans le Magasin-général.

Du 15 Avril 1785.

R. au Contrôle, le 22 Juillet suivant.

ORDONNANCE du Juge de Police de Saint-Marc, touchant les Cuisines, Forges, etc. et les précautions à prendre pour éviter les Incendies.

Du 16 Avril 1785.

JEAN-Jacques Gattien Bretton des Chapelles, etc. Sur ce qui nous a été remontré par le Procureur du Roi, que la conservation de la vie et des biens des citoyens, doit être sans doute le premier objet de la vigilance des Officiers de Police; que, pénétré de cette vérité, il n'a pu s'empêcher d'écouter les plaintes qui lui ont été portées par divers particuliers de la Ville, sur le danger éminent qu'elle couroit de se voir journellement incendiée; que la plupart des maisons de cette Ville n'avoient point de cuisines, de sorte que les locataires étoient obligés d'apprêter leur nourriture dans les cours en plein air, ce qui exposoit singulièrement les Bâtimens voisins au moindre vent qui s'élevoit; que d'autres avoient bien des cuisines, mais sans cheminées; d'où il arrivoit que le toît desséché par la chaleur continuelle, devenoit très-combustible, et pouvoit s'enflammer au premier moment; que dans certains emplacemens il se trouvoit des chambres et même des cuisines couvertes en paille, et même en feuilles de palmiste sèches, couvertures très-dangéreuses dans l'enceinte d'une Ville; qu'il existoit des forges tenues dans des maisons de planches, susceptibles d'être embrasées à chaque instant, et de communiquer le feu à toute la Ville; que frappé des plaintes qui lui ont été portées, il a ordonné à l'Exempt de Police de se transporter dans toutes les maisons de cette Ville, et de prendre note de l'état d'icelles, en tout ce qui pouvoit être relatif au feu; que par l'état qui lui a été rapporté par l'Exempt de police de chaque maison de cette Ville, le Procureur du Roi ne s'est que trop convaincu de la réalité des craintes éprouvées; en conséquence il s'empresse de nous les déférer, afin qu'il nous plût y remédier par tous les moyens les plus avantageux à la conservation de la vie et des biens des Citoyens.

En conséquence, faisant droit sur la remontrance du Procureur du Roi, enjoignons à tous Propriétaires ou locataires d'emplacement de cette Ville, qui n'ont point de cuisine, d'y en faire construire une, couverte en tuiles ou en essentes, avec cheminée, et ce sous six mois pour tout délai, sauf le recours des locataires sur les propriétaires pour le prix d'icelle.

Enjoignons pareillement à tous propriétaires ou locataires de maisons, dont les cuisines n'ont point de cheminées, d'y en faire construire une, et ce sous trois mois pour tout délai, sauf le recours des locataires contre les Propriétaires pour les frais d'icelle.

Enjoignons à tous Propriétaires ou locataires d'emplacemens, sur lesquels il se trouve des cuisines ou autres Bâtimens couverts en paille, en feuilles de palmiste, ou autre couverture pareille, de les faire couvrir en tuiles ou en essentes, et ce sous six mois pour tout délai, sauf le recours des locataires sur les propriétaires pour les frais de ladite couverture, et dans le cas de contravention aux trois articles ci-dessus, lesdits propriétaires ou locataires seront condamnés en cinq cents livres d'amende.

A l'égard des forges tenues dans des maisons de planches, ordonnons que nous nous y transporterons en compagnie du Procureur du Roi, à l'effet d'y constater le danger qui peut en résulter pour les maisons adjacentes, duquel transport il sera par nous dressé Procès-verbal, pour sur icelui être ordonné ce qu'il appartiendra.

Ordonnons que la présente Ordonnance sera lue, publiée et affichée par-tout où besoin sera. Donné en notre Hôtel, à Saint-Marc, le 16 Avril 1785. *Signé :* DE BOURCEL, et BRETTON DES CHAPELLES.

ORDONNANCE des Administrateurs, concernant les Visites des Navires Étrangers.

Du 20 Avril 1785.

GUILLAUME-Léonard de Bellecombe, etc.

Alexandre-Jacques Bongars, etc.

Étant informés qu'il s'est élevé des difficultés entre les Directeurs du Bureau du Domaine de Sa Majesté et les Lieutenans d'Amirauté des Ports d'Entrepôts établis à Saint-Domingue par l'Arrêt du Conseil d'État du Roi, du 30 Août 1784, pour le Commerce des Étrangers dans les Colonies, et voulant prévenir toute discussion semblable, dont l'effet seroit contraire à l'exécution des Ordres de Sa Majesté : Nous, en vertu des pouvoirs qu'il lui a plu nous confier, avons provisoirement ordonné et ordonnons ce qui suit :

ART. I. Le déchargement de tout Bâtiment étranger et de tout Bâtiment François qui sera dans le cas de la visite du Bureau du Domaine, sera commencé dans les vingt-quatre heures de son arrivée ; et si quelque circonstance forcée empêchoit de procéder sur le champ audit déchargement, les scellés du Bureau du Domaine seront apposés par les Commis dudit Bureau, qui, conformément à l'Article VIII de l'Arrêt du Conseil d'État, du 30 Août 1784, auront dû se rendre à bord dudit Bâtiment, aussitôt son entrée dans le Port.

II. Lorsque le déchargement dudit Navire n'aura pu être exécuté en entier dans le même jour, le Commis du Bureau du Domaine ne pouvant répondre de ce qui se feroit à bord pendant la nuit, si la Cale restoit ouverte et à la disposition du Capitaine, il en fermera les panneaux avant de se retirer et y apposera le Cachet du Bureau, qu'il vérifiera le lendemain avant de continuer la visite de la Cargaison, qui se fera toujours à mesure que les effets sortiront de la Cale, et non par une simple inspection dans la Cale.

III. Défendons aux Officiers de l'Amirauté de rompre sous aucun prétexte lesdits scellés, à moins qu'il n'y ait un Commis du Bureau du Domaine présent à la levée desdits scellés, dont il aura constaté la vérification; en conséquence, lorsque les Officiers de l'Amirauté voudront se rendre à bord des Bâtimens, livrés à l'inspection du Bureau du Domaine dès le moment de leur arrivée, par la disposition de l'Article VIII de l'Arrêt du Conseil d'État, du 30 Août, ils seront tenus d'en prévenir le Directeur du Bureau du Domaine, pour qu'il puisse y envoyer un Commis; ce qui sera toujours exécuté sans délai.

Prions MM. les Officiers des Conseils-Supérieurs du Port-au-Prince et du Cap d'enrégistrer le présent Réglement, et Mandons à ceux de l'Amirauté dudit lieu du Cap, de tenir la main à son exécution. Sera la présente Ordonnance enregistrée au Greffe de la Subdélégation, imprimée, lue, publiée et affichée par-tout où besoin sera. Donné au Port-au-Prince, etc. *Signé :* BELLECOMBE et BONGARS.

R. au Conseil du Port-au-Prince, le 25 du même mois d'Avril.

Et à celui du Cap le 7 Mai suivant.

ARRÊT du Conseil du Port-au-Prince, qui condamne l'Arpenteur-géneral à rembourser 54 liv. à un Arpenteur, dont il avoit exigé 120 liv. pour son examen, et lui enjoint de se conformer à l'Art. 8 du Règlement du 1er Avril 1773, sous telles peines qu'il appartiendra.

Du 20 Avril 1785.

ARRÊT du Conseil du Port-au-Prince, sur un fait de Commerce Étranger.

Du 20 Avril 1785.

LOUIS, etc. Vu par notre Conseil Supérieur du Port au-Prince le Procès extraordinairement instruit au Siége de l'Amirauté de cette Ville, contre Nathaniel Fanning, Capitaine de la Goëlette Américaine, le Good-hope de la nouvelle Londres et les gens de son équipage; la Sentence dont est appel, qui déclare ledit Fanning duement atteint et convaincu d'avoir embarqué à son bord des sucres et caffés, et d'avoir cherché à les exporter de la Colonie, au mépris des Ordonnances et Arrêts concernant le Commerce étranger dans les Isles Françoises de l'Amérique. Pour réparation de quoi, déclare, tant ladite Goëlette, le Good-hope, que les marchandises composant la cargaison et dépendances duement acquises et confisquées à notre profit; en conséquence, ordonne que ladite Goëlette, son chargement et dépendances seront vendus et adjugés en la manière accoutumée, inventaire préalablement fait en présence des Parties intéressées, ou icelles duement appelées; condamne ledit Fanning en 1,000 livres d'amende envers nous, et à tous les frais et dépens du Procès; Conclusions de Me de Ronseray, Substitut, faisant fonction de notre Procureur-Général, et ouï le rapport de M. la Croix de Villeneuve, Conseiller, et tout considéré: NOTRE COUR, a mis et met l'Appellation et Sentence dont est appel au néant; en ce que 1°, la Goelette, le Good-hope, et les marchandises composant sa cargaison, ont été déclarées acquises et confisquées à notre profit; 2°, en ce que le Sieur Fanning, Capitaine de ladite Goelette, a été condamné en l'amende de 1,000 liv. envers Nous; émendant, quant à ce, déclare acquis et confisqués les quatre boucauds de sucre, et les quinze sacs de caffé trouvés à bord de ladite Goelette le Good-hope, et embarqués par les matelots à l'insçu du Capitaine; condamne Nathaniel Fanning, Capitaine de ladite Goelette, en l'amende de 1,000 liv.; pour le produit de la vente desdits Sucres et Caffés et l'amende appartenir, conformément à l'Art. XVI de l'Arrêt de notre Conseil d'État du 30 Août 1784, aux Commandant, État-major et Équipage de notre Corvette le Pivert, Preneur, déduction faite du dixième de l'Amiral, des 6 d. pour livre attribués aux Invalides de la Marine et des frais de justice. Donné, etc. etc.

ARRÊT du Conseil du Cap, touchant les Écoles publiques.

Du 21 Avril 1785.

VU par la Cour la Requête de Chevillard, tendante, etc. vu l'Acte de son transport chez le Curé du Fort-Dauphin, reçu par les Notaires de la même Ville, constatant le refus injurieux dudit Curé, de donner son approbation, ensemble la délibération des paroissiens de la ville du Fort-Dauphin, du 27 Mars dernier, en faveur du Suppliant; l'attestation dudit Curé, du 10 Juillet 1784, de ses bonnes vie, mœurs et capacité, et la permission d'aller enseigner dans les maisons particulières; qu'il plût à la Cour homologuer ladite Délibération au chef de sa nomination, pour second maître d'École dans la ville du Fort-Dauphin, etc.; Conclusions par écrit de Deschamps, Substitut du Procureur-Général du Roi; ouï le rapport de M. le Gris, Conseiller, et tout considéré: LA COUR a homologué et homologue la Délibération des Paroissiens de la ville du Fort-Dauphin, du 27 Mars dernier, au chef de la nomination du Suppliant; en conséquence, l'envoie en possession de tenir école publique en ladite ville, à la charge par lui de se conformer aux Règlemens sur le fait de l'instruction de la jeunesse, et encore à la charge par lui de ne prendre que des enfans mâles.

LETTRE du Ministre à M. Faure de Lussac, Conseiller au Conseil du Cap, touchant le retour des Conseillers venus en France par congé.

Du 22 Avril 1785.

J'AI reçu, M., la lettre, par laquelle vous demandez qu'il soit donné des ordres à Nantes pour votre embarquement, celui de votre domestique et de vos effets. Il est de règle que le passage aux frais du Roi, ne s'accorde aux Conseillers, que lorsqu'ils se rendent pour la première fois à leurs fonctions. Les frais de votre retour par conséquent doivent être à votre charge.

ARRÊT du Conseil du Cap, touchant une Demande en Retrait-Lignager.

Du 25 Avril 1785.

ENTRE le Sieur Michel Chiron et le Sieur Odin, Appelans; Et le Sieur Jacques Chiron, Intimé. Plaidant Mes Darracq, Bonne-Maison et Taxis de Blaireau, sur les Conclusions de Me Brulley, Substitut de M. le Procureur-Général.

Le Sieur Jacques Chiron ayant vendu son Habitation au Sieur Odin, il se fit autoriser par une Délibération d'amis, à la retraire au nom de son fils mineur. Quatre jours après la demande, le Sieur Odin déclare avoir acquis pour le Sieur Michel Chiron, Oncle du Mineur, qu'il appelle en garantie. Sentence qui autorise le Sieur Jacques Chiron à retraire l'Habitation pour son fils, en remboursant le Sieur Odin des deniers payés pour l'achat, fraix et loyaux coûts, ou à les consigner à son refus, icelui duement appelé à voir faire ladite consignation, et ce dans vingt-quatre heures, faute de quoi, déchu dudit retrait ; le Sieur Odin débouté de sa demande en garantie contre le Sieur Michel Chiron, et condamné aux dépens.

Appel des Sieurs Odin et Michel Chiron. Le mineur Chiron étant décédé, et le père continuant à poursuivre en son nom personnel, on lui opposa une fin de non-recevoir, prise de ce qu'il étoit le vendeur originaire ; mais elle n'empêcha pas la confirmation de la Sentence.

RÉGLEMENT du Roi, pour déterminer la forme qui sera suivie pour les demandes des Grâces, de quelque nature qu'elles soient, qui pourront être faites par les Officiers militaires ou d'Administration, employés au Département des Colonies,

Du 29 Avril 1785.

1°. LE Mémoire sera rédigé sur grand papier, plié en deux dans sa longueur. La date sera mise en tête ; et l'objet de la demande sera désigné : d'un côté seront écrits les noms, surnoms, qualités, âge et services du demandeur, et de l'autre les motifs de la demande, comme ci-après :

DATE DE L'ENVOI DU MÉMOIRE.

INFANTERIE, *GÉNIE* ou *ARTILLERIE.*	Le nom du Régiment *ou* de la Place.

MÉMOIRE

pour tel ou tel objet.

Les noms, surnoms, qualités, âge et services du Demandeur.	Les motifs de la demande.

Après

Après les motifs de la demande, le demandeur signera son Mémoire et indiquera sa demeure, s'il n'est pas attaché par un service actuel à un Régiment ou à une Place.

2°. Si la demande est faite par un Officier subalterne, il remettra son Mémoire à son Capitaine, qui, après avoir mis son attestation et ses observations, le fera passer au Major, le Major au Lieutenant-colonel, le Lieutenant-colonel au Colonel; tous ces Officiers mettront sur le Mémoire leurs observations qu'ils signeront; le Colonel le remettra ensuite au Gouverneur ou Commandant de la Colonie, pour être adressé, s'il y a lieu, au Secrétaire d'État ayant le Département de la Marine et des Colonies. La même forme sera observée, quelque grade qu'ait le demandeur, dont le Mémoire passera toujours successivement par les Officiers des grades supérieurs au sien.

3°. Il en sera usé de même pour les Officiers des États-majors, dont les Mémoires ne pourront être remis au Gouverneur, que par les mains des Majors, Commandans particuliers et Commandans en second, auxquels le demandeur se trouvera subordonné dans son service.

4°. Quant aux personnes employées dans l'Administration, Commissaires-généraux, Ordonnateurs, Commissaires ordinaires, Contrôleurs, Écrivains principaux et ordinaires, Gardes-magasins, Commis aux écritures, et autres Employés, ils remettront leurs Mémoires, d'abord à l'Officier du grade supérieur sous les ordres duquel ils serviront immédiatement; celui-ci les fera passer à l'Administrateur auquel il sera directement subordonné, et successivement lesdits Mémoires, avec les apostilles et observations signées de chaque intermédiaire dans l'ordre graduel de la subordination jusqu'à l'Intendant ou Ordonnateur, pour être par lui seul transmis, s'il y a lieu, avec son avis motivé, au Secrétaire d'Etat ayant le département de la Marine et des Colonies: si l'objet de la demande exigeoit le concours des deux Administrateurs, ils se réuniroient pour la former en commun.

Cette marche invariable sera également suivie pour les Officiers civils, Officiers de Ports, Officiers de Santé, de Maréchaussée et tous autres, relativement à leurs Supérieurs respectifs, de manière que lesdits Mémoires transmis et apostillés comme il est expliqué ci-dessus, ne puissent jamais être adressés que par les Administrateurs en chef.

5°. Les Officiers supérieurs dans toutes les parties, seront tenus de faire mention, dans leurs observations, des règles et des principes qui pourront être favorables ou contraires aux différentes demandes. Enjoint Sa Majesté aux Gouverneurs et Commandans, ainsi qu'aux Intendans et Ordonnateurs, de n'adresser au Secrétaire d'État ayant le Département de la Marine et des Colonies, que les demandes qui, d'après les règles établies, seront jugées par eux admissibles; et lorsqu'elles auront été refusées une fois, elles ne seront plus renouvelées.

6°. Sa Majesté informée que souvent on ne passe en France, sous prétexte de maladie, que pour solliciter des grâces, a décidé qu'aucuns Officiers militaires, civils ou d'administration, n'obtiendront ni avancement, ni grâces, que lorsqu'ils seront de retour à leur service, et jamais pendant leur séjour en France par congé ou prolongation de congé, à l'exception de l'avancement graduel qui pourra leur appartenir, lorsqu'il sera proposé par les Gouverneurs ou Intendans pour la partie militaire ou d'administration. Fait Sa Majesté défense auxdits Officiers étant en France, de présenter aucuns Mémoires pour obtenir des grâces : Enjoint aux Gouverneurs et Intendans de n'apostiller que ceux qu'ils adresseront eux-mêmes, et leur défend de donner aux Officiers et Employés qui passeront en France, d'autres certificats que de bonne conduite.

7°. Les Gouverneurs et Intendans n'adresseront les demandes de grâces faites par les Officiers et Employés, qu'une fois par an. Ces expéditions partiront de manière à ce qu'elles parviennent en France dans la fin de Décembre : celles des Officiers des régimens et des Milices, ne seront envoyées qu'avec les revues d'inspection. Les remplacemens dans toutes les parties du service, seront proposés lorsque les vacances y donneront lieu.

8°. Les Officiers retirés du service en France, et qui auront quelques demandes à faire, feront parvenir leurs Mémoires au Secrétaire d'État ayant le Département de la Marine et des Colonies, par l'Officier-général commandant dans la province qu'ils habiteront.

9°. Tout Mémoire qui ne sera pas dans la forme prescrite, sera rejeté et demeurera sans réponse.

Fait à Versailles le 29 Avril 1785. *Signé :* LOUIS. *Et plus bas*, Le Maréchal DE CASTRIES.

ARRÊT du Conseil du Port-au-Prince, qui interdit 1° un Notaire, Substitut du Procureur du Roi de Saint-Marc, pour avoir signé, quoique non présent, une apposition de scellés; & 2° un autre Notaire, pour avoir excédé le Tarif.

Du 3 Mai 1785.

LOUIS etc. Vu par notre Conseil-Supérieur du Port-au-Prince, le Procès extraordinairement instruit à la requête du Substitut de notre Procureur-Général en notre Siége de Saint-Marc, demandeur et plaignant d'une part; Contre Me B... Substitut du Substitut de notre Procureur-Général, et Notaire en notredit Siége de Saint-Marc, Défendeur et Accusé, et Appelant de Sentence contre lui rendue le vingt-six Janvier 1785, d'autre part; la Sentence dont est appel, qui le déclare duement atteint et convaincu d'avoir prévariqué dans ses fonctions de Substitut, en signant comme présent, lors de l'apposition des scellés sur la Succession ..., trois transports et vacations, au mépris et en contravention de l'Ordonnance de 1775, portant tarif: Pour réparation de quoi, le déclare déchu et privé, tant dudit office de Substitut, que de celui de Notaire en la Jurisdiction de Saint-Marc, et incapable d'en remplir de pareils à l'avenir: ordonne que pour être pourvu auxdits offices, expédition de ladite Sentence sera, par le Substitut de notre Procureur-Général, adressée à MM. les Général et Intendant en la forme ordinaire: fait défenses audit Me B.... de percevoir les 480 liv., qu'il s'est taxées pour honoraires dans ladite opération; et dans le cas où il les auroit perçues, le condamne, même par corps, à les restituer à qui de droit. En ce qui concerne le Sieur F..., lui enjoint de se conformer à l'Article XV du Titre XII du Règlement portant tarif, en date du 4 Décembre 1775, et pour y être contrevenu, l'interdit de ses fonctions de Notaire pendant six mois: Conclusions de Me de Ronseray, Substitut, faisant fonctions de Notre Procureur-Général, en date du 25 Avril dernier: Ouï ledit M. B.... en son interrogatoire derrière le barreau, et Me Piémont, Conseiller en son rapport, et tout considéré: NOTRE Cour a donné acte à notre Procureur-Général de l'appel par lui interjeté de ladite Sentence, du 26 Janvier dernier; joignant ledit appel à celui interjeté par Me B. . . , et prononçant sur iceux, a mis et met les Appellations et ce dont est appel au néant; émendant, l'a déclaré duement atteint et convaincu d'avoir signé, comme présent, lors de l'apposition des scellés, trois vacations, auxquelles il n'avoit pas assisté, et de s'être taxé des honoraires pour lesdites vacations, et ce, au mépris de l'Art. XII du Règlement de 1775, portant tarif : en conséquence, l'a interdit de toutes ses fonctions pendant six mois; lui fait défenses de percevoir les 480 livres qu'il s'est taxées pour ses prétendus honoraires; et dans le cas où il les auroit perçue, le condamne, même par corps, à les restituer. Enjoint au surplus audit Me B. . . . de ne plus signer à l'avenir comme présent, aucune opération de justice, sans y avoir assisté.

ARRÊT du Conseil du Port-au-Prince, qui condamne le Sieur T. . . à demander pardon, nû-tête et à genoux, au Roi et à la Justice, et à être banni pour trois ans du ressort de la Cour, pour avoir 1° calomnié le Commandant en second de la Partie du Sud, et répandu des libelles diffamatoires tant contre lui, que contre le Sénéchal des Cayes, et autres personnes dénommées au Procès; 2° désobéi à justice, et proféré des injures contre le Lieutenant du Juge des Cayes, étant en fonctions; et 3° frappé un Huissier; et qui condamne encore un Mulâtre contumace à être blâmé, pour avoir signé l'un des libelles.

Du 4 Mai 1785.

ORDONNANCE du Juge de Police de Saint-Marc, touchant les Forges qui font craindre des Incendies pour la Ville.

Du 7 Mai 1785.

JEAN-Jacques Gatien Bretton des Chapelles, etc.

Entre le Procureur du Roi de ce Siége, Demandeur aux fins de sa remontrance, etc.; Contre les Sieurs Le Gendre, La Caille et Bourguignon, Machoquets, demeurans en cette ville, etc.

Parties comparantes ouïes, nous donnons défaut contre le Sieur La Caille, non comparant en personne, ni Procureur pour lui, et pour le profit, vu ce qui résulte du Procès-verbal pour les forges, par nous dressé le 27 Avril dernier, en exécution de notre Ordonnance de Police, du 16 dudit mois d'Avril, nous ordonnons que dans un mois de ce jour, les Défendeurs seront tenus de faire construire des forges et cheminées en briques dans leur boutique, pour garantir les cases où elles sont établies, et les maisons voisines, des incendies qui pourroient être l suite fâcheuse de leur état actuel; sinon, et faute par lesdits Défendeurs de le faire dans ledit délai et icelui passé, être contr'eux pris, par le Procureur du Roi, les Conclusions qu'il avisera, et par nous statué ce qu'il appartiendra. Ce qui sera exécuté nonobstant opposition ou appel, et sans y préjudicier. Donné en la Chambre de Police, le 7 Mai 1785. *Signé :* BRETTON DES CHAPELLES.

Arrêt du Conseil du Cap, touchant des Masques ou Têtes de fer.

Du 7 Mai 1785.

Vu par le Conseil le Réquisitoire du Procureur-Général du Roi, tendant à ce qu'il plût à la Cour, vu ses présentes réquisitions, ensemble la copie ci-jointe d'une lettre insérée dans le Journal général de France, et dans le Journal de Luxembourg; ladite lettre signée Chaperon, Avocat au Parlement, et datée de Libourne en Guyenne, le 26 Octobre 1784, lui donner Acte de la dénonciation de l'abus qu'on peut faire des masques ou têtes de fer, imaginés dans l'origine pour empêcher les nègres nouveaux de se livrer à l'appetit dépravé qui les porte à manger de la terre; en conséquence, faire très-expresses inhibitions et défenses à toutes personnes de quelque qualité et condition qu'elles soient, d'apporter dans le ressort de la Cour, ou d'y fabriquer, débiter, tenir ou employer, sous aucun prétexte, les masques ou têtes de fer dont il s'agit, sous peine de 3,000 liv. d'amende, et de punition exemplaire en cas de récidive; ordonner en outre, que par tel de Messieurs qui sera commis par la Cour, visite générale sera faite à sa participation ou à celle d'un de ses Substituts, des magasins des marchands de fer établis en cette Ville, pour vérifier s'il y a, dans lesdits magasins, de ces sortes de masques ou têtes de fer; et au cas qu'il se trouve de ces instrumens, ordonner qu'ils seront saisis, et sur le champ déposés au Greffe de la Cour; de quoi il sera dressé Procès-verbal. Ordonner que pareille visite et saisie, s'il y a lieu, seront faites dans les autres Villes du ressort de la Cour, par les Juges Royaux, assistés de ses Substituts, avec dépôts aux Greffes des lieux et Procès-verbaux; pour lesdits Procès-verbaux lui étant communiqués, être par lui requis et par la Cour statué ce qu'au cas appartiendra; et afin que personne n'en prétende cause d'ignorance, ordonner que l'Arrêt à intervenir, sera lu et publié à la première audience de la Cour, enregistré en son Greffe, pour y avoir recours le cas échéant, et en outre imprimé, publié et affiché dans cette Ville et dans tous les Quartiers, et que Copies dudit Arrêt duement collationnées seront, à sa diligence, envoyées dans les Sièges Royaux et d'Amirauté, ressortissans nuement en la Cour, pour y être pareillement lues, publiées, enregistrées et affichées, enjoindre à ses Substituts d'y tenir la main, et d'en certifier dans la quinzainë; ledit réquisitoire signé, FRANÇOIS DE NEUFCHATEAU. Ouï M. Ruotte, Conseiller, et tout considéré : Vu, etc.; LA COUR donne acte au Procureur-Général du Roi, de la dénonciation de l'abus qu'on peut faire des masques ou têtes de fer, imaginés dans l'originè pour empêcher les Nègres nouveaux de se livrer à l'appétit dépravé qui les porte à manger de la terre; ordonne, avant faire droit sur les plus amples Conclusions dudit Procureur Général du Roi, que par M. Ruotte, que la Cour a commis et commet à cet effet, visite générale sera faite, à la Requête dudit Procureur-Général du Roi, des magasins de Marchands de fer établis en cette ville, pour vérifier s'il y a, dans lesdits magasins, de ces sortes de masques ou têtes de fer; et en cas qu'il s'en trouve, ordonne qu'ils seront saisis et déposés au Greffe de la Cour, dequoi, il sera dressé Procès-verbal; ordonne aussi que pareille visite et saisie, s'il y a lieu, sera faite dans les autres villes du ressort de la Cour, par les Juges royaux des jurisdictions desdites villes, à la diligence des Substituts du Procureur-Général du Roi en icelles, avec dépôt aux Greffes des lieux et Procès-verbaux, pour lesdits Procès-verbaux communiqués audit Procureur-Général du Roi, être par lui requis et par la Cour statué ce qu'il appartiendra. Ordonne que copie du présent Arrêt sera envoyée aux Jurisdictions du ressort de la Cour, pour y être exécuté à la diligence des Substituts du Procureur-Général du Roi en icelles, qui seront tenus d'en certifier la Cour dans quinzaine. Ordonne en outre que la copie, certifiée par le Procureur-Général du Roi, de la lettre de Chaperon, Avocat, sera et demeurera pour recours déposée au Greffe de la Cour, préalablement paraphée de M. le Président de la Cour, *ne varietur.*

Il ne s'est point trouvé de Masques ou Têtes de fer.

LETTRE du Ministre à M. l'Intendant, touchant les Commissions provisoires accordées aux Employés.

Du 13 Mai 1785.

L'INTENTION du Roi est, qu'au moyen de l'augmentation qui vient d'être faite dans le nombre des Employés brévetés, toutes commissions provisoires, accordées jusqu'à présent par les Intendans ou Ordonnateurs, soient annulées, et que les Sujets qui en ont été pourvus, n'en puissent prendre le titre. Sa Majesté veut encore qu'à l'avenir, les Intendans et Ordonnateurs ne puissent accorder aucunes semblables commissions provisoires, que lorsque les règles du service, la forme de la comptabilité, ou autres raisons équivalentes, dont il sera rendu compte sur le champ, en imposeront la nécessité.

ORDONNANCE *de Police du Juge de Jérémie, touchant l'alignement des Maisons et les Procès-verbaux du Voyer.*

Du 14 Mai 1785.

Vu la Remontrance du Procureur du Roi, attendu qu'il ne nous est point justifié que le Sieur Fourcaud, comme il est dit dans les conclusions prises en la Remontrance, ne s'est point conformé à l'alignement fixé pour bâtir sa maison; qu'il paroît seulement, par la dénonciation verbale du Sieur Doucet, Voyer, mentionnée en tête de ladite Remontrance, que le Sieur Fourcaud n'a pas pris de lui l'alignement pour bâtir sadite maison : nous ordonnons que ledit Sieur Doucet, Voyer, de la Ville, fera la visite des lieux, en dressera procès-verbal, par lequel sera constaté, si la maison dudit Sieur Fourcaud est bien ou mal placée, suivant l'alignement qu'elle doit avoir, pour ledit procès-verbal communiqué au Procureur du Roi, et à nous rapporté, être, en conformité de l'Ordonnance de MM. les Administrateurs, du 12 Février 1783, statué ce qu'il appartiendra. Et pour éviter l'inconvénient qui résulte par ladite Remontrance, d'une dénonciation verbale faite par un Officier public au Procureur du Roi, nous ordonnons que ledit Voyer suivra la forme prescrite par l'Ordonnance de MM. les Administrateurs, du 20 Octobre 1780, & autres, en dressant procès verbal des contraventions qui pourroient avoir lieu, relativement aux objets de son état, lequel procès-verbal sera remis au Procureur du Roi, pour être faites telles poursuites et diligences qu'il echéra.

Ordonnons en outre que, conformément à l'Article premier de la susdite Ordonaance de 1780, et pour être statué définitivement sur l'objet de la présente Remontrance, il sera déposé au Greffe du Siége un Plan-directeur de la ville, et ce, à la diligence du Procureur du Roi. Fait à Jérémie, le 14 Mai 1785. *Signé :* L. B. DE FAVARANGE.

ORDONNANCE *de Police du Juge de Jérémie, qui enjoint aux Citoyens de la Ville, d'envoyer, chacun un Nègre, pour nétoyer le devant de l'Eglise et du Presbytère, à cause de la procession de la Fête-Dieu.*

Du 20 Mai 1785.

VU le Réquisitoire du Procureur du Roi, nous enjoignons à tous les habitans de la Ville, d'envoyer chacun, un de leurs Nègres, sur la Place-d'armes, avec leurs houes, lundi prochain, huit heures du matin, pour nétoyer le devant de l'Eglise et du Presbytère de cette Ville, à tous les endroits où doit passer la procession, le jour de la Fête-Dieu et du Saint Sacrement, laquelle corvée sera conduite par un Nègre de Police, sous les ordres de l'Exempt. Ordonnons que la présente sera lue, publiée et affichée par tous les carrefours de cette Ville, et exécutée suivant sa teneur, sous peine de cinquante livres d'amende, contre ceux qui refuseront d'y obéir. Mandons, etc. Fait et donné de nous, Conseiller du Roi, Sénéchal, Juge Civil, Criminel & de Police, au Siége Royal de Jéremie, ce 20 Mai 1785. *Signé :* DE MOUSEUIL.

ARRÊT du Conseil du Port-au-Prince, touchant l'exécution de l'Édit du 24 Novembre 1781, concernant les Successions vaccantes.

Du 20 Mai 1785.

LOUIS, etc. Vu, etc. Entre Pierre Meynardier, etc.; Et notre Procureur-Général, etc; l'Ordonnance, portant que le premier Juge se transportera, avec le Substitut de notre Procureur-Général et le Greffier, sur l'habitation de la veuve Fergeau sise, à la Voldrogue, à l'effet de procéder, le mardi suivant, huit heures du matin, à la vente de tous les meubles et animaux non attachés, ni nécessaires à l'exploitation de ladite habitation, à l'exclusion de tous Nègres, même domestiques ou autres; pourquoi ordonne qu'il sera dressé une carte-bannie qui annoncera les clauses et conditions de ladite vente, laquelle sera annoncée, publiée et affichée par-tout, après avoir été visée tant dudit Juge, que du Substitut du Procureur-Général, pour, du produit de ladite vente, l'Appelant, en sa qualité, en demeurer chargé, pour en rendre compte quant et à qui de droit; ce qui sera exécuté par provision. NOTRE COUR a mis et met l'Appellation et l'Ordonnance dont est appel au néant; en ce que par icelle le transport du Siége de Jérémie auroit été ordonné, à l'effet de procéder à la vente des effets périssables, dépendans de la succession de la veuve Fergeau, et encore en ce que les Nègres domestiques de ladite succession auroient été exclus de ladite vente; émendant quant à ce, autorise l'Appelant en sa qualité, à faire procéder, par le premier Notaire requis, à la vente des meubles, effets, animaux et Nègres domestiques, dépendans de ladite Succession, à la charge par la Partie de Godin de se conformer à l'article 26 de l'Edit du 24 Novembre 1781; ladite Ordonnance au résidu sortissant effet.

ARRÊT du Conseil du Cap, touchant 1° une Dissolution de Communauté; 2° la portion revenante, dans les revenus, au Propriétaire du Fonds et à celui du Mobilier; 3° le serment du subrogé Tuteur; 4° le respect dû par les Procureurs aux anciens Juges; et 5° les pièces injurieuses déposées chez les Notaires.

Du 23 Mai 1785.

ENTRE le Sieur Pouponneau et la Demoiselle Pouponneau, épouse de Me B..., d'une part; Et le Sieur Patissier de Chateau neuf, veuf commun en biens, et donataire de part d'enfant de la Dame veuve Pouponneau; après qu'ont été ouïs, aux audiences des..., d'Augy, Avocat de Patissier de Chateauneuf, et Darracq, Avocat de B... et sa femme, et de Pouponneau; ensemble Deschamps, substitut du Procureur Général du Roi, et qu'il a été ordonné qu'il en seroit délibéré; Ouï le rapport de M. Ruotte, et tout considéré : LA COUR, vuidant le délibéré ordonné par son Arrêt du 21 du présent mois, joignant les appels, oppositions et demandes, et y faisant droit par un seul et même Arrêt, reçoit les Parties de Darracq opposantes à l'exécution des Arrêts du 3 Novembre 1761 et 11 Février 1762, (qui ordonnent la licitation), remet les Parties au même et semblable état qu'elles étoient auparavant lesdits Arrêts; faisant droit sur les appels, a mis et met les Appellations et Sentences dont est appel, au néant; émendant, déclare nuls et de nul effet les inventaire, vente, partages et licitation dont s'agit; en conséquence, ordonne que la communauté d'entre feu Pouponneau et Marie-Catherine Gabet, son épouse, continuée après le décès dudit Pouponneau, entre la veuve et leurs enfans mineurs, et ensuite par tiers, par le convol de ladite veuve Pouponneau avec Patissier de Chateauneuf, est et demeure continuée jusqu'au 28 Janvier 1784, jour du décès de ladite veuve Pouponneau, épouse de Patissier de Chateauneuf, pour dans ladite communauté depuis tripartite, les parties, amender, etc.; dans laquelle toutefois ne seront pas compris les droits acquis à la Partie de d'Augy des Successions de ses père et mère, dépens compensés; et pour la liquidation des droits des Parties, les renvoie à se pourvoir devant le Juge des lieux. Ordonne que sur les revenus perçus et à percevoir de l'habitation de la montagne du Port-de-Paix, jusqu'à la liquidation définitive des droits des Parties, celle de d'Augy amendera au prorata de sa part dans le mobilier, les deux tiers desdits revenus comme produits par le mobilier.

Ordonne que les Mémoires de B. . . . seront et demeureront supprimés, avec défenses à lui d'en faire composer et imprimer de pareils à l'avenir; faisant droit sur les plus amples Conclusions du Procureur-Général du Roi, enjoint à B. . . . de parler avec respect de la Partie de d'Augy, son ancien Supérieur, et Juge de la Juridiction dans laquelle il milite, et pour s'en être écarté, a interdit ledit B. . . . de ses fonctions de Procureur pendant trois mois, lui fait défenses de s'y immiscer pendant ledit temps, à peine de faux: permet à la Partie de d'Augy de faire imprimer et afficher le présent Arrêt aux frais de B. . . .

Faisant droit sur autres et plus amples Conclusions du Procureur-Général du Roi, ordonne que les notes mises par B. . . . sur les pièces déposées en l'étude de M^e . . , Notaire, seront biffées et rayées; enjoint audit M. . . . de ne plus à l'avenir recevoir au nombre de ses minutes des pièces sur lesquelles il y auroit des notes injurieuses pour les Parties, sous les peines de droit.

L'Arrêt annulle, comme l'on voit, les Inventaire, partages, licitation & vente.

1°. L'Inventaire: *parce qu'il avoit été fait avec le Sieur Vitet, en qualité de Subrogé-tuteur des mineurs Pouponneau, dont la mère avoit déjà convolé, depuis 13 mois, avec le Sieur Patissier; et que le Sieur Vitet n'avoit jamais prêté le serment d'acceptation de la charge de Subrogé-tuteur.*

2°. Les Partages: *parce qu'ils étoient infectés du même vice que l'Inventaire; parce qu'on y avoit donné à la Dame Patissier une part, comme héritière, quant aux meubles et acquets, d'un de ses enfans mineurs, décédé dans le temps intermédiaire, entre l'Inventaire et les partages, quoique dans la communauté continuée, le survivant ne succède pas à la part des enfans ; et encore parce que l'Habitation licitée, adjugée au Sieur Patissier, avoit été considérée comme un conquêt de la seconde Communauté, tandis que la portion acquise, prenant la nature de la portion accrue, elle étoit devenue, comme cette dernière, propre de la première Communauté, & que le tout fût soumis à l'Art. 279 de la Coutume de Paris, et réservé aux enfans du premier lit, n'y en ayant point du second.*

3°. La Licitation : *parce qu'elle avoit été la suite d'actes nuls.*

4°. La Vente : *parce qu'elle étoit dans le même cas que la Licitation.*

5°. *L'Arrêt fait continuer la Communauté jusqu'au décès de la Dame Patissier, l'Inventaire nul n'ayant pu la dissoudre, et l'Acte de pretendue clôture n'ayant été fait que par le Sieur Patissier, et non par la Dame son épouse, veuve du Sieur Pouponneau.*

6°. *L'Arrêt veut qu'on excepte de la Communauté continuée les droits acquis au Sieur Patissier, dans les Successions de ses père et mère, parce qu'il avoit joint à son contrat de mariage un état, certifié des Parties, du montant des biens dont il entendoit former sa mise en Communauté.*

ARRÊT du Conseil du Cap touchant la vente des Nègres dépendans des Bâtardises.

Du 24 Mai 1785.

VU la Requête de Verville, Receveur des Aubaines au Fort-Dauphin, tendante à être recu Appelant de l'Ordonnance du Juge dudit lieu, qui lui auroit permis de vendre une Esclave, dépendante de la Succession de *la nommée Foëda, Négresse libre*, et l'auroit à cet effet renvoyé à se conformer aux dispositions de l'Ordonnance du 24 Novembre 1781 ; Conclusions par écrit de Deschamps, Substitut du Procureur-Général du Roi ; ouï le rapport de M. Le Gris, Conseiller, et tout considéré : LA COUR donne acte au Procureur-Général du Roi de l'appel incident qu'il interjete de l'Ordonnance du Fort-Dauphin, joint son appel à l'appel principal, et y faisant droit par un seul et même Arrêt, a mis et met l'Ordonnance dont s'agit au néant ; fait défenses au Juge du Fort-Dauphin de rendre à l'avenir de pareilles Ordonnances pour ventes en matière d'aubaines, et néanmoins autorise le Suppliant à faire procéder à la barre du Siége-Royal du Fort-Dauphin, à la vente de la Négresse dont s'agit, en la manière ordinaire et accoutumée, et après une seule publication pour éviter à frais.

ORDONNANCE de Police du Juge de Saint-Marc, pour la Vente du Mouton, du Cochon, du Cabrit, de la Tortue et du Poisson.

Du 1er Juin 1785.

JEAN-Jacques Gatien Bretton des Chapelles, etc. Sur ce qui nous a été remontré par le Procureur du Roi, qu'il lui est porté journellement des plaintes sur les exactions qui se commettent par les personnes qui débitent du mouton, cabrit et cochon; que celles-ci se permettent de vendre arbitrairement ces viandes, sans les porter au marché, sans les peser, ainsi qu'il est expressément prescrit par notre Ordonnance du 31 Décembre 1782; qu'il est donc absolument nécessaire de renouveler cette Ordonnance, afin d'obliger ceux qui débitent ces viandes, de s'y conformer; que d'un autre côté, la viande de mouton, dont la livre avoit été fixée à 30 sous par notre susdite Ordonnance, a été ensuite portée par notre Ordonnance du 12 Mars 1784, à 25 sous seulement, et que ce prix de vingt-cinq sous par livre paroît convenable; en conséquence requéroit le Procureur du Roi que, par une même Ordonnance, il nous plût de pourvoir à cet objet, si intéressant pour les Citoyens.

Nous faisant droit sur la Remontrance du Procureur du Roi, avons ordonné et ordonnons ce qui suit :

1°. Tous ceux qui débitent et débiteront, en cette Ville, de la viande de cochon, de mouton et de cabrit, seront tenus, à compter du lendemain de la présente Ordonnance, de la porter au marché, et de l'y vendre à la livre. 2°. Ils seront tenus à cet effet de se munir de balances justes et de poids duement étalonnés. 3°. la viande de

Mouton se vendra à raison de vingt-cinq sous la livre; celle de cochon à raison d'un escalin, et celle de cabrit aussi à raison d'un escalin la livre. 4°. La Tortue et le Poisson se porteront aussi au marché, et se vendront à la livre, à raison de vingt sous la livre, à l'exception du Mulet qui pourra se vendre à raison de trente sous, comme poisson de qualité supérieure. 5°. Pour prévenir toute surprise dans le débit du Mouton et du Cabrit, on sera tenu de laisser la queue au Mouton. 6°. En cas de contravention à tout ce que dessus, il sera prononcé à la diligence du Procureur du Roi, sur les Procès-verbaux dressés par les Officiers & Archers de Police, une amende de soixante-six livres, applicable moitié au Roi, et l'autre moitié auxdits Officiers et Archers, auxquels nous enjoignons de tenir la main à l'exécution de notre présente Ordonnance, qui sera lue et affichée aux lieux accoutumés. Donné en notre Hôtel, à Saint-Marc, le premier Juin 1785. *Signé:* DE BOURCEL et BRETTON DES CHAPELLES.

ARRÊT du Conseil du Port-au-Prince, touchant un Nègre Africain, accusé, qui n'entend pas le François, et pour lequel il ne se trouve pas d'Interprête.

Du 3 Juin 1785.

AUJOURD'HUI, etc. le Procureur-Général du Roi est entré, et a dit: qu'il lui a été communiqué par le Sénéchal du Port-au-Prince un Procès-verbal, par lui dressé à la réquisition de son Substitut, à l'effet d'être mis sous les yeux de la Cour. Par ce Procès-verbal il est constaté qu'il a été impossible de trouver une personne qui pût servir d'interprête à un Nègre de nation Ibo-bibi. Ce Nègre, nommé César, accusé de crime capital, a été livré dans les mains de la justice: sur la plainte rendue et sur l'information, il a été décrété de prise-de-corps; mais lorsqu'il fallut l'interroger, il ne lui a pas été possible de répondre aux questions qui lui étoient faites. On a cherché un interprête qui pût lui faire entendre ce que la justice exigeoit de lui, et avoir ses réponses; mais toutes les recherches ont été vaines. Sur quoi la matière mise en délibération:

délibération : LA COUR, ouï sur ce le Procureur-Général, et vu tant le Procès-verbal, lequel restera déposé, que les autres pièces de la Procédure contre ledit Nègre César, ordonne qu'il sera sursis à l'instruction de la procédure, jusqu'à ce qu'il ait été trouvé un interprête qui entende et parle la langue Ibo-bibi ; ordonne néanmoins que le Nègre César gardera prison.

LETTRE du Ministre aux Administrateurs sur l'envoi des Procédures en matière de Commerce étranger.

Du 3 Juin 1785.

LE Roi voulant, Messieurs, que les loix prohibitives soient rigoureusement exécutées, l'intention de Sa Majesté est que vous m'adressiez les procédures des prises et saisies qui auront été relâchées, afin qu'Elle puisse voir si les Juges ne se seroient pas laissé surprendre dans leurs jugemens. Vous m'adresserez également les Procédures des autres prises ou saisies qui auront été confisquées, en me faisant connoître le montant de leur liquidation.

V. *les lettres des Administrateurs, du* 13 *Août suivant.*

LETTRE du Ministre au Gouverneur-général, portant que le Capitaine d'un Régiment n'en peut devenir le Major.

Du 3 Juin 1785.

J'AI reçu, M., la Lettre du 10 Janvier dernier, par laquelle, en m'annonçant le décès du Sieur de Malassis, Major du Régiment du Port-au-Prince, vous proposez cette place pour le Sieur Coderc, premier Capitaine Aide-Major de ce Régiment. Vous savez que, d'après les règles établies, un Officier d'un Régiment n'en peut devenir Major. Sa Majesté a jugé en conséquence, qu'il étoit du bien de son service de faire passer le Major du Régiment du Cap à celui du Port-au-Prince. J'ai profité de cette circonstance, pour procurer au Sieur Coderc la Majorité du Régiment du Cap. Vous trouverez ci-joint le brevet de cet Officier, et les lettres de passe du Sieur Ravel. Vous voudrez bien tenir la main à leur exécution.

LETTRE du Ministre aux Administrateurs, pour l'envoi de quatre Exemplaires de la Gazette.

Du 3 Juin 1785.

Les Gazettes Américaines, MM., contiennent des détails dont il est quelquefois important que le Gouvernement ait connoissance; on doit particulièrement y trouver des renseignemens certains sur le prix des marchandises de France, des denrées coloniales et du frêt, ainsi que sur l'arrivée et le départ des Bâtimens et autres objets de commerce. Je vous prie en conséquence, de donner des ordres pour que ces Gazettes me soient envoyées avec exactitude. Vous m'en ferez adresser deux exemplaires par duplicata, et deux autres semblables à M. de Vaivre, Intendant-Général des Colonies. Cette fourniture de la part des Imprimeurs, me paroît une charge naturelle de leur privilège; vous voudrez bien, en m'adressant les premiers exemplaires, m'informer des arrangemens que vous aurez pris pour qu'il n'y ait ni retard ni lacune dans l'envoi de ces Gazettes.

LETTRE du Ministre aux Administrateurs, pour que chaque Administrateur laisse un Compte de son administration à son Successeur.

Du 3 Juin 1785.

LORSQUE vous êtes entrés, MM., dans l'exercice des fonctions que vous remplissez, vous avez dû éprouver beaucoup de difficultés pour vous mettre au fait de la situation de la Colonie, faute d'avoir trouvé réunis les renseignemens nécessaires. Ces difficultés qui se sont renouvelées à chaque mutation d'Administrateurs, n'auroient pas eu lieu, si vos prédécesseurs vous avoient laissé un mémoire raisonné de l'état où ils vous remettoient la Colonie, et il n'en seroit pas résulté, dans le cours des affaires, des stagnations toujours nuisibles au bien du service, ainsi que des variations perpétuelles dans les principes de l'Administration. Pour prévenir par la suite ces inconvéniens, dont vous devez sentir les conséquences, l'intention du Roi est que vous remettiez à vos Successeurs, lorsque les circonstances vous rappelleront en France, un mémoire commun ou particulier, selon les divisions de l'administration qui vous est confiée, contenant l'état actuel des choses, et le résultat de ce que vous aurez fait dans chaque partie, avec vos réflexions sur ce que vous croirez devoir être exécuté par la suite. Vous m'adresserez un double de ce mémoire, afin que Sa Majesté puisse juger tant de la situation où vous avez laissé la Colonie, que des opérations de vos Successeurs, lorsqu'ils m'adresseront à leur tour un mémoire semblable.

P. S. Afin que nous puissions convenir de la forme dans laquelle ces états doivent être faits, je vous prie de m'envoyer celui actuel de la Colonie. Je verrai en le lisant, s'il remplit l'idée que je me forme de l'état général de situation, qu'il importe si fort que les Gouverneurs et Intendans laissent à leurs Successeurs. C'est d'après ce compte de situation que je serai dans le cas de donner des instructions utiles aux nouveaux Gouverneurs et Intendans des Colonies.

LETTRE du Ministre aux Administrateurs sur le choix des Sujets pour remplir les Places de justice vacantes.

Du 3 Juin 1785.

J'AI reçu, MM., avec votre lettre du 6 Décembre dernier, la Délibération par laquelle le Conseil-Supérieur du Port-au-Prince propose les Sieurs Papet et Huet de la Chelle pour la place de Sénéchal du Petit-Goave, vacante par l'interdiction du Sieur F. . . . Cette proposition n'est point régulière, en ce qu'elle est bornée à deux sujets au-lieu de trois, et que la rénonciation du Sieur Huet de la Chelle la réduit même à un seul, dont la qualité de gradué n'est pas énoncée. Il n'est pas possible que le ressort du Port-au-Prince ne contienne point trois Sujets susceptibles d'une Place dont les émolumens doivent être considérables. Dans ce cas-là même il faudroit en choisir dans le ressort de l'autre Conseil. En conséquence, l'intention de Sa Majesté est qu'il soit procédé à une nouvelle nomination; vous voudrez bien y tenir la main, et m'en adresser le résultat.

En conséquence de cette Lettre, le Conseil du Port-au-Prince propose trois Sujets de son ressort, par délibération du 31 Octobre suivant.

BREVET d'Intendant des Isles sous le Vent pour M. Barbé de Marbois, Conseiller au Parlement de Metz, Secrétaire de Légation, chargé des affaires de Sa Majesté, et son Consul-Général auprès des treize Etats-Unis de l'Amérique Septentrionale.

Du 5 Juin 1785.

Le Duc DE PENTHIÈVRE, Amiral de France, etc.

R. au Conseil du Port-au-Prince, le 9 Novembre suivant.
Et à celui du Cap, le 17 du même mois.

Ce Brevet est conforme à celui de M. de Vaivre en date du 1er Septembre 1773.

ARRÊT du Conseil d'Etat du Roi, qui ordonne que la gratification accordée au Commerce pour la Traite des Nègres, sera restituée à l'Adjudicataire des fermes, avec moitié en sus, par les Armateurs qui l'auront reçue, et qui n'auront pas importé des Noirs aux Colonies.

Du 5 Juin 1785.

SUR ce qui a été représenté au Roi, étant en son Conseil, que par Arrêt rendu en icelui le 26 Octobre dernier, Sa Majesté auroit accordé des gratifications & des primes aux Armateurs qui expédieroient des

Navires pour la traite des Nègres, & pour leur transport aux Isles Françoises de l'Amérique; mais que, par abus de cette faveur, un Négociant du Havre avoit reçu la gratification sur la continence d'un Navire qu'il avoit expédié pour la côte de Guinée, & qu'il avoit seulement rapporté en France des gommes & des dents d'éléphant, au lieu de transporter des Noirs aux Isles Françoises de l'Amérique, aux termes de sa soumission, et suivant le vœu de l'Arrêt du 26 Octobre dernier: Sa Majesté à jugé nécessaire de prévenir de pareils abus à l'avenir. A quoi voulant pourvoir: ouï le rapport du sieur de Calonne, Conseiller ordinaire au Conseil royal, Contrôleur général des finances; Le Roi étant en son Conseil, a ordonné et ordonne que les Négocians qui, ayant reçu les gratifications promises par l'Arrêt du 26 Octobre dernier, et ayant fait en conséquence leur soumission de rapporter certificat du déchargement des Nègres aux Colonies françoises de l'Amérique, conformément à l'article VI dudit Arrêt, n'en rempliront pas les conditions, seront tenus de rembourser à l'Adjudicataire des Fermes la gratification qu'ils auront reçue au départ de leurs Navires, & la moitié en sus du prix de ladite gratification; à l'effet de quoi il sera fait mention de ladite condition dans la soumission cautionnée qui sera faite par les Armateurs au départ des Navires. Mande & ordonne Sa Majesté à Mons. le Duc de Penthièvre, Amiral de France, aux Intendans de la Marine et des Colonies, au Commissaire départi pour l'observation des Ordonnances dans les Amirautés, aux Commissaires généraux des ports et arsenaux, Ordonnateurs, aux Officiers des Amirautés, aux Juges des traites, Maîtres des ports et à tous ceux qu'il appartiendra, de tenir, chacun en droit soi, la main à l'exécution du présent Arrêt, lequel sera enregistré au Greffe des Amirautés, lû, publié et affiché par-tout où besoin sera. Fait au Conseil d'Etat du Roi, Sa Majesté y étant, tenu à Versailles le 5 Juin 1785: *Signé*, LE MARÉCHAL DE CASTRIES.

Le Duc de PENTHIÈVRE, Amiral de France, etc.

ORDONNANCE *de MM. Bellecombe et Bongars, Général et Intendant, relativement à la Place Valliere, au Port-au-Prince.*

Du 6 Juin 1785.

VU le Procès-verbal; l'estimation des experts et sur-expert des magasins construits par les sieurs Marie et Nau sur la portion du terrein dit Place-Valliere, acquise de M. le Comte de Choiseul; les dires, observations et réclamations des parties; la déclaration du sieur Pigeonel, qui dénie avoir reçu les 6600 livres de pot de vin; les Déclarations contraires des Sieurs Marie, veuve Nau et du Sieur Fargès, lors Commis et teneur de livres de la maison Nau; les billets consèntis par les Sieurs Marie et Compagnie audit Sieur Pigeonel duement acquittés; le projet de liquidation des sommes dues auxdits Sieurs Marie et mineurs Nau; celui de répartition par les contribuables; la Déclaration des Sieurs Marie et veuve Nau, de ne pas pouvoir se charger desdits magasins, ni des matériaux quand ils seront démolis, ensemble toutes les piéces énoncées au susdit procès-verbal; tout vu, considéré et mûrement examiné: NOUS, Général et Intendant, considérant que par l'Arrêt du Conseil d'État, l'intention de Sa Majesté est que les Sieurs Marie et Nau soient remboursés du prix principal, frais et loyaux coûts du contrat de vente à eux fait, et indemnisés des dépenses des constructions des magasins dont s'agit, même des intérêts de non-jouissance, s'il y a lieu, et que le denier de l'Ordonnance ne leur procureroit qu'un foible et insuffisant dédommagement de l'avance de leurs fonds; avons, sous le bon plaisir du Roi, fixé à dix pour cent, par an, l'intérêt desdites avances, jusqu'à l'époque à laquelle lesdits magasins ont donné des loyers qui ont excédé ledit intérêt, ainsi et comme il est expliqué audit Procès-verbal que nous avons homologué, et homologuons pour sortir son plein et entier effet. Ordonnons en conséquence, que lesdits magasins seront vendus en la forme de droit, le 15 du mois de Juillet prochain, au plus offrant et dernier enchérisseur, par-devant le Contrôleur de la Marine, aux conditions qui seront faites et annoncées par MM. de Reynaud, Le Brasseur, de Vincent, de Proissy, et Sorel, actuellement Propriétaires desdits magasins, et à la charge par l'adjudicataire de payer le prix de son adjudication ès-mains des Sieurs Marie et mineurs Nau par moitié, de faire les frais de démolition, ceux des transports des matériaux, et de rendre le terrein net dans les deux mois à expirer, au 15 du mois de Septembre prochain.

Ordonnons également :

1°, Au Sieur Roberjot, Trésorier principal de la Marine, de payer aux Sieurs Marie et mineurs Nau, la somme de 48,032 liv. 1 s. 8 den. savoir 11,732 liv. 1 s. 8 den. pour la part et portion à supporter par le Roi dans la liquidation et répartition susdites, et 36,300 liv. à l'acquit du Vicomte de Choiseul, qui en a fait le versement au Trésor, le 27 Mars de l'année dernière; et au Sieur Marchand, maçon, celle de 739 liv. à lui due pour les rigoles de la façade du terrein dont s'agit, qui rentre à Sa Majesté, en, par ledit Sieur Marchand, remettant la Sentence et Ordonnances par lui obtenues contre les Sieurs Marie et Compagnie pour lesdites rigoles.

2°. A M. le Vicomte de Choiseul, de payer auxdits Sieurs Marie et mineurs Nau, la somme de 11,119 liv. 15 s. 4 den., moitié dans trois mois, et l'autre moitié dans six, sans autres intérêts; laquelle somme de 11,119 liv. 15 s. 11 den. forme avec les 36,300 liv. susdits, celle de 47,419 liv. 15. s. 11 den., qui est la part et portion à supporter par ledit Sieur Vicomte de Choiseul, suivant le Procès-verbal susdit, tous droits à lui conservés de faire taxer, si bon lui semble, les frais d'arpentage et coût d'acte du 21 Mars 1781, ainsi et comme il est énoncé dans le susdit Procès-verbal.

3°. Au Sieur Pigeonel, sans nous arrêter à sa Déclaration du 31 du mois dernier, de payer auxdits Sieurs Marie et mineurs Nau, dans le mois de la notification des présentes, la somme de 9,010 liv. 7 s. 6 den., à laquelle monte la part et portion à sa charge dans la liquidation susdite, et ce, sans autres intérêts.

4°. Et finalement à M. de Reynaud, ou son fondé de procuration, de payer aux Sieurs Marie et mineurs Nau, la somme de 60,366 liv. 15 s. 6 den. pour moitié de celle de 120,733 liv. 11 s.

A MM. le Brasseur et de Vincent, ce dernier représenté par M. Hilaire Jouëtte, habitant de ce Quartier, fondé de sa procuration, de de payer chacun la somme de 22,637 liv. 10 s. 9 den., pour trois seizièmes de la susdite somme de 120,733 liv. 11 s.

Et à MM. de Proissy et Sorel de payer chacun la somme de 7,545 liv. 16 s. 11 den. $\frac{1}{4}$ pour le seizième de la susdite somme de 120,733 liv. 11 s.

Sur lesquelles cinq dernières sommes, composant celle de 120,733 liv. 11 s., déduisant le montant de l'adjudication des magasins, payé qu'il sera auxdits Sieurs Marie et mineurs Nau, lesdits Sieurs de Reynaud, Le Brasseur, de Vincent, de Proissy et Sorel leur payeront l'excédant, chacun suivant son contingent susdit, moitié deux mois après l'adjudication, et l'autre moitié quatre mois après la seconde adjudication.

Sera notre présente Ordonnance enregistrée et déposée au Contrôle de la Marine, et enregistrée au Greffe de l'Intendance.

Donné au Port-au-Prince, etc. le 6 Juin 1785. *Signé :* BELLECOMBE et BONGARS.

R. au Contrôle de la Marine.

ARRÊT du Conseil du Cap, qui prescrit de nouvelles formalités pour la Réception des Médecins.

Du 6 Juin 1785.

VU par le Conseil la Requête du Sieur Deniau de Monlan, Docteur en médecine, de présent au Cap, tendante à ce qu'il plût à la Cour, vû l'Arrêt rendu en icelle, qui ordonne que le Suppliant conférera avec le Médecin du Roi, l'avis de Me Arthaud donné en conséquence, ensemble les lettres de Docteur du Suppliant, l'admettre au serment accoutumé, pour par lui exercer son état, en se conformant aux Ordonnances, Arrêts et Règlemens le concernant ; ladite Requête signée l'Anglois Desfosses, Avocat ; Conclusions du Procureur-Général du Roi, Ouï le rapport de M. Pourcheresse de Vertières, Conseiller, et tout considéré : LA COUR ordonne, avant faire droit, que le Suppliant conférera de nouveau avec le Médecin du Roi, en présence du Commissaire-Rapporteur, du Procureur-Général du Roi, et des Médecins reçus en la Cour, qui seront à cet effet invités de s'y trouver par le Médecin du Roi, pour, sur le certificat qui sera délivré par ledit Médecin du Roi, et signé des autres Médecins présens, et rapporté en la Cour, être, par la Partie conclu, par le Procureur-Général du Roi requis, et par la Cour statué ce qu'il appartiendra.

ARRÊT du Conseil du Port-au-Prince, qui enjoint au Lieutenant de Juge du Petit-Goave, de se trouver exactement aux Audiences de la Sénéchaussée, et de veiller à l'instruction des procédures criminellles, sous les peines de droit.

Du 7 Juin 1785.

ARRÊT du Conseil du Port-au-Prince touchant une introduction de Noirs par un Bâtiment Danois.

Du 13 Juin 1785.

LOUIS, etc. Vu par notre Conseil-Supérieur du Port-au-Prince le procès instruit au Siége de l'Amirauté des Cayes, contre les Armateurs de la Frégate le Geheme Road Schack, de la Compagnie Danoise pour le commerce de la mer Baltique et de Guinée, les Sieurs Tapiau et de la Ville, Négocians aux Cayes; et les Sieurs Stanislas Foache, Pierre Morange et Compagnie, Négocians au Cap, Correspondans et associés de ladite Compagnie; la Sentence rendue le 24 Mai 1785, et dont est appel, qui déclare nuls et de nul effet, tant les Procès-verbaux faits par Pouquet, Lacombe et Cayre, le 27 Avril dernier, et notamment le Procès-verbal de saisie de la Frégate le Geheme Road Schack, fait par Lacombe et Cayre, au mépris de l'Article 9 de l'Arrêt de notre Conseil d'Etat, concernant le commerce étranger; leur enjoint de justifier au Siége en la forme accoutumée des titres ou commissions dont ils sont pourvus, et de se faire recevoir et assermenter sans délai par-devant le Juge dont est appel, et jusqu'à ce, leur défend d'exercer aucune fonction publique sur les Quais, Ports et Rades de l'Amirauté des Cayes, sous les peines de droit; leur enjoint pareillement de se conformer à l'Art. 9 de l'Arrêt de notre Conseil d'Etat du 30 Août dernier; en conséquence de se borner à dresser des Procès-verbaux de contravention, et les déposer en minutes au Greffe de l'Amirauté, sur-le-champ, à peine de répondre en leur propre et privé nom des dommages-intérêts et frais qui seroient occasionnés par le retard de l'instruction; fait pareillement défense à Lacombe et Cayre, sous peine de faux, de plus à l'avenir insérer dans leurs actes, *qu'ils ont prestation de serment*, tant qu'ils n'auront pas été assermentés au Siége, comme aussi de plus à l'avenir donner la qualité de Messire, ou autre appartenant à la Noblesse, au Sieur Pouquet qu'il n'ait fait apparoir de l'enrégistrement de ses titres en la Cour, et ce sous les peines portées aux Ordonnances et Règlemens en cette partie. Prononçant sur la procédure instruite à la requête du Substitut de notre Procureur-Général contre ladite Frégate le Geheme Road Schack, et vu qu'il résulte 1° que ce Bâtiment n'est entré dans le port des Cayes, et n'y a fait la vente de ses Noirs qu'en vertu des ordres de MM. les Général et Intendant de cette Colonie, notifiés le 23 Novembre dernier au Sieur Foache et Compagnie, correspondant de la Compagnie royale, et bien antérieurs à l'enregistrement de l'Arrêt de notre Conseil d'Etat. 2°. Que de la faculté de vendre ainsi accordée à cette Frégate, s'ensuivoit nécessairement celle d'emporter le prix de la vente en denrées, ne pouvant être exporté en espèces, d'après l'Ordonnance de MM. d'Argout, et de Vaivre du premier Février 1780, et le produit des Noirs étant trop considérable pour être emporté en sirops, qui d'ailleurs souffriroient difficilement un voyage de long cours, en raison de leur grande fermentation. 3°. Que deux autres Frégates de la même Compagnie royale, munies des mêmes permissions, avoient vendu, dans le port des Cayes, leurs cargaisons, et fait leur retour en denrées, et n'avoient rien fait en cela d'illégal, l'Arrêt du Conseil d'Etat susdaté, qui défend d'accorder ces sortes de permissions, n'étant pas alors parvenu en cette Colonie, et qu'encore il ne peut aujourd'hui avoir d'effet rétroactif ; en conséquence ordonne que la Frégate le Geheme Road Schack et son chargement seront relaxés ; permet aux Armateurs et Correspondans d'icelle, d'en completer la cargaison en telles denrées qu'ils aviseront, en par eux payant les droits ordinaires, à la charge néanmoins que le Bâtiment fera son retour dans un des Ports du Royaume de France, pour raison de quoi lesdits Armateurs de la Compagnie royale, et leurs Correspondans fourniront valable caution, qu'ils feront recevoir contradictoirement avec le Substitut de notre Procureur-Général en l'Amirauté des Cayes ; vu toutes les autres pièces du Procès, les Conclusions du Substitut faisant fonction de Procureur-Général ; Ouï le rapport de M. Kenscoff, Conseiller-Assesseur, et tout considéré : La Cour a mis et met l'Appellation au néant, ordonne que ce dont est appel sortira son plein et entier effet.

Lettre du Ministre aux Administrateurs touchant le Mal Rouge, ou Elephantiasis.

Du 16 Juin 1785.

Le mal rouge, ou Elephantiasis, a fait, MM., dans nos Colonies, des progrès effrayans, et on n'a pu, jusqu'à présent, employer contre cette Maladie, que des remèdes impuissans. La Société Royale de Médecine s'en est occupée par ordre du Roi, et elle a rédigé sur les moyens de prévenir et de guérir le Mal Rouge, un mémoire instructif, dont vous trouverez ci-joint plusieurs exemplaires. Vous voudrez bien en faire remettre aux Médecins et Chirurgiens de la Colonie, et m'adresser les observations que leurs lumières et l'expérience les auront mis à portée de faire. Je les communiquerai ensuite à la Société Royale, qui les comparera avec celles qui me seront parvenues des autres Colonies et des Ports de France, où j'envoie également des exemplaires de ce Mémoire. Je vous recommande au surplus, de prendre toutes les précautions que la Société Royale indique pour prévenir la contagion, et je vous prie de me rendre compte du succès de vos soins.

ARRÊT du Conseil du Cap, qui déclare non-recevable dans une demande en entérinement de lettres de rescision contre un Bail, où l'on a inséré que le Preneur à bail ne répond pas de la mortalité des Esclaves.

Du 17 Juin 1785.

ENTRE la Dame Bainac, *Bailleuse*; le Sieur De Miniac, *Preneur à bail à ferme d'une Habitation et Nègres pour 9 ans*; Plaidans Mes Viel et Darracq, sur les Conclusions de Me Deschamps, Substitut de M. le Procureur-Général.

Le Bail étoit fait pour neuf ans, à compter du premier Janvier 1777, et les lettres de rescision n'avoient été obtenues que sur l'appel d'une Sentence qui, lors de la demande en résiliation du bail parce que le Fermier avoit retiré 25 Nègres de l'Habitation pour les mettre sur la sienne, en avoit débouté la dame Bainac.

ARRÊTS du Conseil du Cap touchant le temps de Domicile pour contracter Mariage.

Des 17 et 18 Juin 1785.

VU par la Cour la Requête à elle présentée par Charles d'Agoult, Chevalier de l'Ordre Royal et Militaire de Saint-Louis, Lieutenant des Vaisseaux de Sa Majesté, Commandant la Frégate du Roi la Cérès, mouillée en cette rade, tendante à ce qu'attendu les difficultés que fait le R P. Préfet, de publier les bans de son mariage, avec la dame veuve le Febvre, sous le prétexte qu'il n'est dans la Colonie que depuis six mois, etc.; et vu la lettre de son Chef supérieur, M. de Bras, Commandant le Vaisseau du Roi, le Teméraire, il plût à la Cour lui permettre de faire acte de notoriété; pour prouver qu'il n'est engagé dans aucun lien de mariage, dans lequel acte sera notamment entendu le Sieur de Ravel, Major du Régiment du Cap, son Parent, pour ledit acte de notoriété fait et rapporté en la Cour, être par elle enjoint au P. Préfet et tous autres Missionnaires, de procéder aux publications de ses bans, et de suite à l'impartition de la bénédiction nuptiale; vu la lettre du Sieur de Bras, jointe à ladite Requête; Conclusions par écrit du Procureur-Général du Roi; Ouï le rapport de M. Le Gris, Conseiller, et tout considéré : LA COUR a permis et permet au Suppliant de faire l'acte de notoriété dont s'agit, sous les réserves des représentations dont a déjà été donné acte au Procureur-Général du Roi, et qui ont été faites à Sa Majesté sur les célébrations des mariages en cette Colonie; et encore à la charge par le Suppliant de faire constater dans ledit acte de notoriété de son âge, et s'il a père ou mère, etc.

Du 18 Juin 1785.

Vu par la Cour la Requête de Charles d'Agoult, etc., tendante à ce qu'il lui plût, vu l'acte de notoriété du jour d'hier, passé au rapport de Cazaumajour et Castanet, Notaires en cette ville, constatant qu'il n'est engagé dans aucun lien de mariage, qu'il est âgé de quarante-trois ans, qu'il a perdu son père depuis plusieurs années, qu'il ne lui reste que sa mère, agée de 71 ans, etc.; vu ledit acte de notoriété; Conclusions par écrit du Procureur-Général du Roi; Ouï le rapport de M. Le Gris, Conseiller, et tout considéré : LA COUR a autorisé et autorise le F. Saintin de Curfaux, Préfet Apostolique du ressort, et tous autres Missionnaires, de procéder aux publications des bans de mariage, d'entre le Suppliant et la dame veuve le Febvre, et de suite à l'impartition de la bénédiction nuptiale, sauf tous autres empêchemens que de droit; à la charge par le Suppliant de faire faire mention dans son contrat de mariage, et par le Curé lors de la publication des bans, tant de l'acte de notoriété que du présent Arrêt.

ARRÊT *du Conseil du Cap, sur une Prise à partie.*

Du 18 Juin 1785.

ENTRE Me C. . . , Notaire à la résidence d'Ouanaminthe, demandeur (à ce que le Sénéchal et le Procureur du Roi du Fort-Dauphin, pour les torts et vexations qu'ils lui avoient fait éprouver, et pour lesquels la Cour lui avoit permis de les prendre à partie, fussent condamnés en 200,000 liv. de dommages-intérêts et aux dépens, l'Arrêt à intervenir imprimé au nombre de 200 exemplaires); Et le Sénéchal et le Procureur du Roi au Fort-Dauphin, défendeurs et demandeurs (à ce que Me C. . . . soit déclaré non-recevable dans sa demande; en tout cas débouté et condamné en dommages-intérêts etc.); Ouïs Taxis de Blaireau, Avocat de C. . . , Viel, Avocat du Sénéchal, et d'Augy, Avocat du Procureur du Roi, ensemble le Procureur-Général du Roi, et tout considéré : LA COUR a mis et met les Parties hors de Cour et de Procès; et néanmoins condamne les Parties de Viel et de d'Augy aux dépens pour tous dommages-intérêts; faisant droit sur les plus amples Conclusions du Procureur-Général du Roi, a supprimé et supprime le signification faite cejourd'hui à la requête de la Partie de Taxis de Blaireau aux Parties de Viel et de d'Augy; enjoint à ladite Partie de Taxis de Blaireau de porter honneur et respect aux Juges du Fort-Dauphin.

ARRÊT du Conseil du Cap, qui rejette un compte fourni à la veuve Petit par un Chirurgien, non-reçu suivant les formes prescrites par l'Ordonnance du 30 Avril 1764, et qui annulle une permission d'exercer, donnée au Sieur Roulin par le Sieur Cosme d'Angerville, Chirurgien-major au Cap, par une fausse interprétation de la susdite Ordonnance.

Du 18 Juin 1785.

ARRÊTS du Conseil du Cap, touchant la Réception des Médecins.

Des 18 et 20 Juin 1785.

VU par la Cour la Requête à elle présentée par Jean-Luc d'Iharce, Docteur en Médecine de la Faculté de Rheims, Médecin breveté du Roi pour la Grenade, tendante à ce qu'il lui plût, vu, joint à ladite Requête ses lettres de Bachelier, de Licentié et de Docteur en médecine, duement en forme, signées et scellées, lui permettre d'exercer la Médecine dans l'étendue du ressort d'icelle, aux offres qu'il fait de se soumettre aux Arrêts et Règlemens de la Cour et Mandemens de justice, et de faire la Médecine gratuitement pour les pauvres, ladite Requête signée Prevost, Avocat; Conclusions du Procureur-Général du Roi; Ouï le rapport de M. Pourcheresse de Vertières, Conseiller, et tout considéré: LA COUR, avant faire droit, a ordonné et ordonne que le Suppliant communiquera ses lettres au Médecin du Roi et conférera avec lui sur la médecine, en présence du Conseiller-Rappor-porteur, que la Cour a commis à cet effet, et du Procureur-Général du Roi, à laquelle conférence les Médecins en la Cour seront, par le Médecin du Roi, invités de se trouver, pour être ensuite, sur le certificat qui sera délivré au Suppliant par le Médecin du Roi et les autres Médecins présens, et rapporté en la Cour, être par le Suppliant conclu, par le Procureur-Général du Roi requis, et par la Cour statué ce qu'il appartiendra.

Pareil Arrêt le 20 du même mois, pour la réception du Sieur Cure, Médecin de la Faculté de Montpellier.

ARRÊT *du Conseil du Cap, qui décharge le Sieur Abadie, Chirurgien-Major de la Corvette du Roi l'Aigle, de l'amende de* 1,000 *liv. contre lui prononcée par le Juge de Police de la même Ville, pour avoir saigné et pansé, quoiqu'il ne fût pas autorisé à faire la Chirurgie au Cap.*

Du 20 Juin 1785.

Le Sieur Abadie avoit exercé son art dans un de ces cas pressans où l'humanité exige qu'on lui fasse hommage des talens consacrés à son soulagement; il avoit porté un secours nécessaire et sans lucre.

ARRÊT du Conseil du Cap touchant un Trouble causé au Spectacle de la même Ville, et un Décret de prise de corps décerné sans énonciation du délit.

Du 22 Juin 1785.

ENTRE le Sieur Mouchel, Négociant au Cap, Appelant du décret d'ajournement personnel contre lui décerné (pour avoir troublé le Spectacle le jeudi 26 Mai, en parlant haut); le Sieur Mesnier, Commis au Bureau du Domaine, Appelant d'un pareil décret décerné (pour avoir mordu un Grenadier de garde); le Sieur la Rousseliere Marchand, Appelant du décret de prise de corps contre lui lancé; tous demandeurs en évocation du principal, et concluant à l'Affiche de l'Arrêt à intervenir; et le Sieur la Rousseliere, à ce que son décret soit déclaré nul (à défaut d'expression du délit), d'une part; Et M. le Procureur-Général, prenant le fait et cause de son Substitut, d'autre part. Ouïs Carles, Avocat de Mouchel, l'Anglois Desfosses, Avocat de Mesnier, et d'Augy, Avocat de la Rousseliere, ensemble le Procureur-Général du Roi, et tout considéré: LA COUR a mis et met les Appellations et Décrets dont s'agit au néant; émendant, renvoie les Parties de Carles, de l'Anglois Desfosses et de d'Augy hors de Cour et de Procès, sans dépens; remet à demain à statuer sur les plus amples Conclusions du Procureur-Général du Roi (touchant le jeu de Loto).

ARRÊT du Conseil du Cap, concernant le Loto et les Jeux publics.

Du 23 Juin 1785.

LA COUR, par suite de son Arrêt rendu à la petite Audience du jour d'hier, qui a remis à statuer sur les plus amples Conclusions du Procureur-Général du Roi, lui donne acte de ce qu'il prend la déposition de Jacques-Philippe Burriat, garçon du Café de la Comédie de cette Ville (huitième témoin entendu dans l'addition d'Information) pour dénonciation d'un Jeu de hasard que l'on donne dans ce Café, sous le nom de Loto, sans aucune permission de la Police; et attendu que le même abus existe dans les autres Cafés, Billards et Lieux publics de cette Ville : Ordonne que la Déclaration du Roi contre les Jeux, du 30 Mars 1781, sera exécutée suivant sa forme et teneur, notamment en ce qui concerne le susdit Jeu de Loto, qui sera et demeurera prohibé, comme Jeu de hasard, sous les peines portées en ladite Déclaration du Roi.

Et pour remédier aux inconvéniens qui résultent de l'excessive quantité de Cafés et de Billards actuellement existans au Cap, et qui favorisent les retraites particulières pour les Jeux de hasard; fait très-expresses inhibitions et défenses d'ouvrir au Public aucun Jeu, même de ceux qui sont honnêtes et licites, comme le Billard et autres, qu'en vertu d'une permission expresse du Juge de Police, enregistrée au Greffe. Ordonne au surplus que le présent Arrêt sera imprimé, publié et affiché par-tout où besoin sera, et copies dudit Arrêt dûment collationnées, envoyées ès Jurisdictions du Ressort, pour y être pareillement registrées, etc.

LETTRE de M. l'Intendant, au Procureur du Roi de Saint-Marc, touchant le Paiement de la Taxe des Témoins par le Receveur des Amendes.

Du 23 Juin 1785.

J'AI reçu, M., la lettre que vous m'avez fait l'honneur de m'écrire le 17 de ce mois, relativement au Paiement de la Taxe des Témoins que le Receveur des Amendes n'a pas voulu payer sans le visa du Commissaire, chargé des affaires de l'administration du Département de Saint-Marc. Je mande à ce Receveur de payer sur le champ les Témoins dont la taxe aura été réglée par le Juge.

J'ai l'honneur d'être, etc. *Signé* : BONGARS.

BREVET de Don d'un Terrein appartenant au Roi, à l'Acul-du-Petit-Goave, en faveur de MM. de Chabannes.

Du 25 Juin 1785.

AUJOURD'HUI, 25 Juin 1785, le Roi étant à Versailles, il a été représenté à Sa Majesté, qu'elle possède près de la ville du Petit-Goave, dans la partie de l'Ouest dans l'Isle de Saint-Domingue, au lieu dit l'Acul-du-Fort-Royal, un terrein borné au nord par la Mer, à l'Ouest par les héritiers ou représentans du Sieur . . . ; au Sud par le Sieur Bineau, et à l'Est par le grand chemin. Ce terrein, sur lequel se trouve un corps-de-logis en maçonnerie non achevé, quelques cazes de Nègres, et une partie de Bâtimens en mauvais état, a été occupé par des Fermiers, auxquels leur possession préçaire n'a point permis de former des établissemens solides, ni d'étendre leur culture autant qu'il en est susceptible, et d'ailleurs a été jugé de toute inutilité pour le service du Roi ; Et sur la demande qui a été faite par les Sieurs Marie-Jacques Gilbert, et Jean-Fréderic de Chabannes, fils et héritiers du feu Comte de Chabannes, Maréchal de Camp, et premier Ecuyer de Madame Adelaïde de France, du don et de la concession de ce terrein, qu'ils se proposent de défricher et de mettre en valeur : Sa Majesté voulant donner aux Héritiers du feu Sieur Comte de Chabannes un témoignage de la satisfaction qu'elle a des services de leur Père, Elle leur a accordé, concédé et fait don en propriété dudit terrein, ensemble des Bâtimens qui s'y trouvent élevés et en l'état qu'ils sont actuellement, pour par eux et leurs ayans-cause en jouir ; sous la réserve néanmoins de conserver le chemin qui traverse ledit terrein, pour entretenir la communication de la ville du Petit-Goave avec le Fort-Royal, et duquel chemin il sera fait expressément distraction. Et pour témoignage de sa volonté, Sa Majesté m'a commandé d'expédier le présent Brévet, qui sera enregistré purement et simplement, et sans retardement au Conseil Supérieur du Port-au-Prince, etc.

R. au Conseil du Port-au-Prince, le 25 Avril 1787.

LETTRE *Circulaire du Ministre aux Administrateurs des Colonies, touchant les Travaux pour le compte du Roi.*

Du 25 Juin 1785.

D'APRÈS les comptes qui ont été rendus, MM., de la manière dont se font les travaux au compte du Roi dans les Colonies, j'ai reconnu qu'il y avoit, dans cette Partie, des abus auxquels il est instant de remédier, tant pour diminuer la dépense, que pour que les travaux soient mieux faits.

Il y a beaucoup d'Ingénieurs qui sont dans l'usage d'employer leurs Nègres aux travaux du Roi, et ces Nègres n'ayant aucun talent gâtent les outils et les Bois, occupent et détournent les Maîtres qu'on charge de les dresser, et lorsqu'ils sont en état de travailler, on les vend bien cher, pour en acheter d'autres qu'on emploie de même.

Il suit de-là que les ouvrages sont mal faits, et que les dépenses sont exorbitantes. L'intention du Roi est que vous renvoyez, sur le champ, en France, tout Ingénieur, ainsi que tous autres Employés qui placeroient ainsi leurs Nègres, même sous un nom emprunté, et que vous veilliez à ce que chacun des Ouvriers qui sera employé aux Travaux du Roi, ait les talens nécessaires.

Un autre abus non moins onéreux, en ce qu'il emporte au moins un cinquième des journées du travail, c'est le temps considérable qu'on donne aux Ouvriers pour leurs repas, qu'ils vont d'ailleurs prendre abusivement chez eux, quoiqu'ils soient nourris des magasins du Roi. Sa Majesté entend que ces Ouvriers soient mis à l'ouvrage à la pointe du jour, et qu'ils ne le quittent qu'au jour tombant; qu'il ne leur soit plus accordé qu'un quart d'heure pour le déjeuner, une heure et demie au plus pour le dîner, et qu'ils prennent ces repas sans quitter l'attelier.

Sa Majesté veut encore, que les marchés pour les travaux soient dorénavant passés devant le Gouverneur, l'Intendant ou Ordonnateur, un Commissaire des Colonies et le Contrôleur; que l'adjudication soit annoncée plusieurs jours à l'avance, afin que vous vous procuriez toutes les personnes en état d'y concourir, et qu'il soit fait mention de leur présence et de leurs enchères au rabais dans le Procès-verbal d'adjudication, qui sera signé par les quatre Commissaires, et dont un double me sera toujours adressé.

Lorsqu'un Ingénieur voudra faire un ouvrage, de si petite conséquence qu'il soit, il s'adressera à l'Ingénieur en chef, qui en demandera la permission par écrit au Gouverneur. Vous vous ferez remettre, à la fin de chaque semaine, un état des Ouvriers et des matériaux employés. Sa Majesté attend en outre de votre zèle pour son service, que vous visitiez fréquemment dans les atteliers, le nombre et l'espèce d'ouvriers, les bois qu'ils consomment et les ouvrages qu'ils font, afin que rien ne se fasse que vous ne le voyez, et que vous scrutiez tout jusque dans les plus petits détails.

Telles sont, MM., les intentions du Roi que vous manifesterez à l'Ingénieur en chef de la Colonie, pour qu'il s'y conforme en ce qui le concerne, et vous me rendrez compte exactement de tout ce que vous aurez eu occasion de faire pour leur exécution.

R. au Controle le premier Décembre suivant.

LETTRE du Ministre aux Administrateurs, touchant le Commerce étranger, et les Avis insérés dans la Gazette.

Du 25 Juin 1785.

On m'a adressé, MM. l'extrait ci-joint des affiches Américaines de Saint-Domingue, du 9 Février dernier, qui contient des offres de la part d'un Habitant de la Jamaïque, de fournir aux Habitans de Saint-Domingue, à des prix qu'il indique, des assortimens de moulins, de chaudiéres, et autres ustensiles de cuivre à l'usage des Sucreries, en s'engageant de les livrer aux Embarcadères de la Colonie. On nomme même les Correspondans auxquels devront s'adresser, dans les principaux endroits de la Colonie, ceux qui desireront se pourvoir de ces objets. Il est bien étonnant que vous ayez toléré la publication d'un avis aussi contraire aux loix prohibitives. Je dois en conclure qu'on se livre avec sécurité à toute espèce de spéculations de contrebande, et qu'on se repose sur la connivence de ceux qui sont chargés de veiller sur les introductions étrangères. Je vous prie d'ordonner les recherches nécessaires pour découvrir si, d'après cette publication, il a été fait dans la Colonie des introductions contraires aux loix prohibitives, et, dans ce cas, vous ferez poursuivre les contrevenans suivant toute la rigueur des Règlemens. Vous voudrez bien me rendre compte des suites de cette affaire.

ORDONNANCE des Administrateurs, qui enjoint d'enterrer les Nègres Esclaves dans les hauteurs de la Ville du Port-au-Prince, au-dessus du lieu dit le Polygone.

Du 28 Juin 1785.

GUILLAUME-Léonard de Bellecombe, etc.

Alexandre Jacques Bongars, etc.

Instruits par les plaintes à nous portées, et sur les comptes que nous nous sommes fait rendre, qu'il n'y a aucun lieu fixé pour enterrer les cadavres des Nègres, et sur-tout de ceux qui arrivent de la Côte; que d'ailleurs les Propriétaires, Capitaines ou fermiers des Esclaves décédés, ne prennent aucune précaution pour cette sépulture; ce qui porte les Nègres chargés de ce soin à les enterrer depuis quelque temps à l'entrée de cette ville, au lieu dit la Croix Bossale, et à ne faire que des fosses très-peu profondes. Instruits encore, que ce terrain, marécageux en lui-même, est bien peu propre à la sépulture, en ce qu'il n'est pas possible d'y faire des fosses profondes, et que les cadavres sont exposés à être facilement déterrés par les chiens, ce qui répugne à la réligion, à l'humanité, et occasionne une infection dans ce quartier, aussi désagréable que contraire à la salubrité de l'air. A quoi voulant remédier: Nous, en vertu des pouvoirs à nous confiés par Sa Majesté, avons ordonné et ordonnons ce qui suit:

ART. I. Il est enjoint à tous Propriétaires, Capitaines ou fermiers, dont les esclaves décéderont en cette Ville, ou rade, de les faire enterrer dans les hauteurs de cettedite Ville, au-dessus du lieu appelé le Polygone.

II. Ordonnons à tous Maîtres, Propriétaires, Capitaines ou fermiers, de fournir à ceux qui seront préposés pour enterrer lesdits Esclaves, les outils nécessaires pour fouiller les fosses, qui ne pourront être moindres de cinq pieds de profondeur; sinon autorisons l'Inspecteur ou Exempt de Police à les faire faire aux dépens desdits Maîtres, qui seront tenus, dans ce dernier cas, de payer une somme de six livres.

III.

III. Et pour assurer l'exécution de la présente Ordonnance, défendons à tous Maîtres de faire enterrer lesdits Esclaves décédés, avant le jour et après le soleil couché.

IV. Ordonnons en outre à tous Maîtres qui auront des Esclaves à faire enterrer audit lieu, de faire passer leurs Nègres au Corps-de-Garde de la Police, pour y prendre un Archer, qui sera tenu de les accompagner jusqu'au lieu de la sépulture, et de veiller à ce que les fosses soient de la profondeur ci-dessus ordonnée.

V. Ordonnons aux Prévôts, Exempts de Maréchaussée, Inspecteur, Exempts et Brigadiers de Police de veiller exactement à l'exécution de la présente Ordonnance, de dresser des procès-verbaux contre ceux qui y contreviendront, lesquels seront, par le Juge des lieux, sur les conclusions du Ministère Public, condamnés pour la première fois en 500 liv. d'amende, et pour la seconde fois, en pareille amende de 500 liv. et en trois mois de prison : lesdites amendes applicables, moitié au dénonciateur, et moitié au Roi. Sera la présente enregistrée au Greffe de l'Intendance, lue, publiée et affichée par-tout où besoin sera.

Prions MM. les Officiers du Conseil-Supérieur du Port-au-Prince, de la faire enregistrer à leur Greffe, et mandons aux Officiers de la Jurisdiction de ce Ressort de tenir la main à son exécution. Donné au Port-au-Prince, etc. *Signé :* BELLECOMBE et BONGARS.

R. au Conseil du Port-au-Prince le 12 Juillet suivant.

ORDONNANCE de M. l'Intendant concernant la Ferme des Boucheries du Port-au-Prince.

Du 28 Juin 1785.

VU l'Exposé en la Requête, les dix-huit pièces énoncées dans le visa de M. le Cocq, Contrôleur de la Marine, notamment celles N°s 2, 5, 6, 6 bis et 7, dont résulte que les Fermiers des Boucheries, au Port-au-Prince, n'ont pu, faute de permissions suffisantes du Gouvernement Espagnol, en extraire des bestiaux en quantité proportionnée aux fournitures qu'ils avoient à faire ; l'Ordonnance de M. de Vaivre du 2 Novembre 1779, qui surseoit aux amendes de Police prononcées contre le Fermier, faute par lui d'avoir fait la fourniture de la viande au Public ; la lettre de MM. d'Argout et de Vaivre, N° 10, du 18 Décembre 1779 ; l'Ordonnance de M. de Vaivre, du même jour, portant renvoi à M. Prevost de la Croix, Ordonnateur au Port-au-Prince ; Celle du 31 Mars 1780 ; l'Ordonnance de M. de Vaivre, du 17 Mai suivant, qui surseoit pour attendre, y est-il dit, l'effet des représentations et instances que M. le Commandant-général et Nous, adressons à M. le Président Espagnol, icelle numérotée 11 ; les certificats délivrés le 27 desdits mois et an, par Dom Bernardino Morantin, Juge-Echevin, Alcade, etc. à Saint-Juan de la Maguana, et Mathias de la Roche Gaillardo, Notaire et Greffier de ladite Ville, N° 13, justificatifs que le Sieur Lacassaigne, Commissionnaire du Fermier, n'a pu extraire qu'une très-petite quantité de Bestiaux, tant à cause de la sécheresse, que de la concurrence du Sieur Yvonnet, Commissionnaire du Fermier du Cap ; Ordonnance de M. de Vaivre, du cinq Juin, N° 15, qui renvoie le Fermier à l'exécution de celle du 17 Mai précédent, jusqu'aux réponses du Président Espagnol ; le certificat N° 16, délivré par le Sieur la Hogue, ancien Commissaire auprès du Gouvernement Espagnol, conforme à ceux-ci dessus numérotés 13, et portant en outre, que dans les six premiers mois de 1780, il a été fait un dénombrement d'animaux des hattes Espagnoles, par ordre du Président, lors duquel, et pendant les quatre mois de sa durée, il n'a été accordé aux hattiers aucune permission de vendre ; copie n° 17, délivrée par M. de Vincent, Commandant en second de la Partie de l'Ouest, de la lettre à lui écrite le 23 Juillet 1780, par MM. de Reynaud et le Brasseur, dans laquelle ils reconnoissent l'impossibilité où est le Fermier des Boucheries de remplir ses obligations, et envoient une permission d'aller faire des approvisionnemens de bestiaux à l'Espagnol, sous le bon plaisir du Président et de conformité à sa Dépêche du 8 Juin précédent, permission dont il n'a été fait aucun usage ; quatorze Sentences de Police numérotées 18, des 17 Mars, 22 et 30 Juin, 3, 13 et 18 Septembre, 12, 27 et 29 Octobre, 19 et 24 Novembre 1779, portant condamnation de treize amendes de 500 liv., et d'une de 250 liv., ce qui forme un total de 6,750 liv., dont le Sieur Favre a payé 500 liv., pour celle du 22 Juin, suivant quittance du dix Juillet; l'Acte de Déclaration du Sieur Fabre, Fermier des Boucheries, signifié tant au Procureur du Roi qu'au Sieur Caneaux, caution, le 19 Juillet 1780, N° 19, portant abandon de ladite ferme, comme ne pouvant soutenir et pour éviter sa ruine; la lettre de MM. de Reynaud et le Brasseur, du 26 du même mois, à MM. de Vincent et Prevost de la Croix; la carte bannie, du 17 Août, N° 20, d'une nouvelle Ferme, publiée du premier Octobre au 9 Novembre suivant, sans qu'il se soit présenté aucun enchérisseur, quoique le prix de la viande y fût porté à 25 sols pour cent au-dessus, pendant la guerre, du prix de la précédente Ferme; l'Ordonnance de M. le Brasseur, du 23 Août, à la suite de la Remontrance du Contrôleur, de la veille, signifiée le 29 dudit, aux Sieurs Piron jeune Adjudicataire, Fabre, Fermier Caneaux, et Guyot aîné, caution et certificateur; la saisie-annotation faite de leurs biens, en date du lendemain, en exécution de la susdite Ordonnance, qui les condamne à payer 117,604 liv., 16 s., 3 den. pour solde de 169,108 liv. 6 s., 8 den.; à quoi montent dix-huit mois, six jours de fermage, depuis le 8 Février 1779, jusqu'au 13 Août 1780 inclusivement, à raison de 111,500 liv. par an; la Déclaration de la Cassaigne, du 16 Décembre 1780, à son retour de l'Espagnol N° 21, dont résulte que la permission qui lui avoit été accordée au mois d'Octobre 1779, pour faire la traite des bestiaux, a été révoquée le 2 Mai 1780, parce qu'il y avoit déjà deux Commissionnaires, le Sieur Larrayet pour la partie du Sud, et le susdit Sieur Yvonnet pour celle du Nord; le tableau N° 22 d'achat de bestiaux et de leur produit, ensemble les livres de régie de la Ferme; la lettre de M. le Brasseur au Sieur Caneaux, du 29 Novembre 1780, N° 23, états et notes, N°s 24 et 25 des dépenses pour l'exploitation de ladite Ferme; Tout vu, considéré et mûrement examiné: Sans nous arrêter à l'avis de M. le Cocq susdaté, à la deuxième partie du certificat du Sieur la Hogue, N° 13, ni à la Déclaration extrajudiciaire, signifiée à la requête du Fermier N° 19, attendu qu'il est notoire et prouvé par les pièces, que le Suppliant a éprouvé des pertes considérables dans son entreprise, par plusieurs mois de non-jouissance, par le haut prix des bestiaux et la modicité du prix de la viande; prenant en considération les motifs de l'avis de M. Prevost de la Croix, à la suite de l'Ordonnance N° 11, pour déterminer M. de Vaivre à réduire la Ferme à 60,000 liv., et les trouvant équitables, nous avons réduit et réduisons ladite Ferme à la somme de 60,000 liv. par an, et sa durée à dix-huit mois, qui est le temps que le Fermier a perçu les sous-Fermes, sur le pied de 46,800 liv. par an, sauf quelques diminutions ou pertes, notamment avec le Sous-Fermier de la Croix-des-Bouquets; en conséquence ordonnons que le débet du Suppliant sera et demeurera fixé à la somme de 90,000 liv., le condamnons, ainsi que le Sieur Etienne Piron jeune, adjudicataire, Pierre-François Caneaux, caution, et Henry Gayot aîné, certificateur, tous solidairement les uns pour les autres, à payer ladite somme en deniers ou quittances, dans trois mois pour tout délai, au Trésorier principal de la Marine; quoi faisant, bien déchargés, sinon et à faute de ce faire, qu'ils y seront contraints par la vente de leurs immeubles, comme pour les propres deniers et affaires de Sa Majesté.

Faisons remise au Suppliant, par grace et sans tirer à conséquence, de toutes les amendes pour le Roi, qui ont été prononcées contre lui, pour raison de ladite entreprise, même de celles qu'il a payées; en conséquence ordonnons au Receveur des amendes, de ne faire aucune poursuite relativement à icelles, et de lui rembourser sur sa quittance au pied d'un extrait de la présente Ordonnance, le montant de celles qui ont été perçues. Sera la présente enregistrée au Contrôle de la Marine, et y déposée avec les pièces y jointes. Donné au Port-au-Prince, le 28 Juin 1785. *Signé*: BONGARS.

R. au Contrôle le 10 Octobre suivant.

ORDONNANCE des *Administrateurs touchant l'Eau destinée à l'usage du Bourg des Gonaïves.*

Du 28 Juin 1785.

AUJOURD'HUI, 17 Juin 1784, Nous, Chevalier de l'Ordre Royal et Militaire de Saint-Louis, Sous-Brigadier du Corps Royal du Génie, accompagné de M. de Grandmont, Commandant du Quartier des Gonaïves, et de M. de Mongros, Exempt de la Maréchaussée, habitant du Bourg dudit Quartier, nous sommes transporté à la naissance des sources des habitations Bigault et Meslin, à l'entrée de celle Soleil, et avons reconnu que les eaux de ces sources sont aussi abondantes que bonnes, qu'elles sont plus que suffisantes pour abreuver une ville beaucoup plus grande que le Bourg des Gonaïves ; que l'expérience prouve qu'on peut aisément les conduire à ce Bourg, puisqu'elles vont naturellement dans le Port, au-dessous dudit Bourg. Pour procurer au Bourg des Gonaïves cette bonne eau en grande quantité ; nous avons reconnu avec M. de Grandmont, Commandant du Quartier, les différentes directions qu'il faudroit donner à un ruisseau de trois pieds de largeur, et de dix-huit pouces de profondeur, qui pourra être aisément creusé sous ses yeux, aussi-tôt que MM. les Général et Intendant en auront ordonné l'exécution ; en foi de quoi nous avons signé. *Signé :* DE BOISFORET, ROSSIGNOL DE GRANDMONT, et D. L. MONGROS.

Vu et homologué le présent procès-verbal, pour être exécuté selon sa forme et teneur, le tout sans préjudice des droits d'autrui. Donné au Port-au-Prince le 28 Juin 1785. *Signé :* BELLECOMBE et BONGARS.

Il fut dressé en même temps un plan de la conduite des eaux de ces sources, qui sont à 800 toises du puisard mis à l'entrée du Bourg, à son bout Nord-Est (*Ces eaux se perdoient auparavant à 500 toises dans le Nord*).

Il y a du puisard à la mer 650 toises.

Du Canal a la rue 60 pieds.

Du Puisard à la source le Canal court dans la direction du Nord-Est.

Observation mise sur le Plan.

Le Bourg des Gonaïves n'étant ni assez peuplé ni assez riche pour avoir un ruisseau pavé, il paroît convenable d'y donner l'eau dans un Puisard, à l'entrée du Bourg, et de l'écouler par une Rigole, sur le côté, par la rue qui va à la calle Nicole.

Quand le Bourg des Gonaïves sera assez peuplé et assez riche pour faire la dépense d'un canal en maçonnerie, d'une fontaine, et du pavé de ses rues, on pourra faire jaillir l'eau sur la place, parce que les sources Soleil sont assez élevées pour cela. En attendant, on ne peut guère donner l'eau que comme il est indiqué ci-dessus et au procès-verbal ci-joint. Fait par nous Ingénieur en chef des Gonaïves, le 17 Juin 1784. *Signé :* DE BOISFORET.

Vu et approuvé le présent plan, pour être exécuté suivant sa forme et teneur, le tout sans préjudice des droits d'autrui. Donné au Port-au-Prince, le 28 Juin 1785. *Signé :* BELLECOMBE et BONGARS.

Nous croyons devoir dire que les originaux de ces pièces, qui sont entre les mains de M. de Grandmont, Commandant du Quartier des Gonaïves, et qui ne portent la mention d'aucun enregistrement, nous ont été confiées par lui, aux Gonaïves, le 8 Avril 1788, pour en prendre copie, et que nous satisfaisons à sa prière en les publiant.

Le Bourg des Gonaïves jouit du fruit de cette Ordonnance, exécutée par M. de Grandmont.

BREVET de Gouverneur-Général des Isles sous le Vent, pour M. le Comte de la Luzerne, Lieutenant-Général des Armées du Roi.

Du 1er Juillet 1785.

R. au Conseil du Port-au-Prince le 27 Avril 1786.
Et à celui du Cap le 4 Mai suivant.

Ce Brevet est semblable à celui de M. le Comte d'Ennery du 29 Avril 1775. Voyez Tome V, pag. 557.

ORDRE et Lettre du Roi sur la nomination de M. de Laumoy, en qualité d'Aide-Maréchal-général-des-logis à Saint-Domingue, et Lettre du Ministre de la Marine sur le même sujet.

Des 1er Juillet, 13 Août et 13 Septembre 1785.

DE PAR LE ROI.

SA Majesté, jugeant nécessaire au bien de son service d'employer le Sieur de Laumoy, Lieutenant-Colonel d'Infanterie, en qualité d'Aide-Maréchal-des-logis de l'Armée à Saint-Domingue, sous les ordres du Sieur Comte de la Luzerne, Gouverneur-Général des Isles sous le Vent, Elle mande et ordonne audit Sieur de Laumoy de s'employer en ladite qualité, depuis le premier de ce mois jusqu'au premier Juillet de l'année prochaine, selon et ainsi qu'il lui sera ordonné par ledit Sieur Comte de la Luzerne, et conformément aux instructions qu'il recevra du Sieur

Marquis d'Aguesseau, Maréchal-de-camp, Directeur du Corps de l'Etat-Major de l'Armée. Fait à Versailles, le premier Juillet 1785. *Signé :* LOUIS. *Et plus bas :* Le Maréchal DE SÉGUR.

Mons. de Laumoy, vous ayant choisi pour remplir la charge d'Aide-Maréchal-Général-des-logis en mon Isle de Saint-Domingue et autres Isles sous le Vent de l'Amérique, sous les ordres du Sieur Comte de la Luzerne, Lieutenant-Général de mes Camps et Armées, Gouverneur, mon Lieutenant-Général en lesdites Isles sous le Vent, je vous fais cette lettre, pour vous dire que mon intention est que vous vous y employiez aux fonctions d'Aide-Maréchal-Général-des-logis, selon et ainsi qu'il sera ordonné par ledit Sieur Comte de la Luzerne, ou celui qui le représentera, et ce jusqu'à nouvel ordre de ma part; et la présente n'étant à autre fin, je prie Dieu qu'il vous ait, Mons. de Laumoy, en sa sainte garde. Ecrit à Versailles, le 13 Août 1785. *Signé :* LOUIS. *Et plus bas :* Le Maréchal DE CASTRIES.

A Versailles, le 13 Septembre 1785.

Je vous annonce avec plaisir, M., que le Roi vous a destiné à passer à Saint-Domingue, pour y être employé en votre qualité d'Aide-Maréchal-Général-des logis, jusqu'à ce que la reconnoissance de cette Isle soit faite, et le plan de défense arrêté. J'adresse à M. le Comte de la Luzerne le titre qui vous a été expédié. Vous serez payé, à compter du jour de votre embarquement, d'un supplément de traitement de 5,400 liv. sur les fonds des Colonies, ce qui, avec les 6,600 liv. dont vous jouissez au Département de la guerre, vous formera un traitement de 12,000 liv.

Je suis très-parfaitement, M., etc. *Signé :* Le Maréchal DE CASTRIES.

La Lettre du Roi, du 13 Août 1785, R. au Contrôle le 22 Mai 1786.

ARRÊT

ARRÊT du Conseil du Port-au-Prince, portant réception de M. Coustard, Commandant en second de la Partie du Sud, en qualité de Commandant-Général par interim.

Du 4 Juillet 1785.

VU par la Cour la Requête à elle présentée par M. Coustard, tendante à ce qu'attendu le départ pour France de M. de Bellecombe, Gouverneur-Général des Isles-sous-le-Vent, il fût reconnu pour Commandant en chef par interim desdites Isles; l'Ordre du Roi qui attribue à M. Coustard le commandement en second de la Partie du Sud de cette Colonie, signé Louis; la nomination en marge de ladite requête de Me Fougeron, Conseiller, pour Rapporteur; son Ordonnance de soit communiqué au Procureur-Général du Roi; enfin les Conclusions de Me de Ronseray, Substitut, faisant fonction de Procureur-Général, le tout en date de ce jour; Ouï, etc. : LA COUR, après avoir pris de M. Coustard le serment en tel cas requis, l'a reçu et admis à prendre séance audit Conseil, comme Commandant-Général par interim, donne acte au Procureur-Général du serment à l'instant prêté par M. Coustard, et de l'installation qui vient d'en être faite, l'audience tenante; ordonne que le présent Arrêt sera envoyé aux Siéges, etc.

V. l'Arrêt du Conseil du Cap du 15 du même mois, pag. 800.

ARRÊT du Conseil du Port-au-Prince, qui prononce la nullité d'un Procès-verbal de l'état d'un cadavre.

Du 6 Juillet 1785.

LOUIS, etc. Contre les auteurs de l'assasinat commis en la personne de Laboissière, etc. : NOTRE COUR, faisant droit sur l'appel interjeté par notre Procureur-Général de la Sentence du 14 Mars 1785, a mis et met l'Appellation et ce dont est appel au néant; émendant, déclare nulle et de nul effet l'audition des Sieurs Roussille et Bouchon, et de la Négresse Charlotte, mentionnés au Procès-verbal, dressé le 17 Décembre 1784, de l'état du cadavre de feu Laboissière, faute de prestation de serment desdits témoins, ainsi que tout ce qui s'en est ensuivi; ordonne que la procédure sera recommencée aux frais du Juge qui en a connu, à partir dudit Procès-verbal, jusqu'à Sentence définitive, sauf l'appel en notre Cour, et ce, par d'autres Juges que ceux qui en ont précédemment connu.

ARRÊT du Conseil du Cap, qui 1° confirme la Sentence du Juge de la même Ville, du 27 Avril 1784, par laquelle le Sieur G..., étoit condamné à se retirer par-devant qui de droit, pour obtenir la révocation de l'Ordre obtenu au préjudice de Me L..., Notaire, et ce, dans trois jours de la signification de ladite Sentence, sinon et faute de ce faire dans ledit délai, condamné par forme de dédommagement, en 200 liv. par jour, jusqu'à la révocation de l'Ordre; 2° condamne le Sieur G... à payer six liv. par jour, au-lieu de neuf liv. qui étoient demandées par le Prevôt de Maréchaussée pour les frais du Cavalier mis en garnison et de sa nourriture; 3°. déboute le Prevôt de Maréchaussée de sa demande du même droit de 9 liv. par jour, depuis le premier Mai 1784, époque du second Ordre, donné d'office sur la demande en révocation du premier faite par le Sieur G..., en vertu de la Sentence du 27 Avril 1784, ledit second Ordre portant qu'au lieu d'un Cavalier, il en seroit établi quatre chez Me L...; 4°. et enfin faisant droit sur les plus amples Conclusions du Procureur-Général du Roi, fait défenses au Prevôt de Maréchaussée, d'exiger plus de six livres par jour pour chaque Cavalier.

Du 6 Juillet 1785.

ENTRE le Sieur G..., Appelant d'une part, etc; Et Me L...; Intimé, d'autre part, etc.

ARRÊT du Conseil du Cap, touchant un Domicilié garrotté par un Lieutenant de Prévôt de Maréchaussée, porteur d'Ordre purement civil.

Du 6 Juillet 1785.

VU par la Cour, la Procédure criminelle, faite, instruite et jugée dans l'état où elle s'est trouvée, sans qu'il fût besoin d'une plus ample instruction, par le Juge criminel du Fort-Dauphin, à la requête du Sieur Louis Michel, habitant au Grand-Bassin, demandeur et accusateur contre le Sieur Toussaint Sadin, Lieutenant de Prévôt de la Maréchaussée au Fort-Dauphin, absent; le Substitut du Procureur-Général du Roi joint; ledit Sadin, Appelant de Sentence rendue audit Siége, le 4 Juin 1782, qui auroit dit, que sans avoir besoin de plus ample instruction, le procès sera jugé en l'état qu'il se trouve; et procédant audit jugement, vu ce qui résulte des informations et interrogatoires, auroit fait défenses au Sieur Sadin, de plus à l'avenir garrotter ni faire garrotter aucuns Citoyens domiciliés, lorsqu'il aura des ordres purement civils pour les arrêter; et pour l'avoir fait envers le Sieur Michel, auroit ordonné qu'il seroit admonesté en la Chambre de l'Auditoire, l'audience tenante; l'auroit condamné par Corps en 1,000 liv. de dommages-intérêts envers le Sieur Michel, et en tous les dépens du Procès; lui auroit fait défenses de récidiver sous plus fortes peines; vu, etc.; Conclusions par écrit du Substitut du Procureur-Général du Roi; Ouï le rapport de M. Ruotte, Conseiller, et tout considéré: LA COUR, en ce qui touche l'appel de Sadin, a mis l'Appellation au néant, ordonne que ce dont est appel sortira son plein et entier effet; le condamne en l'amende de son appel et en tous les dépens; en ce qui touche les demandes de Michel, ordonne que, de son consentement, les dommages-intérêts prononcés à son profit par la Sentence, seront appliqués au profit de l'Hôpital de la Providence du Cap; ordonne que le présent Arrêt sera imprimé au nombre de 100 exemplaires, et affiché tant au Fort-Dauphin qu'au Bourg des Terriers-Rouges, et par-tout ailleurs où besoin sera, aux frais et dépens dudit Sadin ; ordonne au surplus, qu'expédition de tout sera envoyée au Ministre et Secrétaire d'Etat, ayant le Département de la Marine.

LETTRES du Ministre aux Administrateurs, touchant les Droits d'Entrée et de Sortie, exigés des Bâtimens Espagnols.

Des 7 et 15 Juillet 1785.

J'AI été informé, MM., que depuis l'enregistrement de l'Ordonnance du 30 Août, on perçoit à Saint-Domingue un pour cent à l'entrée des piastres gourdes que les Espagnols y introduisent, et un pour cent à la sortie des toileries et autres marchandises qu'ils en exportent. Cette perception qui peut nuire à nos relations avec les Colonies Espagnoles, est contraire aux intentions de Sa Majesté. Vous savez que par une lettre du premier Avril 1727, écrite à MM. de la Rochalard et Duclos, les Espagnols ont été exceptés des loix prohibitives qui venoient d'être renouvelées, ce qui a eu lieu jusqu'à présent. Le Roi vous charge en conséquence, de donner des ordres pour faire cesser toute perception de droits, soit à l'entrée, soit à la sortie, sur les piastres que les Espagnols importeront, et les toiles et autres marchandises qu'ils tireront de Saint-Domingue. Quant aux droits déjà perçus, vous voudrez bien me marquer à combien ils pourront monter, et s'il seroit possible et convenable d'en faire remettre le montant à ceux qui les auront acquittés.

L'autre lettre du 15 du même mois renouvelle les dispositions de la précédente.

ORDONNANCE de Police du Juge du Cap, qui 1° condamne plusieurs particuliers, par Corps, en 300 liv. d'amende et à un mois de prison, pour avoir donné à boire à des Esclaves; les déclare incapables d'exercer à l'avenir l'état de Cabaretier; 2° en condamne un en trois mois de prison pour la même raison, et à avoir sa maison murée à cause de la récidive, et le déclare pareillement incapable d'être Cabaretier; et 3° en condamne un autre en 300 liv. d'amende, pour avoir vendu du Tafia sans permission.

Du 12 Juillet 1785.

ARRÊT du Conseil du Port-au-Prince, qui condamne l'Econome du Sieur Jumelle Boisbelle au bannissement à perpétuité de la Colonie, et en 10 liv. d'amende, pour avoir fait rebellion à justice, en ameutant l'Attelier du Sieur Jumelle Boisbelle contre les Huissiers Gevrouin et Benoist, et contre les Cavaliers de Maréchaussée qui les escortoient; et les nommés Hector et François, Nègres esclaves du Sieur Jumelle Boisbelle, à être fouettés par l'Exécuteur de la Haute-Justice, au Carrefour de la Petite-Rvière, pour s'être révoltés contre lesdits Huissiers et Cavaliers de Maréchaussée, et les avoir poursuivis à coups de pierres et de Houes, l'Arrêt duement imprimé et affiché.

Du 13 Juillet 1785.

ARRÊT du Conseil du Port-au-Prince, touchant les Inventaires et Partages, et l'Enregistrement des Règlemens de cette Cour dans les Siéges qui en ressortissent.

Du 14 Juillet 1785.

VU la Requête des Notaires Royaux de la Jurisdiction des Cayes, les piéces y jointes, notamment l'Arrêt de la Cour rendu sur la requête des Supplians, le 19 Octobre 1784; la réponse de Me Collet, Sénéchal des Cayes, en marge de l'expédition dudit Arrêt, du 4 Décembre dernier (portant que c'est au Procureur-Général seul qu'appartient le droit de faire, dans les Jurisdictions, l'envoi des Règlemens de la Cour pour y être enregistrés); ensemble les Conclusions de Me de Ronseray, Substitut, faisant fonctions de Procureur-Général du Roi, du jour d'hier; Ouï le rapport de M. Labiche de Reignefort, Conseiller, et tout considéré : LA COUR a envoyé et renvoie les Supplians à l'exécution de son Arrêt du 19 Octobre dernier; en conséquence enjoint au Sénéchal des Cayes d'exécuter ledit Arrêt sans aucun délai. Ordonne que l'expédition du présent Arrêt sera remise au Procureur-Général du Roi, à l'effet d'être par lui envoyée à son Substitut en la Jurisdiction des Cayes, pour être procédé à l'enregistrement au Greffe de ladite Jurisdiction, des Arrêts du Conseil d'État du Roi, et de ceux de Règlement de la Cour, dont il s'agit.

ARRÊT du Conseil du Cap, concernant le Commandement général de la Colonie, par interim.

Du 15 Juillet 1785.

VU par la Cour la Remontrance du Procureur-Général du Roi; contenant qu'attendu le départ pour France de M. de Bellecombe, Gouverneur-Général des Isles sous le Vent, M. Coustard, Commandant en second de la partie du Sud (par ordre du Roi, du 20 Avril 1781), auroit présenté sa requête au Conseil-Supérieur du Port-au-Prince, pour être reçu Commandant-Général, par interim, et que par Arrêt de cette Cour du 4 Juillet, M. Coustard a été admis à prêter Serment, et à prendre Séance en cette qualité. Le service du Roi ne lui permettant pas de se rendre au Cap, MM. Coustard et Bongars en ont prévenu la Cour, et l'ont priée, par leur Lettre du 7 Juillet, de reconnoître M. le Commandant-Général, par interim, sans exiger qu'il se déplace pour prêter un nouveau Serment. Cette dispense ayant eu lieu pour M. de Lilancour, suivant l'Arrêt de la Cour du 7 Janvier 1777, rendu en pareille occurence. A CES CAUSES, requéroit le Procureur-Général du Roi qu'il plût à la Cour, vu l'Arrêt du Conseil-Supérieur du Port-au-Prince, du 4 du courant, la Lettre de MM. les Administrateurs du 7, ensemble l'Arrêt du 7 Janvier 1777, donner acte au Procureur-Général du Roi du contenu en sa remontrance, et y faisant droit, ordonner que M. Coustard seroit reconnu, en la Cour et dans tout son Ressort, Commandant-Général, par interim, des Isles sous le Vent, avec dispense de prêter Serment, attendu le Serment par lui prêté en ladite qualité au Conseil-Supérieur du Port-au-Prince; ordonner en outre que l'Arrêt à intervenir seroit lu à l'Audience de la Cour, et de suite, imprimé, publié et affiché par-tout où besoin sera; et que Copies dûment collationnées, seront envoyées ès Siéges Royaux et d'Amirauté du Ressort, pour y être lues, publiées, affichées et enrégistrées, etc. Ladite Remontrance signée François de Neufchâteau; Ouï le Rapport de M. Ruotte, Conseiller, et tout considéré : LA COUR donne acte au Procureur-Général du Roi du contenu en sa Remontrance, et y faisant

faisant droit, ordonne que M. Coustard sera reconnu en la Cour et dans tout son ressort, Commandant-Général, par interim, des Isles sous le Vent, avec dispense de prêter Serment, attendu le Serment par lui prêté en ladite qualité au Conseil-Supérieur du Port-au-Prince. Ordonne en outre que le présent Arrêt sera lu à l'Audience de la Cour, et de suite, imprimé, publié et affiché par-tout où besoin sera; et que Copies dûment collationnées, seront envoyées ès Siéges Royaux et d'Amirauté du ressort, pour y être lues, publiées affichées et enregistrées; Enjoint aux Substituts du Procureur-Général du Roi d'y tenir la main, et d'en certifier la Cour dans le mois. Fait au Cap, en Conseil, etc.

ARRÊT du Conseil du Cap confirmatif de Sentence du Siége-Royal de la même Ville, qui juge qu'une Esclave ne peut se prévaloir d'une procuration révoquée, par laquelle son Maître chargeoit son Mandataire de procurer la liberté à cette Esclave.

Du 15 Juillet 1785.

ENTRE Me Seur, Avocat en Parlement, Procureur ès Siéges du Cap, au nom et comme Tuteur nommé pour la poursuite de la liberté de la Négresse . . . , Appelant; Et le Sieur Arnaud, Intimé; Plaidans Mes Carles et l'Anglois Desfosses; sur les Conclusions de Me Deschamps, Substitut de M. le Procureur-Général.

La Négresse soutenoit que la Procuration contenoit une promesse obligatoire. Son Tuteur demandoit en conséquence à être autorisé à se retirer pardevant les Administrateurs, pour faire ratifier une liberté, dont le premier Juge ni la Cour n'ont trouvé de dation dans une procuration inexécutée à cet égard pendant dix-huit mois, et révoquée depuis, sans renouvellement de la promesse.

ARRÊT du Conseil du Port-au-Prince, touchant 1° une Accusation de Commerce étranger; 2°. les Qualifications données aux Employés du Domaine; 3°. le Dépôt de leurs Procès-verbaux; et 4°. la Preuve de liberté exigée d'un Nègre.

Du 15 Juillet 1785.

LOUIS, etc. Vu par notre Conseil Supérieur du Port-au-Prince le Procès instruit au Siége de l'Amirauté de Saint-Louis, contre les Armateurs, Capitaine et les Gens de l'équipage de la Goëlette l'Aimable Rose; la Sentence rendue le 4 Juillet 1785, et dont est appel, qui, vu la déclaration de relâche à la Baye des Flamands, faite par François Rié Desmarets; commandant la Goëlette Françoise, l'Aimable Rose, actuellement mouillée dans le Port de Saint-Louis, de laquelle Déclaration il résulte que ce Bâtiment est expédié du Port des Cayes, en vertu du passeport à lui délivré audit lieu, le 12 Mars dernier, pour aller à la Martinique, où il n'a pu se rendre, à cause d'une voie d'eau considérable, qui l'a forcé de relâcher à ladite Baye; vu et notamment le rôle d'équipage à lui délivré le 27 Avril dernier, par l'Officier d'Administration au Département de Saint-Louis, signé Daux; le congé et passeport à lui délivré en conséquence le même jour, sous le cautionnement de Dubois, Négociant à Saint-Louis; ayant aucunement égard à la Requête présentée par Tapiau, Négociant aux Cayes, le 22 Juin dernier, attendu ce qui résulte des Ordonnances Royaux, concernant le Commerce maritime ès Art. 5 et 13 de l'Ordonnance de 1717, ès Art. 2 de celle de 1727, et notamment ès Art. 6, 7 et 8 de l'Ordonnance de 1681, lesquels Articles portent formellement, que les Officiers d'Amirauté ne pourront contraindre les Maîtres à vérifier leur rapport; vu les Procès-verbaux dressés par les soi-disant Directeur et Visiteur des Cayes, le 12 Mai dernier, d'après les ordres de M. le Général, par lesquels Procès-verbaux il est formellement énoncé que lesdits Visiteurs n'ont trouvé aucunes marchandises prohibées à bord du Bâtiment, qu'ils déclarent être expédié en règle et conformément aux Ordonnances, ce qui se trouve encore constaté par la Déclaration faite le 19 du même mois par le Sieur de Grimaldy, Lieutenant de nos Vaisseaux, commandant notre corvette, le Fanfaron; attendu qu'il n'existe aucun corps de délit, ce qui se prouve tant par lesdits Procès-verbaux, que par ladite Déclaration dudit Sieur de Grimaldy, par les interrogatoires de Ramsory et de l'Ouvrier, matelots à bord dudit Bâtiment, de Nathaniel Bermuda, Nègre, se disant libre, des Nègres esclaves Bonne et Jacques, desquels notamment il résulte que la Goëlette, l'Aimable Rose, n'est point sortie de la Baye des Flamands; qu'elle n'a fait aucun commerce le long de la Côte, en vertu du rôle d'équipage à elle donné, et du congé et passeport délivrés : en conséquence, fait pleine et entière main-levée de ladite Goëlette l'Aimable Rose des Cayes, de ses agrès et appareaux, ensemble des marchandises de son chargement, si aucunes sont, ordonne que les scellés préalablement reconnus sains et entiers, le tout sera rendu et restitué aux propriétaires, à quoi faire tous gardiens, dépositaires contraints, quoi faisant, déchargés; et vu les Arrêts de notre Conseil d'État des 28 Mars et 23 Décembre 1705, à la charge par les propriétaires, armateurs et réclamateurs, de payer tous les frais de justice, et autres légitimement dûs, à l'occasion de l'arrêtement de ladite Goëlette, sauf leur recours, s'il y a lieu, contre qui il appartiendra; et pour les dommages et intérêts demandés, renvoie le réclamateur à se pourvoir, s'il y a lieu, par les voies de droit; Et faisant droit sur les Conclusions du Substitut de notre Procureur-Général, fait défenses aux soi-disans Directeur et Visiteur du Bureau des Cayes, de plus à l'avenir prendre aucuns titres, qu'ils n'en justifient par une commission en bonne et due forme, et notamment de ne plus à l'avenir prendre et donner de qualification comme celle de Messire au Directeur; leur enjoint d'avoir à se conformer à cet égard à l'Arrêt de notre Cour, à peine de faux; leur enjoint d'avoir à se conformer à notre Ordonnance du 30 Août 1784, et notamment à l'Art. 19 de ladite Ordonnance; en conséquence d'avoir à déposer sur le champ aux Greffes de l'Amirauté leurs procès-verbaux; ordonne que ladite Sentence, quant à ces chefs, sera signifiée à la requête du Substitut de notre Procureur-Général, aux Directeur, Commis et Visiteur, en la personne du Directeur, au domicile par lui élu en la ville des Cayes : Vu aussi toutes les autres Pièces du Procès visées dans ladite Sentence, et les Conclusions de Me de Ronseray, Substitut faisant fonction de notre Procureur-Général, en date du 12 du présent mois de Juillet; Ouï le Rapport de Me Piémont, Conseiller; et tout considéré : NOTRE COUR a mis et met l'Appellation et Sentence dont est appel au néant; en ce que 1°. le Sieur Tapiau a été renvoyé à se pourvoir, s'il y a lieu par les voies de droit, pour ses dommages et intérêts, émendant, quant à ce, déboute purement et simplement ledit Tapiau de ladite demande en dommages et intérêts; 2°. en ce que les Armateurs, Propriétaires et Réclamateurs de ladite Goëlette l'Aimable Rose, ont été condamnés à payer tous les frais de justice et autres, faits à l'occasion de l'arrêtement de ladite Goëlette, sauf leur recours, s'il y a lieu, contre qui il appartiendra; émendant, quant à ce, les décharge de ladite condamnation; ladite Sentence au résidu sortissant effet. Et faisant droit sur le réquisitoire de notre Procureur-Général, ordonne que le nommé Nathaniel Bermuda, Nègre, se disant libre, gardera prison pendant un an, pendant lequel temps il sera tenu de justifier de sa liberté, sinon et faute de ce faire dans ledit délai, ordonne que ledit Nègre sera vendu, comme épave, à notre profit.

ARRÊT du Conseil d'Etat, portant que l'Intendant ne pourra ordonner aucunes autres dépenses que celles contenues dans les états arrêtés par Sa Majesté, sans avoir pris l'avis d'un Comité d'Administration qui sera établi à cet effet.

Du 15 Juillet 1785.

LE Roi étant informé qu'indépendamment des Articles de dépenses autorisés par Sa Majesté, dans les états qui sont arrêtés, chaque année, pour l'Isle Saint-Domingue, il pourroit se trouver des objets de dépenses qu'il n'auroit pas été possible de prévoir, et sur lesquels la grande distance des lieux ne permettroit pas aux Administrateurs d'attendre des ordres particuliers, ce qui pourroit donner lieu à des dépenses arbitraires ou à des retards préjudiciables; à quoi voulant pourvoir d'une manière qui concilie à-la-fois les intérêts du service et les vues d'économie qui doivent régler les dépenses de toutes espèces: Ouï le rapport, LE ROI étant en son Conseil, a ordonné et ordonne que l'Intendant de Saint-Domingue ne pourra ordonner aucunes autres dépenses que celles contenues dans les états arrêtés par Sa Majesté, sans avoir pris l'avis d'un Comité d'Administration qui sera établi à cet effet et composé du Gouverneur-Général, ou de celui qui le représentera par interim; de l'Intendant, ou de celui qui le représentera aussi par interim; de l'Officier Militaire de l'Etat-major, supérieur en grade; du plus ancien Officier d'Administration, et du Contrôleur de la Colonie. Veut Sa Majesté que la Séance des Membres du Comité soit réglée dans l'ordre ci-dessus; que l'Intendant, ou celui qui le représentera, propose les dépenses sur lesquelles il sera question de délibérer; que l'avis qui sera toujours motivé passe à la pluralité des voix, et que la délibération soit portée sur un registre, à ce destiné par le Contrôleur, qui en restera dépositaire, de laquelle délibération il sera adressé copie au Secrétaire d'Etat ayant le Département de la Marine. Fait au Conseil d'Etat, etc.

R. au Contrôle le 20 Décembre suivant.

ARRÊT du Conseil du Cap, qui fait défenses de courir à Cheval ou sur des Mulets, et de faire courir des Cabrouets et Tombereaux dans les Rues et aux approches des Villes et Bourgs.

Du 15 Juillet 1785.

ENTRE le Sieur Jean-Baptiste Rotureau; Et le Sieur Linas. Après que De Suzanne, Avocat de Rotureau, et l'Anglois Desfosses, Avocat de Linas, ont été ouïs, ensemble Deschamps, Substitut du Procureur-Général du Roi, et tout considéré: LA COUR, faisant droit sur les plus amples Conclusions du Procureur Général du Roi, fait très-expresses inhibitions et défenses à toutes Personnes de quelque état et condition qu'elles soient, Blancs et Gens de couleur, de courir à Cheval ou sur des Mulets dans les Villes et Bourgs du Ressort de la Cour; à peine, contre les Blancs et Gens de couleur libres, de trois cents livres d'amende pour la première fois, du double en cas de récidive, et de punition exemplaire pour la troisième fois; et contre les Esclaves de huit jours de prison et 25 coups de fouet, à la Géole, pour la premiere fois, et de punition exemplaire pour la seconde : le tout sans préjudice de dommages et intérêts résultans des torts et blessures occasionnés par les contrevenans, desquels dommages et intérêts, ainsi que des frais de capture et de Géole, les Maîtres des Esclaves demeureront civilement responsables. Fait pareilles défenses, et sous les mêmes peines, aux Nègres et autres conduisant des Cabrouets et Tombereaux dans les Villes et Bourgs, et aux approches d'iceux, et notamment dans cette Ville du Cap et dans toute l'étendue de la Banlieue, de faire courir les Chevaux ou Mulets attachés auxdits Cabrouets et Tombereaux ; leur ordonne de les conduire à pied et au licol ; et s'il y a plusieurs Chevaux ou Mulets auxdits Cabrouets et Tombereaux, de se tenir auprès du premier pour le conduire, ainsi qu'il vient d'être prescrit. Autorise les Blancs et même les Gens de couleur libres, à arrêter et faire conduire à la Géole les Nègres qu'ils trouveront en contravention, à la charge d'en faire au plutôt leur déclaration au premier Officier de Police du Bourg ou de la Ville voisine. Enjoint aux Juges de Police et autres Officiers de Police, de tenir soigneusement la main à l'exécution du présent Arrêt, qui sera imprimé, lu, publié et affiché par-tout où besoin sera ; et copies d'icelui dûment collationnées, envoyées à la diligence du Procureur-Général du Roi ès Siéges Royaux du Ressort, etc.

Approuvé par une lettre du Ministre au Procureur-Général, du 3 Novembre suivant.

ARRÊT du Conseil du Port-au-Prince, touchant une Ordonnance du Juge de Jérémie, qui déclaroit le Procureur du Roi non-recevable dans une plainte.

Du 16 Juillet 1785.

VU le Réquisitoire du Substitut faisant fonctions de Procureur-Général, expositive que le Procureur du Roi de Jérémie, prétendant avoir été insulté griévement par un plaideur et en pleine audience, il en avoit vainement requis acte du Juge qui tenoit le Siége; que ce refus l'avoit determiné à en dresser Procès-verbal en forme de remontrance, en date du 4 de ce mois; mais que par une suite de son obstination, le Juge a déclaré le Procureur du Roi non-recevable en sa demande: pourquoi il requiert, etc.; Ouï le rapport de M. Fougeron, Conseiller, et tout considéré: LA COUR a donné acte au Procureur-Général du Roi de l'appel par lui interjeté de l'Ordonnance rendue sur le Procès-verbal dressé en forme de plainte; tient ledit appel pour bien relevé, et y faisant droit, a mis et met l'Appellation et Ordonnance dont est appel au néant; émendant, ordonne que par tout autre que ledit Juge, la remontrance en plainte sera répondue en la forme de droit, pour, sur icelle et l'information qui sera faite, être requis et ordonné ce que de droit; enjoint au Juge de répondre d'une manière légale à toutes les plaintes qui lui seront présentées, et ce sous peine d'interdiction; sauf au Procureur-Général du Roi à prendre par la suite telles autres conclusions contre ledit Juge, si la preuve des injures dont s'agit s'acquiert au Procès.

ARRÊT du Conseil du Cap, touchant les Titres de propriété de plusieurs Batimens et Terrains, consacrés au service de la Maréchaussée.

Du 16 Juillet 1785.

VU par le Conseil la Remontrance du Procureur-Général du Roi en icelle, contenant qu'il dépend de la Caisse municipale des Terrains et des Bâtimens, situés tant au Cap qu'en plusieurs autres lieux du Ressort, et destinés au logement des Maréchaussées. Ces propriétés acquises et améliorées successivement, appartiennent à cette Caisse par différens titres qui ont tous été enregistrés ou déposés au Greffe de la Cour; mais comme ils sont épars et que le besoin journalier de ces titres ne permet pas toujours d'attendre des recherches trop longues, M. le Président a ordonné au Greffier en chef de faire des expéditions de tous les actes relatifs à cet objet, et de les réunir en diverses liasses, suivant les diverses propriétés auxquelles ils doivent s'appliquer. Ce travail a produit un résultat très-utile; qu'il remettoit, en ce moment, sur le Bureau de la Cour, huit cahiers plus ou moins considérables, contenant les piéces relatives, 1°. à la maison de la Maréchaussée du Cap; 2° au Terrain de la Maréchaussée du Morne-rouge; 3°. à la maison de la Maréchaussée à Plaisance; 4°. à celle du Dondon; 5°. à celle du Port-de-Paix; 6°. à celle du Fort-Dauphin; 7°. à celle du Quartier du Trou; 8°. et à celle d'Ouanaminthe. En les examinant, la Cour jugera sans doute que ces expéditions extraordinaires ont exigé du Greffier en chef des frais et des travaux qui ne sont pas de l'obligation de son office; il convient donc de taxer ces expéditions, pour ledit prix être payé à Me de la Salle sur les deniers de la Caisse municipale, et d'ordonner que les expéditions, par lui à l'instant présentées sur le Bureau de la Cour, seront remises au Receveur des Droits municipaux, sous son récépissé, au bas de l'inventaire sommaire qui en sera dressé, à la charge par ce Receveur d'en aider au besoin et de représenter annuellement ces mêmes expéditions, au soutien d'un article d'observation qu'il sera tenu d'insérer à cet égard dans les comptes de sa gestion, à à l'effet de quoi l'Arrêt à intervenir lui sera signifié à notre diligence; signé : François de Neufchateau ; Ouï le rapport de M. Le Gris, Conseiller, et tout considéré : LA COUR alloue au Greffier, pour les expéditions dont s'agit, la somme de cent pistoles, qui lui seront payées sur l'Ordonnance de M. le Président, sur les deniers de la Caisse municipale ; ordonne au surplus que les expéditions présentées sur le Bureau par le Procureur-Général du Roi, seront remises au Receveur des Droits municipaux, sous son récépissé, au bas de l'inventaire sommaire qui en sera dressé, à la charge par le Receveur d'en aider au besoin, et de représenter annuellement les mêmes expéditions au soutien d'un Article d'observation, qu'il sera tenu d'insérer à cet égard dans les comptes de sa gestion, à l'effet de quoi l'Arrêt lui sera signifié à la diligence du Procureur-Général du Roi.

ARRÊT du Conseil du Port-au-Prince, qui condamne Bentancourt, Espagnol, et Sant-Iague-Borgne, Griffe, aussi Espagnol, Matelots d'un Bateau, à faire amende honorable devant la principale porte de l'Eglise Paroissiale de la Ville des Cayes, et à être rompus vifs sur le Quai de ladite Ville, et leurs corps exposés à l'embouchure de la Rivière de l'Islet, pour avoir assassiné et jeté à la mer le Capitaine, deux Passagers et trois Matelots dudit Bateau.

Du 16 Juillet 1785.

ARRÊT du Conseil du Cap, qui condamne le Sieur Labrouche, Capitaine du Navire le Bailli de Suffren, en 6,800 livres de dommages-intérêts envers le Sieur Broqua, premier Lieutenant sur ledit Navire, pour l'avoir injurié et maltraité dans la traversée.

Du 18 Juillet 1785.

Cet Arrêt a été cassé par celui du Conseil des Dépêches du 13 *Mai* 1786.

ARRÊT du Conseil du Port-au-Prince, qui fixe le nombre des Notaires de la Jurisdiction des Cayes.

Du 18 Juillet 1785.

VU par la Cour le Réquisitoire du Procureur-Général du Roi, contenant que, si un certain nombre de Notaires est indispensable dans chaque Jurisdiction, pour régler le sort des familles et des successions, et entretenir même une émulation avantageuse aux talens, la trop grande quantité de ces Officiers devient contraire autant au Public qu'à eux-mêmes, soit parce qu'ils ne trouvent pas leur subsistance dans leur état, soit parce que la nécessité les force à commettre des exactions auxquelles ils n'eussent peut-être jamais songé, s'ils eussent trouvé le simple nécessaire; que ces réflexions ne s'appliquent que trop à la Jurisdiction des Cayes; le Public, les Officiers Supérieurs du Siége, et les Notaires eux-mêmes réclament contre leur grand nombre. Pourquoi requiert le Procureur-Général, etc. ledit réquisitoire signé de Ronseray; Ouï le rapport de M. la Biche de Reignefort, Conseiller; la matière mise en délibération : LA COUR a ordonné et ordonne que le nombre des Notaires de la Jurisdiction des Cayes sera et demeurera fixé à dix, savoir : un Notaire-Général ; six pour les Ville, Plaine et Paroisse des Cayes ; un pour la Plaine et Paroisse de Torbeck ; un pour celle des Côteaux, et enfin un pour celle du Cap-Tiburon ; ordonne en conséquence qu'il ne sera pourvu d'aucun office de Notaire dans ladite Jurisdiction sur démission ou mort, jusqu'à ce que le nombre ait été réduit à celui fixé par le présent Arrêt ; ordonne que ledit Arrêt sera envoyé aux Officiers de la Jurisdiction des Cayes, pour y être enrégistré, Fait en Conseil, etc. *Signé :* BONGARS.

ARRÊT *du Conseil-Supérieur du Cap, qui juge qu'un Interdit ne peut être relevé que par le Juge qui a prononcé l'Interdiction.*

Du 20 Juillet 1785.

Dans l'espèce le Sieur B. . . . avoit été interdit par le Juge du Fort-Dauphin, et la Sentence avoit été confirmée par Arrêt. Envoyé en France, et revenu à la raison, il s'étoit fait relever par le Juge du Comté de sa Patrie. De retour dans la Colonie, il s'étoit pourvu en nullité du bail de son Habitation, passé par sa femme. Le Juge du Fort-Dauphin avoit annulé le bail ; sur l'appel la Cour a renvoyé le Sieur B. . . . devant ledit Juge du Fort-Dauphin, pour se faire relever, s'il y a lieu, de son interdiction.

EXTRAIT de la Lettre du Ministre aux Administrateurs sur les Greffes mis en régie.

Du 21 Juillet 1785.

JE suis persuadé qu'à la mort du Sieur Beccard vous aurez pris le parti naturel de remettre son Greffe en régie, en accordant au premier Commis un leger supplément de traitement, pour tenir le produit en réserve, afin de parvenir à acquitter les anciennes charges dont cette place est grevée. S'il n'en est pas ainsi, l'intention du Roi est qu'à la réception de cette lettre vous fassiez cesser l'interim dont le premier Commis seroit en possession, en vertu de ma Dépêche du 7 Juillet 1781, et que vous convertissiez cet interim en régie, sans attribuer au premier Commis aucun supplément, à moins qu'il ne consente à ce que cette régie ait un effet rétroactif au jour du décès du Sieur Beccard. Vous pouvez même en charger un autre, si vous jugez qu'il y ait lieu.

ARRÊT du Conseil du Cap, qui juge qu'un ancien Consul de France est exempt de tutèle.

Du 21 Juillet 1785.

LOUIS, etc. Entre le Sieur Plombard, Négociant au Cap, Appelant d'Ordonnance du Juge du Cap, du jour d'hier, Demandeur et Défendeur par ses Conclusions prises sur la Barre, tendantes à ce qu'il plût à notredite Cour, vu ce qui résulte de sa qualité d'ancien Consul de France, à Charles-Town, justifiée par son Brevet, en date du 12 Octobre 1778 et de l'Article 8 de la Capitulation de la même Ville, en date du 9 Mars 1780 (qui le déclare prisonnier de guerre), mettre l'Appellation et ce dont est appel au néant; émendant, décharger le Sieur Plombard de la tutèle des Mineurs d'Espagne, etc. d'une part; Et notre Procureur-Général en notredite Cour, prenant le fait et cause de son Substitut, Intimé en appel de ladite Ordonnance, d'autre part. Après que Carles, Avocat de l'Appelant, a été ouï; ensemble Deschamps, Substitut de notre Procureur-Général, et tout considéré: NOTREDITE COUR a mis et met l'Appellation et Ordonnance dont est appel au néant; émendant, décharge la Partie de Carles de la tutèle à elle déférée des personnes et biens des Mineurs d'Espagne; ordonne qu'à la requête de notre Procureur-Général et pardevant M. Ruotte, Conseiller, que notredite Cour a commis et commet à cet effet, il sera convoqué une Assemblée des plus proches voisins et amis desdits mineurs d'Espagne, pour leur choisir et nommer un autre Tuteur au lieu et place de ladite Partie de Carles; ce qui sera exécuté nonobstant opposition en son préjudice des droits des Parties; ordonne que l'amende consignée par l'Appelant, lui sera remise, sans dépens contre la Succession d'Espagne.

LETTRE du Ministre aux Administrateurs sur l'Etablissement d'un Comité d'Administration et les Dépenses à faire dans la Colonie.

Du 21 Juillet 1785.

VOUS verrez, MM., par l'expédition ci-jointe d'un Arrêt du Conseil, du 15 de ce mois, que le Roi a jugé à propos d'établir à Saint-Domingue un Comité d'Administration, sans l'avis duquel il ne pourra être fait d'autres dépenses que celles portées dans les états arrêtés par Sa Majesté. Je vous prie de m'accuser la réception de cet Arrêt, de le faire enregistrer au Bureau du Contrôle, et de vous conformer exactement à ses dispositions, qui ont été étendues à toutes les Colonies de l'Amérique et de l'Inde.

Je vous ai adressé, par ma Dépêche du 14 Janvier dernier, l'état des dépenses de 1785, montant à 3,721,382 liv., 13 s. 4 den., dont 3,093,672 liv. 13 s. 4 den., pour les dépenses locales, sans y comprendre une partie de celles de la station des Bâtimens du Roi que la Colonie doit acquitter, et 627,710 liv pour la valeur des effets qui vous seroient envoyés de France. J'ai prévenu en même temps M. de Bongars, qu'il devoit prendre les mesures les plus certaines pour remettre à la Caisse de France les sommes dont elle auroit fait l'avance pour le service de la Colonie. Cette disposition est tellement liée à la distribution et à l'emploi des fonds de mon Département, que le service des autres Parties seroit en souffrance, si le Trésorier-Général de la Marine ne recevoit pas à temps le remboursement prescrit. Je vous observe, à cet égard, qu'il ne faut pas attendre que l'année soit écoulée pour commencer à faire des remises. Comme les recettes se font successivement, la retenue des sommes à remettre au Trésorier-Général de la Marine doit être également successive, et il faut que les premiers fonds parviennent ici au moins dans le courant du quartier de Juillet.

Indépendamment des sommes indiquées dans l'état des dépenses pour les envois de France, le Trésorier-Général acquitte plusieurs objets à la décharge de la Caisse de la Colonie, comme reliefs d'appointemens d'Officiers et Employés, retenues sur les mêmes appointemens, avances lors de l'embarquement, sommes payées sur la solde des Régimens, pour fournitures, habillemens et autres articles semblables; j'en ferai arrêter, tous les trois mois, un état qui sera envoyé à M. de Bongars, pour qu'il en ajoute le montant aux remises qu'il devra faire.

Ces remises néanmoins ne seront faites en papier sur France qu'après avoir épuisé les moyens de compensation que fournissent les dépenses de la Marine. M. de Bongars continuera de m'en adresser les états avec exactitude, et il fera ajouter à l'énoncé de ces états, que le montant a été porté au debet de la Caisse de France, en déduction des remboursemens qui lui seront dus, ce qui exigera un compte ouvert pour la Caisse de la Colonie et celle de France, dont M. de Bongars m'adressera, tous les trois mois, un extrait.

Lorsque le nombre des Bâtimens de la station aura été définitivement déterminé, et que la nature de cette dépense sera bien connue, je vous informerai de la somme que le Roi aura jugé à propos d'affecter sur la Caisse de la Colonie, comme dépense Coloniale.

Sa Majesté veut que les dispositions que contient cette Dépêche, soient strictement exécutées. Quoique le détail des opérations appartienne particulièrement à l'Intendant, vous devrez vous concerter ensemble pour l'exécution. Vous ferez enregistrer ma Dépêche au Bureau du Contrôle, afin qu'on n'en perde jamais de vue les dispositions.

R. au Contrôle le 20 Décembre suivant.

ARRÊT du Conseil du Port-au-Prince, qui défend de lire aux Accusés les Sentences dont l'appel est de droit.

Du 21 Juillet 1785.

LOUIS, etc. Entre les nommés Scipion et Cesar, etc ; Et faisant droit sur le réquisitoire de notre Procureur-Général, fait défenses tant à son Substitut, qu'au Greffier de notre Siége du Petit-Goave, de plus à l'avenir donner lecture aux Accusés des jugemens rendus contre eux dans le cas où l'appel est de droit, ni, dans les mêmes cas, interpeller les Accusés s'ils adhèrent auxdits jugemens.

EXTRAIT de la Lettre du Ministre à M. l'Intendant, sur les Etats d'Importation et d'Exportation du Commerce de la Colonie.

Du 24 Juillet 1785.

JE dois supposer que les états d'Importation et d'Exportation de l'année 1784 arriveront incessamment. S'il étoit possible qu'à la reception de ma Dépêche, ces états et ceux de l'année entière 1783 ne fussent pas expédiés, je vous prie de les faire rédiger tout de suite, et de me marquer sans ménagement, quel est le rédacteur à qui un pareil retard doit être imputé. Je vous recommande au surplus de faire vérifier l'exactitude de tous ces comptes avant de les viser, et d'ordonner qu'on les rédige sur du papier, qui soit à-peu-près de l'espèce que je vous ai indiquée par ma lettre du 15 Février 1783 (du papier ordinaire de compte).

Il est essentiel que je puisse connoître, dans tous les temps, la situation des choses à Saint-Domingue, et pour cet effet il faut qu'il n'y ait ni lacune, ni retard dans l'envoi des états. Pour peu qu'on ne les perde pas de vue, il est impossible que ceux des six premiers mois de l'année ne soient pas rédigés dans le courant du mois d'Août, et ceux de l'année entière dans le mois de Février suivant. Je vous prie en conséquence de donner les ordres les plus précis pour que les états vous soient remis dans les délais que je vous indique. Vous tiendrez la main à ce qu'ils soient signés par le Commis-Rédacteur, et certifiés par le Commissaire chargé de cette partie. Vous les ferez vérifier vous-même avant de les viser, et vous me les adresserez toujours dans les mois de Septembre et de Mars au plus tard. Cette opération tenant à l'Administration, vous ferez enrégistrer cette Dépêche au Bureau du Contrôle, afin que personne n'ignore les obligations qu'il devra remplir.

R. au Contrôle le 17 *Avril* 1786.

LETTRE du Ministre aux Administrateurs, sur la Nomination aux Places de Concierge.

Du 29 Juillet 1785.

LE Sieur F. . . . m'a adressé un Mémoire, par lequel il demande la Place de Concierge des prisons du Cap; cette Place étant à votre disposition, je vous renvoie le Mémoire, etc.

ORDONNANCE des Administrateurs pour établir une Maréchaussée au Mont-Rouïs, et autre du Juge de Saint-Marc, rendue au sujet de la première.

Des 30 Juillet et 23 Août 1785.

A NOSSEIGNEURS les Général et Intendant, etc.

Supplient très-humblement les Soussignés, Habitans, Magasiniers et Négocians à l'embarcadaire du Mont-Rouïs, et ont l'honneur de vous exposer que, se trouvant situés le long de la Rivière qui sert de limite aux Paroisses de Saint-Marc et de l'Arcahaye, la Maréchaussée de ce premier lieu, distant de six lieues de celui-ci, ne voulant pas permettre à l'autre, résidante le long de ladite Rivière, d'avoir la moindre inspection de ce côté, il résulte que les gens mal intentionnés et sans aveu, ont la faculté de commettre impunément les plus grands désordres, sans que les Supplians puissent, par le défaut de secours, en empêcher; ce qui déjà a eu lieu à l'un d'eux, comme il appert par sa Déclaration au Greffe de Saint-Marc ci-jointe. Ce considéré, Nosseigneurs, il vous plaira ordonner au Sieur Forestier, Exempt détaché de la Maréchaussée dudit Quartier, d'avoir à faire faire des patrouilles de jour et de nuit, arrêter toutes les personnes inconnues qui ne seront pas munies de passeport, ainsi que celles qu'il trouvera troublant la tranquillité publique; les Supplians ne cesseront de faire des vœux pour la santé et prospérité de vos Grandeurs. *Signé :* Arnaud, de Mellier, Bregeon, La Rue, Lavarde, Gadelle, Dupont, L. Garcaux, La Baille, etc.

Renvoyons à nos Représentans à Saint-Marc, à l'effet d'être les faits énoncés en la présente par eux vérifiés, et, sur leur rapport et avis, par nous ordonné ce que de droit. Donné au Port-au-Prince, le 9 Juillet 1785. *Signé :* COUSTARD et BONGARS.

Nous, Lieutenant de Roi à Saint Marc et Dépendances, et Commissaire de la Marine et des Colonies audit lieu, vu la Requête à nous renvoyée par Messieurs les Général et Intendant, pensons la demande des Supplians juste; aux fins de quoi il conviendroit qu'il soit rendu une Ordonnance qui assujettiroit l'Exempt, ou Brigadier de l'Escouade de l'Arcahaye, qui fait service au bord de la rivière du Mont Rouïs, d'obéir aux ordres, tant de MM. les Commandant, Commissaire et Officiers de la Jurisdiction de Saint-Marc, que du Port-au-Prince. Cette Brigade fera service jusqu'à l'Habitation de M. Payen Bois-neuf, et conduira les prises qu'elle fera au Chef-lieu du terrain où elles auront été faites, et en rendra compte aux Officiers respectifs, ainsi qu'au Prevôt de la Maréchaussée, pour s'entendre avec lui au sujet du bien du service. L'Exempt, ou Brigadier, tiendra exactement la main à la police du Bourg. Nous pensons même, qu'il conviendroit que cette Brigade dépendît entièrement de ce Département, vu que le Bourg, dont l'existence est nécessaire pour les voyageurs qui vont et viennent du Port-au-Prince au Cap, est de la dépendance de Saint-Marc, et que c'est à raison de ce Bourg que cette escouade devient urgente dans ce lieu. A Saint-Marc, le 22 Juillet 1785. *Signé :* DE COUAGNE et DAQUIN.

Vû notre Ordonnance du 9 Juillet présent mois, l'avis de nos Représentans donné en conséquence, et tout considéré : Nous, Commandant-Général et Intendant, ordonnons au Sieur Forestier, Exempt détaché de la Maréchaussée du Quartier du Mont-Rouïs, de faire faire des patrouilles de jour et de nuit, et d'arrêter toutes les personnes inconnues qui n'auront pas de passeport, ainsi que celles qui troubleront l'ordre public, pour être ensuite traduites pardevant qui de droit. Donné au Port-au-Prince, le 30 Juillet 1785. *Signé :* COUSTARD et BONGARS.

A M. le Sénéchal, etc. de Saint-Marc.

Vous remontre le Procureur du Roi qu'il lui a été remis par le Sieur Forestier, Exempt détaché de la Maréchaussée du Port-au Prince, à la résidence du Mont-Rouïs, une Ordonnance rendue par MM. les Général et Intendant, sur une requête à eux présentée par les Habitans du Mont-Rouïs, établis en deça du Pont bâti sur la Riviere dudit lieu, et par conséquent vos justiciables. Cette Ordonnance enjoint audit Sieur Forestier de faire faire des patrouilles de jour et de nuit, et d'arrêter toutes les personnes inconnues qui n'auront pas de passeport, ainsi que celles qui troubleront l'ordre public, pour être ensuite traduites pardevant qui de droit. Cette Ordonnance donnant à la Maréchaussée du Port-au-Prince, détachée au Mont-Rouïs, le pouvoir de remplir ses fonctions dans un certain espace de terrain, limité dans l'avis de MM. les Commandant et Commissaire, à l'Habitation de M. Payen Bois-neuf, lequel Terrain dépend de la Sénéchaussée, il est nécessaire que ladite Ordonnance y soit légalement connue, et reçoive une sanction par son enregistrement au Greffe de la Sénéchaussée. Le Bourg du Mont-Rouïs se trouvant dans le Terrain ci-dessus désigné, et nul Officier de justice n'y résidant, il est dans l'ordre que l'Exempt y veille attentivement à l'exécution des Ordonnances de Police, sur le fait de la Boucherie, Boulangerie, et tout ce qui peut y intéresser le bien public. En conséquence, le Procureur du Roi requiert qu'il vous plaise ordonner, etc. A Saint-Marc, ce 16 Août 1785. *Signé :* DE BOURCEL.

Vu la présente, nous ordonnons que la Requête présentée à MM. les Administrateurs, et leur Ordonnance au bas d'icelle, du 30 Juillet dernier, seront enregistrées au Greffe du Siége, lues, Audience tenante, et publiées tant en cette Ville qu'au Bourg du Mont-Rouïs, et qu'expédition en sera remise au Sieur Forestier, Exempt de Maréchaussée audit Bourg, auquel nous enjoignons de s'y conformer; en conséquence de dresser procès-verbal de capture de toutes les personnes blanches, ou Gens de couleur libres, ou se disant libres, qu'il arrêtera en vertu d'icelle, dans la dépendance de Saint-Marc; lesquels Procès-Verbaux il adressera au Procureur du Roi; de faire traduire sur le champ lesdites Personnes arrêtées dans les prisons de cette Ville, avec défenses de les relâcher de sa propre autorité, sous quelque cause et prétexte que ce puisse être, sous peine de prévarication; lui enjoignons en outre de faire conduire diligemment, dans les prisons de cette Ville, tous Nègres Esclaves qui seront arrêtés par sa Brigade, soit dans le Bourg, les Chemins, ou autres Lieux suspects, sans billets de leurs Maîtres; enfin, de veiller exactement à l'observation des Ordonnances de Police sur le fait de la Boucherie et Boulangerie, débit du Tafia, Assemblée d'Esclaves, Jeux prohibés; de dresser des Procès-Verbaux contre les Contrevenans, et de les remettre au Procureur du Roi. A Saint-Marc, le 23 Août 1785. *Signé :* BRETTON DES CHAPELLES.

LETTRE du Ministre aux Administrateurs pour porter à deux tiers la Retenue sur les Appointemens des Officiers, pendant leur séjour à l'Hôpital.

Du 31 Juillet 1785.

R. au Contrôle le 29 Novembre suivant.

RÉGLEMENT des Administrateurs sur les Poudres à feu.

Du 1 Août 1785.

GUY-PIERRE Coustard, etc.

Alexandre-Jacques Bongars, etc.

L'Ordonnance qui contraint les Capitaines de Navires marchands, arrivant dans les Ports de la Colonie, et tous autres Particuliers faisant commerce de Poudre à feu, de les déposer dans les Poudrières de Sa Majesté, n'ayant déterminé aucune forme pour ce service, étranger aux fonctions des Gardes-magasins, nous avons cru devoir leur tracer la marche de leurs opérations à ce sujet, pour faciliter l'exécution même de l'Ordonnance, et pour éviter toutes discussions entre eux et les dépositaires. En conséquence, Nous, en vertu des pouvoirs à nous accordés par Sa Majesté, avons provisoirement et jusqu'à ce qu'il en ait été autrement ordonné, statué et réglé, statuons et réglons ce qui suit :

ART. I. Les Gardes-Magasins d'Artillerie recevront dans les Poudrières de Sa Majesté, chaque jour indistinctement, depuis huit heures du matin jusqu'à midi, et depuis trois heures de relevée jusqu'à six, toutes les Poudres à feu qui, au terme de l'Ordonnance, doivent y être déposées.

II. Ils tiendront un Registre coté et paraphé par le Commandant d'Artillerie, dans lequel ils inscriront les quantités et qualités des Poudres mises en dépôt ; ils spécifieront également le nombre des Barils, ou Caisses, et leurs Étampes, et en donneront leur reçu motivé.

III. Ne pourront se refuser lesdits Gardes magasins à livrer tel nombre de Barils qui leur sera demandé, et, lors de la remise, le Registre de dépôt sera déchargé en marge, et signé des Propriétaires, ou Porteurs d'ordre par écrit.

IV. Il sera alloué aux Gardes-magasins, pour leurs peines et soins, et généralement pour toutes prétentions quelconques, savoir :

Pour chaque Baril, ou Caisse, du poids de 10 livres et au-dessus, jusqu'à 25, 1 liv.

Pour chaque Baril, ou Caisse du poids de 25 livres et au-dessus, jusqu'à 100, 2 liv.

Pour chaque Baril, ou Caisse, du poids de 100 livres et au-delà, de quelque volume qu'il puisse être, 3 liv.

De la perception duquel droit ils seront tenus de fournir leur reçu, toutes et quantes fois ils en seront requis. Sera le présent Réglement déposé et enregistré au Contrôle de la Marine. Donné au Port-au-Prince, etc. le premier Août 1785. *Signé :* COUSTARD et BONGARS.

R. au Contrôle le 30 Novembre suivant.

Lettre *du Commandant-Général par interim au Procureur du Roi de Saint-Marc, sur l'Epaulette de l'Exempt de Police de la même Ville.*

Du 4 Août 1785.

J'ai reçu, M., la lettre que vous m'avez fait l'honneur de m'écrire, en date du 31 Juillet, concernant l'ordre donné par M. de Couagne au nouvel Exempt de Police de Saint-Marc, de ne point porter d'Epaulette. Je l'ai prié de ne point insister sur l'exécution de cet ordre, en lui faisant observer que les Officiers de Police du Cap et du Port-au-Prince étoient dans l'usage d'en porter, et que cet usage s'étoit pratiqué sous les yeux de M. de Bellecombe, qui n'avoit donné aucun ordre qui y fût contraire. Je lui ai fait considérer aussi que je ne voulois me permettre de rien changer à ce qui avoit été ordonné positivement par M. de Bellecombe, ou toléré par son silence; qu'il étoit toujours Gouverneur-Général de la Colonie, et que je n'etois ici que son Lieutenant.

Vous ne devez pas douter, Monsieur, que si je vais dans votre Quartier, je ne me fasse un véritable plaisir d'aller vous saluer chez vous, etc.

J'ai l'honneur d'être avec un respectueux attachement, etc. *Signé:* Coustard.

LETTRE du Ministre aux Administrateurs, portant qu'il ne sera, pour quelque motif que ce soit, accordé aucun relief aux Officiers pendant le temps des prolongations de Congés.

Du 6 Août 1785.

PRESQUE tous les Officiers qui repassent en France par congé, demandent, Messieurs, des prolongations, en produisant des certificats qui constatent toujours qu'ils sont hors d'état de s'embarquer pour joindre leur Corps. Il est possible que dans le nombre il y en ait qui soient effectivement obligés de prolonger leur séjour en Europe pour parvenir au rétablissement de leur santé; mais il est certain qu'il y a à cet égard beaucoup d'abus et que le service en souffre. Le Roi, de qui j'ai pris les ordres, a décidé que l'Art. 30 de son Ordonnance du 13 Décembre 1779 seroit exécuté strictement, et qu'il ne seroit accordé aucun relief, sous quelque motif que ce soit, pendant le temps des prolongations de Congés. Sa Majesté veut en conséquence que les Officiers ne soient rappelés pour leurs appointemens, que du jour de leur embarquement pour retourner à leur service. Je vous prie de faire connoître mes dispositions à tous ceux qui seront sous vos ordres.

R. au Contrôle le 20 Décembre suivant.

LETTRE de M. l'Intendant, au Procureur du Roi de Saint-Marc, sur les Hôpitaux et les Matelots.

Du 11 Août 1785.

J'APPRENDS, Monsieur, qu'un Médecin de votre Ville, le Sieur Berouette, traite chez lui les Matelots des Navires Marchands qui sont mouillés dans votre Rade. Vous n'êtes sûrement pas instruit de cet abus ; à moins que les Capitaines n'aiment mieux payer 500 livres d'amende, certainement ils enverront leurs Malades à l'Hôpital du Roi. Mais vous sentirez mieux que moi, combien il importe à la santé des Citoyens, que les Malades ne se trouvent pas réunis dans un même lieu, si ce n'est que cet Hôpital soit hors de la Ville.

J'ai l'honneur d'être avec un sincère attachement, etc. *Signé* : BONGARS.

LETTRE des Administrateurs au Conseil du Port-au-Prince, pour assujettir le Greffier de la Cour à leur remettre les Expéditions des Procédures et Arrêts qui interviendront sur les Prises des Bâtimens Interlopes.

Du 13 Août 1785.

Déposée au Conseil du Port-au-Prince le 23 du même mois, en vertu d'Arrêt qui ordonne au Greffier de s'y conformer.

LETTRE

LETTRE des Administrateurs aux Officiers des Amirautés, sur l'Envoi des Procédures de Commerce Étranger.

Du 13 Août 1785.

M. le Maréchal de Castries nous charge, MM., de vous prévenir que le Roi, informé que les Officiers des Amirautés ne se conforment pas, dans quelques occasions, aussi exactement qu'ils le devroient, aux Réglemens relatifs aux Prises des Bâtimens Interlopes, desire qu'expédition des Procédures et des Sentences soit, dans tous les cas, adressée au Secrétaire d'Etat du Département des Colonies, soit que les Bâtimens aient été relâchés ou confisqués. Vous voudrez bien, MM., vous conformer, en ce qui vous concerne, aux intentions du Roi, et nous envoyer en conséquence ces expéditions, pour que nous puissions les faire passer au Ministre. M. de Castries nous charge également, MM., de vous annoncer que Sa Majesté fera examiner rigoureusement les Pièces, et marquera son mécontentement à ceux qui ne se seront pas conformés aux Réglemens, ou qui auront montré du relâchement.

Nous avons l'honneur d'être avec un parfait attachement, MM., Vos très-humbles, etc. *Signé :* COUSTARD et BONGARS.

R. à l'Amirauté du Cap, le 14 Septembre suivant.

ACTE de Notoriété du Châtelet de Paris, sur la Nature mobiliaire des Esclaves des Colonies, et leur assujettissement, en cette qualité, à la loi du Domicile de leurs Maîtres, et à la Maxime générale, que les meubles suivent la personne.

Du 24 Août 1785.

SUR la Requête a nous présentée par Magdeleine Marin, veuve du sieur Jean François Marin, vivant Ecuyer en la Ville de la Ciotat en Provence; contenant que par testament du 31 Janvier 1776, le sieur son mari l'a instituée héritière en la moitié des biens, tant meubles qu'immeubles par lui délaissés. Il y a parmi lesdits biens, une habitation dans l'Isle Saint-Domingue et un mobilier important, tels que des bestiaux, meubles meublans, sucres récoltés, ustensiles, et un attelier d'Esclaves attachés à la culture de l'habitation.

Suivant l'art. 282 de la coutume de Paris, qui interdit aux conjoints la faculté de s'avantager par donations entre vifs et testamentaires, il est certain que l'institution faite en faveur de la Dame Marin, pour les biens situés en Amérique, régis par cette coutume, étoit nulle quant aux immeubles. Il n'en étoit pas de même pour les meubles, droits, actions qui suivent la personne, et qui régis par la Loi du domicile du testateur, domicilié en pays de droit écrit, ont pu devenir l'objet d'une libéralité en faveur de la Dame son épouse. L'article 68 de l'Ordonnance des testamens de 1735, veut que lesdits meubles, droits et actions puissent être récueillis à titre d'institution, lorsque le testateur sera domicilié en pays de droit écrit, d'après la règle: *Mobilia sequuntur personam.*

L'Héritière légitime du Sieur Marin a reconnu ce principe à l'égard des Meubles, tels que les bestiaux, sucres récoltés et ustensiles, etc. dont elle n'a point contesté la désemparation à la Suppliante. Mais, non contente d'avoir privé la Dame Marin par l'Art. 282 de la Coutume de Paris, elle veut encore, suivant les mêmes principes, se procurer la moitié desdits Esclaves Nègres, qu'elle distingue du reste du

Mobilier. Elle convient avec la Suppliante, que les Nègres sont meubles ; mais elle veut en faire une Classe particulière, gouvernée par d'autres principes. Elle prétend que les Loix du Royaume ayant prohibé l'exportation des Nègres en France, cette espèce de Mobilier est censé avoir une assiette fixe dans les Colonies de l'Amérique, et qu'elle doit être recueillie, non suivant les loix du Domicile du Testateur, mais conformément à celle du lieu où se trouvent lesdits Esclaves ; et de-là elle conclut que les Esclaves se trouvant dans un Pays régi par la Coutume, le Sieur Marin n'a pu en disposer en faveur de son Epouse, quoiqu'il fût domicilié en pays de droit écrit dont les loix lui permettoient d'avantager la Suppliante pour tous les objets qu'elle peut recueillir à titre d'Héritière instituée.

Cette prétention est proscrite par l'Art. 44 de l'Édit du mois de Mars 1685, par l'Art. 40 de celui de 1724, suivant lesquels les Esclaves, comme meubles, doivent se partager également entre cohéritiers. Elle est proscrite encore par la Déclaration du Roi, du premier Février 1743. L'Art. II veut que les Nègres, sauf l'aliénation interdite aux Mineurs, soient réputés Meubles, par rapport à tous autres effets. Elle est proscrite enfin par l'Ordonnance des Testamens de 1735. L'Art 68 n'excepte de l'institution d'Héritier faite par une personne domiciliée en pays de droit écrit, que les seuls immeubles situés en pays de Coutume, auxquels on ne peut succéder, en vertu de la volonté de l'homme, qu'à titre de légataire universel.

La Suppliante est donc habile à recueillir, en sa qualité d'Héritière instituée, la moitié dont s'agit, ainsi que des objets mobiliers dans la Succession de son Mari, et, attendu que les meubles suivent la personne, le Sieur Marin, domicilié en pays de droit écrit, a pu valablement en disposer en faveur de son Epouse, à l'égard de laquelle la prohibition de la Coutume de Paris ne peut porter que sur les immeubles situés en Amérique ; elle en est incontestablement saisie de plein droit du jour du décès du Sieur Marin. Il importe à la Suppliante, pour la décision des contestations qu'elle éprouve à cet égard dans le Procès pendant au Parlement de Provence, où on lui oppose des principes de la Coutume de Paris, de constater que l'incapacité résultante de l'Art. 282 de ladite Coutume, ne peut, dans le fait dont il s'agit, lui être opposée, quant aux Nègres et objets mobiliers qui doivent être régis par les loix du Domicile du Testateur.

Pourquoi requiert qu'il nous plût accorder acte de notoriété à la Suppliante, et dire : 1°. Que les Esclaves Nègres des Colonies Françoises de l'Amérique, réputés Meubles par les Ordonnances du Royaume et par un usage constamment observé, ne sont point, à raison de leur destination particulière et des loix politiques qui en prohibent l'exportation en France, exceptés de la règle générale : *Mobilia sequuntur personam;* 2°. Qu'un particulier domicilié en pays de droit écrit, a conséquemment la faculté d'en disposer au profit de sa femme, sans qu'on puisse, quant à ce, opposer à cette dernière, la prohibition établie par l'Art. 282 de la Coutume de Paris; ladite Requête signée Charpentier le jeune, Procureur de la Suppliante.

NOUS, après avoir pris l'avis des anciens Avocats et Procureurs, communiqué aux Gens du Roi, et conféré avec les Juges de ce Siége:

Disons 1°. Que l'usage actuel du Châtelet, relativement aux Esclaves Nègres, servant à l'exploitation des terres dans les Colonies Françoises de l'Amérique, est tel aujourd'hui qu'il étoit lors de l'acte de notoriété donné par M. le Camus, l'un de nos prédécesseurs le 13 Novembre 1705, et rapporté dans la collection faite par Denisard des actes de notoriété de ce Siége. Que la destination des Nègres n'autorise point à les regarder comme immobilisés. Que l'exploitation à laquelle ils sont employés est elle-même de nature mobiliaire, et par conséquent ne peut pas servir de principe à une fiction pour les faire regarder comme immeubles. Qu'étant de nature mobiliaire, ils suivent la personne comme les autres meubles. Que les Loix du Royaume, qui défendent de les faire passer en France, ne changent rien à ce principe. Que tout l'objet de ces loix est d'empêcher que ces Nègres ne puissent être transférés en France; mais qu'un François, quoique résidant et domicilié en France, en demeure néanmoins propriétaire, et peut les affermer, les vendre, les aliéner et en disposer à titre de libéralité, comme s'il étoit habitant de l'Amérique. Que cette vérité est tellement consacrée et suivie dans l'usage, que, tous les jours, des François domiciliés en France et propriétaires d'Habitations en Amérique, disposent sans difficulté, par eux-mêmes ou par leurs fondés de procuration, de toutou part ie des Nègres qui servent à l'exploitation de ces Habitations. Que c'est également un point de Jurisprudence constant dans l'étendue de ce Siége, que la défense faite par l'Art. 282 de la Coutume de Paris aux conjoints par mariage, de s'avantager l'un l'autre, directement ni indirectement, par donation, testament ou autrement, n'a lieu que pour ceux qui sont domiciliés dans le ressort de la Coutume de Paris, mais ne s'étend pas aux

Habitans des Provinces de France régis par le Droit écrit. Que ceux-ci ont la faculté de disposer en faveur de leurs femmes, et par conséquent de leur donner ou léguer des Nègres servant à l'exploitation de leurs Habitations. Que tout l'effet des Loix qui défendent l'exportation de ces Nègres est que les femmes, aussi bien que les autres particuliers auxquels ils sont légués, ou donnés, ne peuvent les faire passer en France; mais que ces dispositions ne leur en transfèrent pas moins le Domaine, la propriété pleine et absolue, quant aux autres effets. Que les femmes peuvent les employer, soit à l'exploitation de leurs Habitations, soit à tout autre service, ou les vendre, aliéner et en disposer à leur gré, de toutes autres manières permises par les loix.

Fait et donné à Paris, par Nous Denis-François Angran d'Alleray, Chevalier, Comte de Maillis, Seigneur de Bazoches, Condé, Sainte-Libieres et autres lieux, Seigneur Patron de Vaugirard-lès-Paris, Conseiller du Roi en ses Conseils, Honoraire en la Cour de Parlement, ancien Procureur-Général de Sa Majesté en son Grand-Conseil, Lieutenant-Civil au Châtelet de Paris, le 24 Août 1785. Collationné. *Signé :* MOREAU, Greffier-Doyen.

ORDONNANCE de M. l'Intendant, qui accorde provisoirement au Receveur des Octrois au Port-au-Prince une Commission de Deux pour Cent sur le Produit des Droits d'Occident.

Du 26 Août 1785.

VU la Requête, la minute de la Dépêche de M. de Vaivre au Ministre, du 22 Décembre 1779; ensemble l'Ordonnance de M. Le Brasseur, Commissaire-Ordonnateur, faisant alors fonctions d'Intendant, en date du 5 Janvier 1781, par laquelle le Sieur Bullet, Receveur des Octrois au Cap, a été autorisé à retenir par ses mains, à titre de commission, Deux pour cent sur le produit des Droits d'Occident, à compter du jour où ils ont été établis, et tout considéré : Nous Intendant, avons autorisé, et autorisons mondit Sieur Receveur à retenir par ses mains, à titre de commission, Deux pour cent sur le Produit des Droits d'Occident, à compter du jour qu'ils ont été établis, et dont mondit Sieur Receveur a été chargé de la perception en cette Ville. Voulons en conséquence que le montant de ladite Commission lui soit alloué, et passé pour chaque année en bonne dépense dans ses comptes desdits droits, le tout sauf audit Sieur Receveur à rapporter ce qu'il aura pu toucher pour raison de ladite Commission, qui ne lui est accordée que par provision, dans le cas où cette dépense ne seroit point approuvée du Ministre, à laquelle restitution il sera alors contraint par les voies de droit. Sera la présente enrégistrée au Contrôle de la Marine. Donné au Port-au-Prince, le 26 Août 1785. *Signé* : BONGARS.

R. au Contrôle le 28 du même mois.

ORDONNANCE de Police du Juge de Saint-Marc, touchant les Précautions à prendre contre les Incendies, dans les Bourgs du Ressort.

Du 27 Août 1785.

JEAN-JACQUES Gatien Bretton des Chapelles, etc. Sur ce qui nous a été remontré par le Procureur du Roi, qu'il vient d'être informé par son Substitut, en résidence au Bourg des Gonaïves, du danger que vient de courir une partie dudit Bourg, d'être incendié d'abord par des charbons embrâsés, provenant d'un feu allumé au milieu d'une Cour où la Cuisine se fait en plein air, à défaut de Batiment destiné à cet effet, et ensuite par l'embrâsement d'un Cabinet en planches d'une autre maison, dans lequel on faisoit la cuisine. Que par notre Ordonnance du 16 Avril dernier, considérant combien étoit importante la conservation de la vie et des biens des citoyens, et combien elle nécessitoit la vigilance des Magistrats de Police, nous avons pris des précautions pour empêcher les incendies qui pouvoient embrâser la ville de Saint-Marc, par le défaut de cuisines et de cheminées, ainsi que par les couvertures en paille, ou en feuilles de palmiste que nous avons proscrites par notre susdite Ordonnance ; que notre attention ne devoit pas seulement se porter sur la ville de Saint-Marc, mais encore sur les autres Bourgs dépendans du ressort de notre Jurisdiction. En conséquence requéroit le Procureur du Roi qu'il nous plût de pourvoir à la sûreté desdits Bourgs par de semblables dispositions. NOUS, faisant droit sur la remontrance du Procureur du Roi, enjoignons à tous propriétaires ou locataires des Emplacemens des Bourgs des Gonaïves, de la Petite-Rivière, des Vérettes et du Mont-Rouïs, qui n'ont point de cuisine, d'y en faire construire une, couverte en tuiles, ou essentes, avec cheminée, sous six mois pour tout délai. Enjoignons pareillement à tous propriétaires ou locataires de maisons, dont les cuisines n'ont point de cheminée, d'y en faire construire une sous trois mois, pour tout délai. Enjoignons enfin à tous propriétaires ou locataires d'emplacemens, sur lesquels il se trouve des cuisines ou autres batimens couverts en paille, en feuilles de palmiste séches, ou autre couverture pareille, de les faire couvrir en tuiles, ou en essentes, et ce sous six mois pour tout délai ; sauf, dans les trois cas ci-dessus, le recours des locataires contre les propriétaires, pour les frais desdites cuisines, cheminées ou couvertures. Et en cas de contravention aux trois Articles ci-dessus, lesdits propriétaires ou locataires seront condamnés en 500 liv. d'amende. Et ordonnons que la présente sera lue, publiée, et affichée auxdits Bourgs des Gonaïves, de la Petite-Rivière, des Verettes et du Mont-Rouis Donné en notre Hôtel, le 27 Août 1785. *Signé :* DE BOURCEL et BRETTON DES CHAPELLES.

ORDONNANCE des Administrateurs, qui annulle la Concession faite d'un Terrain de la Ville du Port-au-Prince, connu sous le nom de Marché au poisson.

Du 27 Août 1785.

SUPPLIENT humblement les Habitans du Port-au-Prince, demeurant sur la Place du Marché au poisson, Voisins et autres Citoyens intéressés, ci-dessous signés, et ont l'honneur de vous représenter que la Concession que vous avez accordée au Sieur S. . . , le 4 Juin 1785, d'une petite Place, en face de la maison appartenante ci-devant au Sieur Kavanac, et actuellement aux Sieurs Camfrancq et Thezan, n'a pu l'être que par une surprise faite à votre religion, et qu'ils espèrent que vous voudrez bien la retirer lorsque vous connoîtrez le préjudice dont elle seroit pour la société, si elle étoit jamais à la disposition d'un Particulier. Dans l'établissement qui a été fait de cette Ville, on a reservé pour la commodité du Public cette petite Place, qui fut appelée *Place au poisson*, ainsi que celle connue sous le nom de *Marché aux Volailles*, qui lui est absolument parallèle, et qui se terminent toutes deux par un angle, trop aigu pour y faire des constructions. Elles étoient de la plus grande utilité pour le dépôt des marchandises et denrées, et elles furent dès-lors affectées au Public. Cependant un Particulier, nommé Lauvergius, tenta, en 1771, de s'approprier l'une de ces deux Places, celle connue sous le nom de Marché aux Volailles; il en obtint la Concession à l'aide d'un certificat que le Sieur Boulard, Arpenteur, eut la coupable facilité de lui délivrer. Les Habitans de cette Ville et surtout les Habitans voisins firent entendre de justes plaintes. Ils eurent l'honneur de vous présenter leur Requête, pour vous faire connoître les vues d'utilité publique qui les animoient, le besoin qu'avoit la Ville de cet emplacement, le nom de Place de *Marché aux Volailles* qu'il avoit toujours conservé. Ce qu'il y a de remarquable dans cette Requête, c'est que les Habitans y parlent en même temps de la Place dont il est question en ce moment, comme connue sous le nom de *Marché au poisson* et d'une égale

égale utilité pour le Public ; vous crûtes d'abord devoir faire vérifier l'exactitude des faits qui vous étoient présentés dans cette Requête, et en conséquence vous ordonnâtes qu'elle seroit communiquée à M. de St. Romes, Ingénieur en chef, pour avoir son avis. Dans le compte que vous rendit M. de St. Romes, le 5 Juillet 1771, il reconnut que les deux petits emplacemens parallèles, formant les deux Places dont il s'agit, offrant des angles trop aigus pour y pouvoir construire des maisons, il avoit été approuvé par MM. les Général et Intendant que ces angles seroient tronqués de façon à offrir au Nord et au Sud une façade de 30 à 36 pieds; le surplus annexé aux espaces des rues, ce qui procuroit deux carrefours assez considérables qui devroient rester invariables. Vous n'hésitâtes point d'après cela, Nosseigneurs, à déclarer nulle et de nul effet la concession que le Sieur Lauvergus avoit obtenue de vous ; en conséquence vous ordonnâtes qu'elle seroit rapportée et l'enregistrement biffé, et pour la surprise faite à votre religion par l'Arpenteur Boulard, vous prononçâtes contre lui une interdiction de six semaines. Le Public continua donc à jouir, comme il avoit fait jusqu'alors, de cette Place. En 1767, et le 17 Novembre, le Sieur Du Coudray avoit sollicité et obtenu la concession de la Place parallèle appelée le *Marché au poisson*; mais les obstacles qu'il éprouva à l'instant même où il voulut se servir de ce titre, la réclamation dont le menaçoient les voisins et dont il pouvoit prévoir le succès, le décidèrent à ne faire aucun usage de sa concession. Le Sieur Germain Petit, ignorant ce qui s'étoit passé, a cru pouvoir vous demander la concession du même terrain, qui déjà avoit été accordé au Sieur Du Coudray. Il vous a présenté à cet effet sa requête, sur laquelle vous avez rendu une Ordonnance, le 20 Novembre 1784, qui le renvoie à M. le Commandant pour le Roi de cette partie, ainsi qu'à M. l'Ingénieur en chef, à l'effet de vérifier s'il ne pouvoit pas y avoir d'inconvénient, soit pour le service du Roi, soit pour le bien public, à concéder le terrain demandé. M. de Boisforest donna en conséquence son avis en ces termes : Nous rendons compte que le Terrain indiqué dans la présente Requête, est une petite place triangulaire que le bien général de cette partie de la Ville demande qu'on laisse au bout de la rue S. Jean Baptiste, et qui est destinée par le Plan-Directeur à rester, pour la facilité du débouché de cinq rues qui y aboutissent. Au Port-au-Prince, le 23 Novembre 1784. *Signé :* DE BOISFOREST. M. Doumet de Siblas, dans l'avis qu'il a donné, le 26 du même mois, a estimé aussi qu'on ne pouvoit pas accorder la concession du Terrain demandé, et que le peu d'espace qu'il renferme étoit absolument nécessaire à la circulation; il a même ajouté que le commerce cherchoit à acheter le terrain bâti au-dessus de celui que l'on demandoit pour aggrandir cette petite Place. Le Sieur Petit, suffisamment instruit et éclairé par ces avis, n'a pas insisté sur une demande dont le succès pouvoit être contraire au bien public; mais le Sieur S. . . . a cru pouvoir s'élever au-dessus des règles, et réussir dans une entreprise où avoient échoué deux personnes avant lui. Il a demandé et obtenu la concession de ce même terrain, le 4 de Juin dernier, mais ce qu'il y a d'étrange, c'est qu'il n'est parvenu à se le faire accorder que sur un avis par écrit de M. de Boisforest, par lequel il a estimé qu'il n'y avoit pas d'inconvénient d'accorder au Sieur S. . . . ce même terrain qu'il avoit jugé, six mois auparavant, être fort utile à la Société, et dont on ne pouvoit, sans préjudicier au Public, accorder la concession au Sieur Petit qui la demandoit. On supprime toute réflexion sur les motifs qui ont pu produire une pareille variation dans les idées, une pareille inconséquence dans les actions. Quoi qu'il en soit, le Sieur Du Coudray, qui avoit retiré de lui même la concession de 1767, et s'étoit abstenu d'en faire usage, s'est félicité d'avoir en main un titre capable d'anéantir celui du Sieur S. . . ; il en a demandé la nullité, et les Supplians sont instruits que le Sieur Du Coudray n'a fait usage de son droit que pour en faire hommage au Public, et que, dans la requête qu'il vous a présentée, il vous a demandé acte de l'abandon qu'il en faisoit en faveur de la Ville. Les Supplians, en acceptant ces dispositions honnêtes, se proposent, Nosseigneurs, de vous faire voir que ce sacrifice étoit indispensable par ces motifs, et que le Sieur Du Coudray n'a que le mérite de s'être rendu volontairement à un acte de justice, auquel vous lui eussiez fait, en cas de résistance, une nécessité de se conformer; d'où on peut aisément conclure que, quand on n'auroit pas sur le Sieur S. . . . l'avantage d'un titre antérieur au sien, que quand la concession par lui obtenue seroit la seule, l'unique que vous eussiez accordée de ce terrain, vous ne vous décideriez pas moins à la proscrire et à l'anéantir, comme ayant été surprise à votre sagesse; et en effet le nom de Place ou Marché au poisson que cet emplacement a toujours obtenu, marque suffisamment sa destination au service public; la Place parallèle appelée du nom de Marché aux Volailles, indique encore l'intention qu'a eue l'administration d'affecter ces deux Places au Public. Le jugement par vous rendu, le 7 Janvier 1771, et qui proscrit la concession qui vous avoit été surprise de cette Place aux

Volailles, annonce le sort que doit avoir la concession, que vous a également surprise le Sieur S. . . , en 1785, de la Place ou Marché au poisson. Les motifs sur lesquels la proscription de la première concession, fut prononcée, sollicitent également l'anéantissement de celle accordée au Sieur S. . . . On a reconnu alors que ces deux Places étoient absolument parallèles, en même situation respective, et toutes deux également utiles au Public; ce qui a été décidé pour l'une doit faire le sort de l'autre. L'avis du Sieur de St. Romes, auquel vous renvoyâtes alors, annonce que l'administration s'étoit proposée de laisser ces deux places ou carrefours au Public, et que cela devoit rester invariable. Enfin l'interdiction que vous prononçâtes contre l'Arpenteur, qui avoit eu l'infidélité de délivrer le certificat sur lequel vous vous étiez décidé, prouve l'intention que vous aviez alors, l'indignation que vous conçûtes contre celui qui osoit sacrifier ainsi l'avantage public à son intérêt privé, et le remède que vous crûtes devoir y apporter par une punition contre l'Officier public, capable de contenir ceux qui auroient été capables d'imiter son exemple. Il n'est jamais permis en effet de sacrifier l'utilité publique à quelques avantages particuliers. Cette place, dont le Sieur S. . . vient d'obtenir la concession, a toujours été considérée de la nécessité la plus indispensable pour le commerce. Indépendamment de ce que cinq rues y aboutissent, et qu'elle leur sert de débouché, c'est qu'elle est la seule dans ce lieu, et que, dans le cas d'un événement fâcheux, les habitans qui l'avoisinent seroient sans moyens pour y échapper. Qu'un tremblement de terre se fasse sentir, qu'un incendie arrive dans une Ville où toutes les maisons sont en bois, et où le progrès des flammes est si rapide, cette petite Place seroit alors de la plus grande ressource, soit pour servir d'asyle aux particuliers, soit pour devenir l'entrepôt de leurs marchandises et de leurs effets; ce qui a été remarqué sur-tout lors du dernier incendie éprouvé en cette ville le 29 du mois de Juin 1784. C'est cette même Place qui a servi d'entrepôt à tout ce qu'on a pu dérober aux flammes, et qui a fait remarquer plus particulièrement, par le secours dont elle avoit été, combien il étoit précieux qu'elle restât toujours affectée au Public. Enfin, l'administration elle-même, dans le projet d'établissement de trois fontaines qu'elle vient d'annoncer, se propose d'en établir une sur cette Place. Et pour ne citer au Sieur S. . . que des témoignages qu'il ne peut récuser, nous nous bornerons à rappeler le sentiment du Sieur de Boisforest, qui lui a donné son certificat. Lorsque cet Ingénieur a été pressé, par le Sieur Germain Petit, de donner son avis sur la concession qu'il sollicitoit de cette Place de la Ville, il demandoit qu'on laissât cette petite Place triangulaire au bout de la rue St. Jean-Baptiste, et qui étoit destinée par le Plan-Directeur, à rester pour la facilité du débouché de cinq rues qui y aboutissent. S'il a dit tout le contraire, six mois après, croyant sans doute que le Sieur Petit avoit déchiré cet avis et qu'il ne restoit aucune trace de son sentiment, il n'y a certainement rien d'assez honorable dans un tel changement, pour que le Sieur S. . . . puisse s'en faire un appui. Ce suffrage, donné le 23 Novembre 1784, dans un temps non suspect, par le Sieur Boisforest, se réunit à celui du Sieur Doumet de Siblas, Commandant, et tous deux à celui du Sieur de Saint-Romes, Ingénieur en chef, en 1771. Conséquemment tous les Officiers chargés du soin de vérifier l'avantage ou l'inconvénient d'accorder des concessions aux particuliers, sont d'un même avis, et pensent que cette Place ne doit pas être concédée. Ces avis émanés des Officiers publics se concilient ensuite avec l'opinion qu'a eue lui-même le Sieur Du Coudray, de l'utilité de cette Place pour la Ville, opinion qu'il a annoncée en s'abstenant de faire usage de son droit depuis 1767, et en y renonçant formellement en 1785; avec celle du Sieur Germain Petit, qui, quoique intéressé à la chose, et ayant déjà fait des tentatives pour obtenir cette concession, les a arrêtées lorsqu'il a été instruit qu'elle tendoit au désavantage du bien public. Enfin ces différens sentimens, soit publics, soit particuliers, sont confirmés par la voix générale, qui ne se seroit pas fait entendre en 1771, s'il ne se fût agi de l'intérêt de la Société, ou du moins que vous n'eussiez pas reçue avec succès alors, si ceux qui vous la portoient ne s'étoient mus que par des motifs de jalousie, ou quelque passion sordide, et qui ne renouvelleroit pas aujourd'hui ses efforts, s'il ne s'agissoit d'une chose vraiment précieuse pour la Ville, de l'avantage du commerce et de la sûreté publique.

Ce considéré, Nosseigneurs, vu votre Ordonnance du 7 Janvier 1771, qui annulle la concession accordée au Sieur Lauvergus de la Place appelée le Marché aux Volailles, ensemble la Requête à vous présentée par le Sieur Germain Petit, à laquelle se trouve votre Ordonnance du 20 Novembre 1784, qui le renvoie à l'avis de M. le Commandant pour le Roi, et de M. l'Ingénieur en chef; l'avis étant à la suite de M. de Boisforest, et celui de M. Doumet de Siblas: ayant égard aux moyens ci-dessus déduits, ainsi qu'à la concession antérieure, accordée, le 17 Novembre 1767, au Sieur Du Coudray, et à l'abandon par lui fait de son droit de propriété en faveur de la Ville, déclarer nulle et de nul effet la concession accordée, le 4 Juin 1785, ordonner qu'elle sera rapportée et l'enregistrement d'icelle biffé sur le Registre du Greffe de l'Intendance, en marge duquel il sera fait mention de votre Ordonnance à intervenir; comme aussi à l'effet d'arrêter de nouvelles entreprises, fixer et déterminer, par votre Ordonnance, l'état de la Place dont il s'agit, et l'affecter au service public. Les Supplians, Nosseigneurs, feront des vœux pour la prospérité de vos Grandeurs. *Signé :* Meynardie, Picard et Compagnie; A. Lazarre; Rasteau et Compagnie; Daubagnac, Trigant et Comp.; J[e] Garésché Durocher; Boureau; Conill; La Fite; Duchemin frères; P. Robert, et Comp.; Lacombe frères; J Goy aîné; J. Thezan; Bazile; Mestre frères; Martineau et Blanchard; Marchand fils; Marion de Procé; Girault; Roberjot Lartigue; Cottineau, Chauffard et Compagnie; J. B. de la Barthe; A. Soulle; Perrier; Duchemin, Griot et Compagnie; Dasylvak; Du Liepare; Laffiteau et Laffargue; A. Marie et Compagnie; Mathieu frères et Compagnie; Limare; Barrere; Camfrancq, Thezan et Compagnie; J. Viard; J. Boisson et Compagnie; Oger de Bignons, *attendu l'imprimé d'ordre de MM. les Général et Intendant, qui désigne le lieu sous la dénomination de Place au poisson, pour y placer une fontaine*; Gaudé; Cheret St. Magne, Rado de Launay; Desnots et Durege; Carvoisier; Benoist et Compagnie.

Vu l'exposé en la Requête ci-dessus, ensemble les piéces qui y sont énoncées et jointes, Nous, Commandant-Général et Intendant, avons ordonné et ordonnons, avant faire droit, que ladite Requête, ensemble lesdites piéces, seront communiquées à M. Sorel, Ingénieur de la Place, pour, sur son avis rapporté, être par nous ordonné sur le tout ce qu'il appartiendra. Donné au Port-au-Prince, le 18 Août 1785, *Signé :* COUSTARD et BONGARS.

Nous Capitaine d'Infanterie, Ingénieur ordinaire du Roi, faisant fonctions d'Ingénieur en chef en ce Département et chargé du détail de la place; vu la Requête d'autre part présentée à MM. les Général et Intendant, et à nous renvoyée par leur Ordonnance du 18 de ce mois, avec les piéces y jointes, à l'effet de donner notre avis sur son contenu, avons cru nécessaire de faire un croquis du Plan-Directeur, et de l'annexer ici, afin de donner une idée plus juste du local dont s'agit. Nous ajouterons aux réflexions des Supplians, qui nous paroissent bien fondées, 1°. Que depuis l'année 1769 que nous sommes venus résider en cette Ville pour la première fois, en qualité d'Ingénieur, nous avons toujours vu, dans les espaces désignés A et B audit plan, de petites Places ou carrefours, qui ont été ménagés pour rendre plus facile le débouché des rues les plus marchandes de la Ville qui y aboutissent, et servir au Public lors de l'affluence des cabrouets de la plaine dans la saison des Charrois. Ces motifs d'utilité publique ont acquis la plus grande force, d'après les tristes événemens dont nous avons été témoins; 2°. Depuis que par Ordonnance de MM. les Administrateurs, du 14 Avril 1774, chaque particulier a été obligé de faire paver les rigoles qui servent d'écoulement aux eaux de la Ville, et ce au-devant de l'emplacement dont il est propriétaire, le Roi s'est chargé de celles qui entourent les Places. Celle en question, tout récemment (au mois de Mars dernier), a occasionné une dépense d'environ six mille livres, tant pour le remblay en tuf que pour le relevé du pavé des rigoles qui l'environnent. Par toutes ces raisons et celles déduites dans la susdite Requête, nous estimons qu'il est très-essentiel, pour le bien public, que lesdites deux Places, A et B, soient conservées dans leur entier. Nous croyons devoir observer en outre que M. de S. Romes, ancien Ingénieur en chef, chargé en 1769, de faire le plan de l'augmentation d'un rang d'Islets pour maisons, sur le Quai, afin d'englober l'Islet de Mangles, qui ôtoit les moyens d'aborder dans cette partie, a porté sur cette augmentation, le n° 651, qui avoit été, en 1767, celui de la concession Du Coudray, à l'endroit B, et au Sud n° 641, laquelle concession Ducoudray n'a pu avoir lieu. Au Port-au-Prince, le 19 Août 1785. *Signé :* SOREL.

Vu 1°. l'expédition de la Requête du Sieur S. . . , en date du 17 Mai dernier, à l'effet d'obtenir la concession d'un emplacement situé en cette Ville, entre les rues Ste. Claire et St. Jean-Baptiste; ladite Requête répondue le 18, d'une Ordonnance de soit communiqué à M. de Boisforest, qui déclare, le 19, ne trouver aucun inconvénient à la concession du terrain demandé; l'expédition de l'Ordonnance d'avant faire droit, du 21, qui, en conséquence, permet au Suppliant de se faire délivrer un certificat par Averin, Arpenteur-général; l'expédition de l'Ordonnance définitive du premier Juin suivant, qui ordonne qu'il sera délivré au Sieur S. . . . une concession à perpétuité de l'emplacement dont s'agit. 2°. l'expédition de la concession, en date du 4 Juin ; 3°. le Procès-verbal d'arpentage dudit terrain, fait à la réquisition du Concessionnaire par ledit Sieur Averin, le 25 du même mois, dans lequel est retenue l'opposition faite par le Sieur Du Coudray ; 4°. la Requête présentée à MM. de Bellecombe et Bongars, par ledit Sieur Du Coudray, en la qualité qu'il agit, aux fins d'opposition à l'exécution de leur Ordonnance du premier Juin, requérant acte de ladite opposition, ainsi que du désistement et abandon de ses droits audit emplacement, en raison de l'utilité dont il est pour le Public. 5°. Vu de plus l'original de la Concession accordée, le 17 Novembre 1767, par MM. le Prince de Rohan et le Président de Bongars, au Sieur Du Coudray, frère du Suppliant, d'un terrain situé en cette Ville, borné à l'Est de la rue St. Jean-Baptiste, à l'Ouest du Quai projeté, au Nord de partie du Sieur Rasteau, et partie au regard Nord de l'esplanade du Quai, et au Sud d'une petite Place et par un point de l'emplacement du Sieur Agneau de Laris, contenant, par sa façade Est, soixante huit pieds, son côté Ouest 67, son côté Nord 78, et son côté Sud 61 pieds, 6 pouces, dont il résulte évidemment que le terrain, concédé le 17 Novembre 1767, audit feu Sieur Du Coudray, fait partie de la concession du 4 du mois de Juin 1785 ; 6°. la requête du Sieur Germain Petit, à l'effet d'obtenir la concession du même terrain concédé au Sieur S. . ., ladite Requête répondue, le 20 Novembre 1784, d'une Ordonnance de soit communiqué au Commandant de la Partie de l'Ouest et à l'Ingénieur en chef de la même Partie ; la réponse de M. Doumet de Siblas, et notamment celle du Sieur de Boisforest, en date du 23 suivant, qui reconnoît que le terrain mentionné en ladite requête, est une place triangulaire, que le bien général demande qu'on laisse au bout de la rue St. Jean-Baptiste, et qui est destinée par le Plan-Directeur, à rester telle, pour la facilité du débouché des cinq rues qui y aboutissent ; 7°. Vu pareillement la Requête des Habitans voisins et autres, réclamant pour le bien public contre ledit Sieur S. . ., le 4 Juin dernier, et disant que dans l'établissement de cette Ville, ce terrain concédé a été réservé, ainsi qu'un autre qui lui est parallèle, pour former des Places, sous la dénomination l'une de *Marché au poisson*, et l'autre de *Marché aux Volailles* ; que la concession de cette dernière, surprise à la religion des Administrateurs, en 1771, par le Sieur Lauvergus, au moyen d'un certificat faux qui lui fut délivré par Boulard, lors Arpenteur-général, fut déclarée nulle et de nul effet, par une Ordonnance de MM. de Nolivos et Bongars, en date du 7 Janvier de ladite année, et l'Arpenteur Boulard interdit, pendant six semaines, de toutes ses fonctions, sur l'exposé des habitans voisins de cette Place et l'avis de M. de St. Romes, Ingénieur en chef, mis au bas de leur Requête ; pourquoi ils requèrent la nullité de la Concession, du 4 Juin dernier, ainsi et pour les mêmes causes qu'a été déclarée nulle celle accordée au Sieur Lauvergus ; 8°. Vu aussi ladite Requête, du 4 Janvier 1771 ; l'Ordonnance de soit communiqué à M. de St. Romes, dudit jour ; son avis et l'Ordonnance intervenue le 17 du même mois, qui prononce la nullité de la Concession accordée par MM. de Nolivos et de Bongars au Sieur Lauvergus, sur un faux exposé du Sieur Boulard, alors Arpenteur-général, et son interdiction, 9°. Et finalement, vu le rapport de M. Sorel, Ingénieur du Roi, chargé du Plan-Directeur de cette Ville, à qui toutes les piéces ci-dessus relatées ont été communiquées par notre Ordonnance du 18 de ce mois, auquel rapport est joint un croqui du Plan Directeur de la Ville ; Tout vu, considéré, et mûrement examiné : NOUS Commandant en chef et Intendant, donnons acte au Sieur Du Coudray de son opposition à l'exécution de l'Ordonnance de MM. de Bellecombe et de Bongars, du premier Juin de la présente année 1785, qui concède à perpétuité, au Sieur S. . . . le terrain dont il est en partie propriétaire ; lui donnons pareillement acte, autant que besoin est ou seroit, de son désistement de la propriété dudit terrain, et abandon de ses droits, sur icelui, aux termes de sa Requête, et y faisant droit pour le surplus, ainsi que sur les réclamations, dires et moyens des Habitans voisins de l'emplacement dont s'agit, nous déclarons nulle et de nul effet, et comme surprise à la religion des Administrateurs, la Concession accordée au Sieur S. . . ; ordonnons que ladite Concession sera rapportée et icelle biffée sur le Registre du Greffe de l'Intendance, en marge duquel sera fait mention de la présente Ordonnance. Ordonnons que les piéces citées en la présente seront par nous numérotées et paraphées, et que le tout sera enregistré au Greffe de l'Intendance, à l'effet de nous en être délivré expédition. Et pour prévenir à l'avenir toutes prétentions de la part de ceux qui, à l'aide des certificats de prévarication et de complaisance, seroient tentés de s'approprier ce terrain, nous ordonnons qu'il sera reconnu et mis au rang des Places publiques, pour demeurer à jamais affecté au service des Habitans de cette Ville. Mandons, etc. Donné au Port-au-Prince, le 27 Août 1785. *Signé :* COUSTARD et BONGARS.

R. le tout au Greffe de l'Intendance, le 7 Septembre suivant.

ORDRE

ORDRE *du Roi, qui nomme M. Hesse en qualité de Sous-Aide-Maréchal-Général-des-logis à Saint-Domingue, et Lettre du Ministre sur le même sujet.*

Des 28 Août et 5 Septembre 1785.

DE PAR LE ROI.

SA MAJESTÉ desirant se servir du Sieur Hesse en qualité de Capitaine-sous-Aide-Maréchal-général-des-logis, à la reconnoissance et au plan de Saint-Domingue, Elle mande et ordonne au Sieur Hesse de s'employer en ladite qualité, selon et ainsi qu'il lui sera ordonné par le Gouverneur-Lieutenant-Général des Isles sous le Vent de l'Amérique, auquel elle enjoint de tenir la main à l'exécution du présent Ordre. Fait à Versailles, le 28 Août 1785. *Signé* : LOUIS. *Et plus bas :* Le Maréchal DE CASTRIES.

Je vous préviens, Monsieur, que le Roi a bien voulu vous destiner à servir à Saint-Domingue, sous M. De Laumoy, Aide-Maréchal-Général-des-logis. J'adresse à M. le Comte de la Luzerne l'ordre qui vous a été expédié. Vous jouirez des appointemens que vous aviez précédemment, comme Ingénieur ordinaire du Roi, qui sont de 4,200 livres. *Signé* : Le Maréchal DE CASTRIES.

L'Ordre du Roi R. au Contrôle, le 22 Avril 1786.

ORDONNANCE de Police du Juge de Saint-Marc, touchant la Vente du Mouton, du Cabrit, du Cochon, de la Tortue et du Poisson.

Du 1er Septembre 1785.

JEAN-JACQUES Gatien Bretton des Chapelles, etc., Juge de Police de Saint-Marc. Sur ce qui nous a été remontré par le Procureur du Roi, que par notre Ordonnance de Police, du 31 Décembre 1782, et par celle du premier Juin dernier, la viande de Cochon a été taxée à raison d'un escalin la livre; mais que la cherté des Cochons, ne permettant pas à ceux qui en tuent d'en débiter à ce prix, les a forcés d'en cesser le débit; qu'après avoir pris des renseignemens sur cet objet, le Procureur du Roi s'est convaincu de la nécessité de porter la taxe de la livre de Cochon à un prix au-dessus de l'escalin, afin que le Public ne demeurât pas plus long-temps privé de ce genre de nourriture; en conséquence requéroit le Procureur du Roi d'y pourvoir. Nous faisant droit sur la Remontrance du Procureur du Roi, ordonnons que notre Ordonnance du premier Juin dernier sera exécutée suivant sa forme et teneur, en ce qui concerne le prix de la viande de Mouton, Cabrit, Tortue et Poisson, qui continueront à se vendre au Marché et à la livre; savoir: le Mouton à 25 sols la livre, le Cabrit 15 sols, la Tortue et le Poisson 20 sous, à l'exception du Mulet, qui pourra se vendre 30 sous. A l'égard du Cochon, il sera vendu de même au Marché et à la livre, à raison d'un escalin et demi la livre. En cas de contravention à tout ce que dessus, il sera prononcé, à la diligence du Procureur du Roi, sur les Procès-verbaux dressés par les Officiers et Archers de Police, une amende de 66 liv. pour la première fois, et sous plus forte peine en cas de récidive; ladite amende applicable moitié au Roi, et moitié aux Officiers et Archers de Police, auxquels nous enjoignons de tenir sévérément la main à l'exécution de notre présente Ordonnance, qui sera lue, Audience tenante, publiée et affichée par-tout où besoin sera, tant en cette Ville, que dans les Bourgs du ressort. Donné en notre

Hôtel, le premier Septembre 1785. *Signé :* DE BOURCEL et BRETTON DES CHAPELLES.

ORDONNANCE *provisoire du Juge de Police, concernant la Voirie du Cap.*

Du 2 Septembre 1785.

NOUS, Jean-Baptiste Julien Busson, etc.; Le Procureur du Roi nous ayant remontré qu'il auroit été remis, le dix Juin dernier, à M. le Procureur-Général, un Mémoire des Habitans du Haut-du-Cap, qui se plaignent de l'odeur infecte et contagieuse que répandent les animaux morts dans cette Ville, et furtivement transportés le long du grand chemin; que cet abus récent provient de la négligence des particuliers à faire enterrer les cadavres de leurs animaux, aux termes de l'Ordonnance de MM. de Vallière et de Vaivre, du 17 Janvier 1775; que par la Carte-bannie, dressée et publiée par ordre de M. l'Ordonnateur, pour l'entreprise du nettoyement des rues du Cap, il auroit été dit que l'Entrepreneur enleveroit et enterreroit tous les animaux morts dans la Ville, pour raison de quoi il lui seroit payé par les particuliers, propriétaires desdits animaux morts, une somme qui seroit fixée par une Ordonnance à intervenir; que pour remédier aux inconvéniens dangereux qui résultent des cadavres des animaux, jetés à la porte de la Ville, et pour remplir le desir de la carte-bannie de M. l'Ordonnateur, il paroîtroit nécessaire de faire provisoirement, vu les vacances du Conseil-Supérieur de cette Ville, et sous le bon plaisir de la Cour, un Règlement nécessaire dans les circonstances, sauf à être ensuite par M. le Procureur-Général requis, et par la Cour statué ce qui paroîtra convenable. A CES CAUSES requeroit le Procureur du Roi qu'il nous plût statuer sur ce Règlement. Nous faisant droit sur la Remontrance verbale du Procureur du Roi, nous avons ordonné et ordonnons ce qui suit :

ART. I. Conformément à l'Article sept de la Carte-bannie, publiée par ordre de M. l'Ordonnateur pour l'entreprise au rabais du nettoyement des rues du Cap, l'Entrepreneur sera tenu de faire transporter et enterrer les cadavres des animaux morts dans cette Ville.

II. Ledit Entrepreneur sera tenu, jusqu'à de nouveaux ordres, de faire transporter les animaux morts à la Fossette, dans l'endroit où se jetent les immondices, en se conformant, pour les fosses, aux Art. II et III de l'Ordonnance du dix-sept Janvier 1775; en conséquence lesdites fosses, hors les temps d'épidémie, auront au moins cinq pieds de profondeur; elles en auront au moins huit dans le cas d'épidémie; et, dans tous les temps, elles seront sur-le-champ recouvertes de toute la terre qui en aura été tirée.

III. Pour remédier aux abus qui naissent de la négligence des particuliers à faire enterrer les animaux morts, l'Entrepreneur aura seul le droit d'enlever et enterrer lesdits animaux morts. Faisons défenses à tous particuliers, de quelque qualité et condition qu'ils soient, de faire enlever par un autre que par l'Entrepreneur, les animaux morts chez eux, à peine de deux cents livres d'amende, applicable moitié à l'Entrepreneur et moitié au dénonciateur.

IV. Tout particulier qui aura un animal mort chez lui, en préviendra l'Entrepreneur, qui sera tenu d'enlever et enterrer ledit animal une heure après en avoir été requis, à peine de cent livres d'amende.

V. Il sera payé à l'Entrepreneur, pour le transport et mise en terre d'un Cheval, Bœuf, Vache, Genisse et Bourrique, dans la Ville et Banlieue, seize livres dix sols; pour Mouton, Cabrit ou Cochon, huit livres cinq sols; faisant défenses audit Entrepreneur d'exiger plus forte somme, sous quelque prétexte que ce soit, à peine de restitution du quadruple.

VI. Pourra l'Entrepreneur requérir le transport des Officiers de Police pour constater les contraventions commises à la présente Ordonnance.

VII. Si au mépris de la présente Ordonnance, et faute par ledit Entrepreneur de veiller exactement à faire constater les contraventions, on portoit un Cheval, ou tout autre animal, mort dans la Ville, sur le chemin du Haut-du-Cap, ou dans tout autre lieu que celui indiqué, l'Entrepreneur sera tenu de faire enlever, dans le jour, ledit animal de l'endroit où il aura été jeté, et de l'enterrer dans le lieu ci-dessus désigné, à peine de 300 livres d'amende contre lui, par chaque jour que ledit animal aura resté sans être par lui enlevé, sauf son recours contre le propriétaire de l'animal ainsi trouvé.

VIII. Sera expédition de la présente Ordonnance remise à M. le Procureur-Général du Roi.

Mandons aux Inspecteurs de Police de tenir la main à l'exécution de la présente Ordonnance, qui sera imprimée, lue, publiée et affichée par-tout où besoin sera, et exécutée sous le bon plaisir de la Cour, nonobstant opposition ou appellation quelconques et sans y préjudicier. Donné au Cap, le 2 Septembre 1785. *Signé* : BUSSON.

ORDONNANCE des Administrateurs, touchant la Maison destinée au logement du Capitaine de Port de la Ville du Cap.

Du 10 Septembre 1785.

A Nosseigneurs, Nosseigneurs les Général et Intendant, etc.

Supplie humblement Nicolas Massot, Capitaine de Port du Cap, et a l'honneur de vous exposer que la Case en bois que le Roi a au bord de la mer, et qui, de tout temps, a été destinée au logement du Capitaine de Port, tombe en ruine, et ne peut plus être réparée, tous les bois qui la composent étant entièrement pourris, et le solage miné par la lame du côté de la mer, et par les eaux pluviales dans la partie opposée, ce qui la rend inhabitable, malgré les réparations que le Suppliant y a pu faire en différentes fois. Ce considéré, Nosseigneurs, le Suppliant demande à être autorisé à la réédifier à ses frais, sur le modèle de celle que vous avez permis au Sieur Maugendre de bâtir sur le même niveau et également en bois, et pour l'indemniser de cette dépense, il vous supplie de stipuler que celui qui lui succédera lui tiendra compte, ou à ses héritiers, du montant de ses déboursés bien et duement constatés, si mieux il n'aime leur laisser la jouissance de cette Case pendant dix ans.

Vu la Requête ci dessus et tout considéré : NOUS, Commandant-Général et Intendant, avons permis et permettons au Suppliant de faire reconstruire à ses frais la maison dont il s'agit, sur le même alignement que celle que le Sieur Maugendre a également été autorisé de bâtir, et qui lui servira de modèle ; à la charge et condition que dans le cas où on auroit besoin, pour le service du Roi, du terrain sur lequel ladite maison sera réédifiée, le Suppliant, ou ceux qui lui succéderont dans sa place de Capitaine de Port, seront tenus de détruire ladite maison, sans pouvoir repéter aucune indemnité vis-à-vis du Roi. Sera au surplus celui qui succédera audit Sieur Massot, en qualité de Capitaine de Port, tenu de lui rembourser les frais de ladite bâtisse, sur le pied de l'estimation qui en sera faite alors par Experts. Sera la présente enrégistrée au Greffe de la Subdélégation. Donné au Port-au-Prince, le 10 Septembre 1785. *Signé :* COUSTARD et BONGARS.

R. au Greffe de la Subdélégation, le 16 du même mois.

LETTRE du Ministre au Gouverneur-général, sur les Chirurgiens-majors des Régimens Provinciaux.

Du 13 Septembre 1785.

J'AI reçu, M., vos lettres, par lesquelles vous demandez deux Brevets de Chirurgien-major des Régimens du Cap et du Port-au-Prince, pour les Sieurs Guyot et Carié. C'est par une faute d'impression que l'Art. XXII de l'Ordonnance du 10 Décembre dernier, porte qu'il y aura un Chirurgien-major par Régiment, et il n'en est pas fait mention à l'Art. XXVIII qui régle la solde. C'est ainsi que l'Ordonnance a été entendue aux Isles du Vent. Les Sieurs Guyot et Carié ne peuvent en conséquence conserver les Places auxquelles vous les avez nommés provisoirement.

Arrêt du Conseil d'Etat, qui accorde des Primes d'encouragement aux Négocians François qui transporteront des Morues sèches de pêche nationale dans les Isles du Vent et sous le Vent, ainsi que dans les Ports de l'Europe, tels que ceux d'Italie, d'Espagne et de Portugal.

Du 18 Septembre 1785.

Le Roi ayant jugé à propos, pour assurer et faciliter l'importation des subsistances dans ses Colonies de l'Amérique, de permettre aux Étrangers d'y introduire de la morue sèche, moyennant certains droits; et Sa Majesté voulant que cette faculté ne puisse porter préjudice aux pêches nationales qu'Elle regardera toujours comme dignes de sa protection spéciale, Elle a résolu d'accorder aux Armateurs François qui s'adonnent à cette pêche, une Prime d'encouragement capable d'exciter leur zèle, et qui puisse les mettre en état de soutenir sans aucun désavantage toute espèce de concurrence avec l'Etranger. A quoi voulant pourvoir: Ouï le rapport du Sieur de Calonne, Conseiller ordinaire au Conseil royal, Contrôleur-général des finances; LE ROI ÉTANT EN SON CONSEIL, a ordonné et ordonne ce qui suit:

Art. I Il sera accordé aux Armateurs et Négocians françois, pendant le temps et espace de cinq ans, à compter du premier Octobre de la présente année, une Prime de dix livres par quintal de morues sèches qu'ils transporteront, soit des Ports de France, soit des lieux où ils auront fait leur pêche, dans les Isles du Vent et sous le Vent, à condition que lesdites morues sèches seront de pêche françoise, et importées par des Bâtimens françois. Défend Sa Majesté à tous Négocians, Armateurs et Capitaines, d'y déclarer aucun poisson de pêche étrangère, comme poissson de pêche françoise, à peine de confiscation des Navires et cargaisons, et de trois mille livres d'amende, argent de France.

II. Les Capitaines de Navires qui porteront leur morue directement du lieu de la pêche auxdites Isles, seront tenus d'en faire, tant au Greffe de l'Amirauté qu'au Bureau du Domaine du lieu où ils aborderont, leur déclaration signée d'eux et de trois principaux Officiers-mariniers ou Matelots du Bâtiment, contenant la quantité de morue sèche qu'ils auront apportée; ils se conformeront au surplus aux formalités qui devront être remplies auxdites Isles, et qui seront prescrites ci-après. A l'égard de ceux qui chargeront des morues dans les Ports de France pour les porter auxdites Isles, ils seront tenus, pour jouir de la Prime accordée par l'article précédent, de faire leur déclaration au Greffe de l'Amirauté, ensemble au bureau des Fermes du Port de leur départ, de la quantité de morue sèche qu'ils introduiront auxdites Colonies; laquelle déclaration contiendra en outre les noms du Navire et du Capitaine, ainsi que celui de la Colonie pour laquelle ladite morue sera destinée. Il sera joint auxdites déclarations, un certificat de la Chambre du Commerce, ou des Juges-Consuls, dans les lieux où il n'y aura pas de Chambre de Commerce, portant que lesdites morues sont de bonne qualité; le Greffier de l'Amirauté remettra aux Capitaines desdits Navires, expédition desdites déclarations et certificats, pour être par eux présentée à leur arrivée dans lesdites Isles; il lui sera payé à cet effet pour tous droits, la somme de deux livres, y compris l'enregistrement et l'expédition, sans compter le papier timbré; sans que les Officiers de l'Amirauté puissent prétendre aucuns droits d'assistance ni vacation, pour raison desdites déclarations, lesquelles ne seront sujettes qu'aux droits de Greffe.

III. Dans les dix premiers jours de chaque mois, les Procureurs de Sa Majesté des Amirautés des ports de France adresseront au Secrétaire d'État ayant le Département de la Marine et des Colonies, et les Directeurs du Bureau des Fermes au Contrôleur-général des Finances, un état des déclarations qui auront été expédiées pendant le mois précédent.

IV. Il sera tenu au Greffe des Amirautés des Colonies, un registre particulier, coté et paraphé par le Sieur Intendant, ou celui qui le représentera, à l'effet d'y transcrire les déclarations prescrites par l'Article II, ensemble les congés délivrés dans le Port du départ de France, lesquelles déclarations seront en outre signées et certifiées sur lesdits registres, par ceux qui les auront faites. Après ledit enregistrement les Officiers de l'Amirauté, ensemble les Commis du Domaine, se transporteront à bord desdits Navires, pour être présens à la décharge, vérification et pesée des morues sèches apportées par lesdits Bâtimens.

V. Après lesdites décharge, vérification et pesée, le Greffier de l'Amirauté l'Amirauté délivrera au Capitaine ou Armateur, une expédition par *triplicata*, dans la forme du modèle annexé au présent Arrêt, contenant la déclaration qu'il aura faite, et la quantité de morues sèches qu'il aura débarquée; laquelle sera certifiée et signée, tant par le Greffier de l'Amirauté que par le Commis du Domaine, le tout sous peine de nullité et de privation de la gratification.

VI. Dans les Ports desdites Isles où il n'y aura point de bureau du Domaine, la déclaration prescrite par l'Article II sera seulement faite aux Officiers de l'Amirauté, et le Greffier en délivrera expédition après qu'il aura été procédé, en leur présence, à la décharge, vérification et pesée desdites morues sèches; tous les trois mois lesdits Officiers d'Amirauté adresseront par *triplicata* au Secrétaire d'Etat ayant le Département de la Marine et des Colonies, un état certifié d'eux, des déclarations qui auront eu lieu pendant le trimestre précédent; pour être ensuite, l'un des doubles dudit état, remis au Contrôleur-général des Finances.

VII. Ne pourront les Bâtimens expédiés des ports de France, chargés de Morues provenant de la Pêche Françoise, s'introduire dans les Colonies, que par les Ports où il y aura des siéges d'Amirauté, à peine de privation de la Prime.

VIII. Les Capitaines ou Armateurs desdits Navires, remettront, à leur retour en France, au bureau des Fermes du Port d'où ils seront partis, les expéditions ou certificats qui leur auront été délivrés en conformité de l'article II ci-dessus; lesdites expéditions seront par eux certifiées véritables, et il leur en sera donné reconnoissance au pied de la copie, par le Directeur ou le Receveur des Fermes qui en fera l'examen: si lesdites expéditions se trouvent en règle, & revêtues des formes prescrites par les articles précédens, veut, Sa Majesté, que trois mois après leur remise, la Prime de dix livres par quintal, poids de marc, soit payée par les Receveurs des Fermes desdits Ports, aux Armateurs ou Capitaines; & dans le cas où les Directeurs ou Receveurs des Fermes estimeroient que lesdites pièces ne fussent point en règle, ils les rendront aux Capitaines ou Armateurs, lesquels pourront se pourvoir pardevant le Contrôleur Général des Finances, pour être, sur son rapport, statué par Sa Majesté ainsi qu'il appartiendra.

IX. Quant aux Bâtimens de la Pêche sédentaire des isles Saint-Pierre et Miquelon, qui ne feront point leur retour dans les ports de France, les Armateurs d'iceux enverront lesdites pièces en forme, ensemble leur procuration, à l'effet de toucher le montant de la Prime qui pourra leur revenir, à un Correspondant qu'ils choisiront dans tel Port du Royaume qu'ils jugeront à propos.

X. En rapportant par l'Adjudicataire général des Fermes, les expéditions et certificats ordonnés par les articles II et V du présent Arrêt, ainsi que les quittances des Capitaines, Armateurs, ou de leurs Fondés de pouvoirs, énonciatives du montant de la gratification qui leur aura été payée, il lui sera tenu compte, chaque année, desdites sommes, sur le prix de son bail.

XI. En cas de fraude ou de fausseté des certificats et déclarations ordonnés par lesdits articles II et V, les Capitaines ou autres personnes qui en seront prévenus, seront poursuivis extraordinairement, suivant la rigueur des Ordonnances, et l'Armateur condamné au payement du quadruple de la somme à laquelle pourront s'élever les Primes dont les certificats auroient procuré l'acquittement; & après le remboursement prélevé de ce qui auroit été induement reçu, le surplus sera partagé entre les Employés du bureau des Fermes qui auront reconnu le faux et l'auront dénoncé.

XII. Il sera également accordé, et pour pareil espace de cinq années, aux Négocians François qui transporteront des Morues sèches, soit des ports de France, soit des lieux où ils auront fait la Pêche, dans les autres ports de l'Europe, tels que ceux d'Italie, d'Espagne et de Portugal, une Prime de cinq livres par quintal de Morues, poids de marc, sous la condition que lesdites Morues seront de Pêche françoise, & que l'exportation s'en fera sur des Navires françois; à la charge d'observer par lesdits Armateurs ou Capitaines, avant leur départ des ports de France, les formalités prescrites par l'article II du présent Arrêt; & quant aux déclarations qui, aux termes des articles II et V, doivent êtres faites au greffe de l'Amirauté & au bureau du Domaine des isles, elles se feront dans la même forme devant les Consuls de France, résidans dans les ports de l'Europe, tels que ceux d'Italie, d'Espagne et de Portugal, où se fera le déchargement desdites Morues. Il sera adressé tous les mois, par lesdits Consuls, au Secrétaire d'Etat ayant le Département de la Marine, un état par *triplicata*, des déclarations qui auront eu lieu pendant le mois précédent, pour être ensuite un des doubles dudit état remis au Contrôleur-Général des Finances.

Mande et ordonne, Sa Majesté, à Monf. le Duc de Penthièvre, Amiral de France, aux Intendans de la Marine et des Colonies, au Commissaire départi pour l'observation des Ordonnances dans les

Amirautés, aux Commissaires des Ports et Arsenaux, Ordonnateurs, aux Officiers des Amirautés, aux Juges des Traites, Maîtres des Ports, et à tous ceux qu'il appartiendra, de tenir, chacun en droit soi, la main à l'exécution du présent Arrêt, lequel sera enregistré aux greffes des Amirautés, lu, publié et affiché par-tout où besoin sera. Fait au Conseil d'État, etc. le 18 Septembre 1785. *Signé :* LE MAL. DE CASTRIES.

MODÈLE de la Déclaration à faire, tant au Greffe de l'Amirauté qu'au Bureau du Domaine, par les Capitaines ou Armateurs qui débarqueront des Morues sèches dans les Colonies.

JE soussigné . . . . . Capitaine du Navire le . . . . . , du port de . . . . . tonneaux, armé à . . . . . par le Sieur . . . . , Négociant de ladite Ville, déclare être parti dudit Port, le . . . . . et être arrivé à . . . . . le . . . . . avec . . . . . quintaux, poids de marc, de Morues sèches provenantes de pêche Françoise, conformément à la déclaration passée au Greffe de l'Amirauté dudit Port, et au certificat de vérification, de la qualité de ladite Morue, expédié le même jour, ce que je certifie véritable. A . . . . . le . . . . . mil sept cent quatre-vingt- . . . . . . Signé . . . . .

MODÈLE de l'expédition à délivrer en conséquence de ladite déclaration, par les Commis du Bureau du Domaine dans les Colonies.

NOUS soussignés . . . . . Receveur et Contrôleur du Bureau du Domaine (ou Consul) *à . . . . . , certifions que sur la déclaration qui nous a été faite le . . . . . par le Sieur . . . . , Capitaine du Navire . . . . . , du port de . . . . . tonneaux, armé à . . . . . , par le Sieur . . . . . , Négociant de ladite Ville, et abordé à . . . . . , Nous nous sommes transportés à bord dudit Navire, et avons assisté à la décharge et pesée desdites Morues sèches, montant à . . . . . comparaison faite avec le certificat de la qualité de ladite Morue, expédié le . . . . ., lequel nous a été représenté, ce que nous certifions véritable. A . . . . . . le . . . . . mil sept cent quatre-vingt- . . . . . Signé . . . . .*

ENSUITE, doit être le Vu ci-après.

Vu par nous Greffier de l'Amirauté, et certifié conforme à la déclaration qui nous a été faite le . . . . . et porté sur le registre tenu à cet effet, ainsi qu'au procès-verbal de vérification d'icelle dressé par . . . . ., Officiers de l'Amirauté, et pareillement déposé à notre Greffe, le . . . . . mil sept cent quatre-vingt- . . . . . Signé . . . . .

MODÈLE de l'expédition à délivrer en conséquence de ladite déclaration, par le Greffier de l'Amirauté, dans les Ports où il n'y aura point de Bureau du Domaine.

Nous soussignés . . . . . Greffier de l'Amirauté de . . . . . ; certifions que sur la déclaration faite en notre Greffe, le . . . . ., par le Sieur . . . . ., Capitaine du Navire le . . . . ., du port de . . . tonneaux, armé à . . . par le Sieur . . . . ., Négociant de ladite Ville, parti dudit Port le . . . . . et abordé à . . . . ., le . . . . ., nous nous sommes transportés à bord dudit Navire avec Messieurs les Officiers de l'Amirauté, où nous avons assisté à la décharge et pesée desdites Morues sèches, montant à . . . . . . quintaux, comparaison faite avec la déclaration passée au Greffe de l'Amirauté de . . . . . par ledit Sieur . . . . ., le . . . . ., et avec le certificat de la qualité desdites Morues delivrées le . . . . . ., ce que nous certifions véritable et conforme, tant à la déclaration qui nous en a éte faite, et portée sur le registre tenu à cet effet en notre Greffe, qu'au procès-verbal de vérification d'icelle, qui en a été dressé par les Sieurs . . . . ., et pareillement déposé en notre Greffe. A . . . . . ., le . . . . . mil sept cent quatre-vingt- . . . . . Signé . . . . . .

Arrêté au Conseil, le dix-huit Septembre mil sept cent quatre-vingt-cinq. *Signé :* le Maréchal de CASTRIES.

R. à l'Amirauté du Cap, le 31 Décembre suivant.

Et aux autres Amirautés de la Colonie.

ORDONNANCE *de Police du Juge de Saint-Marc, concernant le Marché de la même Ville, les Arbres qui y sont, les Cabrouets, etc.*

Du 20 Septembre 1785.

JEAN-JACQUES Gattien Bretton des Chapelles, etc. Sur ce qui nous a été remontré par le Procureur du Roi, qu'il s'élève continuellement des contestations entre les différens Marchands, blancs, libres, ou esclaves qui vendent, le Dimanche, sur la Place du Marché de cette Ville, pour raison de différentes places que chacun d'eux s'attribue, ce qui occasionne de fréquentes rixes entr'eux ; que d'un autre côté le mélange des diverses marchandises ou denrées, vivres de terre, légumes et autres provisions qui sont apportés au Marché, entraîne une confusion qui ne contribue pas peu au désordre qui y règne, et auquel il importe de remédier ; requérant le Procureur du Roi qu'il nous plût y pourvoir, en assignant le local que doivent occuper les différentes espèces de marchandises ou denrées, et établissant un ordre et une police propres à faire cesser toute confusion et à prévenir toute contestation. Nous faisant droit sur la remontrance du Procureur du Roi, avons ordonné et ordonnons ce qui suit :

1°. Les Marchands blancs, ayant des boutiques portatives de Clincaillerie, continueront, comme ci-devant, à se placer dans l'allée qui règne le long de la grande rue, dans laquelle Allée, et à la suite desdits Marchands, et en tirant vers la Rivière, se placeront les Marins ayant des pacotilles ou provisions de France, et tant lesdits Marins que Marchands clincaillers se rangeront des deux côtés de ladite Allée, de telle sorte qu'il y ait dans le milieu un passage libre, au moins de six pieds. Enjoignons à l'Exempt de Police de veiller à l'exécution de cet Article, et de faire resserrer lesdits Marchands et Marins, pour qu'il y ait place suffisante pour contenir les effets des uns et des autres.

2°. Les Marchands de Toiles, Indiennes, Mousselines et autres de cette nature, soit libres ou esclaves, (ceux-ci vendant pour le compte de leurs maîtres), se placeront dans les trois autres Allées qui contournent le Marché, dans lesquelles il sera assigné à chacun d'eux, par l'Exempt de Police, une place fixe, de grandeur déterminée, qu'il ne pourra ensuite changer arbitrairement, et hors des limites de laquelle il ne pourra s'étendre. Ils se placeront de telle sorte, qu'entre leurs marchandises et le rang d'Arbres intérieur, il soit laissé un passage au moins de six pieds de large, pour les acheteurs, ou autres passans.

3°. L'intérieur de la Place sera divisé en trois parties égales, de l'Est à l'Ouest. La première partie, où se trouvent les tables de boucheries de moutons et cochons, sera destinée, indépendamment desdites Boucheries, à la vente du poisson, des volailles et autres animaux. La partie du milieu sera occupée par les Marchands de légumes, de pain, etc. La troisième Partie le sera par les Vendeurs de vivres de terre, tels que Bananes, Patates, etc. Les divisions seront au moins de douze pieds de large, et il sera laissé entre lesdits Marchands et le rang d'Arbres intérieur un intervalle de six pieds pour le passage.

4°. Les Vendeurs de Salaisons se placeront comme ci-devant, hors l'enceinte de la Place, depuis le Corps-de-garde de la Police jusqu'à celui de la Maréchaussée, en laissant un libre passage dans la rue.

5°. Les Vendeurs de bois-patate se placeront le long des maisons occupées par les Sieurs Faure, Aubergiste, et Estur; de manière à laisser un libre passage dans la rue.

6°. Faisons défenses à qui que ce soit de rien appuyer ou tendre sur les Arbres, même de s'y adosser personnellement. Faisons en outre défenses à tous les Marchands ci-dessus désignés, de se placer hors du local déterminé par notre présente Ordonnance. Enjoignons à l'Exempt de Police, en cas de déplacement desdits Marchands, de les faire remettre à leur place, et, s'ils s'y refusent, d'en faire sur-le-champ son rapport au Procureur du Roi, pour être par lui pourvu par voie de police contre les Contrevenans.

7°. Faisons défenses aux Cabrouetiers de laisser leurs Cabrouets dans les rues qui contournent la Place; leur enjoignons de les décharger, sitôt qu'ils y seront arrivés, et de les placer ensuite à la file les uns des autres, dans la rue de la Marine, en commençant devant l'Auberge du Sieur Ravaud. Enjoignons à l'Exempt de Police de veiller et faire veiller par les Sergent et Archers, à l'exécution de la présente Ordonnance, qui sera lue, publiée et affichée par-tout où besoin sera. Donné en notre Hôtel à Saint-Marc, le 20 Décembre 1785. *Signé :* De Bourcel et Bretton des Chapelles.

Arrêt du Conseil d'Etat, concernant le Commerce Interlope des Colonies.

Du 23 Septembre 1785.

Le Roi s'étant fait représenter, en son Conseil, 1°. la Requête présentée le premier Janvier dernier aux Commandant et Ordonnateur de la Ville du Cap, par le Capitaine du Brigantin *le Packet-Brimes*, venant de Philadelphie, tendante à ce qu'il lui fût permis de mouiller et de vendre, dans la rade du Cap, sa Cargaison, attendu qu'elle n'étoit composée que de marchandises licites; l'Ordonnance desdits Administrateurs, du même jour, portant permission de mouiller en ladite Rade, sous la condition de faire sa déclaration en forme pardevant les Officiers de l'Amirauté du Cap, et de subir la visite accoutumée; le Procès-verbal dressé le 2 dudit mois de Janvier, signé dudit Capitaine, du sieur Esteve, Juge, des sieurs Gillet, Procureur du Roi, et Gonnel, Greffier-commis de l'Amirauté du Cap, contenant que lesdits Juge, Procureur du Roi et Greffier-commis, se sont transportés à bord dudit Navire le Packet-Brimes, accompagnés d'un Interprête, qu'ils en ont trouvé les panneaux et les écoutilles ouverts; qu'ils ont reconnu que le chargement de ce Brigantin ne consistoit qu'en Merrains, Boucauts en bottes, Planches, Bois équarris et Barrils de poissons salés, ce qui étoit conforme à la déclaration du Capitaine; l'Ordonnance desdits Commandant et Ordonnateur, qui permet audit Capitaine de vendre sa Cargaison, à la charge d'en employer le produit en marchandises permises, et de se conformer aux Ordonnances; autre Procès-verbal de visite dudit Brigantin, du 3 du même mois de Janvier, dressé ensuite d'ordre du Gouverneur - général, par le Commandant-particulier du Cap, et le sieur de Martel, Lieutenant en pied de la Frégate la Cérès, en présence de plusieurs Maîtres, Sous Maîtres & Matelots de ladite Frégate, ainsi que d'une Garde des Troupes de la Marine, par lequel il est constaté que la prétendue Visite des Officiers de l'Amirauté du Cap n'avoit point eu lieu, qu'il n'y en avoit aucune trace, que les panneaux étoient fermés, recouverts d'une bande de bois clouée sur les jointures, et paroissoient n'avoir point été ouverts; que les ayant fait lever, ils ne virent d'abord que du bois à brûler, mais que ce bois masquoit plusieurs Barils qu'ils firent défoncer; que deux étoient remplis de Bœuf salé, les six autres de Farine; que ne trouvant plus que des Barils de même espèce, ils jugèrent que le Bâtiment en étoit chargé en entier; le Jugement des Officiers de l'Amirauté du Cap, du 22 du même mois de Janvier, qui sur le vu dudit Procès-verbal, et de la dénonciation à eux faite de la contravention dudit Capitaine, a déclaré le Bâtiment et sa Cargaison acquis et confisqués au profit de Sa Majesté, et a condamné ledit Capitaine, ainsi que ses Commettans et Cautions, à l'amende de 1000 livres. 2°. La Dépêche du Gouverneur - général de Saint - Domingue, du 30 Juin dernier, contenant qu'il auroit remarqué sur la Feuille des mouvemens de la rade de Saint-Marc, deux Bâtimens Américains mouillés dans ce Port; qu'ayant été instruit qu'ils y avoient été reçus sous le faux prétexte du besoin de relâche, il détacha un des Bâtimens de la station pour aller les saisir; que l'un de ces Bâtimens étrangers étoit déjà parti avec un chargement et de l'aveu de l'Amirauté; que le second, nommé *le Good-hope*, Capitaine Janning, étoit également expédié au Greffe, et devoit mettre à la voile dans la nuit; que la double contravention de se trouver dans un Port prohibé, et d'être chargé de marchandises de la Colonie, avoit donné lieu à une instance à l'Amirauté du Port-au-Prince, où la Prise avoit été conduite, attendu la suspicion des Officiers de l'Amirauté de Saint-Marc; le Jugement rendu le 15 Avril dernier par l'Amirauté du Port-au-Prince, par lequel le Bâtiment pris et sa Cargaison avoient été confisqués au profit de Sa Majesté, et le Capitaine condamné à mille livres d'amende; l'Arrêt du Conseil Supérieur du Port-au-Prince, du 20 du même mois d'Avril, qui, sur l'appel dudit Jugement, l'auroit amendé, et auroit déchargé ledit Capitaine tant de l'amende de mille livres que de la confiscation du Bâtiment et de sa Cargaison en entier, à la réserve de quatre Boucaux de Sucre et de quinze Sacs de Café seulement, et auroit ordonné

ordonné que le produit de la vente de ces deux objets appartiendroit au Bâtiment-capteur. 3°. Le Jugement du sieur Delaunay, Juge de l'Amirauté du Port-au-Prince, du 30 Mai dernier, qui, malgré les conclusions du Procureur de Sa Majesté, a donné main-levée au nommé Pierre Péry Olivier de la saisie faite de la Goëlette l'Espérance, & de sa Cargaison, par le Brigantin de Sa Majesté, la Témérité, et cependant a condamné ledit Capitaine Olivier en trois mille livres d'amende, pour être allé à l'Etranger sans Congé ni Passeport, et pour y avoir porté des madriers d'acajou et du coton : l'Arrêt du Conseil Supérieur du Port-au-Prince, du 3 Juin dernier, qui, sur l'appel de ce Jugement, a non-seulement confirmé cette Sentence, quant à la main-levée de la saisie, mais a fait remise audit Capitaine de l'amende même de trois mille livres : la Dépêche du Gouverneur-général de ladite Colonie, et les pièces y jointes, qui constatent que le Bâtiment l'Espérance avoit été expédié frauduleusement des Gonaïves à la Jamaïque, et en étoit revenu chargé de cinquante-neuf têtes de Noirs, appartenans au sieur Drouilliard-Pont-Godin, Habitant des Gonaïves, lesquels Noirs, malgré la surveillance des Administrateurs, avoient été débarqués à huit et dix lieues du Port des Gonaïves. 4°. La même Dépêche dudit Gouverneur-général, dudit jour 30 Juin dernier, par laquelle il rend compte qu'un Brigantin, nommé l'Aimable Lisbé, faisant des manœuvres suspectes dans le Port du Port-au-Prince, où il venoit de mouiller sous pavillon françois, il manda le sieur David, Commandant de ce Bâtiment : la déclaration par écrit faite audit Gouverneur-général par ledit Commandant, le 26 Mai dernier, par laquelle il auroit avoué qu'il arrivoit de Philadelphie avec cinq cents barils de Farine, dont cent soixante-neuf étoient déjà débarqués et enlevés par le Commis du sieur Marie, Négociant au Port-au-Prince : le Procès-verbal fait par ordre du Gouverneur-général, le 26 dudit mois de Mai, par lequel il est constaté que la Cargaison dudit Bâtiment étoit composée de Farines angloises : la Sentence définitive du sieur Delaunay, Juge de l'Amirauté du Port-au-Prince, du 15 Juin dernier, qui prononce, entre autres choses, la confiscation, au profit de Sa Majesté, dudit Brigantin et de son Chargement, condamne ledit Capitaine à trois mille livres d'amende, et défend aux Commis-visiteurs de se transporter à bord d'autres Bâtimens que ceux désignés par l'Arrêt du Conseil d'Etat de Sa Majesté, du 30 Août 1784 : l'Arrêt du Conseil Supérieur du Port-au-Prince, du 25 Juin suivant, qui confirme ladite Sentence, sauf en ce qui touche l'amende, qu'il auroit réduite à mille livres, conformément audit Arrêt du Conseil de Sa Majesté, du 30 Août 1784; et encore en ce qui touche la défense faite aux Commis-visiteurs par ledit Juge de l'Amirauté, laquelle défense auroit été réformée par ledit Arrêt. 5°. L'Ordre des Administrateurs de la Colonie, portant permission au Bâtiment négrier danois le Geheme-Road-Schack, appartenant à la Société royale de Danemarck, d'aller vendre la Cargaison de Nègres dont il étoit chargé, aux Cayes et non ailleurs, attendu sa situation qui ne lui permettoit pas de naviguer sans risquer de périr; la signification de cet Ordre, faite au Capitaine de ce Navire et à ses Commissionnaires: Décision desdits Administrateurs, en date du 24 Avril dernier, déposée le 9 Mai suivant au Greffe de l'Amirauté des Cayes, et adressée au Directeur du Bureau de Sa Majesté, qui sur la demande faite par le Capitaine dudit Bâtiment danois, s'il pouvoit faire charger aux Cayes des denrées coloniales, en acquittant les droits, lui défend absolument de faire un pareil chargement, et lui enjoint, sous peine de saisie et d'être poursuivi comme contrevenant, de se conformer, pour ledit chargement, à l'Arrêt du Conseil d'Etat de Sa Majesté du 30 Août 1784: le Procès-verbal de Visite dudit Bâtiment du 8 Mai dernier, qui constate qu'il se trouvoit chargé en retour, en partie, mais uniquement de marchandises coloniales prohibées; la saisie qui en a été faite en conséquence: la Sentence du sieur Collet, Juge de l'Amirauté des Cayes, qui, conformément aux conclusions motivées du Procureur de Sa Majesté, auroit autorisé le Capitaine dudit Navire à compléter son chargement en denrées de la Colonie, en donnant caution qu'il conduiroit le Bâtiment et sa Cargaison dans un Port du Royaume: l'Arrêt du Conseil Supérieur du Port-au-Prince, du 13 Juin suivant, qui a confirmé ladite Sentence; ensemble toutes les pièces généralement quelconques, qui composent les Procédures ci-dessus mentionnées; Sa Majesté auroit reconnu: 1°. que dans l'Instance relative à la saisie et confiscation du Navire le Packet-Brinies, les Officiers de l'Amirauté du Cap n'avoient point fait réellement la Visite de ce Bâtiment, quoiqu'il existât dans les pièces de l'Instance un Procès-verbal par eux dressé de cette prétendue Visite; ou que s'ils l'avoient faite, ils auroient connivé sciemment à la contravention; que dans l'un et l'autre cas, leur conduite étoit également punissable. 2°. Que les sieurs de Couagne, Commandant, et d'Aquin, Officier principal d'Administration, employé à Saint-Marc, avoient manqué à la surveillance qui leur étoit imposée, en souffrant mal-à-propos deux Bâtimens étrangers dans leur Rade, et en négligeant de dénoncer un pareil abus aux Administrateurs-généraux ; que les Officiers de l'Amirauté de Saint-Marc se sont rendus coupables de la même faute ; que le Conseil Supérieur du Port-au-Prince, par son Arrêt du 29 Avril dernier, est formellement contrevenu aux dispositions des Lettres-Patentes en forme d'Edit, du mois d'Octobre 1727, et à celles de l'Arrêt du Conseil d'Etat de Sa Majesté, du 30 Août 1784, qui prononce, outre une amende de mille livres, la confiscation des Bâtimens étrangers et de leur Cargaison, lorsqu'ils se trouvent chargés, en tout ou en partie, de marchandises prohibées. 3°. Que les pièces de l'Instance concernant la Goëlette l'Espérance, venant de la Jamaïque, constatent de la manière la plus évidente que ce Bâtiment, commandé par le Capitaine Olivier, avoit été chargé en fraude dans la Colonie de marchandises prohibées, destinées pour la Jamaïque, d'où il étoit ensuite revenu, sous une fausse destination pour l'isle de Sainte-Croix, avec cinquante-neuf Nègres, appartenans au sieur Drouilliard Pont-Godin, qui, malgré la surveillance du Gouverneur-général, les avoit introduits furtivement dans la Colonie de Saint-Domingue ; que, dans ces circonstances, le sieur de Launay, Juge de l'Amirauté, par Sentence du 30 Mai dernier, et le Conseil Supérieur du Port-au-Prince, par son Arrêt du 3 Juin suivant, étoient contrevenus, non-seulement aux dispositions de l'Ordonnance de 1766, qui défend à tout Habitant de sortir de la Colonie (et à plus forte raison d'aller à l'Etranger) sans Passeport du Gouverneur-général, mais à toutes les Ordonnances et Règlemens de Sa Majesté, concernant le Commerce des Colonies : que les sieurs Olivier et Pont-Godin étoient respectivement coupables, l'un pour s'être chargé du commandement d'un Navire destiné à un commerce prohibé, l'autre pour avoir participé à ce commerce, et être sorti de la Colonie sans la permission du Gouverneur-général : que, pour éviter à l'avenir de semblables abus, Sa Majesté auroit jugé nécessaire de défendre aux Officiers d'Administration, et préposés au Bureau des Classes à Saint-Domingue, de délivrer des expéditions vagues, à l'effet de naviguer le long de la Côte, de leur enjoindre de déterminer le lieu de la destination, sauf changement et nouveau visa, s'il y échoit, de Bureau en Bureau. 4°. Que le sieur Delaunay, Juge de l'Amirauté du Port-au-Prince, a, par son Jugement du 15 Juin dernier, outrepassé les bornes de son pouvoir, en défendant aux Commis-visiteurs de se transporter à bord d'autres Bâtimens que ceux portés par l'Arrêt du Conseil de Sa Majesté, du 30 Août 1784, quoiqu'il eût connoissance de l'ordre qui leur avoit été donné à cet effet par le Gouverneur-général ; que, d'un autre côté, il n'a ordonné aucune poursuite contre les Armateurs connus dudit Bâtiment, ni contre les personnes qui avoient acheté ou reçu les cent soixante-neuf Barils de Farine, livrés par le Capitaine du Brigantin : que le Conseil Supérieur, par son Arrêt du 25 Juin dernier, auroit dû ordonner des poursuites relativement aux marchandises de contrebande mises à terre & contre les Armateurs du Bâtiment interlope, conformément au titre III des Lettres patentes de 1727. 5°. Que les sieurs Collet, Juge, et Pic-de-Père, Procureur de Sa Majesté en l'Amirauté des Cayes, étoient doublement répréhensibles, soit pour avoir excédé les bornes de leur pouvoir, en permettant au Navire Danois le Geheme-Road-Schack, de prendre en retour des denrées coloniales, soit pour avoir osé donner cette permission contre la défense formelle des Administrateurs, consignée dans la lettre du Gouverneur-général au Directeur de l'entrepôt, du 24 Avril, déposée par ce dernier au Greffe de l'Amirauté le 9 Mai suivant : que le Conseil Supérieur, en confirmant une Sentence aussi attentatoire à l'autorité des Administrateurs, que contraire aux différens Règlemens, même antérieurs à celui du 30 Août 1784, concernant le Commerce interlope, a, par son Arrêt, visiblement favorisé ce commerce. Enfin, d'après l'examen de toutes les procédures ci dessus mentionnées, Sa Majesté a reconnu qu'il règne dans l'esprit de quelques-uns des Membres de ses Tribunaux d'Amérique un penchant à l'indulgence, et dans leur conduite un relâchement qu'il est d'autant plus nécessaire de détruire, qu'il ne tend à rien moins qu'à rendre nuls le zèle et les efforts des principaux Administrateurs, ainsi que des Commandans et Etats-majors des Batimens de sa Marine royale, stationnés dans les Colonies, pour la pleine et entière exécution des Règlemens concernant le Commerce étranger, dont Sa Majesté ne souffrira pas que personne ose s'écarter. Déterminée à punir sévérement la plus légère contravention ou connivence en cette partie, Elle veut bien néanmoins, pour cette fois seulement, adoucir les effets de son animadversion envers ceux qui l'ont encourue, dans la confiance où Elle est qu'ils ne s'exposeront pas de nouveau à une révocation qu'Elle ne pourroit s'empêcher de prononcer, en cas de récidive de leur part, ou d'une conduite semblable de la part de tout Officier public constitué par état pour faire suivre ou respecter les intentions de Sa Majesté. A quoi voulant pourvoir : Oui le rapport, et tout considéré : LE ROI étant en son Conseil, a ordonné et ordonne que les Lettres-patentes en forme d'Edit, du mois d'Octobre 1727, l'Ordonnance du premier Février 1766, et l'Arrêt de son Conseil du 30 Août 1784, seront exécutés selon leur forme et teneur; et pour contravention à aucun desdits Règlemens, commises par les Officiers des Siéges de l'Amirauté à Saint-Domingue, et autres ci-dessus dénommés, interdit Sa Majesté le sieur Estève, Juge, le sieur Gillet, Procureur de Sa Majesté, & le sieur Gonnel, Greffier-commis en l'Amirauté du Cap, de leurs fonctions, chacun pendant un mois, à compter du jour de la signification qui leur sera faite du présent Arrêt; leur enjoint, Sa Majesté, de se comporter à l'avenir avec plus de vigilance et d'exactitude dans les Visites de Bâtimens, prescrites par lesdits Règlemens, sous peine de révocation: A cassé et annullé, casse et annulle l'Arrêt du Conseil Supérieur du Port-au-Prince, du 24 Avril 1785, en ce que, contre les dispositions des Lettres-patentes en forme d'Edit, du mois d'Octobre 1727, et de celles de l'Arrêt du Conseil d'Etat de Sa Majesté, du 30 Août 1784, il n'a prononcé ni la confiscation totale du Bâtiment le Good-hope, ni l'amende encourue par le Capitaine de ce Bâtiment; enjoint Sa Majesté aux Officiers dudit Conseil-Supérieur, de se conformer à l'avenir plus exactement aux dispositions desdites Ordonnances, sous telles peines qu'il appartiendra: Interdit le sieur des Chapelles, Juge, et le sieur Bourcel, Procureur de Sa Majesté en l'Amirauté de Saint-Marc, de leurs fonctions pendant trois mois; leur enjoint de veiller dorénavant avec exactitude à ce qu'aucun bâtiment étranger et interlope ne mouille ni ne s'expédie dans la rade de cette Ville, sous peine de révocation: Interdit également Sa Majesté, chacun pendant trois mois, les sieurs de Couagne, Commandant, et d'Aquin, Officier principal de l'Administration, employé à Saint-Marc, avec privation de leurs appointemens, pendant la durée de ladite interdiction, pour avoir négligé de surveiller les abus qui se commettent dans ladite Rade, et de les dénoncer aux Administrateurs en chef: A cassé et annullé, casse et annulle la Sentence de l'Amirauté & l'Arrêt du Conseil-Supérieur du Port-au-Prince, des 30 Mai et 3 Juin derniers; fait défenses à ces Tribunaux d'en rendre de pareils à l'avenir, à peine de destitution contre ledit Juge d'Amirauté, et contre le Président de la Séance au Conseil-Supérieur, de répondre en son propre et privé nom de semblables jugemens, lorsque ledit Président les aura signés, sans avoir remis au Greffe un Procès-verbal d'avis contraire: A destitué et destitue le nommé Olivier, Capitaine de la Goëlette l'Espérance, de son grade de Capitaine de Bâtiment, l'a déclaré et déclare incapable d'en commander aucun à l'avenir, soit au service de Sa Majesté, soit au service du Commerce : Ordonne que le Sieur Drouillard-Pont-Godin, propriétaire des Noirs embarqués à la Jamaïque sur ladite Goëlette l'Esperance, gardera prison pendant trois mois, à compter de la signification qui lui sera faite du présent Arrêt : Fait défenses aux Officiers de l'Administration et préposés aux Bureaux des Classes de Saint-Domingue, de délivrer à l'avenir des expéditions vagues et indéterminées, à l'effet de naviguer le long de la Côte ; leur enjoint de dénommer le lieu de la destination, sauf changement et nouveau visa, s'il y échoit, de Bureau en Bureau ; A ordonné et ordonne qu'à la diligence de son Procureur-Général au Conseil Supérieur du Port-au-Prince, il y sera procédé relativement aux effets de contrebande mis à terre, et provenant du Brigantin l'Aimable Lisbé, en conformité et exécution du titre III des Lettres patentes de 1727 ; attribuant à cet effet, en tant que de besoin, audit Conseil-Supérieur, toute Cour et Jurisdiction : Interdit Sa Majesté le sieur Delaunay, Juge du Siége de l'Amirauté du Port-au-Prince, de ses fonctions pendant un an, tant pour n'avoir pas prononcé la confiscation du Bâtiment l'Espérance, dans sa Sentence du 4 Mai 1784, que pour les défenses par lui faites aux Directeurs du Bureau de l'Entrepôt, par sa Sentence du 15 Juin 1785, en ce qu'elles ont de contraire aux ordres du Gouverneur-général dont il avoit connoissance, et aux Ordonnances de Sa Majesté : A cassé et annullé, casse et annulle la Sentence du Siége de l'Amirauté des Cayes du Fond de l'Ile-à-Vache, rendue par le Sieur Collet, et l'Arrêt du Conseil-Supérieur du Port-au Prince confirmatif d'icelle, des 24 Mai et 13 Juin derniers ; fait défenses à ces Tribunaux d'en rendre de semblables à l'avenir, à peine de destitution contre ledit Juge de l'Amirauté, et contre le Président de la séance au Conseil-Supérieur, d'en répondre en son propre et privé nom, lorsque ledit Président les aura signés, sans avoir remis au Greffe un Procès-verbal d'avis contraire : Interdit lesdits Sieurs Collet, Juge, et Pic de-Pere, Procureur de Sa Majesté audit Siége de l'Amirauté des Cayes, de leurs fonctions pendant six mois, pour avoir, tant dans les Conclusions que dans le Jugement des 23 et 24 Mai derniers, permis à un Capitaine Danois de se charger, en retour, de denrées coloniales, contre le prescrit des Réglemens, et malgré la défense formelle des Administrateurs; Mande et ordonne Sa Majesté aux Officiers de ses Conseils-Supérieurs du Port-au-Prince et du Cap, de procéder à l'enregistrement du présent Arrêt, pour être exécuté selon sa forme et teneur, lu, publié, imprimé et affiché par-tout où besoin sera. Mande et ordonne pareillement Sa Majesté à ses Gouverneur, Lieutenant-Général et Intendant des Isles sous le vent, de tenir la main audit enregistrement et à ladite exécution. Fait au Conseil d'Etat, Sa Majesté y étant, tenu à Saint-Cloud, le 23 Septembre 1785. *Signé:* Le Maréchal DE CASTRIES.

R. au Conseil du Port-au-Prince, le 3 Mai 1786.

Et à celui du Cap, le 11 du même mois.

ARRÊT *du Conseil d'Etat, portant* à Cinq livres *par quintal, la taxe imposée sur la Morue de Pêche Etrangère, qui sera importée aux Isles de l'Amérique du Vent et sous le Vent.*

Du 25 Septembre 1785.

L'EXPÉRIENCE ayant fait sentir la nécessité de procurer aux Noirs des Isles du Vent une subsistance assurée dans la concurrence de la Morue de Pêche étrangère, avec celle de la Pêche françoise, il avoit été d'abord établi une taxe de *Huit livres* par quintal, ensuite une de *Cinq livres* seulement, sur l'introduction qui y seroit faite de cette denrée par l'Étranger, afin de compenser, autant qu'il seroit possible, la différence des prix de l'une et de l'autre fourniture: dès-lors le Roi ayant reconnu qu'il convenoit d'autoriser la même concurrence à Saint-Domingue, en réduisant néanmoins à un taux plus foible la taxe qui seroit imposée à l'importation étrangère dans ses diverses Colonies d'Amérique, Sa Majesté, par Arrêt de son Conseil du 30 Août 1784, a permis à l'Étranger d'y introduire de la Morue sèche, uniquement par les Ports d'entrepôt désignés, à la charge de payer un droit de *Trois livres* tournois par quintal, dont le montant seroit réversible en Primes d'encouragement pour l'introduction de la Morue et du Poisson salé, provenant de la Pêche Nationale. Ces dispositions successives avoient été mesurées sur les produits de cette dernière, qui n'offroient, en sus de la consommation du Royaume, que de modiques excédens;

mais les accroissemens sensibles qu'elle a pris depuis le retour de la paix, l'émulation qui régne à cet égard parmi les Armateurs de plusieurs Ports du Royaume, l'espoir de parvenir dans peu à des résultats encore plus satisfaisans, s'ils étoient excités par les efforts du Gouvernement même ; tous ces motifs ont déterminé Sa Majesté à faciliter, par de nouveaux avantages, le débouché des Morues de Pêche françoise dans ses Colonies du Vent et sous le Vent. En conséquence Elle vient, par Arrêt de son Conseil du 18 de ce mois, d'élever jusqu'à *Dix livres* par quintal la Prime qu'Elle veut bien accorder à l'importation des Morues de Pêche Nationale dans les Isles ; mais Elle a jugé, en même temps, qu'il étoit indispensable de rétablir la taxe de *Cinq livres* par quintal sur l'importation qui aura lieu à l'avenir auxdites Isles par l'Etranger, dans la confiance où Elle est qu'il en résultera le double effet de multiplier les armemens des Négocians François pour la Pêche, et au moyen du versement du produit de ladite taxe en son Trésor Royal, de soulager ses finances d'une partie des sacrifices qu'Elle s'est imposés. A quoi voulant pourvoir ; Ouï le rapport : LE ROI ETANT EN SON CONSEIL, Sa Majesté a ordonné et ordonne ce qui suit :

ART. I. A compter du jour de la publication du présent Arrêt dans les Colonies de l'Amérique du Vent et sous le Vent, il sera perçu *Cinq livres* tournois par quintal de Morue et Poisson salés, qui seront introduits par l'Etranger dans les Ports d'entrepôt desdites Colonies, indépendamment des droits locaux établis ou à établir ; dérogeant Sa Majesté, quant à ce, à l'article V de l'Arrêt de son Conseil du 30 Août 1784 : le produit dudit droit de *Cinq livres* sera versé chaque année au Trésor-Royal, pour être employé d'autant, au complément de la Prime de *Dix livres* accordée par Sa Majesté, en l'Arrêt de son Conseil du 18 de ce mois, par quintal de Morues sèches provenantes de la Pêche Françoise qui seront importées auxdites Colonies.

II. Les Capitaines des Navires qui porteront leurs Morues directement des Isles Saint-Pierre et Miquelon, ou d'autres lieux de la Pêche auxdites Isles, ne pourront s'introduire que par les Ports d'entrepôt seulement, en conformité des Articles X, XI, XII, XIII et XIV de l'Arrêt du Conseil du 30 Août 1784, et à la charge d'observer les formalités et conditions y prescrites.

III. Enjoint Sa Majesté aux Gouverneurs-généraux et Intendans ou Ordonnateurs desdites Colonies, de procéder incessamment à la confection d'un Tarif modéré pour les vacations et expéditions ordonnées

par

par les Articles IV, V et VI de l'Arrêt de son Conseil du 18 de ce mois, lequel Arrêt demeurera annexé au présent, pour être exécuté suivant sa forme et teneur. Ledit Tarif sera adressé au Secrétaire d'Etat ayant le département de la Marine et des Colonies, pour être approuvé par Sa Majesté s'il y a lieu, et néanmoins exécuté par provision, jusqu'à ce qu'il en ait été autrement ordonné.

Mande Sa Majesté à Mons. le Duc de Penthièvre, Amiral de France, et aux Gouverneurs, Lieutenans-Généraux, Commandans particuliers, Intendans, Commissaires généraux, Ordonnateurs et tous autres qu'il appartiendra, de tenir la main, chacun en droit soi, à l'exécution du présent Arrêt. Mande pareillement Sa Majesté aux Conseils et Tribunaux Supérieurs des Colonies Françoises de l'Amérique, de procéder à l'enregistrement d'icelui, pour être lu, publié et affiché partout où besoin sera. Fait au Conseil d'Etat du Roi, Sa Majesté y étant, tenu à Saint-Cloud le 25 Septembre 1785. *Signé :* Le Maréchal DE CASTRIES.

Le Duc de PENTHIÈVRE, Amiral de France, etc.

R. au Conseil du Port-au-Prince, le premier Mai 1786.
Et à celui du Cap le 4 *du même mois.*

LETTRE des Administrateurs aux Directeur et Syndics de la Chambre de Commerce du Cap, sur la Nomination des Officiers de cette Chambre, pour l'année 1786, *et sur l'insertion de leur liste dans les Almanachs de la Colonie.*

Du 25 Septembre 1785.

NOUS avons reçu, MM., la lettre que vous nous avez fait l'honneur de nous écrire, pour nous prévenir de la nomination des nouveaux Syndics de la Chambre de Commerce : nous ne pouvons, MM, qu'applaudir à votre choix ; nous autoriserons volontiers les Imprimeurs de cette Colonie à comprendre, dans l'Almanach de l'année prochaine, MM. de la Chambre, dans l'ordre du tableau que vous leur fournirez, et ce immédiatement après MM. de la Chambre d'Agriculture; vous pouvez, en conséquence, nous envoyer ce tableau par duplicata; nous mettrons notre bon au bas de chacun.

ORDONNANCE de Police du Lieutenant de l'Amirauté de Saint-Marc, touchant la Pêche.

Du 27 Septembre 1785.

LOUIS-JEAN-MARIE de Bourbon, Duc de Penthièvre, Amiral de France, etc.

Sur ce qui nous a été remontré par le Procureur du Roi de l'Amirauté de Saint-Marc, que la grande rareté du poisson qui régne en ladite Ville, lui en a fait rechercher les causes. Plusieurs Pêcheurs qu'il a consultés, à cet effet lui ont rapporté que cette rareté ne provenoit que de la dépopulation, occasionnée par les filets dont se servent la plûpart des personnes qui se mêlent de faire la Pêche; que les mailles de ces filets n'ont au plus que deux ou trois lignes de longueur en quarré; que ces filets ramassant et détruisant ainsi le poisson naissant, en diminuoient singulièrement l'espèce; que le nombre des Pêcheurs étoit en outre très-considérable; qu'ils n'étoient surveillés par personne, et commettoient ainsi impunément toutes sortes de contraventions aux Ordonnances du Roi sur le fait de la pêche; enfin, qu'il seroit important de nommer l'un d'eux pour visiter les filets des autres, et faire rapport aux Officiers de l'Amirauté, des abus et contraventions, pour y être par eux pourvu. Le Procureur du Roi, d'après ces renseignemens et observations, s'est convaincu que les Ordonnances générales du Royaume, sur le fait de la pêche, et notamment celle de la Marine, étoient dans une inexécution entière dans le ressort de cette Amirauté; que d'une part, il ne se trouve point au Greffe de l'Amirauté, ainsi que le prescrit l'Article XVI du Titre II du livre V de ladite Ordonnance, un modèle des mailles des filets dont peuvent se servir les Pêcheurs demeurant dans l'étendue de cette Amirauté; que cependant Sa Majesté lui enjoint de tenir soigneusement la main à l'exécution de cet Article, à peine de répondre des contraventions en son nom personnel. 2°. Que les noms de tous les Pêcheurs, depuis l'âge de 18 ans et au-dessus, demeurant dans l'étendue du ressort, ne se trouvent point au Greffe, ainsi que le prescrit l'Article second du Titre VIII du même livre; 3°. Enfin qu'il n'a point été fait, conformément à l'Article IV, d'élection dans chaque Port ou Paroisse, d'un d'entre les Pêcheurs, pour, après serment par lui prêté pardevant les Officiers de l'Amirauté, faire la visite des filets et rapport auxdits Officiers des abus et contraventions : que quoique les Pêcheurs ne forment point ici, comme en Europe, de Corps et Communauté, il n'est pas moins nécessaire qu'ils soient surveillés, conformément à l'esprit de l'Ordonnance, par quelqu'un qui puisse, comme plus à portée, constater leurs contraventions et les dénoncer aux Officiers de l'Amirauté : Requéroit en conséquence le Procureur du Roi, qu'il nous plût y pourvoir suivant la nature des circonstances, des lieux et des personnes.

Nous faisant droit sur la remontrance du Procureur du Roi, conformément à l'esprit et au vœu de l'Ordonnance de la Marine, du mois d'Août 1681, avons ordonné et ordonnons ce qui suit :

1°. Toutes personnes au-dessus de 18 ans, faisant profession de la pêche par soi ou ses esclaves, dans le ressort de l'Amirauté de Saint-Marc, seront tenues, sous trois mois pour tout délai, d'en faire leur déclaration au Greffe de l'Amirauté, ainsi que ceux qui voudront par la suite embrasser ladite profession, et ce à peine de 600 livres d'amende, applicable un tiers à Nous, un tiers au dénonciateur, et l'autre tiers, conformément à l'Article XX du Titre III du livre V de la susdite Ordonnance, au paiement des frais faits pour parvenir aux condamnations. Il sera, avant le délai de trois mois, déposé au Greffe un modèle des mailles des filets dont pourront se servir les Pêcheurs demeurant dans le ressort de l'Amirauté. Faisons défenses auxdits Pêcheurs, de se servir, après ledit délai, de filets non conformes au modèle déposé, même d'en avoir et garder chez eux, sous prétexte d'autre usage que celui de la pêche, à peine de confiscation desdits filets, qui seront ensuite brulés, et de 600 livres d'amende, applicables comme ci-dessus; et de plus forte en cas de récidive. Seront tenus les Maîtres, des délits commis en ce genre par leurs Esclaves, et condamnés en l'amende; 3°. A l'expiration dudit délai de trois mois, les Pêcheurs des différents ports ou paroisses du ressort, qui auront fait leur déclaration au Greffe, s'assembleront en l'Hôtel du Lieutenant de l'Amirauté, en présence du Procureur du Roi, au jour qui sera par lui indiqué, à l'effet d'élire, pour chaque port ou paroisse, un d'entr'eux pour Visiteur-juré, lequel prêtera serment par-devant lesdits Officiers de l'Amirauté, et, tous les ans à pareille époque, il sera faite une nouvelle Assemblée et une nouvelle élection. 4°. La nature des lieux obligeant de fixer les districts des différens Visiteurs-jurés, celui élu pour les Gonaïves, remplira ses fonctions jusqu'à la Baye Grand-Pierre exclusivement; celui de la Saline visitera la Baye Grand-Pierre, la Saline de l'Artibonite et la Rivière-Salée; celui de Saint-Marc s'étendra depuis la Rivière-Salée jusqu'à la pointe de Saint-Marc inclusivement: celui des Roseaux aura pour district le Mont-Rouïs, les Roseaux et le revers de la Pointe de Saint-Marc. 5°. Chaque Visiteur-juré aura, dans son district, l'inspection des filets de tous les pêcheurs, quels qu'ils soient, en fera de fréquentes visites, saisira ceux qui ne seroient pas de la qualité réquise, en dressera son procès-verbal qu'il adressera au Procureur du Roi; il prendra connoissance des pêcheurs qui n'auront pas fait leur déclaration au Greffe, fera son rapport au Procureur du Roi, des abus et contraventions à la présente Ordonnance, pour être, par le Procureur du Roi, procédé contre les délinquans, ainsi qu'il appartiendra. 6°. Autorisons les Visiteurs-jurés à faire des perquisitions lorsqu'ils le jugeront nécessaire, dans les maisons des Pêcheurs, même à se faire assister, pour cet effet, si besoin est, de la Police en Ville, et de la Maréchaussée hors de la Ville; enjoignons aux Officiers tant de police que de Maréchaussée, de prêter main forte auxdits Visiteurs, lorsqu'ils en seront par eux requis. 7°. Faisons défenses à tous ceux qui tendent des folles pour la pêche de la Tortue, Caret et autres de cette nature, de les placer au large, de telle sorte qu'elles ne puissent nuire à la navigation; leur enjoignons expressément de poser sur le rivage un des bouts desdites folles, à peine de trois cents livres d'amende, applicable comme dessus, et en outre de tous dépens, dommages et intérêts. 8°. Faisons défenses à toutes personnes de pêcher, le long des rives de la mer, le petit poisson, vulgairement nommé Pisquet, soit avec des draps, napes, ou de toute autre manière, à peine de 250 livres d'amende contre les Blancs et Gens de couleur libres, applicable comme dessus, et de prison contre les esclaves. 9°. Ordonnnons qne la présente sera lue, publiée et affichée par-tout où besoin sera. Fait et donné par Me Jean-Jacques Gattien Bretton des Chapelles, Conseiller du Roi, Lieutenant de l'Amirauté de Saint-Marc, le 27e Septembre 1785. *Signé :* DE BOURCEL et BRETTON DES CHAPELLES.

Lue, publiée et affichée à Saint-Marc le 2 Octobre suivant, au Mont-Rouïs le 4, aux Gonaïves le 16.

ARRÊT du Conseil du Cap touchant la Nomination des Séquestres.

Du 4 Octobre 1785.

ENTRE le Sieur Garnier, Subrogé-Tuteur des Mineurs Gallon, etc. Faisant droit sur les plus amples Conclusions du Procureur-Général du Roi, LA COUR enjoint au Juge du Fort-Dauphin, de se conformer à l'Art. III du Titre XIX de l'Ordonnance de 1667; ce faisant, de fixer par la même Sentence qui ordonne le Séquestre, le jour auquel les Parties doivent comparoir devant le Juge, pour y convenir dudit Séquestre, sinon y être procédé, tant en absence que présence; sans souffrir, ni permettre qu'il soit présenté une nouvelle requête et formé un nouvel incident, pour parvenir à cette prise de jour et multiplier les frais sans nécessité.

ORDONNANCE de M. l'Intendant, sur le Logement et les Droits de Vérificateur-général des Comptes de la Colonie.

Du 7 Octobre 1785.

VU la Requête présentée par le Sieur Grand, piéces y jointes, ainsi que l'avis du Contrôleur de la Marine, considérant que la vérification des comptes est un tout qui a des parties de différentes natures, dont les unes rendent, et les autres au contraire exigent, et que le Vérificateur trouve sur celles qui donnent plus de profit et moins de travail, ce qui lui manque, et ce qu'il perd sur celles qui donnent plus de peine et moins d'émolumens; avons fixé l'augmentation du loyer dont s'agit, à 1,600 livres par an, quoique cette augmentation, qui porte ledit loyer à 6,600 livres, ne soit pas relative au produit que pourroit donner la maison appartenante au Vérificateur; avons également fixé à 1,200 livres par an, la vérification des comptes des droits de Domaine d'Occident, et huit sols pour livre additionnel, à compter du jour qu'ils sont établis, jusqu'à l'époque de la paix qu'ils ont cessé; le tout conformément à l'avis du Contrôleur de la Marine, dont nous ordonnons l'entière exécution. Donné au Port-au-Prince, le 7 Octobre 1785. *Signé :* BONGARS

R. au Contrôle le 10 *du même mois.*

ARRÊT *du Conseil du Cap, qui condamne le Sieur Melin, 1°. à se retirer pardevant M. le Chevalier Dugrès, Commandant au Cap, pour faire retirer l'ordre en vertu duquel le Sieur Salomon Daguilar avoit été emprisonné, à sa réquisition, pour dette purement civile, par suite d'un ancien ordre donné par M. de Nolivoss, et renouvelé par MM. d'Ennery et d'Argout; 2°. en 50 livres par jour, depuis celui de la détention jusqu'à celui de son élargissement; 3°. en 2,000 livres de dommages et intérêts.*

Du 7 Octobre 1785.

ARRÊT *du Conseil du Cap, qui, 1°., en confirmant une Ordonnance et une Sentence du Lieutenant de l'Amirauté de la même Ville, déclare le Greffier en chef par interim de ladite Amirauté, exerçant par commission dudit Lieutenant, à lui accordée à cause du décès du Titulaire, sans droit ni qualité dans la tierce-opposition par lui formée à la réception du Pourvu par Sa Majesté du brevet de Greffier en chef, sur la présentation de M. l'Amiral, sous prétexte qu'il n'étoit pas l'individu pour lequel le Brevet étoit destiné, et qu'il ne représentoit pas son Extrait Baptistaire; 2°. ordonne que le Pourvu sera reçu, à la charge de représenter son Extrait Baptistaire au Procureur-Général, dans le délai de six mois; et 3°., faisant droit sur les plus amples Conclusions du Procureur-Général du Roi, ordonne que son Substitut en l'Amirauté assistera à l'inventaire des Minutes, Registres et Dépôts du Greffe dudit Siége.*

Du 8 Octobre 1785.

Plaidant Mes d'Augy et Carles, et sur les Conclusions de M. le Procureur-Général.

EXTRAIT de la Lettre du Ministre aux Administrateurs, sur la Présentation par les Conseils aux Places de Conseillers vacantes.

Du 9 Octobre 1785.

J'AI reçu, MM., avec la lettre de MM. de Coustard et de Bongars, du 4 juillet dernier, N° 3, la délibération du Conseil-Supérieur du Cap, du 9 Juin précédent, par laquelle ce tribunal a proposé pour la place de Conseiller, vacante par la mort du Sieur St-Martin fils, etc. J'avois déjà observé des irrégularités dans les propositions des Conseils-Supérieurs à cette occasion. J'ai marqué en termes précis à celui du Cap, par une Dépêche du 16 Mai de l'année dernière, qui lui a été remise par vos Prédecesseurs, que le Roi n'avoit pas accordé aux Conseils la prérogative provisoire de présenter 3 sujets, pour suivre leurs affections particulières, et qu'ils étoient obligés de se dépouiller de toute prévention, pour présenter les sujets les plus capables. Je lui ai annoncé en conséquence, que S. M. lui prescrivoit de comprendre toujours dans chaque nomination, pour les places de Conseiller, au moins un Juge ou un Avocat, et de ne proposer que les sujets qui auroient les qualités réquises par les Réglemens.

Je vous prie de rappeler au Conseil du Cap, au nom du Roi, la Dépêche du 16 Mai 1784, aux dispositions de laquelle ce Tribunal doit scrupuleusement se conformer, s'il veut conserver la confiance que Sa Majesté lui a montrée.

La préférence est certainement due, les choses d'ailleurs égales, aux Assesseurs et aux Substituts des Procureurs-Généraux, qui remplissent des fonctions gratuites, mais ils doivent la mériter par leur zèle et leur assiduité. Le Roi voulant être exactement instruit à cet égard, je vous prie de m'adresser, au moins tous les six mois, des états que vous vous ferez remettre par les Procureurs-Généraux, et qui soient formés de manière que je puisse connoître, et mettre sous les yeux de Sa Majesté, le plus ou le moins d'assiduité de tous les Officiers des Conseils.

ARRÊT

ARRÊT du Conseil du Cap, concernant les Sépultures dans les Eglises et la Clôture des Cimetieres.

Du 11 Octobre 1785.

VU par le Conseil le Réquisitoire du Procureur-Général du Roi en icelle, contenant : Qu'il s'est fait rendre compte de l'exécution des Lois & Réglemens qui concernent les Sépultures, et de ceux qui prescrivent la Clôture des Cimetieres. 1°. Quant au premier objet, le Remontrant a vu, avec douleur, dans presque toutes les Paroisses, des contraventions formelles, tant à l'Ordonnance du Roi, du 22 Décembre 1733, qui défendoit les Sépultures dans les Eglises de la Colonie, (excepté en faveur des Personnes qualifiées, et moyennant de certaines précautions) qu'au Règlement portant Tarif, du 4 Décembre 1775, dont le Chapitre II, (*des Droits de Fabrique*) tolere l'enterrement, dans les Eglises, des Personnes non privilégiées, à charge de payer une modique somme de 3,000 livres. On est surpris d'apprendre, qu'au mépris de ces Lois, il se fasse, dans les Eglises, des Inhumations, sans aucun des soins qu'on doit prendre contre le mauvais air, et sans que la Fabrique en tire aucune redevance ; c'est-à-dire qu'à Saint-Domingue, Pays d'ailleurs si avancé du côté des lumières que notre siècle a répandues, on s'asservit encore à une pratique barbare, dont le danger est trop connu, et dont la défense absolue, renouvellée en France par l'Edit solemnel de 1776, forme de nos jours, en Europe, une Police universelle. Comment cette Police, plus nécessaire encore dans un Climat, qui réunit l'extrême de la sécheresse et l'excès de l'humidité, (les deux germes les plus actifs des Miasmes putrides, contagieux et délétères) ; comment une Regle si sage a-t-elle, pour être suivie, besoin d'une autre force que de celle de l'Evidence ? L'œil du Ministère public, toujours ouvert sur les abus, devroit-il donc en rencontrer d'un genre aussi choquant ? Et sera-t-on réduit, par humanité même, à s'armer de rigueur pour empêcher les Hommes d'étouffer à la fois les lumières de leur raison, et le vœu de leur existence et le cri de leur intérêt ? On ne peut se dissimuler cette affligeante vérité : tout le monde est persuadé de la sagesse de ces Lois ; chacun leur rend hommage ; mais faute de peines précises contre leurs Infracteurs, ces lois sont négligées, peut-être même inconnues de ceux qu'elles regardent plus spécialement. 2°. On peut en dire autant de l'oubli qu'on a fait dans beaucoup de Paroisses, des dispositions de l'Ordonnance de 1733 (ci-dessus rappelée) et de l'Article XVIII du Règlement du Roi pour le Temporel des Fabriques, du 14 Mars 1741, qui prescrivent également la Clôture des Cimetieres et l'entretien de ces Clôtures, de façon que les animaux n'y pénetrent jamais. C'est un devoir dont l'Ordonnance de 1733 avoit d'abord chargé les Commandans de Quartier. Une Lettre de M. le Comte de Maurepas, jointe à cette Ordonnance, donnoit un grand détail sur l'attribution qu'Elle faisoit aux Commandans. Le Règlement de 1741 a changé cet ordre de choses. Il rend aux Marguilliers le soin des Cimetieres, soin qui leur appartient plus naturellement ; mais le Législateur n'a point fixé de peine contre leur négligence. Ici, l'on est plus que surpris, l'on est scandalisé de voir que des Paroisses, aussi florisantes d'ailleurs que le Quartier-Morin, le Quartier du Limbé, etc. ces terres de Promission, où l'industrie françoise a tiré un parti presque miraculeux des richesses du sol ; l'on est, dis-je, scandalisé que ces belles Paroisses n'ayent, pour Cimetieres, que des espaces vagues, ouverts presque de toutes parts. On auroit peine à le souffrir dans quelque Hameau misérable, dont la Chapelle abandonnée pourroit invoquer néanmoins l'excuse de sa pauvreté. Mais au milieu des plus grands Biens, des plus riches Manufactures, et des Etablissemens les plus vastes peut-être que l'Homme ait créés dans le Monde ; les passans pourront-ils s'acoutumer jamais à voir les Fosses sépulchrales border les grandes Routes, sans abri qui les en sépare, et qui puisse à la fois préserver les vivans de l'exhalaison des Cadavres, et dérober les os des Morts à la fouille des animaux ? Le Tableau d'un pareil abus suffit pour le faire proscrire. L'existence du mal provoque le remède ; mais le choix du remède n'est pas indifférent. L'Ordonnance de 1733 vouloit que la Clôture des Cimetieres se fît, entre les Habitans, par des Corvées de Nègres, avec des amendes fixées et une tâche de surcroît contre ceux qui auroient manqué à cette répartition. Et c'étoit sur-tout cet objet qui concernoit les Commandans. Soit qu'on ait reconnu, depuis, les inconvéniens sans nombre, l'inégalité, la lenteur et la mal-façon nécessaire de tous travaux publics faits par le moyen des Corvées, soit quelqu'autre motif; le Réglement postérieur se borne à ordonner la Clôture des Cimetieres. Il en charge les Marguilliers, sans en prescrire le moyen. Et cette liberté dans la maniere d'obéir à l'intention de la Loi, doit être laissée aux Paroisses; mais rien ne peut les dispenser d'exécuter la Loi dans un très court délai. Il est donc convenable de faire convoquer les Assemblées des Habitans, dans les Quartiers dont il s'agit, afin qu'ils avisent entr'eux aux moyens les plus simples de faire ces Ouvrages, ou d'en supporter la dépense. Tels sont les deux motifs de ce Réquisitoire. Il ne s'agit pas de sévir. Bien-loin de chercher des Coupables, ou de nommer ceux qu'il connoît, le Remontrant se borne à leur donner, en quelque sorte, un avertissement tacite; et il espère que la Cour, par le même esprit d'indulgence, fermant les yeux sur le passé, se contentera des mesures qu'il croit pouvoir lui proposer, pour faire suivre à l'avenir la volonté du Souverain, d'autant que cette volonté n'est ici que sa bienfaisance, et suivant l'Édit même de 1776, *la preuve de la tendre affection du Roi pour la conservation des jours de ses Sujets.* Quant aux deux Cimetieres qui sont aux deux vents opposés de la Ville du Cap, on ne sauroit considérer, sans quelque inquiétude, leur proximité de la Ville, et leur insuffisance, vu l'accroissement successif des Maisons et des Habitans. Cet objet entre aussi dans les vues du Remontrant, certain d'avance que MM. les Administrateurs voudront bien ordonner les changemens nécessaires. Mais pour y parvenir, le Remontrant doit rassembler des calculs et des notions, qui demandent du temps. Ce travail trouvera sa place dans un Réquisitoire que le Procureur-Général veut consacrer uniquement à cette matière importante pour la santé des Citoyens. Il se bornera donc à prendre Acte aujourd'hui de son projet à cet égard. A CES CAUSES, réqueroit qu'il plût à Cour, vu sa Remontrance, et les pièces y jointes, faire droit sur sa Remontrance. Ledit Réquisitoire *Signé*, FRANÇOIS DE NEUFCHATEAU: Oui le rapport de M. Le Gris, Conseiller, et tout considéré: LA COUR faisant droit sur la Remontrance du Procureur-Général du Roi: 1°. Ordonne que les défenses portées par les Lois et Réglemens, de faire aucune Sépulture dans les Eglises des Paroisses du Ressort de la Cour, seront exécutées dans toutes lesdites Paroisses. Et, quand il y sera dérogé en faveur des personnes spécifiées par l'Ordonnance du Roi, du 22 Décembre 1733, ou moyennant la redevance fixée par le Tarif du 4 Décembre 1775, au profit des Fabriques; en ce cas, ordonne que les fosses seront d'abord creusées à la profondeur suffisante, et ensuite remplies de chaux et proprement recarrelées, suivant l'esprit des Ordonnances; de tout quoi il sera fait mention dans les Actes mortuaires et dans les Comptes annuels de chaque Marguillier, qui sera tenu de faire un Chapitre particulier de Recette, à cause des Enterremens dans les Eglises. Enjoint aux Prêtres desservant les Cures, ainsi qu'aux Marguilliers, de tenir la main à tout ce que dessus, sous peine, contre chacun d'eux en ce qui les concerne, de mille livres d'amende par chacune contravention, ladite amende applicable, moitié au Roi, moitié au profit des Maisons de Providence du Cap. 2°. Ordonne, en outre, que les Habitans des Paroisses dont les Cimetieres ne sont point clos, s'assembleront, dans le délai de trois mois, afin de contrevenir et faire faire un devis estimatif des Ouvrages nécessaires pour ladite Clôture, et délibérer des moyens de subvenir à la dépense; pour leurs Délibérations et Devis être envoyés, sans délai, à MM. les Administrateurs, à l'effet d'être par eux homologués, s'il y a lieu; de tout quoi les Marguilliers en exercice seront tenus de justifier au Procureur-Général du Roi, dans le délai de trois mois, sous peine d'une amende de mille livres, applicable comme ci-dessus. 3°. Donne Acte au Procureur-Général du Roi de sa réserve de se pourvoir séparement, ainsi que de raison, pour ce qui concerne les deux Cimetieres du Cap. Enfin, ordonne que le présent Arrêt sera imprimé, lu et affiché par-tout où besoin sera, et enrégistré, tant aux Greffes des Jurisdictions du Ressort, que sur les Registres des délibérations desdites Paroisses. Enjoint aux Substituts dudit Procureur-Général du Roi, de tenir la main à l'exécution du présent Arrêt, et d'en certifier la Cour dans le mois, etc.

Approuvé par une lettre du Ministre au Procureur-Général, du 2 Février 1786.

ARRÊT du Conseil du Cap, qui juge que le Curateur aux Successions vacantes n'a pas droit de s'immiscer dans une Succession, lorsqu'un Héritier réside dans la Colonie.

Du 11 Octobre 1785.

Dans l'espèce de cet Arrêt, le Sieur Saint-Pierre, Négociant au Cap, étoit mort ab intestat. Ses héritiers étoient son père, demeurant à Bordeaux, et le Sieur Pouquin, son frére utérin, Directeur du Bureau de l'Entrepôt aux Cayes.

Les Scellés avoient été apposés à la requête d'un Créancier, et il avoit été formé opposition à leur levée par le Curateur aux vacances, qui soutenoit avoir seul droit de les faire lever. L'Arrêt proscrit cette prétention, accueillie par la Sentence.

ARRÊT du Conseil du Port-au-Prince, touchant les Procès-verbaux des Juges en matière criminelle.

Du 12 Octobre 1785.

LOUIS, etc. Contre le nommé Jean-Louis, Nègre, esclave, etc.; Et faisant droit sur le Réquisitoire de notre Procureur-Général: LA COUR enjoint tant au Sénéchal de Jérémie qu'au Substitut de notre Procureur-Général audit lieu, de se conformer à l'Article premier du Titre IV de l'Ordonnance du mois d'Août 1670, à peine d'interdiction; renvoie pour l'exécution du présent Arrêt le Nègre Jean-Louis par-devant le Juge du Port au-Prince, que Notre Cour commet à cet effet.

ARRÊT au Conseil du Port-au-Prince, confirmatif de Sentence du Siége de Jérémie, en date du 25 Mai précédent, qui ordonne que le Sieur Sorin, Négociant et Directeur des Postes à l'Illet-à-Pierre-Joseph, sera et demeurera Marguillier du Cap Dame-Marie, sa Paroisse.

Du 14 Octobre 1785.

ARRÊT du Conseil du Port-au-Prince, touchant la Réception d'un Capitaine de Port par interim.

Du 14 Octobre 1785.

LOUIS, etc. Vu, etc. Entre Pierre-Genty Gay aîné, etc., demeurant au Port-au-Prince; Et notre Procureur-Général, etc. l'Ordonnance dont est appel, qui, vu ce qui résulte du Titre III de l'Ordonnance de Louis XIV, pour les Armées navales et Arsenaux de Marine, et du Titre III, livre IV de l'Ordonnance de la Marine, du mois d'Août 1681, déclare le Juge dont est appel incompétent pour connoître de la demande de l'Appelant, en ce qui touche l'enregistrement de sa commission de Capitaine de Port et sa réception au Siége de l'Amirauté de cette Ville en cette qualité, attendu que, d'après ladite Ordonnance pour les Arsenaux de Marine, les fonctions de Capitaine de Port sont uniquement affectées au service de nos vaisseaux; en conséquence le renvoie sur ce chef à se pourvoir vers qui de droit; permet cependant à l'Appelant, sans tirer à conséquence, et jusqu'à ce que M. l'Amiral y ait pourvu, de choisir un ou deux pilotes pour l'entrée et la sortie des Bâtimens marchands, lesquels Pilotes subiront examen devant le Juge dont est appel en la forme de droit, pour, d'après ledit examen, être reçu, s'il y a lieu, en ladite qualité, et prêter le serment en tel cas requis, et conformément à ladite Ordonnance de 1681; Ouïs, etc. LA COUR a mis et met l'Appellation et ce dont est appel au néant; émendant, ordonne que le Lieutenant de l'Amirauté sera tenu de procéder sans délai et au vu du présent Arrêt, à la reception de l'Appelant, conformément à la commission de Capitaine de Port par interim, à lui accordée le 8 Juin dernier, par MM. de Bellecombe et de Bongars, Gouverneur-général et Intendant de cette Colonie, l'amende remise à l'Appelant.

ARRÊT du Conseil du Cap touchant le Cimetiere du Canton, appelé Bahon, dans la Paroisse de la Grande-Rivière, et les Inhumations qui peuvent y avoir lieu.

Du 20 Octobre 1785.

VU par le Conseil la Remontrance du Procureur-Général du Roi; Ouï le rapport de M. Couet de Montarand, Conseiller-Assesseur, et tout considéré: LA COUR ordonne que, par-devant le Conseiller-Rapporteur qu'elle a commis à cet effet, il sera procédé, à la diligence du Procureur-Général du Roi, à une enquête générale sur les noms, surnoms, âge, patrie et dates des sépultures de tous les Blancs et Gens de couleur libres, que les habitans actuels de la Grande-Rivière, voisine du lieu de Bahon, peuvent se souvenir d'avoir vu, ou fait enterrer dans le Cimetiere dudit Bahon, à l'effet de quoi le Commissaire de la Cour se transportera sur les lieux, en compagnie du Procureur-Général; permet en conséquence audit Procureur-Général de faire assigner tous les Habitans, voisins dudit lieu de Bahon, leurs femmes, enfans, Procureurs, Économes, Chirurgiens et tous autres qu'il appartiendra, tant par affiches et proclamations publiques, pendant trois dimanches consécutifs que par exploits séparés, si besoin est, à comparoir devant le Commissaire de la Cour, pour déposer sur les faits ci-dessus, sous les peines de droit, pour, ladite enquête délivrée d'office au Procureur-Général du Roi, être, à sa diligence, transcrite sur les trois Registres des Actes mortuaires de la Paroisse de la Grande-Rivière, et les expéditions qui pourront en être données, servir et valoir ce que de raison; ordonne en outre que, pardevant le même Commissaire et par l'Arpenteur qu'il aura commis, en présence du Procureur-Général du Roi, du Missionnaire desservant la Paroisse de la Grande-Rivière, et du Marguillier en exercice, le local du Cimetiere de Bahon sera vu et vérifié pour en visiter l'étendue, reconnoître les usurpations et procéder au bornage dudit terrain, à l'effet de quoi permet au Procureur-Général du Roi de faire assigner et entendre sur les lieux, tant les propriétaires voisins de ce local, que les habitans anciens et non suspects, qui puissent déposer de l'état primitif et de l'ancienne consistance de ce même terrain; autorise le Conseiller-Commissaire à donner par provision, sur les Conclusions du Procureur-Général du Roi, lesdits ordres nécessaires pour faire clore ce Cimetiere, et soumettre à la garde un habitant du voisinage, lequel se chargera, par ce serment, 1°. de veiller aux enterremens, qui, faute de pouvoir être faits dans le Cimetiere de la Paroisse, à cause des mauvais chemins, éloignement, ou autres causes, pourront être faits à l'avenir au lieu dit Bahon; 2°. de faire fouiller les fosses à la profondeur nécessaire, pour que le voisinage ne souffre pas des Sépultures, et en outre 3°. d'en dresser des certificats, signés de deux personnes, et de faire tenir sûrement ces certificats au Missionnaire desservant la Paroisse, pour être déposés aux Archives de ladite Paroisse, et transcrits par ledit Desservant sur ses Registres mortuaires, à peine, contre les habitans négligens de se conformer à cette police, et contre ledit gardien dudit Cimetiere succursal de Bahon, en cas de négligence de sa part à remplir ses obligations, de demeurer responsables envers les parties intéressées, de tous dépens, dommages et intérêts; ordonne que le présent Arrêt sera, à la diligence du Procureur-Général du Roi, notifié au Missionnaire desservant la Paroisse de la Grande-Riviere, ainsi qu'au Marguillier en exercice, avec injonction de le transcrire dans leurs Registres; ordonne que les frais de toutes les opérations ci-dessus seront supportés par la Fabrique de ladite Paroisse de la Grande-Rivière, suivant la taxe qui en sera faite par le Commissaire de la Cour; ordonne enfin que toutes les piéces jointes au Réquisitoire du Procureur-Général du Roi, seront et demeureront déposées au Greffe de la Cour, préalablement paraphées par M. le Président, *ne varientur.*

ARRÊT

ARRÊT du Conseil du Cap, qui, sur la demande du Sieur Decourt, habitant à la Petite-Anse, en réformation de l'Acte de baptême de son fils, qui y a été désigné comme fille, le renvoie à se pourvoir par-devant le Sénéchal du Cap.

Du 22 Octobre 1785.

ARRÊT du Conseil du Port-au-Prince, qui, attendu que Me Marsolas ne rapporte que la seule présentation de M. l'Amiral à la place de Greffier de l'Amirauté des Cayes, sans nomination de Sa Majesté, le renvoie à se pourvoir.

Du 24 Octobre 1785.

M. Marsolas, nommé par Brevet du Roi, du 22 Mai précédent, Greffier de la Sénéchaussée des Cayes, fut reçu, le même jour, 24 Octobre 1785, en cette qualité.

ARRÊT du Conseil du Cap, qui enjoint au Concierge des prisons de prévenir le Procureur du Roi du décès des Prisonniers, à l'instant où il arrive.

Du 24 Octobre 1785.

LOUIS, etc. Contre le nommé Cesar, etc.; Et faisant droit sur les plus amples Conclusions de notre Procureur-Général, enjoint au Concierge des prisons Royales de cette Ville, de prévenir, dans l'instant du décès des Prisonniers, le Substitut de notre Procureur Général, à l'effet par lui de requérir ce qu'il appartiendra.

ARRÊT du Conseil du Cap, qui, 1°., condamne le Nègre Cézar à être pendu, pour crime de Plagiaire on Vol d'Esclaves; 2°. déclare son Maître déchu des 1,200 livres, prix des Esclaves suppliciés, pour l'avoir laissé vaguer; 3°. accorde moitié desdits 1,200 livres à un Nègre libre, pour avoir fait arrêter ledit Cézar; 4°. défend de louer des Maisons ou des Chambres à des Esclaves; et 5°. renouvelle les Défenses de les laisser trafiquer et vaguer.

Du 26 Octobre 1785.

VU par la Cour la Procédure extraordinairement faite et instruite par le Lieutenant-Criminel au Siége-Royal du Cap, à la Requête du Substitut du Procureur Général du Roi audit Siége, Demandeur et Accusateur; contre le nommé Cézar, Nègre Créole, Esclave du Pere Irenée, Capucin, desservant la Cure du Fort-Dauphin, Défendeur et Accusé, détenu ès Prisons Royales de cette Ville; les Appels interjetés, tant par ledit Cézar que par le Substitut du Procureur-Général du Roi audit Siége, de la Sentence du 6 Septembre dernier, qui auroit déclaré ledit Nègre Cézar duement atteint et convaincu d'avoir suborné, soutiré et enlevé plusieurs Nègres et Négresses Esclaves, du Quartier des Gonaïves, d'en avoir loüé à des Particuliers comme objets à lui appartenans, et véhémentement suspecté d'en avoir voulu vendre; pour réparation de quoi, l'auroit condamné, etc.; l'Arrêt de la Cour du 7 de ce mois, qui auroit ordonné que ladite Procédure seroit communiquée au Procureur-Général du Roi; Conclusions par écrit dudit Procureur-Général: Ouï et interrogé ledit Nègre Cézar sur la sellette, sur la cause d'appel et cas à lui imposés: Ouï le rapport de M. Le Gris, Conseiller, et tout considéré: Dit a été par LA COUR qu'il a été mal jugé par ledit Lieutenant-Criminel audit Siége-Royal du Cap, bien appelé, émendant, pour les cas résultans du Procès, condamne ledit Nègre Cézar, comme coupable du crime de Plagiaire ou Vol d'Esclaves, à faire amende honorable, nu, en chemise, la corde au col, tenant en ses mains une torche de cire ardente, du poids de deux livres, au-devant de la principale Porte et entrée de l'Eglise Notre Dame de l'Assomption de cette Ville, où il sera mené dans un Tombereau par l'Exécuteur de la Haute-Justice, ayant Ecriteau devant et derrière, avec ces mots: *Voleur et Suborneur d'Esclaves*; et là, étant nu tête et à genoux, déclarer à haute voix, que méchamment et comme mal avisé, il a séduit et dérobé des Nègres à leurs Maîtres, et abusé de sa liberté prétendue pour recéler ses Vols, dont il se repent, et demande pardon à Dieu et à la Justice; ce fait, il sera conduit et mené par ledit Exécuteur, dans ledit Tombereau, sur la Place dite de Clugny, pour y être pendu et étranglé jusqu'à ce que mort s'ensuive, à une Potence, qui, pour cet effet, sera dressée sur ladite Place par ledit Exécuteur de la Haute-Justice; et pour l'exécution du présent Arrêt, renvoie ledit Nègre Cézar par-devant le Juge criminel du Cap.

Et attendu que les Vols du Nègre Cézar sont une suite de la contravention de son Maître aux Articles XV et XVI de l'Arrêt de Réglement du 7 Avril 1758, (qui défendent aux Propriétaires d'Esclaves, 1°. de les laisser trafiquer, et 2°. de les laisser libres et vagabonds, moyennant une rétribution par mois), Contravention prouvée par l'aveu même du Père Irenée, dans sa déposition du 25 Juillet dernier; déclare ledit Pere Irenée déchu de l'indemnité de 1,200 livres, que le supplice de son Nègre lui donnoit droit de réclamer sur la Caisse municipale. Ordonne néanmoins, que sur ladite somme de 1,200 livres, il en sera donné 600 à François Lazare, Nègre libre du Quartier de la Grande-Rivière, quatrième témoin de l'addition d'information du 24 Mai dernier, pour le récompenser du zèle et de la fidélité qu'il a montrés en faisant arrêter le Nègre; laquelle somme de 600 livres lui sera payée par le Receveur des Droits suppliciés, sur un Extrait du présent Arrêt.

Donne Acte au Procureur-Général du Roi de la réserve qu'il fait de se pourvoir contre Charrier de Kerven, pour avoir loué une de ses chambres à un Nègre Esclave, sans avoir pris les précautions nécessaires pour s'assurer si ce Nègre Cézar étoit libre, en effet, comme il disoit l'être. Donne Acte pareillement audit Procureur-Général du Roi de ses réserves de se pourvoir contre les nommés *Dubois*, *Helle*, et autres Faussaires qui ont écrit et signé les Billets et Bons dont le Nègre Cézar s'est trouvé pourvu, et dont il abusoit, pour cacher ses Vols et recélemens d'Esclaves; sauf aux Propriétaires desdits Esclaves par lui soutirés et recélés, à se pourvoir, pour leurs dommages-intérêts, contre qui ils aviseront bon être, s'ils s'y croient fondés, défenses réservées au contraire. Enfin, faisant droit sur les plus amples Conclusions du Procureur-Général du Roi, ordonne que tous Propriétaires, ou leurs ayants-cause, de quelque qualité qu'ils soient, qui seront convaincus d'avoir loué des maisons ou des chambres à des Esclaves, directement ou indirectement, sous quelque prétexte que ce puisse être, et ceux qui leur auront prêté leur nom, seront condamnés chacun en 1,000 livres d'amende, applicable moitié à l'Hôpital de la Providence, moitié au Dénonciateur, et en cas de récidive, poursuivis extraordinairement.

Ordonne enfin qu'à la diligence dudit Procureur-Général, tant le présent Arrêt que les Articles XV et XVI de l'Arrêt de Réglement *sur la Police des Esclaves*, du 7 Avril 1758, seront lus, publiés, imprimés et affichés dans cette Ville et dans toutes les Paroisses du Ressort de la Cour, et Copies collationnées d'iceux envoyées aux Jurisdictions ressortissantes en la Cour, pour y être également lus, publiés, suivis et exécutés. Enjoint aux Substituts dudit Procureur-Général d'y tenir la main et d'en certifier dans le mois. Fait au Cap, etc.

Approuvé par une lettre du Ministre au Procureur-Général, du 2 Fevrier 1786.

ARRÊT du Conseil du Cap, concernant la Police des Boucheries, Poissonneries, Boulangeries, dans la même Ville et dans le Ressort de la Cour.

Du 26 Octobre 1785.

VU par la Cour la Remontrance du Procureur-Général du Roi en icelle; portant qu'il ne peut tarder plus long-temps de déférer directement aux Magistrats supérieurs les plaintes unanimes qui lui sont parvenues, non-seulement de cette Ville et de ses environs, mais de presque tous les Quartiers du Ressort de la Cour, sur les abus qui s'introduisent dans le Commerce des choses nécessaires à la vie. On se récrie sur-tout relativement aux désordres et aux concussions qui se commettent, hautement et à la face du Public, dans l'exercice de la Ferme des Boucheries.

MM. les Administrateurs de cette Colonie, quoique persuadés du bien que produisoit la concurrence entre les Bouchers libres, ont eu un motif politique pour rétablir la Ferme. On doit respecter les raisons qui les ont décidés : mais contre leur intention, contre le vœu de leur sagesse et de leur bienfaisance, cette Ferme mal dirigée, au-lieu de renfermer, dans un cercle déterminé, la marche de l'Adjudicataire, semble être un champ sans borne ouvert à sa cupidité. Le 26 Juin 1784, le Bail de cette Ferme a été adjugé, à raison de treize sols six deniers la livre de Bœuf, seule viande comprise dans le Privilège exclusif. Il est de notoriété que, ni le Fermier principal, ni les Sous-Fermiers de la Plaine n'ont jamais suivi cette taxe. Et pour ne parler que du Cap, dont l'approvisionnement est l'objet principal de ce Réquisitoire, la mauvaise viande de Bœuf s'est constamment vendue, dans le Marché de cette Ville, plus de vingt sols la livre. On dit la mauvaise viande, parce qu'il est connu qu'on n'en trouve presque pas d'autre dans les Etaux publics, où tout le monde est libre d'aller faire sa provision. Il est vrai qu'il existe, dans le sein du Marché, un Cabinet particulier où sont admis et distingués ceux qui veulent de bonne viande, à quelque prix que ce puisse être. Il faut donc la payer quarante un sols la livre, c'est-à-dire, trois fois plus que la Taxe. Telle est la tyrannie, *indirecte, à la vérité, mais qui n'en est pas* moins réelle, que le Fermier exerce sur ceux des Habitans du Cap, assez riches pour la subir et surpayer leur subsistance. Cette vexation est imitée, du plus au moins, dans les Boucheries de la Plaine. Ces faits sont connus de la Cour; et d'ailleurs, ils sont constatés par les Piéces nombreuses jointes à ce Réquisitoire. On en gémit de toutes parts, et ce ne peut être sans peine que les Peuples de ce Ressort se voyent enlever, par un Monopole odieux, la ressource de la viande, le seul des comestibles dont il sembleroit cependant qu'on dût, à Saint-Domingue, se promettre plus sûrement et l'abondance et la bonté, puisqu'enfin c'est le seul qui soit indépendant des hasards de la mer et de l'incertitude des importations d'Europe. Il n'en est que plus étonnant que les Fermiers des Boucheries se fassent de leur Bail un titre pour rançonner, en pleine paix, tous les Sujets du Roi, ensorte que la vie est plus coûteuse maintenant qu'elle ne l'a jamais été dans le temps même de la guerre; que, ces Fermiers soient indiscrets au point d'avertir le Public de l'énormité de leurs gains, par un étalage subit de fortune et de luxe, dans lesquels ce même Public voit l'affiche de ses dépouilles; enfin que dans la Capitale, une infraction si formelle, si criante, si scandaleuse d'un des premiers objets d'une bonne Police, se passe, tous les jours, dans le Marché public, sous les yeux des deux Inspecteurs, qui s'y tiennent à tour de rôle, qui sont les seuls à ne rien voir du poids et de la qualité des viandes débitées, et qui n'en donnent point d'avis aux Officiers du Siége. C'est à la négligence de ces Inspecteurs de Police, avouée par eux-mêmes, qu'il faut attribuer l'inaction forcée où est demeuré sur ce point le Substitut du Remontrant en la Jurisdiction du Cap. Le Juge, surchargé d'ailleurs des nombreux détails de sa Place, ne pourroit guère secouer la chaîne de ses fonctions, pour voir par ses yeux des objets que la Loi veut qu'il voie par les yeux des deux Inspecteurs. Il se borne à punir les contraventions qui lui sont déférées: et sa tâche est si forte, sous le triple rapport du Civil, du Criminel et de la Police, qu'on ne doit pas sans doute en aggraver le poids. Quant aux Paroisses des Campagnes, et dans les autres Siéges du Ressort de la Cour, les Officiers chargés de leur Police respective auroient bien desiré de remédier aux désordres qui concernent les Boucheries. Le Remontrant se loue du zéle que plusieurs de ces Officiers lui ont manifesté. Mais, indépendamment des obstacles locaux, il est bon d'observer que la Carte-bannie n'étant point devenue publique par la voie de l'impression, ses dispositions étoient comme inconues. Eussent-elles été notoires, en les examinant de près, le Remontrant s'est convaincu de leur insuffisance. Pour en convaincre également la Cour, il discutera, sous ses yeux, les différentes clauses de la Carte-bannie ; il en remarquera les plus graves omissions ; mais il traitera ces objets dans un Mémoire séparé, que la Cour jugera sans doute à propos de communiquer à MM. les Administrateurs. Il ne s'agit ici que de statuer sur les plaintes portées par le Public, dont le Remontrant est l'organe auprès des Magistrats. On doit d'abord aux Citoyens vexés, de réprimer la négligence des deux Inspecteurs de Police ; mais on leur doit, sur-tout, de prendre des mesures pour empêcher qu'à l'avenir les Habitans du Cap et ceux du reste du Ressort ne soient encore les victimes d'un pareil monopole. Et ce n'est pas uniquement sur l'article des Boucheries que doivent porter ces mesures. Le débit du Mouton, du Cochon, du Poisson de mer et d'eau douce dans le Marché du Cap, et celui du Pain même chez presque tous les Boulangers, excitent autant de murmure, par l'infidélité des poids, par la qualité des denrées et par l'arbitraire des prix. Le Cochon, le Mouton, toutes les sortes de Poisson ont été vainement taxés par Ordonnance de Police. La Côtelette de Mouton s'est vendue quatre francs la livre, au-lieu de trente sols. La taxe du Poisson est encore moins respectée. Et quant au Pain, le Tarif de son prix, fixé par l'Ordonnance du 5 Juillet 1776, selon les variations dans le prix des Farines, n'est suivi que dans les Gazettes où la Taxe en est annoncée. Dans la réalité, souvent il manque plusieurs onces aux Pains pris chez les Boulangers. Dans une première visite que la Maréchaussée du Cap et le Jaugeur-Etalonneur ont faite, ce matin, chez quelques Boulangers, par les ordres du Remontrant ; près de quatre cents pains, dont le poids étoit faux, ont été confisqués au profit de la *Providence*. Suivant la Taxe de Police, le Pain d'un escalin doit peser vingt-quatre onces. Et plusieurs des Pains confisqués ne se portoient qu'à dix-huit onces. C'est la soustraction d'un quart. Ç'est un vol vraiment inoui. D'ailleurs, le Réglement du 5 Juillet 1776 prescrit aux Boulangers de mettre sur leurs Pains l'Etampe de leurs noms ; et presque aucun des Pains saisis ne portoit cette marque indiquée par la Loi. L'Ordonnance dont il s'agit n'est nullement exécutée. Tel est le sort fatal qui conspire à rendre inutiles les meilleurs Réglemens ! Tous les Officiers de Police doivent cependant regarder comme leur devoir le plus saint de faire exécuter ces sages Ordonnances, faites pour sauver le Public des traits de la mauvaise-foi. On ne sauroit y parvenir par un moyen plus sûr que par des visites fréquentes. L'aspect de l'Officier public et le coup d'œil du Magistrat, en rassurant les Citoyens, ont la vertu d'intimider ceux dont la bonne foi est justement suspecte. Dans cette vue, le Remontrant croit pouvoir proposer à la Cour elle-même, si jamais le cas le requiert, de donner, par un de ses Membres, dans la ville du Cap, l'exemple paternel de cette surveillance, dont l'Ordre public a besoin, et qui, dans tous les autres lieux du Ressort de la Cour, sera la règle illustre des Officiers Inférieurs. A CES CAUSES, requiert le Procureur-Général du Roi, qu'il plaise à la Cour, vu le Réquisitoire et Piéces y jointes, faire droit sur la Remontrance. Ladite Remontrance *signée :* FRANCOIS DE NEUFCHATEAU. Vu aussi les Piéces jointes audit Réquisitoire, lesquelles demeureront déposées au Greffe, préalablement paraphées par le Président de la Séance, *ne varientur :* Après que Sarrazin et Héraut, Inspecteurs de Police, ont été mandés aux pieds de la Cour, ouïs et interrogés derrière le Barreau : LA COUR, faisant droit sur la Remontrance du Procureur-Général du Roi, 1°. a interdit et interdit, pendant un an, de ses fonctions, Sarrazin, Inspecteur de Police au Cap; interdit pareillement de ses fonctions, et à perpétuité, Héraut, autre Inspecteur de Police en ladite Ville; ordonne que, pour en faire les fonctions, il y sera pourvu ainsi que de droit. 2°. Et pour assurer désormais, dans ladite Ville du Cap, la parfaite exécution des Ordonnances de Police, Carte-bannie et Réglemens concernant les Bouchers, Poissonniers, Boulangers, ordonne qu'au moins tous les mois il sera, par le Juge ou son Lieutenant, accompagné du Substitut du Procureur-Général du Roi, fait visite des Étaux de la Boucherie, de ceux de la Poissonnerie, ainsi que des Boutiques des Boulangers de la Ville : à l'effet de constater si les Poids sont en règle; si les Pesées se font avec exactitude; si les Denrées et Comestibles sont d'une bonne qualité; si les Débitans enfin se conforment aux Réglemens qu'ils doivent observer, chacun dans leur partie : pour être par lesdits Juges, sur le champ, pourvu, tant contre les Contrevenans que contre les Préposés à la Police, infidèles ou négligens, et de suite, être les expéditions de leurs Procès-verbaux envoyées au Procureur-Général du Roi, qui en rendra compte à la Cour, afin qu'il soit pris, si le cas y échet, telles autres mesures ultérieures qu'il conviendra, et même envoyé par la Cour, à tous jour et heure, celui de Messieurs nommé Commissaire à cet effet.

effet. 3°. Enjoint également aux Juges, Substituts et Commissaires de Police, dans toutes les Villes et Bourgs du Ressort de la Cour, de faire, au moins par chaque mois, une visite de ce genre dans le lieu de leur résidence ; à charge de dresser Procès-verbal de ces Visites, soit qu'ils trouvent ou non des contraventions, et d'envoyer de suite au Procureur-Général du Roi une expédition dudit Procès-verbal, pour en rendre compte à la Cour et lui prouver leurs diligences ; sans préjudice aux Juges du Fort-Dauphin et du Port-de-Paix de statuer provisoirement sur les contraventions, ainsi qu'il appartiendra. Ordonne au surplus que le présent Arrêt sera imprimé, lu publié et affiché par-tout où besoin sera, et copies collationnées d'icelui envoyées aux Siéges de Police du Ressort, pour y être registrées, lues, publiées et affichées, etc.

LETTRE *du Ministre à M. l'Intendant, pour lui prescrire d'envoyer, chaque année, dans le mois de Février au plus tard, la liste des Passages au compte du Roi, qui auront été accordés dans l'année précédente, en y ajoutant leurs différens prix.*

Du 26 Octobre 1785.

ARRÊT du Conseil du Port-au-Prince, touchant les Interrogatoires sur la Sellette.

Du 27 Octobre 1785.

LOUIS, etc. Vu le Procès extraordinairement instruit contre François Jacob, etc.; Et faisant droit sur le Réquisitoire de notre Procureur-Général, enjoint au Lieutenant du Siége de Saint-Marc, de se conformer à l'Article XXI du Titre XIV de l'Ordonnance de 1670; en conséquence d'interroger, sur la Sellette, les Accusés, lorsque les Conclusions du Substitut de notre Procureur-Général porteront condamnation de peine afflictive, à peine d'interdiction.

ARRÊT du Conseil du Port-au-Prince, pour donner un Corps-de-Garde à la Maréchaussée de la même Ville.

Du 27 Octobre 1785.

VU par la Cour le Réquisitoire du Procureur-Général du Roi, contenant que la Compagnie, touchée de la nécessité d'établir, dans la ville du Port-au-Prince, un Corps-de-Garde, dans lequel seroient rassemblés les Cavaliers de la Maréchaussée, comme le sont les Archers de la Police, elle l'avoit autorisé de présenter à cet effet un Réquisitoire; que le Procureur-Général ne s'étendra pas à retracer combien il est préjudiciable au bien du service et à la célérité indispensable, dans l'exécution des ordres que le Gouvernement et la justice sont dans le cas de commettre à la Maréchaussée, de laisser les Brigadiers et Cavaliers hors des yeux de leur Prévôt, dispersés dans une Ville déjà fort étendue; que lorsqu'il s'agit de l'intérêt Public, le simple apperçu suffit pour déterminer les Magistrats à y coopérer : il n'est donc question que de choisir le local pour l'établissement de ce Corps-de-garde ; et, à cet égard, le Procureur-Général pense que ce soin appartient au Prévôt de la Maréchaussée, dont l'honnêteté et le zèle sont généralement reconnus ; que le Sieur Riboux a proposé au Procureur-Général, la location d'un emplacement entouré, sur lequel se trouve une maison, d'autant plus convenable qu'elle touche celle qu'il occupe. A ces causes, le Procureur-Général requiert qu'il plaise à la Cour, autoriser, etc. (*comme l'Arrêt*) : LA COUR autorise le Sieur Riboux, Prévôt de la Maréchaussée de cette Ville, conjointement avec le Procureur-Général du Roi, à prendre, à titre de bail-à-ferme, un emplacement qui puisse servir à un Corps-de-Garde, pour y contenir les Cavaliers de Maréchaussée de service et leurs chevaux ; ordonne que le prix de la location sera payé par le Receveur des deniers municipaux ; autorise en outre ledit Prévôt à se fournir des choses nécessaires audit Corps-de-Garde, laquelle dépense sera également remboursée par ledit Receveur, d'après le visa du Procureur-Général, et sur une ordonnance du Commissaire-Inspecteur de la Caisse.

ARRÊT du Conseil du Cap, qui ordonne l'Envoi des Procédures de Commerce étranger au Ministre.

Du 4 Novembre 1785.

VU derechef par la Cour la lettre de MM. les Administrateurs de cette Colonie, en date, au Port-au-Prince, du treize Août dernier, à l'égard de l'envoi à faire au Secrétaire d'État du Département des Colonies, conformément aux Règlemens relatifs aux prises de Bâtimens interlopes, des expéditions des procédures qui seront faites en première instance et par appel aux Conseils, ensemble la copie certifiée de la Dépêche du Ministre dont il s'agit, en date du cinq Juin 1785, adressée aux Gens du Roi par MM. les Administrateurs, le 20 Octobre dernier, et mise sur le Bureau de la Cour par le Procureur-Général du Roi ; ledit Procureur-Général du Roi mandé en la Chambre, ouï et retiré ; Ouï le rapport de M. de Brucourt, Conseiller, et tout considéré : LA COUR a ordonné et ordonne que la Dépêche du Ministre dont il s'agit, sera déposée au Greffe d'icelle, et que, conformément aux intentions du Roi y exprimées, le Greffier de la Cour sera tenu d'adresser régulièrement au Secrétaire d'État du Département des Colonies, les procédures faites sur la prise de Bâtimens suspects d'interlope et de fraude ; à l'effet de quoi les Greffiers des Amirautés, tenus de remettre au Greffe de la Cour expédition de celles desdites procédures, faites en première instance ; Ordonne que le présent Arrêt sera signifié auxdites Amirautés, à la diligence du Procureur Général du Roi.

Approuvé par une lettre du Ministre, du 10 *Février* 1786.

LETTRE *de M. l'Intendant aux Chefs des Bureaux, portant que les Employés travailleront depuis six heures et demie du matin, jusqu'à une heure après-midi, sans entrer l'après-midi.*

Du 10 Novembre 1785.

R. au Contrôle le 11.

LETTRE *du Ministre aux Officiers du Conseil du Cap, touchant l'Enregistrement de l'Ordonnance du Roi, du 3 Décembre 1784, sur les Économes et Procureurs-gérans.*

Du 15 Novembre 1785.

J'AI rendu compte au Roi, MM., de vos Arrêtés des 13, 25, 28 Avril, 19 Mai et 3 Juin derniers, au sujet de l'Ordonnance de Sa Majesté, du 3 Décembre précédent, concernant les Procureurs et Économes-gérans d'habitation. Elle me charge de vous transmettre son extrême mécontentement de l'abus que vous avez fait de l'Article X de l'Ordonnance du 18 Mars 1766, relative aux enregistremens, pour forcer les Administrateurs à se rendre à vos Séances, tandis que le devoir de leurs places les retenoit au Port-au-Prince, et qu'ils vous avoient annoncé, par leurs lettres du 22 Avril et 8 Mai, qu'ils ne pouvoient que persister à ce que la nouvelle loi fût enregistrée sans modification, comme elle l'avoit été en leur présence, au Conseil-Supérieur du Port-au-Prince, sauf les représentations que vous croiriez ensuite devoir faire à Sa Majesté.

La conduite que vous avez tenue dans cette circonstance, attaque essentiellement le principe constitutif de l'établissement des Conseils-Supérieurs des Colonies, qui n'admet ni suspensions, ni retards dans l'enregistrement des Ordonnances ou ordres émanés, soit de l'autorité Royale directement, soit du pouvoir provisoire que Sa Majesté a départi exclusivement aux Administrateurs, pour tout ce qui tient à la police générale. C'étoit donc à ces Administrateurs seuls de juger s'ils devoient, ou s'ils pouvoient déférer à votre invitation. Leur disposition vous étoit connue. Ils n'ont de compte à rendre qu'au Roi, par l'organe du Secrétaire d'État du Département. Ainsi, vous vous êtes écartés de l'esprit de l'Article sur lequel vous vous êtes appuyés; et non contens d'être sortis de la ligne que l'Ordonnance des enregistremens vous traçoit, au-lieu de vous borner du moins à requérir une discussion purement intérieure avec les Chefs de la Colonie ; vous vous êtes livrés, dans vos Arrêtés, à la critique la plus véhémente et à des déclamations outrées. Par-là vous avez occasionné une fermentation, capable de produire les désordres que vous affectés de prévenir. Le ton qui régne dans ces Arrêtés n'est point celui qui convient à la dignité et à la grandeur de vos fonctions. Il présente à-la-fois un manque de respect et un manque de soumission à l'autorité du Roi ; et la publicité a joint encore un nouveau tort à ceux que je viens de relever. Sa Majesté n'auroit pu se dispenser de vous faire ressentir les effets de sa juste désapprobation, si elle n'aimoit à se persuader que vous ne vous permettrez jamais de semblables démarches. Elle vous ordonne d'enrégistrer purement et simplement, aussitôt la reception de cette Dépêche, son Ordonnance du 3 Décembre dernier, et vous défend d'insister davantage sur la présence des Administrateurs. Elle examinera au surplus les observations que vous m'avez fait parvenir sous le nom de discussion de l'Ordonnance dont il s'agit, et Elle vous fera connoître ses volontés ultérieures. Elle vous enjoint de porter la présente Dépêche sur vos Registres. Elle prescrit aux Administrateurs d'y tenir exactement la main, et de lui en rendre compte.

Je suis, MM., Votre très humble, etc. *Signé :* Le Maréchal DE CASTRIES.

R. au Conseil du Cap le 11 *Mai* 1786.

LETTRE du Ministre à M. de Troulliet, Président du Conseil du Cap, sur les Devoirs de sa place.

Du 15 Novembre 1785.

J'ADRESSE, M., des ordres au Conseil-Supérieur, pour l'enregistrement pur et simple de l'Ordonnance du Roi, du 3 Décembre dernier, concernant les Procureurs et Économes-gérans d'habitation, et je lui ai fait connoître le mécontentement de Sa Majesté sur la conduite qu'il a tenue à cette occasion. Je suis persuadé que vous avez fait ce que vous avez pu pour empêcher que cette Compagnie ne s'écartât de son devoir, comme elle s'en est en effet écartée par les Arrêtés qu'elle a pris les 13, 25, 28 Avril, 19 Mai et 3 Juin suivans. Mais ce n'étoit pas assez de vous opposer à ces délibérations irrégulières, quand elles sont aussi contraires à l'exercice de ses fonctions; il vous reste un parti toujours sûr, celui de vous retirer, et de remettre au Greffe votre Déclaration d'avis contraire. Je suis fâché que vous n'ayez pas donné cet exemple d'une entière soumission aux volontés de Sa Majesté. Elle connoît votre zèle pour son service; mais la place de confiance que vous occupez, exige que vous ayez constamment le courage de résister aux impulsions du Corps que vous devez diriger comme chef, loin de vous y laisser entraîner comme Membre, dès que l'autorité du Roi se trouve compromise. C'est d'après ce principe que je vous recommande d'agir à l'avenir dans de semblables circonstances; et je vous préviens que Sa Majesté est déterminée à faire ressentir dorénavant au Président de la Séance, qui ne se sera pas retiré pour verbaliser, le poids de sa désapprobation, dans le cours des affaires qui pourroient la mériter. J'espère que je n'aurai jamais à lui rendre de vous que les comptes avantageux qui ont été dus jusqu'ici à vos bons et utiles services.

J'ai l'honneur d'être, etc. Votre très-humble, etc. *Signé :* Le Maréchal DE CASTRIES.

ARRÊT du Conseil du Cap, touchant la Troupe de Police de la même Ville.

Du 18 Novembre 1785.

VU par le Conseil la Remontrance du Procureur-Général du Roi; Ouï le rapport de M. Le Gris, Conseiller, et tout considéré: LA COUR faisant droit sur le Réquisitoire du Procureur-Général du Roi, ordonne que, dès-à-présent, les deux Brigades de Police de cette Ville seront logées et casernées; en conséquence, et pour servir de caserne auxdits Gens de Police et à l'un des Inspecteurs, autorise le Receveur des Droits Municipaux à passer avec Henry, en présence de M. Le Gris, Commissaire à cet effet, le bail de sa maison, sise rue Espagnole, pour le temps et espace de trois années, et au prix de cinq mille cinq cens livres par an; laquelle somme sera prise sur la Caisse Municipale, par provision seulement, et jusqu'à ce que par la Cour il ait pu être statué sur l'augmentation nécessaire pour la Police de ladite Ville du Cap; à l'effet de quoi réserve audit Procureur-Général de se faire d'abord rendre compte du produit des Droits et Parts de la Police dans les amendes, confiscations et captures, ainsi que des plans proposés à diverses reprises pour augmenter les fonds de ladite police; pour être, sur le tout, présenté à la Cour, s'il y échet, et à MM. les Administrateurs, le projet d'augmentation qui paroîtra le plus digne d'être adopté.

ARRÊT

ARRÊTS du Conseil du Cap, touchant une Apposition et une Levée de Scellés, au décès du Commandant en second par interim.

Des 19 et 23 Novembre 1785.

VU par le Conseil la Remontrance du Procureur-Général du Roi, portant qu'il vient d'apprendre, à l'instant, que M. le Chevalier Du Grès, Commandant en second de la Partie du Nord, par interim, et Commandant particulier au Cap, vient de mourir, et comme le Gouvernement, par sa mort, reste vacant; qu'il importe de veiller à la conservation soit des papiers qui intéressent l'Etat, soit des effets qui peuvent appartenir au Roi, c'est le cas de nommer un Commissaire de la Cour (attendu qu'il s'agit de papiers du Gouvernement qui sont dans une Maison Royale); à l'effet d'y apposer les scellés. A ÇES CAUSES, requéroit le Remontrant qu'il plût à la Cour nommer un Commissaire, à l'effet de se transporter, avec un des Substituts en la Cour, au Gouvernement, pour mettre les scellés sur les papiers et effets qui pourroient en être susceptibles, et pour la conservation des droits de qui il appartiendroit, ladite Remontrance, signée FRANCOIS DE NEUFCHATEAU, et tout considéré: LA COUR a nommé et nomme M. Le Gris, Conseiller, à l'effec de se transporter, avec un des Substituts du Procureur-Général du Roi, au Gouvernement, pour mettre les scellés sur les papiers et effets qui pourront en être susceptibles, et pour la conservation des droits de qui il appartiendra.

Du 23.

L'Arrêt, sur la Requête de M. Du Grès fils, afin qu'il soit procédé par le Conseiller-Commissaire à la levée des scellés, et de suite à l'inventaire, ordonne ladite levée; et, sur la confection de l'inventaire, autorise ledit Conseiller-Commissaire à statuer ce qui lui paroîtra convenable.

ARRÊT du Conseil du Cap, qui condamne dix Boulangers ou Boulangères, vendant au-dessous du poids, à l'amende de 500 liv. chacun, au-lieu de celle de 100 liv., à laquelle la Sentence l'avoit modérée. Et faisant droit sur les plus amples Conclusions du Procureur-Général, ordonne qu'à sa diligence, et à la suite de l'Arrêt, l'Ordonnance de MM. les Administrateurs, du 5 Juillet 1776, faisant Réglement sur le fait de la Boulangerie, sera de nouveau imprimée, publiée et affichée par-tout où besoin sera, afin que personne n'en prétende cause d'ignorance. Enjoint à tous les Boulangers de se munir d'un Exemplaire de ladite Ordonnance, et de la tenir affichée dans l'endroit le plus apparent de leur Boutique, à peine d'amende. Enjoint aux Officiers de Police d'y veiller, et aux Substituts du Procureur-Général d'y tenir la main et d'en certifier la Cour dans le mois.

Du 22 Novembre 1785.

ORDONNANCE des Administrateurs, portant Concession d'un Terrain en faveur du Cercle des Philadelphes.

Du 23 Novembre 1785

GUY-PIERRE Coustard, Colonel d'Infanterie, etc.

François Barbé de Marbois, etc.

Sur la demande des Membres du Cercle des Philadelphes, établi au Cap, tendante à ce qu'il nous plaise leur accorder la jouissance d'un Terrain, dans le morne du Cap; Nous, en vertu du pouvoir à nous donné par Sa Majesté, avons accordé et accordons, à titre de jouissance, un Terrain, situé dans le morne du Cap, d'environ cent cinquante pas de large, Nord et Sud, sur une longueur Est et Ouest; à prendre depuis le Chemin du Port-François jusqu'à la rencontre de la Lisière du Sieur Crosnier, et qui contient environ deux carreaux; borné au Nord du Chemin du Port-François; au Sud du nommé Rouanet M. L.; à l'Est, de la Ravine; et à l'Ouest, du Terrain de la Providence, suivant le certificat du Sieur Baron, Arpenteur, du vingt-huit Octobre dernier, et conformément à l'Ordonnance du deux de ce mois, enregistrée au Greffe de la Subdélégation, le neuf, qui dit que la présente concession sera delivrée aux Membres du Cercle des Philadelphes, sans préjudice des droits d'autrui; à la charge par eux de se conformer à l'Article premier du Titre III de l'Ordonnance du premier Avril 1773, et de rendre libre ledit Terrain, lorsqu'il deviendra utile au Roi ou au bien public, avec défenses à toutes personnes de troubler lesdits Membres du Cercle des Philadelphes, dans ladite jouissance, sous les peines de droit, et encore à la charge par eux d'établir ledit Terrain dans une année au plus tard, et de faire enregistrer la présente au Greffe de la Subdélégation. Donné au Port au-Prince, etc.

R. au Greffe de la Subdélégation, le 29 du même mois.

Le Gouvernement a définitivement sanctionné l'utile établissement du Cercle des Philadelphes par des Lettres-Patentes du mois de Mai 1789, qui lui donnent le nom de SOCIÉTÉ ROYALE DES SCIENCES ET ARTS *du Cap-François.*

ARRÊT du Conseil du Cap, qui renvoie un Arpenteur à se pourvoir pardevant qui de droit, pour le Paiement du Toisé des Chemins.

Du 23 Novembre 1785.

VU par la Cour la Requête à elle présentée par Maillé, Arpenteur de la Paroisse d'Ouanaminthe, tendante à ce qu'il plût à la Cour, vu la Déliberation de ladite Paroisse, lui accorder contrainte contre les Habitans restés en retard de lui payer leur part de la cotisation à laquelle ils se sont imposés pour le Toisé des Chemins; vu aussi ladite Délibération, Conclusions par écrit du Procureur-Général du Roi; Ouï le Rapport de M Le Gris, et tout considéré: LA COUR déclare le Suppliant non-recevable dans sa demande, sauf à lui à se pourvoir par-devant qui de droit, s'il avise que bien soit.

Cette indemnité justement accordée à l'Arpenteur pour le payer de l'opération du Toisé des Chemins, n'étant pas le résultat d'une loi, ni d'une volonté légale, mais d'une simple cotisation volontaire, le Conseil du Cap ne pouvoit pas en changer la nature; sauf à l'Arpenteur à se pourvoir auprès du Commandant de Quartier, ou même des Administrateurs, pour empêcher que quelques Habitans ne se jouassent d'une cotisation qu'ils avoient eux-mêmes trouvée juste, d'autant que le Toisé étoit fait en vertu des ordres des Administrateurs.

ARRÊT du Conseil du Cap concernant les Ecoles Publiques.

Du 24 Novembre 1785.

VU par la Cour la Requête à elle présentée par Filleul, Marguillier en exercice de la Paroisse St-Joseph du Fort-Dauphin; et Chevillard, Maître d'Ecole audit lieu; contenant, etc. Conclusions par écrit de Deschamps, Substitut du Procureur-Général du Roi; Ouï le Rapport de M. Le Gris, et tout considéré : LA COUR ayant égard au contenu en la présente Requête, a relevé et relève Chevillard, l'un des Supplians, de l'empêchement porté par son Arrêt du 21 Avril dernier; en conséquence l'autorise à tenir Ecole publique au Fort-Dauphin, pour les Garçons et les Filles. Ordonne que le présent sera enregistré au Greffe du Siége-Royal du Fort-Dauphin, et exécuté nonobstant toutes oppositions ou empêchemens, etc.

Faisant droit sur les plus amples Conclusions du Procureur-Général du Roi; vu l'expédition de l'enregistrement fait au Fort-Dauphin, de la permission donnée à Dubuisson par le F. Irenée, Curé de la Paroisse du Fort-Dauphin, de tenir Ecole publique dans ladite VIlle, pour l'instruction de la jeunesse des deux sexes, sans avoir égard audit enregistrement, lequel elle déclare nul, pour avoir été fait sans Ordonnance du Juge, et Conclusions du Ministère public; fait défenses audit Dubuisson de tenir École, jusqu'à ce qu'il ait été procédé à l'enregistrement de sa permission dans la forme convenable; lors duquel enregistrement, le Juge examinera s'il y a lieu de permettre audit Dubuisson de tenir Ecole pour l'instruction des Filles; donne Acte au Procureur-Général du Roi des reserves qu'il fait d'interjeter appel comme d'abus de ladite permission, en ce qu'elle fixe la retribution qui pourra être donnée audit Dubuisson; et pour telle autre cause qu'il appartiendra; ordonne que le présent Arrêt sera, à la requête du Substitut du Procureur-Général du Roi au Fort-Dauphin, signifié audit Dubuisson.

ARRÊT du Conseil du Cap, qui condamne un Nègre, Cavalier de la Maréchaussée du Port-de-Paix, à être attaché au Carcan, sur la Place publique de ladite Ville au Port-de-Paix, trois jours consécutifs, et deux heures chaque jour, pour voies de fait par lui commises contre un Blanc.

Du 24 Novembre 1785.

ORDONNANCE de M. l'Intendant, pour la Présentation et l'Enregistrement, avant la fin de l'année, de tous les Titres de créance sur les différentes Caisses publiques, pour être payés ensuite par ordre de Numero, dans le courant de l'année 1786.

Du 26 Novembre 1785.

LETTRE de l'Ordonnateur du Cap aux Officiers de l'Amirauté de la même Ville, qui leur prescrit, en conformité de l'Arrêt du Conseil d'Etat du 30 Août 1784, de faire mention, dans les expéditions qui seront données aux Bâtimens pour les Etats-Unis de l'Amérique, du port de leur destination, et qui ne pourra être que l'un de ceux où Sa Majesté a des Consuls, vice-Consuls ou Agens, et dont la liste est jointe à ladite lettre.

Du 29 Novembre 1785.

R. à l'Amirauté du Cap le même jour.

LETTRE du Ministre à M. l'Intendant sur les Gazettes.

Du 3 Décembre 1785.

J'AI reçu, M., avec la lettre de M. de Bongars, du 17 Août dernier, les Gazettes de la Colonie que je lui avois demandées par ma Dépêche du 3 Juin précédent. J'ai remarqué que ces Gazettes s'impriment alternativement au Cap et au Port-au-Prince, et qu'on néglige également, dans les deux endroits, de faire mention du prix courant des vivres. Je vous prie de faire insérer ce dernier Article, afin que je puisse connoître les prix de tous les objets de Commerce. Vous chargerez l'Ordonnateur du Cap de m'envoyer directement, et au moins deux fois par mois, les Gazettes qui s'impriment dans cette Ville. Il suffira que vous me fassiez passer celles du Port-au-Prince.

LETTRE circulaire du Ministre aux Administrateurs des Isles, touchant les Bois utiles qu'on peut y cultiver.

Du 4 Décembre 1785.

D'APRÈS les comptes qui m'ont été rendus, MM., de la qualité des différentes espèces de bois qui croissent dans nos Colonies, j'ai vu qu'il y en avoit plusieurs, dont il seroit très-utile d'étendre la culture; telles sont, entr'autres, les deux sortes d'Acajou, l'Acoma, le Balata, le Courbaril, l'Amandier, le Poirier et le Tamarin; mais sur-tout l'Acajou-franc, que les Espagnols appellent Cedre de la Havane, et avec lequel ils construisent de beaux vaisseaux. Je vous prie de me faire connoître les moyens qu'on pourroit adopter pour multiplier ces arbres à Saint-Domingue. J'attendrai à cet égard les détails les plus étendus.

J'ai l'honneur d'être avec un sincère attachement, MM., etc.

ARRÊT du Conseil du Cap, qui défend de consigner, dans les Dépôts publics, des Certificats privés et des Pièces non-judiciaires.

Du 5 Décembre 1785.

ENTRE la dame N.... : LA COUR faisant droit sur les plus amples Conclusions du Procureur-Général du Roi, attendu que le Certificat, au bas duquel ledit N... a surpris les signatures de cent seize Citoyens de cette Ville, le 10 Août dernier, et qu'il a fait ensuite déposer au Greffe du Siége du Cap, a été démenti par ceux des Certifians qui ont été entendus en leurs dépositions par-devant le Commissaire de la Cour, et que sous tous les rapports, cet Acte informe ne devoit pas être reçu par le Greffier du Siége du Cap, et mis par lui au nombre des Actes authentiques et réguliers ; déclare ledit Acte nul et de nul effet, et ordonne qu'en marge dudit Acte et du Dépôt en fait au Greffe du Siége du Cap, il sera fait mention du présent Arrêt, avec très-expresses inhibitions et défenses audit Greffier et à tous autres Officiers publics de recevoir, sous aucun prétexte, sans autorité de justice, le Dépôt des Certificats et Actes extrajudiciaires, signés de Particuliers, en quelque nombre que ce soit, à peine d'amende ; ce qui sera exécuté à la diligence du Procureur-Général du Roi. Ordonne que cette partie du présent Arrêt sera en outre imprimée, publiée et affichée par-tout où besoin sera, et Copies collationnées, envoyées aux Siéges du Ressort, pour y être pareillement publiées, affichées et enregistrées, suivies et exécutées, etc,

---

RÈGLEMENT de M. l'Intendant, portant qu'à compter de ce jour, il sera fait sur les appointemens des divers Employés du Roi étant aux Hôpitaux, la retenue des deux tiers desdits appointemens.

Du 5 Décembre 1785.

RÈGLEMENT du Tribunal Terrier, concernant les Réunions de Terreins.

Du 6 Décembre 1785.

SUR ce qu'il a été représenté par un de MM., qu'il s'est introduit dans les poursuites qui se font pour parvenir à la réunion des Terreins non établis, des abus très-préjudiciables aux Propriétaires de bonne foi; que les assignations, au-lieu de leur être données, le sont à d'anciens Concessionnaires, qui n'ont plus d'intérêt à s'opposer à la réunion; qu'elles ne sont point portées aux domiciles des nouveaux Propriétaires ou de leurs représentans, et qu'en général ces Actes ne sont pas faits avec la publicité requise. Le Tribunal, voulant réprimer des abus qui privent ces Propriétaires des moyens d'une défense légitime, et les exposent à être condamnés sans avoir été valablement appelés, a ordonné et ordonne ce qui suit :

ART. I. Tout poursuivant en réunion sera tenu de faire publier, à ses frais, pendant trois semaines consécutives, dans les Affiches-Américaines qui s'impriment en cette Ville, pour les Terreins situés dans le ressort du Conseil-Supérieur du Cap, les abornemens du Terrein poursuivi en réunion, le Quartier où il est situé, le nom du Propriétaire, et il justifiera de ladite publication par le dépôt au Greffe desdites trois affiches, et par le certificat du Greffier à qui elles auront été communiquées.

II. Toutes les Requêtes en réunion de terrein, répondues d'Ordonnances de MM. les Général et Intendant, seront, par les Greffiers des Jurisdictions, et à la demande du dénonciateur, inscrites sur un tableau, qui sera placé en évidence sur un des murs de la Salle d'Audience de la Jurisdiction où sera situé le Terrein dénoncé; cette inscription comprendra les abornemens des Terreins, les noms et domiciles du Dénonciateur et du Propriétaire, ainsi que la date de l'inscription.

III. Les Procureurs du Roi ne pourront présenter des réquisitoires à l'effet de faire entendre les témoins, qu'un mois après que lesdites publications auront eu lieu, de tout quoi ils seront tenus de justifier aux Juges-Commissaires.

IV. Tout ce que dessus sera exécuté à peine de nullité, et sans préjudice de toutes les autres formalités prescrites par l'Ordonnance du Roi du 18 Mars 1766.

Sera le présent Règlement imprimé, et copies duement collationnées d'icelui envoyées dans toutes les Jurisdictions de la Colonie, pour y être enregistrées et affichées à la diligence des Procureurs du Roi, qui seront tenus de veiller à son exécution et d'en justifier le Tribunal au mois. Fait et arrêté les jour, mois et an que dessus. *Signé :* COUSTARD, DE MARBOIS, DE LA MARDELLE DE GRANDMAISON, LA CROIX DE VILLENEUVE et PIEMONT.

Approuvé par une Lettre du Ministre, du mois de Mars 1786, qui censure cependant l'usage de faire signer de pareils Règlemens par les Membres du Tribunal-Terrier, au-lieu des Administrateurs seulement.

ORDONNANCES des Administrateurs, touchant les Bois de la Gonave.

Des 9 et 23 Décembre 1785.

GUY-Pierre Coustard, etc.

François Barbé de Marbois, etc.

Les Sieurs le Jeune Duparnay, Vauquelin, Mongeot et le Cesne, tous associés, ayant, en vertu de l'Ordonnance de nos Prédécesseurs, du 8 Novembre 1784, joui, pendant treize mois, de la permission à eux accordée de couper des bois dans toute l'étendue de la Gonave, et la conservation des forêts de cette Isle ne permettant pas qu'ils en jouissent plus long-temps, avons ordonné qu'à dater du jour de la présente Ordonnance, ou copie, ou expédition en forme d'icelle leur sera signifiée en leur domicile en cette Ville, ils s'abstiennent de couper du bois sur ladite Isle. Voulant au surplus connoître s'il est de l'intérêt du Roi de mettre à exécution l'engagement par eux pris de livrer lesdits bois à moitié du prix du cours établi, ordonnons qu'il sera par eux fourni sans délai un état certifié des bois coupés par leurs ouvriers, et qui n'ont pas encore été enlevés de ladite Isle de la Gonave, de leurs dimensions, espèces et quantités, pour être en conséquence par nous ordonné ce qu'il appartiendra; leur enjoignons de ne faire enlever aucuns desdits bois coupés, jusqu'à ce que ledit état ait été par eux duement fourni, le tout à peine de mille livres d'amende, et de plus forte peine s'il y échet. Sera la présente enregistrée au Contrôle de la Marine et au Greffe de l'Intendance. Donné au Port-au-Prince, etc. *Signé* : COUSTARD et MARBOIS.

Du 23 Décembre 1785.

Vu notre Ordonnance du 9 Décembre présent mois, concernant la Coupe des bois faite sur la Gonave par les Sieurs le Jeune Duparnay, Vauquelin, Mongeot et le Cesne; Vu les propositions à nous remises le jour d'hier, l'avis du Contrôleur de la Marine, en date du même jour, Nous avons permis et permettons auxdits susnommés de faire enlever de la Gonave, les bois ronds et équarris actuellement coupés sur ladite Isle, conformément à l'état qu'ils nous en ont fourni, à condition de les faire débarquer à la Cale du Roi, pour y être examinés par le Commissaire chargé des Magasins, et le choix être fait de ceux desdits bois qui pourroient convenir aux Magasins de Sa Majesté, en cas qu'il s'y en trouve; lesquels bois leur seront payés, conformément à l'Ordonnance de MM. de Bellecombe et de Bongars, à moitié du prix courant; leur avons également permis et permettons de vendre les bois des Cases à Nègres à qui bon leur semblera. Défendons auxdits Sieurs de couper des bois sur ladite Isle, et de décharger des bois ronds et équarris autres que ceux pour Cases à Nègres ailleurs que sur la Cale du Roi de cette Ville. Sera la présente enrégistrée au Contrôle de la Marine. Donné au Port-au-Prince le 23 Décembre 1785. *Signé* : COUSTARD et DE MARBOIS.

R. au Contrôle les 10 *et* 25 *du même mois.*

ARRÊT du Conseil d'Etat, qui interdit de leurs fonctions le Sénéchal et un Procureur de la Juridiction du Cap.

Du 10 Décembre 1785.

LE Roi s'étant fait représenter en son Conseil toutes les procédures faites tant en la Juridiction qu'au Conseil-Superieur du Cap, relativement aux troubles survenus, le 26 Mai dernier, dans la Salle du Spectacle de cette Ville, et aux suites qu'ils ont eues; la Requête présentée par le Sieur Mouchet, Négociant au Cap, le 28 dudit mois de Mai, au Sieur Busson, Juge de la Juridiction de cette Ville, à l'effet d'obtenir injonction à un Procureur du Siége d'occuper pour lui et de signer la plainte qu'il prétendoit rendre contre le Sieur Du Grez fils, faisant fonctions d'Aide-Major de la Place; ladite Requête répondue d'une Ordonnance dudit Juge, qui enjoint au Sieur Petit Deschampeaux, Procureur en la Juridiction de prêter son ministère audit Sieur Mouchet; la Requête en plainte de ce dernier, formée tant contre le Sieur Du Grez fils que contre le Sieur Du Grez père, Commandant particulier au Cap, ladite Requête signée Mouchet et Petit des Champeaux; la Dépêche du Sieur de Bellecombe, Gouverneur-général de St-Domingue, et celle du Conseil-Supérieur du Cap, du 30 Juin dernier, avec les pièces y jointes; Sa Majesté a reconnu que le Sieur Busson, Juge de la Juridiction du Cap, avoit outrepassé les bornes de son pouvoir, en enjoignant à un Procureur de son Siége de prêter son ministère pour signer une requête en plainte, dirigée contre un Officier de l'État-major, pour un fait concernant l'exercice de ses fonctions; que ce seroit compromettre tous principes d'administration que de tolérer les entreprises des Tribunaux sur la personne des Officiers Militaires, relativement à leur service, sur-tout lorsqu'ils sont en fonctions; que le Gouverneur étoit le seul à qui on pouvoit s'adresser, dans le cas où le Commandant et l'Aide-Major auroient outrepassé les mesures d'une juste sévérité; que le Sieur Petit des Champeaux, Procureur en la Jurisdiction du Cap, étoit d'autant plus punissable, qu'au lieu de s'être borné à l'exécution de l'Ordonnance du Juge, qui lui enjoignoit, quoiqu'indûement, de signer une Requête en plainte contre le Sieur Du Grez fils, ce Procureur s'étoit permis de comprendre, dans cette Requête, le Sieur Du Grez père, Commandant-particulier au Cap, et Commandant en second de la Partie du Nord; que cette Requête en plainte ne pouvoit être considérée que comme un libelle scandaleux et contraire au respect dû à la place, à l'autorité, à la police et à la compétence militaire. A quoi voulant pourvoir, Ouï le rapport, et tout considéré: Le ROI étant en son Conseil, a interdit et interdit lesdits Sieurs Busson, Juge, et Petit des Champeaux, Procureur de la Jurisdiction du Cap, de leurs fonctions; le premier, pendant un an, et le second jusqu'à nouvel ordre; lesquelles interdictions auront lieu à compter de la signification qui leur sera faite du présent Arrêt, de l'ordre exprès de Sa Majesté. Mande et ordonne Sa Majesté aux Officiers de son Conseil-Supérieur du Cap de procéder à l'enregistrement du présent Arrêt, pour être exécuté selon sa forme et teneur. Mande et ordonne pareillement Sa Majesté à ses Gouverneur-Lieutenant-Général et Intendant de l'Isle St-Domingue, de tenir la main audit enregistrement et à ladite exécution. Fait au Conseil d'Etat, Sa Majesté y étant, tenu, etc. *Signé:* Le Maréchal de CASTRIES.

R. au Conseil du Cap, le 21 *Juillet* 1786.

V. les Arrêts du Conseil d'Etat, des 21 *Octobre et* 18 *Novembre suivant, qui relèvent M. Busson et Me Petit Deschampeaux de cette interdiction. M. Busson a même obtenu une gratification, à titre d'indemnité de la durée de son interdiction.*

LETTRE du Ministre aux Administrateurs, touchant leur Pouvoir d'enjoindre aux Procureurs-Généraux et aux Procureurs du Roi de poursuivre les délits qu'ils en jugeront susceptibles.

Du 11 Décembre 1785.

L'ORDONNANCE du Roi, MM., du mois de Février 1766, vous charge de veiller à ce que la justice soit rendue exactement aux Sujets de Sa Majesté, et d'avertir le Procureur-Général des cas qui pourroient mériter les poursuites de son ministère, lorsqu'ils viennent à votre connoissance. Je vous prie de porter toute votre attention sur un point aussi intéressant pour la sûreté et la tranquillité commune. Je sais que souvent des affaires se sont étouffées, faute de cette vigilance de la part des Administrateurs, et qu'il en est résulté le scandale de l'impunité, joint à celui du délit. L'intention du Roi est que, dans de pareilles circonstances, vous provoquiez vous-mêmes le ministère de l'homme du Roi, sur-tout au Conseil-Supérieur; et si vos invitations ne suffisoient pas, Sa Majesté vous autorise à les convertir en des ordres formels, lorsque vous vous serez assurés qu'il y a lieu à la vindicte publique.

LETTRE du Ministre aux Administrateurs, pour défendre qu'il soit pris, à St-Domingue, des Nègres pour les Colonies Espagnoles.

Du 11 Décembre 1785.

J'AI vu MM., par les lettres que m'ont écrites MM. Coustard et de Bongars, le 14 Septembre dernier, que le Sieur Fromont, Procureur-gérant de M. le Comte de Mercy, n'avoit pu, sur la permission accordée à cet Ambassadeur, se procurer que quinze Noirs à la Jamaique, où il les avoit payés très-cher, ce qui provenoit de ce qu'il s'étoit trouvé en concurrence avec les Espagnols, qui achetent les Cargaisons de Noirs au poids de l'or. Il paroît, ainsi qu'on l'a observé, que cette Nation a changé de systême, et qu'en ouvrant les yeux sur les avantages de la culture, elle cherche à se procurer les moyens de la faire fleurir dans ses Colonies. Quoi qu'il en soit, vous devez veiller, avec la plus grande attention, à ce qu'il ne s'exporte aucuns Noirs de Saint-Domingue pour les Colonies Espagnoles, soit par nos Bâtimens, soit par ceux de cette Nation, auxquels vous donnerez cependant un libre accès pour tout autre genre de Commerce.

Durant la guerre de 1778 il fut acheté des parties considérables de Cargaisons au Cap même, pour les Colonies Espagnoles, au grand désavantage de St-Domingue, sous tous les rapports.

ARRÊT

ARRÊT du Conseil du Port-au-Prince, touchant la Réception d'un Curateur aux Successions vacantes non-majeur, & celle de sa Caution.

Du 12 Décembre 1785.

LOUIS, etct. Vu, etc; Entre le Sieur Chambellan de Veaumorin, etc; Et notre Procureur-Général, etc.; l'Ordonnance susdatée, portant qu'il sera sursis à la reception de l'Appelant, dans la place de Curateur aux vacances du ressort de St-Marc, jusqu'à ce qu'il ait atteint l'âge de majorité, et qu'expédition de ladite Ordonnance sera adressée au Procureur-Général, à l'effet d'être pourvu par la Cour ainsi qu'il appartiendra à l'exercice de ladite place, jusqu'à la majorité de l'Appelant: Ouï, etc.: NOTRE COUR a mis et met l'Appellation et ce dont est appel au néant, en ce qu'il a été sursis à la réception du Sieur Chambellan de Veaumorin jusqu'à sa majorité; émendant quant à ce, ordonne qu'il sera reçu à la place de Curateur aux Successions vacantes de la Jurisdiction de Saint-Marc, après les formalités requises, par le Juge dudit lieu, autre néanmoins que celui qui a rendu l'Ordonnance dont est appel, à la charge par lui de n'entrer en exercice qu'à sa vingt-cinquième année; et, pour remplir les fonctions de ladite place de Curateur jusqu'à la vingt-cinquième année dudit Sieur Chambellan de Veaumorin, lui donne acte de la supplication qu'il fait à la Cour de nommer le Sieur Doyen, Procureur en la Jurisdiction de Saint-Marc, pour en exercer les fonctions depuis la fin d'exercice du Sieur Plard de Grandmaison fils, jusqu'à la majorité dudit Sieur de Chambellan, à laquelle époque celui-ci entrera en exercice, en vertu de l'Arrêt de sa nomination du 11 Novembre dernier: lui donne pareillement acte de ce qu'il offre pour caution la personne du Sieur Perrier, Négociant au Port-au-Prince, tant pour l'exercice par interim du Sieur Doyen, que pour celui dudit Sieur Chambellan; en conséquence a commis et commet le Sieur Doyen à l'office de Curateur aux Successions vacantes de la Jurisdiction de Saint-Marc, pour en faire les fonctions, à compter de la fin de l'exercice du Sieur Plard-de-Grand maison fils, jusqu'à l'âge de majorité du Sieur Chambellan de Veaumorin, à laquelle époque ledit Sieur Chambellan entrera en exercice des mêmes fonctions, en vertu de l'Arrêt de nomination du 11 Novembre dernier; Ordonne que la caution présentée par ledit Sieur Chambellan, de la personne du Sieur Perrier, sera reçue, s'il y échoit, par le Sénéchal du Port-au-Prince, que notre Cour commet à cet effet contradictoirement avec le Substitut de notre Procureur-Général audit lieu, l'amende remise.

ARRÊT du Conseil du Port-au-Prince, touchant la Réception d'un Receveur de l'Octroi et celle de sa Caution.

Du 12 Décembre 1785.

LOUIS, etc. Vu, etc.; Entre le Sieur Chambellan de Veaumorin, etc; Et notre Procureur-Général, etc.; l'Ordonnance susdatée, portant qu'avant faire droit sur la Requête de l'Appelant, tendante à sa reception en la place de Receveur de l'Octroi à Saint-Marc, il sera fait enquête de ses vie et mœurs, à la diligence du Substitut de notre Procureur-Général, et que les titres constitutifs de propriété de la caution offerte seront duement légalisés, pour, l'enquête faite et les titres rapportés, être ordonné ce qu'il appartiendra; l'Arrêt tenant lieu de lettres d'appel de ladite Ordonnance, obtenue en la Cour par le Sieur Chambellan de Veaumorin ce-jourd'hui; ensemble les autres pièces de l'Appelant; Ouï son Avocat et notre Procureur-Général, etc.: NOTRE COUR a mis et met l'Appellation au néant; ordonne que ce dont est appel sortira son plein et entier effet; condamne l'Appelant en l'amende ordinaire; donne acte au Sieur Chambellan de Veaumorin de ce qu'il offre pour caution de l'exercice de la place de Receveur de l'Octroi à Saint-Marc, la personne du Sieur Perrier, Négociant au Port-au-Prince; en conséquence ordonne que ladite caution sera reçue, s'il y échoit, par le Sénéchal du Port-au-Prince, que la Cour commet à cet effet contradictoirement avec le Substitut de notre Procureur-Général en la Jurisdiction du même lieu. Si mandons, etc. Fait en Conseil, etc. *Signé*: FOUGERON.

ARRÊT du Conseil du Port-au-Prince, qui reçoit Me Girault, Curateur à vie, des Successions vacantes du ressort de la Jurisdiction de la même Ville.

Du 12 Décembre 1785.

ORDONNANCE de Police du Juge du Cap, qui, sur le Procès-verbal de l'Inspecteur de Police, portant que des Voisins se plaignent de l'incommodité d'un Parc de Moutons et de Cochons, condamne François Coste Boucher à transférer ce Parc hors de la Ville.

Du 14 Décembre 1785.

V. *l'Ordonnance du Commandant en second et de l'Ordonnateur, du* 10 *Janvier* 1786.

ORDONNANCE des Administrateurs, qui condamne le Directeur du Bureau de l'Entrepôt du Cap, à restituer à divers Négocians la somme de 2,250 liv. 10 s., par lui induement perçue pour la prompte expédition de divers Bâtimens Etrangers.

Du 14 Décembre 1785.

R. au Contrôle le lendemain.

ARRÊT du Conseil du Cap, qui juge que la Nyctalopie est un vice redhibitoire.

Du 17 Décembre 1785.

ENTRE les Sieurs Tiberthy et Noyaux, Appelans d'une part; Et le Sieur Ricomme, Intimé d'autre part; Vu, etc. Après que Taxis de Blaireau, Avocat de l'Appelant, et Carles, Avocat de l'Intimé ont été ouïs, et tout considéré : LA COUR a mis l'Appellation au néant; ordonne que ce dont est appel sortira son plein et entier effet; condamne les Appelans en l'amende ordinaire et aux dépens.

La Sentence confirmée par cet Arrêt, vu le Certificat du Sieur Cosme d'Angerville, Chirurgien du Roi au Cap, qui constatoit que le Nègre vendu par les Sieurs Tiberthy et Noyaux étoit Nyctalope, déclare resilié l'Acte de vente dudit Nègre, et les condamne à en rendre le prix au Sieur Ricomme.

V. *l'Arrêt du 25 Janvier 1783.*

ARRÊT du Conseil du Cap, qui ordonne que les deux premiers Volumes de l'Ouvrage des LOIX ET CONSTITUTIONS DES COLONIES FRANCOISES DE L'AMÉRIQUE SOUS LE VENT, *seront déposés aux Archives de cette Cour.*

Du 22 Décembre 1785.

VU par le Conseil la Requête de Me Moreau de St-Méry, de présent en France, représenté en cette Colonie par Me Baudry des Lozières, fondé de sa procuration; qu'il plaise à la Cour lui permettre, dans la personne de son Représentant, d'offrir à la Cour son hommage respectueux, et de prouver en partie la profonde reconnoissance pour les bontés dont elle l'a si souvent honoré, en la suppliant d'agréer un exemplaire de son Ouvrage, intitulé: LOIX ET CONSTITUTIONS DES COLONIES FRANCOISES DE L'AMÉRIQUE SOUS LE VENT; Ouvrage long et pénible, qu'il n'a entrepris et fini que sous les auspices et d'après les encouragemens des Magistrats qui en ont senti l'utilité. Son bonheur, le seul qu'il desire, seroit que ce tribut de son zèle et de ses longs travaux pût mériter l'approbation de la Cour; ladite Requête signée Baudry des Lozieres, Avocat; Conclusions du Procureur-Général du Roi; Ouï le rapport de M. Ruotte, Conseiller, et tout considéré: LA COUR a agréé et agrée l'hommage du Suppliant; en conséquence ordonne que les deux Volumes joints à sa Requête seront et demeureront déposés aux Archives de la Cour, et invite l'Auteur à accélérer l'impression du reste de ce Recueil utile au Public.

ARRÊT du Conseil du Cap, qui juge, dans un cas d'évaluation de Fruits et Revenus, que les deux tiers appartiennent au Propriétaire du Mobilier, et un tiers seulement à celui du Sol.

Du 22 Décembre 1785.

ENTRE le Sieur Duclairac, etc., le Sieur Gruel, etc.; Conclusions du Procureur-Général du Roi; Ouï le rapport de M. Couet de Montaran, Conseiller-Assesseur, et tout considéré : LA COUR condamne lesdits Duclairac et Gruel à payer et rembourser audit Marsan les fruits et revenus dudit Terrain, suivant l'estimation qui en sera faite; lors de laquelle estimation déduction sera néanmoins faite au profit de Duclairac et Gruel des deux tiers desdits revenus, comme étant la portion afférante au Mobilier par eux employé à l'exploitation dudit Terrain, etc.

ORDONNANCE du Roi, concernant les Procureurs et Economes-Gérans des Habitations situées aux Isles sous le Vent

Du 23 Décembre 1785.

DE PAR LE ROI.

LE Roi étant informé que les réclamations auxquelles a pu donner lieu l'Ordonnance rendue par Sa Majesté le 3 Décembre 1784, concernant les Procureurs et Économes-gérans d'Habitations à Saint-Domingue, ne prennent, en grande partie, leur source que dans les mécontentemens personnels de ceux d'entr'eux dont l'administration vicieuse avoit rendu ce Règlement nécessaire ; que pour perpétuer les abus qu'ils ont intérêt de maintenir, ils ont cherché à persuader à tout ce qui forme dans la Colonie la classe nombreuse des Préposés à la gestion des Habitations, que leur honneur étoit compromis et leur état dégradé ; que, pour faire illusion à leurs Commettans et aux Tribunaux même, ils les ont allarmés sur la crainte qu'ils leur ont inspirée de l'insubordination et de la désertion des Atteliers ; enfin, que quelques-uns d'entr'eux ont menacé d'abandonner la gestion des Biens qui leur sont confiés, et de les remettre entre les mains des Curateurs aux successions vacantes. Considérant que ces murmures répandus avec affectation seroient capables de produire des impressions contraires au vœu et à l'esprit de la Loi, d'accréditer des interprétations fausses, d'inspirer des inquiétudes aux Propriétaires et du découragement aux Gérans fidèles et honnêtes, dont la bonne conduite sera toujours honorée de la protection de Sa Majesté : Voulant dans ces circonstances, après s'être fait rendre compte de tout ce qui peut concourir plus efficacement au maintien du bon ordre, pourvoir à la conservation des Atteliers de Noirs, à l'intérêt des Maîtres, à la sûreté de leurs propriétés, ainsi qu'à la prompte reddition des Comptes de gestion, a jugé convenable, sous tous ces différens et importans rapports, de manifester ses intentions d'une manière plus étendue, et en même temps si précise qu'on ne puisse en éluder l'exécution sous quelque prétexte que ce soit : En conséquence, Elle a ordonné et ordonne ce qui suit :

Ti. Ier. Des Procureurs et Économes des Habitations.

ART. I. Les personnes connues à Saint-Domingue sous la dénomination de Procureurs d'habitations ne pourront être chargées de plusieurs Procurations lucratives, à l'effet de gérer et administrer les biens de divers Propriétaires, qu'autant qu'elles auront le consentement par écrit de chacun d'eux. Dans ce cas, elles répondront civilement tant de leur administration propre, que de celles des Economes-gérans qu'elles auront établis à leur choix sur lesdites habitations, à moins que le Propriétaire ne les eût déchargés expressément et par écrit de ladite responsabilité. Défend toutefois Sa Majesté à tout Procureur-gérant résidant sur une habitation où il n'y a pas au moins un Econome blanc sous ses ordres, de se charger de plus d'une procuration lucrative. N'entend Sa Majesté comprendre dans la présente Ordonnance les fondés de procuration à titre gratuit, pourvu qu'ils ne soient chargés d'aucune comptabilité.

II. Lorsque les Propriétaires, pour la conservation de leurs mobiliers, auront jugé à propos de fixer à leurs Procureurs ou Economes-gérans, pour honoraires de leurs gestions, une quotité déterminée sur le revenu net de l'habitation; .... (V. *pour le reste de l'Art. le deuxième de l'Ordonnance du* 3 *Décembre* 1784).

III. Les constructions nouvelles seront à la charge des Procureurs ou Economes-gérans, lorsque ceux-ci se seront permis de les faire sans ordre. N'entend néanmoins Sa Majesté comprendre dans la présente disposition ni les réédifications nécessaires pour le service courant de l'Habitation ni l'augmentation des cases à nègres, et autres bâtimens d'exploitation d'une modique valeur, pourvu que ces objets n'excèdent pas la juste proportion du besoin.

IV, V et VI; *Ce sont les Art. IV, V et VI de l'Ordonnance du* 3 *Décembre* 1784.

TIT. II. Nourriture, Habillement, Châtiment des Nègres esclaves.

ART. I. Il est expressément défendu à tous Propriétaires, Procureurs ou Economes-gérans, de faire travailler les Nègres les Dimanches et Fêtes. Leur défend pareillement Sa Majesté de les faire travailler dans les autres jours de la semaine, depuis midi jusqu'à deux heures, ni le matin avant le jour, ni le soir après le jour tombé, sous prétexte d'ouvrages pressés, de quelque nature qu'ils puissent être; si ce n'est lors des roulaisons, dans les Sucreries; et dans les autres Manufactures, pour les cas extraordinaires de récoltes forcées, qui exigeroient une continuité de travail non-interrompu. Enjoint Sa Majesté aux Officiers de la Maréchaussée de constater, par des Procès-verbaux, toutes contraventions à ce sujet, et d'en rendre compte sur-le-champ aux Représentans des Gouverneur-Lieutenant-Général et Intendant, pour être lesdits Procès-verbaux remis par lesdits Gouverneur-Lieutenant-Général et Intendant, s'il y a lieu, aux Procureurs de Sa Majesté, à l'effet de poursuivre les contrevenans, et de les faire condamner suivant l'exigence des cas. Ne pourront toutefois les Officiers de Maréchaussée se transporter sur les habitations pour y dresser procès-verbal desdites contraventions, que sur l'ordre de l'Officier de l'Etat-major commandant dans le Département, ou des Officiers de Justice, à la charge par lesdits

lesdits Officiers de Justice et de Maréchaussée de communiquer ledit ordre au Propriétaire, Procureur, ou Econome-gérant, avant que de le mettre à exécution.

II, III, IV, V, VI, VII, VIII, IX. *Ce sont les Articles II, III, IV, V, VI, VII, VIII et IX de l'Ordonnance du 3 Décembre 1784.*

Tit. III. Ventes ou Envois des Denrées.

ART. I, II et III. *Ce sont les Art. I, II et III de l'Ordonnance du 3 Décembre 1784.*

IV. Défend Sa Majesté à tous Procureurs et Economes-gérans de vendre à leur profit aucuns fruits des Habitations confiées à leurs soins, de quelque nature qu'ils soient, ni de s'approprier ce qu'ils appellent douceurs d'Habitations, comme lait, volailles, cochons, moutons, et autres objets semblables. Fait pareillement défenses Sa Majesté auxdits Procureurs et Economes-gérans d'acheter, pour leur compte, aucune espèce d'animaux, pour les revendre après les avoir rétablis sur les Habitations, tels que mulets, chevaux, vaches, moutons et autres; leur enjoint de n'avoir de chevaux ou mulets que pour leur service relatif à l'Habitation même: le tout à moins qu'ils n'ayent le consentement par écrit desdits Propriétaires.

Tit. IV. Révocation des Procureurs ou Economes-gérans.

ART. I. *C'est l'Art. premier de l'Ordonnance du 3 Décembre 1784.*

II. Soit que le scellé ait été apposé ou non, veut Sa Majesté que dans les vingt-quatre heures, ou dans trois jours au plus tard, à compter de la sommation qui sera faite par-devant le Commandant des Milices de la Paroisse, il soit nommé trois Arbitres, majeurs de vingt-cinq ans, lesquels seront choisis dans l'étendue de ladite Paroisse, si faire se peut, sinon dans les Paroisses les plus voisines, à l'effet d'examiner et arrêter les comptes du Régisseur sortant. L'un sera nommé par le Propriétaire, ou par son fondé de procuration; l'autre par le Procureur ou Econome ci-devant gérant, sinon d'office par ledit Commandant; le troisième par les deux autres, et, en cas de partage, par le susdit Commandant de Milice. Il sera libre au Procureur ou Econome-gérant déplacé de choisir dans la classe des Procureurs d'habitations le Commissaire arbitre qu'il jugera à propos de nommer;

ainsi qu'au Propriétaire ou à son fondé de pouvoirs, de choisir le sien dans la classe des Propriétaires. Dans tous les cas, le troisième ne pourra être pris que dans cette dernière classe seulement, et parmi ceux de ladite classe qui n'auroient point eu précédemment, ou qui après avoir appuré leurs comptes, auroient cessé, depuis un an, d'avoir des procurations lucratives. Le Propriétaire ou Gérant, qui sans des motifs valables, dont les Gouverneur-général et Intendant seront les seuls juges, s'excuseroit desdites fonctions de Commissaire-arbitre, sera exclu en toutes occasions de graces et d'avancement.

III. Aussi-tôt après ladite nomination, et le Procès-verbal d'icelle dressé, il sera procédé, s'il y échoit, à la reconnoissance et levée des scellés par le Commandant de la Paroisse ou par son Préposé. Les trois Commissaires-arbitres feront le triage des papiers en présence de toutes les parties, et le scellé sera réapposé, si besoin est, sur ceux qu'ils indiqueront pour sûreté de la reddition du compte, avec reconstitution du Gardien.

IV. Pourra le Propriétaire ou son Représentant, ainsi que le Gérant déplacé, requérir qu'il soit dressé Procès-verbal de l'habitation dans toutes les parties qui peuvent constater une bonne ou mauvaise gestion. Lesdits Commissaires arbitres ne pourront se dispenser d'y procéder; ils seront tenus, dans leur Procès-verbal, de déclarer ce qu'ils auront reconnu, soit à la charge, soit à la décharge du Procureur ou Econome-gérant, avec mention des dires et observations des parties, sans leur permettre ni encore moins se permettre à eux-mêmes aucune qualification injurieuse; ils se contenteront de déclarer les faits; ils vérifieront avec le plus grand soin, et même d'office, l'état des places à vivres, les jardins à Nègres, la tenue des livres, celle de l'Hôpital, la fourniture des rechanges; & pourront, avec la circonspection convenable, s'enquérir des châtimens outrés, mutilations ou meurtres, travaux nocturnes, détournement de Nègres et d'animaux, ventes clandestines de denrées, injustices et vexations de l'ancien Gérant, contraventions aux adoucissemens prescrits en faveur des Négresses enceintes, ou nourrices, ou mères de six enfans; de laquelle partie de leur Procès-verbal ils adresseront extrait en forme aux Gouverneur-Général et Intendant, qui y auront tel égard que de raison, pour faire poursuivre, s'il y a lieu, la punition des délits graves de gestion par-devant les Juges ordinaires, à la requête du Procureur du Roi et aux frais de Sa Majesté, sauf à recouvrer. Lesdits Commissaires-arbitres appelleront, si besoin est, pour la rédaction du Procès-verbal, un des

Notaires du lieu, dont les vacations seront payées par la Partie qui, dans l'arrêté de compte, sera déclarée reliquataire ; ils veilleront à ce que ledit acte ne soit point grossi d'écritures inutiles ; ils le signeront avec les Parties et ledit Notaire. Si aucune desdites Parties étoit refusante de signer, il en sera fait mention. L'acte ainsi clos et rédigé servira de prise de possession au nouveau Procureur et Econome-gérant, à qui il en sera délivré une expédition. Il en sera pareillement délivré une au Procureur ou Econome-gérant sortant. La minute sera remise, dans trois jours, au Greffe de la Jurisdiction, soit que ledit Procès-verbal ait été rédigé par lesdits-Commissaires-arbitres, ou par ledit Notaire.

V. Après un délai suffisant, tel que lesdits Commissaires-arbitres jugeront à propos de le régler, mais qui ne pourra être plus long de huitaine, l'ancien Procureur ou Econome-gérant sera tenu de présenter son compte de gestion, de lui certifié véritable, au nouveau Procureur-gérant, pour être par ce dernier examiné dans la semaine suivante. Lesdits Commissaires se rassembleront sur l'Habitation avec l'ancien et le nouveau Procureur ou Econome-gérant, et là, ledit compte sera discuté, article par article, pour être lesdits articles alloués, réduits ou rejetés à la pluralité des voix par lesdits Commissaires, lesquels fixeront ensuite l'arrêté, et le signeront.

VI. Ledit Arrêté-de-compte vaudra Sentence arbitrale, et ne sera dans aucun cas susceptible d'opposition. La minute d'icelui, ensemble le Procès-verbal de nomination des Arbitres-commissaires, et tous autres Procès verbaux qui auront pu être dressés relativement à ladite nomination, au scellé et aux récusations, s'il y a lieu, seront déposés, dans trois jours, au Greffe de la Jurisdiction par lesdits Commissaires. Veut Sa Majesté que, sur la Requête de la Partie la plus diligente, ladite Sentence arbitrale soit homologuée purement et simplement, sans aucun retard ni frais par le Juge des lieux, pour être exécutée suivant sa forme et teneur, même par provision en cas d'appel, et sans préjudice d'icelui, en donnant bonne et suffisante caution au Greffe de ladite Juridiction. Il ne pourra être formé ni reçu aucune opposition audit Jugement d'homologation, sous quelque prétexte que ce soit. Défend Sa Majesté aux Juges ordinaires d'y avoir aucun égard, à peine d'en répondre en leur propre et privé nom.

VII. Si l'un desdits Commissaires-arbitres venoit à être récusé par l'une des Parties, la récusation seroit sur le champ jugée par les deux autres. Il sera de suite procédé, en cas de récusation fondée, à une nouvelle nomination en la forme précédemment établie. S'il arrivoit que ladite récusation portât sur plus d'un Commissaire, il y sera statué sans délai par le Commandant de la Paroisse.

VIII. *C'est le huitième de l'Ordonnance du 3 Décembre* 1784.

IX. Si dans le cours de l'instruction du compte et du Procès-verbal concernant l'état de l'Habitation, les Commissaires reconnoissent, dans la gestion du Gérant déplacé, des malversations graves qui pourroient le porter à s'évader, ils pourroient le faire garder à vue par deux Cavaliers de Maréchaussée, et en informeront aussi-tôt le Commandant pour le Roi dans le Département, lequel ordonnera provisoirement l'emprisonnement du Gérant déplacé, s'il y a lieu, en attendant les ordres des Gouverneur-Général et Intendant, auxquels il en sera rendu compte sur-le-champ, pour y être statué par eux ainsi qu'il appartiendra.

X. *C'est le dixième de l'Ordonnance du 3 Décembre* 1784.

XI. Défend Sa Majesté à tous Procureurs et Économes-gérans d'acheter, en leur propre nom et sous des noms empruntés, aucune créance sur le Propriétaire de l'Habitation, de quelque nature qu'elle soit, à peine de perte d'icelle; défend pareillement aux Commissaires-arbitres de faire entrer lesdites créances en compensation, à moins que le transport n'en eût été consenti par ledit Propriétaire lui-même.

XII. *C'est le douzième de l'Ordonnance du 3 Décembre* 1784.]

XIII. Si au contraire le Procureur ou Économe sortant est reconnu débiteur par ledit arrêté de compte, il sera contraint, même par corps, d'en payer sur-le-champ le reliquat au Propriétaire, à l'effet de quoi les Gouverneur-général et Intendant, ou leurs Représentans, accorderont main-forte sur la simple signification de l'arrêté de compte dûment homologué. Ordonne Sa Majesté qu'audit cas les scellés mis sur les Papiers dudit Régisseur sortant soient convertis en saisies-arrêts entre les mains du Gardien desdits scellés, et valent comme tels en toute Cour et Juridiction, sans que l'on puisse les arguër de nullité, malgré tous Règlemens contraires auxquels Sa Majesté a dérogé et déroge quant à ce.

XIV. *C'est le quinzième de l'Ordonnance du 3 Décembre* 1784.

TIT. V. De l'Appel.

ART. . Dans le cas où l'une des Parties voudroit se pourvoir contre l'arrêté de compte des Commissaires-arbitres, elle ne pourra le faire qu'en se rendant appelante par-devant le Tribunal que Sa Majesté a commis et commet à cet effet par la présente Ordonnance ; lequel sera composé du Gouverneur-Lieutenant-général et Intendant, de trois Conseillers, du Procureur-Général lorsque son ministère sera nécessaire, et du Greffier en chef du Conseil-Supérieur, dans le ressort duquel se trouveront lesdits Gouverneur-Lieutenant-Général et Intendant ; attribuant Sa Majesté audit Tribunal toute cour, juridiction et connoissance, et icelle interdisant à toutes ses autres Cours et Juges.

II. Les trois Conseillers seront choisis, par délibération de leur Compagnie, en présence des Gouverneur-Général et Intendant, ou de leurs Représentans ; et ils ne seront remplacés dans lesdites fonctions qu'en cas de mort, d'absence, de démission, ou d'autre légitime empêchement.

III. Il pourra être procédé au Jugement par trois des Membres seulement du susdit Tribunal, en cas d'absence ou autre légitime empêchement des deux autres, et dont il sera fait mention dans le jugement, pourvu toutefois que les Gouverneur-Général et Intendant soient du nombre des Juges.

IV. La Requête sur l'appel sera adressée *au Tribunal établi en dernier ressort pour la reddition des comptes d'Habitation*, et détaillera tous les griefs ; elle ne pourra toutefois être admise, qu'autant qu'elle sera présentée au Tribunal dans le mois de la signification de l'arrêté de compte dûment homologué ; passé lequel délai, l'Appelant sera déclaré non-recevable dans son appel.

V. Dans les trois jours de la présentation de la Requête d'appel, l'Intendant l'appointera seul d'une Ordonnance portant Acte d'appel et Soit signifié. Sera la signification de ladite Requête et Ordonnance faite au domicile de l'Intimé, ou en parlant à sa personne, dans la quinzaine de la date de l'appointement.

VI. L'Intimé répondra à la Requête par un simple Mémoire qu'il fera signifier à l'Appelant dans la quinzaine de la signification de ladite requête ; dans la quinzaine suivante, les parties seront tenues de faire leurs productions au Greffe. Il sera ensuite nommé un Rapporteur par l'Intendant, et passé outre au Jugement sur ce qui se trouvera de produit. Défend Sa Majesté d'allouer en taxe d'autres écritures que la Requête d'appel, et le Mémoire en réponse.

VII. Si avant de prononcer définitivement sur l'Appel, ledit Tribunal estimoit qu'il fût nécessaire, pour plus amples éclaircissemens, de faire vérifier les calculs ou autres faits sur les Livres d'Habitation, ou de faire quelqu'autre reconnoissance sur les lieux, pourra ledit Tribunal ordonner que, par-devant le Commandant de la Paroisse, il soit procédé à la nomination de trois nouveaux Commissaires, dans la forme prescrite par le Titre quatrième de la présente Ordonnance.

VIII. Dans quinzaine du Jugement qui ordonnera la nomination des nouveaux Commissaires, la Partie qui y aura intérêt fera signifier à l'autre ledit Jugement, avec sommation de comparoître par devant le Commandant de la Paroisse au jour qui aura été par lui indiqué, à l'effet de convenir des Commissaires.

IX. Dans la huitaine qui suivra la nomination des trois nouveaux Commissaires, la Requête d'appel et le Mémoire en réponse à ladite Requête leur seront représentés, avec le Jugement interlocutoire du Tribunal, & le Procès-verbal de nomination fait en exécution d'icelui, ainsi que toutes autres pièces nécessaires à leur opération.

X. Sur la remise des piéces faite aux Commissaires par les Parties, ou par une seule au refus de l'autre, et aux jour, lieu et heure qui auront été déterminés par le Procès-verbal de leur nomination dûment signifiée, lesdits Commissaires procéderont aux opérations ordonnées, et en dresseront Procès-verbal, dans lequel ils feront mention de la remise des pièces susmentionnées, ainsi que de la présence ou absence des Parties.

XI. Le Procès-verbal des trois nouveaux Commissaires, clos et arrêté, sera sur le-champ par eux adressé au Greffier du Tribunal; et dans la quinzaine de sa date, toutes les pièces mentionnées dans le préambule dudit Procès-verbal seront produites par la Partie la plus diligente au Greffe du Tribunal, pour être ensuite procédé incessamment et sans autres procédures quelconques, au Jugement définitif et en dernier ressort, contre lequel les Parties ne pourront revenir que dans les cas de Requête civile, ou par erreur de calcul ou omission prouvée.

XII. Si, aux termes de l'Article IX du Titre quatrième, le Gérant déplacé avoit été emprisonné, le Jugement définitif du Tribunal sera, aussi-tôt après la signature, présenté aux Gouverneur-Général et Intendant par le Greffier, pour le Gérant déplacé être par leurs ordres élargi ou poursuivi, à la requête du Ministère public, devant les Juges ordinaires, ainsi qu'il appartiendra.

TIT. VI. Des Délits et Peines.

ART. I, II, et III. *Ce sont les ART. I, II et III. du Tit. V de l'Ordonnance du 3 Décembre 1784.*

IV. Les Procureurs et Economes-gérans qui auront contrevenu aux dispositions de la présente Ordonnance dans leur gestion, seront déclarés incapables d'en avoir d'autres à l'avenir ; et les Propriétaires ou Procureurs d'Habitations qui les emploieroient en cette qualité, condamnés en cinq cents livres d'amende par chaque mois de service.

V. Ceux desdits Procureurs ou Economes-gérans qui seront convaincus d'avoir détourné à leur profit ou au profit d'un tiers les travaux des Esclaves confiés à leurs soins, sans un consentement par écrit du Propriétaire, ou qui auront vendu ou distrait les denrées de l'Habitation sans en porter le montant sur le Registre des recettes et des ventes, ou enfin qui se seront approprié les fruits et douceurs de l'Habitation sans le consentement par écrit du Propriétaire, seront poursuivis extraordinairement, comme voleurs, à la diligence des Procureurs de Sa Majesté ou de la partie intéressée, et punis comme tels suivant la rigueur des Ordonnances.

VI et VII. *Ce sont les Art. VI et VII du Tit. V de l'Ordonnance du 3 Décembre* 1784.

VIII et IX. *Ce sont les Art. XVI et XVII du Titre IV de l'Ordonnance du 3 Décembre* 1784.

X. Veut et ordonne Sa Majesté que tous Procureurs et Economes-gérans qui susciteroient les Mandataires de la même classe à faire des démissions, abandons et confédérations préjudiciables aux intérêts de leurs Commettans, soient arrêtés incontinent par les ordres des Gouverneur-Général et Intendant, et renvoyés en France, s'il est ainsi délibéré entre les Administrateurs ; lesquels aviseront en même temps aux mesures nécessaires pour mettre en sûreté les intérêts desdits Propriétaires.

XI. Tout Procureur et Econome-gérant qui refusera de rendre son compte de gestion ou s'évadera, soit avant, soit après l'apposition des scellés, soit après la nomination des Commissaires-arbitres, pourra être poursuivi extraordinairement devant les Juges ordinaires, et puni suivant la nature et la gravité des circonstances.

XII. Ordonne Sa Majesté à tous Esclaves de porter respect et obéissance entière, dans tous les cas, aux Procureurs, Economes-gérans ou personnes préposées sous leur autorité, comme à leur Maître même, sous les peines déterminées par les Edits des mois de Mars 1685 et 1724. Enjoint auxdits Procureurs et Economes-gérans de leur faire infliger, en cas d'insubordination, manquement, relâchement de discipline et de désobéissance, les châtimens autorisés par lesdits Réglemens ainsi que par la présente Ordonnance; sans toutefois que les Propriétaires, Procureurs ou Economes-gérans puissent, sous quelque prétexte que ce soit, regarder comme insubordination, manquement, relâchement de discipline et désobéissance les réclamations d'Esclaves injustement maltraités, mal-nourris, et à l'égard desquels lesdits Propriétaires, Procureurs et Economes-gérans se seroient écartés des dispositions prescrites, tant par les Edits de 1685 et 1724, que par la présente Ordonnance; lesquelles réclamations Sa Majesté autorise expressément esdits cas, sauf la correction desdits Esclaves, si les plaintes par eux portées étoient trouvées injustes et mal fondées. Enjoint Sa Majesté à ses Gouverneur-Lieutenant-Général et Intendant, Cours et Officiers de Justice, Officiers des Etats-Majors, Commandans des Paroisses et Officiers de Milices d'y tenir soigneusement la main, chacun en ce qui les concerne, et notamment de veiller à ce que les Esclaves ne soient point vexés par les Propriétaires, Procureurs et Economes-gérans pour raison des réclamations ci-dessus autorisées.

XIII. Sa Majesté, au surplus, impose silence à ses Procureurs-Généraux sur les délits qui auroient pu être commis envers les Esclaves par les Propriétaires ou leurs fondés de pouvoirs, avant l'enregistrement et publication du présent Règlement, et pour lesquels il n'y auroit point encore de procédures commencées; sans préjudice toutefois des dommages-intérêts civils qui pourroient résulter desdits délits, au profit de qui il appartiendra.

TIT. VII. De la Police courante des Habitations.

ART. I, II, III et IV. *Ce sont les Art. I, II, III et IV du Tit. VI de l'Ordonnance du 3 Décembre* 1784.

Mande Sa Majesté aux Gouverneur, Lieutenant-Général & Intendant des Isles sous le Vent, et aux Officiers des Conseils-Supérieurs desdites Isles, de faire lire, publier, registrer & afficher par-tout où besoin sera, sa présente, Ordonance, et le contenu en icelle garder & observer suivant sa forme et teneur, nonobstant tous Edits, Déclarations, Ordonnances & Règlemens à ce contraires, auxquels Sa Majesté a dérogé & déroge expressément par la présente. Fait à Versailles le vingt-trois Décembre mil sept cent quatre-vingt-cinq. *Signé :* LOUIS; *Et plus bas*, Le Maréchal de CASTRIES.

R. au Conseil du Port-au-Prince le 24 *Mai* 1786.
Et à celui du Cap le 26 *du même mois.*

LETTRE

LETTRE du Ministre aux Administrateurs, sur la nouvelle Ordonnance relative aux Economes et Procureurs-Gérans.

Du 23 Décembre 1785.

JE joins ici, MM., la nouvelle Ordonnance du Roi, concernant les Procureurs et Economes-Gérans de la Colonie, que je vous ai annoncée par ma Dépêche du 15 du mois dernier; je ne doute pas qu'elle ne soit reçue avec plaisir dans la Colonie; vous y trouverez quelques changemens ou développemens, qui ne laissent plus aucun prétexte aux fausses interprétations. Vous ne la ferez enrégistrer d'abord au Conseil-Supérieur du Port-au-Prince et ensuite au Conseil-Supérieur du Cap, qu'après que ce dernier aura enrégistré purement et simplement celle du 3 Décembre 1784, ainsi que ma Dépêche du 15 Novembre, portant ordre d'y procéder en votre absence, et défenses d'insister davantage sur votre présence à la délibération. Le Roi veut être obéi, et Sa Majesté non-seulement vous autorise, mais elle vous enjoint expressément, d'envoyer en France, pour y rendre compte de leur conduite, ceux des Magistrats de l'une et l'autre Compagnie, qui viendroient à provoquer des retards et des délibérations contraires à ses intentions. Vous me rendrez compte sur-le-champ des faits qui se seront passés, et des mesures que vous aurez prises pour le maintien de son autorité.

J'ai l'honneur d'être, etc. *Signé :* Le Maréchal DE CASTRIES.

LETTRE du Ministre aux Administrateurs, sur le Renvoi en France des Officiers de justice.

Du 23 Décembre 1785.

PAR vos instructions communes, MM., vous êtes autorisés à envoyer en France, pour y rendre compte de leur conduite, les Magistrats, Officiers de justice, Officiers Ministériels, dans les cas prévus de l'exercice de cette voie d'autorité, après que vous en aurez délibéré avec le Président du Conseil-Supérieur, ou avec le Procureur-Général, selon la qualité des personnes et la nature de leurs fonctions. L'intervention d'un des principaux Membres du Tribunal m'a paru propre à donner plus de poids à votre détermination; cependant il pourroit arriver, si le Président et le Procureur-Général continuoient à être proposés par les Conseils, que ce tempérament ne produisît qu'une contrariété d'avis qui, peut-être, vous retiendroit dans les circonstances où il importeroit le plus de faire cesser ou de prévenir des désordres dangereux. En conséquence je ne tarderai pas de prendre des ordres de Sa Majesté sur le retour que je crois nécessaire à une nomination libre de sa part, pour ce qui concerne ces deux places importantes. Alors ces principaux Magistrats tenant de plus près à l'administration, l'inconvénient de leurs concours cessera. Je ne pense donc pas qu'il y ait, sous ce point-de-vue, aucun changement à apporter, quant à présent, à vos instructions. Je suspendrai jusqu'à ce que vous m'ayez fait connoître votre façon de penser à cet égard; et en attendant, si le cas se présentoit, vous ne devrez point être arrêté par l'opinion contraire du Président ou du Procureur-Général, lorsque vous la jugerez peu fondée.

LETTRE du Ministre aux Administrateurs, sur la Bourse des Négocians du Cap.

Du 24 Décembre 1785.

MM. de Coustard et de Bongars m'ont adressé, MM., avec leur lettre du 4 Juillet dernier, un Mémoire par lequel les Négocians du Cap sollicitent des Lettres-Patentes pour l'établissement d'une Chambre de Commerce. Ils observent, à cet égard, que le commerce de cette Ville est beaucoup plus considérable qu'il ne l'étoit en 1761, époque à laquelle MM. Bart et de Clugny permirent aux Négocians de s'assembler entre eux pour conférer d'affaires, à l'imitation des bourses établies dans les Villes commerçantes du Royaume; il n'a pas paru convenable de changer, quant à présent, cet état des choses, et l'intention du Roi est que les Négocians continuent seulement de jouir provisoirement de la permission que MM. Bart et de Clugny leur ont accordée par leur Ordonnance du 13 Mai 1761, d'établir une bourse à l'instar de celles des principales Villes commerçantes du Royaume. Vous leur accorderez d'ailleurs toute la protection dont les opérations du Commerce sont susceptibles.

Fin du Sixième Volume.

TABLE

CHRONOLOGIQUE

Des Loix et Constitutions des Colonies Françoises de l'Amérique sous le Vent, contenues dans le Tome sixième.

Arrêt

Arrêt

Lettre

Fin de la Table Chronologique du Tome sixième.

INDEX

INDEX
ALPHABÉTIQUE
Des Matières contenues dans le Tome sixième.

Nota. *Les Chiffres indiquent les Pages.*

A.

B.

C.

D.

Dispense,

E.

F.

G.

H.

I.

J.

L.

M.

N.

O.

P.

Q.

R.

S.

T. Tabac

T.

U.

V.

Y.

Fin des Matières contenues dans le Tome sixième.

www.ingramcontent.com/pod-product-compliance
Lightning Source LLC
LaVergne TN
LVHW020953300926
849160LV00007B/135

* 9 7 8 2 0 1 9 5 3 8 5 5 2 *